侵权责任法

第三版

程啸 著

TORT LAW

法律出版社 LAW PRESS · CHINA
北京

图书在版编目(CIP)数据

侵权责任法 / 程啸著. -- 3 版. -- 北京 : 法律出版社, 2021(2025.1 重印)
ISBN 978-7-5197-5177-7

Ⅰ. ①侵… Ⅱ. ①程… Ⅲ. ①侵权法—中国—教材
Ⅳ. ①D923.7

中国版本图书馆 CIP 数据核字(2020)第 242117 号

侵权责任法(第三版)
QINQUAN ZEREN FA(DI-SAN BAN)

程 啸 著

责任编辑 吴 昉
装帧设计 乔智炜

出版发行 法律出版社
编辑统筹 法律教育出版分社
责任校对 晁明慧
责任印制 胡晓雅
经 销 新华书店

开本 787 毫米×1092 毫米 1/16
印张 56 **字数** 1362 千
版本 2021 年 1 月第 3 版
印次 2025 年 1 月第 6 次印刷
印刷 天津嘉恒印务有限公司

地址:北京市丰台区莲花池西里 7 号(100073)
网址:www.lawpress.com.cn
投稿邮箱:info@lawpress.com.cn
举报盗版邮箱:jbwq@lawpress.com.cn
销售电话:010-83938349
客服电话:010-83938350
咨询电话:010-63939796

书号:ISBN 978-7-5197-5177-7
定价:118.00 元

作者简介

程 啸

法学博士，清华大学教授、博士生导师、法学院副院长；2017年度教育部“长江学者奖励计划”青年学者；兼任最高人民法院执行特邀咨询专家、最高人民检察院民事行政诉讼监督案件专家委员会委员、云南省委法律顾问、北京市不动产法研究会副会长、中国消费者协会专家委员会专家、中国银行间市场交易商协会第三届法律专业委员会副主任委员、北京仲裁委员会（北京国际仲裁中心）仲裁员等。2008年5月至2009年9月，荣获德国联邦总理奖，在德国奥斯纳布吕克大学欧洲法研究所进行学术研究。2012年6月至9月，获洪堡基金会的资助，在德国柏林自由大学法学院进行学术研究。

先后在《中国社会科学》《法学研究》《中国法学》等权威核心期刊发表学术论文一百余篇。在《人民日报》《光明日报》《法制日报》等报刊杂志上发表文章数十篇。先后主持国家社科基金重大课题、国家社科基金重点课题、最高人民法院司法研究重大课题等国家和省部级课题七项，横向课题十余项。

独著著作：《侵权责任法》《担保物权研究》《不动产登记法研究》《侵权责任法教程》《民法原理与规范解释》《侵权行为法总论》《保证合同研究》《物权法·担保物权》《证券市场虚假陈述侵权损害赔偿责任》《中国抵押权制度的理论与实践》等。其中，《侵权责任法》（第二版）荣获北京市“第十五届哲学社会科学优秀成果奖”著作类二等奖、中国法学会“第四届中国法学优秀成果奖”专著类三等奖；《不动产登记法研究》荣获北京市“第十三届哲学社会科学优秀成果奖”著作类二等奖、中国法学会“第三届中国法学优秀成果奖”专著类二等奖；《侵权行为法总论》荣获中国民法学研究会第四届“佟柔民商法发展基金青年优秀研究成果奖”、清华大学优秀教材二等奖；《侵权责任法教程》（第二版）荣获清华大学优秀教材二等奖。

合著著作：《不动产登记暂行条例及实施细则的理解与适用》（第二版）（与尹飞、常鹏翱合著）、《民法学》（与王利明、杨立新、王轶合著）、《民法总论》（与崔建远等合著）、《物权法》（与崔建远等合著）、《中国物权法教程》（与王利明、尹飞合著）。其中，《民法学》一书荣获2008年度教育部普通高等教育精品教材。

第三版序言

2020年5月28日，十三届全国人民代表大会第三次会议审议通过了《中华人民共和国民法典》（以下简称《民法典》）。《民法典》是我国第一部以“法典”命名的法律，是我国民商事领域最重要、最基本的法律，是新时代我国社会主义法治建设的重大成果。它对于增进人民福祉、维护最广大人民的根本利益，对于坚持和完善社会主义基本经济制度、推动经济高质量发展、实现全面依法治国、推进国家治理体系与治理能力的现代化，都具有非常重要的作用！

我国《民法典》分为总则、分则与附则三大部分，共7编、1260条，各编依次为总则、物权、合同、人格权、婚姻家庭、继承以及侵权责任。《民法典》编纂并非另起炉灶、推倒重来，而是对现行的民事法律规范进行科学整理，对已经不适应现实情况的规定进行修改和完善，对经济社会生活中出现的新情况、新问题作出有针对性的新规定。故此，我国《民法典》的编纂工作是在现行法律法规与司法解释、丰富的理论与实践经验的基础上完成的。就侵权法而言，我国《民法典》的侵权责任编是在《民法通则》《侵权责任法》等法律以及最高人民法院《关于审理人身损害赔偿案件适用法律若干问题的解释》《关于确定民事侵权精神损害赔偿责任若干问题的解释》《关于审理利用信息网络侵害人身权益民事纠纷案件适用法律若干问题的规定》《关于审理道路交通事故损害赔偿案件适用法律若干问题的解释》等众多司法解释的基础上，为适应社会经济发展和全面依法治国的需要，进行增删修改而成，既有传承性，又有创新性。

所谓传承性，就是充分尊重民事立法和司法的历史延续性，对原来的《侵权责任法》等法律和司法解释中科学合理的、符合实际需要的体系结构、规则制度加以保留，并予以完善。所谓创新性，意味着《民法典》侵权责任编不仅要满足当前的现实需要，更要满足未来我国经济社会发展的客观要求。故此，需要以《民法典》编纂为契机，澄清一些错误观点或片面认识，突破既有规则体系的局限，以勇敢的姿态，确立新的规则与制度，为我国侵权法的发展开创崭新空间。总体而言，我国《民法典》侵权责任编的创新之处可归纳为以下八个方面：第一，区分了侵害与损害，明确了归责原则是损害赔偿责任而非所有侵权责任的归责原则，将侵权责任编规范的侵权责任集中在损害赔偿责任。停止侵害、排除妨碍、消除危险等侵权责任承担方式在性质上属于绝对权请求权，分别由《民法典》物权编和人格权编予以相应规定。第二，对公平责任的适用进行限制，将其限定于法律明确规定的情形，从而防止司法实践中不分是非对错，息事宁人，滥用公平责任的情形。第三，根据社会生活实践的需要，增加了自甘冒险、自助行为和好意同乘等减责、免责事由的规定。第四，完善了责任主体的特殊规定，明确了用人单位、接受劳务一方对有故意或重大过失的工作人员、提供劳务一方的追偿权；新增了定作人责任的规定；细化了网络侵权责任中的通知规则，规定了错误通知的赔偿责任等。第五，完善了产品责任，明确了销售者承担的是无过错责任。第六，对机动车交通事故责任的主体作出了更细致的规定。第七，新增了生态破坏责任，有利于生态文明的建设。第八，对建筑物和物件损害责任的相关规定进行了修改和完善，调整了规范顺序，同时对社会关注的抛掷物和坠落物致害事件进行了全方位的规范，更好地保护广大人民群众“头顶的安全”。

《侵权责任法》（第二版）自2015年9月由法律出版社出版以来，承蒙理论界同仁与实务界人士的厚爱，先后印刷7次，销售近3万册，不少法律院系也将其作为侵权法课程的指定教材或列为必读书目。2017年和2019年，《侵权责任法》（第二版）还先后荣获第四届中国法学优秀成果奖著作类三等奖、北京市第十五届哲学社会科学优秀成果奖著作类二等奖。由于《民法典》已经颁布，将于2021年1月1日起施行，加之近年来我国侵权法的理论和实践又有不少新的发展，而笔者在参与民法典编纂工作的过程中也有了一些新的认识和观点，故此，《民法典》通过之后，笔者摒弃杂务、集中精力，花费数月时间对本书进行了全面修订，形成了《侵权责任法》（第三版）。希望本书能够对广大读者理解与适用《民法典》侵权责任编有所助益，并推动我国侵权法的研究。

法律出版社法律教育出版分社吴昉女士作为《侵权责任法》（第三版）的责任编辑，为本书的出版付出了巨大的辛劳，谨致最真挚的谢意！清华大学法学院博士研究生阮神裕、杨嘉祺、李西泠等同学为本次修订工作提供了不少帮助，在此一并表示感谢！

本次修订所依据的法律、法规、司法解释及案例，截至2020年9月18日。

对本书的任何意见或建议，可以发邮件至 rechtcx@ sina. com。

程　啸

2020年9月18日于清华园

第二版序言

本书第一版自2011年问世以来，深受广大读者的欢迎，笔者倍感荣幸！然而，短短的四年里，大量新的侵权法案例、司法解释和学说的产生及笔者对一些问题的思考和研究，使得修订本书变得非常必要。侵权法本就是法律体系中最为活跃的领域之一。在我国这样一个幅员辽阔、人口众多、社会生活急剧变动的大国，每年发生成千上万的侵权纠纷，这使得中国侵权法的研究永远不会缺乏新材料和新问题。正因如此，作者修订本书时，苦恼的只是如何能恰当地处理浩如烟海的案例与实践中的各类问题，本书修订所费时间也长达一年半。此次修订是全面而细致的，故无法对修订之处一一说明，需要特别说明的只有以下两点：

第一，参阅案例的安排问题。本书修订中增加了大量供读者参阅的案例。研读案例对于每个学习法律的人来说都是必修的功课，无须多言。为了既能提供更多的参阅案例给读者，又可控制篇幅，使作者可以把更多的笔墨用于对相关理论问题的讨论上，本书责任编辑吴昉女士建议将所有的参阅案例均做成网络版，不在书中印出，读者可通过扫描书中相应各处的二维码在电脑或手机上加以阅读。这是个好主意，笔者自不应拒绝。当然，最后效果如何，还需要读者的检验。

第二，两本书的关系问题。常有读者问，本书和笔者在中国人民大学出版社出版的《侵权责任法教程（第二版）》（2014年版）有何区别。简单地说，二者的区别在于：首先，定位不同。《侵权责任法教程（第二版）》属于教科书，而且是典型的简明教科书（Kurzlehrbuch）。该书系统、简明扼要地结合实例介绍侵权法的基本概念、规则与制度，供初次接触侵权法的人使用。本书即《侵权责任法（第二版）》与教科书有别，属于所谓的体系书，因为该书不仅全面系统且详细深入地对侵权法的所有领域和问题进行探讨。故此，本书的篇幅是《侵权责任法教程（第二版）》的数倍。其次，个性化不同。《侵权责任法教程（第二版）》中主要介绍实务通说和主流观点，对笔者个人观点不做过多的介绍。《侵权责任法（第二版）》的个性化色彩更浓，在几乎所有问题的讨论上都会提出笔者个人的见解。就如何使用二者，笔者的建议是，如果读者对侵权法一无所知而又希望快速掌握基本知识，应阅读《侵权责任法教程》。倘若已有侵权法知识，希望有更深入的了解和研究，应阅读本书。

在本书的修订过程中，笔者先后得到以下师友的鼓励和帮助，在此表示感谢！他们是：中国人民大学常务副校长王利明教授，清华大学法学院崔建远教授，中央财经大学法学院尹飞教授，中国人民大学法学院高圣平教授，暨南大学法学院刘颖教授，华东政法大学金可可教授、姚明斌博士，北京大学法学院薛军教授、常鹏翱教授、许德峰教授，最高人民法院陈现杰副主任、姜强法官、田朗亮法官，北京市高级人民法院史德海法官，陈特律师，郑厚哲律师。

清华大学法学院何子僭、陈丹洪、孙劼、奚静鹏、余琳琳、秦浩、刘强、刘果、张兰兰、石英琳、鲍鹏峰等同学，曾向笔者指出了本书第一版中的手民误植之处。在此，表示感谢！

感谢法律出版社王政君先生、孙东育女士和吴昉女士为本书第一版和第二版所付出的辛劳!

需要特别感谢的是杨松林律师。杨君慎思明辨,勤学好问。他在阅读本书第一版后,就其中的错谬缺漏、含混不清之处,专门撰写了二十余条详细的修改完善建议发给我。并于到京开会时,专程到清华大学法学院与我交流讨论。他的意见令我受益匪浅,绝大部分都被第二版采纳。在此,对杨松林律师表示衷心的感谢!

清华大学法学院柯勇敏、熊苔诗等同学协助校对了全部书稿,极为辛劳,在此也向他们表示感谢!

本书适用的法律、法规、司法解释与使用的案例判决书截至2015年6月20日。

程　啸
2015年6月20日(端午节)于明理楼

缩 略 语

一、法律

《中华人民共和国宪法》	《宪法》
《中华人民共和国民法典》	《民法典》
《中华人民共和国民法通则》	《民法通则》
《中华人民共和国民法总则》	《民法总则》
《中华人民共和国侵权责任法》	《侵权责任法》
《中华人民共和国合同法》	《合同法》
《中华人民共和国担保法》	《担保法》
《中华人民共和国物权法》	《物权法》
《中华人民共和国农村土地承包法》	《农村土地承包法》
《中华人民共和国道路交通安全法》	《道路交通安全法》
《中华人民共和国铁路法》	《铁路法》
《中华人民共和国公路法》	《公路法》
《中华人民共和国民用航空法》	《民用航空法》
《中华人民共和国婚姻法》	《婚姻法》
《中华人民共和国继承法》	《继承法》
《中华人民共和国网络安全法》	《网络安全法》
《中华人民共和国电子商务法》	《电子商务法》
《中华人民共和国产品质量法》	《产品质量法》
《中华人民共和国药品管理法》	《药品管理法》
《中华人民共和国食品安全法》	《食品安全法》
《中华人民共和国农产品质量安全法》	《农产品质量安全法》
《中华人民共和国消费者权益保护法》	《消费者权益保护法》
《中华人民共和国环境保护法》	《环境保护法》
《中华人民共和国水污染防治法》	《水污染防治法》
《中华人民共和国大气污染防治法》	《大气污染防治法》
《中华人民共和国固体废物污染环境防治法》	《固体废物污染环境防治法》
《中华人民共和国专利法》	《专利法》
《中华人民共和国著作权法》	《著作权法》
《中华人民共和国商标法》	《商标法》
《中华人民共和国反不正当竞争法》	《反不正当竞争法》
《中华人民共和国国家赔偿法》	《国家赔偿法》
《中华人民共和国安全生产法》	《安全生产法》
《中华人民共和国建筑法》	《建筑法》
《中华人民共和国电力法》	《电力法》
《中华人民共和国煤炭法》	《煤炭法》
《中华人民共和国传染病防治法》	《传染病防治法》
《中华人民共和国献血法》	《献血法》

《中华人民共和国公司法》	《公司法》
《中华人民共和国证券法》	《证券法》
《中华人民共和国保险法》	《保险法》
《中华人民共和国企业破产法》	《企业破产法》

二、司法解释

《最高人民法院关于贯彻执行〈中华人民共和国民法通则〉若干问题的意见(试行)》	《民法通则意见》
《最高人民法院关于审理名誉权案件若干问题的解答》	《名誉权解答》
《最高人民法院关于审理名誉权案件若干问题的解释》	《名誉权解释》
《最高人民法院关于审理人身损害赔偿案件适用法律若干问题的解释》	《人身损害赔偿解释》
《最高人民法院关于确定民事侵权精神损害赔偿责任若干问题的解释》	《精神损害赔偿解释》
《最高人民法院关于审理道路交通事故损害赔偿案件适用法律若干问题的解释》	《道路交通事故损害赔偿解释》
《最高人民法院关于审理铁路运输人身损害赔偿纠纷案件适用法律若干问题的解释》	《铁路人身损害赔偿解释》
《最高人民法院关于审理医疗损害责任纠纷案件适用法律若干问题的解释》	《医疗损害责任解释》
《最高人民法院关于适用〈中华人民共和国侵权责任法〉若干问题的通知》	《适用侵权责任法通知》
《最高人民法院关于审理食品药品纠纷案件适用法律若干问题的规定》	《食品药品纠纷规定》
《最高人民法院关于审理利用信息网络侵害人身权益民事纠纷案件适用法律若干问题的规定》	《利用信息网络侵害人身权益纠纷规定》
《最高人民法院关于审理涉及会计师事务所在审计业务活动中民事侵权赔偿案件的若干规定》	《会计师事务所侵权赔偿规定》
《最高人民法院关于审理涉及公证活动相关民事案件的若干规定》	《公证案件规定》
《最高人民法院关于审理工伤保险行政案件若干问题的规定》	《工伤保险行政案件规定》
《最高人民法院关于审理不正当竞争民事案件应用法律若干问题的解释》	《不正当竞争解释》
《最高人民法院关于适用〈中华人民共和国民事诉讼法〉的解释》	《民事诉讼法解释》
《最高人民法院关于民事诉讼证据的若干规定》	《民事诉讼证据规定》
《最高人民法院关于审理环境侵权责任纠纷案件适用法律若干问题的解释》	《环境侵权责任解释》

简　　目

第一编　基础理论

第二编　一般侵权责任

第三编　多数人侵权责任

第四编　特殊侵权责任

第五编 侵权责任的承担

详　目

第一编　基础理论

第二编 一般侵权责任

第四编 特殊侵权责任

第五编 侵权责任的承担

第一编　基础理论

文献阅读

第一章 导 论

本章重点

任何国家的侵权法都不可能为社会生活中的所有损害提供救济,也不可能对一切损害置之不理。哪些损害能够得到救济,需要由立法者基于自由、安全、公平、正义等诸多价值的考量作出决断。哪些行为构成侵权行为(归责原则如何)、承担何种方式的侵权责任等问题,均应由法律规定。在损害频发、风险巨大的现代社会,并非所有法律认可的损害都需要通过侵权赔偿责任予以填补。商业保险、强制责任保险、社会保险等也发挥着重要的损害填补功能。

在大陆法系国家民法中,侵权法又称"责任法"(Haftungsrecht),它只是解决损害赔偿的发生原因即侵权行为构成要件的问题。至于规定侵权行为的法律效果即损害赔偿之债的法律规范,属于"损害法"(Schadensrecht)。责任法规定在民法典债编分则当中,而损害法规定在民法典债编总则中。我国的侵权行为法独立成编,作为保护全部民事权益的法律规范,我国《民法典》将"侵权责任"作为最后一编即第七编。我国《民法典》的侵权责任编既规定了侵权行为的构成要件,也对侵权行为的法律后果即侵权责任承担方式作出了详细的规定。

第一节 概 述

一、侵权责任法的名称、含义及特征

(一)侵权责任法的名称

侵权责任法(Tort Law/ Law of Torts/ Deliktsrecht),又称"**侵权法**"或"**侵权行为法**",[1]是民法的重要组成部分。在起草我国《侵权责任法》的过程中,有些学者认为,"侵权责任法"的名称比"侵权行为法"更适当、更具有包容性。首先,侵权责任法规范的是侵权责任的成立与承担,重在"**责任**"而非"行为"。因此,使用侵权责任法的称呼,更加名副其实。[2] 其次,承担侵权责任的人不一定都是侵权行为人,例如,在雇主责任、监护人责任的情形下,责任人与行为人是分离的。因此,侵权行为法的表述不够准确。再次,侵权行为法这一称呼过分侧重于行为的不法性,不符合现代侵权法的特点。最后,传统大陆法系国家是将侵权行为作为债的发生原因之一,但是,我国民法强调的是民事责任。作为民事责任一类的侵权责任,其承担方式是多元

---

〔1〕 国内第一本具有完备体系的侵权法著作《民法·侵权行为法》,由王利明教授主编,中国人民大学出版社 1993 年出版。

〔2〕 郭明瑞:《侵权行为法还是侵权责任法》,载《中国社会科学报》2009 年 7 月 28 日。

的，不仅包括侵权赔偿责任，还包括停止侵害、排除妨碍、消除危险、赔礼道歉、消除影响、恢复名誉等。故此，采用“侵权责任法”的称呼更符合我国的立法。[3] 最终，该意见为立法者所接受，我国于 2009 年颁布了《侵权责任法》。《民法典》编纂时，该法主要内容被纳入《民法典》中，成为第七编“侵权责任”。[4]

（二）侵权责任法的含义

侵权责任法有广狭义之分。狭义的侵权责任法，也称“形式意义上的侵权责任法”，仅指以“侵权责任法”或“侵权法”为名的某部法律或者民法典中的侵权责任编。我国《民法典》编纂前曾有专门的一部法律，即《侵权责任法》。这种立法在比较法上是独一无二的。尤其是在大陆法系国家，它们通常都只是在民法典债编的各论部分对各类侵权行为的成立要件加以规定，侵权行为或侵权责任仅仅是债编中的一章或一节而已。例如，《德国民法典》第二编“债务关系法”第八章“具体债务关系”的最后一节即第二十七节规定了“侵权行为”，《日本民法典》第三编“债权”最后一章即第五章是对“侵权行为”的规定。[5]

在以德国为代表的大陆法系国家或地区，调整侵权损害赔偿责任发生原因的法律规范被统称为“**责任法**”（Haftungsrecht）。[6] 而调整侵权行为（以及债务不履行等其他原因）所生法律效果即损害赔偿之债的法律规范，属于“**损害法**”（Schadensrecht），规定于民法典债编的总则部分（参见表 1.1.1）。例如，《德国民法典》第 249 ~ 255 条是对损害赔偿请求权内容的规定（包括损害赔偿的目的、方法、范围等）。大陆法系国家民法理论还将债区分为：**法定之债**（Gesetzliche Schuldverhaeltnisse）与**意定之债**（Vertragliche Schuldverhaeltnisse）。债的发生原因主要有四种：侵权行为、合同、无因管理以及不当得利。其中，因侵权行为（Unerlaubte Handlungen）、无因管理（Geschaeftsfuehrung ohne Auftrag）以及不当得利（Ungerechtfertige Bereicherung）所生的债权债务关系是“法定之债”。合同产生的债则属于“意定之债”。

表 1.1.1　部分大陆法系民法规范中的侵权法

国家或地区	责任法	损害法
德国	民法典第二编“债务关系法”第八章“各种之债”第二十七节“侵权行为”	民法典第二编“债务关系法”第一章“债务关系的内容”第一节“给付义务”
瑞士	债务法第一编“总则”第一章“债的发生”第二节“侵权之债”	债务法第一编“总则”第二章“债的效力”第二节“债务不履行的后果”
荷兰	民法典第六编“债法总则”第三章“侵权行为”	民法典第六编“债法总则”第一章“债的一般规定”第十节“损害赔偿的法定义务”

---

〔3〕 对“侵权责任法”这一名称合理性的详细论述，参见王利明：《侵权责任法研究》（上卷）（第 2 版），中国人民大学出版社 2018 年版，第 76 ~ 78 页。

〔4〕 在本书中，“侵权责任法”与“侵权行为法”“侵权法”这三个名称通用。

〔5〕 我国台湾地区“民法”比较特殊，该民法是在债编第一章“通则”的第一节“债之发生”中规定“侵权行为”的（该节还规定了无因管理、不当得利、契约以及代理权的授予）。台湾地区民法学者也认为这种规定方式不妥。“无因管理、不当得利、侵权行为，系非契约之债之具体制度规定，性质上为固有意义之债各，比较上宜列于保证之后，始较妥当。”邱聪智：《新订民法债编通则》（上），2003 年自版，第 18 ~ 19 页。

〔6〕 王泽鉴：《危险社会、保护国家与损害赔偿法》，载《月旦法学杂志》2005 年第 2 期。需要注意的是，责任法中的“责任”（Haftung）不包括债务不履行责任，仅指非合同的责任，主要是侵权责任。参见 Erwin Deutsch，Allgemeines Haftungsrecht，2. Aufl.，Carl Heymanns，S. 1；Gert Brueggemeier，Haftungsrecht：Struktur，Prinzipien，Schutzbereich，Springer，2006，S. 9.

续表

国家或地区	责任法	损害法
日本	民法典第三编“债权”第五章“侵权行为”	民法典第三编“债权”第一章“总则”第二节“债权的效力”
奥地利	普通民法典第二编“物法”第三十章“损害赔偿法”	普通民法典第二编“物法”第三十章“损害赔偿法”
法国	民法典第三卷“取得财产的各种方式”第四编“非因约定而发生的债”第二章“侵权行为与准侵权行为”	没有专门规定，判例学说进行解释。目前正在对侵权行为法进行改革，官方草案有若干规定
意大利	民法典第四编“债”第九章“不法行为”	民法典第四编“债”第九章“不法行为”
中国台湾地区	“民法”第二编“债”第一章“通则”第一节“债之发生”第五款“侵权行为”	“民法”第二编“债”第一章“通则”第二节“债之标的”

在我国，2009 年 12 月 26 日第十一届全国人民代表大会常务委员会第十二次会议通过、2010 年 7 月 1 日起正式施行的《侵权责任法》属于狭义的侵权责任法。该法不仅详细规定了一般侵权行为以及各类特殊侵权行为的构成要件，还统一规定了侵权责任承担方式与内容。因此，我国《侵权责任法》同时包括了责任法与损害法，[7]其规范的是两大问题：一是**构成要件问题**，即符合哪些构成要件的加害行为，属于侵权行为，从而成立侵权责任；二是**法律后果问题**，即侵权责任成立后，发生何种法律后果，应由何人承担何种责任。侵权责任法的全部内容都与这两个问题息息相关，整部侵权责任法都是“从不同的角度回答侵权是否构成和责任如何承担的问题”。[8]

2020 年 5 月 28 日第十三届全国人民代表大会第三次会议审议通过了新中国成立以来的第一部民法典，即《中华人民共和国民法典》。该法典主要分为总则与分则两大部分，分则共有六编，即物权编、合同编、人格权编、婚姻家庭编、继承编以及侵权责任编。我国《民法典》第七编“**侵权责任**”是在《侵权责任法》等侵权方面的法律、司法解释的基础上编纂而成的，对分别规定的侵权法律规范进行了科学整理，消除其中的矛盾冲突，去除重复烦琐的内容，同时针对那些不适应现实情况的规定加以修改完善，就社会经济生活中新情况、新问题作出了有针对性的新规定。[9] 因此，我国法上狭义的侵权责任法指的就是《民法典》的侵权责任编，该编共有 10 章 95 条。

广义的侵权责任法，也称“**实质意义上的侵权责任法**”，是所有规范侵权责任的构成要件与法律后果的法律规范的总称。除《民法典》侵权责任编外，广义的侵权责任法还包括《民法典》其他各编中涉及侵权责任的法律规范以及《产品质量法》《道路交通安全法》《消费者权益保护法》《电子商务法》《网络安全法》《民用航空法》《环境保护法》《著作权法》《专利法》《商标法》《铁路法》《公路法》《电力法》《人身损害赔偿解释》《精神损害赔偿解释》等法律和司法解释中

---

〔7〕 从比较法上来看，《意大利民法典》《奥地利普通民法典》也是采取该模式，将侵权责任的构成与侵权责任尤其是损害赔偿责任的承担规定在一起。

〔8〕 王胜明主编：《中华人民共和国侵权责任法解读》，中国法制出版社 2010 年版，第 1 页。

〔9〕 《关于〈中华人民共和国民法总则（草案）〉的说明》，载《民法总则立法背景与观点全集》编写组：《民法总则立法背景与观点全集》，法律出版社 2017 年版，第 3 页。

规范侵权责任的构成要件和法律后果的全部法律规范。

(三)侵权责任法的特征

1. 侵权责任法属于私法

民法调整的是作为平等主体的自然人、法人、非法人组织之间的人身关系和财产关系。侵权责任法属于民法的重要组成部分,其调整的自然也是平等主体之间的民事权利义务关系,确切地说,就是"因侵害民事权益产生的民事关系"(《民法典》第1164条)。具体而言,首先,侵权责任法保护的是民事权益:既包括**民事权利**,也包括**民事利益**;既包括**人身权益**,也包括**财产权益**。人身权益包括生命权、健康权、身体权、隐私权、名誉权等人格权,监护权等身份权以及人格利益;财产权益包括物权、债权等财产权利,商业秘密等财产利益。其次,侵权责任法律关系是因侵害民事权益而产生的民事法律关系。我国《民法典》第120条规定:"民事权益受到侵害的,被侵权人有权请求侵权人承担侵权责任。"故此,侵权责任法律关系产生于侵权人与被侵权人之间。即便侵害民事权益的行为在产生民事责任的同时,也产生了行政责任甚至刑事责任,后二者也不影响前者。对此,《民法典》第187条规定:"民事主体因同一行为应当承担民事责任、行政责任和刑事责任的,承担行政责任或者刑事责任不影响承担民事责任;民事主体的财产不足以支付的,优先用于承担民事责任。"

2. 侵权责任法是强行法

合同法以**合同自由**为最基本之原则(《民法典》第5条),当事人可以自由地决定是否订立合同、与谁订立合同、合同的内容如何、形式怎样等。由于充分尊重当事人的意思,故调整合同关系的法律规范多属于**任意性规范**,当事人可以通过约定排除其适用,这在立法条文上表现为大量使用"**当事人另有约定的除外**"之类的表述。物权法中虽然也有物权法定原则(《民法典》第116条),物权的种类与内容由法律规定,当事人不得任意创设物权或改变物权内容,但由于引起物权变动的最主要的原因是法律行为,因此当事人的意思仍有广泛的适用空间。[10]

侵权责任法与同属于私法的合同法、物权法相比,显然具有更多的强行法色彩。一方面,法律关于侵权责任构成要件与法律效果的规定属于**强行性规范**,不能任由当事人协商改变。例如,无过错责任必须由法律规定(《民法典》第1166条),当事人不能事先就将来发生的侵权行为约定适用无过错责任。另一方面,侵权法规则的可适用性是强制的,不能任由私人协商决定。侵权责任法之所以有更多的强行法色彩是因为:侵权法在本质上是要解决损害究竟由谁承担的问题。损害赔偿法的基本原则是权益的所有者自担风险,即原则上任何人应当承担自身所遭受的损害,只有在满足法律规定的归责事由的情况下,其才能将损害转移给别人。侵权责任法本身无法消除损害本身,达到损害从未发生的效果。侵权责任法也无法消除损害所导致的不快和痛苦,其能够做的只是将损害加以转移。"世界上没有一个立法可以消除已经发生的损害,面对这种既成事实,法律有些无助。因此,立法针对损害风险只能追求如下两个目标:一是尽可能地防止损害的发生;二是依据正义以及宏观经济利益的要求,令最易于承担损害赔偿的人负担已经发生的损害。"[11]为实现第二个目标,法律就必须对什么样的行为构成侵权行

〔10〕 例如,我国《民法典》第215条对合同效力与物权变动效力的区分,就既保护了交易安全,又充分维护了当事人的意思自治。详见王泽鉴:《物权法上的自由与限制》,载《岳麓法学评论》(第1卷第1期),湖南大学出版社2000年版,第45页。

〔11〕 转引自[奥地利]海尔姆特·库奇奥:《侵权责任法的基本问题》(第1卷),朱岩译,北京大学出版社2017年版,第4页。

为作出规定,即确定不同的侵权行为的构成要件。同时,要使得构成要件与法律效果保持一致,法律后果越严重,构成要件就应当越严格。侵权行为的构成要件是经由立法者诸多价值权衡与利益考量后加以确定的,倘若当事人可以随意加以改变,就会使得立法目的落空。

此外,侵权法的强行性也是出于维护公共利益的考虑。侵权责任法"属于包含有强制性规范的私法规则,因此,在广义上构成公共秩序之一部分,即构成那些也适用于私法关系的法律原则。因为这是为了公共利益,所以其可适用性不能由私人协商决定"。[12]

当然,侵权责任法的强行性并不意味着在侵权法律关系中就完全排除了当事人的意思自治。毕竟侵权责任法属于民法,而民法以意思自治为最基本之原则(《民法典》第5条)。侵权人和被侵权人仍可以就侵权责任中的一些问题协商解决,比如侵权人主动承认错误,赔礼道歉,被侵权人谅解侵权人,放弃侵权赔偿的要求。再如,依据《民法典》第1182条,侵害他人人身权益造成财产损失的,如果被侵权人因此受到的损失以及侵权人因此获得的利益难以确定的,则可以由被侵权人和侵权人就赔偿数额加以协商。

二、侵权责任的基本法与特别法

(一)含义

侵权责任基本法,就是民法典对侵权责任的构成要件与责任承担问题的规定。侵权责任基本法所规定的都是侵权责任中**基本的、共通的内容**,如过错责任、多数人侵权责任、减免责事由等。侵权责任特别法,是指民法典之外对侵权责任作出规定的单行法或相关法律规范。之所以要有侵权责任特别法,是因为随着社会的发展,各种特殊的、新型的侵权行为会不断涌现,民法典作为民商事领域的基本法,必须保持稳定,不能随意增修。故此,只能通过单行立法来规范这些新产生的侵权行为。从侵权法的发展史来看,侵权特别法规范的很多新型侵权行为就是那些应当适用危险责任的侵权行为。以德国为例,《德国民法典》中规定的危险责任只有一类,即第833条第1款规定的动物饲养人对动物造成损害的责任,且该款只适用于所谓"奢侈性动物",不适用于警犬、耕牛或其他与饲养人职业或业务有关的动物。然而,进入20世纪后,科技的发展使得机动车损害、产品事故、航空事故、铁路事故、环境污染事故、核子损害等新型侵权行为越来越多。由于《德国民法典》缺乏对这些新型侵权行为的规定,而修订民法典又非常不容易。故此,德国的立法者只能通过制订《道路交通法》《环境责任法》《赔偿义务法》《药品法》《原子能法》等大量的单行法来对上述侵权行为加以规范。[13]

我国《民法典》侵权责任编及其他各编中可适用于侵权责任的法律规范,属于我国的侵权责任基本法。此外,我国还有大量的单行法律涉及侵权责任的问题,如《产品质量法》《消费者权益保护法》《反不正当竞争法》《电子商务法》《网络安全法》《道路交通安全法》《食品安全法》《铁路法》《民用航空法》《环境保护法》《水污染防治法》《大气污染防治法》《固体废物污染环境防治法》《放射性污染防治法》《国家赔偿法》等。这些法律中规定侵权责任的法律规范属于侵权责任的特别法,它们或是对侵权责任基本法中已有的规定加以细化或修改,或是对侵权责任基本法未涉及的内容作出的规定(参见图1.1.1)。

---

〔12〕 [德]克里斯蒂安·冯·巴尔:《欧洲比较侵权行为法》(上),张新宝译,法律出版社2004年版,第680页。

〔13〕 由于制定了如此大量的对严格责任作出详尽规定的法规,因此,德国的法院认为,在何种情况下适用严格责任是应当由立法机关而非司法机关决定的事情。参见[德]罗伯特·霍恩、海因·克茨、汉斯·G.莱塞:《德国民商法导论》,楚建译,谢怀栻校,中国大百科全书出版社1996年版,第181页。

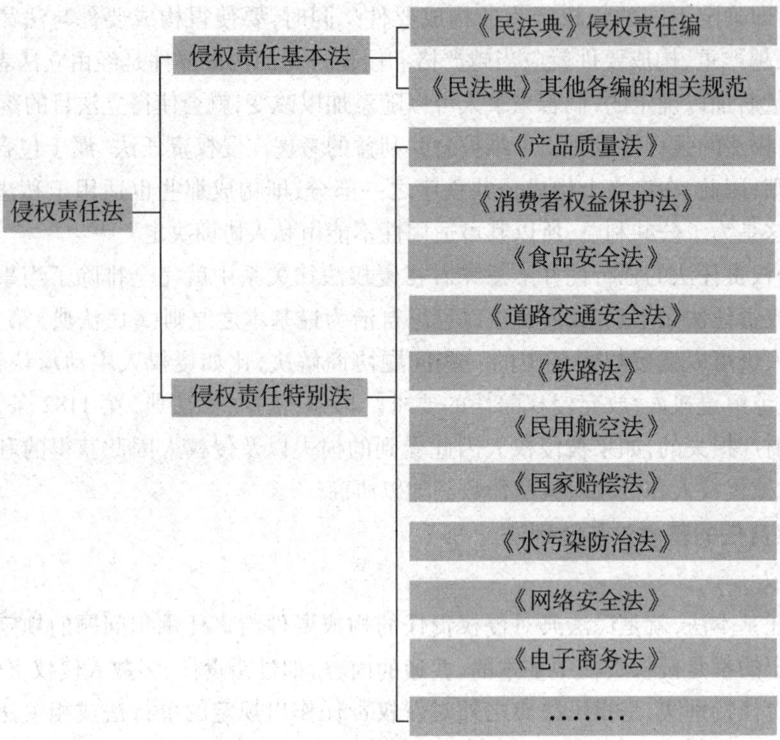

图 1.1.1　我国侵权责任法的体系结构

(二)侵权责任基本法与特别法的适用关系

我国《立法法》第 92 条规定:"同一机关制定的法律、行政法规、地方性法规、自治条例和单行条例、规章,特别规定与一般规定不一致的,适用特别规定;新的规定与旧的规定不一致的,适用新的规定。"这就是所谓的"**特别法优于一般法、新法优于旧法**"的法律适用规则。侵权责任基本法与侵权责任特别法同属于同一机关制定的法律,应当遵循前述规则,即侵权责任特别法优先于侵权责任基本法适用。但是,由于我国《民法典》颁布在不少已有的侵权责任特别法之后,《民法典》中的一些内容属于新规定或者是对已有规定的修改。故此,在侵权法律规范的适用上,不能简单地一概依据"特别法优于一般法"的原则,还需要考虑到侵权责任基本法的一些规定是否属于对侵权责任特别法的修改或者新的规定。如果是,则应当适用《民法典》的规定,而不是侵权责任特别法的规定。例如,自助行为是我国《民法典》第 1177 条新作出的规定,之前没有规定,故此在处理相关案件时,应当适用《民法典》该条之规定。

三、侵权责任法的法律渊源

在成文法系国家,法律的适用为**三段论推理**过程,即法律规范是大前提,案件事实是小前提,将事实归入相应的法律规范中,才能得出结论(即法律效果)。现代法律体系极为庞大,法律素材众多。在浩如烟海的法律材料中准确地找到应当适用的法律条文,非常重要。试举一例说明之:甲是 A 公司的司机,某日驾驶公司的货车运货前往某地。途中,撞伤行人乙。经查,甲为疲劳驾驶且货车刹车存在缺陷,乙亦存在违章过马路的情形。货车是从 B 公司购买的,由 C 公司生产的。在本例中,要解决乙的损害赔偿问题,首先需要查找相关的法律规范。在我国,可能与该案有关的法律至少包括《民法典》《产品质量法》《道路交通安全法》等法律。此外,更具体的问题如侵权责任的承担、损害赔偿的范围等,还需要查找《人身损害赔偿解释》《道路交通事故损害赔偿解释》等司法解释。由此可见,只有了解侵权责任法的法律渊源,才能准确、快捷地找法。

我国侵权责任法的法律渊源为成文法即**制定法**。依据立法权限和效力等级的不同,制定法分为:宪法、法律、法律解释、行政法规、地方性法规、经济特区法规、自治条例、单行条例、规章(部门规章以及地方政府规章)等。依据《立法法》第 8 条第 7 项,“**民事基本制度**”属于法律保留的事项,即只能制定法律的事项。侵权责任属于民事基本制度,故此应由法律加以规定。〔14〕 除非有全国人大及其常委会的授权,否则,行政法规不能规定侵权责任(《立法法》第 9 条)。至于地方性法规、经济特区法规、自治条例、单行条例、规章等,无权规定侵权责任,故此,它们都不属于侵权责任法的法律渊源。

(一)宪法

宪法是国家的根本法,具有最高的法律效力。一切法律、行政法规、地方性法规、自治条例和单行条例、规章,都不得同宪法相抵触(《立法法》第 87 条)。我国《宪法》明确规定了人民的各项基本权利,如合法的私有财产不受侵犯,言论、出版、集会、结社、游行、示威的自由,宗教信仰的自由,人身自由,人格尊严,通信自由和通信秘密受法律的保护,住宅不受侵犯,休息的权利,受教育的权利等。《宪法》规定这些权利属于基本权利即人权,其主要目的在于防止来自公权力的侵害。宪法对基本权利的规定决定了以平等主体间的人身关系、财产关系为调整对象的民事法律的规范空间。宪法上赋予人民的基本权利越多、权利范围越大,则民法规范的空间就越大。倘若宪法对人民的基本权利并未给予特别的保障,立法者可以通过法律随意限制或者废止,公权力机关可以肆意运用公权力加以侵害,则民法就会因为平等主体之间的人身关系与财产关系没有规范的必要,沦落为点缀。在这个意义上,宪法当然是侵权责任法的最基本法律渊源。

然而,宪法规定的基本权利并非民事权利,宪法关于基本权利的各种规范也不是完全法条。宪法的规定只有在与具体的民事法律规定相结合后,方能运用于民事裁判当中。〔15〕 法院在审理侵权案件时,不能仅以宪法的条文作为裁判依据。〔16〕 即便人民法院在制作裁判文书时发现,确需引用的规范性法律文件之间存在冲突,而根据《立法法》等有关法律规定又无法选择适用的,人民法院也应当依法提请有决定权的机关作出裁决,而不得自行在裁判文书中认定相关规范性法律文件的效力。〔17〕 因为我国并非实行三权分立,法院不享有对法律规范的司法审查权。只有全国人大常委会有权就行政法规、地方性法规、自治条例和单行条例是否与宪法或者法律相抵触加以审查(《立法法》第 99 条以下)。

(二)法律与法律解释

法律有广狭义之分。狭义的法律,是指全国人民代表大会及其常务委员会制定的规范性法律文件。广义的法律,是指有权机关制定颁行的所有规范性法律文件,包括狭义的法律、行

---

〔14〕 民事基本制度包括民事主体制度、物权制度、债权制度(合同与侵权)、知识产权制度、婚姻家庭制度、收养制度、继承制度等。参见全国人大常委会法制工作委员会国家法室:《中华人民共和国立法法释义》,法律出版社 2015 年版,第 54 ~ 55 页。

〔15〕 张红:《基本权利与私法》,法律出版社 2010 年版,第 257 页以下。

〔16〕 1955 年 7 月 30 日《最高人民法院关于在刑事判决中不宜援引宪法作论罪科刑的依据的复函》就明确指出,《宪法》“对刑事方面,它并不规定如何论罪科刑的问题”,“在刑事判决中,宪法不宜引为论罪科刑的依据”。

〔17〕《最高人民法院关于裁判文书引用法律、法规等规范性法律文件的规定》第 7 条。

政法规、地方性法规、自治条例、单行条例和规章等。如前所述,作为侵权责任法的法律渊源的法律仅指狭义的法律,除了《民法典》外,还包括诸多单行法律。

我国的法律解释权属于全国人民代表大会常务委员会。当法律中存在以下情况之一时,由全国人民代表大会常务委员会解释:(1)法律的规定需要进一步明确具体含义的;(2)法律制定后出现新的情况,需要明确适用法律依据的。全国人民代表大会常务委员会就民法作出法律解释的情形极少。迄今为止,只有一次,即2014年11月1日第十二届全国人民代表大会常务委员会第十一次会议通过的《全国人民代表大会常务委员会关于〈中华人民共和国民法通则〉第九十九条第一款、〈中华人民共和国婚姻法〉第二十二条的解释》,该解释主要涉及的是公民姓名权的行使问题。在《民法典》颁布后,该法律解释也因《民法通则》和《婚姻法》的失效而失效。

(三)司法解释

司法解释是最高人民法院和最高人民检察院就各级审判机关与检察机关在审判、检察工作中,如何具体应用法律、法令问题作出的具有法律效力的阐释与说明。《全国人民代表大会常务委员会关于加强法律解释工作的决议》以及《人民法院组织法》第18条、《人民检察院组织法》第23条规定,最高人民法院、最高人民检察院对法院审判工作、检察院检察工作中具体应用法律、法令的问题进行解释。司法解释在我国法律体系中具有何种地位、效力如何,并无法律作出具体的规定。考虑司法解释只是对审判工作或者检察工作中具体应用法律问题的解释,且只有最高人民法院、最高人民检察院才能作出司法解释,故此,应当认为司法解释只是相应地对于各级人民法院、人民检察院的审判工作或者检察工作具有约束力,而不能一般性地认为其具有法律效力。否则,就等于认可最高人民法院和最高人民检察院可以制定具有普遍约束力的法律规范,与我国《宪法》和《立法法》的规定不符。故此,《最高人民法院关于司法解释工作的规定》第5条关于"最高人民法院发布的司法解释,具有法律效力"的规定,[18]只能理解为最高人民法院的司法解释对于各级人民法院的审判工作具有拘束力。

与侵权责任相关的司法解释基本上由最高人民法院作出,且数量较多。依据《最高人民法院关于司法解释工作的规定》第6条,最高人民法院颁布的司法解释分为"**解释**"、"**规定**"、"**批复**"和"**决定**"。

1. 解释。对在审判工作中如何具体应用某一法律或者对某一类案件、某一类问题如何应用法律制定的司法解释,采用"解释"的形式。例如,《医疗损害责任解释》《人身损害赔偿解释》《精神损害赔偿解释》《名誉权解释》等。

2. 规定。根据立法精神对审判工作中需要制定的规范、意见等司法解释,采用"规定"的形式。例如,《食品药品纠纷规定》《利用信息网络侵害人身权益纠纷规定》等。

3. 批复。对高级人民法院、解放军军事法院就审判工作中具体应用法律问题的请示制定的司法解释,采用"批复"的形式。例如,《最高人民法院关于交通事故中的财产损失是否包括被损车辆停运损失问题的批复》《最高人民法院关于产品侵权案件的受害人能否以产品的商标所有人为被告提起民事诉讼的批复》《最高人民法院关于购买人使用分期付款购买的车辆从事运输因交通事故造成他人财产损失保留车辆所有权的出卖方不应承担民事责任的批复》等。

---

〔18〕 对最高人民法院司法解释法律地位的详细分析,参见曹士兵:《最高人民法院裁判、司法解释的法律地位》,载《中国法学》2006年第3期。

4.决定。修改或者废止司法解释,采用“决定”的形式。例如,《最高人民法院关于修改〈最高人民法院关于审理涉及计算机网络著作权纠纷案件适用法律若干问题的解释〉的决定(二)》(已失效)。

提 示

实践中,最高人民法院的各业务庭、办、局及研究室也常对下级法院的请示作出批复、答复、复函或电话答复等。例如,最高人民法院原民事审判庭作出的《关于李桂英诉孙桂清鸡啄眼赔偿一案的函复》([81]民他字第32号)、《关于死亡人的名誉权应依法保护的复函》([1988]民他字第52号);再如,最高人民法院民事审判第一庭作出的《关于连环购车未办理过户手续,原车主是否对机动车发生交通事故致人损害承担责任的请示的批复》([2001]民一他字第32号),最高人民法院研究室作出的《对广东省高级人民法院粤高法(2000)20号请示复函》(法研[2001]11号)等。依据《宪法》第132条、《人民法院组织法》第10条的规定,最高人民法院是最高审判机关。最高人民法院监督地方各级人民法院和专门人民法院的审判工作,上级人民法院监督下级人民法院的审判工作。故此,最高人民法院针对下级法院请示作出的批复、答复或复函,对于被请示案件的裁判结果具有决定性影响。但是,由于它们并非最高人民法院审判委员会通过的,不属于司法解释,无法对各级人民法院的审判活动产生普遍性拘束力。除提出个案请示的法院在处理该个案时应认真对待之外,其他的法院可以不遵循。[19]

笔者认为,无论最高人民法院还是其他各级法院,均不应对下级法院正在审理的案件作出答复、批复或复函。因为这种个案请示汇报制度,不利于审判独立,保障司法公正,其直接剥夺了当事人的上诉权,将法律规定的民事案件二审终审制变为一审终审。

(四)案例

我国是成文法国家,并未建立判例制度。无论是最高人民法院的判决还是地方各级法院的判决,都不属于法律渊源。然而,仅仅依靠成文法来处理纷繁复杂的案件,也常常捉襟见肘。毕竟,法律条文是抽象的,具体案件中如何理解和阐释抽象的法律规定,往往见仁见智。即便是最高人民法院作出了具体、详尽的司法解释,可由于司法解释本身依然是采取抽象条文的表达方式,故仍然存在进一步解释的空间和需要。于是,司法解释又需要再解释,[20]如此循环反复,岂非陷入恶性循环?为了满足“类案同判”的要求,保证法律适用的统一性,维护司法权威,也为了弥补成文法在周延性、具体性与应变性上的不足,我国开始建立案例指导制度,期望通过指导性案例发挥弥补成文法局限的作用。[21]

---

[19] 佛山市顺德区乐从镇平步社区居民委员会与程武安道路交通事故人身损害赔偿纠纷案,广东省佛山市中级人民法院(2004)佛中法民一终字第731号民事判决书。

[20] 典型的例子是:由于现行法对精神损害赔偿的问题规定得很简单,为明确该问题,最高人民法院在2001年颁布了《精神损害赔偿解释》;为了进一步明确该司法解释中一些规定的含义,四川省高级人民法院在2002年又颁布了《四川省高级人民法院贯彻执行〈最高人民法院关于确定民事侵权精神损害赔偿责任若干问题的解释〉的意见》,对最高人民法院的司法解释进行了再次解释。

[21] 关于建立案例指导制度的理论意义,参见刘作翔、徐景和:《案例指导制度的理论基础》,载《法学研究》2006年第3期;胡云腾、于同志:《案例指导制度若干重大疑难争议问题研究》,载《法学研究》2008年第6期。

2010年11月26日最高人民法院颁布了《关于案例指导工作的规定》，决定在我国建立案例指导制度。[22] 依据该规定，最高人民法院将确定并统一发布对全国法院审判、执行工作具有指导作用的指导性案例。所谓**指导性案例**，应当是裁判已经发生法律效力，认定事实清楚，适用法律正确，裁判说理充分，法律效果和社会效果良好，对审理类似案件具有普遍指导意义的案例。依据《关于案例指导工作的规定》第7条，最高人民法院发布的指导性案例，各级人民法院审判类似案例时**应当参照**。《〈最高人民法院关于案例指导工作的规定〉实施细则》[23] 第9、10条规定，各级人民法院正在审理的案件，在基本案情和法律适用方面，与最高人民法院发布的指导性案例相类似的，应当参照相关指导性案例的裁判要点作出裁判。各级人民法院审理类似案件参照指导性案例的，应当将指导性案例作为裁判理由引述，但不作为裁判依据引用。[24] 《人民法院组织法》第18条第2款明确规定："最高人民法院可以发布指导性案例。"截至2020年9月1日，最高人民法院共发布24批、共139件指导案例，其中涉及侵权问题的指导性案例共39件（参见表1.1.2）。侵权责任法方面比较重要的指导性案例，如第24号指导案例"荣宝英诉王阳、永诚财产保险股份有限公司江阴支公司机动车交通事故责任纠纷案"。[25]

表1.1.2　涉及侵权责任问题的指导案例

案号	案例名称	裁判要点
19号	赵春明等诉烟台市福山区汽车运输公司、卫德平等机动车交通事故责任纠纷案	机动车所有人或者管理人将机动车号牌出借他人套牌使用，或者明知他人套牌使用其机动车号牌不予制止，套牌机动车发生交通事故造成他人损害的，机动车所有人或者管理人应当与套牌机动车所有人或者管理人承担连带责任
20号	深圳市斯瑞曼精细化工有限公司诉深圳市坑梓自来水有限公司、深圳市康泰蓝水处理设备有限公司侵害发明专利权纠纷案（2021年1月1日起不再参照）	在发明专利申请公布后至专利权授予前的临时保护期内制造、销售、进口的被诉专利侵权产品不为专利法禁止的情况下，其后续的使用、许诺销售、销售，即使未经专利权人许可，也不视为侵害专利权，但专利权人可以依法要求临时保护期内实施其发明的单位或者个人支付适当的费用
23号	孙银山诉南京欧尚超市有限公司江宁店买卖合同纠纷案	消费者购买到不符合食品安全标准的食品，要求销售者或者生产者依照食品安全法规定支付价款十倍赔偿金或者依照法律规定的其他赔偿标准赔偿的，不论其购买时是否明知食品不符合安全标准，人民法院都应予支持

---

〔22〕 最高人民检察院也建立了案例指导制度，参见《最高人民检察院关于案例指导工作的规定》（2010年7月29日最高人民检察院第十一届检察委员会第四十次会议通过；2015年12月9日最高人民检察院第十二届检察委员会第四十四次会议修订；2019年3月20日最高人民检察院第十三届检察委员会第十六次会议第二次修订）。

〔23〕 2015年4月27日由最高人民法院审判委员会第1649次会议讨论通过。

〔24〕 "所谓参照，不是参照指导性案例的裁判结果，而是参照其精神实质。参照也不同于引用，只要类似案件的裁判符合指导性案例的裁判要点和价值精神，不必非在裁判文书中引用某个指导性案例不可。但是，如果当事人或者律师在诉讼活动中明确要求法院参照某个指导性案例，那么，法官在裁判文书的说理中就必须回应是否应当参照这个指导性案例，并且要说明参照或者不参照的理由。"胡云腾：《关于案例指导制度的几个问题》，载《光明日报》2014年1月29日，第16版。

〔25〕 该指导案例是于2014年1月26日发布。截至2018年12月31日，全国各级法院在671例案件中的处理中引用了该指导案例，连续五年应用案例数量居于指导性案例之首，总体占比为22%。参见《最高人民法院指导案例24号司法应用报告（2018）》，载搜狐网：https://www.sohu.com/a/315998874_120054205，2020年4月17日最后访问。

续表

案号	案例名称	裁判要点
24号	荣宝英诉王阳、永诚财产保险股份有限公司江阴支公司机动车交通事故责任纠纷案	交通事故的受害人没有过错,其体质状况对损害后果的影响不属于可以减轻侵权人责任的法定情形
29号	天津中国青年旅行社诉天津国青国际旅行社有限公司擅自使用他人企业名称纠纷案	对于企业长期、广泛对外使用,具有一定市场知名度、为相关公众所知悉,已实际具有商号作用的企业名称简称,可以视为企业名称予以保护。擅自将他人已实际具有商号作用的企业名称简称作为商业活动中互联网竞价排名关键词,使相关公众产生混淆误认的,属于不正当竞争行为
30号	兰建军、杭州小拇指汽车维修科技股份有限公司诉天津市小拇指汽车维修服务有限公司等侵害商标权及不正当竞争纠纷案	经营者是否具有超越法定经营范围而违反行政许可法律法规的行为,不影响其依法行使制止商标侵权和不正当竞争的民事权利。《反不正当竞争法》并未限制经营者之间必须具有直接的竞争关系,也没有要求其从事相同行业。经营者之间具有间接竞争关系,行为人违背《反不正当竞争法》的规定,损害其他经营者合法权益的,也应当认定为不正当竞争行为
31号	江苏炜伦航运股份有限公司诉米拉达玫瑰公司船舶碰撞损害赔偿纠纷案	航行过程中,当事船舶协商不以《1972年国际海上避碰规则》确立的规则交会,发生碰撞事故后,双方约定的内容以及当事船舶在发生碰撞事故时违反约定的情形,不应作为人民法院判定双方责任的主要依据,仍应当以前述规则为准据,在综合分析紧迫局面形成原因、当事船舶双方过错程度及处置措施恰当与否的基础上,对事故责任作出认定
40号	孙立兴诉天津新技术产业园区劳动人事局工伤认定案	《工伤保险条例》第14条第1项规定的"因工作原因",是指职工受伤与其从事本职工作之间存在关联关系;"工作场所",是指与职工工作职责相关的场所,有多个工作场所的,还包括工作时间内职工来往于多个工作场所之间的合理区域。职工在从事本职工作中存在过失,不属于《工伤保险条例》第16条规定的故意犯罪、醉酒或者吸毒、自残或者自杀情形,不影响工伤的认定
43号	国泰君安证券股份有限公司海口滨海大道(天福酒店)证券营业部申请错误执行赔偿案	赔偿请求人以人民法院具有《国家赔偿法》第38条规定的违法侵权情形为由申请国家赔偿的,人民法院应就赔偿请求人诉称的司法行为是否违法,以及是否应当承担国家赔偿责任一并予以审查。人民法院审理执行异议案件,因原执行行为所依据的当事人执行和解协议侵犯案外人合法权益,对原执行行为裁定予以撤销,并将被执行财产回复至执行之前状态的,该撤销裁定及执行回转行为不属于《国家赔偿法》第38条规定的执行错误
44号	卜新光申请刑事违法追缴赔偿案	公安机关根据人民法院生效刑事判决将判令追缴的赃物发还被害单位,并未侵犯赔偿请求人的合法权益,不属于《国家赔偿法》第18条第1项规定的情形,不应承担国家赔偿责任
45号	北京百度网讯科技有限公司诉青岛奥商网络技术有限公司等不正当竞争纠纷案	从事互联网服务的经营者,在其他经营者网站的搜索结果页面强行弹出广告的行为,违反诚实信用原则和公认商业道德,妨碍其他经营者正当经营并损害其合法权益,可以依照《反不正当竞争法》第2条的原则性规定认定为不正当竞争

续表

案号	案例名称	裁判要点
46号	山东鲁锦实业有限公司诉鄄城县鲁锦工艺品有限责任公司、济宁礼之邦家纺有限公司侵害商标权及不正当竞争纠纷案	判断具有地域性特点的商品通用名称,应当注意从以下方面综合分析:(1)该名称在某一地区或领域约定俗成,长期普遍使用并为相关公众认可;(2)该名称所指代的商品生产工艺经某一地区或领域群众长期共同劳动实践而形成;(3)该名称所指代的商品生产原料在某一地区或领域普遍生产
47号	意大利费列罗公司诉蒙特莎(张家港)食品有限公司、天津经济技术开发区正元行销有限公司不正当竞争纠纷案	《反不正当竞争法》所称的知名商品,是指在中国境内具有一定的市场知名度,为相关公众所知悉的商品。在国际上已知名的商品,我国对其特有的名称、包装、装潢的保护,仍应以其在中国境内为相关公众所知悉为必要。故认定该知名商品,应当结合该商品在中国境内的销售时间、销售区域、销售额和销售对象,进行宣传的持续时间、程度和地域范围,作为知名商品受保护的情况等因素,并适当考虑该商品在国外已知名的情况,进行综合判断。《反不正当竞争法》所保护的知名商品特有的包装、装潢,是指能够区别商品来源的盛装或者保护商品的容器等包装,以及在商品或者其包装上附加的文字、图案、色彩及其排列组合所构成的装潢。对他人能够区别商品来源的知名商品特有的包装、装潢,进行足以引起市场混淆、误认的全面模仿,属于不正当竞争行为
48号	北京精雕科技有限公司诉上海奈凯电子科技有限公司侵害计算机软件著作权纠纷案	计算机软件著作权人为实现软件与机器的捆绑销售,将软件运行的输出数据设定为特定文件格式,以限制其他竞争者的机器读取以该特定文件格式保存的数据,从而将其在软件上的竞争优势扩展到机器,不属于《著作权法》所规定的著作权人为保护其软件著作权而采取的技术措施。他人研发软件读取其设定的特定文件格式的,不构成侵害计算机软件著作权
49号	石鸿林诉泰州华仁电子资讯有限公司侵害计算机软件著作权纠纷案	在被告拒绝提供被控侵权软件的源程序或者目标程序,且由于技术上的限制,无法从被控侵权产品中直接读出目标程序的情形下,如果原告、被告软件在设计缺陷方面基本相同,而被告又无正当理由拒绝提供其软件源程序或者目标程序以供直接比对,则考虑原告的客观举证难度,可以判定原、被告计算机软件构成实质性相同,由被告承担侵权责任
55号	柏万清诉成都难寻物品营销服务中心等侵害实用新型专利权纠纷案	专利权的保护范围应当清楚,如果实用新型专利权的权利要求书的表述存在明显瑕疵,结合涉案专利说明书、附图、本领域的公知常识及相关现有技术等,不能确定权利要求中技术术语的具体含义而导致专利权的保护范围明显不清,则因无法将其与被诉侵权技术方案进行有实质意义的侵权对比,从而不能认定被诉侵权技术方案构成侵权
58号	成都同德福合川桃片有限公司诉重庆市合川区同德福桃片有限公司、余晓华侵害商标权及不正当竞争纠纷案	与“老字号”无历史渊源的个人或企业将“老字号”或与其近似的字号注册为商标后,以“老字号”的历史进行宣传的,应认定为虚假宣传,构成不正当竞争。与“老字号”具有历史渊源的个人或企业在未违反诚实信用原则的前提下,将“老字号”注册为个体工商户字号或企业名称,未引人误认且未突出使用该字号的,不构成不正当竞争或侵犯注册商标专用权

续表

案号	案例名称	裁判要点
81号	张晓燕诉雷献和、赵琪、山东爱书人音像图书有限公司著作权侵权纠纷案	根据同一历史题材创作的作品中的题材主线、整体线索脉络，是社会共同财富，属于思想范畴，不能为个别人所垄断，任何人都有权对此类题材加以利用并创作作品。判断作品是否构成侵权，应当从被诉侵权作品作者是否接触过权利人作品、被诉侵权作品与权利人作品之间是否构成实质相似等方面进行。在判断是否构成实质相似时，应比较作者在作品表达中的取舍、选择、安排、设计等是否相同或相似，不应从思想、情感、创意、对象等方面进行比较。按照《著作权法》保护作品的规定，人民法院应保护作者具有独创性的表达，即思想或情感的表现形式。对创意、素材、公有领域信息、创作形式、必要场景，以及具有唯一性或有限性的表达形式，则不予保护
82号	王碎永诉深圳歌力思服饰股份有限公司、杭州银泰世纪百货有限公司侵害商标权纠纷案	当事人违反诚实信用原则，损害他人合法权益，扰乱市场正当竞争秩序，恶意取得、行使商标权并主张他人侵权的，人民法院应当以构成权利滥用为由，判决对其诉讼请求不予支持
83号	威海嘉易烤生活家电有限公司诉永康市金仕德工贸有限公司、浙江天猫网络有限公司侵害发明专利权纠纷案	网络用户利用网络服务实施侵权行为，被侵权人依据《侵权责任法》向网络服务提供者所发出的要求其采取必要措施的通知，包含被侵权人身份情况、权属凭证、侵权人网络地址、侵权事实初步证据等内容的，即属有效通知。网络服务提供者自行设定的投诉规则，不得影响权利人依法维护其自身合法权利。《侵权责任法》第36条第2款所规定的网络服务提供者接到通知后所应采取的必要措施包括但并不限于删除、屏蔽、断开链接。“必要措施”应遵循审慎、合理的原则，根据所侵害权利的性质、侵权的具体情形和技术条件等来加以综合确定
84号	礼来公司诉常州华生制药有限公司侵害发明专利权纠纷案	药品制备方法专利侵权纠纷中，在无其他相反证据情形下，应当推定被诉侵权药品在药监部门的备案工艺为其实际制备工艺；有证据证明被诉侵权药品备案工艺不真实的，应当充分审查被诉侵权药品的技术来源、生产规程、批生产记录、备案文件等证据，依法确定被诉侵权药品的实际制备工艺。对于被诉侵权药品制备工艺等复杂的技术事实，可以综合运用技术调查官、专家辅助人、司法鉴定以及科技专家咨询等多种途径进行查明

续表

案号	案例名称	裁判要点
85号	高仪股份公司诉浙江健龙卫浴有限公司侵害外观设计专利权纠纷案	授权外观设计的设计特征体现了其不同于现有设计的创新内容,也体现了设计人对现有设计的创造性贡献。如果被诉侵权设计未包含授权外观设计区别于现有设计的全部设计特征,一般可以推定被诉侵权设计与授权外观设计不近似。对设计特征的认定,应当由专利权人对其所主张的设计特征进行举证。人民法院在听取各方当事人质证意见基础上,对证据进行充分审查,依法确定授权外观设计的设计特征。对功能性设计特征的认定,取决于外观设计产品的一般消费者看来该设计是否仅仅由特定功能所决定,而不需要考虑该设计是否具有美感。功能性设计特征对于外观设计的整体视觉效果不具有显著影响。功能性与装饰性兼具的设计特征对整体视觉效果的影响需要考虑其装饰性的强弱,装饰性越强,对整体视觉效果的影响越大,反之则越小
89号	"北雁云依"诉济南市公安局历下区分局燕山派出所公安行政登记案	公民选取或创设姓氏应当符合中华传统文化和伦理观念。仅凭个人喜好和愿望在父姓、母姓之外选取其他姓氏或者创设新的姓氏,不属于《全国人民代表大会常务委员会关于〈中华人民共和国民法通则〉第九十九条第一款、〈中华人民共和国婚姻法〉第二十二条的解释》第2款第3项规定的"有不违反公序良俗的其他正当理由"
92号	莱州市金海种业有限公司诉张掖市富凯农业科技有限责任公司侵犯植物新品种权纠纷案	依据中华人民共和国农业行业标准《玉米品种鉴定DNA指纹方法》NY/T1432－2007检测及判定标准的规定:品种间差异位点数等于1,判定为近似品种;品种间差异位点数大于等于2,判定为不同品种。品种间差异位点数等于1,不足以认定不是同一品种。对差异位点数在两个以下的,应当综合其他因素判定是否为不同品种,如可采取扩大检测位点进行加测,以及提交审定样品进行测定等,举证责任由被诉侵权一方承担
98号	张庆福、张殿凯诉朱振彪生命权纠纷案	行为人非因法定职责、法定义务或约定义务,为保护国家、社会公共利益或者他人的人身、财产安全,实施阻止不法侵害者逃逸的行为,人民法院可以认定为见义勇为
99号	葛长生诉洪振快名誉权、荣誉权纠纷案	对侵害英雄烈士名誉、荣誉等行为,英雄烈士的近亲属依法向人民法院提起诉讼的,人民法院应予受理。英雄烈士事迹和精神是中华民族的共同历史记忆和社会主义核心价值观的重要体现,英雄烈士的名誉、荣誉等受法律保护。人民法院审理侵害英雄烈士名誉、荣誉等案件,不仅要依法保护相关个人权益,还应发挥司法彰显公共价值功能,维护社会公共利益。任何组织和个人以细节考据、观点争鸣等名义对英雄烈士的事迹和精神进行污蔑和贬损,属于歪曲、丑化、亵渎、否定英雄烈士事迹和精神的行为,应当依法承担法律责任
100号	山东登海先锋种业有限公司诉陕西农丰种业有限责任公司、山西大丰种业有限公司侵害植物新品种权纠纷案	判断被诉侵权繁殖材料的特征特性与授权品种的特征特性相同是认定构成侵害植物新品种权的前提。当DNA指纹鉴定意见为两者相同或相近似时,被诉侵权方提交DUS测试报告证明通过田间种植,被控侵权品种与授权品种对比具有特异性,应当认定不构成侵害植物新品种权

续表

案号	案例名称	裁判要点
113 号	迈克尔·杰弗里·乔丹与国家工商行政管理总局商标评审委员会、乔丹体育股份有限公司“乔丹”商标争议行政纠纷案	姓名权是自然人对其姓名享有的人身权，姓名权可以构成《商标法》规定的在先权利。外国自然人外文姓名的中文译名符合条件的，可以依法主张作为特定名称按照姓名权的有关规定予以保护。外国自然人就特定名称主张姓名权保护的，该特定名称应当符合以下三项条件：(1)该特定名称在我国具有一定的知名度，为相关公众所知悉；(2)相关公众使用该特定名称指代该自然人；(3)该特定名称已经与该自然人之间建立了稳定的对应关系。使用是姓名权人享有的权利内容之一，并非姓名权人主张保护其姓名权的法定前提条件。特定名称按照姓名权受法律保护的，即使自然人并未主动使用，也不影响姓名权人按照《商标法》关于在先权利的规定主张权利。违反诚实信用原则，恶意申请注册商标，侵犯他人现有在先权利的“商标权人”，以该商标的宣传、使用、获奖、被保护等情况形成了“市场秩序”或者“商业成功”为由，主张该注册商标合法有效的，人民法院不予支持
115 号	瓦莱奥清洗系统公司诉厦门卢卡斯汽车配件有限公司等侵害发明专利权纠纷案	如果专利权利要求的某个技术特征已经限定或者隐含了特定结构、组分、步骤、条件或其相互之间的关系等，即使该技术特征同时还限定了其所实现的功能或者效果，亦不属于《最高人民法院关于审理侵犯专利权纠纷案件应用法律若干问题的解释(二)》第 8 条所称的功能性特征。在专利侵权诉讼程序中，责令停止被诉侵权行为的行为保全具有独立价值。当事人既申请责令停止被诉侵权行为，又申请先行判决停止侵害，人民法院认为需要作出停止侵害先行判决的，应当同时对行为保全申请予以审查；符合行为保全条件的，应当及时作出裁定
127 号	吕金奎等 79 人诉山海关船舶重工有限责任公司海上污染损害责任纠纷案	根据《海洋环境保护法》等有关规定，海洋环境污染中的“污染物”不限于国家或者地方环境标准明确列举的物质。污染者向海水水域排放未纳入国家或者地方环境标准的含有铁物质等成分的污水，造成渔业生产者养殖物损害的，污染者应当承担环境侵权责任
128 号	李劲诉华润置地(重庆)有限公司环境污染责任纠纷案	由于光污染对人身的伤害具有潜在性、隐蔽性和个体差异性等特点，人民法院认定光污染损害，应当依据国家标准、地方标准、行业标准，是否干扰他人正常生活、工作和学习，以及是否超出公众可容忍度等进行综合认定。对于公众可容忍度，可以根据周边居民的反应情况、现场的实际感受及专家意见等判断
129 号	江苏省人民政府诉安徽海德化工科技有限公司生态环境损害赔偿案	企业事业单位和其他生产经营者将生产经营过程中产生的危险废物交由不具备危险废物处置资质的企业或者个人进行处置，造成环境污染的，应当承担生态环境损害责任。人民法院可以综合考虑企业事业单位和其他生产经营者的主观过错、经营状况等因素，在责任人提供有效担保后判决其分期支付赔偿费用
130 号	重庆市人民政府、重庆两江志愿服务发展中心诉重庆藏金阁物业管理有限公司、重庆首旭环保科技有限公司生态环境损害赔偿、环境民事公益诉讼案	取得排污许可证的企业，负有确保其排污处理设备正常运行且排放物达到国家和地方排放标准的法定义务，委托其他单位处理的，应当对受托单位履行监管义务；明知受托单位违法排污不予制止甚或提供便利的，应当对环境污染损害承担连带责任。污染者向水域排污造成生态环境损害，生态环境修复费用难以计算的，可以根据环境保护部门关于生态环境损害鉴定评估有关规定，采用虚拟治理成本法对损害后果进行量化，根据违法排污的污染物种类、排污量及污染源排他性等因素计算生态环境损害量化数额

续表

案号	案例名称	裁判要点
131 号	中华环保联合会诉德州晶华集团振华有限公司大气污染责任民事公益诉讼案	企业事业单位和其他生产经营者多次超过污染物排放标准或者重点污染物排放总量控制指标排放污染物,环境保护行政管理部门作出行政处罚后仍未改正,原告依据《最高人民法院关于审理环境民事公益诉讼案件适用法律若干问题的解释》第 1 条规定的"具有损害社会公共利益重大风险的污染环境、破坏生态的行为"对其提起环境民事公益诉讼的,人民法院应予受理
132 号	中国生物多样性保护与绿色发展基金会诉秦皇岛方圆包装玻璃有限公司大气污染责任民事公益诉讼案	在环境民事公益诉讼期间,污染者主动改进环保设施,有效降低环境风险的,人民法院可以综合考虑超标排污行为的违法性、过错程度、治理污染设施的运行成本以及防污采取的有效措施等因素,适当减轻污染者的赔偿责任
133 号	山东省烟台市人民检察院诉王振殿、马群凯环境民事公益诉讼案	污染者违反国家规定向水域排污造成生态环境损害,以被污染水域有自净功能、水质得到恢复为由主张免除或者减轻生态环境修复责任的,人民法院不予支持
134 号	重庆市绿色志愿者联合会诉恩施自治州建始磺厂坪矿业有限责任公司水污染责任民事公益诉讼案	环境民事公益诉讼中,人民法院判令污染者停止侵害的,可以责令其重新进行环境影响评价,在环境影响评价文件经审查批准及配套建设的环境保护设施经验收合格之前,污染者不得恢复生产
135 号	江苏省徐州市人民检察院诉苏州其安工艺品有限公司等环境民事公益诉讼案	在环境民事公益诉讼中,原告有证据证明被告产生危险废物并实施了污染物处置行为,被告拒不提供其处置污染物情况等环境信息,导致无法查明污染物去向的,人民法院可以推定原告主张的环境污染事实成立
136 号	吉林省白山市人民检察院诉白山市江源区卫生和计划生育局、白山市江源区中医院环境公益诉讼案	人民法院在审理人民检察院提起的环境行政公益诉讼案件时,对人民检察院就同一污染环境行为提起的环境民事公益诉讼,可以参照《行政诉讼法》及其司法解释规定,采取分别立案、一并审理、分别判决的方式处理

除指导案例外,最高人民法院发布的另外两类案例也值得注意。其一,《最高人民法院公报》刊登的案例。公报是最高人民法院公开的正式的文件,[26] 其刊载的最高人民法院判决或下级人民法院判决均经由最高人民法院审判委员会讨论通过,对各级人民法院的审判工作具有很强的指导意义。[27] 其二,为阐释法律精神,宣传贯彻法治理念,指导地方人民法院的裁判,最高人民法院会不定期公布某一类典型案例。例如,2019 年 6 月 5 日,最高人民法院发布"人民法院保障生态环境损害赔偿制度改革五大典型案例";2018 年 8 月 16 日,最高人民法院发布了第一批涉互联网典型案例;2014 年 7 月 25 日最高人民法院发布了四起典型的机动车交通事故侵权案例等。这些典型案例未必都是疑难复杂案件,也不一定创设了新规则,但其价值导向和阐释的法律精神和对各级人民法院的审判工作具有指导意义。

---

〔26〕《最高人民法院关于本院发出的内部文件凡与〈中华人民共和国最高人民法院公报〉不一致的均以公报为准的通知》(1985 年 7 月 2 日法(办)发[1985]14 号)。

〔27〕《最高人民法院办公厅关于重申本院发出的内部文件凡与〈最高人民法院公报〉公布的内容不一致的均以公报为准的通知》(1988 年 6 月 4 日)。

讨 论 地方法院的规范性司法文件的弊端

由于我国幅员辽阔,各地社会经济发展很不平衡,为便于处理某一类纠纷,许多地方高级人民法院(甚至一些中级法院和基层法院)常在总结本地审判经验的基础上,制定出对本辖区法院审判工作具有拘束力的规范性司法文件(名称各有不同,有些地方称为"审判业务文件",有些称为"审判工作规范")。在侵权法方面,此类文件数量还比较多,例如,《北京市高级人民法院关于审理医疗损害赔偿纠纷案件若干问题的意见(试行)》《安徽省高级人民法院关于审理道路交通事故损害赔偿纠纷案件若干问题的指导意见》《上海市高级人民法院关于审理道路交通事故损害赔偿案件若干问题的解答》《重庆市高级人民法院关于审理精神损害赔偿案件若干问题的意见(试行)》《四川省高级人民法院贯彻执行〈最高人民法院关于确定民事侵权精神损害赔偿责任若干问题的解释〉的意见》等。[28]

客观地说,地方法院的审判业务文件或工作规范是对审判经验的总结,具有一定的价值。但是,颁布此类具有规范性的审判业务文件不仅违反法律规定且弊端不少。首先,地方法院无权自行颁行此类对本级或下级法院的审判具有一般性拘束力的工作规范或业务文件。这种做法直接导致了法院既是裁判者,又是立法者,违背了法治社会最基本的要求。其次,五花八门的审判业务文件或工作规范的制定程序多不严格,有些极为草率。一些规范性文件甚至公然改变法律、行政法规的规定,沦落为地方性保护主义的工具,违反了全面依法治国的基本要求。再次,这些所谓的审判业务文件往往限于法院内部掌握,并无正规完善的公开程序,律师都往往要想尽办法才能获取。[29] 这种做法也与最基本的法治理念背道而驰。最后,各地审判业务文件千差万别,妨害了法律适用上的统一性,造成了类案不同判的现象,损害了司法的公信力。

2010 年 12 月 28 日最高人民法院颁布的《关于规范上下级人民法院审判业务关系的若干意见》规定:[30] 只有高级人民法院才有权"制定审判业务文件",对辖区内各级人民法院和专门人民法院的审判业务工作进行指导(第 9 条第 1 款);"高级人民法院制定审判业务文件,应当经审判委员会讨论通过。最高人民法院发现高级人民法院制定的审判业务文件与现行法律、司法解释相抵触的,应当责令其纠正(第 9 条第 2 款)"。2012 年 1 月 18 日,最高人民法院与最高人民检察院联合下发了《关于地方人民法院、人民检察院不得制定司法解释性质文件的通知》。该通知要求:自本通知下发之日起,地方人民法院、人民检察院一律不得制定在本辖区普遍适用的、涉及具体应用法律问题的"指导意见""规定"等司法解释性质文件,制定的其他规范性文件不得在法律文书中援引;地方人民法院、人民检察院对于制定的带有司法解释性质的文件,应当自行清理。凡是与法律、法规及司法解释的规定相抵触以及不适应经济社会发展要求的司法解释性质文件,应当予以废止;对于司法实践中迫切需要、符合法律精神又无相应的司法解释规定的,认为需要制定司法解释的,应当按照《最高人民法院关于司法解释工作的规定》

---

〔28〕 有人专门整理收集汇编了一本这方面的手册,厚达 1000 余页,其中仅地方高级人民法院的司法文件就多达 200 多件。参见梁展欣编订:《民事司法规范大全 · 侵权卷》,人民法院出版社 2013 年版。

〔29〕 少数高级人民法院会在其官网公布一些此类文件,但也只是其中的一部分而已。

〔30〕 事实上,早在 1987 年,最高人民法院就针对广西壮族自治区高级人民法院下发的具有司法解释性质的文件等问题,作出了《关于地方各级法院不宜制定司法解释性质文件问题的批复》(1987 年 3 月 31 日[1987]民他字第 10 号)(已失效)。在该批复中,最高人民法院指出:"你院下发的上述文件,具有司法解释性质,地方各级法院不宜制定。对审判实践中遇到的一些具体问题,建议你们在调查研究的基础上,写一些经验总结性的文章……供审判人员办案时参考;也可以召开一定范围的会议,交流经验。"

和《最高人民检察院司法解释工作规定》的要求,通过高级人民法院、省级人民检察院向最高人民法院、最高人民检察院提出制定司法解释的建议或者对法律应用问题进行请示。不过上述规定在实践中似乎并未得到遵循,一些法院虽然本身不再直接颁布类似的指导意见或规定,但仍然以所谓法官会议纪要或者业务庭的方式继续发布实质相同的文件。

四、侵权责任编与《民法典》其他各编的关系

(一)侵权责任法独立成编

除附则外,我国《民法典》共分七编,"侵权责任"位居第七编,是最后一编。我国《民法典》的体例与传统大陆法系国家民法典的五编制体例相比,最大不同有三:一是侵权责任独立成编,二是人格权独立成编,三是不设债法总则。在《民法典》编纂时,对于这三个独特立法模式都有或多或少的争议。不过,比较起来,反对侵权责任独立成编的声音是最小的,绝大多数人都支持将侵权责任独立成编。故此,我国在《民法典》之前就颁布了《侵权责任法》,此后该法主要内容被纳入《民法典》中成为侵权责任编。

我国《民法典》没有延续传统大陆法系民法典的五编制体例(总则、物权、债权、亲属、继承)在债编中规定侵权责任,主要是基于以下考虑:

首先,现代社会中的侵权行为类型众多,内容繁杂,各种新型侵权层出不穷(尤以各类网络侵权为甚),需要专门、具体的规范。传统民法典五编制体例将侵权行为作为债的发生原因,以一章甚至一节的规模在债法分则中加以规定,极大地限制了侵权责任法律规范的数量,制约了侵权法的发展。[31] 反之,如果将侵权责任法从债法中分离出来,单独成编,就可以极大地拓展侵权法的发展空间,增加侵权法条文的数量,对一般侵权行为和各种特殊侵权行为作出更加详细的规定,有利于更好地规范各类新型侵权行为,适应社会经济生活发展的客观需要。

其次,我国民事立法和司法实践素来认为侵权行为或者违约行为的法律后果是"**民事责任**",而非大陆法系民法中所谓的"**债**"。申言之,侵权行为或违约行为产生的法律后果不是单纯的损害赔偿之债,而是侵权人或违约方依法应当承担的各类民事责任。损害赔偿只是诸多民事责任承担方式中的一类。我国《民法典》规定了 11 种民事责任的承担方式,[32] 其中,有 8 种属于侵权责任的承担方式,如停止侵害、排除妨碍、消除危险、返还财产、恢复原状、赔偿损失、赔礼道歉以及消除影响、恢复名誉。既然侵权行为产生的法律后果不是单纯的损害赔偿之债,而是内容与形式更为丰富的民事责任,那么,将侵权行为规定在债法中,理由就不充分。相反,将侵权责任法从债法中分离出来,单独成编,并置于《民法典》最后一编,成为保护人格权、身份权、物权、债权等所有民事权益的法律规定,[33] 这种模式显然更符合《民法典》作为权利法和保护法的基本特征。

最后,我国现行法对侵权责任的规定存在一些问题,如"随着经济社会的发展,新的侵权类型不断出现,而现行的法律有些规定较为原则,缺乏可操作性";关于侵权责任的不少规定"分散在单行法律中,缺乏对侵权责任共性问题的规定"等。"为了更好地保护民事主体的合法权

---

〔31〕 王利明:《合久必分:侵权行为法与债法的关系》,载《法学前沿》(第 1 辑),法律出版社 1997 年版。

〔32〕 《民法通则》第 134 条规定了 10 种民事责任的承担方式,《民法总则》及《民法典》在此基础上增加了一种,即"继续履行"。

〔33〕 王利明:《论侵权行为法的独立成编》,载《现代法学》2003 年第 4 期。

益,促进社会的和谐稳定,有必要对现实生活中迫切需要规范的侵权责任作出规定,制定一部较为完备的侵权责任法。"[34] 因此,我国《民法典》中设立单独的侵权责任编,有助于我国侵权法的发展和完善。

(二)侵权责任编与总则编

我国《民法典》主要分为总则与分则两大部分,其中第一编"总则"统领各分编,规定的是民法中最基本、最通用的规则和制度,如民法的基本原则、民事主体制度(自然人、法人和非法人组织)、民事权利、民事法律行为与代理制度、民事责任制度以及时效制度。这些基本的规则制度在没有特别规定的时候,都是可以适用于分则各编的,例如,《民法典》第 3 条对民事权益受法律保护的规定,第 4 条民事主体法律地位一律平等的规定,第 8 条和第 10 条对公序良俗原则等的规定,第 13 条和第 14 条对民事权利能力的规定,第 16 条对胎儿保护的规定,总则第五章关于民事权利的规定,总则第八章关于民事责任的规定,第 196 条对停止侵害、排除妨碍和消除危险请求权不适用诉讼时效的规定等。

值得注意的是,我国《民法典》在总则编中还直接针对侵权责任问题作出了一些规定,主要包括:(1)第 120 条对民事权益受侵害时,被侵权人有权请求侵权人承担侵权责任的规定。该规定来自《侵权责任法》第 3 条。(2)第 177 ~ 178 条对连带责任和按份责任的规定。(3)第 179 条关于承担民事责任方式的规定。(4)第 180 ~ 182 条对不可抗力、正当防卫和紧急避险作为免责事由的规定。(5)第 183 条对于见义勇为中的侵权责任和补偿责任的规定。(6)第 184 条对自愿救助他人而造成受助人损害时免责的规定。(7)第 185 条关于侵害英雄烈士的姓名、肖像、名誉等的侵权责任的规定。(8)第 186 条关于违约责任与侵权责任竞合的规定。(9)第 187 条关于民事责任优先原则的规定。

上述规定中,有些内容从体系的角度来说,不应当放在总则编加以规定。例如,《民法典》第 185 条关于侵害英雄烈士的姓名等的侵权责任的规定。这一规定来自《民法总则》第 185 条。如果说当初在制定《民法总则》时出于保护英雄烈士等的姓名、肖像、名誉、荣誉的迫切需要,只能暂时在"民事责任"部分作出规定,那么在《民法典》编纂时,就应当调整位置,将之放入侵权责任编或人格权编更为合适。但是,立法者却没有作相应的调整,不能不认为是一种遗憾!

(三)侵权责任编与物权编

侵权责任编与物权编是我国《民法典》分则中的两编。物权编即物权法是调整人们围绕着物所展开的支配、利用关系的法律,其与侵权责任编既有联系又有区别。物权法的规范属于"**建构性规范**"(constitutive rules),即确认各类物权的法律规则。侵权法的规范则属于"**保护性规范**"(protective rules),即为人身权益和财产权益提供保护的法律规则,[35] 这是二者的主要区别。两者之间又有密切的联系:

首先,任何国家或地区的侵权法,无论其保护范围是大还是小,物权等绝对权(尤其是所有权)始终是侵权法保护的重心。

其次,侵权法与物权法都为物权的保护提供了救济手段。侵权法主要的救济手段就是侵

---

〔34〕《全国人民代表大会法律委员会关于〈中华人民共和国侵权责任法(草案)〉主要问题的汇报》,载全国人大常委会法制工作委员会民法室:《侵权责任法立法背景与观点全集》,法律出版社 2010 年版,第 5 ~6 页。

〔35〕[美]彼得·凯恩:《侵权法解剖》,汪志刚译,北京大学出版社 2010 年版,第 11 页。

权损害赔偿责任,即侵权赔偿请求权。物权法为了保护物权,则规定物权请求权制度,包括返还原物、排除妨害、消除危险等(《民法典》第 235 ~ 236 条)。这两类请求权存在区别,但又密切联系,它们共同构成了一个完整的物权保护体系。

最后,物权法中的一些规则是对侵权法规则的补充或改变。例如,物权法在对相邻关系的规定中明确了哪些行为是正当的、一方必须容忍的行为,哪些行为则属于侵权行为(《民法典》物权编第七章)。再如,物权法将无权占有人区分为善意的与恶意的占有人,并为善意的占有人提供了特殊的保护,免除了其对占有物的侵权赔偿责任(《民法典》第 459 ~ 462 条),从而排除过错责任在"**所有人—占有人**"(Eigentuemer - Besitzer - Verhaeltnis)关系上的适用。

(四)侵权责任编与合同编

《民法典》第三编是"合同",该编是在《合同法》等法律和司法解释的基础上进行增删修改而成的。合同编即合同法,其与侵权责任法有不同的调整对象,功能也有差异。在前者所调整的人与人之间的关系中,达成私人协议的交易成本相对比较低,因为当事人可以基于意思自治进行磋商,实现利益的调适,最终达成合意。但是,侵权责任法调整的则是达成私人协议的交易成本相对较高的那一类人与人的关系。[36] 这是因为,损害的发生具有偶然性,人们无法预见到什么时候会与何人之间发生侵权与被侵权的关系,故此,也就不可能事先与他人就人身财产的损害或其他侵权责任承担达成协议。

侵权责任法旨在保护人们现存的财产、生命、健康等不受侵害。合同是一种工具,通过它,人们可以使自己受到将来必须以特定方式"**为或不为一定行为**"的拘束。因此,合同法的功能之一就是保护有关未来行为的协议。[37] 英国法学家 Tony Weir 曾言:"法律为之而存在的人类福利依赖于生命、健康、财产以及财富等人类利益的维持与发展。为了确保它们被维持,有了侵权法;为了促使它们的发展,有了合同法。合同法具有**创造力**(productive),侵权法则具有**保护力**(protective)。换言之,侵权行为人主要是因为**把事情搞砸了**而承担责任,合同当事人主要是因为**没把事情办好**而承担责任。"[38]

当然,侵权责任法与合同法也相互补充、互相影响。一方面,侵权法与合同法保护的对象在很多时候是相同的,即它们使人们免于遭受人身伤害、财产损失。故此,某人的行为给与他有合同关系的其他人造成人身伤害或财产损失时,该行为就既构成了违约行为,又是侵权行为。由此,便产生了侵权责任与违约责任的竞合。另一方面,不同国家的法律体系中,合同法与侵权法的边界并不相同。有的国家侵权法的保护对象被严格限定,故此,对于有些无法获得侵权法救济的损害,只能通过发展合同法上的制度予以救济。例如,德国法上发展缔约过失责任、附保护第三人作用的契约等来保护当事人的人身财产利益;而有些国家,由于存在约因(consideration)制度,合同法的发展受到限制,故而,只能通过扩张侵权法来保护那些无法通过合同法保护的利益。例如,英国侵权法上的虚假陈述制度就是对纯粹经济损失的保护。总体来说,我国侵权法的保护是最为广泛的,不仅包括人身权利、财产权利,也包括人身利益和财产利益。

---

〔36〕 [美]罗伯特·考特、托马斯·尤伦:《法和经济学》(第 5 版),史晋川、董雪兵等译,格致出版社、上海三联书店、上海人民出版社 2010 年版,第 301 页。

〔37〕 [美]彼得·凯恩:《侵权法解剖》,汪志刚译,北京大学出版社 2010 年版,第 207 页。

〔38〕 Tony Weir, *Complex Liabilities*, International Encyclopedia of Comparative Law, xi. chapter 12, Mohr, 1975, p. 5.

讨 论 我国《民法典》不设债法总则的原因

虽然单独制定侵权责任法是我国民事立法的创新，极具特色，但这并不意味着侵权责任法完全脱离了债法，与债法总则没有任何关系。客观上说，基于合同、侵权行为、不当得利、无因管理而产生的债权债务关系具有很多共同的地方，有着许多共通适用的法律规则，如债的种类（连带之债、可分之债以及不可分之债）、损害赔偿、债的效力、债的保全、债的担保、债的移转、债的消灭等。为避免立法上的叠床架屋以及大量重复性规定，对于共通性的法律规则完全可以通过提取公因式的方式在债法总则中予以统一规定。如果完全不规定债法总则，势必就会出现要么大量地在侵权法与合同法中重复规定相同的规则或制度，要么只能在侵权法中作出规定，而合同法对之进行大量的参引（或反其道而行之），这都是不合适的。《民法典》是最高形式的成文法，更应概念准确、体系科学，逻辑严密、行文简洁。在《民法典》编纂之前，由于我国缺乏债法总则，故此许多本该规定在债法总则的内容被分散、零乱地规定于《民法总则》《合同法》《物权法》《担保法》《侵权责任法》等法律当中。例如，债权转让与债务承担被规定于《合同法》中（第 79、89 条）；按份债务与连带债务被分散规定于《民法总则》（第 177、178 条）、《民法通则》（第 86、87 条）、《侵权责任法》（第 13、14 条）中。至于损害赔偿法的一般性规定更是尚付阙如。上述正是那些坚持在《民法典》应当设立债法总则的学者所持的主要理由。

然而，也有观点认为，《民法典》的编纂要在解决和回应中国的现实问题和体系完美之间做妥当的平衡，处理好自治与管制、传承与创新、民法典与特别法等诸多关系。[39] 尽管设立债法总则可能具有很大体系效益，但过分抽象的债法总则会导致丰富性欠缺，忽视对于具体议题的解决，无法发挥民法典作为社会治理的工具的功能。考虑到我国《民法典》中侵权责任编已经独立，债法最主要的内容就剩下合同了。此时，如果以合同法总则来取代债法总则，既可以发挥实质意义上的债法总则的体系效益（毕竟债法总则的规则主要适用于合同之债），有利于协调意定之债和法定之债的关系。[40] 同时，从我国民法的发展路径来看，既然“现行合同法总则已规定了大多数债的一般规则”，且长期以来法官和律师等司法实务界人士已经熟练地掌握了合同法规则，因此《民法典》编纂中没有必要单设债法总则编作出规定，完全可以在现行合同法的基础上补充完善债法的一般规则即可，[41]这也避免了无谓地增加学习成本和法律适用难度。

我国《民法典》中没有规定债法总则，而是采取了如下方法处理债法总则与合同编、侵权责任编的关系：首先，在《民法典》合同编的第一分编“通则”部分中，补充完善了债法总则的内容尤其是按份之债、连带之债、选择之债、债务加入等内容。其次，将两种法定之债的发生原因即“无因管理”和“不当得利”作为“**准合同**”规定于合同编的第三分编。再次，对于既适用于合同之债，也能适用于法定之债的共同规则（如多数人之债）规定在合同编，但增加了准用条款，即《民法典》第 468 条规定：“非因合同产生的债权债务关系，适用有关该债权债务关系的法律规定；没有规定的，适用本编通则的有关规定，但是根据其性质不能适用的除外。”这就是说，因侵

---

〔39〕 全国人大常委会法制工作委员会民法室石宏副主任的发言，参见石宏、郭锋、王轶、石佳友：《〈民法总则〉立法纵览与适用前瞻》，载《中国法律评论》2017 年第 3 期。

〔40〕 石宏：《合同编的重大发展和创新》，载《中国法学》2020 年第 4 期；朱虎：《债法总则体系的基础反思与技术重整》，载《清华法学》2019 年第 3 期。

〔41〕 全国人大常委会法制工作委员会民法室：《新时代应运而生的民法典各分编草案》，载中国人大网：http://www.npc.gov.cn/npc/c183/201808/46f0799a684d46118eac8e1a37f5dea9.shtml，2020 年 8 月 4 日最后访问。

权行为产生的债权债务关系即损害赔偿之债,首先应当适用《民法典》的侵权责任编和相关侵权法律规范;如果没有规定,可以适用《民法典》合同编的第一分编"通则"的相关内容,如第517~521条的规定,除非根据其性质不能适用。最后,《民法典》侵权责任编也专章对因侵权行为产生的损害赔偿责任作出了详细的规定。

(五)侵权责任编与人格权编

在传统大陆法系国家的民法典中,都没有单独的人格权编。这些国家要么对人格权规定得很少,要么是将人格权分散规定在民法典的不同部分。例如,有的国家就将人格权规定在民事主体制度当中。《瑞士民法典》第一编"人法"第一章"自然人"第一节名为"人格权"(das Recht der Persoenlichkeit),该节对自然人的权利能力、行为能力、人格权的保护、姓名权等作出了规定。《意大利民法典》也是在第一编"人与家庭"第一章"自然人"中规定了自然人的身体完整权、姓名权、肖像权等人格权。这种立法模式主要考虑的是,人格权主要是自然人的民事权利,而自然人的人格权是与生俱来的,始于出生,终于死亡,与自然人不可分离。故此,规定在民事主体的自然人部分最为合适。但是,也有不少国家是在民法典债编的侵权行为部分即侵权法中规定人格权的,强调的是通过侵权法对人格权加以保护。例如,《德国民法典》中只规定了一种人格权即第12条规定的姓名权(Namensrecht),但是,该法典第823~825条分别对生命、身体、健康、自由这四种人格法益以及信用权、贞操权被侵害的损害赔偿责任作出了规定。《日本民法典》第710、723条分别规定了身体、自由、名誉被侵害时的损害赔偿责任。还有的国家,如《法国民法典》是在第一卷"人"的第一章"民事权利"中,对相关的人格权如隐私、人的尊严和身体权等作出规定的(如第9、16条以下)。同时,《法国民法典》第1382条作为规定过错责任的一般条款,其保护的范围并未受到限制,故此法院运用本条对人格权给予了宽广的保护,包括隐私权、肖像权、姓名权、名誉权等。

在我国,鉴于历次政治运动尤其是"文化大革命"中大量发生严重侵害人权、损害人格尊严的现象,早在1986年《民法通则》中,立法者就专门在第五章"民事权利"中专节规定了"人身权"(第四节)。该节从第98~105条逐一规定了对生命健康权、姓名权、名称权、肖像权、名誉权、荣誉权、婚姻自主权等人身权利的保护,其规定之详尽在世界民事立法史上均属少见。2010年7月1日施行的《侵权责任法》第2条第2款在列举侵权法保护的"民事权益"范围时,首先列举的就是生命权、健康权、姓名权、名誉权、荣誉权、肖像权、隐私权、婚姻自主权等各类人格权。2017年10月1日起施行的《民法总则》第五章"民事权利"专门采用了3个条文(第109~111条)对人身自由、人格尊严的保护以及各种具体人格权(如生命权、身体权、健康权、姓名权、肖像权、名誉权、荣誉权、隐私权、婚姻自主权等)及自然人个人信息的保护作出了规定。由此可见,我国法上对于人格权始终给予了高度重视和充分保护。然而,即便如此,是否应当在民法典中将人格权作为独立的一编,仍然存在巨大的争论。

肯定说认为,我国《民法典》中人格权应当独立成编,这是因为:首先,人格权单独立法符合民法典的结构的内在逻辑。民法本质上是权利法,除总则外,民法分则是依据民事权利体系构建的,人格权作为最为重要的民事权利,自然应当与物权、债权等并列规定之。[42] 我国《民法总则》在"民事权利"一章中专门规定了人格权,并将其规定在财产权之前,凸显了人格权的重

〔42〕 王利明:《人格权制度在中国民法典中的地位》,载《法学研究》2003年第2期。

要地位。《民法典》应该进一步将人格权独立成编，从正面列举和完善人格权的类型、内容、利用、行使、限制、权利冲突等规则，全面展示我国改革开放以来人格权保护的进步成果，为实践中日益增加的人格权纠纷提供明晰的裁判依据，并使宪法上的尊重和保障人权、人格尊严不受侵犯等原则转化为民法上的人格权制度，实现对人格权的全面保护。[43] 其次，侵权法单独成编后，如果对人格权不作体系化的规定，就会使得侵权法对人格权的保护丧失相应的前提和基础。再次，侵权法也不能完全替代人格权法，因为侵权法不具有确认人格权的类型和每一种人格权具体作用的功能。[44] 申言之，人格权编与侵权责任编侧重点不同，二者各司其职。人格权编是权利法，主要是通过正面列举的方式对各项人格权作出规定，包括规定人格权益的类型、内容，相对人负有的义务，人格权的行使和限制以及人格权请求权。侵权责任编是救济法，主要是对侵权责任的成立和承担等作出规定。[45] "为进一步有效衔接侵权责任编与人格权编的规则，侵权责任编中应当设置相关的引致性规范，规定在人格权编对侵害人格权的侵权责任有特别规定的，应当适用人格权编的规则，这有利于实现侵权责任编与人格权编的衔接。"[46] 最后，人格权与民事主体也不应当规定在一起，因为将人格权放到主体制度中，不仅会混淆人格与人格权，也不利于对人格权的保护。[47]

反对人格权独立成编的学者认为：首先，人格权是否单独成编还是安排在民法典的前面或后面，对其进步性不发生影响。事实上，就民法典而言，其编纂体例、编章结构、法律制度的编排顺序应当符合一定的逻辑关系，并照顾到法官适用法律的方便，这属于法典的形式，应当要求科学性，而不是进步性。[48] 其次，如果要将人格权独立成编，势必要将自然人的人格权与法人的人格权规定在一起，而这两类权利具有本质上的差异，自然人的人格权保护的是自然人的精神利益，而法人的人格权本质上是财产权，强行将二者规定在一起是错误的。[49] 再次，人格权独立成编的一个问题就是，该编中究竟应当规定什么内容。由于人格权的主体、救济已经分别在民事主体制度、侵权法中有了相应的规定，因此在人格权法中只能规定人格权的客体和内容。这样一来，民法典中专门规定人格权的条文就没有多少，难以独立成编或立法。[50] 最后，如果将人格权独立成编，就可能出现："法官在裁判侵害人格权案件时必须同时适用人格权编规定该类人格权受侵害时加害人应当依法承担责任的条文，以及《侵权责任法》规定责任构成和法律效果（具体责任）的条文。"[51]

---

〔43〕 王利明：《论人格权编与侵权责任编的区分与衔接》，载《比较法研究》2018 年第 2 期。

〔44〕 王利明：《再论人格权的独立成编》，载《法商研究》2012 年第 1 期。

〔45〕 王利明：《论人格权独立成编的理由》，载《法学评论》2017 年第 5 期；王利明：《人格权：从消极保护到积极确权》，载《甘肃社会科学》2018 年第 1 期；王利明：《论人格权编与侵权责任编的区分与衔接》，载《比较法研究》2018 年第 2 期；王利明：《使人格权在民法典中独立成编》，载《当代法学》2018 年第 3 期；王利明：《论人格权请求权与侵权损害赔偿请求权的分离》，载《中国法学》2019 年第 1 期。

〔46〕 王利明：《论人格权编与侵权责任编的区分与衔接》，载《比较法研究》2018 年第 2 期。

〔47〕 曹险峰、田园：《人格权法与中国民法典的制定》，载《法制与社会发展》2002 年第 3 期。

〔48〕 梁慧星：《民法典不应单独设立人格权编》，载《法制日报》2002 年 8 月 4 日。

〔49〕 尹田：《论人格权的本质——简评我国民法草案关于人格权的规定》，载《法学研究》2003 年第 2 期；尹田：《论人格权独立成编的理论漏洞》，载《法学杂志》2007 年第 5 期。有学者认为，法人并无所谓的人格权，对于人格权由侵权法给予保护即可，无须单独立法。参见李永军：《论我国人格权的立法模式》，载《当代法学》2005 年第 6 期。

〔50〕 柳经纬：《民法典应如何安排人格权制度》，载《河南省政法管理干部学院学报》2004 年第 3 期。

〔51〕 梁慧星：《民法典编纂中的重大争论——兼评全国人大常委会法工委两个民法典人格权编草案》，载《甘肃政法学院学报》2018 年第 3 期。

最高立法机关采取了支持人格权独立成编的立场,理由在于:“人格权是民事主体对其特定的人格利益享有的权利,关系到每个人的人格尊严,是民事主体最基本、最重要的权利。**保护人格权、维护人格尊严,是我国法治建设的重要任务**,近年来加强人格权保护的呼声和期待较多。为了贯彻党的十九大和十九届二中全会关于‘保护人民人身权、财产权、人格权’的精神,落实宪法关于‘公民的人格尊严不受侵犯’的要求,综合考虑各方面意见,总结我国现有人格权法律规范的实践经验,在民法典中增加人格权编是较为妥当、可取的。人格权编这一部分,主要是从民事法律规范的角度规定自然人和其他民事主体人格权的内容、边界和保护方式,不涉及公民政治、社会等方面权利。”[52]《民法典》将人格权作为第四编加以规定,其起草说明指出:“人格权是民事主体对其特定的人格利益享有的权利,关系到每个人的人格尊严,是民事主体最基本的权利。草案第四编‘人格权’在现行有关法律法规和司法解释的基础上,**从民事法律规范的角度规定自然人和其他民事主体人格权的内容、边界和保护方式,不涉及公民政治、社会等方面权利。**”[53]

笔者认为,人格权独立成编与否本身是一个立法技术问题,属于学术讨论的范畴。20 世纪以来,人格权在全世界范围日益受到重视,充分重视和保护人格权乃是文明世界不可逆转的潮流和趋势!尤其是,中国特色社会主义进入新时代,随着我国社会主要矛盾的变化,随着经济发展和国民财富的不断积累,随着信息化和大数据时代的到来,人民群众在民主、法治、公平、正义、安全、环境等方面的要求日益增长,希望对权利的保护更加充分、更加有效。党的十九大明确提出,要保护人民人身权、财产权、人格权。故此,在民法典中通过专门的人格权编,来明确各类人格权,规定人格权的行使、保护与合理的限制等问题,是必然的要求。人格权独立成编也是我国《民法典》最大的亮点,值得给予高度的肯定!

第二节　侵权责任法的目标

一、自由与安全是侵权法的基本价值

自由与安全是两项最基本的法律价值。安全是自由的前提,自由是安全的保障。一方面,整个法律和正义的哲学都是以自由观念为核心而建构起来的。法律的目的不是要废除或限制自由,而是保护和扩大自由。[54] 这些自由包括契约自由、结社自由、言论自由与新闻自由、信仰自由、人身自由等。另一方面,安全即人身财产权益的保护也是任何时代的人们所迫切需要的。“从最低限度来说,人之幸福要求有足够的秩序以确保诸如粮食生产、住房以及孩子抚养等基本需要得到满足;这一要求只有在日常生活达致一定程度的安全、和平及有序的基础上才

---

〔52〕 全国人大常委会法制工作委员会民法室:《新时代应运而生的民法典各分编草案》,载中国人大网:http://www.npc.gov.cn/npc/c183/201808/46f0799a684d46118eac8e1a37f5dea9.shtml,2020 年 8 月 4 日最后访问。

〔53〕《关于〈中华人民共和国民法典(草案)〉的说明》,载编写组:《民法典立法背景与观点全集》,法律出版社 2020 年版,第 13 页。

〔54〕 Of Civil Government, Everyman's Liabrary ed., 1924, Bk. Ⅱ. Ch. vi, sec. 57. 转引自[美]E. 博登海默:《法理学——法律哲学与法律方法》,邓正来译,中国政法大学出版社 2001 年版,第 279 页。

能加以实现,而无法在持续的动乱和冲突状况中予以实现。"[55]

自由与安全既有良性的互动,也存在冲突。由于社会生活中的资源总是稀缺的,人们从事的许多活动都可能影响到其他人的经济利益或其他利益。事实上,在围绕经济利益的竞争中,人们总是以截断或破坏营利渠道的方式不断地相互"损害"。[56] 例如,A 手机生产商推出性能更优越、价格更为低廉的手机,导致 B、C、D 等手机企业同类产品的销量下降,D 更因此而破产;报考某著名法学院研究生的 180 名学生中,只有 6 人被录取,甲也属于落榜的 174 人中的一员。为了考研,甲辞去高薪工作,认真复习了一年,依然名落孙山。在上述例子中,B、C、D 公司和落榜生甲,它们都遭受了不利,都有"损害"。然而,不是有损害就有救济,单纯的"损害"并非一定产生侵权责任。这是因为,在社会生活中并不存在这样的一般性义务,即"应当如此作出行为,以使他人之财产状况保持不变或得到最佳之发展。这是任何建立在行为自由和竞争基础上的经济制度的基本设想"。[57] 倘若任何一个对他人不利的行为或使他人感到讨厌的举动,都能产生侵权责任,那么,社会生活就没有自由可言,个人自由生活的方式将彻底终结,整个社会发展和进步的动力势必荡然无存。对于正当、合法的围绕着社会资源展开的竞争,法律不仅不加以禁止,反而要加以鼓励,唯其如此,才能实现资源的最优配置。至于那些在正当竞争中的失败者,要么自认倒霉,甘于失败;要么锲而不舍,从头再来。

当然,保护人们的自由显然不是说人们享有侵害或损害他人的"自由"。倘如此,则人们的合法权益无法得到充分的保障,甚至连最起码的人身安全都没有。社会将陷入动荡不安,最终所有人都将失去自由。因此,自由与安全是一个事物的两面。对权益的过度保护,就会不合理地限制人们的行为自由;无限制的自由又会使权益受到侵害,无法得到保护。为此,"侵权法必须具体界定人的行为范围。例如,在小说、产品检测、出于商业惯例而发出警告或者在保护信用等场合,涉及了一方值得保护的利益受到侵犯时,侵权法就必须决定:商业竞争的范围究竟有多大,人们在多大程度上能自由地表达意见,报纸、广播和电视的报道范围有多宽以及艺术创作可以走多远等问题。损害赔偿责任总是要与这样的一个点相吻合,即处于该点时,个人不再有行为自由,而是构成了对他人利益的侵害及可非难的不法"。[58]

综上所述,侵权法的任务就是协调"**权益保护**"(Gueterschutz)与"**行为自由**"(Handlungsfreiheit)二者的关系。[59] 侵权法的全部规则都是建立"双边性"的基础之上,以"加害人与受害人"这样一对一的模式为基础来组织个体之间的关系。这就决定了侵权法对受害人的保护,必然是通过限制加害人自由的方式来实现的。"这种限制是通过使特定作为或(不作为)方案的成本比其他方案更高的显著方式达成的。"[60] 因此,侵权法必须同时关注加害人和受害人的利益,在二者间谋求平衡。"只不过,就受害人而言,侵权法会通过授予各种各样的救济来为其提供广泛的有形和无形财产的积极保护,而对于加害人,法律只提供消极保护……侵权法并不制裁所有妨碍或损害了受害人某些受保护的利益的作为或不作为;也不是所有受法律认可的利

---

〔55〕 Law and Order Reconsidered: Report of the Task Force on Law and Law Enforcement of the National Commission on the Causes and Prevention of Violence, Washingdon, 1970, p. 3. 转引自[美]E. 博登海默:《法理学——法律哲学与法律方法》,邓正来译,中国政法大学出版社 2001 年版,第 293 ~ 294 页。

〔56〕 Dieter Schwab, Einfuehrung in das Zivilrecht, 16. Aufl., Mueller, 2005, Rn. 255.

〔57〕 Dieter Schwab, Einfuehrung in das Zivilrecht, 16. Aufl., Mueller, 2005, Rn. 255.

〔58〕 Ernst von Cammerer, Reform der Gefaehrdungshaftung, De Gruyter, 1971, S. 11.

〔59〕 Larenz/Canaris, Lehrbuch des Schuldrechts, Bd. Ⅱ, Teil 2, 13. Aufl., Beck, 1994, S. 350.

〔60〕 [澳]彼得·凯恩:《侵权法解剖》,汪志刚译,北京大学出版社 2010 年版,第 16 页。

益都受到侵权法的保护","为公平起见,法律必须在受害人利益和加害人利益之间谋求一种平衡"。[61] 一方面,作为"**权利救济法**"的侵权法,应当能够有效地实现对民事主体合法权益的保护;另一方面,作为"**自由保障法**"的侵权法,要努力避免对人们合理行为自由的不当限制。

当然,并不存在一个固定不变的自由与安全的边界。随着社会经济的发展变化,侵权法的立法和司法的价值取向也会发生相应的变化,有时更强调对民事权益的保护,以安全为主要目标;而有时更侧重维护合理行为自由,鼓励社会创新。例如,在西方资本主义发展的早期阶段,为鼓励工商业,推动经济发展,侵权法侧重对行为自由的维护。故此,当时的侵权法中过错责任原则占据统治地位。依据该原则,人们只有在因过错给他人造成损害时,才需要承担赔偿责任。如果没有过错,即便造成了损害,也不需要赔偿。如此一来,就极大地激发人们追求财富、创造财富的动力与冲劲。但是,进入20世纪后,随着西方资本主义国家逐渐转变为社会福利国家,人们期待的是侵权法更好地维护个人的基本生存,并以此建立相应的社会国家机制。侵权法比以往更重视权益的保护以及损失的补偿。[62] 因此,无过错责任原则以及相关的损害补救体系,在侵权法领域大规模兴起并得到充分的发展。

二、侵权法对自由与安全的协调

侵权责任法应当对自由与安全进行均衡、恰当的保护,[63] 它的所有规则与制度设计都应围绕着这一目标而展开并加以运用。[64] 首先,通过将过错责任原则作为最基本的归责原则并规定为一般条款(《民法典》第1165条第1款),侵权责任法可以很好地协调自由与安全的关系。理性的人是自己利益的最好判断者,具有充分的行为自由,应当自求多福,不能指望法律上家长式的保护。理性的人在从事某种行为时,能够认识到行为后果的,并要为该后果负责。如果行为人尽了最大的注意,仍不能预见行为的后果,无法避免损害的发生,那么该损害后果就不是行为自由的产物,行为人不应对此负责。由此可见,过错责任原则最大程度上协调了自由与安全的紧张关系。在使人们的民事权益得到保护的同时,又能够享有合理的行为自由。

其次,区分保护客体,给予不同程度的保护。仅仅依赖过错责任原则,尚不足以充分协调自由与安全的紧张关系,侵权责任法还应界定保护的权益范围,并区分不同的保护对象,提供相应的保护。一方面,通过界定侵权法的保护范围,可以更好地贯彻落实"安全"这一基本法律价值;另一方面,由于被保护的民事权益存在很大的差别,侵权法不能进行无差别的保护。倘如此,势必严重妨害人们合理的行为自由。以债权和物权为例,二者皆为民事权利,应当受到法律保护。然而,债权是相对权,仅存在于特定的债权人与债务人之间,不具有社会典型公开性。物权属于绝对权,具有排他效力、对世效力,权利人之外的一切人都应当尊重物权。这一权利性质上的差别决定了,倘若侵权法对债权提供和物权相同程度的保护,那就意味着债权人

---

〔61〕［澳］彼得·凯恩:《侵权法解剖》,汪志刚译,北京大学出版社2010年版,第15~16页。

〔62〕Fuchs, Deliktsrecht, 5. Aufl., Springer, 2004, S. 4-5.

〔63〕张新宝:《侵权责任法立法:功能定位、利益平衡与制度构建》,载《中国人民大学学报》2009年第3期。

〔64〕在我国司法实践中,法院也越来越注意在审理侵权纠纷时协调权益保护与行为自由的关系。在2011年最高人民法院召开的全国民事审判工作会议上,时任最高人民法院民事审判第一庭庭长的杜万华法官在会议总结中就明确提道:"当前,在人民群众权利意识勃兴、法律意识高涨、维权意识空前提高的背景下,我们尤其要认识到,受害人的损害填补和行为人的行为自由是侵权责任法同等重要的价值。在审理侵权案件时,不仅要关注受害人损害赔偿的重要性,更要认识到损害赔偿的程度一定要与我国经济社会发展水平相适应,一定要与行为人的行为自由程度相协调。"杜万华:《在全国民事审判工作会议上的总结讲话》,载最高人民法院民事审判第一庭:《民事审判指导与参考》(总第46辑),人民法院出版社2011年版,第25页。

与债务人之外的人可能完全不知道债权的存在,却要对该权利负有尊重并不得侵害的义务。一旦在社会交往中不慎侵害了该债权,就要承担侵权责任,显然这是对人们行为自由的不合理限制。故此,侵权法只有在债权人与债务人之外的第三人知道债权存在并加以侵害的时候,才能要求行为人承担侵权责任,即为债权提供的保护只能使之免受第三人的故意侵害。但是,物权通过占有或登记等公示方法向外界加以公示,物权人之外的任何人都负有不得侵害物权的义务。任何人无论故意还是过失,只要侵害他人物权就要承担停止侵害、排除妨碍、赔偿损失等侵权责任。

虽然自《民法通则》到《侵权责任法》,再到我国《民法典》,都没有如《德国民法典》第823条和第826条那样,在侵权法中系统、明确地区分不同的客体而采取不同的规范模式,但是,我国《民法典》实际上对于不同的权益给予的保护也是存在差别的。例如,我国《民法典》中规定了物权请求权、人格权请求权,如停止侵害、排除妨碍、消除危险、返还原物,这些请求权只适用于作为绝对权的物权、人格权,而不适用于作为相对权的债权以及受法律保护的民事利益。再如,对于人格权,《民法典》第998条规定:"认定行为人承担侵害除生命权、身体权和健康权外的人格权的民事责任,应当考虑行为人和受害人的职业、影响范围、过错程度,以及行为的目的、方式、后果等因素。"从这一规定可以看出,生命权、身体权和健康权受到高程度的保护,属于不可克减的权利,而其他人格权如姓名权、名称权、名誉权、肖像权、隐私权等都可以基于公共利益等正当理由加以限制的。此外,《民法典》第999条还明确规定了,为公共利益实施新闻报道、舆论监督等行为的,可以合理使用民事主体的姓名、名称、肖像、个人信息等。此种可以合理使用的人格权要素中既不包括生命、身体和健康,也不包括隐私、名誉等。这也体现了对于不同的权益给予不同保护的立法精神,既有利于协调安全与自由的关系,也有利于维护公共利益。

最后,通过因果关系等侵权责任的构成要件来合理地控制赔偿范围,以协调安全与自由的关系。在侵权法中,通过因果关系确定赔偿范围时,通常是依据责任的类型与损失的性质来明确**可归因的范围**,即加害人承担赔偿责任的范围。这主要表现为:一方面,一般侵权行为(适用过错责任的侵权行为)的可归因范围广于适用严格责任的侵权行为的可归因范围。在过错责任中,因故意或者重大过失而实施的加害行为的可归因范围又要广于一般过失的加害行为的可归因范围。另一方面,人身权利被侵害时的可归因范围比财产权被侵害的要广,财产权利被侵害的可归因范围又要广于纯粹经济损失被侵害时的可归因范围。〔65〕对此,可以通过我国法上精神损害赔偿责任的构成要件加以说明。《民法典》第1183条第1款规定,侵害自然人的人身权益造成严重精神损害的,被侵权人有权请求精神损害赔偿。同条第2款规定,因故意或者重大过失侵害自然人具有人身意义的特定物造成严重精神损害的,被侵权人有权请求精神损害赔偿。这两款的差别体现在:就侵害自然人的人身权益造成精神损害的情形而言,只要损害后果是严重精神损害,无论侵权人主观上是故意还是过失,都要承担精神损害赔偿责任。但是,就侵害物的侵权责任而言,原则上不包括精神损害赔偿责任。依据第1183条第2款,侵害物的精神损害赔偿责任的适用必须符合三个条件:其一,被侵害的是自然人具有人身意义的特定物;其二,造成了严重的精神损害;其三,行为人主观是故意或者重大过失。之所以如此,就是考虑到,通常人们在侵害物时,只会认识到会给被侵权人造成财产损害,此种损害可以归因

---

〔65〕 [荷]J.施皮尔主编:《侵权法的统一:因果关系》,易继明等译,法律出版社2009年版,第191~192页。

于侵权人。但是,侵权人通常都不会认识到被侵害的物上还会凝聚自然人的精神利益并因此而遭受精神损害。为防止滥科精神损害赔偿责任,给行为人的行为自由造成不合理的限制,有必要对侵害物的精神损害赔偿责任加以非常严格的限制。

第三节 侵权责任法的功能

侵权责任法的功能,就是侵权责任法在社会生活中发挥的作用。不同历史时期和社会经济状况下,侵权责任法的功能也有所不同。申言之:"侵权法的功能是随着历史的发展而有所不同的。抚慰、实现正义、惩罚、威慑、赔偿以及损失分散等都曾位列其中。它们中没有一种能够作为侵权法的全部的正当性基础。……在侵权法的不同历史阶段上,某一种功能会比其他功能更占据主导地位。而且,每一种功能的历史地位都揭示了那个时代的某些社会经济与哲学的发展趋势。"[66] 这就是说,侵权责任法的功能是多样的,但在不同的时代的侧重有所不同。

在我国《民法典》颁布前,《侵权责任法》第1条曾规定:"为保护民事主体的合法权益,明确侵权责任,预防并制裁侵权行为,促进社会和谐稳定,制定本法。"[67] 据此,一些学者认为,我国的侵权法具有补偿、预防与惩罚等三项功能。[68] 本书认为,侵权责任法具有补偿与预防两项功能。虽然侵权法中的某些制度尤其是惩罚性赔偿确实具有惩罚性,但是惩罚不属于侵权法的功能。

一、补偿功能

(一)含义

侵权法的**补偿功能**(Ausgleichsfunktion),也称"填补功能",是指侵权法具有的填补被侵权人遭受的损害的作用。通过要求侵权人填补被侵权人的损害,保护被侵权人的合法权益,侵权法有助于实现立法者所追求的化解冲突、促进社会和谐稳定的目标。补偿不仅意味着要恢复受害人被减少的财产额,更意味着使受害人回到"倘若损害事件没有发生时应处的状态",此乃各国损害赔偿法共通的、最高的指导原则。[69] 为了实现补偿功能,损害赔偿法中遂产生了"**完全赔偿**"与"**禁止得利**"这两项基本原则。[70]

完全赔偿原则(Prinzip der Totalreparation),也称"要么全赔,要么不赔"(Alles oder nichts -

---

〔66〕 B. S. Markesinis & S. F. Deakin, *Tort Law*, 4th ed., Clarendon Press, 1999, p. 36.

〔67〕 在《民法典》颁布后,因《侵权责任法》被编纂成为其中第七编"侵权责任",故此规定《侵权责任法》立法目的的第1条被删除。但是,这并不妨碍人们据此理解侵权责任法的功能。

〔68〕 王利明:《侵权责任法研究》(上卷),中国人民大学出版社2010年版,第104页以下;杨立新:《〈中华人民共和国侵权责任法〉精解》,知识产权出版社2010年版,第26页。

〔69〕 曾世雄:《损害赔偿法原理》,中国政法大学出版社2001年版,第14~17页。

〔70〕 我国民事立法中没有对完全赔偿原则的规定,学界都承认完全赔偿原则是损害赔偿法的基本原则。不过,很少有学者将禁止得利作为损害赔偿法的基本原则。参见王利明主编:《民法·侵权行为法》,中国人民大学出版社1993年版,第561页以下;刘士国:《现代侵权损害赔偿研究》,法律出版社1998年版,第105页以下;张新宝:《中国侵权行为法》(第2版),中国社会科学出版社1998年版,第92页以下;杨立新:《侵权损害赔偿》(第5版),法律出版社2010年版,第233页以下;周友军:《侵权法学》,中国人民大学出版社2011年版,第61页以下。

Prinzip)的原则,[71]是指在任何产生损害赔偿请求权的场合,不管损害的类型如何、加害人的过错程度怎样,均应先确定受害人的损害,然后由赔偿义务人通过相应的赔偿方法为赔偿权利人提供一定的利益,以求全部填补损害,最终使受害人恢复到尚未遭受侵害时其应处之状态。由此可见,侵权赔偿责任仅与受害人的损害有关。损害多少,赔偿多少。侵权人主观上的可非难程度如何、故意抑或过失,通常并不影响赔偿的范围与数额。即便侵权人仅具有最轻微的过失,但造成了严重的损害,也要就该损害承担全部的赔偿责任。"在法律上,不能考虑所谓损害之大实出预料之类的答辩,因为这对于所有错误行为无不如此。"[72]反之,纵然侵权人从事的是道德上最卑鄙或可非难程度最高的侵权行为,但是,其加害行为仅给被侵权人造成了轻微的损害,也不能因侵权人的主观恶性大就加重其赔偿责任。[73] 至于侵权赔偿责任的成立与否,更不受加害人动机的影响,行为人既"不能以良好的动机为不法行为做辩解,而恶意或不良的动机也不能使得本来是合法的行为变成侵权行为"。[74]

禁止得利原则(Bereicherungsverbot),是指受害人不能因损害赔偿而获得超过其损害的利益。倘若赔偿带给受害人的利益超过了应予赔偿的损害之范围,就意味着受害人因侵害行为而获利,这是法律所不允许的。[75] 在侵权法中,损益相抵规则就是贯彻落实禁止得利原则而产生。

提　示

侵权法的补偿功能并非意味着侵权法要对所有的损害给予补偿。侵权法不仅要决定损害赔偿请求权的成立,也要决定该请求权的不成立。对于符合构成要件的损害,侵权法应当给予补偿,从而保护民事主体的合法权益。同时,侵权责任的构成要件也将那些不符合要求的损害加以排除,以免对人们的合理自由构成妨害。所以,补偿(Kompensation)与不补偿(Nichtkompensation)都是侵权法(事故法)的目标。[76] 这就是说,侵权法实际上是损害能否获得补救的检验器,通过了检验的损害即可得到补救,否则就只能由受害人自行承担。我国司法实践中经常出现,因为受害人遭受了损害,法院就要想尽办法为被侵权人提供补救(如滥用公平责任或滥科连带责任)。这种不分是非、不讲规则,"谁受害谁有理"以及"和稀泥"的做法,本身也是违背侵权法的补偿功能的。

(二)实现方式

1. 损失的转移(loss shifting)

"世界上没有一个立法可以消除已经发生的损害,面对这种既成事实,法律有些无助。因此,立法针对损害风险只能追求如下两个目标:一是尽可能地防止损害的发生;二是依据正义

[71] Medicus/Lorenz, Schuldrecht I, 18. Aufl., Beck, 2008, Rn. 624.

[72] [新西兰]瓦莱里·安·彭林顿:《香港的法律》,毛华等译,上海翻译公司1985年版,第164页。

[73] Walter van Gerven, Jeremy Lever & Pierre Labrouche, *Cases, Materials and Text on National, Supranational and International Tort Law*, Hart Publishing, 2000, p. 19.

[74] [新西兰]瓦莱里·安·彭林顿:《香港的法律》,毛华等译,上海翻译公司1985年版,第164页。

[75] Looschelders, Schuldrecht Allgemeiner Teil, 6. Aufl., Heymanns, 2008, Rn. 876. 古罗马法上就有"无人得凭他人之损害而不法得利"(neminem cum alterius detrimento et iniuria fieri locopletiorem)的法律规则。

[76] Koetz/Wagner, Deliktsrecht, 11. Aufl., Vahlen 2010, S. 29.

以及宏观经济利益的要求,令最易于承担损害赔偿的人负担已经发生的损害。"〔77〕侵权法的规则是建立"**双边性**"的基础之上的。也就是说,它是以"一对一"(one to one)为基础来组织个体之间的关系的,〔78〕即着眼于加害人与受害人之间的关系。侵权法的补偿功能正是通过加害人与受害人之间进行**损失的转移**来实现(参见图1.3.1)。〔79〕对法院来说,损害事故发生后,其仅着眼于加害人与受害人双方当事人,在二者中决定应由哪一方承担损失或者分担损害。具体来说,如果侵权责任成立,已经产生的损失要从受害人头上转移给加害人,由加害人负担;反之,侵权责任不成立时,受害人就要自认倒霉,自担损害。当然,在加害人需要承担侵权责任的场合下,也可能因为受害人对损害的发生或者扩大有过错,故此,受害人需要自行承担一部分损害。

通过损失的转移来实现对受害人的补偿,这一做法有利有弊。由于加害人须自掏腰包承担赔偿责任,所以,侵权赔偿责任直接形成了针对加害人的经济威慑机制。这就有利于预防侵权行为的再次发生,并形成对社会其他成员不得从事类似行为的一般威慑。损失转移的弊端在于:如果加害人与受害人未能就赔偿达成协议,受害人只能通过诉讼获得赔偿,即实现损失的转移。显然,诉讼需要耗费大量的时间与金钱。更关键的是,受害人的损失能否真正得到填补,最终还是取决于加害人赔偿能力的有无和强弱。倘若加害人根本没有赔偿能力,则受害人实际上依然是自担损害。

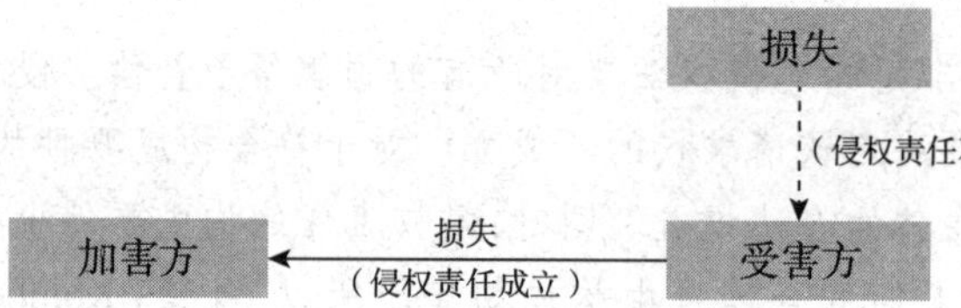

图1.3.1　损失的转移

2. 损失的分散(loss spreading)

由于在加害人与受害人之间的损失转移存在上述弊端,加之,现代社会属于风险社会,损害的发生日益频繁、数额巨大。为了更好地实现对被侵权人的救济,在侵权法之外又发展出了多种损害的填补制度,如商业保险、强制保险、工伤保险、赔偿基金等(参见图1.3.2)。侵权责任已经不是实现补偿功能的唯一手段。一方面,在工伤事故领域,更有效率的工伤保险逐渐取代了侵权责任,成为对受害人进行补偿的主要方法甚至是唯一的来源。另一方面,侵权责任法也不再单纯通过损失的转移来实现对受害人的补偿。更多的时候,它与商业保险、强制责任保险相结合起来,以"**损失分散**"的方式实现既减少加害人的负担又充分补偿受害人的双重目标。通过商业保险与强制责任保险,侵权人在"大部分时间只是扮演渠道的角色:费用最终由社会

〔77〕转引自[奥地利]海尔姆特·库奇奥:《侵权责任法的基本问题》(第1卷),朱岩译,北京大学出版社2017年版,第4页。

〔78〕[美]彼得·凯恩:《侵权法解剖》,汪志刚译,北京大学出版社2010年版,第13页。

〔79〕由于侵权法处理和规定的损害转移问题是"权益享有者自担损害"原则的例外,故此,学者也称侵权责任法为"规定例外之法律"。参见[瑞]海因茨·雷伊:《瑞士侵权责任法》(第4版),贺栩栩译,中国政法大学出版社2015年版,第8页。

的一大部分人分头承担”。[80] 这种损害分散的方法既能高效快捷地实现对被侵权人的损害予以补偿的功能，避免因侵权人没有赔偿能力而致损害无法填补的情形，也可以帮助侵权人分散侵权责任的风险，防止侵权人因承担巨额的赔偿以致破产，给社会制造新的不稳定因素。[81]

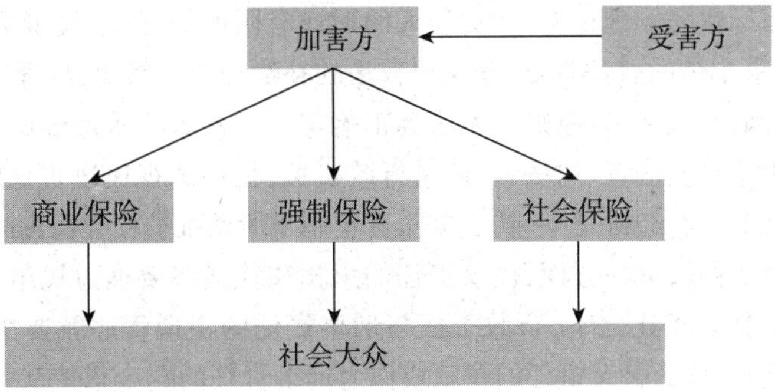

图 1.3.2　损失的分散

（三）补偿功能实现方式的变化对侵权法的影响

随着补偿功能的实现方式从“损失转移到损失分散”的转变，侵权法中的不少规则也发生了很大的变化。一方面，无过错责任大量产生。以往，具有吸引力的观点是，对侵权人不利的判决容易遏制人们从事经济活动的积极性，增加工商业发展的负担，不利于社会的发展。所以，必须严格控制侵权责任的成立要件，坚守过错责任。现在，由于损失完全不必侵权人自行负担，而是由社会全体分担，因此侵权责任的成立变得很容易，无过错责任也开始逐渐发展起来。另一方面，侵权人的确定标准也发生了变化。过去，人们认为，只有那些从事对社会不利的、有害行为的人才应当承担侵权赔偿责任。但是，现在判断谁应当是侵权人时，人们更多地以谁是“最有能力分散损失的人”为标准。当然，“如果他既是防止意外的最佳人选，又受到保险等级的压力刺激而防止意外，那就更好了”。[82] 换言之，此时令被告负责的理由在于合理分配现代文明社会无法避免的损害，是基于**分配正义**（distributive justice）的要求，并非惩罚或者责难被告。

（四）我国侵权法的补偿功能

我国侵权法的补偿功能主要通过以下方式加以贯彻落实：

1. 民事责任优先原则。《民法典》第 187 条规定：“民事主体因同一行为应当承担民事责任、行政责任和刑事责任的，承担行政责任或者刑事责任不影响承担民事责任；民事主体的财产不足以支付的，优先用于承担民事责任。”除上述规定外，我国现行法律中的类似规定还包括：《刑法》第 36 条第 2 款、《消费者权益保护法》第 58 条、《证券法》第 220 条、《食品安全法》第 147 条、《产品质量法》第 64 条、《公司法》第 214 条、《个人独资企业法》第 43 条、《合伙企业法》第 106 条等。《最高人民法院关于刑事裁判涉财产部分执行的若干规定》第 13 条规定：“被执行人在执行中同时承担刑事责任、民事责任，其财产不足以支付的，按照下列顺序执行：（一）人身损害赔偿中的医疗费用；（二）退赔被害人的损失；（三）其他民事债务；（四）罚金；

〔80〕［英］John · G. Fleming：《民事侵权法概论》，何美欢译，香港中文大学出版社 1992 年版，第 6 页。
〔81〕王泽鉴：《侵权行为》，北京大学出版社 2009 年版，第 9 页。
〔82〕［英］John · G. Fleming：《民事侵权法概论》，何美欢译，香港中文大学出版社 1992 年版，第 11 页。

(五)没收财产。债权人对执行标的依法享有优先受偿权,其主张优先受偿的,人民法院应当在前款第(一)项规定的医疗费用受偿后,予以支持。”

上述法律和司法解释的规定表明:一方面,民事责任与行政责任、刑事责任的目的与功能不同,可以并存,同时适用;另一方面,当补偿受害人与惩罚加害人这两个目标无法同时实现时,补偿受害人的目标优先。理论上,在责任人的财产有限的情况下,民事责任优先的原则显然更有利于维护民事主体的合法权益,落实侵权法的补偿功能。然而,尽管法律条文中确立了民事责任优先的原则,实践中,该原则却无法真正落实。一方面,“重刑轻民”的传统思维模式在我国根深蒂固,无论是立法者、司法者,还是行政机关,往往忽视民事责任的作用,对于侵害民事主体合法权益的行为,经常是“一罚了事”,甚至基于所谓维护社会稳定的考虑而不受理当事人提起的民事赔偿诉讼;另一方面,民事责任的承担往往最终要通过民事诉讼的方式,其程序漫长,费时费力费钱。相比之下,行政责任与刑事责任的实现程序就要快捷许多。这样一来,经常出现的情况是,作为行政责任的罚款或作为刑事责任的罚金很快就先于民事责任得到执行。当巨额的罚款、罚金以及被判决没收的财产充入国库后,责任人就已经完全丧失了承担民事责任的财产基础。因此,即便受害人在民事诉讼中取得胜诉判决,也无法执行。故此,今后我国应当在法律上建立相应的程序机制,从而保障民事责任优先的原则能够真正得到落实。

2. 连带责任、不真正连带责任、补充责任以及补偿责任的适用。所谓连带责任,也称连带债务,是指两个以上的赔偿义务人向赔偿权利人承担民事赔偿责任,权利人有权请求部分或者全部赔偿义务人承担责任,赔偿义务人内部按照各自责任大小确定责任份额,实际承担责任超过自己责任份额的赔偿义务人有权向其他赔偿义务人进行追偿(《民法典》第 178 条第 1、2 款)。在连带责任的情形下,由于数个赔偿义务人都负有向赔偿权利人承担全部赔偿责任的义务,就等于他们的责任财产被累积在一起,从而直接增强了承担责任的财产能力,有利于实现对受害人的补偿。现代侵权法是以自己责任、单独责任为原则的,除非当事人有专门的约定,否则连带责任属于法律保留事项,即只能由法律加以规定。故此,《民法典》第 178 条第 3 款规定:“连带责任,由法律规定或者当事人约定。”在我国侵权法上,最典型的连带责任的规定就是《民法典》第 1168 条规定的共同加害行为(狭义的共同侵权行为)、第 1169 条规定的教唆帮助侵权行为,第 1170 条规定的共同危险行为以及第 1171 条规定的承担连带责任的无意思联络的数人侵权。此外,《民法典》第 1195 条第 2 款、第 1197 条、第 1211 条、第 1214 条、第 1215 条、第 1241 条、第 1242 条、第 1252 条也规定了适用连带责任的情形。

不真正连带责任与连带责任的区别在于,前者有终局的全部责任承担者,后者需要在连带责任人内部按照责任份额加以分担。但是,对于赔偿权利人而言,不真正连带责任和连带责任一样,都具有更好地实现损害补偿的作用,赔偿不能的风险都从赔偿权利人转移给了赔偿义务人。例如,《民法典》第 1203 条规定,因产品存在缺陷造成他人损害的,被侵权人可以向产品的生产者请求赔偿,也可以向产品的销售者请求赔偿。产品缺陷由生产者造成的,销售者赔偿后,有权向生产者追偿。因销售者的过错使产品存在缺陷的,生产者赔偿后,有权向销售者追偿。依据这一条,缺陷产品的生产者和销售者之间承担的就是不真正连带责任,被侵权人可以同时起诉生产者和销售者,有权请求他们中的任何一个承担赔偿责任,生产者赔偿后可以向因过错导致产品存在缺陷的销售者追偿,而销售者赔偿后,如果产品的缺陷并非因自己的过错所致,则可以向生产者追偿。我国《民法典》中规定的此种不真正连带责任的条款还包括第 1223、1233、1250 条。

补偿责任是公平责任原则的体现,即行为人的行为虽然与受害人的损害存在因果关系,但是行为人并无过错且不适用无过错责任,此时基于公平的考虑,依然要求行为人来分担部分损害,即向被侵权人承担补偿的责任。可以说,补偿责任的全部功能就是要适当填补受害人的损害,这是在万不得已的情形下才适用的责任,且必须以法律有规定为前提(《民法典》第 1186 条)。因为,所谓的补偿责任实际上与自己责任原则是违背的。例如,《民法典》第 183 条规定:"因保护他人民事权益使自己受到损害的,由侵权人承担民事责任,受益人可以给予适当补偿。没有侵权人、侵权人逃逸或者无力承担民事责任,受害人请求补偿的,受益人应当给予适当补偿。"显然,在这种见义勇为的情形下,受害人的损害或是因为侵权人所致,或是因为外界客观原因所致,与受益人并无法律上的因果关系,但是考虑到没有侵权人、侵权人逃逸或者无力承担民事责任,而受害人是为了保护受益人的民事权益而遭受损害的。故此,为了弘扬正气,鼓励见义勇为的行为,基于公平的考虑,受益人应当对受害人给予适当的补偿。我国《民法典》中规定补偿责任的条文还包括第 182 条第 2 款、第 1190 条第 1 款、第 1192 条第 2 款、第 1254 条第 1 款。

补充责任对应的是首要责任或直接责任。在承担补充责任的情形下,责任人并不是第一位的或首要的责任人,而是在首要的责任人不能或无法承担责任的情形下,才就首要责任人不能承担的责任加以承担。从理论上说,补充责任人原本是不需要承担责任,因为其并非侵权人,但是为了救济受害人的损害,故令其承担补充责任。从这一点上说,补充责任和补偿责任相同。由于存在侵权人,而补充责任人并不是侵权人,不应当承担终局的责任。故此,补充责任人承担责任后可以向侵权人追偿,这一点上补充责任与不真正连带责任相同。由于补充责任与自己责任这一现代侵权法的基本精神有违,故此,只有法律才能规定补充责任。我国《民法典》中规定的补充责任包括两类:其一,第三人侵权时,安全保障义务人的补充责任(第 1198 条第 2 款);其二,第三人侵权时,教育机构的补充责任(第 1201 条)。

3. 损害赔偿的范围与计算标准的明确。我国《民法典》一方面对侵害生命权、健康权和身体权即造成人身伤亡时的财产损害赔偿范围等作出了明确规定,既补偿受害人的所受损害,也补偿所失利益(第 1179 条),同时,对侵害自然人人身权益的精神损害赔偿责任予以了明确(第 1183 条)。在侵害人身权益造成财产损失时,还规定按照被侵权人因此所受到的损失或者侵权人因此获得的利益加以赔偿(第 1182 条);另一方面,《民法典》对于侵害财产的损害赔偿的计算方法作出了规定,即按照损失发生时的市场价格或者其他合理方式计算(第 1184 条)。这些对损害赔偿的范围与计算标准的规定,都有助于贯彻落实侵权法的补偿功能。

二、预防功能

(一)含义

德国法学家瓦格纳曾言:"在任何法律制度中,侵权法都存在两颗心脏——阻吓与赔偿——它们同时跳动着,尽管强度有别。"[83] 所谓阻吓就是指侵权法的预防功能。**预防功能**(Prüventionsfunktion),也称"阻止"或"威慑"的功能,是指侵权责任法具有预防侵权行为发生的作用。不过,一直以来,对侵权责任法有无预防功能,都存在争议。不少人认为,预防侵权行

---

〔83〕［德］马蒂亚斯·赖曼、莱茵哈德·齐默尔曼编:《牛津比较法手册》,高鸿钧、韩世远、耿林、王洪亮、张芝梅、吕亚萍、鲁楠译,北京大学出版社 2019 年版,第 1012 页。

为并非侵权法的主要功能,只是侵权法的一个“受人欢迎的副产品”(erwünschtes Nebenprodukt)。[84] 况且,随着无过错责任的兴起及责任保险、社会保险等多元补偿体系的建立,侵权法的预防功能也被弱化。[85]“在过去的一百五十年中,侵权责任急剧扩张的一个显著特征就是,直接的经济后果几乎总是落在那些被认为钱袋是无底洞的人身上,如保险公司、大型商业企业或者中央或地方政府。”[86]另外,针对自然人之间发生的侵权行为,侵权法也无法发挥预防或阻吓的功能。[87]

笔者认为,完全否定侵权法的预防功能是不妥当的。法经济学认为,侵权法的经济本质就是“通过责任的运用,将那些由于高交易成本造成的外部性内部化”。合理的侵权法规则能够最好地发挥预防侵权行为的功能。通过形成减少事故成本的威慑机制,侵权法可以阻止那些具有发生事故倾向的活动,从而使行为人及其他人以更安全的、不会给他人造成损害的方式来从事同样的活动。[88] 首先,侵权法最基本的归责原则是过错责任。依据该原则,只有行为人因过错给他人造成损害时,才需要承担侵权赔偿责任。过错责任中过错的有无取决于行为人是否违反了应有的注意义务。出于自我利益的考虑,只要谨慎注意义务的标准被界定在一个预防的有效水平上,过错原则就会促使加害人与受害人采取有效的预防措施,从而避免损害的发生。[89] 因此,“过失概念并不是一个有关消除风险的概念,而是一个有关通过采取合理的预防措施将风险降低到可接受的水平的概念”。[90] 具体而言,一方面,如果行为人不采取预防措施,避免损害他人,就会被认为有过错,应承担侵权赔偿责任。如此,侵权赔偿责任可以形成一个有效的经济机制,迫使行为人采取预防措施,避免承担侵权赔偿责任。另一方面,如果行为人已经采取了预防措施,而受害人却不采取一定的自我保护措施,避免损害的发生或防止损害的扩大,那么受害人就要自行承担全部或部分的损失。这也是过错原则的题中应有之义。故此,过错责任在使行为人具有预防侵权行为的动力的同时,也使受害人产生了避免遭受损害的动力。

其次,针对现代社会大量出现的危险活动,危险责任应运而生。虽然适用危险责任的侵权行为无须加害人具有过错,这确实会使受害人在一定程度上丧失避免损害发生的动力。但是,危险责任借助营运成本可以取得预防效果。一方面,就那些对于他人具有危险的设备或者营业,法律上要求只有设备的管理者或营业者必须保证当危险给他人造成的损害能够得到赔偿时才能被允许运行。例如,驾驶机动车的人必须能够为责任保险缴纳保险费。“任何人都不应

---

〔84〕 Larenz, Schuldrecht, Lehrbuch des Schuldrechts, Band Ⅰ Allgemeiner Teil, Beck, 1987, § 27 I; Staudinger/ Hager, 13. Aufl. 1999, Vor §823ff., Rn. 10.

〔85〕 BGB – RGRK/Steffen, 1981, Vor § 823ff., Rn. 6ff.

〔86〕 M v Newham LBC [1994] 4 All E. R. 602, p. 631.

〔87〕 Esser/Weyers, Schuldrecht Ⅱ, Besonderer Teil, Teilband 2, 8. Aufl., Mueller, 2000, S. 137.

〔88〕 这方面的论著非常多,特别值得推荐的有:[美]斯蒂文·萨维尔:《事故法的经济分析》,翟继光译,北京大学出版社2004年版;[美]威廉·M. 兰德斯、理查德·A. 波斯纳:《侵权法的经济结构》,王强、杨媛译,北京大学出版社2005年版;[美]盖多·卡拉布雷西:《事故的成本》,毕竞悦、陈敏、宋小维译,北京大学出版社2008年版;[德]汉斯–贝恩德·舍费尔、克劳斯·奥特:《民法的经济分析》(第4版),江清云、杜涛译,法律出版社2009年版。

〔89〕 [美]罗伯特·考特、托马斯·尤伦:《法和经济学》,张军等译,上海三联书店、上海人民出版社1995年版,第318页。

〔90〕 [澳]彼得·凯恩:《侵权法解剖》,汪志刚译,北京大学出版社2010年版,第42页。

当以牺牲他人为代价来利用某一重大危险。”[91] 另一方面，危险责任极大地增加了行为人预防损害的经济考虑。因为，倘若加害人不采取预防损害的有效措施，就很容易被要求承担侵权责任，进而导致个人的行为成本增加。作为理性的决策者，行为人必须选择能够使其预期成本最小的预防水平。行为人的个人成本最小化的同时，社会成本也会最小化。研究表明，完全赔偿条件下的严格责任会使加害人将采取预防措施的边际成本和收益内部化，这给予其采取有效预防的激励。[92] 因此，无过错责任具有预防侵权行为的作用。

综上所述，侵权法能够发挥预防侵权行为的功能。事实上，在损害频繁的现代社会，预防损害、预防侵权行为的发生，更为重要，也为立法者所更加关注。美国著名的法经济学家卡拉布雷西甚至认为：“事故法的首要功能就是**减少事故成本与避免事故发生的成本的总和**”，具体来说，就是减少事故的数量与严重程度，减少事故产生的社会成本以及人们为处理事故而支出的管理成本。[93] 正因如此，我国以往的《侵权责任法》在第 1 条即开宗明义地将“预防并制裁侵权行为”作为立法目的之一，我国民法学界也普遍认可侵权法的预防功能。[94]

（二）实现方式

如果说补偿功能的重点是在被侵权人身上，即对已经发生的损害予以补偿，那么，预防功能的重心则放在侵权人的身上。通过令侵权人承担侵权责任尤其是赔偿责任，侵权法既可以使侵权人今后小心从事，避免再次侵害他人权益（特定威慑），也可以威吓和阻止其他为社会所不期待的侵权行为的发生（一般威慑）。例如，T 视频分享网站在网上将 B 公司享有著作权的电影供用户免费下载，该行为被认定构成侵权行为。在法院判令 T 承担赔偿责任后，该网站不敢再随意侵害他人的著作权，否则又要遭受金钱上的损失。另外该案的事实及裁判结果的公布也为其他视频分享网站或民事主体明确了相应的行为规范，可以吓阻或避免其他人从事类似的侵权行为。

（三）预防功能在我国侵权法上的体现

1. 明确规定绝对权保护请求权

在有些案件中，被告虽尚未构成对原告人身权益或财产权益的实际损害，但已经实施了侵害行为或者存在明显的侵害他人合法权益的危险。如果此时原告无权采取预防性保护措施，制止正在实施的侵害行为或者防止即将到来的侵害行为，显然不利于预防侵权行为和避免损害结果的发生。故此，我国在编纂民法典时，特别明确了两类重要的绝对权保护请求权——**物权请求权与人格权请求权**。《民法典》第 235～236 条对于返还原物请求权以及排除妨害、消除危险这三类物权请求权作出了规定，其中，后两种具有预防和制止侵权行为的作用。《民法典》第 995 条对于停止侵害、排除妨碍、消除危险等人格权请求权作出了规定。此外，《民法典》还在第 1167 条规定：“侵权行为危及他人人身、财产安全的，被侵权人有权请求侵权人承担停止侵害、排除妨碍、消除危险等侵权责任。”依据这一规定，当事人可以在损害尚未现实化之前，通过停止侵害、排除妨碍或消除危险等方式，有效地预防侵权行为，防止损害的实际发生。例如，

---

[91] ［德］埃尔温·多伊奇、汉斯－于尔根·阿伦斯：《德国侵权法——侵权行为、损害赔偿及痛苦抚慰金》，叶名怡、温大军译，中国人民大学出版社 2016 年版，第 5 页。

[92] ［美］罗伯特·考特、托马斯·尤伦：《法和经济学》，张军等译，上海三联书店、上海人民出版社 1995 年版，第 315 页。

[93] ［美］盖多·卡拉布雷西：《事故的成本》，毕竞悦、陈敏、宋小维译，北京大学出版社 2008 年版，第 24～26 页。

[94] 王利明：《侵权责任法研究》（上卷），中国人民大学出版社 2010 年版，第 109 页以下。

被告在自家房门上方及阳台上方外墙处各装了一个监控摄像头并连接至家中电脑。这两个摄像头的监控范围包括了原告的南阳台外侧、双方共用的北阳台以及楼梯走道。原告以被告安装摄像头的行为侵害隐私权为由,向法院起诉要求判令被告拆除摄像头。法院认为:"本案被告安装的监控摄像头,其监控范围属公共及公用区域,包括与原告日常生活有密切联系的公用部位,被告的上述行为足以侵害到原告的隐私权。被告通过上述监控摄像头所采集的信息系为个人所用,对公共利益无益,也不利于邻里之间的团结和睦。故本案原告作为最密切受侵者要求被告拆除涉案监控摄像头,符合事实及法律规定,予以支持。"[95]在本案中,原告的私密空间和私密活动被摄入了摄像头,其隐私权已经为被告所侵害,但原告并未因此遭受损害(如财产损失或精神损害)。故此,原告虽然不能要求被告承担侵权赔偿责任,但是有权要求被告拆除摄像头,从而停止侵害、消除危险。

此外,《民法典》针对缺陷产品可能造成损害的情形,还专门规定了预防性保护措施,即第1205条规定,因产品缺陷危及他人人身、财产安全的,被侵权人有权请求生产者、销售者承担停止侵害、排除妨碍、消除危险等侵权责任。

2. 依据危险程度确立不同的注意义务

从事具有不同程度危险性活动的行为之人,相应地负有不同程度的注意义务。越危险的活动,注意程度越高。这样就能有效地预防损害的发生。例如,《民法典》第1242条规定,倘若非法占有高度危险物造成他人损害的,该危险物的所有人、管理人只有能够证明对防止他人非法占有尽到"**高度注意义务**"的,方可免于与非法占有人承担连带责任。再如,《民法典》第1243条规定,在受害人未经许可进入高度危险活动区域或者高度危险物存放区域受到损害的情形中,只有管理人能够证明已经采取"**足够安全措施**"并尽到"**充分警示义务**"时,方能减轻或不承担责任。之所以上述规定中要使用"高度""足够""充分"的表述,就是要提高行为人的注意义务,从而预防侵权行为的发生。

3. 缺陷产品的召回制度

现代社会是大生产、大消费的社会。产品往在全国乃至全球范围内销售,使用和消费某一产品的民事主体成千上万。一旦该产品存在缺陷,则造成的损害势必极为巨大。为更好地预防损害的发生,《侵权责任法》第46条首次在法律上明确规定了缺陷产品的生产者和销售者的**召回义务**,即当它们发现产品存在缺陷后,应及时采取警示、召回等补救措施。否则,就要对因此造成的损害承担侵权责任。《民法典》第1206条延续并完善了这一规定。首先,增加了缺陷产品的生产者、销售者应当采取的补救措施类型,即停止销售。其次,明确了即便缺陷产品的生产者、销售者采取了停止销售、警示、召回等补救措施的,依然要对因缺陷产品给受害人造成的损害承担责任。最后,明确规定如果生产者、销售者没有及时采取补救措施或补救措施不力造成损害扩大的,还要对扩大的损害承担侵权责任。这样一来,就能够更有效地预防因产品缺陷而给消费者造成损害或导致损害的扩大。

4. 惩罚性赔偿的适用

惩罚性赔偿金既可以有效防止同样的侵权行为再度发生,又能够鼓励原告起诉,消灭被告的侥幸心理,使之惮于实施相应的侵权行为。[96] 法经济学的研究也表明,当惩罚性赔偿金的倍

---

〔95〕 张某诉潘某等隐私权纠纷案,上海市第一中级人民法院(2011)沪一中民一(民)终字第288号民事判决书。

〔96〕 M. Rustad, The Social Functions of Punitive Damages and the Law of Evidence, 53 (1986).

数等于补偿性损害赔偿金与预防成本之比乘以避免损害事故的边际概率时，惩罚性赔偿金将使得那些边际加害人将社会成本内在化。惩罚性赔偿已被我国《民法典》确立为一种民事责任承担方式，但是因其具有处罚性质，属于补偿原则的例外，故此必须由法律加以明确规定（《民法典》第179条第2款）。为了更好地预防侵权行为，《民法典》在延续《侵权责任法》的规定，继续明确缺陷产品导致严重后果时的惩罚性赔偿（第1207条）之外，还扩大了惩罚性赔偿责任的适用范围，具体包括：其一，新增了故意侵害知识产权的惩罚性赔偿的规定（第1185条）；其二，新增了违反法律规定，故意污染环境、破坏生态造成严重后果时的惩罚性赔偿（第1232条）。

三、惩罚功能并非侵权法的功能

《侵权责任法》第1条曾将“预防并制裁侵权行为”作为立法目的之一。[97] 所谓“制裁侵权行为是法律对漠视社会利益和他人利益，违背义务和公共行为准则的行为的谴责和惩戒，它意味着《侵权责任法》依据社会公认的价值准则和行为准则对某种侵权行为所做的否定性评价”。[98] 因此，一些学者认为，惩罚也是我国侵权法的一项功能。[99] 例如，王利明教授认为：“所谓制裁功能，是指侵权责任法通过强加给民事主体以责任，来教育行为人，并维护社会一个良好的社会生产和生活秩序。我国侵权责任法之所以被称为责任法，是因为法律责任是行为人不愿意承担的，所以其体现了对行为人的制裁。所以，侵权责任法在发挥对受害人进行补偿的功能的同时，也在一定程度上具有制裁不法行为人的作用。”[100] 杨立新教授也认为，侵权责任法的制裁功能主要体现在两个方面：一方面，是侵权责任法强制侵权人承担财产性民事责任，补偿被侵权人的权利损害，使侵权人接受不得不支付财产的惩罚，特别是精神损害赔偿更具有惩罚作用；另一方面，我国《侵权责任法》采取适当承担惩罚性赔偿金的做法，对恶意侵权造成人身权受到损害的侵权行为，确定有限度的惩罚性赔偿金，更好地发挥对侵权人的惩罚作用。[101]

应当说，侵权法中的个别制度确实具有一定的惩罚作用，尤其是总体上被扩张适用的惩罚性赔偿责任，更是具有鲜明的惩罚或者制裁的功能。但是，仅依据少数的、个别的制度就将惩罚或制裁作为整个侵权责任法的功能，并非妥当。任何法律责任无论民事责任、行政责任，还是刑事责任，本质上说对责任人都是不利的，都是其不愿意承担的。这只是说明了法律责任具有的强制性和不利性，但不能据此就认为，侵权法给侵权人施加侵权责任意味着侵权法以惩罚或制裁为目的并能够发挥惩罚的作用。在现代法律体系中，刑法以惩罚与预防犯罪为基本功能。作为私法的侵权法，其重心依然是损害的填补与预防。事实上，从严厉程度来说，任何一种侵权责任的承担方式（无论赔偿损失还是赔礼道歉等）都不会比剥夺自由甚至生命的刑罚更严厉，更具有惩罚性。

---

〔97〕 在起草《侵权责任法》的过程中，不少学者、单位和地方曾明确提出，“制裁侵权行为”不是侵权责任法的主要功能。作为私法责任的侵权责任不应强调惩罚功能，建议删去“制裁侵权行为”的内容。参见全国人大常委会法制工作委员会民法室编：《侵权责任法立法背景与观点全集》，法律出版社2010年版，第43页、第111页。

〔98〕 全国人大常委会法制工作委员会民法室：《〈中华人民共和国侵权责任法〉条文说明、立法理由及相关规定》，北京大学出版社2010年版，第2页。

〔99〕 王利明：《侵权责任法研究》（上卷），中国人民大学出版社2010年版，第104页以下；杨立新：《〈中华人民共和国侵权责任法〉精解》，知识产权出版社2010年版，第26页。

〔100〕 王利明：《侵权责任法研究》（上卷），中国人民大学出版社2010年版，第112页。

〔101〕 杨立新：《侵权责任法》（第2版），法律出版社2012年版，第9页。

在整个侵权法中,最具有惩罚或者制裁作用的就是惩罚性赔偿。然而,即便是惩罚性赔偿,也不是单纯地为了惩罚而惩罚。惩罚性赔偿制度的根本作用在于:通过剥夺侵权人的非法利益,提高其侵权行为的成本,最终在经济上遏制侵权人从事侵权行为的冲动,产生特定威慑。同时,巨额的惩罚性赔偿对潜在的侵权人也能产生很好的一般威慑功能,即"杀一儆百"。换言之,侵权法施加给侵权人不利后果或者予以制裁的根本目的,仍然是要填补受害人的损害并预防侵权行为的再次发生。

除了惩罚性赔偿外,侵权法中没有其他的规则或制度能够发挥惩罚的作用。以最重要的侵权责任承担方式——侵权赔偿责任为例可知,完全赔偿和禁止得利是损害赔偿法中的两项基本原则。一方面,通过令侵权人承担赔偿责任,使被侵权人恢复到侵权行为如果没有发生时其应处的状态。显然,这本就是侵权人应当承担的责任,并非对其额外的惩罚。另一方面,基于禁止得利原则,被侵权人不能因损害赔偿而获利,否则有违公平原则。当然,这就更加不存在惩罚的可能性。再如,无过错责任不以过错为侵权赔偿责任之成立要件,较之于过错责任,对侵权人更加严厉。然而,令侵权人承担责任的是风险或控制力,此等归责事由本身并不具有非难性,当然就没有可惩罚性。[102] 再考虑到保险等损害分散机制的存在,侵权人往往不需要自己来承担损害赔偿。此时,惩罚的作用就更无从谈起。

最后,将惩罚作为侵权责任法的基本功能,还会产生忽略甚至扭曲侵权法的真正功能——补偿与预防——的后果。例如,我国法院在审理针对那些构成犯罪的侵权人的民事赔偿诉讼(无论刑事附带民事诉讼还是单独提起民事诉讼)中,不仅不支持受害人的精神损害赔偿请求,即便是对于受害人的合理财产损失(如残疾赔偿金、死亡赔偿金),一些法院也不予支持。这样做的一个重要的观念原因就是,错误地将损害赔偿理解为制裁或者惩罚,并据此认为,既然作为犯罪分子的侵权人已经遭受了刑罚的惩罚,基于"一事不再罚"或"禁止双重惩罚"的原则,自然不应当再让犯罪分子承担精神损害赔偿责任。显然,这种理解是错误的,对于保护受害人的合法权益,非常不利。

第四节　侵权责任法的立法模式、体系与意义

一、侵权责任法的立法模式

(一)一元模式与多元模式

大陆法系与普通法系在侵权行为的规范上最大的差异之一就是规范模式不同。大陆法系国家采取的是以一般条款为基础的"一元模式",而普通法国家则采取了具体列举各类侵权行为的"多元模式"。[103] 所谓一元模式,就是在民法典中确立一个或数个一般性条款来对侵权行为进行普遍性的规范。例如,《法国民法典》第1382条与第1383条分别对故意和过失的侵权行为作出了规定,二者相互结合构成了过错责任的一般条款。《法国民法典》的这两个条文实

[102] 朱岩:《侵权责任法通论·总论》,法律出版社2011年版,第113页。

[103] [德]格哈特·瓦格纳:《当代侵权法比较研究》,高圣平、熊丙万译,载《法学家》2010年第2期。

属法制史上一项空前伟大的成就,[104]但是,在19世纪德国潘得克顿学者看来,过错责任的一般原则将导致实际运用中面临含糊不清的危险。因为每一个案件之间的情形大相径庭,而过错的一般原则又留下了过分广阔的可能解释空间。显然,在这些潘得克顿学者看来,“不得损害他人这一类义务几乎就是一个长期以来且现在依然在使法学家产生幻想的虚构的幽灵”。[105]因此,《德国民法典》没有如同《法国民法典》那样规定一个大的一般条款,而是在区分保护客体的基础上,规定了三个小的一般条款,即《德国民法典》第823条第1款、第823条第2款与第826条。法国与德国的上述规范模式分别对瑞士、日本以及中华民国的民法典产生了巨大的影响。

普通法系的多元模式属于历史的产物,它们是通过一项项的令状而逐渐确立起了一类类的侵权行为及其构成要件,并经漫长的历史发展累积而成一定的规模。最早,法律上只是规定了直接侵害之诉,主要针对那些以暴力侵犯国王安全的行为,后来,直接侵害之诉不断被间接侵害之诉补充,而间接侵害之诉本身也在不断扩张。[106] 当故意侵权行为越来越丰富后,又迫切需要发展过失侵权行为。于是,在侵害之诉外发展了独立的、具有一般条款意义的“**过失侵权**”。因此,普通法对侵权行为的规范采取的是具体列举的多元模式。正是由于普通法上的侵权行为有多个,因此,学者对于侵权法的名称都存在争议。认为侵权法是由一类类的侵权行为所组成的学者,采取的是“Law of Torts”的称谓;反之,认为侵权法内在体系是完整的,并非各类侵权的简单堆砌的学者,则采取了“Tort Law”的称呼。

(二)我国的“一般条款+类型化”的立法模式

无论是《侵权责任法》,还是《民法典》,我国都是在兼采大陆法系与普通法系的侵权行为立法模式的基础上,确立了独特的“**一般条款+类型化**”的模式。在《民法典》中,首先,该法第1165条第1款明确将过错责任原则作为侵权法的基本归责原则,属于一般条款,可以普遍适用于任何法律没有规定适用过错推定责任或者无过错责任的侵权行为。其次,在《民法典》侵权责任编的分则部分即第三章至第十章逐一规定了不少具体的侵权行为类型,其中,既有适用过错推定责任、无过错责任的特殊的侵权行为(如产品责任、高度危险责任、饲养动物损害责任、建筑物和物件损害责任),也有适用过错责任的一般侵权行为(如医疗损害责任、违反安全保障义务的侵权责任以及校园事故责任等)。由此可见,我国《民法典》中侵权行为的规范模式是在综合吸收大陆法系与普通法系侵权法立法模式优点的基础上,根据我国国情而形成的一种混合模式。

我国侵权法采取“一般条款+类型化”的立法模式是基于以下几方面的考虑:

首先,侵权法不是刑法,无须也不可能采取侵权行为法定的原则。在侵权法采取成文法的方式中,逐一规定所有的侵权行为类型不仅是没有穷尽的,还会出现挂一漏万的情形。故此,在我国侵权法中,所谓侵权行为的类型化,仅指对那些特殊以及需要规定的侵权行为类型逐一作出的规定,不是如同普通法系那样对各种侵权行为的类型都一一列举。其中,对于无过错责

---

[104] 根据学者的考证,侵权法的一般条款最早是由胡果·格劳秀斯提出的,他在1625年《战争与和平法》中首次提出了侵权法中的一般条款,这对法国法学家让·多马、罗伯特·波蒂埃等产生了重大影响。参见[德]乌维·维瑟尔:《欧洲法律史:从古希腊到〈里斯本条约〉》,刘国良译,中央编译出版社2016年版,第464~465页。

[105] F. Carnelutti, Sulla Distinzione tra Colpa Contrattuale e Colpa Extracontrattuale, cit., p. 744, cited from, Francesco Parisi, *Liability for Negligence and Judicial Discretion*, University of California Press, 2nd ed., 1992, p. 161.

[106] [德]格哈特·瓦格纳:《当代侵权法比较研究》,高圣平、熊丙万译,载《法学家》2010年第2期。

任与过错推定责任,由法律逐一明文规定是非常必要的。因为与过错责任相比,无过错责任与过错推定责任更为严格。况且,法律上规定某一侵权行为适用无过错责任时,可能需要确立最高赔偿额或强制保险等配套制度。如果不是由法律规定而任由法官或效力位阶低的法规或规章确定,势必对人们的行为自由构成严重的损害,对社会的进步也是不利的。基于这种考虑,自《民法通则》第106条第3款开始,到《侵权责任法》第6条第2款与第7条,再到《民法典》第1165条第2款以及第1166条,我国始终都将过错推定责任和无过错责任作为法律保留事项,即只有法律才能加以规定。

此外,由于侵权法的社会功能在于预防和减少纠纷,实现社会的和谐稳定。虽然一些侵权行为在归责原则上并无特殊之处,本应适用过错责任,但它们又“与人民群众利益密切相关、矛盾突出、各方面意见又比较一致”,[107]为了回应广大人民群众的关切,贯彻以人民为中心的立法理念,法律上也应当作出相应的规定,而不能无视。例如,医疗损害责任就是一般侵权责任,应当适用的是过错责任原则。可是,由于“近年来医疗纠纷逐年上升,社会广泛关注”,[108]为了妥善处理医疗纠纷,维护社会的和谐稳定,我国《民法典》在侵权责任编的第六章仍对医疗损害责任也作出了较详细的规定。此外,《民法典》还对网络侵权责任、违反安全保障义务的侵权责任、教育机构侵权责任等比较典型的、热点的一般侵权行为逐一作出了规定。由此可见,我国侵权法上的类型化并非如普通法系那样基于历史原因形成的,而是基于现实需要的选择。

其次,一般条款对于有效保护民事主体合法权益并适应社会的发展变迁,是不可或缺的。传统侵权法的保护对象主要是少数的**人身权与财产权**。人身权主要包括生命、健康、身体与自由等,而财产权限于个人现实的财产利益,主要就是所有权和各类他物权。[109]进入20世纪后,侵权法的保护范围呈现急剧扩张的趋势:一方面,人格权越来越受到重视,成为侵权法的保护重点。经历两次世界大战的苦难之后,各国人权运动蓬勃兴起。对个人人格利益的尊重,成为不可遏制的发展趋势。人格权的类型从传统的姓名权、肖像权、名誉权扩张到隐私权、信用权、贞操权、个人信息权等,甚至死者的人格利益如名誉、隐私、肖像、姓名等也受到法律保护。另一方面,在财产方面,除传统的物权外,还产生了许多需要保护的新型财产权益,如商业秘密、股权、基金份额等,进入信息时代后还产生的虚拟财产、数据等新型财产。侵权法显然无法列举穷尽所有的侵权行为,因此,为了更好地保护各种人身权益和财产权益,非常需要通过一般条款来对一般侵权行为予以规范,以适应社会发展变化的需要,更好地实现自由与安全的协调。

最后,从英美法系和大陆法系侵权法的发展来看,两大法系在规范侵权行为的模式上也呈现渐渐融合的趋势。在大陆法系,除民法典中规范侵权行为的一般条款之外,也通过单行法对各种新型的特殊侵权行为(适用无过错责任的侵权行为)作出规定,并通过法院的判例加以充实完善(参见表1.4.1)。反之,在普通法系,除了一类类具体的侵权行为之外,过失侵权也越来

---

[107]　《全国人民代表大会法律委员会关于〈中华人民共和国侵权责任法(草案)〉主要问题的汇报》,载全国人大常委会法制工作委员会民法室:《侵权责任法立法背景与观点全集》,法律出版社2010年版,第6页。

[108]　《全国人民代表大会法律委员会关于〈中华人民共和国侵权责任法(草案)〉主要问题的汇报》,载全国人大常委会法制工作委员会民法室:《侵权责任法立法背景与观点全集》,法律出版社2010年版,第8页。

[109]　德国法学家霍恩教授在评价《德国民法典》第823条第1款的保护范围时曾写道:“按当时的一般观念,财产首先应是物之所有权(并以侵权法对其加以保护)”,“《德国民法典》第三编所规定的物之所有权以及动产、不动产之上的特别权利,构成了财产秩序的核心。大量的非以物权形式存在的资产,如股票或者其他公司股份,当时很少引起民法典立法者的注意”。[德]诺伯特·霍恩:《百年民法典》,载《中外法学》2001年第1期。

越发挥着一般条款的功能，同时，规定一些具体侵权行为的成文法也日渐增多。因此，可以说，我国侵权法采取的“一般条款+类型化”立法模式本身也是符合世界侵权法的发展趋势的。

表1.4.1 部分大陆法系民法规范中侵权法条文的数量

	法国	奥地利	德国	瑞士	意大利	日本	俄罗斯	荷兰	中国	中国台湾地区
名称	民法典	民法典	民法典	债务法	民法典	民法典	民法典	民法典	民法典	“民法”
数量	5条	53条	30条	22条	17条	16条	38条	38条	95条	15条

（三）我国侵权法中的一般条款

1. 一般条款的含义

一般条款，是指侵权法中规定**过错责任原则**的法律条文。无论大陆法系国家或地区采取的一般条款是一个还是多个，都只是规范过错责任原则，而非同时规范过错责任与无过错责任的。以往，在起草《侵权责任法》时，有学者曾提出，未来我国侵权责任法中的一般条款不仅仅是规范过错责任的，还应当规范危险责任以及其他无过错责任。如果采取逐一列举的方式，则会使得侵权责任立法落后于社会发展的需要，让立法者疲于奔命。[110] 况且，从现代立法发展的趋势来看，无论是《欧洲侵权法原则》《法国债法改革草案》，还是《瑞士侵权法改革草案》以及德国侵权法改革中学者的主张来看，都表明确立包容性更强的危险责任一般条款是大势所趋。[111]

笔者认为，侵权法无须也不可能通过一般条款对过错责任、无过错责任及过错推定责任同时加以规范。首先，对于侵权人来说，无过错责任和过错推定责任较之于过错责任更加严苛，如果不是以法律逐一列举的方式来限定适用的范围及构成要件、免责事由等，势必出现无过错责任与过错推定责任或被滥用或无法适用的情形。这方面的例证就是《民法通则》第123条。该条作为危险责任的一般性规定，在《民法通则》施行至废止的30多年时间里，除了已经被法律或司法解释明确界定了具体适用范围和构成要件的类型（如高压电致人损害）外，其他类型，基本上处于要么无法适用要么胡乱适用的状况。因为，《民法通则》第123条中的“高空、高压、易燃、易爆、剧毒、放射性”等物品，究竟是指哪些物品或活动，并不清楚，争议极大。以锅炉爆炸致人伤害的案件为例，有的法院认为，蒸馒头的锅炉“作为危及人民生命和财产安全的特种设备，国家对此有严格的管理和限制”，被告使用对周围环境有危险的锅炉蒸馒头时，无证违规操作，锅炉长期超压运行，安全阀失灵，导致锅炉爆炸，致原告之子烫伤死亡，依据《民法通则》第123条，被告应当承担赔偿责任。[112] 有的法院却认为：“在日常生活中，任何一种活动都可能对周围的人们的财产或人身产生一定的危险性，但只有那些利用现代科技手段从事活动的作业，才能构成高度危险作业。而在本案中，发生爆炸的土锅炉是用原油罐（或水罐）私自改装的，设备非常简陋，且不能承压使用，不具备高度危险作业所应具有的利用现代科技手段从事

[110] 朱岩：《危险责任一般条款立法模式研究》，载《中国法学》2009年第3期。

[111] 朱岩：《危险责任一般条款立法模式研究》，载《中国法学》2009年第3期。

[112] 张艳波诉申延军、罗秀臣人身损害赔偿案，吉林省柳河县人民法院民事判决书（1999）柳民初字第648号，载吉林省高级人民法院编：《人民法院裁判文书选：吉林·2000年卷》，法律出版社2001年版，第220页以下。

活动的特征,不属于高度危险作业的范围。”[113] 再如,究竟多高的作业才算是“高空”作业,也争论不休。有人认为,修建高层建筑才属于高空,“如房屋建筑,现在一般都有五六层楼,高的到十多层、几十层,这就是高空作业”。[114] 有的人认为,“对于‘高空’一词不可拘泥于文义解释,应采取扩大解释方法,解释为‘空中’作业,凡建筑物工程施工无分‘建筑’或‘拆除’,在地面以上空中作业所致损害,均属之”。[115] 这样一来,究竟10米、20米、30米还是1万米才算高空,实在难以确定。法官遇到此类侵权案件,顿感无所适从。试想,即便是《法国民法典》第1382条与第1383条关于过错责任的一般条款,尚且被认为适用范围模糊,给予法官过大的自由裁量权。倘若真有一个规范所有侵权行为的一般条款,真不知法官的自由裁量权将会因此变得多大!如果人们对于某种行为是否适用无过错责任都没有丝毫的可预期性,完全听任法官的主观判断,合理的行为自由将不复存在。

其次,无过错责任不以过错作为侵权赔偿责任的成立要件之一,故侵权赔偿责任易于成立,对侵权人更加严苛。加之,作为无过错责任重要组成部分的危险责任,本身就是损害的社会化观念的产物。故此,法律在确立某一侵权行为适用危险责任时,往往会考虑通过强制责任保险、最高赔偿限额等配套规则来实现损失的分散和责任的平衡。如果立法上只是简单地规定一般条款,而不逐一明确侵权行为适用无过错责任,显然,是无法建立起相应的损害分散机制的。正因如此,即便是主张对危险责任采取一般条款的人,也不得不认为,应辅之以必要的列举。[116]

最后,现代侵权立法中危险责任一般条款化的发展趋势,只是学术观点而已,并没有什么国家真正这样规定,遑论实践证明行之有效。从目前的情况来看,根本就不存在能够同时包含过错责任与无过错责任的一般条款。比较法上,各国侵权法中的一般条款无论是一个还是多个,均是对过错责任原则的规定。此外,即便被作为危险责任一般性规定的《民法典》第1236条(原《侵权责任法》第69条),[117] 实质上也只是为未来法律对新型高度危险责任作出规定提供的依据而已,法官能否通过解释该条增列新的高度危险责任类型,尚待讨论。

2.《民法典》第1165条第1款是一般条款

以往,就我国《侵权责任法》中的一般条款究竟是哪一条或哪几条,有不同的认识。有些人认为,《侵权责任法》中的一般条款包括两类:一是“**大的一般条款**”,即可以作为所有侵权责任基础的条款,即该法第2条第1款的规定,“侵害民事权益,应当依照本法承担侵权责任”;二是“**小的一般条款**”,即该法第6条第1款的规定,“行为人因过错侵害他人民事权益,应当承担侵权责任”。二者共同结合,发挥了不同的作用。[118] 有的学者认为,《侵权责任法》第2条第1款只是一个对合法民事权益进行保护的宣示性条款,在司法实践中无法单独加以适用。它必须与侵权责任法的一般条款或分则中的具体条款相互配合,方可准确适用。[119]

---

〔113〕 李维娥、季雪梦与曹立民人身损害赔偿纠纷案,山东省利津县人民法院民事判决书(2001)利民初字第492号。载山东省高级人民法院编:《人民法院优秀裁判文书选(山东·2002年卷)》,人民法院出版社2003年版,第238页。

〔114〕 穆生秦主编:《民法通则释义》,法律出版社1987年版,第132页;张佩霖:《侵权的民事责任》,法律出版社1987年版,第25页。

〔115〕 梁慧星:《民法学说判例与立法研究》,中国政法大学出版社1993年版,第275页。

〔116〕 朱岩:《危险责任一般条款立法模式研究》,载《中国法学》2009年第3期。

〔117〕 王利明:《论高度危险责任一般条款的适用》,载《中国法学》2010年第6期。

〔118〕 杨立新:《〈中华人民共和国侵权责任法〉精解》,知识产权出版社2010年版,第27页以下。

〔119〕 王利明主编:《中华人民共和国侵权责任法释义》,中国法制出版社2010年版,第17页以下。

从现有的立法资料来看,确有学者认为侵权责任法应当确立一个可以作为**所有侵权责任基础**的一般条款。例如,有观点认为:“侵权行为法一般条款,是指在成文侵权行为法中居于核心地位的、作为一切侵权请求之基础的法律规范。这个一般条款具有两个方面的功能:(1)作为一个国家民法典调整的侵权行为之全部侵权请求之基础,在这个条文之外不存在任何民法典条文作为侵权的请求权之基础;质言之,任何受害人以民法典侵权行为法为依据提出请求,其请求都必须符合这个一般条款的全部要件。(2)它决定了民法典侵权行为法的框架和基本内容,民法典中侵权行为法的各个部分实际上都是这个一般条款的符合逻辑的展开。此外,在一部民法典的侵权行为法部分,该条文通常居于首要的位置,如开宗明义的第一个条文。”〔120〕也有观点认为,我国侵权责任法应当继续坚持《民法通则》的做法,即只要规定过错责任的一般条款即可,没有必要规定涵摄全部侵权行为的一般条款。因为对于严格责任和公平责任而言,根本就不适合规定一般条款。〔121〕

笔者认为,我国以往的《侵权责任法》没有确立所谓“大的一般条款”。该法第2条第1款只是对侵权法保护范围的宣示并明确适用的情形,并非大的一般条款。申言之,一方面,该款明确规定了侵权法保护的对象是民事权益,既包括民事权利,也包括民事利益;另一方面,该款指出侵害民事权益的,应当由“本法”即《侵权责任法》规范,而违约造成他人损害的,则应由《合同法》调整。换言之,“本法的规定不涉及违约责任的问题,因此违约责任不受侵权责任法调整,而是由合同法调整”。〔122〕如果错误地将《侵权责任法》第2条第1款作为一般条款,将会导致法官完全不顾侵权法的具体规定,仅以该款作为判决依据的情形,从而出现“**向一般条款逃避**”的不利后果,造成整个侵权责任法规则与体系的消解与崩溃,非常危险。我国《民法典》编纂时,《侵权责任法》第2条第1款被加以修改后,规定在《民法典》的总则编第五章“民事权利”中,即《民法典》第120条规定:“民事权益受到侵害的,被侵权人有权请求侵权人承担侵权责任。”由此更可以看出,立法者通过该条除了宣示民事权益受到侵权法的保护,还希望明确在民事权益遭受侵害后被侵权人针对侵权人享有的是性质上属于请求权的“请求侵权人承担侵权责任”的权利即使侵权行为也是债的发生原因之一。〔123〕故此,更不能将其作为所谓的普遍适用于所有侵权行为的大的一般条款了。

此外,由于《侵权责任法》第2条第1款不属于完全法律规范,既没有具体的构成要件,也没有规定明确的法律效果。故此,该款无法适用于具体的案件处理当中,不是独立的请求权基础。

总之,无论是原《侵权责任法》第2条第1款,还是《民法典》第120条,都并非所谓的一般条款,侵权法中也完全没有必要设立大的一般条款。真正的一般条款只是规定过错责任原则的《民法典》第1165条第1款。

二、侵权责任法的体系与意义

(一)“总则+分则”的结构

我国《民法典》侵权责任编共10章95条(第1164~1258条),采取的是“**总则+分则**”的立

---

〔120〕张新宝:《侵权行为法的一般条款》,载《法学研究》2001年第4期。

〔121〕王利明:《论侵权行为法中一般条款和类型化的关系》,载《法学杂志》2009年第3期。

〔122〕王胜明主编:《中华人民共和国侵权责任法解读》,中国法制出版社2010年版,第11页。

〔123〕石宏主编:《〈中华人民共和国民法总则〉条文说明、立法理由及相关规定》,北京大学出版社2017年版,第284页。

法结构(参见图 1.4.1 和图 1.4.2)。其中,第一章“一般规定”和第二章“损害赔偿”为“**总则**”,规定的是侵权责任领域共通的、基本的内容,包括调整范围(第 1164 条)、侵权责任的归责原则(第 1165 ~ 1166 条)、多数人侵权责任(第 1168 ~ 1172 条)、侵权责任的减责与免责事由(第 1173 ~ 1178 条)、人身损害的赔偿(第 1179 ~ 1181 条)、侵害人身权益的财产损失赔偿与精神损害赔偿(第 1182 ~ 1183 条)、侵害财产的损失赔偿(第 1184 条)、公平责任的适用(第 1186 条)等。

《民法典》侵权责任编第三章至第十章属于“**分则**”部分,这些章节逐一规定了特殊的侵权行为与典型的一般侵权行为的构成要件、法律效果、责任主体和减免责事由等。所谓**特殊的侵权行为**,是指不适用过错责任原则,而适用无过错责任或者过错推定责任的侵权行为,具体包括:监护人责任(第 1188 ~ 1189 条)、用人者责任(第 1191 ~ 1192 条)、定作人责任(第 1193 条)、产品责任(第四章)、机动车交通事故责任(第五章)、环境污染和生态破坏责任(第七章)、高度危险责任(第八章)、饲养动物损害责任(第九章)以及建筑物和物件损害责任(第十章)。

所谓**典型的侵权行为**,从归责原则上来说并不特殊,依然适用的是过错责任原则,但由于社会生活中此类侵权纠纷发生较多或者社会关注度较高等因素,立法者有意对之单独加以规定,具体包括:网络侵权责任(第 1194 ~ 1197 条)、违反安全保障义务的侵权责任(第 1198 条)、校园事故责任(第 1199 ~ 1201 条),以及医疗损害责任(第六章)。

虽然在立法上,《民法典》侵权责任编采取的是“**先总则后分则、先一般后特殊**”的顺序,但在适用法律条文处理侵权纠纷时,应当遵循的是“**先分则后总则、先特殊后一般**”的顺序。面对一个侵权案件,在找寻应当适用的法律规范时,首先应当看该案件涉及的侵权行为究竟是否属于特殊的侵权行为或典型的侵权行为,即能否适用《民法典》侵权责任编第三章至第十章中的规定或者是否需要适用《民法典》之外的特别法。如果没有相关的规定或者不适用这些规定,就意味着该侵权行为不属于特殊的侵权行为或者典型的侵权行为,而是一般侵权行为。此时,应当适用侵权法的一般条款即《民法典》第 1165 条第 1 款的过错责任原则。

提　示

通常,在一部法律的分则部分中,各章都会依据一定标准排列。例如,《民法典》物权编第二至五分编为分则,其中,因为所有权是最基本、最完全物权,其他物权都是从所有权中派生出来的。故此,“所有权”这一分编被规定在物权编分则的首位,然后规定的是“用益物权”分编、“担保物权”分编,最后才规定“占有”分编。再如,《民法典》合同编的第二分编规定了 19 种“典型合同”即有名合同,这些合同是按照转移财产的合同与提供劳务的合同的标准进行划分,依次规定的。然而,《民法典》侵权责任编分则各章的编排顺序却并未遵循特定的标准。其既没有完全按照归责原则来排列,将归责原则相同的规定在一块,也没有按照人的侵权行为与物的侵权行为来分类。事实上,在《民法典》编纂时,笔者就建议《民法典》的侵权责任编能够参考以下两个因素来排列特殊侵权行为:其一,从一般到特殊,更一般的、适用面更广的在前,反之在后。例如,替代责任只是在加害人与侵权人分离时适用,其不仅可以适用于一般侵权行为,也可以适用于特殊侵权行为,故此应当放在特殊侵权的最前面。其二,从特殊的过错责任到过错推定责任,再到无过错责任。然而,令人遗憾的是该意见未被接受,《民法典》侵权责任编仍然延续了《侵权责任法》分则各章的编排顺序。

提 示

此外,《民法典》侵权责任编对特殊侵权行为的规定也并不全面和完善。一方面,对于新型的侵权行为没有规定或者规定得过于简略,前者如内幕交易、虚假陈述和操纵市场等证券侵权责任就完全没有规定;而现代社会非常重要的一类侵权责任即网络侵权责任,虽然条文有4条,但仍然过于简略,没有单独成章,作更详细的规定。另一方面,侵权责任编第三章“责任主体的特殊规定”包含的内容过于庞杂,包括了无过错责任、过错推定责任以及过错责任的侵权行为,既有自己责任的侵权行为,也有替代责任的侵权行为。实际上完全可以进行分拆,如单独设立“替代责任”一章,将监护人责任、用人单位责任、接受劳务提供者的侵权责任、定作人指示过失责任集中规定;将违反安全保障义务的侵权责任与校园事故责任单独成章,作为“特殊的过错责任”;至于第1190条对完全民事行为能力人丧失意识造成损害的规定,可以放到第1166条之后,因为这涉及过错能力的问题,与过错责任密切相关,且此种情形可以发生在很多类型的侵权行为当中。

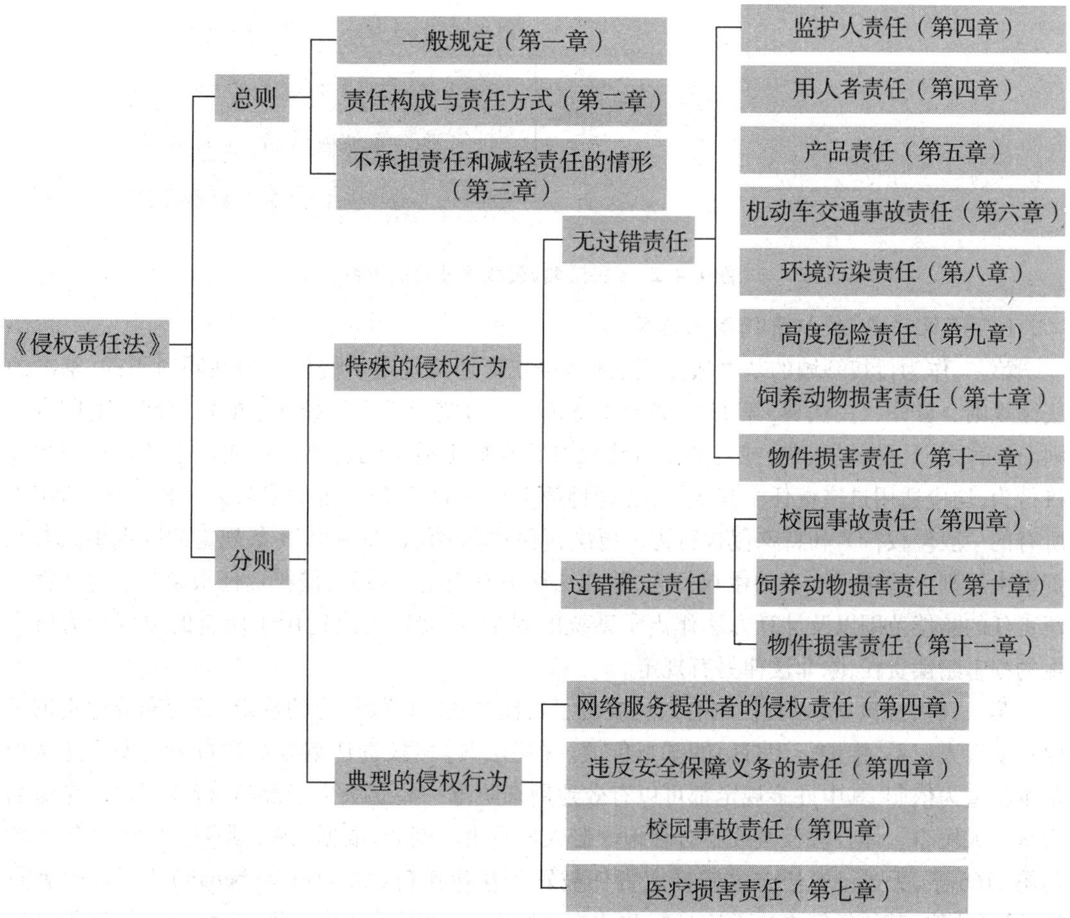

图1.4.1 《侵权责任法》的体系

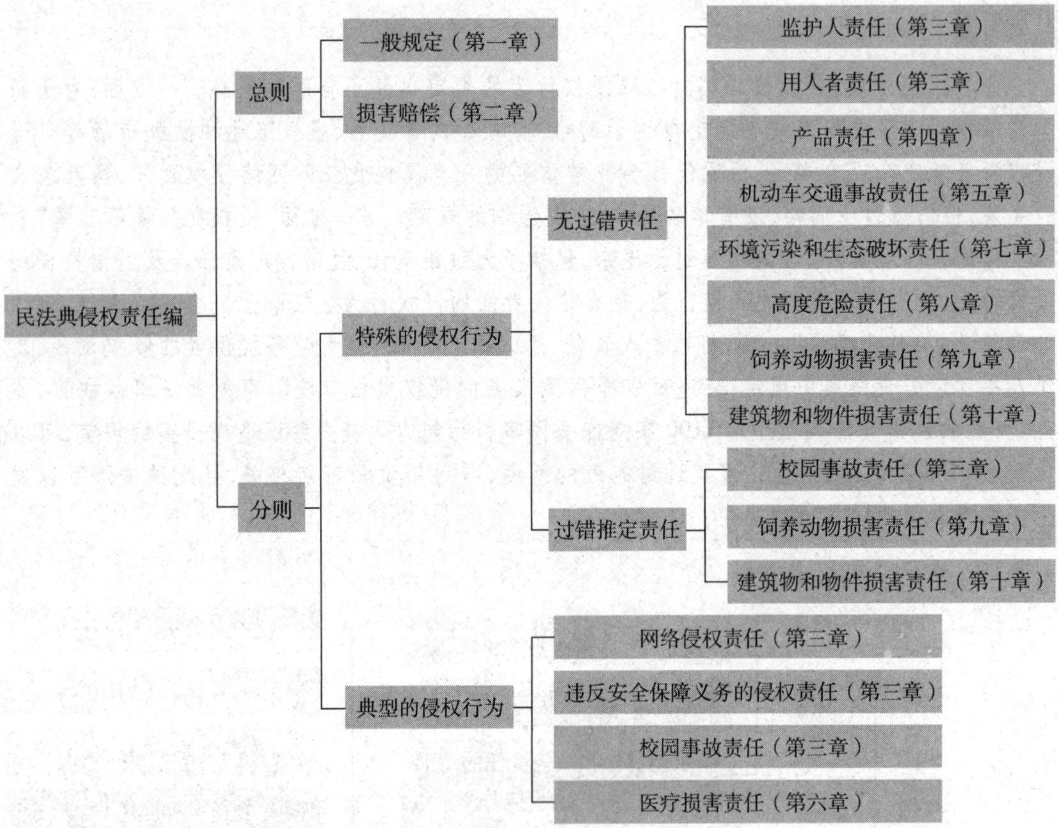

图 1.4.2 《民法典》侵权责任编的体系

(二)《民法典》侵权责任编的意义

第一,作为侵权领域的基本法,《民法典》侵权责任编规定了侵权行为共同适用的、基本的法律规则。首先,《民法典》第 1165 条第 1 款确立了过错责任这一最基本的损害赔偿的归责原则。换言之,凡是《民法典》或其他单行法没有特别规定适用无过错责任或过错推定责任的侵权行为,均应适用过错责任。其次,《民法典》第 1169 ~ 1172 条规定的多数人侵权责任,适用于所有的一般侵权行为和特殊侵权行为。再次,《民法典》第 1173 ~ 1178 条规定的减责事由与免责事由原则上适用于所有的侵权行为,除非法律另有规定。最后,侵权责任编第二章对损害赔偿责任的赔偿范围以及计算方法作出了系统的规定,该规定可以适用于所有的侵权行为所产生的损害赔偿责任,除非法律另有规定。

第二,《民法典》侵权责任编有效地规范了其他立法对侵权行为的规定,较为充分地贯彻了保护受害人权益、维护行为自由的基本价值。《民法典》侵权责任编以协调自由与安全这两项基本价值为依归,其中许多规定都可以有效地用来防范一些立法出于部门、行业利益的考虑而损害广大民事主体合法权益或不合理地限制人们自由。例如,依据《民法典》第 1165 条第 2 款与第 1166 条,无过错责任与过错推定责任被置于**法律保留**(Gesetzesvorbehalt)之下。也就是说,除了法律,其他任何立法无论是行政法规、地方性法规,还是政府规章,均不得规定无过错责任或过错推定责任。再如,《民法典》第 1244 条规定:“承担高度危险责任,法律规定赔偿限额的,依照其规定,但是行为人有故意或者重大过失的除外。”这一规定非常具有针对性。因为,直到目前为止,我国仍存在通过行政法规甚至部门规章来规定赔偿限额的情形。基于部门利益或行业利益的考虑,这些行政法规或规章中规定的赔偿限额都非常低。例如,2007 年 9 月 1 日施行的《铁路交通事故应急救援和调查处理条例》第 33 条第 1 款曾规定:“事故造成铁路旅客人身伤亡和自带行李损失的,铁路运输企业对每名铁路旅客人身伤亡的赔偿责任限额为人民币 15 万元,对每名铁路旅客自带行李损失的赔偿责任限额为人民币 2000 元。”在造成一个人死亡的民事赔偿数额通常达到上百万的今天,15 万的赔偿限额显然只是考虑了铁路企业的利益。2011 年 7 月 23 日发生的甬温线特别重大铁路交通事故后,当铁路部门的人员依据《铁路交通事故应急救援和调查处理条例》第 33 条第 1 款提出 15.2 万元的赔偿数额,受害人及家属完全无法接受。值得庆幸的是,因为在此前的《侵权责任法》中就有第 77 条明确规定高度危险责任的赔偿限额应当由法律加以规定,且该法从 2010 年 7 月 1 日开始实施的。故此,浙江省高级人民法院依据《侵权责任法》第 77 条向负责事故处理的浙江省政府和铁道部提出,应当适用《侵权责任法》以及《铁路人身损害赔偿解释》的建议。该建议被采纳,最终遇难人员家属获得的赔偿救助金包括死亡赔偿金、丧葬费、精神抚慰金和一次性救助金(含被扶养人生活费等)合计 91.5 万元。[124] 2012 年 11 月 9 日国务院发布了《关于修改和废止部分行政法规的决定》,废除了《铁路交通事故应急救援和调查处理条例》第 33 条。然而,在国内民用航空事故中,目前依然适用的是 2006 年 1 月 29 日经国务院批准、原民航总局发布的,性质上属于部门规章的《国内航空运输承运人赔偿责任限额规定》。显然,这一规章既违反了《侵权责任法》第 77 条,也违反了《民法典》第 1244 条,应当予以废止。

第五节 现代侵权责任法的发展

一、损害赔偿观念的社会化

在 19 世纪,如果原告能够证明损害是由于被告过错造成的,那么被告就要对其过错行为负责,应当承担赔偿责任。反之,如果被告没有过错,那么无论损害多么严重、原告处境多么悲惨,被告都无须承担责任。因为当时的人们认为,意外事故是生命中不可避免的一部分,这不是“任何人的过错”,“如果有错,也不是系统性过错,而是个人的粗心大意所致——通常就是被害者自己”。[125] 当时的法律“找不到行为人在没有过错的情况下承担责任的判例和原则,即使找到了也无法坚持。……所有的判例全都承认:一种产生于意外事故的损害,或者产生于法律上和推理上都属于正常的注意和预见所不能防止的行为造成的损害,只不过是受害者的不幸,不能构成法律上责任的基础”。[126]

“在 19 世纪的观念中,绝对责任也许过于危险了;它可能会完全窒息经济。如果铁路,或者一般地说企业,必须对因‘意外事故’造成的所有损害进行赔偿的话,那么诉讼将会榨干它们的经济血液。一般的谨慎因此便成为标准。法官的目标就是要将损害限制在适当的标准内,

[124] 陈东升:《17.2 万到 91.5 万,温州动车事故赔偿标准出台内幕》,载《法制日报》2011 年 8 月 15 日。

[125] [美]劳伦斯·弗里德曼:《二十世纪美国法律史》,周大伟等译,北京大学出版社 2016 年版,第 433 页。

[126] 哈维诉邓洛普案:《希尔与迪奈欧编判例汇编》,第 193、194 页(1843 年)。转引自[美]伯纳德·施瓦茨:《美国法律史》,王军译,中国政法大学出版社 1990 年版,第 66 页。

资本必须被部分地抽出来,用于必需的工作。"[127] 所以,在整个 19 世纪,占据统治地位的是过错责任原则。该原则建立在矫正正义与个人正义的基础上,宣扬的是一种对有过错者予以谴责的道德原则,相信的是个人自治,鼓励的是人们追求财富的勇气、努力与进取心,唯恐阻碍经济社会的发展。

进入 20 世纪后,各种损害的发生越来越普遍。损害的产生常常并不是因为某个行为人的过错所致,与个人的谨慎还是疏忽根本没有关系,它是社会在发展前进的过程中无法拒绝的副产品。如果一定要谴责谁的话,就应当谴责这个"该死的社会"。受害人是无辜的,甚至加害人在一定程度上也是无辜的。于是,损害赔偿的观念就从个人损害向社会损害发生了转变。申言之,社会发展带来的损害应当由社会来承担,而不应由受害者个人承担。法律应当建立这样一种赔偿制度,在该制度中,因事故产生的损害将不会落到不幸的个人头上,而是以或此或彼的方式转移出去。侵权法的主要功能也不再是单纯的道德说教,而是基于**分配正义**与**全体正义**对经济风险与社会损害进行合理的调整。[128]

随着损害赔偿理念的变化,侵权法中产生了两个现象:其一,无过错责任开始产生并得到急速的扩张,从工伤事故到交通事故、产品责任、核损害事故,以至于在 20 世纪后半叶,人们认为几乎一切危险活动(包括输血、人体器官移植等)或者危险企业造成的损害,都应当适用无过错责任。无过错责任的一般化与普遍化已经成为学者们津津乐道的话题。[129] 其二,侵权法之外的各种损害补偿机制纷纷建立。为了有效地保护现代社会的受害人,减轻无过错责任带来的经济风险,侵权行为法之外的其他损害补偿机制如各种社会保险及商业保险(如损害保险与第三人责任保险)开始建立并得到了巨大的发展。这些新的机制与侵权法相互协助,不仅更有效地实现了对受害人的补偿,还能起到分摊损害的作用。一些社会保险如工伤保险甚至已逐渐取代了侵权赔偿制度,对工伤事故受害人加以救济。

二、侵权法保护范围的扩大化

传统的侵权法主要保护**财产权**与**人身权**,其中,人身权仅限于人的生命权、健康权、身体权与自由权,而财产权仅限于个人现实的财产利益,主要就是**物权**。德国学者霍恩教授在评价《德国民法典》第 823 条第 1 款的保护范围时就曾指出:"按当时的一般观念,财产首先应是物之所有权(并以侵权法对其加以保护)……《德国民法典》第三编所规定的物之所有权以及动产、不动产之上的特别权利,构成了财产秩序的核心。大量的非以物权形式存在的资产,如股票或者其他公司股份,当时很少引起民法典立法者的注意。"[130]

进入 20 世纪之后,侵权法的保护范围发生了很大的变化,呈现扩张的趋势。一方面,人格权的类型不仅从传统的姓名权、肖像权、名誉权扩张到隐私权、信用权、贞操权、个人信息权等,而且各项人格权的内涵与外延也在不断变化。例如,1890 年由路易斯·布兰代斯与沃伦提出的隐私权概念,到现在已经发展成为一类包含内容十分广泛的重要人格权。它不仅包括个人

---

〔127〕 [美]劳伦斯·M. 弗里德曼:《美国法律史》,苏彦新等译,中国社会科学出版社 2007 年版,第 514 页。

〔128〕 关于侵权法中个体正义与全体正义的讨论,参见姚辉:《侵权法的危机:带入新时代的旧问题》,载《人大法律评论》(2000 年第 2 辑),法律出版社 2000 年版,第 218 页以下。

〔129〕 Richard Epstein, *A Theory of Strict Liability: Toward a Reformulation of Tort Law*, American Business Law Joumal, Volume 19, 1981, pp. 227 – 265; Toward a Reformulation of Tort Law, San Francisco, 1980. Izhak Englard, Can Strict Liability be Generalized? Oxford J. Legal Stud., 2(1982).

〔130〕 [德]诺伯特·霍恩:《百年民法典》,载《中外法学》2001 年第 1 期。

私生活的宁静不受到他人非法干涉搅扰的权利，而且包括个人在工作场所的隐私不受侵害、个人数据信息及人体基因信息不受他人非法侵害在内。从国际层面上说，人权也越来越受到重视。1948 年 12 月 10 日联合国通过了《世界人权宣言》，该宣言认为："人人生而自由，在尊严和权利上一律平等。他们赋有理性和良心，并应以兄弟关系的精神相对待。""人人有权享有生命、自由和人身安全。""人人在任何地方有权被承认在法律前的人格。"1966 年 12 月 16 日联合国大会又相继通过了《经济、社会及文化权利国际公约》《公民权利和政治权利国际公约》。这两个公约对人的生命权、自由权、健康权、名誉权、荣誉权、隐私权、劳动权、休息权等各项权利都作出了规定，要求缔约国在本国切实履行保护这些人身权利的义务。在这样的大背景之下，各类人格权已经越来越受到各国法的重视，甚至出现人格权单独立法的趋势。

另一方面，除人格权、物权、知识产权等绝对权之外，其他的权利甚至一些法律利益也越来越多受到侵权法的关注与保护，这些权利和利益包括债权、人格利益、财产利益。例如，在侵权法上通过第三人侵害债权制度对作为相对权的债权加以保护，使得债权不仅受到合同法的保护，在特定的情形下也受到侵权法的保护；再如，对于死者的名誉、隐私、肖像、姓名等人格利益给予一定程度的保护，以防止他人采取故意悖于善良风俗的方式予以侵害。尤其是进入信息网络社会后，网络虚拟财产以及数据也越来越成为重要的新财产类型。在大数据时代背景下，数据已经成为重要的生产要素。大数据时代的数据蕴含着巨大经济价值和战略价值，其不仅成为企业的重要资产，也是国家的战略资源。[131] 总之，大数据正在引领着新一轮的科技创新与技术革命，成为新经济的智能引擎，包括零售、医疗卫生、保险、交通、金融服务等在内的各行各业将完成所谓的"数据金计划"。[132] 因此，如何通过法律来保护数据这种新财产，越来越受到关注。

三、加害行为与损害后果的复杂化

进入 21 世纪后，科学技术导致生产力高度发达，人类的生产能力与消费能力都大量提高，形成了大量生产与大量消费（mass product and mass consume）的消费社会。生产、交换的日益社会化使得人们生活必需的每一样物品、每一种服务都要通过市场购买，一国人口也越来越集中于城市。这样一系列现代社会的新的特点使得，加害行为与损害后果呈现广泛性、间接性、科技性、隐蔽性、复杂性与严重性等一系列特点。

加害行为具有广泛性，是指加害行为并非"一对一"而是"一对多"的侵害。遭受侵害的人不是单个的一两人而是很多受害者。例如，在产品责任中，由于现代社会人们必须从市场上购买自己生活必需的每一种产品，而激烈的市场竞争往往使得生产这些产品、提供这些服务的企业最后只剩下了极少数的大公司、大企业。这些大公司、大企业生产的产品，一旦存在缺陷，那么由于其大量生产而消费者又大量购买，就会使得许多人遭受损害。再如，大数据时代很多企业收集、存储了海量的数据，其中包括成百上千万人的个人数据，一旦这些数据泄露，就可能给数量极为庞大的受害人造成危险甚至是产生现实的损害。

---

〔131〕 根据我国工业和信息化部的预测，到 2020 年，中国大数据相关产品和服务业务收入将突破 1 万亿元。基于现有电子信息产业统计数据及行业抽样估计，2015 年我国大数据产业业务收入 2800 亿元左右。参见工业和信息化部：《大数据产业发展规划（2016—2020 年）》，载 http://www.miit.gov.cn/n1146295/n1652858/n1652930/n3757016/c5464999/content.html，2017 年 9 月 19 日最后访问。

〔132〕 [美]伯纳德·利奥托德、马克·哈蒙德：《大数据与商业模式变革：从信息到知识，再到利润》，郑晓舟等译，电子工业出版社 2015 年版，第 7 页。

加害行为的间接性主要表现为两个方面:一方面,加害行为已经不是通过行为直接对他人的人身与财产加以侵害,而是通过间接的行为损害他人。例如,企业排放的各种废弃物,不仅污染环境、破坏生态,还因此损害他人的人身财产权益;[133]另一方面,加害人行为人与受害人之间基本上没有直接的联系,例如,企业生产的产品存在的缺陷导致他人损害,受害人常常不一定是产品的购买者,很可能是与生产者、销售者没有合同关系的其他主体。再如,利用非法买卖方式取得的个人信息,从事电信诈骗等侵权违法活动的行为人,其与受害人之间此前都没有任何直接或间接的接触。

加害行为的科技性、隐蔽性与复杂性是指,加害行为的查证变得更加困难与复杂,必须借助相应的科技手段,获得相关领域的专家的帮助才能查明,普通的受害人往往很难查明加害行为与加害源。例如,环境污染致人损害并非一污染后,损害后果就立即出现,而可能要潜伏相当的一段时间,即便此后出现损害后果,也并非能够立即查明致害原因所在。再如,利用网络技术侵害他人人身权或财产权时,很多时候往往难以找到直接从事加害行为之人。在个人信息泄露的情况下,要查明究竟是从哪一个或哪几个主体处泄露的信息,也极为困难。

损害后果的严重性是指,现代的侵权行为所导致的损害后果往往是始料不及的,其对他人造成的损害往往非常大。例如,在网络上毁损他人名誉比贴大字报损害他人名誉造成的后果更为严重,飞机、汽车的缺陷将造成机(车)毁人亡的后果。环境污染与生态破坏责任中,加害人可能不仅仅是给特定民事主体的人身财产权益造成损害,还会造成生态环境损害。[134]

四、因果关系判断标准多样化

正是由于加害行为呈现科技性、隐蔽性、复杂性等特点,因此,现代侵权纠纷中有些侵权行为与损害结果之间的因果关系很难证明或者说很难确切地证明。例如,在产品缺陷致人损害、环境污染致人损害、医疗事故、职业病损害等案件中,有时根本没有办法确切地证明加害行为与损害后果之间的因果关系。为了既能够保护受害人,又避免给加害人过苛的负担,现代侵权法中的因果关系理论及证明方法都发生了很大的变化:一方面,在坚持传统因果关系理论的前提下,产生了各种新型的因果关系理论,如市场份额理论、法规目的理论等;另一方面,为了减轻受害人的举证责任,提出了各种新的举证方法,包括盖然举证说、事实上的推定说、证据优越说、举证责任转换说以及疫学因果关系理论等。

五、侵权责任承担方式的多样化

(一)民事责任的多元化

一方面,为了更好地预防侵权行为的发生,除金钱赔偿、恢复原状这种传统的损害赔偿责任外,停止侵害、排除妨碍、消除危险等预防性侵权责任承担方式也越来越受到重视和广泛运用。另一方面,在财产权本位的社会,损害赔偿就是金钱赔偿的代名词。但随着现代社会对人格尊严越来越重视,当出现侵犯人格权或者人格利益的案件时,不少受害人往往还要求法律提供比精神损害抚慰金更有效的救济方式。因此,侵害人格权的案件中赔礼道歉、恢复名誉、消除影响等侵权责任方式对于受害人更加重要。

---

〔133〕 朱柏松:《侵权行为理论发展之新趋势》,载《法学丛刊》总第153期。

〔134〕 生态环境损害,是指因污染环境、破坏生态造成大气、地表水、地下水、土壤、森林等环境要素和植物、动物、微生物等生物要素的不利改变,以及上述要素构成的生态系统功能退化。参见中共中央办公厅、国务院办公厅印发的《生态环境损害赔偿制度改革方案》(2017年12月)。

（二）精神损害赔偿责任的产生与发展

由于现代法律强调对人的精神利益的维护，因此，侵权法的一个重要发展趋势就是精神损害赔偿责任的广泛适用。例如，在《德国民法典》颁布之时，依据该法第 253 条的规定："对于财产损害以外的损害，只限于法律有规定的情形，才能请求以金钱加以赔偿。"当时，《德国民法典》针对一般侵权行为可以请求精神损害赔偿的规定只有第 847 条第 1 句的规定："侵害人的身体或健康，或侵夺人的自由者，被害人亦得基于非财产上的损害请求相当的金钱赔偿。"针对危险责任能够请求精神损害赔偿的规定只有第 833 条第 1 句中的动物致人损害责任。后来，判例逐渐扩大了这一适用范围，承认了侵害一般人格权也能要求精神损害赔偿。同时，特别法如《原子能法》等也认可了在加害人有过错的情况下，适用危险责任的侵权行为的受害人也有权要求精神损害赔偿。2002 年《德国第二次损害赔偿法》更是在《德国民法典》第 253 条增加了第 2 款，明确规定任何侵害身体、健康、自由或者性生活的自主而必须赔偿损害的侵权人，也应当就财产损害之外的损害给予金钱赔偿，无论此种侵权行为是一般侵权行为还是特殊侵权行为。[135] 再如，我国法上，精神损害赔偿从最初的适用于侵害自然人的名誉权、隐私权等人格权的情形，发展到侵害死者的姓名、名誉、荣誉、肖像、隐私，再到《民法典》第 1183 条第 2 款规定的"因故意或者重大过失侵害自然人具有人身意义的特定物造成严重精神损害的，被侵权人有权请求精神损害赔偿"，也在总体上呈现适用范围不断扩大的趋势。

（三）惩罚性赔偿制度的产生及扩大适用

现代侵权法中惩罚性赔偿的适用范围也在不断扩张，该制度的运用既充分地实现了侵权行为法的威慑功能，又能够更好地保护受害人。以我国为例可知，最早规定惩罚性赔偿的是《消费者权益保护法》第 49 条的双倍赔偿。后来，不仅《消费者权益保护法》修订后，惩罚性赔偿的适用情形被扩大，在违约责任中也可以适用惩罚性赔偿（《最高人民法院关于审理商品房买卖合同纠纷案件适用法律若干问题的解释》第 8、9 条），《食品安全法》《侵权责任法》也都对产品责任中的惩罚性赔偿作出了相应规定。《民法典》不仅在第 179 条第 2 款中肯定了惩罚性赔偿作为民事责任承担方式的法律地位，同时还新增了两类惩罚性赔偿，即故意侵害知识产权的惩罚性赔偿（第 1185 条）以及故意污染环境、破坏生态的惩罚性赔偿（第 1232 条）。

第六节 损害的预防与补救

一、风险社会中损害事故

进入 21 世纪，科学技术的飞速发展极大地增强了人类认识、改造自然的能力。日新月异的科学技术给人们带来了前所未有的物质享受，汽车、飞机、高铁、移动电话、计算机、互联网、人工智能、大数据等各种新技术和新产品的出现，使现代人的生活比以往任何时代更舒适、更丰富多彩。与此同时，科学技术也给人类社会制造了前所未有的风险，造成了难以计数的损害事故。"生产力在现代化进程中的指数式增长，使风险和潜在自我威胁的释放达到了前所未有

---

[135] Hein Koetz/Gerhard Wagner, Deliktsrecht, 11. Aufl., Vahlen, 2010, p. 520; Ulrich Magnus, The Reform of German Tort Law, Working Paper No: 127, Barcelona April 2003, www.indret.com.

的程度。”[136] 现代人正处在一个充满各种危险与损害的生活环境或社会结构当中。每时每刻都在发生的交通事故、环境污染、工伤事故、产品责任、个人信息泄露等,不仅使众多生命逝去、无数人伤残、巨额的财产损失,而且为了预防和解决这些侵权事件也消耗了巨大的社会资源。

现代社会俨然成为一个危机四伏,充满损害的**风险社会**。[137] 例如,自 1896 年 8 月 17 日——当天伦敦警察厅记载了世界上第一起机动车致人死亡案件,直到 1995 年,在近一百年的时间里,全球死于机动车交通事故的总人数高达 2500 万人。仅 2002 年,全球死于道路交通事故的人数就多达 118 万,平均每天死于道路交通事故的人数为 3242 人。[138] 20 世纪 70 年代英国“民事责任与人身伤害赔偿皇家委员会”的调查报告显示,英国每年大约有 300 万例事故伤害,每年有大约超过 30 万例事故伤害因道路交通事故造成,大约 40 万例因工伤事故造成。[139] 在我国,随着经济社会高速发展,各种环境污染、工矿事故、食品安全事故等损害事故也频繁发生,造成了数量巨大的人身伤亡和财产损害。例如,依据《2019 年人力资源和社会保障事业发展统计公报》,截至 2019 年年末,我国全年认定(视同)工伤 113.3 万人,评定伤残等级 60.7 万人。全年有 194 万人次享受工伤保险待遇。[140] 根据国家统计局《2019 年中国统计年鉴》的统计数据,2018 年全年我国共发生机动车交通事故 244,937 起,死亡 63,194 人,受伤 258,532 人,造成直接财产损失 13.84559 亿元。

从古至今,损害事故都无法完全消除。但是,现代社会损害事故的数量之多、发生之频繁、损害之大,史无前例。这就给现代社会的法律制度提出了两个亟须解决的重大问题:如何**预防**损害事故的发生?怎样**补救**已经发生的损害?

二、损害的预防

预防与减少损害事故的发生是一个系统工程,涉及诸多方面,如发展科技水平、提高产品设备的安全性能,实行科学有效的管理,普及安全知识,增强责任意识等。“法律在预防伤害和损害中只能发挥有限的作用;机械学、工程学、心理学等等方面的技能可能关联更大。”[141] 即便是在法律中,就预防和减少损害的作用而言,公法的作用也往往要大于私法。一方面,基于安全的考虑,政府依据行政法的规定对社会生产生活进行有效的规制,从而有效地预防损害的发生,这也正是政府管制社会活动的正当性基础之一;另一方面,对于屡教不改、造成严重损害的当事人,对之施加剥夺其自由乃至生命的刑罚,无论对行为人本身还是社会上的其他人员都更

---

[136] [德]乌尔里希·贝克:《风险社会:新的现代性之路》,张文杰、何博闻译,译林出版社 2018 年版,第 3 页。

[137] 在著名社会学家乌尔里希·贝克看来,风险社会的产生,除了科学理性的过度张扬以致人们一味重视产业的发展而忽视安全之外,还有一个重要的原因就是,风险界定与陈述的政治化。换言之,在界定何为风险、什么是可接受的水平时,不再是科学理性占主导地位,而是存在科学理性与社会理性的冲突,总是存在各种现代性主体与受影响群体的竞争性和冲突性的要求、利益和立场,它们被迫以原因和结果、策动者和受害者的方式一起去界定风险。风险界定在本质上就是“利益的博弈”,由此产生了所谓的风险政治。详见[德]乌尔里希·贝克:《风险社会:新的现代性之路》,张文杰、何博闻译,译林出版社 2018 年版,第 28 页以下。

[138] 2004 年世界卫生组织与世界银行联合出版:《世界预防道路交通伤害报告》,载世界卫生组织中文网站:http://www.who.int/publications/list/9241562609/zh/index.html,2010 年 7 月 1 日最后访问。

[139] [澳]彼得·凯恩:《阿蒂亚论事故、赔偿及法律》,王仰光、朱呈义、陈龙业、吕杰译,中国人民大学出版社 2009 年版,第 15 页。

[140] 参见人力资源和社会保障部官方网站:http://www.mohrss.gov.cn/SYrlzyhshbzb/zwgk/szrs/tjgb/202006/t20200608_375774.html。

[141] [澳]彼得·凯恩:《阿蒂亚论事故、赔偿及法律》,王仰光、朱呈义、陈龙业、吕杰译,中国人民大学出版社 2009 年版,第 6 页。

具有威慑性。以酒驾为例,仅2008年至2010年,全国平均每年因酒后驾驶发生交通事故死亡人数就高达2500余人。为了有效地遏制酒驾行为,减少损害,2011年2月25日第十一届全国人大常委会第十九次会议审议通过的《刑法修正案(八)》增设了危险驾驶罪,并将"醉驾"的处罚由原来的最高"处15日拘留、吊销机动车驾驶证和2000元罚款"的行政处罚,直接上升为"处拘役,并处罚金"的刑事处罚。自2011年5月1日《刑法修正案(八)》正式实施至2014年4月30日,三年时间内全国累计查处酒驾127.4万起,醉驾22.2万起,同比分别下降18.7%、42.7%。[142] 这也充分地说明,公法在预防和减少损害方面,具有非常重要的作用。

(一)行政法

行政法是拘束与规范国家行政权力的法。以国家的行政行为要达到的目的为标准,可将行政行为分为秩序行政与服务行政。秩序行政是最典型也最传统的行政类型,旨在维持社会的秩序、国家的安全及排除对公民及社会的危害。[143] 预防危险事故、减少损害的发生,显然属于秩序行政的重要内容。在我国,行政法主要通过以下行政管理制度来实现预防损害、减少危险的目的:

1.对特定的营业或行为实施行政许可制度。申言之,针对各种直接关系到人身财产安全的产品的生产、服务的提供,以及各种对他人的人身财产安全具有高度危险性活动,通过行政许可制度建立准入门槛,只有满足相应的安全要求和条件的民事主体,在经过有关主管机关许可后能生产相应的产品、提供相应的服务或从事危险的活动(参见表1.6.1)。如此一来,只要行政机关严格执法,就可以极大地预防各种损害的发生。我国《行政许可法》第12条第1项与第4项规定,对"直接涉及国家安全、公共安全、经济宏观调控、生态环境保护以及直接关系人身健康、生命财产安全等特定活动,需要按照法定条件予以批准的事项",以及"直接关系公共安全、人身健康、生命财产安全的重要设备、设施、产品、物品,需要按照技术标准、技术规范,通过检验、检测、检疫等方式进行审定的事项",可以设定行政许可。故此,《安全生产法》《食品安全法》《矿山安全法》《建筑法》《特种设备安全法》等法律及行政法规对于上述事项设定了相应的行政许可。例如,《安全生产法》第17条规定:"生产经营单位应当具备本法和有关法律、行政法规和国家标准或者行业标准规定的安全生产条件;不具备安全生产条件的,不得从事生产经营活动。"《安全生产许可证条例》第2条规定:"国家对矿山企业、建筑施工企业和危险化学品、烟花爆竹、民用爆炸物品生产企业(以下统称企业)实行安全生产许可制度。企业未取得安全生产许可证的,不得从事生产活动。"再如,依据《工业产品生产许可证管理条例》第2条,国家对生产乳制品、肉制品、饮料、米、面、食用油、酒类等直接关系人体健康的加工食品,电热毯、压力锅、燃气热水器等可能危及人身、财产安全的产品的企业实行生产许可证制度。

---

〔142〕《醉驾入刑3年,查处醉驾同比下降四成》,载《人民日报》2014年10月20日。

〔143〕陈新民:《中国行政法学原理》,中国政法大学出版社2002年版,第27页。

表 1.6.1　我国法上部分须经行政许可的生产经营活动

<table>
<tr><th>类别</th><th>危险活动的内容</th><th colspan="2">法律、行政法规和规章的规定</th></tr>
<tr><td rowspan="3">矿山企业</td><td>煤矿企业</td><td rowspan="16">一、法律
《行政许可法》第12条、《安全生产法》第2条、《建筑法》第7条、《矿山安全法》第4条、《道路交通安全法》第48条、《食品安全法》第35条、《药品管理法》第6条、《特种设备安全法》第18条等
二、行政法规
《工业产品生产许可证管理条例》第2条,《安全生产许可证条例》第2条,《建设工程安全生产管理条例》第10条,《特种设备安全监察条例》第10条以下,《危险化学品安全管理条例》第2、3、18条,《烟花爆竹安全管理条例》第3条,《民用爆炸物品安全管理条例》第2、3条等</td><td>《煤矿企业安全生产许可证实施办法》第2条</td></tr>
<tr><td>非煤矿矿山企业</td><td>《非煤矿矿山企业安全生产许可证实施办法》第2条</td></tr>
<tr><td>小型露天采石场</td><td>《小型露天采石场安全管理与监督检查规定》第11条</td></tr>
<tr><td rowspan="3">建筑施工企业</td><td>建筑施工企业</td><td>《建筑施工企业安全生产许可证管理规定》第2条</td></tr>
<tr><td>水利工程施工活动</td><td>《水利工程建设安全生产管理规定》第17条</td></tr>
<tr><td>公路水运工程施工活动</td><td>《公路水运工程安全生产监督管理办法》第14条</td></tr>
<tr><td rowspan="3">危险化学品相关企业</td><td>危险化学品生产、储存、使用、经营和运输</td><td>《危险化学品生产企业安全生产许可证实施办法》第3条</td></tr>
<tr><td>新建、改建、扩建危险化学品生产、储存装置和设施,伴有危险化学品产生的化学品生产装置和设施的建设项目</td><td>《危险化学品建设项目安全监督管理办法》</td></tr>
<tr><td>购买和通过公路运输剧毒化学品</td><td>《剧毒化学品购买和公路运输许可证件管理办法》第3条</td></tr>
<tr><td>烟花爆竹企业</td><td>烟花爆竹的生产、经营、运输和举办焰火晚会以及其他大型焰火燃放活动</td><td>《烟花爆竹生产企业安全生产许可证实施办法》第3条、《烟花爆竹经营许可实施办法》第3条</td></tr>
<tr><td>特种设备生产</td><td>国家按照分类监督管理的原则对特种设备的生产实行许可制度</td><td>《特种设备安全监察条例》第10条以下</td></tr>
<tr><td>民用爆炸物品企业</td><td>民用爆炸物品的生产、销售、购买、运输和爆破作业</td><td>《民用爆炸物品生产许可实施办法》第2条、《民用爆炸物品安全生产许可实施办法》第2条</td></tr>
<tr><td>食品药品企业</td><td>食品、药品、医疗器械等的生产经营等</td><td>《食品生产许可管理办法》第2条、《化学药品生产许可证实施细则(试行)》、《医疗器械生产监督管理办法》第8条、《医疗器械经营监督管理办法》第4条</td></tr>
<tr><td rowspan="3">其他活动</td><td>从事建筑起重机械安装、拆卸活动的单位</td><td>《建筑起重机械安全监督管理规定》第10条</td></tr>
<tr><td>海洋石油生产设施</td><td>《海洋石油安全生产规定》第14条</td></tr>
<tr><td>武器装备科研生产活动</td><td>《武器装备科研生产许可实施办法》第2条</td></tr>
</table>

2. 制定各种确保人身、财产安全的标准并作为强制性标准。为确保产品质量，保障人身和财产安全，减少损害事故的发生，国家通过法律对产品提出强制性的质量或安全标准的要求。在我国，标准包括国家标准、行业标准、地方标准和团体标准、企业标准，而国家标准分为强制性标准、推荐性标准，行业标准、地方标准是推荐性标准。强制性标准则必须执行。《标准化法》第 10 条第 1 款规定："对保障人身健康和生命财产安全、国家安全、生态环境安全以及满足经济社会管理基本需要的技术要求，应当制定强制性国家标准。"《食品安全法》第 24 条与第 25 条明确规定，制定食品安全标准，应当以保障公众身体健康为宗旨，做到科学合理、安全可靠。食品安全标准是强制执行的标准。除食品安全标准外，不得制定其他食品强制性标准。

3. 要求产品的生产者与销售者全面完整准确地披露产品信息。法律上强制产品的生产者、销售者通过标签、说明书等，准确、真实、全面地向消费者披露产品的价格、品性、成分、数量或质量等信息，进而预防损害事故的发生。例如，《食品安全法》第 71～73 条规定，食品和食品添加剂的标签、说明书，不得含有虚假内容，不得涉及疾病预防、治疗功能。生产经营者对其提供的标签、说明书的内容负责。食品和食品添加剂的标签、说明书应当清楚、明显，生产日期、保质期等事项应当显著标注，容易辨识。食品和食品添加剂与其标签、说明书的内容不符的，不得上市销售。食品经营者应当按照食品标签标示的警示标志、警示说明或者注意事项的要求销售食品。食品广告的内容应当真实合法，不得含有虚假内容，不得涉及疾病预防、治疗功能。食品生产经营者对食品广告内容的真实性、合法性负责。再如，《药品管理法》第 49 条规定："药品包装应当按照规定印有或者贴有标签并附有说明书。标签或者说明书应当注明药品的通用名称、成份、规格、上市许可持有人及其地址、生产企业及其地址、批准文号、产品批号、生产日期、有效期、适应症或者功能主治、用法、用量、禁忌、不良反应和注意事项。标签、说明书中的文字应当清晰，生产日期、有效期等事项应当显著标注，容易辨识。麻醉药品、精神药品、医疗用毒性药品、放射性药品、外用药品和非处方药的标签、说明书，应当印有规定的标志。"

4. 建立并实施缺陷产品召回制度。对于已投入流通的产品，如果发现存在危及人身、财产安全的不合理危险后，为避免危险现实化给广大民事主体的人身财产安全造成损害，法律上建立了召回制度，即要求生产者、销售者应主动召回该产品，如不主动召回，政府可以强制其召回。例如，《食品安全法》第 63 条第 1、5 款规定，国家建立食品召回制度。食品生产者发现其生产的食品不符合食品安全标准或者有证据证明可能危害人体健康的，应当立即停止生产，召回已经上市销售的食品，通知相关生产经营者和消费者，并记录召回和通知情况。食品生产经营者未依照本条规定召回或者停止经营的，县级以上人民政府食品安全监督管理部门可以责令其召回或者停止经营。再如，《缺陷汽车产品召回管理条例》第 8 条第 1 款规定，对缺陷汽车产品，生产者应当依照本条例全部召回；生产者未实施召回的，国务院产品质量监督部门应当依照本条例责令其召回。

5. 对各种违法行为实施相应的行政制裁。通过对违法行为人采取警告、罚款、责令停产停业、暂扣或者吊销许可证等行政处罚，可以有效地预防损害再次发生。例如，《道路交通安全法》第 91 条规定，醉酒驾驶机动车的，由公安机关交通管理部门约束至酒醒，吊销机动车驾驶证，依法追究刑事责任；5 年内不得重新取得机动车驾驶证。饮酒后驾驶营运机动车的，处 15 日拘留，并处 5000 元罚款，吊销机动车驾驶证，5 年内不得重新取得机动车驾驶证。醉酒驾驶营运机动车的,由公安机关交通管理部门约束至酒醒,吊销机动车驾驶证,依法追究刑事责任;10年内不得重新取得机动车驾驶证,重新取得机动车驾驶证后,不得驾驶营运机动车。饮酒后或者醉酒驾驶机动车发生重大交通事故,构成犯罪的,依法追究刑事责任,并由公安机关交通管理部门吊销机动车驾驶证,终生不得重新取得机动车驾驶证。再如,针对证券违法行为人,我国《证券法》建立了“**证券市场禁入制度**”,该制度是指在一定期限内直至终身不得从事证券业务、证券服务业务,不得担任证券发行人的董事、监事、高级管理人员,或者一定期限内不得在证券交易所、国务院批准的其他全国性证券交易场所交易证券的制度(《证券法》第221条)。此类制裁措施,不仅可以很好地防止被处罚证券违法人员再次实施违法行为,对于其他证券市场潜在违法者也具有极大的威慑作用。

(二)刑法

刑法对那些违反国家共同生活秩序的危害行为科以刑罚,从而保障广大人民群众的合法权益与国家、社会的安全。通过刑罚的手段,刑法具有很强的预防损害的功能。我国《刑法》对以下几大类犯罪的规定,能够有效地预防损害事故的发生:

1. 造成重大责任事故,危害公共安全的犯罪,包括重大飞行事故罪、铁路运营安全事故罪、交通肇事罪、重大责任事故罪、重大劳动安全事故罪、危险物品肇事罪、工程重大安全事故罪、教育设施重大安全事故罪、消防责任事故罪。

2. 生产、销售伪劣商品罪,包括生产、销售伪劣产品罪,生产、销售假药罪,生产、销售劣药罪,生产、销售不符合卫生标准的食品罪,生产、销售有毒、有害食品罪,生产、销售不符合标准的医用器材罪,生产、销售不符合安全标准的产品罪,生产、销售伪劣农药、兽药、化肥、种子罪,生产、销售不符合卫生标准的化妆品罪。

3. 侵犯人身权的犯罪,包括故意杀人罪、过失致人死亡罪、故意伤害罪、过失致人重伤罪、强奸罪、非法拘禁罪、绑架罪、侮辱罪、诽谤罪等。

4. 侵犯财产罪,包括抢劫罪、抢夺罪、聚众哄抢罪、敲诈勒索罪、盗窃罪、诈骗罪、故意毁坏财物罪、破坏生产经营罪等。

三、损害的补救体系

(一)现代社会损害补救体系的演进

20世纪之前,损害事故中的受害人通常只有两个选择:要么成立侵权责任,受害人可以要求侵权人承担赔偿责任,将损害转移给侵权人;要么侵权责任不成立,被告无须负责,受害人自认倒霉。充其量,受害人可以通过慈善事业获得一些救济。除此之外,受害人没有其他的方法或途径能够填补损害。事实上,即便是侵权法提供的补救,也“非常吝啬……为公共安全目的的注意义务被严格加以限制,甚至被彻底否定(如占有人的责任)。只要受害人被证明有过失,那么自甘冒险与助成过失的抗辩可以否定任何赔偿,且事实上排除了所有针对工伤事故的侵权之诉。此外,对于绝大多数人来说,社会、信息以及经济上的巨大障碍也阻碍了正义的实现……一百年前侵权制度所起到的作用几乎可以忽略不计了”。[144] 美国著名法学家劳伦斯·弗里德曼认为:“19世纪的民事侵权行为法,是一部限定性的法律,它的目的在于**设定企业赔偿责任的边界**;这是一部让(尤其对劳工而言)争取人身伤害赔偿变得困难的法律。”[145]

---

〔144〕 John G. Fleming, *Is There A Future for Tort*?, Louisiana Law Review, May, 1984, p. 1193.

〔145〕 [美]劳伦斯·弗里德曼:《二十世纪美国法律史》,周大伟等译,北京大学出版社2016年版,第430页。

进入19世纪中后期后,现代科技与工业的高速发展使得损害事故越来越多,现代社会变得越来越危险。例如,21世纪初,美国的事故成本共计每年5000亿美元,每年将近10万美国人在事故中丧生,侵权案件成为美国法院案头上的重要组成部分,在各州法院提起的全部民事诉讼案件中比例高达10%。[146] 不幸的意外事故每年都"掳走人们的生命,毁坏人们的健康,破坏人们的生活,剥夺孩子的幸福,工业的发展中充满了耻辱,到处都是不满的怨言。劳工们宣称,侵权法律制度不仅残酷无情,并且毫无效果"。"变革已经开始。保险及危险分散技术已准备就绪;资金储备的缓冲器已准备就绪;重要的也许是,一个组织起来的、焦躁不安的工人阶级开始以其发言权及投票权对法律施加压力。"[147] "事故损失是命运或厄运所致,这种较为陈旧的观念,逐渐被将因果责任归于个人行为的观念取代,其中也包括为损害的发生制造条件的商业性企业的行为。"[148]

所有的因素汇聚,最终引发了损害补救制度的巨大变革。一方面,如果继续坚持过错责任原则,要求受害人证明加害人的过错,对受害人极为不利。现代社会中的损害事故多与科技相关,受害人没有足够的专业知识、缺少相应的人力物力,难以证明加害人存在过错,无法得到补偿。这显然是不公正的。因此,过错推定直至危险责任开始在侵权法中大量产生,被适用于工伤事故、产品责任、道路交通事故、环境污染等现代科技造成的损害事故。此外,为了更好地保护受害人,因果关系的判断标准、侵权责任的减轻与免除事由也越来越多地向更有利于受害人的方向发展。另一方面,人们逐渐认识到,现代社会中的交通事故、工伤事故、环境污染等损害事故是社会发展过程中不可避免的副产品,并非都是侵权人个体有意为之。故此,这些损害不再适宜认定为个人过错所造成的损害,而是属于"**社会性损害**"(social damages)。社会成员在享受现代科技进步的好处时,也须共同承受科技发展的副产品。况且,由于侵权制度存在诉讼程序漫长、成本高昂及赔偿责任最终往往难以落实等弊端,仅依靠它已越来越难以应付如此大量的损害事故。因此,在侵权法外又逐渐发展出不少新的更有效地应对现代社会大量损害事故的制度,如商业保险、强制责任保险、工伤保险、犯罪被害人保护、赔偿基金等。这些制度既能分散加害人的风险,也可以有效地保护受害人。这些制度中,有些(如责任保险)与侵权法的无过错责任相互配合,实现了损害在全体社会成员中的分散;[149] 有些(如工伤保险)则完全取代了侵权赔偿责任,以贯彻宪法施加给国家的"**生存照顾**"的义务。[150]

19世纪末20世纪初以来,在一些实施福利政策的国家,原先由侵权法一肩承担的补偿损害的任务已有很大一部分转由社会保障制度及其他补偿计划分担了。侵权法的调整范围被缩小,其补偿功能被社会保障立法不断消解。以致有人宣称,侵权法已经沦落为社会福利制度的小伙伴了。[151] 例如,1978年英国皇家人身伤害民事责任与赔偿委员会发布的调查报告显示:从1971年到1976年英国平均每年遭受人身伤害的约为170万人,而获得年平均赔偿总额大致

〔146〕［美］约翰·法比安·维特:《事故共和国——残疾的工人、贫穷的寡妇与美国法的重构》,田雷译,上海三联书店2008年版,第7~8页。

〔147〕［美］劳伦斯·M.弗里德曼:《美国法律史》,苏彦新等译,中国社会科学出版社2007年版,第532页。

〔148〕［美］肯尼斯·S.亚伯拉罕:《责任的世纪:美国保险法和侵权法的协同》,武亦文、赵亚宁译,中国社会科学出版社2019年版,第30页。

〔149〕对比较法上各国侵权法与责任保险的关系的详细介绍,参见［德］格哈德·瓦格纳主编:《比较法视野下的侵权法与责任保险》,魏磊杰、王之洲、朱淼译,中国法制出版社2012年版。

〔150〕陈新民:《中国行政法学原理》,中国政法大学出版社2002年版,第30页。

〔151〕［英］John·G.Fleming:《民事侵权法概论》,何美欢译,香港中文大学出版社1992年版,第1页。

为827,000,000英镑,其中通过侵权法获得赔偿的人数年平均为21.5万人,赔偿额为202,000,000英镑;通过社会保险(social security)获得赔偿的人数年平均为155万人,赔偿额为421,000,000英镑;通过职业养老金(occupational pensions)、私人保险(private insurance)、职业病假工资(occupational sick pay)、刑事伤害赔偿(criminal injuries compensation)等其他方式获得赔偿的人数年平均为100万左右,所获得赔偿额为204,000,000英镑(参见表1.6.2)。[152]

表1.6.2　不同来源获得赔偿的受害人人数[153]

赔偿来源	每年新受益人的人数(千)
社会保障	1550
侵权	215
职业病假津贴	1000
职业年金	4
私人保险(不含人寿保险)	200
刑事伤害赔偿	18
其他形式赔偿	50
所有形式的赔偿	1700

总体来说,为了应对现代社会大量的损害事故,许多国家都建立起了以侵权责任为核心,包括商业保险、强制保险、社会保障、赔偿基金等在内的多元化、综合性的损害补救体系。通过这一损害补救体系,借助国家、社会与个人多方面的力量,既能有效地处理现代社会中损害的补救问题,及时维护受害人的合法权益,也能有效地分散加害行为人的风险,对于保持社会的稳定和发展具有重要的作用。

(二)我国损害补救体系的发展与完善

在我国,自1949年中华人民共和国成立以来,不仅侵权法律制度极不完善,其他的损害救济制度也几乎是空白。1978年改革开放至今的四十多年里,中国特色社会主义法律体系已经建成,社会主义市场经济体制亦得以逐步建立并不断完善,市场将在资源的配置中起到决定性作用。到目前为止,一个包括侵权法、商业保险、强制责任保险、社会保险在内的**多元损害补救体系**已初步形成(参见表1.6.3)。

---

〔152〕 The Report of the Royal Commission on Civil Liability and Compensation for Personal Injury, Vol. Ⅰ, 1978, March, p. 13.

〔153〕 本表引自[澳]彼得·凯恩:《阿蒂亚论事故、赔偿及法律》,王仰光、朱呈义、陈龙业、吕杰译,中国人民大学出版社2009年版,第19页。

表 1.6.3 我国的多元损害补救体系

<table>
<tr><th></th><th>侵权责任</th><th>社会保险</th><th>商业保险</th><th>强制保险</th><th>赔偿基金</th></tr>
<tr><td>法律规定</td><td>《民法典》</td><td>《社会保险法》</td><td>《保险法》</td><td>《道路交通安全法》《民用航空法》《道路运输条例》等</td><td>《道路交通安全法》《证券法》等</td></tr>
<tr><td rowspan="9">类型</td><td>过错责任</td><td rowspan="6">工伤保险</td><td rowspan="3">人身保险</td><td>民用航空器地面第三人责任险</td><td rowspan="3">道路交通事故社会救助基金</td></tr>
<tr><td rowspan="2">过错推定责任</td><td>机动车交通事故责任强制保险</td></tr>
<tr><td>承运人责任险</td></tr>
<tr><td rowspan="3">无过错责任</td><td rowspan="6">财产保险</td><td>公证执业责任保险</td><td rowspan="2">证券投资者保护基金</td></tr>
<tr><td>企业破产管理人执业责任保险(个人作为管理人)</td></tr>
<tr><td>油污染责任强制保险</td><td>油污损害赔偿基金</td></tr>
<tr><td rowspan="3">公平责任</td><td rowspan="3">刑事被害人救助制度</td><td>核损害赔偿责任保险</td><td rowspan="3">公证赔偿基金</td></tr>
<tr><td>专业应急救援人员人身意外伤害强制保险</td></tr>
<tr><td>承运人责任险</td></tr>
</table>

1. 侵权责任

在侵权责任法律制度方面,我国取得的进步很大。前已述及,除最为重要的《民法典》外,还有诸多单行法律及司法解释。

2. 商业保险

保险分为社会保险与商业保险。商业保险是指,投保人根据保险合同的约定,向保险人支付保险费,保险人对于合同约定的可能发生的事故因其发生所造成的财产损失承担赔偿保险金责任,或者当被保险人死亡、伤残、疾病或者达到合同约定的年龄、期限等条件时承担给付保险金责任的商业保险行为(《保险法》第 2 条)。对个人来说,保险属于未雨绸缪,有备无患,可在个人遭受人身伤亡或财产损失后,通过保险赔偿对其损害予以填补;对于社会而言,保险可以分散损失,转移风险,确保个人与企业的安全。[154]

我国《保险法》对商业性的人身保险与财产保险作了详细的规定,此外,《民用航空法》《道路交通安全法》《公证法》《企业破产法》《海洋环境保护法》《煤炭法》《建筑法》《突发事件应对法》等法律,则明确规定了若干强制责任保险,包括:民用航空器地面第三人责任险、机动车第三者责任强制保险、承运人责任险、公证执业责任保险、企业破产管理人执业责任保险、油污染责任强制保险、专业应急救援人员人身意外伤害强制保险等。然而,由于保险业起步晚、基础薄弱、覆盖面不宽,功能和作用发挥不充分,与全面建设小康社会和构建社会主义和谐社会的要求不相适应。因此,加快保险业改革发展有利于应对灾害事故风险,保障人民生命财产安全和经济稳定运行。

---

[154] 关于保险的经济作用,详见郑玉波:《保险法论》(修订 6 版),刘宗荣修订,台北,三民书局 2006 年版,第 5 ~8 页。

我国每年因自然灾害和交通、生产等各类事故造成的人民生命财产损失巨大。由于受体制机制等因素制约,企业和家庭参加保险的比例过低,仅有少部分灾害事故损失能够通过保险获得补偿,既不利于及时恢复生产生活秩序,又增加了政府财政和事务负担。加快保险业改革发展,建立市场化的灾害、事故补偿机制,对完善灾害防范和救助体系,增强全社会抵御风险的能力,促进经济又快又好发展,具有不可替代的重要作用。[155] 中共中央十八届三中全会通过的《中共中央关于全面深化改革若干重大问题的决定》明确要求"完善保险经济补偿机制,建立巨灾保险制度"。2014 年《国务院关于加快发展现代保险服务业的若干意见》更是提出:"发挥责任保险化解矛盾纠纷的功能作用。强化政府引导、市场运作、立法保障的责任保险发展模式,把与公众利益关系密切的环境污染、食品安全、医疗责任、医疗意外、实习安全、校园安全等领域作为责任保险发展重点,探索开展强制责任保险试点。加快发展旅行社、产品质量以及各类职业责任保险、产品责任保险和公众责任保险,充分发挥责任保险在事前风险预防、事中风险控制、事后理赔服务等方面的功能作用,用经济杠杆和多样化的责任保险产品化解民事责任纠纷。"同时,还要"将保险纳入灾害事故防范救助体系。提升企业和居民利用商业保险等市场化手段应对灾害事故风险的意识和水平。积极发展企业财产保险、工程保险、机动车辆保险、家庭财产保险、意外伤害保险等,增强全社会抵御风险的能力"。"建立巨灾保险制度。围绕更好保障和改善民生,以制度建设为基础,以商业保险为平台,以多层次风险分担为保障,建立巨灾保险制度。研究建立巨灾保险基金、巨灾再保险等制度,逐步形成财政支持下的多层次巨灾风险分散机制。鼓励各地根据风险特点,探索对台风、地震、滑坡、泥石流、洪水、森林火灾等灾害的有效保障模式。制定巨灾保险法规。建立核保险巨灾责任准备金制度。建立巨灾风险管理数据库。"

3. 社会保险

所谓社会保险,是指国家通过立法建立,以保险的方式强制实行的,对劳动者因年老、失业、工伤、疾病、生育等原因而暂时或永久性地丧失劳动能力或劳动机会,造成收入中断、减少或负担增加时,为其本人或家属提供保险给付,以保障其基本生活的制度。[156] 我国《宪法》第 45 条第 1 款规定:"中华人民共和国公民在年老、疾病或者丧失劳动能力的情况下,有从国家和社会获得物质帮助的权利。国家发展为公民享受这些权利所需要的社会保险、社会救济和医疗卫生事业。"为建立与完善社会保险制度,我国先后颁布了《劳动法》《社会保险法》《工伤保险条例》《失业保险条例》《城市居民最低生活保障条例》《军人抚恤优待条例》等法律法规。

目前,我国的社会保险制度包括:基本养老保险、基本医疗保险、失业保险、工伤保险、生育保险等。这些制度是用于保障公民在年老、疾病、工伤、失业、生育等情况下依法从国家和社会获得物质帮助的权利。根据人力资源和社会保障部发布的《2019 年度人力资源和社会保障事业发展统计公报》的统计,2019 年全年基本养老保险、失业保险、工伤保险三项社会保险基金收入合计 59,130 亿元,比上年增加 2040 亿元,增长 3.6%;基金支出合计 54,492 亿元,比上年增加 5285 亿元,增长 10.7%(参见图 1.6.1)。

---

[155] 《国务院关于保险业改革发展的若干意见》(国发[2006]23 号)。

[156] 郑尚元、李海明、扈春海:《劳动和社会保障法学》,中国政法大学出版社 2008 年版,第 447 页。

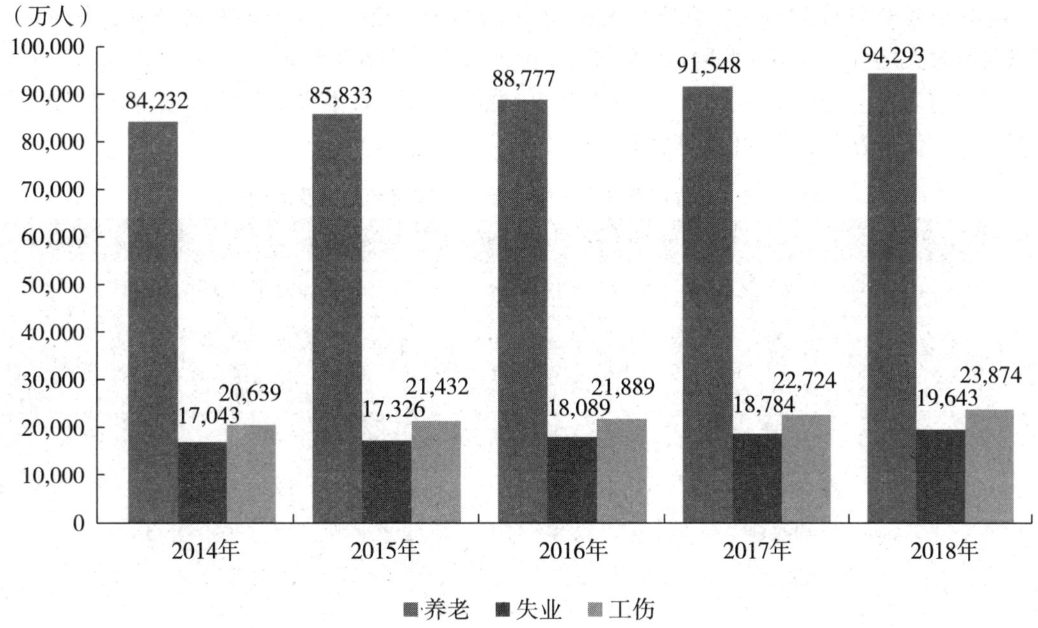

图 1.6.1 2014—2018 年基本养老保险、失业保险和工伤保险参保人数〔157〕

4. 犯罪被害人保护制度

犯罪被害人保护制度，也称“刑事被害人救助制度”，它是一种由国家补偿因他人犯罪行为而死亡的受害人的遗属或者遭受严重伤害的犯罪被害人的损失，从而保护人民权益的社会保障与司法保护制度。自然人的合法权益遭受他人侵权行为甚至犯罪行为的侵害后，当然可以通过民事诉讼要求对方承担赔偿责任。但是，在侵权人或犯罪分子无法查明或者没有赔偿能力、赔偿能力不足时，受害人又不构成工伤，亦无相应的保险，则受害人及其近亲属只能自认倒霉。〔158〕 如果国家对此坐视不理，受害人及其家属生活因此陷入困境，明显不公。此外，受害人或其亲属的损害无法获得填补，也会在其内心中滋生仇恨，甚至因此引发恶性报复加害人或社会的行为。故此，现代许多国家建立犯罪被害人保护制度，通过该制度，在一定条件下对一定范围内的犯罪受害人或其近亲属的损害给予一定程度的填补。例如，依据《奥地利联邦犯罪被害人扶助法》第 1 条第 2 款之规定，只要是奥地利国民遭遇以下情况，并因此而产生医疗费用或减损其工作能力时，联邦政府应对其为扶助之给付：(1)因最低刑为 6 个月以上有期徒刑之故意加害行为，而遭受身体伤害或健康损害时；(2)第三人因前项行为而遭受身体伤害或健康损害，但无法依公务责任法请求赔偿时。再如，《日本犯罪被害人等给付金支给法》第 1 条规定：“本法系规定国家对因危害生命身体之犯罪行为而意外死亡者之遗族或受重障害者支给犯罪被害人等给付金之法律。”该法第 2 条第 1 款规定：“本法犯罪被害者，谓因在日本领域外之日本船舶或航空器内发生危害生命身体罪之行为包括依刑法第 37 条第 1 项本文、第 39 条第 1

〔157〕 该图表来自中华人民共和国人力资源和社会保障部：《2018 年度人力资源和社会保障事业发展统计公报》，载 http://www.mohrss.gov.cn/SYrlzyhshbzb/zwgk/szrs/tjgb/201906/W020190611539807339450.pdf，2020 年 4 月 17 日最后访问。

〔158〕 传统法上，侵权赔偿责任能否落实，完全依赖于侵权人的赔偿能力。侵权人有钱，就能完全赔偿；如果没钱，受害人就要自认倒霉。这样的侵权赔偿制度犹如买彩票般，是否中奖，全凭运气。参见[英]P. S. 阿蒂亚：《“中彩”的损害赔偿》，李利敏、李昊译，北京大学出版社 2012 年版，第 6 章。

项、第40条或第41条之规定不罚之行为;但依同法第35条或第36条第1项之规定不罚之行为以及因过失之行为者不在此限(以下称犯罪行为),而死亡或重障害。"

到目前为止,英国、美国、加拿大、澳大利亚、德国、法国、日本等发达国家或地区均颁布了犯罪被害人保护方面的法律(参见表1.6.4)。

表1.6.4 建立犯罪被害人保护制度的国家和地区及时间表

国家或地区	建立时间
新西兰	1964年1月
英国	1964年8月
美国	1965年
加拿大	1967年
澳大利亚	1968年
瑞典	1971年
奥地利	1972年
芬兰	1974年
德国	1976年
法国	1977年
日本	1980年
韩国	1987年
中国台湾地区	1998年
中国第一部地方性法规	2009年

进入21世纪以来,我国就一直在探索建立犯罪被害人保护制度。2004年11月,山东省青岛市建立了刑事受害人救济金制度。仅仅一年多的时间,就有36起案件44名受害人家庭领到了75万元救济金。[159] 2006年,最高人民法院在全国范围十个高级人民法院开展刑事被害人救助制度试点。当年共为378名刑事案件被害人及其亲属发放救助金780.24万元。2009年3月9日《中央政法委员会、最高人民法院、最高人民检察院、公安部、民政部、司法部、财政部、人力资源和社会保障部关于开展刑事被害人救助工作的若干意见》下发,该意见提出,要积极行使被害人救助制度,要求"各地可以根据当地刑事案件情况和地方经济社会发展状况,确定救助对象的具体范围。当前,刑事被害人救助的重点是:因严重暴力犯罪造成严重伤残,无法通过诉讼及时获得赔偿;生活困难的刑事被害人或者刑事被害人因遭受严重暴力犯罪侵害已经死亡,与其共同生活或者依靠其收入作为重要生活来源,无法通过诉讼及时获得赔偿,生活困难的近亲属。因过失犯罪或不负刑事责任的人(如精神病人、不满刑事责任年龄的人)实施的刑事不法行为,导致严重伤残或死亡的刑事被害人,生活困难又无法通过诉讼获得赔偿的,可以参照本意见予以救助"。至于救助的标准,依据该意见,"各地可以根据当地经济社会发展状况制定具体救助标准。确定救助金具体发放数额时,要综合考虑刑事被害人遭受犯罪侵害所

〔159〕 吴兢:《关注刑事被害人权益,用"国家之手"救助犯罪被害人》,载《人民日报》2007年9月5日。

造成的实际损害后果、犯罪嫌疑人、被告人及其他赔偿义务人实际民事赔偿情况、刑事被害人对案件发生有无过错以及过错大小、家庭经济状况、维持当地基本生活水平所必需的最低支出等情况。救助以一次性为原则。对刑事案件被害人或其近亲属的救助数额,以案件管辖地上一年度职工月平均工资为基准,一般在36个月的总额之内"。

2009年4月29日无锡市人大常委会审议通过了我国第一部专门规范刑事被害人救助制度的地方性法规——《无锡市刑事被害人特困救助条例》。依据该条例第10条,符合以下条件的,可以申请救助:(1)刑事被害人在本市行政区域内遭受犯罪行为侵害;(2)刑事案件属于本市管辖;(3)犯罪行为侵害造成刑事被害人人身重大伤害或者死亡;(4)无法及时获得加害人赔偿、工伤赔偿、保险赔付;(5)因刑事被害人医疗救治等原因造成家庭生活陷入严重困境。至于具体的救助数额,该条例第18条规定:"人民法院、人民检察院、公安机关应当综合考虑刑事被害人遭受犯罪行为侵害所造成的实际损害后果、医疗费用、家庭实际困难等情况,决定发放救助金的数额。救助金一般不超过一万元,特殊情况不超过五万元。前款所称的特殊情况是指:(一)刑事被害人医疗救治费用特别巨大的;(二)刑事被害人完全丧失劳动能力的;(三)刑事被害人死亡,救助申请人无劳动能力或者患有严重疾病且没有其他经济来源的;(四)救助申请人陷入其他特别严重困境的。"2009年11月19日,宁夏回族自治区人大常委会颁布了我国第二部刑事被害人救助制度的地方性法规——《宁夏回族自治区刑事被害人困难救助条例》。该条例第3条第1款规定:"本条例所称刑事被害人困难救助,是指因严重暴力犯罪造成被害人严重伤残或者死亡,刑事被告人无力支付赔偿,刑事被害人或者由其赡养、抚养、扶养的近亲属(以下简称近亲属)无能力维持最低生活水平所必需的支出,确有特殊生活困难,给予的一次性临时救助。"实施一年多来,宁夏各级法院已对符合条件的50多起案件中的数十名刑事被害人及其亲属依法实施救助,支付救助资金近百万元。其中,救助金额最高的5万元,最低的2000元。[160]

2016年和2019年,最高人民法院分别发布了《关于加强和规范人民法院国家司法救助工作的意见》以及《人民法院国家司法救助案件办理程序规定(试行)》,明确了当事人因生活面临急迫困难提出国家司法救助申请,符合下列情形之一的,应当予以救助:(1)刑事案件被害人受到犯罪侵害,造成重伤或者严重残疾,因加害人死亡或者没有赔偿能力,无法通过诉讼获得赔偿,陷入生活困难的;(2)刑事案件被害人受到犯罪侵害危及生命,急需救治,无力承担医疗救治费用的;(3)刑事案件被害人受到犯罪侵害而死亡,因加害人死亡或者没有赔偿能力,依靠被害人收入为主要生活来源的近亲属无法通过诉讼获得赔偿,陷入生活困难的;(4)刑事案件被害人受到犯罪侵害,致使其财产遭受重大损失,因加害人死亡或者没有赔偿能力,无法通过诉讼获得赔偿,陷入生活困难的;(5)举报人、证人、鉴定人因举报、作证、鉴定受到打击报复,致使其人身受到伤害或财产受到重大损失,无法通过诉讼获得赔偿,陷入生活困难的;(6)追索赡养费、扶养费、抚育费等,因被执行人没有履行能力,申请执行人陷入生活困难的;(7)因道路交通事故等民事侵权行为造成人身伤害,无法通过诉讼获得赔偿,受害人陷入生活困难的;(8)人民法院根据实际情况,认为需要救助的其他人员。

2019年,最高人民检察院与国务院扶贫开发领导小组办公室联合发布了《关于检察机关国

---

〔160〕周崇华:《救助有法,法有温度——写在宁夏刑事被害人困难救助条例实施一周年之际》,载《人民法院报》2011年1月21日。

家司法救助工作支持脱贫攻坚的实施意见》,该意见明确规定对于司法过程中的贫困当事人应当启动国家司法救助工作程序,该意见认定的贫困当事人与最高人民法院上述规定的应当进行司法救助的情形大体相同。

5. 赔偿基金

所谓赔偿基金,是指通过特定方法筹集的,旨在对特定范围的受害人的某些特定损害予以救济的资金。目前,依据我国相关法律,主要有以下四类赔偿基金:

(1)道路交通事故社会救助基金。该基金是依法筹集的用于垫付机动车道路交通事故中受害人人身伤亡的丧葬费用、部分或者全部抢救费用的社会专项基金(《道路交通安全法》第17条、《机动车交通事故责任强制保险条例》第24条、《道路交通事故社会救助基金管理试行办法》)。

(2)证券投资者保护基金(《证券法》第126条)。该基金是依法筹集形成的、在防范和处置证券公司风险中用于保护证券投资者利益的资金。例如,当证券公司被撤销、关闭和破产或被证监会实施行政接管、托管经营等强制性监管措施时,可以使用该资金对债权人予以偿付(《证券投资者保护基金管理办法》第19条)。

(3)油污损害赔偿基金,是指海事管理机构依法向任何在我国管辖水域内接收从海上运输持久性油类物质(包括原油、燃料油、重柴油、润滑油等持久性烃类矿物油)的货物所有人或其代理人征收的,用于特定油污损害及相关费用的赔偿、补偿的资金(《海洋环境保护法》第66条、《防治船舶污染海洋环境管理条例》第54条、《船舶油污损害赔偿基金征收使用管理办法》)。

(4)公证赔偿基金,即用于偿付公证行业各公证机构及工作人员在履行公证职务过程中因过错给当事人造成的直接损失,以及其他有关支出的专项基金(《公证赔偿基金管理试行办法》第2条)。依据国务院批准的《关于深化公证工作改革的方案》,公证机构应从每年业务收入中提取3%的份额作为赔偿基金,用于理赔。[161]

---

[161] 根据中国公证协会的统计,自2001年建立公证赔偿基金到2008年10月,中国公证协会累计收到公证赔偿基金后备金5196.47万元。公证赔偿基金建立初期,1.5%用来交给保险公司作为保险费,其余的1.5%作为公证赔偿后备金由中国公证协会、省级协会和公证处各留0.5%。至2008年,交给保险公司的保险费率降为0.5%,而中国公证协会、省级公证协会和公证处赔偿后备金的比例分别调整为0.5%、1%和1%。参见2008年12月12日《中国公证协会关于印发〈公证赔偿基金情况通报〉的通知》(公协字[2008]第041号)。

文献阅读

第二章 侵权行为

本章重点

掌握侵权行为的含义及分类方法,有助于在解决侵权纠纷时正确适用法律规定。在大陆法系民法中,侵权行为与合同、不当得利、无因管理都属于债的发生原因,它们既有区别,也密切关联。了解侵权行为与违约行为、无因管理和不当得利之间的关系,非常重要。我国《民法典》没有设置债编或债法总则编,合同与侵权责任均单独成编,不当得利、无因管理被作为“准合同”放入《民法典》的合同编。许多债法的规则被放在《民法典》合同编的通则部分。

第一节 概 述

一、侵权行为的概念

侵权行为,英语为“tort”,[1]德语为“Unerlaubte Handlung”或“Delikt”,日语为“不法行为”。汉语中的“侵权行为”一词最早出现于清末编定的《大清民律草案》第二编“债权”第八章。此后,该词为《中华民国民律草案》(第二编“债编”第一章“通则”第一节“债之发生”第2款)以及《中华民国民法》(第二编“债”第一章“通则”第一节“债之发生”第5款)所沿用。[2]

对于侵权行为,有很多的定义。普通法上的经典定义是由英国法学家Winfield所下的,他认为:“所谓侵权责任是因为违反了主要由法律所规定的义务而产生的。该义务通常是向一般人所负担的义务,且违反该义务是通过未经算定的损害赔偿之诉予以补偿的。”[3]《斯屈特论侵权行为(Street on Torts)》一书将“tort”(侵权行为)界定为:“侵权行为是民法的一个分支,其涉及通过法律的运作而施加给所有的自然人和拟制人的义务。一人对另一人所负的这些义务体现了在合同和不当得利之外产生的行为准则。侵权行为使得他人向其负有义务之人,能够

---

〔1〕“Tort”是一个法语单词,来自拉丁语中的“tortus”。

〔2〕《大清民律草案》第二编“债权”将侵权行为与无因管理、不当得利以及契约分别作为独立的一章,与该编第一章“通则”并列。《中华民国民律草案》和《中华民国民法》则将侵权行为作为债的发生原因,规定在债编的第一章“通则”第一节“债之发生”中。这种立法模式显然是不合理的。因为侵权行为、无因管理、不当得利和各类有名合同都只是债的具体发生原因,不应放在规定债法的共通性规则的“通则”章中。

〔3〕“Tortious liability arises from the breach of a duty primarily fixed by law; this duty is towards persons generally and its breach is redressible by an action for unliquidated damages.” See, W. V. H. Rogers, *Winfield & Jolowicz on Tort*, 16th ed., Sweet & Maxwell, 2002, p. 4.

在相关行为规范被违反而侵害其利益以致法律上认为构成侵害行为时,为自身寻求救济。”[4]美国侵权法学者 Dan B. Dobbs 认为:“所谓侵权,是指构成法律上的不法行为且造成损害,法院因此要让其承担民事责任的行为。仅被当作违约的行为也会导致法律责任,但是违约不会被视为侵权性的不法行为。”[5]我国学者对于侵权行为有不同的界定。有的学者认为:“侵权行为是指由于侵害他人的人身和财产而依法应当承担侵权责任的行为,以及依法律的特别规定应当承担侵权责任的其他损害行为。”[6]有的学者认为,狭义的侵权行为是指,侵权行为人实施的侵害他人人身权、财产权以及法律保护的利益的行为。[7]

诚如美国著名侵权法学家 Prosser 教授所言:“目前,尚未发现一个真正令人满意的侵权行为的定义。无数界定这一概念的尝试所取得的进展也仅仅是在语言上或定义的过于宽泛,从而将并非侵权行为的东西也涵盖进来了;或定义的过于狭窄,遗漏了原本属于侵权行为的内容。”[8]学者们在界定侵权行为时的侧重点不同,给出的定义自然会有差别。由于这些定义都属于描述性的,故此无须过分纠结于不同定义的差异。

本书认为,结合我国《民法典》规定的侵权法的保护对象、侵权责任的发生原因以及责任承担方式,可以将侵权行为描述如下:**所谓侵权行为,是指行为人实施的侵害他人人身、财产等民事权益,依法应由行为人或相应的民事主体承担侵权责任的行为**。从这一定义可以看出,首先,我国法上的侵权行为是一种侵害行为,侵害的是他人的人身、财产等民事权益。其次,侵权行为并不是一定要造成损害后果,只要侵害他人民事权益即便没有造成损害后果,该行为也属于侵权行为。再次,侵权行为是产生侵权责任这一法律后果的行为,而承担侵权责任的人可能是行为人,也可能是行为人之外的其他民事主体(所谓替代责任)。最后,我国法上侵权责任的承担方式是多样化的,既包括损害赔偿,也包括停止侵害、排除妨碍等其他侵权责任的承担方式。

我国《民法典》侵权责任编调整的是因侵害民事权益产生的民事关系(第 1164 条),所谓“**因侵害民事权益产生的民事关系**”就是侵权责任法律关系。故此,侵权行为属于能够导致民事关系产生的法律事实。侵权行为属于法律事实中的行为而非事件,即**不法的事实行为**(参见图 2.1.1)。作为法律事实的行为,可以分为事实行为与法律行为,它们都是人类有意识的动静(动即作为,静即不作为),[9]二者的区别在于:法律效果是否是行为人所欲求的。法律行为产生的法律效果是当事人所欲求的,在当事人的意思表示符合法律规定的前提下,法律承认当事人追求的效果并帮助其实现。例如,甲以 300 万元的价格从乙处购买一套 100 平方米的房屋,双方订立房屋买卖合同。该合同生效后的法律效果就是,甲有权要求乙交付房屋并协助办理所有权转移登记,乙有权要求甲按约定支付价款。这一法律效果是甲乙双方希望发生的,是他们所欲求的。侵权行为的法律效果并非双方协商的结果,也不是侵权人或被侵权人所追求的。侵害他人民事权益的行为一发生,只要符合侵权责任的成立要件,就构成侵权行为,从而产生侵权责任法律关系,无论侵权人或被侵权人是否预期该后果的出现。例如,张某与李某因排队

---

[4] John Murphy& Christian Witting, *Street on Torts*, 13th ed., Oxford University, 2012, p. 4.
[5] [美]丹·B. 多布斯:《侵权法》(上册),马静、李昊、李妍、刘成杰译,中国政法大学出版社 2010 年版,第 2 页。
[6] 王利明:《侵权责任法研究》(上卷)(第 2 版),中国人民大学出版社 2018 年版,第 5 页。
[7] 张新宝:《侵权责任法》(第 3 版),中国人民大学出版社 2013 年版,第 4 页。
[8] William L. Prosser, *Handbook of The Law of Torts*, 4th ed., St. Paul. Min: West Publishing Co., 1971, pp. 1 - 2.
[9] 郑玉波:《民法总则》,台北,三民书局 2000 年版,第 215 页。

发生纠纷，李某将张某打伤。李某故意侵害他人健康权的行为，构成了侵权行为，应依法承担侵权责任。事实上，即便是侵权人追求给他人造成损害，是否承担侵权责任以及如何承担侵权责任，也不是由侵权人决定的，必须依据法律的规定。由此可见，作为事实行为的侵权行为具有**权利义务效果法定化**的特征，即侵权行为所产生的法律后果是法律直接规定的，而非基于当事人的意思表示产生的。[10]

提　示

侵权行为乃约定俗成之概念，实际上并不准确。首先，并非只有侵害“权利”的行为才是侵权行为，侵害法律保护的“利益”的行为也可构成侵权行为。“言侵权行为者，不过举要以概其余之意耳。”[11] 其次，侵权行为中虽有“行为”一词，但并非只有直接的、人的行为才构成侵权行为。虽无人的直接行为，而是物件或动物造成他人损害的，亦构成侵权行为。

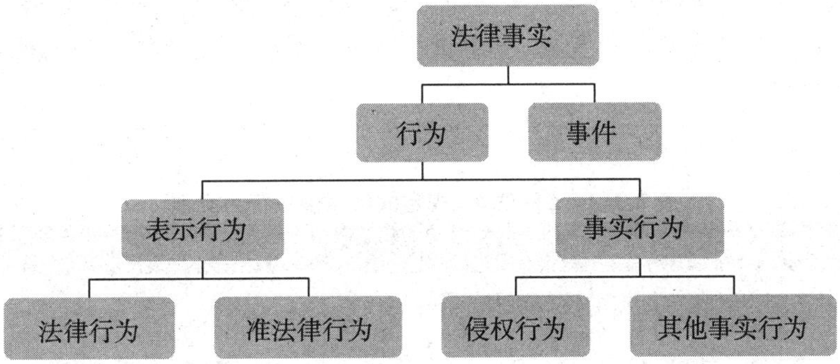

图 2.1.1　侵权行为在法律事实中的位置

二、侵权行为的类型

（一）一般的侵权行为与特殊的侵权行为

1. 区分的标准

一般的侵权行为与特殊的侵权行为是对侵权行为最重要的一种分类方法。不过，究竟应当依据何种标准划分之，则存在分歧。有些人主张，按照侵权行为是否是行为人的个人行为所致来区分，即凡是由行为人的个人行为所致的侵权行为为一般侵权行为，由于个人行为之外的原因（如第三人行为的参与、自己行为以外的事实）所生的侵权行为都是特殊的侵权行为。[12] 本书倾向于以**归责原则**作为区分的标准。这是因为，无论在近代还是现代侵权法，过错责任原则始终占据主导的地位，是侵权法最基本的归责原则，被规定为一般条款。只要法律没有特别规定的侵权行为，都应当适用过错责任原则。故此，适用过错责任原则的侵权行为就属于一般侵权行为。对这些侵权行为，因类型太多，不一而足，法律无法也无须逐一列举地加以规定，而是统一适用过错责任原则即可。相反，作为过错责任原则例外的无过错责任与过错推定责任，则必须由法律逐一明文规定（《民法典》第 1165 条第 2 款、第 1166 条）。既然哪些侵权行为适

〔10〕 董安生：《民事法律行为》，中国人民大学出版社 2002 年修订版，第 80 页以下。

〔11〕 史尚宽：《债法总论》，中国政法大学出版社 2000 年版，第 105 页。

〔12〕 孙森焱：《民法债编总论》（上册），2012 年自版，第 203 ~ 204 页。

用无过错责任或过错推定责任,需要由法律作出明确的规定,那么这些法律特别规定的侵权行为,当属特殊的侵权行为。

提 示

除了适用无过错责任、过错推定责任的侵权行为(参见表2.1.1),我国《民法典》中还规定了几种适用公平责任的情形:(1)因躲避自然原因产生的危险而给他人造成损害的,紧急避险人可以给予受害人适当补偿(第182条第2款);(2)见义勇为而遭受损害,没有侵权人、侵权人逃逸或者无力承担民事责任时,受益人应当给予适当补偿(第183条);(3)完全民事行为能力人在无过错的情形下因对自己的行为暂时没有意识或者失去控制而造成他人损害的情形,根据行为人的经济状况对受害人适当补偿(第1190条第1款);(4)提供劳务的一方因第三人的行为而遭受损害时请求接受劳务一方给予补偿(第1192条第2款);(5)抛掷物品或坠落物品造成损害,经调查难以确定具体侵权人的,由可能加害的建筑物使用人给予补偿(第1254条第1款)。严格来说,这五种情形下,行为人承担的补偿责任都不是侵权责任,而纯粹是法律基于分配正义作出的强制要求,属于法律规定适用公平责任的情形。故此,本书未将之作为特殊的侵权行为。

表2.1.1 《民法典》规定的特殊侵权行为类型

适用过错推定责任的特殊侵权行为	适用无过错责任的特殊侵权行为
无民事行为能力人受害时教育机构的侵权责任(第1199条)	监护人责任(第1188条)
动物园的动物损害责任(第1248条)	用人者责任(第1191条第1款、第1192条第1款)
建筑物、构筑物或者其他设施及其搁置物、悬挂物脱落、坠落损害责任(第1253条)	产品责任(第1202条以下)
堆放物倒塌损害责任(第1255条)	机动车导致非机动车驾驶人、行人损害的交通事故责任(第五章)
公共道路堆放、倾倒、遗撒妨害通行的物品致害时公共道路管理人的责任(第1256条)	环境污染和生态破坏责任(第七章)
林木折断损害责任(第1257条)	高度危险责任(第八章)
挖掘修缮地下设施损害责任(第1258条第1款)	饲养动物损害责任(第1245~1247条)
窨井等地下设施损害责任(第1258条第2款)	建筑物、构筑物或其他设施倒塌塌陷损害责任(第1252条)

2. 区分的意义

(1)有无强制责任保险的不同

特殊侵权行为适用的是过错推定责任或无过错责任,因此,较之于一般侵权行为,特殊侵权行为人的赔偿责任更容易成立。为了**分散风险**,也为了避免因侵权人丧失经济能力而致受害人无法得到赔偿,法律常强制要求一些适用无过错责任的侵权行为的责任主体投保责任保险(参见表2.1.2)。至于一般侵权行为,行为人是否投保责任保险,完全遵循自愿的原则,并不强制。

表 2.1.2 我国法上的强制责任保险

损害事故类型	强制责任保险名称	法律规定
道路交通事故	机动车第三者责任强制保险	《道路交通安全法》第 17 条、《机动车交通事故责任强制保险条例》
	承运人责任险	《道路运输条例》第 35 条
民用航空事故	地面第三人责任险	《民用航空法》第 166 条
环境污染事故	船舶油污损害民事责任保险	《海洋环境保护法》第 66 条、《防治船舶污染海洋环境管理条例》第 53 条
	污染损害民事责任保险	《海洋石油勘探开发环境保护管理条例》第 9 条
民用核设施损害事故	核损害赔偿责任保险	《核安全法》第 90 条第 3 款
破产管理人责任	个人担任破产管理人的执业责任保险	《企业破产法》第 24 条第 4 款
公证损害事故	公证执业责任保险	《公证法》第 15 条
旅游损害责任	旅行社、住宿、旅游交通及法律规定的高风险旅游项目等经营者责任保险	《旅游法》第 56 条、《旅行社条例》第 38 条
突发事件救援中的人身意外伤害事故	专业应急救援人员人身意外伤害强制保险	《突发事件应对法》第 27 条

(2)有无最高赔偿限额的不同

一般侵权行为中,侵权人给被侵权人造成了多少损害,就应当承担多少赔偿责任,遵循的是完全赔偿原则。但是,对于适用无过错责任的特殊侵权行为,法律上往往会有最高赔偿限额的规定。这是因为:适用无过错责任的侵权行为不以过错为构成要件,且免责与减责事由还受到严格的限制,因此损害赔偿责任极易成立。侵权人为此需要通过保险分散损失,可是如果没有最高赔偿限额,保险公司就无法计算出保费,进而为侵权人承保相应的保险。故此,法律上往往对于一些适用无过错责任的侵权行为规定最高赔偿限额。例如,依据《奥地利铁路和机动车管理责任法(EKHG)》第 15 条第 1、3 款之规定,对于人身损害的赔偿最高赔偿额为每人 80 万欧元(或者年金 48,000 欧元);如果多人受害,则所有的赔偿总额不超过 240 万欧元。1965 年的《英国核设施法》规定,依法取得许可证之人的核设施损害赔偿的最高数额不超过 14,000 万英镑,超过该限额的赔偿请求由国家通过公共基金解决。再如,依据《德国环境责任法》第 15 条,同一环境损害事故造成人身伤亡的损害的最高赔偿额为 8000 万欧元,财产损失的最高赔偿额为 800 万欧元;依据《德国产品责任法》第 10 条的规定,产品责任造成人身伤亡的最高赔偿额为 8000 万欧元,财产损害的赔偿没有最高限额。[13]

当然,**最高赔偿限额并非无过错责任的固有特征**。在欧洲,除了德国和奥地利的法律对于各类无过错责任有非常细致的最高赔偿限额的规定,更多的国家并无此种规定,即便有,也仅仅是为了贯彻一些国家协定(如巴黎协定、华沙协定)而作的规定。[14] 在我国,《民法典》并未

---

〔13〕 Deutsch/Ahrens, Deliktsrecht, 5. Aufl., Heymanns, 2009, § 26.

〔14〕 关于欧洲各国法律对无过错责任最高赔偿额的规定的介绍,详见[德]伯恩哈德·A. 科赫、赫尔默特·考茨欧:《侵权法的统一:严格责任》,管洪彦译,法律出版社 2012 年版。

对所有的特殊侵权行为规定最高赔偿限额,而只是明确了高度危险责任可以规定最高赔偿限额,且将规定赔偿限额作为法律保留事项,即只能由法律加以规定。《民法典》第1244条规定:“承担高度危险责任,法律规定赔偿限额的,依照其规定,但是行为人有故意或者重大过失的除外。”不过,我国的问题是,本应由法律规定的赔偿限额却由部门规章规定。例如,《民用航空法》第128条第1款规定:“国内航空运输承运人的赔偿责任限额由国务院民用航空主管部门制定,报国务院批准后公布执行。”2006年2月28日原中国民航总局发布的《国内航空运输承运人赔偿责任限额规定》第3条规定:“国内航空运输承运人(以下简称承运人)应当在下列规定的赔偿责任限额内按照实际损害承担赔偿责任,但是《民用航空法》另有规定的除外:(一)对每名旅客的赔偿责任限额为人民币40万元;(二)对每名旅客随身携带物品的赔偿责任限额为人民币3000元;(三)对旅客托运的行李和对运输的货物的赔偿责任限额,为每公斤人民币100元。”与国际条约中国际航空运输承运人赔偿限额的规定相比,我国《国内航空运输承运人赔偿责任限额规定》显然是站在维护民航企业利益的角度上制定的,对旅客的正当权益保护不够,也违背了《民法典》第1244条的规定。

提 示

最高赔偿额意味着:无论受害人遭受多少损害,都只能在一个额度范围内获得赔偿。但是,最高赔偿额仅与无过错责任相关。也就是说,只有在以法律中关于无过错责任的规范作为请求权基础时,才适用最高赔偿额的规定。如果被侵权人的实际损害超出了最高赔偿额,且其能够证明侵权人的过错,那么被侵权人就超出的部分,依然可以依据过错责任原则要求侵权人继续赔偿。以往我国的法律没有明确这一点,但是《民法典》第1244条作出了明确的规定。依据该条,如果高度危险责任中的加害行为对于损害的发生有故意或者重大过失的,则即便有法律规定的赔偿限额,也不适用。也就是说,在《民法典》侵权责任编第八章规定的高度危险责任中,如果受害人通过提出证据证明行为人对于损害的发生有故意或者重大过失的,则可以就因此而遭受的全部损害要求高度危险责任的责任人承担赔偿责任,即便超过了法律规定的赔偿限额,也在所不问。例如,A航空公司的民航飞机坠毁,后发现是因为机长实施自杀行为所致,此时作为民用航空器经营者的A公司不适用赔偿限额的规定,需要对因此次空难死亡的全部受害人的全部损失承担赔偿责任。之所以如此规定,是因为赔偿限额是为了分散高度危险活动中不可避免的损害风险(所谓社会化损害),从而既保护合法权益,又能维持高度危险活动的自由空间。然而,对于高度危险活动者完全能够控制的那些风险,显然没有这种平衡的必要,此时只需要充分保护合法权益即可。

(二)自己责任的侵权行为与替代责任的侵权行为

1. 区分的标准

自己责任是在反对封建专制社会株连制度的过程中确立的,是现代法律的一项基本原则,自己责任原则意味着:承认每个人都是独立自主的,故此,一个人要对自己的行为负责;每个人只对自己的行为负责,对别人的行为不负责;无行为(自主行为),则无责任;有行为无过失也不负责，即过错责任原则。[15] 侵权法以自己责任为基本原则，故此，绝大多数的侵权行为都是自己责任的侵权行为，即实施加害行为的人就是侵权人，需要承担侵权责任。例如，20岁的甲过失引发火灾，烧毁乙的房子，甲应承担侵权责任。再如，A公安局司机丙于休假期间擅自驾驶警车，醉酒驾车压死路人丁，丙须承担侵权责任。

然而，在少数情形中，法律基于足够正当的理由（如报偿理论、控制理论等），[16] 可以要求行为人之外的人对行为人的侵权行为负责，此时，加害行为人与侵权责任人并非同一人，即行为人无须为自己的行为负责，而是由其他人来负责，这就是替代责任的侵权行为。替代责任也称"转承责任""为他人行为的责任"等。现代法律中替代责任的侵权行为就是三种：监护人责任、用人者责任与国家赔偿责任。

在监护人责任中，从事加害行为的是被监护人，承担责任的是监护人。例如，5岁的小孩A在奔跑中将3岁的小孩B撞倒摔伤，A的父母应当为此承担侵权责任。在用人者责任中，用人单位要为工作人员因执行工作任务给他人造成的损害承担赔偿责任。例如，A公司的司机张某受指派开车接送公司客人途中发生交通事故，致行人李某受重伤，A公司应承担侵权责任。在国家赔偿责任中，国家机关工作人员违法行使公权力造成他人损害的，由国家承担赔偿责任。例如，A市公安局警官甲在侦查犯罪过程中刑讯逼供，将无辜的乙打伤致残。甲本人当然要承担刑事责任，但就给乙造成的损害，A市公安局应当承担国家赔偿责任。《民法典》规定了监护人责任（第1188～1189条）与用人者责任（第1191～1192条）；《国家赔偿法》则规定了赔偿义务机关就国家机关和国家机关工作人员违法行使职权造成民事主体合法权益损害的赔偿责任（参见图2.1.2）。

在替代责任的侵权行为中，之所以责任人要为加害人的行为后果负责，是因为他们之间"存在一种特定的关系。这种特定关系表现为隶属、雇佣、代理、监护等身份关系"。[17] 基于这种特定的关系，责任人能够支配、控制加害人的行为或者能够对加害人的行为产生重大影响，具体表现为："一是二者之间通常存在一方支配或者密切影响另一方行为的特定关系。此种关系可以基于合同发生，也可以基于特定的身份关系甚至其他社会关系而发生，例如劳动关系、雇佣关系、亲权或者监护、负有管教义务，甚至基于某种教义对他人'洗脑'等等"，"二是致害行为必须是在他人支配或者重大影响之下的行为"。[18] 为了使责任人更好地加强对行为人的管理和控制，从而有效地预防侵权行为的发生，保护民事主体的合法权益，法律上例外地创设了所谓替代责任的侵权行为。

需要注意的是，即便是替代责任的侵权行为，还是体现了自己责任的基本原理。因为承担了责任的雇主或国家机关对于那些具有故意或者重大过失的雇员或者国家机关工作人员享有追偿权，从而最终实现了责任人与行为人的统一（《民法典》第1191条第1款、第1192条第1款）。

---

〔15〕 谢怀栻：《外国民商法精要》（第3版），程啸增订，法律出版社2014年版，第10～11页。
〔16〕 尹飞：《为他人行为侵权责任之归责基础》，载《法学研究》2009年第5期。
〔17〕 杨飞与北京益民制药厂、郝晶人身损害赔偿纠纷案，北京市顺义区人民法院（2001）顺民初字第406号民事判决书。
〔18〕 尹飞：《为他人行为侵权责任之归责基础》，载《法学研究》2009年第5期。

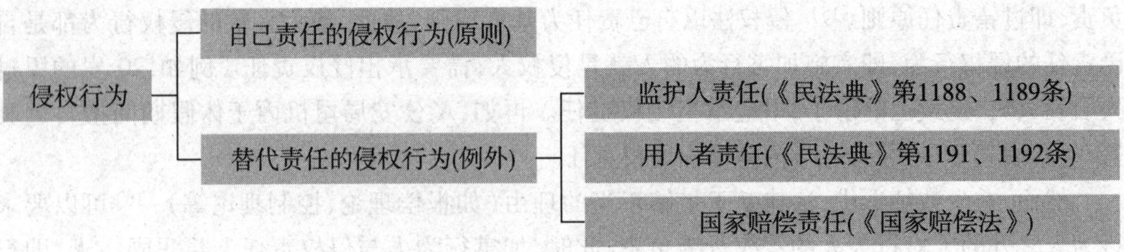

图 2.1.2　自己责任与替代责任的类型

2. 区分的意义

(1)归责原则不同

在我国法上,自己责任的侵权行为既可能适用过错责任原则,也可能适用无过错责任或过错推定责任(如产品责任、物件损害责任)。但是,替代责任的侵权行为多适用无过错责任,如监护人责任、用人者责任均属于无过错责任,即无论监护人对被监护人实施加害行为有无过错,或者用人单位对于工作人员因执行工作任务造成他人损害的行为有无过错,都要承担赔偿责任。此种无过错责任是在责任承担意义上的无过错。至于加害行为人是否需要过错,取决于该行为本身适用的是过错责任原则还是无过错责任。

(2)构成要件不同

在因自己责任的侵权行为引发的纠纷中,如果该侵权行为是一般侵权行为,适用过错责任原则,那么被侵权人通常要证明以下侵权责任成立要件:加害行为、损害后果、因果关系以及侵权人的过错;如果适用的是无过错责任原则或过错推定责任,被侵权人需要证明的是加害行为、损害后果与因果关系。但是,在替代责任的侵权行为中,侵权责任的构成要件分为两个层面:第一个层面是**侵权责任的成立要件**,第二个层面是**侵权责任的承担要件**。申言之,首先,被侵权人要证明侵权责任的成立要件已经满足,即加害人的行为符合了侵权责任的成立要件,产生了侵权责任。如果加害人从事的行为适用过错责任,则侵权责任的成立要件包括加害行为、损害后果、因果关系与过错;如果是无过错责任或过错推定,则被侵权人无须证明侵权人的过错。在第一个层面的要件满足后,被侵权人还需要进一步证明侵权责任的承担要件。具体来说,就监护人责任而言,被侵权人要证明的要件就是:加害人是被监护人,而应当承担责任之人是加害人的监护人。在雇主责任中,需要证明:其一,加害人是侵权责任人的工作人员或者为其提供劳务;其二,加害人因执行工作任务或因劳务造成了损害。如果被侵权人仅仅证明了侵权责任成立要件,而无法证明侵权责任的承担要件,只能由加害行为人承担侵权责任。

提　示

所谓替代责任的归责原则，不是指行为人的侵权赔偿责任成立的归责原则，而是责任人的侵权赔偿责任承担的归责原则。以用人单位责任为例，工作人员从事的行为是否构成侵权行为，应依据该行为的具体类型确定。如果工作人员因执行工作任务与他人发生争执，将他人打伤，则为一般侵权行为，适用过错责任；如果工作人员驾驶高铁撞死路外人员，则属于高度危险责任，适用无过错责任。《民法典》第1191条第1款和第1192条第1款规定的用人者责任，适用的是无过错责任。这并非指用人单位的工作人员造成他人损害的行为适用的是无过错责任，而是指用人单位就其工作人员实施的侵权行为而承担侵权责任时，此种责任不以过错为要件。

（三）人造成损害的侵权行为与物致害的侵权行为

1. 区分的标准

社会生活中的任何损害都是人的行为造成的，法律调整的只是人与人之间的关系。不过，在侵权责任法中，仍可将侵权行为分为：人造成损害的侵权行为与物致害的侵权行为。前者是指由于行为人的作为或不作为而直接给他人造成损害的侵权行为，后者是指由于人控制下的物（动产、不动产）给他人造成损害的侵权行为。

我国《民法典》中最典型的物致害的侵权行为被规定于侵权责任编的第十章“建筑物和物件损害责任”当中，该章对不动产和动产造成他人损害的侵权责任作出了规定，其规定的是狭义的物致害的侵权行为。广义的物致害的侵权行为还可以包括产品责任（《民法典》侵权责任编第四章）、机动车交通事故责任（《民法典》侵权责任编第五章）、环境污染和生态破坏责任（《民法典》侵权责任编第七章）、核事故损害责任（《民法典》第1237条）、民用航空器损害责任（《民法典》第1239条）、高度危险物损害责任（《民法典》第1239条）、高速轨道交通工具致害责任（《民法典》第1240条）以及饲养动物损害责任（《民法典》侵权责任编第九章）等（参见图2.1.3）。

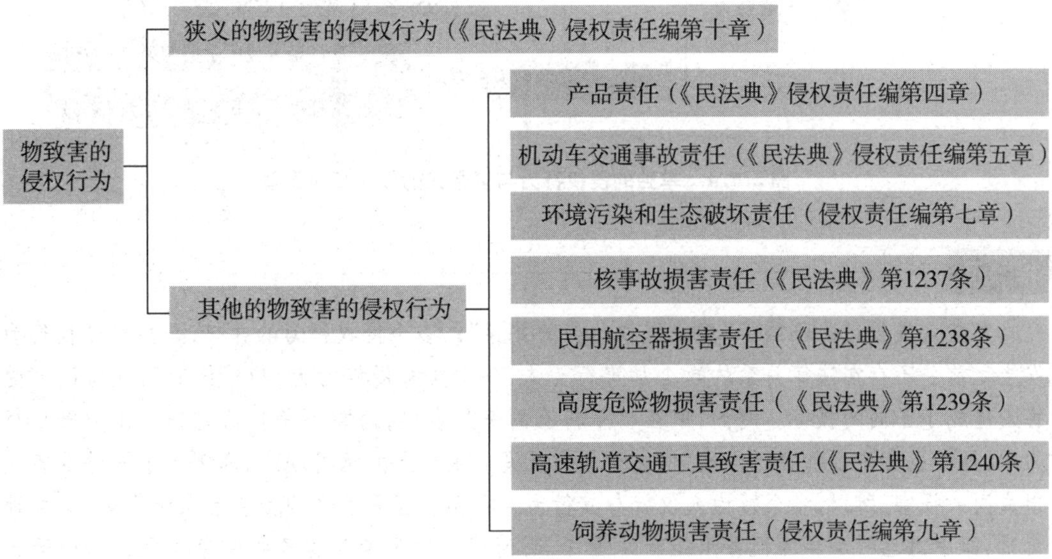

图2.1.3　物致害的侵权行为的类型

2. 区分的意义

(1)归责原则不同

在我国法上,人造成损害的侵权行为适用的可能是过错责任原则,也可能是无过错责任。然而,物致害的侵权行为适用的多是无过错责任与过错推定责任。前者如建筑物、构筑物等倒塌、坍塌损害责任(《民法典》第1252条),后者如树木折断等损害责任(《民法典》第1257条)。

(2)责任主体不同

在人造成损害的侵权行为中,原则上承担侵权责任之人就是从事加害行为之人,除非属于替代责任的情形。在物致害的侵权行为中,侵权责任主体是与致害物存在物权法律关系或者负有管理义务的人,包括该物件的所有人、管理人、使用人或占有人。例如,建筑物、构筑物或者其他设施及其搁置物、悬挂物发生脱落、坠落造成他人损害时,如果所有人、管理人或者使用人不能证明自己没有过错,就应当承担侵权责任(《民法典》第1253条)。因此,在物致害的侵权行为中,被侵权人必须证明被告是致害物的所有人、管理人、使用人等,即要确认其与致害物之间存在物权法律关系或者负有管理义务,否则被告无须承担责任。

(四)单独侵权行为与多数人侵权行为

1. 区分的标准

依据侵权行为的主体及承担责任的方式不同,侵权行为可被分为单独侵权行为与多数人侵权行为。单独侵权行为是由一人实施的侵权行为。多数人侵权行为,是指二人以上实施并因此而承担连带责任或按份责任的侵权行为。我国《民法典》上的多数人侵权行为分为两类:其一,共同侵权行为,包括共同加害行为(第1168条)、教唆帮助行为(第1169条)及共同危险行为(第1170条);其二,无意思联络的数人侵权(第1171条、第1172条)(参见图2.1.4)。

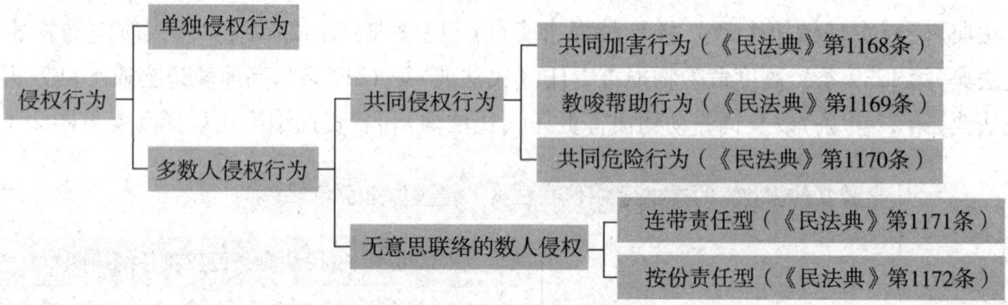

图2.1.4　单独的侵权行为与多数人的侵权行为类型

提　示

多数人侵权行为不同于"多个侵权行为的并存"。多个侵权行为的并存,是指在侵权行为发生之前并不存在法律关系的数个加害行为人,分别实施侵权行为,却不约而同地给同一受害人造成了不同的损害。例如,甲在上午将乙的房屋烧毁,丙在下午将乙打伤。此类侵权行为中,虽然也有多个加害行为人,但由于他们既没有主观上的意思联络,客观上也未给受害人造成同一损害,所以,各个行为人仅就与其行为存在相当因果关系的损害后果个别地、独立地负责,即甲对乙的房屋的损害承担赔偿责任,而丙对乙的人身伤害承担赔偿责任,甲、丙既无须向乙承担按份责任,更不承担连带责任。

2. 区分的意义

(1)行为主体与责任主体的数量不同

在单独的侵权行为中,加害人为一人,承担侵权责任之人也是一人。例如,张三开车撞伤李四,此时,张三既是加害人也是侵权责任人。但是,在多数人侵权行为中,加害人为二人以上,承担侵权责任的主体也是二人以上。例如,甲、乙合谋盗卖丙的股票获利,导致丙损失数十万元,甲与乙构成共同加害行为,二人应就丙之损失承担连带赔偿责任。

(2)承担责任的具体形式不同

单独的侵权行为中不存在按份责任或连带责任。多数人侵权中,多个侵权责任人或者承担按份责任或者承担连带责任。例如,甲驾驶的A车将乙撞伤,甲拨打110后,110急救车迟迟不到,最终乙失血过多而亡。甲与110急救中心应按照各自过错、原因力大小,就乙的死亡承担相应的赔偿责任。

(五)作为的侵权行为与不作为的侵权行为

1. 区分的标准

加害行为分为作为与不作为,故此,可将侵权行为分为作为的侵权行为与不作为的侵权行为。作为的侵权行为,也称"**积极的侵权行为**",是指违反不得侵害他人人身、财产权益的不作为义务而有所为,从而侵害他人民事权益,依法应承担侵权责任的行为。

不作为的侵权行为,也称"**消极的侵权行为**",是指违反对他人负有的法定或约定之作为义务,不履行或未正确履行该义务,侵害他人民事权益,依法应承担侵权责任的行为。例如,酒后驾车发生交通事故致人死亡、盗窃他人财物或者无故殴打他人,这些都是作为的侵权行为。学校未尽管理职责,致使校外人员入校打伤小学生;产品投入流通后发现存在缺陷而未及时采取有力的补救措施,以致造成损害。这些都是不作为的侵权行为。

2. 区分的意义

(1)过错的认定方法不同

作为的侵权行为中,行为人是"有所为",故此,从侵权人实施的积极行为可以判断出其有无过错。但是,不作为的侵权行为中,行为人无所作为,什么都没有做。此时,只有先判断行为人有无作为的义务,才能确认行为人的过错。如果行为人有作为的义务却没有作为,其违反了作为义务,故存在过错。由此可见,在不作为的侵权纠纷中,确定被告是否负有以及负有何种内容的义务,是认定行为人有无过错的前提和基础。

(2)因果关系的判断方法不同

就作为的侵权行为而言,判断作为与损害后果之间有无因果关系时,须考虑假如没有该作为,损害是否仍然发生:如果是,则无因果关系;反之,则有因果关系。在不作为的侵权行为中,判断因果关系时要考虑的是,倘若行为人严格履行了法定的或约定的作为义务时,损害是否仍会发生:如果是,则无因果关系;反之,则有因果关系。例如,乘客甲乘坐A公司的船时不慎掉入海中,由于A公司没有按照规定配备救生设备,以致无法营救,甲死亡。此时,A公司的侵权行为就属于不作为的侵权行为,其不作为与损害之间具有因果关系。如果在损害发生的当时风浪巨大,即便有救生设备,也根本无法营救甲,则A公司的不作为与损害之间没有因果关系。再如,B房屋是甲的个人财产,甲的侄子乙偷窃甲的身份证、房产证等,以欺诈的方式将房屋卖给不知情的丁并办理了房屋所有权转移登记。显然,乙从事的是作为的侵权行为。因为甲对B房屋有所有权意味着除了甲之外,其他任何人都负有尊重甲的所有权而不得侵害的义务。

如果乙不违反该不作为义务,不偷卖B房屋,甲就不会遭受损失。故此,乙的作为与损害之间存在因果关系,乙的行为构成作为的侵权行为。

第二节　侵权行为与其他债的发生原因

一、债的发生原因

债(Schuld/obligation)是一种**法律关系**,也称债权债务关系。“一方面,一个或数个主体有权根据他要求一定的给付即要求实施一个或一系列对其有利的行为或给予应有的财产清偿,另一方面,一个或数个主体有义务履行这种给付或以自己的财产对不履行情况负责。”[19] 债是存在于特定当事人(债权人与债务人)之间的法律关系,以债权、债务为内容。债权是请求权,即债权人请求债务人为或不为一定行为的权利。债务属于义务,是债务人应当按照法律规定或当事人的约定为或不作为一定行为的义务。债的发生原因在罗马法上被称为“**债的渊源**”或“**债因**”(causae obligationum),是指由之能够产生债的关系的法律事实。在罗马法上,债的发生原因包括:契约、准契约、私犯、准私犯。[20] 现代各国法律中债的发生原因虽略有差别,大体上都包括契约(合同)、无因管理、不当得利、侵权行为等。

我国《民法典》第118条规定:“民事主体依法享有债权。债权是因合同、侵权行为、无因管理、不当得利以及法律的其他规定,权利人请求特定义务人为或者不为一定行为的权利。”由此可见,我国法上债的发生原因包括:合同、侵权行为、无因管理、不当得利以及法律的其他规定(参见图2.2.1)。侵权行为之所以也是债的发生原因之一,就是因为侵权行为产生的最主要的法律效果是侵权人承担侵权赔偿责任,即被侵权人有权请求侵权人赔偿损失,而侵权人有义务向被侵权人赔偿损失,二者之间发生损害赔偿之债的关系。侵权人是赔偿义务人,而被侵权人(或其近亲属)是赔偿权利人。

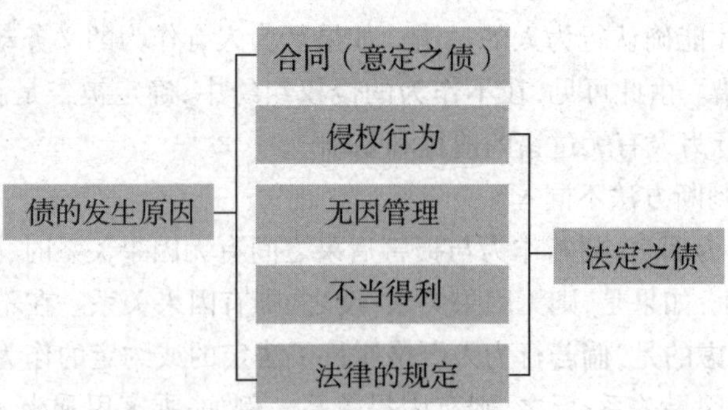

图2.2.1　我国法上债的发生原因

〔19〕［意］彼得罗·彭梵得:《罗马法教科书》,黄风译,中国政法大学出版社1992年版,第283页。

〔20〕［意］彼得罗·彭梵得:《罗马法教科书》,黄风译,中国政法大学出版社1992年版,第306页。

二、侵权行为与违约行为

(一)侵权责任与违约责任的区别

违约行为,也称债务不履行,是指合同当事人违反约定或法律规定,不履行或不完全履行合同,应当承担民事责任的行为。违约人承担的是违约责任,具体的违约责任承担方式包括修理、重作、更换,继续履行,赔偿损失,支付违约金等(《民法典》第179条)。侵权行为,是指侵害他人民事权益,依法应当承担民事责任的行为。侵权人承担的是侵权责任,具体的侵权责任承担方式包括:停止侵害、排除妨碍、消除危险、返还财产、恢复原状、赔偿损失、赔礼道歉、消除影响与恢复名誉(《民法典》第179条)。在传统民法上,侵权行为与违约行为均为债的发生原因,前者产生**法定之债**,后者产生**意定之债**。侵权行为与违约行为,或者说侵权责任与违约责任,存在以下区别(参见表2.2.1)。

表2.2.1　侵权责任与违约责任的区别

区别	侵权责任	违约责任
违反的义务与侵害的权利	违反的是法定义务、绝对义务、不作为义务,侵害的主要是绝对权	违反的是约定义务、相对义务、作为义务,侵害的是相对权
责任成立	原则上不因侵权人未获利而减轻责任,以过错责任为基本归责原则	无偿合同中违约人的义务相对较轻,以无过错责任为基本归责原则
赔偿目的	要使被侵权人重新处于倘无侵权行为时其本应处之状态	要使非违约方重新处于倘合同得到良好履行时其本应处之状态
精神损害赔偿	包括财产损害与精神损害	原则上限于财产损害,在侵害人格权时也可以包括精神损害
辅助人责任	雇主责任适用无过错责任	债务履行辅助人的过错被视为债务人的过错
管辖法院	一般是侵权行为地或被告住所地的法院	一般是被告住所地或者合同履行地的法院

1. 违反的义务不同

(1)侵权行为违反的多为**法定义务**,违约行为违反的多是**约定义务**。侵权责任广泛地存在于没有合同关系或者其他类似关系的民事主体之间,因此,侵权责任也称“**非合同责任**”(non-contractual liability)或“合同外责任”。因为侵权人与被侵权人之间不可能事先约定某种义务。不得侵害他人人身、财产权益的义务是法律直接规定的义务,是每一个民事主体都负有的义务。至于违约责任,必以当事人之间存在有效的合同关系为前提。只要不违反法律、行政法规的强制性规定,不违背公序良俗,基于意思自治原则,合同当事人可以约定各种要求不同、程度不同的义务。

(2)侵权行为违反的是**绝对义务**,违约行为违反的是**相对义务**。绝对义务,是指权利人之外的一切人负有的义务,“不杀人、不偷窃、不干预别人对其财产的处理,都是绝对义务”。[21]与绝对义务相对应的是绝对权,即“一个人对自己的财产、人身和自由拥有绝对的权利,对这些权利的任何直接的和不正当的妨害(或非法侵犯),都使他有权提起损害赔偿之诉,即使未曾受

〔21〕［奥］凯尔森:《法与国家的一般理论》,沈宗灵译,中国大百科全书出版社1996年版,第96页。《圣经》记载的摩西十诫中就有“不可杀人”“不可偷窃”的戒律。

到实际的损失或伤害。侵犯这些权利本身即是可以起诉的”。[22] 侵权法的保护范围很广,包括人身权益和财产权益,但首要的保护对象仍是物权、人格权、知识产权等绝对权。相对义务是特定人之间的义务,即特定的一方当事人向另一方当事人所负的义务。相对义务的对立面就是相对权即债权。违约行为发生于存在合同关系的当事人之间,因此,违约方实际上侵害的是非违约方的合同债权。至于合同关系外的第三人,难以知悉特定当事人之间的债权。因此,原则上第三人不会承担侵害债权的责任,除非其知道该合同债权的存在并有意加以侵害。

(3)侵权行为违反的义务多是**不作为义务**,违约行为违反的多是**作为义务**。不作为义务就是指不侵害他人人身财产权益的义务,如不杀人、不偷盗等。作为义务意味着义务人要采取积极的行动以协助权利人实现其权利,如按照约定的时间交付一定数量且符合约定的质量标准的货物等。不作为义务是由强行性规范确定的民事义务,它是法律对社会生活采取法定主义调整方式时使用的手段。法律只是在那些没有特别关系(Sondernverbindung)的不特定人之间,才强制性地确认“不得损害”他人的义务,即消极不作为义务。通常,法律不会在没有特别关系的人之间确认一方负有积极为他方利益而作为的义务。因为在人类相互间的关系上,倘若法律只是专注于保护一方的利益,势必在相当的程度上限制另一方的自由,损害该方的利益。在民法中,作为义务是当事人基于意思自治原则,通过法律行为自我约束而形成的义务,是当事人自愿的产物。法律行为尤其是合同乃是社会经济交往的典型法律形式。在社会生活交往中,人们不仅要相互竞争也要互相合作。合同就是一种有效的合作方式。合同的当事人基于意思自治,自我约束,互相负有为对方利益而积极作为的义务,从而实现各自利益的最大化。只要这种义务不违法、不损害他人利益和社会公共利益,法律自应允许,无须干预。

2. 责任成立上的不同

(1)合同是经济交往的典型法律形式。法律在通过民事责任规范合同当事人的行为时应当充分考虑双方经济利益上的平衡。如果一方是无偿为对方的利益而行为,则其注意义务就要低一些;反之,注意义务就要高一些。以保管合同为例,在无偿的保管合同中,如果保管人可以证明非因自己的故意或重大过失而造成保管物毁损、灭失的,就不需要负担损害赔偿责任(《民法典》第 897 条第 2 句)。反之,如果是有偿的保管合同,保管人应当尽到更高的注意义务,其要为因保管不善造成的保管物的毁损、灭失负责,即便仅具有一般过失(《民法典》第 897 条第 1 句),也不例外。再如,赠与合同不同于买卖合同,赠与人并未如同出卖人那样从受赠人处获得对待给付。故此,赠与人原则上无须就赠与财产的瑕疵负责,除非其故意不告知瑕疵或保证无瑕疵,或该赠与附有义务(《民法典》第 662 条)。但是,买卖合同中,卖方应当承担产品的权利瑕疵担保责任与物的瑕疵担保责任。如果因产品的瑕疵造成他人损害的,出卖人要负合同法上的责任或产品责任。

与合同法不同,侵权法中“不得损害他人”的义务是基于公共政策或社会利益而产生的。因此,在侵权赔偿责任的成立上,法律通常不会考虑侵权人是否因侵权行为而获利。[23] 无论加害人从事的是损人利己的行为,还是损人不利己的行为,只要该行为符合侵权责任的构成要件,行为人都需要承担侵权责任。当然在极个别的情况下,侵权法也会考虑行为人的行为是有偿还是无偿而减轻行为人的责任。最典型的就是好意同乘的情形,由于机动车是非营运的机

---

〔22〕 [新西兰]瓦莱里·安·彭林顿:《香港的法律》,毛华等译,上海翻译出版公司 1985 年版,第 163 页。

〔23〕 Dieter Medicus, Gesetzliche Schuldverhaeltnisse, 5. Aufl., 2007, S. 5.

动车且车主是无偿地让他人搭乘,为了鼓励互助友爱的行为,我国《民法典》第1217条规定,在发生交通事故造成无偿搭乘人损害的时候,应当减轻机动车一方的责任,但是机动车使用人有故意或者重大过失的除外。由此可见,即便是好意同乘中,也不能因为是无偿搭乘就完全免除机动车一方的责任,而只能是减轻赔偿责任。

(2)归责原则不同。《民法典》第577条规定:"当事人一方不履行合同义务或者履行合同义务不符合约定的,应当承担继续履行、采取补救措施或者赔偿损失等违约责任。"这一规定与《合同法》第107条一致。通说认为,这表明我国法上违约责任采取的归责原则是**无过错责任**。[24] 当然,《民法典》也特别规定了一些适用过错责任的情形。例如,《民法典》第824条第1款规定:"在运输过程中旅客随身携带物品毁损、灭失,承运人有过错的,应当承担赔偿责任。"再如,《民法典》第929条第1款规定:"有偿的委托合同,因受托人的过错造成委托人损失的,委托人可以请求赔偿损失。无偿的委托合同,因受托人的故意或者重大过失造成委托人损失的,委托人可以请求赔偿损失。"在侵权法中,除非法律另有规定,否则,侵权行为最基本的归责原则就是**过错责任**原则(《民法典》第1165条第1款)。产生这一差异的原因在于:合同是双方意思表示一致的产物,合同法律关系是存在于特定当事人之间的紧密的法律关系。既然合同是自己订立的,权利义务也是自己参与约定的,合同的当事人就应当非常清楚地知道,依据合同负有何种义务、享有何种权利。如果当事人在某些情形下确实难以履行合同义务,完全可以在合同中提前作出安排,如约定相应的免责或减责事由。否则,只要合同的一方当事人从事了不符合约定的行为给他方造成损害,就难辞其咎。正因如此,违约责任原则上可以采取无过错责任,除非法律另有规定。但是,侵权行为发生并非基于当事人的约定,且侵权人与被侵权人往往在侵权行为发生前并无任何法律关系。故此,侵权行为应当以最能协调权益保护与合理自由维护的过错责任为基本归责原则,即行为人因过错侵害他人民事权益并造成损害时,才需要承担侵权赔偿责任。当然,法律可以特别规定某些侵权行为适用无过错责任或者过错推定责任,但这毕竟只是例外的情形。

3. 保护的利益不同

损害赔偿的目的就是要填补受害人的损害,无论违约赔偿还是侵权赔偿,均不例外。由于违约行为导致的是非违约方对违约方的适当履行的期待落空。因此,违约行为发生后,通过要求违约方向非违约方承担赔偿责任,是希望借此使得非违约方重新处于合同如果得到良好履行时其应处的状态。由此可见,合同法的主要目的不是保护当事人固有的人身权益和财产权益,而是要保护当事人期待通过合同之适当履行而获得之利益,即**履行利益**或**可得利益**(《民法典》第584条第1款)。[25] 侵权法保护的是民事主体固有的人身权益和财产权益。侵权人给被侵权人造成了损害,无论该损害是所受损害还是所失利益,通过责令侵权人承担赔偿责任,都是为了使被侵权人能够恢复到倘若侵权行为没有发生时其应处的状态。[26]

---

〔24〕 崔建远:《合同法》(第3版),北京大学出版社2016年版,第338页。

〔25〕 《最高人民法院关于当前形势下审理民商事合同纠纷案件若干问题的指导意见》第9条指出:"在当前市场主体违约情形比较突出的情况下,违约行为通常导致可得利益损失。根据交易的性质、合同的目的等因素,可得利益损失主要分为生产利润损失、经营利润损失和转售利润损失等类型。生产设备和原材料等买卖合同违约中,因出卖人违约而造成买受人的可得利益损失通常属于生产利润损失。承包经营、租赁经营合同以及提供服务或劳务的合同中,因一方违约造成的可得利益损失通常属于经营利润损失。先后系列买卖合同中,因原合同出卖方违约而造成其后的转售合同出售方的可得利益损失通常属于转售利润损失。"

〔26〕 Harvey McGREGOR, Mcgregor on Damages, 16th ed., Sweet & Maxwell, 1997, p. 1276.

虽然履行利益和通过侵权赔偿责任填补的被侵权人的所受损害和所失利益都属于经济利益,但是,履行利益在性质上属于纯粹经济利益,而所受损害和所失利益是侵害民事权益所产生的经济损失,属于附带的经济利益。纯粹经济利益主要受到合同法的全面保护,侵权法仅对纯粹经济利益给予有限的保护。因为"如果侵权法就纯粹经济利益提供全面的救济,则每个人的行为自由都将遭受不当的限制,只要发生纯粹经济损失即要求赔偿,将会产生难以估量的众多赔偿权利人,这将会对每个行为人的行为产生不可估量的风险。如果针对任何第三人都必须负担积极防止损害发生的义务,则人的行为自由将会遭受严格的限制"。〔27〕

4. 赔偿的范围与内容不同

(1)能否预先约定赔偿上的不同。合同法遵循合同自由原则,当事人可以在订立合同时即约定违约金或约定损害赔偿的计算方法。《民法典》第585条第1款规定:"当事人可以约定一方违约时应当根据违约情况向对方支付一定数额的违约金,也可以约定因违约产生的损失赔偿额的计算方法。"但是,在侵权赔偿责任中,侵权行为是否发生、何时发生以及造成的损害大小,并非当事人所能预知的,故此,当事人预先约定损害赔偿额的可能性非常小。当然,如果真的发生了当事人提前约定侵权赔偿数额的情形,那么只要该约定不存在法定的无效事由,法院也可以直接以该约定作为确定侵权损害赔偿数额的依据。"《中华人民共和国侵权责任法》《中华人民共和国专利法》等法律,并未禁止被侵权人与侵权人就侵权责任的方式、侵权赔偿数额等预先作出约定,这种约定的法律属性,可认定为双方就未来发生侵权时权利人因被侵权所受到的损害的或者侵权人因侵权所获得的利益,预先达成的一种简单的计算和确定方法。""基于举证困难,双方当事人在私法自治的范畴内完全可以对侵权赔偿数额作出约定,这种约定既包括侵权行为发生后的事后约定,也包括侵权行为发生前的事先约定。"〔28〕

(2)是否允许赔偿精神损害上的不同。侵权行为造成受害人损害时,侵权人除需要赔偿被侵权人的财产损失外,还要赔偿被侵权人的非财产利益的损失即精神损害(《民法典》第1179条以下)。但是,违反作为经济交往典型法律形式的合同的一方当事人,通常只是给非违约的合同另一方当事人造成了经济利益的损失即财产损害,原则上不会给其造成精神损害。只有在少数特殊的合同主要是那些以取得精神上的愉悦、享受或满足为目的的合同(如旅游合同、婚庆合同等),一方当事人的违约才有可能给他方当事人造成精神损害。我国司法实践长期以来都认为,在违约诉讼中,一方不能要求对方赔偿精神损害,甚至将是否能够赔偿精神损害作为违约责任与侵权责任的一个重要区别来看待。例如,在"陆红诉美国联合航空公司国际航空旅客运输损害赔偿纠纷案"中,法院认为:"违约责任与侵权责任的重要区别在于,两者的责任范围不同。合同的损害赔偿责任严格按合同的约定执行,主要是对财产损失进行赔偿;侵权的损害赔偿责任按侵权造成的损害后果确定,不仅包括财产损失的赔偿,还包括人身伤害和精神损害的赔偿。"〔29〕最高人民法院颁布的《关于审理旅游纠纷案件适用法律若干问题的规定》第

---

〔27〕［奥地利］海尔姆特·库齐奥:《侵权责任法的基本问题》(第1卷),朱岩译,北京大学出版社2017年版,第95页。

〔28〕中山市隆成日用制品有限公司与湖北童霸儿童用品有限公司侵害实用新型专利权纠纷案,载《最高人民法院公报》2015年第1期。再如,2020年《北京市高级人民法院关于侵害知识产权及不正当竞争案件确定损害赔偿的指导意见及法定赔偿的裁判标准》第1.21条规定:"当事人依法约定赔偿数额或者赔偿计算方法,并在诉讼中主张依据该约定确定赔偿数额的,应当予以支持。"

〔29〕本案载《最高人民法院公报》2002年第4期。相关案例还可参见,郑雪峰、陈国青诉江苏省人民医院医疗服务合同纠纷案,载《最高人民法院公报》2004年8期。

21条甚至明确规定:“旅游者提起违约之诉,主张精神损害赔偿的,人民法院应告知其变更为侵权之诉;旅游者仍坚持提起违约之诉的,对于其精神损害赔偿的主张,人民法院不予支持。”但是,在《民法典》编纂时,为了更好地保护民事主体的人格权,减少当事人的诉累,节约司法资源,《民法典》第996条特别规定:“因当事人一方的违约行为,损害对方人格权并造成严重精神损害,受损害方选择请求其承担违约责任的,不影响受损害方请求精神损害赔偿。”也就是说,当事人一方的违约行为同时也构成了侵害对方人格权的侵权行为,且造成了严重精神损害时,受损害方有权在违约责任之诉中请求违约方赔偿精神损害。例如,张某乘坐A客运公司的班车从B城市到C城市途中,因该客车司机疲劳驾驶发生车祸,导致张某健康权受损。张某以违反客运合同为由,要求A公司承担违约损害赔偿责任时,既可以要求A公司赔偿人身损害的各项财产损失如医疗费、护理费、误工费、残疾赔偿金等,还有权要求A公司赔偿精神损害。

提 示

事实上,即便合同一方当事人的违约行为没有损害对方人格权时,法律也不应当完全禁止当事人在违约责任中请求精神损害赔偿。因为,在以精神上的享受或满足为目的的合同如旅游合同、婚庆合同中,一方当事人希望通过合同的良好履行而获得的可得利益本身就是精神上的利益,而非财产利益。由于合同一方当事人的违约行为给其造成的损害主要就是精神损害,财产损害与之相比是微小的。这种情形下,如果不允许当事人在违约责任中要求精神损害赔偿,显然无法充分保护当事人的合法权益。从比较法上来看,英国、美国、德国、法国等国家也都允许在违约责任中请求精神损害赔偿。[30] 例如,1998年欧洲合同法委员会(Commission on European Contract Law)起草的《欧洲合同法原则》(Principle of European Contract Law)第9:501条规定:“(1)受害当事人有权对因对方不履行而造成的损失请求赔偿,只要该不履行没有依第8:108条而免责。(2)可获取损害赔偿的损失包括:(a)非金钱损失;和(b)具有合理的发生可能的未来损失。”再如,国际统一私法协会制订的2016年版《国际商事合同通则》第7·4·2条规定:“(1)受损害方当事人对由于不履行而遭受的损害有权得到完全赔偿。此损害既包括该方当事人遭受的任何损失,也包括其被剥夺的任何收益,但应考虑到受损害方当事人由于避免发生的成本或损害而得到的任何收益。(2)此损害可以是非金钱性质的,例如包括肉体或精神上的痛苦。”协会在对该条第2款的注释中明确写道:“本条第2款明确规定对非金钱性质损害的赔偿。这种损害可能是悲痛和痛苦,失去生活的某些快乐、丧失美感等,也指对名誉或荣誉的攻击造成的损害。这条规则可能适用于国际商事活动中的下列相关合同,比如与受雇于一个公司或一个组织的艺术家、杰出的男女运动员以及顾问所订立的合同。”[31]

---

〔30〕 比较法的介绍,参见程啸:《违约与非财产损害赔偿》,载梁慧星主编:《民商法论丛》(第25卷),金桥文化出版有限责任公司2002年版。

〔31〕 UNIDROIT Principles of International Commercial Contracts, International Institute for the Unification of Private Law, Rome, 2016, at 273 - 247.

5. 辅助人责任不同

在合同的履行中,如果债务是由**债务履行辅助人**(包括债务人的法定代理人或其他约定的履行辅助人)来履行的话,〔32〕该债务履行辅助人因过错而致债务履行不符合约定,其过错被视为债务人的过错,债务人应当向债权人承担违约责任。例如,“旅行合同为旅行社提供有关旅行给付于全部旅客,而由旅客支付报酬的合同。旅行中景点安排,由旅行社接洽第三人给付,除旅客已直接与第三人发生合同关系外,该第三人即为履行社的履行辅助人,对游客的人身和财产安全负有保障义务。第三人如有故意或过失侵害旅客的行为,旅行社应当承担损害赔偿责任”。〔33〕当然,债务人是否可以追究履行辅助人的责任,应依二者内部的合同关系而定。此种债务履行辅助人之责任不仅适用于合同之债,也适用于无因管理之债、不当得利之债。〔34〕

在侵权行为中,雇员在从事雇佣活动时造成他人损害的,无须将雇员的过错视为雇主的过错,即便雇主没有过错,也应承担侵权责任。例如,《民法典》第1191条第1款第1句规定:“用人单位的工作人员因执行工作任务造成他人损害的,由用人单位承担侵权责任。”第1192条第1款第1句规定:“个人之间形成劳务关系,提供劳务一方因劳务造成他人损害的,由接受劳务一方承担侵权责任。”

6. 诉讼时效不同

侵权损害赔偿请求权的诉讼时效为3年(《民法典》第188条第1款),但是作为侵权责任承担方式的停止侵害请求权、排除妨碍请求权、消除危险请求权以及不动产物权和登记的动产物权的权利人请求返还财产请求权等,不适用诉讼时效(《民法典》第196条)。此外,在侵害人格权时“受害人的停止侵害、排除妨碍、消除危险、消除影响、恢复名誉、赔礼道歉请求权,不适用诉讼时效的规定”(《民法典》第995条第2句)。违约责任的诉讼时效一般也适用普通的诉讼时效期间即3年(《民法典》第188条第1款),但是,法律上也规定了一些特殊的诉讼时效,如《民法典》第594条规定,因国际货物买卖合同和技术进出口合同争议提起诉讼或申请仲裁的时效期间为4年。

7. 管辖法院不同

侵权责任诉讼中,管辖法院一般是侵权行为地或被告住所地的法院(《民事诉讼法》第28条)。合同责任的管辖法院一般是被告住所地或者合同履行地的法院(《民事诉讼法》第23条)。如果是因铁路、公路、水上和航空事故请求损害赔偿提起的诉讼,由事故发生地或者车辆、船舶最先到达地、航空器最先降落地或者被告住所地人民法院管辖(《民事诉讼法》第29条)。如因船舶碰撞或者其他海事损害事故请求损害赔偿提起的诉讼,由碰撞发生地、碰撞船舶最先到达地、加害船舶被扣留地或者被告住所地人民法院管辖(《民事诉讼法》第30条)。此外,依据《民事诉讼法》第34条,在违约责任诉讼中,当事人事先可以书面协议的方式从以下法院中选择管辖法院——被告住所地、合同履行地、合同签订地、原告住所地、标的物所在地等与

---

〔32〕《旅游法》第111条第6项规定:“履行辅助人,是指与旅行社存在合同关系,协助其履行包价旅游合同义务,实际提供相关服务的法人或者自然人。”

〔33〕许景敏等诉徐州市圣亚国际旅行社有限公司人身损害赔偿纠纷案,载《最高人民法院公报》2012年第6期。相同案例还有:焦建军与江苏省中山国际旅行社有限公司、第三人中国康辉南京国际旅行社有限责任公司旅游侵权纠纷案,载《最高人民法院公报》2012年第11期。

〔34〕Dieter Medicus, Gesetzliche Schuldverhaeltnisse, 5. Aufl., Beck, 2007, S. 4.

争议有实际联系的地点的人民法院。当然,这种选择不得违反《民事诉讼法》对级别管辖和专属管辖的规定。

正是由于违约责任与侵权责任在管辖法院上的差别,《最高人民法院关于适用〈中华人民共和国合同法〉若干问题的解释(一)》第30条才规定:"债权人依照合同法第一百二十二条的规定向人民法院起诉时作出选择后,在一审开庭以前又变更诉讼请求的,人民法院应当准许。对方当事人提出管辖权异议,经审查异议成立的,人民法院应当驳回起诉。"

(二)侵权责任与违约责任的竞合

1. 概述

责任的竞合,是指行为人的某一行为同时符合不同法律责任的构成要件,从而成立多个法律责任,但最终只能适用一种法律责任的情形。民法中最典型的责任竞合就是违约责任与侵权责任的竞合,而违约责任与侵权责任的竞合又最经常地发生在德国学者所谓"积极侵害债权"(positive Forderungsverletzung)的情形中,即合同当事人一方的行为不仅构成违约行为,还对另外一方固有的民事权益进行了侵害。例如,A医生因医疗过失而错误将B患者健康的器官切除。A的医疗过失行为既违反医疗服务合同而产生违约责任,也符合侵权责任的构成要件须承担医疗损害责任。由于损害赔偿法以禁止得利为基本原则之一,故此,B不能同时要求A既承担违约赔偿责任,又承担侵权赔偿责任,二者只能选其一。责任的竞合不同于责任的聚合。责任的聚合,是指行为人的某一行为同时构成多种性质不同但可以同时适用的法律责任。责任聚合的情形既可以发生在不同的民事责任之间,也可以发生在民事责任与刑事责任、行政责任之间。前者如,张三盗窃了李四的汽车,使用中有所损坏,李四既可以要求张三承担返还原物的民事责任,也可以要求李四承担赔偿损失的民事责任。后者如,A醉酒驾车撞死B,该行为既是侵权行为,也是犯罪行为和行政违法,A既要承担侵权赔偿责任,也要因构成交通肇事罪而承担刑事责任,同时还需要遭受行政处罚,即由公安机关交通管理部门吊销机动车驾驶证,终生不得重新取得机动车驾驶证。

从比较法来看,对违约责任与侵权责任的竞合基本上是两种态度:第一种态度是不承认或者说禁止竞合。法国法采取的就是"非竞合责任理论"(non - cumul des responsabilités)。法国法上不承认侵权责任与违约责任会发生竞合,因为"责任要么是合同上的,要么是侵权的,二者必居其一"。[35] 因违约而受损害的守约方没有选择适用侵权制度的可能,合同法优先于侵权责任法。自2005年法国启动债法改革工作以来,对于传统的禁止竞合的做法,法国民法学界存在不同的看法。反对的观点认为,侵权责任是最基础的保障,受害人有权在其认为必要时加以选择,不能因为当事人之间存在合同而减少权利人的救济途径。支持传统做法的学者认为,禁止自由选择的正当性在于:防止合同当事人选择侵权责任从而逃避合同条款的约束,进而使得双方经过合意达成的合同条款失效,尤其是那些限制或排除合同责任的条款;防止颠覆合同当事人根据风险预判行事的风险防范机制;防止合同当事人逃避举证责任而直接依据《法国民法典》有关侵权责任的一般条款主张赔偿。[36] 最终法国司法部的《民事责任法草案》仍然坚持了传统的禁止受害人选择合同责任还是侵权责任救济的原则,2017年3月公布的司法部《民事

---

〔35〕 Encyclopedia Dalloz(- Tunc).转引自[德]克里斯蒂安·冯·巴尔:《欧洲比较侵权行为法》(上),张新宝译,法律出版社2004年版,第527页。

〔36〕 李世刚:《法国侵权责任法改革——基调与方向》,人民日报出版社2017年版,第96页。

责任法草案》第1233条规定:“合同债务不履行的,债务人和债权人均不得为其利益选择非合同责任而逃避适用有关合同责任的专有规定。”第1233-1条规定:“对身体损害的补救(应)以非合同责任规则为基础,即使该损害系因合同不履行所导致的,亦然。但是,受害者可以援引对其更为有利的、合同中已明示的条款,而不适用非合同责任。”第1234条规定:“如果合同债务不履行是第三人遭受损害的直接原因,那么该第三人仅可以非合同责任为基础获得补救,且他应当证明(存在某个)第二章第二节所规定的致害(事实)行为(faits générateurs)。不过,对于合同良好履行有合法利益的第三人,因合同不履行而遭受损害的,可依据合同责任主张(救济)。适用于合同当事人之间的有关责任条件与限制的条款可以对抗该第三人。而限制合同一方当事人对第三人合同责任的条款视为未曾写就。”〔37〕

另一种态度则是承认侵权责任与违约责任的竞合,如德国、瑞士、日本等国家。不过,不同国家承认的违约责任与侵权责任发生竞合范围的大小,又有不同。德国法中,如果违约行为并未对合同一方当事人的所有权等绝对权构成侵害的话,那么它就只是一个合同法上的问题,与侵权法无关。可是,如果该行为既构成违约行为,又违反了保护性义务,构成对人身权、所有权等绝对权的侵害,就会发生违约责任与侵权责任的竞合。此时,受害人有选择依据何种法律基础(合同或侵权)提出其赔偿请求的自由,否则,就会使债权人缺少必不可少的保护。〔38〕瑞士民法学通说认为,如果在损害事实发生前,受害人和赔偿义务人之间已经存在法律关系,并不排除受害人援引侵权法上的规则作为请求权基础,原则上受害人可以请求行为人承担合同上的损害赔偿责任,也可以依据《瑞士债务法》第41条或者特别法上关于无过错责任的规定请求侵权法上的损害赔偿,从而发生请求权竞合。〔39〕日本法上,违约责任和侵权责任的竞合主要发生在两种情形下:其一,以保护他人的完全性利益为合同主要内容的场合,或者完全性利益的保护与主要的给付存在密不可分关系的场合,如运输合同中约定运送货物,因不当运送导致货物毁损,医疗合同中医生存在医疗失误。其二,违反合同关系中的以保护给付利益为目的的义务(附随义务)以及债权人、债务人之间应当互相考虑不侵害对方的完全性利益的义务(保护义务)的情形,尤其是违反所谓安全保障义务的场合。〔40〕

2. 侵权责任与违约责任竞合的性质

就侵权责任与违约责任竞合的性质,存在**法条竞合说**(Gesetzkonkurrenz)、**请求权竞合说**(Anspruchskonkurrenz)与**请求权规范竞合说**(Anspruchsnormenkonkurrenz)等学说。

(1)法条竞合说本质上否认违约责任与侵权责任存在竞合的可能性。该说认为,侵权行为违反的是权利不可侵犯这种一般性的义务,而债务不履行违反的是当事人通过合同约定的义务。故此,债务不履行是侵权行为的特别形态。当某一行为既符合侵权责任的要件,又符合违约责任的要件时,对于存在合同关系的当事人而言,应当优先适用作为特别法的合同责任的规范,只发生债务不履行责任,不存在侵权责任。

(2)请求权竞合说认为(参见表2.2.2),如果同一行为既构成侵权行为,又属于债务不履行,因它们违反的义务不同,从而产生了两个独立的请求权,即侵权赔偿请求权与违约赔偿请求权。请求权竞合说内部又分为两种观点:

〔37〕 李世刚、刘曦编译:《法国司法部〈民事责任改革草案(2017年3月)〉》,2018年11月。
〔38〕 [德]克里斯蒂安·冯·巴尔:《欧洲比较侵权行为法》(上),张新宝译,法律出版社2004年版,第514页。
〔39〕 [瑞]海因茨·雷伊:《瑞士侵权责任法》(第4版),贺栩栩译,中国政法大学出版社2015年版,第13页。
〔40〕 [日]吉村良一:《日本侵权行为法》(第4版),张挺译,中国人民大学出版社2013年版,第291~292页。

第一，自由竞合说，此说以 Dietz 教授为代表。他认为，侵权赔偿请求权与违约赔偿请求权在成立要件、赔偿范围、诉讼时效等方面存在明显的差异，二者并存，互不影响。权利人可以自由地选择其中之一加以行使。如果一个请求权已达目的而消灭，另一个请求权随之归于消灭。权利人也可以对这两个不同的请求权分别加以处分。

第二，请求权相互影响说。该说认为，侵权与违约的赔偿请求权在某些情况下会相互发生影响。例如，梅迪库斯教授认为，依据《德国民法典》第 548 条，租赁合同的违约请求权适用 6 个月的短期诉讼时效。由于该条旨在合同终止后"当事人之间进行快速清算"，在出现请求权竞合时，倘依请求权自由竞合说认为，该短期诉讼时效就只适用于合同请求权，不适用于侵权请求权，就会破坏该条的规范目的。因此，该租赁合同的短期消灭时效同样也应适用于侵权请求权。[41] 不过，持请求权自由竞合说的学者认为，这种担心是没有必要的，因为并非在任何违反合同义务的情形下都会同时存在侵权行为，故此合同法自身的特殊规则享有充分的适用余地，只要从规范的意义和目的中无法推导出其他内容，则合同法中规定的短期时效期间就应当仅适用于依据合同基本原则而成立的损害赔偿请求权。[42]

（3）请求权规范竞合说认为，在同一加害行为既构成侵权又构成债务不履行时，只产生一个赔偿请求权，而非多个请求权。只是这个请求权有两个不同的请求权基础（Anspruchsgrundlagen），一为契约关系，一为侵权关系。因此，某一请求权基于某项请求权基础不成立时，还不能因此就排除其他基础成立的可能性。此说由 Siber 教授率先提出，[43] 著名法学家卡尔·拉伦茨（Karl Larenz）教授是该说最有力的赞同者，他说："如果同样的一个请求，既可以根据合同责任的规定，也可以根据侵权行为责任的规定，还可以根据危险责任的规定提出的话，这主要是由于存在多种债法上的请求权基础，这时，应该不说是多种请求权，从而不说是请求权竞合，而说是一个单一的、建立在多种基础上的请求权，它称为多数请求权基础，或请求权规范竞合。"[44]

表 2.2.2　请求权竞合说

1. 请求权竞合
    - 多个请求权（而不仅仅是请求权基础）同时存在
    - 不存在请求权规范的竞合
2. 独立性规则
    - 发生竞合的各个请求权遵循各自的规则且相互独立
    - 它们在辅助人责任、责任的标准、举证责任以及诉讼时效上适用不同的法律规定
3. 例外
    - 考虑到相应法律规定的立法目的在某些情形下可以突破独立性规则

[41] Dieter Medicus, Gesetzliche Schuldverhaeltnisse, 5. Aufl., Beck, 2007, S. 8.

[42] ［奥］海尔姆特·库齐奥：《侵权责任法的基本问题》（第 1 卷），朱岩译，北京大学出版社 2017 年版，第 106～107 页。

[43] Larenz/Wolf, Allgemeiner Teil des Buergerlichen Rechts, 9. Aufl., Beck, 2004, § 18 Rn. 33.

[44] ［德］卡尔·拉伦茨：《德国民法通论》（上册），谢怀栻等译，法律出版社 2003 年版，第 354～355 页。对请求权规范竞合说的详细介绍，参见王泽鉴：《契约责任与违约责任之竞合》，载王泽鉴：《民法学说与判例研究》（第 1 册），北京大学出版社 2009 年版，第 212～213 页。

讨论 请求权竞合说与请求权规范竞合说的利弊

请求权竞合说意味着当事人必须在竞合的请求权中作出选择,且一旦选择后,即便败诉,也不能依据另一个请求权主张同一赔偿,因为这与新诉讼标的理论不符。[45] 但是,请求权规范竞合说则认为,竞合并非多个请求权的竞合,而是一个请求权背后的多个请求权基础的竞合。因此,在竞合的情况下,一项损害赔偿请求权是否成立,法院应就各个请求权基础分别加以审查,如果该请求权只是基于某项法律基础而不成立时,不能因此排除依其他基础成立的可能性。法院应当逐一审查支持该请求权的各项请求权基础。显然,请求权竞合说对于受害人的保护不如请求权规范竞合说。此外,请求权规范竞合说认为,请求权可以在多个请求权基础中选择对其有利的部分,但应当斟酌立法目的。因为在有些情况下,立法者在一种请求权中减轻或限制了被告的责任,虽未在另一请求权中作同样的规定,基于实现立法目的之考虑,也应认为同样适用。卡尔·拉伦茨教授说:"假使同一行为既构成违约行为,也构成侵权行为,则相互竞合的不仅是两项法规范,而是两项规整总体。原则上这两个规整总体可以并行适用,其涉及的是一种重叠的竞合。这两类规整在一点上相同:原则上,它们都课有责行为以损害赔偿义务。当契约法规定加重的有责性时,其同时包含立法者下述决定:在欠缺此种有责性时,根本不应有损害赔偿请求权发生。假使于此还是坚持要适用侵权行为法的规定,那么立法者的决定就会因此付诸流水了。在此种情形下,这两类规整陷于矛盾,通说采取有利于契约法规定的方式来解决。方法论上,这是为了达成立法者在契约法上的决定,对侵权行为法规定的适用范围所作的目的论的限缩。"[46] 例如,立法者在合同法中将赠与人、无偿保管人的赔偿责任分别限制在"赠与人故意不告知瑕疵或者保证无瑕疵"的情形、以及保管人对保管物的毁损、灭失具有"故意或重大过失"的情形。因此,依据请求权规范竞合说,即便受赠人或寄存人不提起违约之诉而提起侵权赔偿之诉,合同法上的规定同样适用。在这一点上,请求权竞合说中的相互影响说与请求权规范竞合说是相同的。但是,如此一来,就在事实上相当于放弃了请求权并存的概念。[47] 请求权竞合说中的自由说不同意上述做法,其认为,在合同责任中,由于赠与具有无偿性,所以存在责任减轻的规定,但是此种有利于赠与人的规则只能适用于赠与人违反合同约定的特殊义务的情形,如果针对侵权责任也采取这种减轻规则,这种做法是错误的,因为无偿加利不应当是免除甚至是减轻侵权责任的事由。[48]

3. 我国法上侵权责任与违约责任的竞合

我国法上历来肯定侵权责任与违约责任的竞合。《合同法》第122条就明确规定:"因当事人一方的违约行为,侵害对方人身、财产权益的,受损害方有权选择依照本法要求其承担违约责任或者依照其他法律要求其承担侵权责任。"此后,《民法典》更是将这一规定放在总则编的

〔45〕 当前在德国法上占主导地位的是新诉讼标的理论中的二分肢说,该说认为,诉讼标的的内容系由原告陈述之事实(理由)以及诉之声明加以确认,事实理由与诉之声明这二者均构成诉讼标的的重要要素。详见姜世明:《民事诉讼法》(上册),台北,新学林出版股份有限公司2012年版,第290页。

〔46〕 [德]卡尔·拉伦茨:《法学方法论》,陈爱娥译,商务印书馆2003年版,第149页。

〔47〕 王泽鉴:《契约责任与违约责任之竞合》,载王泽鉴:《民法学说与判例研究》(第1册),北京大学出版社2009年版,第218页。

〔48〕 [奥]海尔姆特·库齐奥:《侵权责任法的基本问题》(第1卷),朱岩译,北京大学出版社2017年版,第105页。

第八章“民事责任”中加以规定，即《民法典》第186条规定：“因当事人一方的违约行为，损害对方人身权益、财产权益的，受损害方有权选择请求其承担违约责任或者侵权责任。”由此可见，我国法上承认侵权责任与违约责任的竞合，并且采取的是**请求权竞合说**。这是因为，在我国法上，当一个给他人造成损害的行为既构成违约行为又构成侵权行为时，产生的是两个损害赔偿请求权（违约赔偿请求权与侵权赔偿请求权），或者说产生了两个民事赔偿责任（违约责任与侵权责任），而非一个请求权有多个法律规范作为基础。此外，在提起诉讼前，原告应当明确选择行使哪一个请求权或追究对方何种责任。因为，法院在受理案件之时，要按照当事人自主选择行使的请求权，根据当事人诉争的法律关系的性质，确定相应的案由。例如，A医院的医疗过失造成B损害的，B如果追究A医院的违约责任，则该案的案由是“医疗服务合同纠纷”；如果追究的是侵权责任，则案由就是“医疗损害责任纠纷”。原告在起诉时作出选择后，认为原来选择的请求权不利于自己或不合适，也可以变更其原先选择的请求权，但最迟必须在一审开庭前变更（《最高人民法院关于适用〈中华人民共和国合同法〉若干问题的解释（一）》第30条）。一旦当事人选定行使某个请求权后，就不能再行使另一个请求权。即便被选择的请求权最终未能实现，也不能通过行使另一个请求权再行提起诉讼或上诉。〔49〕

学理上就我国究竟采取的是请求权自由竞合说还是请求权相互影响说，有不同的看法。从实现立法规范目的来看，应当认为采取请求权相互影响说，更为合理，否则当事人可能利用责任的竞合而逃避法律的规定。例如，一起履行工矿产品购销合同过程中产生的争议，在供方提起追索合同货款诉讼之后，需方则以货物质量存在问题给其造成损害为由向另一法院提起诉讼，对此，最高人民法院认为：“我国法律承认违约责任与侵权责任的竞合，但是并不意味着完全放任当事人选择请求权而不作任何限制。如果因买卖合同普通质量纠纷，允许当事人任意选择，动辄以侵权责任作为请求权基础，上述法律规定必然形同虚设。”〔50〕

在侵权责任与违约责任竞合的情形下，原告在起诉时应当选择侵权之诉还是违约之诉。如果原告没有作出选择，司法实践中法院有以下三种不同的做法：

（1）由法院依据最有利于权利人的原则，主动为当事人确定请求权。〔51〕例如，在“陆红诉美国联合航空公司国际航空旅客运输损害赔偿纠纷案”中，法院认为：“如何确定责任的选择，对为受害当事人提供必要的司法救济尤为重要。违约责任与侵权责任的重要区别在于，两者的责任范围不同。合同的损害赔偿责任严格按合同的约定执行，主要是对财产损失进行赔偿；侵权的损害赔偿责任按侵权造成的损害后果确定，不仅包括财产损失的赔偿，还包括人身伤害和精神损害的赔偿。从最大程度保护受害人利益的角度出发，法院依职权为受害当事人选择适用侵权损害赔偿责任。”〔52〕

（2）法院不主动为当事人确定请求权，但是会逐一审查各个请求权是否成立。例如，在“李萍、龚念诉五月花公司人身伤害赔偿纠纷案”中，法院认为：“上诉人既认为被上诉人五月花公司违约，又认为五月花公司侵权，并且还认为存在民事责任竞合的情形，但一直没有在违约和

---

〔49〕 国际华侨公司诉长江影业公司影片发行权许可合同纠纷案，最高人民法院（2001）民三终字第3号民事判决书。

〔50〕 中国联合网络通信有限公司西平县分公司、无锡广畅光电股份有限公司买卖合同纠纷再审案，最高人民法院（2016）最高法民再365号民事裁定书。

〔51〕 王利毅、张丽霞诉上海银河宾馆赔偿纠纷案，载《最高人民法院公报》2001年第2期；陆红诉美国联合航空公司国际航空旅客运输损害赔偿纠纷案，载《最高人民法院公报》2002年第4期。

〔52〕 《最高人民法院公报》2002年第4期。

侵权两者中作出明确选择”,故此,依照《合同法》第122条规定,法院只能在全面审理后按照有利于权利人的原则酌情处理,即逐一考察违约责任、侵权责任是否成立。[53]

(3)法院行使释明权,由当事人选择,如果当事人固执己见,不按照规定选择,则不予支持其诉讼请求权。例如,最高人民法院民事审判第一庭认为,“当事人以违约之诉,主张精神损害赔偿时,法官应行使释明权。对于当事人仍坚持提起违约之诉,主张精神损害赔偿的,人民法院不予支持”。[54]

笔者赞同上述第二种做法,因为该方法既确保了法院中立的立场,又能有效地保护那些法律知识不足的受害人(毕竟我国并未在民事诉讼活动中强制实行律师代理)。

4. 侵权责任与违约责任竞合的构成要件

(1)只有一个行为且发生在相同的当事人之间

案例阅读

案例2.2.1
陆红诉美国联合航空公司国际航空旅客运输损害赔偿纠纷案

只有发生在相同的当事人之间的某个行为同时符合侵权责任与违约责任的构成要件,才会出现违约责任与侵权责任的竞合。例如,在**案例**2.2.1中,原告陆红与被告美国联合航空之间既存在侵权法律关系,又存在国际航空客运合同关系。被告导致原告受害的行为既是侵权行为,也是违约行为,且该行为均发生在相同的当事人之间。倘若违约行为发生A与B之间,B为违约人。侵权行为则发生在A与C之间,C为侵权人。那么,这两个诉的法律关系不同、诉讼标的不同,不构成侵权责任与违约责任的竞合。[55] 例如,在一起交通事故赔偿纠纷案中,被告陈某驾驶的机动车先撞上了刚从被告恒风公司的客车中下来,走在路上的原告王某,接着又撞上了被告安达公司的汽车,最终造成王某重伤。2004年7月,王某以恒风公司违反旅客运输合同为由,起诉要求恒风公司承担违约责任。后王某与恒风公司达成和解协议,恒风公司赔偿人民币55,000元且不得向其他事故责任人追偿损失。王某经法院核准后撤诉,不再要求恒风公司承担其他责任。2005年12月,王某又以人身伤害为由起诉陈某与安达公司,要求二者承担无意思联络数人侵权责任。被告安达公司辩称:“原告曾以合同违约之诉起诉恒风公司且已了结,在侵权与违约竞合时已作出选择,不能再行起诉,故应驳回原告起诉。”但是,法院认为:“原告以违约起诉恒风公司之诉,债务人是恒风公司,而本案是侵权之诉,债务人是陈万龙和安达公司,陈万龙与安达公司的行为对原告不构成违约的法律关系,原告对陈某与安达公司不产生因其违约责任引发的请求权,仅有因侵权行为引发的请求权。因此,原告以违约之诉起诉恒风公司与原告以侵权之诉起诉陈某、安达公司不是原告在请求权竞合情况下的选择。原告提起本案诉讼符合法律规定。”[56] 笔者认为,法院的判决是正确的,因为在本案中存在两个行为,一个是被告恒风公司违规下客的行为,另一个是被告陈某的侵权行为,前者发生在恒风公司与受害人之间,后者发生在陈某与受害人之间,当然不构成违约责任与侵权责任的竞合。

(2)当事人之间存在有效的合同关系

如果当事人之间不存在合同关系,只可能构成侵权责任,而无从发生违约责任,或者虽然

〔53〕《最高人民法院公报》2002年第2期。

〔54〕最高人民法院民事审判第一庭:《民事审判指导与参考》(总第38辑),人民法院出版社2008年版,第201页。

〔55〕最高人民法院民事审判第一庭:《民事审判指导与参考》(总第48辑),法律出版社2011年版,第258页。

〔56〕王玲珠诉陈万龙、浙江省仙居安达汽车运输有限公司非道路交通事故人身损害赔偿案,载国家法官学院、中国人民大学法学院编:《中国审判案例要览(2006年民事审判案例卷)》,中国人民大学出版社2007年版,第373页以下。

存在合同关系，但是侵权人的行为并不构成对合同义务的违反，即不属于违约行为，此时也不发生侵权责任与违约责任的竞合。具体来说，以下两种情形均不发生责任的竞合：

第一，当事人间虽有合同关系，但一方的行为并未违反该合同的义务，而是违反了其他约定的或法定的义务。此时，该方的行为只是侵权行为，不构成违约行为，不存在违约责任与侵权责任的竞合。例如，A、B 之间存在一个雇佣合同，雇员 B 在某周末开车时不慎将雇主 A 撞伤。此处，B 的行为只是侵权行为却未违反雇佣合同。最高人民法院的一则判决对此曾有详细的阐述："合同法第一百二十二条所规定的侵权与违约责任的竞合，其法律要件是'因当事人一方的违约行为，侵害对方人身、财产权益'。就该规定来看，违约责任与侵权责任发生竞合的前提是当事人双方之间存在一种基础的交易合同关系。基于该交易合同关系，一方当事人违反合同约定的义务，该违约行为侵害了对方权益而产生侵权责任。因此，该规定中的违约行为应当是指对基础交易合同约定义务的违反，且该违约行为同时侵害了对方权益，而不是指对侵权行为发生之后当事人就如何承担赔偿责任所作约定的违反。合同法第一百二十二条中的违约行为与侵权行为是同一法律行为，而一方的侵权行为与侵权行为发生后双方对赔偿责任计算方式和数额的约定则是两个法律行为。就调解协议的内容来看，该协议并非隆成公司与童霸公司之间的基础交易合同，而是对侵权行为发生后如何承担侵权赔偿责任（包括计算方法和数额）的约定。因此，本案中童霸公司应承担的民事责任，不属于合同法第一百二十二条规定的侵权责任与违约责任竞合的情形。"[57]

第二，虽然当事人之间存在合同关系，但一方的违约行为如果没有对他方的履行利益之外的权益（尤其是对他方固有的人身财产权益）造成损害，也不会构成侵权行为。例如，甲与乙之间订立了一个汽车买卖合同，买受人甲事后因对出卖人乙缔约中的态度不满而拒绝付款。显然，该拒绝付款行为是违约行为，却并非侵权行为。因此，不发生违约责任与侵权责任的竞合。再如，张某在 A 医院治疗，双方存在医疗服务合同，但是 A 医院多收取了张某的住院费 1000 元，此种情形下，A 医院的行为违反了医疗服务合同构成违约行为（也构成不当得利），但是并不构成侵权行为。

（3）违约责任与侵权责任竞合是赔偿请求权的竞合

在我国法上，当事人承担民事责任的方式很多，《民法通则》第 134 条规定了 10 种承担民事责任的方式，《民法典》第 179 条在此基础上又增加了一种民事责任承担方式——继续履行。因此，我国现行法上承担民事责任的方式共有 11 种。其中，侵权责任的承担方式共有 8 种，分别是停止侵害、排除妨碍、消除危险、返还财产、恢复原状、赔偿损失、赔礼道歉以及消除影响、恢复名誉。而违约责任的承担方式共有 4 种，分别是：修理、重作、更换，继续履行，赔偿损失以及支付违约金。所谓违约责任与侵权责任的竞合，仅指违约赔偿请求权与侵权赔偿请求权的竞合，不包括其他承担民事责任方式的竞合。[58] 这一点从《民法典》第 186 条的规定也可以看出。依据该条，只有在因当事人一方的违约行为损害对方人身权益、财产权益时，受损害方有权选择请求其承担违约责任或者侵权责任。应当说，该规定比《合同法》第 122 条更合理。因

[57] 中山市隆成日用制品有限公司与湖北童霸儿童用品有限公司侵害实用新型专利权纠纷申请案，最高人民法院（2013）民提字第 116 号民事判决书。需要指出的是，该判决中使用的"基础的交易合同关系"的表述并不科学，容易产生误解。

[58] 有的学者认为，在没有损害结果发生的情况下，也可以出现违约责任与侵权责任的竞合。参见叶名怡：《合同法第 122 条（责任竞合）评注》，载《法学家》2019 年第 2 期。

为依据《合同法》第122条,因当事人一方的违约行为,“侵害”对方人身、财产权益的,就发生侵权责任与违约责任的竞合,显然是不妥的。侵害对方人身、财产权益并不等于损害对方人身、财产权益,有侵害不一定有损害,故此,很可能只是产生停止侵害、排除妨碍等民事责任而已。

(4)两种责任的内容或者请求权所针对的给付是同一的

违约责任与侵权责任的竞合也称违约赔偿请求权与侵权赔偿请求权的竞合。请求权的竞合不同于请求权聚合之处就在于:“请求权竞合中的所有权请求权是针对同一给付的,而对这个给付只能要求一次。如果其中一个请求权得到了履行,由于它和其他请求权在内容上是重叠的,则其他请求权即随之消灭”,“所以请求权竞合表明,当债权人对同一种义务具有不同的请求权时,他只能要求对方履行一次”。[59] 由此可见,当侵权赔偿责任与违约赔偿责任的内容不是同一给付,不构成责任的竞合。例如,A公司出售给B的由C公司生产的汽车存在缺陷,该车自燃而全部毁损,B遭受的损失为30万元(汽车损失20万元,B被烧伤的财产损失和精神损失共计10万元)。无论B针对A或C行使的是违约赔偿请求权,还是侵权赔偿请求权,能够获得的赔偿数额都是30万元。B不能同时实现这两个请求权,获得60万元的赔偿金。但是,B可针对C提起侵权之诉,要求赔偿人身伤害的损失10万元;针对A提起违约之诉,要求赔偿汽车损失20万元。因这两个请求权针对的给付并不同一,故而不属于责任竞合。

三、侵权行为与无因管理

(一)无因管理概述

1. 概念

无因管理(Geschaeftsfuehrung ohne Auftrag),是指没有法定的或约定的义务而管理他人事务。无因管理中管理他人事务之人称为“管理人”(Geschaeftsfuehrer),事务被他人管理者是“本人”(Geschaeftsherrn)(我国《民法典》称为“受益人”)。例如,甲为乙的邻居。一日,甲见即将下雨,而乙晾晒在路边的麦子仍无人收取,遂雇人帮助乙收取,支出费用1000元;再如,A深夜回家看见因突发疾病昏迷在路边老太太B,便打车将B送往医院并代为支付抢救费。由于无因管理中管理人在管理他人事务中会支出相应的费用或遭受某些损失,于是管理人与本人之间就发生了以偿还费用、赔偿损失为内容的债权债务关系,故此无因管理也是债的发生原因(参见**案例2.2.2**)。我国《民法典》明确将无因管理作为债的发生原因之一(第118条第2款),《民法典》第121条规定:“没有法定的或者约定的义务,为避免他人利益受损失而进行管理的人,有权请求受益人偿还由此支出的必要费用。”此外,《民法典》在合同编第三分编“准合同”中对无因管理作出了具体的规定。

案例阅读

案例2.2.2
汇丽涂料公司诉中远汇丽公司无因管理纠纷案

2. 类型

无因管理可分为**适法的无因管理**(berechtigte Geschaeftsfuehrung ohne Auftrag)与**不适法的无因管理**(unberechtigte Geschaeftsfuehrung ohne Auftrag),也称正当的无因管理与不正当的无因管理。这是依据有无“正当原因”(Berechtigungsgrund)而进行的划分。[60] 凡是具有正当原因而管理他人事务的,属于正当的无因管理;否则,就是不正当的无因管理,也称不法管理。

---

〔59〕[德]卡尔·拉伦茨:《德国民法通论》(上册),谢怀栻等译,法律出版社2003年版,第351~352页。

〔60〕Looschelders, Schuldrecht Besonderer Teil, S. 273.

依据我国《民法典》第979条，所谓正当原因包括：(1)管理人对他人事务的管理符合受益人即本人的真实意思，包括其明示的意思或可推知的意思的。毕竟无因管理本质上是管理人对本人事务的干预。但是，立法者考虑到鼓励人们互助互爱的需要，才特别加以承认。如果管理行为不符合本人的意思，则此种干预的正当性就不存在了。(2)虽然管理事务不符合本人的真实意思，但是受益人的真实意思违反法律或者公序良俗。例如，张某不赡养八旬老母致其流落街头，李某见状，收留张母数日。尽管李某收留张母之行为明显不符合张某的意思，但由于张某负有法定的赡养母亲的义务，故而李某的行为虽然违背张某的真实意思，可是张某的意思是违反法律规定的，李某的行为仍然属于正当的无因管理。

适法的无因管理产生的法律效果是：首先，适法的无因管理属于违法阻却事由，排除了本人针对管理人的侵权损害赔偿请求权。如果在管理他人事务过程中，给本人之外的人造成了损害，则不能以无因管理作为免责事由，而只能考虑是否构成紧急避险(《民法典》第182条)。其次，适法的无因管理本身也是**“法律上的原因”**(causa)，故此，也排除了不当得利法的适用。最后，管理人与受益人之间产生相应的债权债务关系，具体而言，一方面，管理人可以请求受益人偿还因管理事务而支出的必要费用；管理人因管理事务受到损失的，也可以请求受益人给予适当补偿(《民法典》第979条第1款)。另一方面，管理人在管理他人事务时应当采取有利于受益人的方法，如果中断管理对受益人不利的，无正当理由不得中断(《民法典》第981条)。能够通知受益人的，管理人应当及时通知受益人。管理的事务不需要紧急处理的，应当等待受益人的指示(《民法典》第982条)。管理人应当向受益人报告管理事务的情况。管理人管理事务取得的财产，应当及时转交给受益人(《民法典》第983条)。

提 示

《民法典》第460条规定："不动产或者动产被占有人占有的，权利人可以请求返还原物及其孳息；但是，应当支付善意占有人因维护该不动产或者动产支出的必要费用。"这是对善意占有人必要费用偿还请求权的规定。我国《民法典》只认可善意占有人的必要费用偿还请求权，而彻底否定非善意占有人的必要费用偿还请求权。[61] 这一点与德国、我国台湾地区的立法不同。依据《德国民法典》第994条第2款，非善意占有人以及诉讼占有人也可以请求偿还必要的费用，但仅以成立为所有权人利益的无因管理时为限。我国台湾地区"民法"第957条规定："恶意占有人，因保存占有物所支出之必要费用，对于回复请求人，得依关于无因管理之规定，请求偿还。"

如果无因管理是不适法的无因管理，其法律效果为：首先，管理人管理本人事务的行为具有违法性，管理人与本人的关系适用侵权法或不当得利法的相关规定，即本人可以请求管理人承担侵权责任，或者请求因不适法的管理行为而获得利益的管理人返还所取得的利益。其次，我国《民法典》第980条规定："管理人管理事务不属于前条规定的情形，但是受益人享有管理利益的，受益人应当在其获得的利益范围内向管理人承担前条第一款规定的义务。"由此可知，

---

〔61〕 诚如崔建远教授所言，不能笼统地说《物权法》第243条与《民法通则》第93条的规定一致。参见崔建远：《物权法》(第2版)，中国人民大学出版社2011年版，第152页。

受益人即本人有权选择享有或者不享有管理利益(因管理所得之利益),如果主张享有的,就不适用不当得利,管理人也不承担侵权责任。例如,A 未经 B 的同意擅自将 A 借给其欣赏的一幅明代字画,出售给善意第三人 C。当时,此类字画的市价最高也就是 100 万元,但 A 能言善辩,卖出了 200 万元的高价。此时,A 的行为明显违反了 B 的意思,属于侵权行为;但是,B 可以选择享有管理利益,即请求 A 将因管理事务(出卖该字画)所取得的 200 万元返还给自己。同时,B 应当支付 A 为了出售该画而支出的必要费用和补偿 A 因管理事务而受到的损失。如果不选择享有管理利益,那么此时 A 和 B 的关系就适用不当得利或侵权行为的相关法律规定。

3. 适法无因管理的要件

依据《民法典》第 121 条与第 979 条的规定,适法的无因管理的成立须具备以下要件:

(1)管理他人事务。一方面,管理人进行了事务之管理(Geschaeftsbesorgung)。事务的管理可以是实施法律行为(如雇人帮忙收麦子、为受害人支付抢救费),也可以是事实行为(如救助落水者、用木板挡住漏雨的屋顶);既可以是财产行为,也可以是非财产行为;既可以是继续行为,也可以是一时行为。但是,不能是违法行为或者单纯的不作为。[62] 总之,只要是为他人防止损失的发生,谋取利益的行为均属之。[63] 另一方面,管理的是他人事务。如果管理的实际上是自己的事务,而管理人却误以为是他人的事务,不发生无因管理。当管理人的**"管理行为"**使他人遭受损害,自己因此获益的,他人有权请求管理人返还不当得利。例如,大雨将至之前,甲误以为自家晾晒在场院里的麦子是乙的,赶紧到乙家中告诉了乙。乙花费 100 元雇人收了麦子。后发现该麦子是甲的。乙就 100 元费用支出,有权要求甲返还。反之,如果因管理人错误地将自己的事务作为他人的事务加以管理,以致使自己遭受损失,他人获利,则管理人可以行使不当得利返还请求权。例如,甲误将自己的马作为乙的,加以饲养并返还给乙。甲有权依不当得利请求乙返还该马。

提　示

"管理他人事务的意思"并不要求管理人必须确切地知道"他人"是谁。如果管理人在无因管理中对本人发生误认,则真正的本人将因该事务之管理而享有权利并负担义务(参见《德国民法典》第 686 条)。虽然我国《民法典》第 121 条和第 979 条第 1 款在界定无因管理时提及"为避免他人利益受损失",但并不要求管理最终一定要达到了避免他人利益受损失的结果。也就是说,即便管理人的管理行为实际上并未避免他人利益受损,但是只要该事务之管理客观上有利于本人且符合受益人的真实意思,亦成立无因管理。例如,甲见乙的房屋着火前往扑救,灭火过程中将衣服烧坏。尽管最后因火势太大,乙的房屋仍被烧毁,却不妨碍甲的行为构成无因管理,甲依然有权请求乙补偿衣服被烧坏的损失。

(2)具有管理他人事务的意思(Fremdgeschaeftsfuehrungswille)。管理人只有在具有为他人管理事务的意思时,才可能构成无因管理。倘若管理人误将他人事务当作自己的事务而加以管理,不具有管理他人事务的意思,此种管理属于**"误信管理"**,不是真正的无因管理。例如,甲

---

〔62〕 郑冠宇:《民法债编总论》,台北,新学林出版股份有限公司 2015 年版,第 400 页。
〔63〕 孙森焱:《民法债编总论》(上册),2012 年自版,第 113 页。

的父亲死后,甲将其父生前使用的汽车加以修理,支出了5万元后,以50万元出售给丙。实际上该车是甲父生前所在的A公司的财产。A公司有权针对甲行使不当得利返还请求权。如果甲有过错的话,A公司有权针对甲行使侵权赔偿请求权。如果管理人误将自己的事务作为他人的事务而加以管理,则属于"**幻想管理**",也不是真正的无因管理。幻想管理中,管理人因管理自己事务而支出的费用或遭受的损害,当然要自行承担,不可能请求他人偿还。

由于管理他人事务之意思是人的内心状态,常常很难识别,因此,判例和学说上通过区分客观的他人事务和主观的他人事务来判断该意思之存在。当某一事务从客观上看就属于他人事务,即事务的"**他人性**"(Fremdheit)可从外界加以识别时,该事务就是**客观的他人事务**。此时,只要管理人知道该事务之他人性且并未将之作为自己的事务加以管理,就应认为具有为他人管理事务之意思。简言之,从事务的他人性上可以推导出管理他人事务之意思。[64] 例如,路人A搭救落入河中的儿童B;甲在大雨来临前,修理邻居乙的屋顶。对于客观的他人事务,即便管理人对于本人为何人发生认识上的错误,也不影响就真正的本人成立无因管理。[65] **主观的他人事务**,是指某一事务的内容在客观上是中性的,即并不与特定之他人关联,只有管理他人事务之意思在外观上能够加以识别,[66]即能够从客观的事实上判断出这种管理他人事务的意思时,才认为管理人管理的是他人的事务。例如,甲购买了一本书,购买书籍本身并不与特定的人相关联。如果甲之所以购买这本书,是因为其好友乙收藏的某套书中正好缺少这一本,而乙一直以来就想买到该书,从而将全套书补齐。此时,甲就具有为他人管理事务的意思。[67]

(3)没有法定的或约定的义务。所谓法定的义务,是指法律规定的管理他人事务之义务,例如夫妻有互相扶养的义务,一方不履行扶养义务时,需要扶养的一方,有要求对方付给扶养费的权利。父母对子女有抚养教育的义务,而子女对父母有赡养扶助的义务。这些都是《民法典》所明确规定的义务,属于法定义务。所谓约定的义务,是指基于法律行为尤其是劳务、雇佣、委托、加工承揽等合同所生之义务,例如,在委托合同中,委托人负有为受托人提供合同约定之服务的义务。此外,与第三人订立合同而负担处理本人事务的义务之人,其管理他人事务之行为也不构成无因管理。例如,甲见乙的外套破旧,遂在丙的服装店为乙订购了一套新衣服,让丙做好后送到乙家中。丙的行为不构成无因管理。故此,无因管理之"无因",是指管理人与本人之间不存在任何会产生涉及事务管理的法律关系。[68] 当然,对于无因管理,本人可以加以事后的追认,此时,依据《民法典》第984条,管理人和本人的关系适用委托合同的有关规定,除非管理人另有意思表示。

讨论 负有公法义务之人的管理行为是否构成无因管理

当管理人因公法上的规定而对第三人负有义务,其管理第三人之事务时,能否构成无因管理,颇有争论。例如,近年来新闻媒体时常报道的违规探险者深山探险迷路,其本人或亲属求助警察或相关部门,警察或相关部门不得不为此花费大量人力物力予以救助。例如,2016年7

[64] BGH NJW 2007,63,64.

[65] 黄立:《民法债编总论》,台北,元照出版有限公司2006年版,第182页。

[66] BGH NJW-RR 2004,81,82 m. w. N.

[67] Brox/Walker, Besonderes Schuldrecht, 33. Aufl., Beck, 2008, S. 416.

[68] Brox/Walker, Besonderes Schuldrecht, 33. Aufl., Beck, 2008, S. 413.

月,19 名“驴友”在穿越秦岭时失联求助,根据事后计算,参与本次救援的车辆为 36 辆左右,参与救援人员至少超过 100 人。再如,2016 年 4 月,7 名“驴友”前往成都崇州鸡冠山探险,没有按时返家,其家人联系不上遂报警求助。成渝两地警方组织了 200 余人的救援力量上山搜救,最终 7 人被找到。这些因救助而支出的费用应当由何人承担呢?我国《旅游法》第 82 条规定:“旅游者在人身、财产安全遇有危险时,有权请求旅游经营者、当地政府和相关机构进行及时救助。中国出境旅游者在境外陷于困境时,有权请求我国驻当地机构在其职责范围内给予协助和保护。旅游者接受相关组织或者机构的救助后,应当支付应由个人承担的费用。”一些地方性法规也要求被救助者支付救助的费用,例如,《安徽省旅游条例》第 56 条规定:“在禁止通行、没有道路通行的区域,任何单位或者个人不得违反规定开展风险性较高的旅游活动。违反前款规定发生旅游安全事故产生的救援费用,应当由旅游活动组织者及被救助人相应承担。”

然而,应当注意的是,那些负有公法上救助义务的国家机关在进行救助时支出的费用,可否要求被救助者或其近亲属负担呢?例如,张三过失导致火灾,消防队前来灭火,支出费用 10 万元,消防部门能否依无因管理要求张三返还该费用?多数说认为,救助遇险者和灭火等均为警察和消防部门的法定义务,警察和消防部门履行法定义务,自然不构成无因管理。[69] 少数说认为,虽然救助遇险者和灭火是公法上的义务,但公法义务并不足以排除针对本人的无因管理。因为公法义务基本上不是一种针对特定人的行为义务,而是一般的普遍性的行为义务。也就是说,警察或消防部门是在履行对国家的义务而不是履行对被救助的人或受火灾威胁的特定的人的义务。[70]

本书赞同多数说,即有关机关履行公法上的义务而从事相应的救助、消防等管理他人事务的行为,原则上不成立无因管理,不得依据无因管理要求本人偿还相应的费用。首先,履行法定义务的成本已由国家财政拨付,不应再向本人求偿。至于如何遏制本人的违法行为,可以通过行政责任或刑事责任解决。其次,如果认为成立无因管理,将影响这些机关履行其应尽的职责,甚至到最后演变成不缴费就不履行法定义务。正因如此,我国《消防法》第 49 条规定:“国家综合性消防救援队、专职消防队扑救火灾、应急救援,不得收取任何费用。单位专职消防队、志愿消防队参加扑救外单位火灾所损耗的燃料、灭火剂和器材、装备等,由火灾发生地的人民政府给予补偿。”我国《民法典》第 1005 条更是明确规定:“自然人的生命权、身体权、健康权受到侵害或者处于其他危难情形的,负有法定救助义务的组织或者个人应当及时施救。”最后,国家机关实施的救助行为属于依法履行职责,并不取决于受益人即本人的意思,故此,无因管理不适用于国家行为。[71]

需要注意的是,公权力机关依法履行公法义务的行为,不仅使被救助者受益,也会使加害行为人受益。例如,A 引发 B 大楼的火灾,消防部门扑灭大火的行为不仅对于 B 大楼的所有权人是有益的,对于加害行为人 A 也是有益的(客观上减轻了其侵权赔偿责任)。虽然 B 大楼的所有权人无须偿还灭火的费用,但是加害行为人 A 是否需要偿还灭火的费用呢?本书认为,也不应适用无因管理。

---

〔69〕 王泽鉴:《债法原理》,北京大学出版社 2009 年版,第 265 页;郑玉波:《民法债编总论》(修订 2 版),陈荣隆修订,中国政法大学出版社 2004 年版,第 77 页。

〔70〕 刘昭辰:《债法总论实例研习——法定之债》,台北,三民书局 2010 年版,第 4 页。

〔71〕 [德]迪特尔·梅迪库斯:《德国债法分论》,杜景林、卢谌译,法律出版社 2007 年版,第 511 页。

（二）侵权行为与无因管理的区别

1. 功能不同。依据意思自治和自己责任原则，任何人在不违反法律规定或侵害他人权利的时候，均有权依自己的意思而行为，并为该行为的后果承担责任。除非基于合意或法律规定，一个人既无权利也无义务干涉他人之生活或事务，否则就是侵权行为。可是，如果只要是干涉他人事务的行为，不分青红皂白都被认定为侵权，势必造成各家"只扫门前雪，莫管他人瓦上霜"的极端自私自利的冷漠社会。通过无因管理制度，法律旨在鼓励人们互相帮助，弘扬见义勇为、扶危救困之美德。无因管理制度旨在协调"**不干涉他人事务**"与"**乐于助人**"这两种对立冲突的利益。[72] 但是，侵权行为制度旨在协调的是合理的行为自由与权益的保护这两种对立冲突的价值。一方面，侵权责任法要保护民事主体的合法权益，遏制侵害他人之行为，具有填补损害与预防损害的功能。另一方面，它也要保证人们合理的行为自由，鼓励创造，激发社会之活力。

2. 权利义务的内容不同。侵权行为产生侵权责任，而侵权责任的承担方式不仅包括损害赔偿，还有停止侵害、排除妨碍、赔礼道歉、恢复名誉、消除影响等。就无因管理而言，无论是正当的还是不正当的无因管理，都只在管理人与本人之间产生法定的债权债务关系，不存在适用停止侵害、排除妨碍、赔礼道歉、恢复名誉、消除影响等民事责任的可能。

3. 赔偿范围不同。无因管理补偿的只能是管理人的财产损失。就正当的无因管理而言，管理人有权请求本人偿还因管理事务所支出的必要费用和适当补偿所遭受的损失（《民法典》第 979 条第 1 款）。本人有无过错，对这些费用的偿还并无影响。即便没有过错，管理人支出了费用的，本人也应偿还。[73] 但是，在侵权行为中，被侵权人有权要求侵权人赔偿的损害既包括财产损失，也包括精神损害。

讨　论　无因管理中管理人的损失范围的确定

正当的无因管理中管理人因管理事务而遭受的损失的范围究竟是什么、损害赔偿请求权的性质如何？对此，学说上存有争议。一种观点认为，该损失仅限于积极损失，即管理人所受到的损害，不包括消极损失（即所失利益）。[74] 例如，某甲为救助落水的某乙，而将自己的名贵手表掉在河里，就该手表的损失可以要求某乙赔偿，但是不能要求某乙支付其误工费用。另一种观点认为，如果管理人所管理的事务正好属于其职业范畴，消极损失也应赔偿。例如，私人诊所的医生救助遭遇车祸的人，该医生可就未能按时开业的收入损失要求被救助人的赔偿。[75] 本书赞同后一种观点。不过，我国《民法典》第 979 条第 1 款没有规定受益人负有赔偿管理人损失的义务，而只是规定管理人有权请求受益人给予适当补偿。这与德国的民法规定有所不同。

（三）无因管理与侵权行为的联系

1. 正当的无因管理不构成侵权行为。在大陆法系国家，正当的无因管理属于违法阻却事

---

〔72〕 Larenz, Lehrbuch des Schuldrechts, zweiter Band Besonderer Teil, 1. Halbband, Beck, 1994, § 57 vor Ⅰ; Looschelders, Schuldrecht Besonderer Teil, 2. Aufl., 2008, S. 260.

〔73〕 ［德］克里斯蒂安·冯·巴尔：《欧洲比较侵权行为法》（上），张新宝译，法律出版社 2004 年版，第 632 页。

〔74〕 这种观点在我国台湾地区为通说，参见刘春堂：《论无因管理》，载《辅仁法学》总第 26 期。

〔75〕 王泽鉴：《债法原理》（第 1 册），中国政法大学出版社 2001 年版，第 347 页。

由,可以阻却干涉他人事务的行为的不法性,使管理人干涉他人事务的行为不构成侵权行为。在我国,通说不承认违法性与过错的区分,因此正当的无因管理是侵权责任的免责事由,而非违法阻却事由。

2. 在不正当的无因管理的情况下,因管理人违背了本人真实的意思,因此其管理他人事务的行为原则上属于侵权行为,需要承担侵权责任。此外,由于管理行为是不正当的,所以管理人不能以自己即便尽到最大限度的注意义务也不能避免损害的发生为由进行抗辩。

3. 无论是正当的还是不正当的无因管理,如果管理人是为了避免本人遭受生命、身体或财产上的急迫危险而进行事务之管理,即便由此给本人造成了损害,管理人的侵权责任将受到适当限制。比较法上不少国家或地区的民法典规定,只有管理人在因故意或重大过失时,才需要承担责任,或者规定管理人虽也要承担责任,但可以减轻责任。〔76〕法律作此规定,是为了通过降低管理人的风险,更好地鼓励急迫危险情况下的帮助行为。〔77〕例如,乙为甲的邻居。一日突然发现甲家中冒出浓烟,在敲门无人应答后,乙破门而入实施灭火行为。结果发现,甲和一群朋友正抽着雪茄侃侃而谈,所谓"浓烟"实乃多人一起抽雪茄所致。因乙无故意或重大过失,故此对甲房门被毁之损害,不应负赔偿责任。我国最高立法机关为了"匡正社会风气,鼓励见义勇为的行为",〔78〕在民法上对于自愿救助他人者给予更大的法律上的豁免。《民法典》第184条规定:"因自愿实施紧急救助行为造成受助人损害的,救助人不承担民事责任。"〔79〕

四、侵权行为与不当得利

(一)不当得利概述

1. 概念

不当得利(ungerechtfertigte Bereicherung),是指没有法律根据取得不当利益,而使他人遭受损害的法律事实。不当得利制度起源于古罗马法,但是,罗马法上并没概括的不当得利的概念。不当得利的基本思想是来自宗教和道德的标准,例如甲的羊逃入乙的羊圈,从宗教和道德的标准来看,每个诚实的人应当将不属于他的东西还给原主。〔80〕后来,这样的观念进入私法中逐渐发展演变,直至德国普通法时代在自然法学说的影响下,建立了"无论何人,均不得因他人受损害而受不当利益"的原则。〔81〕在我国法上,不当得利也是债的发生原因之一。《民法典》第122条规定:"因他人没有法律根据,取得不当利益,受损失的人有权请求其返还不当利益。"〔82〕

依据导致不当得利的原因是给付还是给付之外的事实,可将不当得利分为:**给付型不当得**

---

〔76〕参见《德国民法典》第680条、《日本民法典》第698条、《瑞士债务法》第420条第2款、《意大利民法典》第2030条第2款等。

〔77〕Medicus, Gesetzliche Schuldverhaeltnisse, 5. Aufl., 2007, S. 8.

〔78〕《关于〈中华人民共和国民法总则(草案)〉的说明》,载《民法总则立法背景与观点全集》编写组:《民法总则立法背景与观点全集》,法律出版社2017年版,第10页。

〔79〕原本立法机关希望增加一个限制,即救助者有"重大过失"的除外,但是,人大代表认为,这种限制难以消除见义勇为者的后顾之忧,不利于倡导见义勇为,乐于助人的良好社会风气,故此最终也被删除。参见石宏主编:《〈中华人民共和国民法总则〉条文说明、立法理由及相关规定》,北京大学出版社2017年版,第437～438页。

〔80〕周枏:《罗马法原论》(下册),商务印书馆1996年版,第768页以下。

〔81〕孙森焱:《民法债编总论》(上册),2012年自版,第138页。

〔82〕该条将《民法通则》第92条中的"合法根据"修改为"法律根据"。法律根据包括法律的规定和当事人的约定,比合法根据的表述更加准确。

利与非给付型不当得利。非给付型不当得利又可进一步分为:侵害型不当得利、支出费用型不当得利与求偿型不当得利(参见图 2.2.2)。

给付型与非给付型不当得利的关系为:首先,二者的功能有别。给付型不当得利主要是为了矫正归于失败的财产变动,而非给付型不当得利主要是为了保护权益。其次,考察不当得利时,应遵循“给付型不当得利优先”(Vorrang der Leistungskondiktion)之原则,即应先确定当事人之间有无给付关系,是否构成给付型不当得利。只有在无给付关系时,才考虑是否构成非给付型不当得利。[83]

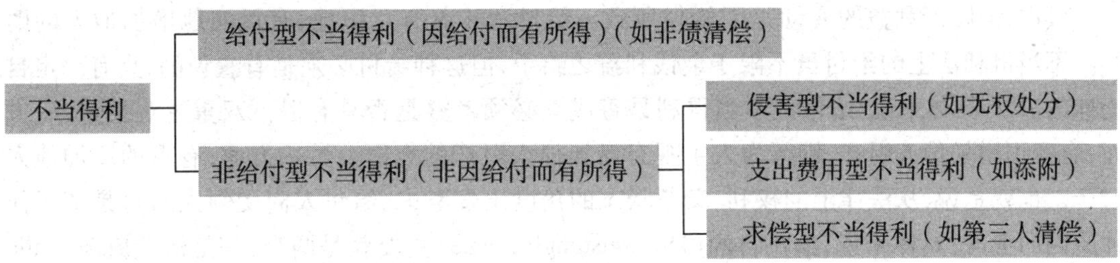

图 2.2.2　不当得利的类型

2. 给付型不当得利

(1)概念

给付型不当得利(Leistungskondiktion),即没有法律根据,因他人之**给付**而受有利益的情形(参见**案例** 2.2.3)。给付型不当得利主要是用于解决债权行为无效,而物权行为有效时的财产损益变动。例如,甲因疏忽将每斤 30 元的水果当作每公斤 30 元的水果卖给了乙 2 公斤,少收价款 60 元。甲可以因错误而撤销其与乙的买卖契约这一债权行为,但是由于水果已经交付,其所有权转移并不存在错误,故此,2 公斤水果的所有权已从甲转移给了乙,甲不能加以撤销。此时,甲只能依据不当得利请求乙返还水果的所有权。在德国、我国台湾地区的民法中,给付型不当得利主要用于契约不成立、无效或被撤销时的回复原状。[84]

案例阅读

案例2.2.3
建设银行石林县支行诉杨富斌不当得利纠纷案

在我国,由于学者在是否承认物权行为的独立性与无因性的问题上一直存在很大的争议。故此,对《民法典》第 157 条规定的民事法律行为无效、被撤销或确定不发生效力后,行为人返还因该行为而取得的财产的性质,有不同的理解。主流学说认为,由于我国法并不承认物权行为的独立性与无因性,故此,在民事法律行为无效或被撤销后,给付物若为有体物(动产和不动产),则该物的所有权自动地重新归于给付人,受领人对该物没有所有权。给付人基于对该物的所有权而要求受领人返还财产,该请求权是物权请求权,具有物权效力。由于占有本身也是一种利益,因此给付人也可以主张基于占有给付物的不当得利返还。在给付物已经无法返还的情况下,给付人要求受领人赔偿损失的请求权基础也可以是不当得利。[85]

---

〔83〕 BGHZ 40,278;56,240;BGH NJW 2005,60.

〔84〕 黄立:《民法债编总论》,台北,元照出版有限公司 2006 年版,第 202 页。

〔85〕 王利明:《合同法研究》(第 1 卷)(修订版),中国人民大学出版社 2011 年版,第 723 页以下;崔建远:《合同法总论》(上卷)(第 2 版),中国人民大学出版社 2011 年版,第 433 页以下。

(2)构成要件

首先,存在财产利益的变动,即一方受有利益,而他方遭受损害。所谓受有利益不限于具有财产价值的利益。因为不当得利制度的功能在于**去除不当利益的取得**,且侧重的是不当取得的客体的返还,至于该客体是否增加得利人的财产利益,在所不问。[86] 受有利益的情形包括:积极财产的增加,如取得了新的权利(如债权以及所有权、抵押权等绝对权)、取得了占有或登记的名义;消极财产的减少,如债务的消灭、权利人抛弃权利等;使用利益以及劳务受领。需要注意的是,给付人的受损与得利人获利之间须有因果关系,至于如何判断此种因果关系,有直接因果关系说与目的说。[87]

其次,该财产利益的变动是因给付所致。给付意味着有意识地、有目的地增加他人的财产。不当得利法上的给付虽不限于金钱利益之给予,但这种给付必须是**有意识的、具有一定目的性的**。[88] 具体来说,给付型不当得利是否成立必须考察是否具有以下双重主观要素:一方面,有意识增加他人财产,即行为人主观有增加他人财产的意愿。另一方面,有目的增加他人财产。也就是说,从法律上的权利、义务状态的角度出发考虑,给付人向受领人给付是基于何种原因的考虑,具体来说,**给付目的**(Die Leistungszwecke)主要就是两个:一是**清偿原因**(datio solvendi causa),即为了履行债务而给付。所有的物权行为都是以清偿为其原因的,如果债权行为无效或被撤销而物权行为依然有效,就构成不当得利。[89] 二是**负担原因**(datio obligandi causa),即给付人之所以为给付而增加他人财产利益,是期待通过自己的给付而使得相对人因此负担一定的作为或不作为。[90]

最后,没有法律根据,即欠缺法律上的原因,[91]也就是说,给付人并未因给付而实现其追求的目的或者未能长久地达成其目的,具体包括:自始欠缺法律原因、嗣后欠缺法律原因以及给付目的未实现。[92] 自始欠缺法律原因的情形如,甲误以为自己曾向乙借过100元而还钱给乙,因甲乙并无借款关系,故乙应将100元返还给甲。嗣后欠缺法律原因的情形如,A公司与B公司订立了买卖合同,A公司将1000万元货款支付给了B公司。由于买卖合同违法而无效,出卖人B公司应当返还该1000万元货款。至于给付目的未实现的情形如,C赠与即将参加高考的D人民币10万元作为其将来上大学的学费,同时以D未考上大学为解除条件。后D没有考上大学,则因给付目的未能实现,D需将该笔款项返还给C。

3. 非给付型不当得利

非给付型不当得利(Nichtleistungskondiktion),[93]即因给付以外的原因而发生财产的不当变动,使某人无法律上原因而获利,他人因此遭受损害的情形。例如,张某与李某的鱼塘相邻,一日天降暴雨,鱼塘水位猛涨,致使地势较高的张某鱼塘的许多鱼游入地势较低的李某的鱼塘。依据非给付型的不当得利又可以分为以下三种类型:

---

〔86〕 刘昭辰:《不当得利》,台北,五南图书出版公司2012年版,第29页。

〔87〕 黄立:《民法债编总论》,台北,元照出版有限公司2006年版,第205页。

〔88〕 Medicus/Lorenz, Schuldrecht Ⅱ Besonderer Teil, 16. Aufl., 2012, Rn. 634 - 636.

〔89〕 Wieling, Bereicherungsrecht, 4. Aufl., 2007, S. 15.

〔90〕 刘昭辰:《不当得利》,台北,五南图书出版公司2012年版,第38页。

〔91〕 我国《民法通则》第92条中的"没有合法根据"应理解为"欠缺法律原因"。如果在解释上认为"没有合法根据"是指没有法律规定或合同约定,就会导致实践中不当得利的适用被不适当地加以扩大。

〔92〕 Brox/Walker, Besonderes Schuldrecht, 33. Aufl., 2008, Rn. 24 - 36.

〔93〕 Larenz/Canaris, Lehrbuch des Schuldrechts, zweiter Band Besonderer Teil, 2. Halbband, 1994, S. 129.

第一,侵害型不当得利(Eingriffskondiktion),即得利人是通过侵害他人权益的方式获得不当利益,使他人遭受损害。最典型的就是**无权处分**。例如,甲擅自将乙借给其用的手表卖给丙,获得价款1万元;A公司未经同意使用某体育明星B的肖像做广告。侵害型不当得利旨在保护赋予特定人的合法权益,如所有权、限制物权、无形财产权、人格权益等。当今德国民法学通说认为,在侵害型不当得利中,受益人之所以必须将所得利益返还给他人,原因在于其所取得的利益在法律评价上原本应当**专属**于他人。[94] 例如,所有权、抵押权等物权属于绝对权,法律上赋予了权利人有使用、收益等专属于权利人的内容。至于一般财产利益,则并非如此。因此,在某一商店因竞争而顾客减少,以致营利下降的情形,其不得请求其他商店承担不当得利返还责任。

第二,支出费用型不当得利(Verwendungskondiktion),又称耗费型不当得利,即非以给付的意思而为他人之物支出费用,从而使自己遭受损失,他人获得利益。此种类型的不当得利与侵害型不当得利的区别在于:不当得利的发生是由于不当得利返还请求权人自己的非给付行为所致,最典型的情形就是**添附**。例如,甲、乙分别购买了某房地产公司新售商品房,门牌号分别为3单元401和4单元401,甲误将属于乙的4单元401当作自己的房子进行了装修,支出了20万装修费。在耗费型不当得利中争论很大的一个问题就是所谓的"**强迫得利**"。如前例中,乙认为自己本想花5万元简单装修即可,现在甲违背自己的意愿花费了20万元。由于不当得利制度原本是为了除去得利人所得的不当利益,因此如果要求乙必须返还20万元,显然给得利人乙造成了损害,违背了不当得利的本质。德国通说认为,在强迫得利的情况下,无论得利人是否愿意,都必须在所受利益的客观价值额度内予以返还,但是,如果得利人能够证明在其原本的费用安排中并没有考虑到其在强迫得利中所受之利益,则该利益属于奢侈性利益,得利人可以认为该利益不存在,不予返还。[95] 在我国司法实践中,对于擅自装修他人房屋的问题,一般认为构成侵权行为或者违约行为,此时得利人不仅不需要返还所谓的不当利益,还有权要求行为人承担赔偿责任。例如,《最高人民法院关于审理城镇房屋租赁合同纠纷案件具体应用法律若干问题的解释》第13条规定:"承租人未经出租人同意装饰装修或者扩建发生的费用,由承租人负担。出租人请求承租人恢复原状或者赔偿损失的,人民法院应予支持。"

第三,求偿型不当得利(Rueckgriffskondiktion),也称回索型不当得利,是指第三人在与债权人之间并不存在清偿的义务,同时与债务人之间也不存在适法的无因管理或委托合同所生的给付义务之时,向债权人清偿债务人的债务,致使债务人因债务消灭而受有利益,则第三人有权向该债务人主张不当得利返还请求权。例如,甲乙二人合伙做买卖。合伙人甲清偿合伙人乙拖欠丙的债务,以避免二人之间的合伙关系因为乙的份额被扣押拍卖而消灭,甲对乙享有的就是求偿型不当得利返还请求权。[96]

4. 法律效果

不当得利成立要件满足后即在得利人与不当得利返还请求权人之间形成债权债务关系,其具体内容为:得利人应当将取得的不当利益返还给受损失的人,受损失人有权请求得利人返还取得的利益,返还的范围包括原物和原物所生的孳息(《民法典》第985条)。但是,如果受损

---

〔94〕 早期学说曾采取过不法性理论。Dirk Looschelders, Schuldrecht, Besonderer Teil, 7. Aufl., 2012, S. 359.

〔95〕 MuenchKommBGB/Lieb, 4. Aufl., 2004, § 812 Rn. 262.

〔96〕 黄立:《民法债编总论》,台北,元照出版有限公司2006年版,第223页。

失人是为履行道德义务进行的给付、债务到期之前的清偿以及明知无给付义务而进行的债务清偿,则受损失人无权请求返还(《民法典》第985条)。如果得利人是善意的,即不知道且不应当知道取得的利益没有法律根据,而取得的利益又已经不存在了,则不承担返还该利益的义务(《民法典》第986条)。但是,得利人知道或者应当知道取得的利益没有法律根据的,受损失的人可以请求得利人返还其取得的利益并依法赔偿损失(《民法典》第987条)。如果得利人已经将取得的利益无偿转让给第三人的,受损失的人可以请求第三人在相应范围内承担返还义务(《民法典》第988条)。

讨　论　不当得利诉讼中应由何人证明"没有法律根据"

没有法律根据是不当得利的重要构成要件之一。在民事诉讼中,究竟是主张不当得利返还请求权的原告来证明被告没有法律根据,还是由被告证明自己有法律根据,再由原告反驳,存在争议。一种观点认为,根据待证事实分类说,主张消极事实的人不负举证责任,而主张积极事实的人要负举证责任。由于获利没有法律根据属于消极事实,所以主张该事实的原告不负举证责任,而应当由被告负有举证责任。申言之,"鉴于无法律上之原因系一种消极事实,如不先界定一定的内容及范围,其举证就难以穷尽,所以不当得利返还请求权之债务人(被告)应先就其受利益之法律上原因,提出支持该法律上原因之具体事实或法律关系上的主张,而后由不当得利返还请求权之债权人负举证责任,证明该事实或法律关系不存在"。[97] 另一种观点认为,应当由主张不当得利返还请求权的人即原告来证明没有法律上的原因。德国判例和通说都认为,在给付型不当得利中,不当得利返还请求权人不仅要证明其是出于履行某一债务之目的而为给付,而且要证明该债务已经不存在了,简言之,要证明给付欠缺法律原因。[98] 这一举证分配规则同样适用于非给付型不当得利。我国司法实践采取的也是此种观点。[99]

(二)侵权赔偿请求权与不当得利请求权的区别

1. 功能不同

侵权责任法的首要功能就是**补偿功能**(Ersatzfunktion),即填补受害人因侵权行为遭受的损害。故此,只有存在损害,才可能成立侵权赔偿请求权。至于侵权人是否因侵害他人之行为而获利,在所不问。但是,不当得利的制度功能是矫正当事人之间发生的不当的财产变动,它具有的是**消除功能**(Abschoeftungsfunktion)。[100] 通过剥夺得利方在欠缺法律原因的情况下而获得的额外财富,不当得利制度能够重新恢复当事人之间被破坏的利益关系。因此,不当得利仅以获利有无法律上的原因作为判别的依据,[101] 而与得利人的行为是否具有可归责性或违法

---

〔97〕 黄茂荣:《不当得利》,2011年自版,第376~377页。

〔98〕 Staudinger/Lorenz, BGB, 13. Aufl. 1999, § 812, Rn. 92.

〔99〕 史德海:《不当得利的证明责任分配——黄家伟与陈观强不当得利返还纠纷案》,载北京市高级人民法院民事审判第一庭:《北京民事审判案例精析》,法律出版社2003年版,第649~658页;周冬冬:《不当得利诉讼的证明责任分配》,载《人民司法》2010年第6期;高治:《给付型不当得利"获利没有合法根据"的举证责任分配——何宝华诉李自信、赵秀荣不当得利纠纷案》,载《法律适用》2012年第8期。

〔100〕 王泽鉴:《不当得利》,北京大学出版社2009年版,第146页。

〔101〕 [德]克里斯蒂安·冯·巴尔:《欧洲比较侵权行为法》(上),张新宝译,法律出版社2004年版,第646页。

性无关。

2. 责任的成立是否需要过错不同

侵权责任的成立以行为人有过错为要件，即以过错责任为基本的归责原则，法律例外地规定了一些侵权行为使用无过错责任与过错推定责任。不当得利请求权的成立不以得利人有无可归责事由为要件，即无论受领利益之人有无过错，只要没有法律根据而发生了财产利益在权利主体之间的移动，就成立不当得利返还请求权。例如，甲在法院组织的拍卖中以2000万元买得了乙的一块土地，但土地登记簿上未显示该地上已建造了一栋楼房（价值500万元）。甲因土地上有建筑物，在该土地和房屋转售后获得了3000万元。不久，人们发现了这一错误。作为卖方的乙不能要求甲承担侵权责任，因为甲并没有过错。但是，乙有权以不当得利为基础，请求甲返还建筑物价值的500万元。

3. 损害的判断标准不同

侵权损害赔偿请求权以填补受害人损害为目的，以完全赔偿为基本原则，故此，侵权法中的损害包括财产损失与精神损害。在认定受害人的损害，通说采取的是差额说，即侵权行为发生之前与之后受害人整体财产状况之间的差额。

不当得利请求权并不以填补损害为目的，而是以得利人返还其所受不当利益为目的，故此损害不包括精神损害。此外，不当得利中的财产损害并不要求发生财产的转移。只要因某人侵害了本属于他人的权益而获利，就认为基于同一原因事实致他人损害。即便不当得利人所获利益是受害人永远不会，也不可能获得的，亦不例外。例如，某杂志社侵害他人的隐私，借此扩大杂志的发行数量以获利。对于受害人而言，隐私本来就是不公开的，通常受害人不会借此获利。在这种情况下，由于受害人很难证明财产损失，故参考侵权人的获益以确定赔偿的数额，对受害人保护有利。德国联邦最高法院的一则判决中就认为："在侵害受害人之隐私权旨在增加发行量而获取利润的情形下，在计算赔偿数额时，妨碍受害人实现其利润的理论被作为一个因素加以参考。"〔102〕如果法院判给原告的金钱赔偿考虑了被告的获益程度，或者以被告的获利作为赔偿标准，则原告的赔偿请求权在很大程度上就具有不当得利返还请求权的性质。

4. 善意与恶意对返还范围的影响不同

在侵权法中，加害人是善意还是恶意，对赔偿责任没有影响。可是，在不当得利中，如果得利人是善意的，即不知道且不应当知道取得利益是没有法律根据的，那么得利人的返还范围以现存利益为限，倘若取得的利益已经不存在了，就无须返还（《民法典》第986条）。如果得利人是恶意的，即知道或者应当知道取得利益没有法律根据，该利益存在的，应当返还利益；该利益减少或者不存在的，还应当赔偿损失（《民法典》第987条）。此外，对因此支出的费用，恶意受益人也不能主张扣除。例如，《德国民法典》第819条规定："受领人在受领时明知欠缺法律原因，或者其嗣后对此知情的，其自受领或者知情时起，如同返还请求权在此时发生诉讼系属，负有返还的义务。受领人因受领给付而违背法律上的禁止性规定，或者违背善良风俗的，其自给付受领时起，负有同样的义务。"我国台湾地区"民法"第182条第2项规定："受领人于受领时，知无法律上之原因或其后知之者，应将受领时所得之利益，或知无法律上之原因时所现存之利益，附加利息，一并偿还；如有损害，并应赔偿。"这种做法已经超越了不当得利的去除不当利益取得的制度功能。

---

〔102〕［德］克里斯蒂安·冯·巴尔：《欧洲比较侵权行为法》（上），张新宝译，法律出版社2004年版，第641页。

(三)侵权赔偿请求权与不当得利返还请求权的竞合

“与无因管理一样,不当得利制度在某些方面与侵权行为法相交叉,它们发生于某人未经授权介入他人的权利进而获得利益的情形,但是不发生于某人错误地相信他是在履行合同债务而必须回复到其初始状况的情形。”[103] 某一行为因同时符合侵权行为与不当得利的要件,可能发生请求权竞合的情形。在权益侵害型的非给付不当得利中,最为明显。例如,甲出国一年,委托乙定期打扫房子。乙未经甲的同意,擅自将该房出租给丙,共收取租金 6000 元。乙的行为既构成侵权行为,也构成不当得利。

侵权赔偿请求权与不当得利返还请求权能否竞合,比较法上有不同的态度。有些国家允许二者自由竞合,但为避免双重赔偿,只允许选择其中之一加以行使。有些国家则认为不当得利请求权应处于辅助地位,应当先主张侵权赔偿请求权,如果在损害之外仍然有不当得利的,才适用不当得利请求权。[104] 在我国司法实践中,法院承认侵权赔偿请求权与不当得利返还请求权的竞合(参见**案例** 2.2.4),[105] 同时允许当事人自由选择行使何种请求权。一旦当事人选择了一种,即便未能实现,也不能在二审程序中再选择行使另外一种请求权。[106]

案例阅读

案例2.2.4
果品公司等诉华西公司等返还财产纠纷案

五、侵权行为与缔约过失责任

缔约过失责任,是指处于缔约磋商阶段的当事人一方没有依诚信原则尽到照顾、通知、协力等先契约义务而使另一方当事人因此而遭受的损害,依法应当承担的赔偿责任(参见**案例** 2.2.5)。《民法典》第 500 条规定:“当事人在订立合同过程中有下列情形之一,造成对方损失的,应当承担赔偿责任:(一)假借订立合同,恶意进行磋商;(二)故意隐瞒与订立合同有关的重要事实或者提供虚假情况;(三)有其他违背诚实信用原则的行为。”

案例阅读

案例2.2.5
吴卫明诉上海花旗银行储蓄合同纠纷案

侵权行为与缔约过失责任的区别在于:首先,违反义务的内容不同。从《民法典》第 500 条与第 501 条的规定来看,合同缔结前的义务即先契约义务不包括保护义务。在缔约过程中,如果一方因没有尽到照顾保护的义务而导致他方遭受人身损害时,发生的是侵权责任而非缔约过失责任(《民法典》第 1198 条以下)。其次,造成的损害不同。侵权行为侵害的是被侵权人的固有利益,即侵害的是被侵权人固有的人身权益、财产权益,所造成的损害既包括财产损害,也

---

[103] [德]克里斯蒂安·冯·巴尔:《欧洲比较侵权行为法》(上),张新宝译,法律出版社 2004 年版,第 635 页。

[104] 详见[德]巴尔、[英]克莱夫主编:《欧洲私法的原则、定义与示范规则:欧洲示范民法典草案》(全译本)(第 5、6、7 卷),王文胜等译,法律出版社 2014 年版,第 1136 ~ 1137 页。

[105] 以往我国司法实践中曾否定侵权赔偿请求权与不当得利返还请求权的竞合。《民法通则意见》第 94 条曾规定:“拾得物灭失、毁损,拾得人没有故意的,不承担民事责任。拾得人将拾得物据为己有,拒不返还而引起诉讼的,按照侵权之诉处理。”由于该规定与《物权法》第 34 条相抵触,故 2008 年 12 月《最高人民法院关于废止 2007 年底以前发布的有关司法解释(第七批)的决定》(法释[2008]15 号)宣布废除该条。

[106] 相关案例参见,江苏淮安辉煌太阳能有限公司诉淮安邮政局邮政广告部等不当得利案,江苏省淮安市中级人民法院(2002)淮经终字第 73 号民事判决书;美国 EOS 工程公司诉新绛发电公司等侵权纠纷案,载《中华人民共和国最高人民法院公报》2004 年第 10 期。

包括非财产损害。缔约过失行为通常侵害的是缔约人的信赖利益。[107] 所谓信赖利益,是指缔约人因信赖合同有效成立,但因法定事由发生,致使合同不成立、无效、不被追认或被撤销等造成的财产损失,如缔约人为缔约而支出的交通费、住宿费等费用。[108]

---

〔107〕 少数情形下,缔约人遭受的也可能是固有利益的损害。参见重庆市城口县岚天乡种植养殖场诉中国农业银行城口县支行缔约过失责任赔偿案,重庆市高级人民法院(2004)渝高法民终字第57号民事判决书。

〔108〕 穆俊路诉霸州市康仙庄乡辛店三村村民委员会在其中标后不与其签订承包合同缔约过失赔偿案,载最高人民法院中国应用法学研究所:《人民法院案例选》(总第32辑),人民法院出版社2000年版,第187页以下。

文献阅读

第三章　归责事由与归责原则

本章重点

侵害与损害不同。所谓归责事由、归责原则，也仅与损害的分配有关。换言之，只有在损害赔偿法领域，讨论过错责任还是无过错责任，才有意义。至于因侵害民事权益而产生的那些性质上属于绝对权请求权的侵权责任承担方式，如停止侵害、排除妨碍、消除危险、返还财产等，不存在适用归责原则的问题。过错责任作为侵权法最基本的归责原则，其地位迄今仍未被撼动。侵权法的一般条款只可能是规定过错责任原则的条款。现代侵权法中无过错责任以及过错推定责任的适用范围被极大地扩张，但是，它们的具体适用情形仍须法律逐一规定。公平责任应当被法律明确地限定在极少数情形，否则会软化整个侵权法的归责体系，损害侵权法的基本功能。

第一节　归责与归责事由

一、损害承担的基本原理

“享有权益者自担损害”(Der Inhaber eines Rechtsguts hat den daran entstehenden Schaden selbst zu tragen)是损害赔偿法中最基本的原理。早在罗马法上，就有“**意外让所有权人倒霉**”(casum sentit dominus)的法谚。[1] 权益的享有者之所以要自行承担因意外而遭受之损失是因为，“**谁受益，谁受损**”是符合事物本性的。所谓“天地不仁，以万物为刍狗”，[2]“死生有命，富贵在天”。[3] 生老病死，幸福灾祸，自有定数。生活在这个世界中的每个人，都不得不承担社会生活中的风险，法律不应干预意外事件的发生。任何人也不能指望通过法律来补偿命运造成的不公，否则，会产生更大的弊端。一方面，任何损失都意味着价值或利益的减少，而已经减少的利益或丧失的价值是无法再行恢复的。法律并不能将损害从这个世界上抹去。通过法律对每个遭受损害的人都给予救济，虽然对于受害人而言，其减少的价值或利益确实得到了恢复，但实际上这个损失是由他人加以承担。从社会整体角度来看，不仅减少的价值或利益并没有得到补偿，还发生了新的损失，因为法律提供救济的过程本身还需要支付相应的成本或消耗

〔1〕 Deutsch/Ahrens, Deliktsrecht, 5. Aufl. 2009, Rn. 1.《奥地利普通民法典》第 1311 条第 1 句则明确规定了该原则——“因纯粹的偶然事件而发生的财产上或者人身上的损害，由受害人承受之。”

〔2〕《道德经》第五章。

〔3〕《论语·颜渊》。

费用。[4]

另一方面，任何人在社会上都不是活在保险箱里的，没有任何风险。有一些风险是正常的，人们不得不承担风险。比如，登山爱好者勇攀珠峰，却遭遇雪崩，命丧黄泉；导演拍摄了自以为不错的电影，却骂声一片，票房惨淡，制片人的投资血本无归；赌石爱好者重金购入一块玉石原石，剖开一看，纯属废料；B市空气污染严重，某公司投入巨资研发防雾霾产品，最终归于失败，公司宣告破产。在这些社会生产生活中，行为人原则上都要自行承担风险，不能随意求助于法律的“保险”。否则，任何人都可以无须为自己的决策和行为的后果负责，自己责任荡然无存，市场也无法利用其自身的奖惩机制来实现资源的优化配置。而且，从预防损害的角度来看，权益的所有者也更具有防止损害发生的动力与能力。

美国伟大的法官霍姆斯（Oliver Wendell Holmes）曾言：“良好的政策应当让损害停留在其所发生之处，除非有**特别干预的理由**存在。而最常见的此类理由就是，被指控之人具有可归责性。”[5]这就是说，一个人原则上要自行承担发生在其头上的损害，除非有特别的干预理由，才能将该损失加以转移。在侵权法上，对损害进行干预的“特别的理由”，就是所谓的“**归责事由**”（Zurechnungsgrund）。法律基于此种特别之理由对“权益的享有者自担损害”作出例外的规定，是基于“**任何人不得以不合法的方式造成他人损害**”以及“**任何人无须容忍因不合法方式对其造成的损害**”的思想。[6]

二、归责与归责事由的含义

侵权法上，归责就是归咎或追究侵权损害赔偿责任，即依法律上的价值判断决定由谁来承担损害。归责事由，就是追究侵权损害赔偿责任的理由，或者说就是决定将已发生的损害施加给某人承担的法律上的原因。由此可见，归责事由是与损害密切相连，没有损害，就没有归责，归责事由决定了损害的承担主体。[7] 归责的核心意义在于“在法律规范原理上，使遭受损害之权益与促使损害发生之原因相结合，将损害因而转嫁由原因者承担之**法律价值判断因素**”，“即行为人因其行为或容态，侵害他人权益，在法律价值判断上，因而应负赔偿责任之成立要素”。[8] 在侵权赔偿责任的构成要件如损害、因果关系、违法性等中，归责事由至关重要。

（一）归责是对人的行为的归责

无论如何，归责事由原则上都仅与个人行为的后果相关，是对具体的个人之归责，是对人的行为（而非思想或观念）的归责，这也是自己责任原则的基本要求。自己责任意味着，一个人要对其基于自主意思而作出的行为负责，且仅对自己的行为负责。如果一个人作出的行为完全是在不受自主意思的控制下，如梦游症或精神失常时作出的，该行为并非出于行为人的独立意志，不属于人的行为，不具有法律上的可归责性。[9] 依据自己原则而产生的侵权法上的“**肇因原则**”（Verursachungsprinzip）要求，受害人的侵权赔偿请求权只能针对那些给其造成了损害的人提出。故此，受害人应证明究竟何人的行为给其造成了损害。肇因原则要求受害人要负担因果关系的证明责任，其不仅要证明加害行为与其权益受侵害之间存在因果关系（责任成立

---

〔4〕 Koetz/Wagner, Deliktsrecht, 11. Aufl., 2010, S. 2ff.

〔5〕 O. W. Holmes, *The Common Law*, 1891, p. 50.

〔6〕 ［瑞］海因茨·雷伊：《瑞士侵权责任法》（第4版），贺栩栩译，中国政法大学出版社2015年版，第8页。

〔7〕 Deutsch/Ahrens, Deliktsrecht, 5. Aufl. 2009, Rn 2.

〔8〕 邱聪智：《民法研究（一）》，中国人民大学出版社2002年版，第84～85页。

〔9〕 Larenz/Canaris, Lehrbuch des Schuldrechts, zweiter Band Besonderer Teil, 2. Halbband, 1994, S. 361.

的因果关系),还要证明权益受侵害与损害之间的因果关系(责任范围的因果关系)。[10]

(二)归责事由是损害赔偿责任的归责事由

无损害,则无归责。损害是归责的前提,归责事由是对损害赔偿的归责事由。我国民法学界曾有一种观点对归责、归责事由进行了扩张性理解。该观点将归责看作非单纯的对损害赔偿责任的归责,认为归责中的“责”,不仅包括损害赔偿责任,还包括损害赔偿责任之外的其他的侵权责任承担方式,如停止侵害、消除危险、返还原物、赔礼道歉、消除影响等。例如,有学者认为:“所谓归责,即确认和追究侵权行为人的民事责任。归责原则,是指以何种根据确认和追究侵权行为人的民事责任,它所解决的是侵权的民事责任之基础问题。”[11]有的学者认为:“传统的侵权行为的归责原则以损害事实的发生为前提,其归责原则也就是损害赔偿的归责原则”,但是,“在采用多种侵权责任方式的情况下,责任方式与归责原则的关系随之发生了变化。不同性质的问题需要用不同的方法解决……从民法上说,不同类型的违反民事义务的行为需要承担不同的民事责任,不同的侵权责任方式反映违反民事义务的行为的性质有所不同。例如,造成了财产损失和存在危险状态的性质不同,责任方式就不同,适用的归责原则也不同”。“赔偿损失一般适用过错责任,法律有特别规定的,适用过错推定责任或者无过错责任。恢复原状是赔偿损失的特殊方法,其适用的归责原则与赔偿损失适用的归责原则没有区别。停止侵害、排除妨碍、消除危险与返还财产适用无过错责任(不问侵权人有无过错)。赔礼道歉、消除影响与恢复名誉适用过错责任。”[12]《侵权责任法》第6条第1款规定:“行为人因过错侵害他人民事权益,应当承担侵权责任。”这一规定部分地体现了上述对归责和归责原则进行扩张解释的观点。

笔者认为,上述对归责含义的扩张是不妥当的。试想,如果没有“享有权益者自担损害”这一损害赔偿承担的基本原则,何必产生归责和归责事由等概念?正是因为权益享有者原则上要自担损害,所以,当受害人要求他人承担赔偿责任,希望将损害转移给他人时,就必须要有足够正当的理由。然而,绝对权请求权的成立与行使与归责无关。例如,所有人之所以可以享有返还原物的请求权,是因为所有权是绝对权、支配权,可以排除权利人之外的任何人的干涉或侵害,法律通过允许所有人有权要求无权占有人返还原物,就是要使所有权能够恢复到圆满状态。这种请求权的成立与行使不需要什么正当的理由。故此,将归责不当地扩张理解为追究所有侵权责任的根据,势必从根本上抹杀了归责的核心意义,引起毫无必要的混乱。[13]

作为绝对权请求权的返还财产、停止侵害、排除妨碍以及消除危险等,虽然在我国法上也被作为侵权责任的承担方式,但它们既不以过错也不以损害为要件。也就是说,即便侵权人没有给被侵权人造成损害,即便侵权人没有过错,只要被侵权人的绝对权受到了侵害或妨碍,权利人都可以行使绝对权请求权。倘若认为绝对权请求权适用的是无过错责任,就无法回答这样一个问题:为何在适用损害赔偿责任时,不管系争的侵权行为适用过错责任还是无过错责任,都必须有损害的存在。而所谓适用无过错责任的绝对权请求权却不以损害为要件?难道

---

〔10〕 Staudinger/ Eberl – Borges, 13. Aufl. 1999, § 830 Rn. 1.

〔11〕 张新宝:《中国侵权行为法》(第2版),中国社会科学出版社1998年版,第42页。

〔12〕 魏振瀛:《侵权责任方式与归责事由、归责原则的关系》,载《中国法学》2011年第2期。

〔13〕 我国知识产权法学界曾经发生的关于侵害知识产权究竟是无过错责任还是过错责任的争论,其核心就在于双方对归责原则有不同的理解。参见郑成思:《侵害知识产权的无过错责任》,载《中国法学》1998年第1期;崔国斌:《著作权法原理与案例》,北京大学出版社2014年版,第685~690页。

存在两种不同含义的“无过错责任”？如果承认只有一种含义的无过错责任，那么无过错责任就只是损害的分配规则，仅解决损害的承担问题，而与返还财产、停止侵害、排除妨碍以及消除危险这些绝对权请求权没有关系。

如果将无过错责任解释为“没有过错也要承担责任”，进而认为绝对权请求权适用的是无过错责任，就完全抹杀了无过错责任的本质。之所以侵权人没有过错也要承担赔偿责任，理由有二：其一，如果侵权人从事的是高度危险的行为，那么没有过错也要承担赔偿责任的归责理由在于危险；其二，如果侵权人对加害人的行为具有控制力，令其承担赔偿责任的归责事由就是控制力。可是，如前所述，绝对权请求权的成立与行使之所以不考虑侵害人的过错，完全是基于所有权作为绝对权和支配权的当然结论，这与产生无过错责任的危险和控制力这两个归责事由没有任何关系。

在我国《民法典》编纂时，为了消除《侵权责任法》的错误规定，区分侵害与损害，明确绝对权请求权与侵权赔偿请求权的不同，同时避免对作为损害赔偿的归责原则的过错责任与无过错责任误解，立法机关果断地从以下三方面进行了修改完善：

1. 在规定过错责任原则和无过错责任原则时，《民法典》第 1165 条第 1 款将《侵权责任法》第 6 条第 1 款的“行为人因过错侵害他人民事权益”修改为“行为人因过错侵害他人民事权益造成损害”，第 1166 条将《侵权责任法》第 7 条的“行为人损害他人民事权益”修改为“行为人造成他人民事权益损害”。如此，则明确区分了“**侵害**”与“**损害**”，以损害作为过错责任和无过错责任的必备要件之一，以过错作为侵权赔偿责任的基本归责原则，以法律规定无过错也要承担赔偿责任作为例外；同时，通过“造成”损害的表述，也强调了无论是过错责任还是无过错责任，都必须具备因果关系这一构成要件。该因果关系包含两个层次：第一层次是责任成立的因果关系，即行为人的行为与他人民事权益被侵害之间存在因果关系；第二层次是责任范围的因果关系，即民事权益被侵害与损害之间存在因果关系。通过这样一番改造，《民法典》第 1165 条第 1 款就成为完全条款，既有构成要件，也有法律效果，真正具备了作为侵权法一般条款的地位。〔14〕

2. 调整了《侵权责任法》第 21 条对绝对权请求权即停止侵害、排除妨碍、消除危险的规定的位置。在《侵权责任法》中，规定绝对权请求权的第 21 条被放在侵害人身、财产权益的财产损害赔偿与精神损害赔偿之后。《民法典》则将之作为第 1167 条，紧随在第 1165 条和第 1166 条对过错责任和无过错责任的规定之后。这样一来，就更加明确了第 1165 条和第 1166 条是对侵权赔偿责任的规定，是关于侵权赔偿责任的归责原则的规定，而第 1167 条是对作为绝对权请求权的侵权责任承担方式的规定。

3. 将《民法典》侵权责任编第二章的章名从《侵权责任法》的“责任构成和责任方式”改为“损害赔偿”，这就更加明确了侵权责任编中规定的主要是损害赔偿责任，即侵权赔偿责任。至于作为绝对权请求权的其他侵权责任承担方式，分别交由《民法典》人格权编与物权编加以规定，如第 235 条、第 236 条和第 995 条，从而为《民法典》物权编、人格权编的独立奠定了更坚实的基础。〔15〕

---

〔14〕 张新宝：《侵权责任编起草的主要问题探讨》，载《中国法律评论》2019 年第 1 期。

〔15〕 王利明：《论人格权请求权与侵权损害赔偿请求权的分离》，载《中国法学》2019 年第 1 期。

三、归责事由的类型

归责事由可以分为主观的归责事由和客观的归责事由。因此,归责也分为主观归责(subjektive Zurechnung)与客观归责(objektive Zurechnung)。

(一)主观归责

主观归责,也称**意思归责**(Zurechnung zum Willen),即依据行为人有无过错,确定其是否应当就所造成之损害负赔偿责任。只有在损害是因行为人的故意或过失所致时,行为人才应负赔偿责任。例如,甲故意殴打乙;A 在路面施工,未设置警示标志导致 B 掉入坑内。甲的故意和 A 的过失就是他们必须负担损害的主观归责事由。倘若损害是由于无法避免的意外所造成的,是一个正常人的谨慎和预见都无法预防的行为所致,这只能说是受害人的不幸,不构成法律责任的依据。[16] 由此可见,所谓主观归责,就是过错归责,即以行为人具有过错作为其就与其行为存在因果关系的损害承担责任的理由。

(二)客观归责

客观归责,是指基于社会本位的思考,依据社会秩序之一般客观需要,对参与社会活动之个别人,科以责任负担之原理。[17] 在客观归责的情况下,考虑的不是行为人个人主观上有无过错,而是依据社会的客观需要,行为人承担责任是基于客观化、社会化的原因,如风险分散、社会正义等。[18] 侵权法上的客观归责的情形分为两类:一为无过错责任,二为公平责任。客观的归责事由则包括危险、控制力与公平。以危险、控制力作为归责事由的属于无过错责任,以公平作为归责事由的是公平责任。

1. 危险

现代社会的科技发展迅猛,各种新发明的出现以及新技术的应用在给人们的生产、生活带来各种便利与舒适的同时,也造成了对人身财产安全的巨大危险。一方面,由于科技发展对于人类社会整体是有益的、必要的,故此,即便新技术和新发明的应用属于高度危险的活动,法律也不能不允许其存在;另一方面,在法律允许此种对他人人身财产安全存在高度危险的活动可以实施的同时,也要求从事高度危险活动之人要就危险之现实化而造成的损害负无过错赔偿责任,无论其有无过错,都要承担赔偿责任。此时,令行为人负赔偿义务的理由就不再是过错(即便很多情形中行为人确实也有过错),而是活动的高度危险性。例如,占有或者使用高度危险物的人,因其占有、使用的物属于"易燃、易爆、剧毒、高放射性、强腐蚀性、高致病性等高度危险物",所以这种高度危险现实化造成他人损害时,占有人或者使用人应当承担侵权责任(《民法典》第 1239 条)。以危险为归责事由的侵权赔偿责任就是所谓的"**危险责任**",属于无过错责任中的一类。

2. 控制力

除了危险责任外,还有一类无过错责任就是**替代责任**。在替代责任的侵权行为中,责任人对于其对之享有控制力的人实施的侵权行为的发生,即便没有任何过错,也需要承担责任。此

---

〔16〕 O. W. Holmes, *The Common Law*, p. 94. 中文译本参见[美]小奥利弗·温德尔·霍姆斯:《普通法》,冉昊、姚中秋译,中国政法大学出版社 2006 年版,第 44 ~ 45 页。

〔17〕 邱聪智:《从侵权行为归责原理之变动论危险责任之构成》,中国人民大学出版社 2006 年版,第 35 页。

〔18〕 德国著名法学家拉伦茨教授认为,德国法上损害赔偿有四项归责原则,分别是:过失责任原则,危险归责,于法律例外容许使用他人物品所致损害之赔偿责任,担保责任与信赖责任。Karl Larenz:《德国法上损害赔偿之归责原则》,载王泽鉴:《民法学说与判例研究》(第 5 册),北京大学出版社 2009 年版,第 186 页以下。

时,令责任人承担赔偿责任的事由既非过错,也非危险,而是控制力,即责任人对行为人享有的支配和控制的力量。申言之,基于责任人与行为人之间的特定关系,责任人能够支配行为人的行为,或者可以对行为人的行为产生重大的、实质性的影响,因此,责任人要为行为人造成他人损害的行为负赔偿义务。〔19〕例如,父母是子女的法定监护人。所谓"养不教,父之过",作为监护人,父母既有权利也有义务管理、教育未成年子女,保护子女免受他人伤害,同时防止子女给他人造成伤害。既然父母对未成年子女具有很强的控制力,故此,在未成年子女造成他人损害的时候,无论父母有无过错,都要为子女所造成的损害承担赔偿责任(《民法典》第1188条第1款)。再如,用人单位通过内部的规章制度和奖惩措施,对于其工作人员具有很强的控制力。故此,当工作人员因执行工作任务造成他人损害时,用人单位即便对此侵权行为之发生没有过错(如选任监督的过失),也需要承担侵权责任(《民法典》第1191条)。

3. 公平

公平是法律的基本价值之一。公平原则也是我国民法的基本原则(《民法典》第6条),侵权法也应贯彻公平的价值理念。但是,侵权法上一般不直接以公平作为承担赔偿责任的理由,只有在极个别的特殊情况下,立法者基于各种价值的权衡,为保护受害人,才例外地直接以公平作为归责事由,从而产生所谓的"**公平责任**"。例如,当建筑物中抛掷的物品或从建筑物上坠落的物品造成了他人损害,经调查难以确定具体侵权人时,如果让无辜的受害人自担损害显然是不公正的。此时,基于公平的考虑,为了更好地保护公共安全,救济受害人,立法者特别规定,由"可能加害的建筑物使用人给予补偿","可能加害的建筑物使用人补偿后,有权向侵权人追偿"(《民法典》第1254条第1款)。

总体来说,无论是以危险、控制力作为归责事由,还是以公平作为归责事由,侵权赔偿责任都不是建立在**个人责任**思想的基础上,而是"建立在使得受害人更容易获得侵权损害赔偿或者鼓励企业提高其活动的安全性的愿望的基础之上的"。〔20〕

四、多重的归责事由体系

通说认为,我国侵权法确立的是多重归责原则体系。例如,王利明教授认为,我国侵权法中过错责任原则是一般归责原则,而过错推定责任原则与严格责任原则属于特殊的归责原则,公平责任原则是辅助性的原则。〔21〕张新宝教授认为我国侵权法确立的是过错责任原则与无过错责任原则并立的二元归责原则体系。〔22〕杨立新教授则主张的是三元论的归责原则体系,即该体系是由过错责任原则、过错推定原则和无过错责任原则三个归责原则构成的,其各自调整不同的侵权行为。〔23〕笔者认为,虽然现代侵权法中无过错责任越来越重要,适用范围越来越广,但并非侵权法的归责原则,而过错推定责任性质上仍然属于过错责任。故此,侵权法上的归责原则实际上只有一个,即**过错责任原则**,过错推定责任、无过错责任以及公平责任都不属于归责原则。因此,可以说,我国侵权法上并不存在多重的或多元的归责原则体系,只是存在多重的**归责事由体系**。换言之,除了过错这一最基本的归责事由外,危险、公平、控制力等也是侵权法中重要的归责事由。理由如下:

〔19〕 尹飞:《为他人行为侵权责任之归责基础》,载《法学研究》2009年第5期。
〔20〕 [澳]彼得·凯恩:《侵权法解剖》,汪志刚译,北京大学出版社,2010年版,第57页。
〔21〕 王利明:《侵权责任法研究》(上卷)(第2版),中国人民大学出版社2018年版,第228页以下。
〔22〕 张新宝:《侵权责任法》(第3版),中国人民大学出版社2013年版,第14页。
〔23〕 杨立新:《侵权责任法》(第2版),法律出版社2012年版,第65～67页。

首先,归责事由不同于归责原则。基于法政策的考量,归责事由可以是多种的,而归责原则只能是一个。因为,归责原则是表现为基本原则的损害赔偿责任的归责事由,是解决损害赔偿责任成立的最基本原则,凡是法律没有规定特别归责事由的侵权行为,均应适用该原则。如果认为侵权法中有多个归责原则的话,就会出现无法适用的情形。正因如此,我国《民法典》以及《侵权责任法》才逐一列举无过错责任和过错推定责任的情形,并且明文规定只有"法律"规定适用无过错责任或过错推定责任的,才能适用。

其次,过错推定责任本身并非一项独立的归责原则,其归责事由依然是过错,这一点与过错责任原则没有区别。有差别的只是,过错推定责任中的过错是依据法律推定出来的,需要由行为人举证加以推翻,而过错责任原则中,必须由被侵权人证明侵权人存在过错。由于过错推定责任的这一特殊之处,故此只有法律规定过错推定责任的,才能适用过错推定责任。因此,适用过错推定责任的侵权行为也属于特殊的侵权行为。但是,过错推定责任中除了过错外,并无新的归责事由,无法成为独立的归责原则。

再次,无过错责任所蕴含的归责事由是不同的,对于高度危险作业责任而言,归责事由是危险;对于用人者责任来说,归责事由是控制力。因此,尽管无过错责任或严格责任在现代侵权法中发展甚快,却依然无法撼动过错责任原则的地位。如果仅仅因为无过错责任在现代侵权法中非常重要,而称为无过错责任原则,倒也无碍大雅。可是,切不能忘记该原则本身无法直接适用,必须在法律明文规定其构成要件之后,才有适用的可能。所以,我国《民法典》第1166条对无过错责任的规定也只能是一种宣示性的规定。

最后,公平责任是在无过错责任、过错推定责任以及过错责任都无法适用的情形下,法律为彰显公平正义,针对极为特殊的情形作出的损失分摊的规定。所谓公平责任,其体现的归责事由是公平。由于公平责任的适用情形极为狭窄,须严格限制,所以,无法作为一项独立的归责原则。

第二节　过错责任原则

一、过错责任原则的含义

过错责任原则(Verschuldensprinzip /principle of fault liability)几乎是所有国家的侵权法中**最基本的归责原则**。如《法国民法典》第1382、1383条,《德国民法典》第823、826条,《瑞士债务法》第41条,《日本民法典》第709条等,都是对过错责任原则的规定。我国《民法典》第1165条第1款规定:"行为人因过错侵害他人民事权益造成损害的,应当承担侵权责任。"该款规定的就是过错责任原则。

过错责任原则,也称"过错原则"或"过失责任原则",是指除非法律另有规定,任何人因且仅因过错(故意或过失)侵害他人民事权益造成损害的,才应当承担侵权赔偿责任。过错责任原则包含下列三层含义:

1. 过错是令侵权人承担损害赔偿责任的唯一归责事由,除非法律有特别的规定。所谓依过错使侵权人负损害赔偿责任,可以从两方面加以理解。从积极的方面来说,就是"**有过错,或有(赔偿)责任**",即任何人只有在因过错造成的他人损害时,才可能承担侵权责任。从消极的方面说，就是“**无过错，必无（赔偿）责任**”，即一个人即便客观上确实造成了他人的损害，但因为其没有过错，所以也无须为此承担赔偿责任，除非法律有不同的规定。正是由于过错是损害赔偿的归责事由，而非所有的侵权责任的归责事由，我国《侵权责任法》第6条第1款关于过错责任的表述——“行为人因过错侵害他人民事权益，应当承担侵权责任”——是不妥当的。因为：一方面，因侵害民事权益而产生的侵权责任既包括以过错责任为基本归责原则的侵权损害赔偿责任，也包括没有过错的停止侵害、排除妨碍、消除危险等性质上属于绝对权保护请求权的侵权责任承担方式；另一方面，即便因过错侵害了民事权益，如果没有造成损害，也不发生侵权赔偿责任。鉴于此，《民法典》第1165条第1款才将《侵权责任法》第6条第1款的规定修改为：“行为人因**过错**侵害他人民事权益造成**损害**的，应当承担侵权责任。”这一修改是非常正确的，其既突出了过错，又明确区分了侵害与损害，故此该款中的侵权责任指的就是**侵权赔偿责任**。

2. 数人因共同故意造成他人损害时，要承担连带赔偿责任。这是因为，数人在主观上的共同故意即意思联络将他们结合为一个整体，故此，无论其实施的加害行为给被侵权人造成的是一个还是多个损害，只要没有超出共同故意的范围，数人都必须向被侵权人负连带赔偿责任（《民法典》第1168条）。同理，如果数个行为人没有共同故意，原则上就不必承担连带赔偿责任，除非法律另有规定。此外，二人以上分别实施侵权行为造成同一损害的，能够确定责任大小的，各自承担相应的责任（《民法典》第1172条）。在确定各自承担相应的责任时，需要考虑各个行为人的过错程度。

3. 过错责任原则不仅意味着加害人要为因其过错给他人造成的损害负责，还意味着受害人要因自己的过错而给自己造成的损失负责。一方面，如果损害是受害人故意造成的，则行为人不承担责任（《民法典》第1174条）；另一方面，如果被侵权人对同一损害的发生或者扩大有过错的，则可以减轻侵权人的责任（《民法典》第1173条）。

二、过错责任原则产生的原因

（一）过错责任原则产生的思想基础

近代民法以个人主义作为它的哲学基础。过错责任原则是建立在个人主义哲学之上的。中世纪后期开始，个人主义哲学一直在西方文化中处于主导地位，从文艺复兴、宗教革命、启蒙运动、法国革命、北美独立到第二次世界大战之后的人权运动，都可以看到其中个人主义哲学的影响。近代民法在某种意义上是个人主义哲学在法律领域的结晶，而个人主义哲学则是近代民法植根其中的土壤。就过错责任而言，个人主义哲学的**自由意志理论**是过错责任乃至自己责任的思想基础。

康德认为，每个人都要把别人当作目的，而不把别人当作工具。因此，每个人都是主人，“个个有理性者的意志都是颁布普遍规律的意志”，其都是自己对自己颁布规律。所以每一个人都有自己的尊严，都有了自己的人格，人与人之间也是平等的，都按照自己的实践理性办事，不接受外来的控制，因而每个人都得到自由的全面发展，这就是所谓的“意志自由”。[24] 个人主义哲学强调个人的自由意志，认为每一个人都是有理性的，具有自由意志（free will），他有能

---

〔24〕 全增嘏主编：《西方哲学史》（下册），上海人民出版社1985年版，第93页。

力选择个人的目标以及规划自己的生活,并且他们也拥有实现这些目的的手段。[25]

“自由符合人之尊严,在于它允许每个人设计并遵循自己的、不同于任何人的生活计划。自由同样强加人以负担,在于它将规划和活出‘善’己生活(live a life that is good for that individual)的责任赋予每个人”。[26] 对于有理性的人来说,其有能力照顾自己并且也应该自己照料自己。同时,理性的人还应当为自己的行为后果负责,在其从事某种活动的时候,能够认识到自己行为的后果,并愿意承担由此产生的风险。他(她)不能也不应指望法律给予**家长式的保护**。因此,其既可以享受自己行为的有利后果,也要承担不利后果。如果人们基于自由意志而选择了对他人造成损害的行为,就滥用了自由意志,具有道德上的可非难性,应当承担责任。反之,如果损害的发生不是由于个人的行为或者是一种无法避免的结果,这就表明损害结果的发生与个人的自由意志没有关系,即便损害是客观存在的,加害人也不具有道德上的可非难性,无须为此承担责任。如果法律仍要行为人承担责任,那么这样的法律就是不公正、不合理的法律。黑格尔曾言:“在意志的行动中仅仅以意志在它的目的中所知道的这些假定以及包含在故意中的东西为限,承认是它的行为,而应对这一行为负责。行动只有作为意志的过错才能归责于我。……毕竟我只是与我的自由相关,而我的意志仅以我知道自己所作的事为限,才对所为负责。”[27] 譬如,契约之所以在当事人之间具有相当于法律的效力,因为契约是当事人合意(意思表示合致)的产物,当事人的自由是受到自己意思的约束。同样,过错造成他人损害者之所以要负担赔偿义务,是因为其有过错,其是在为自己的行为负责。所谓的过错其实就是行为人的个人主观心理状态的欠缺,也就是说在其内心中本应当注意而不注意,以致在伦理上,甚至是道德上具有可非难,所以,过失也被称为“**人格过失**”或“**道德过失**”。[28] 归根结底,侵权人依然是受到自己意思的约束。从平等的角度而言,在完全不能归责于行为人的意外而发生损害的情形中,行为人和受害人都没有优先于对方的权利,受害人无权要求将因意外发生的损害转嫁给行为人,而只能将其作为一种命运的不公加以接受。所以,“如果法律将行为人和受害者看作平等的双方,这里似乎没有任何道德基础——自由、平等或共同的善——适于这样一种责任的一般规则,即认为行为人应对意外损害绝对负责”。[29]

(二)过错责任原则产生的现实原因

过错责任原则的产生也有其深刻的经济原因。19 世纪以来,欧洲工业革命蓬勃兴起,各种新技术、新发明不断出现,并被广泛地加以运用,由此导致社会生活中的各种意外损害事故层出不穷。“在围绕经济财产的竞争中,我们以截断或破坏营利渠道的方式不断地相互损害。仅仅只是施加损害并不构成侵权行为。换言之:并不存在这样的一般性义务,即应当如此作出行为,以使他人的财产状况保持在不受减损状态或使之获得最佳发展。这是任何一个建立在行**为自由和竞争基础**之上的经济制度的基本设想。”[30] 此时,倘若依然坚持传统的结果责任原

---

〔25〕 David G. Owen, *Philosophical Foundations of Fault in Tort Law*, at 203. see, David G. Owen edit., *Philosophical Foundations of Tort Law*, Clarendon Press, 1995.

〔26〕 [美]戴维·G. 欧文主编:《侵权法的哲学基础》,张金海、谢九华、刘金瑞、张铁薇译,北京大学出版社 2016 年版,第 204 页。

〔27〕 [德]黑格尔:《法哲学原理》,范扬、张企泰译,商务印书馆 1995 年版,第 119 页。

〔28〕 邱聪智:《民法研究(一)》(增订版),中国人民大学出版社 2002 年版,第 102 页。

〔29〕 [美]戴维·G. 欧文主编:《侵权法的哲学基础》,张金海、谢九华、刘金瑞、张铁薇译,北京大学出版社 2016 年版,第 229 页。

〔30〕 [德]迪特尔·施瓦布:《民法导论》,郑冲译,法律出版社 2006 年版,第 191 页。

则，那么新技术与新发明的运用就会受到极大的限制。因为新技术、新发明产生的风险与后果是人们所无法预料的，对于无法预料的损害也承担责任，将会使得社会活动和经营活动中没有任何安全可言。人们将不会为了提高生产率而去冒险，生产力的提高将限于停滞。自由竞争是经济发展所必需的，而优胜劣汰是一项铁律。如果自由竞争的受害人都有权要求赔偿，试问谁敢去竞争？资本主义经济发展的需要迫使法律上必须改变以往的规则，给人们的自由以更多的空间，减少经济发展中过重的风险与负担，过错责任遂应运而生。〔31〕依据过错责任原则，人们只要按照法律的规定做到了他应当且能够做的事情，他就没有过错，不需要为由此产生的任何后果负责。如此一来，过错责任原则给处于急速上升时期的资本主义提供了一个广泛的发展空间，海阔凭鱼跃，天高任鸟飞，资本主义经济在过错责任原则的庇护之下得到了前所未有的发展。这一点可以从美国法上过错责任原则发展演进史中得到证明。

19 世纪以前，美国的侵权行为法中强调的是“一个人要对自己的行为负责”，从这种观点出发，早期的美国法也以绝对责任为原则，即不对同一类行为的不同过错程度加以区分，而是将所有的行为等同看待，使这些有关的行为产生相似的法律后果，只要行为造成了损害，行为人就要毫无例外地承担责任，不管其过失程度如何。〔32〕但是，进入 19 世纪后，随着美国经济的持续发展，铁路、运河等公用事业获得了巨大的发展，绝对责任给经营这些事业的公司企业带来了巨大的经济负担。1807 年宾夕法尼亚州的斯凯勒克尔和萨斯克汉纳航运公司的官员报告称：公司之所以没有完成运河项目的最大部分，原因之一就是为土地和用水权支付的赔偿数量太大。而 1844 年波士顿－缅因州铁路公司的一份报告指出：在延伸铁路的过程中，对土地和土地损害的花销几乎占据了全部支出的 50%。此时，铁路公司已经开始担心对人身伤害或者是因为火车头溅出的火花导致的火灾的损害赔偿判决。1844 年西部铁路公司就警觉到了“因为人类往往无法阻止的事故导致的花销过大，公司责任增加的比例比铁路生意增加的比例还要高”。同年，波士顿－伍斯特铁路公司抱怨道：一些对偶然事故造成的损害的赔偿数额要求相当大，以致公司的成本不断增长。〔33〕

面对这样的情况，美国的一些法院开始逐渐改变以往的绝对责任的侵权法归责原则，肯塔基州最高法院在 1839 年一个案件的判决中指出：“在一个人口稠密和繁荣的国家中，铁路公司……对个体的损害和私人损失必须被预料到……”，“这个时代的前进精神必须在合理的范围内开辟自己的道路。法律是为时代制定的，应当符合时代的需要而制定并且依据时代而调整。已经扩展的和正在扩展的普通法的特色应当像它在别处一样，适应于我们国家和我们国民已经改善了的和正在改善的情况。铁路和蒸汽机车现在还是发展改良的初生婴儿，但是它们一样会成为父母，因此，它们本身不应当被视为妨害。虽然在逝去的年代里，它们可能被认为是妨害，因为它们相对无用，因而也就更有害”。〔34〕此后，在工业化过程最快且经济发展水平最高的几个州，如纽约州、宾夕法尼亚州、马萨诸塞州，挑战严格责任的过错责任的标准最早

〔31〕 Josef Esser 教授曾言，过错责任原则的真正优势并非在于道德，而是经济政治的动机。转引自 Koetz, Deliktsrecht, 6. Aufl., 1994, Rn. 32.

〔32〕 ［美］伯纳德·施瓦茨：《美国法律史》，王军译，中国政法大学出版社 1990 年版，第 65 页。

〔33〕 以上资料来自［美］莫顿·J. 霍维茨：《美国法的变迁：1780—1860》，谢鸿飞译，中国政法大学出版社 2005 年版，第 105 页以下。

〔34〕 ［美］莫顿·J. 霍维茨：《美国法的变迁：1780—1860》，谢鸿飞译，中国政法大学出版社 2005 年版，第 114～115 页。

出现了。1850年马萨诸塞州最高法院首席法官肖(Shaw)在“Brown v. Kendall”案件〔35〕中宣布:“原告必须提供证据证明,要么被告的动机是违法的,要么被告是有过错的。如果伤害是不可避免的,并且被告的行为不具有可归责性,那么被告就无须承担责任。”〔36〕如果被告运用了通常的注意,也就是说那种“谨慎与注意的人将会运用的注意及注意的程度”,那么他的行为不具有可归责性。几年以后,霍姆斯在评论这一问题时指出,没有什么权威比首席法官Shaw在所有的权威观念中唯一持有的观点更值得重视了。该案判决很快为美国的其他州所遵循,美国联邦最高法院对于Shaw的理论也持赞同的观点。于是,在19世纪中期以后,美国实际上已经完成了从不需要证明有过失的非法侵害之诉到以过失为基础的诉讼的转变。“没有过错就没有责任”成为侵权行为法的基本原理。〔37〕总之,“经济上的便利与同时代的道德相互混合并且创造了‘过错’这一19世纪的遗产,后人逐渐发现这一遗产是难以撼动的”。〔38〕尽管此后随着无过错责任的发展,过错责任原则一度受到挑战,但是,在20世纪接近尾声的时候,过错作为美国侵权法的指导原则,似乎又再次恢复了它的支配地位。〔39〕

三、过错责任原则的功能

(一)充分保障个人自由,扩张人类活动的空间

自由是人类社会法律的基本价值。在一个文明社会,个人自由应受到高度的重视与充分的保障。但是,任何个人的自由都受到一定的限制,有一定的范围。首先,这种限制来自个人自身的能力或者说人类社会整体能力的局限性。爱尔维修曾言:“所谓自由人,就是指不戴手铐脚链,也不受监狱关押,也不会因为害怕惩罚而像奴隶一样只限于在某一地区之内活动的人……不会像鹰隼那样飞翔,像鲸鱼那样遨游,这并不是不自由。”〔40〕其次,“自由是人的生命消极的一面,而其积极的一面就是责任”,“如果人不能负责任地生活,那自由就堕落为放任”。〔41〕一方面,个人的自由要受到他人权益的限制。“人人生而自由,却又无往不在枷锁之中”(卢梭语)。我的权益,就是你的自由的边界;你的权益,也是我的自由的边界。不得侵犯他人权益是界定他人自由边界的合理尺度。如果每个人都可以有随意侵犯他人权益的自由,那么任何人都没有自由。另一方面,为了人类社会共同体的存在与发展,个人的自由还应当受到社会公共利益的限制,法律确定了社会利益与个人利益之间的合理边界,越过这一边界也不存在个人自由。

古代法所采取的结果责任仅以损害结果之存在而进行归责,完全不考虑该结果是因为何种原因导致的。这在人与人交往并不频繁的古代社会尚可,但是,进入现代社会后,人与人之间的交往日益频繁,联系日益紧密,人们相互造成损害的情形也越来越普遍。如果仍然采取结果责任,就会极大地限制个人的自由。因为任何人在从事某种活动的时候,都很难完全保证这

---

〔35〕该案案情为:被告Kendall用木棍分开两条正在打架的狗时损伤了原告Brown的眼睛,于是原告向法院起诉被告。

〔36〕Samuel J. Donnelly, *The Fault Principle*: *A Sketch of its Development in Tort Law During the Nineteenth Century*; See Kermit L. Hall edit. *Tort Law in American History*, Garland Publishing, 1987. p. 148.

〔37〕[美]伯纳德·施瓦茨:《美国法律史》,王军译,中国政法大学出版社1990年版,第66页。

〔38〕B. S. Markesinis & S. F. Deakin, *Tort Law*, 4th ed., Clarendon Press, 1999, p. 45.

〔39〕[美]戴维·G. 欧文主编:《侵权法的哲学基础》,张金海、谢九华、刘金瑞、张铁薇译,北京大学出版社2016年版,第202页。

〔40〕[英]彼得·斯坦、约翰·香德:《西方社会的法律价值》,王献平译,郑成思校,中国人民公安大学出版社1989年版,第173页。

〔41〕[美]维克多·弗兰克尔:《活出生命的意义》,吕娜译,华夏出版社2014年版,第168页。

种活动不造成某种损害。如果按照结果责任，只要有损害，就要负责，那么人们就不得不限制自己的自由，尽可能减少活动的范围。即便不得已从事某些活动时，也要战战兢兢、如履薄冰，如临深渊、瞻前顾后，畏缩不前。这就给个人的自由与发展套上了一道无形的枷锁。相反，依据过错责任原则，任何人只要尽到了充分的注意，主观上没有故意或者过失，无论是否出现损害、损害的结果多么严重，他都不必负责。如此一来，就极大地扩张了人类活动的空间，充分保障了个人自由。

过错责任与契约自由从不同方面分别发挥了保障个人自由的作用。"契约自由原则积极保障人们可以基于自己的意思而缔结合同的活动自由，与此相对，人们如果没有过失就不必承担责任，通过科以损害赔偿义务，过失责任限定了活动自由的阻碍，从消极的侧面保障了活动的自由。"[42]过错责任原则包含了这样一个基本的价值评判，即"**在法律地位的维护与行为自由这两种利益发生冲突时，行为自由优先**。因为行为自由是形成人和物的价值所必需的。这意味着正在形成者优先于已经存在者。就个人人格之发展，尤其是职业活动而言，自由是不可或缺的。对于青年人的发展来说，一个特定的活动空间必不可少。行为自由优先的结果并非单方面的：人们在利益方面被拿走的可以通过行为方面得到偿还"。[43]

（二）激发了人们的创造力，促进了社会进步

通过确立人的行为自由优先，过错责任原则极大地激发了人们的创造力，推动了社会进步。在过错责任原则的统治下，任何人只要尽到了充分的注意，主观上没有故意或者过失，无论是否出现损害、损害结果多么严重，都不必负责。过错责任开辟了"广阔天地"，人们可以勇往直前，义无反顾地投身于社会活动，去追求幸福、实现梦想。例如，在经济生活中，过错责任原则鼓励人们为了提高生产率而去冒险，采用各种新机器、新技术，极大地扶持了早期资本主义工商业的发展。同时，工业的发展引起的资本增长，因不受法律上承担赔偿责任的经济风险，又能够继续投入生产。如此循环往复，社会生产力与物质文明程度都得到了极大的发展。如果没有过错责任原则，而仍采取结果责任，那么引发工业革命的各种发明就无法得到有效、充分的运用，工业革命就不可能发生。今天的人类社会，或许会是另一番面貌。可以说，近代资产阶级法是以个人主义、自由主义为思想基础，根据权利本位的立场制定的。从私法秩序方面来看，它是以"**尊重私有财产**""**契约自由**""**过失责任**"这三项基本原则作为支柱，用最大限度地保障个人财产和自由的意志活动（私法自治）来构成的。在这种自由主义的法秩序的基础上，资本主义于19世纪完成了急骤的上升发展。

（三）扩大侵权法的保护范围，有利于更好地保护民事权益

过错责任原则以一般原则的形式确认了任何因他人的过错而遭受侵害的人都有权获得法律的救济。因此，侵权行为法的适用范围大大扩张，受害人的权益也得到了充分的保障。到现代，不仅物权、人格权等绝对权受到侵权法的保护，而且相对权以及一些人身利益、财产利益也受到侵权法的保护。这不能不说是过错责任原则的功劳。在大陆法系国家，之所以民法典中简单的几条或十几条的侵权法规范就能调整日益发展的各种侵权行为，法官能依据少量的条文处理各种复杂的侵权纠纷，主要的原因就是过错责任原则的存在。无论侵害何种民事权益，也无论加害人是谁、加害行为的类型多复杂，都可以通过适用规范过错责任原则的一般条款来

---

〔42〕［日］吉村良一：《日本侵权行为法》（第4版），张挺译，文元春校，中国人民大学出版社2013年版，第5～6页。

〔43〕 Deutsch/Ahrens, Deliktsrecht, 5. Aufl. 2009, Rn. 6.

确定侵权责任成立与否。在普通法系国家,早期侵权法中采取的是个别侵权类型,即一个令状对应一类侵权,如果没有相应的令状,受害人就无法获得救济,这种个别的侵权类型显然无法适应社会发展的需要。一方面,每一种侵权类型保护的是某一利益免受某种侵犯。这种一一对应的模式必然会挂一漏万,使得某些权益无法受到保护。另一方面,社会在发展进步,各种新型的侵权行为也不断产生,法院在只有对应的令状时才对侵权的受害人给予救济,也无法及时满足保护民事权益的需要。鉴于此,过失侵权(negligence)这种性质上属于过错责任原则的、更具有一般性的侵权类型被发展出来,〔44〕并逐渐成为普通法的侵权法中适用范围最广也最重要的一类侵权。

第三节 过错推定责任

一、过错推定的产生与发展

在美国影片《肖申克的救赎》中,20世纪初入狱的布洛克斯在服刑50年后被当局假释,重新回到社会。他惊奇地发现外面世界变化实在太大了,“我小时候只见过一辆汽车,可现在满街都是”。〔45〕的确,进入20世纪以来,科学技术在各个领域中都取得了突飞猛进,无数前人不曾想象的现代工业产品在使人类社会生活越来越丰富多彩的同时,也带来了更多的危险与损害。汽车、火车与飞机的出现大大突破了空间对人类活动的限制,也造成了大量的事故。这些事故与18世纪和19世纪的个人对个人造成的损害有很大的不同。一方面,现代社会中造成损害事故的直接行为人是受雇于他人的雇员,相比于雇主,雇员的赔偿能力显然要弱。依据过错责任,如果受害人要雇主承担赔偿责任,就必须证明雇主对雇员的致害行为存在监督管理上的过失,这往往很难做到;另一方面,现代社会中的很多损害事故都涉及专业的知识和技术,如铁路事故、汽车事故、航空事故、矿山事故、电气煤气设备事故、高压设备事故、核事故、医疗事故、产品责任等。由于危险事故大多涉及高深的科学知识与专业领域,要求受害人证明被告具有过错,不仅旷日费时,且极端困难。〔46〕此时,如果能够转由被告来证明自己没有过失,而非由原告证明被告存在过失,那么,就既能够维持过错责任原则,又可以有效地保护受害人。一举两得,岂不妙哉!于是,“从法律发展史上看,当社会要求法律改进,而这种改进暂时又不宜与传统精神相冲突时,推定便成为了潜移默化、蓄旧纳新的办法”。〔47〕过错推定责任(Haftung aus vermutetem Verschulden)应运而生。

1804年《法国民法典》在第1384、1385条以及第1386条中就规定了过错推定责任。〔48〕

---

〔44〕 Walter van Gerven, Jeremy Lever & Pierre Larouche, *Cases, Materials and Text on National, Supranational and international Tort Law*, at 45.

〔45〕 影片的英文名为“The Shawshank Redemption”,美国哥伦比亚电影公司1995年出品,该剧是根据著名的悬念小说家斯蒂芬·金的短篇小说“Rita Hay worth and Shawshank Redemption”改编而成的影片。

〔46〕 邱聪智:《民法研究(一)》(增订版),中国人民大学出版社2002年版,第271页。

〔47〕 米健:《推定过失的比较观》,载《中国法学》1985年第5期。

〔48〕 不过,现在法国大多数学者认为第1384~1386条规定的是责任推定。责任推定不同于过错推定。过错推定可以由被告通过证明自己没有过错而免责。责任推定只能通过证明存在外在原因而免责。参见张民安:《现代法国侵权责任制度研究》,法律出版社2003年版,第115~116页。

1900 年《德国民法典》也大量规定了过错推定责任，如第 831 条第 1 款规定："使用他人从事某种事务者，对他人因执行事务不法加损害于第三人时，负赔偿义务。但使用人对被使用人的选任，在使用人应装置机械或器具，或须监督执行事务的情形下，对于装置或监督上已尽相当的注意，或虽尽相当的注意而仍不免发生损害者，不发生赔偿义务。"第 832 条第 1 款规定："依法律规定对于未成年人，或因精神上或身体上的状况需要受监督之人负监护义务的人，在被监督人不法加害于第三人时，负赔偿义务；但监督义务人已尽其监督责任，或虽尽其相当注意而仍不免发生损害时，不发生赔偿义务。"此外，《德国民法典》第 834 条和第 836 条也是对过错推定责任的规定。除此之外，在《日本民法典》（第 714、715、717、718 条）、《韩国民法典》（第 755、756、758、759 条）、《俄罗斯联邦民法典》（第 1073、1074、1076 条）以及我国台湾地区"民法"（第 187、188、190、191、191－1、191－2、191－3 条）中，也有不少过错推定责任的规定。

我国《民法典》侵权责任编在《侵权责任法》的基础上，对于过错推定责任也出了规定。首先，《民法典》将过错推定责任作为法律保留事项，即第 1165 条第 2 款规定："依照法律规定推定行为人有过错，其不能证明自己没有过错的，应当承担侵权责任。"其次，《民法典》侵权责任编规定了相当数量的适用过错推定责任的侵权行为类型，〔49〕具体包括：（1）无民事行为能力人受害时，教育机构的侵权责任（第 1199 条）；（2）医疗损害中过错推定责任（第 1222 条）；（3）动物园饲养的动物损害责任（第 1248 条）；（4）建筑物、构筑物等及其搁置物、悬挂物脱落、坠落损害责任（第 1253 条）；（5）堆放物倒塌损害责任（第 1255 条）；（6）公共道路堆放、倾倒、遗撒妨害通行的物品致害时公共道路管理人的责任（第 1256 条）；（7）林木折断损害责任（第 1257 条）；（8）挖掘修缮地下设施损害责任（第 1258 条第 1 款）；（9）窨井等地下设施损害责任（第 1258 条第 2 款）。

二、过错推定责任的含义与性质

过错推定，也称过失推定，〔50〕是指在损害事实发生后，基于某种客观事实或条件而推定行为人具有过错，从而减轻或者免除受害人对过失的证明责任，并由被推定者证明自己没有过错。如果行为人不能推翻该过错之推定，即证明自己没有过错，则须承担侵权责任。过错推定产生之初被认为是诉讼法上的一种证据规则，但是，随着现代侵权行为法对过失推定越来越广泛的运用，它对于民事权利的得丧变更所产生的影响也越来越大，所以，理论界已有不少人认为过失推定成为一项实体法规则。〔51〕过错推定责任中使被告承担责任的归责事由依然是过错，而非其他。只是原本由原告负担的证明被告具有过错的证明责任，被转移给了被告，即由被告证明自己没有过错。因此，过错推定责任只是过错责任的特殊形态，而非独立的归责原则。

我国《侵权责任法》第 6 条第 2 款规定："根据法律规定推定行为人有过错，行为人不能证明自己没有过错的，应当承担侵权责任。"在《民法典》编纂时，有学者认为，《侵权责任法》该款中出现了两次"行为人"，容易引发误解，即前一个"行为人"和后一个"行为人"究竟是否是同一

---

〔49〕笔者推测，《侵权责任法》立法者如此重视过错推定责任，或许是因为该责任更符合国人的"中庸之道"。无过错责任过于严格，有矫枉过正之嫌；而普通的过错责任又不利于保护被侵权人，难免不及之虞。只有过错推定，才是"中庸之为德也，其至矣乎"。

〔50〕事实上，难以证明的是过失，需要推定的也只是过失，至于故意则应当加以证明，不得推定。故此，过错推定也称过失推定。

〔51〕邱聪智：《从侵权行为归责原理之变动论危险责任之构成》，中国人民大学出版社 2006 年版，第 81 页。

人。如果是指同一主体,出现两次,也十分啰唆。故此,《民法典》第1165条第2款将上述规定修改为:“依照法律规定推定行为人有过错,其不能证明自己没有过错的,应当承担侵权责任。”

三、过错推定责任的特征

(一)过错推定属于可以推翻的法律上的事实推定

推定(presumption/Vermutung),就是从已经知道的事实推断出未知的事实。私法上的推定可以分为两类:**事实推定**与**法律推定**。

事实推定(tatsaechliche Vermutung),也称“生活推定”(Vermutungen des Lebens)是指法官在审判过程中根据某一已经确认的事实,依据一般的生活经验或者科学原理,推论与之相关的需要证明的另一事实是否存在。事实推定仅仅是判决经常采用的一种辅助手段,有助于法官心证的获得。例如,从贷款人将借据返还给借款人这一事实,依据一般的生活经验通常可以认为借款人已经偿还了借款,这就是事实推定。依据《民事诉讼法解释》第93条第1款第4项,对于“根据已知的事实和日常生活经验法则推定出的另一事实”,当事人无须举证证明。这就是对事实推定的规定。由于事实推定是基于所谓的生活经验作出的,未必准确,故此,在事实推定的场合并不发生证明责任的转移,当事人为了推翻事实推定而提出证据,不过是该方当事人的证据提出责任(主观的证明责任)而非证明责任(客观证明责任的转移)。[52]

法律推定是指某些法律规范中,立法者以一定的事实(推定基础)直接推导出另外一个特定的法律要件(法律效果)。这种被推定的法律要件可以是一个事实(法律对事实的推定),也可以是一种权利状态(法律对权利的推定)。[53] 故此,法律推定又可分为两类:一是法律上的权利推定,二是法律上的事实推定。这两种推定都必须有法律的明文规定,故此称为法律推定。所谓法律上的权利推定,也称**权利推定**(Rechtsvermutung),是指如果前提事实之存在获得证明,并不推认其他事实,而是依据法律规定直接推认某权利或法律关系之存在与否。[54] 最典型的法律上的权利推定就是我国《民法典》第216条第1款的规定:“不动产登记簿是物权归属和内容的根据。”该款是关于不动产登记簿推定力(Die Vermutung der Richtigkeit des Grundbuchs)的规定,依据这一规定:凡是不动产登记簿上将某人登记为不动产物权人的,就推定该人按照登记簿上的记载享有物权;凡是在不动产登记簿上注销了某一物权的,就推定该物权已不复存在。[55]

法律上的事实推定(gesetzliche Vermutungen von Tatsachen),是指法律规定以某一事实之存在为基础,据以认定某待证事实之存在。申言之“法律上的事实推定是这样的一些法律规范,这些规范使我们从非构成要件的情况中可推断出作为法效果的构成要件特征所必需的事实的存在,推定的前提条件(所谓推定的基础)必须是有疑问的法效果的、构成要件以外的情况。而推定的效果是,具备此等构成要件特征的结论”。[56] 《民事诉讼法解释》第93条第1款第3项所指的“根据法律规定推定的事实”指的就是法律上的事实推定。例如,自主占有的推定,即只要在一定期间的开始与结束时,占有人对动产是自主占有的,则推定其在全部期间内都是自主占有(《德国民法典》第938条)。再如,我国《民法典》第1121条第2款规定:“相互有

---

〔52〕 张卫平:《民事证据法》,法律出版社2017年版,第147页。

〔53〕 [德]汉斯·普维庭:《现代证明责任问题》,吴越译,法律出版社2000年版,第74页。

〔54〕 姜世明:《民事诉讼法》(下册),新学林出版股份有限公司2013年版,第42页。

〔55〕 程啸:《不动产登记法研究》(第2版),法律出版社2018年版,第264页以下。

〔56〕 [德]莱奥·罗森贝克:《证明责任论》(第5版),庄敬华译,中国法制出版社2018年版,第245~246页。

继承关系的数人在同一事件中死亡，难以确定死亡时间的，推定没有其他继承人的人先死亡。都有其他继承人，辈份不同的，推定长辈先死亡；辈份相同的，推定同时死亡，相互不发生继承。”我国《保险法》第42条第2款规定：“受益人与被保险人在同一事件中死亡，且不能确定死亡先后顺序的，推定受益人死亡在先。”法律上的事实推定产生的法律效果与当事人直接证明被推定的事实的法律效果相同，因此，它减轻了当事人证明责任的负担。

过错推定意味着法律直接依据某些事实的存在而推认被告存在过错的事实，对此本应由原告提出证据加以证明，但因为法律进行了推定，故此，原告无须提出证据加以证明。例如，《民法典》第1222条规定：“患者在诊疗活动中受到损害，有下列情形之一的，推定医疗机构有过错：(一)违反法律、行政法规、规章以及其他有关诊疗规范的规定；(二)隐匿或者拒绝提供与纠纷有关的病历资料；(三)遗失、伪造、篡改或者违法销毁病历资料。”过错推定属于法律推定中对事实的推定。这种推定是可以推翻的推定。因为推定就是一种假定，即便具有一定的合理性，也未必全部符合实际，理应允许反驳和争议。不存在不可反驳的推定，不可反驳的推定是“**拟制**”。[57] 过错推定是可以反驳的法律上的事实推定。作为被告的侵权人可以通过提出证据推翻法律上对其存在过错的推定。例如，甲到乙家中做客，在阳台抽烟时不慎将一个花盆碰掉下去，砸伤路人丙。本案属于建筑物上的搁置物坠落致人损害纠纷，故此，依据《民法典》第1253条，作为花盆的所有人乙被推定为对损害的发生具有过错，其应当证明自己没有过错，否则要承担侵权责任。此时，乙可以通过证明花盆是因甲的行为所致来推翻对自己的过错推定，即由甲承担侵权责任，自己无须承担责任。

提　示

推翻法律上的事实推定的方法，要么证明前提事实不存在，要么证明前提事实无法推导出结论事实。要推翻法律上权利推定，具体方法包括：其一，证明前提事实不存在。例如，证明被告并非不动产登记簿上记载的权利人，就可以使得被告无法援引《民法典》第216条规定的不动产登记簿的推定力。其二，证明存在可以适用法律上的反对规定的事实。其三，证明存在与被推定的权利状态不相容的权利状态。例如，甲乙二人在婚姻关系存续期间购房，房屋登记在甲的名下，现在甲主张不动产登记簿推定力，认为自己是该房屋的单独所有权人。那么乙通过拿出购房合同及婚姻关系证明，证明该房屋是夫妻婚姻关系存续期间购买的财产，是夫妻共同共有的财产。这种真实的权利状态就可以推翻了登记簿推定出来的甲是房屋单独所有权人的权利状态。

(二)过错推定发生举证责任倒置的效果

过错推定并未改变责任构成要件的数量，只是发生了**举证责任倒置**的效果。依据传统的过错责任原则，受害人要加害人承担侵权责任，必须证明以下构成要件：加害行为、损害结果、因果关系及过错。但是，在法律规定了过错推定的情况下，受害人仅需要证明前三项构成要件即可，因为过错已依实体法之规定被推定存在了。加害人要免责，必须证明自己没有过错，从而推翻这种对其存在过错的法律推定。理论上将这种改变证明责任的情形，称为举证责任倒

[57] 李浩：《民事证明责任研究》，法律出版社2003年版，第196页。

置。举证责任倒置是指按照法律要件分类说在双方当事人之间分配证明责任后,对依此分配结果原本由一方当事人负担的证明某法律要件事实存在的责任,转由另一方就不存在该事实负担证明之责任。举证责任倒置是对举证责任正置的修正。

虽然过错推定发生举证责任倒置的效果,二者存在密切的联系。但是,它们也有明显的区别:一方面,举证责任倒置是证据法上的概念,是相对于举证责任正置的一种修正。过错推定责任是民事实体法上的概念。另一方面,过错推定固然会发生举证责任倒置的效果,但是除过错推定之外,还有其他导致举证责任倒置的情形。例如,因果关系的推定也可能发生举证责任的倒置(《民法典》第1230条)。"举证之所在,败诉之所归"。改变举证责任,对诉讼中当事人的权利义务影响巨大。故此,能够导致举证责任转移的过错推定,在美国法中被称为"最大威力推定"(maximum power presumption)。〔58〕

(三)过错推定应由法律加以规定

过错推定属于法律上的事实推定,而非单纯的事实推定,因此,必须以法律的明确规定为前提。我国司法实践中曾有观点认为,可以在诉讼中由法官根据案件的具体情况进行过错推定或举证责任的倒置。显然,这种观点是不妥当的。〔59〕 因为这将使得法官有权力随意改变当事人的举证责任负担,影响诉讼的结果,也意味着司法者篡夺了立法者的权力。依据《民法典》第1165条第2款的规定,必须是根据"法律"规定才能推定行为人有过错,故此,过错推定责任应当由《民法典》及其他法律加以规定。所谓"法律"显然仅指全国人民代表大会及其常务委员会制定的规范性法律文件。例如,《电子签名法》第28条规定:"电子签名人或者电子签名依赖方因依据电子认证服务提供者提供的电子签名认证服务从事民事活动遭受损失,电子认证服务提供者不能证明自己无过错的,承担赔偿责任。"依据这一条,电子认证服务提供者承担的就是过错推定责任。

第四节　无过错责任

一、无过错责任的含义与类型

侵权法以过错责任为基本之归责原则,行为人只有因过错造成他人损害时,才需要承担侵权赔偿责任。那些"不是建立在过错侵害基础上的责任,在传统侵权法领域是一个没娘管的孩子"。〔60〕 但是,进入19世纪尤其是中后期,科学技术日新月异,蒸汽机、铁路、机动车等新机器、新设备不断被发明并逐渐得到广泛运用,侵权法上**无过错责任**也得到了发展。例如,英国在19世纪70年代的工业化早期,法院就通过"Rylands v. Flechter"案,"将严格责任从生存在各种故意侵权类型的边缘解放出来",该案的判决指出:"我们认为,真正的法律原则是,一个人,如果为他自己的目的将某物带入自己的土地,并收集与管理他们,但这些物件很可能在逸出时会造

〔58〕 [美]丹·B. 多布斯:《侵权法》(上册),马静等译,中国政法大学出版社2014年版,第324页。

〔59〕 王利明:《举证责任倒置研究之二:举证责任倒置必须法定化》,载《人民法院报》2002年12月20日。

〔60〕 [德]马蒂亚斯·赖曼、莱茵哈德·齐默尔曼编:《牛津比较法手册》,高鸿钧、韩世远、耿林、王洪亮、张芝梅、吕亚萍、鲁楠译,北京大学出版社2019年版,第1018页。

成伤害，则该人必须自己承担保管好这些物件的风险。如果他没能这样做，显然应当对其逸出造成的自然后果，即损害，承担责任。”[61] 再如，在德国，1871 年就确立了蒸汽机运营人的严格责任，1884 年则建立了工伤赔偿制度，使之与侵权法相分离，1909 年确立了机动车交通事故的严格责任。

在侵权法上，无过错责任是指不论行为人对于损害的发生有无过错，只要其行为侵害他人了他人民事权益，造成了损害，就要承担侵权赔偿责任。由于这种侵权赔偿责任不以行为人的过错为要件，故此，也称“无过错责任”（liability without fault）。我国《民法典》第 1166 条规定：“行为人造成他人民事权益损害，不论行为人有无过错，法律规定应当承担侵权责任的，依照其规定。”该条就是对无过错责任的规定。从其字面上来看，并未揭示适用无过错责任的侵权行为中令侵权人承担侵权赔偿责任的归责事由是什么，而要探求这些归责事由，就必须查找具体的法律规定。故此，《民法典》第 1166 条并非裁判规范，无论是被侵权人还是法官，都不可能只依据该条提出请求或作出裁判。

我国《民法典》中规定的适用无过错责任的侵权行为类型主要包括：（1）监护人责任（第 1188 ~ 1189 条）；（2）用人单位对其工作人员执行工作任务造成他人损害的责任（第 1191 条）；（3）提供劳务一方造成他人损害时接受劳务一方的侵权责任（第 1192 条第 1 句）；（4）产品责任（第四章）；（5）机动车交通事故责任（第五章）；（6）环境污染和生态破坏责任（第七章）；（7）高度危险责任（第八章）；（8）饲养动物损害责任（第九章）；（9）建筑物、构筑物或者其他设施倒塌、塌陷致人损害责任（第 1252 条）。从这些规定可以看出，适用无过错责任的侵权行为的归责事由包括危险与控制力。

1. 危险。以危险作为归责事由的无过错责任，被称为“**危险责任**”（Gefaehrdungshaftung）。[62] 所谓危险责任，是指“特定企业、特定装置、特定物品之所有人或持有人，在一定条件下，不问其有无过失，对于因企业、装置、物品本身所具危害而生之损害，应负赔偿责任。”[63] 由此可见，危险责任仅与某一特定危险相关且仅取决于该危险是否已经现实化。在危险责任中，确定行为人赔偿责任的依据在于其从事的活动或保有的物件所具有的高度的、内在的及特定的危险。[64] 在现代社会之前的危险责任很少，基本上就是饲养动物损害责任。随着现代科学技术的发展，危险责任的适用范围越来越广，其适用的多是具有高度科学性与技术性的侵权行为，如产品责任、环境污染责任、铁路事故、民用核设施责任、高度危险物损害责任等。这些因科技发展而产生的物质、装置、设备或活动，本身对他人的人身财产安全是具有高度危险性的。但是，由于它们是人类进步发展所必需的。故此，一方面，法律上容许这些危险活动的进行；另一方面，应当让危险物品的所有人、持有人或者危险活动的从事者赔偿损害，不能让无辜的受害人承受损失。由此可见，不同于过错责任的是，危险责任并非旨在制裁行为人，让其不要从事不法的、具有道德上可非难性的行为。危险责任只是让责任人来弥补其从事的危险活动所

---

〔61〕［德］马蒂亚斯·赖曼、莱茵哈德·齐默尔曼编：《牛津比较法手册》，高鸿钧、韩世远、耿林、王洪亮、张芝梅、吕亚萍、鲁楠译，北京大学出版社 2019 年版，第 1020 页。

〔62〕对于比较法上各国危险责任的发展的详细介绍，参见李昊：《危险责任的动态体系论》，北京大学出版社 2020 年版。

〔63〕Karl Larenz：《德国法上损害赔偿之归责原则》，王泽鉴译，载王泽鉴：《民法学说与判例研究》（第 5 册），北京大学出版社 2009 年版，第 187 页。

〔64〕Koetz/Wagner, Delitksrecht, 11. Aufl., 2010, S. 195.

导致的损害后果。换言之,“危险责任的根本思想在于不幸损害的合理分配”,[65]是对危险活动施加的经济上的负担。《民法典》中规定的危险责任包括:产品责任,机动车与非机动车驾驶人、行人之间的交通事故责任,环境污染和生态破坏责任,高度危险责任,饲养动物损害责任,建筑物等倒塌、塌陷损害责任。

2. 控制力,即因为某人对于他人基于特定关系而具有控制力,因此需要承担损害赔偿责任。以控制力作为归责事由的无过错责任,主要就是**“替代责任”**。在替代责任中,由于责任人对加害人的行为具有控制力,故而即便其对加害人侵权行为之发生毫无过错,也应负赔偿责任。例如,被监护人给他人造成损害时,监护人应当承担赔偿责任;雇主对于雇员在执行雇佣活动过程中给他人造成的损害,需要承担赔偿责任等。此外,在替代责任尤其是雇主对雇员侵权行为承担责任的场合,还有其他正当化的理由令雇主为他人的行为负责,如报偿理论等。我国《民法典》规定的替代责任包括:监护人责任、用人单位对工作人员因执行工作任务造成他人损害的责任、接受劳务一方对提供劳务一方因劳务造成他人损害的责任。

提　示

在我国民法学说中,“无过错责任”、“危险责任”与“严格责任”这三个概念经常被混用。有学者认为,无过错责任原则就是严格责任、危险责任或风险责任。在美国,无过错责任原则叫严格责任;在德国,则被称为危险责任,在我国澳门按照葡萄牙民法的习惯将之称为风险责任。[66] 也有学者认为,无过失责任不同于严格责任与绝对责任,绝对责任是指法定的责任,只要有法律规定应予防止的损害发生,便可构成责任。严格责任中并非绝对不考虑过失,而实际上是要考虑过失的因素的。但是,在无过失责任中,不仅不考虑加害人的过失,而且也不考虑受害人的过失。[67]

不考虑上述概念在大陆法系和普通法系中的用法与特定含义,本书认为,仅从字面意思来说,这三个概念的侧重点是不同的。无过错责任所强调的是侵权责任构成要件中不包含过错,危险责任则揭示了侵权责任的归责事由是危险。至于严格责任,则表明了对于侵权人的严格程度。从三者的相互关系上说,严格责任可以指比过错责任严格的任何情形,而无过错责任则包括了危险责任。

二、无过错责任的特征

(一)无过错责任不以侵权人的过错为侵权赔偿责任成立的要件

无过错责任之成立,不以侵权人的过错为要件。因此,不管侵权人实际上对于损害的发生是有过错还是无过错,均不影响侵权赔偿责任的成立。从证明责任上说,被侵权人也无须证明侵权人的过错,其只要证明存在加害行为、损害后果及因果关系等客观构成要件即可。然而,在无过错责任中,虽然过错不是责任的成立要件,但并非没有意义。首先,在有些适用无过错

〔65〕　这是 Josef Esser 教授在其名著《危险责任的基础与发展》(Grundlagen und Entwicklung der Gefaehrdungshaftung)中提出的观点。参见 Karl Laren:《德国法上损害赔偿之归责原则》,北京大学出版社 2009 年版,第 187 页。

〔66〕　杨立新:《侵权法论》(第 2 版),法律出版社 2012 年版,第 133 页。

〔67〕　王利明:《侵权行为法归责原则研究》(修订版),中国政法大学出版社 2004 年版,第 131 ~ 132 页。

责任的侵权行为中,侵权人有无特定类型之过错会直接决定能否适用惩罚性赔偿。我国侵权法上的惩罚性赔偿都以侵权人具有特定的过错即故意作为要件,例如,《民法典》第 1185 条规定,故意侵害他人知识产权,情节严重的,被侵权人有权请求相应的惩罚性赔偿。再如,依据《民法典》第 1207 条,只有当生产者、销售者**明知**产品存在缺陷仍然生产、销售,或者没有依据《民法典》第 1206 条的规定采取有效补救措施,造成他人死亡或者健康严重损害时,被侵权人才有权请求相应的惩罚性赔偿。依据《民法典》第 1232 条,侵权人违反法律规定故意污染环境、破坏生态造成严重后果的,被侵权人有权请求相应的惩罚性赔偿。其次,即便法律对于高度危险责任规定了赔偿限额,但是,如果行为人有故意或重大过失,也不适用该限额,被侵权人有权就超出赔偿限额的损害,要求侵权人继续承担侵权责任。再次,在有些适用无过错责任的侵权行为中,只有当受害人对损害的发生具有故意、重大过失时,才能免除或者减轻侵权人的赔偿责任。例如,《民法典》第 1245 条规定:"饲养的动物造成他人损害的,动物饲养人或者管理人应当承担侵权责任;但是,能够证明损害是因被侵权人故意或者重大过失造成的,可以不承担或者减轻责任。"最后,在替代责任中,如果工作人员或者提供劳务一方是故意、重大过失造成他人损害的,那么用人单位或接受劳务一方在承担侵权责任后,可以对有故意、重大过失的工作人员或提供劳务一方进行追偿(《民法典》第 1191 条第 1 款第 2 句、第 1192 条第 1 款第 2 句)。

(二)无过错责任中减免责事由被严格限制

较之于过错责任,无过错责任对侵权人更为严格。这种严格不仅体现在无过错责任不以侵权人的过错为责任成立要件,还表现在其减责与免责事由被法律进行了更为严格的限制。一方面,无过错责任中的减责与免责事由的种类总体上要少于过错责任。例如,当损害是由于第三人的过错造成的,在适用过错责任的侵权行为中,行为人可以免责,而由第三人承担责任。然而,在无过错责任尤其是危险责任中,为了更好地保护被侵权人,即便损害完全是因为第三人过错引发的,责任人也不能免责(如《民法典》第 1233、1250 条)。再如,过错责任中,受害人的一般过失即可减轻侵权人的责任。但是,在很多无过错责任中,只有在受害人具有重大过失时,方能减轻侵权人的赔偿责任(如《民法典》第 1239、1240 条)。另一方面,同为无过错责任的侵权行为,其严格程度也有区别,这种区别就是通过法律对它们的减免责事由作出不同的规定而体现出来的。例如,同为适用无过错责任的饲养动物损害责任,一般饲养动物损害责任中可以被侵权人的故意或者重大过失作为免责或减责事由。但是,立法者特别规定了两类特殊的饲养动物损害责任的情形:一种是违反管理规定,未对动物采取安全措施造成他人损害的情形,此时只有被侵权人故意才能减轻责任(但不能免责),被侵权人只是对损害的发生有重大过失的,不能减轻责任(《民法典》第 1246 条);另一种是禁止饲养的烈性犬等危险动物造成他人损害的情形,此时无论被侵权人对于损害的发生是故意还是重大过失,都既不能减轻责任也不能免除责任(《民法典》第 1247 条)。显然,这两类饲养动物损害责任比一般的饲养动物损害责任更加严格。

(三)无过错责任常有强制责任保险或最高赔偿限额等配套制度

在无过错责任尤其是危险责任中,法律常规定强制责任保险制度以及侵权人的最高赔偿限额,例如,我国《民法典》第 1244 条规定:"承担高度危险责任,法律规定赔偿限额的,依照其规定,但是行为人有故意或者重大过失的除外。"这是因为:首先,适用无过错责任的侵权行为,侵权人的损害赔偿责任很容易成立,加之适用危险责任的侵权行为所造成的损害常常很大、受害人数众多。倘若不限制侵权人的赔偿责任并辅之以保险,则侵权人可能根本无力赔偿或因赔偿而遭受经济上的毁灭性打击,陷入破产境地。在侵权人破产的情况下,不仅受害人无法获得赔偿,而且由于有人因此失业,对于社会也不利。故此,有必要限制最高赔偿数额并辅之保险,从而为侵权人分散赔偿风险。其次,在有最高赔偿限额的情况下,负担危险责任之人可以预算其所负担的危险责任,从而依据其经济能力,评估风险与收益,确定是否从事此项危险活动。[68] 保险公司也可以依据最高赔偿限额来确定风险、计算保险费率,设计出相应的责任保险产品,从而使得危险责任与责任保险制度相配合,分散损害。

三、无过错责任的理论基础

(一)危险责任的理论基础

危险责任中,侵权人为何要在没有过错的情况下也要承担侵权损害赔偿,归纳起来,理论依据有三:危险开启理论、危险控制理论以及报偿理论。

1. 危险开启理论,也称"危险来源理论",依据这一理论,之所以危险物品的所有人或危险活动的行为人要承担危险责任,是因为他们制造了原本不存在的危险,给他人的人身、财产安全带来了巨大的风险。危险责任适用的都是那些具有潜在的高度危险性的行为或活动,如产品的制造与流通、向环境中排放污染物、生产与使用高度危险物品等。尽管这些行为或活动客观上存在损害他人人身财产的高度危险性,但由于它们总体上是对社会有利的,法律不应也不能将之看作违法行为而予以禁止。但是,鉴于从事危险活动之人毕竟**开启了危险源**,将本不存在的危险制造出来了。因此,在该危险现实化并造成了他人损害时,让行为人承担侵权责任,也是公平合理的。由此可见,危险责任仅服务于这一目的,即补偿那些法律允许的危险在具体场合之特定现实化。[69] 例如,存在于自然界的矿物质,即便有辐射,给他人造成损害,也是天意如此,无可厚非。但是,某矿业公司通过采矿活动将这种具有强辐射的物质开采冶炼出来了,那么该公司就制造了这种危险。如果因为该物质的强辐射给他人造成了损害,矿业公司就要承担责任。再如,某公司投资铺设并开通运营了从甲城市到乙城市的高速铁路,这就开启了对周围环境的新的危险,当公司的高铁撞死路人时,公司就要承担危险责任。

2. 危险控制理论。"控制事物的能力本身并不是承担法律责任的基础。有能力阻止灾难的发生和不运用(甚至是故意不运用)此种能力之人对所产生的损害不承担责任","当某人是具有很大危险性的土地或动产的控制者时(当他排他性地使用时),如果他未能照料好这些财产而使得他人受到伤害,那么侵权责任便产生了"。[70] 危险控制理论认为,持有危险物品、从事危险活动之人具有专门的知识、人力与物力,其对所从事之活动及其危险具有最真切的认识,也最有能力控制该危险,从而避免危险之现实化。如果不让他们承担危险责任,而只是承担过错责任,对于受害人显然是极不公平的。因为受害人碍于知识、能力,无法证明他们的过错,同时,这也会使得持有危险物品、从事危险活动之人缺乏足够的控制危险、避免**危险现实化**的动力。例如,产品的制造缺陷基本上是因生产者所致。在产品高度技术化、功能日益复杂化的时代,消费者往往难以知悉产品有无制造缺陷,唯有生产者方可了解并通过提高技术或工艺流程,以消除与避免这一危险。故此,依据《民法典》第1202条,生产者应当就缺陷产品给他人

---

〔68〕 [德]卡尔·拉伦茨:《德国损害赔偿法上的归责原则》,载王泽鉴:《民法学说与判例研究》(第5册),北京大学出版社2009年版,第263页。

〔69〕 Schwarz/Wandt, Gesetzliche Schuldverhaeltnisse, 4. Aufl., 2011, S. 406.

〔70〕 [美]沃伦·A.西维:《侵权法的原则》,载徐爱国组织编译:《哈佛法律评论·侵权法学精粹》,法律出版社2005年版,第40页。

造成的损害负无过错责任。事实上,危险责任也在无形中为从事危险活动、持有危险物品设置了门槛,避免不合格的人随意从事危险活动或持有危险物品,给他人造成损害。

3. 报偿理论。**利益之所在,风险之所归**。“如果一项法律允许一个人——或者是为了经济上的需要,或者是为了他自己的利益——使用物件、雇佣职员或者开办企业等具有潜在危险的情形,他不仅应当享有由此带来的利益,而且也应当承担由此危险对他人造成任何损害的赔偿责任:获得利益者承担损失。”〔71〕从事危险活动的人并非做慈善事业,而是要从活动中获利。既然如此,其因从事对他人有危险的活动或拥有危险物品而获利,自然就要付出相应的代价,这并非不公。

(二)替代责任的理论基础

替代责任就是对他人的侵权行为承担责任。在侵权法中,自己责任是基本原则,而为他人行为负责是例外。既然没有过错,一个人为另一个人的侵权行为负责,就需要正当的理由。归纳起来,替代责任的理论基础包括:控制理论、报偿理论与“深口袋”理论。

1. 控制理论。无论是雇主责任中雇主与雇员之间,还是监护人责任中监护人与被监护人之间,都存在一方对另一方具有较强的控制力的特点。例如,“在雇主雇员的关系中,控制或实施有形控制的权利成为了最突出的因素。无论雇主承担责任是基于身份理论,基于长期赌博玩世不恭的思想,还是基于应当分散事故损失的思想,在这些观点中所强调的都是**控制权**”。〔72〕 替代责任中的**控制权或控制力**,“应当是通过对他人意志的支配或者重大影响来实现的,例如利用相互之间的‘命令—服从’关系,将自己的意志强加给对方,使之在他人的意志驱使或者双方意志共同的驱使之下从事特定的行为。但是,在特殊情况下如对无意思能力人,由于直接加害人并无意思能力,在观念上则认为直接加害人的行为受到了他人的支配或者重大影响”。〔73〕 正是基于这种强大的控制力或影响力,在替代责任中令某人为他人侵权行为承担无过错赔偿责任,能够使之更好地履行监督、管理与教育之职责,有利于避免侵权行为之发生。

2. 报偿理论。报偿理论认为,**享受利益者应承担风险**,如此,方公平合理。无论是用人者责任还是国家赔偿责任,行为人都是在为了责任人的利益而活动,如执行职务、提供劳务,该活动的受益者是雇主或国家。如果雇员或国家机关工作人员要为因执行工作任务给他人造成的损害而个人负责,显然是不公平的,也不利于雇主或国家的利益。例如,在国家赔偿责任中,如果政府官员个人要对其执行公务给他人造成的损害负赔偿责任,势必极大地减少政府的活动,抑制政府职能的实现。〔74〕 因为在官员要对他们的违法行为承担个人责任时,他们将会通过改变其行为模式以便最少地承担风险。与作为政府相对人的私人部门——他们承担风险将获得报酬——所不同的是,政府的官员们几乎不大可能因“正确”的决策而获得报偿,受益的是那些对此习以为常的公众。而且,官员们必须面对技术上的复杂性、不确定性及易变的规则,因有限的政府资源和经常与公众打交道的需要,在信息很少时迅速地作出决策,这些因素都极大地增加了官员们所从事的行为出错的概率。此外,官员们因违法行为造成相对人损害的可能性往往非常

---

〔71〕 [德]克里斯蒂安·冯·巴尔:《欧洲比较侵权行为法》(上),张新宝译,法律出版社2004年版,第10页。

〔72〕 [美]沃伦·A. 西维:《侵权法的原则》,载徐爱国组织编译:《哈佛法律评论·侵权法学精粹》,法律出版社2005年版,第41页。

〔73〕 尹飞:《为他人行为侵权责任之归责基础》,载《法学研究》2009年第5期。

〔74〕 Bruce A. Peterson & Mark E. Van Der Weide, *Susceptible to Faulty Analysis: United States V. Gaubert and the Resurrection of Federal Sovereign Immunity*, 72 NOTREDAME L. Rev. 447, 482 - 483(1997).

大,包括名誉受损、诉讼费用、损害赔偿责任。倘若这些损害都要官员个人负责,对他们而言,将是毁灭性灾难。为了应对这种个人责任的风险,作为政府代理人的官员势必采取种种将个人风险降到最低的策略,例如,无动于衷,完全不采取行动、拖延行动或采取不必要的措施来作记录以证明其行动的正确,或者选择一种虽然对社会整体不利但对其个人风险最小的行动方案等。

3. 深口袋(deeper pocket)理论。通常而言,用人单位都要比工作人员更有钱,被监护人也往往没有自己的财产,只有监护人有赔偿能力。既然如此,在以补偿功能为首要功能的现代侵权法看来,如果要加强对受害人的保护,使其损害最终能够得到补偿,就必须由更有钱的人来承担责任,方属妥当。如果不采取替代责任并且在替代责任的成立要件中不考虑用人单位或监护人的过错,受害人就无法或难以从用人单位、监护人处得到赔偿。此外,用人单位在承担赔偿责任后,也有能力通过产品或服务的定价以及保险将损失加以分散。[75]

四、无过错责任的功能

(一)更好地协调行为自由与权益保护的关系

著名法学家鲁道夫·冯·耶林(Rudolf von Jehring)曾言:“使人负损害赔偿的,不是因为有损害,而是因为有过失,其道理就如同化学上的原则,使蜡烛燃烧的,不是光,而是氧气一般的浅显明白”。[76] 然而,面对蓬勃发展的工业及伴随而来的数量巨大的工伤、交通事故等损害事故,耶林的这一观点被认为是针对时代挑战作出的错误判断。[77] 现代科学技术的发展带来了越来越多的具有巨大危险性的活动、设备和物质。由于这些活动、设备和物质总体上对于社会的发展是有益的,法律不能也不应禁止它们。申言之,法律既不能将之视为违法活动,也不能简单地将从事这些危险活动本身看成有过错的行为。尽管这些危险活动或危险物质与设备的存在是法律允许的,可是当危险现实化造成他人损害时,也不能使受害人蒙冤受屈,行为人理应负赔偿责任。由此可见,危险责任是法律应对现代工业社会的危险而作出的反应,它既使得那些有益于社会的危险活动得以继续进行,又不会令无辜的受害人蒙受不利。通过对“不幸损害的合理分配”,可以说,无过错责任很好地协调了权益的保护与行为自由之间的关系。[78]

德国法学家瓦格纳在评论耶林的上述错误判断时指出,“潘德克顿学者更钟情于法律理论与古代罗马法上的问题,而不是他们自己时代的实际需要。即便像鲁道夫·冯·耶林这样的天才般的头脑也无法阻止迎接工业革命及其接踵而来的大量明显社会问题的诱惑”,“冯·耶林的错误判断被随后19世纪的进步暴露无遗,这进一步见证了关于事故的法律中过错原则在德国的衰落;工厂主以及蒸汽机运营人的责任早在1871年就根据严格责任得以确立,工业事故的赔偿于1884年就完全从侵权制度中独立出来,并且机动车事故的严格责任经立法按批准早在1909年就被引入。在20世纪的大部分时间里,严格责任得到了发展,尽管是以特别法的形式被置于《德国民法典》之外”。[79]

---

〔75〕 B. S. Markesinis & S. F. Deakin, Tort Law, 4th ed., Clarendon Press, 1999, p. 532.

〔76〕 王泽鉴:《侵权行为》,北京大学出版社2009年版,第12页。

〔77〕 Koetz/Wagner, Deliktsrecht, 11 Aufl., 2010, Rn492.

〔78〕 诚如彼得·凯恩教授所言:“结果责任的思想基础是,冒险是普通人生活的一部分,在我们进行冒险时,事情有时候会向好的方向发展,有时候又会变得很糟。由于在事情向好的方向发展时,我们会从中获益,因此,在事情变糟时,我们也应该承担责任,即使我们无力防止这种糟糕的结果的出现。”[澳]彼得·凯恩:《侵权法解剖》,汪志刚译,北京大学出版社2010年版,第56页。

〔79〕 [德]马蒂亚斯·赖曼、莱茵哈德·齐默尔曼编:《牛津比较法手册》,高鸿钧、韩世远、耿林、王洪亮、张芝梅、吕亚萍、鲁楠译,北京大学出版社2019年版,第1019页。

（二）更有效地预防损害的发生

在过错责任中，“过错”这一构成要件可以促使行为人尽到应有的注意义务，以避免损害的发生。由于取消了对侵权人过错的要求，所以，无过错责任难以借助侵权责任的成立要件来发挥预防损害的功能，但是，它依然可以通过经营成本来实现预防损害的功能。具体来说，通过使从事危险活动的行为人或者利用他人为自己服务的人在无过错时也要承担责任，无过错责任将在以下两方面起到预防损害的作用：一方面，行为人要避免承担赔偿责任，就必须增加投资，加强管理，改善软硬件环境，从而提高活动与行为的安全性，降低损害发生的概率；另一方面，如果行为人不愿意增加投资、加强管理进而提高活动的安全性，那么赔偿责任就会迫使其将危险活动减少到必要的程度以实现净利润，甚或彻底停止该活动，否则行为人经济上就会亏本。〔80〕

第五节　公平责任

一、公平责任的含义与发展

（一）《民法通则》的规定

公平责任，是指当事人对于损害的发生都无过错且法律又未规定适用无过错责任，此时，由法院依据**公平的观念**，在综合考虑受害人的损害、双方当事人的财产状况及其他相关情况的基础上，决定由加害人与受害人对该损害加以分担。我国法上对公平责任的最早规定始于1987年施行的《民法通则》。该法通过“**具体列举+一般规定**”的模式来规定公平责任。所谓“具体列举”就是在《民法通则》及司法解释中规定了三种适用公平责任的具体情形，分别为：(1)因防止、制止国家的、集体的财产或者他人的财产、人身遭受侵害而使自己受到损害时，受益人的适当补偿责任（《民法通则》第109条）；(2)有财产的无行为能力人、限制行为能力人致人损害而财产不足以补偿损害时，监护人的适当赔偿责任（《民法通则》第133条第2款）；(3)因自然原因引起的险情，紧急避险人承担的适当的民事责任（《民法通则》第129条、《民法通则意见》第156条）。至于公平责任的“一般规定”，就是《民法通则》第132条。该条规定公平责任的一般适用条件，即凡是“当事人对造成损害都没有过错的”，就可以根据实际情况，由当事人分担民事责任。《民法通则意见》第157条将该条细化为“当事人对造成损害均无过错，但一方是在为对方的利益或者共同的利益进行活动的过程中受到损害的，可以责令对方或者受益人给予一定的经济补偿”。

（二）《侵权责任法》的变化

《侵权责任法》继续保留了公平责任，这是因为大多数人都赞同继续规定公平责任。在他们看来，“公平责任原则体现了民法的公平精神，有利于建立和发展平等、团结、互助、友爱的社会主义新型关系”，故此我国应当保留这一有中国特色的规定。〔81〕不过，与《民法通则》相比，《侵权责任法》对公平责任的规定，也有一些变化。

---

〔80〕［德］汉斯-贝恩德·舍费尔、克劳斯·奥特：《民法的经济分析》（第4版），江清云、杜涛译，法律出版社2009年版，第196页。

〔81〕全国人大常委会法制工作委员会民法室编：《侵权责任法立法背景与观点全集》，法律出版社2010年版，第155页。

首先,对公平责任采取了统一的表述。《民法通则》中对公平责任的表述很不统一,有的地方使用“适当补偿”,有些地方又用“承担适当的民事责任”。《侵权责任法》则对公平责任采取了更为规范的表述,即凡是该法明确规定适用公平责任的条文,使用的都是“补偿”,而非“赔偿”或“民事责任”。在立法者看来,既然按照过错责任或无过错责任,被告无须承担民事责任,那么基于公平责任而要求被告适当分担损失,就不应使用“赔偿”或“民事责任”等口气过于强硬的表述。此类强硬的用词会引起被告的反感,不利于纠纷的解决。

其次,增加了适用公平责任的具体情形。《侵权责任法》继续采取了《民法通则》确立的“**具体列举+一般规定**”的模式来规定公平责任,[82]该法第24条是对公平责任的一般性规定。除此之外,《侵权责任法》又规定了适用公平责任的几类具体情形。不过,《侵权责任法》规定的适用公平责任的情形与《民法通则》有所不同。依据《侵权责任法》,以下情形适用的是公平责任:(1)见义勇为中受益人对被侵权人的补偿(第23条);(2)自然原因引起危险时,紧急避险人对受害人的补偿(第31条第2句);(3)完全民事行为能力人暂时没有意识或失去控制造成他人损害且无过错时对受害人的补偿(第33条第1款);(4)高空抛物或坠落物造成损害时,由可能加害的建筑物使用人对受害人的补偿(第87条)。

提 示

与《民法通则》第132条相比,《侵权责任法》第24条的文字表述有两处变化:其一,以“受害人和行为人”代替了“当事人”。其二,以“分担损失”取代了“分担民事责任”。有学者认为,这些改变意味着:立法者旨在“节制”衡平责任,避免其一般化、原则化,尽量避免其与过错责任(包含过错推定责任)和无过错责任平起平坐。借此,一方面贯彻宪法对于私人财产保护的思想,另一方面防止审判实践中“逃向”一般条款的现象再度发生。[83] 查考立法资料可知,《侵权责任法》第24条文字变动的原因并非如此。首先,第24条之所以将“当事人”变为“受害人和行为人”是因为,侵权法律关系中的当事人包括行为人、受害人与责任人等,而对损害的发生有无过错应当考察的只有受害人与行为人。为明确起见,依据《侵权责任法》第24条,只要受害人与行为人没有过错即可考虑适用公平责任。其次,将“分担民事责任”改为“分担损失”的理由有二:一方面,民事责任的范围甚广,不仅包括赔偿损失,还包括赔礼道歉、恢复名誉、返还财产等。显然,公平责任只是解决损失填补的问题,与诸如赔礼道歉、恢复名誉、返还财产等民事责任的承担方式没有关系;另一方面,公平责任并非由行为人赔偿受害人的损失,而只是补偿受害人的损失,且不可能补偿其全部损失,只是根据具体情况适当分担受害人损失。[84]

---

[82] 在《侵权责任法》起草过程中,一些学者认为,在《侵权责任法》中应当对公平责任的适用范围作出明确的规定或限制,例如,将《民法通则》第132条修改为“受害人和行为人对损害的发生都没有过错的,如果法律有明确的规定,可以根据实际情况由双方分担赔偿责任”,或者在法律中对公平责任的适用情形逐一列举,否则会导致法官滥用公平责任,破坏侵权法的归责原则体系。但是,也有人认为,公平责任既不适用于过错责任,也不适用于无过错责任,对适用公平责任的情形也无法一一列举。参见全国人大常委会法制工作委员会民法室编:《侵权责任法立法背景与观点全集》,法律出版社2010年版,第172页。

[83] 张谷:《论〈侵权责任法〉上的非真正侵权责任》,载《暨南学报》(哲学社会科学版)2010年第3期。

[84] 全国人大常委会法制工作委员会民法室编:《侵权责任法立法背景与观点全集》,法律出版社2010年版,第54页;王胜明主编:《中华人民共和国侵权责任法解读》,中国法制出版社2010年版,第106页。

（三）《民法典》对公平责任适用范围的限制

公平责任固然有其存在的合理性，但由于公平责任完全是以财产之有无、多寡作为责任分担的依据，是道德规范的法律化，实践的是分配正义而非矫正正义。[85] 因此，对公平责任的适用范围须严加限制，否则会造成有资力的一方当事人承担社会保障的任务。如果不限制公平责任的适用范围，实务中也难免使法院不审慎地认定加害人是否具有过失，加害行为是否适用无过错责任等问题，仅是出于方便、人情或其他因素的考虑就向公平责任逃避。最终，导致过错责任和无过错责任无法发挥应有的预防损害之规范功能，软化侵权法归责原则的体系构成。[86] 加之，我国法上还存在《民法通则》第132条与《侵权责任法》第24条这种对公平责任的一般性、模糊性的规定，[87]因此，公平责任的适用将变得更加难以确定，当事人对自己的行为也将完全丧失可预期性（参见表3.5.1）。

表3.5.1　司法实践中适用《民法通则》第132条的案件类型

类型	案情
中小学体育运动中人身伤害	原告、被告和朋友一起打羽毛球，其中原、被告搭档配合进行混双对打。被告回球时，球击中了原告的右眼［陆兰诉庞博人身损害赔偿案，广西壮族自治区南宁市青秀区人民法院（2006）青民一初字第1697号民事判决书］
	未成年学生课间休息时与老师踢球，被老师的踢球行为所伤［未成年学生张临寒在课间休息时与老师踢球中为老师踢球行为所伤诉北京科技大学人身损害赔偿案，载《人民法院案例选》（总第42辑），第137页以下］
	原被告均为高二学生，在参加学校组织的校园课外足球比赛时，因争球发生碰撞，原告受伤［耿山诉胡从建足球比赛中因抢球致伤人身损害赔偿案，载李飞坤、李力主编：《参阅案例研究·民事卷》（第1辑），第33页以下］
受害人猝死且被告无过错	顾客在被告洗浴中心洗澡时猝死。被告立即拨打了急救电话，尽到了合理限度范围内的安全保障义务，无任何过错［唐渐鸿与苗壮等人身损害赔偿纠纷上诉案，河南省郑州市中级人民法院（2010）郑民二终字第602号民事判决书］
	顾客酒后至被告处足浴时猝死，被告已在合理限度范围内尽到了安全保障义务，没有过错［崔生秀等诉厦门都会健康俱乐部有限公司人身损害赔偿纠纷案，载《人民法院案例选》（总第70辑），第156页以下］
车辆被划伤且被告无过错	业主停放在小区地下车库的高级轿车被他人划伤。法院认定，物业公司对车库尽了相应的管理责任，对原告的车辆受损不存在过错。鉴于原、被告对车辆受损均无过错，根据公平原则，酌定由物业公司承担10%的责任［杨晓燕诉厦门市银鼎岩物业管理有限公司损害赔偿纠纷案，载《人民法院案例选》（总第69辑），第84页以下］

---

〔85〕王泽鉴：《侵权行为》，北京大学出版社2009年版，第401页。

〔86〕王泽鉴：《民法学说与判例研究》（第6册），北京大学出版社2018年版，第293页；小口彦太：《日中侵权行为法的比较》，载《法制与社会发展》1999年第3期。

〔87〕关于《侵权责任法》第24条的性质，存在一般条款说、归责原则说与责任构成要件说等三种观点。参见王利明：《侵权责任法研究》（上卷），中国人民大学出版社2010年版，第280页。

续表

类型	案情
当事人均无过错，但一方是在为对方的或共同的利益进行活动的过程中受害	原告之近亲属(受害人)与被告一同去购买桐树及红薯片。返回途中因平板车轮胎漏气,受害人与被告下车修理时,受害人被一过往车辆撞死,被告被撞伤。肇事者逃逸,而被告也无过错[丁兆亚诉丁钦印破坏交通事故现场致不能查出逃逸肇事车辆应负其父在车祸中死亡的赔偿责任案,载《人民法院案例选》(总第36辑),第147页以下]
	犯罪分子制造的爆炸物在餐厅爆炸,受害人与被告均无过错。但是,受害人一家是在实施有利于被告获利的就餐行为时使自己的生存权益受损,被告受损的则主要是自己的经营利益。二者相比,受害人受到的损害比被告更为深重,社会各界(包括被告本身)都对李萍、龚念一家的遭遇深表同情。依据《民法通则意见》第157条和受害人一家的经济状况,为平衡双方当事人的受损结果,被告应酌情给受害人经济补偿(李萍、龚念诉五月花公司人身伤害赔偿纠纷案,载《最高人民法院公报》2002年第2期)
机动车交通事故责任	受害人与被告共驾乘一辆无牌二轮摩托车发生翻车事故,导致受害人死亡,被告受伤。现无法查明,事发时该摩托车究竟是由被告还是受害人驾驶[万建周等与万振海生命权、健康权、身体权纠纷上诉案,河南省安阳市中级人民法院(2010)安民二终字第198号民事判决书]
	原被告的机动车相撞,造成人身伤亡和财产损失。原、被告应在其交强险责任限额范围内分别对对方予以赔偿。超过责任限额部分,因双方均不足以证明对方的过错,故应按公平责任原则,由原、被告分担损失[魏继棚与陈彬财产损害赔偿纠纷上诉案,河南省郑州市中级人民法院(2009)郑民一终字第555号民事判决书]
产品责任	被告的药品致受害人死亡,但由于造成损害的药品在当时的科学技术水平下符合国家药典的规定,因此被告具有免责事由。但毕竟被告因生产和销售药品获得了利益,而受害人确实因服用该药而死亡,因此适用公平责任[方加堂等与宜昌德仁堂医药零售连锁有限公司胜利一路连锁店等侵权纠纷上诉案,载《人民法院案例选》(总第66辑),第93页以下]

本来,法官在依据《侵权责任法》处理侵权损害赔偿纠纷时的思维顺序是:先看是否属于特殊侵权,即适用无过错责任或过错推定责任;如果不是特殊侵权,而是一般侵权,则考察被告是否具有过错从而构成一般侵权。如果被告没有过错,则考察是否适用《侵权责任法》规定的四类适用公平责任的情形。如果也不适用,则受害人自担损害。但是,在有了《侵权责任法》第24条的情形下,如果受害人没有过错,行为人对损害的发生没有过错且不适用无过错责任,那么行为人也可能会被强制要求对受害人进行适当补偿。这样一来,就毫无道理地增加了受害人获得赔偿的概率。例如,受害人在被告的店里突发疾病,被告采取了相应措施,不存在任何过错。受害人自身突发疾病也谈不上有过错,这种情况下,受害人死亡就是天意,不构成法律上的损害,被告无须承担赔偿责任,法院也不应强制被告进行补偿。[88] 然而,依据《民法通则》第

---

〔88〕 在笔者检索的案例中,只有极少数法院拒绝在这种情形下适用《侵权责任法》第24条。例如,在"张某等诉上海某机动车驾驶员培训有限公司生命权纠纷案"中,一审法院认为:"本案争议的焦点在于原告是否有权依据侵权责任法第24条规定要求被告赔偿损失。原告认为,被告虽没有具体的加害行为,但陆某是在驾驶培训过程中死亡的,所以被告应承担责任。被告认为,陆某是在休息时间上厕所昏迷的,被告没有加害行为,不应赔偿原告损失。本院认为,侵权责任法第24条的理论依据在于社会公平观念,该规定主要解决的是双方当事人对损害都无可归责性情形下如何在双方间分配损失的问题。侵权责任法第24条虽规定行为人没有过错也应承担责任,但该条款的规定当以相对方存在侵权行为为前提,在此基础上再行考虑行为人的行为与受害人的损害之间的关系,受害人的损害与行为人的行为具有因果关系是行为人分担受害人损失的基础。本案中,原告确认被告没有实施过具体的加害行为,也即被告无侵权行为,同时,原告提供的现有证据也无法证明被告的培训行为与陆某的死亡存在因果关系,故在既无请求权基础又无损害因果关系的情况下,原告要求被告赔偿损失的诉讼请求,于法无据,本院难以支持。"上海市松江区人民法院(2013)松民一(民)初字第5774号民事判决书。

132 条与《侵权责任法》第 24 条这样的一般规定，法院依然可以强制被告对原告进行补偿。[89]

在我国《民法典》编纂时，由于出现了“郑州劝阻吸烟案”“广东香蕉噎死孩子案”等影响很大、备受社会关注的案件，因此，人大代表、有关部门和专家学者在《民法典》编纂中也借此机会重新提出了公平责任的存废问题。[90] 这就使得立法机关不得不重新审视《侵权责任法》《民法通则》对公平责任的规定是否合理。全国人大宪法和法律委员会认为：“实践中，该规定因裁判标准不明导致适用范围过宽，社会效果不是很好。为进一步明确该规则的适用范围，统一裁判尺度”，《民法典》将侵权责任法规定中的“根据实际情况”修改为“**依照法律的规定**”，即《民法典》第 1186 条规定：“受害人和行为人对损害的发生都没有过错的，依照法律的规定由双方分担损失。”

本书认为，《民法典》作出上述修改是非常必要的。首先，通过将“可以根据实际情况”由双方分担损失，修改为“依照法律的规定”由双方分担损失，意味着《民法典》施行后，法官只能依据法律的规定，而不能自行决定根据所谓的实际情况来适用公平责任。这就极大地限缩了公平责任的适用，从根本上防止了滥用公平责任，软化侵权法归责原则的体系。

其次，所谓“依照法律的规定”中的“法律”仅限于狭义的法律，即全国人民代表大会及其常务委员会制订的规范性法律文件。这种对公平责任的法律保留，意味着不论是行政法规、地方性法规，还是最高人民法院的司法解释抑或部门规章、地方政府规章，都不得规定公平责任的适用情形。而通过保留公平责任并将其适用范围限定在“法律的规定”，也可以为将来可能出现的确实需要适用公平责任的情形预留空间。

最后，《民法典》第 1186 条中的“法律”既包括《民法典》，也包括其他的单行法律。《民法典》规定的适用公平责任的情形有以下五种：(1)因自然原因引起的危险，紧急避险人对受害人的补偿责任(第 182 条第 2 款)；(2)见义勇为时受益人的补偿责任(第 183 条)；(3)完全民事行为能力人对自己的行为暂时没有意识或者失去控制造成他人损害且没有过错时，对受害人的补偿责任(第 1190 条第 1 款)；(4)提供劳务一方因第三人的行为而遭受损害时，接受劳务一方承担的补偿责任(第 1192 条第 2 款)；(5)高空抛掷物或坠落物造成他人损害，经调查难以确定具体侵权人且无法证明自己不是侵权人时，可能加害的建筑物使用人的补偿责任(第 1254 条第 1 款)。

二、公平责任的成因及利弊

从比较法来看，不少国家或地区的民法上也都有“公平责任”(Billigkeitshaftung)或“衡平责任”。例如，《德国民法典》第 892 条、《意大利民法典》第 2047 条第 2 款、《瑞士债务法》第 54 条第 1 款、《比利时民法典》第 1386 条、我国台湾地区“民法”第 187 条第 3 款等，均为公平责任的规定。但这些规定只适用于极个别的情形。例如，《德国民法典》第 829 条的公平责任仅适用于加害人没有过错且因种种原因(如没有监督义务人、监督义务人丧失赔偿能力等)受害人

---

[89] 只有极少数法院拒绝在这种情形下适用《侵权责任法》第 24 条。参见张某等诉上海某机动车驾驶员培训有限公司生命权纠纷案，上海市松江区人民法院(2013)松民一(民)初字第 5774 号民事判决书。

[90] 在我国立法中始终存在这样一个“怪现象”，即某条不合理的法律规定或者某个本应规定的问题，理论界与实务界一直呼吁废除、修改或者增加，理由都很充分，却不知为何，这些呼吁始终是徒劳的。结果，在某一天因为一个突发的、极端的事件被媒体报道，引发了全社会的关注，于是，相关规定就很容易地被废除、修改或增加了。面对这种现象，人们是不是有必要认真反思并真正实现立法的科学化与民主化！

无法获得赔偿的时候。[91]《意大利民法典》第2047条第2款适用于无判断能力和意思能力者造成损害且负有监护义务之人不能赔偿损失之时。《瑞士债务法》第54条第1款也仅适用于无判断能力者造成损害的情形。[92] 我国台湾地区"民法"第187条第3款规定:"如不能依前二项规定受损害赔偿时,法院因被害人之声请,得斟酌行为人及其法定代理人与被害人之经济状况,令行为人或其法定代理人为全部或一部之损害赔偿。"相比于域外法,我国法上公平责任不仅地位极其重要(不少人甚至将之视为归责原则之一),而且适用范围甚广,不仅有多个具体适用情形的规定,还有一般性规定。

之所以出现这种情形,原因是多方面的。首先,从历史的角度来看,公平责任是我国长期以来民事法律制度不完善的必然结果。20世纪80年代《民法通则》颁布后,很长一段时间内,我国民事法律规范都极不完善。一方面,许多侵权行为尤其是适用无过错责任的侵权行为缺乏法律上明确的规定。这就导致了,原本案件该适用无过错责任,却由于缺少规定以致无法适用。然而,受害人本身没有过错,其也无法证明加害人的过错。这种情况下法官似乎只能适用公平责任,"各打五十大板"了事。另一方面,对于民事证据法则,缺乏规定且不少法官本身也不熟悉。在许多当事人本来因举证不力而应承担败诉风险的案件中,由于法官没有掌握举证责任的分配规则,而错误地认为属于当事人双方都没有过错的情形,进而适用公平责任。其次,从民族心理来说,公平责任的出现也有其相当的必然性。一方面,在受害人死亡的案件中,即便被告没有任何过错且不适用无过错责任,由于"毕竟人死了"之类的观念影响甚大,为了抚慰受害人家属和平息纠纷,法官甚至被告都认为,给些金钱了事是有合理性的。另一方面,我国传统观念是"不患寡,患不均"。计划经济年代下,大家都穷,相互之间发生侵权纠纷,如果被告没有过错,法官不会认为同样贫穷的被告就一定要补偿贫穷的原告。可是,改革开放以来,社会贫富差距在拉大,富者越富,穷者越穷,社会上逐渐出现了强烈的仇富心理,而各种社会保障制度又很不完善。在这种情况下,如果死者或伤者是穷人,则作为富人的被告即便没有过错,且不适用无过错责任,法官也会认为,富人经济状况好,出一些钱,分担一些受害人的损害是合情合理的。由此可见,我国法上的公平责任并不是建立在个人主义而是集体主义的观念基础之上的。其主要目的并非协调权益保护与行为自由的关系,而是通过模糊处理消除当事人之间的权利边界,起到维护社会稳定的作用。

三、公平责任的性质

关于公平责任的性质问题,理论上存在很大的争议,主要集中在如何认识公平责任在侵权法中的地位。易言之,公平责任究竟是一项独立的归责原则,还仅仅是民法公平原则在侵权行为法中的体现。

(一)独立归责原则说

此说认为,公平责任是侵权法中的一项独立的归责原则。

首先,公平责任既不同于过错责任也有别于严格责任,它具有相当的特殊性与功能,且该原则有独特的适用范围。侵权法是一个开放的体系,而非自我封闭的系统。在这个体系中存在多项归责原则,不能认为只有过错责任原则或者危险责任属于归责原则,而公平责任就不属

[91] Hans Brox/Wolf-Dietrich Walker, Besonderes Schuldrecht, 33. Aufl. 2008, § 40 Rn. 9.

[92] OFK-Fischer, OR, 2. Aufl., 2009, 54 N 1-9.

于归责原则。[93]

其次,公平责任作为配合过失责任发挥作用的归责原则,虽不能像过错责任原则那样广泛地适用于大量的案件,但由于在许多当事人双方均无过错的情况下不能用过错责任处理,从而也为公平责任的适用提供了较为广泛的领域,所以不能认为公平责任原则仅适用于个别案件。[94]

最后,从国外的立法来看,也有不少国家对之作出了规定。例如,《瑞士债务法》第 44 条第 2 款规定:"执行赔偿将给责任方造成经济上的困窘的,法院可以适当减少其赔偿额,但行为人由于故意或者重大过失或者不谨慎造成损害的除外。"《德国民法典》第 829 条规定:"以不能从负有监督义务的第三人那里获得损害赔偿为限,在第 823 条至第 826 条所称情形之一里依照第 827 条、第 828 条对其引起的损害不负责的人,在根据情况,特别是根据利害关系人的状况,赔偿损害为公平所要求的限度内,和不剥夺其为维持适当的生计以及为履行法定扶养义务所需要的金钱的限度内,仍然必须赔偿损害。"《荷兰民法典》第 6:109 条规定:"在具体条件下,包括责任的性质、双方之间的法律关系和他们的经济上的能力,如果判决全额赔偿将导致明显的不能接受的后果时,法官可以减少赔偿损失的义务。"

(二)公平原则体现说

持此说的学者认为,公平责任并非一项独立的归责原则,它只是公平原则在侵权法中的体现而已。理由在于:

首先,公平责任不具有普遍适用性。所谓原则就是指从某类问题中抽象出来并对解决该类问题普遍适用的基本准则。一方面,公平责任是当事人双方对造成的损害都无过错的责任,它不是以侵权行为人主观上存在过错作为承担侵权责任的依据,而是根据损害后果加以确定。这种无过错也要承担侵权责任的情况,只是大量的侵权行为中的极少数,并且是有条件限制的。张佩霖教授认为,只有那种适用范围达到 80% ~95% 的东西才能称为原则。可是,所谓公平责任原则只能适用于极少数的情况,不能成为普遍适用于大量存在的侵权行为的准则。[95]另一方面,从侵权责任的形式看,公平责任原则只适用于赔偿损失这种侵权责任形式,对其他大多数的侵权责任形式,它是丝毫不起作用的。从以上两个方面看,公平责任原则不能成为侵权责任的归责原则。[96]

其次,从公平责任的性质上看,它属于无过错责任的范畴。在侵权行为法理论上,过错责任和无过错责任是两个相对应的范畴,在这两者之间不可能存在第三种责任。因为侵权行为人的主观态度只存在过错和无过错两种状态,非此即彼。既然如此,公平责任就不可能在过错责任和无过错责任之外独立存在,它只能从属于其中的一种责任。从特征上看,公平责任与无过错责任的基本特征是相同的,即它们都不以侵权行为人主观上的过错作为承担侵权责任的要件,两者都无过错也要承担责任。因而,公平责任只能从属于无过错责任,是无过错责任的

---

〔93〕 王利明:《侵权行为法研究》(上卷),中国人民大学出版社 2004 年版,第 286 页;徐爱国:《重新解释侵权行为法的公平责任原则》,载《政治与法律》2003 年第 6 期。

〔94〕 王利明:《侵权行为法研究》(上卷),中国人民大学出版社 2004 年版,第 287 页。

〔95〕 张佩霖主编:《中国民事法律理论与实务》,法律出版社 1992 年版,第 265 页。

〔96〕 房绍坤、武利中:《公平责任原则质疑》,载《西北政法学院院报》1988 年第 1 期。

一种类型。可见,认为公平责任原则是侵权责任的归责原则与无过错责任是相矛盾的。[97] 还有学者认为,公平责任之所以不是一项归责原则,原因在于:它只是一种损失分摊的原则或规则,而非责任确定的原则,而归责原则必须是能够决定责任成立与否的原则。从国外的立法来看,公平责任都只是一项责任成立之后的损失分摊归责,而非责任的确定原则。《民法通则》第132条中"由当事人分担民事责任"这一表述本身就混淆了民事责任与损失负担。民事责任是依法对行为人的行为进行价值判断的法律后果,在对行为人的行为进行价值判断的阶段,法律或者法官并不关心其判断本身对行为人的利益将产生的影响,而只是考虑行为本身在法律上产生的效果,亦即行为是否正当合理,而无论行为正当与否给行为人带来的利益上的后果。从逻辑上看,只有先判断完毕责任成立与否,才能进行利益分配或者调整。[98] 易言之,依据公平责任所要解决的不是加害人的责任依据问题,而是解决损害后果的合理分担,不是赔偿而是补偿。[99]

再次,如果将公平责任作为一项归责原则将对侵权行为法产生诸多不利影响。除前述王泽鉴教授的观点,日本中国法研究专家小口彦太教授在评论《民法通则》第132条时也指出,如果仔细观察一下适用第132条的实际案例,本来明显存在过失的案件中,也同样适用本条款。结果第132条的存在不仅妨碍了过失理论的发展,而且中国的侵权行为法体系有解体的危险。本来在有过失的情况下,采用第132条与第106条来解决问题,结果是相同的,但是两者在理论的构成上存在很大的不同,适用第106条时,需要在法律上探讨该行为是否符合适用法规定的过错要件。如果根据第132条,就会放弃关于是否存在过错的法律讨论,导致以实际情况这种非法律性命题的语言结构的结论来处理该问题。[100]

最后,认为公平责任原则是侵权责任的归责原则,与过错责任和无过错责任相提并论,容易造成两个方面的缺陷:一方面容易造成三种责任主次轻重不分和混乱。过错责任、无过错责任、公平责任在适用范围和重要性等方面有很大不同。把个别情况下适用的公平责任与普遍适用的过错责任同等对待,就降低了过错责任的地位和作用,侵权责任也就失去了立足点,而把内容重叠的公平责任与无过错责任等量齐观又很难自圆其说,必然引起混乱。另一方面容易造成误解,似乎过错责任和无过错责任是不公平的。实际上,过错责任是公平的,由于自己的过错造成他人损害,对此承担侵权责任,就体现了公平观念。当然,纯粹的过错责任包含不公平的因素,因而才产生无过错责任据以弥补该缺陷。无过错责任也是公平的,虽然侵权行为人主观上无过错也要承担侵权责任,这似乎对侵权行为人是不公平的。但是法律为了保护受害人的利益,恢复破坏了的民事关系,规定在某些情况下即便行为人没有过错也要承担侵权责任,这是损害的社会化分散,对受害人来说是公平的。对加害人来说,也难谓不公。

(三)本书的观点

笔者认为,公平责任并非一项独立归责原则。在我国法上,公平责任只是法律规定的例外情形;也就是说,在公平责任中,法律基于公平的考虑在加害人与受害人之间强制进行了损失

---

〔97〕 孙亚明主编:《民法通则要论》,法律出版社1991年版,第241页;房绍坤、武利中:《公平责任原则质疑》,载《西北政法学院院报》1988年第1期。

〔98〕 米健:《关于公平归责原则的思考》,载《中外法学》1997年第1期。

〔99〕 张新宝:《中国侵权行为法》(第2版),中国社会科学出版社1998年版,第68页。

〔100〕 小口彦太:《日中侵权行为法的比较》,载《法制与社会发展》1999年第3期。

分摊，而非确定了由加害人承担侵权赔偿责任。因此，从本质上说，公平责任不属于责任确定的原则，更不属于归责原则。

四、见义勇为者的补偿请求权

子曰："见义不为，无勇也。"孟子曰："生，我所欲也，义，亦我所欲也；二者不可得兼，舍生而取义者也。"为弘扬社会正气，鼓励见义勇为之举，在《民法典》颁行前，《侵权责任法》第23条、《民法通则》第109条赋予了因见义勇为而受损害者针对受益人的补偿请求权。这也是公平责任的具体适用情形之一。《民法通则》第109条并未将侵害人不能或无力承担责任作为受益人补偿的前置条件，《侵权责任法》第23条则将受益人的补偿责任置于第二顺序，以"侵权人逃逸或者无力承担责任"作为受益人给予适当补偿的前置条件。

我国《民法典》第183条规定："因保护他人民事权益使自己受到损害的，由侵权人承担民事责任，受益人可以给予适当补偿。没有侵权人、侵权人逃逸或者无力承担民事责任，受害人请求补偿的，受益人应当给予适当补偿。"这就是说，在实施保护他人民事权益的行为（俗称的"见义勇为"）时，如果见义勇为者因此遭受损害的，首先应由侵权人承担责任（参见案例3.5.1）。这也是自己责任原则的基本要求。既然侵权人造成了见义勇为者的损害，当然要由其承担侵权责任，如果不要求侵权人承担侵权责任就直接请求受益人补偿，既不利于制裁侵权人，也不利于节约司法资源（受益人补偿后还需要向侵权人追偿）。故此，侵权人是第一位的责任人。例如，A正在针对B实施抢劫行为，C从此路过，上前制止，A将C扎伤，此时A为侵权人，C属于为了保护B的人身权益而遭受损害的受害人，B则属于受益人。那么，当然应当由A承担侵权责任。

案例阅读

案例3.5.1
国任财险北京分公司与高连荣等机动车交通事故责任纠纷案

值得研究的是，如果见义勇为者是在保护遭受第一个侵权人侵害的人时，遭受了第二个侵权人的损害，此时，见义勇为者除请求第二个侵权人承担侵权责任外，能否要求第一个侵权人承担侵权责任？例如，甲开车将乙撞倒后驾车逃逸，路过的丙见状去救助乙，在救助乙的时候被丁驾驶的汽车撞伤。此时，丙除了要求丁承担赔偿责任外，能否要求甲承担侵权责任呢？在普通法上，这就是著名的"**救助案**"（Rescue Cases），问题的核心在于，侵权人甲对于丙是否负有注意义务（duty of care）。申言之，侵权人甲是否不仅对直接受害人乙负有注意义务，而且对于救助者丙也负有注意义务？〔101〕在美国1921年的Wagner v. International Ry. 案中，A为了救助因为被告的原因从火车上掉入峡谷中的B，也掉入峡谷。初审法院认为，被告对A没有过失并否定了A因此受到伤害的赔偿请求，但是上诉后，美国著名法官卡多佐（Cardozo）认为，A有权获得赔偿。在该案中，Cardozo提出了著名的"危险呼唤救助"（Danger invites rescue）的理论。从此之后，美国法院通常承认对于第一个受害人存在过失的被告可能对受伤的救助者也要承担责任，只要其行为不是完全异常或者无可救药的。〔102〕德国法上则是从因果关系的角度来解决救助的案件，即肯定在紧急救助案件中救助人的损害与侵权行为之间存在相当因果关系。〔103〕笔者认为，究竟从过错还是因果关系的角度来解决救助案件只是法律技术上的差异，结果都是

---

〔101〕 Basil S. Markesinis & Hannes Unberath, *The German Law of Torts: A Comparative Treatise*, 4th ed., Hart Publishiing, 2002, at 110–111.

〔102〕 [美]丹·B. 多布斯：《侵权法》（上册），马静等译，中国政法大学出版社2010年版，第398页。

〔103〕 王泽鉴：《侵权行为》，北京大学出版社2009年版，第201页。

相同的。因为救助处于危险中的他人,从避免损害或减少损害的合理行为,对于社会整体而言是有价值的行为,是值得鼓励的行为。因此,既不能认为受害人是有过错的,从而适用过失相抵,也不能认为中断因果关系。故此,就上述案件,应当认定第一个侵权人甲不仅要向乙承担侵权赔偿责任,也要向救助者丙承担侵权赔偿责任。

在“没有侵权人”“侵权人逃逸或者无力承担责任”时,见义勇为者显然已无法或难以从侵权人处得到赔偿。例如,张某驾车突遇暴雨导致的泥石流,车辆即将被泥石流淹没,李某见状上前救助张某,结果被泥石流中大石头砸断了左腿。这种情形下,并无所谓的侵权人。再如,深夜,犯罪分子王某欲强奸李某,赵某为保护李某而与王某搏斗,被王某打伤,后犯罪分子王某逃逸,至今未被抓获归案。为了鼓励见义勇为,弘扬“诚信”与“友善”的社会主义核心价值观,有必要对见义勇为者的损害给予补救。故《民法典》第183条特别规定,受益人应当给予适当补偿。所谓“**适当补偿**”,意味着受益人并非承担兜底责任,不能认为凡是侵权人不能承担的部分都应当由受益人来承担。适当补偿要求法官要根据被侵权人即见义勇为者或其近亲属所受损害的严重程度,是否从见义勇为基金等其他途径获得了一定的补偿,受益人受益的程度(如保全了生命还是财产)、受益人的经济状况等因素综合加以考虑后,确定受益人应当补偿的金额。

案例阅读

案例3.5.2
宜昌市夷陵区龙泉镇龙泉村村民委员会与向华等见义勇为人受害责任纠纷上诉案

需要注意的是,在受害人同时起诉侵权人和受益人,也不能直接将侵权人与受益人确定为按份责任(参见**案例**3.5.2),而应当判决侵权人承担侵权责任,同时明确在侵权人无力承担责任时由受益人给予适当的补偿。

讨　论　见义勇为造成侵权人损害时的责任问题

所谓见义勇为造成侵权人损害,是指行为人在保护他人民事权益的过程中,自身并未受到损害,但是给侵害他人民事权益的人即侵权人造成了损害,此时,该见义勇为者是否需要承担侵权责任。例如,A开车撞倒了路人B后,驾车逃逸,C驾车经过时发现这一情况,一边报警,一边驾车追赶A。A逃跑时慌不择路,车辆冲下马路而倾覆,A受伤。再如,抢夺犯张某抢夺路人李某的包后逃跑,王某等见义勇为上前追赶,张某逃跑过程中掉入河中,溺水身亡。这两个例子中,A受伤和张某淹死都并非因为C或王某的行为直接造成的,也不是A或张某正在实施侵害他人民事权益行为时遭受C或王某的防卫行为所致,故不构成正当防卫。此时,认定C和王某是否需要承担侵权责任应依据《民法典》第1165条第1款规定的过错责任原则,判断C和王某是否属于因过错侵害A或张某的民事权益而造成损害。上述情形中,C和王某的行为客观上与A、张某的损害有一定的关系,但是C和王某的追赶行为不具有违法性,不属于侵害A或张某的民事权益的加害行为,也没有过错,故此不成立侵权责任。A和张某应自行承担损害。在最高人民法院发布的第98号指导案例“张庆福、张殿凯诉朱振彪生命权纠纷案”中,法院认为:“行为人非因法定职责、法定义务或约定义务,为保护国家、社会公共利益或者他人的人身、财产安全,实施阻止不法侵害者逃逸的行为,人民法院可以认定为见义勇为。”故此,行为人不需要对不法侵害者逃逸中遭受的损害承担侵权责任(**参见案例**3.5.3)。

案例阅读

案例3.5.3
张庆福、张殿凯诉朱振彪生命权纠纷案

文献阅读

第四章　保护范围

本章重点

我国侵权法的保护范围很广，既包括权利（人身权利、财产权利），也包括利益（人身利益、财产利益）。为了协调权益保护与自由维护的关系，侵权法不会对所有的人身权益、财产权益给予同等程度的保护。侵权法的保护范围本身也是不断变动的。侵权法的首要保护对象是物权、人格权、知识产权等绝对权。对于相对权以及人身利益、财产利益，侵权法给予一定程度的保护，使之免受特定的侵害。

第一节　概　　述

一、侵权法保护范围的特征

法律中的权利与利益众多，但是，绝非所有的权利或利益在遭受损害后，都能够获得侵权法的保护。侵权法需要协调权益的保护与自由的维护。对民事权益保护得越强，则对人们行为自由的限制就越多。现代社会中人们的生活、经济地位具有交互性，今天要求保护其权益者就是明日力图维护相应自由之人。故此，侵权法既不可能保护人们的一切利益，也不可能什么都不保护。

我国《侵权责任法》第2条曾采取“**列举＋概括**”的方式对保护范围作了界定。不过，《民法典》侵权责任编已删除这一规定。这是因为，一方面，《民法典》第3条明确规定：“民事主体的人身权利、财产权利以及其他合法权益受法律保护，任何组织或者个人不得侵犯。”另一方面，《民法典》总则编第五章“民事权利”对我国法上的民事权益进行了全面、详细的列举，故此，无须在侵权责任编中再行列举。况且，《侵权责任法》第2条对侵权法保护范围的列举也是很不完全的。从《民法典》的规定来看，我国侵权法的保护范围有以下两个特征。

（一）侵权法保护的是民事权益

《民法典》第120条规定：“民事权益受到侵害的，被侵权人有权请求侵权人承担侵权责任。”由此可见，我国侵权法的保护范围非常广泛，凡是民事权益者，可受到侵权法的保护。民事权益即**民事权利与民事利益**之统称。私法（民商法）所确认的权利皆为民事权利，包括人格权、身份权、物权、债权、知识产权、股权和其他投资性权利等。通说认为，民事权利是由特定利益与法律上之力所构成的。[1] 特定利益是指法律所确认的平等主体之间的类型化利益,而法律为该特定利益之实现提供了终局的强制力保障。所谓民事利益,是指虽未被法律明文规定或未被司法实践认定为一种权利,但受到私法一定程度保护的利益,既包括人格利益(如死者的名誉、隐私等人格利益,特定纪念物品上的精神利益等),也包括占有、商业秘密、纯粹经济损失等财产利益。《民法典》第126条规定:"民事主体享有法律规定的其他民事权利和利益。"该条中所谓的"利益"就是指民事利益。

侵权法保护的仅是民事权益,故此,**公权力**不属于侵权法的保护对象。公权力是公法赋予国家机关的权力,包括立法权、司法权与行政权等。对于侵害公权力或妨害国家行使公权力的行为,国家拥有足够多的措施予以惩治。例如,征税权是国家独有的权力,对于偷逃国家税收之人,依据《税收征收管理法》的规定,税务机关有权责令其限期缴纳,如果逾期仍未缴纳的,税务机关可以采取一系列的强制执行措施,包括书面通知其开户银行或者其他金融机构从其存款中扣缴税款,或者扣押、查封、依法拍卖或者变卖其价值相当于应纳税款的商品、货物或者其他财产,以拍卖或者变卖所得抵缴税款等。对于偷逃税收严重的,依据《刑法》第201条,可判处"逃税罪"而予以惩罚。既然法律已从公法角度对公权力的行使给予了足够的保障,自无须叠床架屋地借助侵权法来保护公权力,更不应当允许公权力机关提起所谓侵害公权力之民事诉讼。[2]

(二)侵权法的保护范围非常广泛且具有变动性

我国侵权法的保护范围非常广泛:既包括民事权利,也包括民事利益;既包括人身权益,也包括财产权益。此外,民事权利、民事利益的类型也是多种多样的,随着社会政治经济文化的发展而具有**变动性**。原来不认为是权利的会被认为是权利,原本不保护的利益会得到保护。因此,侵权法的保护范围也不是一成不变的。这一点在人格权领域体现得最为明显。一方面,人格权的种类从早期的生命权、健康权、自由权和姓名权,发展到晚近的名誉权、肖像权、隐私权等具体人格权和作为一般人格权的人格尊严与人身自由;另一方面,随着科学技术的发展,侵害人格权的方式也在发生变化,法律的保护方式也相应地变化,如传统的被用于保护物权的物权请求权也被扩张适用于人格权的保护,[3]从而产生了人格权保护请求权,并通过民事禁令的方式对于人格权予以更强有力的保护。

二、民事权益区分保护的意义

(一)各国家及地区有关不同民事权益的侵权法保护的规定

"在不同的法律制度中,受保护的权益问题(the question of protected rights and interests)以不同的方式出现。"[4]英国的侵权法上并不专门讨论侵权法保护的权益范围究竟是什么的问题,这与英国的侵权行为是一类类发展形成的有关。每一类侵权行为保护的对象都有所不同。

---

〔1〕 王利明:《民法总则研究》,中国人民大学出版社2003年版,第202页;梁慧星:《民法总则》(第3版),法律出版社2007年版,第71页。

〔2〕 例如,在我国台湾地区,其"最高法院"1973年度第一次民庭庭长会议记录第一案决议就明确指出:"侵权行为以侵害私法上的权利为限。某甲因犯诈欺破产罪,使其应缴税捐机关之罚款不能缴纳,系公法上权利受到损害,不能认系侵权行为,税捐机关不得提起附带民事诉讼,依侵权行为法则,请求损害赔偿。"参见孙森焱:《民法债编总论》(上册),2005年自版,第253页。

〔3〕 [德]克默雷尔(Ernst von Caemmerer):《侵权行为法的变迁》(上),李静译,载田士永、王洪亮、张双根主编:《中德私法研究》(总第3卷),北京大学出版社2007年版,第73页以下。

〔4〕 Cees Van Dam, *European Tort Law*, 2nd ed., Oxford University Press, 2013, p. 167.

例如,在过失侵权行为中,认定注意义务(duty of care)才是问题的核心,只有被告对之负有注意义务的原告的权益才是需要法律保护的权益。当然,与纯粹经济损失相比,人身伤害和财产损失显然更容易引发注意义务。特别是在各类"侵犯"(trespass)型的侵权行为中,原告的利益是首要的关注点,此类侵权行为为受害人提供了保护,从而使得所有权、身体和自由免受他人的侵害。[5]

在法国,1804 年颁行的《法国民法典》没有区分民事权利和民事利益,而是一般性地确立了过错责任原则。该法典第 1382 条规定:"任何行为使他人受损害时,因自己的过错(faute)而致损害发生之人对该他人负损害赔偿的责任。"第 1383 条规定:"任何人不仅对于因自己故意行为所生的损害负赔偿责任,而且还对因自己的懈怠(négligence)或者疏忽(imprudence)造成的损害,承担赔偿责任。"尽管这两条确立了过错责任原则,实属法制史上的伟大创举,但深受康德自由观念影响的《德国民法典》的制订者却认为,《法国民法典》第 1382 条和第 1383 条确立的过错责任的一般原则很可能导致实际运用中含糊不清的危险。因为每一个案件的情形大相径庭,过错的一般原则又留下了过分广阔的可能解释空间。[6]

在德国的潘得克顿学者看来,《法国民法典》的"不得损害他人这一类义务几乎就是一个长期以来且现在依然在使法学家产生幻想的虚构的幽灵"。[7] 因此,《德国民法典》制订者认为,如果要有效地保障个人自由,就不能仅仅以一个利益被侵害或者一个行为标准被违反就认定构成侵权行为(这样会使侵权责任的范围变得漫无边际),还需要具备的是:受到的损害或侵害的利益是属于行为标准的保护范围之内,且该行为标准须由成文法明确规定之。

《德国民法典》拒绝采纳《法国民法典》的抽象一般条款的立法例,而是通过第 823 条第 1 款、第 823 条第 2 款与第 826 条这三个"小的一般条款",精细地进行了"**区别性的法益保护**",以便更为合理地协调了法益保护与行为自由的关系。《德国民法典》第 823 条第 1 款规定:"因故意或过失不法侵害他人的生命、身体、健康、自由、所有权或其他权利者,对被害人负损害赔偿的义务。"该款保护的是"生命、身体、健康和自由"等人格法益(persoenliche Rechtgueter)以及所有权等绝对权。任何人只要因过错(故意或过失)不法侵害上述法益和绝对权并造成损害的,就要承担损害赔偿义务。该规定既能很好地保护人格法益与绝对权,也没有妨害人们的合理行为自由。因为,"私人间追究责任势须从'**期待可能性**'着眼,只有对加害于人的结果有预见可能者要求其防免,而对未防免者科以责任,才有意义"。[8] 《德国民法典》第 823 条第 1 款所列的人格法益与物权等绝对权均具有三项典型的特征,即**分配内容**(Zuweisungsgehalt)、**排他功能**(Ausschlußfunktion)以及**社会典型公开性**(sozialtypische Offenkundigkeit)。[9] 这些特征足以使得行为人能够确切地知道行为的边界,避免给权利人造成损害,行为人的行为因此有据可依、有章可循,其行为之自由不会受到突然的侵害或不合理的干预。

---

[5] Cees Van Dam, *European Tort Law*, 2nd ed., Oxford University Press, 2013, at 167.

[6] 冯·巴尔教授认为,就侵权行为的法律规定而言,在所有的欧洲民法典中,《法国民法典》给法院的指示最少,《法国民法典》的制订者给予法院的指导原则没有超出第 1382 条与第 1383 条所规定的构成要件,即 faute(过错)、causation(因果关系)、damage(损害)。除此之外,他们认为不需要另外规定调整个人不当行为的责任的法律条文。[德]克里斯蒂安·冯·巴尔:《欧洲比较侵权行为法》(上册),张新宝译,法律出版社 2004 年版,第 18 页。

[7] F. Carnelutti, Sulla Distinzione tra Colpa Contrattuale e Colpa Extracontrattuale, cit., p. 744. cited from, Francesco Parisi, *Liability for Negligence and Judicial Discretion*, 2nd ed., 1992, at 161.

[8] 苏永钦:《走入新世纪的私法自治》,中国政法大学出版社 2002 年版,第 304 页。

[9] Larenz/Canaris, Lehrbuch des Schuldrechts, Band Ⅱ/2 Besonderer Teil, Beck, 1994, S. 374 - 375.

对于绝对权之外的权利(如作为相对权的债权)以及那些虽然受到法律保护但尚未达到权利密度的利益,因其不具有社会典型公开性或内容并不确定,故而,权利或利益享有者之外的人难以知悉此等权益之存在或确切内容,法律上也无法要求人们对之给予如同绝对权那样的尊重,否则,人们就很难预测自己的行动会产生什么样的后果,[10]侵权责任也将变得漫无边际,合理的行为自由势必受到不当的限制。鉴于此,《德国民法典》在第823条第1款之外又使用了两个条款来解决对绝对权之外的民事权益的保护问题。首先,《德国民法典》第823条第2款规定:"违反以保护他人为目的的法律者,负相同的义务。依其法律之内容,虽无过失亦可能违反此种法律者,仅在有过失时,始负赔偿损害的义务。"该款以"违反保护他人的法律"为要件,既保护了权利之外的利益,又不妨害行为自由。因为法律是行为人能够认知的,任何人都不能以自己不熟悉法律作为抗辩。其次,《德国民法典》第826条规定了背俗加害型的侵权行为,该条保护的客体既包括民事权利,也包括民事利益,但提出了一个特别的要件——加害人必须"故意以悖于善良风俗之方式加损害于他人"。不故意侵害他人、不违反善良风俗是法律和道德的最低要求,故此,该要件也不会构成对人们行为自由的不合理干预。

我国台湾地区"民法"第184条也采取了德国法的模式,用了3个小的概括条款来规定对不同民事权益的侵权法保护。首先,第184条第1项前段规定:"因故意或过失,不法侵害他人之权利者,负损害赔偿责任。"该项规定的是"**权利侵害型**"侵权行为,其保护的对象限于权利,而非任何民事权益,并且该权利仅限于有社会典型公开性的权利,如人格权、身份权、物权等。[11]其次,第184条第1项后段规定:"故意以悖于善良风俗之方法,加损害于他人者亦同。"此项规定的是"**背俗加害型**"侵权行为。由于本项保护的客体没有明定为权利,而是既包括权利也包括利益。故此,主观上的要求就更为严格,限于故意,不包括过失。最后,我国台湾地区"民法"第184条第2项规定:"违反保护他人之法律者,推定其有过失。"该项规定的是"**违反保护他人法律型**"侵权行为。[12]依据本项,只要触犯了任何一条保护性法律,即可构成侵权,至于侵害的是权利还是利益在所不问。[13]

早在我国《侵权责任法》的起草过程中,有不少学者就主张采取德国及我国台湾地区的立法模式,在区分权利与利益的基础上规定不同的侵权责任构成要件。[14]但是,立法机关没有接受这种观点,《侵权责任法》第6条第1款仍大体上延续《民法通则》第106条第2款的规定,主要理由在于:一方面,由于权利本身就是特定利益与法律之力的结合,因此权利最终还是需要落脚在利益之上,这就使得"权利和利益的界限较为模糊,很难清楚地加以划分"。即便"从权利的形式上看,法律明确规定某某权的当然属于权利,但法律没有明文规定某某权而又需要保护的,不一定就不是权利"。另一方面,"权利和利益本身是可以相互转换的,有些利益随着社会发展、纠纷增多,法院通过判例将原来认定为利益的转而认定为权利,即将利益权利化"。[15]在编纂《民法典》时,一些学者们继续主张借鉴德国、我国台湾地区的相关规定,在规定过错责

〔10〕上海市高级人民法院民事审判第一庭的《侵权纠纷办案要件指南》(沪高法民一[2005]1号)第5条之说明。

〔11〕杨佳元:《侵权行为损害赔偿责任研究——以过失责任为重心》,台北,元照出版有限公司2007年版,第19页。

〔12〕该项之修正理由指出:"原条文第2项究为举证责任之规定,抑为独立之侵权行为类型,尚有争议,为明确计,爰将其修正为独立之侵权行为类型。凡违反保护他人之法律,致生损害于他人者,即应负赔偿责任。"

〔13〕黄立:《民法债编总论》,台北,元照出版有限公司2006年版,第292页。

〔14〕全国人大常委会法制工作委员会民法室编:《侵权责任法立法背景与观点全集》,法律出版社2010年版,第112页。

〔15〕王胜明主编:《中华人民共和国侵权责任法解读》,中国法制出版社2010年版,第10页。

任的一般条款中依据保护对象的不同而确立相应的保护规则,但该意见仍未被采纳。

(二)区分保护的意义

本书认为,在侵权法中区分不同类型的权利和利益给予相应的保护,是非常必要的,具有以下重要意义。

1. 在侵权法上,所谓区分权利和利益给予不同的保护,实际上首先要区分的就是绝对权与绝对权之外的权利或民事利益。判断哪些权利是绝对权,哪些是相对权或民事利益,并不困难。原则上,绝对权都应当由法律加以明定,否则不属于绝对权,因为绝对权具有对抗权利人之外的一切人的效力,意味着其他人都负有尊重该权利的义务。如果不由法律明确规定,则会对他人的合理行为自由构成不当限制。例如,在物权法领域,依据物权法定原则,物权的种类和内容由法律加以规定,凡是法律没有明文规定为物权者,皆非物权。至于知识产权和人格权,也不例外。故此,以无法区分权利和利益为由否定区分侵权法的保护对象,显然是没有道理的。

利益当然会上升为权利,但这并非一蹴而就的。也就是说,从某种新型利益的出现,到其获得法律的认可与保护,直至最终被确认为权利,是有一个发展过程的。社会的发展会使得人们产生许多新的利益需求,并要求得到保护。司法实践中,首先需要判断这些利益是否值得保护,然后才会提供相适应的保护措施,使其被确认为法律上受保护的利益,即民事利益。随着社会生活中人们对保护该利益的需求不断增加,且从社会客观要求上来看,也有这种必要,诸多因素汇集后,最终该民事利益才可能被法律确认为一种民事权利,受到更高程度和更强密度的保护。我国法上隐私保护的发展历程可以作为例证。最初,隐私在我国法上被片面地理解为“阴私”,被放在名誉权中加以保护。《名誉权解答》第 7 条规定:“对未经他人同意,擅自公布他人的隐私材料或以书面、口头形式宣扬他人隐私,致他人名誉受到损害的,按照侵害他人名誉权处理。”《名誉权解释》第 8 条规定:“医疗卫生单位的工作人员擅自公开患者患有淋病、麻风病、梅毒、艾滋病等病情,致使患者名誉受到损害的,应当认定为侵害患者名誉权。”后来,人们认识到隐私并非都是阴私,侵害隐私也并不必然侵害名誉权,隐私应当是一种值得单独保护的利益。故此,司法解释开始将隐私作为一种独立的人格利益,并提供了有限度的保护。依据《精神损害赔偿解释》第 1 条第 2 款,只有加害人以“违反社会公共利益、社会公德”的方式侵害他人隐私,才会产生精神损害赔偿责任。但是,随着人们越来越关注隐私的保护,加强隐私保护的呼声越来越高且客观需求也越来越迫切。最终,《妇女权益保障法》才明确将隐私规定为“隐私权”,该法第 42 条第 1 款规定:“妇女的名誉权、荣誉权、隐私权、肖像权等人格权受法律保护。”此后,《侵权责任法》第 2 条第 2 款将隐私权作为受保护的一种具体人格权加以规定。《民法典》更是在人格权编中对隐私权专门作出了规定。由此可见,侵权法区分权利和利益而给予不同程度的保护,有利于适应社会发展的需求,能够在法律的稳定性与适应性之间保持平衡。

2. 无论是我国的《民法典》还是其他民商事法律,都已承认民事权利和民事利益的区分以及法律上的不同程度的保护。首先,就《民法典》而言,虽然没有在第 1165 条第 1 款对过错责任原则的规定中采取德国法的模式,区分为三个小的一般条款,但从《民法典》的整体规定来看,也是贯彻了区分权益而给类型不同保护的理念的。一方面,总则编的“民事权利”章中已经明确区分了民事权利和民事利益(第 126 条);另一方面,在分则各编的一些规定中也体现了对于不同的民事权利和民事利益的区分保护。例如,《民法典》第 998 条规定:“认定行为人承担侵害除生命权、身体权和健康权外的人格权的民事责任,应当考虑行为人和受害人的职业、影响范围、过错程度,以及行为的目的、方式、后果等因素。”该条实际上就将生命权、身体权、健康权与其他的人格权进行了区分,明确了人格权中生命权、身体权、健康权不得任意限制和克减的原则,体现了对生命权、身体权和健康权这三类人格权更加充分的尊重和更高程度的保护。再如,依据《民法典》第994条,当死者的姓名、肖像、名誉、荣誉、隐私、遗体等受到侵害的,首先是其配偶、子女、父母有权依法请求行为人承担民事责任;当死者没有配偶、子女且父母已经死亡的,其他近亲属才有权依法请求行为人承担民事责任。但是,在侵害他人生命权导致被侵权人死亡时,《民法典》第1181条第1款第1句规定“被侵权人死亡的,其近亲属有权请求侵权人承担侵权责任”。之所以在侵害死者的姓名、名誉、荣誉、肖像和隐私时,《民法典》对侵权请求权主体规定了一个先后顺序,而在侵害生命权导致被侵权人死亡时,则没有这种先后顺序的强制性规定,原因就在于对生命权的保护强度要高于对死者姓名、名誉、荣誉、肖像和隐私。

从我国其他的民商事法律来看,对于不同的权利和利益的保护程度也是有差异的。例如,商业秘密虽然也被称为“商业秘密权”,属于广义的知识产权的一种。但是,由于商业秘密本身只是通过权利人自己保护的方式而存在的权利,权利人并不具有排他的独占权,一旦商业秘密被公开(无论出于何种原因),商业秘密权也就宣告终结。[16] 因此,商业秘密实质只是一种受到法律保护的财产利益。[17] 正因如此,从侵权法的保护程度来看,商业秘密要低于著作权、专利权这些绝对权,法律仅保护商业秘密免受特定行为的侵害,例如,依据《反不正当竞争法》第9条的规定,经营者以及经营者以外的其他自然人、法人和非法人组织不得实施的侵犯商业秘密的行为被限定为以下四类:(1)以盗窃、贿赂、欺诈、胁迫、电子侵入或者其他不正当手段获取权利人的商业秘密;(2)披露、使用或者允许他人使用以前项手段获取的权利人的商业秘密;(3)违反保密义务或者违反权利人有关保守商业秘密的要求,披露、使用或者允许他人使用其所掌握的商业秘密;(4)教唆、引诱、帮助他人违反保密义务或者违反权利人有关保守商业秘密的要求,获取、披露、使用或者允许他人使用权利人的商业秘密。至于第三人,只有当其明知或者应知商业秘密权利人的员工、前员工或者其他单位、个人实施前述违法行为而仍获取、披露、使用或者允许他人使用该商业秘密的,才视为侵犯商业秘密。

3. 从我国司法实践来看,法官也非常注意区分权利和利益并据此确定相应的民事责任。申言之,法官在审理侵权案件时,往往要先认定原告的何种民事权益为被告所侵害,具体的认定过程为:首先,如果原告主张的被侵害的客体是法律已经明确规定的并给予保护的民事权益时,则依据相应的法律规定,进一步认定是否符合侵权责任的成立要件,从而确定被告应当承担的侵权责任。例如,在最高人民法院裁判的一起案件中,法院就明确指出:“侵权责任法保护民事主体合法的人身权益和财产权益。依法成立并生效的债权属于债权人合法的财产权益,受法律保护,任何人不得随意侵犯。债权发生在特定的当事人之间,缺乏公示性。一般情况下,债权人应通过合同救济主张权利。认定合同当事人以外的第三人承担侵权赔偿责任,应从严把握。当债权人权利救济途径已经穷尽,债权债务关系之外的第三人,如知道或者应当知道债权债务关系存在,且违反以保护该债权为目的的法律、法规及其他规范性法律文件或违背公

---

〔16〕 孔祥俊:《反不正当竞争法新原理·分论》,法律出版社2019年版,第352页。

〔17〕《反不正当竞争法》第9条第4款规定,商业秘密,是指不为公众所知悉、具有商业价值并经权利人采取相应保密措施的技术信息、经营信息等商业信息。

序良俗,造成债权人合法权益受到损害,行为人承担相应的补充赔偿责任。”[18]显然,该判决注意到了作为相对权的债权与作为绝对权的物权、人格权等在保护程度和方式上的差异。其次,如果原告主张的被侵害的民事权益并非法律明确规定的民事权益时,则需要考虑该利益是否可以被法律确认的既有的民事权益涵盖,最终决定是否保护以及如何保护:如果已经涵盖,则通过该法律规定的民事权益给予相应的保护;如果没有被涵盖,则需要判断该利益是否属于合法的利益以及有无保护的必要性等(**参见案例**4.1.1)。由此可见权利与利益的区分保护在认定侵权责任的成立中具有重要的意义。如果法官不区分民事权利与利益,就容易滥用自由裁量权,产生对于不应保护的利益加以保护或将保护程度低的民事利益当成保护程度高的民事权利予以保护等弊端。如此一来,不仅不利于维护广大民事主体的合法权益,也会不适当地限制人们的合理行为自由。

案例阅读

案例4.1.1

吉林市中小企业信用担保集团有限公司诉中国长城资产管理股份有限公司吉林省分公司等公司债权人利益责任纠纷案

综上所述,在侵权法的保护范围中,区分民事权利与民事利益既是可行的,也是极为必要而有益的,它不仅可以协调自由与安全的关系,确保法律适用的可预期性,也能使侵权法更好地适应社会发展的需要。

三、我国侵权法保护的民事权益范围

(一)侵权法保护的权利为绝对权

依据效力之不同,民事权利被分为绝对权与相对权。绝对权(absolutes Recht),也称“对世权”,如所有权、担保物权、用益物权、人格权、知识产权等。绝对权相对于不特定的人(权利人之外的一切人)而存在的。也就是说,绝对权对每一个人产生效力,每一个人都必须尊重它。相对权,又称对人权,是相对于特定的人产生效力的权利。它必须通过义务人实施一定的行为才能实现,权利人只能对抗特定的义务人。债权是最典型的相对权。所谓债权,就是特定的一方(债权人)针对特定的他方(债务人)享有要求其为或不为一定行为的权利。

《民法典》总则编第五章对民事权益进行了非常全面系统的列举,该章规定了人格权利(一般人格权和具体人格权)、个人信息、人身权利、财产权利(物权、债权)、知识产权、继承权、股权、其他投资性权利以及其他民事权利和利益。其中,人格权、物权、知识产权、股权等都属于**绝对权**,[19]受到侵权法的重点保护。

(二)绝对权的法定化

绝对权意味着权利人之外的一切人都负有不得侵害权利人的绝对权的义务。例如,张三是A房屋的所有权人,张三之外的任何自然人、法人以及非法人组织都负有不得侵害张三对A房屋的所有权的义务。再如,生命权是人格权,任何自然人都享有生命权,任何个人与组织都不得侵害他人的生命权。由于绝对权的效力极为强大,因此绝对权必须由法律明文规定,不仅当事人不得随意创设,法院也不能随意创造绝对权。否则,会构成对他人行为自由的不合理

---

〔18〕 吉林市中小企业信用担保集团有限公司诉中国长城资产管理股份有限公司吉林省分公司等公司债权人利益责任纠纷案,载《最高人民法院公报》2019年第3期。

〔19〕 参见梁慧星:《中国民事立法评说:民法典、物权法、侵权责任法》,法律出版社2010年版,第347页。

限制。[20]

我国属于成文法国家,现行法律体系中凡被明定为权利者,通常以"××权"的形式加以表述。这一点在我国《民法典》总则编第五章中体现得最为明显,该章规定的民事权利包括以下几大类(参见表4.1.1):(1)人格权,包括自然人的生命权、身体权、健康权、姓名权、肖像权、名誉权、荣誉权、隐私权、婚姻自主权等权利,法人、非法人组织享有三类人格权即名称权、名誉权和荣誉权。(2)身份权利,即自然人因婚姻家庭关系产生的身份权利。(3)财产权利,包括物权与债权。前者包括所有权、用益物权和担保物权,后者包括因合同、侵权行为、无因管理、不当得利以及法律的其他规定产生的债权。(4)知识产权。(5)继承权。(6)股权和其他投资性权利。(7)其他民事权利。在《民法典》总则编第五章规定的权利中,凡是权利内容明确具体,具有排他功能与社会典型公开性者,性质上都属于绝对权,如人格权、物权、专利权、商标权、著作权、股权等。

表4.1.1　我国《民法典》中的民事权益体系

<table>
<tr><th colspan="3">人身权益</th><th colspan="2">财产权利</th><th>知识产权</th><th>继承权</th><th>投资性权利</th><th>其他民事权利和利益</th></tr>
<tr><td rowspan="13">人格权益</td><td>人身自由</td><td rowspan="13">身份权益</td><td rowspan="3">物权</td><td>所有权</td><td rowspan="13">知识产权是权利人针对以下客体享有的专有的权利:
1. 作品
2. 发明、实用新型、外观设计
3. 商标
4. 地理标志
5. 商业秘密
6. 集成电路布图设计
7. 植物新品种
8. 法律规定的其他客体</td><td rowspan="13">—</td><td rowspan="13">1. 股权
2. 其他投资性权利</td><td rowspan="13">1. 数据、网络虚拟财产
2. 未成年人、老年人、残疾人、妇女、消费者等的民事权利</td></tr>
<tr><td>人格尊严</td><td>用益物权</td></tr>
<tr><td>生命权</td><td>担保物权</td></tr>
<tr><td>身体权</td><td rowspan="10">债权</td><td>合同</td></tr>
<tr><td>健康权</td><td>侵权行为</td></tr>
<tr><td>姓名权</td><td>无因管理</td></tr>
<tr><td>肖像权</td><td>不当得利</td></tr>
<tr><td>名誉权</td><td rowspan="6">法律的其他规定</td></tr>
<tr><td>荣誉权</td></tr>
<tr><td>隐私权</td></tr>
<tr><td>婚姻自主权</td></tr>
<tr><td>名称权</td></tr>
<tr><td>个人信息</td></tr>
</table>

(三)宪法上的基本权利与侵权法

我国《宪法》第33条第3款规定:"国家尊重和保障人权。"《宪法》详尽地列举了人民享有的各种基本权利,如私有财产权和继承权(第13条),言论、出版、集会、结社、游行、示威的自由(第35条),宗教信仰的自由(第36条),人身自由(第37条),人格尊严权(第38条),住宅不受侵犯的权利(第39条),通信自由和通信秘密(第40条)等(参见表4.1.2)。

---

[20] 在经济学上,法律之所以要将生命权、健康权、身体权、自由权、所有权等人格权和物权规定为绝对权,是考虑到交易成本、预防成本以及道德风险和逆向选择的结果。详见黄文平、王则柯:《侵权行为的经济分析》,中国政法大学出版社2005年版,第19~20页。

表 4.1.2 《宪法》上的基本权利〔21〕

分类		各种具体权利的名称	条文出处(条款)
一般主体的基本权利	平等权	法律面前一律平等	第 33 条第 2 款
	政治权利	参加管理的权利	第 2 条第 3 款、第 16 条第 2 款、第 17 条第 2 款、第 111 条
		选举权、被选举权	第 34 条
		表达自由:言论、出版、集会、结社、游行、示威的自由	第 35 条
		监督权:对任何国家机关和工作人员有提出批评和建议的权利、检举的权利	第 27 条第 2 款、第 41 条第 1 款
	精神自由	宗教信仰自由	第 36 条
		通讯自由和秘密	第 40 条
		文化活动的自由	第 47 条
	人身自由与人格尊严	人身自由	第 37 条
		人格尊严不受侵犯的权利	第 38 条
		住宅不受侵犯的权利	第 39 条
	社会经济权利	财产权	第 13 条
		继承权	第 13 条第 2 款
		劳动权	第 42 条
		休息权	第 43 条
		受教育权	第 46 条
	获得救济的权利	生存权:获得物质帮助的权利	第 45 条
		提起申诉、控告或检举的权利	第 41 条第 1 款
		国家赔偿请求权	第 41 条第 3 款
特定主体的宪法权利		民族平等、少数民族合法权利保障	第 4 条
		保护妇女、男女平等	第 48 条
		保护婚姻、家庭、母亲、儿童	第 49 条
		保护华侨和侨眷	第 50 条

尽管宪法上对人民基本权利和自由的规定是侵权责任法确定保护范围与保护力度的基本依据,为侵权责任法的生长提供了“源头活水”。然而,这并不意味着这些宪法上的基本权利就可以直接成为侵权责任法的保护对象。首先,宪法上规定的基本权利属于最上位的**原理性权利**。在该原理性权利下,还有具体权利及为保护该具体权利而发挥实现其内容这一功能的手**段性权利**。〔22〕侵权法通过规定手段性权利来保护具体权利,进而实现宪法上确认的原理性权利。例如,在以所有权为中心的法律体系中,处于最上位的是《宪法》有关保护私有财产的条款,即《宪法》第 13 条第 1、2 款之规定:“公民的合法的私有财产不受侵犯。国家依照法律规定保护公民的私有财产权和继承权。”所有权是财产权的一种,属于具体的权利概念。至于从所有权派生出来的各种物权请求权(返还原物、排除妨碍以及消除危险)和侵权赔偿请求权,则是为保护所有权设置的手段性权利。我国《民法典》的物权编与侵权责任编已分别对作为具体的

〔21〕 本表引自张千帆主编:《宪法学》,法律出版社 2004 年版,第 164 页。

〔22〕 关于原理性权利与手段性权利的论述,可参见谷口安平教授的《权利概念的生成与诉的利益》,该文载谷口安平:《程序的正义与诉讼》(增订本),王亚新、刘荣军译,中国政法大学出版社 2002 年版,第 178 页以下。

权利的所有权及保护所有权的手段性权利作出了具体的规定。

其次,宪法上有些基本权利的义务人并非具体的民事主体而是政府等公权力机关,不存在民事主体侵害这些基本权利的问题。[23] 例如,《宪法》第46条第1款规定:"中华人民共和国公民有受教育的权利和义务。"因此,受教育权属于《宪法》赋予人民的基本权利之一。但是,"与其他经济、社会、文化权利一样,受教育权是针对国家的,国家负有尊重、保障和实现的义务,尤其是国家负有发展和维护学校及其他教育机构制度的义务,以便为所有的人提供最基本的教育,可能的情况下还应当提供免费教育"。[24] 由此可见,最高人民法院针对"齐玉苓案"(参见**案例**4.1.2)的批复中认为,冒名顶替上学者是"以侵犯姓名权的手段,侵犯了齐玉苓依据宪法规定所享有的受教育的基本权利",该观点显非妥当。[25] 因为该案中的受害人齐玉苓只是因为被他人冒名顶替而失去了上学的机会并由此遭受了损失(如复读的费用、失去了找到更好工作的可能性等),其宪法上的受教育权并未遭受侵害,法院应当依据《民法典》第1012、1014条以及第1065条第1款认定冒名顶替者及其他侵权人承担侵害姓名权的民事责任,而非直接援引《宪法》的规定进行裁判,更不应当把宪法上的受教育权与民事权益加以混淆。[26]

案例阅读

案例4.1.2
齐玉苓诉陈晓琪等冒名顶替侵犯姓名权、受教育权案

(四)民事利益的含义与特征

民事利益,是指虽然受到法律一定程度的保护却尚未成为一种民事权利的利益。依内容之不同,侵权法保护的民事利益包括人身利益与财产利益,如个人信息,死者之名誉、隐私、肖像,具有人格象征意义的特定纪念物品上的人格利益,商业秘密,占有等(参见表4.1.3)。

表4.1.3　我国法上的民事利益的类型

人身利益	财产利益
• 英雄烈士的姓名、肖像、名誉、荣誉 ——《民法典》第185条 • 死者的姓名、肖像、名誉、荣誉、隐私、遗体等 ——《民法典》第994条 • 自然人基于人身自由、人格尊严的其他人格权益 ——《民法典》第990条第2款 • 自然人具有人身意义的特定物品 ——《民法典》第1183条第2款 • 其他民事利益 ——《民法典》第126条	• 商业秘密 ——《反不正当竞争法》第9条 • 占有 ——《民法典》第462条第1款 • 其他民事利益(如纯粹经济损失) ——《民法典》第126条

[23] 宪法上的基本权以国家为义务主体,尤其在我国《宪法》第33条第3款明文规定"国家尊重和保障人权"的情况下,更是如此。而义务主体的不同,正是区分宪法基本权与其他权利的关键。参见张翔:《基本权利的体系思维》,载《清华法学》2012年第4期。

[24] 张千帆主编:《宪法学》,法律出版社2004年版,第234页。

[25] 参见《最高人民法院关于以侵犯姓名权的手段侵犯宪法保护的公民受教育的基本权利是否应承担民事责任的批复》(2001年6月28日最高人民法院审判委员会第1183次会议通过,法释[2001]25号)。2008年12月18日,该司法解释于被《最高人民法院关于废止2007年底以前发布的有关司法解释(第七批)的决定》(法释[2008]15号)废止,废止的理由为"已停止适用"。

[26] 梁慧星:《最高法院关于侵犯受教育权案的法释[2001]25号批复评析》,载梁慧星主编:《民商法论丛》(第23期),金桥文化出版(香港)有限公司2002年版。

现实生活中的利益众多，哪些利益属于民事利益，能够受到侵权法的保护，应有一定的判断标准。否则，就会使人们缺乏合理的预期，也会出现法律适用上的不统一。本书认为，受到侵权法保护的民事利益至少应具备独立性、合法性、私益性与可救济性这四项特性。

1. 该利益是否具有**独立性**。如果已经被现行的民事权利涵盖，则不应当作为单独的民事利益加以保护。所谓独立性，也意味着该民事利益是否具有确定性，即是否属于稳定、持续、值得信赖的利益，具有一定程度的可识别性。在一般社会公众看来，该利益是存在的。例如，受害人因交通事故而致嘴巴受伤（参见**案例** 4.1.3）。此时，受害人的健康权无疑遭受了损害，有权请求侵权人承担侵权责任。但是，受害人除了主张健康权受损害外，还主张所谓的亲吻权受损害，即因为嘴巴受伤而导致其接吻时无法享受美好的感觉这一利益受损，显然，该利益已经被健康权涵盖，并非单独存在的，同时也不具有稳定性和可识别性，从社会公众来看，不应认可这样一种利益的存在。

案例阅读

案例4.1.3
陶莉萍诉吴曦道路交通事故人身损害赔偿纠纷案

2. 该利益是否具有**合法性**。这意味着当事人请求法律保护的利益应当是**合法利益**。法律通过对不同的主体之间的法益作出界分，明确法益的归属，从而实现定分止争的目的。在法律基于相应的价值判断对法益作出界分的情况下，侵权法就应当对法益归属加以保护。故此，只有合法的利益才可能受到法律的保护并在遭受损害时获得救济。如果是通过违法之方式取得或保持之利益，显然不能获得法律之保护。《欧洲侵权法原则》第 2:103 条就明确规定：“因从事违法活动或者因其他违法事由造成的损害，不得赔偿。”例如，原告向被告主张房屋的租金损失赔偿，但是原告的房屋属于尚未消防验收的房屋。依据《消防法》的规定，依法应当进行消防验收的建设工程，未经消防验收或者消防验收不合格的，禁止投入使用。原告将没有经过消防验收的房屋出租给他人所获得的利益就是非法利益，故此在其房屋被被告损害后，原告不能主张租金损失的赔偿。再如，小偷 A 因交通事故而遭受损害，住院治疗十天，其因健康权受侵害而遭受的医疗费等所受损害，在法律上要给予赔偿。但是，A 不能主张因为住院十天无法盗窃而遭受的“所失利益”损失，因为这种收入的损失是非法利益，认可这种非法利益的赔偿无异于鼓励违法行为。当然，A 可以主张因十天无法从事合法工作而遭受的抽象劳动能力的损失。利益是否合法，需要结合法律的规定、公序良俗等社会价值以及通常的判断。[27]

3. 该利益是否具有**私益性**。侵权责任法属于私法，保护的是**民事利益**。民事利益是指归属于特定的民事主体的利益即**私益**。如果法律虽然承认某种利益，但是该利益并不归属于特定的民事主体，那么这种利益就属于公共利益。例如，清洁的空气、干净的水源，这些环境方面的利益就属于公共利益。侵害此种公共利益只要不与特定人的所有权发生关联，原则上特定的民事主体就无权提起侵权诉讼。但是，为了保护公共利益，法律上将维护这些利益的权利归属于公共机构或有关组织，由它们提起所谓的公益诉讼，来实现保护环境等维护公共利益的目的。《民事诉讼法》第 55 条规定，对污染环境、侵害众多消费者合法权益等损害社会公共利益的行为，法律规定的机关和有关组织可以向人民法院提起诉讼。人民检察院在履行职责中发

---

〔27〕 德国联邦最高法院在一则判决中曾指出：色情性交易契约违反善良风俗，因此无效，娼妓因被车撞伤而无法从事色情交易期间的收入损失，不属于合法利益，不得请求赔偿。至于该受害妓女的实际生活困难应由社会加以救助。BGHZ,67,119.

现破坏生态环境和资源保护、食品药品安全领域侵害众多消费者合法权益等损害社会公共利益的行为,如果没有法律规定的机关和组织提起诉讼或者虽然有法律规定的机关和组织却不提起诉讼的情况下,可以向人民法院提起诉讼。

4. 该利益是否具有**可救济性**。侵权法保护的民事利益须有可救济性。一方面,它必须具有一定的持续性,即稳定的、外界可识别的。另一方面,该利益可以通过侵权法给予救济。社会生活中,有些利益虽然属于合法利益且为私益,但是,如果应由社会风俗等加以调整的,原则上不应由侵权责任法给予救济。法律并非万能的,调整社会生活的规范除法律规范外,尚有风俗习惯、道德、文化传统等。例如,A 去世,其子甲没有告知弟弟乙就将 A 火化并埋葬,乙认为甲侵害了自己悼念父亲 A 的权利。在此类所谓侵害悼念权的案件中(参见**案例** 4.1.4),虽然乙确实存在悼念逝去亲人的利益且该利益也被侵害了。但是,由于受害人的利益并不具有法律上的可救济性,而应当交由风俗习惯和道德调整,[28] 所以不能通过侵权法加以保护。

案例阅读

案例4.1.4
侯成文与詹树敏一般人格权纠纷案

第二节 人 格 权

一、人格权的发展

人格权(Persoenlichkeitsrecht/right of personality)是直接与权利主体的存在和发展相联系的权利,是民事权利中最基本、最重要的一类。人格权这一概念在欧洲有古老的渊源,但是,人格权被看作是一种权利的论述则应归功于 16 世纪的人文主义者胡果·多内鲁斯(Hugo Donellus)。在 1590 年出版的一本著作中,多内鲁斯认为,作为一种法益,人对于其自身的控制不同于人对外界物质的掌控,个人对其生命、身体的完整性、自由以及名声享有权利。[29] 此后,人格权的概念经由近代自然法学家赋予其精神支柱而逐渐形成。[30] 最早对人格权进行系统、成体系研究的是德国著名法学家 Otto von Gierke,他在 19 世纪末出版的《德国私法》一书中对人格权作出了系统的阐述。[31] 不过,无论从立法上还是学说上,人格权的真正发展是在第二次世界大战之后。这是因为,经历两次世界大战浩劫,特别是在第二次世界大战中邪恶轴心国德国、日本的大规模侵害人权的行为,使人们深刻地认识到,保护人、尊重人、维护人的尊严是多么重要。德国著名法学家拉德布鲁赫曾言:"法律不是针对善,而是针对恶制定的。一项法律越是在它的接受者那里以恶行为前提,那么它本身就越好。考虑到人,**立法者必须是悲观者**,而且一个现代立法者将很难做到恰如其分。"[32] 哈佛大学法学院教授艾伦·德肖维茨曾言:"**权利来自人类经验**,特别是不正义的经验。我们从历史的错误中学到,为了避免重蹈过去的不正义,以权利为基础的体系以及某些基本权利(例如表达自由、宗教自由、法律平等保护、正当法

---

〔28〕 李凤新:《对一起悼念权纠纷的评析》,载中国法院网:http://www.chinacourt.org/public/detail.php? id = 95694。

〔29〕 Goetting/Schertz/Seitz Hrsg. Handbuch des Persoenlichkeitsrecht,2008,S.29.

〔30〕 [日]五十岚清:《人格权法》,铃木贤、葛敏译,北京大学出版社 2009 年版,第 2 页。

〔31〕 Goetting/Schertz/Seitz Hrsg. Handbuch des Persoenlichkeitsrecht,2008,S.2.

〔32〕 [德]拉德布鲁赫:《法学导论》,米健、朱林译,中国大百科全书出版社 1997 年版,第 70 页。

律程序与参与民主)至关重要。"[33]该观点在人格权的发展历史上得到了充分的证明。下面试以德国和中国的人格权法发展的例子加以说明。

(一)德国法上一般人格权的产生与发展

《德国民法典》对人格权的规定非常简单,仅有第12条规定的姓名权及第823条列举的"生命、健康、身体、自由"四种人格法益。这是因为,一方面,当时的立法者十分信任习俗和道德对人的行为的调控作用,因此,放弃了将人格本身上升为一项由侵权法予以保护的法益的主张。例如,《德国民法典》之所以未将名誉权规定为一项独立的人格权,是因为除了《德国民法典》第824条提供的保护之外(该条是对妨害信用的侵权责任规定),立法者不想使民法的保护超越刑法对侮辱和诽谤的规定。因此,在民法典中,过失侵害他人名誉之人并不承担侵权责任。[34] 另一方面,身处19世纪末的立法者没有充分意识到技术进步(如窃听设备、录音技术、照相机等)会如此迅速,从而给更多的人格领域造成巨大的危害。[35] 正因如此,在1899年12月28日《德国民法典》尚未正式施行时发生的"俾斯麦照片案"(Bismarck Photographie),就已经充分暴露出了民法典对人格权过于简陋的规定所带来的弊端。[36]

这种现状一直持续到第二次世界大战之后。经历了纳粹暴政的联邦德国在1945年颁布了《基本法》(Grundgesetz),该法第1条与第2条明确地将人性尊严以及人格的自由发展作为最高的法律原则与价值。同时,由于大众媒介和科学技术的发展给更多的人格领域带来了巨大的危害,因此,人们日渐认识到"法律制度不仅要考虑人对其身体的自我保护的利益,而且还要考虑精神和心灵领域中最重要的基本需求"。[37] 鉴于《德国民法典》第823条第1款在列举了具体应保护的四项人格法益、所有权之后,还有一个兜底性的规定即"其他权利"(sonstige Rechte),因此,联邦最高法院在1954年"读者来信案"(Leserbrief)中就以《基本法》第1、2条为依据,发展出了"一般人格权"(das allgemeine Persoenlichkeitsrecht)的概念,并将之作为"其他权利"加以保护,从而统摄所有应受保护的人格领域中的法律地位。

在"读者来信案"中,被告明镜周刊刊登了一篇关于第三帝国银行行长沙赫特博士的文章。文章主要分析了沙赫特博士在纳粹统治时期发挥的政治作用,而沙赫特博士的律师为此给被告写了一封信,要求被告对文章进行更正。但是,被告将这份律师函删减后作为读者来信予以发表,从而使得读者认为,这不是一封基于律师职务的来函,而是普通读者对相关争论所表达的个人意见。原告要求被告撤回这一不符合实际的言论。联邦最高法院在判决中指出:当今的基本法已经确认,人有权要求其尊严得到尊重(《基本法》第1条),只要不损害其他人的权利并不违反道德规范,就有权要求自由地发展其人格,这作为一项私权,应当得到所有人的尊重(《基本法》第2条)。这些内容在《基本法》中被确立后,一般人格权就应当被视为由宪法予以

---

[33] [美]艾伦·德肖维茨:《你的权利从哪里来?》,黄煜文译,北京大学出版社2014年版,第8页。

[34] [德]马克西米立安·福克斯:《侵权行为法》,齐晓琨译,法律出版社2006年版,第48页以下。

[35] Brox/Walker, Besonderes Schuldrecht, 33. Aufl. 2008, S. 505.

[36] 1898年7月30日,素有"铁血宰相"之称的德国著名政治家俾斯麦(Otto von Bismarck)逝世。两名记者潜入俾斯麦子女的房屋内的停尸间偷拍了俾斯麦的遗照,准备高价出售牟利。俾斯麦的子女得知此事后,立即请求法院判令被告返还照片并销毁底片。由于德国民法上并没有"肖像权"这一人格权,故而帝国法院只能避开是否侵害人格权的问题,以被告不法侵入他人住宅拍摄照片,构成《德国民法典》第817条第1句规定的"违反法律和善良风俗的不当得利"为由,判令被告负有返还义务。为弥补民法典对肖像权保护之不周,1907年德国颁行了《关于肖像艺术品与照片的著作权的法律》(KUG),该法第22条以下对肖像权作出了全面的规定。

[37] [德]迪特尔·施瓦布:《民法导论》,郑冲译,法律出版社2006年版,第209页。

保障的一项基本权利。此后,经过大量联邦法院的判例(如骑士案、摩洛哥公主案),一般人格权渐渐涵盖了越来越广泛的人格利益,其中最重要的是两种类型的人格利益:一是在社会中一个人的形象的正确呈现,二是他人私密空间的维护。

德国法上一般人格权的特点在于:首先,一般人格权是一种私法上的权利,属于《德国民法典》第823条第1款中的其他权利,同时人格权也是受到宪法保障的基本权利。其次,一般人格权是一种框架性的权利,也就是说,它是一个统一的、普遍的权利类型,其客体指向的是所有的人格利益。各种具体的人格利益不过是一般人格权的具体展开。易言之,一般人格权实际上只是用来指称一个以不同程度给予保护的利益综合体。在一般人格权这件大氅下,聚集的保护地位呈现了不同的专属性程度。其中,有一些可以毫不费力地解释为权利,另外一些则不行。因此,把一般人格权作为所有保护地位的框架予以保留,就可以避免划分权利与受保护的利益的界限的问题。[38] 德国司法实践中一般人格权保护的人格利益包括:(1)未经本人许可制作、传播或公开展示一个人的肖像;(2)未经本人允许而制作和使用一个人的以技术手段记录固定的声音;(3)公开曲解或强加于人;(4)未经本人允许而将一个人的生平事略适用于艺术表演或娱乐业的表演;(5)未经本人允许为做广告的目的而使用一个人的姓名、肖像或其他身份特征;(6)在公众中贬损一个人的声誉;(7)侵害一个人的作为特别应受保护的自我决定和自我实现领域中的个人隐私;(8)提取、储存、处理和使用个人数据信息。[39] 最后,就一般人格权和具体人格权的适用关系,德国民法通说认为特别法关于具体人格权的规定应当优先适用,没有规定的,则应适用一般人格权。

(二)中国人格权法的发展

在我国,对人格权作出最详尽规定的就是1986年颁布的《民法通则》。该法在第五章第四节“人身权”中,逐一对生命健康权、姓名权、名称权、肖像权、名誉权等人格权的保护作出了规定。也就是说,与德国民法从个别人格权到一般人格权的发展过程不同,我国法上对人格权的规定一开始就是具体的(谢怀栻先生语)。之所以如此,就是因为在我国“文化大革命”时期发生过大规模严重侵犯人格权的事情。

无论是主持或参与起草《民法通则》的人(彭真、佟柔、王家福、谢怀栻、江平等先生),还是整个社会成员,对结束不久的动乱岁月仍记忆犹新。他们都深切地感受到了,在缺乏法治、人权没有任何保障的疯狂年代中,个人的生命身体、人身自由、人格尊严可以遭受怎样随意的蹂躏与侵害!基于此种惨痛的不正义经验,《民法通则》的起草者才专门详细地写入了各种人格权,这不仅吹响了中国走向保障人权的法治时代的号角,更意在防止今后再次出现“文化大革命”这种大规模侵害人格权的事件。[40] 2004年3月14日第十届全国人民代表大会第二次会议通过的《宪法修正案》中特别增加了“**国家尊重和保障人权**”,作为第33条第3款。

在尊重和保障人权作为国家义务被写入《宪法》,在中共十八届四中全会已经作出全面推进依法治国重大决定的中国,在十九大报告明确要求“保护人民人身权、财产权、人格权”的当

---

〔38〕［德］迪特尔·施瓦布:《民法导论》,郑冲译,法律出版社2006年版,第218页。

〔39〕［德］迪特尔·施瓦布:《民法导论》,郑冲译,法律出版社2006年版,第209页以下。

〔40〕已故著名法学家王家福教授在谈到《民法通则》专节规定人身权的意义时,这样写道:“在‘左’的思想影响下,有一段时间我们国家对人身权的保护是做得不好的,特别是在‘文化大革命’中,公民的人身权是谈不上的,抄家、批斗,随便给你戴上各式各样侮辱性的帽子,把公民的人身权践踏殆尽,给人民带来了深刻的灾难。”顾昂然、王家福、江平等:《中华人民共和国民法通则讲座》,中国法制出版社2000年版,第207页。

下，现实生活中仍不时可见到手握公权者滥用权力，肆意侵害人民的生命、自由、财产等权利的现象。因此，保护人格权，维护人格尊严，是我国法治建设的重要任务。为了更好地保护广大人民群众的人身权、财产权、人格权，落实宪法关于“公民的人格尊严不受侵犯”的要求，适应人民日益增长的美好生活需要，在综合考虑各方面意见并总结我国现有人格权法律规范的实践经验的基础上，我国《民法典》专门增加了人格权编，通过6章51条对于民事主体尤其是自然人的生命权、身体权、健康权、姓名权、肖像权、名誉权、隐私权、个人信息等人格权益的内容、边界以及保护方式等作出了详细的规定。《民法典》人格权编健全和充实了人格权益的种类，形成了更加完备的人格权益体系，完善了人格权益保护和救济的法律规则，形成了规范有效的权利保护机制，对于更好地维护人民权益，不断增加人民群众获得感、幸福感和安全感，促进人的全面发展，具有十分重要的意义。

二、人格权的含义与特征

人格权是民事主体对其特定的人格利益享有的权利，关系到每个人的人格尊严，是民事主体最基本的权利。[41] 我国《民法典》没有界定人格权的概念，而是列举了民事主体享有的人格权的类型。《民法典》第990条规定：“人格权是民事主体享有的生命权、身体权、健康权、姓名权、名称权、肖像权、名誉权、荣誉权、隐私权等权利。除前款规定的人格权外，自然人享有基于人身自由、人格尊严产生的其他人格权益。”此外，依据权利主体的不同，《民法典》总则编还分别对人格权进行了列举，该编第五章“民事权利”第110条规定：“自然人享有生命权、身体权、健康权、姓名权、肖像权、名誉权、荣誉权、隐私权、婚姻自主权等权利。法人、非法人组织享有名称权、名誉权、荣誉权。”

本书认为，人格权是指自然人等民事主体针对生命、身体、健康、姓名、名称、肖像、名誉、荣誉、隐私等人格要素所享有的受到法律保护的人格利益以及为维护人格自由、人格尊严而产生的其他应受保护的人格利益。

（一）人格权保护的是人格利益

人格权的主体是人，是以人的存在为基础的。人格权的根本目的在于维护人的自由与尊严，使人之成为人，能够自主地、有尊严地生活。因此，“每一种特别人格权都以一种特别的人格利益为其内容。但到最后总是围绕着人的本身”。[42] 在生命权、身体权、健康权、姓名权、肖像权、名誉权、荣誉权、隐私权等具体人格权中，人身自由、人格尊严这一基本人格利益有不同的表现形式，例如，生命权中的人格利益是“生命安全和生命尊严”（《民法典》第1002条）；身体权中人格利益是“身体完整和行动自由”（《民法典》第1003条）；姓名权和名称权中人格利益表现为“决定、使用、变更或者许可他人使用自己的”姓名或名称的利益（第1012条和第1013条）；名誉权和隐私权分别体现为维护名誉和保护隐私这两项人格利益。由于对人格利益的认定会随着时代的发展而逐渐深入，所以人格利益的范围也会不断扩大，在已经被类型化的具体人格权的基础上，还会产生新型的未被涵盖的人格权益，故此，《民法典》明确承认了**人格尊严**与**人身自由**等两项一般人格权（第109、991条），同时，认可基于一般人格权产生的新型人格权益，即《民法典》第990条第2款规定：“除前款规定的人格权外，自然人享有基于人身自由、人

---

〔41〕《关于〈中华人民共和国民法典（草案）〉的说明》，载《民法典立法背景与观点全集》编写组：《民法典立法背景与观点全集》，法律出版社2020年版，第13页。

〔42〕［德］卡尔·拉伦茨：《德国民法通论》（上册），谢怀栻等译，法律出版社2003年版，第282页。

格尊严产生的其他人格权益。"

(二)人格权具有固有性与平等性

人格权并非天赋权利,而是由法律所确认的权利,[43] 因此,不同国家承认和保护的人格权类型有所不同。但是,只要一个国家承认保护自然人的某些人格权,则这些人格权就是自然人与生俱来的权利,具有固有性。申言之,"人格权是一种原始的权利,是与生俱来的。在这一点,人格权与权利能力一样,始于出生、终于死亡"。[44] 自然人的民事权利能力始于出生,在具有民事权利能力之时,自然人也就享有生命权、身体权、健康权、姓名权、名誉权、隐私权等人格权。法人或者非法人组织自其取得法律人格即民事权利能力时,也享有了名称权、名誉权和荣誉权。

由于自然人是因出生而当然享有人格权,故此,在侵害人格权的案件中,自然人无须证明自己享有被侵害的人格权或如何取得该人格权的,只要证明自己的何种人格权被侵害即可。在自然人生存期间,人格权也不会消灭或被削弱。人格权从自然人出生时就产生,死亡时归于消灭。法律上虽然对死者的姓名、肖像、名誉、荣誉、隐私也给予保护(《民法典》第994、185条),但保护的并非死者的姓名权、肖像权、名誉权、荣誉权或隐私权。因为死者已逝,权利能力消灭,不可能再享有人格权。此时,法律所保护的是死者近亲属的人格利益或者社会公共利益。

人格权之所以具有固有性,是因为现代文明社会中人就是人,不是物,不能成为客体,任何人基于任何理由都不能奴役他人。《世界人权宣言》第6条、《公民权利和政治权利国际公约》第16条明文规定,人人在任何地方都有权被承认在法律前的人格。也就是说,在一个法治国家,一个人除了肉体和精神上的存在之外,还需要使其存在得到法律的承认,即法律上的主体性得到承认。如果没有这一权利,人就被降格为一个法律客体,因而也会被剥夺其他一切权利,包括生命权。[45] 同时,为了实现人和人的法律地位的平等,所有的自然人的民事权利能力一律平等(《民法典》第14条),所有的自然人享有的是相同的人格权,即人格权具有平等性。法律上既不允许没有法律人格的自然人存在,也不允许某些自然人的人格权多一些,某些自然人的人格权少一些。

(三)人格权具有专属性

财产权原则上都具有可转让性,可以通过法律行为如买卖合同等加以转让,也可以因法律行为之外的法律事实而转让(如因继承而取得被继承人的债权与物权)。但是,人格权则具有专属性,是不能放弃、转让或继承的。因为人格权旨在维护人的自由与尊严,与权利主体紧密联系、不可分离,一旦允许权利人可以转让、抛弃或继承人格权,或由他人代为行使人格权,就会出现严重损害人的自由和尊严的情形。比如,自然人放弃自己的自由权而将自己卖身为他人为奴。这显然是不可以的。约翰·密尔曾精辟地指出:"在我国和大多数其他文明国家里,一项将自己卖为奴隶的契约,就是无效的,无论法律还是舆论都不会强制履行。对人自愿处置

---

[43] 马俊驹教授认为:"人格权不是天赋的权利,而是法律赋予人的权利。在法律没有规定对人格权加以保护的情况下,个人人格要素就无法实现和得到保障。即使其在人格诸要素上具有可欲的利益,但是没有法律上的力的支持,人格权的存在依然是不可能的。"马俊驹:《人格和人格权理论讲稿》,法律出版社2009年版,第102页。

[44] 谢怀栻:《论民事权利体系》,载《法学研究》1996年第2期。

[45] [奥]曼弗雷德·诺瓦克:《〈公民权利和政治权利国际公约〉评注》(修订第2版),孙世彦、毕小青译,生活·读书·新知三联书店2008年版,第386页。

自己一生命运的权利作出如此限制,根据是显而易见的,从这种极端情形中尤其会看得非常清楚。除非因牵涉他人之故,对一个人的自愿行为不予干涉,其理由正是为了尊重其自由。他的自愿选择应该证明,如此选择对他来说是可欲的,或者至少是可以忍受的,并且大体说来,最有利于他获致自己幸福的,是允许他以自己的方式去追求幸福。但是,一旦他自卖为奴,就是放弃了一己自由;并且除此一举之外,彻底丧失了今后应用自由的机会。如此一来,他就以自身情形,辜负了那个本来要为其自身处置作正当辩护的良苦用心。他不再是自由的,而是从此处于一种料想对他不会再有利的境遇之中,如果他自愿继续维持这种状态的话。这说明,自由原则上不允许一个人有不要自由的自由,而允许一个人让渡自己的自由,也不是真正的自由。"〔46〕正因如此,比较法上不少国家与地区的民法典对于人格权的抛弃都有明确的禁止性规定。例如,《瑞士民法典》第 27 条第 2 款就明确规定:"任何人不得放弃或者让与其自由,对自由的限制,以不违反法律和公共道德为限。"我国台湾地区"民法"第 17 条规定:"自由不得抛弃。自由之限制,以不背于公共秩序或善良风俗者为限。"我国《民法典》第 992 条明确规定:"人格权不得放弃、转让或者继承。"该条就是我国法律对人格权专属性的规定。

对于自然人的人格权不得转让,学界没有分歧。但是,就法人、非法人组织的人格权尤其是名称权是否可以转让,有不同的看法。有的学者认为,法人、非法人组织的人格权如名称权可以依法转让,《民法典》编纂之前,《民法通则》第 99 条第 2 款就允许法人、个体工商户和个人合伙依法转让自己的名称,这实际上就是肯定了名称权的可转让性。〔47〕《民法典》第 1013 条也规定了法人、非法人组织有权依法转让自己的名称。本书认为,法人、非法人组织依法转让自己的名称,不等于转让名称权。事实上,除了名称外,绝大部分人格权的要素都是不能转让的,比如姓名、肖像、名誉、隐私等。之所以承认名称可以转让,确切地说承认企业的名称可以转让(并非所有的法人、非法人组织的名称都是可以转让的),主要是考虑到名称因企业的经营而逐渐累积经济价值成为企业资产的重要组成部分,允许转让名称有利于企业充分实现其价值。如果承认名称权可以转让,那么就意味着承认所有的法人或者非法人组织都可以转让其名称权,这显然是不符合法律规定的。因此,法人的名称权也是不可以转让的,只有某些类型的法人可以转让其名称。

由于人格权不得转让、继承或由他人代位行使,而停止侵害、排除妨碍、消除危险等人格权请求权具有从属性,从属于人格权,故此,它们也不得转让、继承或由他人代位行使。但是,侵害人格权所产生的损害赔偿请求权的转让性则不能一概而论,需要区分不同情形。首先,侵害人格权的精神损害赔偿请求权,原则上不得转让或者继承,除非赔偿义务人已经以书面方式承诺给予金钱赔偿,或者赔偿权利人已经向人民法院起诉(《人身损害赔偿解释》第 18 条第 2 款)。其次,侵害人格权的财产损害赔偿请求权性质上属于债权请求权,不具有专属性,可以转让或继承。〔48〕

人格权虽然不可放弃、转让和继承,但并不等于民事主体不可以基于人格权而许可他人使用姓名、名称或肖像。例如,姓名权就是自然人依法决定、使用、变更或者许可他人使用自己的姓名的权利。故此,自然人有权许可他人在广告上使用其姓名或者肖像并收取相应的费用,这

〔46〕[英]约翰·穆勒:《论自由》,孟凡礼译,广西师范大学出版社 2011 年版,第 123 页。
〔47〕王利明:《人格权法研究》(第 3 版),中国人民大学出版社 2018 年版,第 231 页。
〔48〕王泽鉴:《人格权法:法释义学、比较法、案例研究》,2012 年自版,第 52 页。

正是人格权的权利内容之一。当然,并非所有的人格权都具有此种许可他人使用的权利内容,民事主体能够许可他人使用的主要是姓名、名称、肖像(包括声音)和个人信息。[49] 至于生命、身体、健康、名誉、隐私等,基于公序良俗等理由,自然人不得许可他人使用。故此,《民法典》第993条规定:“民事主体可以将自己的姓名、名称、肖像等许可他人使用,但是依照法律规定或者根据其性质不得许可的除外。”

(四)人格权是绝对权

人格权属于绝对权,具有排他效力、对世效力。权利人之外的任何人都负有不得侵害、妨碍权利人享有和行使人格权的义务。因此,人格权与物权一样,是可以对抗一切人的绝对权。在人格权之圆满状态被妨害或妨害的危险时,基于人格权的排他权能,权利人享有基于绝对权的请求权。我国《民法典》第995条规定:“人格权受到侵害的,受害人有权依照本法和其他法律的规定请求行为人承担民事责任。受害人的停止侵害、排除妨碍、消除危险、消除影响、恢复名誉、赔礼道歉请求权,不适用诉讼时效的规定。”此外,《民法典》第1167条还规定:“侵权行为危及他人人身、财产安全的,被侵权人有权请求侵权人承担停止侵害、排除妨碍、消除危险等侵权责任。”这些侵权责任也包含了作为人格权请求权的停止侵害、排除妨碍、消除危险请求权。

(五)人格权属于支配权

支配权(Herrschaftsrecht)是直接对权利客体加以支配的权利,最典型的支配权就是物权。我国《民法典》第114条第2款规定:“物权是权利人依法对特定的物享有直接支配和排他的权利,包括所有权、用益物权和担保物权。”关于人格权是否属于支配权,学说上存在争议。在德国,有的学者认为,“因为人在一个法律关系中是以人的特点作为人参与这个法律关系的……而不是作为完全的物由他人处分”,[50] 人不能作为权利客体。人是一切客体的对立面,也即“物”的对立面。“因此,支配权的客体既不能是自己,也不能是他人”,“人身权根据他的实质是一种受尊重的权利,一种人身不可侵犯的权利。人身权不是支配权”。[51] 这种观点当然是正确的,如果将人格权的客体看作人本身,显然违背现代法律最基本的原则,将人降格为物,抹杀了作为权利主体的人和作为权利客体的物的根本区别。但是,如果将人格利益作为人格权的客体,就可以得出人格权属于支配权的结论。有的学者则认为,一项权利不可能存在一个人和一个物之间,而是始终存在于人与人的关系之中。因此,人格权如身体的完好无损权也并不是“对自己这个人”的权利,而是就个人的生命利益而言相对于其他人的权利。[52]

我国民法学界就人格权是否属于支配权的问题,存在两种不同的看法。否定说认为,人格权不属于支配权,也不应将其理解为支配权,主要的理由在于:首先,人格权的根本价值在于人的尊严和人格的不可侵犯性,其目的在于对自然人的人格利益的保护而非支配。“将吾人自然享有之生命、身体、自由与法律保护之生命、身体、自由相混同,将自然的能力与法律上之力相

---

〔49〕 美国法上的公开权(the right of publicity)所保护的不得被他人擅自使用的、具有商业价值的人格标识主要包括肖像、声音、姓名或外号、与某人相联系的特定的有体物、能标识自然人的虚构人物以及未固定的真实表演。参见程合红:《商事人格权论——人格权的经济利益内涵及其实现与保护》,中国人民大学出版社2002年版,第61～63页。

〔50〕 [德]布雷赫尔:《企业作为权利客体》,第23页。转引自[德]卡尔·拉伦茨:《德国民法通论》(上册),谢怀栻等译,法律出版社2003年版,第397页。

〔51〕 [德]卡尔·拉伦茨:《德国民法通论》(上册),谢怀栻等译,法律出版社2003年版,第397页。

〔52〕 [德]迪特尔·施瓦布:《民法导论》,郑冲译,法律出版社2006年版,第141页。

混同,实属错误。生命权、身体权、自由权等人格权,非直接支配自己之生命、身体、自由等人格之全部或一部分之权利,此等权利之内容,在不被他人侵害而享受生命、身体之安全、活动之自由。"[53]其次,考察生命权、身体权、健康权以及名誉权、隐私权等主要的人格权可以看到,支配并非其主要的权能。充其量能够说具有支配性的也就是姓名权、名称权和肖像权而已。而对姓名、肖像的支配乃至人格标识商品化,与其说体现的是姓名权、肖像权的人格权属性,不如说体现了其非人格权特性。[54] 最后,人身或者人是不能作为人格权支配的客体的,否则,就会得出人享有自杀的权利,甚至因此导致出售器官、借腹生子等行为合法化的问题。故此,应当"对人的属性定位于保护而非支配",从而"切断主体对自身支配的任何可能性"。[55]

肯定说认为,人格权作为民法上的绝对权,在一定范围内具有支配性。人格权的支配性是指权利人对其人格利益的支配,而不能将其简单地看作对人身的支配。人格权的这种支配性,一方面,体现在权利人可以在法律规定的范围内按照自己的意愿支配其人格利益,而不需要他人同意或积极行为的辅助。另一方面,还体现在权利人可以对其人格权进行积极利用。[56] 至于一些学者对于承认人格权支配性可能引发的种种道义顾虑,完全可以通过法律规定加以解决,即权利人对自己人格权所作的处分、限制被认为系违反人道主义、善良风俗时,完全可以由法律基于伦理道德的考虑借由权利限制的理论加之应对。事实上,较之物权等支配权,人格权的权利人对权利客体的支配会更多地受到来自社会的伦理道德、公序良俗等的限制,但这并不足以彻底否定人格权的支配权性质。[57]

三、人格权的分类

(一)一般人格权与具体人格权

一般人格权(das allgemeine Persoenlichkeitsrecht)是与具体人格权(besondere Persoenlichkeitsrechte)相对应的概念。一般人格权是关于人格尊严和人格发展的权利,是法律采取高度概括的方式,赋予民事主体享有的具有权利集合性特点的框架性人格权。具体人格权,也称特别人格权,是指法律规定的各种具体类型的人格权,如生命权、健康权、身体权、姓名权、名称权、肖像权、隐私权、名誉权、荣誉权等。

一般人格权是"二战"后为弥补《德国民法典》对人格权规定的不足,由德国联邦最高法院将《德国民法典》第 823 条第 1 款中的"其他权利"与《德国基本法》第 2 条第 1 款与第 1 条第 1 款进行创造性结合发展出来的。[58] 经过多年的发展,德国法上的一般人格权所保护的人格利益众多,如姓名、肖像、侮辱与其他名誉侵害、扭曲他人社会形象,侵占商业性的人格标志,自主保护、侵害隐私、死者的人格保护等。[59] 总体来说,德国法上的一般人格权并无清晰的区分,而是涵盖了值得保护的权利状态的总和。[60] "一般人格权这件大氅下面所聚集的保护地位呈现

---

〔53〕 龙显铭:《私法上人格权之保护》,中华书局 1937 年版,第 2 页。

〔54〕 温世扬:《人格权"支配"属性辨析》,载《法学》2013 年第 5 期。

〔55〕 李永军:《论我国人格权的立法模式》,载《当代法学》2005 年第 6 期。

〔56〕 王利明:《人格权法研究》(第 3 版),中国人民大学出版社 2018 年版,第 29 页。

〔57〕 姚辉:《关于人格权性质的再思考》,载《暨南学报》(哲学社会科学版)2012 年第 3 期。

〔58〕 详见[德]霍尔斯特·埃曼:《德国法中一般人格权的概念和内涵》,杨阳译,载《南京大学法律评论》(2000 年春季号),第 211 页以下。

〔59〕 H. Koetz, G. Wagner, Deliktsrecht, 13. Aufl., Vahlen, 2016, S. 152 – 163.

〔60〕 [德]汉斯 – 约哈希姆·慕斯拉克、沃夫冈·豪:《德国民法概论》(第 14 版),刘志阳译,中国人民大学出版社 2016 年版,第 329 页。

出不同的专属性程度;其中一些可以毫不困难地解释为权利,而另外一些就不行。……所以,一项一般人格权就其真正意义而言,就像一项绝对的'对于财产'的权利一样是不存在的。我们只是使用'一般人格权'来指称一个以不同强度给予保护的利益综合体。"[61]

我国《民法典》编纂前,最高人民法院的《精神损害赔偿解释》就规定了人格尊严权和人身自由权这两项一般人格权,并明确给予保护。该司法解释第1条第1款第3项规定,自然人的人格尊严权、人身自由权受到非法侵害时,有权向人民法院请求赔偿精神损害。[62] 司法解释的起草者认为,规定"**人格尊严权**""**人身自由权**"这两类一般人格权,主要目的就在于补充法律规定的具体人格权不足之弊,其依据在于《宪法》关于"中华人民共和国公民的人身自由不受侵犯""中华人民共和国公民的人格尊严不受侵犯"的规定。[63] 此后,最高人民法院的民事案件案由规定中,也在第一级案由"人格权纠纷"下专门规定了二级案由"一般人格权纠纷",与生命权、健康权、身体权纠纷,姓名权纠纷,肖像权纠纷,名誉权纠纷等具体人格权纠纷案由相并列。[64]

一直以来,我国法学界对于一般人格权就存在很大的争议,主要体现在:首先,一般人格权是否属于一种人格权,抑或仅仅是德国民法解决自身人格权保护不足的特殊方法,对我国并无借鉴意义?其次,如何理解我国宪法上规定的人身自由和人格尊严,它们究竟是宪法基本权利,还是民法上的一般人格权?我国《民法典》有无必要规定一般人格权?[65]

我国《民法典》之前,《民法总则》第109条规定:"自然人的人身自由、人格尊严受法律保护。"《民法总则》被编纂成为《民法典》总则编后,该条被完全保留下来,未作任何修改。同时,《民法典》第990条第2款还规定:"除前款规定的人格权外,自然人享有基于人身自由、人格尊严产生的其他人格权益。"据此,我国《民法典》已经正式承认了人身自由和人格尊严属于一般人格权,这不仅弥补了我国因一般人格权制度的欠缺而导致的人格权制度的不足,也为充分全面地保护个人所享有的各项人格利益提供了法律依据。[66]

本书认为,上述条款规定的人身自由、人格尊严,属于民事权利,是民法上的一般人格权。这和《宪法》第37条第1款和第38条第1句分别规定的人身自由与人格尊严是不同的,二者在效力、功能上存在明显的区别。一方面,在法律效力上,由于《宪法》是基本法,具有最高法律效力,一切法律、行政法规、地方性法规、自治条例和单行条例、规章都不得同宪法相抵触(《宪法》第5条第3款、《立法法》第87条)。故此,作为宪法基本权利的人身自由、人格尊严,属于具有最高效力位阶的权利。《民法典》虽然属于民事基本法,但其效力低于宪法,民法一般人格权的效力来源于宪法一般人格权,是立法机关落实基本权利国家保护义务的结果。[67]

---

[61] [德]迪特尔·施瓦布:《民法导论》,郑冲译,法律出版社2006年版,第218页。

[62] 尽管《民法通则》第101条也宣示性地规定,"公民的人格尊严受法律保护",但却未规定侵害人格尊严的民事责任。因此,学说上认为,《民法通则》中并没有确立一般人格权的概念。

[63] 陈现杰:《人格权司法保护的重大进步和发展——〈最高人民法院关于确定民事侵权精神损害赔偿责任若干问题的解释〉的理解与适用》,载《人民法院报》2001年3月28日。

[64] 2007年10月29日最高人民法院审判委员会第1438次会议通过,根据2011年2月18日《最高人民法院关于修改〈民事案件案由规定〉的决定》(法[2011]41号)第一次修正。

[65] 不同观点参见尹田:《论一般人格权》,载《法律科学》2002年第4期;薛军:《揭开一般人格权的面纱》,载《比较法研究》2008年第5期;朱晓峰:《作为一般人格权的人格尊严权——以德国侵权法中的一般人格权为参照》,载《清华法学》2014年第1期;王锴:《论宪法上的一般人格权及其对民法的影响》,载《中国法学》2017年第3期。

[66] 王利明:《人格权法研究》(第3版),中国人民大学出版社2018年版,第149页。

[67] 王锴:《论宪法上的一般人格权及其对民法的影响》,载《中国法学》2017年第3期。

另一方面,在功能上,宪法规定公民的人身自由和人格尊严不受侵害,主要功能是为了抵御包括国家对自然人人身自由和人格尊严的侵害,且无论该侵害是通过何种方式实施的。例如,为了避免国家通过各种形式的立法侵害公民的人身自由,根据《宪法》制定的《立法法》明确将"限制人身自由的强制措施和处罚"以及"民事基本制度"的立法权限作为法律保留事项,只能由法律规定(《立法法》第 8 条第 5 项和第 8 项)。然而,民法调整的是"平等主体的自然人、法人和非法人组织之间的人身关系和财产关系"(《民法典》第 2 条)。故此,民法上的一般人格权主要是为了防止权利人之外的自然人、法人或者非法人组织等其他民事主体的侵害。由于法官在裁判中不能直接引用《宪法》条文作为依据,我国法院也并没有违宪审查权,故此,对于新型的人格权益的保护,必须依靠民法一般人格权制度的创设功能与兜底保护功能加以实现。

(二)物质性人格权与精神性人格权

自然人是肉体和精神(生理和心理)的双重存在,据此,学说上也将人格权分为身体的人格权与精神的人格权。瑞士民法学说认为,人格权可以分为物理上的人格权、情感上的人格权和社会性人格权。物理上的人格权包括身体完整性的权利、行动自由权、性自由的权利以及关于自己尸体的决定,情感上的人格权包括针对近亲属关系的人格权、对近亲属的追思权、尊重情感生活的权利,社会性人格权包括自我肖像权和自我声音权、名誉权、尊重私生活权、著作人格权以及经济上行动与发展的权利。[68] 日本学者将人格权分为身体的人格权与精神的人格权,身体的人格权是指对具有人的身体属性的生命、身体、健康等拥有的权利,而精神的人格权主要就是指名誉权、姓名权、肖像权、隐私权等。[69] 王泽鉴教授认为,个别化的人格法益可以分为人身的人格权与精神的人格权。人身的人格权保护存在于人身的人格法益,包括生命、身体、健康、自由及贞操。精神的人格权包括姓名、肖像、名誉、信用、隐私以及资讯自主权。[70]

我国民法学界也有学者主张将人格权分为物质性人格权和精神性人格权。例如,有的学者认为,所谓物质性人格权,是自然人对于物质性人格要素的不可转让的支配权。物质性人格要素包括生命、身体、健康和劳动能力,因此物质性人格权包括生命权、身体权、健康权和劳动能力权。[71] 精神性人格权是自然人对其精神性(心理性)人格要素的不可转让的支配权的总称,按照客体的性质可以分为标表型人格权(如姓名权、肖像权)、自由型人格权(如身体自由权、内心自由权)以及尊严型人格权(如名誉权、荣誉权、隐私权)。[72]

上述人格权的分类方法在很大程度上揭示了物质性人格权和精神性人格权的差异。首先,物质性人格权与自然人的生理存在息息相关,旨在维护自然人的生存、尊严和自由,故此在法制发展史上这类人格权最早受到保护,而且是随着近代民主宪政观念的发展而被作为基本人权甚至所谓天赋人权的观念被接受的。一些学者之所以认为人格权法无法规范人格权的享有,就是因为他们只是关注了物质性人格权,认为此类人格权是随着人的出生就享有的,故此无须法律确认自然人是否享有。但是,精神性人格权却并非如此,它们是随着现代社会生活发

---

〔68〕［瑞］贝蒂娜·许莉曼－高朴、耶尔格·施密特:《瑞士民法:基本原则与人法》,纪海龙译,中国政法大学出版社 2015 年版,第 295 页以下。

〔69〕［日］五十岚清:《人格权法》,铃木贤、葛敏译,北京大学出版社 2009 年版,第 14 页。

〔70〕王泽鉴:《人格权法:法释义学、比较法、案例研究》,2012 年自版,第 114 页。

〔71〕张俊浩主编:《民法学原理》(修订第 3 版)(上册),中国政法大学出版社 2000 年版,第 142 页。

〔72〕张俊浩主编:《民法学原理》(修订第 3 版)(上册),中国政法大学出版社 2000 年版,第 145 页以下。

展和科技变迁而产生的,例如,肖像权、隐私权、个人信息权等,如果没有法律的保护,此等人格权无从产生。即便是物质性人格权由于科技的发展,也出现各种不同的侵害形式,如缺陷出生(wrongful birth)、错误怀孕(wrongful life)、精神惊吓(nervous shock)等,故此,法律上也在不断扩张这些物质性人格权的保护范围。

其次,侵害这两类人格权的侵权责任有所不同。侵害生命权、身体权和健康权等物质人格权所造成的损害表现为人身伤亡,侵权人既要承担财产损害赔偿责任,如赔偿医疗费、护理费、误工费、丧葬费、残疾赔偿金、死亡赔偿金等(《民法典》第1179条),造成严重精神损害的,还要承担精神损害赔偿责任(《民法典》第1183条)。但是,侵害姓名权、名誉权、隐私权、肖像权等精神性人格权,不会表现为人身伤亡,赔偿责任多为精神损害赔偿,在有些情况下(主要是指侵害姓名权、肖像权、名称权)也可能包括财产损害(《民法典》第1182条)。此外,在权利限制上,相比于物质性人格权,精神性人格权受到的限制相对更多,例如,《民法典》第999条规定:"为了公共利益实施新闻报道、舆论监督等行为的,可以合理使用民事主体的姓名、名称、肖像、个人信息等;使用不合理侵害民事主体人格权的,应当依法承担民事责任。"但是,对于生命权、身体权和健康权,不能因为行为人是实施新闻报告、舆论监督等行为而免责。

最后,这两类人格权的主体不同。物质性人格权与自然人的物质存在息息相关,只能由自然人享有,法人或非法人组织不可能享有生命权、健康权、身体权、肖像权等物质性人格权,它们只能享有名称权、名誉权、荣誉权这三类人格权。

四、人格权请求权与侵权赔偿请求权

人格权请求权,就是基于人格权作为绝对权和支配权的效力而产生的排除对人格权的现实的或者潜在的侵害或妨碍,旨在维护人格权圆满状态的请求权。人格权请求权包括停止侵害、排除妨碍、消除危险请求权。人格权请求权的特征在于:一方面,具有从属性。人格权请求权是基于人格权而产生的请求权,从属于人格权,只有人格权的主体才能享有此类请求权。由于人格权具有专属性,不得转让、放弃或者继承,故此,从属于人格权的人格权请求权不得转让、放弃或者继承,也不得由他人代位行使,即不能成为代位权的客体。另一方面,人格权请求权是人格权排他性的体现。人格权属于绝对权、支配权,具有排他效力,这种排他效力不仅体现在人格权的圆满状态已经受到妨害的情形,更体现在具有妨害危险之时。也就是说,人格权请求权不仅具有恢复人格权圆满状态的功能,还具有预防和制止侵害人格权的行为的功能。

人格权请求权与侵权损害赔偿请求权都是保护人格权的重要方法。所谓侵权损害赔偿请求权是指被侵权人因人身、财产权益被他人侵害而遭受损害时,依法享有的针对侵权人的要求其承担损害赔偿责任的请求权。人格权请求权与侵权损害赔偿请求权具有明显的区别,主要体现在:

1. 独立性不同。人格权请求权以及其他绝对权请求权都不是独立的请求权,具有从属性,即从属于所保护的绝对权。人格权请求权从属于人格权,物权请求权从属于物权。但是,侵权损害赔偿请求权性质上为债法的请求权,属于独立的请求权。人格权请求权因从属于人格权,而人格权不可转让、放弃或继承,故此人格权请求权也不得转让、放弃或继承。但是,侵权损害赔偿请求权可以转让、继承和放弃。

2. 保护对象不同。侵权损害赔偿请求权适用于一切侵权法所保护的民事权益受到损害的场合,无论是人身权利、财产权利,还是人身利益、财产利益。人格权请求权保护的只是性质上属于绝对权的人格权,这是因为只有绝对权具有排他性,效力非常强大,可以对权利人以外的

一切人发生排斥效力。

3. 适用的要件不同。归责原则只是损害赔偿的归责原则，而非任何侵权责任的归责原则。侵权损害赔偿责任以过错责任为最基本之归责原则，无过错责任或过错推定责任须有法律之明文规定方能适用。故此，适用侵权损害赔偿请求权时，原则上要求侵权人存在过错（受害人证明之或法律推定之），除非法律另有规定。但是，适用作为绝对权请求权的人格权请求权，无须考虑是否有损害，也无须考虑侵权人有无过错。即便侵权人没有过错，构成对人格权的侵害、妨碍或妨害之危险时，也要承担停止侵害、排除妨碍、消除危险等侵权责任。因为权利人之外的任何人，在未经权利人同意又无法定的免责事由的情形下，对作为绝对权的人格权之妨害或侵害行为本身就是非法的。基于绝对权的排他性，权利人当然有权排除之。[73]

4. 是否连带承担责任不同。连带责任就是连带赔偿责任，也称连带债务。只有当数个侵权人承担的是性质上属于侵权损害赔偿请求权的侵权责任，他们才可能构成连带责任。至于人格权请求权，如停止侵害、赔礼道歉、消除影响、恢复名誉等，是无法连带承担的。

5. 是否适用诉讼时效存在差别。侵权损害赔偿请求权属于债权请求权，应当适用《民法典》关于诉讼时效的规定（《民法典》第 188 条），但是基于人格权等绝对权被侵害而产生的停止侵害、排除妨碍、消除危险等绝对权请求权不适用诉讼时效。对此，《民法典》第 196 条第 1 项明确规定，停止侵害、排除妨碍、消除危险的请求权不适用诉讼时效。同时，《民法典》第 995 条第 2 句规定："受害人的停止侵害、排除妨碍、消除危险、消除影响、恢复名誉、赔礼道歉请求权，不适用诉讼时效的规定。"人格权请求权之所以不适用诉讼时效，主要是因为：侵害、危险以及妨碍的状态都是持续存在的，只要侵害不停止、妨碍或危险不消失，诉讼时效就无法起算，如果起算就不利于保护权利人。

第三节　身　份　权

一、身份权的概念、特征与类型

（一）身份权的概念与特征

身份权，称亲属权（Familienrecht）。所谓亲属权，是具有一定的亲属关系（自然的亲属关系与拟制的亲属关系）的人相互之间享有的权利，该权利是以亲属关系而得享有的利益为内容，以具有亲属关系的人为客体的。"民法上身份云者，谓基于亲属法上相对关系之身份，有一定身份后得享有之权利也。例如家长权为家长对于其家属之身份，夫权为夫对于其妻之身份，亲权为父母对于其子女之身份，是也。亦可谓亲属权。"[74]我国著名法学家谢怀栻先生正确地指出，身份权就是"亲属权"，现代法律中没有从前法律中的各种身份（如贵族、商人、家长），而父母子女间、配偶间以及其他亲属间的关系也与以前的身份关系大不相同，故此，不应当使用"身份权"一词。[75]

---

〔73〕 王洪亮：《论侵权法中的防御请求权》，载《北方法学》2010 年第 1 期。

〔74〕 史尚宽：《民法总论》，中国政法大学出版社 2000 年版，第 21 页。

〔75〕 谢怀栻：《论民事权利体系》，载《法学研究》1996 年第 2 期。

我国《民法典》第112条规定:“自然人因婚姻家庭关系等产生的人身权利受法律保护。”所谓“因婚姻家庭关系等”产生的人身权利,指的就是“身份权”或“亲属权”。与人格权的不断丰富发展相反,由于亲属关系的范围正在逐渐缩小,大家庭逐渐变为小家庭,所以身份权呈现的是日益缩小的趋势。近代民法中规定的家长权、夫权等,基于法律平等以及男女平等的原则都被现代法律加以废除。[76]

身份权的特征在于:首先,仅发生在具有婚姻家庭等亲属关系的人之间。亲属关系发生时,权利产生;亲属关系消灭时,权利消灭。其次,身份权的主体只能是自然人,且具有专属性,它不能放弃、转让、继承或进行其他的处分,也不能由他人代为行使。最后,身份权本身也具有一定的义务性。是否行使身份权并不完全由权利人自由决定,权利人负有一定的义务,即必须行使该权利。这是因为身份权并非如同一般的权利那样,以保护归属于权利人的利益为核心。身份权不是仅为权利人而存在的,而是为包括权利人在内的一定的亲属团体的共同利益而存在的。例如,配偶间的权利是为配偶双方的利益而存在的。再如,父母子女间的权利是为由父母子女所组成的家庭之利益而存在的。

(二)身份权的类型

身份权可以作多种分类,如依据权利的作用不同,可以将身份权分为形成权(离婚和终止收养权、亲生子否认权、认领权等)、支配权(如亲权人和监护人对未成年子女和被监护人的监护教育权)等。[77] 此外,也可以依据亲属关系的不同,将身份权分为父母子女之间的身份权、配偶间的身份权以及其他亲属间的身份权等。

我国《民法典》中规定的身份权主要包括以下几类:

1. 配偶权,即夫妻之间负有互相忠实、互相尊重、互相关爱的权利(《民法典》第1043条第2款);夫妻之间相互负有扶养义务(《民法典》第1059条);夫妻一方因家庭日常生活需要而实施民事法律行为时享有的互为代理人的权利(《民法典》第1060条);夫妻之间相互继承遗产的权利(《民法典》第1061条)。[78]

2. 监护权,即监护人依法履行监护职责产生的权利(《民法典》第34条第2款),收集未成年人的个人信息、使用未成年人的姓名或肖像时须经监护人同意等(《民法典》第1035条、《广告法》第33条)。

3. 父母与子女之间的身份权,包括父母有教育、保护未成年子女的权利(《民法典》第1068条);父母与子女间给付抚养费或赡养费的权利(《民法典》第1067条);离婚后不直接抚养子女的父或母探望子女的权利(《民法典》第1086条);父母与子女之间相互继承遗产的权利(《民法典》第1070条);养父母与养子女之间基于收养关系而产生的权利(《民法典》第1111条)。

4. 其他亲属之间的身份权,如其他近亲属之间互相负有的给付抚养费或赡养费的义务(《民法典》第1074、1075条)等。

二、人格权与身份权的关系

(一)二者的联系

人格权与身份权统称为“人身权”。身份权是基于婚姻家庭等亲属关系而产生的权利,故

〔76〕 谢怀栻:《外国民商法精要》(第3版),程啸增订,法律出版社2014年版,第23~24页。

〔77〕 史尚宽:《亲属法论》,中国政法大学出版社2000年版,第37页。

〔78〕 谢怀栻先生正确地指出,配偶间的互相继承权、父母子女间的继承权应当纳入亲属权项下,不存在位于亲属权之外的并列的继承权。谢怀栻:《论民事权利体系》,载《法学研究》1996年第2期。

具有很强的人身属性，其与人格权一样，都不得转让、继承或由他人代位行使。正因如此，在《民法典》编纂过程中，“有的法学教学研究机构和社会公众提出，自然人因婚姻家庭关系产生的身份权利，与人格权在保护上具有一定相似性。对这些身份权利的保护，除了适用婚姻家庭编的规定外，还应当参照适用人格权保护的相关规定。宪法和法律委员会经研究，建议采纳这一意见”。[79]《民法典人格权编草案二审稿》第782条之一曾规定：“自然人因婚姻、家庭关系等产生的身份权利的保护，参照适用本编人格权保护的有关规定。”然而，这一规定的问题在于，由于身份权利是基于婚姻家庭关系等产生的，《民法典》将婚姻家庭编作为分则的一编单独作出了规定。况且，总则编本身就是对整个《民法典》起到统领作用的，分则没有规定的当然是“适用”总则，而非“参照适用”。故此，对于身份权正确的法律适用规则应当是先适用总则编、婚姻家庭编和其他有关法律的规定（如《妇女权益保障法》《未成年人保护法》等），都没有规定的，才参照适用人格权编的规定。鉴于此，《民法典人格权编草案三审稿》就将二审稿的第782条之一修改为：“对自然人因婚姻家庭关系等产生的身份权利的保护，适用本法总则编、婚姻家庭编和其他法律的相关规定；没有规定的，参照适用本编人格权保护的有关规定。”该条文在《民法典》审议通过时成为《民法典》第1001条：“对自然人因婚姻家庭关系等产生的身份权利的保护，适用本法第一编、第五编和其他法律的相关规定；没有规定的，可以根据其性质参照适用本编人格权保护的有关规定。”

（二）二者的区别

首先，产生基础不同。产生身份权的基础法律关系是身份法律关系，即婚姻家庭关系等。在这些身份关系消灭后，如夫妻离婚后，相应的身份权也就不存在了。但是，就人格权而言，尤其是自然人的人格权，它们都是自然人与生俱来的且只有自然人死亡后才消灭的权利。

其次，由于身份权是基于婚姻家庭等亲属关系而产生的，具有很强的伦理性与义务性。也就是说，身份权中保护的利益并非权利人单方面的利益，也不是只为权利人个人而存在的，而是为了包括权利人在内的一定亲属团体而存在的。[80] 故此，是否行使身份权并非单纯的权利人的自由，权利人在很多情形下负有行使权利的义务，否则法律将剥夺其权利。例如，如果监护人不行使监护权即不履行对子女教育保护的权利时，就是不履行其监护职责，此时人民法院可以根据有关个人或者单位的申请，撤销监护人的资格（《民法典》第36条）。

再次，权利主体不同。身份权是基于婚姻家庭等亲属关系而产生的权利，故此，身份权的主体只能是自然人，不包括法人或非法人组织。人格权的主体虽然主要是自然人，但是法人或者非法人组织也可以享有少数的人格权，如名称权、名誉权、荣誉权。

最后，权利的取得和消灭不同。自然人的人格权始于出生，而终于死亡，即法律上承认自然人的法律主体地位，那么只要自然人出生，就具有权利能力，同时取得人格权。并且所有自然人的人格权，在种类和内容上都是完全相同的，只要是自然人，则无论年龄、性别、种族、民族或者社会地位有无差距，都享有同样的人格权。但是，身份权却并非始于出生，而是因婚姻家庭关系等亲属关系的产生而产生，因这些关系的消灭而消灭。例如，夫妻之间互相扶养的权利

---

〔79〕《全国人民代表大会宪法和法律委员会关于〈民法典人格权编（草案）〉修改情况的汇报》，载《民法典立法背景与观点全集》编写组：《民法典立法背景与观点全集》，法律出版社2020年版，第37页。

〔80〕谢怀栻：《论民事权利体系》，载《法学研究》1996年第2期。

只有在婚姻关系成立之后才产生,而一旦婚姻关系消灭,就不存在。[81]

三、侵害身份权的情形

(一)侵害监护权

监护权,是指监护人对被监护享有的监督、教育、管理和保护的权利。德国法上认为,父母对未成年子女的照顾和保护,即监护权也是《德国民法典》第 823 条第 1 款的其他权利,对其侵害应当承担损害赔偿责任,例如孩子被拐骗,导致父母花费了很多钱才重新找到孩子,那么这些损害是可以要求赔偿的。在我国民法学界,就监护权的性质,存在争议。一种观点认为,监护权属于身份权。[82] 另一种观点则认为,监护并非一种权利,而是一种职责。[83] 我国《民法典》第 34 条第 1、2 款规定:“监护人的职责是代理被监护人实施民事法律行为,保护被监护人的人身权利、财产权利以及其他合法权益等。监护人依法履行监护职责产生的权利,受法律保护。”从这一规定可知,立法机关采取的是第一种观点,即认为监护人履行监护职责中产生的权利属于民事权利,应当受到法律保护。[84] 事实上,在《民法典》之前,《侵权责任法》第 2 条第 2 款也明确地将监护权纳入侵权法保护的民事权益范围。

案例阅读

案例4.3.1

宋慧英等诉徐州市第三人民医院因工作失误致其亲子被他人抱走要求找回亲子案

司法实践中侵害监护权的情形主要有:其一,拐卖人口或者未经监护人同意擅自带走被监护人。[85] 其二,因医疗机构的过失,致使不同父母的婴儿被抱错或者导致婴儿被他人偷走。[86] 这两种情形都构成对监护权的侵害,《精神损害赔偿解释》第 2 条规定:“非法使被监护人脱离监护,导致亲子关系或者近亲属的亲属关系遭受严重损害,监护人向人民法院起诉请求赔偿精神损害的,人民法院应当依法予以受理。”(参见案例 4.3.1)

(二)侵害配偶权

配偶权,是指配偶之间因婚姻而成立的以互相忠实、互相尊重和互相关爱为内容的权利(《民法典》第 1043 条第 2 款),属于身份权。该权利的具体内容包括:配偶之间负有相互扶养的义务,需要扶养的一方在另一方不履行扶养义务时,有权要求其给付扶养费(《民法典》第 1059 条);配偶之间负有互相忠诚的义务,一方不得与他人重婚或同居(《民法典》第 1042 条第 2 款);配偶之间应当互相尊重、互相关爱,一方不对另一方实施家庭暴力,不得虐待或遗弃另一方(《民法典》第 1042 条第 3 款、第 1043 条第 2 款)等。

实践中侵害配偶权的行为主要表现为:配偶一方对他方实施家庭暴力或者虐待、遗弃,或者与第三人通奸、同居甚至重婚,生育非婚生子女等。在《民法典》颁布之前,我国《婚姻法》第

---

[81] 王利明主编:《人格权法新论》,吉林人民出版社 1994 年版,第 209 页。

[82] 最高人民法院民事审判第一庭:《最高人民法院〈关于确定民事侵权精神损害赔偿责任若干问题的解释〉的理解与适用》,人民法院出版社 2001 年版,第 39 页。

[83] 王利明:《民法总则研究》,中国人民大学出版社 2003 年版,第 364 页。

[84] 石宏主编:《〈中华人民共和国民法总则〉条文说明、立法理由及相关规定》,北京大学出版社 2017 年版,第 76 页。

[85] 唐爱华诉段凤娇未经同意带走其未成年女儿侵犯监护权案,载最高人民法院中国应用法学研究所编:《人民法院案例选》(总第 19 辑),人民法院出版社 1997 年版,第 69 页以下。

[86] 相关案例参见孙华东、李爱野诉通化市人民医院侵犯身份权案,载最高人民法院中国应用法学研究所编:《人民法院案例选》(总第 46 辑),人民法院出版社 2004 年版,第 93 页以下;阿衣古力·库尔班、艾热提·塔瓦库勒诉阿克苏市人民医院丢失婴儿损害赔偿案,载最高人民法院中国应用法学研究所编:《人民法院案例选(2004 年民事专辑)》,人民法院出版社 2005 年版,第 89 页以下。

46 条规定:“有下列情形之一,导致离婚的,无过错方有权请求损害赔偿:(一)重婚的;(二)有配偶者与他人同居的;(三)实施家庭暴力的;(四)虐待、遗弃家庭成员的。”该条中无过错方的损害赔偿请求权就是对侵害配偶权的侵权赔偿责任的规定。依据《最高人民法院关于适用〈中华人民共和国婚姻法〉若干问题的解释(一)》第 28 条,配偶权遭受侵害的一方有权请求的赔偿包括物质损害赔偿和精神损害赔偿。《民法典》第 1091 条在《婚姻法》第 46 条的基础上还增加了一项兜底性规定,即“有其他重大过错”的情形,而导致离婚的,无过错方也有权请求损害赔偿。如此一来,就能更好地保护配偶权。

配偶一方与第三人通奸、同居甚至重婚而侵害配偶权的情形可细分为以下两个问题加以研究。

1. 违反忠诚义务的配偶一方的侵权责任问题

我国民法学界多数说认为,配偶一方违反忠诚义务而与他人通奸、同居或重婚的行为,构成侵害他方配偶权的侵权行为,应当承担侵权赔偿责任。[87] 司法实践中,法院对此也采取肯定的观点(参见**案例** 4.3.2)。例如,有的法院认为:“夫妻间具有互相忠诚的义务,夫妻间因为婚姻产生的配偶权受法律的保护,夫妻一方违反夫妻间的忠实义务,与他人存在婚外性行为的,侵犯了夫妻另一方的配偶权,应当承担相应的侵权责任。本案曾某,在与陈某婚姻关系存续期间,与他人存在婚外性行为,违反了夫妻间的忠实义务,破坏了夫妻家庭间的和谐,导致陈某在不知情的情况下抚养宋某多年,侵犯了陈某基于婚姻关系产生的人身权利,依法应当承担侵权责任。”[88] 再如,有的法院认为:“原告与被告系夫妻关系,在婚姻关系存续期间,应当互相忠实、互相尊重。原告与被告在婚姻关系存续期间的 2007 年 1 月 19 日所生一女陈某与原告不存在生物学意义上的亲子关系,这一事实表明,被告在婚姻关系存续期间与他人存在婚外性行为,该行为违反了《中华人民共和国婚姻法》第四条关于夫妻之间应当互相忠实、互相尊重的法律规定。且被告的上述行为侵犯了原告的配偶权,给原告带来了精神压力和痛苦,对原告所造成的精神损害是显而易见的,被告应当给予原告精神抚慰和补偿。”[89]

案例阅读

案例4.3.2
罗甲与周某侵权损害赔偿纠纷上诉案

本书认为,夫妻关系存续期间,一方与他人通奸、同居甚至生育孩子的行为,明显违反了《民法典》第 1043 条第 2 款规定的夫妻之间互相负有的忠实义务,侵害他方基于婚姻关系而享有的身份利益,具有过错,且给他方造成了损害,符合《民法典》第 1165 条第 1 款的过错责任原则,应当承担侵权赔偿责任。但是,依据《民法典》第 1091 条,只有在因与他人重婚、同居或者有其他重大过错而导致离婚的,无过错方才有权请求损害赔偿。故此,此种侵害配偶权的侵权赔偿请求只能在离婚诉讼中提出。这是为了避免夫妻在不离婚的情况下而通过提出侵权之诉来报复另一方,从而危害婚姻关系的稳定,而在已经提起离婚诉讼之时,则配偶一方可以要求

---

〔87〕 马强:《试论配偶权》,载《法学论坛》2000 年第 2 期;杨立新:《论侵害配偶权的精神损害赔偿责任》,载《法学》2002 年第 7 期。

〔88〕 曾某与陈某、宋某婚姻家庭纠纷案,重庆市第一中级人民法院(2020)渝 01 民终 138 号民事判决书。

〔89〕 应小明诉陈淑红配偶权侵权案,浙江省嵊州市人民法院(2008)嵊民一初字第 900 号民事判决书。类似的案件还可参见,罗甲与周某侵权损害赔偿纠纷上诉案,重庆市第五中级人民法院(2010)渝五中法民终字第 4234 号民事判决书。徐某与王某婚姻家庭纠纷案,北京市第三中级人民法院(2020)京 03 民终 1309 号民事判决书。

他方承担侵害配偶权的侵权赔偿责任。[90] 正因如此,《最高人民法院关于适用〈中华人民共和国婚姻法〉若干问题的解释(一)》第3条才明确规定:“当事人仅以婚姻法第四条为依据提起诉讼的,人民法院不予受理;已经受理的,裁定驳回起诉。”

2. 第三者侵害配偶权的侵权责任问题

对于与配偶一方进行通奸、重婚或者生育孩子的第三方而言,其是否要承担侵害配偶权的侵权责任,无论是比较法上还是我国理论界与实务界,都有不同的看法。德国联邦最高法院认为,婚姻的空间和内容领域在侵权法上受到保护。例如,夫妻一方可以要求另一方不让破坏婚姻的第三者进入婚姻住所或者介入夫妻共同事务当中。但是,确保婚姻共同体未受损害的连续性并非《德国民法典》第823条第1款的其他权利。德国联邦最高法院不接受那种将婚姻中配偶一方的不忠行为视为侵害配偶另一方一般人格权的观点。理由在于:唯有在配偶一方的配合下,才会发生第三人对婚姻妨害的问题,所以问题的根源在于婚姻内部事件,因此不能将损害赔偿责任转嫁。[91] 如果让第三者与不忠诚的一方承担连带责任,则违反了《德国民法典》对违反婚姻义务的封闭性的规定(对于违反婚姻义务,应当由家庭法的条款及其专门的原则加以规定,排除了其他法律规范的介入)。[92] 因此,法院驳回了妻子针对与第三者情妇共同生活的丈夫的起诉,同样驳回了妻子对第三者的损害赔偿请求权。至于因第三者所致怀孕的孩子出生而引起的损害问题,德国法院的观点不一致。有的案件中,法院认为,丈夫不得向妻子主张撤销非婚生孩子的婚生性费用,在另外一些情形较为严重的案件中,丈夫则可以依据《德国民法典》第826条的规定获得救济,即妻子欺骗了丈夫,说只有他才是孩子的亲生父亲,因此妻子必须向丈夫返还抚养费,因为该妻子的行为违背了善良风俗。[93]

日本最高法院昭和五十四年的判决认为:“与夫妻一方的配偶有肉体关系的第三者仅限于有故意或过失时,负有赔偿配偶另一方精神上承受的痛苦的义务。”[94] 不过,对于夫妻间婚姻关系已经破裂且已分居后才产生通奸行为,日本最高法院认为,除非有特别的情形,否则第三人不负侵权责任,这是因为,第三人因通奸行为而对配偶负侵权责任的原因在于其侵害了配偶维持婚姻共同生活的平和的权利或应受法律保护的利益,但是,既然配偶之间的婚姻关系已经破裂,则不存在应受保护的权利和利益。[95] 在我国台湾地区,法院认为第三者的行为构成对配偶权的侵害,应当承担侵权责任。我国台湾地区“最高法院”1966年台上字2053号判例认为:“鉴于配偶应相互协力保持其共同生活之圆满安全及幸福……配偶因婚姻契约而互负诚实之义务,配偶之一方行为不诚实,破坏共同生活之圆满安全及幸福者,即为违反因婚姻契约之义务而侵害他方之权利”,“通奸之足以破坏夫妻间之共同生活,而非法治所许,此从公序良俗之观点可断言,不问所侵害者系何权利,对于配偶之他方应构成共同侵权行为”。

---

[90] 比较法上,不少国家的民法典也有和我国《民法典》相同的规定。例如,《法国民法典》第266条规定:“在唯一因一方配偶的过错宣告离婚的情况下,该一方对另一方配偶因解除婚姻所受到的物质上与精神上的损害,得受判负损害赔偿责任。但是,另一方配偶仅在进行离婚诉讼之时,始得请求损害赔偿。”《西班牙民法典》第97条、《葡萄牙民法典》第1792条等也有相同的规定。

[91] [德]迪特尔·施瓦布:《德国家庭法》,王葆莳译,法律出版社2010年版,第82~83页。

[92] [德]马克西米利安·福克斯:《侵权行为法》,齐晓琨译,法律出版社2006年版,第45页。

[93] [德]埃尔温·多伊奇、汉斯-于尔根·阿伦斯:《德国侵权法——侵权行为、损害赔偿及痛苦抚慰金》,叶名怡、温大军译,中国人民大学出版社2016年版,第96页。

[94] [日]圆谷骏:《判例形成的日本新侵权行为法》,赵莉译,法律出版社2008年版,第83页。

[95] 陈聪富:《侵权行为法原理》,台北,元照出版有限公司2017年版,第113页。

我国民法学界就第三者是否应当承担侵害配偶权的侵权责任,有不同的看法。肯定说认为,夫妻间的忠实权利义务,不仅可被配偶一方侵犯,也可被第三人侵犯,因此在配偶一方与第三人通奸时,二者构成对配偶他方的共同侵权行为。[96] 否定说认为,第三者与配偶一方通奸、同居甚至重婚的情形,并不构成对配偶另一方的配偶权的侵害,无过错的配偶无权要求第三者承担侵权责任。如果认为第三者应当承担侵权赔偿责任不仅与现实社会中性道德、性观念已发生显著变化这一现象相悖,还有可能限制配偶的人身自由权。考虑我国《婚姻法》第46条已经规定了离婚损害赔偿制度,在一定程度上已经弥补了无过错配偶一方所遭受的损害。因此,在立法政策上应该否定配偶权具有对抗第三人的效力。[97] 此外,由于我国《婚姻法》第46条规定的离婚损害赔偿的责任主体为无过错方的配偶,而不能是婚姻关系之外的其他人,故此,配偶一方请求婚姻关系以外的第三人承担侵权责任,欠缺请求权基础(参见**案例**4.3.3)。

案例阅读

案例4.3.3
王芳与章红侵权赔偿纠纷上诉案

本书认为,由于配偶权并不如同人格权、物权那样具有社会典型公开性,性质上难谓绝对权,故此在第三人与配偶一方通奸、同居甚至重婚的情形中,是否构成侵害配偶权的问题,不可一概而论,而应当考察其主观过错。倘若第三人并不知道与之发生性关系或同居之人已经结婚,而是受其欺骗,则不构成侵害配偶权。但是,如果第三人知道或者应当知道他人已经结婚,而与之通奸、同居或重婚的,就应当认定构成侵害配偶权,至于夫妻感情关系是否破裂、夫妻之间是否已经分居,在所不问。理由在于:首先,基于公序良俗原则和维持婚姻关系稳定的考虑,不应当认为第三人存在所谓的性自由的权利,即第三人不得以其性自由来作为侵害他人夫妻关系的正当理由。但是,这必须以第三人故意为前提,如果第三人并不知道与其发生性关系或同居者为有妇之夫或有夫之妇,则不能认定构成侵害配偶权。其次,只要在法律上并未解除婚姻关系,配偶之间就互相负有忠诚的义务,而不能以所谓感情破裂或已经分居作为违反该义务之理由。再次,依据《民法典》第1091条,无过错的配偶一方只有在针对有过错的配偶一方提起离婚诉讼时,才能请求有过错的配偶一方承担侵害配偶权的赔偿责任,故此,其不能在没有离婚并要求有过错的配偶一方承担赔偿责任的时候,单独针对第三人提起侵权赔偿诉讼。因为"表面上看,好像是闯入婚姻的第三者破坏了婚姻,但实际上,婚姻危机的原因总是来自夫妻关系本身,所以不能将损害赔偿的责任转嫁给外部。"[98] 换言之,如果没有配偶一方违背忠诚义务,第三人是不可能侵害夫妻中另一方的配偶权的,既然法律不允许婚姻关系存续期间一方通过侵权赔偿诉讼来惩罚另一方,就更不应当允许在婚姻关系存续期间一方针对第三人提起侵害配偶权的赔偿诉讼,从而将本应由夫妻内部承担的人身和经济风险转嫁给第三人。最后,从侵权法上来说,由于第三人与有过错的配偶一方构成对无过错的配偶一方的共同加害行为,即二者共同故意实施侵害配偶权的侵权行为,故此,依据《民法典》第1168条,他们应当承担连带赔偿责任。

---

〔96〕 余延满、张继承:《试析配偶权的侵权行为法保护》,载《江西社会科学》2008年第2期;杨立新:《论侵害配偶权的精神损害赔偿责任》,载《法学》2002年第7期。

〔97〕 冉克平:《论配偶权之侵权法保护》,载《法学论坛》2010年第4期。

〔98〕 [德]迪特尔·施瓦布:《德国家庭法》,王葆莳译,法律出版社2010年版,第83页。

第四节 物 权

一、物权的概念、特征与类型

(一)物权的概念与特征

物权,是指权利人依法对特定的物享有的**直接支配**并**排他**的权利,包括所有权、用益物权和担保物权(《民法典》第114条第2款)。物权的本质是特定社会中人与人之间对物的支配关系在法律上的表现。

首先,物权是支配权,即直接支配客体的权利。"支配",是指依据权利人的意思对权利客体进行管领或处置。"直接",意味着权利人实现权利完全无需他人的意思或行为的介入,权利人的力可以直接作用于权利客体之上。[99] 物权人对于作为权利客体之物的支配,无需他人的意思的介入,即可依自己的意思加以实现。其次,物权是绝对权。绝对权是指能够相对于每一个人产生效力,即每一个人都必须尊重此种权利的权利。在法律上,除了物权人,所有的人都被排除在对财产客体的处理之外,他们负有不干预物权人对物进行支配、利用的义务。

(二)物权的类型

以权利人对标的物的支配范围为标准,可以将物权分为:所有权与定限物权。

1. 所有权,也称为完全物权,是指所有人依法对自己的财产享有占有、使用、收益和处分的权利(《民法典》第240条)。所有权人可以在法律规定的范围内对其所有的物进行永久全面的支配,并排除他人的干涉。这种支配既包括所有权人自己直接占有、使用该物并获取利益,也包括所有权人将占有、使用、收益等权能让与他人而获取对价或者利用物的交换价值设定担保获取信用,还包括所有权人进行处分即转让所有权而得到对价。总之,一切不违反法律和公序良俗的对物的使用和处分方式都归属于所有人。

2. 定限物权,也称限制物权,是在所有权的基础上产生的物权。定限物权人基于与所有权人的合意或者法律的规定而取得对物进行直接控制的某些权能,故其只能在一定的范围(在某一方面或某几个方面)对物进行支配。《民法典》第241条规定:"所有权人有权在自己的不动产或者动产上设立用益物权和担保物权。用益物权人、担保物权人行使权利,不得损害所有权人的权益。"因此,定限物权又可分为用益物权和担保物权。我国《民法典》规定的用益物权包括:土地承包经营权、建设用地使用权、宅基地使用权、居住权、地役权以及海域使用权、取水权、探矿权、采矿权等,担保物权包括抵押权、质权(动产质权与权利质权)、留置权等。

二、物权请求权与侵权赔偿请求权

物权作为一种绝对权,受到法律严密的保护。《民法典》物权编第三章"物权的保护",集中地对保护物权的各种方法作出了规定。其中,第235条和第236条所规定的物权请求权是物权法上独有的物权保护方法。物权请求权也称"物上请求权",是基于物权而产生的,旨在排除对

---

[99] [日]我妻荣:《日本物权法》,李宜芬译,台北,五南图书出版公司1999年版,第8页。

物权现实或潜在的妨害,从而恢复物权圆满支配状态的请求权(参见案例4.4.1)。传统民法上的物权请求权包括返还原物请求权、排除妨害请求权与预防妨害请求权。《民法典》第235条规定:“无权占有不动产或者动产的,权利人可以请求返还原物。”这是对返还原物请求权的规定。第236条规定:“妨害物权或者可能妨害物权的,权利人可以请求排除妨害或者消除危险。”这是对排除妨害请求权与预防妨害请求权的规定。《民法典》第238条规定:“侵害物权,造成权利人损害的,权利人可以依法请求损害赔偿,也可以依法请求承担其他民事责任。”这一条规定的是侵害物权的损害赔偿请求权。

案例阅读

案例4.4.1

王佳彬诉江苏淳通汽车销售服务公司等返还汽车合格证纠纷案

物权请求权与侵权赔偿请求权都属于物权的保护方法,能够发挥保护权利人物权的作用,在我国民法中也都被作为民事责任的承担方式(《民法典》第179条第1款)。但是,二者存在以下明显区别(参见表4.4.1):

1. 目的不同。物权请求权的目的在于排除物权(主要是所有权)受侵害的事实或者可能,从而恢复与保障物权的圆满状态。侵权损害赔偿请求权的目的在于以恢复原状或者金钱赔偿的方式使受害人恢复到倘若损害事故没有发生时受害人本应处的状态。

2. 成立要件不同。侵权赔偿请求权以损害和过错为成立要件,只有特殊的侵权行为才不考虑加害人的过错。物权请求权不以物权人已遭受损害为要件。只要他人不法侵夺物权人的占有,对物权构成了妨害或有妨害的危险,物权人就可以行使物权请求权。行使物权请求权也不考虑妨害人有无过错。

3. 法律效力不同。债务人破产时,如果债务人占有的物不属于占有人,该物之物权人可行使取回权(《企业破产法》第38条),该权利优先于各类债权请求权。但是,侵权赔偿请求权只是普通的破产债权,原则上不具有优先效力,债权人只能按破产清算程序受偿。

4. 能否让与不同。侵权赔偿请求权属于独立的请求权。其中,财产损害赔偿请求权可以让与给他人,而精神损害赔偿请求权于特定之情形亦可转让(《人身损害赔偿解释》第18条第2款)。物权请求权作为物权的作用,是从属性的请求权,不得与物权分离而单独转让。

5. 诉讼时效不同。侵权赔偿请求权属于债权请求权,适用诉讼时效的规定。但是,为了维持物权的圆满状态,增强对物权的保护,物权请求权基本上都不适用诉讼时效。依据《民法典》第196条第1、2项,停止侵害请求权、排除妨碍请求权、消除危险请求权以及不动产物权和登记的动产物权的权利人请求返还财产的请求权,均不适用诉讼时效的规定。

表4.4.1　物权请求权与侵权赔偿请求权的区别

区别	物权请求权	侵权赔偿请求权
规定的法律	《民法典》第二编“物权”	《民法典》第七编“侵权责任”
独立与否	从属性的请求权	独立的请求权
种类	返还原物请求权、排除妨害请求权、消除危险请求权	恢复原状、金钱赔偿
目的	恢复与保障物权的圆满状态	使受害人恢复到损害事故发生之前的状态

续表

区别	物权请求权	侵权赔偿请求权
构成要件	无须损害;无须过错	必须有损害;原则上需要过错,除非法律特别规定
法律效力	返还原物请求权在破产具有优先效力,物的所有人可行使取回权	破产时不具有优先效力
诉讼时效	原则上不适用	适用

三、所有人与占有人的关系

(一)有权占有

有权占有是基于本权而进行的占有,即占有人在具有权利支撑的情形下占有动产或不动产。本权即支撑占有的权利,包括以占有为内容的物权、债权等。其中,以占有为内容的物权如建设用地使用权、宅基地使用权、土地承包经营权、居住权等用益物权以及动产质权、留置权等担保物权,以占有为内容的债权如租赁合同、借用合同以及保管合同等产生的债权。

在有权占有的情况下,占有人可依据本权对抗所有人及其他人的返还原物请求权。如果本权的内容还包含对占有物的使用时,则有权占有人只要不超出权利的界限就可以使用物,也不发生因侵害所有权承担赔偿责任问题。例如,《民法典》第710条规定:"承租人按照约定的方法或者根据租赁物的性质使用租赁物,致使租赁物受到损耗的,不承担赔偿责任。"当然,有权占有人对于占有物应当尽到妥善保管的义务,如果因保管不善造成占有物毁损、灭失的,应当承担赔偿责任(《民法典》第432、451、714、897、917条)。

(二)无权占有

无权占有是没有本权而对动产或不动产进行的占有。依据占有人是否知道自己的占有为无权占有,可将无权占有分为善意占有与恶意占有。《民法典》第459~461条正是在区分善意占有与恶意占有的基础上,对于占有人与所有权人(等不动产权利人)之间的损害赔偿责任作出的规定。该规定属于"隐藏于物权法中的债法特别规范,其作用在于彻底清算因占有物返还所引发的利益关系"。[100] 在法律适用上,《民法典》第459~461条的规定应当属于特别规范。

1. 善意占有人的损害赔偿责任

善意占有人,是指无权占有人不知道或者不应当知道自己对他人动产或不动产的占有没有权利的支撑。在善意占有中,占有人真诚地相信自己是有权占有人,将自己置于有权占有人的地位,而对他人之物进行占有并使用。由于善意占有人并不知道自己的占有是无权占有,故而其无法预料到会因此产生损害赔偿责任。鉴于此,《民法典》对善意占有人给予了以下的特别优待:其一,善意占有人因使用占有的不动产或者动产,致使该不动产或者动产受到损害的,因该"损害"是仅因物的使用而发生的损耗、折旧,[101] 并非因物被毁损、灭失而发生的损害,善

---

〔100〕 张双根:《物权法释论》,北京大学出版社2018年版,第242页。

〔101〕 全国人大常委会法制工作委员会民法室:《〈中华人民共和国物权法〉条文说明、立法理由及相关规定》(第2版),北京大学出版社2017年版,第478页。

意占有人并不会预料到会因占有成为无权占有进而要对此负赔偿责任。所以法律上规定善意占有人对于这种损害无须承担赔偿责任(《民法典》第459条)。其二,如果非因可归责于善意占有人的原因而使占有的不动产或动产毁损、灭失的,善意占有人只需将因毁损、灭失而取得的保险金、赔偿金或者补偿金等返还给权利人即可(《民法典》第461条)。这里适用的是不当得利返还请求权,[102]因此,即便无权占有人是善意的,只要取得利益仍然存在,无权占有人也应当返还(《民法典》第986条)。即便权利人的损害并未因此得到弥补,善意占有人也不再承担赔偿责任。但是,如果不动产或者动产的毁损、灭失,是因为善意占有人的过错所致,即其超出了误以为自己享有的占有权之边界而行为,以致占有物毁损、灭失的,则善意占有人也应当向权利人承担侵权赔偿责任。[103] 此时,善意占有人承担的是《民法典》第1165条第1款的过错侵权责任。

2. 恶意占有人

恶意占有人知道自己对他人的动产或不动产的占有没有权利的支撑,仍然占有、使用他人之物。显然,恶意占有人主观上的可非难性更大。为遏制恶意占有他人之物的行为,[104]法律规定了非常严厉的法律责任。其一,只要占有人使用了占有物并因此致占有物受到损害(损耗、折旧等),占有人就应当承担赔偿责任(《民法典》第459条)。其二,当恶意占有人因过错造成占有物毁损、灭失时,其应当依据《民法典》第1165条第1款承担侵权赔偿责任。其三,即便占有物的毁损、灭失不可归责于恶意占有人,占有人不仅要将因占有物毁损、灭失而获得的保险金、赔偿金与补偿金返还给权利人,还要就权利人未得到足够弥补的损害承担赔偿责任(《民法典》第461条)。恶意占有人的这种返还保险金、赔偿金与补偿金性质上属于不当得利返还请求权。依据《民法典》第987条,得利人知道或者应当知道取得的利益没有法律根据的,受损失的人可以请求得利人返还其取得的利益并依法赔偿损失,即便取得的利益已经不存在的,恶意占有人也应当返还。有疑问的是,权利人能否不依据《民法典》第461条主张不当得利返还并就未弥补损害的部分再主张赔偿请求权,而是直接针对被毁损、灭失的动产或不动产主张全部的损害赔偿请求权呢?对此,应当采取肯定的观点,即对于恶意占有人而言,《民法典》第461条的义务之构成不影响其对回复请求权人依据损害赔偿法所负的赔偿责任。故此,请求权人既可以单独主张全部损害的赔偿请求权,也可以不当得利返还与不足部分之赔偿二者并举。[105]既然在物非因可归责于恶意占有人的原因而毁损、灭失的情况下,权利人针对恶意占有人仍然享有损害赔偿请求权,此时,应当认为该侵权赔偿请求权适用的是无过错责任,这也符合立法者加重恶意占有人责任的立法思想。[106]

---

〔102〕 崔建远:《物权法》(第4版),中国人民大学出版社2017年版,第164页。

〔103〕 Medicus/Lorenz, Schuldrecht Ⅱ Besonderer Teil, 16. Aufl. 2012, Rn. 1281.

〔104〕 胡康生主编:《中华人民共和国物权法释义》,法律出版社2007年版,第518页。

〔105〕 张双根:《物权法释论》,北京大学出版社2018年版,第219页。

〔106〕 王利明:《物权法研究》(第3版)(下卷),中国人民大学出版社2018年版,第1490页。不过,崔建远教授认为,即便是恶意占有人的赔偿责任也应当适用过错责任,而非无过错责任。参见崔建远:《物权法》(第4版),中国人民大学出版社2017年版,第165页。

第五节　知识产权

一、知识产权的概念与类型

知识产权是人们依法对自己的特定智力成果、商誉和其他特定相关客体等享有的权利。[107]传统的知识产权主要就是著作权(版权)、专利权、商标权,但是随着社会发展,知识产权的保护范围在不断扩大,新型的知识产权也在不断出现,如地理标志权、商业秘密权、集成电路布图设计权、植物新品种权等。我国《民法典》第123条对知识产权采取了广义的界定,该条第2款规定:"知识产权是权利人依法就下列客体享有的专有的权利:(一)作品;(二)发明、实用新型、外观设计;(三)商标;(四)地理标志;(五)商业秘密;(六)集成电路布图设计;(七)植物新品种;(八)法律规定的其他客体。"

知识产权既非财产权,也非人格权,而是一类独立的民事权益。此外,基于公共利益的考虑,和一般的民事权利相比,知识产权受到法律上的很多限制。

二、侵害知识产权的行为

(一)侵害著作权的行为

著作权,是指文学、艺术和科学作品的创作者对其创作的作品享有的权利,[108]包括下列人身权和财产权:发表权、署名权、修改权、保护作品完整权、复制权、发行权、出租权、展览权、表演权、放映权、广播权、信息网络传播权、摄制权、改编权、翻译权、汇编权,以及应当由著作权人享有的其他权利(《著作权法》第10条第1款)。在这17项权利中,发表权、署名权、修改权和保护作品完整权属于人身权,其他的皆为财产权利。

案例阅读

案例4.5.1
钱钟书、人民文学出版社诉胥智芬、四川文艺出版社案

以下行为均属于侵害著作权的行为(参见案例4.5.1):(1)未经著作权人许可,发表其作品的;(2)未经合作作者许可,将与他人合作创作的作品当作自己单独创作的作品发表的;(3)没有参加创作,为谋取个人名利,在他人作品上署名的;(4)歪曲、篡改他人作品的;(5)剽窃他人作品的;(6)未经著作权人许可,以展览、摄制电影和以类似摄制电影的方法使用作品,或者以改编、翻译、注释等方式使用作品的,本法另有规定的除外;(7)使用他人作品,应当支付报酬而未支付的;(8)未经电影作品和以类似摄制电影的方法创作的作品、计算机软件、录音录像制品的著作权人或者与著作权有关的权利人许可,出租其作品或者录音录像制品的,法律另有规定的除外;(9)未经出版者许可,使用其出版的图书、期刊的版式设计的;(10)未经表演者许可,从现场直播或者公开传送其现场表演,或者录制其表演的;(11)其他侵犯著作权以及与著作权有关的权益的行为(《著作权法》第47条)。

---

〔107〕　王迁:《知识产权法教程》(第5版),中国人民大学出版社2016年版,第3页。
〔108〕　李明德、许超:《著作权法》(第2版),法律出版社2009年版,第1页。

提　示

出版社因过错而遗失作者的手稿，当然构成对所有权的侵害，即侵害了作者针对手稿的物质载体（如画布、稿纸、U盘等）享有的所有权。在作者只有唯一的手稿时，手稿丢失还会在客观上导致作者创作的作品灭失，此时出版社的过错行为是否也侵害了著作权呢？肯定说认为，尽管丢失、损毁的是作品载体本身，但是由于作品载体的唯一性从而使得唯一载体的灭失就意味着作品无法再现。而由于无法再现作品，作品上的各项著作人身权和著作财产权事实上就无法实现和主张，因此，作品载体的灭失虽然在法律上并不等于作品的灭失，然而这种存在实质上只具有理论上的意义——因为作者甚至就连实现最基础的复制权都做不到，作者可以要求出版社承担侵害著作权的侵权责任。〔109〕例如，在一个案件中，原告程某将自己创作的文学作品《战争在呼唤》的书稿原件（手写稿）交给某出版社编辑郭某处，但一直未有结果，后被告知书稿已丢失。程某遂向法院起诉出版社要求赔偿损失。法院认为：程某在创作完成作品《战争在呼唤》后，“既是该作品的著作权人，又是作品原件的所有权人。该作品手稿不仅是作品的物质载体，也是作品著作权的体现。出版社丢失程某作品原稿的行为，既侵犯了程某对作品的著作权，又侵犯了程某对作品载体的财产权即所有权。出版社不仅应承担丢失作品物质载体的责任，还应当承担造成作者著作权损失的责任”。〔110〕

《最高人民法院关于审理著作权民事纠纷案件适用法律若干问题的解释》第23条规定：“出版者将著作权人交付出版的作品丢失、毁损致使出版合同不能履行的，依据著作权法第五十三条、民法通则第一百一十七条以及合同法第一百二十二条的规定追究出版者的民事责任。”从该条所引用的《著作权法》《民法通则》《合同法》的条文来看，司法解释认为著作权人可以追究出版社的违约责任或侵权责任，但是侵权责任不是侵害著作权的侵权责任而是侵害财产权的侵权责任，因为《民法通则》第117条是对侵害国家的、集体的财产或者他人财产的侵权行为的规定，而第118条则是专门针对侵害知识产权的侵权责任的规定。这表明司法解释并不认为此种情形下出版社侵害了著作权，而是侵害了物权。最高人民法院的一则法律文书也认为：“书稿是作品的载体，不完全等同于作品本身。书稿本身被损害，也不完全等同于该作品的著作权受到侵害。书稿的丢失，对权利人在证明著作权的享有、行使著作权等方面固然产生一定的不利影响，但一般不构成著作权法规定的侵犯著作权的行为。”〔111〕有学者认为，之所以丢失手稿并不等于侵犯著作权，是因为著作权是一种消极权利，旨在禁止他人对特定作品为一定的行为（比如署名、复制等）的权利。〔112〕

（二）侵害专利权的行为

专利权，是指民事主体享有的在一定期限内独占地、排他地支配、使用其发明创造的民事权利。所谓发明创造包括发明、实用新型和外观设计（《专利法》第2条第1款）。依据发明创

〔109〕袁博：《出版社丢失作者手稿会侵害著作权吗？》，载《中国新闻出版广电报》2016年10月20日，第5版。

〔110〕北京市高级人民法院：《审判前沿：新类型案件审判实务》（总第30集），法律出版社2010年版，第87～88页。相同的观点参见北京市海淀区人民法院（2004）海民初字第19271号民事判决书，载崔国斌：《著作权法原理与案例》，北京大学出版社2014年版，第349页以下。

〔111〕最高人民法院（2000）知监字第37号驳回再审申请通知书。

〔112〕崔国斌：《著作权法原理与案例》，北京大学出版社2014年版，第348页。

造的不同,专利权可分为发明专利权、实用新型专利权与外观设计专利权。

专利权包括人身权利与财产权利两部分,人身权利是指发明人、设计人的署名权,而财产权利包括专利申请权、专利许可权、专利转让权等。

案例阅读

案例4.5.2
刘保昌与安徽省东泰纺织有限公司侵犯专利权纠纷案

未经专利权人许可,实施其专利以及假冒他人专利的,都属于侵犯专利权的侵权行为,应当承担侵权责任(《专利法》第60、63条)。(**参见案例**4.5.2)

(三)侵害商标权

商标权,也称注册商标专用权,它是法律赋予商标所有人对其注册商标(包括商品商标、服务商标和集体商标、证明商标)所享有的专有使用权。商标权原则上可以转让。

以下行为均属侵犯注册商标专用权的行为:(1)未经商标注册人的许可,在同一种商品上使用与其注册商标相同的商标的;(2)未经商标注册人的许可,在同一种商品上使用与其注册商标近似的商标,或者在类似商品上使用与其注册商标相同或者近似的商标,容易导致混淆的;(3)销售侵犯注册商标专用权的商品的;(4)伪造、擅自制造他人注册商标标识或者销售伪造、擅自制造的注册商标标识的;(5)未经商标注册人同意,更换其注册商标并将该更换商标的商品又投入市场的;(6)故意为侵犯他人商标专用权行为提供便利条件,帮助他人实施侵犯商标专用权行为的;(7)给他人的注册商标专用权造成其他损害的(《商标法》第57条)。(**参见案例**4.5.3)

案例阅读

案例4.5.3
天津狗不理集团有限公司诉济南市大观园商场天丰园饭店侵犯商标专用权纠纷案

三、知识产权请求权

知识产权请求权,也称知识产权保护请求权,是指遭受侵害或者有遭受侵害危险的知识产权人或者知识产权许可使用人,在侵害行为或违法状态持续或有实施、发生的危险时,得向侵权人或有侵害的危险的人主张停止、消除已经存在的妨害或者预防妨害发生的请求权。[113] 我国《商标法》第57条与第58条、《著作权法》第50条与第51条以及《专利法》第66、67条规定的诉前禁令制度和保全措施,性质上就属于对知识产权请求权行使程序的规定。

知识产权请求权是基于知识产权作为绝对权的法律地位而产生的,它不以侵权人的过错和被侵权人遭受损害为要件。故此,知识产权请求权与侵害知识产权的损害赔偿请求权存在明显的差异。

由于现代知识产权的范围很广,除了传统的著作权、专利权和商标权外,还包括了地理标志权、商业秘密权、集成电路布图设计权、植物新品种权等新型的知识产权。这些知识产权中只有那些具有排他性的知识产权才能产生知识产权保护请求权。故此,商业秘密虽然也被作为知识产权的范畴,但其本质上属于一种被法律保护的财产利益而已。因此,商业秘密权是没有知识产权请求权的。地理标志权的权利主体并非单个主体,是一种集体性权利,没有排他性,其与普通的知识产权属性并不相同,因而也不产生知识产权请求权。至于集成电路布图设计和植物新品种,从我国的立法来看(这两类客体都有专门的立法),其权利与专利权类似,因

〔113〕 关于知识产权请求权的详细论述,可参见杨明:《知识产权请求权研究——兼以反不正当竞争为考察对象》,北京大学出版社2005年版;刘知函:《知识产权诉前禁令制度研究》,中国政法大学出版社2018年版。

而属于排他性财产权,权利人应当享有知识产权请求权。[114]

第六节 社 员 权

一、社员权的概念与类型

民法中,社团的成员(社员)基于其成员的地位而与社团发生一定的法律关系。在这个关系中,社员对社团享有的各种权利的总体即为**社员权**(Mitgliedschaftsrechte)。[115] 社员权包括两大类:其一,共益权,即参与社团营运的各种权利,如出席社团会议的权利、投票权、选举权、被选举权等;其二,私益权,即社员获得相应利益分配的权利,如股息分配权、剩余财产分配权等。共益权属于非经济性权利,而自益权属于经济性权利。

在不进行经济活动的社团,社员权中经济性质的部分不占重要地位;在进行经济活动的社团(营利社团),则正相反。就公益性社团而言,社员的社员权以非经济性的权利为主,且该权利不是"利己的",具有公益的性质。[116]

我国《民法典》中规定的民事主体分为三类,自然人、法人和非法人组织。其中,法人又分为营利法人、非营利法人和特别法人。营利法人包括有限责任公司、股份有限公司和其他企业法人,非营利法人包括事业单位法人、社会团体法人以及取得捐助法人资格的基金会、社会服务机构、宗教活动场所等。特别法人则包括机关法人、农村集体经济组织法人、城镇农村的合作经济组织法人、基层群众性自治组织法人。非法人组织则包括个人独资企业、合伙企业、不具有法人资格的专业服务机构等。

上述法人中属于人的集合的社团的包括:营利法人、少量的事业单位法人、社会团体法人、农村集体经济组织法人、城镇农村的合作经济组织法人、基层性群众自治组织法人、非法人组织。在这些社团中都会发生社员与法人或非法人组织之间的法律关系,从而产生社员权。

《民法典》在总则编第五章"民事权利"中只是对比较典型的社员权——股权和其他投资性权利作出了规定,而没有对社员权作出系统的规定,而且在"法人"这一章中也没有对成员权作出规定,这不得不说是令人遗憾的。但是,对于一些具体的成员权,《民法典》有一些零散的规定,如第 261 条对农民集体成员决定的事项的规定以及第 264 条对集体成员查阅复制权的规定,第 278 条关于业主共同决定事项的规定。

对于社员权规定得最为详细的还是《公司法》等商事立法中关于股权的规定。股权是指股东基于其股东资格这一营利性社团法人的成员资格而享有的从其中获取经济利益并参与该社团法人经营管理的权利。股权是最重要的一类社员权,是营利性社团法人的成员所享有的社员权。我国《公司法》第 4 条规定:"公司股东依法享有资产收益、参与重大决策和选择管理者等权利。"股权的具体权利内容很多,[117] 但大体可以分为两大类:其一,经济性权利,即**自益权**,

---

[114] 就各类新型的知识产权是否能够产生知识产权请求权的问题,笔者请教了北京大学法学院的杨明教授,在此特别表示感谢!

[115] 谢怀栻:《论民事权利体系》,载《法学研究》1996 年第 2 期。

[116] 谢怀栻:《论民事权利体系》,载《法学研究》1996 年第 2 期。

[117] 详见施天涛:《公司法论》(第 4 版),法律出版社 2018 年版,第 261 页以下。

主要体现为资产收益权。资产收益权是指股东按照其对公司的投资份额通过公司盈余分配从公司获得股息、红利等利益以及公司新增资本或发行新股时的优先权等权利。其二,非经济性权利,即共益权,主要体现参与公司重大决策和选择管理者的权利以及了解公司信息的知情权等。参与公司重大决策权,是指股东对公司的重大行为通过在股东会或股东大会上表决,由股东会或股东大会作出决议。公司的重大行为包括:公司资本的变化,如增加或者减少注册资本;公司的融资行为,如发行公司债券;公司对外投资、向他人提供担保、购置或转让主要资产、变更公司主营业务等行为;公司合并、分立、变更组织形式,解散、清算等行为。选择管理者的权利,是指股东通过股东会或股东大会作出决议的方式选举公司的董事、监事的权利。

二、侵害社员权的行为

案例阅读

案例4.6.1
山东省昌邑市华星矿业有限责任公司诉姜光先股东资格确认和公司赢余分配权纠纷抗诉案

案例阅读

案例4.6.2
深圳市美赛达科技股份有限公司与北京车联天下科技有限公司股东知情权纠纷上诉案

社员权是基于社员这一成员资格而产生的权利,如转移股份、进行投票、分配红利等。因此,侵害社员权的情形限于与成员资格有关的侵害行为,[118]如无正当理由开除社员,盗卖他人股票,不通知社员参加会议等各种妨害与侵害社员权的行为。至于他人对社团财产的侵害,因该财产并不归属于某个社员,故此,不构成对社员权的侵害。[119] 我国司法实践中,最为常见的是侵害股权纠纷,其中比较典型的纠纷类型包括:(1)确认股东资格纠纷(参见**案例** 4.6.1);(2)股东知情权纠纷,即股东查阅公司资料纠纷(参见**案例** 4.6.2);(3)股东确认股东会或者股东大会、董事会决议不成立、无效或者撤销决议的纠纷;(4)股东利润分配请求权纠纷;(5)侵害股东优先购买权纠纷;(6)股东投票权纠纷;(7)公司信息披露的纠纷等。[120] 对于上述侵害股权的纠纷,我国现行的《公司法》以及《最高人民法院关于适用〈中华人民共和国公司法〉若干问题的规定(四)》等司法解释作出了相应的规定。

第七节　债　　权

一、债权的民法保护

债权是最重要的一类财产权,物权与债权的二元划分也是以德国民法为代表的大陆法系民法构建民事权利体系的理论基础。所谓债权,就是指基于债的关系一方当事人即债权人有权向他方当事人即债务人请求给付的权利。《民法典》第 118 条规定:“民事主体依法享有债权。债权是因合同、侵权行为、无因管理、不当得利以及法律的其他规定,权利人请求特定义务人为或者不为一定行为的权利。”债权属于民事权益,也受到民法的保护。依据侵害债权的主体的不同,可将侵害债权的情形分为以下两类:

---

〔118〕 Larenz/Canaris, Lehrbuch des Schuldrechts, zweiter Band Besonderer Teil, 2. Halbband, Beck, 1994, S. 394.

〔119〕 Larenz/Canaris, Lehrbuch des Schuldrechts, zweiter Band Besonderer Teil, 2. Halbband, Beck, 1994, S. 394ff.

〔120〕 笔者就本问题请教了清华大学法学院高丝敏副教授,在此表示感谢!

1. 债务人侵害债权,即债务人不履行债务,最典型和常见的就是合同一方当事人违反合同约定不履行或不完全履行合同义务的行为即违约行为。我国《民法典》依据履行期限是否已经到来,将违约分为预期违约和实际违约。预期违约又分为明示预期违约和默示预期违约(《民法典》第578条)。实际违约又可以根据违约的程度和具体被违反的合同内容分为:不履行合同、迟延履行合同、不适当履行合同以及其他不完全履行合同的行为(《民法典》第577条、第579条)。《民法典》第577条规定:"当事人一方不履行合同义务或者履行合同义务不符合约定的,应当承担继续履行、采取补救措施或者赔偿损失等违约责任。"故此,无论是哪一种违约行为,违约方应当承担继续履行、采取补救措施或者赔偿损失等违约责任。此外,在违约责任与侵权责任竞合的情况下,非违约方还可以追究违约方的侵权责任。

2. 第三人侵害债权,所谓"第三人"是指债权债务关系之外的人,其既不是债权和债务人(及债务人的履行辅助人),也非当事人约定向债权人履行债务的第三人或者约定由债务人向其履行债务的第三人(《民法典》第522~523条)。第三人如果发生了侵害债权的行为,由于此前其与债权人之间并无债的关系,故此显然不承担债务不履行责任尤其是违约责任,但其是否要承担侵权责任,亦即债权能否成为侵权法的保护对象,值得研究。

德国民法通说认为,侵权法保护的是绝对权或具有绝对权法律地位的权利,债权属于相对权,并未向外显露其属性,无法为他人所知悉。因此,债权不属于《德国民法典》第823条第1款中的"其他权利",不受侵权法之保护。[121] 但是,有些德国法学家如Larenz教授、Esser教授认为,在某些情况下侵害债权也构成侵权行为。因为债权也是一种财产,其归属于债权人,这也是一种**绝对的法律地位**(eine absolute Rechtsposition),[122]应当受到侵权法的保护。由于《德国民法典》第826条保护的法益范围不存在限制,既包括权利,也包括利益,故此,对于第三人故意以背于善良风俗的方式侵害债权而造成债权人损害的情形,可以适用本条之规定。[123] 德国联邦最高法院的一则判例认为:"如果他介入合同关系时,在相当大的程度上对受影响的人无所顾忌。这种无所顾忌特别是出现在,他与合同债务人串通的目的正是为了使合同债权人的请求权无法实现……只有是在严重地违背了公平观念的情况下,对违反善良风俗的谴责才得以成立,这种谴责的依据是,第三人的行为反映出了他的观念违背忠实于法律的基本要求。"[124]

日本民法学通说和判例承认了第三人侵害债权成立侵权行为,因为债权也是权利的一种,也保障权利人对一定利益的享有,其受到侵害之时并非不能成为侵权法的保护对象,但是,学说上认为"债权侵害具有物权等绝对权所没有的特色,比如说不具有排除与其内容相同的债权的效力,债权内容的实现是基于债务人的意思并以给付行为为媒介的,此外,根据所意欲实现之利益和实现方法的不同,债权的种类也是多种多样的",[125]故此在判断侵害债权的违法性的时候必须考虑到包括债权行为的样态在内的多种要素。

---

〔121〕 Medicus, Buergerliches Recht, 21 Aufl., 2007, Rn. 610; Hans Brox/Wolf-Dietrich Walker, Besonderes Schuldrecht, 33. Aufl. 2008, S. 500.

〔122〕 Larenz/Canaris, Lehrbuch des Schuldrechts, zweiter Band Besonderer Teil, 2. Halbband, 1994, S. 397; Esser/Weyers, Schuldrecht Ⅱ, Besonderer Teil, Teilband 2, 8. Aufl., 2000, §55 Ⅰ 2b.

〔123〕 Medicus/Petersen, Buergerliches Recht, 23. Aufl., 2011, Rn. 625.

〔124〕 [德]马克西米利安·福克斯:《侵权行为法》(第5版),齐晓琨译,法律出版社2006年版,第168页。

〔125〕 [日]吉村良一:《日本侵权行为法》,张挺译,中国人民大学出版社2013年版,第39页。

美国法上对于第三人侵害债权采取了肯定的态度,在美国侵权法中有一类侵权行为叫“干涉商业关系”,[126]《美国侵权法重述(第二次)》列举了四种具体的情形,分别是:其一,故意干扰第三人履行合同义务(第766条),即故意诱使或以其他方式致第三人未履行其合同义务,不当干扰他人与第三人间的合同义务的履行,行为人就该他人因第三人怠于履行其合同义务所造成的金钱损失应当承担责任。其二,故意干扰他人履行合同义务(第766条A),即故意且不当干扰他人与第三人间合同(婚约除外)的履行,而以阻碍该他人履行合同义务或致其履行合同义务花费更多或增加更多的麻烦的,行为人就该他人因此遭受的金钱损失承担责任。其三,故意干扰预期合同关系(第766条B),即故意且不当干扰他人的预期合同关系(婚约除外),如其干扰依下列方式之一的,就该他人丧失该合同利益所遭受的金钱损害,应当承担责任:诱使或以其他方式致第三人未加入或未继续展望(预期)之关系;或阻碍该他人取得或继续展望(预期)之关系。其四,过失干扰既存或预期合同关系(第766条C),即如伤害系因行为人的下列行为之一而发生的,行为人就他人的身体伤害所生的金钱损失以外的其他金钱损失,无须负责:因行为人的过失导致第三人未履行其与其他人之间的合同关系;或因行为人的过失干扰他人履行契约义务或导致其履行合同义务的花费更多或更增麻烦;或因行为人的过失而干扰他人取得与第三人的合同关系。

我国民法学界通说认为,债权属于民事权益,与其他民事权利一样具有不可侵犯性,况且现代社会中债权也是一种重要的财富,如果不通过侵权法给予保护,不利于发挥侵权法的预防损害功能,但是,有鉴于债权不具有社会典型公开性,对于第三人侵害债权之构成要件须严格界定,即仅限于第三人明知债权之存在而故意加以侵害的情形。[127] 司法实践中,法院也认可债权可以受到侵权法的保护,例如,最高人民法院(2017)最高法民终181号民事判决书指出:“长城资产公司吉林分公司的担保债权属于债权人依法享有的财产权益,受法律保护。在债权债务关系中,债务人应当遵循诚实信用原则,履行合同义务,积极促进实现债权的清偿。同时,债务人之外的第三人,对于依法成立并生效的债权,亦应秉持善意,不得随意侵犯。”[128] 再如,《最高人民法院公报》刊登的“普鑫公司诉中银国际财产损害赔偿纠纷案”判决认为:“本案中,普鑫公司因对唯美特公司执行无着而提起诉讼,其受损害者,实质是普鑫公司对唯美特公司所享有的债权。债权在前述法律条款中并未特别列举,至于其是否属于该条款所称‘财产权益’,换言之,债权是否在侵权法保护之列,二审认为,侵权法旨在调和、平衡被害人损失填补与社会公众行为自由两种利益,实现被害人保护、维持社会一般行为自由以及吓阻违法行为的有机统一。因其要求行为人对社会上所有他人的权利负有一般性的注意义务,不以行为人与该他人间有何种法律关系为前提,因此,该他人受法律保护的权利原则上须为绝对权(如所有权、人格权),即可以让社会公众知晓该权利的存在。而债权系债权人与债务人间相对性的权利,不易为外部获知,如要求外部的行为人对债权保护负有注意义务,则行为人难免遭受不测之损害,社会公众亦将因对其自身行为所可能产生的后果无法预见而致其行为自由受到过度约束,在被害人保护与社会一般行为自由的法益衡量上有失均衡,故债权不应与绝对权受同等

---

〔126〕 [美]小詹姆斯·A.亨德森、理查德·N.皮尔森、道格拉斯·A.凯萨、约翰·A.西里西艾诺:《美国侵权法:程序与实体》(第7版),王竹、丁海俊、董春华、周玉辉译,北京大学出版社2014年版,第819页以下。

〔127〕 王利明:《侵权责任法研究(上卷)》(第2版),中国人民大学出版社2016年版,第112页以下。

〔128〕 吉林市中小企业信用担保集团有限公司诉中国长城资产管理股份有限公司吉林省分公司等公司债权人利益责任纠纷案,载《中华人民共和国最高人民法院公报》2019年第3期。

程度之法律保护。但是债权并非被完全排除在侵权法的保护范围之外,如果行为人明知他人存在或有可能存在债权,而恶意加以侵害的,即无上述遭受不测损害之虞,此种情形下,使行为人对其积极追求的损害后果承担侵权赔偿责任,始能实现侵权法平衡法益的制度功能,保护合法权益、吓阻违法行为。”[129](参见**案例**4.7.1)

案例阅读

案例4.7.1
普鑫公司诉中银国际财产损害赔偿纠纷案

本书认为,我国《民法典》并未限定侵权法的保护范围,而是将一切民事权益纳入侵权法的保护范围,《民法典》第120条规定:“民事权益受到侵害的,被侵权人有权请求侵权人承担侵权责任。”故此,债权完全可以成为侵权法的保护客体。但是,由于债权并不具有公开性,仅存在于特定的当事人之间。况且,现代社会中债务重叠的现象普遍存在,一个人可能同时向多个债权人负有债务,多个债务并存于同一债务人身上。倘若任何人要负有尊重他人全部请求权地位的义务,其行为就可能承受过高的风险。[130] 这会导致侵权人的赔偿范围被无限地扩大,既不符合社会生活上损害合理分配的原则,也会严重影响社会交易活动和正常的竞争秩序。“自由竞争乃是法律所容许的经济上重要原则,因此第三人纵知已有债权之存在,仍得依据自由竞争及债权人平等原则取得相同内容之债权,纵其结果侵害他人债权,亦为法律所容许行为”。[131] 例如,甲向乙负有债务,尚未清偿。丙在甲已经无清偿能力的情况下,又令甲负担债务。虽然丙成为甲的新债权人的行为足以导致乙的债权的受偿可能性进一步降低,但基于债权平等的原则,后成立的债权与先成立的债权原则上是平等的,因此丙的行为虽然客观上对乙的债权有害,却不属于第三人侵害债权的行为。[132] 所以,为了维护合理的经济竞争和行为自由,原则上,债权尤其是合同债权应当由合同法加以保护,所谓侵害债权的行为也主要是发生在债权人与债务人之间的。第三人只有在知道或者应当知道债权的存在而加以侵害时,才需要依据侵权法承担侵害债权的侵权责任。第三人仅是过失而在客观上阻碍或妨害债权实现的情形,不产生侵害债权的侵权责任。

二、第三人侵害债权的构成要件

(一)存在合法有效的债权

为第三人所侵害之债权必须是已存在且合法有效的债权。如果债权尚未产生,或者虽然发生但因合同违反法律的强制性规定或公序良俗等而归于无效,抑或被撤销、不成立,则该债权并非合法有效的债权,不受法律的保护。自然也不发生第三人侵害债权的问题。

(二)第三人故意实施了侵害债权的行为

第三人知道或者应当知道特定债权的存在而加以侵害,即第三人主观上必须是故意的,至于其单独故意还是与债务人共同故意侵害债权,在所不问。第三人故意侵害债权的典型情形如采取欺诈、胁迫、教唆、帮助或者共谋等不正当手段侵害债权,实践中主要有以下两类。

1. 故意侵害债权的归属

所谓债权的归属遭受不法侵害,是指因第三人的故意侵害行为而致债权消灭,使得该债权

---

〔129〕《最高人民法院公报》2014年第10期。

〔130〕[德]迪特尔·施瓦布:《民法导论》,郑冲译,法律出版社2006年版,第221页。

〔131〕曾隆兴:《详解损害赔偿法》,中国政法大学出版社2004年版,第353页。

〔132〕孙森焱:《民法债编总论》(上),2005年修订自版,第219页。

不再归属于债权人。例如,A 拾得 B 的未设置密码的银行存折,A 遂持该存折到 C 银行将其中款项全部取走。由于 C 银行是无过错的,其履行债务的行为合法有效,于是 B 原先享有的针对 C 银行的债权因 A 的行为被消灭,故此 A 的行为属于侵害债权归属的行为,B 有权向 A 行使侵权损害赔偿请求权或不当得利返还请求权。

2. 故意妨害债权的实现

这主要是指第三人教唆债务人或与其合谋以达到不履行债务或者逃避债务的目的,具体包括:

(1)债务人与第三人恶意串通,共谋逃避债务,从而侵害债权人的债权。例如,第三人甲与债务人乙故意制造虚假的合同关系并进行虚假诉讼,从而将债务人的财产转移到第三人甲处,以逃避清偿债权人丙的债务。再如,债务人在明知已经无法偿还债权人的债务的情况下,为逃避债务,而与其关联企业恶意串通将自己的大部分资产抵押给该关联企业。该债务人与抵押权人的行为属于恶意串通侵害债权的行为。此种第三人与债务人恶意串通共同故意侵害债权的行为,其行为本身是无效的,对此《民法典》第 154 条有明确的规定:"行为人与相对人恶意串通,损害他人合法权益的民事法律行为无效。"即便是债务人和第三人通过虚假诉讼取得了法院的生效法律文书,受到损害的债权人也可以依据《民事诉讼法》第 56 条第 3 款提起"第三人撤销之诉",请求法院改变或者撤销原判决、裁定、调解书。[133] 从侵权法上来说,这种债务人与第三人恶意串通侵害债权的行为也构成共同侵权行为,给债权人造成损害的,二者应当承担连带责任。

(2)经营者故意引诱与经营对手之间存在合同的一方当事人违约。例如,在 A 主播与 B 直播平台合同期未满的情况下,C 直播平台出重金将 A 主播挖走,在自己的平台上直播同一款节目。此种行为性质上也是不正当竞争行为,虽然我国《反不正当竞争法》并未将故意引诱违约行为列明为不正当竞争行为,但是司法实践中以该法第 2 条第 2 款对不正当竞争行为的界定为依据,也确认了该行为属于不正当竞争行为。例如,在"武汉鱼趣网络科技有限公司等与朱某 1、武汉斗鱼网络科技有限公司侵害著作权及不正当竞争纠纷案"中,法院认为:"鱼趣公司主张受到侵害的权益,基于合同而产生,若依据合同法律规范即可规制涉案行为,反不正当竞争法自然无须介入。但从网络直播行业的竞争特点看,合同法律规范并不足以制止该类行为。因主播资源对平台意义过于重大,竞争行为的发起者多为参与竞争的平台而非主播,而平台非合同方,通常也并不介意将违约之代价作为竞争成本,合同法律规范显然无法限制作为非合同方的竞争平台,反不正当竞争法介入并对行为作出评判具有必要性。综上所述,炫魔公司、脉淼公司的行为损害了鱼趣公司的利益,违反了行业公认的商业道德,构成不正当竞争。"[134]

(三)造成了债权人的损害

债权人因第三人实施的故意侵害债权行为而遭受了损害,方能要求第三人承担侵权赔偿责任。此种债权人的损害主要就是表现为债权因侵害而归于消灭或者原本能够实现的债权未能获得实现,即如果没有第三人故意侵害债权之行为,债权原本是可以实现的,例如,在"普鑫公司诉中银国际财产损害赔偿纠纷案"中,就第三人侵害债权的行为与债权人的损害的因果关

---

〔133〕 张美云与朱忠民、田礼芳第三人撤销诉讼纠纷案,载《中华人民共和国最高人民法院公报》2018 年第 6 期。
〔134〕 湖北省武汉市中级人民法院(2017)鄂 01 民终 4950 号民事判决书。

系，法院认为："一方面，若中银国际能协助一中院进行保全，则普鑫公司的债权不至于执行无着；另一方面，中银国际妨害保全的行为，依社会通念判断，足可造成债务人转移隐匿财产，或者该财产被其他权利人保全等各种危及债权人实现权利的情况，本案中唯美特公司的证券也正是在普鑫公司保全不成后，遭他人轮候查封，最终导致普鑫公司遭受损害。综上，中银国际的行为与普鑫公司受到损害之间，存在侵权法意义上的因果关系。"[135]

债权人就其因为第三人的故意侵害债权行为而遭受的损害，负有提出证据加以证明的责任。如果无法证明损害的存在，原则上第三人不承担侵权赔偿责任，除非法律另有规定。在第三人故意侵害债权给债权人造成损害时，第三人应当承担侵权赔偿责任。如果是第三人与债务人共同故意实施侵害债权的行为，则依据《民法典》第1168条，二者构成共同侵权行为，应当承担连带赔偿责任。

第八节 人格利益

一、死者的姓名、肖像、名誉、荣誉和隐私

（一）对死者的姓名等保护之发展演变

死者即已经去世的自然人。死者在我国传统文化中占据重要的地位，这不仅体现在"死，葬之以礼，祭之以礼"的丧葬文化中，也包括对死者的追思怀念。《论语》云"父在，观其志。父没，观其行；三年无改于父之道，可谓孝矣"，"慎终追远，民德归厚矣"。死者已逝，其姓名、肖像、名誉、荣誉和隐私等是否应当保护以及如何保护，在我国法上经历了以下四个发展阶段：

第一个阶段为保护"**死者名誉权**"阶段。在该阶段，法院认为，即便死者已经死亡，不是民事主体，也依然享有名誉权。当死者的名誉权受到侵害时，死者的近亲属有权提起诉讼。采取这种观点的最具代表性的案例就是1989年的"荷花女案"（参见**案例4.8.1**）与1990年"海灯法师案"。在"荷花女案"中，最高人民法院认为："吉文贞（艺名荷花女）死后，其名誉权应依法保护，其母陈秀琴亦有权向人民法院提起诉讼。"[136]在"海灯法师案"中，最高人民法院同样认为："海灯死亡后，其名誉权应依法保护，作为海灯的养子，范应莲有权向人民法院提起诉讼。"[137]

案例阅读

案例4.8.1
陈秀琴诉魏锡林、《今晚报》社侵害名誉权纠纷案

第二阶段是保护"**死者名誉**"的阶段。该阶段中，法院已经认识到死者不再是民事主体，不能享有名誉权，但是其依然享有名誉，仍应受到法律的保护。1993年最高人民法院颁布的《名誉权解答》第5条规定："死者名誉受到损害的，其近亲属有权向人民法院起诉。近亲属包括：配偶、父母、子女、兄弟姐妹、祖父母、外祖父母、孙子女、外孙子女。"

第三阶段为保护"**人格利益**"的阶段。此时，法院不仅对死者的名誉加以保护，而且将保护

---

〔135〕《最高人民法院公报》2014年第10期。

〔136〕《最高人民法院关于死亡人的名誉权应依法保护的复函》（［1988］民他字第52号，1989年4月12日发布）。

〔137〕《最高人民法院关于范应莲诉敬永祥等侵害海灯法师名誉权一案有关诉讼程序问题的复函》（1990年10月27日发布，［90］民他字第30号）。

的范围扩及死者的姓名、隐私、肖像、荣誉及遗体、遗骨等。2001 年最高人民法院颁布的《精神损害赔偿解释》第 3 条规定:“自然人死亡后,其近亲属因下列侵权行为遭受精神痛苦,向人民法院起诉请求赔偿精神损害的,人民法院应当依法予以受理:(一)以侮辱、诽谤、贬损、丑化或者违反社会公共利益、社会公德的其他方式,侵害死者姓名、肖像、名誉、荣誉;(二)非法披露、利用死者隐私,或者以违反社会公共利益、社会公德的其他方式侵害死者隐私;(三)非法利用、损害遗体、遗骨,或者以违反社会公共利益、社会公德的其他方式侵害遗体、遗骨。”

第四个阶段就是对“**英雄烈士的姓名、肖像、名誉、荣誉**”的保护予以强化的阶段。即除了现行法保护一般的死者之姓名、肖像、名誉、荣誉和隐私外,鉴于“现实生活中,一些人利用歪曲事实、诽谤抹黑等方式恶意诋毁、侮辱英烈的名誉、荣誉等,损害了社会公共利益,社会影响很恶劣”,为了“加强对英烈姓名、名誉、荣誉等的法律保护”,“促进社会尊崇英烈,扬善抑恶,弘扬社会主义核心价值观”,[138]《民法总则》专门增加了第 185 条规定:“侵害英雄烈士等的姓名、肖像、名誉、荣誉,损害社会公共利益的,应当承担民事责任。”(参见**案例4.8.2**)2018 年 4 月 27 日第十三届全国人民代表大会常务委员会第二次会议通过的《英雄烈士保护法》第 25 条规定:“对侵害英雄烈士的姓名、肖像、名誉、荣誉的行为,英雄烈士的近亲属可以依法向人民法院提起诉讼。英雄烈士没有近亲属或者近亲属不提起诉讼的,检察机关依法对侵害英雄烈士的姓名、肖像、名誉、荣誉,损害社会公共利益的行为向人民法院提起诉讼。负责英雄烈士保护工作的部门和其他有关部门在履行职责过程中发现第一款规定的行为,需要检察机关提起诉讼的,应当向检察机关报告。英雄烈士近亲属依照第一款规定提起诉讼的,法律援助机构应当依法提供法律援助服务。”由此可见,国家对于英雄烈士的姓名、肖像、名誉、荣誉给予了更强有力的保护。一方面,就起诉的主体而言,不仅英雄烈士的近亲属可以起诉,在没有近亲属或者近亲属不起诉的情况下,只要该侵害英雄烈士的姓名、肖像、名誉、荣誉的行为损害了社会公共利益,则检察机关可以提起公益诉讼。另一方面,在英雄烈士的近亲属起诉的时候,法律援助机构应当依法提供法律援助服务。

案例阅读

案例4.8.2
葛长生诉洪振快名誉权、荣誉权纠纷案

(二)《民法典》的规定

我国《民法典》充分吸收了《民法总则》以及最高法院相关司法解释的规定,其中有两处对死者人格利益保护作出了规定。其一,第 185 条规定:“侵害英雄烈士等的姓名、肖像、名誉、荣誉,损害社会公共利益的,应当承担民事责任。”其二,在人格权编中又增设第 994 条规定:“死者的姓名、肖像、名誉、荣誉、隐私、遗体等受到侵害的,其配偶、子女、父母有权依法请求行为人承担民事责任;死者没有配偶、子女且父母已经死亡的,其他近亲属有权依法请求行为人承担民事责任。”

综上可知,首先,死者不具有民事权利能力,也不享有人格权,因此不存在对于死者的人格权加以保护的问题。但是,死者的姓名、肖像、名誉、荣誉、隐私、遗体依然受到法律一定程度的保护。其次,对于英雄烈士等的“姓名、肖像、名誉、荣誉”除适用《民法典》第 994 条关于普通的死者的姓名、肖像、名誉等的保护性规定外,还有特别的保护,主要体现在:一方面,对于侵害英雄烈士的姓名、肖像、名誉、荣誉的行为,英雄烈士的近亲属可以依法提起诉讼,不受《民法典》

[138] 石宏主编:《〈中华人民共和国民法总则〉条文说明、立法理由及相关规定》,北京大学出版社 2017 年版,第 440 页。

第994条规定的请求权人顺序的限制，而应当适用作为特别法的《英雄烈士保护法》第25条第1款之规定："对侵害英雄烈士的姓名、肖像、名誉、荣誉的行为，英雄烈士的近亲属可以依法向人民法院提起诉讼。"另一方面，倘若英雄烈士没有近亲属或者近亲属不提起诉讼的，则只要因侵害英雄烈士的姓名、肖像、名誉、荣誉而损害社会公共利益的，检察机关就有权依法提起民事公益诉讼。〔139〕最后，我国法上，只是规定保护死者的姓名、肖像、名誉、荣誉、隐私，而并未区分所保护的利益究竟是死者的精神利益还是财产利益，并作出不同的规定。同时，只要请求权人存在，对于死者人格利益的保护期限也不加限制。〔140〕例如，在"彭家惠诉《中国故事》杂志社名誉权纠纷上诉案"中，彭家珍死于1912年，其妹妹彭家惠是在死者去世90年后即2001年向法院提起诉讼。〔141〕

（三）保护死者姓名、名誉等的理由

从比较法来看，法律上对死者姓名、肖像、名誉等的保护，究竟是保护死者自身的人格权、人的尊严、人格利益，还是保护死者近亲属的人格权或人格利益，有不同的观点。例如，日本民法学说和判例中就有三种不同的观点，即侵害遗属固有的人格权说、侵害遗属对死者的虔敬之情说以及侵害死者的人格权（或人格利益）说。〔142〕我国民法学界，也存在同样的争论。主流观点认为，法律上之所以保护死者的名誉、荣誉、隐私、肖像等，不是因为死者死后其人格权继续存在，而是因为对死者的名誉、荣誉等的侵害会给死者近亲属的权益或者社会公共利益造成损害，同时也违反了公序良俗原则。倘若任由他人随意侵害死者的名誉、荣誉等，不仅会直接影响到人们对死者的评价，更会对死者近亲属的人格尊严造成损害。〔143〕对死者的人格利益的保护，"体现了法律对民事主体权益保护的完整性"，有利于"引导人们重视个人生前和身后的声誉，尊重主流社会的价值观"。〔144〕

正因如此，一方面，我国法上只有死者的近亲属或者法律规定的机关可以就侵害死者或英雄烈士的姓名、名誉、荣誉等提起诉讼。另一方面，就侵害死者姓名等的民事责任的承担，《精神损害赔偿解释》要求必须使近亲属"遭受精神痛苦"的损害后果（第3条）。其中，因侵权致人精神损害，造成严重后果的，人民法院除判令侵权人承担停止侵害、恢复名誉、消除影响、赔礼道歉等民事责任外，可以根据受害人一方的请求判令其赔偿相应的精神损害抚慰金；没有造成严重后果的，虽然不能要求精神损害抚慰金，但是，人民法院可以根据情形判令侵权人停止侵害、恢复名誉、消除影响、赔礼道歉（第8条）。

---

〔139〕对英雄烈士的特别保护仅限于"姓名、肖像、名誉、荣誉"，而不包括"隐私、遗体"，笔者认为，这主要是因为：首先，英雄烈士的遗体受到侵害的情形很少见，即便有，也不用特别保护；其次，英雄烈士的隐私受到侵害的情形一般也与社会公共利益无关。

〔140〕例如，德国法上认为，死者人格的保护在时间上是有限制的，具体的保护时间多长要根据案情来确定，主要考虑的因素是损害的程度、死者人格形象的知名度和重要性等。例如，在Emil Noldes案中，联邦最高法院认为，在该画家去世30年之后，仍然应当对其人格给予保护。Fuchs, Deliktsrecht, 5. Aufl., Springer, 2004, S. 59.

〔141〕《最高人民法院公报》2002年第6期。

〔142〕［日］五十岚清：《人格权法》，铃木贤、葛敏译，北京大学出版社2009年版，第31～33页。

〔143〕魏振瀛：《侵害名誉权的认定》，载《中外法学》1990年第1期；张新宝：《名誉权的法律保护》，中国政法大学出版社1997年版，第36～37页；葛云松：《死者生前利益的民法保护》，载《比较法研究》2002年第4期；张善斌：《死者人格利益保护的理论基础和立法选择》，载《江汉论坛》2016年第12期；王利明：《人格权法研究》（第3版），中国人民大学出版社2018年版，第176～177页。

〔144〕唐德华主编：《最高人民法院〈关于确定民事侵权精神损害赔偿责任若干问题的解释〉的理解与适用》，人民法院出版社2001年版，第43页。

本书认为,对死者的姓名、肖像、名誉等的保护,不仅意味着对死者人格要素上的精神利益给予保护,也意味着对其上经济利益的保护。也就是说,侵害死者的姓名、名誉等,当然会给死者近亲属的权益或者社会公共利益造成损害,但是对死者人格要素上财产利益的侵害,实际上就是对继承人本身权利的侵害,与公共利益或感情问题无关。因为,死者尤其是知名的死者,其肖像、姓名等具有很大的经济价值,此种财产利益在死者死后应由其近亲属继承。故此,在死者去世后他人未经继承人同意而使用的构成侵权行为。从我国司法实践来看,已有一些法院对此予以认可。[145] 例如,在“周海婴诉梁华侵犯计算机网络域名纠纷案”中,法院认为:“周海婴作为鲁迅先生之子,有权继承鲁迅先生的物质遗产,亦对鲁迅先生的姓名、名誉等享有精神利益,有权维护鲁迅先生的姓名不受侵害,但是姓名权本身作为人格权的一部分,随着自然人死亡而消灭,不发生继承的问题。因此,周海婴对于鲁迅先生的姓名并无专有的权利。”[146] 再如,在“邓长富与被告南京独家试唱餐饮管理有限公司人格权纠纷案”中,法院认为:“本案姓名、肖像的主体邓丽君已经死亡,原告以邓丽君的姓名权、肖像权被侵犯为由主张损害赔偿缺乏法律依据。但是,基于身份关系、情感联系等因素,死者的姓名、肖像会对死者近亲属产生精神及经济上的特定利益:一方面,对死者姓名、肖像的侮辱、诽谤等不当使用会降低其社会评价,造成近亲属的精神痛苦;另一方面,死者的姓名、肖像等因其生前的特定身份可能具有一定的商业价值,由此产生的财产利益通常应归属于近亲属,他人不得擅自使用死者的姓名、肖像等牟利。综上,邓丽君虽不是姓名权、肖像权的主体,但其姓名、肖像仍应受到法律保护,原告作为邓丽君的近亲属,有权基于邓丽君的姓名、肖像受到侵害而提起诉讼,具有诉讼主体资格。作为著名歌星,邓丽君去世后其姓名、肖像具有一定的商业价值。被告在未取得邓丽君近亲属授权同意的情况下,擅自使用邓丽君的姓名、肖像从事餐饮业经营牟利,该行为属于侵权行为。”[147] 以往实践中那种认为使用死者的肖像无须近亲属同意,只要该使用行为没有侵害死者近亲属的名誉或人格尊严或者并不违背一般的道德标准就不构成侵权的观点,[148] 是不妥当的。当然,对于这种死者人格上的财产利益的保护是否需要规定最长的保护期限,值得考虑。[149]

(四)侵害死者姓名、肖像等的侵权责任构成要件

在我国法上,侵害死者的姓名、肖像等的侵权责任构成要件经历了一个变化。依据《精神损害赔偿解释》第3条第1、2项规定,侵害死者人格利益的行为方式有特定的要求,即加害行为人或者以侮辱、诽谤、贬损、丑化或者违反社会公共利益、社会公德的其他方式,侵害死者姓名、肖像、名誉、荣誉,或者是以非法披露、利用死者隐私,或者以违反社会公共利益、社会公德的其他方式侵害死者隐私。但是,《民法典》并未对侵害死者的人格利益提出任何主观或方式

---

[145] 早在2000年6月26日,最高人民法院在《关于周海婴诉绍兴越王珠宝金行侵犯鲁迅肖像权一案应否受理的答复意见》中就明确指出:“公民死亡后,其肖像权应依法保护。任何污损、丑化或擅自以营利为目的使用死者肖像构成侵权的,死者的近亲属有权向人民法院提起诉讼。”这其中就包含了对死者财产利益的保护。相应的案例如,“王金荣等诉松堂关怀医院等擅自使用其已故母亲的肖像作广告侵犯肖像使用权案”,最高人民法院中国应用法学研究所编:《人民法院案例选》(总第36辑),人民法院出版社2001年版,第142页以下。

[146] 北京市第一中级人民法院(2009)一中民初字第4747号民事判决书。

[147] 南京市玄武区人民法院(2015)玄民初字第1257号民事判决书。

[148] 曾小华:《使用死者肖像与侵害死者近亲属人格权的关系——末代皇帝溥仪“肖像权”纠纷案法律问题探讨》,载北京市高级人民法院:《审判前沿:新类型案件审判实务》(总第20集),法律出版社2008年版,第77页。

[149] 有观点认为,可以参考著作权法对著作财产权的保护期限是作者死后50年作为标准。张红:《死者生前人格上财产利益之保护》,载《法学研究》2011年第2期;杨巍:《死者人格利益之保护期限》,载《法学》2012年第4期。

上的特别要求,《民法典》第 994 条只是规定“死者的姓名、肖像、名誉、荣誉、隐私、遗体等受到侵害的”,近亲属就有权请求行为人承担民事责任。

这就意味着,在《民法典》施行后,侵害死者姓名、肖像、名誉、荣誉、隐私、遗体等的侵权责任,不再有主观上必须是故意或者行为方式上必须违反公序良俗的限制。也就是说,在判断侵权人是否需要承担侵害死者的姓名、肖像、名誉等侵权赔偿责任时,适用的是过错责任原则,只要侵权人存在过错,无论是故意或者过失,均可构成侵权行为。

(五)请求权主体

《精神损害赔偿解释》将侵害死者人格利益的请求权主体规定为死者的近亲属,包括配偶、父母、子女、兄弟姐妹、祖父母、外祖父母、孙子女,外孙子女(参见**案例** 4.8.3)。作此限制的目的就是防止滥科侵权责任,引发诉讼爆炸,进而对人们的行为自由构成不合理的限制。例如,孔子后裔至今已繁衍 80 多代,仅生活在曲阜的号称孔子后裔的人就有 13 万之众,全球范围内据说有 400 万人。倘仅因为某个人胡乱解读《论语》,孔子的后代皆可以侵害先祖孔子之名誉为由,提起诉讼,后果会如何,不难想象。

案例阅读

案例4.8.3
霍寿金与中国电影集团公司等名誉权纠纷上诉案

《民法典》依然将请求权主体限制在死者的近亲属,但作了一个新的规定,即依据《民法典》第 994 条,在死者的姓名、肖像、名誉等受到侵害时,近亲属中的配偶、子女、父母有权起诉,依法请求行为人承担民事责任。只有当死者没有配偶、子女并且父母已经死亡的,其他的近亲属才能提起诉讼。换言之,如果死者的配偶、子女、父母不起诉的,其他的近亲属不得提起诉讼。《民法典》如此规定主要是考虑到保护死者的姓名、名誉等本质上是保护活着的人即近亲属的利益,而在近亲属中配偶、子女、父母与死者的关系最近,受到的不利影响最大。如果死者的配偶、子女、父母都不起诉,其他近亲属没有权利起诉。

二、死者的遗体与遗骨

(一)死者遗体的保护

由于人的权利能力终于(生理)死亡。自然人死亡后,就不再是法律主体。因此,侵害遗体,并不构成对生命权的侵害。然而,遗体并非普通的物,对于遗体也不能简单地适用物权法的规则。“为倡导对生者的尊重,我们必须先尊重死者。与其说这是死者对自己遗体的权利,不如说是生者要求他人尊重他所挚爱的人的遗体的权利”,“历史教训告诉我们,不尊重死者遗体与安息之所的社会,往往也会轻视生者身体与生命的价值”。[150] 在我国,为了维护人格尊严,法律上将遗体作为特殊的物对待,并给予相应的保护。

1. 死者的遗体原则上应由其亲属以符合公序良俗的方式予以安葬如火葬或土葬,而少数民族的丧葬习俗,应予尊重。[151] 同时,亲属处理死者遗体时应遵守法律法规的有关规定,例如,《国境卫生检疫法》第 14 条第 2 款规定:“入境、出境的尸体、骸骨的托运人或者其代理人,必须向国境卫生检疫机关申报,经卫生检查合格后,方准运进或者运出。”再如,依据《殡葬管理条例》第 13 条,运输遗体必须进行必要的技术处理,确保卫生,防止污染环境;火化遗体必须凭公安机关或者国务院卫生行政部门规定的医疗机构出具的死亡证明。

---

[150] [美]艾伦·德肖维茨:《你的权利从哪里来》,黄煜文译,北京大学出版社 2014 年版,第 175 页。

[151] 社会上曾出现一些河边捞尸者挟尸漫天要价的现象。刑法上这种行为可能构成敲诈勒索,而民法上,即便打捞者因为打捞尸体支付了费用,亦不得针对尸体行使留置权。

2. 任何人(包括死者的亲属)不得以任何形式买卖遗体或者死者的人体组织、人体器官,此类买卖行为是无效的(《民法典》第1007条)。但是,依据《民法典》第1006条第1款,作为完全民事行为能力人的死者在生前可以以遗嘱的方式决定捐献遗体或者人体器官、人体组织。[152]

3. 侵害死者的遗体构成侵权行为,应当承担侵权责任。实践中常见的侵害死者遗体的情形有:其一,擅自解剖遗体或者擅自从遗体中摘取器官组织。[153] 其二,未经死者近亲属同意擅自火化遗体或者错误火化遗体。如某司法鉴定所错将甲的尸体当成乙的尸体还给乙的家属,导致甲的尸体被错误地火化;[154] 再如,某学院在学生跳楼死亡后没有通知死者父母即将遗体火化。[155] 其三,因过错而使遗体受损。如保管遗体不当导致遗体被动物噬咬而毁损;[156] 驾驶员因过错碾压已死于交通事故的死者遗体,致使遗体受损;[157] 殡仪馆工作人员采取野蛮的方式拖拉尸体,导致尸体受损等。

依据《民法典》第994条,死者的遗体等受到侵害的,其配偶、子女、父母有权依法请求行为人承担民事责任;死者没有配偶、子女并且父母已经死亡的,其他近亲属有权依法请求行为人承担民事责任。

(二)死者遗骨的保护

在《民法典》之前,《精神损害赔偿解释》将死者的遗体与遗骨并列,都给予保护。该司法解释第3条第3项规定,非法利用、损害遗体、遗骨,或者以违反社会公共利益、社会公德的其他方式侵害遗体、遗骨,使死者的近亲属遭受精神痛苦,应当承担精神损害赔偿责任。

《民法典》编纂时,笔者提出应当明确规定死者的遗骨也受到保护。因为遗骨不同于遗体,从我国现行法来看,遗体就是指尸体,而遗骨是指骸骨或尸骨。例如,《刑法》第302条规定:"盗窃、侮辱、故意毁坏尸体、尸骨、骨灰的,处三年以下有期徒刑、拘役或者管制。"海关总署颁布的《出入境尸体骸骨卫生检疫管理办法》第22条规定,尸体是指人死亡后的遗体及以殡葬为目的的人体器官组织。骸骨是指以殡葬为目的的人体骨骼。故此,如果在《民法典》第994条所列遗体之后增加"遗骨",以示周全,可以避免司法实践中产生争议。不过,立法机关考虑到在《民法典》第994条列举了"死者的姓名、肖像、名誉、荣誉、隐私、遗体"之后有一个"等"字,可以涵盖,故此没有专门列出"遗骨"。

---

[152] 2020年2月12日,罹患新冠肺炎的武汉市民肖贤友先生病危期间于纸上写下"我的遗体捐国家,我老婆呢"。这两句话可谓充满了对国家和对亲人平凡又伟大的爱,令人感动!2020年2月22日,肖先生因病不幸去世。从法律上说,肖先生写下的"我的遗体捐国家"这几个字,就是捐献遗体的自主决定。本书谨录此事,借以悼念包括肖先生在内的新冠肺炎疫情中逝去的生命!

[153] 杨爱玲等诉兰州军区乌鲁木齐总医院擅自解剖死者尸体留取脏器侵权纠纷案,最高人民法院中国应用法学研究所编:《人民法院案例选》(合订本),人民法院出版社1997年版,第636页以下。罗国平、吴鹏仙诉新华医院、顾学范其他人身权案,上海市杨浦区人民法院(2005)民一(民)初字第551号民事判决书。

[154] 北京市顺义区人民法院:《司法鉴定所过失错发尸体,亲属闹事反复调解得平息——韩某某等诉北京市顺义区法医院司法鉴定所精神损害赔偿调解案》,载北京市高级人民法院:《审判前沿:新类型案件审判实务》(总第42集),法律出版社2012年版,第130页。

[155] 高某某其他人格利益赔偿案,重庆市第五中级人民法院(2006)渝五中民终字第225号民事判决书。

[156] 彭晓红等诉佛山市同济医院等遗体器官损害赔偿纠纷上诉案,广东省佛山市中级人民法院(2001)佛中法民终字第117号民事判决书。

[157] 鲍金花等诉香港森杨益精密铸造有限公司、鲁福标尸体侵权赔偿纠纷案,广东省东莞市中级人民法院(2005)东法民一终字第1608号民事判决书。

常见的侵害死者遗骨的情形是故意或过失盗挖、毁坏坟墓而致死者遗骨被毁、丢失。[158] 此种情形下，死者的配偶、子女、父母等近亲属，有权依据《民法典》第 994 条请求行为人承担民事责任，包括停止侵害、排除妨碍、赔偿损失等。

三、特定物上的人格利益

受害人针对特定物品享有的所有权等物权受到他人侵害的，其通常遭受的损害就是因物品毁损、灭失而产生的财产损失。对于此种损害，被侵权人当然有权要求侵权人承担赔偿责任。侵害物品原则上不会给受害人造成精神损害，但是，在有些情形下，某些特定物品被侵害而毁损或灭失的，侵害的不仅是该物所有人的财产利益，而是侵害了其精神利益，从而造成精神损害。《精神损害赔偿解释》第 4 条规定："具有人格象征意义的特定纪念物品，因侵权行为而永久性灭失或者毁损，物品所有人以侵权为由，向人民法院起诉请求赔偿精神损害的，人民法院应当依法予以受理。"《侵权责任法》没有就侵害特定物品的精神损害赔偿作出规定。在我国《民法典》编纂过程中，不少学者提出应当吸收借鉴司法解释的合理经验，对此作出规定。故此，《民法典》第 1183 条第 2 款规定："因故意或者重大过失侵害自然人具有人身意义的特定物造成严重精神损害的，被侵权人有权请求精神损害赔偿。"侵害特定物品上的人格利益的精神损害赔偿责任，须符合以下构成要件：

1. 被侵害的是"自然人具有人身意义的特定物"。所谓自然人具有人身意义的特定物，是指自然人凝聚了人身利益（人格意义或身份意义）的物，该人身利益与物已经紧密结合，以致一旦物被侵害而毁损或灭失，则该人身利益也将被侵害，如丢失他人已逝亲人的唯一照片。正是因为被侵害的是具有人身意义的特定物，故此，侵害该物才可能对他人造成精神损失。如果某物虽然具有人身意义，但不是唯一承载该人身意义的物，如新婚夫妇的结婚全过程的录影带虽被 A 不慎毁坏。但由于摄影公司还存有母带，所以这个录影带就不构成具有人身意义的特定物。需要注意的是，特定的物是自然人而不是法人或者非法人组织的。通过上述限制，立法者的目的就是要避免任何民事主体因物被侵害而主张精神损害赔偿，以致精神损害赔偿责任被滥用。

至于"自然人具有人身意义的特定物"的具体类型，从法院的相关案例来看，最多被认定的就是骨灰、坟墓，例如，丢失保管的死者骨灰、毁损或侵占他人墓地等（参见**案例** 4.8.4）。[159] 此外，还包括婚纱照片，[160] 婚礼录像，[161] 唯一的一张父母生前的照片[162] 等。

案例阅读

案例4.8.4
杨润昌等诉宣威市羊场煤矿骨灰盒遗失精神损害赔偿纠纷案

2. 侵权人主观上是"故意或者重大过失"。《精神损害赔偿解

[158] 李贤蔺诉刘青川等撬掘坟墓、毁损尸骨赔偿案，载最高人民法院中国应用法学研究所编：《人民法院案例选》（总第 28 辑），时事出版社 1999 年版，第 73 页以下。

[159] 杨润昌等诉宣威市羊场煤矿骨灰盒遗失精神损害赔偿纠纷案，云南省高级人民法院（2003）云高民一终字第 138 号民事判决书；韩立生诉中铁六局集团北京铁路建设有限公司一般人格权案，北京市门头沟区人民法院（2008）门民初字第 771 号民事判决书；陈玉冰与广州玉德堂陵园有限公司恢复原状纠纷上诉案，广东省广州市中级人民法院（2015）穗中法民五终字第 3672 号。

[160] 鲁某、南阳市卧龙区禾美珍妮花婚纱摄影名店一般人格权纠纷案，河南省南阳市中级人民法院（2019）豫 13 民终 3279 号民事判决书。

[161] 刘辰、潘婷一般人格权纠纷案，黑龙江省大庆市中级人民法院（2018）黑 06 民终 2114 号民事判决书。

[162] 王青云诉美洋达摄影有限公司丢失其送扩的父母生前照片赔偿案，载最高人民法院中国应用法学研究所编：《人民法院案例选》（总第 26 辑），时事出版社 1999 年版，第 82 页以下。

释》第4条没有作出此种主观上的限制,但是,在《民法典》编纂时,包括笔者在内的学者认为,如果对于侵权人的主观不作限制,很可能导致精神损害赔偿责任被滥用,毕竟通常侵权人所能预期的侵害物的赔偿责任只是财产赔偿责任,而不能预见到需要因此承担精神损害赔偿责任。笔者甚至认为,必须是侵权人知道被侵害的物是具有人身意义的特定物,而侵害该物并造成侵权人严重精神损害时,才能要求侵权人承担赔偿责任。《民法典人格权编草案第一次审议稿》曾采取了该观点,其第960条规定:"故意侵害自然人具有人身意义的特定物品造成严重精神损害的,被侵权人有权请求精神损害赔偿。"但是,在审议过程中,有的法学教学研究机构和社会公众提出,将请求精神损害赔偿限于"故意",条件过于严格。因此,全国人大宪法和法律委员会经研究,建议将上述规定修改为:"因故意或者重大过失侵害自然人具有人身意义的特定物造成严重精神损害的,被侵权人有权请求精神损害赔偿。"[163]

第九节 财产利益

一、商业秘密

(一)商业秘密的概念

商业秘密,是指不为公众所知悉、具有商业价值并经权利人采取相应保密措施的技术信息、经营信息等商业信息(《反不正当竞争法》第9条第4款)。商业秘密应符合以下要件:

1. 该信息不为公众所知悉,即有关信息不为其所属领域的相关人员普遍知悉和容易获得(《不正当竞争解释》第9条第1款)。如果存在以下情形之一的,则该信息不构成不为公众所知悉:(1)该信息为其所属技术或者经济领域的人的一般常识或者行业惯例;(2)该信息仅涉及产品的尺寸、结构、材料、部件的简单组合等内容,进入市场后相关公众通过观察产品即可直接获得;(3)该信息已经在公开出版物或者其他媒体上公开披露;(4)该信息已通过公开的报告会、展览等方式公开;(5)该信息从其他公开渠道可以获得;(6)该信息无须付出一定的代价而容易获得(《不正当竞争解释》第9条第2款)。

2. 该信息具有商业价值,即有关信息具有现实的或者潜在的商业价值,能为权利人带来竞争优势的(《不正当竞争解释》第10条)。

3. 权利人对该信息采取了相应的保密措施。权利人为防止信息泄漏所采取的与其商业价值等具体情况相适应的合理保护措施,就属于采取了保密措施。具体来说,法院应根据所涉信息载体的特性、权利人保密的意愿、保密措施的可识别程度、他人通过正当方式获得的难易程度等因素,认定权利人是否采取了保密措施。根据《不正当竞争解释》第11条,具有下列情形之一,在正常情况下足以防止涉密信息泄漏的,应当认定权利人采取了保密措施:(1)限定涉密信息的知悉范围,只对必须知悉的相关人员告知其内容;(2)对于涉密信息载体采取加锁等防范措施;(3)在涉密信息的载体上标有保密标志;(4)对于涉密信息采用密码或者代码等;(5)签订保密协议;(6)对于涉密的机器、厂房、车间等场所限制来访者或者提出保密要求;

---

[163] 《全国人民代表大会宪法和法律委员会关于〈民法典侵权责任编(草案)〉修改情况的汇报》,载《民法典立法背景与观点全集》编写组:《民法典立法背景与观点全集》,法律出版社2020年版,第34页。

(7)确保信息秘密的其他合理措施。

（二）商业秘密是受到法律保护的民事利益

商业秘密属于广义知识产权的范畴(《民法典》第123条第5项),但是,商业秘密不同于著作权、专利权和商标权等传统的知识产权。虽然《反不正当竞争法》为商业秘密提供了一定程度的保护,但是,商业秘密的权利人并不对商业秘密享有法律上的排他权利。也就是说,商业秘密是通过权利人自己保护的方式而存在的权利,权利人并不具有排他的独占权。“基于这种特性,不同的权利主体可以同时拥有相同或者近似的商业秘密;在没有法定的、约定的保密义务或者未提出保密要求的情况下将商业秘密告知他人时,倘若他人仍将商业秘密保持在秘密状态,该商业秘密并不丧失。但是,不论什么原因,一旦商业秘密公开,其权利即告终结。”〔164〕故此,在法律上只是防止商业秘密的权利人免受特定侵害行为,而不是如同对于物权、人格权那样,给予商业秘密的权利人以全面的保护。应当将商业秘密界定为一种受到法律保护的民事利益。

（三）侵害商业秘密的行为

对于商业秘密的保护,各国立法模式并不相同。有的国家是通过反不正当竞争法予以保护,如德国、日本、韩国;有的国家则通过知识产权法加以保护,如法国、意大利;还有的国家通过专门的商业秘密保护法保护,如美国的《统一商业秘密法》、欧盟的《商业秘密保护指令》。〔165〕但是,无论何种方法,违反法律规定侵害商业秘密的行为本质上都是侵权行为。

我国在《反不正当竞争法》中对商业秘密的保护作出了专门的规定。《反不正当竞争法》第9条第1款列举了侵害商业秘密的行为:(1)以盗窃、贿赂、欺诈、胁迫、电子侵入或者其他不正当手段获取权利人的商业秘密;(2)披露、使用或者允许他人使用以前项手段获取的权利人的商业秘密;(3)违反保密义务或者违反权利人有关保守商业秘密的要求,披露、使用或者允许他人使用其所掌握的商业秘密(参见**案例**4.9.1);(4)教唆、引诱、帮助他人违反保密义务或者违反权利人有关保守商业秘密的要求,获取、披露、使用或者允许他人使用权利人的商业秘密。此外,依据《反不正当竞争法》第9条第2款和第3款的规定,无论是经营者,还是经营者以外的其他自然人、法人和非法人组织,只要实施该法第9条第1款所列违法行为的,视为侵犯商业秘密。而第三人明知或者应知商业秘密权利人的员工、前员工或者其他单位、个人实施《反不正当竞争法》第9条第1款所列违法行为,仍获取、披露、使用或者允许他人使用该商业秘密的,也视为侵犯商业秘密。

案例阅读

案例4.9.1
富士宝家用电器有限公司诉家乐仕电器有限公司专利侵权及侵犯商业秘密纠纷案

此外,我国《民法典》第501条也规定:“当事人在订立合同过程中知悉的商业秘密或者其他应当保密的信息,无论合同是否成立,不得泄露或者不正当地使用;泄露、不正当地使用该商业秘密或者信息,造成对方损失的,应当承担赔偿责任。”

就侵害商业秘密的侵权赔偿责任,《反不正当竞争法》第17条第3、4款规定:“因不正当竞争行为受到损害的经营者的赔偿数额,按照其因被侵权所受到的实际损失确定;实际损失难以计算的,按照侵权人因侵权所获得的利益确定。经营者恶意实施侵犯商业秘密行为,情节严重

〔164〕孔祥俊:《反不正当竞争法新原理·分论》,法律出版社2019年版,第352页。
〔165〕王瑞贺主编:《中华人民共和国反不正当竞争法释义》,法律出版社2018年版,第28~29页。

的,可以在按照上述方法确定数额的一倍以上五倍以下确定赔偿数额。赔偿数额还应当包括经营者为制止侵权行为所支付的合理开支。经营者违反本法第六条、第九条规定,权利人因被侵权所受到的实际损失、侵权人因侵权所获得的利益难以确定的,由人民法院根据侵权行为的情节判决给予权利人五百万元以下的赔偿。”

二、占有

(一)占有的概念

占有,是指对于物具有事实上的管领力的一种状态。在我国法上,占有是一种事实而非权利。占有具有以下特征:首先,占有的标的物仅限于有体物,即动产与不动产,不包括权利。其次,必须对物具有了事实上的管领力。只有当某人对物产生了事实上的管领力时,才能认为该人已占有了该物。判断是否存在事实上的管领力,不应依照纯粹物理上的接触关系,而应依据社会上的一般观念加以决定。

(二)占有保护请求权

占有保护请求权,是指占有人请求国家有权机关运用国家强制力来保护其占有的请求权,包括占有物返还请求权、排除妨害请求权和消除危险请求权。《民法典》第462条第1款规定:“占有的不动产或者动产被侵占的,占有人有权请求返还原物;对妨害占有的行为,占有人有权请求排除妨害或者消除危险……”占有保护请求权旨在维护法律秩序,实现法律和平(Rechtsfrieden),故此无论有权占有人还是无权占有人都享有占有保护请求权(参见案例4.9.2)。

案例阅读

案例4.9.2
甄桂萍与付合文等占有保护纠纷上诉案

(三)侵害占有的损害赔偿请求权

占有不是一种权利,而只是占有人对占有物的事实控制状态。由于占有这一事实对占有人也有经济上的价值,故此,在他人侵害占有而给占有人造成损害时,也发生侵权赔偿责任。《民法典》第462条第1款规定:“……因侵占或者妨害造成损害的,占有人有权依法请求损害赔偿。”关于该句是否为独立的侵害占有的损害赔偿请求权的基础,理论界有不同的看法。一种观点认为,该句并非一项独立的请求权基础规范,而是一条参引规范,指示参照侵权责任法关于过失责任的规则。[166] 另一种观点认为,我国《物权法》第245条(《民法典》第462条与之完全相同)将占有的物权法保护方法与债权法保护方法集中规定于一个条文之中,具有鲜明的中国特色。这种模式下的侵害占有损害赔偿请求权基础统一,立法的抽象性、概括性程度较高,方便法律的检索与适用。因此,与德国法模式相比,中国法模式明文规定了侵害占有的损害赔偿请求权基础,无须借助法律解释提供侵害占有的损害赔偿请求权基础,法律关系明晰、确定,避免了理论纷争。[167] 本书赞同后一种观点。

占有遭受侵害时,占有人是否行使侵害占有的损害赔偿请求权,往往与占有人的占有究竟是有权占有还是无权占有以及占有的本权类型有关。

1. 当占有人为有权占有且本权为物权(如建设用地使用权、宅基地使用权等)时,物权毫无疑问是侵权法的主要保护对象。所以,占有人无须主张占有受到侵害而获得侵权责任法保护的。例如,A将出质人B质押给质权人C的劳力士手表损坏,A向C支付了10万元赔偿金。

---

〔166〕 吴香香:《论侵害占有的损害赔偿》,载《中外法学》2013年第3期。

〔167〕 章正璋:《论侵害占有的损害赔偿责任》,载《江苏社会科学》2015年第1期。

此时,如果担保债权的履行期届满,而债务人不履行到期债务,则质权人 C 有权就该赔偿金优先受偿;如果债权履行期没有届满,C 就要将该赔偿金提存。

2. 占有人基于债权而占有动产或不动产,如承租人基于租赁合同占有租赁的房屋。在他人侵害占有物造成损害时,有权占有人可以以占有受到侵害为由,要求侵权人承担赔偿责任。因为在基于债权占有某物时,占有人有权使用该物。凭借占有,占有人对物的使用原则上可以对抗任何第三人。[168] 在这一点上,基于债权的有权占有人与基于他物权的有权占有人,并无本质区别。以债权为本权的占有具有与所有权类似的法律地位,当然受到侵权法的保护。当侵权人造成占有物毁损、灭失或从事其他损害占有的行为时,应当向占有人承担赔偿责任,而赔偿的范围包括占有人丧失使用利益的损失(Nutzungsausgang)。例如,2011 年 1 月 1 日 A 将房屋出租给 B 从事商业经营,租期 1 年。一个月后,由于 C 的过失导致房屋被损坏,修复费用需要 1 万元,而在修复期间 B 被迫停业 10 天,遭受了 5000 元的停业损失。就 5000 元的停业损失,B 有权要求 C 承担赔偿责任。就房屋损坏的损失,如果 C 承担的是恢复原状的赔偿责任(如自行支付 1 万元聘请工程队修复房屋),则所有权人 A 与占有人 B 的损害都能够得到弥补。但是,如果 C 将 1 万元修复费用支付给 A 或者 B,则就会产生以下问题,即获得赔偿金的被侵权人不将该赔偿金用于恢复原状,从而导致其他被侵权人的损害无法消除。故此,应当要求侵权人 C 向被侵权人 A 和 B 共同给付该赔偿金。[169] 至于 A 与 B 内部如何分配,应依二者内部的债务关系决定。例如,当 A 不将 1 万元用来修复房屋的,导致 B 的租赁合同目的无法实现,其有权解除租赁合同。

3. 如果占有人是无权占有,其占有物因他人之侵权行为而毁损、灭失时,占有人是否也享有损害赔偿请求权,有不同的看法。德国法学家耶林(Jehring)曾云:强盗与小偷亦享有占有保护,但仅止于自力救济或占有保护请求权,以维护社会秩序,似不能因此而言为强盗与小偷得对取回其物的所有人亦得请求不能对盗赃物为使用收益而生的损害。[170] 另一位德国法学家赫克(Heck)则认为,从经济的观点上看,应当承认无权占有人的损害赔偿请求权。例如,某人以其无权占有的某机器从事生产,该机器已经成为企业的一部分,具有继续占有使用的经济利益,如果所有权人强行取回该机器而导致停产,那么应当承担损害赔偿责任。[171] 目前,德国的通说认为,只有当占有因一项占有权而获得强化时,则占有属于《德国民法典》第 823 条第 1 款意义上的"其他权利",如果他人过失侵害该占有时,产生损害赔偿义务。至于无权占有人,则不享有损害赔偿请求权。[172]

从我国《民法典》第 462 条第 1 款来看,并未区分有权占有还是无权占有,因此不少学者认为,即便是无权占有人,也享有损害赔偿请求权。[173] 王利明教授认为,法律对占有的保护并不局限于有权占有,也包括无权占有。在他人非法剥夺无权占有人的占有,使占有人受到侵害

---

〔168〕 Larenz/Canaris, Lehrbuch des Schuldrechts, zweiter Band Besonderer Teil, 2. Halbband, 1994, S. 396.

〔169〕 Medicus/Lorenz, Schuldrecht Ⅱ Besonderer Teil, 15. Aufl., 2010, Rn. 1299.

〔170〕 王泽鉴:《民法物权》(第 2 版),北京大学出版社 2010 年版,第 563 页。

〔171〕 Heck, Sachenrecht, 1960, S. 12. 转引自王泽鉴:《民法物权》(第 2 版),北京大学出版社 2010 年版,第 562 页。

〔172〕 有一些学者认为,即便是无权占有,如果法律规范赋予了无权占有人以收益权(如《德国民法典》第 987 条以下),那么占有人也享有侵权损害赔偿请求权。[德]鲍尔、施蒂尔纳:《德国物权法》(上册),张双根译,法律出版社 2004 年版,第 168 页。

〔173〕 根据学者的研究,司法实践中尚未发现法院认可无权占有人损害赔偿请求权的案例。章正璋:《我国民法上的占有保护——基于人民法院六年来占有保护案例的实证分析》,载《法学研究》2014 年第 3 期。

的,也应当受到侵权法的保护。例如,违章建筑被他人非法剥夺占有时,无权占有人虽然不能获得租金收益的赔偿,但是在该违章建筑物本身被损坏的情况下,侵害人仍应赔偿损失。[174] 不过,由于无权占有人并没有使用占有物的权利,所以不能就丧失的使用利益,要求侵害人承担赔偿。[175]

提 示

首先,就有权占有中的间接占有人而言,当对其占有的侵害来自直接占有人时,由于间接占有人不享有针对直接占有人的占有保护请求权,其只能通过与直接占有人之间的债权债务关系所生之请求权,获得保护。[176] 例如,A 将房屋出租给 B,B 在得到 A 同意的情况下将房屋转租给 C。A、B 为间接占有人,C 为直接占有人。当转租的合同期限届满后,C 拒绝返还房屋。此时,A、B 皆无法针对 C 行使占有保护请求权。但是,A 可以主张所有物返还请求权,B 则可以主张合同上的返还请求权。其次,无论有权占有还是无权占有,占有人因占有物被他人毁损、灭失而获得赔偿金的,皆负有将该赔偿金返还给权利人(所有权人)的义务。

三、纯粹经济损失

(一)纯粹经济损失的概念与特征

纯粹经济损失(pure economic loss/pure financial loss)是英美法的用语,在德国被称为“纯财产损失”(reines Vermögenschaden)。对于何为纯粹经济损失,理论上众说纷纭。[177] 目前,多数人认为,所谓纯粹经济损失就是那些与原告的作为客观有形物质的人身或财产遭受侵害既无关联亦非其受侵害之结果的损害。简言之,纯粹经济损失是除了因对人身或财产的有形损害之外的其他经济上的损失,或者说是因为纯粹经济利益的丧失而产生损害。1972 年《瑞典侵权责任法》第 2 条将纯粹经济损失界定为“与任何人的人身伤害和财产损害没有关系的经济损失”。[178] 这里的关键是“纯粹”一词。因为,若是一种经济损失与原告人身或财产受到的任何侵害发生联系(假设所有其他责任要件都已得到满足),那么这种损失就是间接经济损失,从而整个损害都毫无疑问属于可获赔的范围。间接经济损失(有时被称作寄生损失,parasitic loss)之所以可获赔,是因为,它的发生就必定意味着此前也发生了实际损害。然而,纯粹经济损失只是使受害者的“钱包”(纯粹的经济利益)受损,此外,别无他物受损。

纯粹经济损失有以下特征:首先,纯粹经济损失只是一种金钱利益上的损失,是纯粹的经济利益受损所致,而与精神损害无关。其次,纯粹经济损失不是因侵害人身权、财产权而直接产生或间接产生的,而是独立存在的。申言之,纯粹经济损失既不是因为侵害生命权、健康权、名誉权等人格权与身份权而产生的,也不是因为侵害物权、知识产权等有形或无形的财产权而

---

[174] 王利明:《物权法研究》(第 3 版)(下卷),中国人民大学出版社 2018 年版,第 1510 页。不同观点参见章正璋:《我国民法上的占有保护——基于人民法院六年来占有保护案例的实证分析》,载《法学研究》2014 年第 3 期。

[175] BGHZ 73,355. vgl. Fuchs,Deliktsrecht,5. Aufl. 2004,S. 37.

[176] Hans Brox/Wolf - Dietrich Walker,Besonderes Schuldrecht,33. Aufl. 2008,S. 501.

[177] 有关比较法的资料,详见[意]毛罗·布萨尼、弗农·瓦伦丁·帕尔默主编:《欧洲法中的纯粹经济损失》,张小义、钟洪明译,法律出版社 2005 年版,第 1 页以下。

[178] W. Van Gerven,J. Lever and P. Larouche ed. ,*Tort Law*:*Scope of Protection*,Hart:Oxford,1998,p. 44.

产生的。因此，在利益衡量上，纯粹经济损失显然不能与人身权、财产权被侵害产生的所受损害和所失利益等量齐观。最后，纯粹经济损失的发生完全是由于因果关系的延伸所致。社会生活中人与人在经济利益上的联系是如此紧密，相互交织在一起，以致其中任何一个链条的断裂都可能产生深远的影响结果。纯粹经济损害的连锁反应可以在没有其他力量介入的情况下从一个人流向另一个人。因此，遭受纯粹经济损失的受害人的人数往往是众多的、不确定的，加害人对这样的损害范围也往往是难以预见的。[179]

（二）纯粹经济损失的类型

由于对纯粹经济损失范围的认识差异，因此学说上对纯粹经济的类型有哪些，存在不同的看法。[180] 本书认为，布萨尼与帕尔默主编的《欧洲法中的纯粹经济损失》一书对纯粹经济损失的分类比较可取。依据该书之观点，纯粹经济损失可以分为以下四种类型：

1. 反射损失型的纯粹经济损失。所谓反射损失，是指加害人的行为给某人的人身或财产造成了实际的损害，同时，由于社会生活的密切联系，该损害又进一步引发了其他人的经济损失。[181] 在这种情形中，存在两类受害人：一是人身、财产直接遭受侵害的人，该受害人基本上都是特定的人；二是遭受纯粹经济损失的人，这些人可能特定，也可能不特定。例如，A 建筑公司从事地面挖掘时，将一根电缆挖断。该电缆属于 B 电力公司的财产。因电缆被挖断而导致电力中断，从而使得 C 医院、D 学校、E 工厂等因停电而遭受损失。显然，B 公司因所有权被侵害而遭受了实际损害，至于 C、D、E 等则并未直接遭受 A 加害行为的侵害，但是，它们的损害却是因为 B 受到了 A 的损害而牵连引发的（参见**案例4.9.3**）。故此，C、D、E 的损害属于反射损失型的纯粹经济损失。

案例阅读

案例4.9.3

黔江区民族医院与黔江区永安建筑有限责任公司等财产损害赔偿纠纷案

2. 转移损失型的纯粹经济损失。加害人的行为给特定人的人身、财产造成了实际损失，而第三人因对受害人负有约定或法定的义务，故此损失被转移至该第三人处。易言之，通常落在初始受害人（primary victim）头上的损失通过合同（如租赁、买卖和保险协议等）或法律规定转移给了次级受害人（secondary victim）。[182] 例如，甲将乙打伤，乙的近亲属丙基于法定的抚养义务为治疗乙的损伤而支付了医疗费。乙是初始受害人，而丙是次级受害人。

3. 因信赖错误的信息、建议和专业服务引发的纯粹经济损失。此类纯粹经济损失，是指受害人因信赖与其没有合同关系的人提供的错误的信息、建议或者专业服务而遭受的经济利益上的损失。它主要发生在以下情形：

（1）专家责任，如律师、会计师等提供专业服务的人士因故意或过失导致民事法律行为无效、被撤销或不成立，以致本可因该法律行为而受益的第三人遭受了经济利益上的损失。例如，在“王保富诉三信律师所财产损害赔偿纠纷案”中，法院认为，因被告三信律师所在为原告

---

〔179〕 B. S. Markesinis & Hannes Unberath, The German Law of Torts: A Comparative Treatise, 4th ed., Oxford and Portland, Oregon: Hart Publishing, 2002, p. 43.

〔180〕 葛云松：《纯粹经济损失的赔偿与一般侵权行为条款》，载《中外法学》2009 年第 5 期。

〔181〕 ［意］毛罗·布萨尼、［美］弗农·瓦伦丁·帕尔默主编：《欧洲法中的纯粹经济损失》，张小义、钟洪明译，法律出版社 2005 年版，第 9 页。

〔182〕 ［意］毛罗·布萨尼、［美］弗农·瓦伦丁·帕尔默主编：《欧洲法中的纯粹经济损失》，张小义、钟洪明译，法律出版社 2005 年版，第 9～10 页。

案例阅读

案例4.9.4
王保富诉三信律师所财产损害赔偿纠纷案

案例阅读

案例4.9.5
陈丽华等23名投资人诉大庆联谊公司、申银证券公司虚假陈述侵权赔偿纠纷案

之父立遗嘱时的过失导致遗嘱无效,使得原告无法获得遗嘱继承的权利,故此,三信律师所履行自己职责中的过错侵害了王保富依遗嘱继承王守智遗产的权利,由此给王保富造成损失,应当承担赔偿责任。[183]（参见**案例**4.9.4)

(2)负有约定或法定的信息披露义务的人故意或过失进行虚假陈述行为(隐瞒真实信息,编造虚假信息等),从而导致信赖该陈述的人遭受了经济损失。最典型的情形就是证券市场的虚假陈述责任,即负有法定信息披露义务的发行人、上市公司、中介机构等故意或过失进行虚假陈述,导致投资者因信赖该陈述而买进或卖出证券,进而遭受经济损失(参见**案例**4.9.5)。

4. 公共资源被侵害引发的纯粹经济损失。公共资源是供不特定的民事主体,即公众所有或使用的资源,如公共市场、城镇公共道路、海洋、湖泊、水路、航道等。[184] 这些公共资源因某人之加害行为而遭受侵害时,一方面会直接侵害特定主体的民事权益,给其造成直接的损害;另一方面又会使得其生计与这些公共资源密切相关的人们遭受纯粹经济损失。例如,2011 年 6 月 4 日至 6 月 21 日,中海油和美国康菲石油公司合作开发的中国最大海上油气田蓬莱 19—3 的 B 平台和 C 平台相继发生溢油事件,累计污染海域 5500 平方公里,造成劣四类海水约 870 平方公里,最严重时形成 158 平方公里油污海水面积。该起严重污染事故除了直接给养殖户造成数亿元人民币的财产损害外,还因污染海洋环境而使得周边地区的旅游业也受到了损害。旅游业的损害就是纯粹经济损失。再如,我国曾发生一起案件,该案被告椒江大桥公司、台州市政府在明知建造椒江大桥的桥下通航净空高度只有 20 米,将切断原告海圳荣公司的进口航运通道,使原告的主要供货船 45 艘及其他可装气槽船无法通行(这些船舶空载高度为 26～28 米),仍然执意施工并建造完成桥梁,应当认为,被告的行为构成对原告纯粹经济利益的损害。[185]

(三)纯粹经济损失的保护

1. 合同法与侵权法保护上的差别及原因

就纯粹经济损失的赔偿,合同法与侵权法的态度存在很大的差异。在违约责任中,法律就合同关系中遭受纯粹经济损失的当事人提供全面的救济。我国《民法典》第 584 条规定:“当事人一方不履行合同义务或者履行合同义务不符合约定,造成对方损失的,损失赔偿额应当相当于因违约所造成的损失,包括合同履行后可以获得的利益;但是,不得超过违约一方订立合同时预见到或者应当预见到的因违约可能造成的损失。”《最高人民法院关于当前形势下审理民商事合同纠纷案件若干问题的指导意见》第 9 条指出:“在当前市场主体违约情形比较突出的情况下,违约行为通常导致可得利益损失。根据交易的性质、合同的目的等因素,可得利益损失主要分为生产利润损失、经营利润损失和转售利润损失等类型。生产设备和原材料等买卖

[183] 《最高人民法院公报》2005 年第 10 期。对该案的详细评析参见陈聪富:《侵权责任主体与客体》,台北,元照出版有限公司 2019 年版,第 172 页以下。

[184] [意]毛罗·布萨尼、[美]弗农·瓦仑丁·帕尔默主编:《欧洲法中的纯粹经济损失》,张小义、钟洪明译,法律出版社 2005 年版,第 10 页。

[185] 关于该案的评析,可参见辛正郁:《市政公用设施与民事赔偿责任》,载最高人民法院民事审判第一庭:《民事审判指导与参考》(2004 年第 1 集),法律出版社 2005 年版,第 251 页以下。

合同违约中,因出卖人违约而造成买受人的可得利益损失通常属于生产利润损失。承包经营、租赁经营合同以及提供服务或劳务的合同中,因一方违约造成的可得利益损失通常属于经营利润损失。先后系列买卖合同中,因原合同出卖方违约而造成其后的转售合同出售方的可得利益损失通常属于转售利润损失。”然而,在侵权法中,纯粹经济损失只能获得有限的救济,很多国家的侵权法原则上不赔偿纯粹经济损失。例如,德国法通说认为,纯粹经济损失只有在极为例外的情况下能赔偿,原则上纯粹经济利益不受侵权法的保护。在法国法上,一个人也只有在故意侵权给他人造成纯粹经济损失时,才需要予以赔偿。[186] 之所以存在这种差别,原因在于:

首先,合同是特定的当事人之间的民事法律关系,非违约方因违约方的违约行为而遭受损失时,受害人就是特定的合同一方当事人。但是,在侵权中,如果普遍性地为纯粹经济损失提供救济,即只要产生了纯粹经济损失,就能获得赔偿。一方面,可能产生难以估量的赔偿权利人,这样就使得侵权人要面临如同卡多佐法官所言的“在不特定的时间,向不特定的人承担不特定的赔偿”的巨大风险;[187] 另一方面,会导致众多的案件涌向法院,法院难以承受。法院在处理纯粹经济损失案件时会发现它面临着无限大范围之责任发生的可能性,既没有一个容易被作为标记的中间点,也没有准备求助于像介入原因这样的传统责任限制的工具。[188] 所以,限制人身权或财产权等有形损害的物理法则(the laws of physics)无法为纯粹经济损失提供适当的限制。在解决纯粹经济损失纠纷时,如果不加以限制,就会打开诉讼的闸门,出现诉讼爆炸,使得法院的运作陷入瘫痪。[189]

其次,合同中的当事人对于彼此的经济利益有清晰的认识,而且合同当事人的关系非常紧密,他们相互影响对方权益的可能性很大,故此,合同关系的当事人对于彼此的民事权益负有更高程度的注意义务。也就是说,虽然合同当事人旨在追求交易利益,但是在追求该利益的过程中如果在较强程度上威胁到他人人身或财产法益,则可以期待行为人采取较高的注意义务标准,而且出于双方当事人利益,也应当尽最大可能降低损害。[190] 然而,在侵权法中,民事主体的纯粹经济利益并非绝对权,不属于被类型化的法益,欠缺社会典型公开性,第三人难以识别并尊重。如果对于纯粹经济利益给予广泛的保护,就会给人们的行为自由增加极大的负担,不利于维护合理的行为自由。

最后,当事人订立合同的目的往往就是追求经济利益,故此为纯粹经济损失提供全面的保护,乃是合同法的首要目标。但是,侵权法所保护的民事权益范围非常广泛,包括人身权益、财产权益,而这些权益也是存在位阶关系的,“法益的位阶对于确定法律所提供的保护范围起到关键的作用”。[191] 从我国《民法典》总则编第五章对民事权益的规定先后顺序即可看出,人格权是最重要的,被首先加以规定,其次是身份权,接着才是财产权(物权与债权)、知识产权、继

---

[186] [奥]海尔穆特·库齐奥:《欧盟纯粹经济损失赔偿研究》,朱岩、张玉东译,载《北大法律评论》2009 年第 1 期。

[187] Ultramares Corp. v. Touche, Niven & Co., 255 N. Y. 170, 174 N. E. 441, 1931 N. Y. LEXIS 660, 74 A. L. R. 1139 (N. Y. 1931).

[188] D. W. Robertson, *An American Perspective*, See, B. S. Markesinis & S. F. Deakin, Tort Law, 4th ed., Clarendon Press, 1999, at 211.

[189] B. S. Markesinis, *A Comparative Introduction to the German Law of Torts*, 3th ed., Clarendon Press, 1994, at 43.

[190] [奥地利]海尔姆特·库奇奥:《侵权责任法的基本问题》(第 1 卷),朱岩译,北京大学出版社 2017 年版,第 95 页。

[191] [奥地利]海尔姆特·库奇奥:《侵权责任法的基本问题》(第 1 卷),朱岩译,北京大学出版社 2017 年版,第 195 页。

承权、投资性权利等。纯粹经济利益只能属于其中的民事利益,即《民法典》第126条规定的“民事主体享有法律规定的其他民事权利和利益”。既然纯粹经济利益处在权益位阶的最底端,自然不应当获得广泛的和高强度的保护。

2. 侵权法对纯粹经济损失的保护

综上所述,作为民事利益的纯粹经济损失或者说纯粹经济利益,只能受到侵权法的有限保护。此种保护的有限性主要体现在以下几个方面。首先,从侵权人的主观上来看,故意实施的侵权行为造成他人纯粹经济损失的,比过失侵权的情形更容易获得赔偿。例如,故意的虚假陈述即欺诈,给他人造成纯粹经济损失就比过失的情形更容易得到赔偿。其次,在过失侵权的时候,通过要求原告和被告之间存在特定关系来限制纯粹经济损失的赔偿。也就是说,只有当原告能够在自己和被告之间建立“特殊关系”时,纯粹经济损失才能得到赔偿。这种特殊关系不仅存在于被告已经作出陈述或提供了原告所依赖的建议的情况下,而且存在于他承诺提供各种形式的服务的情况当中。[192] 例如,律师、注册会计师给他人造成了纯粹经济损失时,受害人就更容易得到赔偿,因律师或注册会计师与受害人的关系更密切且受害人的人数也都是特定的。最后,如果纯粹经济损失与人身伤害具有一定联系的话,则更容易得到赔偿。例如,侵害他人生命权而导致被抚养人生活费的损失,可以获得赔偿。这是因为这种纯粹经济损失对于受害人而言更为重要。

提 示

奥地利著名法学家Koziol教授总结了以下认定纯粹经济损失的10条基本规则,值得关注:(1)可能出现的潜在的原告的数量越少,则越容易认定纯粹经济损失责任。(2)因保护财产利益而导致额外增加的注意义务越少,对行为自由的限制越少,则纯粹经济损失责任的承担就越合理。(3)当事人之间的近因性越强,也就是说他们之间的接触越密切,纯粹经济损失责任就越容易被接受。(4)他人受某种陈述引导的可能性越大,则陈述人承担该错误陈述所造成的纯粹经济损失责任就越具有正当性。(5)对某陈述的信任度越高,则由陈述人承担因该错误陈述所引发的纯粹经济损失责任就越合理。(6)如果被告明确知晓他人具有特定的财产利益,则更容易令其承担纯粹经济损失责任。(7)纯粹经济损失的边界越明确,则行为人承担该利益的赔偿责任就越合理。(8)如果侵权者的行为是故意的,则更容易要求其承担纯粹经济损失责任。(9)财产利益越是对于原告具有重要的意义,则越容易认定被告承担纯粹经济损失的责任(例如被扶养人生活费是用于维持生活的,其在价值序列上要高于获得利润的利益)。(10)被告追求其自身经济利益的目的越明显,则令其承担纯粹经济损失责任也越合理。[193]

我国现行法明确规定可以通过侵权法加以保护的纯粹经济损失主要有以下几类:

1. 反射损失型的纯粹经济损失,主要是指因侵害他人人身造成人身伤亡而引发的纯粹经

〔192〕 John Murphy& Christian Witting, *Street on Torts*, 13th ed., Oxford University, 2012, at 93.

〔193〕 [奥地利]海尔姆特·库奇奥:《侵权责任法的基本问题》(第1卷),朱岩译,北京大学出版社2017年版,第199~201页。

济损失,如护理人员的护理费,陪护人员的交通费、住宿费、伙食费(《民法典》第1179条)。

2. 证券市场虚假陈述给投资者造成的纯粹经济损失,《证券法》第85条规定:“信息披露义务人未按照规定披露信息,或者公告的证券发行文件、定期报告、临时报告及其他信息披露资料存在虚假记载、误导性陈述或者重大遗漏,致使投资者在证券交易中遭受损失的,信息披露义务人应当承担赔偿责任;发行人的控股股东、实际控制人、董事、监事、高级管理人员和其他直接责任人员以及保荐人、承销的证券公司及其直接责任人员,应当与发行人承担连带赔偿责任,但是能够证明自己没有过错的除外。”依据《最高人民法院关于审理证券市场因虚假陈述引发的民事赔偿案件的若干规定》第30条第1款,虚假陈述行为人在证券交易市场承担民事赔偿责任的范围,以投资人因虚假陈述而实际发生的损失为限。投资人实际损失包括:(1)投资差额损失;(2)投资差额损失部分的佣金和印花税。

3. 专业人员以及专业机构因过错给他人造成的纯粹经济损失,[194]包括:注册会计师的赔偿责任(《注册会计师法》第42条,《会计师事务所侵权赔偿规定》第2、4条),律师的赔偿责任(《律师法》第54条),公证机构的责任(《公证法》第43条第1款),资产评估、验资、验证机构的责任(《公司法》第207条第3款),产品质量检验机构、认证机构的赔偿责任(《产品质量法》第57条第2、3款),对产品质量作出承诺、保证的社会团体、社会中介机构的赔偿责任(《产品质量法》第58条),农产品质量安全检测机构的赔偿责任(《农产品质量安全法》第44条第2款),种子质量检验机构的赔偿责任(《种子法》第72条)。

四、其他财产利益

随着社会的发展,各种新型的财产利益不断产生,如数据、网络虚拟财产等,也需要通过包括侵权法在内的法律给予保护。为了适应互联网和大数据时代发展的需要,[195]我国《民法典》第127条规定:“法律对数据、网络虚拟财产的保护有规定的,依照其规定。”

(一)数据

现代社会是信息社会,随着网络信息技术的高速发展,海量的各种数据化的信息被不停地生产、收集、存储、整理与使用,人类由此进入了大数据(big data)时代。大数据时代数据的创建速度前所未有,而在社会经济活动中,越能实时或接近实时的数据就越能比竞争对手敏捷,更有竞争力。大数据还意味着数据来源的多样化。在大数据时代,几乎所有的活动都可以被数字化,新的数据来源与价格越来越低廉的设备相结合,手机、网上购物、社交网络、电子通讯、全球定位系统(GPS)和各种仪器仪表不停歇地产生大量的数据作为日常运作的副产品。[196] 大数据时代的数据蕴含着巨大经济价值和战略价值,其不仅成为企业的重要资产,也是国家的战略资源。根据我国工业和信息化部的预测,到2020年,中国大数据相关产品和服务业务收入将突破1万亿元。[197] 总之,大数据正在引领着新一轮的科技创新与技术革命,成为新经济的智能引

---

[194] 葛云松:《纯粹经济损失的赔偿与一般侵权行为条款》,载《中外法学》2009年第5期。

[195] 全国人民代表大会常务委员会副委员长李建国:《关于〈中华人民共和国民法总则(草案)〉的说明》,2017年3月8日在第十二届全国人民代表大会上。

[196] Andrew McAfee & Erik Brynjolfsson, *Big Data: The Management Revolution*, Harvard Business Review, Oct., 2012, at 5.

[197] 基于现有电子信息产业统计数据及行业抽样估计,2015年我国大数据产业业务收入2800亿元左右。参见工业和信息化部:《大数据产业发展规划(2016－2020年)》,载 http://www.miit.gov.cn/n1146295/n1652858/n1652930/n3757016/c5464999/content.html,2017年9月19日最后访问。

擎,包括零售、医疗卫生、保险、交通、金融服务等在内的各行各业将完成所谓的“数据金计划”。[198]

数据既不是物(动产和不动产),也非智力成果或权利,不同于现行法上的任何一种民事权利客体。作为信息网络科技发展的产物,数据表现为存在于计算机及网络上流通的在二进制的基础上由 0 和 1 组合的比特形式,无法脱离载体而存在,数据的交易也必须依附于平台、代码、服务协议、交易合同这些技术和法律关系的整体性交易过程,不可能独立完成。[199] 作为无形物的数据,不可能为某一特定主体所独占,具有非独占性或共享性的特点。我国《民法典》第 127 条规定:“法律对数据、网络虚拟财产的保护有规定的,依照其规定。”显然,立法者在紧接着人格权、物权、债权和知识产权之后规定对数据的保护,实际上等于认同了数据的权利是一种新型的财产权利,受到法律的保护。[200]

对于结构化的数据即**数据库**,可以通过著作权制度给予保护。我国《著作权法》第 14 条规定:“汇编若干作品、作品的片段或者不构成作品的数据或者其他材料,对其内容的选择或者编排体现独创性的作品,为汇编作品,其著作权由汇编人享有,但行使著作权时,不得侵犯原作品的著作权。”这就是说,数据库可以作为汇编作品而得到著作权制度的保护。然而,大数据时代的数据来源十分广泛,不仅包括对客观世界测量结果的记录,也包括对人类社会的记录以及经过分析计算现存数据而产生的新的数据。大数据与传统的结构化的数据库有很大的不同,其将传统结构化的数据库所存储的数据的价值同非结构化数据来源所提供的大量新数据的价值结合在一起。

数据企业收集的**非结构化的数据**在目前我国的司法实践中主要是通过《反不正当竞争法》加以保护,即将侵害数据企业数据的行为认定为**不正当竞争行为**。[201] 例如,在新浪公司与淘友技术公司、淘友科技公司侵害数据的纠纷案件中,被告淘友公司的脉脉软件抓取、使用了原告新浪公司的新浪微博用户职业信息、教育信息,并通过技术手段获取、使用了用户手机通讯录联系人与新浪微博用户对应关系。新浪公司以淘友公司的行为构成不当竞争行为为由提起诉讼的,北京知识产权法院判决认为:淘友技术公司、淘友科技公司违反《开发者协议》,未经用户同意且未经微梦公司授权,获取新浪微博用户的相关信息并展示在脉脉应用的人脉详情中,侵害了微梦公司的商业资源,不正当地获取竞争优势,这种竞争行为已经超出了法律所保护的正当竞争行为,构成了《反不正当竞争法》意义上的不正当竞争行为,属于一种民事侵权行为。[202]

(二)网络虚拟财产

狭义的网络虚拟财产仅仅是指网络游戏中具有金钱价值的各种游戏装备、账号等级、游戏货币等。广义的网络虚拟财产被认为包括了所有存在于网络虚拟空间的财产,除网络游戏的装备、游戏币之外,还包括电子邮箱、网络账户、虚拟货币(如比特币等)、网络商铺(如淘宝上的商铺)、注册的域名等。

---

〔198〕 伯纳德·利奥托德、马克·哈蒙德:《大数据与商业模式变革:从信息到知识,再到利润》,郑晓舟等译,电子工业出版社 2015 年版,第 7 页。

〔199〕 梅夏英:《数据的法律属性及其民法定位》,载《中国社会科学》2016 年第 9 期。

〔200〕 程啸:《论大数据时代的个人数据权利》,载《中国社会科学》2018 年第 3 期。

〔201〕 北京百度网讯科技有限公司与上海杰图软件技术有限公司不正当纠纷案,上海知识产权法院(2016)沪 73 民终 242 号民事判决书;北京淘友天下技术有限公司、北京淘友天下科技发展有限公司与北京微梦创科网络技术有限公司不正当竞争纠纷案,北京知识产权法院(2016)京 73 民终 588 号民事判决书。

〔202〕 北京淘友天下技术有限公司、北京淘友天下科技发展有限公司与北京微梦创科网络技术有限公司不正当竞争纠纷案,北京知识产权法院(2016)京 73 民终 588 号民事判决书。

网络游戏虚拟环境中的"武器""装备"等虚拟财产,能够被支配和处分,具有交换价值。这些虚拟财产"虽然以数据形式存在于特定空间,但由于其具有一定的价值,满足人们的需求,具有合法性,能够为人所掌控,属于在一定条件下可以进行交易的特殊财产,故而其具有财产利益的属性"。[203] 例如,在我国第一起网络虚拟财产纠纷案件——"李宏晨诉北京北极冰科技发展有限公司娱乐服务合同纠纷案"中,法院认为:"关于丢失装备的价值,虽然虚拟装备是无形的,且存在于特殊的网络游戏环境中,但并不影响虚拟物品作为无形财产的一种获得法律上的适当评价和救济。玩家参与游戏需支付费用,可获得游戏时间和装备的游戏卡均需以货币购买,这些事实均反映出作为游戏主要产品之一的虚拟装备具有价值含量。"[204]

此外,基于区块链技术而诞生的比特币(BIT)等**虚拟货币**,更是具有非常大的经济价值。尽管这些虚拟货币不属于国家发行的法定货币,不具有法偿性,且国家有关部门对于其交易也进行了相应的管制,[205] 但不能因此否定其属于一种具有经济价值的虚拟财产,可以得到法律的保护。司法实践中,很多法院也都明确认可虚拟货币可以作为有财产价值的商品予以保护,买卖虚拟币的合同也并不违反法律行政法规的强制性规定,而是有效合同。例如,在一起关于比特币的纠纷中,法院认为:"系争比特币属于网络虚拟财产,应受法律保护。比特币是以区块链技术为基础的加密型'货币',其生成机制为:通过'矿工''挖矿'生成,'挖矿'可以由身处全世界任何地点的任何人担任,'挖矿'是指'矿工'根据设计者提供的开源软件,提供一定的计算机算力,通过复杂的数学运算,求得方程式特解的过程,求得特解的'矿工'得到特定数量的比特币作为奖赏。比特币的物理形态为成串复杂数字代码。要获得比特币,既需要投入物质资本用于购置与维护具有相当算力的专用机器设备,支付机器运算损耗电力能源的相应对价,也需要耗费相当的时间成本,该过程及劳动产品的获得凝结了人类抽象的劳动力,同时比特币可以通过金钱作为对价进行转让,并产生经济收益。因比特币具有价值性、稀缺性、可支配性等特点,故其具备了权利客体的特征,符合虚拟财产的构成要件……比特币具备虚拟财产、虚拟商品的属性,应受到法律的保护。"[206]

总之,我国民法学界多数观点认为,对于具有经济价值的网络虚拟财产无论是游戏装备抑或各种网络虚拟币(比特币等),均可通过合同法与侵权法给予保护。

---

[203] 最高人民法院民一庭:《网络游戏中虚拟财产的认定与保护》,载最高人民法院民事审判第一庭:《民事审判指导与参考》(总第42集),法律出版社2011年版,第168页。

[204] 北京市第二中级人民法院(2004)二中民终字第02877号民事判决书。

[205] 《中国人民银行、工业和信息化部、中国银行业监督管理委员会、中国证券监督管理委员会、中国保险监督管理委员会关于防范比特币风险的通知》(银发[2013]289号)指出:"比特币具有没有集中发行方、总量有限、使用不受地域限制和匿名性等四个主要特点。虽然比特币被称为'货币',但由于其不是由货币当局发行,不具有法偿性与强制性等货币属性,并不是真正意义的货币。从性质上看,比特币应当是一种特定的虚拟商品,不具有与货币等同的法律地位,不能且不应作为货币在市场上流通使用。""现阶段,各金融机构和支付机构不得以比特币为产品或服务定价,不得买卖或作为中央对手买卖比特币,不得承保与比特币相关的保险业务或将比特币纳入保险责任范围,不得直接或间接为客户提供其他与比特币相关的服务,包括:为客户提供比特币登记、交易、清算、结算等服务;接受比特币或以比特币作为支付结算工具;开展比特币与人民币及外币的兑换服务;开展比特币的储存、托管、抵押等业务;发行与比特币相关的金融产品;将比特币作为信托、基金等投资的投资标的等。"

[206] 闫向东等与李圣艳等财产损害赔偿纠纷案,上海市第一中级人民法院(2019)沪01民终13689号民事判决书。相同观点的判决参见孙建辉、王恒丰合同纠纷案,浙江省杭州市中级人民法院(2019)浙01民终10014号民事判决书;朱彦霖、徐良不当得利纠纷案,广西壮族自治区防城港市中级人民法院(2020)桂06民终250号民事判决书。

讨 论 死者的网络账号等可否继承

关于各种网络账号能否继承和转让的问题,各个公司通过格式合同有不同的规定。例如,对于微信账号,腾讯公司的规定是所有权属于公司,而使用权属于初始的注册申请人,不得买卖、赠与、继承等。对于QQ账号,腾讯公司也是相同的规定。支付宝是不允许继承账号,但是账号内的资金是可以继承的。从目前法院处理的案件来看,主要是淘宝的网店转让、分割的案件。对此,法院往往是依据合同权利义务概括转让的规则加以处理,如,在"李磊诉姚俊旻、浙江淘宝网络有限公司买卖合同纠纷案"中,上海市第一中级人民法院认为,网络店铺店主通过与网络平台经营者签订服务协议而享有网络店铺的经营权,双方间系存在合同关系。如店主将网络店铺转让给他人,相当于将其与网络平台经营者之间合同关系项下的权利义务一并予以转让,属于《合同法》规定的权利义务的概括转让,须经对方当事人即网络平台经营者的同意。如未经网络平台经营方同意,则该种网络店铺转让之行为不发生法律效力。[207]

大多数网络服务提供者都认为,网络账号既不得转让也不能继承,理由主要有以下几点:首先,账号中涉及死者的个人信息、隐私,也可能涉及其他人的个人信息和隐私,如果允许继承或者转让,不仅不利于保护死者的隐私和个人信息,也会侵害他人的隐私或泄露个人信息。[208]其次,账号属于个人信息,如果允许转让或者继承,也会造成公众对特定自然人识别上的混淆。比如,某个微博上的大V将其微博账号转让给他人,该人通过此账号发表的言论是否是这个大V本人说的,就会发生混淆。最后,账号如果可以任意转让、继承,则不利于网络服务提供者的管理,也不利于维护公共利益,如保护消费者的权益等。当然,反对账号乃至整个虚拟财产可以继承的观点还有其他的一些理由。如有些网络公司认为,绝大多数虚拟财产都由互联网企业研发创作而产生(员工的智力创作),具有无形财产的特征,应按照知识产权制度构建权利归属和权利流转等制度。

本书认为,首先,账号及其密码本身既无经济价值,也没有精神价值。但是,由于通过账号可以取得对具有经济价值和精神价值的数据、信息等无体物的控制力,所以账号就显得很重要,甚至账号直接与特定的民事主体相关联,本身就成为个人信息。例如,我国《民法典》第1034条第2款就明确将"电子邮箱"作为个人信息的一种。因此,讨论账号的转让或者继承的问题不能局限于账号本身,因为账号本身显然是网络用户与网络服务提供者之间通过网络服务合同而产生的,属于债权债务关系的范畴。但是,随着网络信息科技的发展,随着人类社会进入信息时代。各种类型的网络账号上会汇聚越来越多的经济价值和精神价值,通过这些网络账号也可以取得并控制各种具有经济价值或精神价值的无体物。如果仅仅局限在网络用户和网络公司之间的法律关系来讨论账号的归属,会有很大的弊端。因为在网络公司可以通过格式合同以及技术手段等来确定账号的转让、处分规则的情况下,作为网络用户的自然人的权益就会处于很不确定的状态。这种状态的持续对于网络经济的发展也是非常不利的。

其次,在讨论账号的转让、继承等问题时,重要的是考虑账号背后凝聚的各种利益形态。如果只是一种单纯的财产利益,比如支付宝的账号对应的是账户中存放的资金,这种账号的转

---

[207] 上海市第一中级人民法院(2015)沪一中民一(民)终字第4045号民事判决书。类似的案件和观点参见,王永青诉吴薇离婚后财产纠纷案,北京市第二中级人民法院(2012)二中民终字第11050号民事判决书。

[208] 有学者认为,邮箱账号和密码等涉及个人隐私的虚拟财产不能继承,但涉及共同隐私的虚拟财产只能被隐私群体中有继承资格的人继承。此种观点参见李岩:《虚拟财产继承立法问题》,载《法学》2013年第4期。

让或者继承,只是金钱债权的转让或继承,不存在法律障碍。但是,如果这些利益不是单纯的财产利益,而是精神利益或者混合的各种利益,问题就会复杂一些。比如,社交账号、电子邮箱会涉及死者的个人信息、隐私和其他人的个人信息与隐私保护的问题。然而,我国《民法典》第994条之所以保护死者的姓名、肖像、隐私、名誉等人格利益,主要目的是保护死者的近亲属,故此,当死者的隐私、名誉等受到侵害时,死者的近亲属才能提起诉讼。因此,倘若社交账号、电子邮箱中仅仅是涉及死者的隐私、个人信息,当然不影响继承。本来死者就不再是民事主体,对于其隐私权和个人信息权益没有保护的必要。由此可见,以保护死者的隐私为理由而否定账号与电子邮箱的继承,是完全没有道理的。诚如学者所言,网络服务提供者占有虚拟财产的事实仅说明其应处于积极协助者的位置,而不是错误地成为保护隐私的主导者。[209]

但是,另一个问题不得不考虑,即隐私往往不是单边的,而是涉及其他的人,如与其他人之间通信、交往等。此时,会不会涉及其他人的隐私和个人信息的保护问题呢?本书认为,这种情况也不需要担心,理由在于:

第一,死者的继承人在继承这些账户后,客观上就不可避免地知道了隐私和个人信息,这是很自然的事情。在没有网络之前,死者死亡后其与他人之间的通信同样可以作为遗产而被继承。不可能因为这些信件是别人写给被继承人的,涉及写信人的隐私或个人信息,而否定其属于被继承人的遗产。继承人知道这些隐私或者个人信息本身不等于侵害了隐私或个人信息。如果继承人因继承账号而知道了这些信息或隐私后予以公开或向他人披露,则构成侵权。事实上,在社会交往中,绝大多数隐私和个人信息都不可避免涉及他人,如果以此为由,所有的人都没有办法将自己账号所承载的数据流传下去。

第二,现代信息社会中,一个自然人死亡后,其留下的财产不仅仅是物权、债权、知识产权以及其他财产,还会留下"数字遗产"或"数据遗产"。人们既可以通过遗嘱对于其个人合法财产进行处分,也可以对其数据遗产进行处分,对此,法律应予尊重。如果被继承人对于其个人数据资料没有在生前进行处理或通过遗嘱作出安排的话,则处分数据遗产的权利应当交由继承人来决定,而不是由网络服务提供者通过格式条款进行安排。

第三,至于网络公司担心账号的继承和转让会引发的混乱,当然可以通过格式条款进行一些控制和预防,但是,不能以此为由剥夺自然人对账号的控制力和支配力以及死后账号被继承的可能。

---

[209] 梅夏英、许可:《虚拟财产继承的理论与立法问题》,载《法学家》2013年第6期。

第二编　一般侵权责任

文献阅读

第五章　一般侵权行为的规范模式与构成要件

本章重点

读者在本章将了解比较法上一般侵权行为的规范模式及各自的利弊，同时掌握我国侵权法中一般侵权行为的构成要件与论断过程。

第一节　一般侵权行为的规范模式

一、比较法上的不同模式

一般侵权行为的规范模式，是指一国的侵权法采取的调整一般侵权行为，即对一般侵权行为的构成要件作出规定的方式。比较法主要就是普通法系的“**具体列举式**”与大陆法系的“**抽象概括式**”这两种模式。所谓具体列举式，就是逐一列举每一类侵权行为各自的构成要件。抽象概括式，则是在成文法主要是民法典中通过一个或几个法律条文对一般侵权行为的构成要件作出规定。由于历史传统等原因，同为大陆法系且均采取抽象概括式的法国与德国，又分别形成了大的一般条款模式与多个小的一般条款模式。因此，最具有代表性的一般侵权行为规范模式的立法例实际上可以分为三种，即以英国为代表的普通法系“具体列举式”，以法国为代表的大陆法系的“大的一般条款”模式以及以德国为代表的大陆法系的“多个小的一般条款”模式。当然，这些模式在发展过程中也相互吸收借鉴，互相融合。时至今日，它们间的区分也并非泾渭分明。

（一）具体列举模式

英国法是普通法的代表。英国法上的一般侵权行为的规范模式，在很长一段时间内采取的是具体列举的方式，也被称为“**鸽洞模式**”（pigeonhole system）。在普通法中，每一种侵权行为，最初都是由一种单独的令状加以确认的，例如，殴打（battery）、恐吓（assault）、侮辱（libel）、诽谤（slander）、侵犯不动产（trespass to land）、非法占有（conversion）等。普通法上这些一般侵权的类型各有不同的构成要件、抗辩事由，每一种侵权类型保护的是某一特定的利益免受某种特定类型行为的侵犯。[1] 这些侵权行为之间可能发生竞合的关系。

工业革命之前，人类社会生活的变化程度缓慢。因此，具体列举的模式也能适应社会发展

〔1〕 K. Zweigert & H. Koetz, *An Introduction to Comparative Law*, 3rd ed., translated by T. Weir, Clarendon Press, 1998, p. 605.

的需要。但是,在进入18世纪后,随着工业革命的开始,人类生活开始出现巨变。列举模式必然会越来越容易出现挂一漏万的情形,以致那些因为社会发展而新产生的利益无法受到法律保护。于是,一类更具有一般性的侵权类型——"过失侵权"(negligence)被发展出来。[2] 经过多年的发展,现在普通法上的过失侵权已经是最常见、最重要的一类侵权行为。这一侵权类型不同于其他侵权类型的地方在于:涵盖面很广,保护的利益种类众多,只要符合以下要件就成立:被告向包括受害人在内的某一类人负有注意义务(duty of care);被告违反了这一注意义务(breach of that duty of care);损害是由于违反义务所致并且不是一个过于遥远的结果。由此看来,过失侵权在很大程度上已经具有了大陆法系民法典中一般条款的功能。此外,在普通法的侵权行为中还有一类侵权行为——"违反成文法义务的侵权行为"(breach of statutory duty)。该侵权行为与过失侵权具有一种不稳定的关系。如果系争的成文法条款明示或默示的目的在于:违反该成文法义务将产生侵权法上的责任的话,那么当某人没有遵守这种成文法所施加的义务,而造成他人损害的话,该人——常常是公权机关——就应当承担民事责任(参见表5.1.1)。

表5.1.1 普通法系侵权法中的一般侵权行为类型

<table>
<tr><th colspan="2">Negligence
(过失侵权)</th><th colspan="2">intentional torts
(故意侵权)</th><th>invasion of reputation and privacy
(侵害名誉与隐私)</th></tr>
<tr><td rowspan="8">general negligence
(一般过失侵权)</td><td>special forms of negligence
(特殊的过失侵权)</td><td>interference with the person(侵犯人身)</td><td>interference with property and economic interests
(侵犯财产与经济利益)</td><td>defamation
(诽谤)</td></tr>
<tr><td rowspan="2">medical malpractice
(医疗过失)</td><td>assault(殴打)</td><td>trespass to chattels(侵犯动产)</td><td rowspan="7">invasion of privacy
(侵害隐私)</td></tr>
<tr><td>battery(殴打)</td><td>conversion(侵占)</td></tr>
<tr><td rowspan="2">breach of statutory duty
(违反成文法义务)</td><td>false imprisonment
(错误关押)</td><td>trespass to land(侵犯土地)</td></tr>
<tr><td>malicious prosecution(诬告)</td><td>nuisance(妨害)</td></tr>
<tr><td>liability of public and statutory bodies
(公共的或成文法上的主体的责任)</td><td>abuse of process
(滥用程序)</td><td>deceit(欺诈)</td></tr>
<tr><td>liability of occupiers and builders
(占有人与建设单位责任)</td><td rowspan="2">infliction of mental distress
(精神损害)</td><td rowspan="2">economic torts
(经济侵权)</td></tr>
<tr><td>road - traffic accidents
(道路交通事故)</td></tr>
</table>

[2] Walter van Gerven, Jeremy Lever & Pierre Larouche, *Cases, Materials and Text on National, Supranational and international Tort Law*, Hart Publishing, 2000, p. 45.

以英国侵权法为代表的普通法系的这种以令状为基础，经由法院判例累积而发展起来的独特法律制度，使得普通法系侵权法中并没有一以贯之的概念和逻辑严谨的分类及体系。一位评论家将英国的侵权行为法描述为："一套放文件的夹子，每个夹子都有一个名称，法院必须把被告的作为或不作为归入合适的夹子，然后进行审理并判给赔偿。"即便是今天，在"1875年的巨大变革之后，英美的律师和法官仍然习惯性地与自动地倾向于将他们面对的案件加以分类，以便符合某一种传统的侵权类型。"〔3〕有的学者甚至认为，在英国并没有统一的"侵权行为法"(a law of tort)，有的只是一群互不关联的、各有其名称的侵权行为(torts)，它们缺乏统一的基础与原则。〔4〕英国法学家托尼·威尔在比较法国与英国的侵权法时曾言，虽然就英国侵权法的适用，"人们必须从侵权行为的丛林中开辟出一条道路来，才能发现相关的规则；然而，一旦发现了规则，它更容易适用，因为它的抽象层次较低"。〔5〕

（二）大的一般条款模式

《法国民法典》第1382条规定："人的任何行为给他人造成损害时，因其过错(faute)而致损害发生之人应当负损害赔偿责任。"第1383条规定："任何人不仅对于因其行为造成的损害负赔偿责任，而且还对因自己的懈怠(négligence)或者疏忽(imprudence)造成的损害承担赔偿责任。"这两条以十分简洁明快的一般条款的形式对过错责任原则作出了规定。《法国民法典》采取这种大的一般条款的模式来规范侵权行为，是建立在"这样一种观念基础之上的，即整个侵权法(the law of delict)可以溯源至一个统一的基本原则。该原则首次出现在17世纪那些伟大的自然法学家的著作当中，他们大胆地探究传统的具体侵权行为并寻找和构想一个基本的侵权责任原则"。〔6〕在1625年出版的《战争与和平法》中，著名法学家格劳秀斯指出："上面我已经谈到我们的法律上请求来源于协议、不法行为(wrong)与成文法。关于合同我们前面已经说了很多了，现在我们来讨论一下，依据自然法不法行为有何后果。所谓不法行为，在此处我们是指任何形式的过错，无论是作为还是不作为，无论是基于人们的共同利益还是特定的利益，它们都与人们应当从事的行为相违背。基于这样的一种过错，如果造成了损害，那么依据自然法就产生了一个义务，即应当赔偿所造成的损害。"〔7〕格劳秀斯的这一观点是最早对过错责任原则的系统阐述，对法国著名法学家多玛(Jean Domat)产生了影响，此后又经由波蒂埃(Pothier)的发展，最后为《法国民法典》所接受。

通过第1382条和第1383条，《法国民法典》以对过错责任的高度概括性规定列举出了一般侵权行为的基本要件，即加害行为、损害后果、因果关系和过错。只要具有这四项要件，就发生损害赔偿责任。《法国民法典》以高度概括性的条款所确立的调整一般侵权行为的过错责任原则，是世界法制史上空前伟大的一项成就。〔8〕这两条高度凝练了罗马法以来侵权责任的最

---

〔3〕 K. Zweigert & H. Koetz, *An Introduction to Comparative Law*, 3rd ed., translated by T. Weir, Clarendon Press, 1998, p. 605.

〔4〕 Salmond & Heuston, Torts, Sweet & Maxwell, 1996, p. 115.

〔5〕 转引自［德］马蒂亚斯·赖曼、莱茵哈德·齐默尔曼编：《牛津比较法手册》，高鸿钧、韩世远、耿林、王洪亮、张芝梅、吕亚萍、鲁楠译，北京大学出版社2019年版，第994页。

〔6〕 K. Zweigert & H. Koetz, *An Introduction to Comparative Law*, 3rd ed., translated by T. Weir, Clarendon Press, 1998, p. 616.

〔7〕 K. Zweigert & H. Koetz, *An Introduction to Comparative Law*, 3rd ed., translated by T. Weir, Oxford: Clarendon, 1998, p. 616.

〔8〕 王泽鉴：《侵权行为法》，北京大学出版社2009年版，第41页。

基本要素——过错、损害和因果关系。其第一次真正地在现代法意义上使用“责任”这一法律范畴,并使得过错责任成为现代侵权法最为重要的归责原则。[9]

然而,由于以过于概括的、原则的形式规范一般侵权行为,结果导致过错责任原则在实际运用中面临含糊不清的危险,因为每一个案件之间的情形大相径庭,而过错的一般原则又留下了过分广阔的可能解释空间。例如,由于没有区分权利和利益,就会出现如何针对不同的保护对象给予不同程度保护的问题。显然,《法国民法典》第 1382 条与第 1383 条在给司法创造性留出巨大空间的同时,也将如何限制过分宽泛的过错责任原则的边界,即界定应受保护的权益这一重负强加到了法院与法学家的肩上。[10] 因此,在法国,“任何因过失造成的损害实际上都会导致责任,这不是从宽泛而令人振奋的《法国民法典》第 1382、1383 条规定中得出的结论。实际上,法律责任受制于不同的构成要件”,“这些要件——也是关键的一点——并非内在于将个案的事实对这两个条文的运用当中,相反,对这两个条文来说是外在的,即必须从关于民事责任的一般法律原则和常识观念中去寻找,在法律史的进程中,先例与法学理论共同作用,在法国侵权法中植入了大量的具体规则,这在法典表面上是无法看出的”。[11]《法国民法典》诞生至今的 200 多年的时间中,法官通过解释适用上述条文产生了丰富的案例。大量案例在很大程度上弥补了民法典对侵权行为的规范过于简单、原则的弊端,这也使得法国的侵权法具有非常浓厚的判例法色彩。

(三)三个小的一般条款模式

鉴于《法国民法典》第 1382 条过于抽象、概括性的弊端,《德国民法典》的立法者没有采取法国民法的大的一般条款的模式来规范一般侵权行为,而是在区分被保护的民事权益的基础上,使用了三个“**小的一般条款**”来规范一般侵权行为,由此确立了三种类型的一般侵权行为。第一类是“**权利侵害型**”侵权行为。《德国民法典》第 823 条第 1 款规定:“因故意或过失不法侵害他人的生命、身体、健康、自由、所有权或其他权利者,负担向他人赔偿因此所生损害的义务。”此种一般侵权行为所保护的对象被严格限定为绝对权或具有绝对权性质的法律地位,[12] 然而,主观要件上的要求比较宽松,故意与过失均可构成(参见表 5.1.2)。

表 5.1.2 权利侵害型一般侵权行为的构成要件

构成要件	1. A 损害了 B,且系以如下方式: 2. A 侵害了 B 的一项绝对权(侵害行为——导致责任成立的因果关系——侵害后果) 3. 且此项行为是违法行为 4. 并且 A 对此具有过错。这是指这样的情况,即 A: (a)系故意或过失为此行为 (b)在作出行为时并非例外地不具备必要的责任能力(过错能力) (《德国民法典》第 827、828 条,但是应当注意第 829 条)
法律后果	A 承担赔偿 B 由于侵害(导致责任范围因果关系)而产生的损害的义务

第二类为“**利益侵害型**”侵权行为。《德国民法典》第 826 条规定:“以背于善良风俗的方式

[9] 石佳友:《〈法国民法典〉过错责任一般条款的历史演变》,载《比较法研究》2014 年第 6 期。

[10] Francesco Parisi, *Liability for Negligence and Judicial Discretion*, University of California Press, 2nd. ed., 1992, p. 160.

[11] [德]马蒂亚斯·赖曼、莱茵哈德·齐默尔曼编:《牛津比较法手册》,高鸿钧、韩世远、耿林、王洪亮、张芝梅、吕亚萍、鲁楠译,北京大学出版社 2019 年版,第 995 页。

[12] 转引自[德]迪特尔·施瓦布:《民法导论》,郑冲译,法律出版社 2006 年版,第 195 页。

故意加损害于他人者,应向他人负损害赔偿的义务。”此类侵权行为的保护对象范围很广,既包括绝对权,也包括其他受保护的相对权和利益。但是,其主观要件要求比较严格,必须是故意且违背了善良风俗(参见表5.1.3)。

表5.1.3　利益侵害型一般侵权行为的构成要件

构成要件	1. A 损害了 B,且系以如下方式: 2. A 侵害了 B 的一项受保护的利益(侵害行为——导致责任成立的因果关系——侵害后果) 3. 且此项行为是违法行为 4. 并且 A 对此具有过错。这是指这样的情况,即 A: (a)系故意为此行为 (b)该行为是以背于善良风俗的方式作出的,是一种特别应受谴责的行为 (c)在作出行为时并非例外地不具备必要的责任能力(过错能力)
法律后果	A 承担赔偿 B 由于侵害(导致责任范围因果关系)而产生的损害的义务

第三类为“**违反保护法律型**”侵权行为。《德国民法典》第823条第2款规定:“违反以保护他人为目的的法律者,亦负同样的义务。根据法律的内容,行为人虽无过失亦有违反法律的可能时,仅在行为人有过失的情形,负赔偿的义务。”所谓“以保护他人为目的法律”既包括抽象的危险规范,如安全规范和道路交通规则,也包括禁止针对法益或利益的具体危险的规范,如刑法中关于过失致人死亡罪、过失伤害罪或故意损坏财物罪的规定,具体如《技术性生产资料和消费品法》《药品法》《道路交通法》《德国刑法典》《德国民法典》《工商管理法》等(参见表5.1.4)。[13]

表5.1.4　违反保护法律型一般侵权行为的构成要件

构成要件	1. A 损害了 B,且系以如下方式: 2. A 侵害了 B 的一项绝对权或受保护的利益(侵害行为——导致责任成立的因果关系——侵害后果) 3. 且此项行为是违反以保护他人为目的的法律的行为 4. 如果行为人没有过失也可能违反该保护他人的法律时,则 A 的行为需符合以下要件: (a)系过失为此行为 (b)在作出行为时并非例外地不具备必要的责任能力(过错能力)
法律后果	A 承担赔偿 B 由于侵害(导致责任范围因果关系)而产生的损害的义务

具体来说,《德国民法典》第823条与第826条规范的三类侵权行为存在以下方面的区别:

1. 保护的范围不同。第823条第1款比第826条、第823条第2款狭窄。因为就第823条第1款而言,只有其所列举的权利(主要是指支配权,如生命、身体、健康、自由等人格法益、所有权或其他权利[14])被侵害之时,该款才能适用。然而,第826条中就没有此种限制。申言之,支配权之外的权利以及应受法律保护的利益被侵害时,无法适用《德国民法典》第823条第1款,但有可能受到第826条的保护。例如,经济损失(economic loss)倘若并非侵害第823条第1款所保护的权利所生之结果,就不能适用该款。除非该损害是因有形损害(physical damages)而生的结果,或者是由于侵害知识产权、自由权等而产生的。然而,经济损失的赔偿请求权是

〔13〕［德］埃尔温·多伊奇、汉斯－于尔根·阿伦斯:《德国侵权法——侵权行为、损害赔偿及痛苦抚慰金》,叶名怡、温大军译,中国人民大学出版社2016年版,第104页以下。

〔14〕所谓其他权利,如姓名权、著作权等。

依据第826条而生的最常见的请求权。[15] 至于第823条第2款,由于它的适用范围是建立在保护性法律(Schutzgesetz)的概念之上,故此该款保护的范围也很广,既可能是绝对权,也可能是绝对权之外的权利甚至法益。

2. 主观要件不同。《德国民法典》第823条第1款的主观要件为过错,既包括故意也包括过失,而《德国民法典》第826条则仅限于故意的行为且该行为必须有背于善良风俗(contra bonos mores)。在过错的要求上,《德国民法典》第823条第2款与第823条第1款相同,二者的区别在于:一方面,依据第823条第2款,当某一行为违反了某些法令或者法律——通常都是公法性质的法律,如果该项法令能够被解释为保护性法律时,则认为行为人具有过失。因此,受害人更容易证明加害人的过错;另一方面,第823条第2款引入了一个附加性要求,即如果该保护性法律不考虑过错而施加责任,那么除非被告也具有过错,否则就不会产生其他的民事责任。

3. 违法性判断不同。由于《德国民法典》第823条第1款保护的是支配权、绝对权,因此。一旦侵害了这些权利,那么加害行为的违法性要件就自动满足了,学说上称之为"因符合构成要件而征引违法性"(Tatbestandsmüssigkeit indiziert die Rechtswidrigkeit),除非被告具有法定的抗辩事由(Rechtfertigungsgrund)。侵害权利本身就足以认定行为的违法性,这就是所谓的"结果不法说"(Erfolgsunrecht)。[16] 但是,就侵害第826条以及第823条第2款所保护的非绝对权的权利及利益而言,结果不法说难以认定行为的不法性。故此,理论上一般采用"行为违法说"(Handlungsunrecht)来认定之。因为,对于第823条第1款列举的权利之外的权利以及利益是否保护、如何保护,需要对相冲突的各种利益予以权衡。

4. 体现了不同的社会规范机制。《德国民法典》第823条第1款反映的是**市场的规范机制**,即法律明定了哪些权利受到侵权法的保护之后,就通过市场加以规范,由个人自行决定是否从事某种社会经济活动而负担因故意或过失不法侵害他人权利的责任。第823条第2款贯彻的则是**政治的规范机制**,也就是说,由立法者基于政治决断而通过立法的形式即制定保护他人的法律而规范人们的行为。至于第826条,体现的是**道德的规范机制**,通过引入违背善良风俗这一要件而将法律与道德加以融合,进而规范人的行为并维护社会的伦理秩序。[17]

当然,上述三类侵权行为也有密切的联系,主要表现在它们会发生竞合的关系。一个侵权行为的受害人既可以《德国民法典》第823条第1款作为请求权基础,也可以《德国民法典》第823条第2款作为请求权,还可以《德国民法典》第826条作为请求权基础。例如,甲男强奸乙女,则甲男的行为不仅侵害了乙女的人格权(身体权、名誉权等),且此种加害行为显然是故意并背于善良风俗的方式加害于他人,同时,这一行为很明显地违反了《刑法》等保护他人的法律。再如,某甲盗窃某乙的汽车后出售获利,甲的行为不仅侵害了乙的所有权,且此种行为违反了保护他人的法律,乙既可以依据《德国民法典》第823条第1款要求甲赔偿,也可以依据《德国民法典》第823条第2款要求甲赔偿。在出现竞合的情形下,允许当事人根据自己的情形自行选择以哪一类侵权行为提起诉讼。

(四)德国与法国的侵权行为规范模式的区别

虽然同为成文法系且均属有民法典的国家,德国法对一般侵权行为的规范模式与法国法

---

〔15〕 B. S. Markesinis & Hannes Unberath, *The German Law of Torts: A comparative Treatise*, 4th ed., Hart Publishing, 2002, p. 43.

〔16〕 Maximilian Fuchs, Deliktsrecht, 5. Aufl., Springer, 2004, S. 75.

〔17〕 Brueggemeier, Deliktsrecht, Baden - Baden, 1986, Rn. 84ff., 790ff., 839f.

存在很大的区别。一方面，德国民法区分了绝对权与其他的权益，并在侵权法上通过不同的构成要件的规定，提供了不同程度的保护，从而在立法上有效地协调了自由与权益保护的关系。例如，《德国民法典》第 823 条第 1 款为绝对权提供的是最为充分和有效的保护，即便是过失侵害绝对权也要承担侵权责任。理由就在于，绝对权本身就是法律对权利人之外的人的行为自由加以限制的产物，所以侵权行为法对绝对权提供更好的保护不会产生进一步的限制。至于绝对权之外的利益，因不具备典型的社会公开性，所以对其保护的程度不能过高，必须附加相应的条件如主观上要求必须是故意且背于善良风俗，否则就容易对行为自由造成不合理的限制。

另一方面，是否区分过错与违法性不同。《法国民法典》第 1382 条没有区分过错与违法性。法国法中"过错"(faute)既包含了"违法性"(法文 illicite，德文 Rechtswidrigkeit)，也包含了"可非难性"(法文 imputable，英文 culpability)。在法国法理论中，过错(fault)被宽泛地界定为"违反了一般规则：交换正义(commutative justice)或矫正正义(corrective justice)"，这一规则也被表述为"不得损害他人"(neminem laedere/ not harming others)的原则。受到这种思潮的影响，《法国民法典》的起草者只有兴趣规定"对任何人的损害"一类的原则，而对具体问题寻找解决方案不是立法者所关注的问题。因此，民法典制订者选择了规定过错的一般原则，而不愿划分利益与免受过失干扰的关系之间的界限。[18] 但是，德国民法严格区分过错与违法性。在德国法中，过错(Verschulden)属于主观因素(subjektives)，它被理解为一种态度(attitude，故意或者过失侵害他人者的态度)，而不法性或违法性(Rechtswidrigkeit)属于客观因素(objektives)，它仅简单地表明了缺乏法定事由而违反某项法律规范(a legal norm)。[19] 在《德国民法典》的制订者看来，如果要有效地保障个人的自由，就不能仅仅因为一个利益或者行为标准被违反而认定构成侵权行为，这样会使侵权责任的范围变得漫无边际。还需要具备的条件是，受到的损害或侵害的利益是属于行为标准的保护范围之内的，而且这样的行为标准应由成文法明确规定。只有违反成文法所明确的行为标准的行为才属于具有违法性的行为，也才可能属于侵权行为，除非存在违法阻却事由(Rechtfertigungsgrund)。

二、我国法的侵权行为规范模式

(一)《民法通则》采取了法国法的模式

在《侵权责任法》颁布之前，《民法通则》第 106 条第 2 款就是规范一般侵权的基本条款。该款规定："公民、法人由于过错侵害国家的、集体的财产，侵害他人财产、人身的，应当承担民事责任。"显然，该模式与法国法上一般侵权行为的规范模式相同，[20] 即通过一个大的一般条款对一般侵权行为加以规范。具体来说，此种一般侵权行为的规范模式具有以下两项特征：

首先，虽然保护的范围较广，但并未区分不同的权益给予相应的保护，而是进行一般性、概括性的规定。从文字表述上来看，由于《民法通则》第 106 条第 2 款仅使用了"财产""人身"二

---

〔18〕 Francesco Parisi, Liability for Negligence and Judicial Discretion, University of California Press, 2nd ed., 1992, pp. 158 – 159.

〔19〕 B. S. Markesinis, *The German Law of Obligations Volume Ⅱ The Law of Torts: A Comparative Introduction*, 3rd ed., Clarendon Press, 1997, p. 68.

〔20〕 大多数学者认为，我国《民法通则》第 106 条第 2 款采取的是法国法的模式，即该条类似于《法国民法典》第 1382 条。参见张新宝：《侵权行为法的一般条款》，载《法学研究》2001 年第 4 期；石佳友：《〈法国民法典〉过错责任一般条款的历史演变》，载《比较法研究》2014 年第 6 期。但是，目前没有证据表明，《民法通则》的起草者是有意要采取法国法的模式。

词,而没有使用“财产权”“人身权”二词,因此可以认为,此处的“财产”“人身”不限于作为绝对权的物权与人身权,还包括其他权利如债权以及法益。从历史解释的角度上看,1986 年 2 月的《民法通则(草案)(修订稿)》第 104 条第 2 款曾规定:“公民、法人由于过错侵害社会公共财产,侵害他人财产、人身权利的,应当承担民事责任。”同年 4 月正式颁布的《民法通则》第 106 条第 2 款删除了“权利”二字。因此,学界通说认为,我国侵权行为法所保护的对象并不仅仅限于法定权利,还包括了合法利益。《民法通则》第 106 条第 2 款中的财产、人身并非仅仅限于财产权和人身权,还包括了未成为权利的财产和人身利益。[21]

其次,没有明确区分过错与违法性。尽管就是否应当区分过错与违法性的问题,我国学界一直存有争论。但是,从《民法通则》第 106 条第 2 款的表述来看,其中既未出现“违法”“不法”等字眼,而且从该款以及《民法通则》的其他条款中也不能推导出暗含了“违法”或“不法”的要件。[22]

尽管《民法通则》第 106 条第 2 款采取的是法国模式,但司法实践中却一度出现了借鉴德国模式的趋势。这一点最鲜明地体现在最高人民法院的《精神损害赔偿解释》中。该司法解释区分了不同的权益给予了不同程度的保护。首先,对于绝对权,只要行为人因过错侵害并造成损害结果,都要承担侵权损害赔偿责任。《精神损害赔偿解释》第 1 条第 1 款规定:“自然人因下列人格权利遭受非法侵害,向人民法院起诉请求赔偿精神损害的,人民法院应当依法予以受理:(一)生命权、健康权、身体权;(二)姓名权、肖像权、名誉权、荣誉权;(三)人格尊严权、人身自由权。”由于此处保护的对象为法定的权利,因此没有特别附加主观要件的限制。其次,对于那些现行法尚未明定为人格权的“隐私或者其他人格利益”以及死者的“姓名、名誉、肖像、隐私”等人格利益,《精神损害赔偿解释》也给予了保护。但是,附加了主观上的限制,依据《精神损害赔偿解释》第 3 条,只有在行为人是以“**违反社会公共利益、社会公德**”的方式进行侵害时,这些人格利益才受到保护。所谓“违反社会公共利益、社会公德”的方式就是以背于善良风俗的方式加害他人,相当于《德国民法典》第 826 条的“背俗加害”。[23]

(二)《侵权责任法》第 6 条第 1 款延续了《民法通则》的规定

在起草《侵权责任法》的过程中,就如何确定一般侵权行为的规范模式,存在不同的看法。有学者认为,我国侵权法应当放弃法国模式而改采德国法的模式,即区分不同的权益,通过三个小的一般条款来规范一般侵权行为。理由在于:首先,《德国民法典》所确立的三种类型的一般侵权行为能够较好地协调侵权法多重保护功能,满足不同层次利益保护之需求。这三类一般侵权行为体系严密,相互配合,具有很强的逻辑性和广泛的适用性,能够防止法律调整漏洞的产生,维护立法的相对稳定,使侵权法成为一个稳定又不失开放的体系,不失为成熟的立法。[24] 有的学者主张借鉴德国模式的优点,如王利明教授认为,在一般条款的设计上,德国模式具有更大的借鉴意义,在一般条款中规定受保护权利的具体类型,并主要将其限制在绝对权的范围内,这比仅仅规定“损害”的概念更为合理。但是,也不能完全照搬德国模式,在立法上需要对权利及权利之外的法益采取开放式的态度,但对于已基本确定的侵权类型,可明确

---

〔21〕 王利明主编:《民法 · 侵权行为法》,中国人民大学出版社 1993 年版,第 38 页。

〔22〕 孔祥俊、杨丽:《侵权责任要件研究(上)》,载《政法论坛》1993 年第 1 期。

〔23〕 最高人民法院民事审判第一庭:《最高人民法院〈关于确定民事侵权精神损害赔偿责任若干问题的解释〉的理解与适用》,人民法院出版社 2001 年版,第 30 页以下。

〔24〕 章正璋:《中德一般侵权行为立法之比较》,载《比较法研究》2005 年第 6 期

规定。[25] 有的学者认为,应当继续采取《民法通则》第106条第2款的规定,即列举人身、财产作为侵权责任法保护的范围,这样既可以包括人身权和财产权,也可以包括人身利益和财产利益。况且,20多年的司法实践也证明这个规定适合我国的实际情况,没有产生什么问题。至于德国法的模式,对侵权法的保护范围限制过严,不利于对民事权利和利益的保护,特别是不适用于变动中的人格权的保护。[26] 此外,德国法的模式不仅削弱了侵权行为法的功能,也并不利于合同法的健康发展。[27]

最终,保留《民法通则》第106条第2款的规定并列举民事权益类型的观点占据了上风,影响了《侵权责任法》的制定。《侵权责任法》第6条第1款规定:"行为人因过错侵害他人民事权益,应当承担侵权责任。"该法第2条第2款规定:"本法所称民事权益,包括生命权、健康权、姓名权、名誉权、荣誉权、肖像权、隐私权、婚姻自主权、监护权、所有权、用益物权、担保物权、著作权、专利权、商标专用权、发现权、股权、继承权等人身、财产权益。"

(三)《民法典》第1165条第1款的变化

我国《民法典》编纂时,也有学者主张借鉴《德国民法典》第823条和第826条的合理因素,区分侵权法保护的客体而规定不同的构成要件。虽然这种观点并未被立法机关采纳;但是,我国《民法典》第1165条第1款在规定过错责任原则时严格区分了侵害与损害,从而明确了过错责任原则是损害赔偿的归责原则,也进一步使得被统一规定为民事责任承担方式的侵权损害赔偿请求权与绝对权请求权的区分得以确立。[28]

第二节　一般侵权行为构成要件的论断过程

一、普通法

在普通法系,"negligence"一词共有三种含义:其一,它表示一种与故意相对的主观心理状态;其二,它是指存在过失的行为;其三,它是指对普通法或者成文法规定的注意义务的违反。这三种含义的着眼点各不相同,第一种着眼点在于行为人的精神,第二种着眼点在于行为人的行为,而第三种则注重的是行为人的注意义务以及对义务的违反行为。

在普通法的侵权法中,一般侵权行为仅指上述第三种含义,即过失侵权行为(negligence)。由于"negligence"具有高度的灵活性与普遍适用性,因此,它成为现代普通法系侵权法中最具活力和发展变化最快的责任领域。[29] 具体来说,过失侵权行为构成要件包括义务、违反义务、因果关系和损害等四个要素。

过失侵权行为的论断过程通常是依据以下步骤进行(参见图5.2.1):首先,要判断被告是否负有注意义务(duty of care)以及负有何种程度的注意义务。这种注意义务可能是普通法所确立的,也可能是成文法所规定的;其次,被告是否由于过失而没有达到该注意义务的要求,从

---

[25] 王利明:《侵权法一般条款的保护范围》,载《法学家》2009年第3期。

[26] 杨立新:《〈侵权责任法草案〉应当重点研究的20个问题》,载《河北法学》2009年第2期。

[27] 张新宝:《侵权行为法的一般条款》,载《法学研究》2001年第4期。

[28] 详见程啸:《中国民法典侵权责任编的创新与发展》,载《中国法律评论》2020年第3期。

[29] B. S. Markesinis & S. F. Deakin, *Tort Law*, 4th ed., Clarendon Press, 1999, p. 69.

而被认为违反了该项注意义务(breach of duty);最后,原告是否因此遭受了损害(damage),并且原告的这一损害与被告违反注意义务的行为之间是否存在因果关系(causation)。[30]

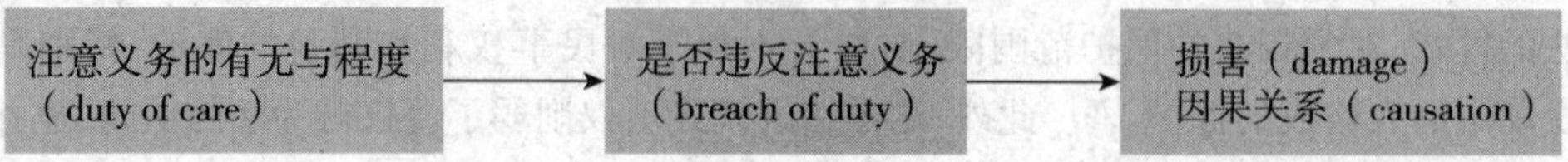

图 5.2.1 普通法上过失侵权行为构成要件的层次

二、德国法

《德国民法典》第 823 条以下规范的损害赔偿请求权的构成要件即一般侵权行为的构成要件分为三个层次(参见图 5.2.2):第一层次为"客观构成要件"(Objectiver Tatbestand),即必须存在给他人造成损害的加害行为(Verletzungshandlung)。[31] 客观构成要件是除主观构成要件、违法性之外的,在损害赔偿责任成立的前提要件上,法律对责任主体、行为样态、侵害后果以及因果关系客观上的描述或者限制。[32] 第二层次乃是"违法性"(Rechtswidrigkeit)的判断,即被告的行为是否具有违法性或不法性。由于《德国民法典》第 823 条第 1 款所列举的是绝对权与法益,因此,侵害这些权益的行为当然就具有违法性,除非存在"违法阻却事由"(Rechtfertigungsgrund)。检讨被告有无违法阻却事由是该层次需要关注的问题。第三层次为"有责性"(Verschulden)的判断,即主观的构成要件(Subjectiver Tatbestand),此处应就特定的构成要件判断被告是否具有故意或过失,同时涉及责任能力的问题。

上述三个层次要件在逻辑上具有一定的关联,即分析侵权案件时,应当首先就行为是否符合狭义的构成要件加以判断,然后判断其违法性,最后才就具有违法性的行为认定行为人是否具有故意或过失。如果某一行为连狭义的构成要件即客观构成要件都不符合,那么就无须考察违法性与过错。当然,这三个构成要件都只是关于损害赔偿请求权是否成立的要件,并不涉及责任成立之后的损害赔偿的范围问题。

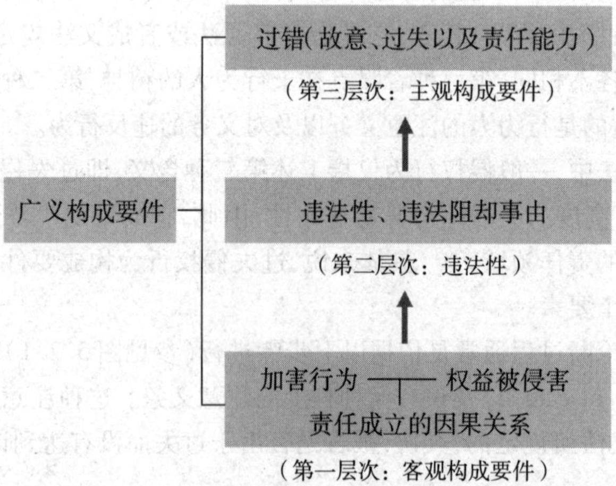

图 5.2.2 德国法上一般侵权行为构成要件的层次

---

〔30〕 B. S. Markesinis & S. F. Deakin, *Tort Law*, 4th ed., Clarendon Press, 1999, pp. 71-72.

〔31〕 Brox/Walker, Besonderes Schuldrecht, 33. Aufl., 2008, S. 490.

〔32〕 Staudingers *Kommentar zum Bügerilichen Gesetzbuch*, 13. Aufl., 1999, § 823, Rn. A2.

三、我国法

在我国，就一般侵权行为的构成要件有哪些，理论界与实务界历来存在不同的看法，最主要的分歧在于应否区分过错与违法性。肯定过错与违法性区分的学者，对一般侵权行为的构成要件采取的是四要件，即损害、因果关系、违法性与过错。[33] 而否定这一区分的学者采取的就是三要件即损害、因果关系与过错。[34] 司法实践中，一般侵权行为的论断过程五花八门，极不统一。有些先考察有加害行为、损害，然后再讨论因果关系，最后判断行为的过错。有些则先考察受害人是否享有受侵权法保护的权益，然后讨论有无加害行为、加害行为与损害结果有无因果关系，最后考察是否存在侵权法上之抗辩事由。[35]

本书认为，从《民法典》第 1165 条第 1 款的规定来看，一般侵权行为的构成要件可以分为两类：其一，客观要件，即行为、因果关系（加害行为与民事权益被侵害的因果关系以及民事权益被侵害与损害的因果关系）；其二，主观要件，即行为人存在过错，包括故意和过失。我国法上并未区分过错与违法性，同时也不承认侵权责任能力。在考察一般侵权行为的构成要件时，应遵循从客观要件到主观要件的过程，即首先考察客观构成要件，然后考察过错的有无。

（一）客观构成要件的考察

客观构成要件的考察具体包括：（1）行为人是否存在行为。行为包括作为和不作为，没有行为，就不可能产生侵权责任。（2）行为必须是侵害民事权益的行为即加害行为。考察行为人的行为是否属于加害行为，就不得不与民事权益被侵害联系起来。换言之，只有侵害了民事权益的行为才属于加害行为，因此需要从受害人的角度来考察其何种民事权益遭受了侵害。首先，加害行为人侵害的是他人的民事权益，而非自身的民事权益。例如，汽车的所有人因操作失误而损坏汽车，虽然也有损失，但是他损害的是自己的权益，只能自认倒霉，不发生侵权责任的问题。其次，加害行为侵害的是侵权法保护的民事权益。如果受侵害的并非侵权法所保护的民事权益，可能发生其他法律责任，但不会产生侵权责任。最后，加害行为与民事权益被侵害之间有无因果关系。虽然有加害行为，但民事权益被侵害的后果并非该加害行为所致，而是由于其他原因造成的（如受害人故意），则行为人无须承担侵权责任。（3）民事权益被侵害是否造成了损害。有损害才有赔偿，过错责任原则是损害赔偿的归责原则。故此，如果仅仅是民事权益被侵害了，可能要承担停止侵害、排除妨碍、消除危险等侵权责任承担方式，如果没有造成损害的话，则不发生损害赔偿责任，包括恢复原状、赔偿损失。

（二）主观要件的考察

在客观构成要件均满足后，才应当考察行为人是否具有过错，即行为人主观上有无故意或过失。如果行为人没有过错，除非适用无过错责任，否则即便客观上侵害了他人的民事权益、存在因果关系，也不产生侵权责任。

需要说明的是，在侵权责任中还存在各类免责与减责事由。前者如正当防卫、紧急避险、自助行为、不可抗力、受害人故意等，后者如受害人的过失等。对于免责事由的考察，应当根据

---

〔33〕 张新宝：《侵权责任法原理》，中国人民大学出版社 2005 年版，第 50 页；杨立新：《侵权法论》（第 2 版），人民法院出版社 2004 年版，第 140 页。

〔34〕 王利明：《侵权行为法研究》（上卷），中国人民大学出版社 2004 年版，第 348 页；孔祥俊、杨丽：《侵权责任要件研究（上）》，载《政法论坛》1993 年第 1 期。

〔35〕 上海市高级人民法院民一庭《侵权纠纷办案要件指南》（沪高法民一[2005]1 号）第 2、3 条。

它们究竟是中断加害行为与损害后果的因果关系,还是排除加害人的过错,而分别在客观要件与主观要件中相应地加以考察。至于减责事由,应当在侵权赔偿责任成立要件满足后,在侵权赔偿范围中予以考察。

文献阅读

第六章　行为、侵害民事权益与损害

本章重点

无论侵权行为适用过错责任，还是无过错责任，倘不存在行为，都不可能产生侵权责任；如无损害，亦不发生侵权赔偿责任。通过学习本章，需要掌握行为的含义、类型及其在侵权责任构成要件中的意义。同时，特别需要注意侵害与损害的不同，继而明确侵权赔偿责任与作为绝对权请求权的侵权责任承担方式的差异。

第一节　行　　为

一、行为的概念与特征

“责任意味着将事件归责为人的意志。而一个人的意志一般会表现在其行为中。行为由此构成了**责任的起因**(Urgrund)，并成为一般性的事实构成要素。”〔1〕所谓行为，是指受意思支配而表现出来的活动。〔2〕作为侵权责任构成要件的行为，是指侵害他人民事权益的**受意志支配的人之行为**。〔3〕由此可见，首先，行为(Handlung)这个概念只能归属于人，并作用于人与人之间形成的社会关系，继而由法律加以调整。与人无关的单纯的自然界活动，如地震、洪水、飓风等，虽也能引起一定法律效果，但因未涉及行为，故此，也不会发生侵权责任法律关系。其次，行为必须受到行为人的意志支配。也就是说，行为是在行为人的意识控制下、由其意愿所引导的，可以控制的人的行为，属于**自主的行为**(Voluntary Conduct)。倘若某人的某一行为并不是在其意思支配下进行的，“而是被强制作出的身体动作或者因外力的影响而产生的不自觉的反应”，〔4〕那么该行为就不属于侵权法上的“行为”。例如，A驾驶的车被B驾驶的车猛烈撞击后，撞上了C的车。此时，A并没有自主的行为，其之所以撞上C的车，完全是由于B的驾车行为所致。对于人的意思所不能支配的行为，行为人不应当负责，否则有违自己责任的基本精神。

由此可见，侵权法上的“行为”并非单纯的对可感知世界活动的描述，而一种可以归责于行

---

〔1〕［德］埃尔温·多伊奇、汉斯－于尔根·阿伦斯：《德国侵权法——侵权行为、损害赔偿及痛苦抚慰金》，叶名怡、温大军译，中国人民大学出版社2016年版，第17页。

〔2〕中国社会科学院语言研究所词典编辑室编：《现代汉语词典》(第5版)，商务印书馆2005年版，第1524页。

〔3〕Larenz/Canaris, Lehrbuch des Schuldrechts, zweiter Band Besonderer Teil, 2. Halbband, 1994, S. 361.

〔4〕Jauernig/Teichmann, 13. Aufl., 2009, § 823 Rn. 2.

为人的活动。如果行为人没有支配自己行为的意志,那么该行为就不是行为人的自主行为,不能归责于他,其无须承担侵权赔偿责任。至于行为,究竟是有意识的行为,即有特定目的指向的行为,还是漫无目的的、无意识或下意识的行为,在所不问。所谓**下意识的行为**或动作,是一个人不断重复同一工作和技能而习得的典型结果,也就是说,行为人在行动时是不能的、不假思索的,但这种行为依然是自主的行为。"非自主行为和下意识的行为之间的关键区别是,前者是不可控制的,而后者是可控制的,只不过这种控制是非自觉的",下意识的举动恰恰是侵权上的过失行为的本质。[5] 因此,一个人下意识的行为给别人造成了损害,该行为也属于加害行为,需要承担侵权责任。

倘若一个人在非自主的情形下,即完全不是由自己的意识能够控制的情形下实施了某种行为,由此侵害他人民事权益并造成损害的,行为人是否需要承担责任,要考虑造成其对自己行为失去意识和控制的原因是什么。如果是由于行为人的在先的过错行为所致,即所谓的原因自由行为,则依然视为行为人的行为,要承担侵权责任。例如,因为过量饮酒或吸食毒品而导致对自己的行为暂时没有意识或者失去控制的,那么依据《民法典》第 1190 条第 2 款,行为人需要承担侵权责任。如果并非行为人在先的过错行为而导致对自己的行为失去意识或控制,而造成损害的,该行为不属于自主行为,行为人不需要承担赔偿责任。但是,由于损害已经发生,令无辜的受害人自担损害,显然不公平。故此,我国《民法典》第 1190 条第 1 款规定,此时应当适用公平责任,根据行为人的经济状况对受害人进行适当补偿。

二、作为与不作为

(一)区分的标准

依加害行为的表现形态不同,可将行为分为"作为"(Tun)与"不作为"(Unterlassen)。作为,是指行为人积极的举止动作,即**有所为**。对于作为,外界通常能够加以识别,如殴打他人、发表污蔑他人的文章、未经许可使用他人的肖像做广告、偷窃他人的财物、损坏汽车、纵火焚毁房屋等。不作为,是指不作某件事情,从外界表现来看,行为人乃是处于消极的静止状态,什么也没干(Etwas nicht tun),即**有所不为**。不作为并非指一切属于人类的消极静止状态,[6] 之所以不作为也会被认定为加害行为,根本原因在于行为人违反了作为的义务。倘无作为的义务,行为人有所不为,则不可能属于加害行为。

作为与不作为的区分在有些情形下并不是非常清晰。例如,A 驾车闯红灯,将行人 B 撞伤。此时,可以说 A 是因为作为(操控驾驶车辆的行为)而造成 B 的损害,也可以说是 A 的不作为(应当依据交通法规在红灯时停车而未停车)导致了 B 受伤。故此,诚如德国学者所言,"人们也不应该过分强调作为和不作为之间的差异。由于侵害性的作为常被视为违法,相反不作为的归责则要求违反作为义务,因而就有如下情况:人们更愿意将难以判断的行为方式归入不作为而非作为,以便使责任取决于某种法律义务的违反",故此,"归入作为和不作为的类型虽然应首先根据外在表象来判断,但随后应按照交往观念,最后是从特殊构成要件的角度来进行"。[7]

---

〔5〕[澳]彼得·凯恩:《侵权法解剖》,汪志刚译,北京大学出版社 2010 年版,第 34 页。

〔6〕曾世雄:《损害赔偿法原理》,中国政法大学出版社 2001 年版,第 63 页。

〔7〕[德]埃尔温·多伊奇、汉斯－于尔根·阿伦斯:《德国侵权法——侵权行为、损害赔偿及痛苦抚慰金》,叶名怡、温大军译,中国人民大学出版社 2016 年版,第 18 页。

(二)作为义务的来源

侵权法不会一般性的确认作为义务,侵权法上的义务主要是在没有特别关系(Sondernverbindung)的不特定人之间的"**不得损害**"他人的消极不作为义务。特定人之间的作为义务原则上是当事人基于意思自由,通过民事法律行为确立的。如委托合同中约定受托人处理委托人的相关事务;保管合同中约定保管人保管寄存人交付的保管物并返还该物的义务等。至于没有特别关系的人之间,一方积极为他方利益而作为的义务,通常不为法律一般性地加以认可(参见**案例**6.1.1)。[8] 这是因为:

案例阅读

案例6.1.1
门路、范黄河诉张涛、腾讯计算机系统有限公司生命权、健康权、身体权纠纷案

首先,有利于维护个人的自由。依据个人主义的思想,个人自由的目的在于发挥个人的才能,实现自我,完成自我。其旨在使人自求多福,而非造就社会福利。人类的互助、互救和互爱属于道德、伦理或宗教范围的事务,不应以道德义务来取代法律义务。每一个理性的人都具有自我保护的能力。私法是建立在双边性的基础上的,以当事人的利益等值为出发点,实现平等对待。法律如果在人类的相互关系上专注保护某一方的利益,既违反了平等的原则,也势必会在相当程度上限制另一方自由并损害其利益。

其次,有助于保障经济效率。有效的资源分配通常要求任何行为都要负担其产生的相应的成本。对于那些因过失而造成他人损害的人,令其承担赔偿责任可以产生遏制作用。但是,要求一个什么都没有做的人为了他人的利益而负担成本,显然是不妥当的。著名经济学家弗里德曼曾言:"当法律妨碍人民去追求自己的价值时,他们就会想办法绕道走。他们将规避法律,违反法律,或者离开这个国家。我们当中几乎没有人会相信这样的道德规范,认为强迫人们为他们不赞同的目的交出自己创造的许多东西去帮助不认识的人是合理的。当法律同大多数人认为是合乎道德的而且正当的准则发生矛盾时,他们就会违反法律,不论这种法律是在促进平等这样高尚的理想的名义下通过的,还是赤裸裸地为一个集团的利益而牺牲其他集团。在这种情况下,人们守法,只是出于害怕受到惩罚,而不是出于正义感和道德观念。"[9]

最后,避免确定责任人上的困难。阻止他人受害或者救援处于危险境地的义务可能会被施加到一大群不特定的人身上,因为这些人在当时碰巧都是可以做一些事情的。这样一来有可能导致侵权责任泛滥,可能最终损害法律的权威性。英国法官 Hoffmann 勋爵在"Stovin v. Wise"案中,曾非常详细地阐述了为什么单纯的不作为在英国普通法中不能产生侵权责任。他说:"对于不作为的处理应当不同于作为,这是有正当理由的。就法律而言,要求一个采取了某些行为之人负担合理的注意以免给他人造成损害,这是一回事,而要求一个在特定场合什么都没有做的人采取措施防止他人免受来自第三方的行为或自然原因造成的损害,这就是另外一回事了。我们可以从政治、道德以及经济层面上来考虑这一问题。在政治层面上,法律要求人们在行为时考虑他人的安全较之于要求他负有拯救或保护的义务而言,对个人自由的侵犯较少。从道德的角度上看,这一点可以被称为'为什么总是找我的茬'的辩解。一项阻止对他人的伤害或拯救处于危险或危难中的人的义务可以适用于一大群不特定的人身上,这些人

---

〔8〕 即便是宗教义务,也多为消极不作为义务。例如,《旧约》的"摩西十诫"中,除了一条(孝敬父母),其余的九条都是对人们提出的消极不作为的要求,如不杀生、不奸淫、不偷盗、不作伪证等。

〔9〕 [美]米尔顿·弗里德曼、罗斯·弗里德曼:《自由选择:个人声明》,胡骑、席学媛、安强译,朱泱校,商务印书馆 1982 年版,第 148~149 页。

刚好也都能够采取某些行动。为什么是这个人而不是其他的人呢？从经济层面上说,有效率的资源分配要求一项行为负担其产生的成本……因此对于过失造成损害的行为令其负担赔偿责任能够产生遏制作用……但是,没有相同的理由要求一个什么都没有干的人去为了别人的利益而花钱,所以必须要有特别的理由说明为什么他必须要从自己的腰包中掏钱。”[10]

综上可知,法律原则上不会在当事人没有约定的情形下,强制一个人用自己的资源去服务于另一人。法律在确定作为义务时往往要综合考虑“不作为的行为人的身份和处境,积极作为的成本(包括行为人和他人付出的成本),将从积极作为中获益的人的身份和处境以及这种利益的性质和大小”等各种因素。[11] 只有特殊的情况,法律才会确立人们的作为义务。例如,《欧洲侵权法原则》第4:103条就明确规定:“具有下列情形之一的,产生保护他人免受损害的积极作为义务:法律有规定;行为人制造或者控制了某种危险情势;当事人之间存在特殊关系;损害严重而避免损害容易。”再如,《德国刑法典》第323条C规定:“意外事故、公共危险或困境发生时,需要救助且根据行为人当时的情况可期待其予以救助,尤其对自己无重大危险且又不违背其他重要义务而不进行救助的,处1年以下自由刑或罚金刑。在第1款所述情形下,阻碍他人救助第三人的,处与第1款相同之刑罚。”《法国刑法典》第223-6条规定:“任何人能立即采取行动阻止侵犯他人人身之重罪或轻罪发生,且该行动对本人或第三人并无危险时,故意放弃采取该行动的,处5年监禁并科75,000欧元罚金。任何人对陷于危险境地的他人能够采取个人行动,或者能够唤起救助行动,且对本人或第三人并无危险时,而故意放弃给予救助的,处相同刑罚。”在我国法上,作为的义务可归纳为以下几类。

1. 基于特定关系而产生的作为义务

所谓特定的关系有两大类:其一,婚姻家庭关系即亲属关系。在夫妻、父母、子女等亲属之间,无论是伦理道德还是法律规范,都有较多的作为义务的要求。例如,我国《民法典》第1058、1059、1067、1068条等就明确规定了夫妻之间有互相扶养的义务,父母对未成年子女有抚养、教育和保护的义务,子女对父母有赡养扶助的义务。这些义务就是作为的义务。其二,具有信任关系的当事人之间,例如,对于一些曾经存在过债权债务关系的当事人,基于诚信原则,即便债权债务关系已经终止了,法律上也会规定当事人负有一定的作为义务。例如,《民法典》第558条规定:“债权债务终止后,当事人应当遵循诚信等原则,根据交易习惯履行通知、协助、保密、旧物回收等义务。”

2. 基于特定职业而产生的法定作为义务

因从事一定的职业或营业,也会产生法律上明确规定的防范危险、制止损害或予以救助的作为义务。我国《民法典》第1005条规定:“自然人的生命权、身体权、健康权受到侵害或者处于其他危难情形的,负有法定救助义务的组织或者个人应当及时施救。”例如,对于从事旅客运输的承运人,《民法典》第822条规定:“承运人在运输过程中,应当尽力救助患有急病、分娩、遇险的旅客。”基于警察、武装警察、消防队、医师、医疗机构等特定职业而负有保护人民群众安全,制止违法犯罪、救助危重患者等作为义务。《人民警察法》第21条第1款规定:“人民警察遇到公民人身、财产安全受到侵犯或者处于其他危难情形,应当立即救助;对公民提出解决纠

---

〔10〕［1996］1 AC 923 at 943-4,［1996］3 ALL ER 801 at 406-7.

〔11〕［澳］彼得·凯恩:《侵权法解剖》,汪志刚译,北京大学出版社2010年版,第73页。

纷的要求,应当给予帮助;对公民的报警案件,应当及时查处”(参见**案例**6.1.2)。《人民武装警察法》第28条规定:“人民武装警察遇有公民的人身财产安全受到侵犯或者处于其他危难情形,应当及时救助。”《消防法》第44条第3、4款规定:“任何单位发生火灾,必须立即组织力量扑救。邻近单位应当给予支援。消防队接到火警,必须立即赶赴火灾现场,救助遇险人员,排除险情,扑灭火灾。”再如,医生对于危重患者负有紧急救治的义务,《执业医师法》第24条规定:“对急危患者,医师应当采取紧急措施进行诊治;不得拒绝急救处置。”《民法典》第1220条规定:“因抢救生命垂危的患者等紧急情况,不能取得患者或者其近亲属意见的,经医疗机构负责人或者授权的负责人批准,可以立即实施相应的医疗措施。”

案例阅读

案例6.1.2
张美华等五人诉天水市公安局麦积分局行政不作为赔偿案

3. 在先行为引发的作为义务

行为人的在先行为诱发或开启了某种危险状态,既然是行为人的这一行为使他人的民事权益陷入了危险的状态,那么从因果关系上说,其就负有消除该危险状态或救助因此受害之人的作为义务(参见**案例**6.1.3)。例如,某人驾车不慎将运送的大石块掉落在公路上,因该石块对过往车辆的安全将产生很大的危险,因此,该人负有消除危险即移走大石块的作为义务。但是,如果某人虽然在客观上开启了或创造了某种危险状态,但是该危险状态完全是在其个人的支配范围之内,而且他人在没有经过许可或具有其他正当理由的时候进入了此种危险状态,原则上行为人并不对受害人所遭受的损害负赔偿责任,除非其已经发现了并能够及时予以制止。例如,某甲在自家院落内挖井,因尚未完工,故未安置防护栏杆。深夜,小偷某乙到甲家中盗窃,不慎落入井中淹死。由于甲创造的危险源属于其所有权的支配范围之内,既没有对公共安全造成危险,也并未对经其许可进入该院落的客人造成危险。作为小偷,乙进入到甲家中本身就是侵害他人住宅的违法行为。故此,甲不需要对乙的死亡负赔偿责任。否则,就等于变相鼓励侵害他人民事权益的违法行为。

案例阅读

案例6.1.3
赵建忠与王少龙等生命权纠纷上诉案

4. 安全保障义务

安全保障义务是特定场所的管理人或特定活动的组织者所负有的保障他人人身、财产安全的义务。安全保障义务中防止、制止第三人侵权行为的义务就属于作为的义务,违反该义务的侵权行为是不作为的侵权行为。例如,甲在A餐厅就餐时,与乙发生口角,乙便打电话叫来数人,在A餐厅围殴甲。A餐厅的工作人员皆视若无睹,既不打电话报警,也不上前阻止。乙等打完人后一哄而散,甲起诉A餐厅要求其承担违反安全保障义务的侵权责任。该案中,A餐厅的安全保障义务主要就是从事相应的作为(如报警或上前制止)来保护甲的安全。我国《民法典》第1198条已经将违反安全保障义务的侵权责任作为一类特殊的侵权责任加以规定。

在我国法上,安全保障义务最初是由最高人民法院的司法解释——《人身损害赔偿解释》第6条在借鉴德国法上“**交往安全义务**”(Verkehrpflicht)理论的基础上产生的,[12] 其目的在于解决实践中发生的不作为侵权案件(如社会公众在住宿、餐饮、娱乐等经营场所或社会活动中

---

〔12〕 黄松有主编:《最高人民法院人身损害赔偿司法解释的理解与适用》,人民法院出版社2004年版,第99页。

遭受损害的案件)。交往安全义务(也称交易安全义务)是德国侵权法理论界与实务界热烈讨论的一个问题。该词来源于"交通安全义务"(Verkehrssicherungspflichten),其发展之初主要被用来解决供公众往来的道路交通设施,诸如土地、道路、公园、运河、港湾设备、桥梁等事故的责任归属,其后渐渐被德国实务界借用于侵权行为法领域,据以判断加害人是否成立侵权行为的损害赔偿责任。目前,德国法上交易安全义务的适用范围非常广泛,遍及交通安全保障义务之外的私法交易安全甚至全社会生活范围的安全。Esser 教授认为,产生交易安全义务的场合基本上可以分为以下三类:其一,为开启交易、交通者的事故责任,如公共街道、公路、广场、水陆交通工具、建筑物、商店、营业的开启者;其二,事物支配者的责任,例如不动产、机械或车辆的管理人或使用人;其三,危险职业或危险事业活动或使危险物流通的责任,例如建筑师、医师、仓库经营者等因缺乏特别技能、考虑或欠缺职业上的注意义务而导致损害的情形。[13] 德国法上产生社会交往义务理论的一个主要原因就在于:依据德国普通法的学说,不作为侵权责任前提的作为义务仅仅在有法律明文规定、契约约定和行为人有在先的危险行为的时才会产生。这就极大地限制了不作为责任的产生,如何突破这种局限,成为德国法院和学者的重要任务。[14] 简言之,在德国法上,社会交往义务的一项重要功能就是**扩大不作为责任**。

5. 基于诚信原则产生的义务

在一些特殊的情况下,即便没有法定或约定的作为义务,基于诚实信用原则、公序良俗原则或生存共同体相互协助义务的要求也可产生作为的义务。例如,史尚宽先生认为,在特定情形下,基于诚实信用、公序良俗的考虑,在一些没有特别关系的当事人之间也会发生作为义务的要求。[15] 例如,在深山老林中,甲发现乙掉入猎人设置的陷阱中,身受重伤,此时基于公序良俗原则的考虑,应当认为甲负有救助乙的义务或者在没有救助能力的情形下负有向外界告知紧急情况以为乙求得援助的义务。有的学者认为,生存共同体之间相互扶助,系社会生活规范的要求,但未必是法律规范所规定的义务,因此在某些情况下,依据"同舟无害扶助"的法理,使一方对共同体的另一方成员负有作为的义务。例如,同一矿坑的工作人员相互给予救助;登山者在看见其他登山者发生危险时顺手拉一把等。[16]

本书认为,基于诚实信用、公序良俗原则,为弘扬"诚信""友善"的社会主义核心价值观(《民法典》第 1 条),在一些特殊情形下,即便没有法定或约定的作为义务且没有在先行为时,也可以认定作为义务的存在,尤其是当某人实施某些作为并不会对自己造成损害或者只要付出很小的成本就可以轻易地避免较大的损害时,更应如此。毕竟人们生活在社会共同体内,绝不能动辄秉持"拔一毛以利天下而不为"的人生态度。如果只是打个电话、呼喊几声或提醒一下就能够避免他人的民事权益遭受损害,甚至救人于水火,于情于理于法,都是应当的。从司法实践来看,我国法院也采取此种观点。例如,在同车出行的案件中,法院认为,与受害人共同出行的唯一的人,不应独自在副驾驶座上睡觉,而"应当谨慎提醒,或采取要求住宿、停车休息等相互保护措施"(参见**案例 6.1.4**)。

案例阅读

案例6.1.4
刘艳等诉郑文辉等人身损害赔偿纠纷案

---

〔13〕 Josef Esser/Hans-Leo Weyers, Schuldrecht Ⅱ, Besonderer Teil, Teilband 2, 2000, S. 179.

〔14〕 李昊:《交易安全义务论——德国侵权行为法结构变迁的一种解读》,北京大学出版社 2008 年版,第 78 页。

〔15〕 史尚宽:《债法总论》,中国政法大学出版社 2000 年版,第 124 页。

〔16〕 曾世雄:《损害赔偿法原理》,中国政法大学出版社 2001 年版,第 65 页以下。

第二节　侵害民事权益

一、侵害民事权益的构成

作为侵权责任事实构成的基本表现形式的行为，即受侵权法评价的行为应当是侵害他人民事权益的(Rechtsgutsverletzung)的行为，也称“加害行为”。如果某一行为，并未侵害他人的任何民事权益，不应当被评价为加害行为，更无从产生侵权责任。例如，A 在电梯中吸烟，同乘电梯的 B 对之加以劝阻，而 A 反而恶语相加与 B 争吵，继而情绪激动引致心脏病发作死亡。此种情形中，A 在电梯中吸烟的行为，本身就是违法行为，而 B 对之予以劝阻完全正当，此后因 A 情绪激动引致心脏病发而亡，表面上似乎与 B 的劝阻行为有关系，但 B 的行为并未侵害 A 的任何民事权益，自然不发生任何侵权责任（参见**案例** 6.2.1）。问题是如何判断某一行为是否侵害了他人民事权益，从而构成加害行为。本书认为，需要区别不同的民事权益分别判断之。

案例阅读

案例6.2.1
田九菊与杨帆生命权纠纷上诉案

1. 对于物权、人格权、身份权等绝对权而言，法律给予的是最充分的保护，权利人对于其权利客体享有排他的直接支配的权利，可以排除权利人之外的一切人。因此，**除非行为人能够证明**其已经得到权利人的同意或者存在法律规定的排除其行为侵害性的正当理由，则行为人实施的任何侵入该权利的支配范围、干扰或妨害该权利行使的行为，都构成对此等权利之侵害，属于加害行为。例如，依据《民法典》第 1002 ~ 1004 条，自然人享有生命权、身体权、健康权。自然人的生命安全和生命尊严、身体完整和行动自由以及身心健康受法律保护。任何组织或者个人不得侵害他人的生命权、身体权和健康权。《民法典》这三条对于生命权、身体权和健康权受保护的人格利益范围的界定以及对“任何组织或者个人不得侵害”的禁止性规定，就充分描述了侵害生命权、身体权和健康权的行为的特征，赋予了此类行为以否定性的评价。故此，如果行为人不能够提出证据证明其行为的正当性（如紧急避险、正当防卫），其行为就构成侵害行为。再如，依据《民法典》第 1033 条的规定，“除法律另有规定或者权利人明确同意外”，任何组织或者个人不得实施各种侵扰他人的私人生活安宁、私密空间、私密活动或者处理他人私密信息等行为，否则就构成侵害他人的隐私权。

2. 对于法律只是给予某种程度、某些范围内保护的民事权益，或者法律只是防止其免受特定侵害行为的民事权益，则应当由权益的享有者证明行为人的行为侵入的正是**法律所欲保护的领域或者属于法律要防止的侵害行为**。例如，商业秘密作为一种财产利益，法律并不给予全面的保护而只是使其免受特定行为的侵害，故此，我国《反不正当竞争法》第 9 条第 1 款列举了经营者侵害商业秘密的四类行为，而商业秘密的权利人就必须证明经营者对其商业秘密造成影响的行为属于这四类行为，方能使该行为被认定为侵害了商业秘密这一民事权益。对此，《反不正当竞争法》第 32 条也有明确的规定：“在侵犯商业秘密的民事审判程序中，商业秘密权利人提供初步证据，证明其已经对所主张的商业秘密采取保密措施，且合理表明商业秘密被侵犯，涉嫌侵权人应当证明权利人所主张的商业秘密不属于本法规定的商业秘密。商业秘密权利人提供初步证据合理表明商业秘密被侵犯，且提供以下证据之一的，涉嫌侵权人应当证明其不存在侵犯商业秘密的行为:(一)有证据表明涉嫌侵权人有渠道或者机会获取商业秘密,且其使用的信息与该商业秘密实质上相同;(二)有证据表明商业秘密已经被涉嫌侵权人披露、使用或者有被披露、使用的风险;(三)有其他证据表明商业秘密被涉嫌侵权人侵犯。"

二、侵害与损害的关系

侵害(verletzen)强调的是行为的非法性或违法性。就人格权、物权、知识产权等绝对权而言,侵害是指未经权利人同意或许可且无法律规定的免责事由而侵入权利人控制的领域或占有、使用、处分权利的客体。例如,未经他人的同意而进入其住宅,构成侵害隐私权和所有权;未经许可拍摄他人的肖像,属于侵害肖像权;未经同意而使用他人的物品,则侵害了所有权。至于法律保护的并非绝对权的人身财产权益,侵害是指未经权益人的同意且以法律所禁止的方式使用、处分他人的权益客体或者进入他人权益所控制的领域。例如,违反《反不正当竞争法》而侵害他人的商业秘密等;违反法律规定和当事人约定,处理自然人的个人信息等。

损害(Schaden)是损害赔偿责任的必备构成要件,它是指具有法律上的可补偿性的受害人遭受的任何物质的或精神的利益的非自愿的丧失,分为财产损害与非财产损害(精神损害)。侵害与损害既有联系,也有区别。很多情形下,侵害他人的民事权益往往会给权益人造成损害,即损害是侵害所造成的后果。例如,开车将行人撞伤的行为,侵害了该行人的健康权或身体权,也造成了人身损害,既包括所受损害(如受害人为了治疗和康复而支出的医疗费、交通费等合理费用),也包括所失利益(如误工费、残疾赔偿金、死亡赔偿金等)。

侵害与损害也具有明显的区别:首先,行为人虽侵害了他人的民事权益,却并不一定造成损害。例如,在他人家门口堆放建材,堵塞了出路。该行为虽然侵害了房屋所有人的所有权,但只是构成了妨碍却未造成损害。再如,未经同意拍摄了肖像权人的照片,虽然侵害了权利人的肖像权,却并未给其造成损害。其次,即便侵害造成了损害,二者在因果关系判断中所处的层次也不同。认定加害人的行为是否构成侵害,即加害行为与权益被侵害之间是否存在因果联系,属于责任成立的因果关系,是第一层次的因果关系,解决的是侵权责任成立与否的问题。然而,侵害行为与损害之间的因果联系,属于第二层次的因果关系,即责任范围的因果关系,解决的是赔偿范围问题。[17] 再次,权益被侵害也称"初始侵害",损害又称"结果侵害"。过错通常只与初始侵害有联系。所谓过错,就是指行为人应当预见且能够预见初始侵害的发生,而不要求行为人对结果侵害的预见。结果侵害能否赔偿,须由责任范围的因果关系解决。最后,侵害民事权益是所有的侵权责任的构成要件,没有侵害他人民事权益的行为,就不会产生侵权责任。但是,损害只是侵权赔偿责任的构成要件,没有损害就没有赔偿。

以往我国的《侵权责任法》并未对侵害与损害作出正确的区分。一方面,依据该法第6条第1款,不仅"侵害"他人民事权益的行为是所有的侵权责任的构成要件,而且"过错"原则上也是所有侵权责任的构成要件。至于"损害"这个侵权赔偿责任中最重要的构成要件,却没有出现在对过错责任原则的规定当中。另一方面,《侵权责任法》第7条又明确将"损害"作为无过错责任的构成要件。为什么在过错责任原则中不要求"损害",而在无过错责任中反倒必须要求有"损害"呢?事实上,按照前述对侵害和损害的区分可知,损害应当是所有的损害赔偿责任的构成要件,没有损害,就没有赔偿,但损害并非所有的侵权责任的构成要件。同时,过错作为损害赔偿的归责事由,只是决定损害究竟是由受害人自担,还是转移到加害人头上时,才具有

---

〔17〕 程啸:《侵权责任法》(第2版),法律出版社2015年版,第222页。

意义,其为损害的转移提供了正当性的理由。至于绝对权请求权,既不以损害为要件,也不以过错为要件。

由此可见,倘若不加区分,将侵害等同于损害,甚至将损害扩大性地理解为"不仅包括现实的已经存在的不利后果(如身体残疾、财产减少),还包括构成现实威胁的不利后果(如房屋即将倒塌对他人人身、财产安全的威胁)",[18]就会无法区分侵权赔偿责任与其他侵权责任方式(如排除妨害、消除危险等),进而导致侵权责任承担方式适用上的混乱。因为只有损害赔偿责任方以损害之存在为必备要件,归责事由与归责原则也仅指损害赔偿责任的归责。至于停止侵害、排除妨碍、消除危险等侵权责任的承担方式,本质上属于基于物权、人格权等绝对权而产生的保护性请求权,其构成要件中不要求损害,更不考虑加害人有无过错。只要构成对物权、人格权的侵害,为维护这些绝对权的圆满状态,就会产生上述保护性请求权。[19] 正因如此,我国《民法典》才明确了侵害与损害的区分,并要求只有在造成损害时才会适用过错责任、过错推定责任和无过错责任。《民法典》第1165条第1、2款和第1166条中"侵权责任"仅指**侵权损害赔偿责任**,第1167条才是对作为绝对权保护请求权的侵权责任的规定(参见图6.2.1)。

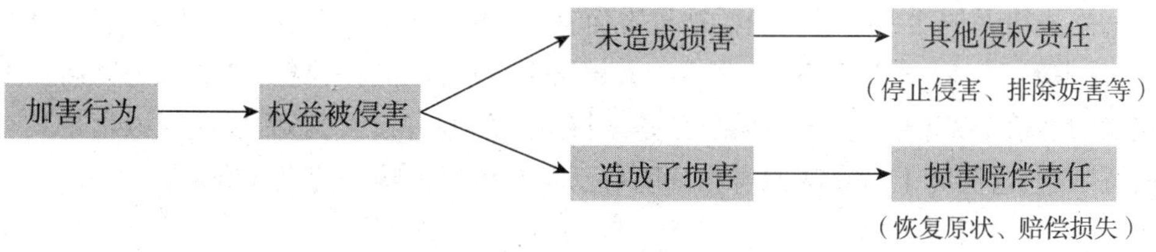

图6.2.1 权益被侵害与损害的关系示意图

三、权益被侵害的证明责任

对于民事权益被侵害的认定,实际上就是在认定行为人的行为与民事权益遭受侵害之间的因果关系,其证明责任在绝对权被侵害与其他民事权益被侵害中有所不同。在绝对权被侵害的场合,符合侵害绝对权的事实构成不仅使得行为被评价为加害行为或侵害行为,还改变了证明责任的分配,即绝对权人只是需要指明其何种绝对权受到行为人的侵害即可,无须提出证据来证明行为人的行为构成侵害绝对权的行为。因为绝对权就给权利人之外的所有的人施加了不得侵害绝对权的义务,只要行为人享有此等绝对权而其绝对权受到了行为人的行为的影响即可,权利人无须再证明什么。此时,应当由行为人来证明自己的行为不构成侵害绝对权的加害行为,如得到权利人的同意或有法律规定的免责事由。但是,在侵害其他民事权益的场合,由于民事权益只是受到法律某种程度或某种范围的保护,故此,民事权益享有者应当证明行为落入法律禁止的范围,属于侵害自己民事权益的行为。

就民事权益享有者如何证明享有的民事权益,也应当区分以下不同情形:

1. 人身权。对于自然人而言,生命权、身体权、健康权、姓名权、名誉权、肖像权、隐私权等

---

〔18〕 王胜明主编:《中华人民共和国侵权责任法释义》,法律出版社2010年版,第43页。

〔19〕 在普通法中也存在"自身可诉的侵权责任"与"以损害为诉讼依据的侵权责任"这一区分,其中,自身可诉的侵权责任是指,侵权行为不以损害为要件,侵权诉讼的依据是侵害,即对原告的一项权利或利益的侵害,在此处可诉的就是侵害本身,如侵占不动产或者动产以及某些类型的擅自利用他人的有形或无形的财产的行为。而以损害为诉讼依据的侵权责任是指,除非原告已经因被告的行为而遭受了某种损失、伤害或者损害,否则原告就不是侵权行为的受害人。[澳]彼得·凯恩:《侵权法解剖》,汪志刚译,北京大学出版社2010年版,第101页。

人格权是与生俱来的且不得放弃、转让和继承,而自然人的人格权始于出生,终于死亡,所有的自然人的人格权是一律平等的。故此,自然人在人格权遭受侵害时,无须证明其享有被侵害的人格权,而只需要指明其何种人格权受到行为人的行为的不利影响即可。至于法人或者非法人组织,也享有名称权、名誉权和荣誉权。由于法人或者非法人组织可以转让自己的名称,故此在主张名称权遭受侵害时,法人或者非法人组织必须证明被侵害的名称是属于自己的。至于自然人基于婚姻家庭关系享有的身份权,如监护权、配偶权等,自然人应当举证证明之,如自己就是监护人等。

2. 在物权、知识产权、债权、股权及其他投资性权利被侵害的场合,民事权益享有者应当证明自己享有该民事权益。例如,通过提交被损害的有体物或者不动产登记簿的记载、不动产权属证书、购物发票等权利凭证、权利载体等来证明享有动产物权或不动产物权。再如,被侵权人主张自己的著作权遭受了侵害,则需要通过提供涉及著作权的底稿、原件、合法出版物、著作权登记证书、认证机构出具的证明、取得权利的合同等,作为自己为著作权人的证据。〔20〕 如果被侵害的财产权益的客体已经灭失,无法直接证明,则受害人可以通过证人证言等其他方式加以证明。〔21〕

3. 就受法律保护之人身财产利益被侵害而言,受害人也应证明其享有此等利益。例如,要依据《民法典》第 1183 条第 2 款,主张行为人侵害了自然人具有人身意义的特定物而要求精神损害赔偿的诉讼中,原告不仅要证明自己是该特定物的所有权人,还需要证明该物是具有人身意义的特定物,这实际上就意味原告在证明自己享有该特定物上的人身利益。

第三节　损　　害

一、损害的概念与特征

(一)损害的概念

"损害"(Schaden)是所有民事赔偿责任的必备构成要件。虽然有损害未必有赔偿,但是没有损害肯定没有赔偿。唯有被侵权人因民事权益被侵害而遭受了损害,方能要求侵权人负损害赔偿责任。究竟何为损害,我国民法并未作出界定。比较法上也很少有对损害作出界定的,只有《奥地利普通民法典》第 1293 条规定:"损害,指受害人在财产、权利或人身上所遭受的任何不利益。依事物之通常过程而可期待得到的利益之损失,非本条所称之损害。"这个对于损害的界定,实际上就是对现实损害或客观损害的界定。

所谓"客观上的损害"(natuerlich Schadensbegriff),〔22〕就是从客观的角度来看待的任何物质的或精神的利益的非自愿的丧失。〔23〕 但是,并非所有客观上的损害都能获得法律上的救济。

---

〔20〕《最高人民法院关于审理著作权民事纠纷案件适用法律若干问题的解释》第 7 条第 1 款。

〔21〕 例如,《上海市高级人民法院民一庭侵权纠纷办案要件指南》第 6 条规定:"请求方应举证证明受侵权行为损害的合法权益存在的要件事实。可由人民法院直接依法确认的除外。"

〔22〕 Looschelders, Schuldrecht Allgemeiner Teil, 6. Aufl. 2008, S. 282.

〔23〕 Schwarz/Wandt, Gesetzliche Schuldverhaeltnisse, 3. Aufl. 2009, S. 434; Brox/Walker, Allgemeines Schuldrecht, 31. Aufl. 2006, S. 326.

“任何人身或财产上的不利益,只有在法律上被认为具有补救的可能性和必要性时,才产生民事责任。”[24]换言之,只有那些具有**可赔偿性**(ersatzfaehiger)的损害,才属于损害赔偿法意义上的损害,这些损害就是所谓“法律上的损害”或“规范上的损害”(normativ Schadensbegriff)。因为,法律必须考虑(自由、安全、公平等)各种价值的关系并作出权衡后,才能决定哪些损害可以补救。故此,《欧洲侵权法原则》第2:101条将“可赔偿的损害”(recoverable damage)界定为“损害必须是对法律保护的利益造成的物质损失或非物质损失”。冯·巴尔教授主持起草的《欧洲示范民法典草案(DCFR)》更是对于如何确定“具有法律相关性的损害”(legally relevant damage)作出了详细的规定,该草案第六卷“造成他人损害的非合同责任”的第2:101条规定:“(1)损失(不论是经济损失还是非经济损失)或者伤害(injury)是具有法律相关性的损害,如果:(a)本章下面的任一规则如是规定的;(b)损失或伤害是因为侵犯法律在前项之外所赋予的权利而产生的;(c)损失或者伤害是因为侵犯值得法律保护的利益而产生的。(2)仅在第(1)款(b)项或(c)项规定范围内的损失或者伤害,只有在根据具体情况依据本卷第1:101条(基本规则)或者第1:102条(预防)的规定赋予请求赔偿的权利或者请求防止损害的权利是在公平合理的情况下,方构成具有法律相关性的损害。(3)在判断赋予请求赔偿的权利或者请求防止损害的潜力是否公平合理时,必须权衡的因素包括归责基础或者迫近的损害的性质与实质性原因、遭受或将会遭受损害的人的合理期待以及对公共政策的考量。(4)在本卷中:(a)经济损失包括收入或利润损失、发生的负担以及财产价值的减少;(b)非经济损失包括痛苦与创伤以及生活品质的降低。”[25]

法律上的损害或者具有可赔偿性的损害的判断要在协调各种价值目标的基础上进行,[26]具体而言,应当考虑以下因素:

1. 该损害是由于侵权人侵害了他人的民事权益所致,这是因为侵权法保护的是法益的归属,从而也保护享有该法益的主体。“如果法律对法益作出归属划分,则表明,依据价值判断所享有的利益具有正当性,法律应当保护此种利益。很显然,侵权责任法并不保护非法利益。”[27]

2. 损害并非过于遥远以致不应由侵权人加以赔偿。法律在划定保护范围时必须考虑各种对立的利益,因为“要保护一个人的利益和权利,法律就要规定权利人以外的人都应当尊重这一领域:法律如果确认某个人的受保护地位,它就会要求其他所有人合理地尊重这些权利和利益。受保护的权利或利益的权利人不必容忍没有正当理由的侵害;他有权请求禁令和自卫。结果是:承认任何受保护的权利和利益都会限制其他所有人的自由”。[28] 故此,为了维护人们的合理行为自由,对于因果关系上过于遥远的损害,也会被排除在可赔偿的损害之外。

3. 不同的民事权益的位阶不同,保护的利益范围和保护强度也不同,故此,侵害不同民事权益所造成的损害中可补偿的损害范围也有区别。对此,《欧洲侵权法原则》作出了详细的规定,其第2:102条规定:“(1)受保护的利益的范围取决于利益的性质;价值越高,界定越精确、

---

〔24〕 王利明:《侵权责任法研究》(上卷),中国人民大学出版社2010年版,第354页。

〔25〕 [德]克里斯蒂安·冯·巴尔、[英]埃里克·克莱夫主编:《欧洲私法的原则、定义与示范规则:欧洲示范民法典草案》(全译本)(第5、6、7卷),王文胜等译,法律出版社2014年版,第225页。

〔26〕 朱晓峰:《侵权可赔损害类型论》,法律出版社2017年版,第45页以下。

〔27〕 [奥]赫尔穆特·考茨欧:《侵权责任法的基本问题》(第1卷),朱岩译,北京大学出版社2017年版,第110页。

〔28〕 欧洲侵权法小组:《欧洲侵权法原则:文本与评注》,于敏、谢鸿飞译,法律出版社2009年版,第63页。

越明显,其所受保护就越全面。(2)生命、身体和精神的完整性,人的尊严和自由受最全面的保护。(3)财产权包括无形财产权受广泛保护。(4)纯经济利益和契约关系的保护可受更多限制。此时,尤其是要充分注意行为人与遭受危险者之间的紧密型,或者行为人知道其利益肯定不如受害人的利益价值大,而其行为将造成损害的事实。(5)保护范围也受责任性质的影响,在故意侵害利益时,对利益的保护程度更高。(6)在确定保护范围时,应考虑行为人的利益尤其是其行动自由与行使权利的利益,以及公共利益。”这种区分民事权益位阶给予不同程度保护进而影响可赔偿的损害范围的观念在我国民法上也有体现。我国《民法典》第998条规定:“认定行为人承担侵害除生命权、身体权和健康权外的人格权的民事责任,应当考虑行为人和受害人的职业、影响范围、过错程度,以及行为的目的、方式、后果等因素。”这一规定实际上就表明了生命权、身体权和健康权受到最严格的保护,侵害这三类人格权的损害赔偿的范围最广,既包括所受损害、所失利益等财产损害,也包括精神损害。

(二)损害与其他概念的区别

1. 损害与费用

损害是**非自愿的损失**,“费用”(Aufwendungen)是**自愿的损失**。例如,甲、乙订立买卖合同,甲支付50元购买乙的一本书。甲丧失的50元属于费用。因为这是甲自愿丧失的利益。但如果甲被乙抢走了50元,那么该50元属于损害,因为它是甲非自愿丧失的利益。

需要注意的是,在以下两种情形中,即便是自愿遭受财产损失的人,其费用也可以成为损害,从而获得赔偿:其一,如果费用支出的目的丧失了,该费用成为无益费用时,则费用就成为损害。例如,甲、乙夫妻二人与A医院订立医疗服务合同,约定甲、乙支付5万元,由A医院采取人工辅助生殖技术为甲、乙解决无法生育的问题。现因A医院违反合同而采取了不符合约定的人工辅助生殖技术,手术失败。甲、乙支出的5万元费用因目的落空而成为无益支出,他们有权请求A医院予以赔偿。[29] 其二,如果权利人为了排除他人对其权利的侵害或妨碍而支出了费用,则该费用属于损害,具有可赔偿性,应当由侵害人或者妨碍人予以赔偿。例如,A的一棵苹果树因雷击而倒在邻居B的院子里。因A家中无人,B为消除该树对自己所有权的妨碍,支出100元请人将该树移走,该费用就属于损害,应当由A承担。

2. 侵权法上的损害与不当得利法上的损害

不当得利制度的功能不是为了填补损害(Schaden),而是要矫正不正当的财产利益的变动,使没有法律上原因而获得财产利益(Vermoegensvorteil)者返还该不当得利(ungerechtfertige Bereichtung)。不当得利人的获益可能因侵权行为所生(如侵害权益型不当得利),也可能并不因侵权行为所生(如给付型不当得利)。因此,不当得利请求权不以丧失利益者遭受损害为前提。在缺乏损害时,虽然无法适用侵权法,但可以行使不当得利请求权。[30] 例如,A在某小区有一套房屋,长期闲置,无人居住。B原本每月支付1000元租房居住,后见A该房闲置,便撬开房门住进该房。两个月后因被发现而搬离。在侵权法上,A的房屋所有权当然遭受了侵害,但其却并未遭受损害(排除B损坏房屋的情形)。因为该房屋本来就是闲置的。但是,在不当得利法上,B因侵害A的所有权而获得了财产上的利益(节约房租2000元),构成不当得利。A可依不当得利请求其返还2000元。

---

〔29〕 郑雪峰、陈国青诉江苏省人民医院医疗服务合同纠纷案,载《最高人民法院公报》2004年8期。

〔30〕 Larenz/Canaris, Schuldrecht Ⅱ/2, Beck, 1994, § 67 Ⅰ 1.

即便在有损害的情形下，不当得利法上请求权人的"损害"与侵权法上被侵权人的"损害"也会有所不同。[31] 例如，甲未经乙的同意，将乙的一块市场价格1万元的手表8000元卖给丙，丙为善意第三人，符合动产善意取得的要件。依据不当得利法，甲的不当得利为8000元（乙的损害就是8000元），故乙有权基于不当得利请求甲返还8000元。但是，依据侵权法，应当依据损失发生时的市场价格来计算财产损失，故此乙的财产损失就是1万元而非8000元。他有权请求甲承担1万元的赔偿责任。

3. 私益损害与公益损害

侵权法保护的是特定主体的民事权益，当特定主体的民事权益被侵害而遭受损害时，这种损害是对私益的损害。但是，有些情形下，行为人的行为并非损害特定的自然人、法人或非法人组织的人身权益，而只是对公共利益造成了损害，即属于所谓公益的损害。例如，破坏生态环境而造成的生态损害，由于生态环境并不属于任何特定的民事主体，而该损害也并非因侵害特定民事主体的人身财产权益所生，故此无法通过私法上的保护机制对此种损害予以救济。尽管破坏生态环境确实违反了环境保护法等法律上的义务，然而，"仅仅存在一方当事人负担义务的论证理由时，尚不存在成立赔偿义务的充分理由；除此之外，另外一方当事人还必须享有与该义务相对立的权利，方可真正成立赔偿义务"。[32] 在这种情况中，只有将该环境利益归属于公共机构，由其提起公益诉讼，针对破坏生态者行使赔偿请求权。故此，我国《民法典》虽然在侵权责任编的第七章中将"环境污染和生态破坏责任"合并加以规定，但是，依然明确了单纯的破坏生态而并未造成任何特定民事主体损害时，只能是"国家规定的机关或者法律规定的组织有权请求侵权人"承担修复责任或者赔偿相应的损失和费用（第1234、1235条）。

二、损害的类型

（一）财产性损害与非财产性损害

1. 区分的标准

依据损害能否通过金钱加以计算，可以将之分为财产性与非财产性损害。财产性损害（Vermögensschaden/pecuniary loss），也称"有形损害"（materieller Schaden）、"物质性损害"或者"经济损失"，是指具有财产价值，能够以金钱加以计算的损害。例如，A将B的一只贵重花瓶摔坏，甲将乙的房屋烧毁，张三盗窃了李四的股票并出售等。财产性损害不仅包括对有体物（动产、不动产）的损害，也包括对无形财产（如著作权、商标权、网络虚拟财产、数据）的损害，以及收入的丧失（误工损失）、利润的减少以及支出的费用（医疗费）等。

非财产性损害（Nichtvermögensschaden），也称"无形损害"（immaterieller Schaden）、"非物质性损害"或者"精神损害"，是指没有财产价值，无法以金钱加以计算，也无法基于真实的市场交易将其物化为具体财产类型的损害。例如，甲因其近亲属乙被丙开车撞死而遭受的失去亲人的痛苦，A因被B打伤致残而遭受的身体伤残的痛苦。严格来说，非财产性损失的含义要广于精神损害。因为，除了精神损害是无法参考市场通过客观的经济方法以金钱加以计算的损失，还有其他的一些损害如自由的丧失、休假目的落空、时间的无端浪费、失去物的使用等，都

---

〔31〕 在给付型不当得利中，一方当事人因他方当事人为给付而受利益即为他方的损害；在非给付型不当得利中，所谓受有利益而致他人受损害，基本上是指取得依权益内容应归属于他人的利益。王泽鉴：《不当得利》，北京大学出版社2009年版，第35页。

〔32〕 ［奥］赫尔穆特·考茨欧：《侵权责任法的基本问题》（第1卷），朱岩译，北京大学出版社2017年版，第110页。

存在无法以金钱计算的问题,故此也可归为非财产性损害。[33]

一般来说,侵害物权、债权、知识产权、股权及其他投资性权利以及数据、网络虚拟财产等财产权益时,只产生财产性损害。因为在这些财产权益被侵害时,完全可以依据公众评价而非仅仅依据权利人的个体主观感受来确定其在市场中的价值是否被降低了,且此种价值都可以通过货币的方式予以转让。[34] 唯一特殊的是,侵害具有人身意义的特定物,可能给受害人造成严重的精神损害,从而需要承担精神损害赔偿责任(《民法典》第1183条第2款)。在侵害人身权益(包括人格权、身份权以及人身利益)时,既会造成财产损害,也会造成非财产损害。例如,侵害他人健康权,一方面要赔偿因此给受害人造成的各种财产损害,如医疗费、护理费、交通费、营养费、住院伙食补助费等为治疗和康复支出的合理费用,以及因误工减少的收入,残疾赔偿金、死亡赔偿金、丧葬费等(《民法典》第1179条);另一方面,还要赔偿给受害人造成的严重精神损害(《民法典》第1183条第1款)。

2. 区分的意义

首先,可赔偿性不同。原则上,任何财产性损害都属于可补偿的损害。财产性损害的确定采取的是"差额说"(Differenzhypothese/ Differenzsmethode),即将受害人在损害发生之前的财产状况与损害发生后的财产状况进行比较,如有差额,则有损害。否则,就不存在损害。然而,对于非财产性损害,各国法上一般都予以相应的限制,只有在符合法律规定时才能得到赔偿。这并不是因为精神利益相对于财产利益而言更不重要,而是因为,在精神损害有无的确定以及计算上,难度明显要大于财产性损害。毕竟,在社会生活中人和人的个体差异很大,每个人因心理承受能力不同而引发的各种心理不适应或痛苦也大相径庭。如果精神损害赔偿可以普遍适用,将使侵权赔偿责任漫无边际,妨害人们的合理行为自由。此外,非财产损害无法精确地按照较为客观的市场价格加以计算,只能在考虑精神痛苦的严重程度、受害人的个人因素等具体情况的基础上加以估算。这一点使得法官在精神损害赔偿数额的确定上具有很大的自由裁量权。[35] 为限制法官的自由裁量权,有必要由法律对精神损害的可补偿性加以限制。所以,在我国法上,依据《民法典》第1183条第1款,只有侵害"自然人"的"人身权益"并造成"严重"精神损害时,被侵权人才有权请求精神损害赔偿。

其次,赔偿请求权的主体不同。就财产性损害而言,赔偿请求权主体包括自然人、法人和非法人组织。但是,对于非财产性损害,赔偿请求权的主体只能是自然人。《精神损害赔偿解释》第5条规定:"法人或者其他组织以人格权利遭受侵害为由,向人民法院起诉请求赔偿精神损害的,人民法院不予受理。"《民法典》第1183条更是明确将精神损害赔偿请求权的主体限定为自然人。不过,从比较法上来说,并非所有的国家都是如此。奥地利联邦最高法院就法人的精神损害赔偿作出了支持判决。欧洲人权法院也认为,法人原则上享有精神损害赔偿请求权。承认法人精神损害赔偿的理由在于,法人虽然不如自然人那样会因侵权而遭受生理上的痛苦,但是法人的精神利益也会遭受侵害,法人机关也会因此有不愉悦的感受。[36] 本书认为,我国

---

〔33〕 与德国法不同,我国法将物的抽象使用的丧失作为财产损害赔偿。《道路交通事故损害赔偿解释》第15条第4项将"非经营性车辆因无法继续使用,所产生的通常替代性交通工具的合理费用"作为因道路交通事故造成的财产损失。

〔34〕 [奥]赫尔穆特·考茨欧:《侵权责任法的基本问题》(第1卷),朱岩译,北京大学出版社2017年版,第112页。

〔35〕 [德]U. 马格努斯主编:《侵权法的统一:损害与损害赔偿》,谢鸿飞译,法律出版社2009年版,第139页。

〔36〕 [奥]赫尔穆特·考茨欧:《侵权责任法的基本问题》(第1卷),朱岩译,北京大学出版社2017年版,第117~118页。

《民法典》否定法人和非法人组织的精神损害赔偿请求权是有必要的，否则容易导致精神损害赔偿泛滥，此外，也会引起自然人的精神损害赔偿与法人、非法人组织的精神损害赔偿并存的情形。

最后，侵权责任的承担方式不同。当侵权人造成了被侵权人财产性损害时，其承担的侵权责任是赔偿损失。然而，当侵权人造成被侵权人非财产性损害时，被侵权人除了要求侵权人承担精神损害赔偿责任外，还可以要求侵权人承担赔礼道歉、恢复名誉、消除影响等其他侵权责任。这些侵权责任承担方式的适用与被侵权人是否遭受了非财产性损害具有很强的关联性。

（二）直接损害与间接损害

1. 区分的标准

依据损害与权益被侵害之间因果关系远近的不同，可以将损害分为直接损害与间接损害。直接损害（Unmittelbarer Schaden），也称“具体损害”（Konkreter Schaden），它是指对受害人的人身权益、财产权益本身所造成的损害。这种损害可以从客观形体上的变化中得以反映或者加以观察。例如，某人毁损他人汽车，汽车本身的毁灭是有形的，可从外部观察到的。

间接损害（Mittelbarer Schaden），也称“后续损害”（Folgeschaden），是指由于权益被侵害而延伸发展出来的损害，[37]包括减少的收入、失去的利润以及丧失的使用等。例如，某人将他人汽车毁坏后，车主无法使用该车的损失；某人将他人打伤后，伤者因此丧失在治疗期间的工作收入。

2. 区分的意义

首先，因果联系的远近程度不同。直接损害是因加害行为即权益被侵害而直接产生的，与加害行为的联系最为密切。间接损害则与加害行为的关系，则较为遥远。因此，直接损害往往比较容易确定且能够得到较全面的保护。间接损害因为因果关系相对遥远，在确定上存在困难，故此要参考一个相对统一的标准给予赔偿。例如，对于误工费这一间接损害，《人身损害赔偿解释》第20条第3款确定的赔偿标准为：“受害人有固定收入的，误工费按照实际减少的收入计算。受害人无固定收入的，按照其最近三年的平均收入计算；受害人不能举证证明其最近三年的平均收入状况的，可以参照受诉法院所在地相同或者相近行业上一年度职工的平均工资计算。”

其次，是否考虑假设因果关系不同。在直接损害的赔偿中，一般不考虑假设的因果关系。而在间接损害的赔偿中，需要斟酌假设的因果关系。[38] 例如，甲在山脚下建有一栋房屋经营“农家乐”，乙过失将该房屋损坏，但在该损害事件发生的一天后，突然爆发的泥石流将甲的房屋全部冲毁。甲因乙的侵权行为遭受的有形损害为房屋受损，无形损害就是因房屋受损而无法营业的利润损失。在这种情况下，对于房屋受损的损害，乙应赔偿。而对于甲丧失的营业利润则不能给予赔偿。因为，即便没有甲的加害行为，该房屋也会被泥石流冲毁，甲同样无法获得营业利润。

最后，过错认定不同。在过错责任中，认定加害人的过失是以加害行为人应否且能否预见直接损害为标准的，不需要考虑到行为人对于间接损害能否预见。

〔37〕 Deutsch/Ahrens, Deliktsrecht, 5. Aufl. 2009, Rn. 622.

〔38〕 王泽鉴：《损害概念及损害分类》，载《月旦法学杂志》2005年第9期。

(三)积极损害与消极损害

1. 区分的标准

积极损害也称“所受损害”,是指因加害行为的发生导致受害人现有财产的减少。消极损害也称“所失利益”,是指因加害行为的发生导致受害人本能增加的财产未增加,即应有财产的减少。[39] 例如,A被B打伤,A因此遭受的财产损失包括:治疗伤害支出了医疗费、交通费、护理费等共计1万元,因住院治疗耽误工作减少的收入20万元。这两项财产损害中,前者是所受损害,而后者就是所失利益。

2. 区分的意义

区分积极损害与消极损害的最大意义体现在损害赔偿的计算标准上。积极损害赔偿的计算一般要按照客观的方法即市场价格标准来确定,如《民法典》第1184条规定,侵害他人财产,财产损失按照损失发生时的市场价格或者其他合理方式计算。但是,消极损害属于一种未来收入的损失,具有很大的不确定性。为了减少争议,统一裁判尺度,我国司法实践中对消极损害往往是按照抽象的、统一的标准来计算的(如《人身损害赔偿解释》第20、25、29条等,《最高人民法院关于审理证券市场因虚假陈述引发的民事赔偿案件的若干规定》第31条)。在心理学上,这种做法也是有一定道理的。心理学的研究发现,大多数人在面临损失的时候是风险偏爱的,即宁可冒更大的风险也要避免损失。人们对“损失”比对“获得”更敏感。这也被称为“损失厌恶”现象。就所受损害而言,它意味着人们失去已经拥有的东西,所以对这种损害的赔偿应当最大限度体现完全赔偿的原则。至于所失利益,是人们本来有可能得到的却没有得到。在这种情况下,人们对于这种没有获得的东西并不那么敏感,况且该利益能否得到也是不确定的。所以,采取统一的、忽略个体差异的抽象标准来赔偿所失利益,一定程度上符合人们的心理,至少不会引发不公平的感觉。

提 示

在实践中,人们为了预防损害而支出了合理的费用,或者在侵权发生后,为了维护自身合法权益而进行调查取证、聘请律师、通过公证保全证据而支出了相应的费用,这些都属于因侵权行为而给被侵权人造成的损害,即所受损害。因为,如果没有损害的危险,则被侵权人原本无须支出消除危险的费用,而这些费用应当由制造危险的人来承担;倘若没有侵权行为的发生,被侵权人也不需要支出维权费用。故此,侵权人在因果关系范围内应当就这些损害承担赔偿责任。我国的一些法律也有明确的规定,例如,在违约责任中,《民法典》第591条第2款规定:“当事人因防止损失扩大而支出的合理费用,由违约方负担。”再如,《著作权法》第49条第1款、《专利法》第65条第1款、《商标法》第63条第1款以及《反不正当竞争法》第17条第3款,都规定了侵犯著作权或者与著作权有关的权利、侵犯专利权、侵犯商标权以及实施不正当竞争行为时,侵权人的赔偿数额还应当包括“权利人为制止侵权行为所支付的合理开支”。

---

〔39〕 我国台湾地区“最高法院”1959年台上字第1943号判例对此曾有明确的界定:“‘民法’第260条第1项所谓所受损害,即现存财产因损害事实之发生而被减少,属于积极的损害。所谓所失利益,即新财产之取得,因损害事实之发生而受妨害,属于消极的损害。”转引自郭冠甫:《民法系列:侵权行为》,台北,三民书局2006年版,第63页。

三、损害的证明

（一）财产性损害的证明

侵权赔偿诉讼中，如果法律没有特别的规定，受害人应当对其遭受的财产性损害的范围和数额等负举证责任。“这一方面是出于合理限制责任的需要，另一方面基于补偿目的的考虑，那些能够回复到损害发生之前状态的损害必须是以某一可靠的计算方法为基础的，用一定的金钱数额折算的损失。”[40]例如，A将B的价值10,000元的皮衣烧毁，B可以通过提供购买该皮衣的发票等证据来证明市场价格。

（二）非财产性损害的证明

由于《民法典》第1183条对非财产性损害赔偿的适用范围作出了明确的限制，只有“侵害自然人人身权益造成严重精神损害”或“因故意或者重大过失侵害自然人具有人身意义的特定物造成严重精神损害”的，才能给予精神损害赔偿。故此，作为被侵权人的自然人应证明其人身权益或具有人身意义的特定物遭受了侵害，且因此而遭受了严重精神损害。

被侵权人遭受侵害的人身权益不同，严重精神损害的证明方法也不同。通常的方法就是通过被侵害的权益的位阶来确定精神损害是否存在及严重程度。首先，在侵害生命权的情形，只要侵害了他人生命权，势必会给被侵权人的近亲属造成严重的精神痛苦。这一点，在任何文明的社会中都是没有异议的。因此，基于生命权被侵害的事实，可以直接推定被侵权人近亲属的非财产损失。其次，侵害身体权、健康权等物质性人格权造成的精神痛苦，通常是要大于侵害名誉权、肖像权等精神性人格权所造成的精神痛苦。最后，侵害人格权、身份权等人身权利的精神痛苦的严重程度或者说可以得到精神损害赔偿的概率，要大于仅仅侵害个人信息等人格利益的场合。

（三）损害难以精确证明的情形

当被侵权人因过于困难或成本过高而无法精确地证明损害的数额时，法官可以对损害进行合理的评估而予以酌定。如《欧洲侵权法原则》第2:105条就规定：“损害必须按照正式的诉讼程序标准证明。证明损害的精确数量过于困难或者花费过高的，法院可以评估损害的数量。”我国《民法典》第1182条也允许此种情形下，由人民法院“根据实际情况确定赔偿数额”。此外，在侵害他人人身权益造成财产损失的场合，我国《民法典》第1182条还提供了两种选择给被侵权人，即“按照被侵权人因此受到的损失或者侵权人因此获得的利益”来赔偿。

---

〔40〕［德］克里斯蒂安·冯·巴尔：《欧洲比较侵权行为法》（下），焦美华译，法律出版社2004年版，第7页。

文献阅读

第七章 因果关系

本章重点

英国著名法学家弗莱明教授曾言："较之于侵权行为法中的其他问题而言，因果关系最为困扰法院和学者。"作为所有法律责任的必备要件，因果关系具有贯彻自己责任、控制责任范围的双重意义。无论是普通法上事实因果关系与法律因果关系的划分，还是德国法上责任成立因果关系与责任范围因果关系的区别，目的都不外乎此。

第一节 概 述

一、因果关系的意义

当某个或某些事实引起或造成了另外一个或一些事实时，前者被称为"原因"，后者属于"结果"，二者间存在因果关系(causation)，这是因果关系的最普通的描述。法律调整人和人的关系，在法律上，因果关系中的原因必定是与人有关的，即人的行为(作为或不作为)，结果也必定是与人有关的。纯粹的自然现象或事物间的联系，当属科学研究的范畴。法律解决的是规范性问题，它是人的行为的一种秩序(order)，自然事件只有在同人的行为有关——作为其条件或效果时，才为法律所调整。[1]

因果关系是任何法律责任最基本的构成要件。没有因果关系而让人承担法律责任，是不可想象的。在民法中，因果关系不仅归属于侵权法基本规定的内容，而且构成了其他几乎所有赔偿责任构成要件的基础。[2] 侵权法上的因果关系理论是一种**责任理论**，这种理论必须解决可归因的损害赔偿问题。因为一个人对某一损害的责任只能建立在这个人与该损害之间存在联系的基础上。[3] 基于自己原则产生的"**肇因原则**"(Verursachungsprinzip)要求，受害人的侵权赔偿请求权只能针对那些给其造成了损害的人提出。故此，受害人应证明究竟何人的行为给其造成了损害。因果关系在侵权法中具有以下两方面的重要意义：

1. 过滤无关原因，令行为人为且仅为自己的行为负责，从而贯彻自己责任原则。现代法治社会奉行自己责任原则，任何人原则上要为也仅为自己的行为负责。如果某个损害后果与被告的行为无关，法律上却要求这个人承担责任，显然是不公正的。然而，并非所有的情况下，人

〔1〕［奥］凯尔森：《法与国家的一般理论》，沈宗灵译，中国大百科全书出版社1996年版，第3~4页。

〔2〕［德］克里斯蒂安·冯·巴尔：《欧洲比较侵权行为法》(下)，焦美华译，法律出版社2004年版，第498页。

〔3〕［荷］J.施皮尔主编：《侵权法的统一：因果关系》，易继明等译，法律出版社2009年版，第13页。

们都可以清楚地发现谁应当为某一损害负责。毕竟,事物总是普遍联系的。在这个世界上,任何一件事的发生,事后来看都是必然的,但其实只是各种偶然原因相互结合后而产生的后果。[4] 例如,一起受害人被撞伤的车祸之所以会发生,可能是因为以下各种原因的偶然结合所致:机动车驾驶人驾车因与乘客吵架而走神,肇事车辆的制动距离过长,事发时的天气糟糕以致能见度很低,出事点是一个转弯的地方,受害人埋头骑车未注意观察等。显然,就被告承担侵权责任这一法律问题而言,并不需要将这些因素全部考虑进来,也不需要赋予这些原因以同等重要的法律意义。通过侵权法中的因果关系检验理论,就可以起到过滤器的作用,将归因于被告的与不能归因于被告的事实性后果加以区分。只有能够归因于被告的事实性后果,被告才可能负责也仅对此负责。这样一来,侵权责任的因果关系要件就起到了贯彻落实自己责任原则的重要功能。

2. 合理截取因果关系链条,控制责任范围,维护行为自由。万事万物,普遍联系,因果关系的链条可以无限延伸。一个原因会引发一连串后果,一个后果是由一系列原因所致。侵权法不能将后果发生前的所有行为或事件作为原因,也不可能要求行为人对与其行为相关的全部后果负责。否则,侵权法就会严重地损害人们的行为自由,摧毁人们的生存空间(参见**案例**7.1.1)。"无论是从单个侵权行为人的利益出发,还是为了自身生存的愿望,侵权行为法都必须将那些过于'遥远'的损害从其体系中排除出去。"[5] 否则,这样的侵权法不能认为是被理性所支配的法律。正是通过**合理截取因果关系链条**,公正地分配机会利益,控制责任范围,因果关系要件才能有效地维护合理的行为自由。例如,行为人甲过失驾驶机动车撞翻了乙驾驶的机动车,引起了一场严重的交通事故。这起事故的后果除了乙受伤、甲与乙的车辆损坏外,还包括:因交通拥堵导致前往机场赶飞机的丙误机,被迫改签机票;去上班的丁因迟到被扣工资500元;参加商业谈判的戊因迟到而失去一笔重要的买卖;危重病人已来不及送医院治疗而身亡,等等。如果侵权法要求甲就前述乙、丙、丁、戊、己的损害全部负责,显然是让人无法忍受的。那么,甲应当对哪些损害负责呢?应将何种损害排除出去?这些就是因果关系需要解决的重要问题。[6]

案例阅读

案例7.1.1

李某冉、李某与李某顺、广东原创动力文化传播有限公司生命权、健康权、身体权纠纷案

尽管因果关系在侵权法中具有如此重要的作用,却没有一个国家能够在成文法中对因果关系作出规定,因果关系的规则都是通过法院在实践中发展出来的,因为要设计出一个普遍适用的因果关系规则极为困难。冯·巴尔教授说:"因果关系就是侵权法要求的必要联系,该联系存在于两方之间,一方是被告的不当行为、或者被告需要对之负责的人的不当行为,或者某种危险源的存在,而另一方则是可赔偿的损害。对于何为必要的联系,是没有普遍适用的答案

---

〔4〕 看过美国系列恐怖片《死神来了》(Final Destination)的人可知,即便死神也是通过设计,使得生活中一系列普通而又偶然的因素神奇地结合起来,最终夺走剧中那些事后看来难逃一死之人的生命。

〔5〕 [德]克里斯蒂安·冯·巴尔:《欧洲比较侵权行为法》(下),焦美华译,法律出版社2004年版,第1页。

〔6〕 在刑法中,过错可以起到限制责任的重要作用,只有那些行为人可以预见的损害后果才能纳入责任考量的范围。但是,在侵权法中,过错仅仅是指向义务违反或者第一顺位的直接损害,并不涵盖其他后果。因此,过错只是对于侵权责任的成立具有重要的决定作用,而对于责任的承担不具有意义。不仅如此,侵权法中还存在无过错责任。故此,在侵权法中主要是通过因果关系来对归责的范围加以限制。参见[奥]海尔姆特·库齐奥:《侵权责任法的基本问题》(第1卷),朱岩译,北京大学出版社2017年版,第276页。

的。"[7] 事实上,即便是通过司法实践发出各种因果关系测试方法或者规则的法院,也是为政策性的考量所驱使的。故此,"在因果关系领域经常出现的是,适用相同的规则却导致了不同的结果,适用不同的规则反而产生了相似的结果"。[8]

不仅如此,因果关系还受到其他侵权责任的成立要件如过失、故意、损害的类型、受害人的过失等的影响。例如,概率(probability)、可预见性(foreseeability)在因果关系与过失的判断中都非常重要,无非判断过失时,是从事前的角度来考虑概率;认定因果关系时,则需要从事后的角度考虑概率;在过失的判断中,可预见性是与特定的行为能够导致一般类型的伤害(如人身伤害或财产损失)的事实相关联的,而是否能够预见致害事件的发展进程,就属于因果关系的问题,这又常常取决于损害的类型。[9] 正是由于因果关系与侵权责任的其他要件之间存在的密切联系,所以,在有些国家的侵权法中被作为因果关系的问题,在其他的国家则被作为过错或者其他要件的问题。

二、两个层次因果关系的区分

在比较法上,对因果关系的考察基本上都分为两部分进行,即区分两个层次的因果关系。[10] 第一层次的因果关系在德国法上被称为责任成立的因果关系。在普通法中,第一层次的因果关系是所谓的事实因果关系。无论是责任成立的因果关系还是事实因果关系,主要考察的就是加害行为与权益被侵害或损害之间是否存在客观上的联系,判断标准就是所谓的"条件说"(也称"But for"规则、等价说、等同原因说等)。如果第一层次的因果关系不存在,就不需要再考察第二层次的因果关系了。第二层次的因果关系在德国法上被称为责任范围的因果关系,而普通法上称为法律因果关系。该层次因果关系主要解决的是损害赔偿范围的问题,其判断的标准有相当因果关系说、合理预见说等不同学说。

(一)责任成立的因果关系与责任范围的因果关系

1. 含义

作为第一层次因果关系的"**责任成立的因果关系**"(haftungsbegründende Kausalität/ causation that establishes liability),是指加害行为与权益遭受侵害(Rechtsgutsverletzung)之间的关联。[11] 也就是说,只有当加害行为与权益被侵害的结果存在关联时,侵权责任方可能成立。因此,责任成立的因果关系属于事实构成要件,解决的是侵权责任成立与否的问题。

第二层次因果关系为"**责任范围的因果关系**"(haftungsausfüllende Kausalität/ causation that determines the extent of liability),是指权益受侵害与损害之间的因果关联。它是在侵权责任成立后用来确定损害赔偿范围的因果关系。因此,责任范围的因果关系并未被纳入侵权行为的构成要件的结构当中(事实构成、违法性与过错这三个阶层的要件)。民事主体的民事权益遭受侵害后,会引发各种损害,但是,侵权人并非要对所有的损害负责。蕴含着价值判断的责任范围因果关系就是要过滤掉不合理的损害赔偿请求权,控制赔偿的范围。例如,乙在欣赏甲

---

[7] Von Bar,(2000),N440.

[8] Cees Van Dam, *European Tort Law*, 2nd ed., Oxford University Press, 2013, p. 307.

[9] Cees Van Dam 教授在《欧洲侵权法》(European Tort Law)一书中,总结了因果关系与过失、故意、损失的类型等要件的六个方面的联系,参见 Cees Van Dam, *European Tort Law*, 2nd, Oxford University Press, 2013, pp. 308 – 309。

[10] 对于欧洲主要国家以及美国侵权法上因果关系的比较法介绍可参见,[荷]J·施皮尔主编:《侵权法的统一:因果关系》,易继明等译,法律出版社 2009 年版。

[11] Brox/Walker, Allgemeines Schuldrecht, 31. Aufl. 2006, § 30 Rn. 5.

的一只玉手镯时,不慎将之掉在地上摔碎。此时,甲针对玉手镯的所有权被乙的过失行为所侵害,存在责任成立的因果关系。玉手镯价值 10000 元,故甲因所有权被侵害而遭受的损害是 10000 元(参见图 7.1.1)。再如,甲醉酒后无故殴打路人乙,将其头打破。乙到医院缝针,支付医疗费 3000 元。原本乙正要去看一场音乐会,因被打伤无法参加音乐会,其花费 1000 元购买的门票被浪费了。此外,因被打伤需要在家休息 3 天,乙被单位扣掉当月的全勤奖 5000 元。显然,在此案例中,乙因健康权受侵害而至少遭受了医疗费、音乐会门票和奖金等三项损害。这三项损害能否要求甲赔偿,就需要通过责任范围的因果关系加以判断(参见图 7.1.2)。

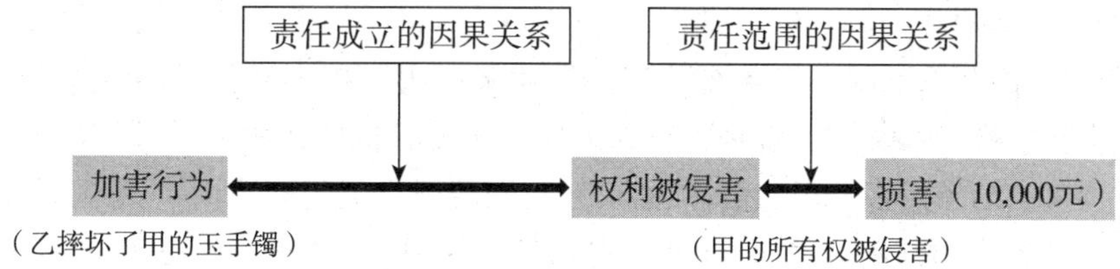

图 7.1.1　两个层次的因果关系(一)

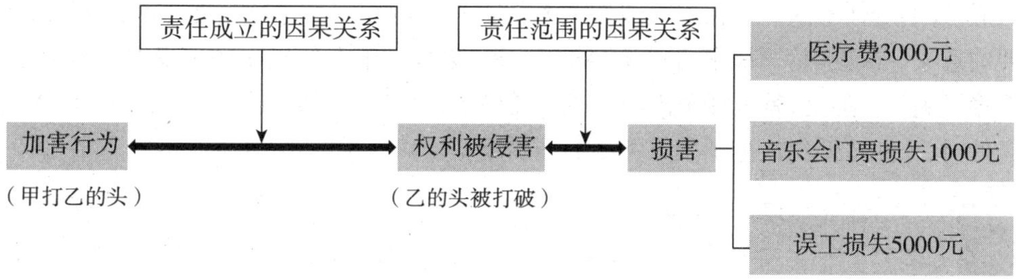

图 7.1.2　两个层次的因果关系(二)

2. 区别

首先,二者的着眼点不同。德国法学家 Ulrich Magnus 曾言:"虽然法院并不总是做出区分,但因果关系有分为两个层次的必要:一方面,在不法行为以及对受害人的权利侵害之间应该存在因果联系(这被称为'责任成立的因果关系')。另一方面,在被侵害的权利(如身体侵害)与后续发生的损害(如为获得救济发生的支出)之间必须彼此存在因果联系(这被称为'责任范围的因果关系')。如果侵害本身就是损害(如侵权行为人除损毁了受害人的财产没再发生其他后果),这种区分并不必要,甚至也不重要。但更多时候,在权利侵害和实际损害是单独的事件时,在它们之间有必须加以确立的因果关系。"[12] 这就是说,责任成立的因果关系所着眼的是加害行为与权利受侵害之间的联系,是从权利受侵害之事实方面进行的考察,而非如同不法性那样着重于抽象权利受侵害的认定。因此,责任成立因果关系的实质是**初始损害因果关系**,一旦该因果关系成立,则责任构成要件得到满足。责任范围因果关系实质上是**后续损害因果关系**。换言之,当初始损害为全部损害,而不发生后续损害时,责任范围因果关系就没有纳入考量的余地。但是,如果存在后续损害,就需要对该损害与加害行为间的因果关系再行考

〔12〕 Spier, Jaap, eds., *Unification of Tort Law: Causation*, Kluwer Law International, 2000, pp. 63－64.

察,然后确定该损害是否属于责任范围。

其次,是否属于侵权责任构成要件上的不同。责任成立因果关系解决的是肇因(Verursachung)问题,即在与权益受侵害相关的诸多事实中,确定人的行为是否与权益受侵害存在客观上的联系。只有当人的行为与权益受侵害有因果关联时,行为人才要承担侵权责任。因此,责任成立的因果关系属于客观构成要件。当然,在规范性层面,责任成立的因果关系还要受到另外两个要件——违法性与过错的限制。责任范围的因果关系则是在侵权责任成立后,用来解决责任范围问题的。它决定的是,行为人究竟应当对受害人因权益被侵害而遭受的损害中的哪些损害负担赔偿义务,侵权人应承担多大范围的赔偿责任。所以,责任范围的因果关系属于损害而非责任构成要件的问题。〔13〕它解决的是因权益被侵害而带来的"后续损害"中哪些要赔、哪些不要赔的问题。

再次,与过错的联系不同。权益被侵害也称"**初始侵害**",损害又称"**结果侵害**"。过错通常只与初始侵害有联系,所谓过错,就是指行为人应当预见且能够预见初始侵害的发生,而不要求预见结果侵害。结果侵害能否赔偿,须由责任范围的因果关系解决。〔14〕德国联邦最高法院认为:"根据一直以来的判例,可预见性并不包括具体的损害过程与损害发生的方式。只要加害人能够一般性地预见到出现造成损害结果的可能性就足够了。……此种损害的发生过程属于责任范围的因果关系,该因果关系中并不包含过错。"〔15〕

最后,证明责任不同。责任成立因果关系与责任范围因果关系之区分在民事程序法上具有重要的意义。依据《德国民事诉讼法》第286条,法官对于责任成立的因果关系可完全依自由心证加以确认。但是,就责任范围因果关系的确认,只有符合《德国民事诉讼法》第287条规定的条件时,才能降低责任范围因果关系的证明度。〔16〕

提　示

责任成立因果关系和责任范围因果关系的区分只适用于权利侵害型侵权行为,即《德国民法典》第823条第1款规范的侵权行为。对于《德国民法典》第826条规范的背俗加害型侵权行为,此种区分没有意义。因为,此类侵权行为不以民事权益被侵害为前提,所以只需要考察违背善良风俗的加害行为与损害之间的因果关系即可(参见图7.1.3)。〔17〕

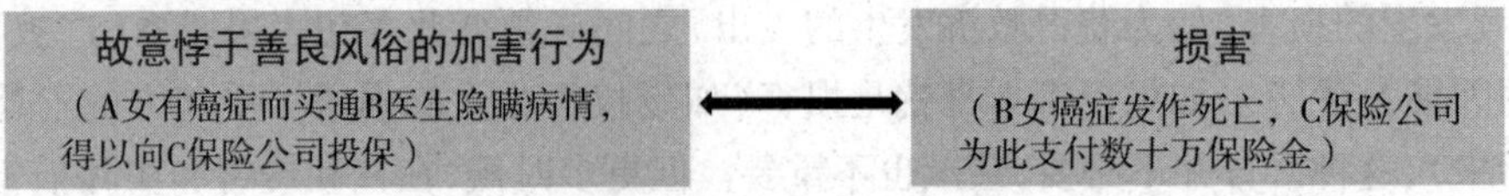

图7.1.3　背俗加害型侵权行为的因果关系

---

〔13〕Deutsch/Ahrens, Deliktsrecht, 5. Aufl. 2009, Rn. 46.

〔14〕[荷]施皮尔主编:《侵权法的统一:因果关系》,易继明译,法律出版社2009年版,第86页。

〔15〕Fuchs, Deliktsrecht, 5. Aufl. 2004, S. 86.

〔16〕MuenchKommBGB/Wagner, 4. Aufl. 2004, §823 Rn. 300.

〔17〕Dirk Looschelders, Schuldrecht Allgemeiner Teil, 6. Aufl., Rn. 893.

(二)事实因果关系与法律因果关系

1. 含义

在普通法系的侵权法中,当原告要求被告承担侵权赔偿责任时,必须证明两点:首先,被告的行为事实上造成了原告的损害;其次,原告遭受的损害在法律上不是被告的行为对原告所导致的过于遥远的结果,以致被告无须为此负责。[18] 简言之,因果关系的证明被分为两个阶段:第一个阶段要建立被告侵权行为与原告损害之间事实上的联系(the causal link),第二个阶段要判定损害是否过于遥远(remoteness)以致被告不应承担赔偿责任。[19] 第一阶段的因果关系被称为"事实因果关系"(factual causation),第二阶段的因果关系被称为"法律因果关系"(proximate/legal causation)。[20]

事实因果关系是指被告的侵权行为、可归责于被告的某人的行为或被告必须加以控制的物件在事实上是否对损害的发生具有原因力。简言之,此等行为或物件是否属于原告所受损害之**事实上的原因**(cause in fact)。在这个阶段,不论损害的发生是否仍有其他原因,只要被告行为促成了损害的发生就认定为具有事实因果关系。

法律因果关系考量的主要是,有无存在被告的行为或可归责于被告的某人的行为或被告必须加以控制的物件之外的其他因素的介入,以致原告所受的损害与该等行为或物件的关系过于遥远,从而减轻或免除被告的赔偿责任。

2. 区别

区分事实因果关系与法律因果关系最主要的意义在于将事实判断问题与法律价值考量问题进行适度的区分。判定事实因果关系的工作主要是或者说原则上是一个**机械论的测试**(mechanistic test),它不包含法政策的考量,而仅依赖自然科学加以验证。也就是说,考察这一层次的因果关系主要是通过科学的手段解决事实上的因果律问题,认定加害人的加害行为实际上是否对损害的发生具有原因力。在该阶段不考虑是否还存在其他对损害的发生具有原因力的事件或行为。如果被告的行为与损害之间没有任何事实上的联系,那么案件到此就结束了,无须考虑后面的法律因果关系问题。

至于法律因果关系,其实质在于:法律上应基于政策性判断,避免使加害人由于社会生活因果关系链条的无限延伸而承担过重的责任。所以,在判定法律因果关系时,**政策性因素**扮演着非常重要的角色。该层次因果关系的核心问题就是确定损害赔偿的范围,即被告应就其行为所造成的哪些后果负责。虽然基于自己责任原则,每个人都必须为自己行为的后果负责,但是,任何人都不能也不应为无限延伸因果关系链条上的所有结果负责,否则就会出现如同"少了一颗铁钉亡了一个国家"那样的荒谬结论。[21] 要求有过错的侵权行为人为如此遥远的(too

---

〔18〕 W. V. H. Rogers, *Winfield and Jolowicz on Tort*, 13th ed., Sweet & Maxwell, 1989, p. 131; B. S. Markesinis & S. F. Deakin, Tort Law, 4th ed., Clarendon Press, 1999, p. 174; *Clerk & Lindsell on Torts*, Sweet & Maxwell, 7th ed., 1995, p. 39.

〔19〕 *Clerk & Lindsell on Torts*, 7th ed., Sweet & Maxwell, 1995, p. 40.

〔20〕 《美国侵权法重述(第二次)》明确采用了事实因果关系与法律因果关系的二元划分,其第430条规定:"惟有行为人的行为对他人有过失且该行为人之过失属于该他人损害之法律原因时,过失行为人方就该他人之损害负赔偿之责。"

〔21〕 此乃英国的童谣,该童谣唱到:"少了一颗铁钉,便失了马蹄铁;少了马蹄铁,便失了一匹马;少了一匹马,便少了一位骑士;少了一位骑士,就输了一场仗;输了一场仗,就亡了一个国家。"

remote)后果负责,于法不合,于理有悖,在法律与道义上都是过分的。[22] 通过法律因果关系的判断,法院可以基于公平正义、公共政策等价值考量决定被告就多大范围的损害承担责任,从而有效地实现侵权法的各项功能。

第二节 比较法上因果关系的判断标准

一、普通法系的因果关系判断标准

(一)事实因果关系的判断标准

在普通法中,判断事实因果关系的经典标准是"but for"规则(but - for - test)。该标准通过提出一个假设的问题来判定被告的行为是否属于造成损害的必要条件。在作为的案件中,该问题的表述是:"如果没有(but for)被告的行为,原告的损害是否会发生?"倘若答案是否定的,即损害不会发生,那么被告的行为就属于损害的必要条件;如果损害仍会发生,则被告的行为就不是损害的必要条件。在不作为的案件中,该问题则表述为:"如果被告积极履行了作为义务,原告的损害是否仍会发生?"如果回答是,则不作为并非损害的必要条件;反之,就属于必要条件。例如,在 Barnett v. Chelsea and Kensington Hospital 案中,原告指控被告医院在其丈夫发生呕吐时过失未做检查,致其丈夫死亡。法院认为,原告的丈夫系死于砒霜中毒,就当时情形而言,即便医院正确地诊断也无法避免原告丈夫死亡。因此,被告的过失行为与原告丈夫的死亡没有事实因果关系。[23] 再如,在 Waugh v. Suburban Club Ginger Ale Co. 案中,[24]卡车司机右转弯时没有打方向灯,与一辆摩托车相撞发生车祸。法院经审理查明,即使当时卡车司机打了方向灯,骑摩托车的人仍然不可能看见。因此,卡车司机没有打方向灯与本次车祸没有事实上的因果关系。

依据"but for"规则,损害与被告行为之间的事实因果关系通常由原告举证证明,原告应当提出证据来合理地得出这样一项结论,即被告的行为很可能造成其所受之损害。[25] Markesinis 与 Deakin 认为,这意味着原告必须通过**概率上的优势**来证明事实联系的存在,如果用数字来表示的话,就是被告的行为造成损害发生的概率在50%以上。[26] 只有当原告证明了被告的行为引发损害的可能性要高于其不会引发损害的可能性,才可能胜诉。如果原告证明了损害发生的概率为51%,即便被告的行为不会导致损害发生的概率有49%,法院仍应认定因果关系全部存在;反之,如果原告只证明了损害发生的概率为49%或50%,法院将认定因果关系全部不存在。这种通过比较盖然性或概率的检验方法导致的后果就是"要么全有,要么全无"(all or nothing)。此种证明规则意味着,即便被告的行为事实上并非原告损害后果的原因,被告的行为在侵权法上仍然可能会被认为是该后果的原因。[27]

---

〔22〕 John G. Fleming:《民事侵权法概论》,何美欢译,香港中文大学出版社1992年版,第100页。

〔23〕 [1969]1QB 428;See also McWilliams v. Sir William Arroll & Co. Ltd. [1962]1WLR 295.

〔24〕 83 U. S. App. D. C. 226,167 F. 2d758 (C. A. 1948).

〔25〕 W. V. H. Rogers, *Winfield & Jolowicz on Tort*, 16th ed., Sweet & Maxwell, 1989, p. 218.

〔26〕 B. S. Markesinis & S. F. Deakin, *Tort Law*, 4th ed., Clarendon Press, 1999, p. 178.

〔27〕 [澳]彼得·凯恩:《侵权法解剖》,汪志刚译,北京大学出版社2010年版,第193页。

在大多数案件中,通过比较概率来确定是否存在事实因果关系,不会产生太大的问题。但是,在有些加害行为与损害后果的因果关系无法准确加以计算,甚至无法通过科学证据加以准确查明的案件中,“要么全有,要么全无”的做法就存在问题。例如,患者本身患有严重疾病(具有相当程度的死亡概率),即便认定医疗机构存在过失,该过失行为也只是患者死亡的原因之一。被告的过失仅仅是增加了患者死亡的概率而已,要求原告证明被告的医疗过失导致患者死亡的概率超过50%,显然是不可能的。再如,原告在一座煤窑中工作后感染了皮炎,就原告被暴露在灰尘中这一事实而言,被告是没有过错的。因为这是原告从事的工作所不可避免的。然而,因被告没有在工作场所提供洗浴设备而违反了普通法上的注意义务。法院面临的问题是,原告是否能够证明他感染皮炎是因为缺乏洗浴设备所致。医学证据不能清楚地证明,在工作时间暴露于灰尘中如果有洗浴设备可供使用的话,原告本不会感染皮炎。

为了解决上述问题,判例和学说提出了两种理论。其一,**风险增加理论**,即只要被告的行为显著地增加了原告遭受损害的风险即可,无论被告的行为导致原告损害的概率是否超过50%。在上述原告感染皮炎的案件中,英国上议院终审判决采取了这一观点。Wilberforce 勋爵认为,在没有确实的证据证明过错与损害之间的联系时,如果被告因过失增加了原告遭受损害的风险且该风险随后被现实化时,被告应当承担责任。他说:“一个人违反了注意义务,制造了风险,并且在这一风险范围内伤害发生了,损害应由此人承担,除非他能够证明还存在别的原因。这是一项合理的政策。”这样一来,实际上就将举证责任转移给了被告。此种做法的理论基础在于:在这些案件中,由于医学上无法确切地证明损害是由于一个而非另一个潜在的伤害原因所致,所以原告面临着固有的困难。此时“如果有人问究竟工人或雇主哪一方应当承担此种固有证据困难的不利后果,答案是基于政策或正义的考虑,应当由那个已经预见到了损害的可能性的制造风险之人,他们应当承担这样的不利后果”。[28]

其二,**机会丧失理论**,即改变对损害本身的认定,认为原告的损害不是其所遭受的损害,而是避免损害的机会。[29] 因此,通过盖然性的比较,原告只要能够证明被告的行为使其丧失了一定比例的避免损害的机会,就可以认为原告完成了因果关系的证明责任。至于损害赔偿的数额,则依据减少的机会比例(如生存的概率或者治愈的概率)加以计算。美国多数州在医疗损害纠纷中采取了此种机会丧失理论。例如,在一个案件中,受害人为肺癌患者,因医疗过失而死亡,不过就算没有医疗过失,受害人治愈的可能性也仅有28%,法院认为,“患者向医疗专业人员寻求医疗帮助,有权期待获得适当的照顾,由于医疗人员的过失而降低了其生存的机会,应当获得赔偿”,至于赔偿的数额,以最后伤害或死亡的全部损害数额乘以机会丧失的比例即可算出。[30]

(二)法律因果关系的判断标准

法律因果关系(legal causation)也称“最近因果关系”(proximate causation)、“损害的遥远性”(remoteness of damage)。法律因果关系的本质在于损害赔偿范围的确定,它解决的问题是,被告应当就其行为所造成的哪些后果负法律责任。即便被告的行为符合“But for”规则,是原告损害的事实上的原因,但是要求被告对全部的或者部分的损害负责也会产生正当性上的

---

〔28〕 B. S. Markesinis & S. F. Deakin, *Tort Law*, 4th ed., Oxford: Clarendon Press, 1999, pp. 178 – 179.

〔29〕 陈聪富:《因果关系与损害赔偿》,台北,元照出版有限公司2004年版,第197页以下。

〔30〕 Roberts v. Ohio Permanente Medical Group, Inc. 668 N. E. 2d. (Ohio 1996).

疑问。因为事实上的原因并不等于法律上的原因,被告的行为可能与损害的关系过于遥远或者被告的行为仅是损害发生的一个条件而已。[31] 普通法判例和学说就如何认定判断法律因果关系提出了很多标准,主要的有以下几项。

1. 直接后果说(the direct consequences)

直接后果说,也称直接因果关系说(the direct - causation)。在美国,该理论是由 Joseph H. Beale 教授于 1920 年发表于《哈佛法律评论》的一篇论文中首加倡导的。[32] 在该文中,Beale 教授认为,所谓最近因果关系中的“proximate”并非指时空上的最近,而是指在不法行为与损害后果之间没有太多新的原因介入其中。申言之,倘若被告的积极行为在没有外因介入的情况下直接产生某项损害结果,该结果就属于直接后果,至于被告是否能够合理地预见,无关紧要。如果在被告的行为之后介入了某一新的独立的原因,因该原因引发了损害后果,那么损害就不是被告行为的直接后果。但是,这一事后介入的原因倘若是由被告在先行为所引起的,则被告行为的积极作用事实上仍然在借助着这一介入原因得以继续发挥,因此被告的行为依然属于法律上的原因。具体来说,直接后果理论的分析过程可以分为两步:首先,被告只对这样一些行为负责,即该行为对于损害结果具有直接引发的作用;其次,凡是被告行为导致的直接损害后果,无论一个合理的人是否预见该后果,被告都必须就其负责,亦即被告的行为均成为损害后果发生的法律原因。

在英国,直接后果理论最早出现在 1920 年的 Weld - Blundell v. Stephens 案中,是由 Sumner 勋爵提出的。在 1921 年的“Re Polemis”案中,英国上诉法院采纳了直接后果理论。该案案情为:一艘被租赁的船舶正在卡萨布兰卡卸货,租船人的搬运工在搬运货物的过程中不小心将一块木板掉进了该船的货舱里。船上有一部分货物是桶装汽油,已有一些汽油漏出来了,木板掉下来激起的火星点燃了汽油,最终将整艘船给烧毁了。上诉法院认为:“如果这一行为将会或可能会造成损害,该行为确实已造成的损害并非人们能够预见的那种损害并不重要,只要该损害确实是由于过失行为充分地、直接地引起的,而非与过失行为无关的独立的原因——除非这些原因无可避免地会产生此种后果——所引起的。一旦行为具有过失,其所引发的后果无法预见并不重要。”[33] 于是,法院判令租船人承担该船烧毁的损失共 20 万英镑。

在直接后果理论中,最困难的问题就是何为“直接”的后果、何为“非直接”的后果? Beale 教授认为,所谓直接后果,是指在既存的条件之下,因被告行为的作用且在没有积极的独立存在的外力作用之下,依事件发展的通常过程所导致的后果。而非直接后果是指被告行为之后发生的,独立于该行为且具有异常或自愿性质的其他行为或事件所引发的后果。[34] 英国的 Scurtton 贵族法官在“Re Polemis”案中曾对直接后果作过界定。他说,在符合下列情形时,损害是间接的,即损害是“因与过失行为无关的独立原因——除非这些原因无可避免地会产生此等结果——之作用而生”。[35]

---

〔31〕 Simon Deakin, Angus Johnston & Basil Markesinis, *Markesinis and Deakin's Tort Law*, 7th ed., Clarendon Press, 2013, p. 241.

〔32〕 Joseph H. Beale, *The Proximate Consequences of an Act*, 33 Harv. L. Rev. 633, 1920, pp. 634 - 658.

〔33〕 Re Polemis and Furness, Withy & Co., See B. S. Markesinis & S. F. Deakin, *Tort Law*, 4th ed., Oxford: Clarendon Press, 1999, p. 197.

〔34〕 Joseph H. Beale, *The Proximate Consequences of an Act*, 33 Harv. L. Rev. 633, 1920, pp. 634 - 658.

〔35〕 W. V. H. Rogers, *Winfield and Jolowicz on Tort*, 13th ed., Sweet & Maxwell, 1989, p. 140.

综上可知，依据直接因果关系说，只要自侵权行为发生时起，没有任何事件中断该行为，行为人就必须对该行为所造成的任何损害后果承担责任，即便行为发生时行为人无法预见该损害后果也不例外。

2. 合理预见说(reasonable foreseeability)

最先提出合理预见说的是英国 Baron Pollock 法官，他在 1850 年的 Greenland v. Chaplin 案与 1859 年的 Rigby v. Hewitt 案中认为，在决定被告是否具有过失的时候，可预见性与损害的危险应属相同的标准，该标准应决定被告就其过失侵权行为承担法律责任的范围。被告不能为一个合理的人所无法预见的损害后果承担法律责任。合理的预见与这样一个问题相关，即"被告向原告负有任何注意的法律义务吗?"它与另外一个问题无关，即"如果被告违反了法律义务，这一违反义务行为的后果过于遥远吗?"[36] 按照实务界普遍接受的观点，所谓可预见的损害，是指按照事物发生、发展的过程而自然地、可能地产生的结果。[37] 因此，判定法律因果关系的标准与判定被告是否具有过失的标准在合理预见说的基础上被统一起来，无非过失是对某种作为或不作为的结果的主观心理状态，而既然那些后果必然是可以预见的，所以就不能以过失为由要求行为人对其可预见的结果以外的事故负责。[38]

在英国，运用合理预见理论最为著名的案件就是 Wagon Mound No. 1 案。该案原告在澳大利亚的悉尼市经营一座造船与修船的码头，被告的货轮 Wagon Mound No. 1 停留在离该码头约 600 英尺之外。由于过失，被告的船泄漏了大量的火炉用油，结果污染了原告的码头，导致原告停止了其在进行的两艘船舶的修理工作。当得知这些泄漏出来的油不会被焊接时的火花点燃时，原告继续进行船舶的焊接修理。两天半后，工人焊接时的一块铁片掉下来，点燃了棉花等废弃物，进而使漂泊在码头附近的火炉用油被点燃了，结果烧毁了原告的码头以及正在修理的两艘船舶。法院认为，因被告过失泄漏火炉用油而污染原告码头所造成的损害是被告可以合理预见的，但是，因此引发火灾而造成的损害却是被告无法合理预见的，所以该损害不能得到赔偿。该案主审法官 Viscount Simonds 在判决中写道："由于一项具有过失——无论该过失多么微小或可以宽恕，其产生的后果是一些微不足道的可预见的损害——的行为，行为人就应当为由此产生的所有后果负责，无论该后果多么无法预见、多么严重，只要它们是所谓直接的结果，这样做显然不符合当代的公平观念或道德观念。作为一项民事责任原则的是，人们必须为其不适当行为的可能后果负责。对他要求过多，将是一项过于苛刻的规则；对他要求过少，则忽视了文明社会秩序中的最低行为标准的要求。"[39] 英国枢密院(Her Maiesty's Most Honouralde Privy Council)在该案中废弃了 Re Polemis 案采用的直接后果理论。枢密院认为，Re Polemis 案并未确立一个好的法律规则，"只有合理人的预见才是决定责任的标准。Re Polemis 案规则用直接的后果来替代合理预见的后果得出了一项既不符合逻辑也不公平的结论"。[40]

美国采用合理预见理论的经典案例就是 1924 年的 Palsgraf v. The Long Island Railroad Company 案。该案判决意见由著名法官**卡多佐**(Cardozo)撰写，该案也成了有史以来最著名的

---

〔36〕 W. V. H. Rogers, *Winfield and Jolowicz on Tort*, 13th ed., Sweet & Maxwell, 1989, p. 139.

〔37〕 William L. Prosser, *Handbook of the Law of Torts*, 4th ed., St. Paul. Min: West Publishing Co., 1971, p. 252.

〔38〕 Goodhart, *Liability for the Consequences of a "Negligent Act"*, Essays in Jurisprudence and the Common Law, 1931.

〔39〕 B. S. Markesinis & S. F. Deakin, *Tort Law*, 4th ed., Oxford: Clarendon Press, 1999, at 196.

〔40〕 W. V. H. Rogers, *Winfield and Jolowicz on Tort*, 13th ed., Sweet & Maxwell, 1989, p. 141.

美国普通法判例之一,“也许是最重要的侵权法判例”。[41] 该案案情为:1924 年 8 月 24 日,一位迟到的乘客赶到长岛铁路公司所属的纽约东站,奋力地要挤进一节拥挤的车厢。此时,火车已经启动,站台上的警卫将此人推上了车,车上的警卫在门未关的时候也帮忙拉了该人一把,结果该乘客将一个包裹掉下了列车。列车开动后,车轮碾压了该包裹。由于包裹中装的是烟花爆竹,结果引发了爆炸。“先是一声巨响,接着是几次不大的爆炸和转瞬即逝的烟火。最接近爆炸的车厢剧烈的震动,车窗被震碎。大爆竹的碎片炸到了月台上,击中了附近的人。爆炸的强大冲击力还炸飞了月台的一部分,炸翻了 10 英尺之外的一个磅秤,磅秤的玻璃摔碎,机器失灵。”[42] 磅秤倒地时砸伤了一位名叫 Palsgraf 的女士。她于 1924 年 10 月起诉了长岛铁路公司,指控被告的诸多过失与疏忽导致了其伤害,要求被告承担赔偿责任。一审法院裁定铁路公司赔偿原告 6000 美元。铁路公司于 1927 年向纽约州上诉法院提起了上诉。同年 10 月 21 日,该案在上诉分庭辩论。纽约州上诉法院在 1928 年 2 月 24 日以 4∶3 的票数作出判决,撤销了初审法院的裁定。卡多佐法官撰写了多数意见书,他在判决书中写道:如果 Palsgraf 夫人以过失侵权(negligence)作为诉因,那么,她必须证明铁路公司警卫的行为违反了对她的谨慎义务。但是,她没有做到这一点。警卫往车上推一把携带包裹的乘客“对于站在远处的原告而言,算不上过错……除非生命更新,人人脱胎换骨,否则就不能要求如此之高的预见作为行为规范,作为行为必须与之相符的习惯标准”,“可合理预见的风险界定承担责任之范围,若在预料之中,则对另一人或他人构成风险”。警卫的行为“在具有通常谨慎标准的人来看,显然没有构成[对 Palsgraf 夫人的]威胁”。“对她而言,至少在表面看来,[警卫的]行为无危险、无害。”[43] 简言之,在 Palsgraf 案的判决中,卡多佐法官确立了这样一个推理过程:首先应判定被告是否负有注意义务(duty of care,或称谨慎义务),如果没有此种义务,则被告无过失,那么被告根本不需要就无法预见的损害后果对原告承担任何责任。卡多佐法官在判决中的意见很快为《美国侵权法重述(第一次)》第 281 条所采纳。《美国侵权法重述(第二次)》继续采纳了该意见,该重述第 284 条规定:“过失行为是指下列行为之一:(a)行为人作为一个合理的人应当察觉到的有致他人利益受损之不合理危险在内的行为;或(b)怠于实施此种行为,即该行为对于保护或帮助他人是必要的且行为人是有义务这样做的。”

如果说直接因果关系说是一种事后的评判,那么合理预见说就是一种事先的评判,即行为人只需要对其事先能够合理预见到的损害后果负责,而不是对于其行为所造成的任何损害后果负责。归纳起来,合理预见说的主要内容包括:首先,至少在通常情形之下,原告必须属于可以合理预见的因被告之行为而处于危险中的那一群人中的一位。其次,如果损害是因侵害人身权、财产权等绝对权而造成的,那么只要此种损害的种类能被合理地预见即可。至于被告是否能合理预见该损害的范围、程度或其发生的方式,在所不问。如果损害属于纯粹财产损失,那么被告只对其合理预见范围内的损失负责。再次,如果损害发生的可能性极为明显而采取预防措施的成本又极为微小,那么对损害发生的微小可能的预见就足以令被告承担责任。复次,如果继起的损害与已被预见且要求采取预防措施的损害属于同一种类,即便该继起的损害

---

〔41〕 此为美国著名侵权法学家 Prosser 教授的评语,参见[美]A. L. 考夫曼:《卡多佐》,张守东译,法律出版社 2001 年版,第 292 页。考夫曼教授在该书的第 16 章详尽探讨了卡多佐法官审理该案的过程及判决理由,值得参阅。

〔42〕 New York Times,1(Aug. 25,1924). 转引自[美]A. L. 考夫曼:《卡多佐》,张守东译,法律出版社 2001 年版,第 291 页。

〔43〕 以上内容皆转引自[美]A. L. 考夫曼:《卡多佐》,张守东译,法律出版社 2001 年版,第 301 页。

不同于先前的损害且超出了被告的预见范围,被告也应当就该继起的损害承担责任。最后,在极少数案件中,即便损害的结果是可预见的,但是由于该损害过于微小且过于遥远以致无法要求被告赔偿,那么也认为此时并无法律因果关系存在。〔44〕

二、德国法上因果关系的判断标准

(一)条件说

德国法上判断责任成立因果关系是采用与"But for"规则基本相同的所谓"**条件说**"(Bedingungstheorie)或"**等值理论**"(Aequivalenztheorie)。〔45〕 此学说认为,现实生活中,导致权益被侵害的事实可能有很多,但是,只有那些"不可想象其不存在的条件,才属于结果的原因"(condito sine qua non,notwendige Bedingung)。〔46〕 依据条件说,虽然被告的行为引发了损害,但是,即便将被告的行为从中抽走,假设其从事其他的行为,依然无法避免损害的发生,此时如果仍将(被告根本无法防止的这种)损害归责于被告,显然是不合理的。所以,条件说旨在将无可避免的损害排除在外,使被告无须对之负责。由此可见,条件说对因果关系的检测实际上就是比较两个因果关系组,"从第一组中抽出责任成立的事件,而在另一组中则保留这一事件。在假设地抽去了责任成立事件的链条中,如果不会导致不利的后果,那么该事件即为条件。我们结合这两个因果组并进行追问,是否该行为或侵害被忽略时,结果就不会发生。如果人们能够忽略某一行为或侵害,而损害同样发生,那么该行为或侵害就不是损害的原因"。〔47〕 具体而言,检验被告的行为与权益被侵害之间是否存在条件关系的方法有以下两种:

1. **剔除说**(Hinwegdenken)。依据该学说,"如果人们在观念上将(实施行为的)被告从诉争事件的集合中加以剔除,结果显示中介原因的序列依然不变,该行为及其结果很明显是与被告无关的……如果情况是,一旦将被告从事件当中剔除后,结果就不会发生,或者以一种完全不同的方式发生,就足以证明该结果是由被告引发且为其行为所生之效果"。〔48〕 因此,在作为的侵权案件中,人们可以通过问这样的问题来判断有无责任成立的因果关系,即"倘若没有行为人的加害行为,受害人的权益是否会被侵害?"如果答案是否定的,行为与权益被侵害之间则有因果关联;如果答案是肯定的,行为与权益被侵害之间就没有因果关联。〔49〕

2. **替代说**(Hinzudenken)。如果加害行为是不作为,应先假设在发生权益被侵害的事故时,行为人履行了应尽的作为义务。此时,倘若权益被侵害的结果如同行为人未履行作为义务时一样发生了,则不作为与权益被侵害之间没有因果关联。如果在行为人履行了作为义务时,权益就不会被侵害,那么不作为与权益被侵害之间就存在因果关联。这就是替代说的基本内容。故此,在不作为的侵权案件中,人们通过这样一个问题来判断不作为是否属于权益被侵害的条件,即"如果行为人积极履行了作为的义务,权益是否仍会遭受侵害?"如果回答是肯定的,则行为并非权益被侵害的必要条件;反之,就属于必要条件。例如,A 公司的游轮上未安装符

---

〔44〕 R. A. Percy, *Charlesworth & Percy on Negligence*, 10th ed., Sweet & Maxwell, 2001, p. 307.

〔45〕 所谓等值,是指造成权益被侵害的所有条件具有同等的价值(gleichwertig)。

〔46〕 Brox/Walker, Allgemeines Schuldrecht, 31. Aufl., 2006, § 30 Rn. 2; Fikentscher/Heinemann, Schuldrecht, 10. Aufl. 2006, Rn. 622.

〔47〕 [德]埃尔温·多伊奇、汉斯-于尔根·阿伦斯:《德国侵权法——侵权行为、损害赔偿及痛苦抚慰金》,叶名怡、温大军译,中国人民大学出版社 2016 年版,第 22~23 页。

〔48〕 H. L. A. Hart & Tony Honoré, *Causation in the Law*, 2nd ed., Clarendon Press, 1985, p. 443.

〔49〕 上海普鑫投资管理咨询有限公司诉中银国际证券有限责任公司财产损害赔偿纠纷案,载《最高人民法院公报》2014 年第 10 期。

合要求的防护铁链,以致乘客甲掉进大海。如果该船上安装了防护铁链,甲就不会失足掉入大海,则A公司的不作为与甲的权益受侵害存在因果关系。

(二)相当因果关系说

条件说只是对因果关系进行一种自然科学意义上的检测,无法解决可归责性的问题。依据该学说,所有对于权益被侵害这一结果之出现不可或缺的条件都是原因,具有同等的效力,不存在孰轻孰重。因此,只要行为人的行为是损害的必要条件之一,就要承担侵权责任。这样一来,势必使得那些完全不真实的因果关系以及过于遥远的原因都被涵盖进来了,因果关系链条将被无限制地加以延伸,[50]责任范围也将由此变得漫无边际。因此,在责任范围因果关系的判断上,有必要通过规范性的归责标准加以限制,在造成权益被侵害的原因中区分重要原因与不重要的原因,[51]从而恰当地控制侵权人的赔偿范围。[52] 由此,就产生了判断责任范围因果关系的重要标准——相当因果关系说。[53]

相当因果关系说也称相当性理论(Adüquanztheorie),其现代形态是由弗莱堡大学心理学家冯·克里斯(von Kries)于1886年在《概率测算原理:论客观可能性之概念》(*Die Prinzipien der Wahrscheinlichkeitrechnung:Über den Begriff der objektiven Möglichkeit*)一书中率先提出的。[54] 他认为,作为原告损害条件的被告的行为(或应由其负责之事件),如果极大地增加了此种损害发生的客观可能性(objektive Möglichkeit),那么该行为就属于损害的充分原因(an adequate cause)。测算被告的行为是否极大地增加了此种客观之可能性,应当在被诉侵权人实施侵权行为之时已知或应知的所有情形的基础上,并结合以经验为基础的一般实践性知识(general practical knowledge)加以认定。德国民法学家恩内瑟鲁斯(Enneccerus)与雷曼(Lehrmann)以相反的方式表述了上述理论。他们认为,属于充分原因的条件一定不能是这样的条件,即对于诉争损害的发生概率不会产生影响的,且仅在某些极端特殊的情形之下才成为损害发生的条件。[55] 申言之,成为充分原因的条件必须同时符合两个特征:其一,该条件的存在对于诉争损害的发生概率产生了影响;其二,该条件并非在某些极端特殊的情形下才成为引发损害的条件。

在相当因果关系说中,争论最大的问题就是应以何种标准判断是否增加了损害发生的客观可能性。该学说的创始人冯·克里斯教授是以“个人的先见”(individual foresight)为标准。吕梅林(Rümelin)教授则认为,这并不妥当,应当以“客观的事后认识”(objective hindsight)为标准。申言之,应当结合人类的实践性知识与条件发生时的所有情况,以最好的洞察力为标准

---

〔50〕 Brox/Walker, Besonderes Schuldrecht, 33. Aufl. 2008, §41 Rn. 29; Fikentscher/Heinemann, Schuldrecht, 10. Aufl. 2006, Rn. 625.

〔51〕 Deutsch/Ahrens, Deliktsrecht, 5. Aufl. 2009, S. 23.

〔52〕 Looschelders教授指出,在责任成立因果关系上,过错提供了一个有效的限制,但是,责任范围的因果关系,因为其与过错不相关,故此有必要通过规范性归责标准进行限制。Looschelders, Schuldrecht Allgemeiner Teil, 31. Aufl. 2006, Rn. 900.

〔53〕 我国学者王伯琦将相当因果关系说归纳为两句话,即“无此行为,虽必不生此损害,有此行为,通常即足生此种损害者,是为有因果关系。无此行为,必不生此种损害,有此行为,通常亦不生此种损害者,即无因果关系”。参见王伯琦:《民法债编总论》,台北,台湾编译馆1956年版,第77页。

〔54〕 B. S. Markesinis, *The Law of Torts: A Comparative Introduction*, The German Law of Obligations Vol. Ⅱ, 3th ed., Clarendon Press, 1997, p. 99.

〔55〕 Tony Honoré, Causation and Remoteness of Damage, *International Encyclopedia of Comparative Law* Ⅺ, 1979, ch. 7, p. 49.

判定。马克西尼斯(Markesinis)教授认为,一方面,冯·克里斯的"个人的先见"对于无过错责任与合同责任案件中的法律因果关系的判断来说过于狭窄,另一方面吕梅林教授的"客观的事后认识"又过于宽泛,以致无法消除条件说的不公正后果。[56] 到了1904年,德国学者特雷格(Träger)教授在其《民法与刑法中的原因概念》(*Kausalbergriff im Zivil – und Strafrecht*)一书中提出了折中说。他认为某事件如果以通常的且明显的方式增加了结果发生的客观可能性,该事件就属于损害的充分原因。具体来说,应考虑以下几点:一位最优的观察者(optimal observer)在事件发生时可以认知的所有情事;且行为人实际知道的其他情事。[57]

相当因果关系说一经提出,就得到了法院的重视。1902年德国帝国法院的判例就采取了这一理论。帝国法院的有关判例认为,确定相当因果关系的依据在于导致损害的行为是否通常(而不是在特殊的、在正常的发展过程中不予考虑的情况)可以引发后果,后果与作为原因考察的事件是否处于并不遥远的、依据通常的人的理性观念一般不会纳入考虑之列的因果关系中。相当因果关系理论的关键在于作为原因被考察的事件是否一般会加大或便利了出现后果的客观可能性。"二战"之后,德国联邦最高法院原则上也接受了相当因果关系理论。联邦最高法院在一则重要的案例中认为:"如果某种事件以一种并非无足轻重的方式通常提高了发生后果的客观可能性,则该事件为该后果的相当条件。具体裁量时应考虑如下内容:其一,事件发生时最优的观察者能观察到的全部情形;其二,引发条件的人除此之外所能知晓的情况。在检讨时,应当使用所有裁判时可供支配的经验知识。相当性测试涉及的实际上并非因果关系问题,而是要获知事件结果上能够公平地被归责于行为人的界限。"[58]

相当因果关系曾是德国司法实务界与理论界判断法律因果关系的主流理论,它旨在以条件的"相当性"来合理地界定侵权责任的范围。[59] 因此,相当因果关系不仅是一种技术性因果关系,更是一种法律政策的工具,是对侵权损害赔偿责任归属的法的价值判断,[60] 即通过法政策的判断对侵权责任进行理性地限定,目的就在于排除加害人就某些极为特殊的原因所造成的损害承担责任,重点是强调行为人的不法行为介入社会的既存状态,并对现存的危险程度有所改变或者增加。换言之,行为人的行为如果增加了受害人既存状态的危险,或者使得受害人暴露于与原危险状态不同的危险状态之中时,就认为行为人的行为与损害后果之间存在相当因果关系。依据相当因果关系理论,不仅最初引发损害的原因事实(条件)与损害之间,而且在因果关系链条中的每一个关节的原因事实(条件)都要与最后造成的损害之间,存在相当因果关系。[61]

由于在侵权纠纷发生时,损害已经发生了,故对于相当性的判断,实际上需要从已经发生的损害出发,来认定在损害发生之前的某一特定原因是否可以导致该损害的产生,这实际上是一种回溯性的思考方式(也可称为"事后诸葛亮"式的思维)。对于相关性的具体判断,需要法

---

〔56〕 B. S. Markesinis, *The Law of Torts*: *A Comparative Introduction*, The German Law of Obligations Vol. Ⅱ, 3th ed., Clarendon Press, 1997, p. 100.

〔57〕 B. S. Markesinis, *The Law of Torts*: *A Comparative Introduction*, The German Law of Obligations Vol. Ⅱ, 3th ed., Clarendon Press, 1997, p. 100.

〔58〕 BGHZ 3, 261. Deutsch/Ahrens, Deliktsrecht, 5. Aufl. 2009, S. 24.

〔59〕 关于"相当性"(Adaequanztheorie)究竟是责任范围因果关系的判断标准,还是责任成立因果关系的判断标准,存在争论,德国联邦最高法院对此也没有加以明确。

〔60〕 王泽鉴:《侵权行为》,北京大学出版社2009年版,第195~196页。

〔61〕 [瑞]海因茨·雷伊:《瑞士侵权责任法》(第4版),贺栩栩译,中国政法大学出版社2015年版,第150页。

官在个案中结合案件的具体情况,行使司法裁量权。

(三)法规目的说

尽管相当因果关系说在德国司法实践中占据主导地位,但该学说还不足以合理地限制侵权责任的范围。法官往往会因损害已发生而同情受害人,从而过于宽泛地认定相当因果关系之存在。为进一步弥补相当因果关系说的不足,一种新的学说——"法规目的说"被发展出来。法规目的说,又称"规范保护目的说"(Schtzzweck der Haftungsnorm),它是20世纪30年代德国学者Ernst Rabel教授所提出的理论,20世纪50年代经过von Caemmerer教授发扬光大,日渐产生重大影响。[62] 该学说认为,因侵权行为所生之赔偿责任须就侵权法规的意义与目的加以探究,尤其要探讨该法规究竟要保护何种利益,即相关法规之意义与目的。就其实质而言,法规目的说在因果关系的认定上主张舍弃任何特定的标准而径直依法规之内容及目的决定因果关系之有无。因此,有学者认为,法规目的说实际上已非因果关系的问题,而是对责任法中的保护性规范进行的结果上合乎逻辑的法解释而已。[63] 法规目的说的特点在于:首先,归责独立于相当因果关系说;其次,在某些情况下,基于规范目的可以将一些完全少见的、非典型的风险事件视作相当因果关系中的原因。

1958年德国联邦最高法院判决的一个案件中采用了法规目的说。该案案情为:原告的摩托车在一条穿过某镇的公路上与对向驶来的被告丈夫驾驶的机动车发生碰撞,原告受伤,两辆车都被撞毁。两名驾车人都因违法行为而被提起刑事诉讼。被告的丈夫被判定构成过失致人伤害,随后因与交通事故无关的原因而死亡。原告也被刑事法院判决支付超速的罚金30马克。在向上一级法院上诉之后,原告因证据不足而被宣告无罪。于是,原告针对被告提起诉讼,要求赔偿其因参与刑事诉讼程序而遭受的损失。地方法院认可了原告的诉讼请求数额的4/5,驳回了其他的诉讼请求。被告提起上诉,上诉法院驳回了原告的诉讼请求。于是原告向联邦最高法院上诉,联邦最高法院支持了上诉法院的判决。联邦最高法院在判决理由中写道:"查找相当因果关系并不能够决定此类纠纷的判决。仅仅从相当因果关系的角度看待这一类问题是目前通常的思维模式,但是它不能总是提供适当的解决方法……在联邦最高法院以前的判决中,很明显,相当因果关系不足以解决限制责任的问题。在寻找其他方法时,von Cammerer注意了这样一个问题,即如果赔偿要求是针对某一行为的结果,那么行为结果是否包含在被违反的法律规范的保护范围之内?在责任的产生是由于违反了保护性法律时(《民法典》第823条第2款),这一问题的提出是常见的并且得到了认可的……这时的责任前提是损害了保护性法律所要保护的利益,亦即损失源于对某项法益的侵害,而法律规范正是为了保护该法益而制定的。但是,如本案一样,赔偿损失的请求权基础在于民法典第823条第1款时,此种界定的标准同样也应适用。此时,首先应当考虑的是,诉争损害是否出于保护目的范围之内。换言之,所涉损害是否出于法律规范针对的风险范围之内。"[64] 据此,联邦最高法院认为,在一起事故中,如果人身和物品遭受损害,《德国民法典》第823条第1款的保护目的范围显然包括恢复健康和修复车辆的费用,必要时还包括收入和使用利益丧失的损失。但是,刑事诉讼的费用

---

〔62〕 曾世雄:《损害赔偿法原理》,中国政法大学出版社2001年版,第112~113页;王泽鉴:《侵权行为》,北京大学出版社2009年版,第210页。

〔63〕 A. Spickhoff, Gesetzesverstoss und Haftung, 1998, S. 260.

〔64〕 Basil S. Markesinis & Hannes Unberath, *The German Law of Torts: A Comparative Treatise*, The German Law of Obligations Vol. Ⅱ, 3th ed., Clarendon Press, 1997, pp. 652-653.

却不包括在内，因为这个范围内，交通事故并没有产生法律所要避免的危险。本案的危险与身体和物品的损害没有关系，而只是因为涉嫌犯罪所导致的结果，这种危险是每个人都可能遇到的。[65]

就法规目的说与相当性理论的关系问题，存在争议。早期的观点认为，法规目的说没有什么作用，它只与“相当性”有关。后来的观点认为，法规目的说是对相当因果关系说的补充。目前，通说认为，相当性的判断以经验科学为依据，涉及的是一个普通的人对于损害后果的一般程度的可预见性。法规保护目的涉及的是立法者为了防止特定损害的发生而通过法律加以规定的特别的预见。因此，在判断责任成立与责任范围的因果关系时，首先要确定有无相当因果关系，尔后再考虑是否符合法规目的。[66] 这就是说，可以将二者结合起来，即所谓相当性的判断，应当以经验知识作为支撑，并建立在常人对损害后果的一般可预见性基础上。规范的保护范围则从立法者的特定先见出发，因为立法者创造了某个规范目的在于阻止特定损害，也即，相当因果关系与法规保护目的二者的视角不同。因此，通常需要检视损害与侵害之间是否有相当因果关系以及损害是否属于规范的保护范围之内。[67]

第三节　我国法上因果关系的判断标准

一、必然因果关系说

（一）主要内容

必然因果关系说来源于苏联民法，该理论在20世纪80年代盛行于我国民法学界。依据必然因果关系说，“所谓因果关系，是指各个客观现象之间的一种必然联系。即某一现象的出现，是在一定条件下必然由另一已经存在的现象所引起的，这前一现象称为原因，而后一现象称为结果，它们之间存在的这种客观的必然联系，就是因果关系”。[68] 必然因果关系理论的具体内容包括以下几项：首先，在判定侵权因果关系之时，只有当违法行为与损害结果之间具有内在的、本质的、必然的联系，即由违法行为到损害结果的运动呈现出符合客观规律的无法避免、确定不移的必然趋势之时，才能认为违法行为与损害结果之间存在法律上的因果关系。其次，在明确因果关系时，须区分原因与条件。行为对损害的发生起决定作用，行为和结果之间是内在的必然的联系的，是原因。行为和结果之间是外在的偶然的联系的，是条件。[69] 而在决定原因制造者法律责任时，应依据违法行为对损害结果的发生所起的作用（民法学界也称为“原因力”）的不同，进一步区分主要原因与次要原因、直接原因与间接原因。[70] 最后，在过错程度相同的情况下，责任的大小取决于原因力的强弱；而在原因力相同的情况下，责任的大小取决于

---

〔65〕［德］马克西米利安·福克斯：《侵权行为法》（第5版），齐晓琨译，法律出版社2006年版，第100页。

〔66〕Deutsch/Ahrens, Deliktsrecht, 5. Aufl. 2009, § 5 Rn. 56.

〔67〕Deutsch/Ahrens, Deliktsrecht, 5. Aufl. 2009, § 5 Rn. 56.

〔68〕佟柔主编：《民法原理》，法律出版社1983年版，第227页。

〔69〕孙亚明主编：《民法通则要论》，法律出版社1991年版，第223页；谢邦宇、李静堂：《民事责任》，法律出版社1991年版，第215页。

〔70〕中央政法干部学校民法教研室编著：《中华人民共和国民法基本问题》，法律出版社1958年版，第332～339页。

过错的大小;在原因力与过错程度都相同的情况下,由当事人平均分担责任。〔71〕

(二)主要缺陷

首先,该学说明显混淆了哲学因果关系与法律因果关系。哲学上的因果关系是认识法律、社会和自然的因果关系的前提和基础,但法律上的因果关系是一个法律概念,其目的在于法律上的归责。在侵权法中,因果关系是基于事实认定基础上,通过价值判断据以确定责任的归属以及责任的范围,它要解决的是人类社会的纠纷与矛盾,明显有别于自然的、日常的或者科学上的因果关系。以哲学上之必然因果关系理论套用到侵权法中,必然出现认定过于严格,受害人无法得到救济的不合理情形。〔72〕

其次,混淆了法律中的事实与科学中的事实。尽管法律程序中查明事实之间的因果关系需要借助科学研究中查明事实之间因果关系的方法,但在法律程序中事实的因果关系是通过不同的当事人的举证行为结合法官的判断加以展现的,这些因素都会造成法律程序中查明的因果关系与透过科学实验展现的因果关系之间无可避免的存在差异。"就事实上因果关系之决定过程而论,事实上原因存在与否并非依赖事实上的证言就可获得,而需就获得的证据加以诠释。在判断者就证据显示的事实加以诠释,以获得意义的过程中,无法避免判断者个人知识能力之影响,而与判断者个人的经验与性格息息相关。在判断过程中,我们所做的判断已非事实判断,而具有评价的意义。在做评价的时候,判断者企图实现的目的无疑将影响判断结果。因而所有的事实推论都含有目的性判断,只不过是以某一理由作为推论的基础而已。"〔73〕一件事情的真相是一回事,将之呈现给法官时又是另一回事。当某一案件的事实进入法律程序后,它已经是经过取舍的或建构的法律事实。同一事件,从不同的角度阐述,往往可以得到不同的版本。因此,侵权法中因果关系存在与否无非是法官在个案的情境中,依据法律规范、立法意旨、经验、常识等所作出的主观决断。必然因果关系理论未能正确地揭示与阐述这些至关重要的因素,所以它更多的是为不法行为人逃脱责任提供口实,而无法具体有效地指导法官审理案件。

自然事实与法律事实之间的差异就是:并非所有的自然事实都能够成为法律事实,只有能够进入法律规范领域,引起法律效果的自然事实才能成为法律事实。人的行为只有在能够引发某种法律关系时才成为法律事实,进入法律规范调整的领域。自然界客观发生的不以人的意志为转移的种种事件,如刮风、地震、洪水等,也只有在能够引发某种法律关系的产生、变更或消灭时,才能成为法律事实。著名法学家凯尔森曾言,"法是人的行为的一种秩序(order)",但"法是人的行为的一种秩序这一说法,并不是指法律秩序仅与人的行为有关,仅人的行为才成为法律规则的内容。一个使杀人成为该惩罚的不法行为的规则,涉及以人的死亡为其效果的人的行为。可是,死亡本身并不是人的行为而是一个生理过程。每个法律规则使人们在一定情况下负有遵从一定行为的义务。这些情况并不必须是人的行为,它们可能是例如我们所

〔71〕 孙亚明主编:《民法通则要论》,法律出版社1991年版,第225页。

〔72〕 王利明教授指出,以哲学上的必然因果关系直接运用到侵权行为法中将产生两个严重的缺陷:首先,不符合侵权归责理论的发展趋势,不利于对受害人的保护。此种学说要求受害人对因果关系的存在证明到非常精确的地步,给其施加了过重的负担。其次,此种学说严格地限制了法官的自由裁量,排除了法律上判断因果关系时的价值考量过程。参见王利明:《侵权责任法研究》(上卷),中国人民大学出版社2010年版,第450页。

〔73〕 Malone, Ruminations on Cause-in-Fact, 9 Stan. L. Rev. 60, 61-62 (1956),转引自陈聪富:《侵权行为法上之因果关系》,载《台大法学论丛》第29卷第2期。

称的自然事件。一个法律规则可能使洪水受难者的邻居负有援助受难者的义务。洪水并不是人的行为，但它是法律秩序所规定的人的行为的条件。在这一意义上，并非人的行为的事实就可能成为法律规则的内容。但是，它们之可以成为法律规则的内容，只因为它们同人的行为有关，或作为其条件，或作为其效果”。[74]

最后，必然因果关系说将条件排斥在因果关系考察范围之外也非常不妥。必然因果关系理论区分条件与原因，并认为只有当加害行为必然导致损害发生时，才属于原因，方能认定加害行为与损害结果之间存在法律上的因果关系，这是有重大缺陷的。因为，现实生活中固然存在某些加害行为必然导致损害结果发生的情形，但更多的情形是加害行为仅偶然引发了损害结果。例如，就证券市场虚假陈述侵权责任而言，人们几乎无法肯定地说，被告的虚假陈述行为必然会导致原告遭受投资损害，只能认定在哪些情形下此种行为更可能造成这一损害。所以，必然因果关系理论实际上是人为地缩小了责任客观基础的做法，极不利于对受害人合法权益的保护。[75] 此外，随着现代科学的发展，在现代工业引发的各种侵权损害赔偿案件中，也几乎无法认定被告的加害行为与损害结果之间存在所谓必然的因果关系。此时，只能依据概率来判断加害行为在多大的程度上可能造成损害，例如，在环境侵权损害赔偿案件中被引入的判定因果关系的“流行病学（或疫学）”（Epidemiology）理论。[76]

二、相当因果关系说

由于必然因果关系说混淆了法律因果关系与哲学因果关系，不适当地限制了侵权责任的成立以及赔偿的范围，非常不利于维护被侵权人的合法权益，因此，自20世纪90年代中期以后，该理论备受抨击。一些学者纷纷主张引入德国法上的相当因果关系理论作为判断因果关系的标准。著名民法学家梁慧星先生认为，我国侵权法的因果关系判断理论应当采取相当因果关系说。这是因为，“与必然因果关系说不同的是，相当因果关系说不要求法官对每一个案件均脱离一般人的智识经验和认识水平，去追求所谓‘客观的、本质的必然联系’，只要求判明原因事实与损害结果之间在通常情形下存在可能性。这种判断非依法官个人主观臆断，而是要求法官依一般社会见解，按照当时社会所达到的知识和经验，只要一般人认为在同样情形有发生同样结果之可能性即可。因此，相当因果关系说不仅是现实可行的，而且符合法律维护社会公平正义之精神。毫无疑问，作为一种法律学说，相当因果关系说是科学的，而必然因果关系说是不科学的”。[77] 著名民法学家王利明教授认为，相关因果关系说的主要优点在于：“其允许法官作出一种法律上因果关系的判断，它并不要求受害人对因果关系的证明达到如同科学那样精确的地步，即便没有达到这种地步，也不妨碍法官根据一定的法律上的价值判断来确定因果关系的存在，这种做法减轻了受害人因果关系方面的举证负担，同时赋予了法官一定的自由裁量权，使得法官能够根据案件的具体情况、法律规定、经验、常识等进行调整。”[78]

在理论界的大力倡导之下，相当因果关系说逐渐受包括最高人民法院在内的各级法院的

---

〔74〕［奥］凯尔森：《法与国家的一般理论》，中国大百科全书出版社1996年版，第3～4页。

〔75〕王利明主编：《民法·侵权行为法》，中国人民大学出版社1993年版，第147页。

〔76〕“疫学”一词是从日本引入的，意指“于集团现象之疾病，就其疾病之发生、分布、消长及其自然性、社会性因素或疾病对自然或社会之影响等，进行研究，从而寻求致病原因及防治途径之学问”。详见邱聪智：《民法研究（一）》，中国人民大学出版社2002年版，第310～313页。

〔77〕梁慧星：《雇主承包厂房拆除工程违章施工致雇工受伤感染死亡案评释》，载《法学研究》1989年第6期。

〔78〕王利明：《侵权责任法研究》（上卷），中国人民大学出版社2010年版，第385～386页。

案例阅读

案例7.3.1
张轶与四川省乐至县吴仲良中学人身损害赔偿纠纷案

认可和重视(参见**案例**7.3.1)。[79] 例如,在一起案件中,原告普鑫公司起诉被告中银国际,要求其承担侵权赔偿责任,理由是被告没有依法协助法院对案外人财产进行保全,导致自己对案外人的债权无法实现。被告则辩称,自己的行为与原告受损之间不存在因果关系。对此,法院认为:"侵权法意义上的因果关系的成立,应同时具备以下两项要件:其一,若无此行为,即不会产生损害;其二,依社会通念判断,若有此行为,则通常均会产生此种损害后果。就本案观察,一方面,若中银国际能协助一中院进行保全,则普鑫公司的债权不至于执行无着;另一方面,中银国际妨碍保全的行为,依社会通念判断,足可造成债务人转移隐匿财产,或者该财产被其他权利人保全等各种危及债权人实现权利的情况,本案中唯美特公司的证券也正是在普鑫公司保全不成后,遭他人轮候查封,最终导致普鑫公司遭受损害。综上,中银国际的行为与普鑫公司受到损害之间,存在侵权法意义上的因果关系。"[80] 再如,最高人民法院的一则判决认为:"审计评估报告不同于验资报告,其不具有验资报告的法定效力而仅是提供一种交易价格的参考,青海证券在与武汉国租以及宝安集团事后签订补充协议时,以中天银公司审计评估价格为基础,为实现自身总体的经济目标,对审计评估价格进行了逆向调整,这种行为已经割裂了审计报告与转让价格之间的因果联系,侵权行为所要求的因果关系要件在此并未充分体现。加之,中天银公司的审计评估报告真实性和有效性已为本院(1999)民终字第63号民事判决所认可。故在中天银公司没有主观过错且审计报告与转让价格之间欠缺直接或相当因果关系的情形下,本案原审法院判令中天银公司对因上述3笔债权虚假给青海证券的权益造成的损害承担赔偿责任不当,中天银公司关于不应承担侵权赔偿责任的抗辩有理,本院予以支持。"[81]

第四节　第三人行为与因果关系的中断

在侵权法的因果关系中,很重要的一个问题就是,行为人与受害人之外的第三人的行为突然介入到已经展开的行为人的行为与受害人的损害之间的因果关系当中,此时该第三人的行为是否会中断该因果关系链条。确切地说,由于第三人的行为的介入,使得因果关系链条的发展方向发生了改变,或者被彻底地斩断了,故此,行为人的责任关联(Haftungszusammenhang)也被中断,行为人对于介入了第三人的行为之后发生的后果无须再负法律上的责任。

一、第三人行为中断的是法律上的因果关系

第三人的行为必须发生在被告的行为之后(如果同时发生则为竞合原因)且独立于被告的

---

〔79〕 有关案例如,关邦仲等诉广东省人民医院医疗损害赔偿纠纷案,广东省广州市中级人民法院(2004)穗中法民一终字第3519号民事判决书;颜丽芬、谢侃诉曾岩、阮赐福、阮景辉人身损害赔偿纠纷案,福建省厦门市思明区人民法院(2005)思民初字第515号民事判决书;夏晔诉泸州泸南中学人身损害赔偿案,四川省泸州市中级人民法院(2005)泸民终字第269号民事判决书。

〔80〕 上海普鑫投资管理咨询有限公司诉中银国际证券有限责任公司财产损害赔偿纠纷案,载《最高人民法院公报》2014年第10期。

〔81〕 青海证券有限责任公司等与武汉中天银会计师事务有限责任公司等转让合同、侵权赔偿纠纷案,最高人民法院(2001)民二终字第114号民事判决书。

行为,否则第三人的行为就不是介入原因,无需讨论因果关系中断的问题。[82] 例如,A 将 B 打伤后,又让在医院工作的 C 给 B 下毒。显然 A 与 C 构成共同侵权行为,C 的行为也不是第三人的行为。由于第三人的行为发生在行为人已经实施的侵害行为之后,而介入到该行为与受害人的损害之间。故此,第三人行为如果可以中断因果关系的话,其所中断的因果关系也绝非行为人的行为与受害人的民事权益被侵害之间的事实因果关系或责任成立的因果关系。如果第三人的行为中断的是被告的加害行为与受害人民事权益被侵害之间事实上的联系,要么因被告的行为根本没有对损害发生影响而不成其为侵权,要么第三人与被告需要承担连带责任。例如,A 想毒死 B,在 B 的水壶中投毒。B 尚未饮用有毒的水,便被另一个仇家 C 开枪射杀。在该案例中,A 的行为尚未造成 B 的损害,不构成侵权行为。自然也不存在第三人 C 的行为中断 A 的行为与 B 的损害之间的因果关系问题。再如,甲想杀死乙,便在乙的食物中下毒(毒性足以致死)。乙吃有毒的食物后,毒性尚未发作前,丙便开枪射杀了乙。在此案例中,甲的下毒行为足以侵害乙的生命权,只是毒性尚未发作而已,故丙的射杀行为并未中断甲的毒杀行为与乙的生命权被侵害之间的因果关系。此时,由于甲与丙分别实施的侵权行为造成了同一损害(乙的死亡),且每个侵权行为都足以造成全部损害,[83] 故此,依据《民法典》第 1171 条,甲与丙应就乙的死亡负连带责任。

正是由于第三人的行为发生在被告加害行为之后,不存在中断事实因果关系或责任成立因果关系的问题,故此,应在因果关系的第二个层次讨论第三人的行为是否中断因果关系的问题。申言之,在区分事实因果关系与法律因果关系的普通法国家,第三人行为等介入原因是否属于取代原因的问题是在法律因果关系(proximate/legal causation)中加以讨论,即已经依据"But for"规则,确立了原告的损失与被告的行为之间的关系后,再讨论过错行为与损害之间的因果关系链是否会被第三人的行为或某些外来的因素所中断。[84] 因为"确定某一中介原因是否是取代原因的问题在很大程度上也是可预见性的问题。而可预见性问题与法律上的因果关系的基本规则基本相似",所谓"可预见性通常只是指该因素是不是被告行为的正常后果",即该原因并非反常的或者特殊的事件或行为。[85] 在德国等大陆法系国家,则是在责任范围的因果关系层次上讨论第三人行为能否中断因果关系的问题。如果连责任成立的因果关系都没有的话,讨论第三人的行为将毫无意义。[86] 例如,A 驾车不慎,撞击护栏,发生交通事故导致道路堵塞。B 驾车前往机场,为了赶时间便从路旁 C 的草坪上碾压过去。这个案件中,C 显然不会去起诉 A,因为 A 根本没有从事侵害其所有权的行为,实施了加害行为的只是 B。所以,也不会发生 A 以第三人 B 的行为作为抗辩事由或免责事由的问题。

二、认定第三人行为中断因果关系的标准

第三人的行为能否中断因果关系,在法律对之有明确规定时,自然应依据法律规定处理。

---

〔82〕 John G. Fleming, *The Law of Torts*, 8th ed., The Law Book Company Limited, 1992, p. 216; Edward J. Kionka, *Torts*, 2th ed., Law Press, 1999, p. 86. 中文的详细论述可参见冯珏:《英美侵权法中的因果关系》,中国社会科学出版社 2009 年版,第 336~343 页。

〔83〕 有的学者似乎没有注意到这两个例子的区别。参见陈聪富:《因果关系与损害赔偿》,台北,元照出版有限公司 2004 年版,第71~72 页。

〔84〕 B. S. Markesinis & S. F. Deakin, *Tort Law*, 4th ed., Oxford: Clarendon Press, 1999, p. 191.

〔85〕 [美]文森特·R. 约翰逊:《美国侵权法》,赵文秀等译,中国人民大学出版社 2004 年版,第 127~128 页。

〔86〕 Erwin Deutsch, Allgemeines Haftungsrecht, 2. Aufl., 1996, S. 109.

例如,我国《民法典》第1204、1233、1242、1250条分别就产品责任、环境污染和生态破坏责任、高度危险物损害责任以及饲养动物损害责任中的第三人行为不得免除侵权人的责任作了规定。但是,在法律没有规定侵权人不得以第三人行为作为减责或免责事由的场合,第三人行为如果中断了因果关系,当然可以减轻或免除侵权人的责任。问题是,如何判断第三人的行为是否中断了因果关系?从比较法来看,采取的判断标准大体相同,都是考虑被告能否合理地预见在其行为发生后第三人行为的出现。例如,P在D引起的车祸中受重伤,在P被救护车送往医院的途中,救护车被醉酒司机X驾驶的汽车撞上,P的伤害扩大。其原本需要1年治愈的伤害,现在需要3年才能治愈。[87] 对于这个案例,多数国家的侵权法理论和判例都认为,需要考虑D能否合理预见醉酒司机X的行为。然而,对于D是否需要就增加的两年损害负责,各国却有不同的回答。例如,奥地利和德国认为,D的行为并没有使得P的一般危险增加,D也没有违反以避免交通事故为目的的规则。因此,第三人X的行为中断了因果关系,X需要对新增的两年负责,D只需要对1年损害负责。英国与南非也认为,酒驾司机X的出现过于偶然,D难以合理地预见。但是,美国的法院认为,酒后驾车行为的出现并不是不能合理预见的,因为在快速路上行驶就有被他人车辆撞上的危险。法国、荷兰、瑞士与比利时也都采取这种观点。[88]

如何判断第三人行为是否中断因果关系,《美国侵权法重述(第二次)》有详细的规定,该重述第440条规定:"替代原因(Superseding Cause),是指第三人的行为或其他力量的介入,使得行为人无须为其先前作为造成伤害的重大因素而本应负责的过失行为承担责任。"该重述第442条至第453条对如何判断介入力成为替代原因作出了具体的规定。例如,第442条规定:"在决定介入力是否属于替代原因时,应当考虑以下重要事项:(a)因介入力而造成的伤害与行为人的过失行为本应发生的伤害在种类上是不同(的事实);(b)事件发生后,就其运行或结果,依照其运行时的情况,显然是特殊的而非普通(的事实);(c)介入力是独立于行为人的过失行为所形成的情势而独立运行;或另一方面,介入力系行为人过失所形成的情势的正常结果或者非正常结果(的事实);(d)介入力的运作系因为第三人的作为,或者其怠于作为所致(的事实);(e)介入力是第三人的非法指向他人(受害人),且因而使该第三人应当对该他人负责(的事实);(f)第三人的非法行为导致介入力的运行,该非法行为的可惩罚性程度。"我国民法学界对于第三人行为是否中断因果关系,没有过多的关注,[89]但司法实践中涉及第三人行为是否中断因果关系的案件还是比较多的,因此需要从理论上加以梳理总结,提出合理可行的判断方法。

本书认为,在判断被告能否合理预见第三人行为时,有两个因素特别重要:其一,第三人行为的类型。现实生活中第三人的行为种类很多,有合法的、不法的,也有故意的、过失的。对于不同类型的第三人行为,被告能否合理预见的差别很大。依据合法与否,可将第三人的行为区分为合法行为(lawful acts)与不法行为(wrongful acts)。[90] 不法行为也是有过错的行为,而依据过错类型的不同,可将第三人的不法行为进一步划分为故意的与过失的不法行为。其二,被

---

〔87〕 本案例取自[荷]J.施皮尔主编:《侵权法的统一:因果关系》,易继明等译,法律出版社2009年版,第6页。

〔88〕 详见[荷]J.施皮尔主编:《侵权法的统一:因果关系》,易继明等译,法律出版社2009年版,第206~207页。

〔89〕 程啸:《侵权行为法总论》,中国人民大学出版社2008年版,第285~288页;张小义:《侵权责任理论中的因果关系研究——以法律政策为视角》,中国人民大学2006年博士学位论文,第155~158页。

〔90〕 Harvey McGregor, *McGregor on Damages*, Sweet & Maxwell, 2003, pp. 115–133.

告所违反的法律规范的目的。如果避免第三人行为的出现或防止第三人造成某种损害结果就是该法律规范的目的,则即便事实上被告无法预见第三人的行为也在所不问。下面就这两个因素如何用于第三人行为是否中断因果关系的判断问题,详加讨论。

(一)第三人的行为是合法的行为

第三人的合法行为既包括第三人的行为是合理的、不具有可非难性即没有过错的行为,也包括第三人维护自身权益的行为。[91] 在第三人行为是合法行为时,不会中断被告的行为与损害之间的因果关系。这是因为:首先,既然第三人的行为是合法的,则第三人不构成对受害人的侵权,无须承担赔偿责任;其次,从可预见性的角度来说,对于任何他人的合法行为被告都能够预见或被法律上视为能够预见。例如,在一个案件中,某日被告李某某驾驶货车从松门镇驶往石塘镇。当日19时42分许,途经林石线26KM+200M处,因雨天行车未降低车速且未注意行人安全,碰撞了横过机动车道的行人江某,将江某撞倒在机动车道内。被告李某某见状未立即停车救人及采取警示措施,却将车驶至前面路边停下,也不报警,导致江某被后面追上的陈某驾驶的本田轿车、江某某驾驶的桑塔纳轿车相继碾压。事后,江某被送往医院抢救,被告李某某看现场已无人,遂驾车逃离。江某被送至医院后因胸腹联合损伤而死亡。被告李某某提出,致江某死亡的直接原因是胸腹联合损伤,是后面两辆轿车碾压致死,存在因果关系的中断,故此不应由自己承担主要责任。然而,法院认为,江某的死因虽是胸腹部联合损伤,但被告李某某撞倒江某后不按规定立即停车救人及采取警示措施,导致在当时下大雨视线不清的情况下江某被后面两辆轿车碾压致死,碾压的发生是因被告人先前碰撞行为而造成,驾驶本田轿车的陈某与驾驶桑塔纳轿车的江某某并无过错,他们的行为不发生因果关系的中断。[92] 本书赞同法院的判决。本案被告在一条交通繁忙的道路上将他人撞倒后,不立即采取警示措施以防止后续车辆给受害人造成二次伤害,同时立即报警以便及时抢救受害人,却将车停在前方路边。显然,被告完全能够预见到后续车辆的到来。至于第三人陈某和江某某,其正常驾驶并无超速、醉驾等交通违法行为,在大雨天且夜晚的时候,他们根本无法预见到前车会撞上行人并将受害人遗留在道路上。因此,第三人陈某和江某某没有过错。他们的行为不中断被告行为与受害人损害之间的因果关系。

(二)第三人的不法行为是故意的还是过失的行为

第三人的不法行为,是指第三人从事的侵害他人法益等不为法律所允许的行为。第三人的不法行为能否中断因果关系,关键在于从事在先加害行为的被告是否能够预见第三人的不法行为。毕竟,“每一个介入者都是一个必要条件。然而,如果具有初始过失的加害人能够合理地预见到该等介入行为或者预见到介入行为的发生将使得自己的过失行为引致损害后果时,那么加害人仍将是有效的原因,除非介入行为属于一个全新的、独立的原因”。[93] 对于被告能

---

〔91〕《美国侵权法重述(第二次)》第446条规定:“行为人故意或过失阻碍他人行使权利或行使免责特权的,该他人的通常努力以驱除该障碍,或虽有障碍存在以通常努力行使其权利或免责特权的,并非该努力而导致伤害的替代原因。”

〔92〕本案的侵权赔偿责任也由李某某承担,参见,李某某交通肇事案,浙江省温岭市人民法院(2010)台温刑初字第1254号刑事判决书。

〔93〕Harvey McGREGOR, *Mcgregor on Damages*, 17th ed., Sweet & Maxwell, 2003, p. 115.

否合理预见第三人的不法行为,应在个案中结合具体情形,综合考虑各种因素后加以判断。[94]

1. 依据主观状态不同,第三人的不法行为可分为故意的不法行为与过失的不法行为。通常,第三人的故意不法行为极容易中断因果关系,而过失往往不容易中断因果关系。这是因为:一方面,从社会生活经验上说,在陌生人社会中,第三人过失实施不法行为的概率通常大于故意实施不法行为的概率。因此,就第三人故意实施的不法行为,被告往往不容易预见。另一方面,既然是第三人故意实施的不法行为,显然其目标更明确,意图更坚决。较之于过失行为,第三人故意实施的不法行为也就更容易改变被告在先行为与损害后果的因果关系发展方向。所以,第三人故意的不法行为在很多时候能够中断因果关系。《美国侵权法重述(第二次)》第448条规定:“第三人实施的故意的侵权行为或犯罪行为,对于因此导致他人遭受伤害,即便行为人的过失行为形成的情势提供了该第三人实施这一故意侵权行为或犯罪行为的机会,也应当将第三人的行为视为替代原因,除非行为人在实施过失行为时能够认识到或者应当认识到该情势可能被创造出来且第三人可能利用这种机会而实施故意侵权行为或犯罪行为。”例如,在美国肯塔基州上诉法院审理的一个案件中,被告铁路公司过失致油罐车脱轨,一些汽油流到街道上。第三人将该汽油点着,路人因此受伤。法官认为,第三人点燃汽油的行为能否中断被告在先过失行为与受害人损害的关系,取决于被告能否预见第三人的行为。如果第三人是在有汽油的地方点燃香烟后随手扔掉火柴,从而点燃汽油的,则被告对此应可预见,第三人行为不中断因果关系。但是,如果第三人是故意放火,其目的就是要点燃汽油,则被告显然难以预见。因此,被告无须对他人被烧伤的后果负责。[95] 再如,在我国法院审理的一起案件中,被告殴打受害人致其重伤昏迷,在医院治疗数月后,受害人病情相对稳定。受害人家属担心由此花费巨额医疗费,故要求医院不要治疗。在医院告知这样做会导致受害人死亡的后果后,受害人家属依然坚持要求医院拔除被害人的气管插管,降低用药档次并停止输液。最终,受害人死亡。这种情形下,显然受害人家属故意实施的不法行为中断了被告在先行为与受害人死亡之间的因果关系。就受害人死亡的后果,被告无须负侵权赔偿责任与刑事责任。[96] 如果受害人在遭受被告在先行为侵害后,经积极抢救,生存下来的机会依然十分渺茫,医院建议受害人家属放弃治疗。受害人家属接受该建议而放弃治疗、停用药物,导致受害人死亡的,由于受害人家属放弃治疗是无可奈何的选择,该行为并非不法行为,故不中断因果关系。[97]

2. 依据第三人的不法行为是否构成犯罪,可将第三人的行为分为第三人的犯罪行为与第三人的一般违法行为。通常,在先行为人对于第三人犯罪行为的预见难度明显要大于对一般违法行为的预见。例如,机动车损害责任属于无过错责任,机动车的保有人应当承担无过错责

---

[94] 《美国侵权法重述(第二次)》第442条提出了如下标准,即判断替代原因时应当考虑一些重要事实,包括:(1)因介入力而造成的伤害与行为人的过失行为原本应造成的伤害的种类是否相同;(2)事件发生后,依其起作用时的情况来看,该作用或结果是特殊的还是通常的;(3)介入力是否是独立于行为人的过失行为所形成的情势而独立起作用;或另一方面,介入力是行为人过失行为所形成的情势的正常的还是非正常的结果;(4)介入力之所以起作用能否归因于第三人的作为或者不作为;(5)介入力是否可以归因于第三人非法针对他人且因此使该第三人应对该他人负责的行为;(6)导致介入力起作用的第三人的非法行为的可归责程度如何。

[95] Watson v. Kentucky & Indiana Bridge & R. R. Co., 137 Ky. 619. 126 S. W. 146. See Schwartz/Kelly/Partlett, *Prosser, Wade and Schwartz's Torts*, 10th ed., Foundation Press, 2000, pp. 324 – 325.

[96] 巫仰生等故意伤害案,广东省潮州市中级人民法院(2012)潮中法刑一终字第50号刑事判决书。

[97] 晋松、吴美来:《交通肇事案被害人家属放弃治疗能否中断刑法因果关系?》,载《中国审判新闻月刊》2007年第3期。

任,但是当机动车被他人盗窃、抢劫、抢夺的,由此发生交通事故造成损害的,机动车保有人绝对的免责(《民法典》第 1215 条第 1 款)。这是因为第三人盗窃机动车属于故意犯罪,机动车保有人难以预见并难以防止。如果第三人未经允许驾驶他人机动车发生交通事故的(如第三人为了练车而偷开朋友的轿车撞伤他人),虽然第三人从事的也是不法行为,原则上保有人不承担责任,但是,如果机动车保有人能够预见第三人的不法行为即有过错的话,也要承担相应的赔偿责任,而不能免责(《民法典》第 1212 条)。[98]

需要特别讨论的就是,第三人的犯罪行为是否都能够中断因果关系?对此,本书认为,第三人的犯罪行为虽然主观恶性大,具有社会危害性且应受刑罚的惩罚,但是,并非所有的第三人的犯罪行为都可以当然中断因果关系。关键还是取决于被告是否能够合理地预见该第三人的犯罪行为。原则上,任何人都不负有主动保护他人不受第三人犯罪行为侵害的义务,但是,任何人都负有不得因自己的行为而使他人陷入不合理危险的义务。例如,在美国法院审理的一起案件中,甲为退伍军人,在被告杂志社刊登求职广告。甲在广告中宣称,希望寻找贴身保镖、随从或其他任何工作。广告刊登后,该人接到了数十通谋杀、打人或绑架工作的邀请,甲最后接受了担任保镖的工作。后来甲又接到了乙、丙的邀请,与某杀手共同谋杀了乙、丙的合伙人丁。丁的儿子以被告杂志社刊发的广告引发重大犯罪的危险为由起诉杂志社赔偿。杂志社以甲、乙和杀手等第三人的犯罪行为的介入中断了因果关系为由要求免责。法院认为,被告杂志社在刊登甲的广告时就能发现甲实际上是想寻找犯罪等违法工作,既然已经预见到了这个危险,那么第三人的犯罪行为当然不中断因果关系。[99]

(三)被告是否负有防止或避免第三人行为或第三人行为所致后果的义务

如果被告对该行为之出现或该行为之后果负有防止或避免的义务,那么无论第三人从事的不法行为是故意的还是过失的,都不会中断因果关系。[100] 所谓被告负有防止或避免第三人行为出现或第三人行为所致后果的出现的义务发生在以下情形:

1. 基于各种考虑,法律给被告施加了注意义务,要求其制止、防范某些第三人的不法行为甚至某些犯罪行为。例如,我国《民法典》第 1198 条第 2 款给经营场所、公共场所的经营者、管理者以及群众性活动的组织者施加了负有在一定程度上防止、制止第三人侵权的安全保障义务。故此,即便第三人实施的是犯罪行为,如果安全保障义务人没有尽到安全保障义务,也不得以第三人行为为由要求免责。现实生活中,被告负有防止、避免第三人行为的出现或第三人行为造成某种损害结果的出现的义务的情形很多。例如,负有管理维护窨井义务的单位应当经常巡视,消除因井盖损坏或被第三人盗窃所造成的危险状态。如果井盖被第三人盗窃致他

---

〔98〕 相关案例参见,崔建壮与李进玉等道路交通事故人身损害赔偿纠纷案,河南省新乡市中级人民法院(2012)新中民一终字第 1182 号民事判决书;陈有耕与梁炳生等道路交通事故人身损害赔偿纠纷上诉案,广西壮族自治区南宁市中级人民法院(2012)南市民一终字第 395 号民事判决书;赵阶辉等与王刚道路交通事故人身损害赔偿纠纷上诉案,江苏省徐州市中级人民法院(2010)徐民终字第 1539 号民事判决书。

〔99〕 Braun v. Soldier of Fortune Magazine. Inc. 转引自陈聪富:《因果关系与损害赔偿》,台北,元照出版有限公司 2004 年版,第 125 页。

〔100〕《美国侵权法重述(第二次)》第 448 条规定:"第三人实施故意侵权行为或犯罪行为,对于因此而导致他人受伤害,即便行为人的过失行为形成的情势提供该第三人实施该故意侵权行为或犯罪行为的机会,应当视为其替代原因。但行为人在施行其过失行为时认知或应当认知,这种情势可能形成而第三人可能利用此机会实施该故意侵权行为或犯罪行为的,不在此限。"

人遭受损害的,则第三人的盗窃行为不中断因果关系,该单位应当承担责任。[101] 需要注意的是,法律上给被告施加的防范、制止第三人不法行为的义务有其特点,即该义务是合理限度内的**方式性义务**,而非结果性义务。换言之,只要被告依据法律规定,尽到了合理限度内防范、制止第三人违法行为的义务,即便损害后果依然发生,被告也不承担责任。[102]

2. 被告的在先行为极大地增加了受害人遭受第三人行为损害的风险,因此被告负有防止该损害后果出现的义务。美国有一个这方面的著名案例——“Hines v. Garrett”案。该案的受害人因被告列车车长之过失而过站一英里,在明知该段路程非常危险的情况下,列车的车长不采取任何措施,依然要求受害人自行徒步走回去。结果,受害人在返回途中连续遭受了两次强奸。法院认为,第三人的犯罪行为不足以中断被告列车车长的过失与受害人损害的因果关系。因为列车车长知道受害人要返回的这一英里路程上很危险,极有可能被侵害,因此其有义务保护受害人免受该侵害。在我国,也有相应的案例。受害人因脑出血被送入被告医院救治。因受害人呼吸停止,医院给予呼吸机辅助呼吸,进一步用药治疗,此后受害人的呼吸依靠呼吸机持续维持。第二日凌晨,因电力公司检修故障线路突然停电,致该呼吸机停用,受害人死亡。被告医院以损害乃是由电力公司在没有通知情况下停电所致主张免责。法院认为,电力公司的停电行为并不中断被告医院不作为与受害人损害的因果关系。[103] 这是因为,根据规定综合医院必须安装双回路电路,[104]被告医院在病房大楼尚未安装双回路电路,而受害人必须依靠呼吸机维持生命的情形下,就应当预见到停电将会给他造成损害后果,却没有采取任何预防措施。停电后,被告医院也没有采取相应的补救措施,以致受害人因呼吸机停用而死亡。因此,即便停电是电力公司未通知而为之,也不中断被告医院不作为与受害人损害的因果关系。再如,被告无线电仪器厂随意放置易燃危险品三氯乙烷,且厂区与家属区的外围墙有豁口未及时修补,致使 3 个孩子进入厂区,其中一个孩子点燃危险品后,将另一个孩子烧伤。显然,被告不得以第三人行为中断因果关系为由要求免责。因为被告本身负有妥善保管危险品并加强厂区管理防止外人随意出入之义务,却未能履行该义务。因此,即便危险品是 3 个孩子中的一个点燃的,也不能中断因果关系。[105]

3. 被告的在先不法行为直接制造了危险,第三人行为的介入只是使得该危险被现实化,从而给他人造成损害。由于被告是该危险的始作俑者,其本不应当制造该危险,也就是说,制造

---

〔101〕 上海外高桥热力股份有限公司等与朱子恒健康权纠纷上诉案,上海市第一中级人民法院(2014)沪一中民一(民)终字第 730 号民事判决书;平度市城乡建设局与李某某等身体权纠纷上诉案,山东省青岛市中级人民法院(2013)青民五终字第 1676 号民事判决书。

〔102〕《人身损害赔偿解释》第 6 条第 2 款规定:“因第三人侵权导致损害结果发生的,由实施侵权行为的第三人承担赔偿责任。安全保障义务人有过错的,应当在其能够防止或者制止损害的范围内承担相应的补充赔偿责任。安全保障义务人承担责任后,可以向第三人追偿。赔偿权利人起诉安全保障义务人的,应当将第三人作为共同被告,但第三人不能确定的除外。”相关案例参见,吴成礼等 5 人诉官渡建行、五华保安公司人身损害赔偿纠纷案,载《最高人民法院公报》2004 年第 12 期;李萍、龚念诉五月花公司人身伤害赔偿纠纷案,载《最高人民法院公报》2002 年第 2 期;王利毅、张丽霞诉上海银河宾馆赔偿纠纷案,载《最高人民法院公报》2001 年第 2 期。

〔103〕 西平县人民医院等与张某等人身损害赔偿纠纷再审案,河南省高级人民法院(2010)豫法民提字第 185 号民事判决书。

〔104〕《综合医院建设标准》(已失效)第 39 条规定:“综合医院的供电设施应安全可靠,保证不间断供电,并宜设置自备电源。综合医院应采用双回路供电。院区内应采用分回路供电方式。”

〔105〕 杨某与大华无线电厂、王某、徐某人身损害赔偿纠纷案,载北京市高级人民法院民事审判第一庭:《北京民事审判案例精析》,法律出版社 2003 年版,第 82 页以下。

该危险的行为就是不法行为。此时,被告要对一切情形下(包括因第三人的行为)该危险现实化造成的损害后果负责。例如,数名被告皆将自家地里收割的秸秆堆积在原告的承包地上,并紧挨原告种植的杨树,结果秸秆燃烧将原告的杨树烧毁。被告辩称秸秆是被不知名的第三人点燃的。法院认为,被告将易燃的秸秆堆在原告土地上并紧挨原告的杨树,形成了火灾隐患,故此需对原告杨树被烧死的损害负赔偿责任。[106] 再如,被告为了杀虫,违法向自家龙眼树上喷洒了高毒农药——甲胺磷,而喷洒农药后,亦未设置任何防护栏和警示。第三人与家人在农田里干农活时,因口渴,即到附近鱼塘边属于被告的龙眼树上偷摘了龙眼,除自己吃外,还分给在附近干农活的包括原告在内的其他9人吃。后来,吃了龙眼的10人均觉得身体不适,被送到医院抢救,医院诊断为甲胺磷中毒。被告辩称,在自己的龙眼树上喷洒甲胺磷农药是为了杀虫,而原告所吃龙眼是第三人偷的,造成中毒事件的责任在于第三人,因此不同意赔偿。法院认为,由于第三人行为是侵害他人财产权的非法行为,因该行为造成的后果应由其承担责任。至于被告,因其违法使用高毒农药,也具有过错,故判令被告仅承担20%的赔偿责任,第三人承担60%的责任,受害人自行承担20%的责任。[107] 本书认为,该判决不妥。虽然本案中有第三人故意不法行为的介入,但该行为并未中断被告在先行为与损害的因果关系,也不会减轻被告的赔偿责任。因为,被告的龙眼树就在路边,很容易被路人摘取树上的果实,而被告却违法在龙眼树上喷洒高毒农药。该不法行为直接制造了一种对他人人身财产权极为危险状态,因而,被告负有消除该危险状态以及采取防护措施、警示他人的义务,如防止他人因不知道有农药而偷吃龙眼等。在这种情况下,第三人虽然实施了不法行为(偷窃龙眼),但不中断被告在先行为与损害的因果关系。

第五节 特殊的因果关系

一、共同的因果关系

共同的因果关系(Gemeinsame Kausalitäten),也称"结合的因果关系"或"部分的因果关系",是指多个行为人分别实施加害行为,这些行为偶然地结合在一起,给受害人造成了同一损害,并且如果只是其中的任何一个加害行为单独发生的话,均不足以造成全部的损害。例如,A船与B船在航行中均有过失,以致两船碰撞。B船碰撞后船体出现破裂,所载重油泄漏,污染了C游泳场管理的水域及海岸带。[108] 显然,在该案中,A船或B船的航行本身都不是环境污染行为,如果不是因为二者均有过失而致碰撞,不会造成环境污染乃至生态破坏的损害后果。

---

〔106〕 汪贵亭诉丁忠梅等人财产损害赔偿案,新疆维吾尔自治区高级人民法院伊犁哈萨克自治州分院(2008)伊州民一终字第46号民事判决书。

〔107〕 汤毅青因食用喷有禁用农药的水果中毒诉用药人林活新赔偿案,载最高人民法院中国应用法学研究所编:《人民法院案例选》(总第24辑),时事出版社1998年版,第72页以下。

〔108〕 菱角咀海滨游泳场诉东海海运有限公司与中国船舶燃料供应福建有限公司的船舶碰撞造成船载油料泄漏海域污染损害赔偿案,最高人民法院中国应用法学研究所编:《人民法院案例选》(总第32辑),人民法院出版社2000年版,第305页以下。在该案中,法院只是判决漏油的船舶所有人承担环境污染侵权赔偿责任,而没有判决另一艘船的所有人承担责任,颇值商榷。

在共同因果关系中,各个加害行为人都是各自实施加害行为,加害人的主观状态可能均为过失,也可能均为故意,还可能有的是故意,有的是过失。但无论如何,行为人之间并无主观上的意思联络,并非共同故意侵害他人民事权益而造成损害,否则就会构成共同加害行为。例如,甲厂与乙厂为节省费用,均将没有净化的污水往河中排放,可以说它们都是故意地从事污染环境的行为。甲、乙任何一厂排放的污水量虽然都会使丙公司在河中养殖的鱼苗部分死亡,但不会使鱼苗全部死亡。然而,由于两个厂同时排污,导致水中污染物总量极大地超标,最终造成丙公司的鱼苗全部死亡。再如,张某向A报社投稿,文中张某对李某恶意诽谤。A报社在没有核实情况下发表了该文章,导致李某的名誉权遭受侵害。该案中,张某是故意侵害李某的名誉权的,而A报社未尽审核义务,主观上为过失。

由于共同的因果关系中,每一个加害行为都不足以造成全部的损害,并且它们对于损害的发生都具有一定的原因力,加之行为人之间又不存在主观的意思联络即缺乏共同故意,不属于共同加害行为,因此,在判断因果关系时,既要考虑每个加害行为与权益被侵害之间的关系,又要考虑各个加害行为相互间的关系。对于共同因果关系,Reid勋爵认为,必须从众多的原因中找出"支配性原因"(predominate cause)。他说:"人们会发现,事实上几个人都有过错而且如果他们中任何一个人的行为适当的话,事故就不会发生,但是这并不意味着该事故必须被看作是因为所有这些人的过错而生。人们应当判别这些过错中哪些因过于遥远而被排除,哪些则不能排除。有时候,应当将其他的所有过错都排除只剩下一个且将其作为唯一的原因,但其他一些案件中又必须将两个或者多个过错作为联合造成事故的原因。我怀疑,是否有一个可以普遍适用的测试标准。"[109]

从比较法来看,美国、德国、意大利、法国、比利时、奥地利等国家的法院都认为,在共同因果关系的场合,行为人之间应当承担连带责任。[110] 然而,这样的做法并不公平,毕竟在共同因果关系中,行为人之间既没有主观上的意思联络,各自的行为对于损害的原因力和行为人的主观过错大小也有差别,重要的是,如果没有数个行为的偶然结合,原本也不会构成对他人民事权益的侵害并造成损害。连带责任的做法虽然有利于保护无辜的受害人,却很不公平,可能会使得原因力与过错很小的行为人最终承担全部的赔偿责任。我国民法上对于共同因果关系,并不要求行为人承担连带责任,而只是令他们在因果关系的范围内承担相应的责任,即数个加害人向受害人承担按份责任。对此,《民法典》第1172条规定:"二人以上分别实施侵权行为造成同一损害,能够确定责任大小的,各自承担相应的责任;难以确定责任大小的,平均承担责任。"《环境侵权责任解释》第3条第2款也规定:"两个以上污染者分别实施污染行为造成同一损害,每一个污染者的污染行为都不足以造成全部损害,被侵权人根据侵权责任法第十二条规定请求污染者承担责任的,人民法院应予支持。"

二、竞合的因果关系

竞合的因果关系(konkurrierender Kausalitüt),在学说上有不同的称呼,如"累积的因果关系"(Kumulative Kausalitäten)、"双重或并行的因果关系"(doppelter oder paralleler Kausalitüt)

---

〔109〕 *Clerk & Lindsell on Torts*, 17th ed., London, 1989, p. 48.

〔110〕 [荷]J·施皮尔主编:《侵权法的统一:因果关系》,易继明等译,法律出版社2009年版,第208页。

等,[111]本书采取竞合的因果关系这一称呼。所谓竞合的因果关系,是指多个行为人分别实施了加害行为,侵害了他人民事权益而给他人造成同一损害,但即便是其中的任何一个加害行为单独发生,也足以侵害他人民事权益并造成同一损害(参见**案例**7.5.1)。例如,A厂与B厂不约而同地往河里偷排污水,且任何一个厂排放的污水都足以导致C的鱼苗死亡。再如,甲在林中散步时,被来自不同方向的打猎者乙、丙各自发射的一颗子弹击中头部而死亡,其中任何一颗子弹都是致命的。

案例阅读

案例7.5.1
曾明清诉彭友洪、中国平安财产保险股份有限公司成都市蜀都支公司机动车交通事故责任纠纷案

在竞合的因果关系中,如果采用"条件说"或"But for"规则来认定各个行为人的行为与损害的关系就会出现问题。因为任何一个行为人都可以以即便没有自己的加害行为,受害人也会遭受同样的损害为由,来推脱责任。因此,必须修正"条件说"与"But for"规则,即将每一个人的行为都作为与损害存在因果关系的行为。例如,在1987年英国发生的Fitzgerald v. Lane案中,原告正在慢慢走近一只鹈鹕而未留心,结果被第一被告驾驶的汽车撞飞了起来,掉下来后,又被反方向驶来的第二被告的汽车撞上。两个被告的车都开得非常快,违反了注意义务。原告因该事故而瘫痪。现在的问题是,无法证明第二被告的车究竟对原告造成了怎样的伤害。第二被告以概率上的优势为由主张,第一被告的汽车足以造成原告四肢瘫痪。依据Wilberforce勋爵在McGhee v. National Coal Board案中阐明的原则,两位被告的过失行为都是增加原告遭受伤害这一危险状态的重大性因素,除非他们能够反证自己的行为与损害后果之间没有事实因果关系。因此,法官认为两位被告都必须就全部损害承担赔偿责任。对于竞合的因果关系,美国著名法官Learned Hand曾有一句名言,他说:"不能允许任何一个侵权人从逻辑网眼中逃掉。他是一个干坏事的人,应当让他来破解由于他的错误而引起的难题。"[112]奥地利民法学家考茨欧教授领导的欧洲侵权法起草小组起草的《欧洲侵权法原则》第3:102条规定:"在存在多个活动时,如同一时间每个活动都可以单独造成损害的,则每个活动都为损害的原因。"

对于竞合因果关系的数人侵权,比较法上都认为这些人应当承担连带责任。例如,比利时最高法院认为,如果每个侵权行为人本来都能够独立引起损害的发生,则所有的侵权人都应当承担损害赔偿责任。[113] 在我国民法中,数人的无意思联络侵权中如果符合竞合的因果关系,则行为人应当承担连带责任。《民法典》第1171条规定:"二人以上分别实施侵权行为造成同一损害,每个人的侵权行为都足以造成全部损害的,行为人承担连带责任。"再如,《环境侵权责任解释》第3条第1款规定:"两个以上污染者分别实施污染行为造成同一损害,每一个污染者的污染行为都足以造成全部损害,被侵权人根据侵权责任法第十一条规定请求污染者承担连带责任的,人民法院应予支持。"该司法解释同条第3款还规定了一种特殊的情形,即"两个以上污染者分别实施污染行为造成同一损害,部分污染者的污染行为足以造成全部损害,部分污染者的污染行为只造成部分损害,被侵权人根据侵权责任法第十一条规定请求足以造成全部损害的污染者与其他污染者就共同造成的损害部分承担连带责任,并对全部损害承担责任的,人民法院应予支持"。

---

〔111〕 Erwin Deutsch, Allgemeines Haftungsrecht, 2. Aufl. 1996, S. 103. 本书采取的是"竞合的因果关系",这主要是考虑到将其与累积的因果关系相区分。

〔112〕 [美]哈特、奥诺尔:《法律中的因果关系》,张绍谦、孙战国译,中国政法大学出版社2005年版,第213页。

〔113〕 [荷]J·施皮尔主编:《侵权法的统一:因果关系》,易继明等译,法律出版社2009年版,第48页。

三、超越的因果关系

超越的因果关系(Ueberholende Ursache),也称“修补的因果关系”,是指对同一受害人造成损害结果的多个原因依次发生,在先原因所造成的损害后果被在后的原因所改变。与共同的因果关系一样,在超越的因果关系中,各个加害人之间并无共同故意且任何一个加害行为都不足以造成全部损害。但是,由于多个加害行为依次出现,后出现的加害行为改变了前加害行为的后果。因此,在超越的因果关系中,关键问题不是责任成立的因果关系或事实因果关系的有无,而是责任范围的因果关系或法律因果关系的判断。申言之,第二个出现的加害原因是否中断了第一个加害原因与损害之间的因果关系,从而使得第一个加害人无须就最终的损害后果负责。例如,在一起案件中,被告刘某驾驶的轿车与原告侯某驾驶的摩托车发生碰撞,致侯某腿部受伤。事故发生后,原告侯某被送至人民医院抢救,经诊断原告右胫腓骨粉碎性骨折。但是,在手术过程中出现麻醉意外。经综合治疗,原告目前呈植物人状态,右胫腓骨畸形愈合。在本案中,第一个加害人刘某只是造成了受害人侯某右胫腓骨骨折而已,可是,由于第二个加害人即人民医院的医疗过失,改变了受害人最后的损害结果,使之成了植物人。人民医院需要对受害人最终的损害后果负赔偿责任,当无疑问。有争议的是,刘某究竟对何种损害后果负责?是仅就侯某的右腿骨折负赔偿责任,还是与人民医院一起就侯某成为植物人这个损害后果承担赔偿责任?另一起案件中,第一个加害人骑摩托车将受害人撞倒在路上。受害人还没有来得及爬起来,就被随后而来的第二个加害人驾驶的货车碾压致死。第二个加害人驾车逃逸,无法查找。[114] 第一个加害人是否要就受害人的死亡负赔偿责任?

就超越的因果关系中各个加害人如何承担责任的问题,比较法上有不同的观点。在1970年英国的“Baker v. Willoughby”案中,由于被告的过失驾驶,原告的一条腿遭受了永久性伤害,3年之后,原告在废旧品商店遭遇抢劫时,该腿被枪击,结果不得不切除。英国的上议院认为,被告应当对原告的全部损害承担赔偿责任,而无须考虑第二次伤害。[115] 美国的法院则认为,第一个侵权人是否要为整个后果负责,需要考察其能否预见第二个侵权行为的发生。如果第一个侵权行为造成了受害人损害后,第二个侵权行为或者后续其他事件导致损害后果加重的发生是第一个侵权行为人能合理预见的,则第一个行为人应当对全部的损害后果负责。这是因为,第二种损害是最初的侵权人的侵权行为连锁反应的正常后果。如此一来,判断第二种损害是否属于正常后果时,就必须考虑两个侵权行为发生的间隔和地点、第二个损害后果的性质、原告的自身的某些行为是否合理等因素。[116] 当第二个侵权行为是第一个侵权行为人所无法预料的时候,第二个侵权行为就中断了第一个侵权行为与损害后果的因果关系。在1955年美国联邦第一巡回上诉法院审理的“Marshall v. Nugent”案中,被告的行为导致了原告所乘坐的汽车驶出了高速公路的车道,其他乘客试图把车重新推回到高速公路上。正在此时,第三人驾驶的汽车因为积雪路滑,刹车失控而撞上了原告。法院指出,如果陪审团能够裁定第三人的行为是可以预见的,或者第三人的行为虽然从严格意义上来说无法预见,但是该第三人的行为至少是被告所导致的状况继续发展的正常后果,那么就可以认为被告的行为造成了原告随后而来

---

〔114〕 白建金等诉林华东道路交通事故人身损害赔偿案,载最高人民法院中国应用法学研究所编:《人民法院案例选》(总第51辑),人民法院出版社2005年版,第269页以下。

〔115〕 [美]哈特、奥诺尔:《法律中的因果关系》,张绍谦、孙战国译,中国政法大学出版社2006年版,第223~224页。

〔116〕 [美]文森特·R.约翰逊:《美国侵权法》,赵秀文等译,中国人民大学出版社2004年版,第132页。

的损害。由于本案中无论原告的行为还是第三人的行为都不属于正常范畴外的特殊事件,因此最后认定被告必须为原告的伤害承担责任。至于因侵权行为造成的损害需要治疗的案件中,如果在治疗中又发生了医疗事故(如上述案例),美国法院也适用上述 Marshall 案中的规则。美国的大多数法院认为,医疗事故的风险是获取治疗的内在组成部分,除非该事故非常特殊,以至于不再构成获取治疗的内在危险,例如,本应切除病人的坏死器官,结果错误地将正常器官给切除了。[117]

在德国与奥地利民法学界,就超越的因果关系的责任承担存在不同的看法。有的学者认为,在涉及持续性损害的案件尤其是涉及丧失工作能力的案件时,要考虑由于之前已经产生了损害,如造成权利人患有疾病,则经过一定时间后必然会出现丧失工作能力的损害。这样一来,存在侵害具有特定时间限制的法益的情形。有的学者认为,超越的因果关系实际上就是一个在时间上延长了的累积因果关系,因为发生第二个加害行为之后,即存在累积因果关系。在此之前,第一个加害行为构成一般的必要条件。例如,在加害人导致权利人丧失劳动收入的案件中,在发生第二个加害行为之前,第一个加害行为人必须就已经发生的损害负担侵权责任,此后,两个加害人就扩大的损害负担连带责任。[118] 如果第一个加害行为人已经导致被侵害的法益完全灭失了,则第二个行为人针对已经灭失的法益不负有注意义务,其行为不具有违法性,也不应当承担侵权责任。只有当权利人的法益在遭受第一次侵害后虽然发生减损,但是仍然存在价值,才可以要求第二个加害人负责。例如,A 的机动车价值 20,000 元,被 B 损坏了,价值减少了 3000 元,只剩下 17,000 元。后该车被 C 彻底毁灭了。此时,B 赔偿 3000 元,C 应当赔偿 17,000 元。对此,《欧洲侵权法原则》第 3:104 条规定:"(1)若某一行为绝对且不可避免地导致受害方遭受损害,则可单独造成同样损失的后续行为不被采纳为导致损害的原因。(2)但若后续行为导致额外损失或加重损失,则仍应考虑此行为。(3)若第一个行为造成持续的损失,后续的相继行为本来也可能造成此损失,则这两个行为都被视为持续损失的原因。"

从我国法院的判决来看,就超越因果关系中各个加害人责任承担问题主要遵循的是以下规则:首先,如果多个加害人都能查明,则各个加害人应当就受害人的最终损害按照各自的过错和原因力承担相应的责任。例如,在上述植物人案件中,法院认为,原告是因为车祸受伤与手术意外最终成为植物人的,虽然刘某与人民医院没有共同故意或者共同过失,但其分别实施的两个行为即发生交通事故和手术中麻醉意外间接结合导致原告成为植物人,应当根据过失的大小或者原因力比例各自承担相应的赔偿责任。申言之,本案原告目前呈植物人状态,究其原因力,交通事故造成原告右胫腓骨骨折而需手术治疗,原告因此被送进医院是导致原告成为植物人的原因之一,但交通事故造成原告骨折并不必然会导致原告成为植物人,导致原告植物人状态,车祸只是一个次要的因素,而手术失败是主要的因素。[119]

其次,如果在超越的因果关系中,出现加害人逃逸,以致无法查明损害的原因,则为了保护受害人,法院一般要求各加害人承担连带责任,实际承担了赔偿责任的第一个加害人今后有权对第二个加害人进行追偿。例如,在上述驾车逃逸的案件中,法院认为,肇事逃逸的车辆驾驶

---

〔117〕［美］文森特·R. 约翰逊:《美国侵权法》,赵秀文等译,中国人民大学出版社 2004 年版,第 132 页。

〔118〕［奥］海尔姆特·库齐奥:《侵权责任法的基本问题》(第 1 卷),朱岩译,北京大学出版社 2017 年版,第 164 页。

〔119〕《先遇车祸断腿,后手术失败成植物人——原告的损失如何得到赔偿》,载《人民法院报》2006 年 6 月 29 日。类似案例还可参见,枣庄市山亭区中心人民医院、张广元与张永富、张文文、张宇等医疗损害赔偿纠纷案,载《判例与研究》2004 年第 3 期。

人和被告虽无共同故意或共同过失,但其侵害行为直接结合,构成共同侵权,依法应负连带赔偿责任。因加害人之一肇事逃逸,无法查清其详情,致原告客观上无法向其主张权利,而不是主动放弃,因此,根据公平原则,本案中实际无法承担责任的逃逸车辆应当承担的那部分责任,可由事故的其他方平均分担。[120]

本书认为,依据《民法典》第 1172 条,各个加害人之间承担的是按份责任,即各自承担相应的赔偿责任。即便某一加害人逃逸或下落不明,也不能简单地为保护受害人而将风险转移给另一加害人,该能够查明的加害人仅就自己应承担部分负责,无法查明的,平均分担。

四、择一的因果关系

择一的因果关系(alternative Kausalität),也称"替代因果关系"或"不确定的因果关系"(indeterminate cause),是指损害是由于多个行为人中的某一或某些人的行为所致,但是不能确定具体的侵权人。例如,甲、乙、丙三个小孩从楼顶往楼下扔酒瓶,其中一个酒瓶砸中受害人,但不知道该酒瓶是三人中何人所扔。再如,两个猎人打猎,误将行人看作猎物而开枪,其中一枪击中受害人,但不知击中受害人的子弹出自何人的猎枪。

在择一的因果关系中,受害人享有损害赔偿权利的正当性已经存在,只是无法查明究竟是谁的行为导致其享有该损害赔偿请求权而已。[121] 也就是说,择一的因果关系实际上并不是因果关系的问题,而只是如何证明因果关系的证明责任问题。此时,为了保护受害人,多数国家的法律都认为,应当将本应由原告证明事实因果关系的责任转移给被告。[122] 例如,在 1948 年美国加利福尼亚州的 Summers v. Tice 案中,原告与两位被告同属于某一打猎协会的成员。某天外出打猎之时,两位被告因过失同时向原告所在方向射出了一颗子弹,其中一颗子弹击中了原告的眼睛。原告无法证明究竟是其中哪一位被告的子弹击中了其眼睛,但是能够证明两位被告都因过失而发射了子弹,原告自身毫无过错。依据两位被告都因过失而发射子弹的事实,法官实施了因果关系举证责任倒置,即除非被告中的一位能够证明自己对原告的伤害完全无须负责,否则两位被告都必须承担赔偿责任。[123]

在德国、奥地利、日本等大陆法系国家的民法典中,此种择一的因果关系的共同侵权被称为共同危险行为,行为人应当承担连带赔偿责任。《欧洲侵权法原则》第 3:103 条规定:"(1)当存在多个活动时,如果每一个活动都可以同时单独地造成损害,但不能确定事实上是哪一个活动引起了损害,则每一个活动在其可能造成损害的范围内,都是损害的原因。(2)当存在多数受害人,但不能确定某一特定受害人的损害是否由某一活动引起时,尽管该活动可能没有给全体受害人造成损害,也应根据该活动给某一特定受害人造成损害的可能性,认定其为全体受害人所遭受损害的原因。"《欧洲示范民法典草案》第六编"造成他人损害的非合同责任"第 4:103 条规定:"如果具有法律相关性的损害是由许多事件中的某一个或多个所引起的且由不同的人

---

〔120〕 郑玉荣等诉龚黎福等道路交通事故人身损害赔偿纠纷案,福建省莆田市城厢区人民法院(2011)城民初字第 163 号民事判决书。

〔121〕 F. Bydlinsky, Aktuelle Streitfragen um die alternative Kausalitaet, Beitzke – Festschrift (1979) 3. 转引自[奥]赫尔穆特·库奇奥:《替代因果关系问题的解决路径》,朱岩、张玉东译,载《中外法学》2009 年第 5 期。

〔122〕 不过也有国家不是如此,例如瑞士民法的通说认为,在无法证明究竟是谁造成损失的情况下,任何人都不负担损害赔偿责任。Oftinger Ⅰ, S. 81f.; Keller Ⅰ, S. 103. 转引自[瑞]海因茨·雷伊:《瑞士侵权责任法》(第 4 版),贺栩栩译,中国政法大学出版社 2015 年版,第 173 ~ 174 页。

〔123〕 [1948]119P. 2d 1. (Cal. 1948)(SATL 348). See Vincent R. Johnson, *Mastering Torts*, Carolina Academic Press, 1995, p. 186.

对其负有责任,虽然可以确定损害系由其中之一所引起但无法确定是哪一个,则得推定对其中任一事件的发生负有责任的人造成了该损害,但该推定可以举证推翻。”在我国法上,这种择一因果关系的多数侵权责任属于共同危险行为。依据《民法典》第1170条,各个行为人应当承担连带责任,除非其中某人可以证明自己的行为与损害之间没有因果关系(参见**案例**7.5.2)。

案例阅读

案例7.5.2
曹敬雨等诉童仁枝等生命权、健康权、身体权纠纷案

尽管上述不确定因果关系中,将原本应由原告承担的因果关系证明责任转换由被告承担,属于对事实因果关系或责任成立因果关系证明责任的偏离。但是,这并不是最严重的偏离。1980年加利福尼亚州最高法院在“Sindell v. Abbott Laboratories”案中创造的“**市场份额责任理论**”,才是针对极为特殊的不确定因果关系采取的极为特殊的解决方法。在该案中200多家生产商使用同一配方生产了一种防止流产的药物——己烯雌酚(DES, diethylstilbestrol),原告因其母亲在怀她的时候使用了该药物而得了癌症。时过境迁,当原告起诉时,已经无法确定其母亲当初究竟服用的是哪一个生产商的药物。于是,原告以当时占有市场份额最大的5家生产商为被告提起诉讼,初审法院驳回了原告的诉讼。原告上诉至加利福尼亚州最高法院。加利福尼亚州最高法院认为:首先,本案案情不同于Summers v. Tice案,因为并非所有的被告都出庭了而且被告之间也没有采取一致行动(concert of action),因此不能适用Summers v. Tice案的判决;其次,本案5名被告生产的DES占当时市场份额的90%,因此它们生产的产品就有90%的可能性为原告的母亲所服用,并造成损害,其因果关系的程度超过了盖然性标准。只要被告不能证明其产品没有或者不可能导致损害发生,就应按照其产品占有市场的份额比例承担损害后果。在无辜的原告与有过失的被告之间应当让被告承受损害,原告无法对因果关系加以证明并无过错,由于此种导致他人患癌症的药物的缺陷在于其配方,而每一个生产商都是运用这一配方来生产该种药物的,因此,从一个更宽广的政策的角度来说,被告应当承担由于其产品缺陷产生的损害赔偿责任。既然药品引起之损害不是由原告的过失所致,则只要被告的产品在相关市场中占有足够的份额,被告就应按照其产品占有市场的份额对原告承担赔偿责任。[124] 市场份额责任理论产生后,对法律界产生了很大的冲击。尽管在司法实践中,真正适用市场份额责任的案件还很少,但它为解决环境污染、产品责任、交通事故等大规模侵权案件,提出了一个新的思路。[125]

五、假设的因果关系

假设的因果关系(hypothektische Kausalitüt)指的是这样一种情形:损害已因某一加害人之行为而发生了,即便该加害行为不存在,损害的全部或部分也会因为另外一个与加害人无关的原因而发生。[126] 假设的因果关系与超越的因果关系存在相似之处,即在假设的因果关系中,也可能存在一前一后两个加害人。它们的区别在于:超越的因果关系中的两个原因是相继发生

---

〔124〕 Williams L. Prosser, John W. Wade & Victor E. Schwartz, *Cases and Materials on Torts*, Foundation Press, 2000, pp. 283 –284; Markesinis & S. F. Deakin, *Tort Law*, 4th. ed., Clarendon Press, 1999, p. 185.

〔125〕 关于市场份额责任的中文文献可参见王竹:《试论市场份额责任在多因大规模网络侵权中的运用——以艳照门事件为例》,载《政治与法律》2008年第4期;鲁晓明:《论美国法中市场份额责任理论及其在我国的应用》,载《法商研究》2009年第3期;谢远扬:《论侵害人不明的大规模产品侵权责任:以市场份额责任为中心》,载《法律科学》2010年第1期。

〔126〕 Looschelders, Schuldrecht Allgemeiner Teil, 6. Aufl. 2008, Rn. 910.

的且依次给受害人造成了实际的损害。然而,在假设的因果关系中,存在两个与损害有关的原因:一个是实际引发损害的加害行为,即"**真正原因**";另一个是并未实际发生,但如果真的发生也能造成同一损害的原因,即"**假设原因**"(Resvereursache)。

假设原因可能是第三人的合法行为或非法行为、受害人自身的原因或者自然原因。假设原因是第三人合法行为的情形,例如甲将乙的房屋烧毁,但由于乙的房屋是违章建筑,即便甲不烧毁该房屋,该房屋也要被主管机关依法予以拆除。假设原因是第三人的侵权行为的情形,例如A在上午将B房屋的一块玻璃打碎,当天晚上C为报复B以前对他的侮辱,驾驶载重卡车撞毁了B的房屋。即便A不打碎这块玻璃,也会因为C的撞击而使之破碎。假设原因是与人的行为无关的事实,例如李某与张某系同村农民,李某在给自家的玉米喷药时,因风力作用,药水飘到张某的西瓜地里,致使张某10亩地的西瓜大部分死亡。为此,张某要求李某赔偿其瓜苗费500元,化肥费1000元,西瓜损失2万元。李某拒赔,张某诉至法院。然而,就在法院即将作出一审判决时,一场洪水使李某的玉米和张某的西瓜(包括已死亡的和剩下的)都被冲得无影无踪。[127]

通常来说,假设的因果关系并不涉及侵权责任成立与否的问题,因为加害人的加害行为与受害人损害往往已经满足侵权责任成立因果关系的要求,所以,假设的因果关系是在损害的确定和计算时(责任范围的因果关系阶段)应当考虑的因素,应当由侵权人主张并负证明责任。换言之,假设因果关系的实质在于:法官是否能基于政策性因素的考量,将假设的原因作为减轻被告赔偿范围的理由。不过,由于假设原因对损害结果的影响在造成损害的真正原因发生时已经开始起作用,故此,理论界认为,在确定损害的结果时就应当考虑假设因果关系的问题。[128] 此时,由于真正原因和假设原因都能够导致损害的发生,故而需要讨论究竟是真正原因还是假设原因抑或二者在法律上都具有可归责性。[129]

对于假设因果关系,比较法上有不同的做法和观点。在1982年英国的"Jobling v. Associated Dairies"案中,原告因被告违反法定义务而遭受背部的伤害,因此降低了赚钱能力。3年后,原告被发现患上了一种脊髓疾病,而该病必然要导致原告残疾。英国上议院认为,被告无须对这种疾病出现以后的时间段内原告收入的减少负赔偿责任。因为没有任何政策理由要求被告一定要保障原告不出现任何疾病,无论这种疾病是在法院审理前造成了原告的残疾或者使他不得不去医院治疗。[130] 另外一起案件中,第一个加害人因为过失损坏了受害人的汽车,使得该车需要重新喷漆。而在喷漆前,第二个加害人的行为再次给该车造成了损害。现在第一个加害人提出的抗辩是,即便没有自己的行为,第二个加害人也会给该车造成损害,使得车辆需要重新喷漆。英国的法院认为,第一个加害人应当就全部损害负责,第二个加害行为的出现不应剥夺受害人针对第一个加害人的赔偿请求权。由于第二个加害人是在车辆需要重新喷漆之前给车辆造成损害的,所以,其行为并未对该车造成新的损害,无须承担赔偿责任。[131] 对此,法学家Hart与Honore教授认为,回答这样的问题,关键在于如何对被告所剥夺的受害人的财产或

---

[127] 袁文报:《李某该承担什么责任》,载《人民法院报》2006年8月21日。

[128] [瑞]海因茨·雷伊:《瑞士侵权责任法》(第4版),贺栩栩译,中国政法大学出版社2015年版,第168页。

[129] Deutsch/Ahrens, Deliktsrecht, 5. Aufl. 2009, S. 32.

[130] [美]哈特、奥诺尔:《法律中的因果关系》,张绍谦、孙战国译,中国政法大学出版社2006年版,第223~224页。

[131] Performance Cars, Ltd. v. Abraham, [1961] 3All E. R. 413 (C. A.). 转引自陈聪富:《因果关系与损害赔偿》,台北,元照出版有限公司2004年版,第69页。

者机会进行经济价值上的评估。此时，应当区分“**资本财产**”（capital assets）和“**创收财产**”（income－producing assets）这两个概念。一方面，房屋是一个资本财产，假设A引起的火灾没有在周一将其烧毁，从理论上说，房屋的主人B就有可能在周二洪水将它冲毁之前加以出售。另一方面，人体是一种创收财产，它不能被出售，但是可能通过使用技术而在一定时间内赚取金钱。如果某人在1月份由于A的过失而受伤害，其赚钱能力永久性降低，此后的2月里，他又被B的独立行为致残。那么，就A的行为结果而言，通常会说，被害人只是失去了这个介入月份内他本来能够赚得的钱数。他的身体机能与一座房屋不同，不可能在一个月实现身体的全部价值。[132]

德国民法学通说与判例认为，假设因果关系并不导致损害赔偿请求权的不成立，但是要通过假设的原因进程对损害的范围予以限缩。学说上对哪些损害应当考虑假设原因以及不同的假设原因对损害的影响如何等问题，有很大的争议。[133] 就假设的因果关系，应当区分不同的情形：首先，区分受害人的所受损害与所失利益。如果受害人的物遭受损失，在计算所受损害时不考虑假设原因，因为侵害一经发生，损害赔偿请求权就成立了，嗣后的假设原因并不产生消灭债务的效力。反之，在计算受害人所失利益时，应当考虑假设原因减轻赔偿责任。其次，区分受害人的损害是否具有持续性或长期性。申言之，如果假设原因涉及的是由真实原因产生的已经结束的损害，那么就不需要考虑假设原因。但如果假设原因造成的损害需要随着时间的推移才逐渐发生，就应当考虑该假设原因。[134] 最后，区分损害发生假设原因是否已经存在且是否会在短期内必然引起相同的后果。当假设原因在损害事故发生前就已经存在于被损害的人或者物之中，即属于所谓“损害体质”（Schadensanlagen）的情形，且不久之后该假设原因本来也可能造成同一损害时，假设原因在确定损害（无论直接损害还是间接损害）时具有重要性。[135] 例如，身患重病仅能存活数月的G在S有过错的交通事故中死亡，G的妻子与孩子请求S赔偿因G的死亡而丧失的抚养费时，S有权主张以下抗辩，即G在交通事故发生前已经身患重病，只能存活数月，故此，其损害赔偿义务只能在“如同死者在可能的生存期间负担抚养义务”的范围内存在。[136]

假设因果关系可能发生在侵害财产的案件当中（参见**案例7.5.3**），但更常见的是发生在人身损害案件中，即受害人在遭受他人的加害行为侵害之前，自身已经存在会导致未来劳动能力下降甚至死亡的原因，即受害人的特殊体质属于假设原因。例如，在一个案件中，受害人肖某患有肺癌且出现了肺癌转移，后发生了交通事故而死亡。经鉴定，交通事故导致的是受害人的头部外伤、左侧锁骨骨折、挫伤，伤势不严重，均非致命伤。受害人死亡的主要原因系右肺周围型肺癌并转移，直接死因系呼吸衰竭。交通事故所导致的上述外伤一般情况下不会导致其呼吸衰竭，其呼吸衰

案例阅读

案例7.5.3
赵全与重庆鹏升建筑实业有限公司等恢复原状纠纷上诉案

〔132〕［美］哈特、奥诺尔：《法律中的因果关系》，张绍谦、孙战国译，中国政法大学出版社2006年版，第221页以下。

〔133〕Lange/Schiemann, Schadensersatz, §4 Ⅰ 1。国内文献的介绍参见曾世雄：《损害赔偿法原理》，中国政法大学出版社2001年版，第192页以下；廖焕国：《假设因果关系与损害赔偿》，载《法学研究》2010年第1期；黄文煌：《论侵权法上的假设因果关系》，载《中外法学》2011年第3期。

〔134〕陈哲宏：《假设因果关系与损害赔偿》，台湾大学法律学研究所1984年硕士学位论文，第22页以下。

〔135〕MuenchKomm－Oekter, 4. Aufl. 2004, §249 Rn. 203.

〔136〕Looschelders, Schuldrecht Allgemeiner Teil, 5. Aufl. 2009, Rn. 911.

竭主要为自身疾病右肺肺癌并转移所致,但由于交通事故造成的外伤导致了受害人抵抗疾病的能力下降,成为其死亡的诱发因素。[137] 在这个案件中,肖某自身的疾病已经开始发生作用,其所患重病将不可避免地导致其死亡的后果,只是由于交通事故这一侵权行为的出现提前导致了受害人的死亡。也就是说,受害人的特殊体质是一种严重的疾病,该体质表明受害人的健康已经处于恶化的状态,对于受害人的不利后果已经发挥了确定无疑的原因力。

本书认为,在受害人特殊体质作为假设原因即属于损害体质的情形中,应当根据加害人赔偿义务的意义、目的以及损害的不同类型,分别考虑受害人特殊体质对损害范围的影响:

首先,就受害人因生命权、健康权被他人侵害而遭受的医疗费、护理费、交通费等所受损害而言,自然应由加害人承担赔偿责任。倘若加害人能够证明,在侵权行为发生前受害人已因特殊体质而住院治疗并正在支出医疗费、护理费或交通费,而受害人权益被侵害并未导致上述费用的增加,则该所受损害与受害人的权益被侵害之间就不存在责任范围因果关系,侵权人不承担赔偿责任。

其次,就死亡赔偿金、残疾赔偿金这些作为所失利益的损害而言,由于受害人在加害行为发生之前已有的特殊体质会导致这样的一种结局——即便没有损害事故,受害人的生存期限或者劳动能力也必然会减少,故受害人或其近亲属能够获得的赔偿仅限于真正原因(如交通事故)与假设原因(受害人的特殊体质)这一区间的损害。例如,在前述受害人罹患肺癌而死于交通事故的案例中,受害人显然最多生存几天而已,故赔偿权利人能获得的死亡赔偿金应以这几天为限。因为死亡赔偿金是以受害人的生命权或健康权倘若没有遭受侵害时能够生存的年限中所取得的收入或履行的抚养义务为基础而确定的。既然受害人因自身特殊体质而致生存期限仅剩数天,要求加害人按照20年来对受害人的未来收入予以赔偿,就意味着受害人可以在短暂的几天生存期限中一次性实现20年内可以取得的收入,也等于赔偿权利人将受害人死于自身疾病的损失转嫁到加害人头上,加害人变相成为受害人的保险人,这显然是不公平的。

最后,对于精神损害赔偿,由于司法实践已经将侵权人的过错程度,侵害的手段、场合、行为方式等具体情节,侵权行为所造成的后果等作为确定精神损害赔偿数额的考虑因素(《精神损害赔偿解释》第10条第1款),故此,受害人的特殊体质不应影响精神损害赔偿的数额。

六、合法替代行为

在侵权法上,所谓合法替代行为(rechtmaessiges Alternativverhalten)是行为人主张的抗辩,即如果行为人不从事系争的不法行为,而是从事合法的行为,依然会发生受害人的民事权益被侵害的后果。例如,在医疗损害纠纷中,作为被告的医疗机构主张即便在做手术前依法向患者具体说明了医疗风险等情况并取得了患者的明确同意,该手术依然会导致患者的死亡。再如,A驾车行经限速每小时40公里的路段时超速,实际车速为每小时50公里,结果撞伤突然从马路中心隔离带翻越过来的路人B。A主张,即便按照规定的速度驾车,因B突然从隔离带翻越而过,也无法避免撞上B。

对于合法替代行为抗辩的性质,各国学者有不同的认识。英美法系的学者认为,合法替代

---

[137] 肖华英、肖雪明等与钟斌、中国人民财产保险股份有限公司泰和支公司机动车交通事故责任纠纷案,江西省吉安市中级人民法院(2015)吉中民一终字第526号民事判决书。类似的案件还可参见中国人寿财产保险股份有限公司岳阳中心支公司与田伯良等道路交通事故人身损害赔偿纠纷案,湖南省岳阳市中级人民法院(2010)岳中民三终字第180号民事判决书。

行为抗辩实质上就是事实因果关系的认定问题。按照条件说或者"But For"规则，如果没有被告的不法行为，损害依然发生，则被告的行为就与损害没有事实因果关系。[138] 德国、瑞士和奥地利的学者认为，在不作为的侵权行为中，合法替代行为抗辩的存在意味着违反注意义务的不作为并非损害发生的必要条件，因此不作为和损害结果之间没有事实上的因果关系。但是，在作为的侵权行为中，合法替代行为并非事实因果关系或责任成立因果关系的问题，而应当属于责任范围因果关系的问题。因为，"在对某一特定行为进行评价时，并不能因为存在另一种纯粹假设的事件也会导致同样的损害而简单认定被评价行为并非致害原因。因为，那样实际上会导致永远不可能对积极作为进行归责"。"在事实因果关系的认定上具有决定性意义的是，损害发生的现实原因及其所引发损害的可避免性，这是可以通过抽离被告的行为而加以证实的。在某一事件实际上造成了本可避免的损害的情形下，纯粹理论上的、假设的事件并不能导致对事实因果关系的否定；某一纯粹想象中的、假设的行为方式无法用于决定事实上已经发生的事情。"[139] 因此，需要运用规范目的说来解决作为的侵权中合法替代行为抗辩的问题，即要考虑法律的规范目的，那些在法律所允许的行为作用下也得发生的损害并不在法律规范的保护范围，避免此种损害的发生，并非法律规范所能与所欲，故此违反法律规范与损害结果之间没有联系。[140] 具体来说，只要违法行为没有遵守的是非根本性的次要形式的要求，则合法替代行为的抗辩应当被认可，因为此时的损害不在被违反的规范的保护范围；如果涉及的是根本性的形式要求，此种形式之目的是促使政府或个人作出一个决定或者对那样的一个决定产生影响，此时，不能以合法的替代行为作为抗辩来排除程序保障和自由决定的空间。如果程序保障和决策空间没有得到保障，由此产生的损害应当归于侵权人。[141]

我国有学者认为，应当将合法替代行为案件分为三类加以分析。对于医生、律师等违反告知义务的侵权案件，应当认可合法替代行为抗辩，因为通过赋予损害赔偿请求权来保护患者的精神性人格权，并不是损害赔偿法的任务。对于违反程序性规定的案件，如违法逮捕或违法收治精神病人，应当区分公法和私法的程序。公法程序涉及社会公共利益，尤其是具有保障人民权利的目的，为强化程序保障，不应认可合法替代行为抗辩。私法程序主要以当事人利益保护为目的，可以认可合法替代行为抗辩。最后一类就是违反职务上义务的案件，对于行政机关缺乏法律依据或没有管辖权实施的非法行为，不应认可合法替代行为抗辩。对于自由裁量权范围的行为，可以认可合法替代行为抗辩。[142]

本书赞同在不作为的侵权行为中接受合法替代行为抗辩，即被告如果能够证明其即便履行了作为义务（实施了合法行为），仍然无法避免损害的发生，则其不作为与损害之间没有事实上的因果关系，并非受害人权益被侵害的条件。但是，对于作为的侵权行为，如没有履行告知同意义务即对患者实施手术、特殊检查或特殊治疗，或者未取得自然人同意，也没有法律或行

---

[138] Green/Cardi, USA, in Koziol(ed), Basic Questions of Tort Law From A Comparative Perspective, no 6/184. 转引自［奥］海尔穆特·库齐奥：《合法替代行为：因果关系与规范保护目的》，张玉东译，载《甘肃政法学院学报》2017年第5期。

[139] ［奥］海尔穆特·库齐奥：《合法替代行为：因果关系与规范保护目的》，张玉东译，载《甘肃政法学院学报》2017年第5期。

[140] ［瑞］海因茨·雷伊：《瑞士侵权责任法》（第4版），贺栩栩译，中国政法大学出版社2015年版，第178页。

[141] ［德］埃尔温·多伊奇、汉斯－于尔根·阿伦斯：《德国侵权法——侵权行为、损害赔偿及痛苦抚慰金》，叶名怡、温大军译，中国人民大学出版社2016年版，第37页。

[142] 周友军：《论民法上的合法替代行为抗辩》，载《法律科学》2013年第1期。

政法规的规定而处理他人的个人信息,或者非法拘禁、逮捕他人等,都不应当承认合法替代行为抗辩。理由在于以下两点。首先,在这些作为的侵权行为中,行为人已经有所为,即实施了加害行为,且客观侵害了他人民事权益,符合事实因果关系或责任成立因果关系的要件。故此,就应当承担侵权责任,不能再以各种假设的情形来推脱责任。这一点和不作为侵权是不同的,因为在不作为的侵权中,行为人毕竟是什么都没有做。其次,从保护受害人合法权益以及公共利益等角度而言,法律上对于行为提出的要求就应当得到遵守,没有必要考虑该要求仅仅是维护公共利益,抑或同时保护特定民事主体的权益,更不应当认为法律规范的形式要求是次要的就可以不必遵守。

文献阅读

第八章　违法性与过错

本章重点

违法性与过错的区分，过错的含义与类型，过错（尤其是过失）的判断以及过错能力等，是侵权法中非常重要的问题。本章将对这些问题进行详细的分析。

第一节　违法性与过错的区分

一、违法性与过错的历史演进

（一）古罗马的《阿奎利亚法》（Lex Aquilia）

与民法领域中的很多问题一样，对违法性概念的历史追溯必将引向古罗马法。多数学者认为，违法性的概念最早起源于公元前286年的《阿奎利亚法》。该法是为了弥补《十二铜表法》在“对财产之侵害”（damnum iniuria datum）[1]问题上的规定的不足，而依据保民官阿奎利乌斯的建议所制订的一部较为完备的损害赔偿法。《阿奎利亚法》被认为是罗马侵权法发展史上，重要性仅次于《十二铜表法》的一部法律。

《阿奎利亚法》共分三章，[2]第一章与第三章规定的是“对财产之侵害”的基础与框架。第一章规定：“因违法（iniuria）杀害他人的奴隶、四足动物或家畜者，应对其所有人赔偿被害物于杀害前一年内与最高价额相当的金额”。第三章规定：“违法（iniuria）烧毁、粉碎（urere）或破坏（rumpere）他人之物者，应对其所有人赔偿最近三十日以内相当于该物最高价额的金额”。[3]从这些规定可以看出，《阿奎利亚法》规定的“对财产之侵害”的基本构成要件有四项：（1）侵害行为必须是直接使用武力；（2）侵害行为必须是“违法”（iniuria）实施的；（3）侵害行为的结果必须是使原告遭受了损失（damnum）；（4）受损失的物品必须是原告的财物。[4] 所谓“iniuria”，

---

[1] 对“damnum iniuria datum”一词学者翻译不一，陈朝壁先生翻译为“对财产之侵害”，参见陈朝壁：《罗马法原理》（上册），台北，商务印书馆1979年版，第155页。周枏先生翻译为“对物私犯”，参见周枏：《罗马法原论》（下册），商务印书馆1996年版，第797页。黄风翻译为“非法侵害”，参见［英］巴里·尼古拉斯：《罗马法概论》，黄风译，法律出版社2000年版，第228页。本文采纳的是陈朝壁先生的译法。

[2] 该法第二章规定的是非对物私犯的问题，即某些无体物的全部丧失，与本文主旨无关。参见周枏：《罗马法原论》（下册），商务印书馆1996年版，第798页。

[3] F. H. Lawson & B. S. Markesinis, *Tortious Liability for Unintentional Harm in the Common Law and the Civil Law* Ⅰ, Cambridge University Press, 1982, pp. 4 – 5.

[4] ［英］巴里·尼古拉斯：《罗马法概论》，黄风译，法律出版社2000年版，第228页。

最初仅仅意味不法（non iure），即“**没有权利，违反法律**”（without any right，contrary to law）[5]。换成现在的法律术语，就是不具有正当防卫或法所容许的自助行为等违法阻却事由。如果行为人能够证明存在某些正当理由，如自卫、紧急避险或者经合法批准，则不承担责任。[6] 关于违法阻却事由，查士丁尼的《法学总论——法学阶梯》明确提到了一种即正当防卫，书中写道：“不法杀害是指无任何权利而杀害；因此杀害抢劫者的人不得对之行使这一诉权，但以其不能用其他方法避免威胁到他的危险为限。”[7] 学者们认为：“将 iniuria 引入责任要件，在侵权法发展史上是一个具有划时代意义的进步”[8]，《阿奎利亚法》最重要的成就“在于提出 iniuria 的概念”，它“蕴含着侵权行为法的基本概念及思考方式，在二千年后的今日，iniuria 的概念仍以不同的形式存在于大陆法系的侵权行为法”。[9]

尽管学者们都对《阿奎利亚法》引入“iniuria”一词给予了高度的肯定，但是就“iniuria”与现代民法中的“违法性”（unlawfulness）、“过错”（fault）之间的关系问题，理论界的认识并不一致。有人认为，《阿奎利亚法》首次确认了过失责任原则，“‘不法’就是没有权利，实质上意味着行为人的主观心理状态不是故意就是过失。于是，以主观心理为标准，而不是以客观后果为依据，使过失责任原则得以确立”。[10] 依据这种观点，过错只是透过“iniuria”加以表现而已。还有人在分析《阿奎利亚法》后，得出了完全相反的结论，即“‘违法’观念的出现早于过错观念。……罗马法是违法包括过错，而称 iniuria”。[11] 本书认为，在判定“iniuria”与现代民法中的“违法性”“过错”之间的关系问题之前，必须注意以下两个问题：

首先，如果承认“过错”一词是对“故意”与“过失”这两种心理状态的抽象概括的话，则只有在《阿奎利亚法》中的“iniuria”既适用于故意的“对财产之侵害”，又适用于过失的“对财产之侵害”时，才有可能论及“iniuria”与“过错”的关系问题。然而，《阿奎利亚法》所规定的“对财产之侵害”都必须是由行为人的积极行为造成的，因侵权行为人的不作为而造成的损失则不能适用。[12] 无疑，这里的“iniuria”仅指故意侵害，而不包括过失侵害。只是在后来随着罗马疆域扩张、人口增加，危害事故日趋严重的时候，罗马法学家才逐渐认为过失侵害行为也构成“iniuria”。[13] 在产生之初不适用于过失“对财产之侵害”的“iniuria”，能与“过错”或“违法性”这样的概念有怎样的联系呢？也许正如 Jean Limpens 教授所言，罗马法规则中就没有引入过“过错”这样一个概念，因此自然就不可能涉及过错与违法性之间的任何冲突[14]。所以，我们既不能认为“iniuria”是现代民法意义上的“过错”（fault /Verschulden），也不能将其简单等同于德国

---

〔5〕 Jean Limpens，International Encyclopedia of Comparative Law · Torts Vol. Ⅺ Chapter 2 Liability for One's Act，International Association of Legal Science，1983，p. 15.

〔6〕 ［英］巴里 · 尼古拉斯：《罗马法概论》，黄风译，法律出版社 2000 年版，第 231 ~ 232 页。

〔7〕 ［罗马］查士丁尼：《法学总论——法学阶梯》，商务印书馆 1993 年版，第 197 页。

〔8〕 王卫国：《过错责任原则：第三次勃兴》，中国法制出版社 2000 年版，第 33 页。

〔9〕 王泽鉴：《侵权行为法》（第 1 册），1998 年自版，第 44 页。

〔10〕 许更、薛梅钦：《古代中国与罗马法的侵权行为法之比较》，载杨振山、斯奇巴尼主编：《罗马法 · 中国法与民法法典化》，中国政法大学出版社 1995 年版，第 468 页。

〔11〕 黄海峰：《违法性、过错与侵权责任的成立》，载梁慧星主编：《民商法论丛》（第 17 卷），金桥文化出版（香港）有限公司 2000 年版，第 6 页。

〔12〕 周枏：《罗马法原论》（下册），商务印书馆 1996 年版，第 798 页。

〔13〕 王泽鉴：《侵权行为法》（第 1 册），1998 年自版，第 44 页。

〔14〕 Jean Limpens，International Encyclopedia of Comparative Law · Torts Vol. Ⅺ Chapter 2 Liability for One's Act，International Association of Legal Science，1983，p. 15.

民法中的“违法性”（Rechtswidrigkeit）。充其量只能说，在罗马法上过失是行为不法性的具体体现，因而也是判断行为不法性的依据或标志。[15] 乌尔比安对“iniuria”的解释很能说明这一点，他说：“我们在这里决不能把 iniuria 理解为某种损害（如像我们通常与 action for iniuriae［损害之诉］相联系时所理解的那样），而应理解为非依法律所为的行为。简言之，违反法律的行为，就是说，在这种行为中，一个人是基于过失而杀害他人；所以，有时这两种诉讼——阿奎利亚法上的诉讼和损害之诉——都可以采用，但存在着两种赔偿额估价方法，一种是对损失的估价，另一种是对损害的估价。因此，我们在这里必须把 iniuria 理解为过失致损，即使行为人并无致人损害的愿望。”[16]

其次，《阿奎利亚法》规定的针对“对财产之侵害”而提起的“阿奎利亚诉”（actio legis Aquiliae）不是单纯的民事赔偿诉讼。“依据大多数法学家的意见，‘阿奎利亚诉’含有刑事性质，为赔偿损失及罚金的混合诉”，主要表现在：“第一，如果被告不老实，在承审员面前否认有侵害的行为，而事后被证实的，应罚付两倍的赔偿金。第二，《阿奎利亚法》规定以一定时期内标的物的最高市价为赔偿额，它与实际损害之间往往有差额，因而也具有惩罚性。第三，该诉仅能针对行为人提起，不移转于被告的继承人，对后者只能依不当得利原则提起事实诉讼。该诉也不因人格变更而消灭。”[17]

在一个混合民事诉讼与刑事诉讼于一体的诉讼中，很难说“iniuria”指的就一定是现代民事侵权行为法中的“违法性”或“过错”。须知，现代刑法学说认为所有犯罪均须具备的 3 个共通要件之一就是“违法性”。[18] 我们怎能保证此“违法性”非彼“违法性”？何况，所谓正当防卫、紧急避险等违法阻却事由更是一个刑法的中心问题，而非侵权行为法的关键问题。

（二）《法国民法典》第 1382 条中的过错（Faute）

17 世纪法国著名法学家让·多马（Domat）在《自然秩序中的民法》一书中写道：“如果损害是作为一个无害行为的出乎意料的结果而发生，那么鉴于没有任何过错可以归咎于行为人，他就不应当对这一结果承担责任。”[19] 到了 18 世纪，法学家波蒂埃（Pothier）对过错作为民事责任的基本要件做了进一步的肯定与发挥。从此，行为人主观上具有过错才能承担民事责任的思想获得了法国民法学界的公认。在法国法理论中，过错被广泛地界定为“违反了一般规则：交换正义（commutative justice）或矫正正义（corrective justice）”，这一规则也被表述为“**不得损害他人**（neminem laedere/ not harming others）”的原则。[20] 受到这种思潮的影响，《法国民法典》的起草者只有兴趣规定“对任何人的损害”一类的原则，而对具体问题寻找解决方案不是其所关注的问题。因此，《法国民法典》的制订者选择了规定过错的一般原则，而不愿划分利益与免受过失干扰的关系之间的界限。[21]

1804 年的《法国民法典》关于侵权行为的规定仅有 5 条（第 1382 ~ 1386 条），极为简洁明

---

〔15〕 王卫国：《过错责任原则：第三次勃兴》，中国法制出版社 2000 年版，第 39、255 页。

〔16〕 《法学阶梯》，D·9·2·5－2。转引自王卫国：《过错责任原则：第三次勃兴》，中国法制出版社 2000 年版，第 33 页。

〔17〕 周枏：《罗马法原论》（下册），商务印书馆 1996 年版，第 799 页。

〔18〕 林山田：《刑法通论》（上），1998 年自版发行，第 91 ~ 92 页。

〔19〕 转引自王卫国：《过错责任原则：第三次勃兴》，中国法制出版社 2000 年版，第 66 页。该书未注明引文出处。

〔20〕 Francesco Parisi, *Liability for Negligence and Judicial Discretion*, 2nd ed., University of California Press, 1992, pp. 158－159.

〔21〕 Francesco Parisi, *Liability for Negligence and Judicial Discretion*, 2nd ed., University of California Press, 1992, p. 159.

了。其中,第1382条与第1383条规定的是自己行为责任,第1384~1386条规定的是非自己行为责任(就他人行为负责及物的责任)。诚如德国著名民法学家克里斯蒂安·冯·巴尔教授所言,就侵权行为的法律规定而言,在所有的欧洲民法典中,《法国民法典》给法院的指示最少,《法国民法典》的制定者给予法院的指导原则没有超出第1382条与第1383条所规定的构成要件,即过错、因果关系(causation)、损害(damage)。除此之外,他们认为不需要另外规定调整个人不当行为的责任的法律条文。[22]《法国民法典》第1382条规定:"任何行为使他人受损害时,因自己的过错(faute)而致损害发生之人对该他人负损害赔偿的责任。"[23]第1383条规定:"任何人不仅对于因自己故意行为所生的损害负赔偿责任,而且还对因自己的懈怠(négligence)或者疏忽(imprudence)造成的损害,承担赔偿责任。"由此可知,法国民法的侵权行为建立在一个概括、抽象的一般原则基础之上,宣示了过错责任原则。尽管学者们称颂《法国民法典》第1382条所确立的过错责任原则是法制史上一项空前伟大的成就,[24]但是正如19世纪德国潘得克顿学者所指出的,过错责任的一般原则将导致实际运用中面临含糊不清的危险,因为每一个案件之间的情形大相径庭,而过错责任的一般原则又留下了过分广阔的可能解释空间。在潘得克顿学者看来,"不得损害他人这一类义务几乎就是一个长期以来且现在依然在使法学家产生幻想的虚构的幽灵"。[25] 可以说,《法国民法典》第1382条在给司法创造性留出巨大空间的同时,也将如何限制过分宽泛的过错责任原则的边界这一重负强加到了法院与法学家的肩上。[26] 由于第1382条确定的成立侵权行为的3个构成要件中,因果关系与损害都不存在太大的问题,于是限定第1382条适用范围的问题主要就集中到如何理解"faute"这样一个非常抽象的词汇之上。人们的问题是:是否所有造成损害的行为都构成"faute"。

在法国侵权法理论发展史中,对"faute"的理解经历了以下几个阶段:

第一阶段:Zacharia的受保护利益理论。《法国民法典》颁布后不久,Karl Solomon Zacharia教授在《法国民法》一书中指出,德国的受保护利益框架是解释《法国民法典》第1382条与第1383条中一般条款的正确方法。他认为,《法国民法典》的这两个条文包含了与侵犯受害人被保护的利益之间的某种关联。[27] 之所以Zacharia教授采用德国的受保护利益的方法来解释《法国民法典》第1382条与第1383条,是因为作为德国海德堡大学的法国法教授的Zacharia深受德国潘得克顿学派的影响。如上所言,德国潘得克顿学者对《法国民法典》第1382条确立的

---

〔22〕[德]克里斯蒂安·冯·巴尔:《欧洲比较侵权行为法》(上卷),张新宝译,法律出版社2002年版,第18页。

〔23〕目前,在我国的3个《法国民法典》译本中,李浩培与马育民的译本都将第1382条中的"faute"一词翻译为"过失",而罗结珍的译本译为"过错"。尽管作为法国侵权行为法理论的核心概念,"faute"与因果关系、损害共同组成侵权责任的构成要件,但是,民法典中却并没有关于"faute"的明确定义,因此争议非常大。法国民法学界一般认为,"faute"一词指过失,同时也包括故意在内,因此我们可以将其翻译为"过错"。但要注意的是,法国民法中的"过错"(faute)与德国民法中的"过错"(Verschulden)并不完全相同。事实上,在现代法国民法学者看来"faute"一词既包含了"违法性"(法文 illicite,德文 Rechtswidrigkeit)与"可非难性"(法文 imputable,英文 culpability)。基于这样的考虑,王泽鉴教授将"faute"翻译为"过咎",参见王泽鉴:《侵权行为法》(第1册),1998年自版,第45~46页。

〔24〕王泽鉴:《侵权行为法》(第1册),1998年自版发行,第45页。

〔25〕F. Carnelutti, Sulla Distinzione tra Colpa Contrattuale e Colpa Extracontrattuale, cit., p. 744, cited from, Francesco Parisi, Liability for Negligence and Judicial Discretion, University of California Press, 2nd ed., 1992, p. 161.

〔26〕F. Carnelutti, Sulla Distinzione tra Colpa Contrattuale e Colpa Extracontrattuale, cit., p. 744, cited from, Francesco Parisi, Liability for Negligence and Judicial Discretion, University of California Press, 2nd ed., 1992, p. 160.

〔27〕F. Carnelutti, Sulla Distinzione tra Colpa Contrattuale e Colpa Extracontrattuale, cit., p. 744, cited from, Francesco Parisi, Liability for Negligence and Judicial Discretion, University of California Press, 2nd ed., 1992, p. 161.

过错责任的一般原则所产生的问题给予了大力的批判,他们几乎一致采用了所谓受保护利益的方法来对过错责任的一般原则加以限定。Zacharia 教授的理论一经提出就受到了同时代的其他法国著名学者的赞同。例如,斯特拉斯堡大学的 Aury 教授与 Rau 教授在他们著名的民法教科书——《法国民法教程》(第 4 版)中就赞同采用 Zacharia 教授从德国引入的受保护利益的方法来处理民事不法行为(civil wrongs)。由此在法国民法教科书中,侵害主观的绝对权(a subjective absolute right)成为过错责任的进一步要求。

第二阶段:Toullier 的欠缺权利理论。18 世纪初叶,撰写第一本法国民法典注释书的 Toullier 教授开始运用古罗马法中"凡行使权利者,无论对何人,皆非不法"原则来对过错责任的一般原则加以限制。按照 Toullier 教授的观点,对《法国民法典》第 1382 条正确的理解应当是,"任何欠缺权利而行为以致损害他人者,应当就因其过错而产生的损害承担赔偿责任"。[28] 也就是说,在 Toullier 教授看来,如果某人没有相应的权利却从事某种行为,以致给他人造成了损害,那么他就是有过错的,其应当承担损害赔偿责任。19 世纪的其他一些法国学者也赞同 Toullier 的观点,他们认为是否属于行使权利的标准可以最恰当地用来区分应予补救的损害(compensable injuries)和不应予以补救的损害(non-compensable injuries)。在 Demante 教授的《法国民法典》注释书中,他明确指出:"过错意味着侵犯他人权利的作为或者不作为。因此并非所有造成损害的行为都具有过错。"然而,由于作为《法国民法典》第 1382 条基本理念的"不得损害他人"原则与"凡行使权利者,无论对何人,皆非不法"的原则并非完全和谐,因此 Toullier 教授等人试图用来限定《法国民法典》中过错责任的一般原则适用范围的欠缺权利理论不仅没有真正地解决问题,反而制造了两个极端的情形:一个极端是,依据"不得损害他人"的原则,行为人对他人的任何损害都可能要承担责任;另一个极端是,依据"凡行使权利者,无论对何人,皆非不法"的原则,几乎所有的人类行为都可能打着行使权利的旗号而不承担责任。在这两个极端之间还存在大量交错的可选择的情形。[29] 事实上,在实际生活中行使权利的过程可能会产生大量的损害事故:汽车的主人开车是在行使自己对汽车的所有权,但可能会造成交通事故致人伤亡;工厂企业进行生产是在行使自由商业活动的权利,但可能会造成严重的环境污染,类似的例子不胜枚举。Toullier 等人提出的欠缺权利理论对于解决这样的问题显得非常无力。即便在 19 世纪的晚期,法国法学界发展出的滥用权利理论也仍然没有解决上述问题。对于 Toullier 等学者在 19 世纪发展出来的欠缺权利理论,Mehren 与 Gordley 教授在《民法法系》一书中的评价是:"他们并没有发展出任何系统的理论来解释违法行为的意思,或将行为是否违法的问题与是否具有过失(negligent)或恶意(malicious)的问题相联系。"[30]

第三阶段:Planiol 与 Savatier 的违法性(unlawfulness)与可非难性(culpability)理论。到了 20 世纪初,学者 Planiol 首先提出了行为的违法性这一概念,他认为"faute"应包含违反先前存在的义务的违法性因素。[31] Planiol 认为,法院确定行为人是否具有"faute"时,逻辑上应当分

---

〔28〕 F. Carnelutti, Sulla Distinzione tra Colpa Contrattuale e Colpa Extracontrattuale, cit., p. 744, cited from, Francesco Parisi, Liability for Negligence and Judicial Discretion, University of California Press, 2nd ed., 1992, p. 166.

〔29〕 F. Carnelutti, Sulla Distinzione tra Colpa Contrattuale e Colpa Extracontrattuale, cit., p. 744, cited from, Francesco Parisi, Liability for Negligence and Judicial Discretion, University of California Press, 2nd ed., 1992, p. 167.

〔30〕 A. T. von Mehren & J. R. Gordley, *The Civil Law System: An Introduction to the Comparative Study of Law*, Little, Brown, 1977, p. 577.

〔31〕 曾世雄:《损害赔偿法原理》,中国政法大学出版社 2001 年版,第 74 页。

为两步:首先依据案件的情形是否会产生责任,然后决定被告的行为是否符合可以接受的标准。依据 Planiol 的此种划分,则其产生的结果必然就是:要么开列一份穷尽无遗的会导致侵权责任的行为的清单,要么将“不得损害他人”作为一个法律原则而同时明确其例外的情形。〔32〕Planiol 采用的是第一种方法,即开列清单。最早在对法国最高法院(Coure de Cassation)的一份判决的评论中,Planiol 提出应将责任限定于违反保护他人免受损害的义务而造成损害的行为。〔33〕 如果违反义务的行为与损害之间没有因果联系则没有责任。Planiol 认为:“我们必须找到另一个可以准确界定可非难行为责任必要范围的规则,并且该规则能够使我们清晰地发现一项可非难的行为与其造成的损害后果之间的因果联系。事实就是,由于可非难的行为是对义务的违反这一规则限制了作为损害手段的可非难行为的范围,因此在这种意义上所有可非难的行为都是与损害相关的。因没有履行义务而具有过错。有权起诉的只能是那些能够强迫被告履行义务的人,并且只有他们才能要求相关的损害赔偿,所谓相关的损害是指对法律给予保护的利益的损害……由于违法被看作是事故的原因,因此法律的命令与禁止必定是用来保护人们免受已被确定的风险。”〔34〕

赞同 Planiol 见解的 Savatier 则采用的是第二种方法——明确不构成侵权责任的例外情形。Savatier 坚持将“不得侵害他人”作为一项基本的原则,同时努力对不构成侵权责任的例外情形加以类型化。他认为不构成侵权责任的例外情形主要可以分为五大类:不作为(除非存在先前的作为义务);各种人身或利益的合法抗辩;商业竞争(合法竞争);社会中因人们不得不毗邻居住而产生的轻微不适或损害;某人通常享有的针对原告——在限度之内——自由行使的权利。〔35〕

Planiol 对关于行为违法性的见解提出后就获得了法国民法学界以及法院的回应,行为的违法性应被认为包含在“faute”当中受到广泛赞同。目前,在法国民法学界占据主导地位的学说认为,《法国民法典》第 1382 条中的“faute”既包含主观上的可非难性(imputable),还包含行为人行为的违法性(illicite),“faute”具有“二元性”(duality)的特征。也就是说,“faute”包含主观因素与客观因素,主观因素即主观的心理状态——可非难性,客观因素就是所谓的客观的不法行为(objective unlawful act)。〔36〕

过错二元性特征理论在 20 世纪中后期日渐受到某些学者的反对,这些反对观点的具体内容将在后文详加阐述。尽管存在反对的意见,但是目前法国民法理论以及法院的司法实践大都仍然坚持认为,过错由违法性与可非难性两个因素构成。因此,尽管违法性是一个经常挂在法官与法学家嘴边的词汇,但是在法国侵权行为法中违法性并非一项独立存在的侵权责任构成要件。

(三)《德国民法典》中的“过错”(Verschulden)与“违法性”(Rechtswidrigkeit)

与法国法不同的是,德国法将过错因素与客观的不法性因素相分离,前者被理解为一种态

---

〔32〕 F. H. Lawson & B. S. Markesinis, Tortious Liability for Unintentional Harm in the Common Law and the Civil Law, Cambridge University Press, 1982, p. 98.

〔33〕 Francesco Parisi, *Liability for Negligence and Judicial Discretion*, University of California Press, 2nd ed., 1992, p. 171.

〔34〕 Francesco Parisi, *Liability for Negligence and Judicial Discretion*, University of California Press, 2nd ed., 1992, p. 171.

〔35〕 F. H. Lawson & B. S. Markesinis, *Tortious Liability for Unintentional Harm in the Common Law and the Civil Law*, Cambridge University Press, 1982, p. 98.

〔36〕 Jean Limpens, International Encyclopedia of Comparative Law · Torts Vol. XI Chapter 2 “Liability for One's Act”, International Association of Legal Science, 1983, p. 43.

度(attitude,故意或者过失侵害他人者的态度),而后者仅简单表明缺乏法定事由而破坏法秩序(a legal norm)。[37] 关于德国侵权法理论中何时开始区分违法性与过错的问题,比较法学者 Jean Limpens 教授认为,违法性与过错的区分可以追溯到著名的德国民法学家耶林(Jhering)。耶林在 1867 年出版的《罗马私法中的过错要素》(*Das Schuldmoment im roemischen Privatrecht*)一书中使用了"客观的违法性与主观的违法性"(objektives und subjektives Unrecht)的概念。[38] 为说明这一概念,耶林举了这样一个例子:善意(bona fide)占有他人之物者处于客观的违法状态,然而如果占有人是恶意(mala fide)的,例如窃贼,则属于主观的违法,即具有可非难性(culpability)。[39] 耶林在书中写到"对于这两种情形,都可以说是不法,一种是客观不法;另一种是主观不法","客观不法虽然不考虑过错要素,但还要考虑人的意志要素","主观的不法是一种有过错的侵犯,客观的不法是一种无过错的侵害。在它们的构成要件的这个差异上,自然联系着它们法律效果的不同。所有有过错地侵犯他人权利的行为,其引致的自然后果,就是消除该行为的损害结果之义务,也就是说,赔偿损害等义务,而不需要考虑责任人是否可以通过损害行为获得某种利益,也不管是在多大程度上获得利益。相反,根据公平的观念,无过错的违法的后果只能是消除客观不法事实状态之义务"。[40]

虽然耶林的例子受到 von Caemmerer 教授的批评,但是,德国法学家们以及法官还是采取了区分违法性与过错的理论。该理论影响了《德国民法典》,被规定在第 823 条第 1 款当中,该款规定:"因故意或过失不法侵害他人的生命、身体、健康、自由、所有权或其他权利者,对被害人负损害赔偿的义务。"依据这一款的规定,受到侵权法保护的权利仅限于绝对的主观权利(absolute subjective rights),如财产、生命、身体、健康与自由等,侵权法并不保护相对的主观权利(relative subjective rights),诸如债务,[41] 这些权利被认为受到合同法的保护。因此,在德国侵权法中,思考侵权行为民事责任构成要件的逻辑顺序可以分为两步。首先,考虑被告的行为是否符合违法性的要求。所谓违法性主要就是指被告的行为是否侵害了《德国民法典》第 823 条所列举的权利与法益以及被告是否具有违法阻却事由即法定的抗辩事由(Rechtfertigungsgrund)。如果被告侵害了受到《德国民法典》第 823 条所保护的权利或法益,那么违法性因素就满足了,学说上称之为"因符合构成要件而征引违法性"(Tatbestandsmüssigkeit indiziert die Rechtswidrigkeit)。[42] 唯一能够去除违法性的就是具有违法阻却事由,即法定的抗辩事由。[43] 依据《德国民法典》第 227 条采取的防卫对自己或他人人身侵害的行为就是这样一种抗辩事由。同样,依据《德国民法典》第 228 条而毁损他人财产也是一种法定抗辩事由,只要该行为与所产生的危险程度相当。符合法定范围的各种自助行为(self-help)也能除去被告行为的违法

---

〔37〕 B. S. Markesinis, *The German Law of Obligations Volume* Ⅱ *The Law of Torts: A Comparative Introduction*, , 3rd ed., Clarendon Press, 1997, p. 68.

〔38〕 Jean Limpens, *International Encyclopedia of Comparative Law · Torts Vol.* Ⅺ *Chapter* 2 *Liability for One's Act*, International Association of Legal Science, 1983, p. 15.

〔39〕 Jean Limpens, *International Encyclopedia of Comparative Law · Torts Vol.* Ⅺ *Chapter* 2 *Liability for One's Act*, International Association of Legal Science, 1983, p. 15.

〔40〕 [德]鲁道夫·冯·耶林:《罗马私法中的过错要素》,柯伟才译,中国法制出版社 2009 年版,第 7 页以下。

〔41〕 Francesco Parisi, *Liability for Negligence and Judicial Discretion*, University of California Press, 2nd ed., 1992, p. 190.

〔42〕 王泽鉴:《侵权行为法》(第 1 册),1998 年自版发行,第 261 页。

〔43〕 B. S. Markesinis, *The German Law of Obligations Volume* Ⅱ *The Law of Torts: A Comparative Introduction*, Clarendon Press, 1997, p. 68.

性(例如,《德国民法典》第 904 条允许人们——在一定程度上——毁损并非危险源的物件)。另一个合法的抗辩事由规定在《德国刑法典》第 34 条(紧急避险)。在行为具有违法性之后,原告要继续证明被告的过错,被告是故意还是过失属于第二阶段考虑的问题。

根据德国法学家的观点,区分违法性与过错具有以下 3 个方面的重要意义:

首先,确立行为的规则。作为市民社会生活的成员,每一个人都应当也有权知道,哪些行为在特定情形下是可以做、必须做或者禁止做的。〔44〕 仅仅依靠过错,无法实现此点。因为过错具有高度的主观性,同时又具有与道德、心理问题的密切联系。它会使得人们在社会生活中没有清晰明确的行为标准,而违法性要件则可以使得这样的行为规则变得更加客观、精确。因为违法性意味着对成文法义务的违背。通过违法性的判断,人们可以知道在一定的情形中哪些行为是应当做的,哪些行为是可以做的,哪些行为是禁止做的。〔45〕

其次,界定侵权法的保护范围。如果加害人仅因过错造成他人损害就需要承担侵权责任的话,会极大地限制人们的合理自由空间。要有效地保障个人的自由,就不能仅仅以一个利益或者行为标准被违反而认定构成侵权行为,这会使侵权责任的范围变得漫无边际。还需要具备的要件是:受到的损害或被侵害的利益属于行为标准的保护范围之内,且该行为标准是由成文法明定的。〔46〕 故此,违法性要件可以有效地限制侵权法的保护范围,避免过度地保护纯粹经济损失和非人身权的人格利益。〔47〕

最后,具有很强的说明功能。一方面,违法性要件能够说明,为什么针对那些即便没有过错但侵害或妨害了物权等绝对权的行为,权利人仍有权要求侵害人停止侵害和排除妨害。〔48〕 另一方面,违法性要件也能够说明,为什么行为人在从事自助行为、正当防卫时,即便给他人造成了损害,也可以不承担侵权责任。在这些场合,即便行为人对于他人权益被侵害是故意的,但由于欠缺违法性,也不构成侵权行为。〔49〕

尽管《德国民法典》明确区分了违法性与过错,但诚如 Markesinis 教授所言,像德国人这样一个偏好法学理论的民族,对于任何一个理论都会不可避免地产生有如潮水般的法学文献来接受、批判或者修正,关于违法性的理论也不例外。在德国违法性理论中争议最大的就是,违法性的判断标准究竟应采取结果违法还是行为违法。迄今为止,仍然得到德国联邦最高法院在内的各级法院大力支持的传统学说认为,只要《德国民法典》第 823 条第 1 款所列举的权利与法益受到侵害,违法性因素就自动满足。例如,从原告身体压过去或者毁损他的财产就是一种产生法秩序否定性评价的行为。换言之,不法性取决于危害后果,即所谓的**结果不法**(Erfolgsunrecht)。但是,这种通过危害后果判断违法性的传统理论受到了 Nipperdey、von Caemmerer、Esser 等大量杰出学者的挑战。他们认为,判断不法性不应看行为的结果而应当看行为本身即**行为不法**(Handlungsunrecht)。如果是非故意的话,则仅仅侵害《德国民法典》第 823 条第 1 款所列举的利益并未满足不法性,此外还必须要证明被告的行为是否达到适用于案件的

---

〔44〕 [德]克雷默尔:《侵权行为法的变迁》(下),李静译,载田士永等主编:《中德私法研究》(总第 5 卷),北京大学出版社 2009 年版,第 43 页。

〔45〕 Francesco Parisi, *Liability for Negligence and Judicial Discretion*, University of California Press, 2nd ed., 1992, p. 161.

〔46〕 Francesco Parisi, *Liability for Negligence and Judicial Discretion*, University of California Press, 2nd ed., 1992, p. 161.

〔47〕 Koetz/Wagner, Deliktsrecht, 11. Aufl., Vahlen 2010, S. 45.

〔48〕 Koetz/Wagner, Deliktsrecht, 11. Aufl., Vahlen 2010, S. 45.

〔49〕 Jauernig/Teichmann, § 823, 13. Aufl., 2009, Rn. 47.

某项特定命令性规范所确立的行为标准,或者证明被告是否违反了任何人都负有的不得侵害他人的一般性义务。[50] 这种注意义务在每一个文明的社会都是需要的,一般注意义务的范围与内容应当从《德国民法典》第276条推理出来,该条要求人们负有运用与处理自己日常事务时相同的注意义务。因此被告的行为应用客观的方法加以判定。此外,在决定行为标准时,也应当考虑行为的社会效用(social utility/Sozialadaequanz)。支持行为违法理论的学者们公开宣称,社会考量应当决定上述注意义务的有无以及范围。[51]

在学理上,结果违法与行为违法这两种观点的区别是很大的:

首先,它们体现了不同的侵权行为体系与思考方法。[52] 在结果违法理论中,由于不法性与过错被分离,因此原则上必须先肯定行为的违法性之后才进一步认定行为人是否具有过错。然而,依据行为违法理论考虑行为是否具有违法性时,应当直接就个案考察行为人是否违反了其应负有的注意义务而定。持行为违法观点的学者将缺少合理的注意作为不法性概念的组成部分,对于过错则更多的是在可非难性(imputability/ Vorwefbarkeit)的意义上加以理解。德国民法学说中争论最激烈的案件就是:某人制造的汽车、电器等物品流入市场,购买人在使用该物品时受到了伤害或者侵害他人的权利时,如何认定制造者行为的违法性?显然,就制造人生产产品并使之进入市场流通的行为本身而言,是不具备任何违法性的,但是对于结果违法理论来说,其理由如何构成则存在困难。Markesinis 教授在《德国债法》(第2卷)中曾举了一个例子来说明结果违法理论在解决上述案件时产生的困难。他说,如果采用统计学的方法可以计算出某个特定货物的生产及流通必定会造成他人死亡或者伤害及造成他人财产损害的结果,那么这样一种行为是否可以肯定地认为具有违法性?例如,在德国每年大约15,000人死于交通事故。通过考察汽车市场份额,理论上是可以计算出与每一个汽车生产商所生产的汽车相关的死伤情况。由于我们正在探讨的是侵犯受保护权益的积极的作为(生产汽车),不法性的因素因而满足且对我们这个问题的答案也是肯定的:此种行为是不法的。显然这一条件是荒谬的,并且为了避免往前一步而给生产商施加责任,人们被迫否认过错,甚至更虚假地否认相当因果关系。通过否定因果关系来免除责任的方法非常清楚是虚假的,因为结果(死或伤)既不是生产汽车这一活动的非典型的结果,也不是不可能的结果,所以此处必定具有相当因果关系。[53] Larenz 与 Canaris 教授也指出,在这种时候,鉴于制造人的行为既然属于法律所允许的行为,如果仅仅因与其没有直接关联时权利侵害的单纯可能性就溯及地认为该行为属于不法行为,显然是违背事理的。[54] 因此,此类案件中判断违法性的有无问题,只能从为法秩序所非难的、对他人法益具有侵害性的,并作为损害发生原因的"具有危险性"的行为中导出。也就是说,制造人的行为之所以具备违法性是因为其违反了社会生活中防范危险的注意义务,从而当制造人生产的有缺陷的产品在流入市场造成他人损害时,因违反此种交易安全注意义务

〔50〕 B. S. Markesinis, *The German Law of Obligations Volume* Ⅱ *The Law of Torts: A Comparative Introduction*, Clarendon Press, 1997, p. 69.

〔51〕 B. S. Markesinis, *The German Law of Obligations Volume* Ⅱ *The Law of Torts: A Comparative Introduction*, 3rd ed., Clarendon Press, 1997, p. 69.

〔52〕 王泽鉴:《侵权行为法》(第1册),1998年自版发行,第262页。

〔53〕 B. S. Markesinis, *The German Law of Obligations Volume* Ⅱ *The Law of Torts: A Comparative Introduction*, 3rd ed., Clarendon Press, 1997, p. 70.

〔54〕 Larenz/ Canaris, Schuldrecht Ⅱ/ 2, 1994, S. 365.

(Verkehrspflichten)而具有违法性。换言之,使制造人对损害后果负责的并非该后果与其行为具有足够的关联,而是它违反了法律施加给人们在类似情形下的某种交易安全注意义务。只要违反了这些义务,制造人就应当向原告承担责任。

其次,运用行为违法的理论来决定被告行为违法性的标准更加适用于两种德国民法中产生的新型权利——营业权与隐私权。由于营业权与隐私权这两种权利都非常模糊,并且在判断他们是否被侵犯之前必须谨慎地进行利益平衡,因此,在这些案件中,如果运用结果违法理论,则只能在确认被告是否具有过错的阶段进行相冲突利益之间的考量,而在这样的阶段进行利益的考量是没有什么意义的。因为如果没有这样的考量,对所谓营业权与隐私权的侵犯行为一开始就不能被确认为不法。所以,结果违法这一传统理论只能适用于《德国民法典》第823条第1款所明确界定并清晰加以表述的权利与法益,但是并不适合德国联邦最高法院在司法实践中创造的新型权利。

尽管结果违法与行为违法的观点存在上述学理上的重大差别,但是于实践层面上,这两种理论在绝大多数案件中都是产生相同的结果,因为《德国民法典》第823条第1款规定的责任是因缺乏违法性而不能成立还是没有过错而不能成立,这两者之间没有什么差别。正如著名学者海因·科茨教授所言:"人们几乎无法想象相互对立的新旧理论会以不同的方法来解决某一案件。"[55]

(四)日本民法学说中"从权利侵害到违法性"

1890年公布的日本旧民法典中对侵权行为的规定仿照了《法国民法典》的立法模式,没有明确区分违法性与过错,该民法典第370条规定:"因过失或懈怠给他人造成损害者负其赔偿之责。"由于旧民法典的家族法部分完全沿袭了法国民法制度,社会舆论反应强烈,因此爆发了日本民法编纂史上著名的法典论争。于是日本政府在1893年又设置了新的法典调查会重新起草民法典。[56] 此时,恰好《德国民法典》第一次草案已经颁布,日本学者们在新的民法典是否仍然沿用旧民法典第370条规定的问题上便产生了争论。

起草新民法典的学者认为,如果按照旧民法典第370条的规定,对通常的交易竞争中的竞争对手所蒙受的所有损害都予以赔偿,侵权责任就会被过分扩大。侵权行为法是保护已经存在的权利的法律,而不是由此创设新的权利。侵权行为法只能起到保障权利的功能,它不能产生确认权利的作用。社会生活中损害涉及他人的情况时有发生,如果没有"权利侵害"要件的限定,得以认定的侵权责任的范围就会没有边际,过于宽泛。因此,成文法上对待支配权或者绝对权、对世权,历来奉行法定主义。保证个人的活动自由,避免动辄得咎。而侵权行为法所保护的恰是对世权、支配权。[57] 于是,起草者将旧民法典第370条的规定修改为:"因故意或过失侵害他人权利者对因此而产生的损害负赔偿之责。"在1895年的法典调查会上,学者们又集中探讨了"侵害他人的权利"这一用语,由于感觉这样的规定过于狭窄,因此有人提出是否将这部分删掉,只规定"因故意或过失给他人造成损害者"。对此,起草者表示反对。于是,起草者的条文完全按照原文通过,成为现在《日本民法典》的第709条。[58] 诚如学者所言,《日本民法

---

〔55〕 Kötz, Deliktsrecht, p. 99, Cited from, B. S. Markesinis, The German Law of Obligations Volume Ⅱ The Law of Torts: A Comparative Introduction, Clarendon Press, 1997, p. 70.

〔56〕 邓曾甲:《日本民法概论》,法律出版社1995年版,第3~5页。

〔57〕 姚辉:《权利不能承受之轻》,载《民商法前沿》2002年第1期。

〔58〕 于敏:《日本侵权行为法》,法律出版社1998年版,第138~139页。

典》制定时之所以限定侵权行为责任中的“权利侵害”要件，是基于古典自由主义思想，以使侵权行为法达到保障活动自由尤其是经济自由竞争的机能。[59]

《日本民法典》颁布之初，学者们都将权利侵害作为侵权责任成立所不可欠缺的要件，因此侵权法理论就集中在侵权行为结果发生的损害是否符合权利侵害的问题之上。这样造成的后果是：法院在审理案件时，严格遵循立法者的宗旨，对于受害人并没有遭受法定权利侵害的其他损害一律不给予补救，此时法院是非常狭窄地解释权利侵害要件，仅限于法定权利是否被侵害，除此之外别无其他标准。此种情形典型的体现就是1914年日本大审院的“云右卫门浪曲唱片案”。在该案判决中，法官认为尽管被告B在没有取得任何权利的情况下将A所灌制的有名浪曲师桃中轩云右卫门浪曲唱片加以复制出售的行为是违反正义的、不正当的行为，但是由于浪曲作为一种“低级音乐”，其本身并没有著作权，因此不符合权利被侵害的要件，B的行为不构成侵权行为。严格地限定“权利侵害”的范围产生的直接后果就是：法律上的“权利侵害”与现实的“利益保护”之间的失调。社会生活中需要法律给予保护的利益由于未被立法者类型化为权利，因此无法受到保护，显然是极不合适的。

到了1925年，大审院于“大学汤”[60]案中就一改“云右卫门浪曲唱片案”中的见解，此案中法院判决所认定的不法行为侵害对象不仅包括所有权、地上权、债权、无体财产权、名誉权等所谓具体的法定权利，也包括诸如“大学汤”这种老字号般虽非权利但为法律所应当保护的无形的经济利益。“从云右卫门到大学汤”这一判例的动向，被学界视为司法机关对“权利侵害”要件由僵直的狭义理解改作柔软而弹性的广义解释的划时代变更。受到这种流向的刺激，学说上也开始一个转变，即由“权利侵害论”走向“违法性论”，由“权利侵害”要件移向“违法性”要件。[61]

在“大学汤”案的判决中，大审院认为被告的加害行为是“违反法规的行为”，虽然并未明确其违反的是何种法规，但在学界看来，这已经是以违法性要件代替权利侵害要件的标志。深受德国法学说影响的鸠山秀夫博士很早就指出，侵权责任得以认定的要件是“违法”，所谓“违法”不仅指侵害权利，也包括违反公序良俗。从立法论上看，《日本民法典》第709条只将权利侵害作为侵权责任的要件是有问题的。[62] 不过，鸠山秀夫博士的主张仍然局限于尽量广义地解释权利，在以“权利侵害”为要件的前提下，探讨将各种利益解释为权利。真正将“权利侵害”置换为“违法性”要件的是末川博。末川博于1930年出版的《权利侵害论》一书中全面论述了他关于“违法性”的学说。他认为，《日本民法典》第709条规定的权利侵害要件不过是构成侵权行为的本质要件的违法性的表象之一。在比较了自罗马法以来包括罗马法在内各种侵权行为制度后他发现，所有这些法律制度中均未将权利侵害作为侵权责任成立的绝对要件，在进一步研究后他指出，法律之所以规定权利不得侵害，乃因为侵害权利是破坏法律秩序的违法行为，权利侵害只不过是违法行为的表征。民法之所以选择这一表征，是因为在法律所不能认可的行为中，权利侵害占有最大的部分。但是，违法行为除侵权行为外还有违反法规的行为、违反公序良俗的行为等，因此，行为即使未构成权利侵害，但当其被评价为违法时，同样应认定成立侵

---

〔59〕 姚辉：《大学汤案》，载中国民商法律网：http://www.civillaw.com.cn/research，2020年6月2日最后访问。

〔60〕 关于该案的具体案情请参见于敏：《日本侵权行为法》，法律出版社1998年版，第140～141页。

〔61〕 于敏：《日本侵权行为法》，法律出版社1998年版，第140页。

〔62〕 于敏：《日本侵权行为法》，法律出版社1998年版，第141页。

权责任。[63] 由此可见,末川博的观点明显受到将"违法性"明确规定为侵权责任要件的德国民法的影响。[64]

在末川博之后,我妻荣教授进一步深化了这一理论。他将违法性的判断基准加以定式化,形成了所谓"相关关系说"。和末川博一样,我妻荣也用"违法性"要件替代"权利侵害"要件,但同时指出应防止将"违法性"这一一般条款性概念作恣意判断。为此,他给判断违法性设定了一个标准,即有无违法性应当从被侵害利益的种类(如权利的种类、性质等依据物权、债权、无形财产权、人格权等作出区分)与侵害行为的样态(主观、是否违反刑法法规、违反其他的禁止或管制法规、违反公序良俗、权利滥用等)的相关关系中来加以考察。[65] 比方说,如果被侵害的利益是很严重的,那么即使侵害行为的不法性很小,也可认定具备违法性。具体而言,按照相关关系说,违法性的判断是按照以下方法进行的:其一,被侵害的利益越是强有力,即便侵害行为样态中的可受非难性非常小,该行为也是违法的,例如,对人格利益中的生命和身体的侵害原则上是违法的;其二,在被侵害的利益不太强的场合下,只有侵害行为样态中的违法性达到较强的程度,才能被认定为违法,如侵害营业利益的场合,只有方法不当才是违法的。[66] 我妻荣的学说很快成为通说,日本战后不久出台的国家赔偿法就受此学说影响而将违法性列为责任构成要件。关于违法性的"相关关系说"后来又为加藤一郎等教授所继承和发扬光大,至今仍占有通说的地位。[67]

(五)其他大陆法系国家的情形

在《法国民法典》光彩夺目的19世纪,只有荷兰、瑞士及葡萄牙有勇气将自己的民法典与《法国民法典》相区别。它们将过错划分为两个不同的部分:即侵权行为和过错,因此创造了一个真正的"侵权行为法"。[68] 1838年的《荷兰民法典》就引入了"违法行为"(onrechtmatige daad)的概念,该民法典在第1401条的开头对"行为"这个词加以"违法性"的限定,其他部分则完全照搬《法国民法典》的第1382条。由于1838年《荷兰民法典》引入了"违法行为"的概念,从而《法国民法典》中的"过错"(faute)被分解为"违法性"(Onrechtmatigheit)与"可非难性"(Schuld)两个要素,结果导致了立法者获得了某种权力,即应由立法者而非法院在每次判决中决定哪一种行为是侵权行为。[69] 在荷兰,违法行为的概念被法院极为严格地解释了70多年。法院认为,所谓不法行为是指违反法律的行为,即不合法的行为(an illegal act/ onwetmatige daad)。如此限制性解释的结果自然就是彻底地减少了1838年《荷兰民法典》第1401条所适用的案件数量,因为在每一个案件中原告不得不在第1401条规定之外指明造成损害所违反的一些法律规则。由于限制性的结果日益受到批评,从而最终促使法院采取了更加自由的标准。在1919年的一个著名判决中,荷兰最高法院改变了其早期的判决并对违法性的概念做了一个

---

〔63〕 姚辉:《大学汤案》,载中国民商法律网:http://www.civillaw.com.cn/research,2020年6月2日最后访问。

〔64〕 [日]内田贵:《民法Ⅱ·债权各论》,东京大学出版会1997年版,第333页。转引自姚辉:《大学汤案》,载中国民商法律网:http://www.civillaw.com.cn/research,2020年6月2日最后访问。

〔65〕 [日]田山辉明:《日本侵权行为法》,顾祝轩、丁相顺译,北京大学出版社2011年版,第10页。

〔66〕 [日]吉村良一:《日本侵权行为法》(第4版),张挺译,中国人民大学出版社2013年版,第23页。

〔67〕 近年来,随着侵权法上出现了受保护的利益扩大化和多样化的新情况,现代侵权法中的被侵害的利益正在变得主观化和公共化,因此也出现了"权利侵害要件说"的"再生"现象。参见[日]吉村良一:《日本侵权行为法》(第4版),张挺译,中国人民大学出版社2013年版,第25~26页。

〔68〕 [德]克里斯蒂安·冯·巴尔:《欧洲比较侵权行为法》(上卷),张新宝译,法律出版社2004年版,第19~20页。

〔69〕 [德]克里斯蒂安·冯·巴尔:《欧洲比较侵权行为法》(上卷),张新宝译,法律出版社2004年版,第19~20页。

更加宽广的界定。法院在该判决中认为:“任何作为或者不作为,如果侵犯他人权利,或违反行为人之法定义务,或属于不正当行为,或欠缺在日常事务中对人身或他人财产应有的注意程度,则属于违法行为。”[70]尽管在荷兰违法行为被归结为违反人类社会成文或不成文规则的任何行为,但是并没有出现违法行为与过错之间的融合。相反,依照德国的模式,荷兰的法官与法学家坚持了对作为客观性概念的违法性与作为主观性概念的过错之间的区分。迈耶斯(Meijers)写道:“过错与人相关,而不法则描述行为。”舒特说:“很明显,只有行为才是不法的,而只有人而非行为存在过错。”[71]由梅耶斯及其后继者起草的民法典草案继续明确地保留了过错与违法性的区分,因此侵权责任是建立在违法性与可非难性两个要素的基础上。首先,违法行为被界定为:(1)任何对权利的侵犯;(2)任何违反法定义务的作为或者不作为;(3)任何违背社会不成文规则的作为或者不作为,并且在每一个案件中不存在正当理由。显然,在荷兰民法典草案中,违法行为的概念涵盖了与法国法中过错概念相同的范围。但是,它与法国民法中的过错概念仍存在区别,即荷兰民法典草案中违法行为的概念是客观的,而法国法中的过错概念既是客观的也是主观的。其次,荷兰民法典草案中的可非难性既可以是因为存在过错,也可以是因为存在某些导致当事人作为侵权人应承担责任这一结果的原因。前一种意义上的可非难性是主观意义上的,即过错(刑法中称为“罪责”,德文原文为“Shuld”),这种意义上的过错几乎难以与传统的概念相区分。仅就懈怠(inadvertence)或疏忽(negligence)而言就是如此,并且主观意义上的过错排除了14岁以下儿童所为的不法行为。而后一种意义上的可非难性则涵盖了行为人尽管没有过错但出于下列两种原因仍应当承担赔偿责任:其一,行为人没有如一个谨慎合理的人在同样的客观情形下会做的那样去做;其二,因为社会生活的需要而要求采取严格责任(就像雇主、企业主、建筑物所有人、使用存在瑕疵的物的人以及危险物体的占有者的情形那样)。[72]

1942年的《意大利民法典》接受了1838年《荷兰民法典》的规定,在第2043条将“侵权损害”(danno ingiusto)作为赔偿请求的先决条件,因此,在很长一段时间内《意大利民法典》该条只适用于侵犯绝对权的案件。[73]

受《德国民法典》影响的其他国家如瑞士、土耳其、希腊、奥地利的立法者们也感到在侵权责任规则上确立违法性概念的必要性。例如,在瑞士,违法性的概念导致了一个重要的争论。最初,起草瑞士债务法的人认为他们应当在“权利欠缺”(absence of right/ Widerrechtlichkeit)的基础上建立侵权责任。《瑞士债务法》第50条规定:“任何欠缺权利者因故意或过失或疏忽,而致害他人的,应当承担赔偿责任。”然而,在1911年3月30日对瑞士债务法的修订中,该条——后来成为《瑞士债务法》的第41条——被修正,该条被表述为:“因故意或过失,不法致人损害者,应负赔偿责任。”此外,还增加了第2款,即“故意以违反善良风俗的方法,致他人损害者,应负赔偿责任”。该款几乎成了《德国民法典》第826条的直接翻版。用“以违法的方式”(in an

---

〔70〕 Jean Limpens, International Encyclopedia of Comparative Law · Torts Vol. XI Chapter 2 “Liability for One's Act”, International Association of Legal Science, 1983, p. 18.

〔71〕 Jean Limpens, International Encyclopedia of Comparative Law · Torts Vol. XI Chapter 2 “Liability for One's Act”, International Association of Legal Science, 1983, p. 18.

〔72〕 Jean Limpens, International Encyclopedia of Comparative Law · Torts Vol. XI Chapter 2 “Liability for One's Act”, International Association of Legal Science, 1983, p. 19.

〔73〕 [德]克里斯蒂安·冯·巴尔:《欧洲比较侵权行为法》(上卷),张新宝译,法律出版社2004年版,第20页。

unlawful manner)来取代“权利欠缺”,表明了瑞士有意放弃法国将不法性与过错融为一体的观点,而采纳德国区分不法性与过错的观点。瑞士民法通说认为,损害行为违反成文法和不成文法中的行为禁止、法秩序的强制性规定,以及一般的法律义务,即成立行为的违法性。所谓违反法律规范而构成违法性存在两种表现形式:第一,违反保护受害人绝对权法益之规范,即针对人身损害和物之损害的“结果不法”;第二,违反旨在保护特定行为方式造成损害的保护性规范,即所谓“行为不法”。[74]

奥地利法律中也明确地区分不法行为(widerrechtliche Handlung)与过错(Vershulden)。《奥地利普通民法典》第 1294 条规定:“损害,因他人不法的作为或不作为,或者因偶然事件而发生。不法损害,或者为有意识所致,或者为无意识所致。有意识的致人损害,或者由行为人故意为之,或者由行为人过失为之。前者是指行为人明知会造成损害且希望发生损害的情形,后者是指行为人不知会发生损害但对其不知存在过错,或者未尽适当的注意,或者未尽适当的勤勉等情形。故意和过失统称为过错。”第 1295 条规定:“(1)任何人均得请求加害人赔偿其因过错行为所致之损害;损害,得因违反契约义务而发生,亦得因与契约无关的其他事由而发生。(2)故意以违反善良风俗之方法加损害于他人者,应负赔偿责任,但行使权利所致之损害,仅在权利之行使明显以损害他人为目的时,始负赔偿责任。”在奥地利民法界,对不法行为与过错的这一区分并没有产生任何重大争论。“行为仅在具备违法性的基础之上才可以被认定是否存在过错。因此,过错以违法性为先决条件。”[75]对违法性的界定是非常广泛的,它被界定为,所谓“违法性意味着任何不符合法律规定因此为法律所禁止的事务的状态。它可能是确定的状态也可能是不确定的状态。然而,所谓‘禁止’必须是成文法的明确条款或者习惯或者对成文法的法定解释所作出的”。[76]

(六)英美法中的“过失侵权”(Negligence)

诚如英国著名侵权法学者弗莱明教授所言:“尽管当今的事故损害绝大部分是由过失侵权(Negligence)的概念所调整。但是,作为一种独立的侵权责任的基础,过失侵权却是在非常晚近的时期才产生的。早期普通法几乎只针对故意的侵权行为人,而很少关注过失造成的损害。”[77]直到 19 世纪,随着工业化与城市化社会的兴起及与此相伴随各种事故(accidents)的大量产生,才真正促使过失侵权发展成为英美侵权法中的一种独立的侵权类型。[78] 1932 年的“Donoghue v. Stevenson”案的判决最终确立了过失侵权在英国法中的独立地位。依据英美学者的主流见解,过失侵权行为主要包括以下构成要件:首先,被告负有注意义务(duty of care),这种注意义务可能是普通法所确立的,也可能是成文法所规定的;其次,被告违反了该项注意义务(breach of duty);再次,原告遭受了损害(damage);最后,被告违反注意义务的行为与原告的损害后果之间具有因果关系(causation)。[79]

---

〔74〕 [瑞]海因茨·雷伊:《瑞士侵权责任法》(第 4 版),贺栩栩译,中国政法大学出版社 2015 年版,第 186 页。

〔75〕 [奥]伽布里菈·库齐奥、海尔穆特·库齐奥:《奥地利民法概论》,张玉东译,北京大学出版社 2019 年版,第 52 页。

〔76〕 Jean Limpens, International Encyclopedia of Comparative Law · Torts Vol. Ⅺ Chapter 2 “Liability for One's Act”, International Association of Legal Science, 1983, p. 17.

〔77〕 Winfield, *History of Negligence*, 42 L. Q. R. 184 (1926); Cited from John G. Fleming, *The Law of Torts*, 8th ed., The Law Book Company Limited, 1992, p. 101.

〔78〕 B. S. Markesinis & S. F. Deakin, *Tort Law*, 4th ed., Clarendon Press, 1999, p. 69.

〔79〕 B. S. Markesinis & S. F. Deakin, *Tort Law*, 4th ed., Clarendon Press, 1999, p. 69.

熟悉英美法系侵权法的人可以发现,在英美法系的侵权行为法中对于“侵权行为”的概念很难进行包容性的界定。英美法系国家的侵权行为法都是通过一个案件到另一个案件的形式逐渐才发展起来的,不同案件发展出来的侵权行为(tort)类型各不相同。以致 Jean Limpens 教授认为,在普通法系不同侵权类型的演变使得任何将他们合并的努力都将遭受挫败,并且指望找到它们之间的共同因素也是不会有结果的。〔80〕 英国学者 Salmond 甚至认为,在英国并没有所谓的侵权行为法(a law of tort),而是一群互不相关的不法侵害行为,各有其名称,并未形成一个作为侵害责任基础的统一原则。〔81〕 但是也有一些学者持相反的见解,例如 Winfield 认为,整个英国的侵权行为法可以回归到单一的统一原则,即侵害他人者,除非具有正当抗辩,否则构成侵权行为。〔82〕

由于并不存在一个包容性的侵权行为的概念,因此,学者之间就英美侵权行为法中如何认识大陆法系中的过错与违法性的问题争议较大。有的学者认为,违法行为的概念仍可以在过失侵权(negligence)的类型中发现,并且其在注意义务的概念中更加明确。“并非每一个过失都让人们承担法律上的责任,也并非每一个过失都会造成损害。只有某人负有一项法定的注意义务,其才对过失侵权行为负责。”〔83〕“义务”这一概念存在于每一种侵权类型中,但在过失侵权中特别有意义。因为,这是唯一以义务作为构成要素的侵权类型并且它能够使人们界定侵权法默示的义务(obligations)。要提出过失侵权之诉就必须证明:存在注意义务、违反了义务以及损害等。就注意义务而言,原告必须证明两件事情:(1)引发纠纷的情形中可能产生注意义务(观念上的义务);(2)依据本案的事实确实产生了注意义务(实际的注意义务)。此外,原告还要证明违反义务即过错。所以,英美法中的过失侵权的构成要件非常接近德国法与荷兰法中对主观不法性与客观不法性的区分。一方面,“注意义务”的概念巧妙地对应着客观不法性;另一方面,“违反义务”几乎完全类似于德国法的“过错”(Verschulden)及荷兰法的“过错”(schuld)这些概念。〔84〕 尽管名称相同,但是,英国法中的“过错”(fault)一词与法国法中的“过错”(faute)却并不能互换。在英国法中,过错与不法性的概念相互补充,至少在过失侵权中是如此,法国法的过失侵权中的“过错”(faute)则涵盖了两者。在英国法中,“过错”(fault)一词被用来描述加害人的心理或精神状态。在法国法中,“la faute”一词是可非难为过错的行为的错误(an error of conduct imputable to fault)。

显然,长期自然演化而形成的英美侵权行为的结构无法与在理论设计基础上建构起来的大陆法系侵权责任构成要件相等同。英美法系从来就没有像法国、德国等大陆法系国家那样通过民法典来建构侵权行为法的体系。无论是在英国还是在美国都既没有《法国民法典》第1382 条那样的侵权行为一般条款的规定,也没有《德国民法典》第 823 条与第 826 条所确立的三层次的侵权行为架构。因此,简单的类比并无有力的依据。但是,这并非意味着英美侵权法中的过失侵权行为的结构对于解决大陆法系侵权行为法中违法性与过错的争论没有参考价值。

---

〔80〕 Jean Limpens, International Encyclopedia of Comparative Law · Torts Vol. XI Chapter 2 “Liability for One's Act”, International Association of Legal Science, 1983, p. 19.

〔81〕 R. F. V. Heuston & R. A. Buckley, *The Law of Torts*, 20th ed), Sweet & Maxwell, 1992, pp. 17 – 18.

〔82〕 John G. Fleming, *The Law of Torts*, 8th ed., The Law Book Company Limited, 1992, p. 5.

〔83〕 W. V. H. Rogers, *Winfield and Jolowicz on Tort*, 15th ed., Sweet & Maxwell, 1998, p. 90.

〔84〕 Jean Limpens, International Encyclopedia of Comparative Law · Torts Vol. XI Chapter 2 “Liability for One's Act”, International Association of Legal Science, 1983, p. 20.

二、我国法上违法性与过错的区分

(一)学说上的争论

1. 赞同说

持赞同说的学者认为,在侵权责任的构成要件中必须严格区分违法性与过错,违法性是客观因素而过错是主观因素,前者的判断对象是行为人行为的外形,而后者的判断对象则是行为人的主观心理状态。他们提出的理由大体可以归纳为以下几点:

首先,区分违法性与过错的重要目的在于,违法性的概念能够使民事活动的主体明白可以做什么、不可以做什么。作为市民社会生活的成员,每一个人都应当知道并且也有权知道其应当遵循的行为标准。作为主观心理状态的过错由于高度的主观性以及与道德、心理问题的密切联系性容易造成人们在社会生活中没有一个清晰明确的行为标准。而违法性的概念恰恰可以使得这样的行为规则变得更加客观、更加精确。[85] 只有在客观地分析了行为的标准后才考虑主观因素。

其次,如果在侵权责任的构成要件中缺乏违法性,而单纯以是否具有过错作为判断标准,将导致侵权责任范围漫无边际,过于宽泛。在自由竞争的市场经济社会中,如果对通常的交易竞争中的竞争对手所蒙受的所有损害都予以赔偿,侵权责任就会被过分扩大。侵权行为法是保护已经存在的权利的法律,而不是由此创设新的权利。社会生活中损害涉及他人的情况是时有发生的,如果没有违法性要件的限定,则得以认定的侵权责任的范围就会没有边际。因此,"如果拆除违法性与过错之间的隔断,单纯从合法权益损害的事实状态中认定行为的违法性,极有可能会使违法行为与损害事实的概念相互混淆,导致不适当地给行为人强加责任的结果"。[86]

再次,就法律与伦理的关系而言,过错的评价应以违法性评价作为前提,如果以过错吸收违法性,直接对行为人主观心理进行道德上的评价,显然是一种泛道德主义的做法。过错吸收违法性理论,即以道德判断代替了规范判断,为侵权行为法的泛道德解释与执行大开方便之门。实践中可能出现把多种行为(包括合法的与违法的)纳入责任判断对象,且因过错富有弹性,极可能导致强加行为人法律责任的结果。因此,正如刑法上不能处罚思想犯那样,民法上过错的评价也应以违法性评价为前提。[87]

最后,区分违法性与过错,不仅涉及侵权行为法理论体系构造,而且关系到法律的正确适用和责任的正确认定。违法性与过错的区分要求法官在认定一般侵权行为场合,必须分别判定是否存在违法性和过错:首先确认行为是否具有违法性,是否具备正当化事由而阻却违法性;若无违法性,则不再考虑责任的有无问题,若存在违法性,再通过过错的判断确定责任的有无与轻重。因此,区分违法性与过错为法官在认定责任时提供了清晰而严谨的思考方法。[88]

司法实践中,不少法院赞同区分违法性与过错。例如,上海市高级人民法院民事审判第一

---

〔85〕 Jean Limpens, International Encyclopedia of Comparative Law · Torts Vol. XI Chapter 2 "Liability for One's Act", International Association of Legal Science, 1983, p. 16.

〔86〕 姚辉:《权利不能承受之轻》,载《民商法前沿》2002 年第 1 期。

〔87〕 黄海峰:《违法性、过错与侵权责任的成立》,载梁慧星主编:《民商法论丛》(第 17 卷),金桥文化出版(香港)有限公司 2000 年版,第 52 ~ 53 页。

〔88〕 黄海峰:《违法性、过错与侵权责任的成立》,载梁慧星主编:《民商法论丛》(第 17 卷),金桥文化出版(香港)有限公司 2000 年版,第 52 ~ 53 页。

庭颁布的《侵权纠纷办案要件指南》第 12 条规定,人民法院经审查当事人提供的证据,能够确认请求方主张的损害其合法权益的加害行为已成立的,可先推定该加害行为具有违法性。第 13 条规定,赔偿义务人主张存在阻却违法性的事由,否认加害行为违法性的,应举证证明存在阻却违法事由的要件事实。

2. 反对说

反对区分违法性与过错的学者认为,违法性已经为过错的概念所吸收,不应加以区分,违法性不能作为侵权责任的构成要件。

首先,认为在侵权责任中区分违法性与过错能够使民事活动的主体明白可以做什么、不可以做什么,这实际上是一种不切实际的幻想。违法性的概念是否确实能够使我们明确行为的清晰与精确的标准依然是一个问题。[89] 之所以如此,原因在于:其一,在法律上权利义务是确定行为标准的依据,人们只有在法定的权利义务范围内才有权从事某种作为或不作为,超越法定权利的范围才是违法的,因此真正确定人们行为标准的应当是法定的权利而非作为侵害法定权利后果的行为的违法性;[90] 其二,民事行为纷繁复杂,法律没有必要也没有可能对行为人在从事各种行为时都规定具体的行为标准,因此在侵权行为法领域中用以协调人们行为的标准还只能是过错,过错责任的价值正是在于它确定了某种行为的标准。[91]

其次,当今社会侵权行为法中的"过失"虽然是主观性要件,但并不单纯解释为加害者的心理状态而是通常人的能力为标准,违反应该注意避免的有预见可能性的损害的客观性注意义务才是认定过失的标准。另外,虽然"违法性"作为客观要件与故意、过失有所不同,但实际上被考虑到的是加害行为的态样和行为人的故意、过失等主观性要素。在这两方面的作用下,产生了违法性与过失在内容上、功能上相互交错的现象。[92] 因此,违法性没有独立存在的价值而应当被已经客观化的过失取而代之。

再次,所谓区分违法性与过错可以做到法律的正确适用和责任的正确认定的观点也没有说服力。因为,行为人对合法行为不负责任实际上是一个免责问题,对免责事由的确定并非通过确定违法行为的概念才能解决。在没有把违法性作为侵权责任构成要件的情况下,法律也可以规定免责事由。[93] 此外,所谓违法阻却事由实际上阻却的并非违法性而是过错,各种免责事由涉及的都是过错问题,是因为行为人没有过错而免责的,而非行为不具备违法性而免责。[94]

最后,将违法性融入过错当中可以做到简化责任构成要件的作用。在过错中包括行为的违法性可以将过错责任的构成要件从四要件简化为三要件,而简化的结果就是:一方面,审判人员在认定侵权责任时不需要在难以判断行为的违法性时牵强附会地作出结论;另一方面,如果行为人的行为违反了现行法律的规定,可以直接认定行为人具有过错,如此可以迅速解决侵权纠纷,为受害人及时提供补救。[95]

---

〔89〕 Jean Limpens, International Encyclopedia of Comparative Law · Torts Vol. XI Chapter 2 "Liability for One's Act", International Association of Legal Science, 1983, p. 16.

〔90〕 王利明:《侵权行为法归责原则研究》,中国政法大学出版社 1992 年版,第 401 页。

〔91〕 王利明:《侵权行为法归责原则研究》,中国政法大学出版社 1992 年版,第 40 页。

〔92〕 于敏:《日本侵权行为法》,法律出版社 1998 年版,150 页。

〔93〕 王利明:《侵权行为法归责原则研究》,中国政法大学出版社 1992 年版,第 405 页。

〔94〕 王利明:《侵权行为法归责原则研究》,中国政法大学出版社 1992 年版,第 405 页。

〔95〕 王利明:《侵权行为法归责原则研究》,中国政法大学出版社 1992 年版,第 408 页。

(二)本书的观点

本书认为,无论是《民法通则》第106条第2款,还是《侵权责任法》第6条第1款,抑或《民法典》第1165条第1款,我国的立法机关从来都没有区分违法性与过错。首先,如前所述,《民法典》抑或《侵权责任法》皆未采取《德国民法典》的立法模式,区分权利与利益给予不同程度的保护,而是仍然延续了《民法通则》第106条第2款的体例,采取了与《法国民法典》第1382条、第1383条相似的大的一般条款的立法模式。其次,在《民法典》第1165条第1款的文字表述中只有"过错",而无"不法"或"违法"的表述。这表明我国法上的过错中包含了违法。这就是说,一方面,行为人的行为如果违反了法律规定,自然表明行为人具有过错。另一方面,尽管行为人的行为没有违反法律的规定,但是违反了应有的注意义务,仍有可能具有过错。[96] 有的学者比较坚定地认为,德国的模式是值得我国借鉴的。他们认为,违法性之争的实质并不在于要不要违法性,而是在于如何认定违法性。也就是说,即使《侵权责任法》第6条第1款和《民法典》第1165条第1款采取的是法国模式,亦非否定了违法性。无非法国法上的违法性的判断是以"不得损害他人"的一般性禁止为出发点,而我国是以"不得侵害他人民事权益"为判断标准。二者只是同一句话的正反两种说法而已,无论是法国的还是我国的违法性认定标准都过于宽松,会导致侵权责任的泛化,从而过度限制个人的行为自由。因此,我国应当借鉴德国的模式。[97]

事实上,德国的违法性理论本身也在不断发展,是否区分违法性与过错也不再是没有争议的话题。[98] 目前,由学者起草的《欧洲示范民法典草案》基本上不再区分违法性与过错。主要理由是:首先,大部分国家的侵权法中都没有不法性或违法性的要件。普通法系自不必待言,即便是大陆法系,不法性概念对于比利时、法国、西班牙、斯洛伐克、斯洛文尼亚等国家也是非常陌生的概念。其次,在采取不法性的德国、奥地利、希腊等国家,不法性的详细内容如何、如何确定以及在责任制度中具有何种意义也都是存在巨大争议的。[99] 故此,德国著名法学家冯·巴尔教授领衔起草的《欧洲示范民法典草案》的第六卷"造成他人损害的非合同责任"第1:101条只是规定:"(1)遭受具有法律相关性的损害的人,得要求**故意或者过失造成该损害**或者因其他事由对该损害之发生负有责任者赔偿;(2)非因故意或者过失造成具有法律相关性的损害的,仅在第三章(归责)有规定的情况下方对损害之发生负责。"由此可见,就我国法而言,是否应当区分违法性与过错,还是取决于其在我国法上具有何种意义,而非简单地照搬照抄外国法。

需要指出的是,尽管在立法上没有规定违法性,但是,由于我国侵权法所保护的范围非常广泛,既包括物权、人格权、知识产权等绝对权,也包括债权等相对权和人格利益、财产利益,法律上对于这些人身权益和财产权益实际上并非给予同等程度的保护,故此,违法性要件所具有的"对法律的评价功能",非常有意义。违法性要件的主要功能就是**界定侵权法的保护范**

---

〔96〕 王利明:《我国〈侵权责任法〉采纳了违法性要件吗?》,载《中外法学》2012年第1期。

〔97〕 李承亮:《侵权责任的违法性要件及其类型化》,载《清华法学》2010年第5期。

〔98〕 李昊:《德国侵权行为违法性理论的变迁——兼论我国侵权行为构成的应然结构》,载田士永等主编《中德私法研究》(总第3卷),北京大学出版社2007年版,第21页以下。

〔99〕 [德]克里斯蒂安·冯·巴尔、[英]埃里克·克莱夫主编:《欧洲私法的原则、定义与示范规则:欧洲示范民法典草案》(全译本)(第5、6、7卷),王文胜等译,法律出版社2014年版,第186页以下。

围,[100]它是合法行为造成损失与不法性造成损失应当承担损害赔偿责任的重要区分工具。[101]"依靠违法性的判断,就有可能在必要的场合下,在损害赔偿法的领域内纳入涵盖所有法律秩序的广泛范围内的价值判断。"[102]也就是说,在认定民事权益是否被侵害时,需要考察被侵害的民事权益的种类和侵害行为的形态,从而协调自由与安全这两项价值,而不能仅仅从行为人的主观是故意还是过失出发,就直接认定侵害了民事权益。尤其是针对那些法律保护强度和密度较低的权益,如纯粹经济利益、个人信息、数据权益等,更是要考虑到对意思自由和经济自由的维护。例如,在因不正当竞争行为引发的侵权诉讼中,法院在认定原告所主张的为被告所侵害的经济利益是否能够得到《反不正当竞争法》的保护时,首先应当是考察被告的行为是否落入了《反不正当竞争法》第6条至第12条逐一列举的各类不正当竞争行为当中。如果被告的行为无法被纳入上述条文禁止的行为当中,在适用《反不正当竞争法》第2条第2款来认定该行为是否构成不正当竞争行为时,尤其需要谨慎为之。因为这里面涉及被告的行为是否违背"诚实信用""商业道德"、是否"扰乱市场竞争秩序"的认定,此种认定必须权衡各种价值,实现权益保护与合理自由维护之间的平衡。从我国司法实践来看,法院也正是在综合考虑上述各种因素的基础上来确定被告的行为是否具有不正当性的。例如,在"北京百度网讯科技有限公司与上海汉涛信息咨询有限公司不正当竞争纠纷上诉案"中,法院认为:"在自由、开放的市场经济秩序中,经营资源和商业机会具有稀缺性,经营者的权益并非可以获得像法定财产权那样的保护强度,经营者必须将损害作为一种竞争结果予以适当的容忍。本案中,汉涛公司所主张的应受保护的利益并非绝对权利,其受到损害并不必然意味着应当得到法律救济,只要他人的竞争行为本身是正当的,则该行为并不具有可责性。本案中,百度公司的行为是否构成不正当竞争,还需考虑其行为是否违反诚实信用原则和公认的商业道德。在反不正当竞争法意义上,诚实信用原则更多地体现为公认的商业道德。""就本案而言,对于擅自使用他人收集的信息的行为是否违反公认的商业道德的判断上,一方面,需要考虑产业发展和互联网环境所具有信息共享、互联互通的特点;另一方面,要兼顾信息获取者、信息使用者和社会公众三方的利益,既要考虑信息获取者的财产投入,还要考虑信息使用者自由竞争的权利,以及公众自由获取信息的利益;在利益平衡的基础上划定行为的边界。只有准确地划定正当与不正当使用信息的边界,才能达到公平与效率的平衡,实现反不正当竞争法维护自由和公平的市场秩序的立法目的。这种边界的划分不应完全诉诸于主观的道德判断,而应综合考量上述各种要素,相对客观地审查行为是否扰乱了公平竞争的市场秩序。"[103]

再如,在同样涉及企业数据保护的案件——"北京淘友天下技术有限公司等与北京微梦创科网络技术有限公司不正当竞争纠纷上诉案"中,法院也认为,在"认定竞争行为是否违背诚信或者商业道德,往往需要综合考虑经营者、消费者和社会公众的利益,需要在各种利益之间进行平衡。商业上的诚信是最大的商业道德。在判断商业交易中的'诚信'时,需要综合考虑经营者、消费者和社会公众的不同利益,判断一种行为是否构成不正当竞争需要进行利益平衡。在认定一种行为是'正当'或者'不正当'时,对经营者、消费者和社会公众三者利益的不同强调

[100] Koetz/Wagner, Deliktsrecht, 13. Aufl., Vahlen, 2016, Rn. 106.

[101] [瑞]海因茨·雷伊:《瑞士侵权责任法》(第4版),贺栩栩译,中国政法大学出版社2015年版,第185页。

[102] 藤冈康弘:《损害赔偿法的构造》,第25页。转引自[日]吉村良一:《日本侵权行为法》,张挺译,中国人民大学出版社2013年版,第27页。

[103] 上海知识产权法院(2016)沪73民终242号民事判决书。

将直接影响着对行为的定性。根据我国《反不正当竞争法》第一条规定的立法目的可知,反不正当竞争法是为了保障社会主义市场经济健康发展,鼓励和保护公平竞争,制止不正当竞争行为,保护经营者和消费者的合法权益。由此可见,在我国市场竞争行为中判断某一行为是否正当需要综合考虑经营者和消费者的合法权益。不正当性不仅仅只是针对竞争者,不当地侵犯消费者利益或者侵害了公众利益的行为都有可能被认定为行为不正当。在具体案件中认定不正当竞争行为,要从诚实信用标准出发,综合考虑涉案行为对竞争者、消费者和社会公众的影响”。〔104〕

第二节 过错的含义与类型

一、过错的含义

(一)过错的概念

“过错(fault/Verschulden)”是对行为人主观心理状态的否定性评价或非难。过错分为故意与过失。通常对于过错的界定都是由学说来完成,法律上很少作出界定。《奥地利普通民法典》第1294条对故意和过失作出了详细的界定:“损害,因他人不法的作为或者不作为,或者因偶然事件而发生。不法损害,或者为有意识(willkuehrlich)所致,或者为无意识(unwillkuehrlich)所致。有意识的致人损害,或者由行为人故意为之,或者由行为人过失为之。前者是指行为人明知会造成损害且希望发生损害的情形,后者是指行为人不知会发生损害但对其不知存在过错,或者未尽适当的注意,或者未尽适当的勤勉等情形。故意和过失统称为过错。”《欧洲侵权法原则》第4:101条规定:“任何人故意或者过失违反必要的行为标准的,都应当承担过错责任。”

由于“过错意味着主观责任,只有在客观上有应当负责的情况时,才可能提出主观责任的问题”。〔105〕 所以,在一般侵权责任的构成要件中,只有满足了客观构成要件(加害行为、损害后果和因果关系)之后,方有讨论主观要件即过错的必要性。脱离客观构成要件单独讨论所谓的过错,是毫无意义的。毕竟侵权法是对人的行为而非思想的规范。因此,过错是建立在客观构成要件基础之上的。不仅如此,过错涉及何种内容通常也是由客观构成要件所决定的。例如,甲骑车上班。在甲仅仅是骑车而未构成对他人民事权益的侵害时来讨论甲的过错,说他是故意还是过失骑车,显然荒唐可笑!一旦甲在骑车的时候撞伤了路人乙,因乙的人身权益被侵害了,加害行为与侵害结果等客观要件都满足了,才有必要讨论甲骑车撞伤他人的行为是故意还是过失,即甲是否因过错侵害了乙并造成了损害。故此,过错只是就民事权益被侵害这一客观结果而言的。

(二)过错的本质

“过错的重要性主要取决于法律制度准备赋予侵权法以哪些功能。”〔106〕 如果侵权法以威

---

〔104〕 北京知识产权法院(2016)京73民终588号民事判决书。

〔105〕 Medicus/Lorenz, Schuldrecht I Allgemeiner Teil, 18 Aufl. 2008, S. 301.

〔106〕 B. S. Markesinis & S. F. Deakin, *Tort Law*, 4th ed., Clarendon Press, 1999, p. 41.

慑、制裁为其基本功能,那么过错就是道德观念在法律上的反映。让有过错的人掏钱赔偿受害人,不仅是对有过错者的制裁,也体现了法律对其进行的道德上的非难与否定性评价。在私人财富被看作是赔偿经费首要来源的时代,赔偿责任的威慑性会变得极为真实且无可逃避。[107]对于19世纪的道德家而言,坏人就应当为他们干的坏事付出代价,越坏的人就要付出越多的代价。因此,过错在19世纪的侵权法中非常重要。在当时的侵权法中,很多规则中都充分体现了立法者对过错的重视。例如,在因果关系上,对于故意从事侵权行为所造成的后果,永远不会被认为在法律上过于遥远;恶意可以击败特定的抗辩;对于自身损害的发生具有过错的原告不能获得赔偿等。[108]

进入20世纪以来,侵权法更强调的是补偿和预防的功能。一方面,通过与商业保险、责任保险、社会保障等其他补偿制度的结合,侵权法更好地实现了损害的分散。就侵权人而言,尽管其因过错行为给他人造成了损害,但往往并不需要自掏腰包支付赔偿金。因为保险公司已经代为支付了,或者受害人可以通过工伤保险等社会保障制度得到补偿。此时,过错已难以承担道德说教的功能。另一方面,由于过错的判断标准日趋客观化,过错背后更多地体现了对各种法律价值判断的取舍和相互冲突的利益的衡量。表面上法官是在认定被告有无过错,实际上则是在进行各种价值判断与利益权衡。法官甚至可能只是从经济学角度出发,通过比较原被告双方防范损害发生的成本以及受害人损害的大小、发生概率等,就确认被告有过错或无过错(参见**案例**8.2.1)。这样做的目的,也是希望借此形成一种激励经济上更有效率的行为的机制,从而改变人们的行为预期。

案例阅读

案例8.2.1
深圳市快车道广告有限公司诉北京城乡贸易中心股份有限公司等案

二、故意

(一)故意的含义

1. 构成要素

故意(Vorsatz),是指行为人明知其行为会发生侵害他人民事权益的后果,仍有意为之的一种主观心理状态。《欧洲示范民法典草案》第6卷第3:101条规定:"下列情形得认为系故意造成具有法律相关性的损害:(a)意在造成此种损害;或者(b)明知此种损害或者同类损害将会或者几乎必然会发生而仍为一定行为。"由此可见,故意一定包括"认识"与"意愿"两个要素。这一点无论对于自然人,还是法人抑或非法人组织都适用。因为对于组织的故意,可以通过证明作为其管理机关的行为中自然人的故意而得以确立。[109]

(1)认识要素(intellektuelle Voraussetzung),是指行为人对于其行为将会发生侵害他人民事权益的后果有所认识,即"**明知**"(Wissen)。故意并不要求行为人对损害有所认识,但无论如何,行为人应认识到其行为会给他人权益造成侵害。[110] 倘若行为人完全没有认识到其从事的行为会给他人权益造成损害,即存在"错误"(Irrtum)时,不构成故意。[111] 例如,甲看见自家门

[107] John G. Fleming, *The Law of Torts*, 8th ed., The Law Book Company Limited, 1992, p. 6.

[108] B. S. Markesinis & S. F. Deakin, *Tort Law*, 4th ed., Clarendon Press, 1999, p. 42.

[109] [德]克里斯蒂安·冯·巴尔、[英]埃里克·克莱夫主编:《欧洲私法的原则、定义与示范规则:欧洲示范民法典草案》(全译本)(第5、6、7卷),王文胜等译,法律出版社2014年版,第435页。

[110] Jauernig/Stadler, 13 Aufl., 2009, §276, Rn. 19.

[111] Deutsch/Ahren, Deliktsrecht, 5. Aufl. 2009, S. 52.

前有一个废弃的玻璃瓶,便用脚踢开,结果玻璃瓶砸伤行人乙。因甲并未认识到其行为会对乙造成损害,故其主观上不具有故意。此时,应认定甲主观上为过失。

(2)意愿要素(voluntative Voraussetzung),是指行为人在对其行为之后果有所认识后具有的实现该后果的**决意或意愿**。依据行为人是主动追求还是放任该后果的发生,可将故意分为直接故意与间接故意。直接故意(dolus directus),即行为人明知其行为必将产生某一后果而追求该后果的发生。例如,甲向乙开枪并希望杀死乙,显然,置乙于死地是甲所追求或希望的后果,因此甲主观上属于直接故意。间接故意(dolus eventualis),是指行为人明知其行为可能发生某种后果而放任该后果之发生。例如,A 向 B 的办公室扔进了一枚炸弹,想杀死 B。A 知道 C 正在办公室,尽管 A 并没有追求伤害 C 的后果,但是,A 知道炸弹爆炸将极有可能对 C 构成伤害。因此,A 对于 B 的死亡是直接故意,而对 C 的死亡则构成了间接故意。不过,在侵权法上区分直接故意与间接故意的意义很小,因为它们的法律后果是相同的。[112]

讨 论 禁止之错误与违法意识

禁止之错误(Verbotsirrtum)涉及的是这样一个问题:在行为人对行为之违法性出现了认识错误时,其是否要依故意而承担责任。在刑法学上,禁止之错误是一个被热烈讨论的问题,有所谓的"故意理论"(Vorsatztheorie)与"罪责理论"(Schuldtheorie)之争。故意理论认为,行为人对违法性发生认识错误的,不存在故意。[113] 罪责理论认为,即便行为人对违法性发生了认识错误,也不应排除故意。在德国,由于《德国刑法典》第 17 条的规定,罪责理论成为刑法学界的通说。但是,在德国民法学中,通说则采取了故意理论。[114] 这是因为:首先,民法中的义务远多于刑法且诸多的民法义务并不都需要依靠道德来支撑。只有在行为人明知存在义务之时,其违反义务的行为才应当受到"故意"这种最为严厉的无价值判断。其次,在民法中,故意与过失的区分意义远远不如刑法那样大。即便因为禁止之错误而排除了故意,以行为人尽到通常的注意时可以知悉所违反的义务为限,仍然可以存在过失责任。[115] 就我国侵权法而言,由于违法性并未成为一项独立的侵权责任构成要件,且民法中的过错行为不限于违法行为,还包括违反道德规范和社会规范的不当行为,[116] 因此,在我国侵权法上应当采取罪责理论,即不要求行为人认识到其行为的违法性才能构成故意。

2. 故意与恶意

在侵权法中,除"故意"外,还有一个"**恶意**"(malice)的概念。不过,我国《民法典》中出现最多的还是"故意"一词(共 29 处使用),而"恶意"出现在 6 处(没有一处是在侵权责任编中)。"恶意"一词有两种意思:其一,某种事实,即坏的意愿、恶毒仇恨、为了害人而害人;其二,描述作为某一必然造成他人损害的行为。通常,侵权法中仅在前一种意义上使用该词。"故意"

---

〔112〕 张明楷教授认为,在刑法上,区分直接故意与间接故意的意义也极为有限。详见张明楷:《刑法学》(第 4 版),法律出版社 2011 年版,第 244 ~ 245 页。

〔113〕 Deutsch/Ahren, Deliktsrecht, 5. Aufl. 2009, S. 52.

〔114〕 Schlechtriem/Schmidt - Kessel, Schuldrecht, Allgemeiner Teil, 6. Aufl. , 2005, Rn. 570.

〔115〕 Medicus/Lorenz, Schuldrecht Ⅰ Allgemeiner Teil, 18. Aufl. , 2008, Rn. 307.

〔116〕 王利明:《侵权责任法研究》(上卷),中国人民大学出版社 2010 年版,第 367 页以下。

(intention/ intent)则是指行为人期望其行为导致某种结果,或相信其期望的结果非常确定的要发生。[117] 在普通法的侵权法中,有些侵权行为必须以"恶意"为要件,如诬告(malicious prosecution)、滥用诉讼程序(malicious abuse of process);有的侵权行为则以"故意"为要件,如殴打(battery)、恐吓(assault)、非法监禁(false imprisonment)、故意侵入土地(trespass on land)、引诱违约(inducing breach of contract)等侵权类型。

本书认为,"恶意"并非一类独立的过错类型,而是属于故意中的直接故意,即从事"恶意"行为之人,知道自己的行为会给他人造成损害,就是要这样做,有些是损人以利己,有些甚至是损人不利己。故此,"恶意"一词强烈地体现了对行为人道德上的非难,它表明行为人是为了不正当的目的或动机,如牟利、恶毒仇恨他人或泄愤等。但是,侵权法中行为人的动机如何——良好的或恶毒的动机——原则上对过错的判断不发生影响,也不影响侵权责任的承担。[118] 当然,有些情形下,动机的好坏对于特定侵权责任的成立或者惩罚性赔偿责任还是有影响的。例如,我国《电子商务法》第 42 条第 3 款规定:"因通知错误造成平台内经营者损害的,依法承担民事责任。**恶意发出错误通知**,造成平台内经营者损失的,加倍承担赔偿责任。"再如,我国《反不正当竞争法》第 17 条第 3 款规定:"因不正当竞争行为受到损害的经营者的赔偿数额,按照其因被侵权所受到的实际损失确定;实际损失难以计算的,按照侵权人因侵权所获得的利益确定。经营者**恶意**实施侵犯商业秘密行为,情节严重的,可以在按照上述方法确定数额的一倍以上五倍以下确定赔偿数额。赔偿数额还应当包括经营者为制止侵权行为所支付的合理开支。"

(二)故意在侵权法中的地位

近代侵权法中,故意占据着重要的地位,许多侵权责任都以故意为成立要件。"早期普通法几乎只针对故意的侵权行为人,而很少关注过失造成的损害。"[119] 直到 19 世纪,随着工业化与城市化社会的兴起及与此相伴随各种事故(accidents)的大量产生,才真正促使过失受到侵权法的高度重视。之所以故意在近代侵权法中具有重要地位,原因可归纳为两点:

第一,近代社会,科技尚不发达,人员流动性很小,人们生活的社会属于"**熟人社会**"。大家来往密切,相互了解,所谓"鸡犬相闻,老死不相往来"。既然大家都是相互熟悉的人,那么互相之间发生的侵害就不大可能是过失了,多半是经过深思熟虑而为的。但是,在现代社会,城市化、工业化与科技化等因素使得一国乃至全世界的人员流动频繁。在纽约、伦敦、北京、上海这样的超级大城市中,居住着上千万人,整个社会就是一个陌生人的社会。人们素昧平生,"远日无冤、近日无仇",更多的损害是因行为人的过失(疏忽或不谨慎)所致,例如,机动车交通事故、物件致人损害、饲养动物致人损害等侵权行为基本上都是因为行为人的过失所致。

第二,近代社会中的侵权法尚未完全脱离刑法的影响,故此,极为注重对行为人主观恶性与反道德性的惩戒。故意侵害他人民事权益,当然属于主观恶性很大的行为,具有明显的反社会性与不道德性。于是,此类侵权行为也就首当其冲成为侵权法规制的对象。加之,早期社会,"人们生活艰难,寿命短促,为了非故意的损害而被责令补偿这一观念被认为是过分的要

---

[117] 《美国侵权法重述(第二次)》第 8A 条。

[118] 在"李海峰等诉叶集公安分局、安徽电视台等侵犯名誉权、肖像权案"中,法院就明确指出:"上诉人叶集公安分局以配合新闻工作,履行法制宣传义务为由,称自己无过错,是对法律上'过错'这一概念的误解。民法上的过错既包括故意,也包括过失。行为人主观上具有良好的意图,并非意味着行为人一定没有过错。"参见《最高人民法院公报》2007 年第 2 期。

[119] Winfield, History of Negligence, 42 L. Q. R. 184 (1926).

求。所以,花在讨论被告的思想状况上的时间绝少。那时信奉的格言是‘即使魔鬼也不晓得人打的是甚么主意’”。[120] 现代侵权法则以补偿和预防为基本功能,故意与过失的区分变得不重视了。而且在因过失从事侵权行为就需要承担责任的情况下,就完全没有必要对故意的侵权行为作出规定了。例如,法国法中几乎没有关于故意侵权承担赔偿责任的法律规则,在很多案件中行为人只要具有过失就足够了,有些案件适用严格责任,也不需要考虑行为的过错,法国法中为数不多的关于故意侵权的规则就是所谓的权利滥用。[121] 此外,由于立法者与法官又迫切需要通过“过失”这一法技术手段来协调行为自由与保护权益的关系,因此,过失的判断标准变得极为复杂(如主观过失、客观过失等)。所以,现代侵权法的发展总体上是以过失而非故意为主轴而进行的。[122]

虽然现代侵权法中故意已并不重要,但是,其仍然有以下几方面的意义:

1. 某些侵权责任以故意为主观构成要件。故意表明的是行为人明知其行为的后果仍有意为之的一种心理状态,它特别适合用来作为侵害不具有典型公开性的民事权益的侵权行为之主观构成要件。这些民事权益包括:其一,虽然属于权利但不具有公开性,他人难以知悉的权利,如债权。倘不要求加害人对此权利被侵害具有明确的认识且有意为之,必会不适当地限制人们的行为自由,使人们在社会生活中动辄得咎。其二,各种受到保护的民事利益,如商业秘密、纯粹经济利益。这些民事利益只是受侵权法的一定程度上的保护,保护的强度和密度都远弱于绝对权。法律往往只是防止民事利益的享有人免受特定类型的侵害,而故意侵害这些民事利益的行为就是法律所首要予以防止的行为(如《反不正当竞争法》第9条对侵害商业秘密行为的规定基本上都是以故意为要件)。

2. 故意影响因果关系的判断。故意与因果关系虽然分属侵权责任的不同构成要件,但它们相互之间往往发生影响。在加害人故意实施加害行为的情形中,认定加害行为与损害后果的因果关系时往往采取较为宽松的标准。例如,在英美法中,如果加害人实施的是故意侵权行为,这种行为本身就违反了基本的正义观念,行为人应当对其行为隐含的风险所可能导致的损害后果承担责任,无论对该后果能否预见。依据英美法长期以来遵循的“故意使责任失其相关性”的原则,行为人要对其故意所导致的一切损害后果负责。[123] 此外,受害人故意引起损害的,通常也会使行为人的侵权责任得以免除(我国《民法典》第1174条)。因为在受害人故意导致损害发生的情况下,加害行为与权益被侵害之间不存在因果关系,自然行为人无须承担侵权责任。

3. 为制裁共同故意从事侵权行为之人而使其负连带责任。数个行为人共同故意侵害他人权益造成损害的,应当承担连带责任(我国《民法典》第1168条)。这是因为,行为人之间的主观意思联络即共同故意已经使得法律上将他们视作一个团体,该团体中的每一个人都要对那些没有超出他们共同故意范围的损害承担责任。更重要的是,共同故意从事侵权行为的人主观恶性更大,造成的损害结果也更大,法律上通过连带责任对他们加以惩戒,也对其他人予以威慑。

---

〔120〕［英］John G. Fleming:《民事侵权法概论》,何美欢译,香港中文大学出版社1992年版,第2页。

〔121〕Cees Van Dam, *European Tort Law*, 2nd edition, Oxford University Press, 2013, p. 226.

〔122〕曾世雄:《损害赔偿法原理》,中国政法大学出版社2001年版,第80页。

〔123〕张小义:《侵权责任理论中的因果关系研究——以法律政策为视角》,中国人民大学法学院2007年博士学位论文,第131页。

4. 对某些故意的侵权行为适用惩罚性赔偿责任。惩罚性赔偿责任是针对侵权人主观恶性较大的侵权行为给予的一种惩戒,它针对的就是故意侵权行为。例如,我国《民法典》第 1185 条、第 1207 条以及第 1232 条都是以故意为要件。再如,《食品安全法》第 148 条第 2 款明确规定:"生产不符合食品安全标准的食品或者经营明知是不符合食品安全标准的食品,消费者除要求赔偿损失外,还可以向生产者或者经营者要求支付价款十倍或者损失三倍的赔偿金;增加赔偿的金额不足一千元的,为一千元。但是,食品的标签、说明书存在不影响食品安全且不会对消费者造成误导的瑕疵的除外。"

5. 故意影响赔偿的范围。在法院斟酌侵权人的赔偿责任时,通常会考虑侵权人的赔偿能力,比如侵权人非常贫困,则法院通常会适当减轻赔偿责任。但是,如果侵权人是故意侵权的,即便侵权人很贫困,也不能减轻其赔偿责任。例如,《俄罗斯联邦民法典》第 1083 条规定,在确定损害赔偿数额时要斟酌受害人的过错和致害人的财产状况。依据该条第 3 款,"法院可斟酌致害公民的财产状况,减少其赔偿损失的金额,但损害由其故意行为所致时除外"。再如,我国台湾地区"民法"第 218 条规定:"损害非因故意或重大过失所致者,如其赔偿致赔偿义务人之生计有重大影响时,法院得减轻其赔偿金额。"此外,在有赔偿限额的高度危险责任中,如果侵权人是故意的,则被侵权人就超出限额的部分仍有权要求赔偿(《民法典》第 1244 条)。

6. 侵权人故意实施的侵权行为将导致保险人免除保险金给付义务。《保险法》第 43 条第 1 款规定:"投保人故意造成被保险人死亡、伤残或者疾病的,保险人不承担给付保险金的责任。投保人已交足二年以上保险费的,保险人应当按照合同约定向其他权利人退还保险单的现金价值。"

三、过失

(一)过失的构成要素

过失(Fahrlässigkeit),是指行为人对侵害他人民事权益之结果的发生应注意、能注意却未注意的一种心理状态。《德国民法典》第 276 条第 2 款规定:"未尽社会交往上的必要注意,即为过失。"《欧洲示范民法典草案》第六编第 3:102 条将过失界定为:"当行为人通过下述行为造成损害时,得认为系过失造成了具有法律相关性的损害:(a)该行为未达到旨在保护受害人免遭该损害的制定法条文所规定的特定注意标准;或者(b)在其他情形,该行为未尽到在个案情形下对具有合理谨慎之人可以期待的注意。"与故意一样,过失也包含了认识与意愿这两个要素:〔124〕

1. 认识要素。过失中的认识要素就是所谓的"**可预见性**"(Voraussehbarkeit),即行为人能够或应当预见到其行为会侵害他人的民事权益。可预见性只要求行为人能够预见到其行为会侵害他人的民事权益,并不要求行为人预见到其行为的具体后果,尤其是不要求预见到损害的类型和范围。〔125〕 换言之,即便加害人无法预见或者无法避免"损害结果"的发生,但只要损害结果是源自过错造成的权益侵害,加害人仍然要承担赔偿责任。

2. 意愿要素,即"**可避免性或可回避性**"(Vermeidbarkeit),它是指行为人具有避免侵害他人民事权益的可能性。如果行为人虽然预见到了其行为可能侵害他人民事权益,但是无法避免,也不能构成过失。例如,甲驾驶机动车正常行驶在公路上,6 岁的儿童乙为了捡拾滚到路上

---

〔124〕 MuenchkommBGB/Grundmann, 4. Aufl. 2004, § 276, Rn. 53.

〔125〕 Jauernig/Stadler, 13. Aufl., 2009, § 276 Rn. 28.

的皮球突然冲到公路上。为了避免撞上乙,甲向左猛打方向盘,结果将停在道路左侧的丙之机动车撞坏。尽管甲预见到了向左打方向盘会侵害丙的所有权,但其无法回避该侵害之发生,故而不具有过失。此时,应当由引起险情发生的人承担责任(《民法典》第182条第1款)。

(二)过失的类型

1. 依据行为人对权益被侵害有无认识因素,可以将过失分为以下两类:

(1)有认识的过失(bewusste Fahrlässigkeit),也称为"**过于自信的过失**",是指虽然行为人已经预见到了其行为具有侵害他人民事权益之危险,但相信通过采取一定的安全预防措施可以避免此种侵害,[126] 最终却并未避免该侵害的发生。例如,A、B、C同一天与受害人D三次饮酒,在明知D饮酒过度而下落不明的情况下,虽曾试着寻找D,但因主观上认为D已自行回家而放弃,最终延误了搜救时间。事后发现,D因醉酒后不慎落入排污管道,溺水身亡。法院认为,A、B、C三人就D之死亡存在过于自信的过失。[127]

(2)无认识的过失(unbewusste Fahrlässigkeit),也称"**疏忽大意的过失**",是指行为人虽然没有认识到其行为具有产生侵害他人民事权益这一结果的抽象可能性(非现实可能性),但如果其尽到应有的注意(gehoeriger Sorgfalt)就可以认识并加以避免。[128] 例如,由于某市政园林局疏于对桥梁的日常管理维护,使该桥梁除了一根一米高的钢筋外,没有任何防护的栏杆等安全设施。受害人在桥上玩耍时不慎坠入河,溺水死亡。法院认为,该市政园林局对损害事故的发生存在疏忽大意的过失。[129] 再如,被告参加拍卖预展会,在观看一个玻璃橱窗内摆放的清乾隆青花折枝花卉六棱瓶时,因疏忽大意撞破了展柜橱窗玻璃,致该瓶掉在地上毁损。[130]

2. 依据过失的严重程度,可以分为重大过失、一般过失与具体过失:

(1)重大过失(Grobe Fahrlässigkeit/ gross negligence)是程度最为严重的一类过失,是指行为人连最基本的注意义务都没有尽到,或者说,行为人是以一种"**异乎寻常的方式**"(in ungewoenhlich hohem Mass)违背了必要的注意。这种行为是"特别重大而且在主观上不可宽恕的违反义务的行为,其已经显著地超出了通常的过失程度",[131] 在普通的人看来,加害人的这种行为都是完全不能理解的。

行为人是否具有重大过失,应依行为人未尽注意之时的总体情况加以判断。至于行为人是否知悉其行为之危险性,并非判断重大过失的必备标准。即便行为人完全没有注意到其行为之危险性,但是,倘若其尽到最低程度的注意就能知悉的话,也构成重大过失。[132] 例如,被告某市公路管理处在收费站所设置的封道机、防逃机要么操作不便,要么长期未交付使用,被告的收费员张某在未采取安全措施的情况下,竟然让受害人马某下车到收费区内交费,并且在受

---

〔126〕 Jauernig/Stadler,13. Aufl. ,2009, § 276 Rn. 24.

〔127〕 张旭等与张梅等生命权、健康权、身体权纠纷上诉案,重庆市第四中级人民法院(2009)渝四中法民终字第00179号民事判决书。

〔128〕 Jauernig/Stadler,13. Aufl. 2009, § 276 Rn. 25.

〔129〕 石柱土家族自治县市政园林管理局与代某等生命权、健康权、身体权纠纷上诉案,重庆市第四中级人民法院(2010)渝四中法民终字第00395号民事判决书。

〔130〕 韩晓冬、甄红:《侵权损害赔偿责任按各自过错分担——中国人民财产保险股份有限公司北京市宣武支公司诉房某某侵权损害赔偿一案相关法律问题分析》,载北京市高级人民法院:《审判前沿:新类型案件审判实务》(总第19集),法律出版社2008年版,第118~121页。

〔131〕 Medicus/Lorenz,Schuldrecht Ⅰ Allgemeiner Teil,18. Aufl. 2008,Rn. 311.

〔132〕 Larenz,Lehrbuch des Schuldrechts,Band Ⅰ Allgemeiner Teil,1987,S. 292.

害人第二次来到收费亭将取来票据交给其查验后，该收费员竟先向驾驶员朱某收费并让其驾车先行，结果导致受害人被朱某驾驶的汽车剐倒压死。法院认为：张某明知收费区内危险、行人不能入内，在查验马某的票据后，应先将90元零钱交给马某，让其离开，然后再收取朱某的钱。但是，张某违背常理，**连一般普通人能尽到的注意义务都没有尽到**，因此张某具有重大过失。[133]

提　示

公安机关刑事立案对于重大过失的证明标准与民事诉讼中重大过失的证明标准不同。刑事诉讼的目的既包括惩罚犯罪，同时也要确保无罪的人不受法律追究，疑罪从无，故此，证明标准是排除合理怀疑。民事诉讼旨在解决民事纠纷，保障民事主体的合法权益，证明标准是高度盖然性。因此，公安机关以刑事证明标准认定某人对他人的死亡结果具有不可预见性，没有重大过失，不构成犯罪，并不等于民事诉讼中该人对其加害行为造成的损害也不具有重大过失。[134]

原则上一般过失即满足侵权法上过错的要求，而只有法律特别规定，才可以将重大过失作为侵权责任的构成要件或者减免责事由。首先，在侵权法中，有些侵权责任之成立仅以侵权人主观上有故意或重大过失为构成要件，如《民法典》第1176条、《公司法》第189条第3款（参见**案例**8.2.2）、《邮政法》第46条，这些规定是立法者为减轻行为人之义务负担而作出的优待。其次，在替代责任的侵权行为中，为避免工作人员在执行工作任务时畏首畏尾，不能正确履行职责，故此，法律特别规定只有当工作人员在执行工作任务中因故意或重大过失造成他人损害时，承担赔偿责任的用人单位才有权向加害行为人追偿，如《民法典》第1191条第1款第2句、第1192条第1款第2句，《律师法》第54条第2句、《公证法》第43条第1款第2句、《国家赔偿法》第16条第1款。再次，对于适用危险责任的侵权行为，为了更好地保护受害人，法律特别规定只有受害人对损害的发生具有重大过失时，方能减轻侵权人的赔偿责任，如《民法典》第1239、1240、1245条。复次，行为人的重大过失将使得其赔偿责任不能援引法律上关于最高赔偿限额的规定，如《民法典》第1244条、《邮政法》第47条第3款。最后，重大过失在保险法上也会产生一定的法律效果，如《保险法》第61条第3款。

案例阅读

案例8.2.2
邹汉英诉孙立根、刘珍工伤事故损害赔偿纠纷案

（2）一般过失（Einfache Fahrlässigkeit），是最基本的一般侵权行为的主观构成要件，也是最常见的过失形态，故此也被称为“普通过失”（Gewoehnliche Fahrlässigkeit）或“中度过失”（mittlere Fahrlässigkeit）。侵权法中对过失的界定，通常指的就是一般过失。随着过失的客观化，侵权法中判断行为人是否具有一般过失，采取了相对客观的标准，如“善良管理人”或“合理的人”（本章第四节将对一般过失的判断进行详细的论述）。

---

〔133〕朱启云与南京市公路管理处等人身损害赔偿纠纷案，江苏省南京市中级人民法院（1999）宁民终字第1179号民事判决书。

〔134〕毛明太等六人诉姚德全、王增元人身损害赔偿纠纷抗诉案，浙江省高级人民法院（2008）浙民再抗字第40号民事判决书。

(3)轻微过失,这是程度很轻的过失,即行为人对于应有的注意义务的轻微违反,[135]这种过失的程度要小于一般过失。一般来说,在适用过错责任原则的侵权行为中,即便行为人仅存在轻微过失而给他人造成损害的,也需要承担侵权责任。只不过是在赔偿责任的裁量中法院可以考虑加害人的轻微过失以及受害人对损害的发生或扩大是否具有过错的事实,而对侵权人的赔偿责任予以酌情减轻甚至免除。例如,在一个案件中,法院认为:"仲品公司指派其工作人员蔡燕私自兑换港币,在与他人交易过程中人民币遭人调包。事后虽向公安部门报案,但一直没有破案。这样直接造成仲品公司人民币 15 万元的经济损失。在此情况下,仲品公司作为用人单位,可否对蔡燕在履行职务行为过程中造成的损失主张损害赔偿,应视蔡燕的过错程度而定。如果蔡燕处于故意时,须负全责;具有重大过失或者通常过失时,可依照过失程度,确定分担损害;仅有极轻微过失时,仲品公司不得向蔡燕追偿。本案中,尽管蔡燕有两位同事陪同,亦小心行事,但人民币还是不慎被人调包,发现被骗后又及时报警,蔡燕的此种行为应当属于极轻微过失。仲品公司明知私自买卖港币系违法行为,还要求蔡燕按照工作指示正常行事,仲品公司不得向蔡燕主张损害赔偿。"[136]

提　示

过失中还有一种类型为"具体过失"(Konkrete Fahrlässigkeit),是指以"行为人(债务人)通常在自己事务上应尽的注意"作为判断标准来确定的过失。例如,《德国民法典》第 277 条规定:"仅应当对尽与处理自己事务同一之注意负责者,不免除重大过失的责任。"这里的"尽与处理自己事务同一之注意"(sorgfalt in eigenen Angelegenheiten),就是具体过失的要求。一般过失采取的是客观化的判断标准(objektiv Massstab),而具体过失采取主观化的判断标准(subjective Massstab),即考虑行为人通常的行为和秉性。[137] 通常,侵权法中都是以一般过失作为主观构成要件,具体过失仅在法律有规定的情形下才作为主观构成要件。在我国民法学界,有学者将具体过失称为"轻微过失",该称谓似乎意味着具体过失对行为人提出的注意程度的要求肯定低于一般过失。然而,具体过失的要求未必一定低于一般过失。当行为人平时就是一个非常谨慎的人,则其惯常的谨慎程度可能会超过合理的人或善良管理人,因此,具体过失的要求就高于一般过失。

---

〔135〕［瑞］海因茨·雷伊:《瑞士侵权责任法》(第 4 版),贺栩栩译,中国政法大学出版社 2015 年版,第 234 页。

〔136〕上海仲品房地产投资顾问有限公司诉蔡燕劳动合同案,上海市第一中级人民法院(2005)沪一中民一(民)终字第 2018 号民事判决书。

〔137〕Jauernig/Stadler,13. Aufl. ,2009,§277 Rn. 3.

第三节　主观过失与客观过失

一、主观过失

在近代侵权法中，过错被看作是行为人因滥用自由意志而具有的道德上的可非难性。[138]传统的过错理论认为，过失是指行为人个人主观的心理状态的欠缺，也就是说，在其内心中本应当注意而不注意，以至于在伦理道德上是可以被责难的。此种过失也被称为“**人格过失**”或“**道德过失**”。[139] 例如，S一边开车一边发微信，结果撞上路人A。对此，传统的过错理论就会问：如果S集中全部他所能支配的力量的话，一心一意、专心致志地驾驶车辆，是否会避免损害的发生呢？当回答是肯定的，那么S就被认为存在过失。在传统的过错理论中，故意是行为人对特定的或可得特定的损害结果的发生属于明确知道的且意图追求该损害结果之发生，[140]而过失是行为人对于特定或可以特定的损害结果的发生应预见且能预见却未预见的一种心理欠缺。过失的归责基础就在于行为人对于损害的发生原有预见的可能，只是由于意思集中的欠缺，没有预见。所以，判断过失的重心在于行为人对于损害的发生是否能够预见，即采取所谓的“预见可能性说”。[141]

判断行为人是否具有此种预见的可能性时，应当综合考虑特定行为人的年龄、性别、健康、能力等主观因素及行为时所处的环境、时间以及行为的类型等各种因素。此种将过失看成主观心理状态的欠缺，并依据具体行为人的因素而判断过失有无的理论，就是所谓的“**主观过失理论**”。该理论在19世纪前期与中期极为盛行，为许多国家的理论界与实务界所采纳，其与刑法中的过失犯罪理论基本一致。侵权法上的主观过失理论将过失的内涵也分为注意义务的违反与预见可能性的存在，并进一步将二者的判断标准建立在行为人主观的心理或意思状态之上。

较之于结果责任，主观过失理论以行为人的心理状态的欠缺作为判断过失的标准，并以之作为归责的事由，具有极大的进步性。在传统农业社会与工业革命初期，由于当时还不存在“没有过失却造成损害”的情形，加之人与人之间社会地位的互换性依然存在，所以主观过失理论能够满足实践的要求，也不会造成不公正的情形。但是，到了19世纪后期尤其是进入20世纪后，主观过失理论日渐显现其缺陷。

首先，过失的证明越来越困难。依据过错责任原则，受害人要获得赔偿，必须证明加害人主观上具有过错。可是，在工业化社会，科技与专业领域造成的损害事故日益增多，受害人碍于知识、能力、财力等多方面的原因，常常很难证明造成其损害的机器设备的管理人或使用人

---

[138] 德国著名法学家萨维尼认为，权利就是在法律关系上属于个人意志（Wille）所支配的力量。因此自由意志构成整个私法制度的指导原理。合同法中的契约自由以个人意志自由为基础，侵权行为法中的过错则属于自由意志的滥用。

[139] 邱聪智：《法国无生物责任法则之发展》，载邱聪智：《民法研究（一）》（增订版），台北，五南图书出版公司2000年版，第102页。

[140] Glanville Williams & B. A. Hepple, *Foundations of the Law of Torts*, 2nd ed., Butterworths, 1984. p. 94.

[141] 邱聪智：《从侵权行为归责原理之变动论危险责任之构成》，中国人民大学出版社2006年版，第40页。

主观上具有过失,更无法证明一些专业人员的过失。事实上,对于投入使用的各种新技术、新机器造成的损害,加害人也未必有过错。因为损害的发生,可能完全是科学技术尚不成熟所致。以当时的科学与认识水平,加害人也无法预见是否会造成损害及造成何种损害。在这种情形下,由于受害人无法证明行为人的过错,自然就得不到赔偿,显然这是很不公平的。

其次,通过研究加害人的心理活动去考察加害人的过失是非常困难的。因为"没有人能够——即使是心理学家也不能——令人信服地向我们解释清楚,加害人是否本可以集中心理力量来避免这种后果。有的人很容易激动。没有人能说,这种人是否本来能够通过自我控制而压抑这种或那种激动;有的人常常走神。没人能说,这种人是否本来能够通过努力而在特定的情况下避免出现这种状态"。[142] 人与人之间的个体差异本身就决定了主观过失不应当成为人与人处于紧密结合状态的现代社会应采用的过失理论。因此,必须采取一种更一般性,也更客观化的标准。也就是说,不再问行为人**本来能够**怎样做,而是问他(她)**本来应当**怎样做。谁若是不遵守社会交往中为避免对他人利益的不当损害而必要的"游戏规则",其行为即为过失行为。"对于对规则的背离,由其承担民法上的责任,而不管是否恰恰是他依其精神－心智能力以及在其情绪状态下本来可以另样行事。"[143] 现代侵权法中的过失更多的不是对个人的道德责难,而成为**风险分配的工具或手段**。法律依据不同类型的社会情况,考虑不同的利益关系,对于不同的行为提出了相应的"应当如何"的注意义务要求,从而完成在这些社会情况下的风险分配,以调和相互冲突的价值要求,实现相应的立法目的。

最后,传统的主观过失理论不符合社会连带性,不利于人和人在社会中和谐共存的需要。美国著名法官霍姆斯曾言:"法律的标准是一般适用的标准。构成某项特定行为内在性质的情绪、智力、教育等情况,层出不穷,因人而异,法律实在难以顾及。个人生活在社会当中,必须从事一定标准的行为,在某种程度上牺牲自己的特性。这对于公共利益而言,是非常必要的。某个人天生急躁、毛手毛脚,经常制造意外而伤害邻居,在这种情况下,他的天生的欠缺在天堂的审判中固然可以被宽宥,但是此种过失的行为对于邻居来说,确实造成了困扰,他的邻居就有权要求这人以一定的标准来从事行为,由社会大众所设立的法院应当拒绝考虑加害人的个体差异。"[144] 这就是说,在一个人与人密切联系的社会中,法律不能再以单纯的个体因素作为认定过失的标准,这样既不利于社会的和谐共存,也不利于社会的进步。

总之,进入20世纪后,人类社会发展已截然不同于以往,越来越细致的劳动分工使人们进入了现代社会,生产与交换在不断地和加速地把人们变为整个社会运行系统中一个个紧密结合的分子。每个人都应各司其职、各专其位,各尽其责。专业分工与合作越来越细密紧凑的现代社会中,任何人要生存下来都不得不互相依赖与协作。社会结构的深层次变化使得法律要维持人与人之间这种无法回避的"亲密接触"状态的和谐与稳定,就不能再以"采菊东篱下,悠然见南山"的年月,或者"土路风车水磨"时代中老死不相往来的个人作为判断过失的标准,必须树立一个新的标准。这种标准能够使得依据其行事的社会成员之间保持相当的亲和力与协调性,既可以保证社会生活的正常发展,又能最大限度维护个人的行动自由。最终,在侵权法上,主观过失理论逐渐为客观过失理论所取代。

---

〔142〕［德］迪特尔·施瓦布:《民法导论》,郑冲译,法律出版社2006年版,第200页。

〔143〕［德］迪特尔·施瓦布:《民法导论》,郑冲译,法律出版社2006年版,第201页。

〔144〕Oliver W. Holmes, *The Common Law*, 1881, pp. 107－110.

二、客观过失

(一)含义

客观过失,也称"过失的客观化",确切地说,就是认定过失标准的客观化。依据客观过失理论,在认定行为人是否具有过失时不应探究其主观心理状态,也不能因行为人的年龄、性别、健康、知识水平等主观因素的不同而有所不同,应当统一采纳某种基于社会生活共同需要而提出的客观标准,即"**合理人**"(reasonable man)或"**善良管理人**"的标准。确立了这一标准后,在认定行为人有无过失时,只要将行为人的实际行为与该标准进行比较即可。如果合理的人在相同的情形之下能够预见并避免损害的发生,而行为人却没有预见并避免之,则应当认定行为人存在过失。反之,如果合理的人都无法预见、无法避免,则行为人不具有过失。从比较法上来看,客观过失在不同国家侵权法中有不同的理论。

1. 德国法上的客观过失理论

在《德国民法典》颁布之前,主观过失理论曾一度占据主导地位。萨维尼(Saviny)、哈泽(Hasse)、耶林(Jhering)等著名法学家均采取此种观点。但是,进入19世纪中后期,主观过失理论遇到了诸多困境。这使得理论界开始逐渐放弃主观过失理论,改采客观过失理论。德国著名法学家邓伯格(Dernburg)、吕梅林(Ruemelin)、奥特曼(Oertmann)、温德夏特(Windscheid)、维纳(Werner)等人通过吸收借鉴罗马法中的善良家父理论,提出了客观过失理论。他们认为,应当以一种客观、抽象的注意义务作为判断过失是否存在的要素,即以一般人的平均能力作为判断行为人是否能够预见损害结果的依据。该观点在《德国民法典》起草过程中产生了极大的影响。《德国民法典第一草案》第144条第1款规定:"怠于善良家父的注意,就属于过失。"该草案的立法理由书在解释此条时写到:"注意的程度要求并非很高,而是以一般能干的善良家父的勤勉,用心及能力而定。"[145] 此后,《德国民法典第二草案》将该规定修改为:"除非另有规定,债务人应就故意及怠于社会生活上必要注意的情事负责。"这一条就是现行《德国民法典》第276条第2款的由来,该款规定:"未尽社会交往上的必要注意,即为过失。"

所谓"社会交往上的必要注意"就是判断过失的标准。德国民法学说认为,应当采用客观化的过失标准来判断过失,即不以具体行为人的个人能力为依据,而是以其所涉及的社会交往圈中普通成员的能力作为判断标准,[146] "行为人如欠缺同职业、同社会交易团体分子一般所应具有之智识能力时,即应受到非难"。[147] 司法实践中,法院判断被告是否具有过失的过程为:首先,确定在同一情况下按照社会交往上的必要注意的要求,被告本应从事的行为即"应为行为"(Soll - Verhalten)。然后,将被告实际从事的行为即"现实行为"(Ist - Verhalten)与应为行为加以比较。如果现实行为没有达到应为行为的要求,则加害人的行为低于其应有的注意标准,属于有过失的行为。反之,就没有过失。故此,过失判断标准的客观化不应以统一的客观标准为基础,必须区分不同的交往圈和年龄群体。因为"交往中存在的行为期待是不统一的,而是根据不同的交往圈与年龄群体有所差异"。[148] "过失责任原则已受到担保责任原则之限

---

[145] Motive zum den Entwurf eines Buergerlichen Gesetzbuch, Bd. Ⅰ, S. 279. 转引自邱聪智:《从侵权行为归责原理之变动论危险责任之构成》,中国人民大学出版社2006年版,第55页。

[146] Dirk Looschelders, Schuldrecht Allgemeiner Teil, 6. Aufl. 2008, Rn. 516.

[147] [德]卡尔·拉伦茨:《德国法上损害赔偿之归责原则》,王泽鉴译,载王泽鉴:《民法学说与判例研究》(第5册),北京大学出版社2009年版,第196页。

[148] Dirk Looschelders, Schuldrecht Allgemeiner Teil, 6. Aufl. 2008, Rn. 517.

制。**每一个人必须保证其具有其所属职业或团体一般所应有之智识能力**。同时,在法律交易上,每一个人必会信赖对方具有其所属职业或团体一般所应有之智识能力。”[149]

由于现代社会的法律规范越来越多,不少法律规范为了保护特定的民事权益而直接对行为人应当尽到的注意义务作出了规定,故此在判断行为人有无过失时,首先应当依据法律规范的要求加以判断即可。如果法律没有规定的,则依据善良管理人或社会交往的必要注意的要求予以认定。

2. 英美法上的客观过失理论

英美法上的客观过失是通过提出一个合理的人的标准加以完成的。首先,法官要确定行为人在案件的情形中是否负有注意义务,判断标准就是著名的“**邻人规则**”。该规则确立于1932年Lord Atkin在Donoghue v. Stevenson案的判决,其后成为认定行为人在个案中是否负有注意义务的标准。[150] 其次,运用合理人的标准考察行为人的注意程度是否符合注意义务的要求,如果符合行为就不具有过失,否则具有过失。

根据Fleming、Salmond、Heuston等学者的观点,英国法早在1837年的Vaughan v. Menlove案中,就承认了过失的客观化。[151] 该案中,原告在与被告毗邻的土地上拥有一栋别墅,被告在自己的土地上堆了一堆干草,由于没有采取适当的通风措施,该干草堆发生了自燃,结果将原告的别墅烧毁。审理此案的法院没有再依据行为人个人的心理与精神状态来判断过失,而是依据共同体的一般标准即合理谨慎的人标准,认定了被告的过失。比较晚近的案例是发生在1965年的The Lady Gwendolen案件,Guinness酿酒厂的董事们用一艘船从都柏林向利物浦运送烈性啤酒,船长在船全速驶入利物浦港口时完全依赖雷达导航,结果造成了他人损害。依据1894年《英国商事船舶法》第503条的规定,董事们由于没有适当地监督船长而被认定具有实际的过失。贵族法官Winn认为:“法律不能因为他们对于酿酒之外的活动是无知的,就必须运用一项宽松的标准。既然他们已经成为了船东,那么就必须按照一个合理的船东那样去做。”[152]

《美国侵权法重述(第二次)》第282条规定:“在本重述中,过失是指行为没有达到法律为保护他人免受不合理伤害的标准。过失不包括不计后果地对他人利益弃置不顾的行为。”第283条规定:“行为人的行为免于过失的标准为,合理人在同样的情况下应当遵守的标准。但行为人为未成年人的除外。”本条的注释写道:“任何人既然参与社会生活,就应当从事社会秩序所要求的合理行为,这不仅是社会大众所信赖与期待的,而且是社会的进步所必须的。”显然,《美国侵权法重述(第二次)》这两条是用合理的人这样的形式来表达过失的判断标准,充分表明了该标准的客观性。这样的标准意味着陪审团并不需要考察具体案件中的这个或那个被告该做什么,被告仅仅辩解说“我已经努力去做了”是不够的。相反,他被要求依据一个合理的人

---

〔149〕 [德]卡尔·拉伦茨:《德国法上损害赔偿之归责原则》,王泽鉴译,载王泽鉴:《民法学说与判例研究》(第5册),北京大学出版社2009年版,第196页。

〔150〕 在该案判决中,Atkin勋爵写道:“在法律上,你要爱你的邻居这一道德规则就变为:你不得侵害你的邻居。然而,律师们要问,究竟谁是我的邻居?对这个问题的回答是有限的。你必须采取适当的注意以防止你能够合乎情理地预见到可能给你的邻居造成损害的作为或不作为。那么,在法律上谁是我的邻居呢,似乎就可以这样回答:就是那些和我如此地接近并直接受到我的行为的影响,以致我在斟酌决定某些可能有问题的作为或不作为之时,应该合理地认真考虑对他们的影响的那些人。”W. V. H. Rogers, *Winfield and Jolowicz on Tort*, 18th. ed., Sweet & Maxwell, 2010, p. 158.

〔151〕 John G. Fleming, *An Evaluation of The Fault Concept*, 32. Tenn. L. Rev. (1964 - 1965), pp. 395, 226.

〔152〕 R. F. V. Heuston & R. A. Buskley, *Salmond and Heuston on the Law of Torts*, 20th ed., Sweet & Maxwell, 1992, p. 227.

本该做什么而被裁判。另外，采取合理的人在同样的情况下应遵守的标准，也更容易被理解。因为普通法的侵权案件中会采取陪审制，对那些陪审团的组成人员而言，"根据一个有血有肉的形象而给出的注意标准的描述，比更加精确却更加抽象化和法律化的描述，更易于为仅有普通经验而无法律背景的人所理解"。不仅如此，这样的标准"还提示陪审员，该标准无需经由超人式的努力就可达到"。〔153〕

然而，什么人是合理的人，却是一个没有确定答案的问题，每个人都有不同的认识。美国著名侵权法学家 Prosser 教授将合理的人描述为，他"被要求从事像一个非常完美的个人在其所处的境地时应当做的事。他兼具所有的优良品质，除非是那些社会在特定情形下能够容忍的缺点与毛病。他不同于那些时常会做不合理事情的凡人。他是一个经常符合要求的谨慎又仔细的人"。〔154〕 英国的 A. P. 赫伯特勋爵则以极为幽默的口吻对合理的人做了如下描述，他说：合理的人，是"一种理想，一种标准，是我们要求优秀公民具备的品德的化身……在构成英国普通法的令人迷惑的博学的审判中旅行或长途跋涉，不与理性的人相遇是不可能的。理性的人总是替别人着想，谨慎是他的向导，'安全第一'是他的生活准则。他常常走走看看，在跳跃之前会细心察看一番；他既不会心不在焉，也不会在临近活动门或码头边还在冥想之中；他在支票存根上详细记录每一件事，并且认为是很有必要的；他从不跳上一辆奔驰的公共汽车，也不会在火车开动时从车里走出来；在施舍乞丐前，总要细心打听每个乞丐的底细；抚弄小狗时，总要提醒自己别忘了小狗的过去和习性；若不弄清事实真相，他绝不轻信闲言碎语，也不传谣；他从不击球，除非他前面的人确实已将他的球穴区弄得空无一物；在每年辞旧迎新之际，他从不对他的妻子、邻居、佣人、牛或驴子提出过分的要求；做生意时，他只求薄利，且要有像他这样的 12 个人都认为是'公平'的，而且他对生意伙伴、他们的代理人及货物所持的怀疑和不信任也是在法律认可的程度之内；他从不骂人，从不赌博或发脾气；他信奉中庸之道，即使在鞭打小孩时，他也在默想中庸之道；他像一座纪念碑矗立于我们的法庭上，徒劳地向他的同胞们呼吁，要以他为榜样来安排生活"。〔155〕

总之，英美侵权法上所谓"合理的人"就是社会对某一行业、某一社会阶层中的人或者从事某种活动的人所产生的普遍或一般化的期待。通过"合理的人"这样的标准，法律上就"消除了个体性因素并独立于其行为引发争议的那个人的特质"〔156〕，过失的认定由此变得更加符合社会妥当性的要求。〔157〕

3.《欧洲示范民法典草案》与《欧洲侵权法原则》采取的客观过失理论

冯·巴尔教授领衔起草的《欧洲示范民法典草案》也采取了客观过失理论，该草案第六卷

---

〔153〕 [美]小詹姆斯·A·亨德森、理查德·N·皮尔森等：《美国侵权法：实体与程序》（第 7 版），王竹、丁海俊、董春华、周玉辉译，北京大学出版社 2014 年版，第 156 页。

〔154〕 William L. Prosser, *Handbook of the Law of Torts*, 4th ed., West Publishing Co., 1971, pp. 150 – 151.

〔155〕 [美]罗伯特·考特、托马斯·尤伦：《法和经济学》，张军等译，上海三联书店、上海人民出版社 1995 年版，第 455 ~ 456 页。

〔156〕 Billings & Son v. Riden [1958] A. C. 240, 255, per Lord Reid.

〔157〕 为什么英国侵权法上的理性人标准十分模糊，但法律还是一味坚持该标准呢？彼得·凯恩教授认为："答案可能是为了模糊法官作为政策决定者的角色。英国的法官在传统上不愿意扮演政策决定者的角色，他们声称自己只和法律打交道，而且公众也希望如此。""如果一个法官对被告说，你没有做到我要求你应该做的，故此你是有过失的。被告就会这样质疑这个法官：你是以什么角色告诉我这些的？但如果法官告诉被告：你未达到理性人的标准，所以你有过错。那么，被告就会对法官和法律表现出更多的尊重。"参见[澳]彼得·凯恩：《阿蒂亚论事故、赔偿及法律》（第 6 版），王仰光等译，中国人民大学出版社 2008 年版，第 36 页。

第3:102条规定:“当行为人通过下述行为造成损害时,得认为系过失造成了具有法律相关性的损害:(a)该行为未达到旨在保护受害人免遭该损害的制定法条文所规定的特定性注意标准;或者(b)在其他情形,该行为未尽到在个案情形下对具有合理谨慎之人可以期待的注意。”在确定何为合理谨慎的人可以期待的注意时,需要考虑到很多因素,对此,《欧洲侵权法原则》第4:102条作出了规定:“(1)必需的行为标准是指理性人在具体情景应遵守的标准。它尤其取决于行为所涉的受保护利益的性质和价值,活动的危险性,行为人可被期待的专业知识,损害的可预见性,关系人之间的亲密性或特殊的信赖关系以及预防措施或其他替代方法的可获得性及其费用;(2)因行为人年龄、精神或身体障碍,或因特殊情况无法期待行为人遵守时,上述标准可做调整;(3)确定必需的行为标准时,必须考虑限制或禁止某些行为的规则。”

(二)我国采取的是客观过失说

我国法上虽然没有类似《德国民法典》第276条第2款的规定,但无论是立法、司法还是学说,都倾向于采取客观过失说。例如,我国《民法典》第1025条规定了行为人为公共利益实施新闻报道、舆论监督等行为,影响他人名誉的,倘若行为人对于他人提供的严重失实内容没有尽到“合理核实义务”,应当承担民事责任。第1026条明确规定,在认定行为人是否尽到合理核实义务时,应当考虑以下因素:(1)内容来源的可信度;(2)对明显可能引发争议的内容是否进行了必要的调查;(3)内容的时限性;(4)内容与公序良俗的关联性;(5)受害人名誉受贬损的可能性;(6)核实能力和核实成本。再如,《民法典》第1221条规定:“医务人员在诊疗活动中未尽到与当时的医疗水平相应的诊疗义务,造成患者损害的,医疗机构应当承担赔偿责任。”该条中所谓“**与当时的医疗水平相应的诊疗义务**”就是一个客观化的判断标准,它既不要求是最高的医疗水平,也不考虑不同医疗机构或不同地域的医务人员之间的差别。其他法律和司法解释中也有不少明确要求采取客观过失判断标准的规定,无非表述不同。有的表述为“合理注意义务”,如《旅游法》第67条、《最高人民法院关于审理著作权民事纠纷案件适用法律若干问题的解释》第20条;有些规定的是“勤勉尽责”,如《证券法》第160、163条;还有的则表述为“合理审慎职责”,如《最高人民法院关于审理房屋登记案件若干问题的规定》第12条。

案例阅读

案例8.3.1
泰中(北海)物业投资有限公司与易璐露、中国工商银行北海分行侵权纠纷案

目前,司法实践中越来越多的法院在判断行为人有无过失时,倾向于采取善良管理人、合理的人等客观的标准来判断行为人的过失(参见**案例**8.3.1)。[158] 例如,在“蒋海燕、曾英诉覃维邱、苏燕弟生命权纠纷案”中,法院认为:“一般而言,过错包括故意和过失,故意是指行为人以损害他人为目的而实施加害行为,或者明知自己的行为会造成损害仍实施加害行为;行为人因疏忽或者懈怠未尽合理注意义务的,为过失。根据本案查明的事实,覃维邱无故意加害曾婷婷的目的和行为,且本案也无证据证明覃维邱在明知曾婷婷有不能独立进食芭蕉的特殊体质的情况下,仍放任曾婷婷独立进食芭蕉,故覃维邱不存在故意侵权行为。因此,判断覃维邱

〔158〕相关案例参见:张国圣等诉郑和公园人身损害赔偿案,江苏省南京市中级人民法院(2007)宁民一终字第223号民事判决书;谭中平等诉重庆市秀美山川园林绿化有限公司人身损害赔偿纠纷案,重庆市涪陵区人民法院(2008)涪民初字第261号民事判决书;陈子刚与北京市海淀区厂西门小学人身损害赔偿纠纷案,北京市第一中级人民法院(2001)一中民终字第5016号民事判决书;潘国良诉蒲海滨等道路交通事故损害赔偿纠纷案,广东省深圳市盐田区人民法院(2005)深盐法民一初字第20号民事判决书;李迎春等与赵安东人身损害赔偿纠纷上诉案,山东省东营市中级人民法院(2002)东民终字第49号民事判决书。

的行为是否因疏忽或者懈怠未尽合理注意义务是其承担责任与否的关键。”[159]再如，在一起案件中，原告驾驶货车在高速公路行驶时为躲避路中间的物品（编织布覆盖物、油漆桶）而造成车辆损害，原告要求高速公路管理部门承担赔偿责任。被告主张其已履行了法律和规章规定的合理限度范围内的管理义务，不应承担赔偿责任。法院认为：“首发集团作为高速公路管理部门，在与刘晓鹏的合同关系中负有管理高速公路的义务，即注意义务，现首发集团未能尽到善**良管理人**的注意义务，导致刘晓鹏因为高速路面的障碍物发生交通事故，首发集团应该对刘晓鹏的损失承担赔偿责任。”[160]另一起案件中，被告管理的市场内有经营者销售侵害原告商标权的商品，原告起诉被告，要求其与直接侵权人承担连带赔偿责任。法院认为：“在原告拉科斯特公司多次发函告知在其管理的市场内存在出售侵犯原告注册商标专用权商品的情况下，理应对相关商铺加强监管。但被告仅要求相关商铺经营者出具书面保证书，主观上没有尽到善良**管理人的合理注意义务**，尤其是原告多次发函后，仍能在同一商铺购买到侵权产品，充分说明被告制止侵权措施不力，客观上为侵权行为提供了便利条件，导致侵权行为反复发生。因此，被告的行为构成帮助相关商铺销售侵权商品的行为，故被告与销售侵权商品的相关商铺经营者应承担连带赔偿责任。”[161]

我国民法界通说认为，在过失的判断上应当采取客观标准而非主观标准，即在判断过失时，要按照法律、法规等规范所确立的注意义务和一个合理的、谨慎的人所应当具有的注意义务，来确定行为人应当达到的行为标准。但在按照这一标准来判断过失时，也要兼顾不同群体、不同年龄和不同职业等人群的特点。[162]采取客观化的过失判断标准可以很好地起到督促行为人适当行为的作用。它既可以防止不适当扩大责任范围，又能够避免行为人借机开脱责任。[163]本书赞同客观过失说，除了前述理由外，还有一个很重要的理由就是，民法以保护民事权益和填补损害为目标，主观过失理论过于强调行为人的可非难性，更适合发挥惩罚的功能。故此，为了更好地保护民事主体的人身、财产权益，发挥侵权法的补偿功能，侵权法中应当采取客观过失理论。

第四节　过失的判断

采取客观过失说，即以相对客观的标准来认定侵权人的过失，有助于在不同的案件中考虑具体情况和因素，合理地对行为人提出注意义务的要求，进而科学协调权益保护与行为自由维护之间的关系。但是，无论“合理的人”还是“善良管理人”，都属于法律上的技术性概念。通过这些概念的运用，实际上是要将各种考量的因素融入其中，如行为是否违反法律法规的强制性规定，行为人的身份及其所属职业或团体应有的注意义务，加害行为的危险程度与损害后果的

---

〔159〕 参见《最高人民法院公报》2016 年第 11 期。

〔160〕 北京市第二中级人民法院民事判决书，(2010)二中民终字第 22227 号。

〔161〕 拉科斯特股份有限公司与上海龙华服饰礼品市场经营管理有限公司注册商标专用权纠纷案，载《中华人民共和国最高人民法院公报》2010 第 10 期。

〔162〕 王利明：《侵权责任法研究》（上卷），中国人民大学出版社 2010 年版，第 347 页。

〔163〕 张新宝：《中国侵权行为法》（第 2 版），中国社会科学出版社 1998 年版，第 137 页。

严重性,预防与控制损害发生的成本,社会的一般道德观念等。具体阐述如下。

一、比较法上的规定

在成文法国家,很多情况下,法律法规对行为人的作为或不作为义务有明文之规定。行为人不按照法律法规的要求行为,违反法定义务,常常因此而被认为存在过失。例如,《欧洲示范民法典草案》第六卷第3:102条就明确要求,在认定行为人是否存在过失时,首先要看该行为是否达到了旨在保护受害人免遭该种损害的制定法条文所规定的特定注意的标准。不过,对于行为人的行为虽然违反法律法规的规定,但究竟是直接认定为过失,还是推定为过失,比较法上有不同的立场。此外,是否违反任何法律法规,都可以视为或推定为过失,各国法也有不同。

(一)美国法上的违法视为过失

所谓违法视为过失(neligence per se),是指当成文法明确规定了被告对原告所负有的注意义务时,如果被告违反了该注意义务,就当然表明被告具有过失,这种过失是无可争议的。在早期的英美法中,注意义务(duty of care)都是由判例逐一确定的。但是,19世纪中期以来,尤其是进入20世纪以后,英美国家采用成文法的形式所确定行为人的注意义务的情形越来越普遍。也就是说,在更多的时候,人们是按照成文法(议会制订的法律以及行政当局的行政法规)的规定来行事。例如,法律规定工厂必须提供规定的防护器具给工人;出租人必须在出租的房屋内安装烟雾探测器;住户在下雪之后必须扫雪;市政当局必须修剪公路两旁的树木并砍伐那些已经坏死的树木,等等。如果某项成文法的立法者制订该法时,就意图为行为人确立某种行为标准(Standard of conduct),那么当有人违反了该法律的规定时,就可以直接认定其具有过失。即便该法并没有规定相应民事责任也无关紧要,因为法官可以通过对法律的解释来认定该法律中已经包含了要确立相应民事责任的意图。

怎样判断成文法的立法意图就是为了确立行为人的注意义务,《美国侵权法重述(第二次)》第286条提出了两个判断标准:(1)法律或者行政规范的全部或部分目的是保护特定的群体,受害人正是属于该群体(to protect a class of persons which includes the one whose interest is invaded)。例如,在一部标题及其具体条款都显示了旨在防止对工厂的工人造成伤害的工厂法中规定,所有工厂的电梯必须保证处于安全的状态。甲属于丙工厂的工人,而乙属于来该厂参观的人。甲、乙二人乘坐电梯时,因电梯坠落而遭受损失,那么甲可以直接依据该法确定丙工厂具有过失,乙则不能,因为他并非该工厂法所要保护的群体中的一员。[164] (2)法律或行政规范的目的是保护特定的利益免受侵犯,或者保护利益免受特定种类的伤害或者免受该伤害所造成的特定危险(to protect the particular interest which is invaded, and to protect that interest against the kind of harm which has resulted, and to protect that interest against the particular hazard from which the harm results)。简言之,原告受到的损害或被侵害的利益必须属于法律旨在避免的损害或旨在保护的利益。例如,某部法律要求铁路在穿过放牧地区的时候必须用围栏围起来,其目的在于防止该地区的牲畜因误入铁路而被火车撞死。某段铁路未被用围栏围起来,原告的两头牛进入到铁路上。一头被火车撞死,另一头因为食用了铁路上有毒的野草而被毒死。由于该法律的目的在于保护牛遭受火车撞击的损害,而不保护牛因食用铁路上的野草而被毒死,所以就那头被撞死的牛,受害人可以直接依据该法认定被告具有过失,但是就被毒死

---

〔164〕 The American Law Institue, *Restatement of the Law Scond*, Torts, 2d., Vol. 2, 1965. p. 27.

的牛而言,受害人不能直接依据该法认定被告具有过失。[165] 再如,某市政当局禁止在公路上洗车,旨在保证交通的顺畅。A违反该规定在公路上清洗篷车,洗车的废水在一个水坑中聚积并且冻成了冰。B从其上面走过时滑倒摔伤。市政当局这一规定不能作为认定A具有过失的标准,因为该规定的目的不是防止行人滑倒,只是为了保证交通的顺畅。相反,如果市政当局的规定要求相邻的不动产所有人必须修理人行道上的缺陷并扫除人行道上的冰雪,以免他人经过时受伤。A没有这样做,行人B踩到一块冰滑倒受伤,那么,该规定就完全可以在B针对A提起的诉讼中作为认定A的过失的依据。此外,有时尽管某一项成文法中没有明示或默示地表明立法者确定了注意义务的标准,法院仍然可以通过援引该法律中的某项规定来确定一个合理人的行为标准。

为了进一步明确哪些法律、法规可以作为认定被告过失的标准,《美国侵权法重述(第二次)》第288条还从反面规定了法院在何种情况下不得采纳立法机关的法律或行政机关的规范中规定的行为标准,即当法律或行政机关的规范是排他性的专门为实现下列目的而制订的,法院不得采纳作为某一案件的合理人的行为标准:(1)保护州或其所属行政机关的利益;(2)保护一般人(私人)仅仅作为社会大众的一分子才能享受的权利或免责特权;(3)使行为人履行州或其下级机构应向大众提供的服务;(4)保护某一群体的人,但受侵害的人并非属于该群体;(5)保护受侵犯的利益以外的其他利益;(6)防止并非该案件伤害之外的其他伤害;(7)防止该案件灾祸造成的伤害之外的由其他的灾祸造成的伤害。《美国侵权法重述(第二次)》第287条还规定:“立法机构所制定的法律或行政机关的规范中的刑罚制裁规定对于行为人的过失责任没有影响,但刑罚制裁规定是为了免除行为人的民事责任的除外。”

行为人违反了法定的注意标准是否就可以直接认定其具有过失呢?对此,美国法学界有不同的看法。第一种观点为法律上的当然过失说,也称为“法定过失说”。此说认为,违反法律规定的行为标准的行为就具有过失,被告除非能够证明存在法定的免责事由,否则无法否定其过失。在其他侵权责任的构成要件也都具备时,行为人就应承担责任。美国著名侵权法学者Prosser教授认为:“只要某项成文规定被认为可被采纳……那么,对该成文法的违反就无法被宽宥,而违反该成文法的事实本身就说明行为人存在过失,这一结论是无法被反证推翻的,且法庭必须对陪审团作出此种指示。”[166]第二种观点为“推定过失说”(prima facie negligence),此说认为,违反法定的行为标准只是构成被告具有过失的表面证据,即违法行为本身可以被推定为具有过失,但是如果被告能够举证证明自己事实上并没有过失,就可以推翻此种过失的推定。[167] 第三种观点为“过失证据说”(evidence of negligence),此说认为,不能免责的违法行为并不能取代陪审团对被告行为合理性的审查,违反法定的行为标准且缺乏免责事由的行为只是证明被告具有过失的某种证据而已,陪审团可以自由地决定是否接受这种证据。[168]

在上述三种观点中,法定过失说最为严格,而且使得案件的审理大大简化。只要被告没有法定的免责事由,即便其有证据如证人证言等表明自己确实没有过失,如果该证据本身不足以

---

[165] The American Law Institue, *Restatement of the Law Scond*, Torts, 2d., Vol. 2, 1965. p. 29.

[166] Prosser, *Handbook of the Law of Torts*, 4th ed., 1971, p. 200.

[167] 在1979年的Peterson v. City of Long Beach案中,加州最高法院认为,警察违反部门内部规定可以构成能够推翻的过失推定。

[168] Allen v. Cloutier Construction Crop., 376 N. E. 2d 1276, 1278(N. Y. 1978).

作为排除过失的法定免责事由,被告依然承担责任。推定过失说则认为,在法定的免责事由之外,被告还可以通过其他证据证明自己没有过失而免除责任。过失证据说最为宽松,依据该学说,陪审团可以不采取违反法定标准作为认定被告具有过失的证据。《美国侵权法重述(第二次)》则采取了折中的解决办法。该重述第 288B 条第 1 款规定:“立法机关的法律或行政机关的规范被法院采纳为合理人的行为标准而被违反时,如果没有可免责的理由,就视为有过失。”这意味着此时法院采取的是法定过失说。同条第 2 款规定:“立法机关的法律或行政机关的规范没有被法院采纳为合理人的行为标准而被违反时,如果没有可免责的理由,则属于行为是否有过失争执的相关证据。”这表明此时法院只是将违反法定标准作为认定过失的证据之一而已。就哪些为免责事由,《美国侵权法重述(第二次)》第 288A 条作出了以下规定。(1)违反立法机构的法律或行政机关的规范具有可免责的理由时,其行为无过失。(2)除成文法或规范被解释为不准许这种可免责的理由,否则在下列情形中对其违反行为具有可免责的理由:其一,因行为人的无能力,其违反是合理的。例如,被告由于是盲人,因此没法看见过街的交通指示灯。其二,行为人既不知道,也不应当知道必须加以遵守的场合。例如,法律规定前灯与尾灯不亮时禁止在夜间行车,甲在夜间行车之前,前后灯都是好的,但是在驾驶的过程中突然尾灯灯泡坏了,甲毫不知情,以至于后车与甲的车发生追尾。其三,行为人虽经合理的勤勉与注意仍无法遵守。例如,法律要求铁路公司必须扫除铁轨围栏两边的积雪,但是由于暴风雪过于猛烈,使得铁路公司虽然采取了各种方法也未能将所有围栏边上的雪扫清。第二天,原告的牛踩着围栏边上的雪堆走上了铁轨被火车撞死。其四,行为人非因其不当行为所致的危急情势,但他却必须加以应付。例如,被告在正常地驾驶汽车的过程中,一名儿童为了捡滚到马路上的皮球而突然冲入被告的车道,由于此时右边有并排行驶的汽车,为了避免撞伤该儿童,被告只能猛向左打方向盘,结果开上了逆行车道与对面来车迎面相撞。其五,如遵守将导致行为人(自己)或他人遭受更大的伤害危险。例如,由于马路向左转弯的弧度太大,如果按照法律规定走右边的话,可能会很容易掉到悬崖下面,于是被告的车尽量靠左边行驶。当然,正如重述的注释者所指出的那样,上述所列举的事由绝非排他性的,可能还存在其他的免责事由。

(二)德国法上违反保护他人的法律

《德国民法典》第 823 条第 2 款规定:“违反以保护他人为目的的法律的人,负有同样的义务。根据法律的内容,没有过错也可能违反法律的,只有在有过错的情况下,赔偿义务才发生。”该款确定了所谓违反保护法律型一般侵权行为。所谓“以保护他人为目的的法律”(Schutzgesetz),属于广义的法律,既包括立法机关制定的法律,也包括政府的法令、地方的法规以及食品和药品方面的规章。这些法律所保护的内容主要是以下三类:其一,基本的法律权利与法律价值,如结社自由、出版自由等人的自由与人格的尊严;其二,法律上禁止从事的危险行为,如刑法上禁止的危险驾驶、人身伤害、侵入他人住宅等;其三,一些无法为《德国民法典》第 823 条第 1 款所涵盖的利益,如纯粹经济利益。[169] 在具体判断哪些法律属于保护性法律时,德国法上的标准与美国法相同,也是两项标准:首先,要考察受害人是否属于某部法律旨在保护的群体中的一员;其次,要考察受害人被侵害的利益或者所遭受的损害是否属于该部法律所要

---

〔169〕 Brox/Walker, Besonderes Schuldrecht, 33 Aufl., 2008, S. 527; B. S. Markesinis & Hannes Unberath, *The German Law of Torts*, A Comparative Treatise, 4th ed., p. 885.

保护的内容或旨在避免的损害。

《德国民法典》第823条第2款所规定的违反保护法律型一般侵权行为在因果关系和过错的证明方面都有利于受害人。首先,一旦加害人的行为满足了客观构成要件,即违反保护他人的法律,那么其行为与责任成立的因果关系将被推定存在。加害人必须举出存在违法阻却事由才能推翻该推定。[170] 其次,就违反保护他人的法律究竟是证明行为人有过错的表面证据,还是推定行为人存在过错,德国民法学界也有争论。[171] 不过,二者实际的差别并不大。总之,如果保护性法律本身对满足其要件所要求的行为进行了具体化的表述,以至于满足客观要件就可以得出行为人存在主观过错的结论,那么,违反保护性法律就指示(indiziert)出了加害人的过错。但是,如果保护性法律仅仅限于对某种损害后果的禁止性规定,则满足该条文的事实本身并不指示出过错。[172] 例如,被告的行为违反了《德国食品和日用品法》第8条,但该条只是规定了禁止有害食品的生产和流通,却未就被禁止行为的具体方式作出规定。因此,仅仅违反该条本身不能指示出加害人的过失。

(三)我国法上的违法与过失

我国法上并未将违反保护性法律的侵权行为作为单独的一类侵权行为。此外,因为学界通说并不承认违法性与过错的区分,故此,加害人的行为是否违反相关法律法规的规定与其行为是否存在过错,具有非常紧密的联系。目前,立法和司法实践中主要采取了以下两种做法:

1. 违法推定过失。即从行为人行为的违法性上**推定**该行为具有过错,从而满足侵权责任的主观构成要件。这方面最典型的规定是《民法典》第1222条,该条规定:“患者在诊疗活动中受到损害,有下列情形之一的,推定医疗机构有过错:(一)违反法律、行政法规、规章以及其他有关诊疗规范的规定;(二)隐匿或者拒绝提供与纠纷有关的病历资料;(三)遗失、伪造、篡改或者违法销毁病历资料。”依据该条,只要医疗机构从事了上述三类违法行为,则推定其存在过错,医疗机构可以提出证据推翻对自己过错的推定。[173]

2. 违法视为过失。所谓违法视为过失,是指在行为人的行为违反了法律法规的有关规定时,就直接**认定**该行为存在过失,如果没有法定的免责事由,则行为人必须承担侵权责任。之所以在这种情况下,不是将违法行为作为有过失的证据而是直接认定为过失,就是因为行为人所违反的法律和法规中明确提出了行为人的注意义务的要求。表面上这种行为是违反法律法规,实则违反了应有的注意义务,故此行为人当然具有过失,而非被推定具有过失。我国大量的法律和法规都确定了注意义务的标准,特别是在医疗活动、交通运输、产品生产和销售等领域中出现了越来越多的技术性规则,这些规则向行为人提出了明确的注意义务,对这些义务的违反即构成过失。[174] 例如,《民法典》第1219条第1款规定了医务人员在诊疗活动中向患者说明病情和医疗措施的义务,以及在需要实施手术、特殊检查、特殊治疗时,及时向患者或其近亲属说明医疗风险、替代医疗方案等情况,并取得其明确同意的义务。对这种义务的违反就是过

---

[170] Jauernig/Teichmann,13. Aufl. 2009, § 823 Rn. 63.

[171] MuenchKommBGB/Wagner,4. Aufl. 2004, § 823 Rn. 364.

[172] [德]马克西米利安·福克斯:《侵权行为法》,齐晓琨译,法律出版社2006年版,第155页。

[173] 对本条的详细讨论参见本书“医疗损害责任”章。

[174] 王利明:《侵权责任法研究》(上卷),中国人民大学出版社2010年版,第347页。

失,而不存在通过举证加以推翻的可能。[175] 故此,《民法典》第1219条第2款规定,只要医务人员违反上述规定,即没有履行告知并取得同意的义务,造成患者损害的,医疗机构就应当承担赔偿责任。故此,医疗机构要为其医务人员因诊疗活动中的过错给患者造成的损害承担责任。再如,《会计师事务所侵权赔偿规定》第6条第2款第1项规定,注册会计师在审计过程中未保持必要的职业谨慎,违反《注册会计师法》第20条第2、3项的规定并导致报告不实的,人民法院应当认定会计师事务所存在过失。《注册会计师法》这两项的规定是,注册会计师执行审计业务,遇有下列情形之一的,应当拒绝出具有关报告:(1)委托人故意不提供有关会计资料和文件的;(2)因委托人有其他不合理要求,致使注册会计师出具的报告不能对财务会计的重要事项作出正确表述的。也就是说,在这两种情形下,只要注册会计师违反法律规定出具了有关报告,就是有过错的行为。此外,在道路交通事故中,公安机关道路交通管理部门在认定事故责任即各方的过错和原因力时,均直接依据《道路交通安全法》等道路交通安全方面的法律法规和规章中的通行规则加以认定。例如,依据《道路交通安全法实施条例》第51条第7项的规定,在没有方向指示信号灯的交叉路口,转弯的机动车让直行的车辆、行人先行。相对方向行驶的右转弯机动车让左转弯车辆先行。如果行为人驾驶机动车没有遵守这一通行规则,公安机关就可以直接认定行为人具有过失。此种对于机动车交通事故责任的认定,往往就是确定机动车交通事故损害赔偿责任的主要依据。[176]

案例阅读

案例8.4.1
王俊香等因其子在登山时突遇恶劣天气遇难诉登山队领队刘雪鹏未采取适当措施救助赔偿案

尽管行为是否违反法律法规的规定在很多情况下或推定行为人有过错,或直接可以认定行为人的过失,但是,并非所有违反法律法规的行为都与行为人的过失相关(参见**案例**8.4.1)。只有那些对行为人提出了特定注意义务要求的法律法规的规定被违反后,才能推定行为人存在过失或认定行为人的过失。所谓提出特定注意义务要求的法律法规的规定,是指那些明确以保护特定民事主体的特定民事权益为目的的法律规范。至于那些以维护公共利益或公共秩序为目的的法律规范被违反时,虽然会产生相应的行政责任或刑事责任,却不能据此直接认定行为人具有过失。司法实践中,曾经出现过一些错误地将违法行为视为行为人具有过失的案件。例如,在一起案件中,法院认为,被告在发现陈某(加害人)在退房后并未离店,而是留宿在其女友(受害人)魏某的客房后,未按《旅馆业治安管理办法》及《北京市实施〈旅馆业治安管理办法〉细则》(已失效)的相关规定(除直系亲属外男女分别安置住宿等),采取管理措施。被告违反了该规定,导致陈某将魏某杀害,因此在防范问题上存在过错。[177] 本书认为,该案中被告的违法行为与其有无过失并无关系。因为《旅馆业治安管理办法》及《北京市实施〈旅馆业治安管理办法〉细则》(已失效)的相关规定,主要是为了防止卖淫嫖娼等行为,并非防止杀人这一犯罪行为(事实上对于突发的杀人案也难以防范)。因此,不能据此认定被告存在过失。

---

[175] 实践中有的法院认为,违反该义务就是直接认定医疗机构有过错。例如,《安徽省高级人民法院关于审理医疗赔偿纠纷民事案件的若干意见(试行)》第12条第3项规定:如果有证据证明医疗机构未尽到必要的告知、说明义务的,可以直接认定其存在过错。

[176] 详细讨论参见本书"机动车交通事故责任"章。

[177] 魏秀贵、刘玉杰与被告北京万程世都宾馆有限责任公司人身损害赔偿纠纷案,北京市宣武区人民法院(2005)宣民初字第3925号民事判决书。

二、职业或团体成员的一般知识能力和水平

客观过失说的最大特点之一就在于其并非依据个案中特定行为人个人的知识水平和专业能力来提出要求，而是要求任何从事某一职业或隶属于某一团体的人员，均应达到该职业或该团体内普通的从业人员所应当具有的知识水平、专业技能和业务水平。如果达到了，就不存在过失，否则就有过失。所谓职业或团体的要求可能是那些非常专门的职业或团体，如医生、会计师、律师等行业，不仅有专门的知识和能力的要求，有很高的行业准入门槛；也可能仅仅是因为长期从事该职业或活动而被认为具有普遍高于外行人的能力，属于所谓"无他，唯手熟尔"的工作。故此，可以将行为人的职业或所属团体的要求分为两类，即专家与其他职业或团体。

（一）专家过失

专家（expert/ professions/spezialist），是指以向委托人提供专业性服务作为职业的具有专门知识和技术的人士，包括医师、会计师、律师、公证员、资产评估师、建筑师、工程师、保险经纪人等。现代社会中专家的工作有两个特点：

1. 他们从事的行业需要专门的知识和技能，而要从事该等职业或行业，必须经过长期而又严格的专门训练，甚至要获得有关机关授予的资格证书或执业证明后，才能执业。故此，专家所从事的工作具有**高度的技术性与专业性**（skilled and specialized）。例如，在德国，要成为律师、公证员和法官，必须先读法学院，修满相应的课程，得到足够学分后先进行第一次国家司法考试。考试合格后，须经过为期两年的在法院等法律部门的实习，然后才能申请第二次国家司法考试。两次考试均通过后，方能从事律师、公证员和法官的工作。在我国，依据《律师法》的规定，要成为律师也必须首先通过国家统一法律职业资格考试取得法律职业资格，还需要具备在律师事务所实习满 1 年等条件。

2. 专家工作的中心为脑力劳动，是以**精神与智力之判断**为中心的智力活动。[178] 这种职业的高度技术性、专门性和智力判断性使得委托人与作为受托人的专家间具有高度的信赖关系。委托人不得不在很大程度上将自己的人身与财产利益托付给他们，而此种信赖的关系是认定专家过失的重要基础。只有在该基础上，才可能合理确认专家的注意义务，并认定其有无过失。考虑到律师、会计师等专家的工作性质如此特殊、关涉利益如此重大，在判断专家过失时，法律上有特别的要求，具体体现在：一方面，由于专家工作内容的高度专门化，因此专家必须具有与所要求的资格相符的能力或技能，并且不得以能力不足作为免责事由。只要其发生一定水准以下的行为时，即当然认定为有过失。同时，由于专家的工作以智力判断为中心，就使得专家是否具有过失的认定也需要借助法律的规定、专家证人、鉴定等专业的认定方法。[179] 另一方面，专家与委托人之间的高度信任关系要求专家具有高度的职业道德，同时具有严格的行业自律机制，进而引导出专家负有与委托人的信赖相称的为委托人利益行动的多层次、多类型的义务。

现代侵权法中判断专家的行为是否具有过失的客观化标准就是所谓的"**勤勉尽责义务**"，也称为"**合理注意义务**"，即行为人的行为应当符合一定的标准，从而避免使第三人遭受不合理

---

〔178〕 Jackson & Powell, *Professional Negligence*, Sweet & Maxwell, 1997, p. 3.

〔179〕 ［日］能见善久：《论专家的民事责任——其理论架构的意义》，载梁慧星：《民法学说判例与立法研究（二）》，国家行政学院出版社 1999 年版，第 295 页。

的危险。该义务属于法律承认的谨慎义务。所谓的“**谨慎或审慎**”是一种具有特定技能或者知识(special skill and knowledge)的职业人员(professionals)的谨慎或审慎。其判断标准是,在通常情形下同一职业领域中一位合格的从业人员在同样的情形下应尽到的谨慎(参见**案例**8.4.2)。如果行为人的行为已达到了这一标准,则认为尽到了勤勉谨慎义务;如果没有达到,则是违反义务的行为。例如,依据我国《民法典》第1221条,医务人员在诊疗活动中须尽到“**与当时的医疗水平相应的诊疗义务**”,否则,造成患者损害的,医疗机构应当承担赔偿责任。“与当时的医疗水平相应的诊疗义务”显然是对医务人员这个专业团体提出的要求。再如,《会计师事务所侵权赔偿规定》第6条第2款对于注册会计师在审计过程中提出的要求是“保持**必要的职业谨慎**”。中国证监会颁布的《律师事务所从事证券法律业务管理办法》第14条更是明确规定:“律师在出具法律意见时,对与法律相关的业务事项应当**履行法律专业人士特别的注意义务**,对其他业务事项履行普通人一般的注意义务,其制作、出具的文件不得有虚假记载、误导性陈述或者重大遗漏。”

案例阅读

案例8.4.2

京衡律师集团上海事务所诉宁波中汇宏基房地产开发有限公司诉讼代理合同纠纷案

(二)其他职业或团体的注意义务

并非专家的其他职业或团体的成员应当尽到该职业或团体应有的注意义务。虽然这些职业的从业人员或团体的成员也需要有一定的知识,但毕竟不像专家那样,需要高度的知识水平和专业能力,也无须在取得行业准入许可后方能从事这些职业。然而,由于行为人长期从事某职业,因此具有一定的知识并积累了相当的经验,故此,法律上对这些人有着比普通的人更高的要求(参见**案例**8.4.3)。例如,在一起案件中,被告往车上装玉米时,将原告的眼睛砸伤。法院认为:“本案被上诉人付永娟的行为是否为重大过失,应以行为人是否违反‘善良管理人’的注意义务为标准进行判断,也就是通常情况下一个具有理性的合理人的注意。被上诉人付永娟本人即经常从事扒玉米这项工作,其注意义务应比一般普通人的标准要高,在具体工作的操作上应该更规范。在往车上装玉米的过程中,更应做到注意观察周围的情况,正因其操作不当的行为造成了被上诉人杨术贤受伤的严重后果,依据公平公正的民事法律原则,被上诉人付永娟在此案中应构成重大过失,依照相应的法律规定应与雇主承担连带赔偿责任。”[180] 在另一起案件中,法院认为:“马进文作为一名长期从事瓦工工作的人员,应具有一定的工作经验和基本的安全注意义务。事故时,马进文违反常规使用美工刀片清理地面,主观上放任了危险的发生,也忽视了自身的安全注意义务,亦应承担事故的责任。”[181]

案例阅读

案例8.4.3

中国银行股份有限公司上海市分行等与李某等财产损害赔偿纠纷上诉案

三、行为的危险程度与民事权益的类型

行为的危险程度是指行为人实施的行为给他人造成损害的可能性的大小。越容易给他人人身、财产权益造成损害的行为,行为人负有越高的注意义务,越应当预见损害发生的可能性,从

---

〔180〕 李春贵与杨术贤等提供劳务者受害责任纠纷上诉案,辽宁省锦州市中级人民法院(2014)锦民二终字第00442号民事判决书。

〔181〕 马进文、上海浪新建筑工程有限公司提供劳务者受害责任纠纷案,上海市第一中级人民法院(2014)沪一中民一(民)终字第3342号民事判决书。

而采取相应的防范措施，否则会被认为存在过失（参见**案例** 8.4.4）。例如，在公共道路上从事挖掘、修缮安装地下设施的危险性远远大于在自家封闭的院落内从事此类活动的危险性。因为前者已经足以对不特定的社会公众的人身财产安全构成危险。再如，《民法典》第 1242 条规定："非法占有高度危险物造成他人损害的，由非法占有人承担侵权责任。所有人、管理人不能证明对防止非法占有尽到高度注意义务的，与非法占有人承担连带责任。"之所以要求所有人、管理人必须对防止他人非法占有"**尽到高度注意义务**"，就是因为高度危险物是那些"易燃、易爆、剧毒、高放射性、强腐蚀性、高致病性"等物质（《民法典》第 1239 条），对于他人人身、财产安全和周围环境等具有极大的危险性。

案例阅读

案例8.4.4
漆素云、陈应周诉温刚银、四川省运输公司成都第一分公司人身损害赔偿案

所谓民事权益的类型是指被行为人的加害行为侵害的民事权益究竟是人身权益还是财产权益，究竟是人身权利还是人身利益，是物权还是债权，抑或财产利益。《欧洲侵权法原则》第 4:102 条就明确规定，在确定行为人应当遵循的行为标准时，需要考虑"行为所涉及的受保护利益的性质和价值、活动的危险性"等因素。之所以要考虑到民事权益的类型，就是因为不同的民事权益受法律保护的强度是不同的，它们在法律中的地位（位阶）也是不同的。通常来说，在确定不同权益的位阶时，应遵循的一般规则为：权利优于利益，人格利益优于财产利益，而生命权、身体权和健康权又优于其他人格权益。[182] 越是受到法律高度重视和保护的权益，行为人负有越高的注意义务，例如对他人的生命权、健康权和身体权不得侵害的注意义务就是非常高，故此，即便是医务人员在抢救生命垂危的患者等紧急情况下，也应当尽到合理诊疗义务（《民法典》第 1224 条第 1 款第 2 项）。

在判断行为人的行为给他人造成损害的危险程度时，需要结合案件的具体情况加以判断。例如，在网络侵权案件中，同样都是实施侵害他人名誉权等人格权的加害行为人，那些所谓的网络大 V 们的注意义务就要更高，因为他们在网络上的各种粉丝众多，影响力巨大。因此，这些人在对某些事情发表评论或转发一些消息时，就越应当谨慎，否则会对他人的名誉权等造成比普通的网络用户可能造成的更大的损害后果。例如，在"北京金山安全软件有限公司与周鸿祎侵犯名誉权纠纷案"中，被告周鸿祎为奇智软件（北京）有限公司董事长，其于 2010 年 5 月 25 日至 27 日期间，在其新浪微博、搜狐微博、网易微博等微博上发表多篇博文，内容涉及"揭开金山公司面皮""微点案""金山软件破坏 360 卫士"等。金山公司认为，这些微博虚构事实、恶意诽谤，诋毁原告商业信誉及产品信誉，且经网络和平面媒体报道后，造成金山公司社会评价的降低。因此，请求周鸿祎停止侵害，在新浪、搜狐、网易微博首页发布致歉声明并赔偿经济损失 1200 万元。北京市海淀区人民法院一审认为："考虑微博影响受众不特定性、广泛性的'自媒体'特性，对微博言论是否构成侵权，应当综合考量发言人的具体身份、言论的具体内容、相关语境、受众的具体情况、言论所引发或可能引发的具体后果等加以判断。周鸿祎作为金山公司的竞争对手奇虎 360 公司的董事长，且是新浪微博认证的加'V'公众人物，拥有更多的受众及更大的话语权，应当承担比普通民众更大的注意义务，对竞争对手发表评论性言论时，应更加

---

〔182〕 这一点从我国《民法典》第 998 条可以看出。关于民法中利益位阶的深入研究，可参见王利明：《民法上的利益位阶及其考量》，载《法学家》2014 年第 1 期。

克制,避免损害对方商誉。"[183] 再如,在一起网络服务提供者侵害著作权的案件中,法院认为,之所以认为被告存在过错,不是因为"人民法院向其施加了过重的审查义务,而是因为其先前行为——提供专门用于网络用户自由上传影视作品的存储空间——所带来的应当有效避免他人权利受到侵害的义务。这种义务是重是轻取决于其先前行为造成侵害后果的概率大小,而不是其他。诚然,过错作为一个不确定的法律概念,在具体的判断中需要引入一些考量的因素,这其中就包括避免损害后果发生的成本有多大这一因素。但这一因素还必须结合行为造成损害的严重性和概率有多大、行为所带来的效益有多大等因素综合考量后,才能够决定要求行为人负担避免损害后果发生的成本是否合理,进一步对行为人的过错作出认定。如果一项行为引发损害后果的几率极大而又不存在与此相适应的积极效益,则行为人就难以以避免损害发生的成本过大为由主张其不存在过错"。[184]

四、预防的成本与收益

任何法律制度的设计都应当实现成本与收益的均衡。损害赔偿法的正当性来自损害赔偿法的目的,即降低损害和避免损害的总体成本,因此需要通过相应的责任规则将损害风险分配到受害人以外的其他人身上,只要总体成本能够因此得到节省就行。[185] 侵权法的经济本质就在于通过责任的运用,将那些由于高交易成本造成的外部性内部化。[186] 所以,判断从事经营活动或者其他社会活动的民事主体是否应当承担以及承担何种限度内的注意义务,进而认定行为人有无过失时,需要考虑行为人预防与控制风险或损害的成本和收益。根据著名的汉德公式,判断加害人是否具有过失时,法官要考虑预防损害的成本(B)是否大于损害乘以损害发生的概率(P×L)。如果预期损害P×L超过了预防成本B,而被告又未采取预防措施,则被告就具有过失。[187] 例如,在美国的"Hendricks v. Peabody Coal Co."案中,一名16岁的男孩在被告废弃的已经装满泉水的露天矿游泳时受到严重伤害。被告意识到那个矿井会被人作为游泳的水湾,并且由于水下有隐蔽的突出物,应当控制那一区域,但被告却没有这样做。法院认为,整个水面只要花费1.2万美元至1.4万美元就可以用铁丝网围起来,与小孩因受伤而产生的20万美元损害相比微不足道。此外,这样的水湾将来还可能有更多的人会用,类似的严重损害将来仍可能再次发生。故此,法院认为,被告本应采取措施,却没有采取措施,应当承担侵权赔偿责任。[188] 反之,如果预防损害的成本远远大于所造成的损害,那么被告就没有过失。例如,在美国的另一起案件"Adams v. Bullock"中,一个12岁的男孩经过一座横跨被告的电车轨道的桥梁时,挥动了一根2.4米长的铁丝去敲击桥上面的电线。由于电线与电车的架空线相连,结果该男孩被电击伤。对此,著名法官卡多佐(Cardozo)认为,这种事情的发生概率很小,任何过桥的人都不太可能去摸电线,而要预防这个男孩的这种行为

---

〔183〕 2014年10月10日最高人民法院公布的利用信息网络侵害人身权益典型案例。

〔184〕 上海全土豆网络科技有限公司与网乐互联(北京)科技有限公司侵犯著作财产权纠纷上诉案,上海市第一中级人民法院(2009)沪一中民五(知)终字第19号民事判决书。

〔185〕 MuenchKommBGB/Wagner,2004,Vor § 823,Rn. 40.

〔186〕 [美]罗伯特·考特、托马斯·尤伦:《法和经济学》(第5版),史晋川、董雪兵等译,格致出版社、上海三联书店、上海人民出版社2010年版,第301页。

〔187〕 [德]汉斯-贝恩德·舍费尔、克劳斯·奥特:《民法的经济分析》(第4版),江清云、杜涛译,法律出版社2009年版,第152页。

〔188〕 [美]威廉·M.兰德斯、理查德·A.波斯纳:《侵权法的经济结构》,王强、杨媛译,北京大学出版社2005年版,第106页以下。

的成本却非常高(如将整个电线埋入地下)。因此,被告没有过错,不应承担责任。[189]

我国立法与司法在判断行为人过失时,也越来越注意运用经济学方法,即通过考虑行为人是否收费、是否获得经济利益以及行为人预防损害发生成本的大小等来确定行为人有无过失。例如,《民法典》第1026条规定,在认定行为人是否对于他人提供的严重失实内容尽到合理核实义务时,必须考虑的因素就包括“核实能力和核实成本”。再如,《最高人民法院关于审理侵害信息网络传播权民事纠纷案件适用法律若干问题的规定》第11条规定:“网络服务提供者从网络用户提供的作品、表演、录音录像制品中**直接获得经济利益的**,人民法院应当认定其对该网络用户侵害信息网络传播权的行为负有较高的注意义务。网络服务提供者针对特定作品、表演、录音录像制品投放广告获取收益,或者获取与其传播的作品、表演、录音录像制品存在其他特定联系的经济利益,应当认定为前款规定的直接获得经济利益。网络服务提供者因提供网络服务而收取一般性广告费、服务费等,不属于本款规定的情形。”之所以对于那些从涉案作品等直接获得经济利益的网络服务提供者施加了更高的注意义务,就是因为,这些网络服务提供者既然要从涉案作品等中直接获得经济利益,就应当尽到核查该作品是否侵害信息网络传播权的义务并为此支付相应的成本。在“李萍、龚念诉五月花公司人身伤害赔偿纠纷案”中,法院认为:“五月花餐厅接受顾客自带酒水到餐厅就餐,是行业习惯使然。对顾客带进餐厅的酒类产品,根据我国目前的社会环境,还没有必要、也没有条件要求经营者采取像乘坐飞机一样严格的安全检查措施。由于这个爆炸物的外包装酷似真酒,一般人凭肉眼难以识别。携带这个爆炸物的顾客曾经将其放置在自己家中一段时间都未能发现危险,因此要求服务员在开启酒盒盖时必须作出存在危险的判断,是强人所难。五月花餐厅通过履行合理的谨慎注意义务,不可能识别伪装成酒的爆炸物,因此不存在违法行为。”[190]

五、其他因素

在有些案件中,侵权人的年龄、身体缺陷也会成为考虑认定其过错的因素。美国著名法官霍姆斯曾言:“每个人都被认为拥有普通能力来避免对邻居造成损害,这是一个基本的原则。但该原则有一些例外,它们阐述的这个规则也是责任的一般性道德基础。当某人有显著的缺陷而所有人都能认识到其不能运用某些注意,其就不能因未运用该等注意而承担责任。盲人不能被要求看到危险,毫无疑问,他在控制行为时应当认识到他的弱点。然而,如果他恰好发现自己处于某种危险境地,需要有视力的注意的缺失不能阻止其因自身受到伤害而获得赔偿,并且,也应当认为,该缺失不能使其对他人的损害负责。”[191] 例如,对于儿童作为被告的案件,就应当以“理性的儿童”而非理性的成年人作为标准,即以相同年龄的儿童的注意程度为标准。

---

〔189〕［美］理查德·A.波斯纳:《法律的经济分析》(上),蒋兆康译,中国大百科全书出版社1997年版,第215页。

〔190〕参见《最高人民法院公报》2002年第2期。再如,在一起案件中,死者魏某于2004年4月28日12时30分许从北京市朝阳区呼家楼向军南里3号楼21层跳楼,将正好走到楼下的李老太砸死。经北京市公安局法医检验鉴定中心检验,魏某符合高坠死亡,李老太在魏某坠楼过程中被砸压躯干部,致创伤失血性休克死亡。悲痛之余,李老太的两个子女将房屋产权及管理单位北京市朝阳区物业管理公司、北京市朝阳区国土资源和房屋管理局左家庄房管所及北京市朝阳区国土资源和房屋管理局一并告到北京市朝阳区人民法院,索赔14万余元。法院认为本案的被告均无过失,因为李老太死亡结果的发生是魏某跳楼自杀行为所致,与三被告的行为并无法律上的因果关系。三被告作为房屋所有人或管理人显然无法预见并控制任何不特定人的跳楼自杀行为。房屋的所有人或者管理人即使投入任何合理的预防成本,也不能绝对避免自杀伤人事件的发生。因此,三被告对李老太的死亡并不存在过错。《自杀者砸死老妪,家属告物业索赔被驳回》,载《北京青年报》2004年10月19日。

〔191〕O. W. Holmes, *The Common Law*, 1881, p. 109.

又如,我国台湾地区"高等法院"的一则判决认为:"构成侵权行为之过失,系指欠缺抽象轻过失即欠缺善良管理人之注意义务而言。行为人已否尽善良管理人之注意义务,应依事件之特性,分别加以考量,因行为人之职业、危害之严重性、被害法益之轻重、防范避免危害之代价,而有所不同。……关于未成年人的过失责任,仍应以同年龄、具有相当智慧及经验之未成年人所具注意能力为标准。"[192]

第五节 过错能力

一、过错能力的含义以及比较

(一)过错能力的含义

民法以意思自治为基本原则。意思自治意味着:一个具有意思决定自由的人既可以通过自由的意思形成自己期待的法律关系,也需要对自己行为的后果负责。只有在行为人能够认识其行为的后果时,其方具有自由的意思决定(freie Willensbestimmung),才能在是否及如何从事行为的问题上有所选择并加以控制。倘若行为人无法认识行为的后果,就欠缺意思决定的自由,这时,行为人的行为只是一种无意识的动作,不是法律意义上的行为。[193]

过错责任原则是意思自治原则的具体体现。根据过错责任原则,一个具有意思决定自由的人,如果滥用其意志自由给他人造成了损害,就具有过错,应承担侵权责任。倘若某人不能认识行为的危险,无法对行为进行选择或控制,即无过错能力(Verschuldsfaehigkeit)时,他就不具备真正的意思决定之自由,法律对其行为不能作出过错的评价,该行为亦无法归责于行为人。所以,无论故意还是过失皆以行为人有过错能力为前提。

过错能力,也称"责任能力""归责能力"(Zurechnungsfaehigkeit),是指自然人对自己从事的加害行为是否需要负责任的认识能力,它是过错责任对于主体可归责性的要求。[194] 过错能力主要适用于侵权法领域,并且仅适用于自然人(法人不存在过错能力的问题),所以过错能力也被称为"侵权责任能力"(Deliktsfaehigkeit)。过错能力既是判断过错的前提条件,又是贯彻意思自治的重要技术工具,对于维持民法价值评价的一致性,具有重要作用。[195]

(二)过错能力与民事权利能力、民事行为能力的关系

关于过错能力与民事权利能力、民事行为能力的关系,学界有不同的观点。第一种观点认为,过错能力只是民事权利能力的一个方面。因为民事权利能力实际上包括了享有民事权利的能力、负担民事义务的能力以及承担民事责任的能力。民事权利能力制度已经解决了民事主体有无承担民事责任的资格的问题,因此不应规定独立的过错能力制度。[196]

第二种观点认为,自然人的民事行为能力,是指他人能够通过自己的行为取得民事权利、

---

〔192〕 转引自陈聪富:《侵权行为法原理》,元照出版有限公司 2017 年版,第 231 页。

〔193〕 MuenchKommBGB/Ulmer, 4. Aufl., 2004, § 827, Rn. 1.

〔194〕 Deutsch/Ahrens, Deliktsrecht, 5. Aufl., 2009, S. 61.

〔195〕 王利明:《自然人民事责任能力制度探讨》,载《法学家》2011 年第 2 期。

〔196〕 任清:《民事责任能力本质反思》,载张新宝主编:《侵权法评论》(总第 3 辑),人民法院出版社 2004 年版,第 78 页以下。

承担民事义务的能力与资格，因此，它不仅包含自然人因合法行为而取得民事权利承担民事义务的能力，也包括因从事违法行为而承担民事责任的能力。所以，过错能力或者说侵权责任能力，本身就被包含在民事行为能力当中。[197]

第三种观点认为，过错能力是指民事主体据以独立承担民事责任的法律地位或法律资格，它与民事行为能力虽有联系，有其一必有其二，但毕竟是两种不同的资格，存在如下区别：首先，目的不同。法律设立民事行为能力旨在使得民事主体可以按照自己的意思追求自己的利益，而设立过错能力在于对主体的违法行为追究民事责任，保护他人和社会利益。[198] 其次，民事行为能力以意思能力为要件，而过错能力以识别能力为要件，二者主观要求程度不同。民事行为能力对行为人的主观能力要求比较高，它是行为人单独的、完全的能缔结如契约那样的法律行为的能力。过错能力则是为违法行为的责任负担而设，它是指行为人足以负担侵权行为法上之赔偿义务之识别能力，它对行为人仅有极低的识别能力的要求。[199] 最后，性质不同。民事行为能力总是具体的，而过错能力乃是抽象的，无一定范围。主体超出民事行为能力范围的行为不生效力，但是违法行为无论是否超出民事行为能力，均应受到法律追究。[200]

本书认为，过错能力既不同于民事权利能力，也不同于民事行为能力。首先，民事权利能力强调的是民事主体资格与法律地位。就自然人而言，在民事权利能力有无的评价上完全不考虑任何具体的因素，而是一概平等，即任何自然人不分性别、年龄、民族、出身、财产状况、精神健康状况等而平等地成为民事主体，具有享有民事权利、负担民事义务与承担民事责任的法律地位或抽象可能性。此种能力始于出生，终于死亡，它确保了每一自然人在法律面前的平等地位，为其生存与发展确定了最基本的前提。

其次，民事行为能力乃是法律为落实意思自治原则而设立的，据以保护不能理性、清晰地认识自己行为的性质及后果的自然人以及交易相对人而设立的法律制度。申言之，民事行为能力制度不仅保护不完全民事行为能力人，还保护与不完全民事行为能力人从事交易活动的相对人。凭借着统一的年龄标准以及法院的宣告，相对人能够以较低的成本判断与之从事交易的对方是否属于完全民事行为能力人。依据民事行为能力制度，凡是因年龄与健康状况而不能辨认自己行为的人都不能成为有效地参与民事法律关系，继而享有权利与承担义务的主体。但是，过错能力是指一个人对于自己行为的危害性是否能够认识，是否能够独自承担该侵权行为产生的法律责任的资格。该制度的主要目的是保护无过错能力的人。如果说民事行为能力是自然人积极利用理性能力为自己设计法律生活，那么，过错能力就是行为人对于**应当理性却未理性**所为之行为负责的前提。[201]

对于一个自然人来说，过错能力的评价虽然是在民事行为能力有无的前提下加以认识的，但是，有无民事行为能力却不能简单地等同于有无过错能力。一方面，对于无民事行为能力之人，并非其就任何的侵权行为均无过错能力。例如，6 岁儿童虽然按照我国《民法典》第 20 条之规定，属于无民事行为能力人，但是，其也具有一定的辨别是非善恶的能力，对于有些行为的危

---

〔197〕 佟柔主编：《中国民法》，法律出版社 1990 年版，第 70 页。

〔198〕 刘保玉、秦伟：《论自然人的民事责任能力》，载《法学研究》2001 年第 2 期。

〔199〕 李庆海：《论民事行为能力与民事责任能力》，载《法商研究》1999 年第 1 期。

〔200〕 梁慧星：《民法总则》，法律出版社 2001 年版，第 74 页以下。

〔201〕 吴香香：《玻璃娃娃案——以未成年人的责任能力为考察重点》，载张双根等主编：《中德私法研究》（总第 10 卷），北京大学出版社 2014 年版，第 259 页。

害性和错误性也是可以认知的。另一方面,即便是完全民事行为能力人,在某些情况下也可能不具有过错能力。例如,30 周岁、精神状态完全健康的张某驾车过程中,突然发生心肌梗塞而致车辆失控,撞伤路人。此时,张某在法律上当然是完全民事行为能力人,可事发之时,其非因自己的过错而丧失意识,失去控制能力给他人造成损害,事发时显然缺乏过错能力,不能将其给他人造成损害的行为评价为有过错的行为。

二、各国家及地区规定的过错能力

就是否承认过错能力,各国家及地区的规定有两种不同的立场。法国民法对过错能力采取的是否定的立场。《法国民法典》第 489－2 条规定:"处于精神紊乱状态的人给他人造成损害者,仍应负赔偿责任。"本条的立法说明指出:"关于过错的概念有两个因素要加以区分,第一是客观因素,即加害人的行为必须是违反某种规范,第二是主观因素,即违反规范的行为可归责于行为人且行为人知道其所为并有意为之,该行为人才需要承担赔偿责任,这是判例所一直接受的。我们希望通过第 489－2 条加以排除的就是这一主观因素而非客观因素。因此,其结果为,某人欠缺了解其行为结果的能力而给他人造成损害,其行为只有在客观上及本质上无可非难时,才能不承担任何责任。"[202] 依据这一规定,即便行为人没有过错能力,只要其行为客观上具有违法性,即成立侵权责任。法国最高法院第一民事庭在 1976 年 7 月 20 日的一则判例指出:"第 489－2 条规定的赔偿义务涉及所有精神紊乱状态下给他人造成损害的人,不论他是成年人还是未成年人;对因实施行为之当时出现精神错乱而获得刑事免诉利益的未成年人,仍然有正当理由认定其民事责任。"[203]

德国、瑞士、奥地利、日本和我国台湾地区则肯定过错能力。这些国家或地区的法律和学说认为,只有在行为人本人能够控制其意志的前提下,行为才具有主观上的可责难性。"责任能力是过错责任归责对个人的要求。"[204]《瑞士民法典》第 16 条规定:"任何人,凡不属于年幼,或者无精神障碍、心理错乱、精神恍惚或者类似情况,从而不欠缺实施理智行为之能力者,均为本法意义上有判断能力的人。"由此可见,瑞士民法上的过错能力即"认知能力",也即清醒行为之能力,具体到侵权行为人,认知能力一方面是指行为人对行为的致害后果的认识,另一方面是指行为人的意愿以及按此意愿行为的能力。[205]《奥地利普通民法典》第 1294 条界定过错时就明确规定,过错系"有意识地加害",无意识的活动、无法控制的反射行为以及被暴力强迫的行为,都无法构成法律意义上的行为。[206] 就如何判断过错能力,主要有两种规定模式:

一种模式是一般标准＋特别认定的模式。此种模式先确定一个绝对无过错能力的标准,然后就其他特殊情形设立具体之判断标准。德国采取了该模式。首先,依据《德国民法典》第 828 条第 1 款,未满 7 岁的人绝对不具有过错能力。其次,《德国民法典》规定了若干特殊情形下过错能力的判断标准,包括:(1)已满 7 岁未满 10 岁的人,除非是故意造成损害,否则就其在汽车、有轨交通工具或悬空缆车的事故中造成的损害不负责任(第 828 条第 2 款);(2)已满 7

---

〔202〕 Walter van Gerven, Jeremy Lever & Pierre Labrouche, *Cases, Materials and Text on National, Supranational and International Tort Law*, Hart Publishing, 2000, pp. 301－02.

〔203〕 罗结珍译:《法国民法典》(上册),法律出版社 2005 年版,第 405 页。

〔204〕 [德]埃尔文·多伊奇、汉斯－于尔根·阿伦斯:《德国侵权法——侵权行为、损害赔偿及痛苦抚慰金》,叶名怡、温大军译,中国人民大学出版社 2016 年版,第 66 页。

〔205〕 [瑞]海因茨·雷伊:《瑞士侵权责任法》(第 4 版),贺栩栩译,中国政法大学出版社 2015 年版,第 223 页。

〔206〕 [奥]海尔姆特·库齐奥:《侵权责任法的基本问题》(第 1 卷),朱岩译,北京大学出版社年版,第 202 页。

岁未满 18 岁之人是否具有过错能力个案判断(第 828 条第 3 款),即考察其在实施加害行为时是否具有为认知责任所必要的判断力或识别能力;(3)成年人在丧失知觉的状态下或不能自由决定意思的精神错乱状态下从事造成他人损害的行为时,不具有过错能力,除非他是以酒精饮料或类似手段(如服用毒品)使自己陷于此种暂时状态(第 827 条)。

另一种模式为个别认定的模式,即不设一般性的判断标准,而是根据个案结合加害人的具体情况个别认定,瑞士、奥地利、日本、我国台湾地区采取这一方法。依据《瑞士民法典》第 16 条,推定行为人具有认知能力即过错能力,主张不具有认知能力的人负有举证责任。法院在认定行为人是否具有认知能力时,要结合个案中的视角情况加以判断,如考虑个案的特殊情况、行为的属性、重要性和危险性,以及行为发生时受害人的状态(精神状态、心智成熟程度、健康状况)等。[207] 再如,我国台湾地区的"民法"没有设立绝对无识别能力制度。无行为能力人或限制行为能力人有无识别能力应就各个行为具体加以认定。[208] 原则上应当就加害的情节、损害的程度,依行为人个人的心理、生理以及人格智能发展状况综合判断。[209] 此外,依据我国台湾地区"民法"第 187 条第 4 项,完全民事行为能力人在无意识或精神错乱中所为之行为,不具有识别能力,不成立故意或过失,就该行为致第三人之损害,行为人承担的不是侵权行为责任而是所谓的衡平责任。[210]

在承认过错能力的国家或地区,如果行为人实施了加害行为,却不具有过错能力的话,则该欠缺过错能力之人的行为不存在过错,因而也不发生侵权赔偿责任。对于受害人因此遭受的损害,如果能够适用监护人责任的话,可由监护人依法承担赔偿责任;如果不能适用监护人责任的话(如成年人临时缺乏过错能力或者监护人有免责事由的),则适用公平(衡平)责任。例如,《德国民法典》第 829 条规定:"在第 823 条至第 826 条所定情形的一种情形,对由自己引起之损害依第 827 条、第 828 条不负责任之人,在不能够向有监督义务之第三人取得损害赔偿时,以衡平事由依情形,特别是当事人的情况,要求赔偿损害,并且不剥夺其为适当的抚养以及为履行其法定抚养义务所需要的资金为限,仍然应当赔偿损害。"再如,我国台湾地区"民法"第 187 条规定:"无行为能力人或限制行为能力人,不法侵害他人之权利者,以行为时有识别能力为限,与其法定代理人连带负损害赔偿责任。行为时无识别能力者,由其法定代理人负损害赔偿责任。前项情形,法定代理人如其监督并未疏懈,或纵加以相当之监督,而仍不免发生损害者,不负赔偿责任。如不能依前二项规定受损害赔偿时,法院因被害人之声请,得斟酌行为人及其法定代理人与被害人之经济状况,令行为人或其法定代理人为全部或一部之损害赔偿。前项规定,于其他之人,在无意识或精神错乱中所为之行为致第三人受损害时,准用之。"

三、我国法对过错能力的态度

(一)《民法通则》、《侵权责任法》及《民法典》的规定

关于我国是否应当承认过错能力,理论界一直存在争议。[211] 从《民法通则》第 133 条来

---

[207] [瑞]海因茨·雷伊:《瑞士侵权责任法》(第 4 版),贺栩栩译,中国政法大学出版社 2015 年版,第 225 页。

[208] 王泽鉴:《侵权行为》,北京大学出版社 2009 年版,第 381 页。

[209] 陈忠五:《校园学生事故中应负损害赔偿责任之人》,载《台湾本土法学杂志》1999 年第 1 期。

[210] 王泽鉴:《侵权行为》,北京大学出版社 2009 年版,第 381 页。

[211] 刘保玉、秦伟:《论自然人的民事责任能力》,载《法学研究》2001 年第 2 期;余延满、吴德桥:《自然人民事责任能力的若干问题——与刘保玉、秦伟同志商榷》,载《法学研究》2001 年第 6 期;尹田:《自然人的行为能力、意思能力、责任能力辨析》,载《河南省政法管理干部学院学报》2001 年第 6 期。

看,立法者并未承认过错能力。因为,依据该条第2款第1句,即便是无民事行为能力人或限制民事行为能力人从事侵权行为,造成他人损害的,只要该无民事行为能力人或限制民事行为能力人有自己独立的财产,也必须从自己的财产中支付赔偿费用。这就意味着,无论加害人有无过错能力,造成了损害,也要负责。

在《侵权责任法》的起草过程中,一些学者力主规定责任能力,并认为,应当依据责任能力的有无相应地确定无民事行为能力人或限制民事行为能力人从事加害行为时监护人的侵权责任。[212] 但是,立法机关有关人士持否定观点,认为不应规定责任能力。因为"规定责任能力,就涉及没有责任能力的行为人造成他人损害的,监护人是否需要承担责任的问题。如果监护人不承担责任,被侵权人的损失得不到弥补,有悖于我国的国情和现实的做法。无民事行为能力人和限制民事行为能力人一般有独立财产的情形不多见,且他们与监护人共同生活,造成他人损害的,仍然是用父母等监护人的财产进行赔偿。此外,法律已明确规定被监护人有独立财产的,应当从其财产中支付。多年的司法实践也证明,虽然我国法律没有行为人责任能力的规定,但能够妥善解决无民事行为能人和限制民事行为能力人引发的侵权纠纷"。[213] 最终,《侵权责任法》一方面在第32条第2款延续了《民法通则》第133条第2款的规定,另一方面又在该法第9条第2款规定:"教唆、帮助无民事行为能力人、限制民事行为能力人实施侵权行为的,应当承担侵权责任;该无民事行为能力人、限制民事行为能力人的监护人未尽到监护责任的,应当承担相应的责任。"然而,《侵权责任法》第33条第1款对"完全民事行为能力人对自己的行为暂时没有意识或者失去控制造成他人损害"且没有过错,需要承担补偿责任的规定,却又似乎承认了过错能力。因为该条第1款中的"没有过错"是指完全民事行为能力人不存在原因自由行为的情形,即对于自己"暂时没有意识或者失去控制"并无过错。这说明立法者认为"暂时没有意识或者失去控制"的完全民事行为能力人造成他人损害的行为本身是不能被评价为过错行为的,所以才需要适用公平责任。因为,依据《侵权责任法》第24条的规定,只有在受害人和行为人对损害的发生都没有过错的时候,才可以根据实际情况,由双方分担损失,即适用公平责任。

对于《侵权责任法》不承认过错能力的做法,有的学者持肯定的态度,认为《侵权责任法》未采纳责任能力制度是从侵权法的救济功能出发而作出的选择,也是对我国长期以来立法和司法实践经验的系统总结。因为过错能力侧重于保护无责任能力之人,忽视了对受害人的保护,其与现代侵权法的救济功能是相互冲突的,无法体现对受害人的充分保护,也有违社会一般的公平观念。我国《侵权责任法》更加关注的是如何对无辜受害人提供充分的救济。多年的司法实践也已经证明,法律上即使不规定责任能力也能够妥善解决无行为能力人和限制行为能力人致人损害的问题。[214] 但是,一些学者对《侵权责任法》不规定过错能力的做法进行了批评,他们认为,《侵权责任法》第32条第2款的规定是错误的,它使得行为人是否承担赔偿责任取决于其是否拥有财产,不论其是否具有行为的识别能力。这种立法不符合侵权责任的基本原理,无论在伦理上还是在比较法上都缺乏正当依据。[215] 此外,既然在积极理性能力上,《民法

[212] 全国人大常委会法制工作委员会民法室编:《侵权责任法立法背景与观点全集》,法律出版社2010年版,第63页。

[213] 王胜明主编:《中华人民共和国侵权责任法解读》,中国法制出版社2010年版,第152页。

[214] 王利明:《自然人民事责任能力制度探讨》,载《法学家》2011年第2期。

[215] 杨代雄:《重思民事责任能力与民事行为能力的关系——兼评我国〈侵权责任法〉第32条》,载《法学论坛》2012年第2期。

通则》《合同法》区分完全民事行为能力人、限制民事行为能力人和无民事行为能力人，对他们所能从事的法律行为进行规定，而不等量齐观，为何在消极理性能力上却将那些没有识别能力的自然人与成年人等量齐观，显然是不合理的。[216]

《民法典》几乎完全延续了《侵权责任法》的规定，其第 1188 条的规定和《侵权责任法》第 32 条基本相同（仅将“监护责任”修改为“监护职责”），而第 1190 条则与《侵权责任法》第 33 条完全一样。

提　示

比较奇怪的是，虽然依据法律的规定，在认定加害行为人是否有过错时，不考虑其有无过错能力，除非适用《侵权责任法》第 33 条的规定。但是，司法实践中，法院在认定受害人对于损害的发生有无过失时，却考虑该受害人有无识别能力（参见**案例** 8.5.1）。[217]《铁路人身损害赔偿解释》第 8 条明确规定：“铁路运输造成无民事行为能力人人身损害的，铁路运输企业应当承担赔偿责任；监护人有过错的，按照过错程度减轻铁路运输企业的赔偿责任，但铁路运输企业承担的赔偿责任应当不低于全部损失的百分之五十。铁路运输造成限制民事行为能力人人身损害的，铁路运输企业应当承担赔偿责任；监护人及受害人自身有过错的，按照过错程度减轻铁路运输企业的赔偿责任，但铁路运输企业承担的赔偿责任应当不低于全部损失的百分之四十。”该规定显然认为无民事行为能力人因铁路运输遭受人身损害时，不能认为无民事行为能力人对损害的发生有过错，只能认为监护人有过错。但是，在限制民事行为能力人遭受损害的情形中，需要同时考虑监护人的过错和受害人自身的过错。

案例阅读

案例8.5.1

无民事行为能力人杨斌因进入未设防护的火车站停留的列车尾下玩耍在列车启动时被轧伤诉太原铁路分局人身损害赔偿案

（二）本书的观点

本书认为，在我国侵权法上承认过错能力是非常必要的。首先，在侵权法上，过错能力有助于实现侵权法的控制功能。过错能力的基础在于对作为禁止或不作为禁止的判断。行为人应当能够判断哪些行为是法律禁止做的，哪些行为是法律要求必须做的。如果行为人有这种判断能力，仍违背法律规定，做了禁止做的事或者不做应当做的事，那么法律上就应当令此人就其行为之后果负责。这样可以有效地促使行为人今后遵守法律的规定，合理地选择行为，尤其是避免从事不为社会所期待的行为。倘若行为人根本无法进行作为禁止或不作为禁止的判断，不能自由地确定自己意思，则行为人就没有可责备或可非难之处。此时，如果仍然强令他就行为的后果负责，亦无法有效地改变其今后的行为。所以，过错能力有助于实现侵权责任法对人们行为的控制，起到预防损害的作用。[218]

---

〔216〕 吴香香：《玻璃娃娃案——以未成年人的责任能力为考察重点》，载张双根等主编：《中德私法研究》（总第 10 卷），北京大学出版社 2014 年版，第 209～210 页。

〔217〕 类似的案例可参见，陈星星诉如皋市如城镇邓元小学、如皋市人民公园动物致人损害赔偿纠纷案，江苏省南通市中级人民法院［2005］通中民一终字第 0318 号民事判决书。

〔218〕 MuenchKommBGB/Ulmer，4. Aufl.，2004，§823 Rn. 34f.，39ff.

其次,有利于保护未成年人与精神障碍者。由于年龄幼小或存在心理健康问题等原因,未成年人与精神障碍者无法认识自己行为的危险性,进而控制或选择其行为,法律上对他们应给予特殊的保护和照顾。一方面,如不承认过错能力,一律要求未成年人与精神障碍者就其给他人造成之损害负责,将使他们长期负担债务,影响生计和未来的生涯规划,妨碍其人格的发展。[219] 另一方面,在未成年人与精神障碍者遭受他人损害时,如不承认过错能力,即便这些人不具有认识行为危险性的能力、无法自我保护,也会因自己的行为与损害的发生或扩大存在因果关系而被认定具有过失,进而适用过失相抵,减轻侵权人的赔偿责任。这显然是不公平的。

最后,我国现行立法不承认过错能力将导致不公正的结果。因为,在未成年人作为加害人时,依据《民法典》第1188条第2款,无论该未成年人有无过错能力,只要其有自己的财产,就要从本人财产中支付赔偿费用,不足的部分由监护人赔偿。如此一来,即便行为人是完全民事行为能力人,都可能因缺乏过错而只需要承担适当补偿责任。但是,不完全民事行为能力人却仅仅因为自己有财产,却要在连过错能力都没有的情况下,承担全部的赔偿责任。这显然是不合理的。

四、完全民事行为能力人暂时丧失过错能力时的责任

完全民事行为能力人具有意思决定的自由,能够认识行为的危险性并加以选择或控制,应就自己行为给他人造成的损害承担侵权责任。但是,实践中也会发生完全民事行为能力人由于种种原因突然陷入对自己的行为暂时没有意识或失去控制的状态,以致不能辨认或者不能完全辨认自己的行为,给他人造成损害。此时,该暂时丧失过错能力的行为人是否需要承担责任,需要法律上予以明确。从比较法上来看,一些国家或地区的民法对此有明确的规定。[220] 例如,《瑞士债务法》第54条第2款规定:"暂时丧失判断能力的人,在暂时丧失判断能力期间致他人损害者,应负赔偿责任,但能证明对暂时丧失判断能力的发生并无过错者,不在此限。"《日本民法典》第713条规定:"因精神上的障碍,在处于对自己的行为欠缺辨识能力的状态下给他人造成了损害的人,不负其赔偿的责任。但因故意或过失导致一时性状态时,不在此限。"再如,我国台湾地区"民法"第187条第3、4项规定:"如不能依前二项规定受损害赔偿时,法院因被害人之声请,得斟酌行为人及其法定代理人与被害人之经济状况,令行为人或其法定代理人为全部或一部之损害赔偿。前项规定,于其他之人,在无意识或精神错乱中所为之行为致第三人受损害时,准用之。"我国《民法典》第1190条也对完全民事行为能力人暂时丧失过错能力造成他人损害的责任作出了规定,具体规范内容如下。

(一)有过错时承担侵权责任

既然完全民事行为能力人是在对自己的行为暂时没有意识或者失去控制的情况下给他人造成损害的,因此,《民法典》第1190条第1款中的"过错"显然不是指行为人从事加害行为时的过错。许多学者认为,该款中的"过错",是指行为人对导致自己陷入"暂时没有意识或者失去控制"这样一种状态的过错。[221] 由于侵权责任法上的过错是一个与行为和损害结果紧密相关的概念,如果行为人没有在先的自由决定行为,也无法预见到损害后果,就不可能进行任何

[219] 王泽鉴:《侵权行为》,北京大学出版社2009年版,第388页。

[220] 如《德国民法典》第827条、我国台湾地区"民法"第187条的规定。

[221] 王胜明主编:《中华人民共和国侵权责任法解读》,中国法制出版社2010年版,第154页;王利明主编:《中华人民共和国侵权责任法释义》,中国法制出版社2010年版,第145页。

过错上的评价。故此，笔者认为，《民法典》第1190条第1款第1分句的“过错”是指行为人应预见且能预见自己在先从事的某种行为可能导致自己陷入暂时没有意识或失去控制，从而会给他人造成损害，却依然从事该行为，即所谓的原因自由行为。申言之，一方面，行为人对于自己是否陷入暂时没有意识或丧失控制状态具有选择的自由。另一方面，行为人能够预见到如果处于此种暂时没有意识或失去控制的状态中会给他人造成损害。例如，甲醉酒后驾车，因暂时丧失意识而撞伤他人，显然，甲是有过错的。这是因为，甲有在先的自由决定行为——喝酒不开车或开车不喝酒，而他也完全能够预见到醉酒的情况下开车可能会因丧失意识或对行为失去控制而给他人造成损害。

从实践的情况来看，最常见的完全民事行为能力人“对自己的行为暂时没有意识或者失去控制造成他人损害有过错”的情形就是醉酒或滥用麻醉药品、精神药品。[222] 有人认为，《民法典》第1190条第1款中的“过错”指的就是第2款的规定。也就是说，该条第2款是对第1款中行为人有过错的情形进行了比较具体的表述，实际上是一个层面的问题。[223] 还有人认为，《民法典》第1190条第2款规定的“醉酒、滥用麻醉药品或者精神药品”只是属于第1款规定的“有过错”中比较典型的一些情形。因这些情形较为常见，具有违法性且危害性大，所以第2款特别加以规定。因此，所谓的“有过错”显然不限于第2款的情形，还包括其他因行为人故意或过失导致自己暂时没有意识或者失去控制的情形。[224] 例如，某人患有心脏病，需要每天按时服药且医生禁止其进行剧烈运动。但是，该人并未按照医嘱服药并外出跑步，结果中途心脏病发作丧失意识后摔倒并撞伤行人。此情形中，由于该人对于丧失意识具有过错，需要按照《民法典》第1190条第1款第1分句承担侵权责任。[225]

本书认为，第二种观点值得赞同。首先，《民法典》第1190条第2款只是列举了实践中最常见也最典型的几种情形，行为人对导致自己陷入暂时无意识或失去控制的状态具有过错的情形不限于此。例如，甲明知自己有癫痫仍然申领机动车驾驶证，驾驶机动车。某日，甲开车时突发癫痫，以致车辆失控撞死路人乙。尽管甲对自己患有癫痫不存在过错，但他明知自己有癫痫却仍违法申领机动车驾驶证并驾驶机动车，毫无疑问是有严重过错的。因为他完全能够预见到在驾车过程中，万一癫痫发作就极可能给他人造成损害。因此该人对于自己陷入暂时无意识或失去控制的状态造成他人损害具有明显的过错。其次，《民法典》第1190条第2款中行为人的过错的证明比较容易。因为我国法律对于麻醉药品或精神药品采取了严格的管制措施，不少法律明确规定了饮酒、使用麻醉药品或者精神药品后不能从事某些行为。[226] 所以，被侵权人只要证明侵权人存在饮酒、滥用麻醉药品或者精神药品的行为，就足以表明行为人对自己的行为暂时没有意识或者失去控制造成他人损害是有过错的。而在其他情形中，被侵权人要证明行为人的过错，难度可能就比较大。

（二）无过错时承担公平责任

如果某人陷入暂时没有意识或失去控制的状态，并非自己在先行为所致（如被他人强迫服

---

〔222〕 参见《麻醉药品和精神药品管理条例》第3条第1款；公安部、国家质量监督检验检疫总局颁布的《车辆驾驶人员血液、呼气酒精含量阈值与检验标准》。

〔223〕 最高人民法院侵权责任法研究小组：《〈中华人民共和国侵权责任法〉条文理解与适用》，人民法院出版社2010年版，第241页。

〔224〕 杨立新：《〈中华人民共和国侵权责任法〉精解》，知识产权出版社2010年版，第148页。

〔225〕 王胜明主编：《中华人民共和国侵权责任法解读》，中国法制出版社2010年版，第154页。

〔226〕 如《道路交通安全法》第22条第2款、《禁毒法》第21条等。

用毒品以致对自己的行为失去控制),或者行为人虽然是因自己的在先行为陷入暂时没有意识的状态,但其并未预见到自己会陷入该状态(如医生并未告知患者服用某类药物后会出现暂时丧失意识的后果),则不能认为行为人具有过错。此时,由于行为人没有过错,不应要求其承担侵权赔偿责任。但是,受害人毕竟遭受了损害,其对于损害的发生更是没有过错。故此,为贯彻分配正义之理念,依据公平原则,《民法典》第 1190 条第 1 款第 2 分句规定,应当"根据行为人的经济状况对受害人适当补偿"。需要注意的是,该分句并非根据"当事人"(加害人、受害人等)的经济状况决定补偿的多少,而仅仅根据"行为人"的经济状况决定补偿的数额。也就是说,在考虑补偿的数额时主要看的是**行为人的经济状况**。如果行为人经济状况好,是有钱人,就多补偿;如果行为人很穷,就少补偿。

讨论 《民法典》第 1190 条第 1 款是过错责任还是过错推定责任

从比较法上来看,有些国家的法律如《瑞士民法典》第 54 条第 2 款确实采取的是过错推定责任,即只要暂时丧失判断能力给他人造成损害的,行为人就要承担赔偿责任,除非能够证明对自己暂时丧失判断能力没有过错。我国有学者认为,我国《民法典》第 1190 条第 1 款(《侵权责任法》第 33 条第 1 款)也采取了过错推定责任。[227] 笔者认为,《民法典》第 1190 条第 1 款并未规定此种情形下适用的过错推定责任,也就是说,完全民事行为能力人即便是因为对自己的行为暂时没有意识或者失去控制而造成他人损害的,受害人也需要证明加害行为人具有过错。这和一般侵权行为中受害人证明加害人的过错没有什么区别。受害人只要证明完全民事行为能力人存在《民法典》第 1190 条第 2 款规定的"因醉酒、滥用麻醉药品或者精神药品对自己的行为暂时没有意识或者失去控制",就足以证明其存在过错了。如果加害人要主张依据《民法典》第 1190 条第 1 款第 2 分句承担公平责任时,其必须证明对自己的行为暂时没有意识或者失去控制而造成他人损害不存在过错。

[227] 有学者认为,《侵权责任法》第 33 条实行的是过错推定原则。参见杨立新:《〈中华人民共和国侵权责任法〉精解》,知识产权出版社 2010 年版,第 148 页。

文献阅读

第九章　免责事由

本章重点

本章研究的是免责事由，主要讨论的问题包括：免责事由、抗辩事由和违法阻却事由究竟有何区别？什么是不可抗力？是否所有的自然力都属于不可抗力？受害人故意与受害人同意、自甘冒险之间有何联系与区别？自助行为与正当防卫的关系如何？第三人的行为是否能够免除行为人的侵权责任？为什么不同侵权责任的免责事由的类型存在差异等。

第一节　概　　述

一、免责事由的含义

免责事由，是指因其存在而使侵权责任不成立的法律事实。免责事由之所以能免责，是因为这些事实的存在使得侵权责任的某些成立要件不具备，从而无法成立侵权责任。例如，正当防卫、紧急避险、自助行为使得客观上给他人造成损害的行为不能被评价为违法行为或过错行为，因此行为人不需要承担侵权责任。再如，地震导致房屋倒塌而压死路人，在地震被认定为不可抗力的时候，房屋的倒塌与房屋所有权人的行为没有法律上的因果关系，故此所有权人不需要承担侵权责任。

侵权法理论和实践中除了“免责事由”外，还常常会使用“抗辩”、“抗辩事由”或“违法阻却事由”等概念。这些概念之间既有联系，也有区别。有一些事由，可能既属于违法阻却事由，也可以称之为抗辩事由或免责事由。例如，在以违法性作为侵权责任构成要件的德国法上，正当防卫、紧急避险阻却了加害行为的违法性，从而使得行为人无须为其合法行为造成的损害负赔偿责任，因此，这些事由被称为违法阻却事由，同时因为它们的存在免除了行为人的侵权责任，所以也可以将正当防卫、紧急避险称为免责事由。在诉讼中，作为被告的侵权人可以主张自己的行为构成正当防卫或紧急避险，以之作为对抗原告赔偿请求权的抗辩事由。

免责事由、抗辩事由与违法阻却事由也有明显的区别，不能混淆。[1] 首先，在不区分过错与违法性的国家如我国，通常不使用“违法阻却事由”的概念，而是用免责事由来包含违法阻却事由。事实上，免责事由的范围大于违法阻却事由的范围。一切可使行为人免于承担侵权责

〔1〕 有些学者认为免责事由就是抗辩事由。王利明：《侵权责任法研究》（上卷），中国人民大学出版社 2010 年版，第 412 页。

任的理由,都可以称为免责事由,除了正当防卫、紧急避险、自助行为、受害人同意等违法阻却事由外,还有不可抗力、第三人行为、自愿救助他人、依法执行职务、行使权利等也属于免责事由。

其次,抗辩事由不同于免责事由。一方面,抗辩事由包含的范围更广,它包括但不限于免责事由。侵权法上的抗辩事由,是指在侵权诉讼中被告针对原告的请求而提出的任何有关侵权责任不成立或应当减轻或者免除侵权责任的主张或理由。也就是说,除了免责事由外,抗辩事由还包括被告通过提出其他法律事实或者法律的规定而主张免除或者减轻责任的情形,例如,被告证明自己是在非因过错而对自己的行为暂时没有意识或者失去控制时造成原告的损害的,故此不应当承担侵权责任,而只是应当承担适当补偿责任。再如,侵权人提出的被侵权人的侵权赔偿请求权的诉讼时效期间已经届满的抗辩;侵权人主张受害人对于同一损害的发生或者扩大也具有过错,因此应当减轻自己的赔偿责任等。另一方面,由于免责事由是在侵权责任的构成要件初步满足或者表面上满足之后,免除行为人的侵权责任的法律事实,它往往蕴含了立法者的价值判断。故此,免责事由须由法律加以明确规定,且不同的侵权行为的免责事由也是不同的(即便是同为无过错责任,免责事由也有很大差异)。然而,抗辩事由并非都要由法律规定。例如,行为人通过证明侵权行为人并非自己,或者从事加害行为之人并非因执行工作任务造成他人损害等,从而主张侵权责任不成立。通过证明侵权责任构成要件或侵权责任承担要件的欠缺,从而免于承担责任,这是不言自明之理,无须法律逐一规定。

在《民法典》颁布之前,我国《侵权责任法》曾有专章规定减责和免责事由,但是《侵权责任法》既没有采取免责事由的表述,也没有使用抗辩事由的称呼,该法第三章的标题为"不承担责任和减轻责任的情形"。所谓"**不承担责任的情形**",指的就是免责事由。根据《侵权责任法》起草者的解释,之所以没有采取"免责事由"和"抗辩事由"这两个概念,主要是考虑到:首先,免责是以责任成立为前提,即先有责任,而后予以免除,但在有些情形下如不可抗力,并不存在先有责任的问题。因此,免责事由不够准确。况且,《侵权责任法》第三章不仅规定了免除责任的情形,还规定了减轻责任的情形,仅用免责事由为章名也不合适。其次,使用"抗辩事由"作为章名,范围实在太广,无法一一列举。最后,免责事由的概念过于专业,不易于人民群众理解。[2] 本书认为,使用"不承担责任的情形"这样的表述虽然不存在大的问题,但是,从术语的统一性来看,基于"如无必要,勿增实体"的规则,使用"免责事由与减责事由",更加科学合理。不过,《民法典》侵权责任编已经取消了对免责事由和减责事由的专章规定,而是在该编第一章"一般规定"以及《民法典》总则编第八章"民事责任"对免责事由和减责事由作出了规定。

二、免责事由的类型与具体种类

(一)免责事由的分类

依据不同的标准,对免责事由有不同的分类。依据免责事由究竟是法律规定的还是当事人约定的,可分为法定的免责事由与约定的免责事由,前者如正当防卫、紧急避险、不可抗力等,后者主要就是当事人约定的免责条款。

依据免责事由究竟是如何使得责任不成立,可以将之分为排除因果关系的免责事由与排除过错(违法性)的免责事由。通过排除加害行为与损害结果之间的因果联系而免除侵权责任的事由,是排除因果关系的免责事由,例如,受害人故意、第三人行为就属于此类免责事由。通

〔2〕 王胜明主编:《中华人民共和国侵权责任法解读》,中国法制出版社 2010 年版,第 114 页。

过排除加害行为的过错（或违法性），从而使侵权责任不成立，属于排除过错（违法性）的免责事由，如自助行为、正当防卫、紧急避险、行使权利等。

依据适用的普遍性，还可以将免责事由分为一般的免责事由与特殊的免责事由。一般的免责事由，是指除非法律另有规定，否则适用于所有的侵权责任的免责事由，如不可抗力、正当防卫、紧急避险、受害人故意、自助行为等。特殊的免责事由，是指仅在某一特定的侵权责任中适用的免责事由，如告知同意、自甘冒险等，告知同意主要适用于医疗损害责任（《民法典》第1219条）、侵害个人信息的侵权责任（《民法典》第1036条）等，而自甘冒险主要适用于受害人自愿参加具有一定风险的文体活动中，且仅免除的是其他参加者的侵权责任（《民法典》第1176条）。再如，战争、武装冲突、暴乱等情形仅仅是适用于核事故损害责任的免责事由（《民法典》第1237条）。

（二）免责事由的种类

无论是法国、德国，还是瑞士、日本的民法典，都没有专门使用一章或一节来规定侵权法的免责事由。不过，在欧洲统一民法典进程中，由学者们起草的民法典或侵权法草案中则倾向于将“抗辩事由”作为单独的一编或一章。例如，德国法学家冯·巴尔（von Bar）教授主持的《欧洲示范民法典草案》就在第六卷“造成他人损害的非合同责任”的第五章规定了“抗辩”，具体包括：受害人同意、自甘冒险、与有过失、法律授权、正当防卫、紧急避险、精神障碍、无法控制的事件以及免责条款等。[3] 奥地利法学家库齐奥（Koziol）教授领导的《欧洲示范民法典草案》起草小组拟定的《欧洲侵权法原则》，在第四编对“抗辩”作出了详细的规定，该编将抗辩分为两类：一般抗辩与与有过失。其中，一般抗辩又分为合理抗辩和适用严格责任的抗辩。合理抗辩包括：正当防卫、紧急避险、自助行为、受害人同意、自甘冒险以及合法授权。适用严格责任的抗辩包括：不可抗力、第三人行为。[4]

我国《侵权责任法》曾在第三章使用了5个条文对免责事由作出了集中规定，但《民法典》侵权责任编改变了这一做法，而是将不可抗力、正当防卫、紧急避险以及自愿实施紧急救助行为这四种免责事由，放到《民法典》总则编第八章“民事责任”中加以规定。然后，在《民法典》侵权责任编的第一章“一般规定”中对受害人故意、第三人行为、自甘冒险和自助行为作出了规定。此外，《民法典》人格权编第四、五、六章以及侵权责任编第六章及以下对特殊侵权责任的规定中，又针对不同的侵权行为规定了一些独特的免责事由。由此可见，虽然《民法典》没有专章规定免责事由，但是其规定的免责事由的种类要多于《侵权责任法》。

三、免责事由的立法模式

我国侵权法对免责事由采取了“一般规定＋特别规定”“一般法＋特别法”的立法模式。

（一）一般规定＋特别规定

所谓“**一般规定＋特别规定**”是《民法典》对免责事由采取的立法模式。具体体现在以下两个层面：第一个层面就是在《民法典》总则编第八章“民事责任”中规定了不可抗力（第180条）、正当防卫（第181条）、紧急避险（第182条）、自愿实施紧急救助行为（第184条）；第二个层面就是在《民法典》侵权责任编第一章“一般规定”中规定了受害人故意（第1174条）、第三

---

〔3〕［德］克里斯蒂安·冯·巴尔、［英］埃里克·克莱夫主编：《欧洲私法的原则、定义与示范规则：欧洲示范民法典草案》（全译本）（第5、6、7卷），王文胜等译，法律出版社2014年版，第616页以下。

〔4〕欧洲侵权法小组：《欧洲侵权法原则：文本与评注》，于敏、谢鸿飞译，法律出版社2009年版，第172页以下。

人行为(第1175条)、自甘冒险(第1176条)和自助行为(第1177条)这四项免责事由。上述八项免责事由属于侵权责任的免责事由的一般性规定,其中有些不仅适用于侵权责任还适用于所有的民事责任,如不可抗力在合同责任中也有大量的适用空间。从立法体系来看,既然我国《民法典》总则编延续《民法通则》的体例,专设了"民事责任"一章,那么将免责事由统一规定在总则编的"民事责任"一章中更为合适,而不是有些规定在总则编,有些规定在侵权责任编。

除了上述对免责事由的一般规定外,我国《民法典》还在人格权编和侵权责任编中对于一些侵权责任的免责事由作出了特别的规定,具体包括:(1)侵害肖像权的免责事由,即未经肖像权人同意对肖像的合理使用(第1020条);(2)侵害名誉权的免责事由,即对名誉权的合理限制(第1025条);(3)侵害个人信息的免责事由(第1036条);(4)医疗损害责任的免责事由(第1224条);(5)高度危险责任的免责事由(第1237~1240条、第1242~1243条);(6)饲养动物损害责任的免责事由(第1245条);(7)建筑物和物件损害责任的免责事由(第1252条)(参见图9.1.1)。

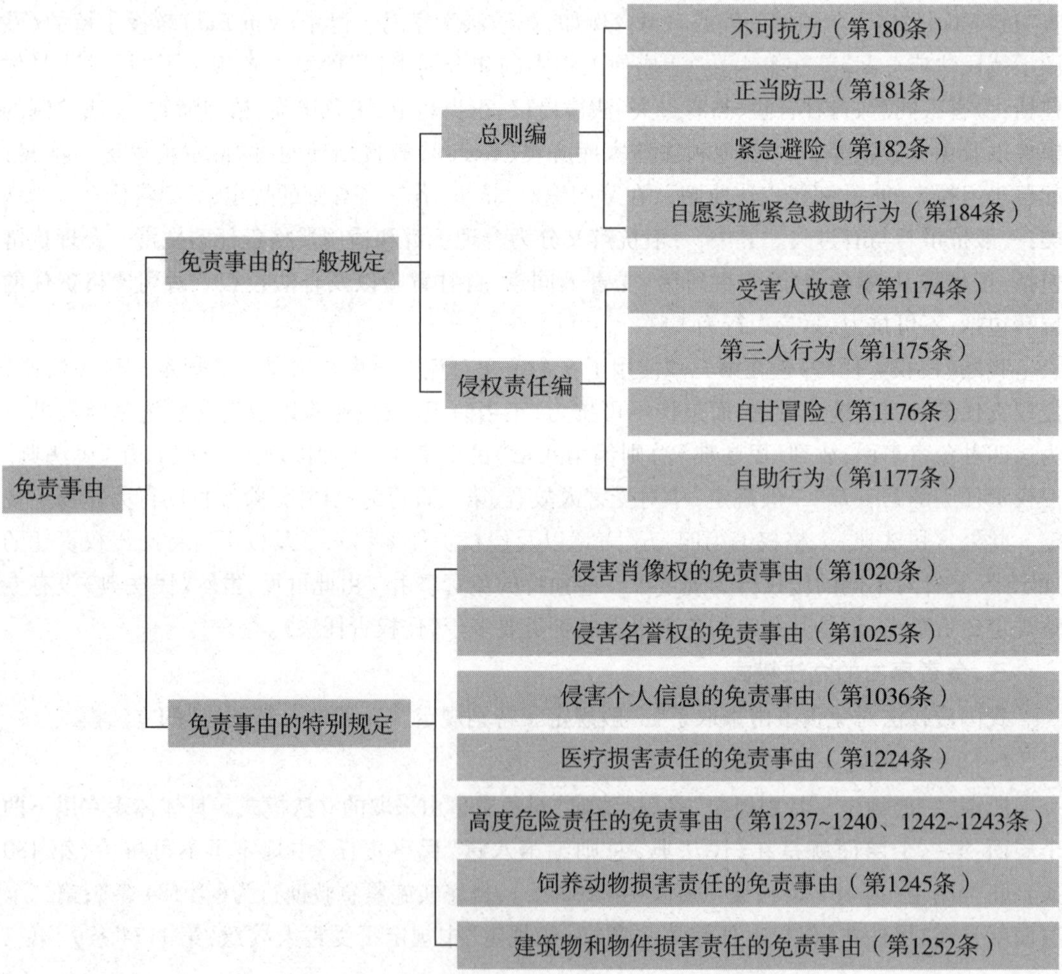

图9.1.1 我国《民法典》中免责事由的规范体系

（二）一般法＋特别法

《民法典》是我国民商事领域的基本法，因此，该法对免责事由的规定原则上可以适用于所有的侵权行为，属于对免责事由的一般法规定。除了《民法典》，我国还有一些单行法如《海洋环境保护法》《民用航空法》《核安全法》等对一些侵权行为的免责事由作出了规定，属于对免责事由的特别法规定。例如，《海洋环境保护法》第 91 条规定："完全属于下列情形之一，经过及时采取合理措施，仍然不能避免对海洋环境造成污染损害的，造成污染损害的有关责任者免予承担责任：（一）战争；（二）不可抗拒的自然灾害；（三）负责灯塔或者其他助航设备的主管部门，在执行职责时的疏忽，或者其他过失行为。"《道路交通安全法》第 76 条第 2 款规定："交通事故的损失是由非机动车驾驶人、行人故意碰撞机动车造成的，机动车一方不承担赔偿责任。"再如，就民用航空器损害责任，《民法典》第 1238 条仅规定了一项免责事由即"受害人故意"，但是依据《民用航空法》的规定，如果被侵权人的损害是由于本人的健康状况（第 124 条第 2 分句）、行李或货物的自身原因（第 125 条第 2～4 款）、战争或武装冲突（第 125、160 条）所致时，民用航空器经营者也不承担责任。由此可知，从我国整体的法律来看，对于免责事由采取了"**一般法＋特别法**"的规范模式。

（三）免责事由的法律规范适用

由于《民法典》本身对于免责事由采取了"一般规定＋特别规定"的模式，而我国法律对于侵权责任免责事由的规定又采取了"一般法＋特别法"的模式。故此，在免责事由法律规定的适用上，应当遵循特别规定优于一般规定，特别法优于一般法的原则。为了明确这一点，防止在适用中出现混乱，《民法典》第 1178 条规定："本法和其他法律对不承担责任或者减轻责任的情形另有规定的，依照其规定。"这就是说，除了《民法典》总则编和侵权责任编规定的 8 种免责事由外，《民法典》本身以及其他法律对于免责事由以及减责事由有另外规定的，应当适用该规定。这就意味着，在确定一项侵权行为的免责事由时，首先要看特别规定和特别法。有特别规定和特别法的规范时，就只能适用特别规定和特别法，只有在没有特别规定或特别法的规范时，才适用《民法典》对免责事由的一般规定。例如，《民法典》第 1246 条规定，即便损害是因为被侵权人的故意造成的，也只能减轻动物饲养人或管理人的侵权责任。显然这一规定就排除了《民法典》第 1174 条关于受害人故意可以免责的规定的适用，而且该条也没有规定动物饲养人或者管理人的免责事由。

四、免责事由的证明责任

我国《民事诉讼法》第 64 条第 1 款规定："当事人对自己提出的主张，有责任提供证据。"《民事诉讼法解释》第 90 条第 1 款规定："当事人对自己提出的诉讼请求所依据的事实或者反驳对方诉讼请求所依据的事实，应当提供证据加以证明，但法律另有规定的除外。"该解释第 91 条规定："人民法院应当依照下列原则确定举证证明责任的承担，但法律另有规定的除外：（一）主张法律关系存在的当事人，应当对产生该法律关系的基本事实承担举证证明责任；（二）主张法律关系变更、消灭或者权利受到妨害的当事人，应当对该法律关系变更、消灭或者权利受到妨害的基本事实承担举证证明责任。"由此可知，我国法上对于举证责任的分配采取的是**法律要件分类说**。此学说由德国著名法学家 Rosenberg 提出，其认为举证责任的分配应当从法条之构造关系分析出发，即若无一定法条之适用，就无法获得诉讼上请求成果之当事人，应就法条要件于实际上已经存在的事实，负主张及举证责任。Rosenberg 将实体法法律规范分为权利发生规范、权利妨害规范、权利消灭规范或权利受制规范。依据 Rosenberg 提出的理论，凡是主张权利存在之人,应当就权利发生的法律要件存在的事实负举证责任;否认权利存在之人,应就权利妨害法律要件、权利消灭法律要件或权利受制法律要件负举证责任。[5]

在侵权诉讼中,原告主张针对被告的损害赔偿请求权存在,除非法律另有规定(如过错推定、因果关系推定),否则应当就该损害赔偿请求权成立的法律要件事实负举证责任;而被告若要否认原告的损害赔偿请求权,如主张存在法律规定的免责事由,则其应当就免责事由存在的事实负举证责任。对此,无须法律明文规定。不过,我国《民法典》还是在一些侵权行为中作出了规定,例如,《民法典》第1230条规定:"因污染环境、破坏生态发生纠纷,行为人应当就法律规定的不承担责任或者减轻责任的情形及其行为与损害之间不存在因果关系承担举证责任。"

第二节　不可抗力

一、不可抗力的概念

我国法律对不可抗力作出了明确的界定,即"不能预见、不能避免且不能克服的客观情况"(《民法典》第180条第2款)。除非法律另有规定,不可抗力属于能够适用于绝大多数民事责任的免责事由(《民法典》第180条第1款)。例如,2008年5月12日14时28分,我国四川省的汶川、北川、都江堰等地发生了里氏8.0级大地震,造成了八万多名同胞罹难和失踪以及难以计数的财产损失。该次地震明显属于不可抗力。为了明确相应的侵权责任的免除问题,防止受害人起诉建筑物的所有人或管理人,《最高人民法院关于处理涉及汶川地震相关案件适用法律问题的意见(二)》第8条专门规定:"因地震灾害引起房屋垮塌、建筑物或者其他设施以及建筑物上的搁置物、悬挂物发生倒塌、脱落、坠落造成他人损害的,所有人或者管理人不承担民事责任。"第9条规定:"因地震灾害致使堆放物品倒塌、滚落、滑落或者树木倾倒、折断或者果实坠落致人损害的,所有人或者管理人不承担赔偿责任。"再如,对于2019年至2020年期间发生的新型冠状病毒肺炎疫情是否构成不可抗力的问题,《最高人民法院关于依法妥善审理涉新冠肺炎疫情民事案件若干问题的指导意见(一)》规定"人民法院审理涉疫情民事案件,要准确适用不可抗力的具体规定,严格把握适用条件。对于受疫情或者疫情防控措施直接影响而产生的民事纠纷,符合不可抗力法定要件的,适用《中华人民共和国民法总则》第一百八十条、《中华人民共和国合同法》第一百一十七条和第一百一十八条等规定妥善处理"。

《民法典》第180条第1款规定:"因不可抗力不能履行民事义务的,不承担民事责任。法律另有规定的,依照其规定。"该款中"法律另有规定的",是指法律对于不可抗力不能免除民事责任的规定。再如,依据《邮政法》第48条第1项之规定,因不可抗力造成的保价的给据邮件的损失,邮政企业不得免除赔偿责任。

二、不可抗力的构成要件

不可抗力是不能预见、不能避免并不能克服的客观情况。由此可见,不可抗力要符合两个要件:其一,不可抗力必须是客观情况,是与加害人无关的外界事实,既包括自然界各种现象,如地震、洪水、台风、海啸等,也包括各种社会事件与活动,如战争、武装冲突、暴乱、恐怖活动、

[5] Rosernberg, Die Beweislast, 5. Aufl. 1965, S. 105ff.

罢工、游行集会等。[6] 但是,不包括单个人的行为,这属于第三人行为的范畴。[7] 其二,必须是不能预见、不能避免与不能克服的客观情况。虽然是客观情况,但能够预见、能够避免与能够克服的,也不属于不可抗力。例如,在一起案件中,原告为被告公司的员工。被告在了解台风即将过境的情况下,为了外贸合约能按时履行,竟然无视台风过境的危险仍要求雇员上班。结果在台风过境时,工厂大棚倒塌致原告受伤。原告要求被告承担侵权赔偿责任,被告以台风属于不可抗力进行抗辩。法院认为:"台风作为一种严重的自然灾害,确实是难以避免的。但是,在气象等相关科学高度发展的今天,台风是可以预见的,通过采取适当的措施,台风过境造成的影响也是能够减小到最低程度的。本案中,政府已经对 14 号(云娜)台风即将登陆发出了通告,且台风在登陆前就已经对台州市产生影响,奥士达公司对台风即将登陆这一事实是明知的。因此,被告对于受台风袭击致工棚倒塌,造成一死六伤这一恶性事故,并非不能预见、不能避免,被告完全有条件在台风登陆前停止生产,疏散人员,或者安排工人到相对安全的地点工作。但是在台风登陆的当日,被告为了自己的利益还组织工人到工棚工作,致使在工棚这个在台风过境时相当危险的工作场所内的所有人员身处险境,最终导致工棚倒塌一死六伤惨剧的发生。因此,被告关于本案事故发生系因不可抗力的抗辩理由,没有事实根据和法律依据,不予支持。"[8]

显然,"不能预见、不能避免与不能克服"是指加害人不能预见、不能避免与不能克服。问题是,不能预见、不能避免与不能克服的究竟是什么?是客观情况本身抑或客观情况给受害人造成的损害?对此,理论界有不同看法。[9] 本书认为,不能预见、不能避免与不能克服的应当是**客观情况造成的损害**,而非客观情况本身。因为不可抗力之所以能免除加害人的侵权责任,在于它排除了加害人的过错且中断了因果关系。[10] 如果认为加害人不能预见、不能避免和不能克服的是客观情况,那么不可抗力的范围显然过于广泛。毕竟,相当数量的客观情况是加害人不能预见、避免以及克服的。法律规范的是人与人的关系,即便是自然界的现象也只有在对人和人的关系产生影响时,才需要法律的评价。在侵权责任法中,作为免责事由的不可抗力并非要求加害人预见、避免和克服外在于他的客观事实,而只是要求加害人在出现客观情况时去预见、避免和克服此种情形下自己的行为可能给他人造成的损害。如果加害人无法预见、避免和克服这种损害,他就没有过错。反之,即便客观情况本身是加害人所无法预见、避免和克服的,但是,加害人在出现这一客观情况时完全有能力避免因自己的行为给他人造成损害,加害人仍应被认为具有过错,需要承担赔偿责任。例如,在一起案件中,死者在攀爬箭扣长城时遭受雷击后坠地而亡。由于死者是购买了被告的门票后才得以攀爬该段长城的。被告为了营利而没有履行国家规定,放任游客攀爬箭扣长城,显然是有过错的。因此,虽然死者被雷电击中这一客观情形是被告无法预见的客观情形,但对于死亡的损害后果并非不能避免。只要被告

---

〔6〕 刘凯湘、张海峡:《论不可抗力》,载《法学研究》2000 年第 6 期;王利明:《侵权责任法研究》(上卷),中国人民大学出版社 2010 年版,第 443 页;最高人民法院侵权责任法研究小组编著:《〈中华人民共和国侵权责任法〉条文理解与适用》,人民法院出版社 2010 年版,第 219 页。

〔7〕 王利明:《侵权责任法研究》(上卷),中国人民大学出版社 2010 年版,第 443 页。

〔8〕 罗倩诉奥士达公司人身损害赔偿纠纷案,载《最高人民法院公报》2007 年第 7 期。

〔9〕 有的学者认为是客观情况,参见刘凯湘、张海峡:《论不可抗力》,载《法学研究》2000 年第 6 期。有的则认为既包括客观情况,也包括客观情况引起的损害,参见刘保玉、孙超:《论侵权责任法中的不可抗力抗辩及其适用》,载中国民商法律网:http://www.civillaw.com.cn/article/default.asp?id=51902#m12,2020 年 6 月 2 日最后访问。

〔10〕 MuenchKommBGB/Grothe,2004,§206,Rn.3.

尽到管理义务,禁止游客攀爬箭扣长城,就可以避免该损害的发生。因此,被告应当承担一定的侵权赔偿责任。[11] 再如,在一起案件中,被告采石场的简易工棚因遭受18号台风所带来的一股龙卷风袭击而倒塌,给受害人造成了严重的损害。被告以不可抗力为由,主张免责。法院认为:热带风暴的到来虽然不能预见,但是采石场对其所有简易工棚容易遭受强热带风暴袭击倒塌,工棚顶上压着的石头砸中彭衍风,致其瘫痪的结果发生有过错,即其应该预见到这种结构的简易工棚不足以抗住强热带风暴的影响,而麻痹大意自以为能够避免,因此造成的损害结果,采石场应承担过错赔偿责任。[12] 至于如何判断加害人能否预见、避免和克服因客观情况造成的损害,需要根据案件发生时的一般认识水平,即从现有的科学技术和社会生活条件等出发加以认定。例如,在沿海地区,因为频繁发生台风登陆等自然现象,故此对于台风所造成的损害的预见能力显然要高于内地,再考虑到现在的天气预报水平较高,对于很多自然现象都能提前预见,故此,不能因为是台风等自然力就认定属于不可抗力。

案例阅读

案例9.2.1
周晓学诉凡遵华等损害赔偿纠纷案

如果加害人已经制造了某种危险状态,而此后发生的、其未曾预见到的某一客观情况使该危险现实化而给他人造成了损害,则该客观情况也不属于不可抗力。[13] 因为尽管客观情况的出现是加害人无法预见的,但其造成的损害却并非不能避免、不能克服(参见案例9.2.1)。由此可见,加害人要以不可抗力作为免责事由,不仅要证明确实存在客观情况,而且需要证明该客观情况是造成损害的唯一原因。加害人对损害的发生或扩大不能产生任何作用。如果加害人的行为也是损害的发生或扩大的原因之一,对损害的发生也有过错,即发生不可抗力与加害人过错的原因竞合,加害人也不能以不可抗力免责。[14]

第三节 正当防卫

一、正当防卫的概念

所谓正当防卫(Notwehr),是指为了保护国家利益、公共利益、本人或者他人的人身财产和其他权益免受行为人正在进行的不法侵害,而采取的不超过必要限度的制止不法侵害的行为。在刑法中,正当防卫属于排除社会危害性的事由,其使得一些表面上符合了某些犯罪的客观要件的行为,因不具有犯罪程度的社会危险性,故此不成立犯罪(《刑法》第20条第1款)。[15] 在侵权法中,正当防卫属于免责事由,使造成损害之人无需为损害负赔偿责任。《民法典》第181

---

〔11〕 相关案例参见祝兴栋:《游客在观光园内攀爬未经开发的长城遭受雷击后的责任承担——陈某、魏某诉北京市怀柔区雁栖镇西栅子村委会、西栅子观光园生命权、健康权、身体权纠纷案相关法律问题分析》,载北京市高级人民法院:《审判前沿:新类型案件审判实务》(总第40集),法律出版社2012年版,第92~94页。

〔12〕 最高人民法院中国应用法学研究所编:《人民法院案例选》(总第29辑),人民法院出版社2000年版,第98页以下。

〔13〕 PEL/von Bar, Liab. Dam., Chapter 5, Article 5:302, Comments, B.4.

〔14〕 浙江省嵊州市浦东织造有限公司与宓安春、宓茹萍、茹金永等人身损害赔偿纠纷案,浙江省绍兴市中级人民法院(2003)绍中民一终字第27号民事判决书。

〔15〕 黎宏:《刑法学》,法律出版社2012年版,第125页。

条第1款规定："因正当防卫造成损害的，不承担民事责任。"例如，甲男酒后乱性，强行抱住乙女，对之进行亲吻和抚摸。乙女反抗时，将甲男脸部抓伤并将其舌头咬断1/3。甲男起诉乙女，要求其承担侵权责任。法院认为，乙女的行为属于正当防卫且未超过必要限度，不承担民事赔偿责任。[16] 当然，如果防卫人超越了防卫行为的必要限度，造成了不应有的损害，仍应承担适当的侵权责任（《民法典》第181条第2款），这就是防卫过当的侵权责任。

由于正当防卫免除的是防卫人对侵害人的损害的侵权责任，且防卫行为也不能针对没有实施不法侵害行为的第三人，故此，正当防卫人在防卫过程中如果造成了第三人损害的，不能以正当防卫作为免除向受害第三人承担赔偿责任的事由，除非已经构成了紧急避险。例如，A正在拿刀追砍B，B实施正当防卫行为，用石头扔向A，结果没有击中A，却误伤路人C。此时，B应当向C承担赔偿责任。

二、正当防卫的构成要件

1. 存在侵害国家利益、公共利益、本人或者他人人身、财产和其他权益的不法行为。一方面，存在侵害行为。该侵害行为可能是犯罪行为，也可能是尚未构成犯罪的侵权行为。针对行为人的合法行为如自助行为或行使权利的行为，不得实施防卫行为。如果某人仅仅是违反了合同义务，实施的是违约行为，也不能对该违约行为进行防卫。[17] 此外，当侵害是来自于他人之物而非他人之行为时，亦不适用正当防卫，而适用紧急避险。例如，A饲养的狼狗冲上来要咬B，B情急之下举起棍子将狗打伤，这属于防御型的紧急避险。另一方面，侵害行为是正在进行。所谓正在进行，是指不法侵害已经开始但尚未结束。不法侵害行为多种多样、性质各异，判断是否正在进行，应就具体行为和现场情境作具体分析。[18] 如果尚未发生或者已经停止了，不得施行防卫行为。

2. 防卫行为不得超过必要的限度。是否超过必要的限度需要综合考虑多种因素，如需要保护的权益的性质和类型、侵害行为的方式、受害人的情况、防卫人的情况等（参见**案例9.3.1**）。例如，几个小孩进入到果园偷摘A的桃子，A却使用猎枪射击这些孩子，将其中的一个孩子击伤。A仅仅为了保护财产权不受侵害，却采取侵害他人健康权的方式，造成了不应有的损害，显然构成防卫过当，应当承担侵权责任。

案例阅读

案例9.3.1
于海明正当防卫案

第四节　紧急避险

一、紧急避险的概念与构成要件

紧急避险（Notstand），是指为避免自己或他人人身或财产上的急迫危险，不得已而实施对

---

〔16〕《男友酒后吻女友舌头被咬断，法院判女方正当防卫》，载中国青年网：http://news.youth.cn/sh/201102/t20110220_1487712.htm，2020年6月2日最后访问。

〔17〕Medicus, Allgemeiner Teil des BGB, 10. Aufl., C. F. Mueller, 2010, Rn. 153.

〔18〕检例第47号：于海明正当防卫案，载《最高人民检察院公报》2019年第1期。

他人造成损害的行为。正当防卫和紧急避险被学者统称为“自卫行为”,即自己或者他人的权利或公共利益遭受不法侵害或者紧急危险时所实施的防卫和避险行为。[19] 紧急避险须符合以下构成要件:

1. 存在对避险人、他人的人身和财产权益或者国家、集体利益的急迫危险。一方面,存在危险,即避险人自身的人身和权益、他人的人身和财产权益,或者国家、集体的利益处于遭受损害的危险当中。至于此种危险是来自自然原因,还是人的行为或者动物的袭击,抑或饥饿、疾病等特殊情形造成的,在所不问。[20] 就民事主体而言,通常是生命权、身体权、健康权、物权等权利处于遭受侵害之时,才会发生不得不通过对他人造成损害来保全此种权益之必要。对于名誉权、肖像权、债权等,很少有需要实施紧急避险的必要。[21] 即便是他人即将披露自己的隐私或者毁损自己的名誉,也完全可以依据《民法典》第 997 条的规定,依法向人民法院申请采取责令行为人停止有关行为的措施,而无须通过对他人造成损害来避免名誉权或隐私权被侵害。另一方面,危险是急迫的,即近在眼前,刻不容缓的危险。也就是说,危险必须是现实的、已经发生的,如果危险没有发生或者虽然发生但已经消除了,显然没有实施紧急避险的必要性。

2. 不得已而实施损害他人的行为。也就是说,避险人没有别的选择,只能通过损害他人来防止急迫的危险。如果避险人存在其他的选择,则不得通过给他人造成损害来避免危险,否则,应承担侵权责任。[22]

3. 没有超过必要的限度。这需要权衡被保护的权益与损害的关系具体判断。为了保护人身权益而侵害财产权益,通常不会被认为超过必要限度。但是,为了保护自己的财产权益而侵害他人的人身权益,或者以牺牲他人较大的人身权益为代价来保护自己较小的人身权益,都很难说不超过必要限度。至于为了保护自己的财产权益而侵害他人的财产权益时,是否超过必要限度,要考虑二者之间“**合理的价值关系**”,即被侵害的物的价值应当小于被保护的物的价值。[23]

构成紧急避险的,紧急避险人不承担侵权责任,而是由引起险情发生的人承担侵权责任或者由紧急避险人给予适当补偿(《民法典》第 182 条第 1、2 款)。但是,如果紧急避险采取的措施不当或者超过必要的限度,造成不应有的损害,则避险人应承担适当的民事责任(《民法典》第 182 条第 3 款)。例如,甲为避免乙扔的石头将自己的豪华汽车砸坏而猛打方向盘,将行人丙的腿撞断。甲要保护的仅仅是财产权,可侵害的却是他人的健康权,健康权的价值远远大于财产权。甲的避险过当,应承担侵权责任。紧急避险作为免责事由,应由加害行为人负证明责任,包括要证明自己采取的措施是正当的且没有超过必要的限度。

讨论 紧急避险是否适用于避险人给自己造成损害的情形

A 因过失引发火灾,大火蔓延至 B 居住的房间。为了逃生,B 从三楼跳下,导致大腿骨折。B 的行为是否属于紧急避险?甲驾车在乡村公路上正常行驶,突然,10 岁孩子乙为了捡拾滚到

〔19〕 梁慧星:《民法总论》(第 5 版),法律出版社 2017 年版,第 285 页。
〔20〕 张明楷:《刑法学》(第 5 版)(上册),法律出版社 2016 年版,第 218 页。
〔21〕 梁慧星:《民法总论》(第 5 版),法律出版社 2017 年版,第 288 页。
〔22〕 周庆安诉王家元、李淑荣道路交通事故损害赔偿纠纷案,《最高人民法院公报》2002 年第 5 期。
〔23〕 Reinhard Bork, Allgemeiner Teil des Buergerlichen Gesetzbuchs, 2. Aufl., Mohr, 2006, Rz. 373.

马路上的皮球冲到马路上。为避免撞上乙,甲除刹车外还急打方向盘,结果撞到路边的树上,汽车受损。甲的行为是否属于紧急避险?在这两个例子中,紧急避险人并未给他人而是给自己造成了损害,能否适用紧急避险的规则?司法实践中有些法院采取肯定的观点,〔24〕理论界亦有赞同者。〔25〕

本书认为,如果从免责事由的角度而言,紧急避险显然仅适用于避险人给他人造成损害的情形,而不适用于给自身造成损害的情形。因为在紧急避险人因避险行为给自己造成损害的时候,并不存在避险人对自己承担责任的问题,只是需要解决避险人所受损害由何人承担的问题。就前述第一个案例,如果B为逃生,在从三楼往下跳的时候,损坏了C的汽车,则B可以主张紧急避险来免除对C的侵权赔偿责任。但现在需要讨论的是B自身的损害(大腿骨折)究竟是B自担,还是A来承担。显然,在本案中,因A的过错引发火灾而导致B为逃生而摔伤,A的行为与B的人身权益被侵害之间存在相当因果关系,A具有过错,依据《民法典》第1165条第1款,应当由A就B的损害承担赔偿责任。除非A能够证明在当时的情形下,一个合理的人都可以从容不迫地走楼梯逃生,根本不需要跳楼,此时则B摔伤与A过失引发火灾的行为不存在因果关系。前述第二个案例属于所谓自我牺牲(selbstopferung)的情形,甲的行为是舍己为人的行为。这里既不存在通过紧急避险而免除甲的侵权责任的问题,也不存在免除甲对其他人的侵权责任的问题。甲的损害是因为乙的行为所致,无非中间的因果关系环节多一些,既有乙的行为,又有甲的行为,故此,依据《民法典》第1188条,乙的监护人应就甲之损害负赔偿责任。〔26〕

二、紧急避险的类型

(一)防御型紧急避险和攻击型紧急避险

依据危险是否来自被侵害的权益享有者,可以将紧急避险分为防御型与攻击型的紧急避险。〔27〕所谓防御型紧急避险,就是针对引起危险的物进行侵害的紧急避险。例如,A为了击退B饲养的狗对其发动的攻击,用棍子将B的狗打死。再如,甲的房屋发生大火,大火即将蔓延至乙的房屋,乙为阻止大火蔓延,将甲的围墙推倒。在这种紧急避险中,危险来自被侵害的权益享有者的物。攻击型紧急避险中,危险并非来自被侵害的权益享有者的物,而是由于自然原因引发的或者来自其他人的行为或原因。例如,A驾车正常行驶过程中,为避免山上突然滚落的石头,转向将路旁停放的B的汽车撞坏。再如,甲为赶走乙饲养的对自己发动攻击的狗,从丙的果树上折断一根树枝。

《德国民法典》第228条对防御型紧急避险作出了规定,第904条则是对攻击型紧急避险的规定。我国《民法典》并未区别规定这两类紧急避险,而是统一加以规定,但是,学理上也承

---

〔24〕 姜东新与蒋远星、林庆新、蒋小红等紧急避险损害赔偿纠纷案,福建省泉州市中级人民法院(2001)泉民终字第1867号民事判决书。

〔25〕 黄薇主编:《中华人民共和国民法典总则编解读》,中国法制出版社2020年版,第596页;王胜明主编:《中华人民共和国侵权责任法解读》,中国法制出版社2010年版,第145~146页。

〔26〕 在德国法上,受害人可以基于无因管理而依据《德国民法典》第683、670条,请求受益人给予赔偿。Deutsch/Ahrens, Deliktsrecht, S. 187.

〔27〕 Medicus, Allgemeiner Teil des BGB, 10. Aufl., Rn. 162.

认这两类紧急避险的区分。[28] 区分它们最主要的意义就在于:因紧急避险而遭受损害之人的请求权不同。在防御型紧急避险中,受害人就是危险的制造者。因此,除非紧急避险过当,否则权益被侵害之人不享有针对避险人的损害赔偿请求权。我国《民法典》第 182 条第 1 款规定:"因紧急避险造成损害的,由引起险情发生的人承担民事责任。"该规定就包含了引起险情发生的人就是受害人时,应由其自担损害。然而,在攻击型紧急避险中,受害人有权要求危险的制造者承担损害赔偿责任。此外,即便危险并非因人的行为而是由于自然原因引起的,受害人也有权要求紧急避险人给予适当补偿(《民法典》第 182 条第 2 款)。

(二)自然原因引起的紧急避险和人的原因引起的紧急避险

依据引起险情的原因不同,可以将紧急避险分为:自然原因引起的紧急避险与人的原因引起的紧急避险。所谓自然原因,是指与人的行为无关的外界客观原因,例如地震、海啸、山洪暴发、泥石流等。在紧急避险人所躲避的危险是由自然原因引起之时,紧急避险人因避险行为给他人造成损害的,不承担民事责任,而是可以给予适当补偿(《民法典》第 182 条第 2 款)。也就是说,出于公平的考虑,立法者没有完全免除紧急避险人的责任,而是由法院根据案件的具体情况加以判断,可以是完全免除紧急避险人的民事责任,也可以让其对受害人给予适当补偿。"**适当补偿**"首先意味着是补偿责任而非赔偿责任,即紧急避险人是基于公平原则对损害进行合理分担。"适当"则意味着,不可能要求紧急避险人对受害人的损失全部给予补偿,而要综合考虑受害人的损害与紧急避险人的经济状况、避险人因紧急避险行为而得以保存的权益等各种因素,确定避险人应当补偿的数额。

所谓人的原因引起的险情,是指由于紧急避险人与受害人之外的第三人行为引发的险情。例如,甲在路边行走,乙驾驶的汽车突然朝人行道冲过来,甲为了躲避而猛地跳到路边丙的花坛中,将丙的花踩死。这里险情是来自于避险人甲和受害人丙之外的第三人乙。因此,属于因人的原因引起的紧急避险。倘若险情不是第三人引起的,而是由于避险人自行引起的,也不存在紧急避险的问题,此时应由"避险人"自己承担侵权责任。[29] 例如,A 酒后高速逆向行车,突然发现对面开来一辆(B 驾驶的)载重卡车。为躲避该车,A 急打方向盘以致车辆与正常行驶的 C 的汽车发生碰撞,A 车与 C 车毁损且 A 受伤。这种情形中,A 的行为不属于紧急避险,须自担损害(受伤和车辆毁损)。A 还要因为自己的过错行为给 C 造成的损害承担侵权赔偿责任。至于 B,因正常行驶,没有任何过错,不承担侵权责任。

第五节　自助行为

一、自助行为概念和意义

自助行为(Selbsthilfe),是指权利人在符合特定条件时,通过对他人财物加以扣留、人身自

〔28〕 颜良举:《民法中攻击性紧急避险问题研究》,载《清华法律评论》(第 3 卷第 1 辑),第 129 页以下。

〔29〕 有的判决错误地认为,紧急避险中引起险情发生的人也包括了避险人。参见《天龙养殖公司诉龙溪水力发电站迟迟不按规定泄洪,泄洪时措施又不当紧急避险损害赔偿案》,载杨洪逵:《侵权损害赔偿案例评析》,中国法制出版社 2003 年版,第 11 页以下。

由施以拘束等措施从而保护自己合法权益的行为。自助行为与正当防卫、紧急避险一样，都属于私力救济。早在《物权法》起草时，理论界就主张规定自助行为，但是立法机关没有接受该意见。显然，在法律上不规定自助行为，不利于公民以自己的力量维护权利。而司法实践中，涉及自助行为的案件也有相当数量，因为缺乏法律规定，故此法院只能依据法理加以判断（参见**案例**9.5.1）。例如，在“张世恩与荥阳市豫龙镇毛寨村第七村民组等财产损害赔偿纠纷上诉案”中，原告的司机未经被告允许，就驾驶挖掘机在被告的土地上挖土，后被被告发现并将原告司机驾驶的挖掘机扣留并报警。原告起诉被告，要求赔偿损失。法院认为：“原告的司机驾驶挖掘机未经被告允许取土，被被告发现后，被告将其涉案的挖掘机扣下并报警，系被告为保护其合法权益采取的自助行为，并无不当。”[30]

案例阅读

案例9.5.1
陈帮容、陈国荣、陈曦诉陈静、吴建平、李跃国、周富勇生命权纠纷案

民法的主要功能是要便利与鼓励有序地解决争端。一般来说，民法并不鼓励通常情形下违法行为的自力救济，以免出现“以暴易暴”的社会乱象。但是，完全剥夺权利人以自己力量维护自己权利的机会而全部依赖于公权力机关的救济，也是片面和狭隘的。因此，在我国编纂民法典时多数观点认为，应当对自助行为加以规定。只有少数人和个别单位认为，倘若规定自助行为可能会引起大量的私人执法，容易导致社会秩序的混乱。[31] 全国人民代表大会宪法和法律委员会经研究后认为，“自助行为”制度赋予了自然人在一定条件下的自我保护权利，是对国家机关保护的有益补充；明确规定“自助行为”制度，对保护自然人的人身财产权益具有现实意义，也有利于对这种行为进行规范。[32] 因此，《民法典》第1177条对自助行为作出了规定。

二、自助行为与正当防卫的区别

正当防卫和自助行为都属于私力救济，都具有保护合法权益的功能，但是，二者存在以下几方面的区别：

1. 保护的对象不同。一方面，正当防卫所保护的对象既包括防卫人本人的合法权益、他人的合法权益，也包括国家利益和公共利益。但是，自助行为所保护的只是自助行为人自己的合法权益，也就是说，只有当自助行为人为了保护自己的合法权益时才能实施自助行为。如果是为了保护他人的合法权益或者国家利益、公共利益等而针对不法侵害采取的行为，可能会构成正当防卫，但不属于自助行为。另一方面，即便都是保护自己的合法权益，正当防卫和自助行为也有所不同。正当防卫人保护的是自己的人格权、身份权、物权等绝对权或者具有绝对权效力的利益，如生命权、身体权、健康权、所有权、用益物权等。自助行为保护的是行为人依法可以强制执行的请求权，包括债权、物权请求权。

2. 构成要件不同。正当防卫的构成要件包括存在现实的不法侵害行为，该侵害行为正在进行且必须针对不法侵害行为人本人进行防卫。正当防卫应当以必要性为前提，但并不以补充性为要件，也就是说，并非只有不得已时才能实施防卫行为。[33] 换言之，如果公民正在面临

---

〔30〕 河南省郑州市中级人民法院民事判决书，(2014)郑民一终字第1366号。

〔31〕 相关争论可参见《民法典立法观点背景与观点全集》编写组：《民法典立法观点背景与观点全集》，法律出版社2020年版，第770～771页。

〔32〕《全国人民代表大会宪法和法律委员会关于〈民法典侵权责任编（草案）〉修改情况的汇报》，载《民法典立法观点背景与观点全集》编写组：《民法典立法观点背景与观点全集》，法律出版社2020年版，第34页。

〔33〕 张明楷：《刑法学》（第5版上册），法律出版社2016年版，第209页。

不法侵害,那么他无需先请求国家机关的保护,然后才能进行正当防卫,即无论是否请求国家机关保护,都可以进行正当防卫。因为任何人都没有义务容忍不法侵害。不仅如此,我国《刑法》还规定了特殊的正当防卫,即《刑法》第20条第3款规定:“对正在进行行凶、杀人、抢劫、强奸、绑架以及其他严重危及人身安全的暴力犯罪,采取防卫行为,造成不法侵害人伤亡的,不属于防卫过当,不负刑事责任。”在这种正当防卫中,由于侵害人侵害的是生命权、身体权、健康权等人身权利,无论是非法性还是损害后果都是极大的,故此,对于这种正当防卫,即便造成不法侵害人死亡的,也不属于防卫过当。然而,**自助行为具有补充性**,只有当受害人的合法权益受到侵害,情况紧迫且不能及时获得国家机关保护,不立即采取措施将使得其合法权益受到难以弥补的损害的,受害人才可以在保护自己合法权益的必要范围内采取扣留侵权人财物等合理措施。而且,还应当立即请求有关国家机关处理。〔34〕 之所以存在这样的差别,根源在于正当防卫保护的是民事主体的绝对权或者具有绝对权效力的利益或者国家利益、公共利益。但是,自助行为所保护的是请求权,原则上此等请求权应当通过公力救济给予保护,只有在极其例外的情形下,才允许私力救济。

三、自助行为的构成要件

依据《民法典》第1177条,自助行为应满足以下要件:

1. 合法权益受到侵害,也就是说,自助行为人是为了保护自己的合法权益。这种合法权益仅限于依法可以强制执行的请求权(债权、物权请求权)。对于那些无须相对人进行给付的权利如形成权、支配权,不能采取自助行为。这些权利受到侵害时可以进行正当防卫或者紧急避险。此外,对于诉讼时效期间经过的请求权、不能强制执行的请求权(如赌债、高利贷),也不能采取自助行为。之所以自助行为人所保护的权利必须是依法可以强制执行的请求权,原因在于:自助行为实际上属于私人执法,自助行为人所处的地位也与国家强制执行机关无异。法律允许自助行为人采取的措施基本上就是强制执行机关所能采取的强制执行措施。如果自助行为人保护的权利无法强制执行,其不能通过自己的行为来保护。

2. 情况紧迫且不能及时获得国家机关保护,不立即采取措施将使其合法权益受到难以弥补的损害。《民法典》第1177条第1款的这个限制条件很严格,〔35〕一方面,这说明自助行为具有补充性;另一方面,也意味着自助行为必须是一种迫不得已的行为。“情况紧迫”和“不立即采取措施将使其合法权益受到难以弥补的损害”正是分别从侵害行为和损害后果两方面提出的认定标准,前者要求合法权益正在受到侵害,后者意味着如果不采取措施则会使得受害人的

---

〔34〕 对于正当防卫与自助行为在这一点上的区别,有的法院未加注意。在一起案件中,法院认为,原告没有经过申请建窑烧砖,其经营活动违反了有关行政法规,应当由有关行政机关给予相应的处罚,被告以原告烧砖伤害其荔枝树为由将水泼入正在烧砖的砖窑中,其行为不属于正当防卫。因为被告在受到非法侵害时可以采取找有关组织或者提起诉讼的方式解决,不存在迫不得已而无其他方法可以防止侵害的情形。参见叶则欣等诉陈宝钗向正在烧砖的砖窑内泼水致砖窑损坏赔偿纠纷案,载最高人民法院中国应用法学研究所:《人民法院案例选(民事、经济、知识产权、海事、民事诉讼程序卷[上])》(1992—1996年合订本),人民法院出版社1997年版,第625页以下。

〔35〕《民法典侵权责任编草案》的第二次审议稿第954条之二第1款只是规定:“合法权益受到侵害,情况紧迫且不能及时获得国家机关保护的,受害人可以在必要范围内采取扣留侵权人的财物等合理措施。”从第三次审议稿开始就增加了“不立即采取措施将使其合法权益受到难以弥补的损害的”限制条件。

请求权无法实现或者实现上具有明显的困难。[36] 例如,张三在A饭店吃饭,吃完饭不给钱就要走,此时A饭店虽然可以报警,但是警察出动还需要时间,为了避免在警察到来之前张三就跑了,A饭店可以拘束张三的自由,不让其离开。反之,在另一起案件中,就不构成自助行为。该案中,被告供电所认为原告偷电,故此,在没有通知原告的情况下就停止了给原告供电,致使原告承包鱼塘的鱼全部死完。原告要求被告承担赔偿责任。被告辩称停电是因为原告偷电而采取的自助行为。法院认为:"根据法律原则,当事人为保护自己的利益,须时机紧迫来不及请求公力救济,并不得超过必要限度时,才能行使自助行为。被告供电所的停电行为不符合行使自助行为的条件,因此供电所这一辩解的理由不能成立,应予驳回。"[37]

3. 必须是在保护自己合法权益的必要范围内采取合理的措施。保护自己合法权益的必要范围是衡量措施合理与否的重要标准。例如,某客人吃了饭不给钱,就要走。此时,只要拦住客人就行,但不能将客人捆绑起来。这种措施显然超出了维护自己合法权益的必要范围,措施是不合理的,构成侵权行为。至于自助行为人可以采取哪些措施,《民法典》第1177条列出了一种措施即"扣留侵权人的财物",但是,不限于此种,还包括可以暂时阻止侵权人离开、直接取回自己的财产等。

4. 应当立即请求有关国家机关处理。也就是说,在采取措施的同时或者采取措施之后,应当立即请求有关国家机关处理相关的纠纷,最典型的方式就是报警,请求公安机关来处理。毕竟自助行为是具有补充性的,是迫不得已而为之的。因此,自助行为人必须尽快回到正常的法律途径解决的轨道上来。否则,就会构成侵权。

四、自助行为的法律效果

如果构成自助行为,自助行为人无需就其采取的扣留侵权人的财物等合理措施而承担侵害民事权益的侵权责任。如果不构成自助行为,则需要承担侵权责任。此外,即便行为人的行为构成自助行为,如果其采取的措施不当,造成他人损害的,也应当承担侵权责任。所谓采取的措施不当,主要是指超出维护自己合法权益的必要范围而采取措施,具体应当根据案件的具体事实(如急迫性)、受害人被保护的权益、受害人有无选择其他措施的可能性、该措施对侵权人权益的影响程度等加以判断。

第六节 自愿紧急救助行为

一、自愿紧急救助行为的含义

自愿紧急救助行为,是指没有救助义务之人对他人实施的救助行为。《民法典》第184条规定:"因自愿实施紧急救助行为造成受助人损害的,救助人不承担民事责任。"这一规定来自

---

[36] 比较法上也有相同的要求,如日本最高法院的判例认为:"只有在依靠法律规定的程序,抗衡对权利的违法侵害以及维持现状被认为是不可能或者显著困难的不得已的紧急的特别情况的场合下,在不超过其必要限度的范围内",就能认可自助行为。最判昭40.12.7民集19.9.2101。转引自[日]吉村良一:《日本侵权行为法》(第4版),张挺译,中国人民大学出版社2013年版,第44页。

[37] 管立民与乌鲁木齐县安宁渠供电所财产损害赔偿纠纷案,新疆维吾尔自治区高级人民法院民事判决书,(2001)新民终字第78号。

于《民法总则》第184条。在起草《民法总则》时,有意见认为,社会生活中经常出现一些人为了保护他人民事权益而实施紧急救助行为但造成受助人损害的情形,此时救助人是否需要承担以及如何承担民事责任,不明确。为了匡正社会风气,化解老人倒地无人敢扶助的问题,建议依据公平原则和诚实信用原则,对救助行为可能对受助人造成的损害作出免责的规定。[38] 此外从比较法上来看,美国、加拿大、澳大利亚等国家有所谓的"好撒玛利亚人法"(Good Samaritan laws)。这些法律通常会免除在紧急事故现场(而非在医院里)提供救助的医生的所有责任或者免除重大过失之外的责任。有些法律还保护其他人,如消防员、营救队队员和警官等。[39] 有鉴于此,《民法总则》第184条规定:"因自愿实施紧急救助行为造成受助人损害的,救助人不承担民事责任。"该规定被《民法典》原封不动地接受下来。

二、自愿紧急救助行为的构成要件

从《民法典》第184条来看,当事人以自愿紧急救助行为为由免责,需要符合以下要件:

1. 自愿实施的救助行为。所谓自愿实施,首先就意味着救助人没有法定的救助义务。如果有法定的救助义务,则不适用这一规定。《民法典》第1005条规定:"自然人的生命权、身体权、健康权受到侵害或者处于其他危难情形的,负有法定救助义务的组织或者个人应当及时施救。"我国法律明确规定了负有法定救助义务的组织或个人包括:人民警察、人民武装警察、消防队、医疗机构、医师、护士、船长等。这些负有法定救助义务的组织或者个人不仅必须及时救助,而且在救助中也应当尽到相应的注意义务。例如,依据《执业医师法》第24条、《医疗机构管理条例》第31条,医师、医疗机构负有抢救危重患者的义务,但是,医疗机构、医务人员即便是在抢救生命垂危的患者等紧急情况下,也必须尽到合理诊疗义务,唯其如此,方能依据《民法典》第1224条第1款第2项,免除医疗损害赔偿责任。其次,自愿救助也意味着救助者并无合同约定的或者因在先行为而引发的救助义务,否则也不属于自愿救助。[40] 例如,张三开车将李四撞伤,其因撞伤他人的在先行为而负有救助的义务。值得注意的是,全国人大常委会法制工作委员会相关同志撰写的《民法典》释义书认为,《民法典》第184条所称的救助人"是指非专业人员,即一般所称的见义勇为或者乐于助人的志愿人员。专业救助人员通常掌握某一领域内的专业知识、专业技能,并根据其工作性质有义务救助并专门从事救助工作。专业救助人员经过专业学习或者训练,在实施紧急救助行为时应该有知识和能力避免因救助行为造成受助人不应有的损害"。[41] 笔者认为,如果说专业人员是在履行法定救助义务,当然需要对其提出与其专业知识和专业能力相应的注意义务的要求,但是,如果认为专业人员在无法定救助义务而主动救助他人时,不适用《民法典》第184条的规定,恐怕无法鼓励专业人员的自愿救助行为,也不利于保护被救助者的人身权益。例如,某医师与家人外出旅游度假,在景区有一游客突发疾病,而该医师对之进行了救助。此种情形下,如果认为该医师因为是专业人员而不能适用《民法典》第184条,显然是不妥的。

2. 紧急救助他人的行为。紧急救助他人意味着被救助人的情况很危急,急需得到救助。

---

〔38〕 石宏主编:《〈中华人民共和国民法总则〉条文说明、立法理由及相关规定》,北京大学出版社2017年版,第437页。

〔39〕 李昊:《论英美法上的"好撒马利亚人"》,载《华东政法大学学报》2014年第4期;石宏主编:《〈中华人民共和国民法总则〉条文说明、立法理由及相关规定》,北京大学出版社2017年版,第436页。

〔40〕 如果存在救助的合同义务,即便是无偿的,也不适用《民法典》第184条。参见北京麦瑞骨科医院有限公司与郭某1医疗损害责任纠纷案,北京市第三中级人民法院(2018)京03民终1953号民事判决书。

〔41〕 黄薇主编:《中华人民共和国民法典总则编释义》,中国法制出版社2020年版,第604页。

因此，从解释论上说，只有被救助者是自然人且其生命、身体或健康处于危险当中，不予救助就会出现死亡或身体健康遭受损害的时候，才属于《民法典》第184条规定的情形，如突发疾病或因遭遇伤害事故而生命垂危等情形。至于民事主体的财产权益陷入危险或者人身财产权益正在遭受他人侵害，行为人见义勇为，保护受害人的民事权益不受侵害的情形，应当适用《民法典》第183条的规定。

三、自愿紧急救助行为的法律效果

依据《民法典》第184条，只要是因自愿实施紧急救助行为，即便造成了受助人损害的，救助人也不承担民事责任。在起草《民法总则》的时候，草案的三审稿曾经规定一个但书条款，即"但是救助人因重大过失造成受助人不应有的重大损害的，承担适当的民事责任"。在草案审议过程中，有的代表提出，这种但书规定不能完全消除救助人的后顾之忧，对救助人的保护不够。于是，立法机关又对该但书条款进行了修改，将之改为"受助人能够证明救助人有重大过失造成自己不应有的重大损害的，救助人承担适当的民事责任"。但是，人大代表们认为，这种修改虽然对责任作出了更为严格的限定，但是依然难以免除救助者的后顾之忧，不利于培育见义勇为、乐于助人的良好社会风尚，建议删除。最终立法机关删除了但书规定。[42] 这就意味着，即便是救助者因为重大过失给受助人造成了损害，也不需要承担民事责任。本书认为，考虑到这一规定总体上对于鼓励人们的友善和互助，弘扬社会正气是有利的，且实践中只有极少的情形中会出现救助者因重大过失造成被救助者人身损害的可能，故此，《民法典》第184条的规定还是值得肯定的。

第七节 受害人故意

一、受害人故意的概念

受害人故意，是指受害人明知自己的行为会给自己造成损害而追求或放任该损害的发生，即受害人故意给自己造成损害。《民法典》第1174条规定："损害是因受害人故意造成的，行为人不承担责任。"之所以作出此规定，是因为行为人虽有在先的行为，但该行为并没有给受害人造成损害，受害人的损害完全是其自己的行为造成的。也就是说，受害人故意的行为是导致其损害发生的唯一原因，行为人的在先行为与权益被侵害以及损害之间没有因果关系。既然不存在因果关系，则侵权责任不能成立，行为人不承担责任。最典型的受害人故意就是"自杀""自残"的情形。例如，A与B谈恋爱，后B与A分手。A痛苦不堪，要求B与之复合，否则就死给B看。B断然拒绝了A的请求。A遂从十层楼上纵身跃下，当场死亡。B对A的死亡无需承担法律责任，因为A的死亡完全是由于其故意跳楼的自杀行为所致。

在自杀和自残中，受害人主观上都是追求损害的发生。但是，还有一种比较特殊的受害人故意，即受害人虽然是故意从事会对自己民事权益造成损害的行为，但其主观上并不追求损害结果的发生而是希望避免该后果的发生。这种受害人故意在机动车道路交通事故中很典型，

〔42〕 石宏主编：《〈中华人民共和国民法总则〉条文说明、立法理由及相关规定》，北京大学出版社2017年版，第437～438页。

即行为人故意以碰撞机动车的方式来实现骗取或敲诈车主财物的非法目的,俗称"碰瓷"。[43]这种受害人故意比较特殊,与受害人的自杀、自残有一定的区别。在自杀、自残中,受害人不仅明知自己的行为会导致自己死亡或伤残,而且主动追求剥夺自己的生命或伤害自己的结果。但是,在故意碰撞机动车的情形中,行为人虽然故意主动碰撞机动车,却不追求损害后果而是希望通过相应的方法技巧来避免发生死亡或伤残的后果。碰瓷者希望达到的效果是既让自己看上去像是被机动车撞伤了,又并不真的给自己造成损害。然而,现实中很可能"人算不如天算",碰瓷者由于"技巧"不熟练,没掌握好分寸而受伤甚至当场丧命。因此,在所谓碰瓷的情形中,故意碰撞机动车的人在主观上应当被认定为间接故意。为遏制此种违法行为,维护交通安全,我国《道路交通安全法》第76条第2款特别规定:"交通事故的损失是由非机动车驾驶人、行人故意碰撞机动车造成的,机动车一方不承担赔偿责任。"该款中所谓的"故意碰撞机动车"既包括了最典型的受害人故意即受害人以碰撞机动车的方式自杀或自残,也包括行为人通过故意碰撞机动车敲诈勒索车主钱财的行为。

二、受害人故意的构成要件

受害人故意应当符合以下要件,否则不能免除行为人的侵权责任。

(一)受害人具有过错能力

所谓过错能力,即受害人是在能够认识自己行为的性质与后果的情形下追求损害后果的发生的。如果受害人没有过错能力,其在无法判断和识别自己行为的情形下给自己造成损害的,不属于受害人故意。由于我国法上不承认过错能力,因此,应当以受害人是否具有民事行为能力作为认定受害人故意的要件。这样就可以将那些无民事行为能力人排除在受害人故意的情形之外。[44] 例如,张三因患有精神病而被宣告为无民事行为能力人,某日从家中离家出走,进入高铁的铁轨中被撞身亡。这种情形不能认定张三是受害人故意而免除高铁公司的侵权责任,但可以认定张三的监护人存在重大过失,从而减轻侵权责任。

(二)受害人实施了故意给自己造成损害的行为

也就是说,受害人明知其行为会给自己造成损害却追求该结果之发生。有观点认为,受害人故意既包括直接故意,也包括了间接故意,即受害人蓄意放任对自己损害的发生。[45] 本书认为,为保护受害人合法权益,除非法律有明确的规定(如《道路交通安全法》第76条第2款),否则受害人故意不应包括间接故意。这是因为,间接故意与重大过失往往不易区分,如果将间接故意纳入进来,就会产生不当免除被告责任的不公正后果。例如,《铁路法》第58条规定:"因铁路行车事故及其他铁路运营事故造成人身伤亡的,铁路运输企业应当承担赔偿责任;如果人

---

〔43〕 媒体曾报道,北京一位年逾花甲的老头孙某在2001年2月至2009年9月共8年时间内,先后在北京市东城区、西城区、海淀区等多处路口,采用在人行横道内,利用自行车故意碰撞机动车后假意摔倒的方式,骗取被害人邹某等139人的人民币124,113元,后被民警抓获。参见《现场:花甲老头玩"碰瓷"　8年骗倒158人》,载中国法院网:http://old.chinacourt.org/public/detail.php? id =435256,2015年1月22日最后访问。

〔44〕 我国《保险法》第44条第1款明文规定:"以被保险人死亡为给付保险金条件的合同,自合同成立或者合同效力恢复之日起二年内,被保险人自杀的,保险人不承担给付保险金的责任,但被保险人自杀时为无民事行为能力人的除外。"《最高人民法院关于如何理解〈中华人民共和国保险法〉第六十五条"自杀"含义的请示的答复》(2002年3月6日;[2001]民二他字第18号)指出:"本案被保险人在投保后两年内因患精神病,在不能控制自己行为的情况下溺水身亡,不属于主动剥夺自己生命的行为,亦不具有骗取保险金的目的,故保险人应按合同约定承担保险责任。"

〔45〕 王利明:《侵权责任法研究》(上卷),中国人民大学出版社2010年版,第428页;王胜明主编:《中华人民共和国侵权责任法解读》,中国法制出版社2010年版,第129页。

身伤亡是因不可抗力或者由于受害人自身的原因造成的,铁路运输企业不承担赔偿责任。违章通过平交道口或者人行过道,或者在铁路线路上行走、坐卧造成的人身伤亡,属于受害人自身的原因造成的人员伤亡。”这一条规定的错误就在于将受害人自身的原因等同于受害人故意,从而使得受害人存在重大过失或者受害人间接故意的行为也被作为免责事由。因为受害人“违章通过平交道口或者人行过道,或者在铁路线路上行走、坐卧”,可能是有重大过失的甚至可以说是间接故意,但并不等同于受害人就是要卧轨自杀。依据《民法典》第 1240 条,从事高空、高压、地下挖掘活动或者使用高速轨道运输工具造成他人损害的,经营者应当承担侵权责任;但是,能够证明损害是因受害人故意或者不可抗力造成的,不承担责任。故此,《铁路法》第 58 条的规定应当进行相应的修订。同样的错误还发生在《最高人民法院关于审理触电人身损害赔偿案件若干问题的解释》当中。该司法解释第 3 条规定:“因高压电造成他人人身损害有下列情形之一的,电力设施产权人不承担民事责任:(一)不可抗力;(二)受害人以触电方式自杀、自伤;(三)受害人盗窃电能,盗窃、破坏电力设施或者因其他犯罪行为而引起触电事故;(四)受害人在电力设施保护区从事法律、行政法规所禁止的行为。”该条中第 2 项规定的“受害人以触电方式自杀、自伤”是受害人故意,当然可以免除电力设施产权人的责任。然而,该条第 3、4 项也被作为免责事由,是没有道理的。虽然受害人在盗窃电能,盗窃、破坏电力设施时主观上是故意的,但其并未追求给自己造成损害的后果。因此,对于触电事故的人身伤亡,盗窃者只是具有重大过失而非受害人故意。电力设施产权人可以据此要求减轻侵权责任,但是不能免除责任。至于该条第 4 项规定的受害人在电力设施保护区从事法律、行政法规所禁止的行为,如搭建房屋、种植农作物或放风筝等,也被作为免责事由,更是于理于法不合。所幸,该司法解释已被最高人民法院废除。〔46〕

(三)损害完全是因为受害人的故意行为所致

损害完全是因为受害人的故意行为所致,是指损害后果全部是因为受害人的故意行为所致,与行为人的行为没有责任成立上的因果关系。〔47〕 否则,即便造成损害的直接原因是受害人的故意行为如自杀、自残,行为人依然要承担一定的侵权责任。例如,黄某某因罹患疾病而在肉体、精神上备受折磨,选择自杀,但医院在死者生前为其治疗时没有尽到避免死者自杀的注意义务。法院认为,医院不得以死者是自杀为由免责,应当承担一部分责任。因为受害人“选择自杀,应是内外在原因综合作用的结果,其中内因起到主要作用,其可能是基于肉体痛苦的折磨难以忍受,或者精神的崩溃,或者是医疗过程中的不快,或者仅仅为了避免亲属继续承受经济方面的巨大压力而作出自杀的选择,外因则是道培医院存在护理上的疏忽,没有及时发现黄某某情绪的波动,未及时发现和阻止黄某某出舱跳楼的行为,故道培医院的过错与本案的损害后果之间存在一定因果关系”。〔48〕 再如,在 1974 年美国法院审理的“Fuller v. Preis”案中,被告的过失行为造成了受害人的头部损伤。该损伤使得受害人精神上处于持续的压抑状态且生

---

〔46〕 参见《最高人民法院关于废止 1997 年 7 月 1 日至 2011 年 12 月 31 日期间发布的部分司法解释和司法解释性质文件(第十批)的决定》(2013 年 2 月 18 日最高人民法院审判委员会第 1569 次会议通过,法释〔2013〕7 号)。

〔47〕 刑法学者认为,刑法中认定自杀有主客观两方面要求。主观方面,被害人不仅应当认识到并且意欲死亡结果发生,而且必须自愿地也即自主决定地选择了死亡。客观方面,被害人必须事实性地支配着直接导致死亡的行为,在将不可逆转地造成死亡结果的最后关键时刻自己控制着事态的发展。参见王钢:《自杀的认定及其相关行为的刑法评价》,载《法学研究》2012 年第 4 期。

〔48〕 黄万奎等诉北京市道培医院医疗损害赔偿案,北京市第一中级人民法院(2010)一中民终字第 3924 号民事判决书。

理上也极不稳定。原本为外科医生的受害人因此无法继续从事业务。由于癫痫病发作的频率与严重程度不断增加,最后受害人跳楼自杀结束了自己的生命。法院认为,本案证据显示死者虽然在行为当时知道自己在做什么,并且是有意这样做的,但是在精神不稳定的状态下,死者没有能力抗拒自我毁灭的冲动,因此被告应当承担赔偿责任。[49]

提 示

如果行为人的在先行为并不构成侵权行为,或者虽然构成侵权行为,但与受害人的自杀没有相当因果关系,那么受害人的自杀行为也将中断行为人的在先行为与损害的因果关系,行为人无须承担侵权责任。例如,教师在课堂上批评了上课说话的学生并令其写检讨,结果该学生回家自杀了。对此,学校不应承担责任。因为管理教育学生本为教师之职责,只要教师的管教行为并无不当,学生的自杀完全是因自身原因(如心理承受力弱等)所致,与教师的行为没有因果关系,学校不应承担责任。[50] 再如,小偷甲盗窃了乙的1300元(该行为当然构成侵权行为)。受害人极为贫困,因修建房屋欠债累累。为了不让上初二的儿子失学,卖掉了家中饲养的猪,才为儿子凑齐的下学期学费1300元。由于该钱被盗,乙成天唉声叹气,想不开。一星期后,在家中上吊自杀。[51] 本书认为,甲无需为乙的死亡负责。因为甲的盗窃行为仅仅是侵害了乙的财产权,并未侵害乙的生命权,乙的死亡是乙的自杀所致,且从相当因果关系的角度来看,盗窃1300元通常不会显著地增加死亡的风险,故此,甲无需对乙的自杀负责。在刑法上,也不应当将此种没有因果关系的结果归责于小偷甲,从而对其予以重罚。

三、受害人故意的法律效果

损害完全因受害人故意所致的,行为人不承担责任。因为受害人故意已经中断了行为人的行为与权益被侵害之间的因果关系。故此,受害人故意是适用范围最广的免责事由。除极个别的侵权责任之外,在绝大多数的侵权责任中,受害人故意都可以作为免责事由。在有一类侵权责任中,受害人故意只能作为减责事由,即《民法典》第1246条规定的,违反管理规定,未对动物采取安全措施造成他人损害时,即便能够证明损害是因被侵权人故意造成的,也只是减轻责任,而非免除责任。

《民法典》除一般性地规定了受害人故意作为免责事由外(第1174条),还在一些特殊的侵权责任中对于受害人故意的法律效果作出了规定,具体包括:(1)《民法典》侵权责任编第八章"高度危险责任",即第1237~1240条;(2)第九章"饲养动物损害责任",即第1245~1246条。(参见表9.7.1)

---

〔49〕 [美]文森特·R.约翰逊:《美国侵权法》,赵秀文等译,中国人民大学出版社2004年版,第134页以下。

〔50〕 李建青、宋宝宁诉青海湟川中学人身损害赔偿纠纷案,载《最高人民法院公报》2009年第4期;张威、王梅之子在校学习期间受批评后自寻短见诉一拖集团、拖二中人身赔偿纠纷案,载最高人民法院中国应用法学研究所编:《人民法院案例选》(总第57辑),第154页以下。

〔51〕 此为实际的案例,参见《小偷盗窃导致失主上吊自杀,被判三年重刑》,载《新京报》2005年10月30日。

表 9.7.1　《民法典》对受害人故意的规定

一般规定	《民法典》第 1174 条　免责事由	
特殊规定	核事故损害责任	第 1237 条　免责事由
	民用航空器损害责任	第 1238 条　免责事由
	高度危险物损害责任	第 1239 条　免责事由
	高度危险活动责任	第 1240 条　免责事由
	一般的饲养动物损害责任	第 1245 条　免责事由
	违反管理规定的饲养动物损害责任	第 1246 条　减责事由

受害人故意除了发生免除行为人侵权责任的法律效果之外，还会产生其他的法律效果。例如，对于以被保险人死亡为给付保险金条件的合同，自合同成立或者合同效力恢复之日起 2 年内，被保险人自杀的，保险人不承担给付保险金的责任，除非被保险人自杀时为无民事行为能力人（《保险法》第 44 条第 1 款）；军人自残或自杀的，不享受军人伤亡保险待遇（《军人保险法》第 10 条）；职工因自残或自杀而导致本人在工作中伤亡的，不认定为工伤（《社会保险法》第 37 条）。

四、受害人故意的举证责任

加害人主张损害是因为受害人故意所造成的，加害人对此负有证明责任。受害人自杀的证据包括公安机关的尸体检验报告、现场的录像、死者的遗书、死者生前患有抑郁症的诊断证明、证人证言等。但是，遗书并非证明受害人故意的唯一证据。毕竟，在相当多的情形下，受害人自杀前可能什么遗言也没留下。倘若僵化地以遗书作为认定受害人故意的证据，显然是错误的。

第八节　受害人同意

一、受害人同意的概念以及比较

（一）受害人同意的概念

受害人同意，简称“同意”（Einwilligung），也称“受害人允诺”或“受害人承诺”，是指权益的所有者就他人针对自己民事权益的侵害行为或者将要对自己民事权益造成的特定的损害后果予以同意并表现于外部的意愿。原则上，任何人都不得侵害他人的民事权益。但是，民事权益的所有者可以对自己权益进行合法的处分，其可以自行处分，也可以同意他人对自己的民事权益的处分。因此，在得到民事权益所有者的同意后，被同意者实施的客观上侵害他人民事权益的行为，对于同意者而言，不构成侵害。

受害人的同意可以是**明示的**（expressly），也可以是**默示的**（implied）。明示的同意，是指明确地通过言语或文字同意他人针对自己民事权益实施的特定侵害行为或造成特定损害后果。例如，某明星接受记者的专访时，将与某政客发生过两性关系的隐私告诉该记者，并同意其写入报道；再如，明确告诉他人可以烧毁自己不希望保留的信件。默示的同意，是指基于受害人特定的行为而推断出其对他人针对其所实施的特定行为或损害后果的同意。例如,伸出手臂让护士抽血。

受害人的同意既可以是作为,也可以是不作为或者单纯的沉默。[52]《美国侵权法重述(第二次)》第892条规定:"受害人同意是指,意愿行为发生的对外显示。同意可以作为或不作为表达,且无须向行为人传达。如语言或行为可以由他人合理了解为意图同意的,该语言或行为构成'表面上显示为同意',而与对外显示的事实上同意,有同样的效力。"

受害人的同意无须向行为人送达,但是在他人的加害行为实施之前,该同意可以随时撤回。例如,甲同意无偿献血,但在看到明晃晃的针头时又害怕,决定不献血了。这就是受害人撤回同意。

受害人的同意并不是法律行为,因为它并没有表述任何指向某个法律效果的意思表达,而只是指向一种简单的法律行动,故此不适用法律行为的特别要件。[53] 此外,同意不需要同意者具有民事行为能力,而只要求其具有同意的能力,同时,还需要考虑同意者的年龄、被同意侵害的客体(如人身权、财产权)等,在个案中加以判断。

有效的受害人同意具有阻却侵害行为的非法性,即免除侵权责任的法律效果。例如,《葡萄牙民法典》第340条第1款规定:"在取得他人同意之情况下做出损害该人权利之行为,为法律所容许。"《匈牙利民法典》第342条第2项规定,如果损害是由于受害方的同意所引起的,并且引起的损害没有使任何社会(公共)利益处于危险状态或对任何社会(公共)利益造成损害,就不能获得损害赔偿。《斯洛文尼亚债法》第140条第1项规定:"任何允许他人对自己造成损害的人不能要求该他人就由此造成的损害进行赔偿。"[54] 由冯·巴尔教授与库齐奥教授分别主持起草的《欧洲示范民法典草案》与《欧洲侵权法原则》也都对受害人同意作出了规定。《欧洲示范民法典草案》第6卷将受害人同意与自甘冒险合并加以规定,该卷第5:101条第1款规定:"受害人对具有法律相关性的损害表示了有效同意并且认识到或者可以合理地被期待认识到该同意后果的,加害人得以之作为抗辩。"《欧洲侵权法原则》第7:101条中规定的合理抗辩包括了正当防卫、紧急避险、自助行为、受害人同意、自甘冒险以及合法授权。

(二)受害人同意与受害人故意

在侵权法中,受害人同意与受害人故意存在重合。例如,当受害人同意他人故意对其造成损害时,可以说,受害人在主观上是故意要遭受损害的。不过,二者存在明显的差别:

首先,受害人的同意较为具体,其法律效力通常是局限于已被同意的特定行为,且该受害人已被详尽地告知了该行为的后果。本质上,受害人同意是受害人对自身权益的处分或放弃。相比较而言,受害人故意更原则,它是受害人对自我保护义务的违反,该义务包括所有对受害人利益的合法保护。

其次,受害人同意只适用于他人对其权益进行的故意的侵权行为,而受害人故意既可以适用于行为人存在故意或过失的情形,也可以适用于行为人没有任何过错的场合。例如,某人因失恋而欲自杀,突然冲向一列疾驰而来的列车,被该列车碾压而亡。此时,列车驾驶员应当是

---

〔52〕 John G. Fleming, *The Law of Torts*, 8th ed., The Law Book Company Limited, 1992, pp. 79–80.

〔53〕 [德]埃尔温·多伊奇、汉斯-于尔根·阿伦斯:《德国侵权法——侵权行为、损害赔偿及痛苦抚慰金》,叶名怡、温大军译,中国人民大学出版社2016年版,第48~49页。

〔54〕 [德]克里斯蒂安·冯·巴尔、[英]埃里克·克莱夫主编:《欧洲私法的原则、定义与示范规则:欧洲示范民法典草案》(全译本)(第5、6、7卷),王文胜等译,法律出版社2014年版,第622~623页。

没有任何过错。

最后,法律效果不同。一方面,合法有效的受害人同意能够免除行为人的全部侵权责任。就受害人故意而言,只有当损害完全是因为受害人故意造成的,才能免除行为人的侵权责任。但是,在受害人对损害的发生不存在过错,而只是对损害的扩大具有故意时,只能免除行为人对损害扩大部分的侵权责任。另一方面,在损害完全是因为受害人故意所致时,无论造成损害的侵权行为是一般侵权还是特殊侵权,都可以免除行为人的责任(只有极个别的侵权责任不以受害人故意为免责事由)。但是,受害人同意只能免除侵害财产权的行为人以及部分侵害人身权的行为人的侵权责任。这是因为,同意他人对自己的生命权、身体权或健康权的侵害,在很多时候违反了公序良俗原则,这种同意是无效的。例如,《意大利民法典》第5条规定:"如果对身体的完整性可能造成永久性损害,或者与法律、公序良俗相抵触的,则禁止提供自己身体的器官或肢体。"再如,《葡萄牙民法典》第340条规定:"在取得他人同意之情况下做出损害该人权利之行为,为法律所容许。然而,如上述行为系法律禁止或违背善良风俗之行为,受害人之同意不阻却行为之不法性。为受害人之利益及按其可推定之意思而造成之损害,视为经受害人同意之损害。"

二、我国《民法典》中的受害人同意

在我国起草《侵权责任法》时,有学者主张对受害人同意这一免责事由作出规定,但立法机关认为,国外对此种免责事由作出规定的成文法不多,目前只有《葡萄牙民法典》第340条有规定,因此我国《侵权责任法》也暂不规定,将该问题留待司法实践具体解决。[55]《侵权责任法》只是对一种具体的受害人同意的情形作出了规定,即该法第55条规定:"医务人员在诊疗活动中应当向患者说明病情和医疗措施。需要实施手术、特殊检查、特殊治疗的,医务人员应当及时向患者说明医疗风险、替代医疗方案等情况,并取得其书面同意;不宜向患者说明的,应当向患者的近亲属说明,并取得其书面同意。医务人员未尽到前款义务,造成患者损害的,医疗机构应当承担赔偿责任。"

民法典编纂时,笔者曾向立法机关提出应当对受害人同意作出规定。[56] 不过,该意见并未被接受。我国《民法典》虽未将受害人同意一般性地规定为免责事由,但是,在人格权编和侵权责任编中也对受害人同意作出了相应的规定。具体包括以下规定:(1)临床试验应当取得受试者或者受试者的监护人的书面同意,即《民法典》第1008条;(2)未经肖像权人同意,不得制作、使用、公开肖像权人的肖像,除非法律另有规定,即《民法典》第1019条;(3)未经权利人的明确同意,不得实施侵害隐私权的行为,除非法律另有规定即《民法典》第1033条;(4)处理个人信息,必须取得自然人或者其监护人的同意,除非法律、行政法规另有规定,即《民法典》第1035条;(5)实施手术、特殊检查、特殊治疗,需要取得患者或者其近亲属的明确同意,即《民法典》第1219条。

三、受害人同意的构成要件

(一)受害人的同意必须有明确具体的内容

受害人同意必须有明确具体的内容意味着,受害人的同意不能泛泛作出,而必须是针对他

---

〔55〕 王胜明主编:《中华人民共和国侵权责任法解读》,中国法制出版社2010年版,第120页。

〔56〕 有的学者主张,将受害人同意与正当防卫、紧急避险一并规定在民法典的总则编。参见李超:《论我国民法典编纂中受害人同意的立法路径及体系定位》,载《河北法学》2018年第2期。

人特定的行为或某种特定的后果而作出的。例如,A 对 B 说:“我的财产你可以随便毁坏。”这样的话不能认为属于法律上有效的受害人同意。如果 B 因此将 A 的房屋烧毁,依然要承担损害赔偿责任。但是,倘若 A 对 B 说:“我借给你看的那本小说看完之后一定要烧毁。”由于 A 的同意是针对特定的后果——那本小说被烧毁——而作出的,则属于有效的同意。受害人的同意必须针对具体的行为或后果而作出的原因在于:从本质上说,受害人同意是受害人对自己的人身与财产行使自由处分权利的表现,而受害人在行使此种处分权时,处分权的客体必须明确具体,否则将无法产生处分的法律效果。正因如此,《美国侵权法重述(第二次)》第 892A 条第 2 款才要求,有效的受害人同意必须是就特定行为而作出的或就实质上相同的行为而作出的。

由于受害人的同意是针对他人的特定行为或后果而作出的,因此当他人实施的行为并非受害人所同意的行为,或者其造成的后果并非受害人同意的后果时,则不得以受害人的同意作为抗辩事由。例如,A 同意 B 将其手机毁掉,如果 B 不仅毁掉了 A 的手机,还将其笔记本电脑也毁掉了,则 B 应当就笔记本电脑的毁损承担赔偿责任。

受害人同意可以附条件或者在时间、地点或其他方面作出限制,该同意的有效性仅限于该条件或限制的范围内。如果加害人在条件尚未成就时或者超出限制的时间、地点等范围实施加害行为,该同意无效。

(二)受害人须具有同意能力

受害人只有在具有同意能力(capacity to consent)时作出的同意方属有效。依据《美国侵权法重述(第二次)》第 892A 条第 2 款,有效的同意是指有同意能力的人或经授权代理作出同意的人所作出的同意,且该同意是就特定行为而作出的或就实质上相同的行为而作出的。同意能力不同于行为能力。在法律行为制度中,为了维护交易安全从而要求从事法律行为的当事人必须具备行为能力。但是,受害人的同意是其对自己权利的处分,不能完全适用民法中关于行为能力的规定。德国民法通说认为,受害人的同意能力不能以有行为能力作为判断标准,应依据个别案件中受害人的识别能力作为标准。[57] 例如,小学生 A 可以同意 B 将其书本扔掉,但是对于器官切除手术,则无行为能力人与限制行为能力人不具有同意能力,必须经过法定代理人的允许。英美侵权法也认为,同意能力不同于行为能力。同意能力是一个人对其决定的性质、程度以及可能产生的后果的理解能力。儿童、醉汉、神志不清的人、精神病人或者智能障碍者作出的同意一般是无效的。他们的同意只能由监护人作出。[58] 例如,依据 1969 年《英国家庭改革法》第 8 条的规定,年满 16 岁的未成年人可以就对其进行的医疗行为作出同意。而依据一些判例,即便低于该年龄的未成年人只要能够充分了解医疗行为的后果也能作出同意。如果未成年人就医疗行为已作出同意但是其监护人反对时,则该同意依然有效。[59]

(三)受害人的同意必须是真实与自愿的

受害人的同意必须是真实(real)与自愿的(voluntary),如果他人通过暴力威胁或者某种药物的作用而使得受害人进行同意,则该同意无效。例如,甲男子通过给乙女子服用催情药物使其同意与之发生性关系,则此种同意无效,甲仍应承担侵权责任。此外,如果同意是因受害人对他人加害行为所发生的误解或因加害人的虚假陈述而被诱使作出的,该同意也不发生效力。

---

〔57〕 Soergel - Siebert, 1988, § 823, Rn. 196f.

〔58〕 Vincent R. Johnson, *Mastering Torts*, Carolina Academic Press, 1995, p. 40.

〔59〕 W. V. H. Rogers, *Winfield and Jolowicz on Tort*, 14th ed., Sweet & Maxwell, 1994, p. 725.

《美国侵权法重述(第二次)》第892B条第2款规定:“如果一人就他人行为的同意,是因其对有关侵犯其利益的本质或者该他人行为预料的伤害程度产生重大的认识错误且该错误为该他人所知悉,或因他人的虚假陈述而被诱使作出的,该同意就未曾预料的侵害或伤害不产生效力。”例如,一个人同意另一人拿一块铁皮触摸他的身体,但是该作出同意之人并不知道铁皮上带电,该人因而被电击伤,此种因不知道行为后果而作出的同意无效。[60]

(四)加害人必须尽到充分的告知说明义务

行为人在从事客观上构成对他人权益侵害的行为之前,应当尽到充分的告知说明义务,否则受害人的同意不发生免除侵权责任的法律效果。例如,在医疗过程中,医生在为病人从事医疗行为时必须尽到充分的告知与说明的义务。医生必须将从事医疗行为的必要性、危险性等各方面的信息充分传达给受害人,如果受害人对此不具有充分的识别能力,那么医生须将此等信息告知给他的法定代理人。在英国、美国以及德国,法律以及法院的判例都对医生的告知、说明义务作出了相应的规定。法院的判例认为,当就告知说明义务发生疑义时,医生应当举证证明自己充分履行了该义务。[61] 我国《民法典》第1219条第1款明确规定:“医务人员在诊疗活动中应当向患者说明病情和医疗措施。需要实施手术、特殊检查、特殊治疗的,医务人员应当及时向患者具体说明医疗风险、替代医疗方案等情况,并取得其明确同意;不能或者不宜向患者说明的,应当向患者的近亲属说明,并取得其明确同意。”再如,在网络运营者使用个人信息时,不仅要“遵循合法、正当、必要的原则”,还必须“公开收集、使用规则,明示收集、使用信息的目的、方式和范围”,并经被收集者同意(《网络安全法》第41条第1款)。

(五)不得违反法律的禁止性规定以及公序良俗

受害人的同意属于意思表示,应当准用法律行为的规定。我国《民法典》第8条规定:“民事主体从事民事活动,不得违反法律,不得违背公序良俗。”因此,受害人同意不得违反法律的禁止性规定以及公共秩序、善良风俗。否则,该同意是无效的,不发生免责的法律效果。例如,甲欲自杀但自己又下不了手,于是和乙订立合同,要求乙将自己杀死,给乙2万元。甲的此种对他人杀害自己行为的同意是无效的,因为它违反了法律的禁止性规定。故此,该同意也不能阻却乙杀人行为的违法性,乙不仅应当承担侵权责任且须承担刑事责任。所谓同意因违反法律禁止性规定或者公序良俗而无效主要适用于人身伤害的情形。原则上,除非是进行医疗活动(诊疗活动或者临床试验),否则任何对自然人生命权、健康权、身体权的侵害,即便经过权利人同意,也是违法的、无效的,该侵害行为依然构成侵权行为乃至违法犯罪行为。[62] 例如,《法国民法典》第16-3条第1款规定:“损害人之身体的完整性,仅以对人有医疗之必要的情形为限。”这是因为即便是权利人自身也并不在法律上拥有任意处分其生命、身体和健康的权利。但是,在侵害财产权益时,由于财产权益原则上就是可以自由处分的,故此一般不存在违反法律禁止性规定和公序良俗的情形。

---

〔60〕 John G. Fleming, *The Law of Torts*, 8th ed., The Law Book Company Limited, 1992, p. 81.

〔61〕 B. S. Markesinis & Hannes Unberath, *The German Law of Torts: A Comparative Treatise*, 4th ed., Hart Publishing, 2002, p. 80.

〔62〕 当然,除了医疗活动,极少数情形下权利人也可以对侵害身体的行为表示同意,如同意他人给自己理发或者文身,甚至包括施加疼痛相关的特定类型的性行为。[德]克里斯蒂安·冯·巴尔、[英]埃里克·克莱夫主编:《欧洲私法的原则、定义与示范规则:欧洲示范民法典草案》(全译本)(第5、6、7卷),王文胜等译,法律出版社2014年版,第617条。

四、受害人同意的法律效果

受害人同意所体现的思想可以追溯到古希腊的亚里士多德,而古罗马法学家在著作中给予了进一步的确认,[63]后为大陆法系与英美法系侵权法所共同采纳,成为一项公认的基本原则。受害人同意的规则表现了个人主义的精神,它使个人能够自由地决定如何处理自己的身体与财产,符合侵权法旨在合理分配私法上负担的趣旨。[64]

在德国法系(德国、瑞士以及奥地利),依据判例及民法理论,受害人就他人所施加的损害(Einwilligung des Geschüdigten)作出的有效的同意构成违法阻却事由(Rechtfertigungsgrund),他人的损害行为因而不具有违法性(Rechtswidrigkeit),无需承担损害赔偿责任。[65] 例如,土地所有人允许他人将汽车停放在自己的土地上,则该他人停放车辆的行为不具有违法性,不产生侵权责任。英美侵权法中的受害人同意能够免除故意侵权行为人责任。但是,严格地说,受害人的同意并非一项特权(privilege),因为缺乏同意正是恐吓(assault)、殴打(battery)、非法拘禁(false imprisonment)、侵占(conversion)、侵入土地(trespass to land)或侵犯财产(trespass to goods)等故意侵权行为的核心要素。英美法院将受害人同意作为被告的一项抗辩事由(defence),从而根本否定侵权行为的存在。《美国侵权法重述(第二次)》第892A条第1款规定:"就他人意图侵犯其利益的行为,给予有效的同意的,不得就该行为或该行为而导致的伤害,提起侵权行为诉讼而请求赔偿。"第892B条第1款规定:"除本条第2款规定外,就他人行为之允诺,对于该行为的所有结果及因该行为而致任何利益的侵犯均有效力。"一般来说,被告应当对有效的受害人同意的存在负举证责任。但是,在侵犯人身(trespass to person)的诉讼中,由于欠缺受害人的同意是侵权责任的构成要件之一,因此必须由原告对自己并未同意加以证明。[66]

虽然大多数国家认为,受害人同意能够作为违法阻却事由或抗辩事由,从而免除加害人的侵权责任,但是也有少数国家持不同的观点,如法国与比利时。在法国法中,受害人的同意并不能除去被告行为中的过错因素。因为"一个谨慎的人不会从事一项可归责的行为,即使受害人同意时亦如此。倘若受害人明确向他表示,请求他造成伤害,他也应当依法予以抵制"。[67]法国法认为,尽管受害人的同意不能免除加害人的责任,但是受害人的同意表明了其故意要招致损害,所以他具有故意的过错。法院将按照双方的过错对损害赔偿数额予以估算,确认双方各自给受害人所造成的损害的程度。由于受害人是故意造成自己损害的,因此法院可以判决,按照因果关系受害人的行为是其损害的最近原因(proximate cause),侵权行为人的过错已经被受害人的过错所抵销了。实际上,法国法这样的处理方式最终达到的效果与德国法及英美法是一样的,即免除加害人的侵权责任。

在我国,受害人同意虽未被一般性地规定为免责事由,但无论法律、司法解释还是法院的

---

〔63〕 罗马法中有一句法谚为"愿者不受害"(volenti non fit iniuria)。W. V. H. Rogers, *Winfield and Jolowicz on Tort*, 14th ed., 1994, p. 723.

〔64〕 王泽鉴:《侵权行为》,北京大学出版社2009年版,第226页。

〔65〕 B. S. Markesinis & Hannes Unberath, *The German Law of Torts: A Comparative Treatise*, 4th ed., 2002, p. 80; Jean Limpens, *Liability for One's Act*, International Encyclopedia of Comparative Law · Torts Vol. XI Chapter 2, Tübingen, 1979, p. 89.

〔66〕 W. V. H. Rogers, *Winfield and Jolowicz on Tort*, 14th ed., 1994, p. 724; William L. Prosser, *The Law of Torts*, 4th ed., 1971, p. 101.

〔67〕 Jean Limpens, *Liability for One's Act*, International Encyclopedia of Comparative Law · Torts Vol. XI Chapter 2, Tübingen, 1979, p. 90.

判决都承认，只要不违反法律的禁止性规定和公序良俗，受害人同意可以作为免责事由。例如，《利用信息网络侵害人身权益纠纷规定》第 12 条规定，经过自然人书面同意且在约定范围内公开的“自然人基因信息、病历资料、健康检查资料、犯罪记录、家庭住址、私人活动等个人隐私和其他个人信息”，不构成侵权。

五、受害人同意的证明责任

在发生侵权纠纷时，被告应当举证证明已经取得了有效的受害人同意，方能免除侵权责任。具体来说，在发生医疗纠纷时，医疗机构应当证明针对所实施的手术、特殊检查、特殊治疗已经及时向患者具体说明了医疗风险、替代医疗方案等情况，并取得了患者的明确同意；在不能或者不宜向患者说明的，已经向患者的近亲属说明，并取得了其明确同意。如果医疗机构虽然证明取得了患者的同意，但是，其并未对医疗风险做完善的说明或者充分揭示医疗风险，即便客观上取得了所谓的受害人同意，也不能免除侵权责任。例如，在一则医疗纠纷案件中，法院认为：“结合本案查明的情况，2003 年 VSD 介入治疗在我国临床医学中尚处于开始推广阶段，该技术既具有先进性和高端性，同时对医患双方而言均具有高风险性，这就要求医疗机构不仅自身要恪尽谨慎、注意义务，同时在对患者的告知中也要客观、真实、充分、详细。但本案查明的事实证明，儿童医院对患者仅进行了术前常规告知并存在诱使，对该病况手术是否有充分必要及利弊、该新型技术的整体状况、儿童医院施行该技术的水平和条件、手术的适应症和禁忌症、手术并发症的防治措施等情况，均无证据证明已向患者予以告知。据此可以认定，儿童医院在本次医疗活动中，未能根据医疗行为的特征和需要，对患者进行全面、客观、充分的告知，使患方对本次医疗行为的选择建立在真实、自愿的基础上，结合院方在‘北京专家’问题上欺骗的故意，儿童医院在整个告知过程中存在偏向性诱使，具有过错。”〔68〕

第九节　自 甘 冒 险

一、自甘冒险的概念与适用范围

自甘冒险（assumption of risk/ Handeln auf eigene Gefahr），是指某人明知且自愿地（bewusst und ohne zwingenden Grund）进入使自己权益遭受危险的境地。〔69〕 自甘冒险源自罗马法上的“愿者不受害”（volenti non fit iniuria）的规则，大陆法系与英美法系国家都承认这一抗辩事由。例如，在英国法上，原告对侵权行为发生的风险的接受就构成一项抗辩，不仅如此，在 1971 年的《英国动物法案》所规定的动物侵权严格责任，1957 年《英国占有人责任法》规定的占有人对访客的责任和 1984 年的《英国居住人责任法》规定的占有人对侵入者的责任中，英国还以成文法明确了这一抗辩。在德国，大多数情况下只有在明显危险的运动如拳击、赛车中，受害人同意才能免除侵权责任。但是，在其他的竞技性体育运动中，即便完全遵守规则或者仅有细微的犯规，也会产生伤害参与者的风险，此时，如果通过受害人同意规则来免除造成损害的其他参

---

〔68〕 雷某某诉南京儿童医院未履行适当告知义务致接受新医疗手术致损要求赔偿纠纷案，载《江苏省高级人民法院公报》2013 年第 1 期。

〔69〕 Oliver Brand，Schadensersatzrecht，Beck，2010，S. 115.

与者的责任,显然是不妥当的,因为任何比赛的参与者都不会希望他们在比赛中受伤,因此,通过自甘冒险规则来处理此类伤害,推定那些参与比赛的人都已经接受依据运动的本质而无法避免的损害后果,显然更为合适。[70] 冯·巴尔教授主持的《欧洲示范民法典草案》将受害人同意与自甘冒险合并在一条中加以规定,该草案第6卷第5:101条第2款规定:"受害人明知所发生的损害类型的风险,仍自愿暴露于该风险并被视为已接受该风险的,前款规定亦得适用。"

从比较法上来看,大多数国家都将自甘冒险这一免责事由的适用范围限定在体育比赛,从而免除其他参与者的侵权责任。但是,也有一些国家如比利时、北欧国家以及美国等的自甘冒险不仅适用于体育比赛,还适用于其他对受害人存在危险的情形,如乘坐醉酒司机驾驶的机动车等。

在我国司法实践中,也经常发生参与体育比赛者遭受伤害而起诉其他参与者的侵权案件。如果仅仅因为受害人遭受了损害,就认定其他参与者要承担侵权责任,势必极不合理地限制了人们的行为自由,使得体育比赛等正常的社会交往活动无法进行。因此,虽然《民法典》颁布前,法律上没有规定自甘冒险的规则,但司法实践中也依据自甘冒险的理论来解决此类案件(参见案例9.9.1)。[71] 不过,司法实践中自甘冒险的适用范围并不限于体育比赛。一些法院将受害人参与的任何对于自身安全具有危险的行为,如下河游泳、乘坐醉酒者驾驶的汽车甚至共同吸毒都认定为自甘冒险,进而作为受害人的过错而减轻或者免除加害人的侵权责任。[72] 这种做法显然是将作为免责事由的自甘冒险与作为减责事由的过失相抵规则加以混淆了。

案例阅读

案例9.9.1
费佳萍诉周旭东身体权纠纷案

在我国民法典编纂时,有的部门、法学教学研究机构和社会公众提出,参加对抗性较强的体育等活动容易发生受伤等情况,实践中对伤害由谁承担责任经常产生纠纷,建议对这个问题作出明确规定。全国人民代表大会宪法和法律委员会经研究认为,参加者自愿参与这些活动应当充分认识到其危险性,由此产生的正常风险原则上应当由参加者自己承担。确立"自甘冒险"规则,对于明确学校等机构正常开展此类活动的责任界限是有利的。[73] 据此,《民法典》第1176条规定:"自愿参加具有一定风险的文体活动,因其他参加者的行为受到损害的,受害人不得请求其他参加者承担侵权责任;但是,其他参加者对损害的发生有故意或者重大过失的除外。活动组织者的责任适用本法第一千一百九十八条至第一千二百零一条的规定。"

二、自甘冒险与受害人同意

受害人自甘冒险与同意的关系,值得研究。在英美侵权法中,受害人同意有广义、狭义之

〔70〕[德]克里斯蒂安·冯·巴尔、[英]埃里克·克莱夫主编:《欧洲私法的原则、定义与示范规则:欧洲示范民法典草案》(全译本)(第5、6、7卷),王文胜等译,法律出版社2014年版,第628~629页。

〔71〕刘涛因替他人球队做守门员扑球时被撞伤诉参赛双方及碰撞人丁山花园酒店等赔偿案,载杨洪逵:《侵权损害赔偿案例评析》,中国法制出版社2003年版,第336页以下。

〔72〕梁团等二人诉覃海夺等五人侵权责任案,广西壮族自治区柳州市柳江县人民法院(2011)江民初字第1301号民事判决书;《黄望平等诉武汉市东湖生态旅游风景区落雁管理处违反安全保障义务责任纠纷上诉案——安全保障义务合理限度范围》,载《人民司法·案例》2015年第6期;《浙江衢州市衢江区法院判决卢春海、曾菊英诉方佳慧、王燕青生命权纠纷案——共同吸毒者因不履行救助义务致损应承担按份侵权责任》,载《人民法院报》2016年1月21日;孙永青与胡有磊等人身损害赔偿纠纷上诉案,载最高人民法院中国应用法学研究所编:《人民法院案例选》(总第66辑),第84页以下。

〔73〕《全国人民代表大会宪法和法律委员会关于〈民法典侵权责任编(草案)〉修改情况的汇报》,载《民法典立法观点背景与观点全集》编写组:《民法典立法观点背景与观点全集》,法律出版社2020年版,第33页。

分,狭义的受害人同意即本书前述的受害人同意,主要适用于故意侵权行为当中,如恐吓(assault)、非法监禁(false imprisonment)、侵占(conversion)以及侵害(trespass)等。广义的受害人同意,还包括自甘冒险(assumption of risk),即受害人明知可能遭受来自于特定危险源的危险却依然同意冒险,这主要是针对过失侵权行为以及严格责任而言的。[74] 例如,在《美国侵权法重述(第二次)》中,狭义的受害人同意主要规定在第一编"故意对他人的身体、土地及动产的伤害"当中,而自甘冒险则主要规定在第二编"过失侵权行为"当中。

在德国民法中,起初并没有如同英美侵权法那样对受害人的同意进行区分,无论是故意的还是过失的侵权行为,受害人的同意都属于违法阻却事由,加害人的行为不具有违法性。不过,后来实务界的见解发生变化,认为自甘冒险不同于狭义的受害人同意,它并不能阻却加害人行为的违法性从而免除其责任,而是属于与有过失的问题,应当依据《德国民法典》第254条的规定来减轻或者免除被告的责任。[75] 德国民法学家Lange认为,受害人同意与自甘冒险的共同点在于任何有效的受害人承诺原则上都要符合自甘冒险的构成要件。但是,并非所有的自甘冒险都可以当然构成有效的受害人承诺。因为,受害人承诺不仅要考虑自甘冒险的构成要件,还需要判断受害人是否有放弃法律对其给予的保护的意思,进而同意加害人对其权益进行侵害。[76]

本书认为,应当区分受害人同意与自甘冒险。首先,在受害人同意中,受害人明确知道他人的行为将给自己的权益造成损害并表示同意的,受害人属于"故意招致某种危险"(knowingly incurring a risk)。但是,在自甘冒险中,受害人虽然同意承受一定的危险,但其并非真的希望产生危险,其无非是愿意"承受某种风险"(assuming a risk)而已。[77] 换言之,自甘冒险中,受害人并没有明确同意加害人对其权益进行侵害。

其次,受害人同意从本质上说是受害人对自身权益的处分,它体现的是个人主义的精神,依据的是"**自我决定权**"(Selbstbestimungsrecht)的法理,即就大多数民事权益而言,权益享有者能够基于自由意志而决定如何处理它们,并放弃法律对其所给予的保护。然而,在自甘冒险中,受害人虽然"明知山有虎,偏向虎山行",但是,从本质上说,其并不希望自己的人身、财产权益遭受损害。申言之,尽管受害人在照顾自己利益方面是有过错的,但是他并没有直接去追求对自己利益的损害。真正使其遭受损害的还是加害人的过失行为。因此,法院重点审查的是原告所承受的危险是否来自被告违反义务的行为,并借此在双方之间分配风险。[78]

再次,受害人只有针对他人故意的侵权行为才可能予以同意,而对于他人的过失侵权行为受害人是不可能"同意"的。因为,对是否发生具有不确定性的事件很难谈得上同意的。"只要我尚不知道具体会发生什么,则即使是有意识地接受了风险,实际上也希望它不要发生;换句话说,实际上我是不同意伤害结果的。"[79]

---

〔74〕 Margaret Brazier & John Murphy, *Street on Torts*, 10th ed., Butterworths, 1999, p. 83; W. V. H. Rogers, *Winfield and Jolowicz on Tort*, 14th ed., 1994, p. 724.

〔75〕 Jean Limpens, *Liability for One's Act*, International Encyclopedia of Comparative Law · Torts Vol. XI Chapter 2, Tübingen, 1979, p. 89.

〔76〕 Hermann Lange, Schadensersatz, 2. Aufl. 1990, S. 644.

〔77〕 A. M. Honoré. *Causation and Remoteness of Damage*, International Encyclopedia of Comparative Law, Vol. XI, Chapter 7. Tübingen, 1979, p. 113.

〔78〕 B. S. Markesinis & S. F. Deakin, *Tort Law*, 4th ed., Clarendor Press, 1999, p. 692.

〔79〕 [德]克里斯蒂安·冯·巴尔:《欧洲比较侵权行为法》(下卷),焦美华译,法律出版社2004年版,第631页。

最后,两者产生的法律效果不同。在受害人的同意符合法律规定的情况下,将使得加害人的行为不构成侵权行为,从而免除加害人的侵权责任。然而,在受害人自甘冒险时,有可能免除加害人的侵权责任,也有可能并不免除加害人的侵权责任,而是要通过过失相抵(Mitverschulden)或比较过失(contributory negligence)等规则相应地减轻责任。我国《民法典》第1176条规定的自甘冒险的适用范围很狭窄,其法律效果也仅限于免除其他参加者的侵权责任。故此,对于其他也可以认定为自甘冒险的情形(如搭乘醉酒者驾驶的汽车、明知是禁止进入的原始森林依然入内探险),不能简单地免除被告的侵权责任,应当首先依据相应的归责原则确定侵权责任是否成立,然后适用过失相抵等其他规则减轻侵权赔偿责任。

三、自甘冒险的构成要件

依据《民法典》第1176条,只有符合以下条件,才能适用自甘冒险,免除其他参加者的责任:

1. 自愿参与具有一定风险的文体活动。一方面,受害人是自愿参加具有一定风险的文体活动,而不是被迫参加的。这种自愿性本身也就表明了受害人是明确地知道该文体活动具有一定的危险,且愿意承担该文体活动中的风险现实化而带来的损害。正因如此,才能免除其他参加者的侵权责任。另一方面,受害人自愿参加的是具有一定风险的文体活动。这就是说,并非受害人参与的任何对自己的人身、财产安全具有危险的活动,都属于自甘冒险。[80] 比如乘坐醉酒者驾驶的机动车,发生交通事故而遭受损害,此时应当认为受害人对于同一损害的发生具有过错,可以适用《民法典》第1173条的过失相抵规则,减轻侵权人的责任,但不能免除责任。所谓具有一定风险的文体活动,是指那些因其对抗性、竞技性而存在一定的发生人身损害的风险的体育比赛等活动,如拳击、篮球、排球、击剑、足球、曲棍球、冰球、滑冰、滑雪等两人以上参加的比赛。如果仅仅是一人表演性的比赛如跳水、跳高、舞蹈等,虽然也有一定的风险,但是这种风险并非来自于活动的对抗性或竞技性,不涉及其他参与者,自然就不存在免除其他参与者的侵权责任的问题。在受害人参加具有一定风险的文体活动而该文体活动本身没有其他参与者的情况下,如在攀爬雪山、攀岩、海上冲浪等活动中死亡或受伤的,虽然也被人们称为"自甘冒险",但是这种风险并非来自其他参与者,而是来自外界,因此,可以适用受害人同意的规则,而不适用自甘冒险。当然,如果存在其他需要承担侵权责任的人,如一同组队爬山却见死不救,则另当别论。

2. 其他参与者没有故意或者重大过失。所谓其他参与者是指与受害人一同参与具有一定风险的文体活动的人,如拳击比赛中的对手、球赛中的其他球员等。当其他参与者因故意或者重大过失而给受害人造成损害的,不能以自甘冒险作为抗辩。例如,拳击比赛中故意违反比赛规则,殴打对手的要害部位。虽然参与者自愿参与拳击比赛这一具有风险的体育活动,但只是愿意接受该文体活动在符合比赛规则情形下的正常风险,不意味着其愿意承受犯规行为制造的风险。故此,在其他参与者有故意或者重大过失的情形下,不能依据《民法典》第1176条免除参与者的侵权责任。

---

[80] 《民法典侵权责任编草案》第二次审议稿第954条之一的第1款曾规定:"自愿参加具有危险性的活动受到损害的,受害人不得请求他人承担侵权责任,但是他人对损害的发生有故意或者重大过失的除外。"这个"危险性活动"的范围非常广泛,容易导致司法实践中自由裁量权过大,出现不适当免除侵权责任的弊端。故此,从第三次审议稿后,就修改为"具有一定风险的文体活动"。

四、自甘冒险的法律效果

由于对自甘冒险的适用范围有不同的规定,因此,比较法上对自甘冒险有不同的认识与处理方法。在德国,法院早期的判决将自甘冒险当作是受害人“默示的同意”,这个同意是拟制的,即受害人虽然知道其面临的风险,但是他通常相信该风险并不会真正地实现。现在,德国联邦法院的判例认为,自甘冒险应当依据《德国民法典》第254条即过失相抵的规则处理。[81]美国法上的传统规则认为,受害人自甘冒险时不能要求被告赔偿。法院传统上裁定承担了被告过失风险的原告不能获得损害赔偿,儿童和成年人都可以自担风险,而且如果他们确实自担了风险,他们的诉讼请求将会被禁止。[82]《美国侵权法重述(第二次)》将自甘冒险当作是受害人的同意,原告的自甘冒险属于被告的抗辩。该重述第496A条规定:“原告自愿承担被告过失或者鲁莽行为而致伤害的风险的,无权就该伤害获得赔偿。”不过现在的法院已经不再将自甘冒险作为一个单独的抗辩了,被告也不能仅仅以原告自甘冒险为由而免责。现在法院对自甘冒险的案件通过以下手段加以解决:其一,适用比较过错规则;其二,裁定被告没有注意义务;其三,裁定被告没有违反义务。具体适用哪一种方法需要根据案件的具体情况确定。[83]

在我国《民法典》颁布前,法院对于自甘冒险的处理方法与美国法院相同。首先,有些案件中,原告自甘冒险只是意味着其对损害的发生存在过错,故可以适用过失相抵的规则,相应地减轻赔偿责任。例如,在一个案件中,原告孙某找被告胡某帮忙办事,在与其吃饭喝酒后,乘坐被告胡某驾驶的小客车。被告胡某醉酒驾驶该车途中,与另一被告李某驾驶的大货车相撞,发生交通事故,致被告胡某、车上乘客朱某和原告孙某受伤,车辆受损。孙某起诉胡某和李某等人,法院认为,原告自甘冒险,乘坐被告胡某醉酒驾驶的车辆,有一定的过错,可减轻被告胡某的赔偿责任。[84]

其次,在有些案件中,原告的自甘冒险只是意味着被告因对原告的损害没有过错,故此不承担赔偿责任,受害人应当自担损害。例如,在体育比赛中,尤其是那些对抗性激烈、具有一定危险性的比赛如足球、篮球、拳击等,参与者同意参加比赛,就意味着自愿承担了特定的风险。与原告一同比赛的被告只要不是因故意或重大过失给原告造成损害的,就不需要负责。

再如,在一些具有一定危险性的活动中,被告尽到了相应的注意义务后,原告的自甘冒险行为使得其自担损害而无权要求被告承担赔偿责任。在一起案件中,原告在被告的溜冰场溜冰时摔倒受伤,要求被告承担赔偿责任。法院认为:溜冰作为一种体育活动,与一般的消费活动有不同之处。因为溜冰本身就是一种具有危险性的运动,从溜冰者进入溜冰场,穿上溜冰鞋实施溜冰行为以后,就已经存在一定程度的危险性。它与溜冰者的溜冰技术等因素有很大关系,在这一过程中,提供溜冰场所的经营者的注意义务不是确保每个溜冰者不发生摔跤跌倒等意外。本案中,被上诉人曹吉长在事发时已是未满16岁的中学生,应当具有对溜冰行为危险性的识别能力。其能够意识到溜冰可能导致摔伤的后果,也完全可以通过不去溜冰而避免危险的发生,但其为了通过溜冰而获得某种身体或心理上的满足,不顾潜在的危险而去溜冰的行

---

〔81〕 Oliver Brand, Schadensersatzrecht, Beck, 2010, S. 115.

〔82〕 [美]丹·B. 多布斯:《侵权法》(上册),马静等译,中国政法大学出版社2014年版,第466页。

〔83〕 [美]丹·B. 多布斯:《侵权法》(上册),马静等译,中国政法大学出版社2014年版,第466页。

〔84〕 孙永青与胡有磊等人身损害赔偿纠纷上诉案,载最高人民法院中国应用法学研究所编:《人民法院案例选》(总第66辑),人民法院出版社2009年版,第84页以下。

为属“自甘冒险行为”。这种行为的法律后果主要由自甘冒险者自己承担。[85]

现在,《民法典》第 1176 条已经对自甘冒险的适用范围进行了限制,即仅限于具有一定风险的文体活动,且明确规定自甘冒险的法律效果只是免除其他参与者的侵权责任。至于该具有一定风险的文体活动的经营者、管理者、组织者或者教育机构的侵权责任,并不能以受害人自甘冒险为由免除。对此,《民法典》第 1176 条第 2 款规定:“活动组织者的责任适用本法第一千一百九十八条至第一千二百零一条的规定。”这就是说,如果是因为体育场馆、娱乐场所等经营场所、公共场所的经营者、管理者或者群众性活动的组织者,未尽到安全保障义务,造成他人损害的,或者因第三人侵权而经营者、管理者或组织者没有尽到安全保障义务的,他们分别依据《民法典》第 1198 条第 1 款和第 2 款承担侵权责任。如果是幼儿园、学校或者其他教育机构组织的具有一定风险的文体活动,那么教育机构应当分别依据《民法典》第 1199 ~ 1201 条承担侵权责任。[86]

第十节　第三人行为

一、第三人行为的概念

侵权法的全部规则都是建立在“**双边性**”的基础之上的,[87] 即以“加害人与受害人”“侵权人与被侵权人”这样“一对一”的模式为基础来组织个体之间关系,规范当事人的权利义务。这种“一对一”的关系之外的人,就是所谓的“第三人”。在被告实施了侵害他人民事权益的行为后,如果第三人从事了某种对损害后果发生了积极影响的行为,就要考察该第三人之行为是否取代被告的加害行为成为损害后果的真正原因,从而发生免除被告侵权赔偿责任的效果。这就是侵权法上的“第三人行为”需要解决的问题。[88]

在我国民法学界,有些学者将第三人行为称为“第三人的过错”,[89] 有些学者称为“第三人的原因”。[90] 本书认为,“第三人行为”更加准确。一方面,“第三人的原因”过于模糊,事实上,只有第三人所从事的行为才可能对损害结果发生影响;另一方面,尽管能够免除被告侵权赔偿责任的第三人行为基本上都是第三人有过错的行为,但使用“第三人的过错”易使人误认为第

---

[85] 朱玉香与曹吉长人身损害赔偿纠纷上诉案,江西省赣州市中级人民法院(2004)赣中民一终字第 279 号民事判决书。

[86] 详细分析参见王利明:《论受害人自甘冒险》,载《比较法研究》2019 年第 2 期。

[87] [澳]彼得·凯恩:《侵权法解剖》,汪志刚译,北京大学出版社 2010 年版,第 16 页。

[88] 不仅侵权法上有所谓的第三人行为问题,合同法上也存在。对于合同法上第三人行为的讨论,参见韩世远:《他人过错与合同责任》,载《法商研究》1999 年第 1 期;周江洪:《〈合同法〉第 121 条的理解与适用》,载《清华法学》2012 年第 5 期。

[89] 王利明主编:《民法·侵权行为法》,中国人民大学出版社 1993 年版,第 198 页;张新宝:《中国侵权行为法》(第 2 版),中国社会科学出版社 1998 年版,第 615 页;刘士国:《现代侵权损害赔偿研究》,法律出版社 1998 年版,第 99 页;李显冬主编:《侵权责任法》,中国政法大学出版社 2005 年版,第 76 页;尹志强:《侵权行为法专论》,中国政法大学出版社 2008 年版,第 104 页;王胜明主编:《中华人民共和国侵权责任法解读》,中国法制出版社 2010 年版,第 131 页。

[90] 王利明:《侵权责任法研究》(上卷),中国人民大学出版社 2010 年版,第 433 页;张新宝:《侵权责任法》(第 3 版),中国人民大学出版社 2013 年版,第 69 页。

三人行为仅仅是适用过错责任的一般侵权行为。

我国《民法典》第 1175 条规定："损害是因第三人造成的，第三人应当承担侵权责任。"该条是对第三人行为的一般性规定。《民法典》第 1204、1236、1233、1250 条还分别就产品责任、高度危险物损害责任、环境污染和生态破坏责任、饲养动物损害责任中的第三人行为作了规定。此外，一些单行法中也有对第三人行为的规定，如《石油天然气管道保护法》第 40 条第 1 款、《水污染防治法》第 96 条第 4 款以及《电力法》第 60 条第 3 款等。

二、第三人行为的性质与定位

（一）各国家及地区的不同立场

多数国家或地区的民法典都没有将第三人行为作为一种独立的免责事由加以规定。例如，《德国民法典》规定的违法阻却事由（亦即免责事由）包括正当防卫、紧急避险与自助行为（《德国民法典》第 227 ~ 231 条）。[91] 此外，在规范危险责任的单行法中，如《德国道路交通法》《德国环境责任法》《德国航空交通法》等法律中，不可抗力也被作为免责事由。至于第三人行为，一般不能影响严格责任（除非其在某些情况下构成不可避免的事件）。如果第三人也需要对损害负全部责任的话，那么承担严格责任的被告与第三人依据《德国民法典》第 840 条第 1 款的规定向受害人负连带责任，其内部则依据各自的过错分摊（《德国民法典》第 426 条第 1 款第 1 项与第 254 条第 1 款）。《德国基因工程法》第 32 条第 3 款第 2 句明确规定，第三人的过错并不能影响对基因变异有机体所致损害的责任承担者的严格责任。[92]

少数国家或地区的民法对第三人行为属于免责事由作了规定。例如，《法国民法典》第 1147 条规定，当债务人证明了之所以不履行债务是由于不应归由其个人负责的外来原因时，债务人可以免责。该规定原本只适用于契约领域，后被学说扩展至侵权领域，尤其适用于《法国民法典》第 1382 条与第 1383 条规定的过错责任。根据判例，不可归责于被告的原因有三：不可抗力、受害人的过错及第三人的行为。后两种原因仅仅在其本身是不可抵抗和无法预见时才能成为完全的免责事由。[93] 《俄罗斯联邦民法典》第 1079 条关于高度危险活动的规定承认了第三人违法行为可以作为免责事由，即高度危险来源在因第三人违法行为而脱离占有人的占有且占有人对此不存在过错时，占有人可以免责，由第三人承担赔偿责任。《荷兰民法典》第六编第 178 条第 5 项规定，如果损害是因为非雇员的第三人的故意行为所致，被告可以免于承担第 175 ~ 177 条规定的责任。其中，第 175 条规定了高度危险物损害责任，第 176 条规定的是污染物损害责任，第 177 条则规定了矿物外溢损害责任。[94] 《荷兰民法典》第 185 条第 3 款还规定："产品缺陷和第三人的行为共同导致损害发生的，不减轻生产者的责任。"再如，我国台湾地区"民法"规定了第三人的行为对动物占有人的责任不发生影响，即该法第 190 条第 2 款规定："动物系由第三人或他动物之挑动，致加损害于他人者，其占有人对于该第三人或该他动物之占有人，有

---

〔91〕 德国学说上认为，受害人承诺也属于免责事由之一。Deutsch/Ahrehs, Deliktsrecht, 5. Aufl. , 2009, S. 44.

〔92〕 [奥]科赫、考茨欧：《侵权法的统一：严格责任》，管洪彦译，法律出版社 2012 年版，第 228 页。

〔93〕 张民安：《现代法国侵权责任制度研究》，法律出版社 2003 年版，第 105 ~ 106 页。

〔94〕 参见王卫国主译：《荷兰民法典（第 3、5、6 编）》，中国政法大学出版社 2006 年版。

求偿权。"[95]

在普通法系国家侵权法中,第三人行为属于"介入行为"(intervening acts)或"介入原因"(intervening causes)的一种。[96] 因介入行为或介入原因而使得原本因其在先行为属于造成损害的实质性因素进而需要承担责任的行为人免于承担责任时,那么该介入行为或介入原因就成为所谓的"替代原因"(Superseding Causation)。[97] 也就是说,该原因替代了先前行为人的行为而成为损害的真正原因。在英美侵权法的理论与实务中,介入原因并非一种独立的抗辩事由,而是在考察法律因果关系即因果关系的遥远性问题时需要考虑的问题。[98] 例如,《美国侵权法重述(第二次)》就是在第二编"过失侵权"(negligence)第十六章"过失责任所必需的因果关系"中对替代原因作出的规定(第440~453条)。在关于第440条的评论中,重述起草者写道:"一项替代原因将免除行为人的责任,无论行为人的先前过失行为是否属于损害的实质性因素。如果在查找损害的原因与探寻事件造成的后果时,发现有替代原因在起作用,那么就无须再去决定行为人的先前过失行为是否属于造成损害的实质性原因。"[99]

(二)我国法关于第三人行为规定的演变

《民法通则》未将第三人行为作为一般性的免责事由,只是在第127条规定:"饲养的动物造成他人损害的,动物饲养人或者管理人应当承担民事责任;由于受害人的过错造成损害的,动物饲养人或者管理人不承担民事责任;由于第三人的过错造成损害的,第三人应当承担民事责任。"当时不少民法学者认为,第三人行为是一类独立且重要的抗辩事由。因为在原告(受害人)起诉被告以后,如果被告证明该损害完全或部分由于第三人的过错造成的时候,则可以相应地减轻或免除被告的责任。[100] 例如,王利明教授主编的《民法·侵权行为法》一书就将抗辩事由分为正当理由与外来原因,第三人的过错属于外来原因。所谓外来原因是指损害并非被告的行为造成,而是由一个外在于其行为的原因独立造成的。外来原因的存在不仅可以证明被告没有过错,还可以证明被告的行为与损害结果之间不具有直接的因果关系。[101] 在损害纯

---

〔95〕 类似的规定还有《越南社会主义共和国民法典》,其也是在动物损害责任中对第三人的行为作出了规定。该民法典第625条第1、2款规定:"牲畜造成他人损害的,牲畜的所有权人应当承担赔偿责任;若损害完全由于受害人自己的过错造成,则牲畜的所有权人不承担赔偿责任。若完全由于第三人的过错引起牲畜造成他人损害,则第三人应当承担赔偿责任;若第三人与牲畜的所有权人都有过错,则双方承担连带责任。"吴远富译:《越南社会主义共和国民法典(2005年版)》,厦门大学出版社2007年版,第152页。

〔96〕 自然事件、受害人的行为等也属于介入原因。W. V. H. Rogers, *Winfield & Jolowicz on Tort*, 16th ed., Sweet & Maxwell, 2002, p. 240; Mark Lunney & Ken Oliphant, *Tort Law*, 2nd ed., Oxford University Press, 2003, p. 226.

〔97〕 参见《美国侵权法重述(第二次)》第440条。该条原文为:"A superseding cause is an act of a third person or other force which by its intervention prevents the actor from being liable for harm to another which his antecedent negligence is a substantial factor in bringing about."

〔98〕 对英美侵权法上介入原因有介绍的中文文献包括李亚虹:《美国侵权法》,法律出版社1999年版,第82~87页;[美]文森特·R.约翰逊:《美国侵权法》,赵秀文等译,中国人民大学出版社2004年版,第127~136页;张小义:《侵权责任理论中的因果关系研究——以法律政策为视角》,中国人民大学2006年博士学位论文,第7章;冯珏:《英美侵权法中的因果关系》,中国社会科学出版社2009年版,第4章第3节"介入原因"。

〔99〕 The American Law Institute, *Restatement of the Law second*, *Torts 2d.*, Vol. 2 §§ 281-503, American Law Institute Publishers, 1965, p. 465.

〔100〕 王利明主编:《民法·侵权行为法》,中国人民大学出版社1993年版,第198页;张新宝:《中国侵权行为法》(第2版),中国社会科学出版社1998年版,第615页;刘士国:《现代侵权损害赔偿研究》,法律出版社1998年版,第99页;李显冬主编:《侵权责任法》,中国政法大学出版社2005年版,第76页;尹志强:《侵权行为法专论》,中国政法大学出版社2008年版,第104页。

〔101〕 王利明主编:《民法·侵权行为法》,中国人民大学出版社1993年版,第178页。

粹是由于第三人的过错造成之时,被告对于损害的发生就没有过错,因此被告可以免责,由第三人承担责任。再如,张新宝教授认为:"在侵权案件的原告和被告之外的第三人,由于其主观上的过错而实施某种违法行为,该行为构成原告损害发生或扩大的原因时,被告得依此主张减轻或免除侵权的民事责任;与此相适应,第三人应当对损害后果承担部分或全部赔偿责任。"[102]

在对《侵权责任法》起草产生了重要影响的两部学者民法典草案中,第三人的过错(第三人的行为)均被作为一项与正当防卫、紧急避险、不可抗力并列的独立的免责事由加以规定。例如,梁慧星教授主持的《中国民法典草案建议稿》"侵权行为编"第1562条规定:"损害是由于第三人的过错行为造成的,由该第三人承担民事责任。第三人的过错行为与加害人的行为竞合导致损害发生的,适用本法第一千五百五十条的规定。"[103]王利明教授主持的《中国民法典学者建议稿》"侵权行为编"第1853条规定:"因第三人的过错造成损害的,应当由该第三人承担民事责任。但法律另有规定的除外。"[104]

在《侵权责任法》的制定过程中,就是否将第三人行为规定为一般性的免责事由的问题,存在争议。肯定说认为,《侵权责任法》应当规定第三人过错,因为"第三人过错是一个非常重要的抗辩事由,无论是以过错责任为归责原则,还是以无过错责任为归责原则,完全由于第三人过错所造成的损害,原则上应由第三人承担责任,行为人或者致害物件的所有人可以主张免责"。[105] 否定说主张,《侵权责任法》不应当将第三人的过错规定为一般的抗辩事由,而应根据不同的侵权责任类型,在相关的侵权责任类型中作特别规定。首先,第三人过错涉及的情况非常复杂:一是损害完全是第三人过错行为造成的,此时第三人已不是第三人,而是直接的侵权人,应由其承担侵权责任。例如,甲酒后驾车撞倒乙的围墙,倒塌的围墙将丙砸伤,尽管是乙的围墙将丙砸伤,但直接侵权人是甲,其既侵害了乙的物权,又侵害了丙的健康权,故此,应由甲对乙和丙承担侵权责任。二是损害完全是第三人的原因造成,但应由行为人对受害人承担责任,行为人承担责任后,再向第三人追偿,如高度危险作业损害责任。三是第三人与行为人都有过错,但双方没有共同故意或者过失,构成无意思联络的共同致害,由双方按照各自过错的大小承担按份责任。四是第三人与行为人共同侵权,二者应承担连带责任。因此,不宜将第三人过错规定为一般的抗辩事由。[106] 其次,第三人的过错行为实质上就是割裂了行为人的行为与损害后果之间的因果关系,既然行为人的行为与损害后果之间没有因果关系,自然就不承担责任。[107]

最终,立法者采取了折中方案:一方面,《侵权责任法》在规定减责与免责事由的第三章中专门规定了第三人的行为,这表明立法者认为第三人的行为是减责或免责事由;另一方面,《侵权责任法》又未规定第三人的行为究竟是减责事由还是免责事由以及如何免责。《侵权责任

---

〔102〕 张新宝:《中国侵权行为法》(第2版),中国社会科学出版社1998年版,第616页。

〔103〕 该条由张新宝教授负责起草并撰写释义。参见梁慧星主编:《中国民法典草案建议稿附理由·侵权行为编、继承编》,法律出版社2004年版,第30~31页。

〔104〕 该条立法理由认为,要把《民法通则》第127条对第三人过错的规定"这一立法规定推而广之,使其成为一般的抗辩事由"。该条由熊谞龙博士撰写并草拟立法理由。参见王利明主编:《中国民法典学者建议稿及立法理由·侵权行为编》,法律出版社2005年版,第56~57页。

〔105〕 全国人大常委会法制工作委员会民法室:《侵权责任法立法背景与观点全集》,法律出版社2010年版,第131页。

〔106〕 全国人大常委会法制工作委员会民法室:《侵权责任法立法背景与观点全集》,法律出版社2010年版,第544页。

〔107〕 全国人大常委会法制工作委员会民法室:《侵权责任法立法背景与观点全集》,法律出版社2010年版,第544页。

法》第 28 条规定:“损害是因第三人造成的,第三人应当承担侵权责任。”这一表述非常独特,完全不同于其他关于免责事由的条款,仅规定第三人应当承担责任,却没有规定行为人即被告是否减责或免责抑或与第三人承担连带责任或按份责任。《民法典》延续了《侵权责任法》的规定,其第 1175 条与《侵权责任法》第 28 条的规定一模一样,未作修改。

(三)无须将第三人行为规定为一般性的免责事由

为什么在大陆法系国家和普通法系国家,第三人的行为都不是一般性的免责事由,法律中多不作规定,即便规定,也只是在个别一些适用无过错责任的侵权行为中加以规定?本书认为,原因有二:

首先,因果关系是所有法律责任必须具备的构成要件,没有因果关系,行为人当然不需要为损害后果负责,这一点毋庸多言。第三人的行为要能够免除行为人的侵权责任,就必须是中断了行为人在先行为与损害后果间的因果关系,即第三人的行为取代了行为人的在先行为而成为损害的真正原因。倘非如此,第三人的行为无法免除行为人的责任。因果关系本来就是侵权责任构成要件中最重要、最基本的一项。无论是原被告,还是法官,都必须认真对待。原告要证明侵权责任成立,就必须证明加害行为与权益被侵害之间存在因果关系;被告若想不承担责任,可以通过证明加害行为与权益被侵害之间不存在因果关系来实现,第三人的行为往往就是被告用来否定该因果关系的重要抗辩理由。这一点在多数人侵权责任中极为明显,原告的损害是由多个人的行为造成的,而原告只是起诉了其中的一个被告,该被告就会以原告的损害是其他人的行为即第三人的行为所致为由,要求免责或减责。例如,2003 年 12 月 8 日被告林某无证驾驶无牌照两轮摩托车在 S206 线 241KM + 850M 撞到原告之子白某,白某躺倒在地,尚未起身又被一辆疾驶而过的大货车碾压死亡,大货车驾驶人肇事逃逸。原告起诉被告,要求被告赔偿死亡赔偿金、丧葬费等。被告辩称:自己只是撞伤了白某而已,而没有压死白某。白某是被第三人驾驶的大货车碾压死亡的,因此原告应向大货车驾驶人请求赔偿,与自己无关。[108] 显然,在侵权诉讼中,最终要由法官来确认是否存在责任成立的因果关系。由此可见,第三人的行为原本就是考察侵权责任构成要件时不可回避的问题。

其次,独立的免责事由应当具有独立的事实涵摄范围与独立的规范功能。[109] 在不可抗力能够涵盖第三人行为的情况下,第三人行为显然不符合作为独立免责事由的要求。大陆法系国家的不可抗力并非如同我国法那样限制于所谓的“客观情况”,其范围非常广,既包括客观的、自然界的情况,也包括第三人的行为和社会行为(如罢工、武装冲突、暴力骚乱)。事实上,那些能够免除被告责任的第三人行为基本上都可以被不可抗力所涵盖。例如,在德国法上,能够免除大多数危险责任中侵权人赔偿责任的免责事由就是不可抗力(Hoehere Gewalt)。以机动车交通事故责任为例,德国民法学通说认为,所谓不可抗力是指由自然力或(外在的)第三人之行为引发的特别的、外在的且依据人们的洞察与经验,诉诸在特定情形下可期待的合理经济措施或注意都无法阻止的事件。[110] 如果第三人的行为符合不可抗力的要件,就被归入不可抗力当中,进而免除被告的责任。如不能归入不可抗力,即便存在第三人的行为,对于被告的侵

---

[108] 白建金等诉林华东道路交通事故人身损害赔偿案,载最高人民法院中国应用法学研究所:《人民法院案例选》(总第 51 辑),人民法院出版社 2005 年版,第 269 页。

[109] 关于抗辩事由具有的独立性、派生性与例外性等三项特征,是由冯珏博士在其论文《论侵权法中的抗辩事由》(载《法律科学》2011 年第 4 期)中提出并详加阐述的,笔者深表赞同。

[110] Hentschel, Strassenverkehrsrecht, 38. Aful. , Beck, 2005, § 7StVG, Rn. 32.

权责任也不发生影响。再如,在法国,不可抗力是债的免责事由,而不可抗力要求具备不可预见性、不可抗拒性以及外来性(与债务人本人的原因无关)三大特征。根据法国最高法院的意见,如果第三人的行为是不能预见,也不能阻止其产生后果时,就具备了不可抗力的特征。[111] 申言之,在法国法中,第三人的行为无论是有过错还是无过错,并非当然免责,需要区分不同的情形。如果第三人的行为符合了不可抗力的上述三大特征,可以免责,此时第三人的行为只是一种不可抗力而已;倘若第三人的行为不符合不可抗力的特征,是被告可以预见的,则被告不能以存在第三人行为为由要求免责。当然,被告赔偿后可以向第三人追偿。[112] 此外,在奥地利、意大利、匈牙利等国家的侵权法中,也都是在不可抗力这一免责事由之下考虑第三人行为的问题,未将第三人行为作为一项独立的免责事由加以规定。[113]

我国《民法典》虽将第三人行为与受害人故意、自甘冒险、自助行为规定在一起,但是,这并不当然意味着只要有第三人行为,就一定会中断因果关系,免除行为人的侵权责任。第三人的行为究竟在何时中断因果关系,只能根据案件的具体情况加以考察。因此,从立法上来说,将第三人的行为作为抗辩事由加以规定,实际上无助于解决该问题。[114] 或许正是出于这种考虑,《民法典》第 1175 条及《侵权责任法》第 28 条才规定得非常模糊,不能如同规范不可抗力、受害人故意的条文那样明确而肯定地说行为人或被告"不承担责任"。对于这样的规定,如果不从理论上进行深入的解释与研究,只能说更多的是具有宣示性的意义。

三、第三人行为的法律效果与适用范围

(一)第三人行为的法律效果

《民法典》第 1175 条及《侵权责任法》第 28 条并未明确规定第三人行为会在何种情形下产生何种效果。一种观点认为,《侵权责任法》第 28 条确实没有明示在第三人原因致损的情况下,行为人的责任是否应当完全免除。但由于该条规定在《侵权责任法》的第三章,所以从体系解释的角度来看,应当认为第三人的原因既可能是减责事由,也可能是免责事由。[115] 具体来说,当第三人的过错是造成损害的唯一原因时,则在过错责任中被告应当免责,由第三人向原告承担责任;在无过错责任或过错推定责任中,有些情况下是由被告承担责任,然后向第三人追偿,有些情况下则由被侵权人选择责任承担,还有些情况下只是由第三人承担责任。当第三人的过错是造成损害的部分原因时,则被告可以依据法律规定相应地减轻责任。[116] 另一种观点认为,《侵权责任法》第 28 条规定的第三人行为仅指那些能够免除被告侵权责任的第三人行为。申言之,该条规定的第三人侵权行为,是指第三人由于过错,通过实际加害人的直接行为或间接行为,造成被侵权人民事权利损害,应当由第三人承担侵权责任,实际加害人完全免除责任的多数人侵权。如果第三人的行为与实际加害人的行为对于损害的发生或扩大都有过错,就形成了不同于第三人侵权行为的共同侵权行为或分别侵权行为,也可能构成竞合侵权行

---

〔111〕 罗结珍译:《法国民法典》(下册),法律出版社 2005 年版,第 877 页。

〔112〕 张民安:《现代法国侵权责任制度研究》,法律出版社 2003 年版,第 110 页。

〔113〕 详见[德]克里斯蒂安·冯·巴尔、[英]埃里克·克莱夫主编:《欧洲私法的原则、定义与示范规范:欧洲示范民法典草案》(全译本)(第 5、6、7 卷),王文胜等译,法律出版社 2014 年版,第 693 页。

〔114〕 冯珏:《论侵权法中的抗辩事由》,载《法律科学》2011 年第 4 期。

〔115〕 王利明:《侵权责任法研究》(上卷),中国人民大学出版社 2010 年版,第 433 页。

〔116〕 王胜明主编:《中华人民共和国侵权责任法解读》,中国法制出版社 2010 年版,第 132 ~ 135 页。

为，但不会是第三人侵权责任。[117]

本书认为，由于《民法典》第 1175 条只是规定，损害是因第三人造成的，第三人应当承担侵权责任，没有涉及被告究竟能否减责或免责的问题。故此，在被告以第三人行为作为抗辩时能否免责，首先取决于法律的规定。从我国《民法典》的规定来看，第三人行为对侵权人责任的影响可以分为以下三种情形：

1. 第三人行为即便中断因果关系，被告也不得免责，依然要承担侵权责任。主要包括：(1)《民法典》第 1204 条规定："因运输者、仓储者等第三人的过错使产品存在缺陷，造成他人损害的，产品的生产者、销售者赔偿后，有权向第三人追偿。"这就是说，即便产品的缺陷是由于运输者、仓储者等第三人的过错所致，生产者、销售者也不得以此作为免责事由，而必须先向被侵权人承担责任，然后进行追偿。(2)《民法典》第 1223 条规定，因药品、消毒产品、医疗器械的缺陷，或者输入不合格的血液造成患者损害的，患者可以向药品上市许可持有人、生产者、血液提供机构请求赔偿，也可以向医疗机构请求赔偿。患者向医疗机构请求赔偿的，医疗机构赔偿后，有权向负有责任的药品上市许可持有人、生产者、血液提供机构追偿。(3)《民法典》第 1233 条规定，因第三人的过错污染环境、破坏生态的，被侵权人可以向侵权人请求赔偿，也可以向第三人请求赔偿。侵权人赔偿后，有权向第三人追偿。(4)《民法典》第 1250 条规定，因第三人的过错致使动物造成他人损害的，被侵权人可以向动物饲养人或者管理人请求赔偿，也可以向第三人请求赔偿。动物饲养人或者管理人赔偿后，有权向第三人追偿。(5)《民法典》第 1252 条第 1 款规定，建筑物、构筑物或者其他设施倒塌、塌陷造成他人损害的，由建设单位与施工单位承担连带责任，但是建设单位与施工单位能够证明不存在质量缺陷的除外。建设单位、施工单位赔偿后，有其他责任人的，有权向其他责任人追偿。该款中的其他责任人是指建设单位、施工单位之外的第三人，如勘察单位、设计单位、监理单位等。

2. 第三人行为中断因果关系，被告可以免责，应当由第三人承担侵权责任。《民法典》第 1252 条第 2 款规定，因所有人、管理人、使用人或者第三人的原因，建筑物、构筑物或者其他设施倒塌、塌陷造成他人损害的，由所有人、管理人、使用人或者第三人承担侵权责任。例如，第三人驾驶汽车撞击建筑物致使建筑物倒塌而给他人造成损害的，此时应由该第三人承担侵权责任，建筑物的所有人、管理人或使用人无需承担侵权责任。

3. 虽然实施侵权行为的就是第三人，第三人应当承担侵权责任，但被告也不能以第三人行为为由主张免责，而需要承担相应的补充责任或公平责任。主要包括：(1)《民法典》第 1192 条第 2 款规定，提供劳务期间，因第三人的行为造成提供劳务一方损害的，提供劳务一方有权请求第三人承担侵权责任，也有权请求接受劳务一方给予补偿。接受劳务一方补偿后，可以向第三人追偿。(2)《民法典》第 1198 条第 2 款规定，因第三人的行为造成他人损害的，由第三人承担侵权责任；经营者、管理者或者组织者未尽到安全保障义务的，承担相应的补充责任。经营者、管理者或者组织者承担补充责任后，可以向第三人追偿。(3)《民法典》第 1201 条规定，无民事行为能力人或者限制民事行为能力人在幼儿园、学校或者其他教育机构学习、生活期间，受到幼儿园、学校或者其他教育机构以外的第三人人身损害的，由第三人承担侵权责任；幼儿园、学校或者其他教育机构未尽到管理职责的，承担相应的补充责任。幼儿园、学校或者其他教育机构承担补充责任后，可以向第三人追偿。

---

〔117〕　杨立新、赵晓舒：《我国〈侵权责任法〉中的第三人侵权行为》，载《中国人民大学学报》2013 年第 4 期。

至于第三人行为与被告的行为共同构成损害的原因,从而使得被告对内或对外只需要承担部分责任的情形,则属于《民法典》第 1168 ~ 1172 条规范的多数人侵权责任。

(二)第三人行为的适用范围

第三人行为当然可以适用于一般侵权行为,问题是能否适用于危险责任(严格责任)。瑞士民法学通说认为,不可抗力、第三人行为与受害人过错是三种经典的抗辩事由,可以在几乎所有的严格责任中加以适用。意大利法上,第三人有过错的证明一般也可以使得危险责任中的行为人免责。但是,在德国与西班牙法中,第三人行为通常不能免除严格责任。[118] 我国民法学界就第三人行为的适用范围存在不同的看法。第一种观点认为,第三人行为既可以适用于过错责任、过错推定责任,也可以适用于无过错责任。在过错责任与过错推定责任中,只要被告能够证明损害完全是由于第三人的过错行为所致,则第三人的行为是损害的全部原因,被告可以免责,第三人应当承担责任。"在无过错责任中,根据危险程度的不同,对于一些超常危险的活动,即使受害人的损害完全是由第三人的过错行为造成的,法律规定必须首先由危险活动的行为人或者高度危险物的持有人承担责任;对于一般危险活动的行为人,如果其能够证明受害人所遭受的损害完全是由第三人的过错行为造成的,则免除其责任,而由第三人承担损害赔偿责任。"[119] 第二种观点认为,第三人行为当然可以普遍适用于各种一般的过错责任和过错推定责任,但能否适用于无过错责任,需要法律明确规定。因为严格责任的免责事由是受到限制的,只有存在法律规定的特殊的免责事由的情形下才可以免责。[120]

本书认为,由于因果关系是所有的民事责任必备的构成要件,因此,原则上说,除非法律另有规定,否则第三人行为可适用于所有的侵权责任。不过,对于危险责任而言,第三人的行为能否作为普遍性适用的免责事由,需要特别考虑。因为在危险责任中,责任人承担责任的根本原因在于其制造了危险并且该危险现实化给他人造成了损害,因此责任人负有控制并防范危险现实化的义务。责任人也仅就其应当控制和防范的危险被现实化后造成的损害负无过错责任,否则仅承担过错责任。然而,每一类危险责任中责任人应对之负无过错责任的危险范围是不同的,第三人的行为是否属于责任人应当控制和防范的危险,需要逐一斟酌确定。[121] 如果第三人的行为是责任人需要控制与防范的危险,那么即便损害完全由于第三人的行为所致,责任人也不能免责;反之,就可以免责。

第十一节 其他免责事由

一、法律和行政法规的规定

法律、行政法规可以规定特定的情形中某种行为虽然客观上对于民事权益造成影响,但不

[118] 第三人行为能否作为危险责任免责事由的比较法介绍,参见[奥]科赫、考茨欧:《侵权法的统一:严格责任》,管洪彦译,法律出版社 2012 年版。

[119] 王胜明主编:《中华人民共和国侵权责任法解读》,中国法制出版社 2010 年版,第 132 页。

[120] 王利明:《侵权责任法研究》(上卷),中国人民大学出版社 2010 年版,第 414 页。

[121] 诚如冯珏博士所言,正由于危险责任中"危险范围要件尚未澄清,加之危险责任中过错要件的放弃和因果关系要件的放松",才使得第三人的行为等外来原因的抗辩在危险责任中获得了独立的涵摄范围,具有作为独立抗辩事由的可行条件。冯珏:《论侵权法中的抗辩事由》,载《法律科学》2011 年第 4 期。

构成侵权行为,行为人无须承担侵权责任。《民法典》人格权编和侵权责任编对此有明确的规定。例如,《民法典》第1020条规定,合理实施下列行为的,可以不经肖像权人同意:为个人学习、艺术欣赏、课堂教学或者科学研究,在必要范围内使用肖像权人已经公开的肖像;为实施新闻报道,不可避免地制作、使用、公开肖像权人的肖像;为展示特定公共环境,不可避免地制作、使用、公开肖像权人的肖像;为维护公共利益或者肖像权人合法权益,制作、使用、公开肖像权人的肖像的其他行为。这些行为不属于侵权行为,无须承担侵权责任。《民法典》第1025条规定,行为人为公共利益实施新闻报道、舆论监督等行为,影响他人名誉的,不承担民事责任,除非存在捏造、歪曲事实,对他人提供的严重失实内容未尽到合理核实义务或者使用侮辱性言辞等贬损他人名誉的情形。再如,依据《民法典》第1033条规定,除非法律另有规定或者权利人明确同意,任何组织或个人不得实施该条所列举的侵害隐私权的行为。所谓法律另有规定,如《刑事诉讼法》第136条规定:"为了收集犯罪证据、查获犯罪人,侦查人员可以对犯罪嫌疑人以及可能隐藏罪犯或者犯罪证据的人的身体、物品、住处和其他有关的地方进行搜查。"《国家情报法》第15条规定:"国家情报工作机构根据工作需要,按照国家有关规定,经过严格的批准手续,可以采取技术侦察措施和身份保护措施。"

二、行使权利

行使权利,仅是指民事主体行使其私法上的权利,这种私法上的权利,既包括民事实体法规定的权利,如所有权、抵押权、质权、债权等,也包括民事程序法上法律赋予的权利,如诉讼权、申请财产保全的权利等。权利人正当行使民事权利的行为,即便客观上给他人带来了某种不利的影响,也不构成侵权行为。民事主体行使权利必须遵循不得滥用权利的原则。《民法典》第132条规定:"民事主体不得滥用民事权利损害国家利益、社会公共利益或者他人合法权益。"如果权利人以损害他人为目的,滥用权利,就会构成侵害他人权益的侵权行为,需要承担侵权责任。

滥用权利与正当行使权利的最大区别就在于:滥用权利中,权利人不是为了维护自己的利益而行使权利,其行使权利的主要目的就是损害他人,包括"对自己所得利益极小而于他人损害甚大者,或其行使违反经济用途或社会目的者"。[122] 实践中,比较常见的滥用权利造成他人损害的情形有以下两类。

1. 恶意诉讼,即故意以使他人受到损害为目的,无事实根据和正当理由而提起民事诉讼,致使相对人在诉讼中遭受损失的行为。[123] 权利人滥用权利造成他人损害时,应当依据《民法典》第1165条第1款,承担过错侵权责任。例如,在一起案件中,法院认为:"隆兴小贷公司欠金创公司的代偿款一经清偿,债务即消灭。金创公司在明知债务已清偿,且在有数家公司为反担保人的情况下,仅向飞达公司追偿,存在明显过错,系滥用诉讼权利。隆兴小贷公司在其代偿申请表、付款单据、付款回单及财务记账凭证中,均明确载明其于2016年3月给付金创公司的1800万元系代偿款的情况下,消极应诉,不抗辩、不提供已清偿证据,且认同金创公司的主张,亦存在明显过错。由于二者行为致飞达公司一审败诉,给飞达公司造成讼累,侵害飞达公

[122] 我国台湾地区"最高法院"1981年台上字第3283号民事判决。转引自郭冠甫:《民法系列:侵权行为》,台北,三民书局2006年版,第35页。

[123] 《专利权人滥用民事权利应承担的责任——南京中院判决一恶意诉讼导致的损害赔偿案》,载《人民法院报》2007年7月16日。

司合法权益,构成共同侵权。"[124]目前我国司法实践认为,恶意诉讼须符合4个构成要件:一是无事实依据和正当理由提起民事诉讼;二是主观上存在损害他人合法权益的故意;三是有损害结果发生;四是侵权行为与损害后果之间存在因果关系。同时,认为区分恶意诉讼与正当维权的关键点在于行为人是否存在主观过错,具体应结合事件背景、行为动机、行为后果等加以综合判断(参见**案例**9.11.1)。

案例阅读

案例9.11.1
魏某某与谢某某因恶意提起知识产权诉讼损害责任纠纷案

需要注意的是,恶意诉讼与虚假诉讼不相同,前者是原告滥用权利以损害被告合法权益为目的,即原告是享有权利的,无非其以损害他人为目的通过诉讼的方式行使该权利。然而,虚假诉讼往往是原被告双方恶意串通,通过制造虚假的法律关系,企图借助诉讼的途径实现损害他人合法权益或者规避法律等非法目的。例如,原被告制造虚假的债权债务关系并伪造证据,然后提起诉讼,希望借助法院的判决来规避购房政策的限制等。

2. 因故意或重大过失而错误保全他人财产(参见**案例**9.11.2)。申请人申请法院采取保全措施是其权利,但是行使该权利必须正当,如因故意或重大过失而造成他人损害的,应当承担侵权责任。我国《民事诉讼法》第105条规定,申请有错误的,申请人应当赔偿被申请人因保全所遭受的损失。司法实践中的主流观点认为,只有当申请保全人存在故意或者重大过失时,才承担赔偿责任。例如,最高人民法院认为:"如因申请保全人权利行使不当造成他人财产损失的,应由申请保全人承担侵权赔偿责任。侵权责任的认定,应当适用《中华人民共和国侵权责任法》第六条'行为人因过错侵害他人民事权益,应当承担侵权责任'规定。申请保全人是否有过错,不仅要看其诉讼请求最终是否得到支持,还要看其是否存在故意或重大过失。申请保全人是否存在故意或重大损失,要根据其诉讼请求及所依据的事实和理由考察其提起的诉讼是否合理,或者结合申请保全的标的额、对象及方式等考察其申请财产保全是否适当;申请保全人提起的诉讼合理且申请财产保全适当的,不属于故意或重大过失,否则系存在过错。"[125]

案例阅读

案例9.11.2
青岛中金渝能置业有限公司与青岛中金实业股份有限公司与滨州市中金豪运置业有限责任公司财产保全损害责任纠纷上诉案

三、职务行为

职务行为也称公务行为,即国家机关及其工作人员履行法定职责的行为。例如,市场监督管理部门依法对违法经营的商户作出罚款等行政行为,不构成对相对人财产权的侵害;法警依据法院的生效刑事判决书对被判处死刑的犯罪分子执行枪决,不构成对其生命权的侵害。依据《民法典》第1020条第3项,为依法履行职责,国家机关在必要范围内制作、使用、公开肖像权人的肖像,可以不经肖像权人的同意,不构成侵权。例如,公安机关为追捕逃犯,而在网上发布载有犯人肖像的通缉令,不需要犯人的同意,也不构成对其肖像权的侵害。行使公权力必须依照法定的权限和程序,遵循合法原则、比例原则,否则会构成侵权行为,或依据《国家赔偿法》承担国家赔偿责任,或依据《民法典》承担侵权责任。

---

〔124〕 南京市高淳县飞达教育技术装备有限责任公司诉南京市高淳区隆兴农村小额贷款有限公司、江苏金创信用再担保股份有限公司侵权责任纠纷案,载《最高人民法院公报》2019年第6期。

〔125〕 青岛中金渝能置业有限公司与青岛中金实业股份有限公司与滨州市中金豪运置业有限责任公司财产保全损害责任纠纷上诉案,载《最高人民法院公报》2018年第10期。

四、免责条款

免责条款是当事人之间约定的在特定情形下免除或限制一方或双方的民事责任的协议。免责条款体现了私法自治,是当事人意思表示一致的产物。大部分国家的法律认为,当事人可以在合同中约定免责条款免除未来的合同责任。当然,也可以事先约定免除未来出现的非合同责任即侵权责任。[126] 此外,在违约责任与侵权责任会发生竞合的情况下,当事人在合同中如果约定了免责条款的话,则该免责条款不仅可以免除违约责任,也可以免除侵权责任。否则,当事人约定免责条款的目的就会落空。

尽管法律尊重当事人的意思自由,允许其约定免责条款,但是为了公共利益、保护消费者、善良风俗等诸多考虑,对于免责条款往往有限制。例如,《德国民法典》第 309 条第 7 款规定,以下一般交易条款是无效的:(1)排除或者限制因侵害生命、身体或者健康而发生损害的责任,但以此种损害系基于使用人因过失而违反义务,或者使用人的法定代理人或者履行辅助人因故意或过失而违反义务为限;(2)排除或者限制对其他损害的责任,但以此种损害系基于使用人因重大过失而违反义务,或者使用人的法定代理人或者履行辅助人因故意或者重大过失而违反义务为限。《意大利民法典》第 122 条规定:"任何预先免除或者限定债务人的故意责任或者重大过失责任的约定,均无效。任何预先免除或者限定债务人或其辅助人违反公共秩序准则行为责任的约定,同样无效。"再如,《匈牙利民法典》第 342 条第 1 款规定,企图限制或免除由于故意或者重大过失造成的损害的侵权责任的合同是无效的。该规定同样适用于那些免除引起死亡、人身伤害的行为以及犯罪行为的结果的责任的约定。

我国《民法典》对于当事人关于免除责任的约定也作出了详细的规范。首先,依据《民法典》第 496 条第 2 款,采用格式条款订立合同的,提供格式条款的一方应当遵循公平原则确定当事人之间的权利和义务,并采取合理的方式提示对方注意免除或者减轻其责任等与对方有重大利害关系的条款,按照对方的要求,对该条款予以说明。提供格式条款的一方未履行提示或者说明义务,致使对方没有注意或者理解与其有重大利害关系的条款的,对方可以主张该条款不成为合同的内容。其次,《民法典》第 497 条规定:"有下列情形之一的,该格式条款无效:(一)具有本法第一编第六章第三节和本法第五百零六条规定的无效情形;(二)提供格式条款一方不合理地免除或者减轻其责任、加重对方责任、限制对方主要权利;(三)提供格式条款一方排除对方主要权利。"最后,《民法典》第 506 条规定:"合同中的下列免责条款无效:(一)造成对方人身损害的;(二)因故意或者重大过失造成对方财产损失的。"

---

[126] 但有的国家如法国认为,意图免除未来发生的侵权责任的约定是无效的。

第三编　多数人侵权责任

第十章　导　　论

文献阅读

本章重点

本章对侵权法上规定的共同侵权行为制度的目的及多数人侵权责任体系进行了介绍。我国法上的多数人侵权责任包括共同侵权与无意思联络的数人侵权。其中,共同侵权又可分为共同加害行为、共同危险行为以及教唆帮助行为。法律上创设共同侵权行为制度的目的主要不是通过连带责任确保被侵权人得到赔偿,而是要消除被侵权人在证明因果关系时所面临的困难。

第一节　多数人侵权责任的含义与体系构成

一、多数人侵权责任的含义

多数人侵权责任(Haftung mehrerer Personen),指的就是二人以上实施侵权行为时的侵权责任。现代社会的侵权责任尤其是网络侵权责任、机动车损害责任、产品责任、医疗损害责任、环境污染和生态破坏责任、高度危险责任等,加害人为多人的情形,极为常见。多数人实施侵权行为时,因果关系形态往往表现为多因一果或多因多果,因此受害人如何证明因果关系的存在、加害人如何向受害人承担侵权责任、加害人内部的责任分担等问题,较之于单独的侵权行为更为复杂。

在比较法上,规范多数人侵权责任的立法模式有三种:[1] 其一,法国模式,即民法典中并不专门规定多数人侵权责任,而是由一般的理论加以处理;其二,德国模式,即民法典中专门就多数人侵权责任的构成要件与法律效果作出规定,《德国民法典》第 830 条第 1、2 款分别对三类共同侵权行为的构成要件作出了规定,第 840 条则对多数人侵权责任的法律效果加以规定;其三,意大利模式,即只是规定多数人侵权责任的法律效果而不规定构成要件。《意大利民法典》第 2055 条规定,损害行为可归责于多个人的,该多个人应当承担连带赔偿责任,已经赔偿损害的责任人可以按照过错和依造成损害后果的严重程度所确定的价值行使追偿权。

我国采取的是德国模式,在《民法典》中专门通过 5 个条文对多数人侵权责任的构成要件与法律效果作出了详细规定(第 1168 ~ 1172 条)。之所以如此,主要是考虑到多数人侵权责任的问题在侵权法中普遍存在,一般侵权和特殊侵权中都会发生,为了使得司法实践中能够正确地区分不同类型的多数人侵权责任,准确地适用连带责任或按份责任,有必要在法律中作出明确的规定。

---

〔1〕［日］吉村良一:《日本侵权行为法》(第 4 版),张挺译,中国人民大学出版社 2013 年版,第 175 页。

提　示

在侵权法上,还有一个“大规模侵权”(mass tort)的概念。它是指基于一个同质性的侵权事实而在大范围内引起了众多受害人遭受不同程度的侵害,尤其是人身侵害。[2] 产生大规模侵权的主要领域就是产品责任、环境污染、工业事故、反托拉斯、证券诉讼以及其他有关消费者保护等领域。大规模侵权往往也是多数人侵权责任,但也有可能只是单独的侵权责任。所谓“大规模”主要就是指受害人人数众多、损害规模更大。大规模侵权在实体法和程序法上都引发了不少问题,如程序法上如何确保人数众多甚至不确定的受害人的诉求得以有序地提出、展开和完成,从而避免烦琐冗长的诉讼程序与高昂的诉讼费用。[3]

二、我国法上多数人侵权责任规范体系的演变

(一)《民法通则》与《人身损害赔偿解释》的规范体系

在《侵权责任法》颁布前,我国关于多数人侵权责任的法律规范主要就是《民法通则》第130条、《民法通则意见》第148条以及《人身损害赔偿解释》第3、4条。依据这些法律规范建立起的多数人侵权分为以下两类(参见图10.1.1)。

1. 承担连带责任的多数人侵权,即共同侵权行为,分为三类:(1)共同加害行为(《民法通则》第130条、《人身损害赔偿解释》第3条第1款);(2)共同危险行为(《民法通则》第130条、《人身损害赔偿解释》第4条);(3)教唆帮助行为(《民法通则》第130条、《民法通则意见》第148条)。

2. 承担按份责任的多数人侵权,即《人身损害赔偿解释》第3条第2款规定的情形。

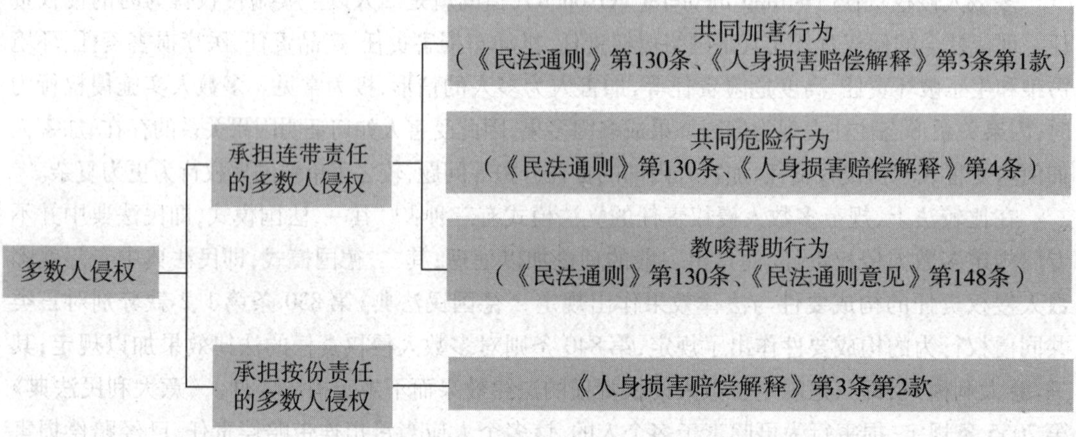

图10.1.1　《民法通则》与相关司法解释中多数人侵权责任规范体系

由于未能正确地认识到不同类型的多数人侵权责任的规范目的,故此,该多数人侵权责任体系存在不少问题。一方面,《人身损害赔偿解释》第3条第1款过度扩张了共同加害行为的适用范围,不仅将共同故意,而且将“共同过失”以及“虽无共同故意、共同过失,但其侵害行为直接结合发生同一损害后果”的多数人侵权,都纳入共同加害行为中,结果使得共同加害行为

[2] 朱岩:《大规模侵权的实体法问题初探》,载《法律适用》2006年第10期。
[3] [德]克里斯蒂安·冯·巴尔:《大规模侵权损害责任法的改革》,贺栩栩译,中国法制出版社2010年版,第1页。

与共同危险行为的适用关系极为混乱，一些本该属于共同危险行为的多数人侵权却被认定为共同加害行为。[4] 另一方面，所谓“直接结合”与“间接结合”的区分标准难以掌握，无法适用。依据《人身损害赔偿解释》第3条，同为“二人以上没有共同故意或者共同过失”分别实施的数个行为发生同一损害后果的情形，需要区分该数个行为究竟是“直接结合”还是“间接结合”造成同一损害后果。如果是前者，就构成共同加害行为；如果是后者，则属于承担按份责任的数人侵权。《人身损害赔偿解释》的主要起草者陈现杰法官认为，“直接结合”属于**行为竞合**，而“间接结合”是**原因竞合**。对“直接结合”可从以下几个方面判断：(1)加害行为具有时空同一性；(2)加害行为相互结合而为损害结果的唯一原因；(3)须损害结果不可分，即具有同一性。二人以上的行为符合这些条件的，即属行为竞合，各侵权责任人应当依照《民法通则》第130条规定承担连带责任。所谓原因竞合，即数个原因间接结合发生同一损害结果，也就是所谓“多因一果”。[5] 然而，由于缺乏确定的、可操作的标准，法院在案件的处理中存在很大的差异(参见表10.1.1)。

表10.1.1 司法实践中对直接结合与间接结合的认定

序号	直接结合	间接结合
1	**【案情】**受害人骑电动自行车在非机动车道接近与机动车道分道线的地方由南向北下夜班回家，先被突然垂落的被告电信公司的钢绞线碰刮后向左跌倒，接着与另一被告的货车发生碰撞而受伤。 **【裁判】**法院认为：对受害人损害的发生，两被告均无共同故意或者共同过失，应属无意思联络共同侵权。争议之处在于该损害后果是突然垂落的钢绞线碰刮行为与货车的碰撞行为直接结合还是间接结合所致。在本起交通事故中，钢绞线垂落将受害人碰刮跌倒与货车碰撞两侵权行为瞬间发生，具有时空同一性和致损害结果发生的关联性，且两行为结合程度非常紧密，系损害结果发生原因的不可或缺的一部分，构成一个统一的、不可分割的行为整体。此外，也无法准确区分受害人的哪部分伤情系钢绞线垂落碰刮所致，哪部分为货车碰撞所致。对损害后果而言，两侵权行为各自加害部分无法区分，两行为相互竞合为一个共同的加害行为共同对受害人产生了损害。因此，本案两被告的行为属于直接结合。 **【来源】**孙秀香诉江苏省电信有限公司海安县分公司、金忠交通事故损害赔偿案，江苏省南通市中级人民法院(2006)通中民一终字第0966号民事判决书	**【案情】**刘某驾驶的车主为牛某的货车在立交桥上行驶时，因下雨路滑操作不当致货车失控，货车货厢将水泥护墙上的一截钢管撞落。钢管坠下后击中在下层行驶的车辆，致车上乘客高某受伤。高某起诉了维护管理此立交桥的市政管理处，而以刘某、牛某为第三人。 **【裁判】**一审法院认为：市政管理处疏于管理的过错行为与肇事车辆撞击护栏的过错行为共同作用下才最终导致了本次事故的发生。在无法判定两行为对损害结果的原因力大小的情况下，应当由两侵权人对受害人的损害结果承担连带赔偿责任。 二审法院认为，货车撞击才是钢管坠落并致伤高某的直接、主要的原因，市政管理处的管理维护瑕疵及不作为只是未尽可能地阻止损害结果的发生，本身不会也不可能直接或必然引发高某的受伤，因而只能是间接、次要的原因。故此，本案不是因行为之间客观上结合的紧密程度造成无法判断每一个侵权行为与损害后果之间原因力的大小和因果关系的程度，不构成共同侵权，而是无意思联络的两个独立侵权行为的并存，应承担按份责任。 **【来源】**高某与贵阳市市政工程管理处人身损害赔偿纠纷上诉案，贵州省高级人民法院(2007)黔高民一终字第34号民事判决书

[4] 程啸：《论〈侵权责任法〉第八条中“共同实施”的涵义》，载《清华法学》2010年第2期。

[5] 陈现杰：《〈最高人民法院关于审理人身损害赔偿案件适用法律若干问题的解释〉的若干理论与实务问题解析》，载《法律适用》2004年第2期。

续表

序号	直接结合	间接结合
2	【案情】被告林某驾驶套牌车在公路上行驶时,与同向行驶的被告周某驾驶的客车相撞,两车冲下路基,客车翻滚致车内乘客冯某当场死亡。交警认定,林某负主要责任,周某负次要责任,冯某不负事故责任。 【裁判】法院认为:林某一方、周某一方虽各自应承担的责任比例有所不同,但车祸的发生系两方的共同侵权行为所致,故林某对于周某的应负责任份额、周某对于林某的应负责任份额,均应互负连带责任。 【来源】赵春明等诉烟台市福山区汽车运输公司、卫德平等机动车交通事故责任纠纷案,最高人民法院第19号指导性案例	【案情】受害人为第一被告所驾机动车撞伤,于第二被告处治疗时,因其医疗过失(如对病情观察不仔细,对伤后感染和肝、肾功能障碍等并发症处理不及时),受害人最终死亡。 【裁判】法院认为:本案属于间接结合,两个被告应承担按份责任。其中,第二被告医院应就受害人死亡所产生的死亡赔偿金、丧葬费、尸体保管费、被扶养人生活费、精神损害抚慰金损失承担30%的赔偿责任。剩下的70%再加上受害人的医疗费、住院伙食补助费、护理费、误工费,由第一被告承担60%的赔偿责任。 【来源】吴锡雄等诉姚丽璇、汕头市中心医院道路交通事故人身损害、医疗损害赔偿案,广东省汕头市濠江区人民法院(2009)汕濠法民一初字第24号民事判决书
3	【案情】第一被告的货船与第二被告停泊在河中心的挖砂设施相撞,导致第一被告船上的受害人落水溺亡。 【裁判】法院认为,由于货船和挖砂设施的过失行为,以及受害人本人的过失,直接结合造成了货船尾舵叶被挖砂设施的锚绳钩住,最终导致货船上的受害人溺水死亡。因此,两被告应当对受害人的死亡承担连带赔偿责任。 【来源】方爱军等诉陈业山等船舶碰撞挖砂设施人身伤亡损害赔偿案,广东省高级人民法院(2008)粤高法民四终字第84号民事判决书	【案情】原告被第一被告的机动车撞倒在路上,又被第二被告的机动车碾压。 【裁判】法院认为:两被告对于事故的发生并不存在共同的过失,其各自的行为亦无法单独造成原告的损害结果,因而两被告的行为属于间接结合导致原告损害结果的发生,二者应根据其过失大小及原因力比例承担相应的责任。 【来源】林良才诉杨军等人道路交通事故人身损害赔偿案,福建省厦门市思明区人民法院(2009)思民初字第11380号民事判决书
4	【案情】被告陆某驾驶捷达轿车,自东向西行驶于道路两旁均划有停车泊位的机动车道上。当行至郡王府正门口附近时,站在路南侧停车地带的被告南某所放的风筝突然从空中落下。该风筝的线缠在了陆某所驾车辆前挡风玻璃的雨刷器上。此时,恰逢原告王某从郡王府正门口的人行小桥上从南向北走下,捷达车所缠的风筝线挂绕在了王某的身上,将王某割伤并将衣服割破。 【裁判】法院认为:被告南某违反法律规定和疏于管理、控制风筝及风筝线的行为与被告陆某的车速过快行为在同一时间、地点相互结合在一起,成为致原告王某人身及衣物损失这一同一损害后果的唯一的、无法分割的原因,构成共同侵权。南某和陆某应对王某的损失负连带赔偿责任。二人中南某的主观过错较之陆某明显,故南某承担70%的责任,陆某承担30%的责任。 【来源】王静霞诉南金成等人身损害赔偿案,北京市第二中级人民法院(2004)二中民终字第09639号民事判决书	【案情】张某骑电动自行车在一交叉路口右转弯时,因未让直行车辆先行,而与直行的王某驾驶的摩托车相撞,致王某倒地侧滑并与公交车相撞,致王某受伤,经抢救无效死亡。公安机关认定,张某负事故的主要责任,公交车驾驶员姚某和死者王某负此事故的次要责任。 【裁判】一审法院认为:张某与公交车驾驶员姚某虽无共同过失,但其侵害行为直接结合发生同一损害后果,已构成共同侵权,应负连带责任。二审法院认为:本案中各行为人在事故中所负责任明确,被害人王某的死亡是因张某骑电动自行车与王某驾驶的摩托车相撞、公交车与倒地侧滑的王某相撞相结合而导致,该两次撞击在空间和时间上均有一定距离,而且张某骑电动自行车与王某驾驶摩托车相撞致王某和摩托车倒地侧滑并不会必然造成王某死亡,因此本案造成王某的死亡应属"多因一果",各行为人应按照各自过失大小或者原因力的比例承担赔偿责任。 【来源】张成林交通肇事案,江苏省宿迁市中级人民法院(2006)宿中刑终字第0104号刑事附带民事判决书

续表

序号	直接结合	间接结合
5	**【案情】**证券公司工作人员盗卖客户的股票并通过银行的熟人补办储蓄卡将钱取走。 **【裁判】**法院认为:银行作为发放银行卡的专业机构负有谨慎审核办卡人身份及在他人代办时审查授权合法性的义务,本案中,工行昌吉州分行在杨桃以张春英名义办理银行卡过程中,未按照规程审核其代理手续、未按要求审查代理人签名,具有过失,为杨桃实施侵权行为提供了条件,并造成了杨桃通过该银行卡非法取得盗卖股票所得的91,270元的损害后果。因此,工行昌吉州分行虽与杨桃无共同的故意或过失,但工行昌吉州分行的过失行为与杨桃的故意行为直接结合,共同造成受害人张春英91,270元的损失,工行昌吉州分行、杨桃和新疆证券公司应当对该91,270元的损失承担连带责任。 **【来源】**张春英与中国工商银行股份有限公司昌吉回族自治州分行、新疆证券有限责任公司、杨桃、张伟民财产损害赔偿纠纷案,《最高人民法院公报》2013年第2期	**【案情】**李某驾驶燃油助力车由西往东逆向行驶,与对方向驶来的被告沈某驾驶的燃油助力车发生碰撞,李某倒地后,被对向被告张某驾驶的汽车碾压致死。 **【裁判】**一审法院认为,虽然沈某、张某无意思上的联络,但双方侵权行为直接结合造成了同一损害结果的发生,构成共同侵权,故沈某、张某应承担连带责任。 二审法院认为,李某与沈某碰撞后,李摔倒在地,被张某驾驶的车辆碾压致死。沈某、张某二人分别实施侵权行为造成李某死亡的同一损害,且没有证据证明沈某、张某各自的侵权行为都足以造成李某死亡的全部损害。根据日常生活经验,因燃油助力车碰撞而倒地,并不必然造成李某死亡的结果,故沈某、张某侵权行为的原因力结合情形,属于累积因果关系而非等价因果关系,两被告应各自承担相应的责任。 **【来源】**沈勤俭等与赵华英等机动车交通事故责任纠纷上诉案,浙江省湖州市中级人民法院(2012)浙湖民终字第175号民事判决书

(二)《侵权责任法》与《民法典》中的规范体系

《侵权责任法》采用多个条文(第8~12条)对多数人侵权责任加以规范。依据《侵权责任法》之规定,多数人侵权责任体系分为以下两大类。其一,共同侵权行为,包括:共同加害行为(第8条)、共同危险行为(第10条)以及教唆帮助行为(第9条)。其二,无意思联络的数人侵权,包括:承担连带责任的无意思联络数人侵权(第11条)、承担按份责任的无意思联络数人侵权(第12条)。

我国《民法典》完全延续了《侵权责任法》对多数人侵权责任的规定,其第1168~1172条的规定与《侵权责任法》第8~12条相比,除个别文字表述的调整之外,完全相同。

总的来说,《民法典》《侵权责任法》确立的多数人侵权责任规范体系(见图10.1.2)较之于《民法通则》《人身损害赔偿解释》的规定,更加科学合理。其不仅依据规范目的正确地区分了共同侵权行为与无意思联络数人侵权,而且内部体系也比较和谐,有利于司法实践的正确适用。

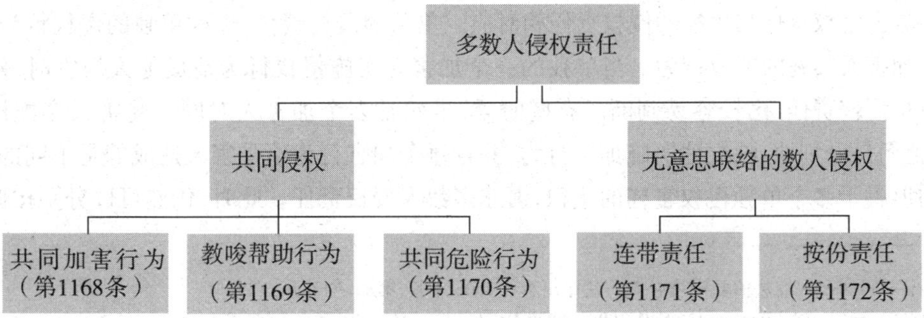

图10.1.2 我国《民法典》中多数人侵权责任规范体系

第二节 多数人侵权责任的规范目的

一、肇因原则与因果关系的证明

民法以意思自治为最基本之原则,该原则在侵权法中体现为自己责任、过错责任。任何人应当对自己的过错行为负责,也只对自己的过错行为负责。无行为,无责任。[6] 受害人的侵权赔偿请求权只能针对那些给其造成了损害的人提出。因此,受害人必须证明究竟何人的行为给其造成了损害,这就是所谓的“**肇因原则**”(Verursachungsprinzip)。具体而言,受害人负担因果关系的证明责任,其不仅要证明加害行为与其权益受侵害存在因果关系(责任成立的因果关系),还要证明权益受侵害与损害之间的因果关系(责任范围的因果关系)。[7]

当加害人是单独一人时,其加害行为与损害之间的因果关系形态为“一因一果”或“一因多果”,受害人证明因果关系的困难并不会太大。然而,在加害人为二人以上,他们在共同或分别实施加害行为给受害人造成多个损害或同一损害时,因果关系则表现为“多因一果”或“多因多果”。此时,受害人要证明因果关系会有很大的困难。例如,甲、乙、丙三人合谋伤害丁,甲上前拦住丁,乙望风,丙殴打丁。如果受害人丁请求甲、乙、丙三人向其负损害赔偿责任,除需要证明他们各自的过错之外,还要证明他们各自的行为与自己的权益被侵害之间存在因果关系。丁要证明丙的殴打行为与自己的权益被侵害的因果关系并不困难。可是,如果要逐一证明甲拦住自己的行为、乙望风的行为也都与自己的权益被侵害之间存在责任成立的因果关系以及与损害之间的责任范围因果关系,就会比较困难了。再如,A、B、C 三人比赛扔石头,看谁扔得最远。三人各投掷了一块石头,其中一石击中丁的头部,造成严重的伤害。对此结果,甲、乙、丙三人均未料到。至于受害人丁,更无从知道击中自己的石头是何人所扔。此时,如果依据肇因原则,受害人丁既然不能证明究竟是何人所扔的石头击中自己,就不可能获得侵权赔偿请求权。

为了消除受害人在多数人侵权责任中遇到的缺乏证明因果关系证据(die Beweisnot)的困境,[8]保护其合法权益,也为了正确适用连带责任,防止滥科连带责任从而维护人们合理的行为自由,侵权法有必要对多数人侵权责任加以规范。多数人侵权责任的规范目的绝非有些人所言,只是为了更好地保障受害人的赔偿请求权得以实现。

二、多数人侵权责任中因果关系的特殊性

多数人侵权责任与单独的侵权责任相对应。单独的侵权责任,也称单独的侵权行为,是指由一个加害人实施的侵权行为。当单独的一个加害人实施侵权行为造成他人损害时,侵权人如何承担侵权责任,比较容易判断。有些时候,虽然是多个加害人对同一受害人实施侵权行为,但他们是分别地、独立地实施加害行为,并且每个加害行为给受害人造成的是不同的损害。这种情形属于**多个单独侵权责任的累积**,而非多数人侵权责任。此时,仍然可以分别按照单独

---

〔6〕 谢怀栻:《外国民商法精要》(增补版),法律出版社 2006 年版,第 11 ~ 12 页。

〔7〕 Staudinger/ Eberl – Borges, 13. Aufl. 1999, § 830 Rn. 1.

〔8〕 Staudinger/ Eberl – Borges, 13. Aufl. 1999, § 830 Rn. 1.

的侵权责任加以处理。例如,甲和乙均仇恨丙,甲将丙的房子点燃,乙路过时看见正在救火的丙,便将其打伤。这个例子中,甲、乙都是单独实施侵权行为,他们给丙造成的也是不同的损害,因此,他们属于单独的侵权行为人(Alleintaeter)。丙有权依据《民法典》第1165条第1款分别请求甲、乙承担侵权责任。

与单独的侵权责任、多个单独侵权责任的累积相比,多数人侵权责任的特殊之处就在于因果关系,具体表现为以下情形:

1. 多个加害人的侵权行为是造成损害的共同原因。当多个加害人不是分别实施而是共同实施加害行为,侵害他人民事权益造成损害的,那么基于这种"**共同性**",多个加害人的行为就是损害的共同原因。这个所谓的"共同性"表现为:

第一,主观上的共同性,即多个加害人是基于主观上的共同故意即意思联络而实施加害行为。申言之,多数加害人在实施侵害他人权益的行为中,不仅主观上认识到彼此的存在,具有共同追求的目的,客观上也为达致此目的而付出了共同的努力,他们各自承担了有一定数量的、相互之间有一定联系的行为部分。

第二,客观上的共同性,即多个加害人虽然主观上没有共同的故意,分别实施侵权行为,但他们的侵权行为给受害人造成了"**同一损害**"。所谓"同一损害"既不是指仅给受害人造成了一个损害或造成同一性质的损害,也不意味着受害人遭受的损害是不可分割的,而是指各个分别实施侵权行为之人的行为均与受害人遭受的损害具有责任成立的因果关系,即每一个侵权人的侵权行为都对损害的发生具有原因力。申言之,如果受害人遭受了多个损害,则各个侵权人的行为与这多个损害之间都具有责任成立的因果关系;如果受害人仅遭受了一个损害,则每个侵权人的行为都和这个损害具有责任成立的因果关系。由于每个加害人的侵权行为都与受害人遭受的损害之间具有责任成立的因果关系,所以他们的行为是损害的共同原因。

2. 多个加害人的侵权行为是造成损害的择一原因,即多个加害人分别实施危及他人人身、财产安全的行为,但是,只有其中一人或数人的行为现实地给受害人造成了损害。然而,不能确定究竟是何人的行为现实地造成了损害后果,即无法确定具体的侵权人。由于这种情况下,损害的发生原因必定存在于这些实施危及他人人身财产安全的行为人当中,"**非此即彼**"。如果将多个加害人的行为作为一个整体来观察的话,可以发现他们的行为与受害人的损害之间也是存在因果关系的。

文献阅读

第十一章　共同加害行为

本章重点

如何理解《民法典》第1168条中“共同实施”一词的含义，对于理解整个多数人侵权责任体系很重要。理论界对于“共同”究竟是主观共同还是包括了客观共同，主观共同仅指共同故意抑或包括共同过失等问题，存在争议。

第一节　概　　述

一、共同加害行为的概念

共同加害行为(Mittaeterschaft)是最为典型的共同侵权行为，也称“狭义的共同侵权行为”，是指二人以上共同故意实施侵权行为造成他人损害，从而承担连带责任的多数人侵权的情形(参见**案例11.1.1**)。例如，A、B与C三人共同埋伏起来准备袭击他们的仇人D，当D到达的时候，A将其拦住，B上前打D，C则在一旁望风。再如，甲公司委托乙公司进行废水处理，其为乙公司提供的废水处理设备留有可以实施违法排放的管网，且明知乙公司未对废水进行任何处理就排入河中却不闻不问并将废水交由乙公司处理，显然甲、乙公司是共同故意实施污染环境的行为，属于共同加害行为。[1]《民法典》第1168条规定，二人以上共同实施侵权行为，造成他人损害的，应当承担连带责任。这一规定不仅有利于保护受害人，对于遏制共同加害行为也非常有用。

案例阅读

案例11.1.1
四川省水电集团江源电力有限公司、易佑良侵权责任纠纷案

二、共同加害行为的规范目的

共同加害行为中，数个加害人之间往往存在分工，并非都是直接从事加害行为的人，所以每个加害人的行为对损害的作用方式及作用范围是不同的。例如，在团伙实施侵权行为时，头目负责侵权方案的拟定，手下又各有分工。按照肇因原则的要求，如果受害人想要团伙的每一个成员都向其承担侵权责任，势必要逐一证明每个人的行为与其权益受侵害之间存在因果关系，显然难以做到。故此，侵权法上特别设立以“**意思联络**”(共同故意)为构成要件的共同加害

〔1〕 重庆市人民政府、重庆两江志愿服务发展中心诉重庆藏金阁物业管理有限公司、重庆首旭环保科技有限公司环境污染责任纠纷案，载《最高人民法院公报》2019年第11期。

行为制度,将那些具有意思联络,协力共同实施侵权行为的数个加害人的行为予以整体看待,评价为一个侵权行为,从而使每个加害人都有义务向受害人承担全部的赔偿责任,即受害人有权要求任何一个加害人承担全部的赔偿责任,即所谓连带责任。如此一来,就非常有效地实现了**减轻受害人的因果关系证明责任**的目的,具体阐述如下:

1. 由于多个加害人在具有意思联络的情况下实施的侵权行为构成共同加害行为,各加害人要承担连带责任,所以受害人没有必要逐一地证明每个加害人的行为与权益被侵害之间的因果关系(责任成立的因果关系)。〔2〕受害人只需要证明加害人之间具有意思联络——即他们知道或者应当知道其行为会发生侵害他人权益的后果并且互相协力共同追求这一后果——并且,只要他们中任何一人的行为与受害人的民事权益被侵害之间存在责任成立的因果关系即可。此时,具有意思联络的全部加害人的行为与权益被侵害的因果关系就已经成立,这种因果关系属于"可能的因果关系"(moegliche Kausalitaet)。〔3〕因为,意思联络使得数个加害人的行为被整体化地评价为一个侵权行为,各个加害人虽仅实施了其中的一部分行为,但他们的行为因主观上对共同目标的追求和客观上互相的协力而成为一个侵权行为,由此建立了与受害人的权益被侵害的因果关系。

2. 无论具有意思联络的多个加害人是造成了受害人一项还是多项损害,受害人都无须证明每一个加害人的行为的原因力(造成的损害的大小),亦即责任范围的因果关系。因为在意思联络使各个加害人的行为被整体化地评价为一个侵权行为的时候,受害人的损害都是这个侵权行为所造成的。任何其行为被纳入整体性评价的加害人,都要就全部损害承担赔偿责任。除非加害人能证明自己与其他加害人之间没有意思联络,否则不能以某一损害并非自己实际造成的,或者受害人遭受的损害超出了自己的预见范围,或者自己实际造成的损害部分很小等为由,主张减轻或免除责任。例如,A、B、C、D、E 等人在街上聚众斗殴,导致路人 F 受伤,G 的店铺被砸等,这些损害后果都可以归属于参与斗殴的这些人,即便实际上打伤 F 的是 D,砸坏店铺的是 E,A、B、C 三人也要承担赔偿责任。"因为对于损害的发生,这些当事人提供了心理上的支持,参与暴力行为本身满足了承担连带责任之构成要件。"〔4〕再如,甲、乙、丙三人于深夜入室抢劫,抢走丁女的财物后,甲又独自返回将丁女强奸并杀害。就侵害丁女的财产权而言,甲、乙、丙三人构成共同加害行为,承担连带责任。但是,就超出意思联络范围后果——强奸并杀害丁女,只有甲应当承担责任,乙、丙无须负责。

3. 加害人之间有无意思联络,这一证明责任应由受害人负担。侵权法必须平衡加害人与受害人双方的利益,不能完全偏向一方。既然通过意思联络已经减轻了受害人在证明因果关系上的难度,那么受害人就应当证明该意思联络之存在。如果受害人不能证明加害人之间的意思联络,就不能减轻其在因果关系上的证明责任。他想要每一个加害人都对其承担责任,就必须依据肇因原则逐一证明每一个加害人的行为与其损害之间的因果关系。

---

〔2〕 Staudinger/ Eberl – Borges,13. Aufl. 1999, § 830 Rn. 1.

〔3〕 Jauernig/Teichmann,13. Aufl. 2009, § 830 Rn. 3.

〔4〕 [瑞]海因茨·雷伊:《瑞士侵权责任法》(第 4 版),贺栩栩译,中国政法大学出版社 2015 年版,第 393 页。

第二节　构成要件

一、共同加害行为的基本构成要件

共同加害行为与单独侵权行为的一个重要区别就是行为人的数量不同。在共同加害行为中,应有数个行为人,即2人以上(《民法典》第1168条)。否则,只能成立单独的侵权行为。至于各个行为人是否为完全民事行为能力人,在所不问。此外,共同加害行为中,每个加害人都必须实施了加害行为,该加害行为可能是作为,也可能是不作为。由于共同加害行为以意思联络即主观共同性为要件,每个加害人的行为被作为一个整体而与损害之间存在可能的因果关系(moegliche Kausalitaet)。[5] 故此,并不要求受害人逐一证明每个加害人的行为与其民事权益被侵害都存在因果关系。由于"故意的严重性掩盖了对因果关系可能的怀疑",[6]故此,只要能够证明存在意思联络的数个加害人中的一人的行为与权益被侵害存在因果关系即可。至于各个加害行为人是否需要过错,则取决于加害行为适用的究竟是过错责任、无过错责任抑或过错推定责任。

二、共同实施侵权行为

(一)各国家及地区的不同立场

1. 德国民法

《德国民法典》第830条第1款第1句规定:"数人因共同侵权行为加损害于他人者,各自对损害负赔偿责任。"德国民法学界的主流观点认为,民法典第830条第1款第1句规定的共同侵权行为与《德国刑法典》第25条第2款规定的"共同正犯"(Mittäter)是相同的。[7] 也就是说,《德国民法典》第830条第1款第1句中的"共同"(gemeinschaftlich)是指"**共同的故意**"(vorsätzliches Zusammenwirken),也称"共谋",即多个行为人存在意思联络,他们都明知且意欲追求损害后果的发生。[8] "就第830条第1款第1句意义上的共同侵权行为而言,只要依据共同的意思就足以共同引发。因此每个共同行为人对于损害结果的参与程度如何并不重要。特别是在行为人各自实施侵权行为之时,无须身体上的协同,只要存在共同的意愿,且损害结果是全体活动共同作用所生。"[9]换言之,只要行为人知道自己与其他加害行为人追求共同的目的并具有共同的协力造成损害的意思即可,至于其是否知道其他人的参与度或者对全部损害后果是否知悉,在所不问。[10] 如果各个行为人之间没有共同故意,只是数人偶然地分别实施的过失加害行为,则不构成共同加害行为。倘若某一行为人实施的是故意侵权行为,另一人实施的是过失侵权行为,只不过在事实上同时发生,也不构成共同加害行为,而应由各人依据相当

---

〔5〕 Jauernig/Teichmann, 13. Aufl. 2009, § 830 Rn. 3.

〔6〕 [德]埃尔温·多伊奇、汉斯-于尔根·阿伦斯:《德国侵权法——侵权行为、损害赔偿及痛苦抚慰金》,叶名怡、温大军译,中国人民大学出版社2016年版,第73页。

〔7〕 Palandt/Sprau, 66. Aufl. 2007, § 830 Rn. 2.

〔8〕 BGHZ 17, 327, 333; 30, 203, 206.

〔9〕 BGHZ25, 5, 55.

〔10〕 PWW/Schaub, 2. Aufl. 2007, § 830 Rn. 4.

因果关系的原则而承担责任。此外,每个加害行为人是否亲自给受害人造成了某个损害或者对该损害起了多少作用,也不重要。“关键是,他参与造成损害的行为时,意图将其当做自己的行为与他人来共同完成。相对其他参与人而言,某人即使是较少地亲自完成了直接损害的行为,但共同参与行为的意图消除了他与其他参与人的差异。”〔11〕

在德国,也有一些学者不赞同判例和通说的观点。他们认为,意思联络并非共同侵权行为的构成要件。Oertmann 教授认为,各个加害人之间无须具备意思的联络,只要数人的行为在客观上发生同一损害结果,就应当成立共同侵权行为。〔12〕 Rumpf 教授认为,主观上的结合关系存在与否并不影响《德国民法典》第 830 条第 1 款第 1 句的适用,关键是看数人的客观的不法行为有无产生作为一个整体的损害(einheitlicher Schaden)。如果损害结果是无法按照一定的金额加以分割,那么数个行为人就应承担连带赔偿责任。〔13〕 Deutsch 与 Ahrens 教授认为,从侵权法的补偿功能出发,没有必要追随刑法理论,承认过失的共同侵权不存在任何疑问。在共同加害行为中必要的是因果关系和过错,只要各行为的共同作用以如下方式呈现——各行为人违反了共同负担的或者彼此相关的注意义务。〔14〕

2. 瑞士民法

《瑞士债务法》第 50 条第 1 款规定:“数人因过错,共同致他人损害者,对于被害人,应连带负赔偿责任,教唆人、造意人或帮助人,视为共同行为人。”由此可见,瑞士法上的共同加害行为以加害人共同引起损害发生以及主观上存在共同过错为要件。所谓共同过错要求各个行为人都存在过错,当每个加害人存在过错的主观要素即认知能力和客观要素即故意或者过失时,就成立存在《瑞士债务法》第 50 条第 1 款意义上的共同过错。〔15〕

3. 日本民法

《日本民法典》第 719 条第 1 款第 1 句规定:“因数人共同实施侵权行为加害于他人时,各加害人负连带赔偿责任。”对于该句中“共同”的含义,判例采取的是**客观共同说**,即共同加害行为的构成不以行为人主观上具有意思联络为必要,只要数人的共同侵权行为与损害结果具有相当因果关系即可。〔16〕 日本最高法院始终认为,对《日本民法典》第 719 条要求客观上由共同的侵权行为造成损害,并不要求由共谋以及其他主观上的共同的原因而发生。因此,故意行为和过失行为的场合也可以构成共同侵权行为。例如,大判大 2.4.26 认为:“每个共同行为人参与了作为损害原因的侵权行为,换言之,只需由客观共同的侵权行为来发生损害是为已足,无须由共谋等其他主观的共同原因来发生损害。”〔17〕再如,在 2001 年 3 月 13 日日本最高法院判决的一起案件中,原告之子先因交通事故而致脑部受伤,后因被告医院的过失没有能够在早期发现原告之子脑出血并施行适当治疗,最终原告之子死亡。日本最高法院认为,这种场合属于共同侵权行为,因为“不管是交通事故还是医疗事故,都有可能导致原告之子的死亡这种难以分割开来的结果,不管是哪一种事故,都和此结果之间具有相当因果关系。由于交通事故中的

〔11〕 BGHZ63,124,128. Vgl. Maximilian Fuchs, Deliktsrecht, 5. Aufl. 2004, S. 207.

〔12〕 郑玉波:《民法债编总论》,台北,三民书局 1998 年版,第 166 页。

〔13〕 温汶科:《共同侵权行为之研究——以共同之意思与损害之单一性为中心》,出版社及年代不详,第 17 页。

〔14〕 [德]埃尔温·多伊奇、汉斯-于尔根·阿伦斯:《德国侵权法——侵权行为、损害赔偿及痛苦抚慰金》,叶名怡、温大军译,中国人民大学出版社 2016 年版,第 73 页。

〔15〕 [瑞]海因茨·雷伊:《瑞士侵权责任法》(第 4 版),贺栩栩译,中国政法大学出版社 2015 年版,第 394 页。

〔16〕 [日]田山辉明:《日本侵权行为法》,顾祝轩、丁相顺译,北京大学出版社 2011 年版,第 157 页。

〔17〕 转引自[日]吉村良一:《日本侵权行为法》(第 4 版),张挺译,中国人民大学出版社 2013 年版,第 179 页。

驾驶行为与医疗事故中的医疗行为属于《日本民法典》第 719 条的共同侵权行为,因此各侵权行为人应对受害人所遭受损害全额承担连带责任”。日本最高法院还认为:“正如本案一样,对于由数个独自成立的侵权行为依次竞合而成的共同侵权行为,在与受害人的关系上,不允许在限定各侵权行为人应承担的责任的基础上限定损害赔偿数额。”因为这样做违反明文规定、偏离保护受害人的宗旨和违反公平分担损害的理念。[18]

近年来,日本民法学界对于判例采取的客观共同说提出了批评。学者们质疑这样宽泛地理解共同加害行为中的共同性是否妥当。因为客观共同说是非常宽松的中介,这样就会出现各个行为人甚至要对与自己的行为没有因果关系的结果承担责任的问题。目前,在日本民法学界影响较大的新观点是前田达明教授提出的“新主观说”。此说认为,只有存在“各自利用他人的行为,另一方面容忍自己的行为为他人所利用的意思”这种主观要素,才能成立共同侵权行为。[19]

4. 我国台湾地区相关规定

我国台湾地区“民法”第 185 条第 1 款第 1 句规定:“数人共同不法侵害他人之权利者,连带负损害赔偿责任。”民法学界对于共同侵权行为是否以意思联络作为构成要件的问题,观点不一,有主观的共同关系说与客观的共同关系说。持主观的共同关系说的学者主要有梅仲协、郑玉波、戴修瓒等学者。[20] 他们认为,各加害人之间不仅须有行为之分担且须有意思之联络(即共同意思),至少必须有共同的认识。否则,若干偶然竞合在一起的多人的行为不能认为是共同侵权行为。首先,对共同侵权行为,“法律上所以加重规定者,乃因其既有行为之分担,复有意思之联络或共同之认识,同心协力,加害之程度必较单一之行为为重,故应使之负担较重之责任。否则若未同心,焉能协力,既不能协力,则虽有数人,其所为者与由各个人单独为之者何异,故无使负连带责任之理。”[21] 其次,“民法”第 185 条第 1 款第 2 句规定:“不能知其中孰为加害人者,亦同。”这里所谓不能知其中孰为加害人,指的就是数人共同从事危险行为而没有意思联络的情形,因此第 185 条第 1 款第 1 句所规定的共同侵权行为——这是真实的共同侵权行为——必须以行为人有意思联络为必要。[22]

持客观的共同关系说的学者主要是史尚宽、王伯琦、胡长清等学者。[23] 他们认为,各个加害人之间无须具有意思联络,只要数人的行为在客观上发生同一的损害结果,即可构成共同侵权行为。“民法上之共同侵权行为与刑法上之共同正犯,非尽相同。刑法上之共同正犯,除有共同之犯罪行为外,必须有共同意思之联络。盖以刑事责任以犯意为中心观念,在民事责任,则以补偿损害为目的,如其损害之发生系由于行为人之共同行为,纵使其无意思之联络,应即

---

〔18〕 [日]原田刚:《论“共同侵权行为”规定之解释——以“共同”的解释和加害人不明情形的解释为中心》,罗丽译,载《清华法学》2013 年第 3 期。

〔19〕 [日]吉村良一:《日本侵权行为法》(第 4 版),张挺译,中国人民大学出版社 2013 年版,第 180 页以下;[日]原田刚:《论“共同侵权行为”规定之解释——以“共同”的解释和加害人不明情形的解释为中心》,罗丽译,载《清华法学》2013 年第 3 期。

〔20〕 梅仲协:《民法要义》,中国政法大学出版社 1998 年版,第 198 页;戴修瓒:《民法债编总论》,台北,三民书局 1993 年版,第 207 页。

〔21〕 郑玉波:《民法债编总论》,台北,三民书局 1998 年版,第 166 页。

〔22〕 胡长清:《中国民法债编总论》,台北,商务印书馆 1968 年版,第 54 页。

〔23〕 史尚宽:《债法总论》,中国政法大学出版社 2000 年版,第 173 页;王伯琦:《民法债编总论》,台北,“国立”编译馆 1997 年版,第 79 页。

使负连带责任。反之,如其损害之发生非由行为人之共同行为,则纵使其有意思之联络,除其应负教唆或帮助之责任外,要难使其负共同加害行为之责任。”[24] 此外,就保护受害人而言,倘若要求其证明被告之间存在意思联络,则受害人将有难于求偿的危险,于情于理,均不符合。

从我国台湾地区“民法”第185条的立法理由可知,立法本意是要求共同侵权行为人之间具有意思联络的,该理由写道:“查民律草案第950条理由谓数人共同为侵害行为,致加损害于他人时(即意思及结果均共同),各有赔偿其全部损害之责任。至造意人及帮助人,应视为共同加害人,始足以保护被害人之利益。其因数人之侵权行为,生共同之损害时(即结果共同)亦然。此本条所由设也。”[25] 司法实践中,法院最初采纳的是主观共同关系说。如1931年上字第1960号判例指出:“他人所有物而为数人个别所侵害者,若各加害人并无意思上之联络,只能由加害人各就其所加害之部分,分别负赔偿责任。”不过,在1978年台上字第1737号判例中,法院又改采客观的共同关系说:“民事上之共同侵权行为(狭义的共同侵权行为,即加害行为)与刑事上之共同正犯,其构成要件并不完全相同,共同侵权行为人间不以有意思联络为必要,数人因过失不法侵害他人之权利,苟各行为人之过失行为,均为其所生损害共同原因,即所谓行为关联共同,即足成立共同侵权行为,依民法第185条第1项前半之规定,各过失行为人对于被害人应负全部损害之连带赔偿责任。”不久,法院在另外一个判例中进一步指出:“按共同侵权行为之损害赔偿,固不以加害人有意思联络为要件,但仍须有客观的共同关联性,即必须损害之发生,及有责任原因之实施,二者之间有相当因果关系为其成立要件,如就其行为确能证明绝无发生损害之可能性,则行为与损害之间无因果关系,即难令负共同侵权行为之连带赔偿责任。”[26] 依据学者的见解,法院改采客观的共同关系说的原因主要是“基于第三人责任保险尚不完善,而客观说对受害人之保护较为周全。这是一种务实的考量而非纯理论的结论”。[27]

(二)我国学说上的争议

我国民法学界对就如何理解共同加害行为中“共同”一词的含义,存在四种不同的观点,即共同故意说、共同过错说、共同行为说与折中说。

1. 共同故意说

此学说认为,共同加害行为中的“共同”是指共谋,即共同故意。[28] 申言之,各个行为人之间必须具备意思联络,即他们有共同追求的目标并为实现该目标而互相协力。之所以共同加害行为应当采取共同故意说,是因为:首先,如果在共同侵权行为中取消意思联络这一要件,将会严重地背离侵权法中“自己责任”的原则,不适当地扩大连带责任的范围。共同加害行为之所以要令行为人承担连带责任,就是因为他们之间具有意思联络,因此,他们认识到了或者主动追求自己的行为与他人的行为结为一体,共同对他人造成损害。由于损害后果是各行为人的共同欲求,所以侵权法上才将这些人不同的行为(作为或不作为)当作一个侵权行为而一体化处理,使每个行为人都应当对这一整体性侵权行为的后果(无论该后果是一项抑或多项)负

〔24〕 王伯琦:《民法债编总论》,台北,“国立”编译馆1997年版,第80页。

〔25〕 吴庚、苏俊雄等:《月旦六法全书》,元照出版有限公司2001年版,第1539页。

〔26〕 1983年台上字地3128号判决。转引自黄立:《民法债编总论》,元照出版有限公司2006年版,第299页。

〔27〕 黄立:《民法债编总论》,元照出版有限公司2006年版,第300页。

〔28〕 伍再阳:《意思联络是共同侵权行为的必要条件》,载《法学季刊》1984年第2期;程啸:《论意思联络作为共同侵权行为构成要件的意义》,载《法学家》2003年第4期;周友军:《我国共同侵权制度的再探讨》,载《社会科学》2010年第1期。

责。唯其如此,方不违背自己责任的原则。[29] 其次,如果在共同侵权行为中取消意思联络这一要件,必将无法正确地区分共同侵权行为、单独的侵权行为与共同危险行为。最后,以意思联络作为共同加害行为的构成要件,有利于减轻受害人对因果关系的举证责任,保护受害人的权益。[30]

2. 共同过错说

共同过错说最早出现在20世纪80年代由著名法学家佟柔先生主编的《民法原理》一书中,[31] 此学说后来得到王利明教授的大力发扬,成为理论界与实务界的权威观点。共同过错说是对传统的共同故意说扩张,其认为,共同侵权行为中各行为人之间的意思联络不以共同故意为限,还包括共同过失。共同过错就意味着各行为人之间具有意思联络,只要数人具有共同过错而实施了侵权行为就构成共同侵权行为。对于共同过错,权威的解释是"数个行为人对其行为或结果具有共同的认识或对某种结果的发生应该共同尽到合理的注意而没有注意",它包括共同故意与共同过失两类。后者又可以分为两种情形:一是各行为人对其行为所造成的共同损害后果应该预见或认识,而因为疏忽大意和不注意致使损害后果发生;二是数人共同实施某种行为造成他人的损害,不能确定行为人对损害结果的发生具有共同故意,但可根据案件的情况,认定行为人具有共同的过失。[32]

持共同过错说的学者的理由在于:首先,共同过错是各行为人应依法负连带责任的基础,正是基于共同过错,各个行为人的行为才构成一个整体,它决定了损害的共同性与行为的共同性。数个侵权行为人之间的共同过错才是共同加害人之间承担连带责任的道德基础。因此,该等行为人才对受害人负连带责任。否则,不仅无法对此种责任的原因作出合理的解释,也容易不适当扩大共同侵权行为的范围,给当事人强加连带责任。[33] 其次,将传统德国法系侵权法中的共同故意扩张为共同过错的趋势是为了更好地保护受害人。[34] 最后,我国司法实践中也素来以共同过错作为确定共同侵权行为的标志。如果某个行为人的行为偶然与他人的行为发生竞合,人民法院一般都要分清责任。[35]

3. 共同行为说

此学说认为,共同侵权行为的构成不以意思联络为必备要件,只要数人在客观上有共同的侵权行为,就应当承担共同侵权行为的民事责任。如果采纳意思联络说,认为只有行为人具有共同故意才负担共同的民事赔偿责任,而共同过失就不构成共同的民事责任,则有违民法上的过失责任原因,人为地缩小了共同侵权行为的范围,与共同侵权行为的基本概念相矛盾。[36] 共同行为说将连带责任视为对受害人的加强保护,因为各加害人的经济力量是强弱不一的,连带责任可以提高受害人得到赔偿的可靠度。[37]

---

[29] 程啸:《论意思联络作为共同侵权行为构成要件的意义》,载《法学家》2003年第4期。

[30] 程啸:《论意思联络作为共同侵权行为构成要件的意义》,载《法学家》2003年第4期。

[31] 佟柔主编:《民法原理》,法律出版社1986年版,第227页。

[32] 王利明:《侵权行为法归责原则研究》,中国政法大学出版社2003年版,第297~300页。

[33] 王利明:《侵权行为法归责原则研究》,中国政法大学出版社2003年版,第297页;杨立新:《侵权法论》(上册),吉林人民出版社2000年版,第309页。

[34] 魏振瀛主编:《民法》,北京大学出版社、高等教育出版社2000年版,第705页。

[35] 王利明:《侵权行为法归责原则研究》,中国政法大学出版社2003年版,第297页。

[36] 邓大榜:《共同侵权行为的民事责任初探》,载《法学季刊》1982年第3期。

[37] 夏国强:《关于共同造成他人损害的问题》,载《法学研究》1982年第1期。

采用共同行为说判断共同侵权行为是否构成的过程为：首先，共同行为之间应当具有关联性，其次应当具有因果关系的相同性，最后应当具有损害结果的不可分性。[38] 依据学者见解，采用共同行为说所确定的共同侵权行为至少包括以下几种类型：(1)基于共同意思联络和一致行为，例如结伙盗窃、合谋伤人；(2)基于违反共同注意义务的过失，例如，共同作业人疏忽大意造成事故；(3)基于共同关联行为和分别的过错（故意或过失），例如，两车相撞致车上乘客受伤；(4)基于分别过错行为的结合，例如数家报纸同时报道一项不实消息损害他人名誉权；(5)在相同时间和地点从相同行为的数人中不能确知谁为加害人时，基于推定，如受害人被偶然聚集的数人殴打，因其中一拳击中要害部位而丧生。[39]

4. 折中说

折中说认为，单纯的主观说或客观说都不足以采纳，正确的理论应当是把握加害人与受害人之间的利益平衡，而不可偏执于一端。在共同侵权行为的构成要件上，既要考虑各行为人的主观方面，也要考虑各行为人的行为之间的客观联系。对于共同侵权行为的构成，从主观方面而言，各加害人应均有过错，或为故意或为过失，过错的内容应当是相同或者相似的，但不要求共同的故意或者意思上的联络。从客观方面而言，各加害人的行为应当具有关联性，构成一个统一的不可分割的整体，而且都是损害发生不可或缺的共同原因。[40] 该观点进一步认为：(1)法律、法规等明文规定的共同侵权行为属于共同侵权行为；(2)基于数个加害人有意思联络的故意加害行为属于共同侵权行为；(3)基于数个加害人内容相同或者相似的过失侵害同一受害人相同或者相近的民事权益之行为，属于共同侵权行为；(4)基于相同内容的过失与故意之结合或者基于内容相同或相近的过失行为的结合而侵害同一受害人相同或相近民事权益的行为，也属于共同侵权行为。[41]

最高人民法院《人身损害赔偿解释》第3条第1款实际上采取的就是折中说，即将共同加害行为中的“共同”做广义的理解，既包括主观上的共同，也包括客观上的共同。所谓主观的共同采取共同过错说，认为包括共同故意与共同过失。而客观的共同则限于所谓的行为竞合（直接结合），不包括间接结合（原因竞合）。

（三）如何理解《民法典》第1168条（《侵权责任法》第8条）中“共同”的含义

《民法典》第1168条规定：“二人以上共同实施侵权行为，造成他人损害的，应当承担连带责任。”这一条与《侵权责任法》第8条一模一样，未做修改。在《侵权责任法》颁布之后，学界对如何理解该条中“共同”一词的含义，存在较大的分歧。

1. 主客观共同说。该学说认为，《侵权责任法》第8条中“共同”一词有三层含义：其一，共同故意；其二，共同过失，即数个行为人共同从事某种行为，基于共同的疏忽大意，造成他人损害；其三，故意行为与过失行为相结合。[42] 根据主客观共同说，所谓“共同”既包括主观的共同

---

〔38〕 孟杰：《共同侵权若干法律问题研究》，载中国民商法律网：http://www.civillaw.com.cn，2020年2月20日最后访问。

〔39〕 王卫国：《过错责任原则：第三次勃兴》，中国法制出版社2000年版，第275页。

〔40〕 张新宝：《中国侵权行为法》（第2版），中国社会科学出版社1998年版，第167～168页；张新宝、李玲：《共同侵权的法理探讨》，载《人民法院报》2001年11月9日。

〔41〕 张新宝：《中国侵权行为法》（第2版），中国社会科学出版社1998年版，第167～168页。

〔42〕 王胜明主编：《中华人民共和国侵权责任法解读》，中国法制出版社2010年版，第42页；曹险峰：《数人侵权的体系构成——对侵权责任法第8条至第12条的解释》，载《法学研究》2011年第5期。

关联性,也包括客观的共同关联性。前者是指数个侵权人对于违法行为有通谋或共同认识,后者是指数人的行为虽无意思联络却导致了同一损害后果。〔43〕 显然,主客观共同说仍是按照《人身损害赔偿解释》第 3 条第 1 款的规定来理解《侵权责任法》第 8 条中“共同”的含义。

2. 主观共同说。该学说认为,《侵权责任法》第 8 条中的“共同”仅指行为人在主观上的共同,不包括客观上的共同。只有当数个侵权人是基于共同的过错,造成他人损害时,才应当作为共同加害行为处理,适用《侵权责任法》第 8 条。〔44〕 所谓主观共同指的是共同过错,既包括共同故意也包括共同过失。共同故意是指不仅每一个行为人对其加害行为都存在个别认识上的故意,而且相互之间还存在必要的共谋。〔45〕 对于共同过失,持主观共同说的学者有不同的理解。有的学者认为,共同过失是指数个行为人对损害发生的可能性有共同的可预见性,但是因疏忽等原因造成了同一损害后果。〔46〕 如果数个行为人的行为只是在客观上结合在一起共同造成他人损害而主观上没有共同过错,就只是行为的偶然结合,不能使行为人承担共同侵权的连带责任,应按照《侵权责任法》第 11 条与第 12 条的规定处理。有的学者认为,共同过失分为两类:其一,“过失的共同”,即数个加害人就损害结果的发生而言,应该具有共同的可预见性。损害结果的发生,无论是同一损害还是非同一损害,都必须是各加害人共同的注意义务及注意义务违反的涵摄范围。〔47〕 其二,“共同的过失”,强调共同过失的成立须有各行为人过失的结合,“共同过失的存在需要一个结合点,在那个点上数人共同引发了风险,同时均可以避免而未避免风险的实现”。〔48〕

本书不赞同主客观共同说。只要将《民法典》第 1168 条与第 1171、1172 条稍加比较即可发现:第 1168 条使用的是“**共同实施**”一词,在对损害后果的规定上也只是表述为“造成他人损害”,并未要求“造成他人**同一损害**”。也就是说,依据《民法典》第 1168 条,二人以上共同实施侵权行为,无论是给他人造成了同一损害还是不同一的损害,侵权人对这些损害都应承担连带责任。可是,在《民法典》第 1171 条与第 1172 条中,不仅使用了“**分别实施**”的表述,还要求“造成**同一损害**”。因此,如仍按《人身损害赔偿解释》第 3 条第 1 款的规定来理解《民法典》第 1168 条的“共同”,将之解释为既包括主观共同也包括客观共同,显非妥当。“倘若立法上承认行为关联共同的客观共同侵权,自应以损害结果同一不可分作为其构成要件。”〔49〕 换言之,在《民法典》已于第 1171、1172 条就客观关联的多数人侵权责任作出了明文规定时,依然用客观关联说来解释《民法典》第 1168 条中的“共同”,显然是极不妥当的。

尽管主观共同说在解释力上稍强于主客观共同说,但其将《民法典》第 1168 条的“共同”解释为既包括共同故意,也包括共同过失,是不妥当的。本书认为,《民法典》第 1168 条的“共同”仅指共同故意,即 2 人以上“明知且意欲协力导致损害结果的发生”(sie in bewussten und ge-

---

〔43〕 杨立新:《〈中华人民共和国侵权责任法〉精解》,知识产权出版社 2010 年版,第 61 页。

〔44〕 陈现杰:《共同侵权的立法规制与审判实务》,载《人民司法》2010 年第 3 期;梁慧星:《中国民事立法评说:民法典、物权法、侵权责任法》,法律出版社 2010 年版,第 352 页。

〔45〕 最高人民法院侵权责任法研究小组:《〈中华人民共和国侵权责任法〉条文理解与适用》,人民法院出版社 2010 年版,第 69 页。

〔46〕 王利明:《共同侵权行为的概念与本质》,载《判解研究》2004 年第 4 期。

〔47〕 曹险峰:《数人侵权的体系构成——对侵权责任法第 8 条至第 12 条的解释》,载《法学研究》2011 年第 5 期。

〔48〕 叶金强:《共同侵权的实质要素及法律效果》,载《中国法学》2010 年第 1 期。

〔49〕 最高人民法院侵权责任法研究小组:《〈中华人民共和国侵权责任法〉条文理解与适用》,人民法院出版社 2010 年版,第 70 页。

wollten Zusammenwirken den angestrebten Erfolg herbeifuehren)。[50] 申言之,数个行为人在实施侵害他人权益的过程中应具有共同追求的目标,相互意识到彼此的存在,且客观上为达致此目的而协力,付出了共同的努力,各自承担了有一定数量的、相互之间有一定联系的行为部分(Tatbeitrag)。当具有意思联络的数人加害于他人时,即便无法查明具体造成损害之人或各加害人的加害部分,同样构成共同加害行为。因为共同的意志产生了共同的原因,[51]意思联络足以使因果关系这一构成要件得以满足。倘若数个行为人均具有过失,或者部分行为人是故意而另外一些人是过失,不构成共同加害行为,应当依据《民法典》第 1170 ~ 1172 条的规定分别处理。具体理由阐述如下:

1. 以意思联络作为共同加害行为的主观要件,符合侵权责任法的自己责任原则,有利于防止连带责任被滥用。相反,如果取消意思联络这一要件而采取所谓的客观共同说,将严重背离自己责任原则,不适当地扩大连带责任的范围。在民法中,连带债务或者连带责任之所以只有在法律规定或者当事人约定之时方能产生(《民法典》第 178 条第 3 款),根本原因就是侵权法一贯坚持的自己责任原则,即每个理性的人应当对也只能对自己行为所造成的损害后果负责,无需为他人行为的后果负责。数人共同对他人实施侵害的行为之所以被称为共同加害行为,而使该数人承担连带赔偿责任,关键的原因就在于数人之间有意思联络。该意思联络意味着,这些人在与他人共同追求相同的目标,并将自己的行为与他人的行为结为一体,以实现该目标。既然最后的损害后果是各个行为人共同欲求的,且他们都为此付出了"努力",自然在侵权法上这些人都要对该损害后果负责,从而承担连带责任。这样才既有利于保护受害人,也不违背自己责任的原则。如前所述,日本司法实务上多年来一直采取的客观说之所以在近年来备受批评,就是因为这种学说不适当地扩大了连带责任的范围。

2. 共同过错说认为,共同故意与共同过失均可构成共同加害行为,此种观点也不妥当。因为并不存在所谓的"共同过失"。到目前为止,我国民法学界对究竟何为"共同过失",尚无人能举出真正有意义的排他性例子加以说明。按照赞同共同过失亦可构成共同加害行为的学者的观点,所谓共同过失是指"数个加害人内容相同或者相似的过失"。[52] 可是,如果这样来界定共同过失的话,就会使得共同加害行为与共同危险行为无法被区分。因为在绝大部分的共同危险行为案件中,行为人都可以被评判为具有内容相同或相似的过失(下文详述)。在德国,虽然理论上不断有人主张,共同过失也可以构成共同加害行为,可是,迄今为止,判例都拒绝接受此种观点。[53] 即便是赞同共同过失说的学者如 Weckerle、Deutsch、Ahrens 等人,也从来没有能举出排他性的(只能通过共同加害行为解决的)共同过失的有效例子。例如,Weckerle 举的"共同过失"的例子是:数个建筑工人一起抬着木头从屋顶上往街上扔,他们都没有注意观察街上有无行人通过,结果砸伤了行人。[54] Deutsch 与 Ahrens 教授的"共同过失"的例子为:病人到医院看病后拿药,护士过失给错了药,医生在核对时亦因过失未能发现,病人由此遭受损害。[55] 显然,这两个例子都不是排他性例子。因为,在这两个例子中的每个加害人(每一个建筑工人、

---

〔50〕 BGH NJW 1972,40.

〔51〕 Staudinger/ Eberl – Borges, § 830 Rn. 13.

〔52〕 张新宝:《中国侵权行为法》(第 2 版),中国社会科学出版社 1998 年版,第 167 ~ 168 页。

〔53〕 Soergel/Zeuner, § 830 Rn. 4;Bamberger/Roth/Spindler, § 830 Rn. 8.

〔54〕 Weckerle,Die deliktische Verantwortlichkeit Mehrerer,1974,S. 70.

〔55〕 Deutsch/Ahrens,Deliktsrecht,5. Aufl. 2009,Rn. 188.

医生、护士)都存在违反注意义务的加害行为,且任何一人的过失行为与受害人的损害都存在清晰、明确的因果关系。受害人完全无需求助于共同加害行为或共同危险行为,即可依据侵权法的一般规范获得侵权赔偿请求权。申言之,受害人既可以请求其中一人赔偿,也可要求所有加害人都承担损害赔偿责任。如果是后一种情形,由于所有加害人的赔偿范围相同,因此他们在该赔偿范围内成为连带债务人。这两个案件都属于无意思联络数人侵权。这样的案件发生在德国,可以按照《德国民法典》第823条第1款与第840条第1款即可解决。[56] 如果发生在我国,则直接适用《民法典》第1171条或第1172条的规定即可。

德国、日本和中国台湾地区民法学界之所以会产生将共同过失侵权纳入共同加害行为的观点,主要是因为这些国家或地区的没有对所谓过失的共同侵权作出规定,故此,希望将共同加害行为中的"共同"作扩张性解释,从而涵盖过失的情形。[57] 但是,中国《民法典》第1171条和第1172条对无意思联络的数人侵权已经作出了规定,这两条已经将所谓客观共同包括共同过失的情形涵盖了。

3. 如果认为共同过失也会构成共同加害行为,将导致《民法典》第1168条与第1170条适用上的混乱。在共同危险行为中,实施危及他人人身、财产安全的行为的数人之间当然不能是共同故意,否则就构成共同加害行为。这意味着:共同危险行为人的主观心理状态要么全部为过失;要么有的人为故意,有的人为过失。司法实践中,共同危险行为人主观上皆为过失的情形居多。如果认为数人基于共同过失实施的侵权行为,可以构成共同加害行为,那么,共同危险行为中各个行为人就不能是共同过失,否则无法区分二者。例如,甲、乙、丙三人进行扔石头比赛。甲发现远处有行人经过,便问乙和丙:"会不会砸到行人?"乙、丙均称:"没事儿"。结果,不知何人扔出的石头砸中了行人丁。由于甲、乙、丙在看到有行人经过的时候仍然进行扔石头比赛,他们对于石头砸中行人的可能性都有预见,但因为疏忽或过于自信而未停止扔石头,以致一块石头砸伤行人。甲、乙、丙显然具有共同过失。此时,该案究竟是适用《民法典》第1170条还是第1168条,就存在疑问了。如果一方面认为,数个侵权人基于共同故意或共同过失都可构成共同加害行为;另一方面又认为,共同过失是共同危险行为的主观构成要件且它是数个共同危险行为人承担连带责任的民事责任之基础,显然自相矛盾。

4. 倘若认为共同过失构成共同加害行为,还会导致《民法典》第1168条与第1171、1172条适用关系上难以区分。《民法典》第1168条并未如第1171条与第1172条那样,要求数个共同实施侵权行为的人给受害人造成了同一损害后果。也就是说,无论二人以上共同实施侵权行为,给受害人造成了一个或多个损害后果,他们均应就全部损害后果承担连带赔偿责任。如果将第1168条中的"共同"理解为共同故意,理论上就可以很容易地解释第1168条与第1171、1172条为何有此差别。因为数个侵权人基于共同故意而协力造成受害人的损害时,共同故意已将所有侵权人的行为进行了一体化评价。他们的行为被当作了一个侵权行为,所以无论受

---

〔56〕 Staudinger/Ebel - Borges, 13. Aufl. 1999, § 830 Rn. 18.

〔57〕 就围绕着台湾地区"民法"第185条第1项前段的"共同"的理解产生的争议,王泽鉴教授曾指出:对于过失共同侵权行为在"民法"没有明文规定的情形下,为了使加害人负连带责任,方法论上有两种途径:其一,对"民法"第185条第1项前段的"共同"仍然采取主观说,以意思联络为必要。而对于过失共同加害行为则类推适用关于侵权行为连带责任的规定,使加害人连带负赔偿责任。其二,对"民法"第185条第1项前段的"共同",采取广义的解释,认为包括了过失共同加害行为。究竟采取何种途径,乃法学方法上的问题,前者较为可采。王泽鉴:《侵权行为》,北京大学出版社2009年版,第355页。

害人遭受的是一个还是多个损害,皆因该侵权行为所致。自然,全部的侵权人须就受害人的全部损害承担连带赔偿责任。例如,甲、乙协商后决定去侵害丙,由甲负责将丙的房屋烧毁,而由乙负责将丙打伤。因甲、乙共同故意对丙实施侵权行为,所以就丙的两个不同的损害后果(房屋被毁、受伤),甲、乙应当承担连带赔偿责任。

可是,如果认为《民法典》第1168条的"共同"包括了共同过失,在多个侵权人基于共同过失给受害人造成了不同损害时,理论上无法回答这样一个问题:为何每个侵权人不仅要对自己过失行为造成的后果负责,还要对他人过失行为造成的损害后果负责。例如,A骑自行车速度太快,过失将B手中的笔记本电脑碰落到地上。另一个骑电动车的人C因速度太快,将B撞骨折。该案中,A与C并无共同损害丙的故意,但均具有过失,即他们主观上为共同过失。如果说共同过失也构成共同加害行为的话,则A不仅要赔偿B的笔记本电脑损失,也要赔偿B骨折的损害,同样,C也要对这两个损害承担责任,这显然违背了自己责任原则。反之,如果A与C二人协商决定进行飙车比赛,二人不顾周围行人之安全而高速飙车,结果A将B的笔记本电脑损坏,C将B撞伤,由于二人具有意思联络,属于共同故意,因此他们要对B的两个损害承担连带责任。

正是为了避免出现上述不妥当的结论,凡是赞同共同过失可构成共同加害行为的学者,在就何为共同过失举例说明的时候,无一例外地要附加一个限制条件——给受害人造成了同一损害后果。[58] 因为只有附加了该条件,主张共同过失侵权的人才能以客观的关联性来解释存在共同过失的数个侵权人为什么要承担连带责任。我国《民法典》已经在第1171、1172条对无意思联络的数人侵权作出了规定,仍在共同加害行为中附加这样的限制条件,显然是错误的。一方面,不符合对《民法典》第1168条的文义解释,因为该条并未要求数人共同实施侵权行为时必须"造成同一损害"才承担连带责任。另一方面,《民法典》第1171、1172条明确要求分别实施侵权行为的数人必须"造成同一损害"。如果在解释第1168条"共同实施"的含义时,也附加同一损害后果的限制条件,那么该条与第1171、1172条在适用上就无法区分。例如,某大学教授A撰写的著作中有一大段是从E的著作中抄袭来的。但该部分是由A的学生B帮助整理的,A对于抄袭并不知情,但因其没有核对,构成过失。出版A的著作的C出版社也没有发现这个问题,因没有尽到合理注意义务,故而也构成过失。既然A也是过失,C也是过失,内容相同,属于共同过失,那么按照共同过错说,他们岂非应当适用《民法典》第1168条关于共同加害行为的规定,承担连带责任?事实上,由于A和C都是分别实施侵权行为而给受害人E造成了同一损害,所以本案又符合《民法典》第1172条的情形,A和C应当承担按份责任。[59]

由此可见,将共同过失也认为构成共同加害行为的观点,无论是理论上还是实务上都无法自圆其说,自相矛盾。他们认为《民法典》第1168条中的"共同"仅指主观的共同而不包括客观的共同,即不要求损害结果的同一性;在界定共同加害行为的特征,他们又都强调"损害结果的

---

〔58〕 最高人民法院侵权责任法研究小组:《〈中华人民共和国侵权责任法〉条文理解与适用》,人民法院出版社2010年版,第70页。

〔59〕 《最高人民法院关于审理著作权民事纠纷案件适用法律若干问题的解释》第20条规定:"出版物侵犯他人著作权的,出版者应当根据其过错、侵权程度及损害后果等承担民事赔偿责任。出版者对其出版行为的授权、稿件来源和署名、所编辑出版物的内容等未尽到合理注意义务的,依据著作权法第四十八条的规定,承担赔偿责任。出版者尽了合理注意义务,著作权人也无证据证明出版者应当知道其出版涉及侵权的,依据民法通则第一百一十七条第一款的规定,出版者承担停止侵权、返还其侵权所得利润的民事责任。出版者所尽合理注意义务情况,由出版者承担举证责任。"

统一性”或“结果同一性”,即加害行为乃至损害后果的发生都在侵权人共同意思的目的范围之内,没有超出目的范围的可预见程度。[60] 事实上,这种对“损害结果的统一性”或“结果同一性”的要求又回到了共同故意说的范围内了。因为,既然数个行为人并无共同故意,损害后果并非他们共同追求的,而只是存在共同过失,那么即便他们之间进行过某种意思的交流或沟通,也不能认为损害后果就是他们共同欲求的,自然也不发生损害后果是否在共同意思目的范围之内的问题。只有认为他们是共同故意时,才应考虑损害后果是否超出了侵权人共同欲求的范围,超出该范围的损害应由个别的侵权人自行承担侵权责任。倘非如此,则共同故意与共同过失简直无法区分。

第三节　法律后果与程序法问题

一、共同加害行为的连带责任

(一)连带责任的含义与类型

依据《民法典》第1168条,共同加害行为的法律后果是侵权人承担连带责任。这是因为:其一,共同加害行为中各个行为人存在意思联络,共同故意造成他人损害,不仅主观上的可非难性更大,而且造成的损害后果通常也更加严重。为了更好地预防此类侵权行为的发生,有必要使得各个行为人承担连带赔偿责任。其二,令共同加害行为人承担连带责任,有利于更好地保护被侵权人的合法权益,填补损害,实现侵权法的补偿功能。

所谓连带责任即连带赔偿责任,是指多名赔偿义务人向赔偿权利人各负全部的赔偿责任,赔偿权利人有权要求一名或数名赔偿义务人承担全部或者部分的赔偿责任。连带责任依据法律规定而产生或者由当事人约定而产生。我国《民法典》在总则编的第八章“民事责任”中规定了连带责任,同时在合同编第四章“合同的履行”中规定了连带债务。《民法典》第178条规定:“二人以上依法承担连带责任的,权利人有权请求部分或者全部连带责任人承担责任。连带责任人的责任份额根据各自责任大小确定;难以确定责任大小的,平均承担责任。实际承担责任超过自己责任份额的连带责任人,有权向其他连带责任人追偿。连带责任,由法律规定或者当事人约定。”《民法典》第518条规定:“债权人为二人以上,部分或者全部债权人均可以请求债务人履行债务的,为连带债权;债务人为二人以上,债权人可以请求部分或者全部债务人履行全部债务的,为连带债务。连带债权或者连带债务,由法律规定或者当事人约定。”此外,《民法典》第519~521条还对连带债务、债权效力方面的其他问题作出了规定。

《民法典》第468条规定:“非因合同产生的债权债务关系,适用有关该债权债务关系的法律规定;没有规定的,适用本编通则的有关规定,但是根据其性质不能适用的除外。”因共同侵权行为而产生的连带责任属于非因合同产生的连带债务关系,故此,应当先适用《民法典》侵权责任编的规定以及《民法典》第178条,没有规定的才能适用《民法典》第518条以下关于连带债务的规定。

---

〔60〕 最高人民法院侵权责任法研究小组:《〈中华人民共和国侵权责任法〉条文理解与适用》,人民法院出版社2010年版,第70页。

(二)连带责任中被侵权人的自由选择权

依据《民法典》第178条第1款规定,二人以上依法承担连带责任的,权利人有权请求部分或者全部连带责任人承担责任。故此,赔偿权利人有自由选择权,其有权要求任何一个赔偿义务人承担全部的赔偿责任,也有权要求赔偿义务人中的一人或多人承担全部或部分的赔偿责任。尽管赔偿权利人针对连带赔偿义务人享有选择自由,但其不能滥用该权利损害赔偿义务人。例如,某个赔偿义务人的赔偿能力很弱,赔偿权利人却要求其承担全部的赔偿责任,由于这种给付请求会直接导致该赔偿义务人破产,因此赔偿权利人这一行为构成权利之滥用。[61]

(三)连带责任中的分摊与追偿

连带责任人内部应当对责任进行分摊。在大陆法系债法中,该问题被称为"债务的分担",属于连带债务的对内效力之一。在英美侵权法中,各个加害人责任份额的确定被称为"连带赔偿责任的分摊"(contribution)。[62] 确定各连带责任人的赔偿份额,主要有两种方法:

1. 平均分摊法(pro rata),即除非法律另有规定或当事人另有约定,否则连带责任人内部**份额均等**。例如,3个共同侵权行为人给受害人造成了9000元的损害,则原则上每人承担均等的赔偿份额即3000元。如果某个被告已经向原告支付了全部的赔偿金,则有权向其他的两位被告追偿6000元。这是一种比较传统的做法。依照大陆法系债法关于连带债务对内效力的规定,在法律或者当事人没有特别规定或约定的情况下,应当平均分担。例如,《德国民法典》第426条第1款第1句规定:"连带债务人相互间如无特别规定者,应平均分担债务。"《瑞士债务法》第148条第1款规定:"只要从法律关系就连带债务人之间的关系推断不出其他意思的,各债务人对应向债权人作出的给付负担相同份额。"我国台湾地区"民法"第280条规定:"连带债务人相互间,除法律另有规定或契约另有订定外,应平均分担义务。但因债务人中之一人应单独负责之事由所致之损害,及支付之费用,由该债务人负担。"[63]《欧洲示范民法典草案》第3卷第4:106条也采取了平均分摊法,该条规定:"连带债务人承担的内部份额均等。如果两个或多个债务人因同一损害而负有连带责任,则他们承担的内部份额均等,除非考虑到个案的具体情况,责任不均等分配更加合理,特别是考虑到某一债务人的过错程度,或者其所控制的危险源对损害的发生和范围的影响。"

2. 比较分摊法(comparative contribution)。此种方法又可以分为两种:其一,"纯粹的比较过失分摊法",即完全按照各个侵权行为人的过失在造成原告损害的总过失中比例来确定承担的责任份额,例如甲、乙、丙三人实施共同侵权行为致使丁造成损害,如果甲的过失在总过失中所占比例为60%,乙为10%,丙为30%,则各自承担的赔偿数额也是相应的比例。在美国,主要是加利福尼亚、佛罗里达、密歇根、纽约、华盛顿等少数几个州采取此种方法。其二,"相对的比较过失分摊法",即除考虑各侵权行为人的过失在总过失中所占比例之外,还考虑各行为人

---

〔61〕 黄立:《民法债编总论》,台北,元照出版有限公司2006年版,第603页。

〔62〕 在英美侵权法中,1799年的Merryweather v. Nixan案确立了一个规则:对于共同侵权行为而言,某一被告承担了全部赔偿责任后不能要求其他被告承担相应的责任,因为法律不能帮助一个侵权行为人。不过,这种不考虑共同故意、共同过失而一概否定的做法因过于僵化而被逐渐废弃,现在的侵权法承认在非故意(包括轻微过失、严重过失)的共同侵权中进行责任的分摊。例如,《美国侵权法重述(第二次)》第886A条第3款规定:"故意导致伤害的侵权行为人无请求分摊赔偿金额的权利。"See, William L. Prosser, *Handbook of the Law of Torts*, West Publishing Co., 1971, p. 303.

〔63〕 张新宝:《中国侵权行为法》(第2版),中国社会科学出版社1998年版,第178页。

的侵权行为所造成的损害后果的严重程度、原因力、加害人所获得的非法利益、加害人的经济负担能力等诸多因素综合确定赔偿责任份额。例如,《意大利民法典》第2055条第2款规定:"赔偿了损害之人得按照其他责任人各自的过错和造成损害后果的严重程度确定的价值,向其他每一个责任者行使追偿权。"美国多数州采取此种方法。

我国《民法典》第178条第2款规定:"连带责任人的责任份额根据各自责任大小确定;难以确定责任大小的,平均承担责任。实际承担责任超过自己责任份额的连带责任人,有权向其他连带责任人追偿。"由此可见,我国法原则上采取的是比较分摊法,例外采取了平均分摊法。首先,按照连带责任人的"**各自责任大小**"来确定相应的赔偿数额。所谓各自责任大小,主要是指各个加害行为人对损害的原因力和过错大小,例外的情况下法官也会考虑行为人所获得的非法利益以及各个加害人的经济负担能力等特殊情况。[64] 其次,如果无法确定原因力和过错的,此时应当平均分摊。最后,连带责任人中的某人支付了超出自己应当赔偿的数额后,有权向其他连带责任人追偿。如果被追偿的连带责任人中的某人因为破产或者没有履行能力等无法承担其应当分担的份额,则依据《民法典》第519条第3款,其他连带责任人应当在相应的范围内按比例分担。

二、共同加害行为的程序法问题

因共同加害行为遭受损害的当事人提起的是共同诉讼。所谓共同诉讼是当事人一方或双方为二人以上且诉讼标的是共同的或同一种类的诉讼(《民事诉讼法》第52条第1款)。依据共同诉讼人与诉讼标的关联性强弱的不同,可以将共同诉讼区分为:普通的共同诉讼与必要的共同诉讼。前者是指当事人一方或双方为二人以上且诉讼标的是同一种类,人民法院认为可以合并审理并经当事人同意的诉讼;后者是指当事人一方或双方为二人以上且诉讼标的是共同的诉讼。[65]

必要的共同诉讼又可以分为两类:其一,固有的必要共同诉讼,即基于实体法或诉讼法上的特别规定,要求当事人必须一同起诉、一同被诉以及判决时应同胜同败的必要共同诉讼。[66] 其二,类似的必要共同诉讼,即数人就为诉讼标的之法律关系,不须一同起诉或一同被诉,个人可以自行单独诉讼或一同诉讼。但是在一同起诉或一同被诉时,其法律关系对于共同诉讼人全体必须合一确定,法院不许为不同认定而作出互相矛盾的判决。[67]

共同加害行为的受害人或其他赔偿权利人作为原告,以应当承担连带责任的数个加害行为人为被告提起诉讼时,该诉讼显然是共同诉讼。然而,这种以多个连带责任人为被告的共同诉讼究竟是**普通的共同诉讼**还是**类似的必要共同诉讼**,存在争议。[68]

我国现行法上只是将共同诉讼分为必要的共同诉讼与普通的共同诉讼,而没有区分类似的必要共同诉讼与固有的必要共同诉讼。通说和司法实践均认为,以多个连带责任人为被告的共同诉讼属于必要的共同诉讼。[69] 最高人民法院的《人身损害赔偿解释》第5条第1款也规定:"赔偿权利人起诉部分共同侵权人的,人民法院应当追加其他共同侵权人作为共同被告。

---

〔64〕 确定赔偿的份额是法官的自由裁量权,我国也不例外。详见王竹:《侵权责任法分担论——侵权损害赔偿责任数人分担的一般理论》,中国人民大学出版社2009年版,第221页。

〔65〕 王胜明主编:《中华人民共和国民事诉讼法释义》(最新修正版),法律出版社2012年版,第94页。

〔66〕 姜世明:《民事诉讼法》(上册),台北,新学林出版股份有限公司2012年版,第223页。

〔67〕 王甲乙、杨建华、郑健才:《民事诉讼法新论》,2005年自版,第325页。

〔68〕 姜世明:《民事诉讼法》(上册),台北,新学林出版股份有限公司2012年版,第234页以下。

〔69〕 王胜明主编:《中华人民共和国民事诉讼法释义》(最新修正版),法律出版社2012年版,第94页。

赔偿权利人在诉讼中放弃对部分共同侵权人的诉讼请求的,其他共同侵权人对被放弃诉讼请求的被告应当承担的赔偿份额不承担连带责任。责任范围难以确定的,推定各共同侵权人承担同等责任。”根据司法解释起草者的解释,之所以如此规定,是为了“避免重复诉讼、降低司法成本”,因此采纳了民事诉讼法学者关于共同侵权诉讼为必要共同诉讼的观点。[70]

司法解释上述规定有其一定程度的合理性。首先,将全部的共同侵权人纳入诉讼,作为共同被告,有助于查明事实真相,有效地保护当事人的权益。其次,有利于纠纷的一次性解决,因为在将所有的侵权人都作为被告纳入诉讼后,法院在确定各个共同侵权人向受害人负担连带责任后,可以同时确定各共同侵权人内部的责任分担。这样一来,就避免了部分共同侵权人承担赔偿责任后,为了向其他共同侵权人追偿而再次提起诉讼,既减轻了当事人的诉讼负担,也节约了司法资源。然而,《民法典》第178条第1款已经在实体法上明确赋予了被侵权人针对连带责任的选择权,既可以要求部分连带责任人承担责任,也可以要求全部的连带责任人承担责任。

对此,有些法官认为,应当继续将共同加害行为等承担连带责任的侵权诉讼作为必要的共同诉讼,适用《人身损害赔偿解释》第5条第1款。[71] 对此观点,本书表示反对:首先,程序问题的解决不应背离实体法的规定。如果法院在共同诉讼问题上采取的解决方法完全违反实体法的规定,强行要求被侵权人必须将所有的侵权人作为共同被告提起诉讼,并在被侵权人不同意追加其他侵权人的情况下,就认为被侵权人放弃了相应的诉讼请求,显然是不妥当的。其次,违反民事诉讼法理论。当今我国的民事诉讼法学界已经认识到,由于缺少类似的必要共同诉讼这一制度,导致过去的民事诉讼理论和实务将共同诉讼人之间存在连带关系作为固有的必要共同诉讼的基础,认为只要被告是连带责任人就必须作为共同被告参加到诉讼中来,即便原告没有起诉,当事人也必须申请追加或者法院依职权追加。正是这种陈旧的民事诉讼法理论才导致了《人身损害赔偿解释》第5条第1款的出现。[72] 这种做法在实践中产生了滥用职权追加被告,乱列共同诉讼人、滥科连带责任,侵害当事人自由选择权等诸多问题。[73] 鉴于此,如今我国的民事诉讼法学界已经认识到,因连带关系发生的诉讼并不一定就是固有的必要共同诉讼,而应将其作为类似的必要共同诉讼更为合适。[74] 关于复数人侵权造成同一损害结果的各种情形,我国目前的语境下一种比较简单易行的解释就是,把从典型的共同侵权行为到比较松散的复数侵权行为客观竞合都理解为可以适用类似必要共同诉讼的对象。被侵权人既可以起诉所有侵权人,也可以只起诉部分或其中一名侵权人。[75] 只要法院就侵权法律关系对共同诉讼人全体合一确定而不作出互相矛盾的判决即可。强制被侵权人必须起诉全部的侵权人,甚至在被侵权人没有找到全部的侵权人时,不受理案件的做法显然是荒唐的。

---

〔70〕 陈现杰:《共同侵权的立法规制与审判实务》,载《人民司法》2010年第3期。

〔71〕 姜强:《〈侵权责任法〉中的连带责任、不真正连带责任及其诉讼程序》,载《法律适用》2010年第7期。

〔72〕 类似的司法解释还有不少,如《最高人民法院关于审理证券市场因虚假陈述引发的民事赔偿案件的若干规定》第10条。

〔73〕 江伟主编:《民事诉讼法》(第6版),中国人民大学出版社2013年版,第138页。

〔74〕 张卫平:《民事诉讼法》(第5版),法律出版社2019年版,第152~153页。

〔75〕 王亚新:《“主体/客体”相互视角下的共同诉讼》,载《当代法学》2015年第1期。

文献阅读

第十二章　教唆帮助行为

本章重点

教唆帮助行为是共同侵权行为的一类，本章对于侵权法中规定教唆帮助行为的规范目的以及构成要件等进行了分析。此外，刑法和民法对教唆犯与帮助犯的不同规定，也应掌握。

第一节　概　述

一、教唆帮助行为的概念与规范目的

教唆帮助行为，也称“**视为的共同侵权行为**”，即教唆、帮助他人实施侵权行为的情形。在教唆、帮助他人实施侵权行为的案件中，教唆人和帮助人并非直接的、具体的实施加害行为的人。受害人要证明直接实施侵害行为者的行为与损害之间的因果关系，并不太困难。但是，其要证明并未直接实施加害行为的教唆人、帮助人的行为与损害之间的原因力和原因力的大小，比较困难。毕竟，教唆人或帮助人并未直接参与实施侵权行为。为消除受害人证明因果关系上的困难，侵权法上将教唆人、帮助人等同于共同侵权人，让他们与直接加害人一起就受害人的全部损害承担赔偿责任。受害人无须证明教唆人、帮助人的行为与损害的因果关系，而只要证明存在教唆行为或帮助行为，即可使得教唆人或帮助人与直接侵权人一起承担连带责任，有利于保护受害人的合法权益（参见**案例** 12.1.1）。总之，“责任法以一个扩大的行为人概念为出发点，希望借助于教唆人和帮助人负全部责任这个规则的设计，来消除对因果关系可能的怀疑”。[1]

案例阅读

案例12.1.1
舒顺平与丁海、丁忠祥生命权、健康权、身体权纠纷案

在比较法上，很多国家或地区的民法对于将教唆帮助行为人视作共同侵权人都有规定。例如，《德国民法典》第 830 条第 2 款规定：“教唆人与帮助人视为共同加害人。”《瑞士债务法》第 50 条第 1 款规定：“数人因过错，共同致他人损害者，对于被害人，应连带负赔偿责任，教唆人、造意人或帮助人，视为共同行为人。”《日本民法典》第 719 条第 2 款规定：“教唆或帮助侵权行为的人视为共同行为人，适用前项规定。”《韩国民法典》第 760 条第 3 款规定：“教唆人或帮助人，视为共同行为人。”我国台湾地区“民法”第 185 条第 2 项规定：“造意人及帮助人，视为共

〔1〕［德］埃尔温·多伊奇、汉斯—于尔根·阿依斯：《德国侵权法——侵权行为、损害赔偿及痛苦抚慰金》，叶名怡、温大军译，中国人民大学出版社 2016 年版，第 73 页。

同行为人。”

二、我国法对教唆帮助行为的规范

在我国,早期的法律如《民法通则》并未对教唆与帮助行为单独作出规定。《民法通则意见》第148条曾规定:“教唆、帮助他人实施侵权行为的人,为共同侵权人,应当承担连带民事责任。教唆、帮助无民事行为能力人实施侵权行为的人,为侵权人,应当承担民事责任。教唆、帮助限制民事行为能力人实施侵权行为的人,为共同侵权人,应当承担主要民事责任。”《侵权责任法》第9条第1款规定:“教唆、帮助他人实施侵权行为的,应当与行为人承担连带责任。”第2款规定:“教唆、帮助无民事行为能力人、限制民事行为能力人实施侵权行为的,应当承担侵权责任;该无民事行为能力人、限制民事行为能力人的监护人未尽到监护责任的,应当承担相应的责任。”这一规定与以往规定最大的不同就在于对教唆、帮助无民事行为能力人、限制民事行为能力人实施侵权行为的规定之上,即第9条第2款第2分句(参见表12.1.1)。

表12.1.1　《侵权责任法》第9条与《民法通则意见》第148条的区别

类型	《侵权责任法》第9条	《民法通则意见》第148条
教唆、帮助无民事行为能力人实施侵权行为的	**原则上单独责任,例外按份责任**:教唆人、帮助人应当承担侵权责任;无民事行为能力人的监护人未尽到监护责任的,应当承担相应的责任	**单独责任**:教唆人、帮助人承担侵权责任,没有规定被教唆人、被帮助人的监护人要承担责任
教唆、帮助限制民事行为能力人实施侵权行为的	**原则上单独责任,例外按份责任**:教唆人、帮助人应当承担侵权责任;限制民事行为能力人的监护人未尽到监护责任的,应当承担相应的责任	**连带责任**:教唆人、帮助人应当承担主要责任。被教唆人、被帮助人的监护人承担次要责任

《侵权责任法》改变司法解释规定的理由在于:首先,无论是教唆或帮助无民事行为能力人,还是教唆或帮助限制民事行为能力人实施侵权行为,教唆人或帮助人都应当视为共同侵权行为人,需要承担侵权责任,这一点没有争议。至于被教唆或被帮助的不完全民事行为能力人,其具体实施了侵害他人民事权益的行为,给他人造成了损害,依据《侵权责任法》第32条第1款之规定,其监护人应当承担侵权责任。其次,考虑无民事行为能力人或限制民事行为能力人是在他人的教唆、帮助之下才实施侵害他人民事权益的行为的,如果一律按照《侵权责任法》第32条要求监护人与教唆人、帮助人承担连带责任,显然过于苛刻。[2] 故此,立法者规定,教唆、帮助不完全民事行为能力人从事侵权行为的,原则上是教唆人或帮助人承担侵权责任,而监护人无须与教唆人、帮助人一起承担连带责任。但是,在监护人“**未尽到监护责任**”时,应承担相应的责任。所谓“**相应的责任**”包括两层含义:其一,监护人不是与教唆人、帮助人承担连带责任,而是在没有尽到监护责任时,承担相应的责任即按份责任;其二,监护人承担的责任的大小应依据其未尽到监护责任的程度即过错的程度加以确定。越没有尽到监护责任的,过错程度越大的,承担的责任就越多。例如,乙是12岁的孩子,甲是其叔叔,也是监护人。甲除了给乙提供衣食和住宿外,对于乙完全不予教育,任其整日与街头流氓地痞混在一起。后乙在流

〔2〕 梁慧星教授认为,《侵权责任法》第9条第2款第2句应理解为“如果教唆人、帮助人有赔偿能力,就判决其承担全部责任、主要责任或相应的责任。反之,如果教唆人、帮助人不具有赔偿能力,则可以判决教唆人、帮助人与行为人承担连带责任,保障受害人能够获得完全的赔偿”。参见梁慧星:《中国民事立法评说:民法典、物权法、侵权责任法》,法律出版社2010年版,第354页。本书不赞同这一观点。如果法院仅仅依据有无赔偿能力来确定是否承担连带责任,明显违反了连带责任应由法律规定或者当事人约定的原则,过于随意,极不合理。

唆丙的教唆之下,盗窃了丁的机动车。此时,监护人甲就要对丁的损害承担较多的责任。

在《民法典》编纂时,对于是否延续《侵权责任法》第9条的规定,有不同的看法。有的观点认为,在教唆、帮助不完全民事行为能力人实施侵权行为的情况下,应当由教唆人、帮助人与监护人承担连带责任,因为监护人责任本来就不考虑监护人对被监护人的侵权行为是否存在过错,只要被监护人实施了侵权行为,监护人就要承担责任。不过,立法机关认为,要求监护人与教唆人、帮助人承担连带责任的做法过于严厉。也有观点认为,应当按照《民法通则意见》第148条的做法,区分教唆、帮助无民事行为能力人和限制民事行为能力人实施侵权而分别作出规定,前者仅由教唆人、帮助人承担侵权责任,后者可以考虑监护人的责任。然而,立法机关有关人士认为,就教唆人、帮助人而言,无论是教唆、帮助无民事行为能力人还是限制民事行为能力人,都应当承担侵权责任,从侵权人与被侵权人的角度而言,不应有所区分。[3]

故此,《民法典》第1169条延续了《侵权责任法》第9条的规定,仅调整了个别文字表述,将“监护责任”修改为“**监护职责**”,从而与总则编关于监护职责的规定保持一致。《民法典》第1169条分两款对教唆帮助行为作出了规定,第1款规定:“教唆、帮助他人实施侵权行为的,应当与行为人承担连带责任。”该款规范的被教唆或受到帮助的侵权行为是由完全民事行为能力人实施的。第2款规定:“教唆、帮助无民事行为能力人、限制民事行为能力人实施侵权行为的,应当承担侵权责任;该无民事行为能力人、限制民事行为能力人的监护人未尽到监护职责的,应当承担相应的责任。”该款对于教唆、帮助不完全民事行为能力人时教唆人、帮助人以及监护人的侵权责任作出了规定。

除《民法典》第1169条之外,一些法律和司法解释也对比较常见的教唆帮助侵权行为作出了规定。例如,《食品安全法》第123条对于明知他人从事法律禁止的生产经营不符合食品安全标准的食品的行为,仍为其提供生产经营场所或者其他条件的帮助侵权行为作出了规定。《反不正当竞争法》第8条第2款规定:“经营者不得通过组织虚假交易等方式,帮助其他经营者进行虚假或者引人误解的商业宣传。”第9条则规定了经营者教唆、引诱、帮助他人违反保密义务或者违反权利人有关保守商业秘密的要求,获取、披露、使用或者允许他人使用权利人的商业秘密的侵权行为。再如,《利用信息网络侵害人身权益纠纷规定》第15条规定:“雇佣、组织、教唆或者帮助他人发布、转发网络信息侵害他人人身权益,被侵权人请求行为人承担连带责任的,人民法院应予支持。”此外,《最高人民法院关于审理侵害信息网络传播权民事纠纷案件适用法律若干问题的规定》第7条和第8条也对网络服务提供者在提供网络服务时教唆或者帮助网络用户实施侵害信息网络传播权的行为作出了规定。

第二节 教唆行为的构成要件

一、存在教唆人与行为人

教唆行为中至少有两个行为人:一是实施教唆行为之人,即**教唆人**(Anstifter);二是实施侵害他人权益行为之人,即**行为人**。教唆人可以是完全民事行为能力人,也可以是不完全民事行

[3] 黄薇主编:《中华人民共和国民法典侵权责任编解读》,中国法制出版社2020年版,第26页。

为能力人。如果是完全民事行为能力人，则教唆人属于侵权人，依《民法典》第1169条第1款与行为人承担连带责任；如果是不完全民事行为能力人，则由教唆人之监护人与行为人承担侵权责任（《民法典》第1188条第1款与第1169条第1款）。

行为人既可以是完全民事行为能力人，也可以是不完全民事行为能力人。倘为前者，则该行为人与教唆人或教唆人之监护人依《民法典》第1169条第1款承担连带责任；如果是后者，则应依《民法典》第1169条第2款处理。

二、教唆人实施了教唆行为

教唆行为，是指利用言词对行为人进行开导、说服或通过刺激、利诱、怂恿等方法使该行为人从事侵害他人权益之行为。例如，《最高人民法院关于审理侵害信息网络传播权民事纠纷案件适用法律若干问题的规定》第7条第2款规定："网络服务提供者以言语、推介技术支持、奖励积分等方式诱导、鼓励网络用户实施侵害信息网络传播权行为的，人民法院应当认定其构成教唆侵权行为。"

三、教唆行为与被教唆人的加害行为存在因果关系

所谓加害行为，是指被教唆人实施的侵害他人民事权益的行为，即"主行为"（Haupttat）。它是由被教唆人即行为人所实施的。教唆行为与加害行为存在因果关系意味着：一方面，教唆行为通常都只能是发生在加害行为实施之前，如果在教唆之前加害行为已经实施完毕了，则教唆行为与加害行为并无因果关系。也就是说，不存在事后的教唆。另一方面，被教唆人所实施的加害行为正是教唆的内容，即教唆行为影响了被教唆人，从而惹起了加害行为，前者是后者的原因。[4] 倘若教唆行为并未对被教唆人发生影响，没有惹起加害行为，则不发生侵权责任的问题。这是侵权法中的教唆行为与刑法中教唆犯的一个重要区别。在刑法中，即便被教唆的人没有犯被教唆的罪，教唆之人也会构成犯罪，无非是可以从轻或者减轻处罚（《刑法》第29条第2款）。因为刑法以惩罚为主要功能之一，而侵权法则以补偿作为基本功能。没有造成损害，则不存在赔偿责任，自然也无需令教唆人与行为人承担连带赔偿责任。

即便被教唆人从事了某种加害行为，但该行为并不是教唆的内容或超出了教唆的内容，此时，行为人应单独承担侵权责任，教唆人不承担侵权责任，更无须承担连带责任。例如，甲教唆乙入室窃取丙的笔记本电脑。乙入室后除窃取电脑外，还将丙的妻子丁奸污。就丙的电脑被盗这一损害而言，甲应与乙被视为共同侵权行为人，承担连带责任。然而，丁被奸污这一损害超出了教唆的范围，应由乙单独承担侵权责任。

四、教唆人与被教唆人存在共同故意

共同故意意味着，一方面，教唆人具有教唆的故意。所谓教唆的故意是指教唆人明知或者应知其教唆他人实施之行为是侵权行为仍然教唆的主观心理状态，不要求教唆人对被教唆人实施的行为属于哪一类侵权行为或者承担何种侵权责任有所认识。过失不可能构成教唆行为。另一方面，被教唆人既然受到教唆而实施了加害行为，其行为是教唆行为的结果，被教唆人主观上也是故意的。倘若行为人真的是过失侵害了他人权益，这就说明其并未受到教唆行为的影响，甚至不知道教唆行为的存在，不构成教唆行为，行为人应单独承担过失的侵权责任。

---

〔4〕 Jauernig/Teichmann, 13. Aufl. 2009, § 830 Rn. 6.

第三节 帮助行为的构成要件

一、存在帮助人与行为人

帮助行为,是指给予他人以帮助(如提供工具或者指导方法),以使该人易于实行侵权行为。因此,在帮助行为中,存在帮助人(Beihilfer)与被帮助人,前者实施了帮助行为,后者实施了加害行为,也是加害行为人。

二、帮助人实施了帮助行为

所谓帮助行为,可以是精神上的帮助,也可以是物质上的帮助,可以是积极的作为也可以是消极的不作为。积极的作为如为他人的侵权提供经费支持和信息情报,消极的不作为如网络服务提供者明知或者应知网络用户利用网络服务侵害信息网络传播权,却不依法采取删除、屏蔽、断开链接等必要措施。需要注意的是,帮助行为并不要求帮助人的行为是加害人实施加害行为的原因,即只要该帮助行为客观上使加害行为易于实施即可。[5] 至于行为人是否就是因为帮助行为而实施的加害行为,无关紧要。[6] 例如,A 公司成立时,因无资金从而借用 B 公司的注册资金登记注册。后 A 公司被撤销,因该公司没有实际资本,给债权人造成损害。由于 B 公司将注册资金借给 A 公司使用的行为,客观上使 A 公司"得以成立,并从事与之实际履行能力不相适应的交易活动,给他人造成不应有的损害后果",[7] 因此,B 公司的行为就是帮助行为,应承担侵权责任。

帮助行为并不要求帮助人的行为是加害人实施加害行为的原因也意味着,帮助行为无需如教唆行为那样必须发生在加害行为实施之前,而是可以发生在加害行为实施过程中或者加害行为实施完毕后。[8] 例如,李某租用张某的院子,在订立租赁合同时李某向张某谎称是自家居住用。实际上李某是在院里将病死鸡禽加工为熟食出售牟利。半年后,张某发现了该事,但是想着反正李某及时缴纳租金,也就睁一只眼闭一只眼,不闻不问。后李某出售的熟食导致消费者中毒。在这个案件中,张某的行为仍然构成帮助行为。因为,其在发现李某从事违反《食品安全法》第 123 条第 1 款所列违法行为之后,没有及时报告有关部门并解除租赁合同,仍然将院子出租给李某,其行为就构成了帮助行为,李某和张某应当对消费者的损害承担连带赔偿责任。帮助行为发生在加害行为已经实施完毕后,典型的情形就是刑法上的窝赃和销赃行为。例如,乙明知甲从 A 公司盗窃了汽油,却帮助其销售并从中分得利润。

---

〔5〕 这一点在网络侵权中体现最为明显。网络服务技术提供者之所以成立帮助侵权,并不是因为它们就是要帮助加害人实施侵害他人著作权或人身权的行为,而是因为他们提供的网络技术服务使得这种侵权变得更容易,又没有采取相应的措施防止此种侵权行为的发生。

〔6〕 Jauernig/Teichmann, 13. Aufl. 2009, § 830 Rn. 6.

〔7〕《最高人民法院关于对帮助他人设立注册资金虚假的公司应当如何承担民事责任的请示的答复》(2001 年 9 月 13 日,[2001]民二他字第 4 号)。

〔8〕 刑法理论也认为,帮助行为可以在实行行为之前实施(预备的帮助犯),也可以与实行行为同时实施(伴随的帮助犯),还可以在正犯实行了一部分犯罪后实施(承继的帮助犯)。张明楷:《刑法学》(第 5 版)(上),法律出版社 2016 年版,第 419 页。

三、存在意思联络

帮助人主观上必须是故意的，这种故意可以是明知也可以是应知其行为在帮助他人实施侵权行为。例如，《民法典》第 1197 条规定："网络服务提供者知道或者应当知道网络用户利用其网络服务侵害他人民事权益，未采取必要措施的，与该网络用户承担连带责任。"再如，《商标法》第 57 条第 6 项规定，"故意为侵犯他人商标专用权行为提供便利条件，帮助他人实施侵犯商标专用权行为的"，属于侵犯注册商标专用权的行为。此外，被帮助人也是故意实施侵权行为，其与帮助人之间存在意思联络，具有共同故意，否则不构成帮助行为，帮助人与被帮助人也不承担连带责任。

实践中，可能存在一些人与被帮助人并无意思联络，即并非故意地对他人实施侵权行为提供了帮助。此时，该行为也属于侵权行为，但不构成帮助行为，"帮助"人无需与行为人承担连带责任，而是应当依法承担相应的侵权责任。例如，在最高人民法院审理的一个案件中，被告华美公司在不到 1 年时间内向多位原告发包工程 2.65 亿元，骗取"质保金"560 万元。最高人民法院认为，虽然呼和浩特市政府在本案侵权纠纷中，没有与侵权人华美公司形成共同的意思联络，不构成侵权的共同故意，但是因为其在整个项目的实施过程中，通过授权委托承建、不实扩大宣传、提供虚假投资证明以及提供经济担保等行为，客观上为华美公司实施侵权行为提供了帮助，因此，需要就华美公司给 30 家上诉人造成的财产损失承担相应的赔偿责任。〔9〕

---

〔9〕 最高人民法院民事审判第二庭：《商事审判指导与参考》（总第 26 辑），人民法院出版社 2011 年版，第 247 页以下。

文献阅读

第十三章　共同危险行为

| 本章重点 |

在我国法上，共同危险行为最初是由司法解释确立的。《侵权责任法》第10条首次在法律上对共同危险行为作出了规定，《民法典》第1170条延续了该规定。本章将就共同危险行为制度的规范目的及其构成要件、免责事由等问题，详加讨论。

第一节　概　　述

一、各国家及地区的共同危险行为制度

（一）罗马法

共同危险行为制度起源于罗马法。在罗马共和国晚期，由于城市的繁荣昌盛，街道两旁建筑物密集，但是道路却非常狭窄，经常出现有人从楼上往下泼水或投掷物品而致行人伤害的情形。为了确保公共集会场所和道路交通的安全，共和国的大法官认为，依照以前的《阿奎利亚法》不足以保护这种情形中的受害人，故此便创造了"倒泼和投掷责任之诉"（actio de effusis et deiectis）。[1] 按照规定，该诉并不是向行为人提出的，而是向房屋的居住者提起。无论他是房屋的所有人、用益权人还是承租人，也无论其有无过失，均按照私犯论处，应双倍承担赔偿责任。如果造成一名自由人死亡，任何市民均有权起诉，罚金将是50金币；如果造成伤害，法官有权裁量应当支付的赔偿。具体来说，罗马法对"倒泼和投掷责任之诉"的规定包含以下几项内容。

1. 罗马法对于此种行为采取的是无过失责任，这样既能够促使那些房屋的居住人提高注意，也减轻了受害人的举证责任，有利于保护其合法权益。因为受害人是很难证明究竟谁从楼上泼水或者投掷物品而造成自己的损害。

2. 此种因倒泼或投掷行为而产生的责任属于替代责任，即由房屋的所有人、用益权人和承租人承担责任，并非由实际的行为人承担责任。因为在旅馆的楼房中往下倒泼或投掷物品的实际行为人常常是旅客，但旅客是流动的，如果令实际行为人承担责任，必然不利于保护受害人。所以，罗马法要求，应先由旅馆主人承担责任，其承担责任后有权向行为人追偿。正因如

---

〔1〕 陈朝壁：《罗马法原理》（上），台北商务印书馆1979年版，第160页；[意]彼得罗·彭梵得：《罗马法教科书》，黄风译，中国政法大学出版社1992年版，第405～405页；[罗马]查士丁尼：《法学总论——法学阶梯》，张企泰译，商务印书馆1993年版，第204页。

此，因倒泼或投掷物品而致人损害的行为才被归为准私犯（即准侵权行为）的一种。[2]

3. 如果一个房屋内居住着数人，当有人从该房中倒泼或投掷物品致人损害时，该数人应当承担连带赔偿责任。但是，其中一人赔偿以后，诉权即行消灭，其他的居住人可以免责。[3] 这主要是考虑到：首先，受害人的举证困难。虽然实际上从楼上倒泼或投掷物品的只是其中的某一位居住人，但是要受害人证明数个居住人中究竟是何人所为，十分困难。其次，居住在一个房屋内的数个居住人具有团体性，人们期待他们能够就共同的住宅进行更好地管理，如果因未尽到相应的注意义务以致造成他人损害，各个居住人应承担连带赔偿责任。但是，如果一栋房屋是由数人分别居住，则受害人只能向倒泼或者投掷部分的居住人起诉。[4]

由此可见，罗马法对共同危险行为的规定已经较为完善。现代民法中的共同危险行为制度正是从罗马法的有关规定衍生发展出来的。例如，法国法为合理解决共同危险行为纠纷提出的所谓“集团的过错”“集团的保管”等团体责任理论以及《德国民法典第一草案》第 729 条的规定都被认为源自罗马法中的“倒泼和投掷责任之诉”。[5]

（二）法国法

《法国民法典》中既未规定共同加害人的责任，也未对共同危险行为作出规定。早期的学说和实务对共同危险行为制度采取了否定的态度，理由在于：其一，认定被告承担民事责任必须以有直接因果关系作为必要条件，原告负有对因果关系加以证明的责任；其二，如果要令加害人之外的人承担共同责任，必然导致那些行为与损害之间并没有因果关系的人承担赔偿责任，显然不公平。例如，在 1957 年的一个案件中，两个人同时朝着一位猎人的方向开枪，结果导致猎人的手部和面部受伤。法院否定了受害人的请求。因为无法确定哪把枪击中了他。后来，法国最高法院开始转向对受害人更为友善的立场，并认可这种情形下可能造成损害的被告应当承担连带责任。例如，在 1968 年的一个案件中，7 个年轻人向其他几个青少年扔石头，一人被击中但无法确定谁是真正的加害人，法院认为这 7 个年轻人因参与共同危险行为而承担连带责任。[6] 司法实务界发生这一转变的原因在于：首先，共同危险行为的参与人至少是团体中的成员，其均具有过错。也就是说，危险行为可以构成共同的过错。例如，法国最高法院民事审判第二庭在一个判决中认为：“参加打群架的小团体的成员在斗殴中致人死亡，只要是这些成员的一系列过错行为导致了悲剧的发生，就应当对这一致人死亡的行为整体（in solidum）负责。”[7] 其次，如果在无法查明真正的加害人时令没有任何可非难性的受害人承担全部的损害，显然违反了公平的原则。

（三）德国法

在德国法中，共同危险行为（die gemeinsame Gefahr）也称“共同参与行为”（Beteiligung）。[8] 《德国民法典》第 830 条第 1 款规定：“数人因共同侵权行为加损害于他人者，各自对

---

〔2〕［英］巴里·尼古拉斯：《罗马法概论》，黄风译，法律出版社 2000 年版，第 235 页。

〔3〕周枏：《罗马法原论》（下册），商务印书馆 1996 年版，第 804 页。

〔4〕周枏：《罗马法原论》（下册），商务印书馆 1996 年版，第 804 页。

〔5〕李木贵等：《共同危险行为之要件》，载《民法研究》（第 3 辑），台湾学林文化事业有限公司 1999 年版，第 217 页。

〔6〕［德］克里斯蒂安·冯·巴尔、埃里克·克莱夫主编：《欧洲私法的原则、定义与示范规则：欧洲示范民法典草案》（全译本）（第 5、6、7 卷），王文胜等译，法律出版社 2014 年版，第 612 页。

〔7〕《法国民法典》（下册），罗结珍译，法律出版社 2005 年版，第 1089 页。

〔8〕Jauernig/Teichmann，13. Aufl. 2009，§ 830 Rn. 10.

损害负赔偿责任。在数人中不能知其孰为加害人者,亦同。”其中,第 2 句就是对共同危险行为的规定。德国联邦最高法院认为,“在多人参与的损害行为中,常常无法查明是其中何人造成了损害。该规定之目的正是为了克服这种情形下受害人的举证困难。此处的基本观点是,在多人参与的侵权案件中,当无法完全准确地确定真正的加害人时,受害人的请求权不能因此而无法实现。”〔9〕通说认为,《德国民法典》第 830 条第 1 款第 2 句确立的共同参与行为不仅适用于具体加害人不明的情形,也适用于各加害人参与部分不明的情形。〔10〕具体来说,适用共同危险行为的情形包括以下两类:(1)加害人不明(Urheberzweifel),即择一的因果关系(Alternativ Kausalität),多人分别实施一个危险行为,造成损害,但不知何人所为。〔11〕例如,路人被建筑物上掉下来的石头砸伤,附近有几家建筑公司正在施工,但不知道石头究竟是哪一家掉下来的(BGH BB 60,1181);不知道数名猎人中的哪一个人的猎枪误伤行人(BGH VersRosenberg 62,430)。〔12〕(2)加害部分不明(Anteilszweifel),即累积的因果关系(kumulative Kausalität),两个人各自独立造成了同一损害,每一个行为对损害的发生都具有原因力,但各自所造成的损害范围不明。例如,数位道路所有人没有在道路交界处设立交通安全措施,造成事故,各自的致害份额不明(BGH 25,271);行人被前后而来的数个交通工具碾压受伤,无法确定各交通工具所致损害的份额(BGG 33,286)。〔13〕

(四)其他欧洲国家

共同危险行为几乎是所有欧洲国家的法律都予以讨论的问题。例如,丹麦西部高等法院在 1944 年的一个判决中涉及这样一个问题:两个人正在花园中打麻雀,附近吃草的两匹马被打伤,但不清楚究竟是哪一个人击中了这两匹马,也弄不清是一次射击还是两次射击造成的伤害。法院判决两个被告对全部损害都承担赔偿责任。在瑞典也发生过一个类似的案件。1947 年原告差点被打死,1952 年在一起交通事故中该原告再次受伤,无法确定的是究竟哪一次伤害造成了原告所遭受的疼痛。于是,瑞典最高法院判决每一个负有责任的当事人都对受害人的全部损害承担责任。〔14〕爱尔兰更是通过成文法《民事责任法》对共同危险行为作出规定,该法第 11(3)条规定:“在两个或两个以上的有过错且其中之一人或数人对损害负有责任时,其他的人免于承担有因果关系之责任;但如果不能确定哪一个为原因时,这两个人或两个以上的人被认定为对该损害的竞合的多数侵权行为人。”

(五)日本法

《日本民法典》第 719 条第 1 款规定:“数人因共同侵权给他人造成损害时,各自对其损害的赔偿负连带责任。在不能知晓共同行为人中由何人加害时,亦同。”该款第二句就是关于共同危险行为的规定。日本民法规定共同危险行为的主旨在于“不知道谁是加害人(难以证明因果关系)的情况下救济受害人,因此被告如果可以证明自己的行为与损害之间不存在因果关系

---

〔9〕[德]马克西米利安·福克斯:《侵权行为法》,齐晓琨译,法律出版社 2006 年版,第 234 页。

〔10〕德国民法典第一次草案第 714 条就曾明确将数个加害人分别对损害的发生均有参与但各自参与部分不明的情形,以及数个参与人中究竟何人为实际加害人不明的情形都包括在内。不过,后来的第二次民法典草案以及正式颁布的《德国民法典》在形式上只规定了后一种情形,而没有涉及第一种情形。

〔11〕Palandt/Sprau,66. Aufl. 2007, § 831 Rn. 8.

〔12〕Palandt/Sprau,66. Aufl. 2007, § 831 Rn. 12.

〔13〕Palandt/Sprau,66. Aufl. 2007, § 831 Rn. 12.

〔14〕[德]克里斯蒂安·冯·巴尔:《欧洲比较侵权行为法》(下册),焦美华译,法律出版社 2004 年版,第 407 ~408 页。

的话，应该免除其责任”。[15] 如果加害人要减轻责任或免除责任，就必须证明因果关系全部不存在或者部分不存在。以往，日本民法上认为共同危险行为仅仅适用于加害人不明的情形，但是，近年来的学说渐渐认为，共同危险行为也适用于行为人的关与度不明的情形。[16]

（六）我国台湾地区

我国台湾地区“民法”第 185 条第 1 项规定：“数人共同不法侵害他人之权利者，连带负损害赔偿责任；不能知其中孰为加害人者，亦同。”此项后段即为共同危险行为的规定。王泽鉴教授认为，从立法政策上来说，该项后段之规定应值赞同，“此项连带责任，对可能未为加害之人，难免过苛，但使确实受有损害之人求偿无门，绝非合理，权衡当事人利益，令参与危险行为者，负连带责任，与正义原则尚无违背。再者，就法律技巧言，其所规范者，乃在推定各危险行为的因果性，参与人得举证推翻之，而免于侵权责任”。[17]

二、我国法上的共同危险行为制度

在我国，《民法通则》没有规定共同危险行为。但是，民法学界对该制度均予以承认。司法实践中，也曾借助相应的理论处理过相当数量的共同危险行为的案件（参见**案例 13.1.1**）。[18] 一些地方法院在指导审判实践的司法文件中也作了规定。例如，江苏省高级人民法院 1995 年 12 月 15 日颁布的《关于审理人身损害赔偿案件若干具体问题的意见》第 45 条规定：“二人以上共同侵权造成他人人身损害，不能查明谁为侵害人的，应当由全体行为人承担连带责任。”再如，山东省高级人民法院 2001 年 2 月 22 日颁布的《关于审理人身损害赔偿案件若干问题的意见》第 25 条规定：“二人以上共同实施危险行为造成他人人身伤害的，如果当事人之间不能举证确定损害后果是哪人的行为造成的，可根据证据规则和过错推定原则，推定各个行为人为共同侵权人，由各行为人作为共同被告，对损害后果共同承担连带民事责任。”

> **案例阅读**
>
> **案例13.1.1**
>
> 尚景伟诉刘龙龙等三人玩耍中突然发生的损害共同侵权赔偿纠纷案

最高人民法院《人身损害赔偿解释》通过扩张解释《民法通则》第 130 条，对共同危险行为作出了规定。该解释第 4 条规定：“二人以上共同实施危及他人人身安全的行为并造成损害后果，不能确定实际侵害行为人的，应当依照民法通则第一百三十条规定承担连带责任。共同危险行为人能够证明损害后果不是由其行为造成的，不承担赔偿责任。”在总结司法解释和实务经验的基础上，《侵权责任法》第 10 条首次在法律上对共同危险行为作出了规定：“二人以上实施危及他人人身、财产安全的行为，其中一人或者数人的行为造成他人损害，能够确定具体侵权人的，由侵权人承担责任；不能确定具体侵权人的，行为人承担连带责任。”《民法典》延续了这一规定，其第 1170 条规定：“二人以上实施危及他人人身、财产安全的行为，其中一人或者数人的行为造成他人损害，能够确定具体侵权人的，由侵权人承担责任；不能确定具体侵权人的，

---

〔15〕［日］吉村良一：《日本侵权行为法》（第 4 版），张挺译，中国人民大学出版社 2013 年版，第 185 页。

〔16〕［日］田山辉明：《日本侵权行为法》，顾祝轩、丁相顺译，北京大学出版社 2011 年版，第 158 页。

〔17〕王泽鉴：《侵权行为法》，2015 年自版，第 497 页。

〔18〕例如，马敏诉刘伟等玩耍中的共同危险行为致其人身损害赔偿纠纷案、尚景伟诉刘龙龙等三人玩耍中突然发生的损害共同侵权赔偿纠纷案等。该两案均载最高人民法院中国应用法学研究所编：《人民法院案例选：民事、经济、知识产权、海事、民事诉讼程序卷》（1992—1996 年合订本），人民法院出版社 1997 年版，第 757 页以下。马金林、张亚辉诉傅敏吉等人损害赔偿案，载上海市高级人民法院编：《上海法院典型案例丛编（民事、经济、知识产权、执行案例）》，上海人民出版社 2001 年版，第 1 页以下。

行为人承担连带责任。"

三、共同危险行为的概念与规范目的

共同危险行为(Beteiligte),是指二人以上实施危及他人人身、财产安全的行为,其中一人或数人的行为实际造成了损害,但不能确定何人所致,故而由全体参与实施危险行为之人承担连带赔偿责任(《民法典》第1170条)。例如,3名未成年人曹某、傅某、吴某拿了3只酒瓶从15层楼窗口往下扔,第一只酒瓶掉在地上,而第二只酒瓶击中了2岁的受害人马某之头部,致其死亡。现无法查明第二只酒瓶为3人中的何人所扔。法院判决,3人承担连带责任,各承担1/3的赔偿责任。[19]

共同危险行为的特殊之处在于:受害人仅仅知道哪些人参与实施了对自己的人身、财产具有危险的活动,但不知道具体引发损害的是参与人中的哪一个人或哪一些人。按照肇因原则,既然受害人连应对何人提出侵权赔偿请求权都不知道,自然无法获得赔偿。而且,由于参与实施危险活动的人都是各自独立从事的行为,他们并不知道也并非意欲对损害的产生共同发挥作用,缺乏意思联络,故此不构成共同加害行为。简单地说,在共同危险行为中,责任成立的因果关系都是不明确的,遑论责任范围的因果关系。这里存在的只是参与人从事的危险活动与损害之间潜在的、可能的因果关系。为了消除受害人难以确定具体的加害人是谁的困难,侵权法上才特别设立了共同危险行为制度。据此,在具体加害人不明的情形下进行因果关系举证责任的倒置,[20]即除非参与危险活动之人能够证明其行为与损害之间不存在因果关系,否则,他们应当向受害人负担连带赔偿责任。

共同危险行为的合理性在于:其一,虽然受害人不能确切地证明具体的加害人,但是加害人就隐藏在多个参与人之中,非此即彼。也就是说,加害人参与的危险活动与受害人的损害之间存在的是择一的因果关系或选择的因果关系(alternaetive Kausalitaet)。其二,通过实行举证责任的倒置有助于查明真相,使受害人不会因为其无法证明具体加害人而丧失损害赔偿请求权。

四、共同危险行为与共同加害行为的区别

虽然在法律后果上,无论是共同加害行为还是共同危险行为,数个行为人都要承担连带责任,但是,它们在免责事由上有明显的区别。就共同危险行为而言,行为人既可以通过证明自己的行为与损害后果没有因果关系而免责,也可以通过证明具体的侵权人是谁来免责。但是,在共同加害行为中,行为人并无此等免责事由。例如,A1、B1是邻居,二人因排水问题发生纠纷,A1纠集家人A2、A3、A4与B1纠集的家人B2、B3、B4打群架。双方群殴时,B1被一记重拳打伤左眼,现无法查明A1、A2、A3、A4中的何人打中B1的眼睛。该案显然属于"不能确定具体侵权人"的情形,但如果据此认为该案属于共同危险行为,就有问题。因为该案的一个关键因素在于:A1、A2、A3、A4是共谋参与打架的。尽管不知道具体打伤B1的是A1、A2、A3、A4中的何人,但由于该4人是基于共同故意与B1等4人互殴的,所以他们4人应作为共同加害人承担连带赔偿责任。即便他们中的任何一人证明自己确实没有打中B1,或者能够证明打中B1眼睛的是某人,也不能免责。这正是共同危险行为和共同加害行为的一个重要差别。例

---

[19] 马金林、张亚辉诉傅敏吉等人损害赔偿案,载上海市高级人民法院编:《上海法院典型案例丛编(民事、经济、知识产权、执行案例)》,上海人民出版社2001年版,第1页以下。

[20] Brox/Walker, Besonderes Schuldrecht, 33. Aufl. 2008, S. 558.

如,在一个案件中,被告刘伟、薛斌、卞正军 3 人去同学家借游戏卡回归途中,行至施桥镇营业所办公楼后河边,看见对面河边洗鞋子的原告。刘伟即提议 3 人用石子砸原告的鞋子。于是 3 人纷纷用石子砸向原告。原告见有石子砸来,欲取鞋子避让,不料,一粒石子砸中其左眼。该案中,虽然 3 人对于砸原告的鞋子是有意思联络,但对于原告的受伤却是过失。由于他们都分别实施了对原告人身安全有危险的行为,所以属于共同危险行为而非共同加害行为。[21]

考虑到共同加害行为与共同危险行为在免责事由上的这一差别,德国法院始终拒绝接受将共同过失作为共同加害行为处理的观点。[22] 因为将共同过失也作为共同加害行为的观点"将抹杀《德国民法典》第 830 条第 1 款第 1 句和第 2 句的区别,出现评判上的矛盾。该观点无法说明多个故意或过失的行为中何人造成了后果,但却承认其中必然存在这样一个行为且该行为是能够确定的,而这种典型情形显然属于《德国民法典》第 830 条第 1 款第 2 句的调整范围。如果能够确认直接的加害人或者参与人中的任何一人能够证明他与损害后果没有因果关系,依据《德国民法典》第 830 条第 1 款第 2 句,他可以免责。因为他的行为和其他参与人的行为纯粹只是客观上的偶然结合,或者他只是想和其他人一起单独行动,无论在后果方面是否会存在一个共同的行为结果。如果人们依据《德国民法典》第 830 条第 1 款第 1 句来确定这些参与人的责任,这样的区别就被抹杀了"。[23]

五、适用范围

共同危险行为通过一定条件下的因果关系推定,既未对行为人过苛,又极大地减轻了受害人在因果关系不明时的举证责任。该制度可以适用于一般侵权责任,也可以适用于特殊侵权责任。[24] 我国司法实践中适用共同危险行为的案例较多,法院将其广泛地运用于一般侵权责任以及各种特殊侵权责任中,如医疗损害责任、机动车交通事故责任、饲养动物损害责任、高度危险责任等(参见表 13.1.1)。

表 13.1.1　适用共同危险行为制度的部分案例

侵权类型	案情与裁判简介	案例来源
一般侵权责任	原告在承包地的南侧挖了一条排水渠,并在水渠的北侧栽种了速生杨树。五个被告的承包地在排水渠的南侧。五被告收获了葵花子后,将秸秆先后运至排水渠的北侧即原告的承包地堆放。后秸秆因不明原因燃烧,将原告的 76 棵杨树烧死。法院认为,五被告擅自将秸秆堆放在原告的杨树下,应对其负有保管的义务,对秸秆起火造成原告杨树受损应承担赔偿责任。五被告没有就共同危险行为致原告损失的事实提供相应证据证明自己行为与损害结果不存在因果关系。故此,承担连带责任	汪贵亭诉丁忠梅等人财产损害赔偿案,新疆维吾尔自治区高级人民法院伊犁哈萨克自治州分院(2008)伊州民一终字第 46 号民事判决书

〔21〕 马敏诉刘伟等玩耍中的共同危险行为致其人身损害赔偿纠纷案,最高人民法院中国应用法学研究所编:《人民法院案例选:民事、经济、知识产权、海事、民事诉讼程序卷》(1992—1996 年合订本),人民法院出版社 1997 年版,第 757 页以下。

〔22〕 Guenter Brambring, Mittaeter, Nebentaeter, Beteiligte und die Verteilung des Schadens bei Mitverschulden des Geschaedigten, 1973, S. 50.

〔23〕 Staudinger/Ebel – Borges, 13. Aufl. 1999, § 830 Rn. 17.

〔24〕 德国的通说认为,无论是过错责任、危险责任还是公平责任的侵权行为,都可以适用共同危险行为。Staudinger/Ebel – Borges, 2008, § 830 Rn. 74f.

续表

侵权类型	案情与裁判简介	案例来源
一般侵权责任	黄志明与被告李红祥、戚路红三人同在村球场边的木秋上玩打木秋。黄志明在木秋的一头,李红祥、戚路红同在木秋的另一头。因木秋在转动中横木脱落,造成黄志明受伤死亡,戚路红被木秋横木压伤的事故。法院认为,黄志明之死与在另一头玩木秋的李红祥、戚路红所实施的行为有关。至于戚路红、李红祥相互主张是对方行为所致,其因此不承担民事责任的理由,应由戚路红、李红祥就其主张与己无关承担举证责任。否则,被告应当按照共同危险行为承担连带责任	黄仲新、李培仙诉戚路红、李红祥、弥勒县东山镇大栗树村委会石坎村民小组人身损害赔偿案,云南省红河哈尼族彝族自治州中级人民法院(2006)红中民一终字第248号民事判决书
	受害人在本村将祖山上的一块平台上割柴草。突然其上方有人喊"石头落了,石头落了",随后石头迅速从上方滚落(还有一捆柴随后滚落),受害人躲闪不及,被一块石头砸中头部,当场身亡。当时在受害人割柴草地方的正上方有四位被告在砍柴割草,四被告互不指证,也不承认是谁弄落石头。法院认为,由于当时天气晴好,无雨无风,静风天气,因地形阻隔,上下方采薪之人相互看不到彼此。当上方突然有人喊"石头滚落了",迅即石头滚落,足以证明是在上方采薪的四个被告中的一人或几人未尽注意义务而碰落山石的行为所致。故此,当时在上方采薪的四被告的行为已构成共同危险行为	廖仟干等诉廖前干等人身损害赔偿案,广西壮族自治区高级人民法院(2006)桂民再字第37号民事判决书
	八名被告在居民区附近路上玩游戏相互追逐,在原告拄拐杖路经该处时,其中三名被告已离开到别处。原告被其中的一名玩游戏者碰倒,但不能明确指明是谁将其碰倒,五名被告的说法又不一致,现无法查明是谁将原告碰倒。法院认为,三名被告已经离开,不应承担责任。五名被告玩游戏相互追逐,有追有躲,分工不同,不论是谁碰倒原告,应推定为五人的共同行为造成,因此该五名被告对原告被碰倒所受的经济损失,应当共同承担赔偿责任	陈绍先诉朱金欢等人身损害赔偿纠纷案,河南省孟州市人民法院(2001)孟民初字第766号民事判决书
医疗损害责任	孕妇万世梅先在被告鸦鹊岭卫生院妇产科生产,该卫生院存在医疗过失导致产妇先兆子宫破裂,严重感染。后鸦鹊岭卫生院将万世梅转送被告仁和医院。仁和医院在产妇手术后大出血的情况下疏于护理,抢救不及时,因医疗过失致使万世梅死亡。法院认为,在万世梅死因无法判断的情况下,二被告未能举出充分证据证明万世梅之死与二被告的医疗行为不存在因果关系。故可推定二被告在对万世梅的诊疗过程中存在过失,其诊疗行为与万世梅之死存在因果关系,应对万世梅之死承担连带赔偿责任	王勇等诉宜昌市夷陵区鸦鹊岭镇中心卫生院等医疗损害赔偿纠纷案,湖北省宜昌市中级人民法院(2003)宜民终字第53号民事判决书
机动车交通事故责任	三个被告分别驾驶摩托车依次行驶,第一个被告欲从左侧车道超越原告,因车速过快处置不当,与原告板车头部相撞,板车被撞翻,原告当即倒地。第二个被告见状采取制动措施但避让不及,车辆侧倒后自公路右道滑行,撞上原告。第三个被告随后又撞上原告,并自行撤离现场。原告骨折,不知何人的撞击所致。法院认为:被告金雄、金虎、黄俊系共同侵权,虽不能确定实际致原告骨折的侵权行为人,但三被告共同实施了危及他人人身安全的危险行为并产生实际损害后果,依法应承担连带赔偿责任	黄选才诉被告金雄、金虎、黄俊、黄显亮道路交通事故人身损害赔偿案,湖北省宜昌市中级人民法院(2010)宜中民一终字第00001号民事判决书

续表

侵权类型	案情与裁判简介	案例来源
饲养动物损害责任	原告独自在广场散步，被正在嬉戏的两条狗撞倒摔伤，但不知道是哪一只狗所撞。当时，被告杜文会带一条全黑的狗在现场，未牵着；被告李丽娜带一条灰白色狗也在现场，亦未牵着。法院认为：被告杜文会、李丽娜二人所带到现场的狗均足以导致原告摔伤的结果，现有证据能认定原告被狗撞倒，故二被告均应对各自带到现场的狗撞倒原告承担连带责任	曾松龄诉李丽娜等饲养动物损害责任纠纷案，福建省厦门市海沧区人民法院（2010）海民初字第2542号民事判决书
	三个被告从树上摘下蜂窝取走幼虫后，未将蜂窝消灭，而是将蜂窝置于田间地边，致使胡蜂大量回巢，数天后将路经此处的受害人蜇伤致死。法院认为，三个被告的行为构成共同危险行为，应当承担连带赔偿责任	委圈等诉李社等生命权、健康权纠纷案，河南省洛阳市中级人民法院（2009）洛民终字第1275号民事判决书
高度危险责任	曹惠忠为其去世的妻子举行出殡仪式，包括曹惠忠、曹晓平在内的出殡队伍从曹惠忠居住地出发，沿鸿泰苑小区南北走向的中心道路由北向南向鸿泰苑小区南大门外的灵车行进，杨军、杨洪东在出殡队伍中沿上述中心道路西侧无偿帮助燃放爆竹（两人分别手持铁管、边走边放），期间路过受害人王兴珍居住的鸿泰苑11号单元楼。14时50分许，王兴珍因左眼受伤至无锡市第二人民医院住院治疗。法院认为：曹惠忠为妻子举行出殡仪式，杨军、杨洪东随出殡队伍沿路帮助燃放爆竹，在行进至王兴珍居住的鸿泰苑11号单元楼附近时，杨军、杨洪东燃放的爆竹（但无法确定伤人爆竹的具体燃放人）将在鸿泰苑11号401室厨房内的王兴珍左眼炸伤。因无法确定具体侵权人，故爆竹燃放人杨军、杨洪东应对王兴珍因上述事故造成的损害承担连带责任	王兴珍诉曹惠忠等高度危险物损害责任纠纷案，江苏省无锡高新技术产业开发区人民法院（2011）新硕民初字第00372号民事判决书
	张其红在雇主周景山的采石场干活时，突然被山上因采石爆破而飞下来的一块石头击中头部，造成头部受伤。经法庭调解，周景山赔偿张其红各项损失共计1.8万元。周景山支付赔偿款后，以追偿赔偿款为由，把事故发生当天下午7时以后实施过采石爆破的三家采石场均诉至法院，要求三家采石场赔偿损失。法院认为，三家采石场实施的采石爆破属高度危险作业，它们实施的采石爆破构成共同危险行为	周景山诉吕志江等生命权、健康权、身体权纠纷案，载《人民司法·案例》2008年第12期

第二节　构成要件

一、共同危险行为的基本构成要件

《民法典》第1170条对共同危险行为的规定并非一项独立的请求基础，也就是说，它不是侵权责任成立规范，而只是证明责任的分配规范。因此，要成立共同危险行为除需要符合《民法典》第1170条的要件外，还要符合一般侵权行为或特殊侵权行为中除责任成立因果关系之外的相应的要件，这些要件属于共同危险行为的基本构成要件。[25]

---

〔25〕 Staudinger/Ebel – Borges, 2008, § 830 Rn. 36.

(一)存在损害

损害是所有侵权赔偿责任必备的要件,共同危险行为也不例外。《民法典》第1170条明确要求必须“**造成他人损害**”。损害包括人身伤亡与财产损失。此外,《民法典》该条并未要求“**造成同一损害**”,这与第1171、1172条的规定有很大不同。例如,A、B、C三人分别从楼上往楼下扔石头玩,一块石头掉下来后先砸中D的汽车,后又弹起来将E的眼睛击伤。现不知道该石头是楼上A、B、C何人所扔。该案可以适用共同危险行为,其中的损害有二:一是D的财产损失,二是E的人身伤害。

(二)其他构成要件

共同危险行为是为解决因果关系不明而设立的制度,在一般侵权行为和特殊侵权行为中,都有可能出现因果关系不明的情形。所以,共同危险行为既适用于一般侵权行为,也适用于特殊侵权行为。如果是一般侵权行为中,所谓其他构成要件就包括行为人的过错,即受害人应证明每个共同危险行为人存在过错。这种过错通常是过失,即每个共同危险行为人是过失地分别实施了危及他人人身、财产安全的行为。当然,也可能是部分人过失,部分人故意。如果是适用无过错责任或过错推定责任的特殊侵权行为,则受害人无须证明共同危险行为人的过错。当然,在适用于无过错责任时,受害人仍应证明自己所受之损害是法律规定之危险的现实化所致。[26] 例如,甲从A楼下面经过,忽刮一阵大风致三楼乙的一个花盆、四楼丙的一个花盆掉下来。其中一个花盆击中了甲,现无法查明究竟何人的花盆击中了甲。《民法典》第1253条第1句规定:“建筑物、构筑物或者其他设施及其搁置物、悬挂物发生脱落、坠落造成他人损害,所有人、管理人或者使用人不能证明自己没有过错的,应当承担侵权责任。”所以,对于乙、丙均适用过错推定,甲无须证明二人的过错。

二、不存在意思联络

共同危险行为中的数个参与人之间没有意思联络是共同危险行为的消极要件。在我国民法学界,对于共同危险行为的主观要件有不同的认识。一种观点认为,共同危险行为人主观上应当具有共同过错,既包括共同故意,也包括共同过失。另一种观点认为,共同危险行为人的主观上应为共同过失。[27] 本书认为,共同危险行为既可以适用于一般侵权行为,也可以适用于特殊侵权行为,所以讨论共同危险行为人是共同过错还是共同过失,并无意义。重要的是,共同危险行为中的各个行为人之间没有意思联络。因为将共同加害行为与共同危险行为区别开的标准就是有无意思联络。共同加害行为中各个加害人之间具有意思联络,而共同危险行为人则不存在意思联络。故此,在共同加害行为与共同危险行为的适用顺序上,共同危险行为从属于共同加害行为。只有不构成共同加害行为,才能考虑是否适用共同危险行为(参见图13.2.1)。

---

〔26〕 MuenchKommBGB/Wagner, 2004, § 830 Rn. 36.

〔27〕 张新宝、李玲:《共同侵权的法理探讨》,载《人民法院报》2001年11月9日。

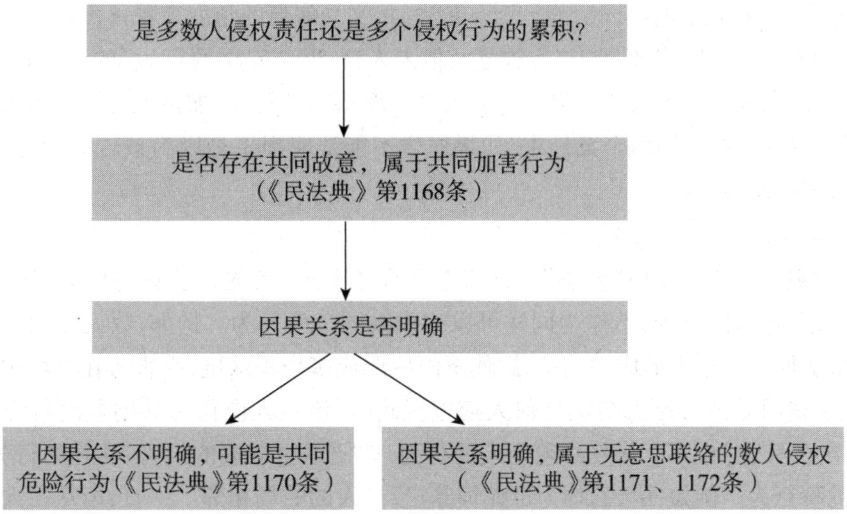

图 13.2.1　多数人侵权案件的思考顺序

三、二人以上实施了危险行为

(一)存在数个共同危险行为人

共同危险行为中必定存在数个参与实施危险行为之人，即共同危险行为人，德国法称为“参与人”(Beteiligte)。依据《民法典》第 1170 条，“二人以上”实施的危险行为，才构成共同危险行为。需要研究的是，以下两种情形能否适用共同危险行为：

1. 只有一个可能的加害人。例如，路旁停靠的甲之 A 车的侧部被经过的车辆撞坏，肇事车无法查明。可以明确的是，于损害发生的时间段，乙驾驶的 B 车曾在该路上出现过。当时，乙处于醉酒状态，超速且蛇形经过 A 车。在该案中，只能查明一个可能造成 A 车损坏的人——乙，而无其他可能之加害人。故此，该情形不属于《民法典》第 1170 条所谓的“二人以上实施危及他人人身、财产安全的行为”，不适用共同危险行为。

2. 受害人的损害可能是由受害人自己所致，也可能是某一加害人的侵害行为所致，现无法查明真正的致害原因。例如，甲在高速公路上超速驾驶导致翻车，乙驾车经过时又撞击了该车。甲受重伤，但无法查明究竟是甲自己翻车所致，还是乙驾车撞击所致。再如，原告为 1 楼住户，被告为 2 楼住户，两家共用一个排污管道，均经过装修。但是，在两家均装修完毕半年后，因原告卫生间返水而造成原告的财产受损。经过物业清理，确定是由主排污管道被装修异物堵塞(砖头)造成，但是从砖头所在位置看，两家均有可能是砖头堵塞管道的原因。对于哪家装修行为堵塞的管道，现无法查清，原被告均无法提供充足的证据证明是对方造成或者能够证明不是自己造成。[28] 对于这些情形能否适用共同危险行为，存在不同的见解。肯定说认为，应适用共同危险行为，否则受害人就会因为无法证明因果关系而一无所获，这让人难以忍受。[29] 否定说认为，此处并非具体的加害人不明，不涉及选择因果关系的问题，故而，只能依据民事诉讼法的规定减轻受害人的证明程度，不适用共同危险行为。[30] 本书认为，上述情形不能适用

---

〔28〕 本案例为北京市第二中级人民法院李倩法官提供，在此表示感谢！

〔29〕 Larenz/Canaris, Lehrbuch des Schuldrechts, zweiter Band Besonderer Teil, 2. Halbband, 1994, S. 577.

〔30〕 Staudinger/Ebel – Borges, 2008, § 830 Rn. 41.

《民法典》第1170条规定的共同危险行为。首先,从文义解释的角度来看,《民法典》第1170条中的“他人”仅指受害人,其不属于“实施危及他人人身、财产安全的行为”的人。其次,从法律后果上说,共同危险行为的法律后果是行为人之间承担连带责任,加害人与受害人显然无法承担连带责任。故此,在上述两个案件中,如果原告不能证明损害是因为被告的行为所致,就无法要求被告承担赔偿责任。

(二)二人以上实施了行为

对《民法典》第1170条中“**实施**”一词应作全面之理解。首先,“实施”并非意味着只有“作为”才能构成共同危险行为,不作为同样可以构成共同危险行为。例如,数人分别在河道上采砂且均未依法回填河道中形成的洼坑,致使下雨后形成多个积水坑,受害人在某坑中洗澡溺水而亡,现无法查明受害人死亡的坑是何人挖掘。此时,该数人应作为共同危险行为人承担责任。[31] 其次,“实施”也不意味着必须是人的行为,即便是物造成的损害、动物的行为,也可以构成共同危险行为。例如,甲、乙均为毒蛇饲养户,二人的蛇场相邻。一日,丙从二人的蛇场经过时,被毒蛇咬伤,但不知为何人所饲养之毒蛇。此时,甲、乙应作为共同危险行为人承担责任。再如,被告杜某的狗与被告李某的狗在广场上嬉戏,原告被绊摔倒,现无法查明究竟是杜某还是李某的狗将原告撞到,法院认为,被告杜某与李某二人“所带到现场的狗均足以导致原告摔伤的结果,现有证据能认定原告被狗撞倒,故二被告均应对各自带到现场的狗撞倒原告承担连带责任”。[32]

(三)共同危险行为人的行为无需时空同一性

《民法典》第1170条并未如《人身损害赔偿解释》第4条那样,使用“**共同实施**”的表述,而仅使用了“实施”一词。这一变化是否意味着,共同危险行为人的行为之间无须“**时空同一性**”(oertlich und zeitlich einheitlichen Vorgang)?一种观点认为,由于共同危险行为使得行为人负连带赔偿责任,连带责任不应泛化。基于限制共同危险行为范围的必要,应当以行为人的行为具有时间、地点的同一性为必要。[33] 另一种观点认为,“时空同一性”难以界定且不利于对受害人的保护,有违共同危险行为的设立趣旨,因此共同危险行为人之行为只要具有时空上的关联性即可。[34]

从比较法来看,德国联邦最高法院受帝国法院传统之影响,曾将《德国民法典》第830条中的“参与”(Beteiligung)界定为“事实上统一的,空间与时间上相互关联之过程”(ein tatsächlich einheitlicher, zeitlich und örtlich zusammenhängender Vorgang)。[35] 然而,该见解自20世纪50年代始就受到持续批判。[36] 德国民法学通说与判例认为,倘有人认为“由于数个紧密联系的

〔31〕 王鑫、刘晓燕、张顺强:《挖完砂石不回填,留下后患责难逃》,载《人民法院报》2009年9月30日。

〔32〕 福建省厦门市海沧区人民法院(2010)海民初字第2542号民事判决书。相关评析参见,郭静、林丹:《二狗嬉戏致人摔伤的责任承担》,载《人民司法·案例》2012年第12期。

〔33〕 王利明:《共同危险行为若干问题研究——兼评〈最高人民法院关于审理人身损害赔偿案件适用法律若干问题的解释〉第四条》,载《法学杂志》2007年第4期。

〔34〕 王利明主编:《中国民法典学者建议稿与立法理由(侵权行为法编)》,法律出版社2005年版,第44页;刘保玉、王仕印:《共同危险行为争议问题探讨》,载《法学》2007年第2期。

〔35〕 Kruse, Alternative Kausalität im Deliktsrecht, 2006.

〔36〕 Bydlynski, Haftung bei alternativer Kausalitaet—Zur Frage der ungeklaerten Verursachung, besonders nach Oesterreichischen Zivilrecht, JurBI, 1959. Deubner, Zur Haftungbei alternativer Kausalitaet – BGH 33, 286, JuS 1962. Gernhuber, Haftung bei alternativer Kausalitaet, JZ 1961.

潜在危险共同构成了一个侵害过程,该过程的可能参与者就应该负连带责任”,那么他显然完全误解了《德国民法典》第830条第1款第2句关于共同危险行为的立法本意。立法者是考虑到受害人难以证明各个行为人所形成的潜在危险与其所受损害之间的因果关系,才确立共同危险行为制度的。立法者并不要求法官仔细探究各个危险行为之间的联系,而是将重点放在针对因果关系证明责任的重新分配上。[37] 例如,甲被乙殴打后受伤,是否痊愈无法查明。一年后,在其他地点,丙又击打甲之同一患处,造成一定损害。现该损害是完全基于丙的击打所致,抑或前次遭受乙之殴打而仍未痊愈,已无法查明。在此场合,如果以没有时空上的同一性而否定共同危险行为之存在,明显是不恰当的。事实上,百年来德国联邦最高法院几乎从未以“时空同一性”为要件否定过共同危险行为的存在。[38] 实务界与理论界都认为,数人的行为只要具有时间或者场所上的关联性就可以了,无须时空上的同一性。Larenz 与 Canaris 教授认为:“从受害人的角度上看,如果可以看出某一参与人的行为是另一参与人行为的继续,就可以认为其间对所发生的事件密切的关联。”[39] 日本以往的学说认为,共同危险行为中的行为必须具有共同性或同时性,即存在时间或空间上的同一性。但是,近年来的有力说认为,《日本民法》第719条第1款后半段的规定并不需要关联共同性,只要考虑物理和时间上的接近度,将共同行为人看作“做出具有引起该权利侵害之危险性的行为的人”,或认为在完全是偶然关系的人之间也可能成立共同危险性行为。[40]

本书认为,要求共同危险行为人的行为具有时空上的同一性,并不妥当。首先,共同危险行为的规范目的在于减轻因果关系不明时受害人的证明困难,是肇因原则的例外,其归责基础不是肇因原则而是危险。以时空同一性作为共同危险行为之构成要件,有违规范目的。例如,甲于2012年在A医院动手术,输过一次血。2014年在B医院又做过一次手术,输过一次血。2015年体检时甲被发现感染了丙肝。现查明甲以往没有丙肝且仅接受过这两次输血。那么,其肯定是在A、B两个医院中的一家输血时被感染了丙肝。此时,如果以时空同一性为要求,则无法适用共同危险行为。其次,之所以有人主张“时空上的同一性”,一个重要的原因是担心共同危险行为适用范围过大。事实上,这种担心并无必要。因为共同危险行为还有一项重要的要件——“危及他人人身、财产安全”,即行为的危险性。所谓行为的危险性并非指一般的危险,而是指就造成损害而言具有高度真实性的或确定可能性的危险。这个要件实际上为因果关系的推定奠定了基础,通过这一要件,可以避免滥用共同危险行为。[41] 例如,在一起案件中,原告张晓刚在2004年4月21日晚间熄灯后因在宿舍楼内大声喊叫,被被告鲁大陆拖至405室踢打,后自行走回宿舍休息。4月22日上早自习前,原告又因故被同学纪林、张腾叫到操场推搡、踢打。接连二次被踢打后,原告均未报告老师或去医院就诊,而是自行回到教室,待上完两节课后回胶州老家。4月27日原告去医院就诊,被诊断为脑震荡。诉讼中,根据证人证言、公安派出所调查笔录,可以确认原告张晓刚在短时间内身体受到过两次踢打,但无法证明哪一次

---

〔37〕 BGH, NJW 2002, 2841.

〔38〕 Staudinger – Belling/Ebel – Borges, 2008, § 830 Rn. 104.

〔39〕 Larenz/Canaris, Lehrbuch des Schuldrechts, zweiter Band Besonderer Teil, 2. Halbband, 1994, S. 669.

〔40〕 [日]吉村良一:《日本侵权行为法》(第4版),张挺译,中国人民大学出版社2013年版,第186页。

〔41〕 MuenchKommBGB/Wagner, 2004, § 830 Rn. 51.

踢打伤及了头部或是导致脑震荡的直接原因。[42] 显然,此案中两次踢打行为都具有极高的造成受害人健康受损的危险,应适用共同危险行为。

(四)数人的行为均具有导致他人权益遭受特定损害的危险性

共同危险行为中之所以全部行为人要向受害人承担赔偿责任,是因为这些参与人都实施了危及他人人身、财产安全的行为。也就是说,参与人虽然分别、独立地从事行为,并无意思联络,但他们都从事了"对受害人的权益具有危险性的行为"。[43] 共同危险行为的成立在于客观之共同,即数人参与实施了对他人人身财产安全有共同的危险的行为。他们的行为不仅是危险的,而且是相同的危险。例如,两被告用脚踹门,致在门后的原告受伤,无法查明门究竟为何人所踹开。因两被告都从事了踹门而可能危及他人人身安全的危险行为,故此构成共同危险行为。[44] 由于共同危险行为要求数个行为人的危险指向的是同一客体,[45] 所以,倘若有的人的行为仅仅是对财产安全有危险,有的人的行为则是对人身安全有危险,不构成共同危险行为。

在共同危险行为中,难点不在于判断危险的同质性而是在于判断"危险"。也就是说,符合哪些特征的行为,才能认为属于《民法典》第1170条规定的"危及他人人身、财产安全"的行为?是否只要是对他人人身、财产安全具有危险的行为都属之?抑或从损害这一后果可以直接反推危险性的存在?德国民法通说认为,并非所有的有"危险"的行为都构成共同危险行为,只有那些就已经产生的损害而言具有"高度真实性"(hoher Wahrscheinlichkeit)或"确定的适格性"的行为才可能构成共同危险行为。[46] 本书赞同这一观点,应当对共同危险行为中的"危险"做严格的要求。《民法典》第1170条中"危及他人人身、财产安全"应解释为具有"**高度的造成损害的可能性**"的危险,而非一般性的危险。共同危险行为虽然可以消除受害人无法证明因果关系的风险,但并非在任何可能涉及多人的侵权案件中,只要存在因果关系不明的风险,皆可借助共同危险行为加以消除。有时,不仅受害人无法确知自己因何原因而受损害,而且一个谨慎行事的危险源控制者同样无法确知自己的行为是否造成了损害。[47] 倘一味追求对受害人的保护,对"危险"作很宽松的界定,就无法平衡当事人之间的利益,使受害人可以随意转嫁本应自行承受的社会生活一般风险,这显然是不明智的。况且,作为肇因原则例外的共同危险行为制度,也是以每一个共同危险行为人的行为都与损害具有"**可能的因果关系**"(moegliche Kausalitaet)为基础的。故此,只有通过对"危险"的严格界定才能达到"加害人就是这些人中的某人以及这些人之外不存在哪怕一个可以怀疑的人"的地步,[48] 从而满足进行因果关系推定的基本要求(参见**案例**13.2.1)。

案例阅读

案例13.2.1
廖仟干等诉廖前干等人身损害赔偿案

[42] 在本案中,法院以无法确认原告头部受伤是被告鲁大陆一人伤害所致为由驳回了原告的诉讼请求。实际上,该案完全可以适用共同危险行为制度,要求数个加害人承担连带责任。参见张晓刚诉青岛商业职工中等专业学校等人身伤害赔偿案,载最高人民法院中国应用法学研究所编:《人民法院案例选》(总第61辑),人民法院出版社2008年版,第138页以下。

[43] Staudinger/Ebel - Borges,2008, § 830 Rn. 68.

[44] 周宏船在校园内因杨强等学生的行为受伤致残诉四川省成都市武侯区金花镇中心小学及杨强等人人身损害赔偿案,载最高人民法院中国应用法学研究所编:《人民法院案例选·2004年民事专辑》,人民法院出版社2005年版,第66页。

[45] 黄松有主编:《民事审判实务问答》,法律出版社2005年版,第129页。

[46] Larenz/Canaris, Lehrbuch des Schuldrechts, zweiter Band Besonderer Teil, 2. Halbband, 1994, S. 574.

[47] Gernhuber, Haftung bei alternativer Kausalitüt, JZ 61,148,150.

[48] [日]吉村良一:《日本侵权行为法》(第4版),张挺译,中国人民大学出版社2013年版,第186页。

行为危险的高度真实性应由受害人负证明责任，法官需要在个案中加以具体的评判。例如，旅馆某房间中不知何人所扔的未熄灭之烟蒂引发火灾。现在能够确定的是，在火灾的可能发生时段内甲、乙、丙、丁四人曾出入过该房间。本书认为，不能因为甲、乙、丙、丁曾在火灾可能的发生时段内出入过该房间而认定构成共同危险行为，因为出入房间的行为很难被认为是对引起火灾具有高度真实性的危险行为。然而，如果将该案的事实改为：在某木工厂值班的甲、乙、丙、丁于值班期间打牌，其中甲、乙、丙三人都曾边打牌边抽烟，后因不知是何人的未熄灭烟蒂引发了火灾。[49] 此时，危险的高度真实性显然就具备了。因为甲、乙、丙确实抽过烟，而在充满易燃物的木工厂中抽烟，显然属于极易引发火灾的行为，危险的真实度很高。

四、因果关系不明

共同危险行为的规范目的在于消除因果关系不明给受害人造成的证明责任上的困难。因此，如何理解"因果关系不明"（Unaufklaerbarkeit der Kausalitaet），至关重要。与共同危险行为可能有关的因果关系不明的形态，大致有以下三种：其一，"原因人不明"（Urheberzweifel），也称加害人不明，是指数人分别实施的对他人权益之损害具有危险的行为中，肯定是有至少一人之行为实际造成了损害，但不能确定何人所为。其二，"部分不明"（Anteilszweifel），即数人分别实施的对他人权益具有危险的行为，每一人之行为都足以产生共同的损害。现损害乃是由于该数人行为中的某一行为或某几个行为所造成的，唯不能查明每一个行为造成的损害部分如何。其三，加害人不明同时加害部分也不明，这是前两种情形的混合，实践中这种情形常常出现在环境污染损害当中。[50]

德国和日本的民法学说都认为，共同危险行为既可以适用于加害人不明的情形，也可以适用于加害部分不明的情形。[51] 我国司法实践中，也有法院认为加害部分不明的案件中可以适用共同危险行为。例如，在一个案件中，24 名被告在原告承包的水库的两条入库河流白沟和浑椿树沟沿岸，分别建立了铜选厂或钼选厂。其年产量虽然各不相同，但选铜主要工艺是矿石被碎后，加黄药、二号油浮选；选钼主要工艺是矿石被碎后，加二号油、煤油和氰化物浮选。除其中一名被告建矿未生产外，其余 23 名被告中只有一名被告建有临时尾矿坝（未经环保部门验收且不符合要求），其他被告均是简陋的尾矿砂堆放场，未采取任何污染防治措施。某日突下暴雨，汤河水库两入库河流白沟和浑椿树沟形成径流，将各个被告积存的尾矿砂、废水、油类等各种污染物冲入汤河水库。原告在水库中养殖的鱼虾大量死亡。经过鉴定，水库中的鱼之所以大批死亡，与养殖技术没有因果关系，完全是由于污染造成的。从这个案件来看，具体的加害人是明确的，即 23 名被告（除了没有投入生产的一名被告之外的其余被告）。不清楚的只是各个被告人的加害行为给原告造成的损害的大小，即加害部分不明。审理本案的法院认为，应当适用共同危险行为，由 23 名被告承担连带责任，至于内部的份额，应当按镇平县环保局查证的各被告生产量推算。[52]

《民法典》第 1170 条将因果关系不明地界定为"**不能确定具体侵权人**"，并且规定，在"能够

---

〔49〕 周文伦诉唐云义等损害赔偿案，载中国高级法官培训中心编：《中国审判案例要览（1996 年民事审判案例卷）》，中国人民大学出版社 1997 年版。

〔50〕 Larenz/Canaris, Lehrbuch des Schuldrechts, zweiter Band Besonderer Teil, 2. Halbband, 1994, S. 576.

〔51〕 MuenchKommBGB/Wagner, 2004, § 830 Rn. 44; Staudinger/Ebel – Borges, 2008, § 830 Rn. 67ff.

〔52〕 镇平水产公司等诉华荣公司等分别产生的污染物因暴雨冲击汇集污染水质致养殖的鱼死亡赔偿案，载最高人民法院中国应用法学研究所编：《人民法院案例选》（总第 28 辑），时事出版社 1999 年版，第 80 页以下。

确定具体侵权人的,由侵权人承担责任"。因此,在我国法上,只有当加害人不明即择一的因果关系形态时,方属于共同危险行为。仅仅是加害部分不明,不适用共同危险行为。因为,此时各个加害人的责任承担可以依据《民法典》第1171条或第1172条处理。以前述案例来说,如果能够查明23名被告中的任何一人的矿渣被冲到水库,都会导致原告的鱼苗全部死亡,则意味着任何一人的侵权行为都足以导致全部损害,他们均应依据环境污染侵权责任之规定赔偿受害人的全部损失。《民法典》第1171条规定:"二人以上分别实施侵权行为造成同一损害,每个人的侵权行为都足以造成全部损害的,行为人承担连带责任。"至于内部责任的分摊,可依《民法典》第1231条解决,即"根据污染物的种类、浓度、排放量,破坏生态的方式、范围、程度,以及行为对损害后果所起的作用等因素确定"。[53] 如果23名被告中的任何一人的矿渣被冲到水库,都不足以导致受害人的鱼苗全部死亡,只有这些矿渣一起方能造成损害,那么每一人的加害行为与损害后果之间都存在"部分的因果关系或附加的因果关系"(Teilkausalitaet oder additive Kausalitaet)。[54] 原则上,各人应分别就自己造成的那部分损害承担相应的责任,难以确定责任大小的,平均承担责任(《民法典》第1172条)。

第三节 法律后果与免责事由

一、共同危险行为的连带责任

共同危险行为人应就被侵权人的损害承担连带责任。一方面,被侵权人有权要求全部或部分行为人就全部或部分的损害承担连带赔偿责任;另一方面,共同危险人内部应当按照责任大小确定赔偿份额,不能确定的平均承担责任。支付超出自己赔偿数额的连带责任人,有权向其他连带责任人追偿。

二、共同危险行为的免责事由与举证责任

共同危险行为中,除了一个或多个侵权人的行为与损害之间存在真实的因果关系外,其他人的行为与损害之间存在的是"**可能的因果关系**"。因此,共同危险行为人有权通过证明自己的行为与损害之间不可能存在因果关系而免责。《人身损害赔偿解释》第4条第2句明确规定:"共同危险行为人能够证明损害后果不是由其行为造成的,不承担赔偿责任。"

不过,无论是《侵权责任法》还是《民法典》都未如上述司法解释那样明确共同危险行为人的免责事由。《民法典》第1170条仅规定"能够确定具体侵权人的,由侵权人承担责任;不能确定具体侵权人的,行为人承担连带责任"。由此产生的疑问是,"能够确定具体侵权人"究竟是指,受害人能够向法院证明具体的侵权人抑或法院能够查明具体侵权人,还是指共同危险行为人需要向法院证明何人是具体侵权人?有学者认为,只有共同危险行为人证明谁是真正的加害人才能免责。[55] 对此,笔者难以苟同。共同危险行为要解决的问题是:受害人仅仅知道哪些

---

[53] 如果污染物的种类、排放量无法确定,也可按照产量来确定内部责任大小。参见镇平水产公司等诉华荣公司等分别产生的污染物因暴雨冲击汇集污染水质致养殖的鱼死亡赔偿案,载最高人民法院中国应用法学研究所编:《人民法院案例选》(总第28辑),时事出版社1999年版,第80页以下。

[54] Larenz/Canaris, Lehrbuch des Schuldrechts, zweiter Band Besonderer Teil, 2. Halbband, 1994, S. 581.

[55] 王利明:《论共同危险行为中的加害人不明》,载《政治与法律》2010年第4期。

人实施了危及自己人身、财产安全的行为,但因缺乏证据而无法证明实际给其造成损害的行为是何人所为。由于数人都实施了危及受害人人身、财产安全的行为,如果将他们的行为作为一个整体来看待的话,其与损害之间存在选择的因果关系(alternaetive Kausalitaet),实际加害人肯定存在于数个参与人之中,非此即彼。显然,受害人的损害并非与全部参与人的行为都有确定的因果关系,而只与其中一人或数人的行为存在确定的因果关系,与其他人的行为只是可能的因果关系。由此可见,共同危险行为实质上实行的是因果关系的推定,改变了因果关系证明责任的分配,将其转移给了共同危险行为人,即实行**因果关系上的举证责任倒置**。[56]

基于上述共同危险行为的规范目的,本书认为,对于《民法典》第1170条中"能够确定具体侵权人"应作如下理解:首先,就受害人而言,无论是真的不能确定具体侵权人,还是能确定却故意不确定,在所不问。这是因为,受害人要主张适用共同危险行为,还必须证明其他的构成要件。其次,对法院来说,如果发现具体的侵权人可以确定,则应排除共同危险行为的适用,确定由该具体的侵权人承担责任。最后,就共同危险行为人而言,他可以通过证明损害是由某个或某些共同危险行为人所致而免责。不过,实践中,这一点往往很难做到,不能将免责事由限定于此。只要行为人确实能够证明自己的行为与损害之间不存在因果关系,就应当可以免责。因为共同危险行为只是推定了行为与损害后果存在因果关系,既然是推定,当然可以举证推翻。

〔56〕 从《侵权责任法》第10条将《侵权责任法草案(第三次审议稿)》第10条使用的"具体加害人"改为"具体侵权人"的变化中也可以看出,立法者认为,只有真正的加害人才能被称为"侵权人"。在无法查明具体侵权人时,共同危险行为人的侵权责任只是建立在因果关系推定的基础上,他们并非都是真正的侵权人。

文献阅读

第十四章　无意思联络的数人侵权

本章重点

在比较法上，专门在民法中对无意思联络数人侵权进行规定的国家或地区几乎没有。我国《侵权责任法》第 11 条与第 12 条开风气之先，对无意思联络数人侵权作出了规定。《民法典》第 1171 条与第 1172 条延续了这一规定。本章将对无意思联络数人侵权的含义与类型进行研究。由于此类多数人侵权责任是司法实践中最常见的，涉及的问题也比较多，因此须给予特别关注。

第一节　概　　述

一、无意思联络数人侵权的概念与规范目的

无意思联络的数人侵权(Nebentaeter)，是指没有共同故意的数人基于故意或者过失，分别地实施侵权行为，造成他人同一损害的情形。在多数人侵权责任中，无意思联络数人侵权的类型与定位取决于如何理解共同加害行为中的“共同”。倘若采取意思联络说即共同故意说，则无意思联络的数人侵权的范围就会比较大。例如，在德国，由于《德国民法典》第 830 条第 1 款第 1 句规定的共同加害行为以行为人意思联络为要件，故此，德国法上承认无意思联络的数人侵权。但是，《德国民法典》中并无专门调整无意思联络数人侵权的条文。一方面，因为行为人之间不存在共同故意，所以无意思联络数人侵权不能适用《德国民法典》第 830 条第 1 款第 1 句规定的共同加害行为；另一方面，由于无意思联络数人侵权中，各侵权人的加害行为与损害之间的因果关系非常明确，并非“选择的因果关系”(alternative Kausalitaet)，故而也无法适用《德国民法典》第 830 条第 1 款第 2 句规定的共同危险行为。德国的判例和学说认为，依据条件说，无意思联络的数人侵权中任何一个加害人的行为与受害人的权利遭受损害之间的责任成立因果关系都是确定的，因此他们均应依据《德国民法典》第 823 条第 1 款向受害人承担赔偿责任。在每个侵权人都应当就受害人的全部损害负赔偿责任的情形下，依据《德国民法典》第 840 条第 1 款之规定，全部侵权人向受害人承担连带赔偿责任。[1] 尽管个别学者认为，《德

〔1〕 Guenter Brambring, Mittaeter, Nebentaeter, Beteiligte und die Verteilung des Schadens bei Mitverschulden des Geschaedigten, Duncker & Humblot, 1973, S53; MuenchKommBGB/Mertens, 2004, § 840 Rn. 4; Larenz/Canaris, Lehrbuch des Schuldrechts, zweiter Band Besonderer Teil, 2. Halbband, 1994, S580.

国民法典》第 840 条第 1 款构成了无意思联络数人侵权的请求权基础。[2] 但是,通说认为,该款并非独立的请求权基础(keine Anspruchsgrundlage),它仅仅是在侵权法的责任规范与连带债务的一般规则之间起到"连接的功能"(Scharnierfunktion)。[3] 其规范的是一个外部关系,所涉及的问题是数个侵权人应当以何种方式向受害人承担责任。[4] 也就是说,《德国民法典》第 840 条第 1 款并不解决侵权责任如何成立的问题,只是解决多个侵权人如何向受害人承担责任的问题。该款的立法理由在于:鉴于受害人无法选择侵权人(这与基于合同形成的多数债务人的情形不同),所以将个别侵权人没有支付能力的风险强加到受害人头上是不公平的,因此须由全部的侵权人向受害人承担连带责任。[5]

反之,如果对共同加害行为中的"共同"做广义的解释,采取所谓客观共同说,则无意思联络数人侵权适用的情形会很少,甚至完全不具有独立存在的必要。例如,在我国台湾地区的民法中,司法实务采取的是客观关联说,除了各加害人主观上有意思联络将构成共同侵权行为外,即便没有意思联络,各个加害人均为过失,但他们的行为造成了同一损害,是损害的共同原因(存在共同因果关系)时,也构成共同侵权行为,行为人应负连带责任。[6] 这样一来,在德国法上原本通过《德国民法典》第 840 条规定来解决的问题,就完全可以通过共同侵权行为予以解决。

我国《民法典》第 1168 条规定的共同加害行为中共同仅限于共同故意即意思联络,因此,我国法上无意思联络数人侵权的适用范围非常广泛(参见表 14.1.1)。《侵权责任法》第 11 条与第 12 条在比较法上率先对无意思联络数人侵权作出了专门的规定,开创了侵权法立法之先河。在《侵权责任法》起草过程中,曾有人质疑此种规定之必要性,认为这些问题完全可以通过学说解决,没有必要通过法律加以规定。但是,立法者考虑到在《侵权责任法》中对无意思联络的数人侵权作出规定,有助于建立完善的数人侵权责任制度,因此仍然进行了规定。[7] 本书认为,《侵权责任法》第 11 条与第 12 条对无意思联络数人侵权的规定是非常有必要的。通过这两条规定,不仅可以非常清晰地使人知道该法第 8 条规定的共同属于主观共同,即意思联络,同时,还可以有效地解决实践中大量出现的类似案件,既保护受害人权益,又避免滥科连带责任。我国《民法典》第 1171 条和第 1172 条延续了《侵权责任法》第 11 条和第 12 条的规定,仅调整了个别表述,如将"平均承担赔偿责任"修改为"平均承担责任"。

二、《民法典》第 1171 条与第 1172 条的规范性质

《民法典》第 1171、1172 条并非独立的**请求权基础**,这两条解决的只是侵权人的责任承担方式以及它们内部责任的分摊问题。至于各个侵权人的侵权责任是否成立,仍应依据《民法典》和其他法律关于侵权责任成立的法律规范。申言之,如果属于特殊侵权行为时,应先依相关的责任成立规范;没有特别规范时,适用《民法典》第 1165 条第 1 款的过错责任原则。每个侵权人的侵权责任成立要件满足后,再依《民法典》第 1171、1172 条确定侵权人承担连带责任

---

〔2〕 Horst Ehemann, Die Gesamtschuld: Versuch einer begrifflichen Erfassung in drei Typen, 1972, S. 215ff.

〔3〕 MuenchKommBGB/Wagner, § 840, RdNr. 1. 也有学者认为,该条第 1 款起到的是一种"补充和说明的功能"(Ergaenzungs – und Klarstellungsfunktion)。Staudinger/Vieweg, 2008, § 840, Rn. 3.

〔4〕 Fuchs, Deliktsrecht, 5. Aufl. 2004, S. 212.

〔5〕 BGB – RGRK – Nuessgens, § 840, Rn. 3.

〔6〕 王泽鉴:《侵权行为》,2015 年自版,第 484 ~ 485 页。

〔7〕 王胜明主编:《中华人民共和国侵权责任法解读》,中国法制出版社 2010 年版,第 55 页。

或按份责任。例如,张某购买了A公司生产的电热水器与B公司生产的漏电保护器,张某的妻子李某在洗澡时触电死亡。经查,A公司的电热水器存在缺陷以致漏电。B公司的漏电保护器也存在缺陷,于漏电时无法起到保护的作用。[8] 在该案中,就李某的死亡这一损害而言,应当先确定A公司与B公司各自的侵权责任是否成立。由于该案涉及的是产品责任,故适用《民法典》第1202～1207条的规定,A公司与B公司作为产品的生产者承担无过错责任。考虑到无论是A公司生产的缺陷产品(电热水器),还是B公司生产的缺陷产品(漏电保护器),其缺陷均足以导致同一损害(在本案中就是受害人死亡)的发生,依据《民法典》第1171条,A公司与B公司须向受害人之近亲属承担连带责任。至于它们内部的责任分配,依据《民法典》第178条第2款确定。

表14.1.1　无意思联络数人侵权纠纷的部分案例

序号	适用《侵权责任法》第11条的案件	适用《侵权责任法》第12条的案件
1	龙净公司与华立公司签订委托加工合同,约定华立公司对龙净公司提供的热轧进行开平加工。后贝肯公司的工作人员将龙净公司交付华立公司的4卷热轧拖走。法院认为,虽然贝肯公司和华立公司实施侵权行为时,没有意思联络,但是二者的行为均足以造成同一的、全部的损害后果,因此二者应承担连带责任[南京贝肯工贸有限公司与宿迁龙净环保科技有限公司侵权责任纠纷上诉案,江苏省宿迁市中级人民法院(2013)宿中商终字第0424号民事判决书]	出租车驾驶员罗鹏飞未靠路边停车下客,乘客李楠打开出租车右后门时,将乘坐在朱前驾驶的电动自行车后座的杨家凤左膝碰伤。法院认为,出租车司机与乘客按照第12条承担按份责任[杨家凤与罗鹏飞等机动车交通事故责任纠纷上诉案,江苏省南京市中级人民法院(2013)宁民终字第4148号民事判决书]
2	被告顾A某未依法取得房屋所有权且未与政府相关部门签订拆迁安置协议而擅自占有使用南星苑218号401室房屋。后被告顾A某与被告张C某签订房屋租赁合同,约定顾A某将南星苑218号401室的房屋租给张C某使用。张C某在承租上述房屋期间又将该房屋用三合板分隔成四个房间并对外转租给吴某、袁某、沈某等人。张C某在承租该房屋期间购买并安装了燃气热水器1只。2011年4月16日13时50分左右,吴某和袁某因一氧化碳中毒身亡。死者近亲属起诉被告顾A某与张C某。法院认为:上诉人顾A某作为南星苑218号401室房屋的实际占有人,将该房屋出租给上诉人张C某。上诉人张C某在该房屋转租过程中对房屋进行了不合理的改造,安装了无气道与室外相通、排气口敞开的燃气热水器,使房屋的使用存在严重的安全隐患,造成吴某在南星苑218号401室房屋内因一氧化碳中毒导致死亡的严重后果。上诉人顾A某作为房屋的出租人,要保证出租房屋符合安全居住标准,有义务对该房屋进行经常性的全面检查,特别是水、电、煤气等容易对人身安全造成潜在危险的设施的安装必须符合安全规范,不能存在安全隐患。特别是在上诉人张C某将该房屋转租过程中,对房屋进行不合理改造,安装不符合安全标准的燃气热水器后,更有义务要求上诉人张C某加以改正。但	某日晚10时15分,驾车人(待查)驾驶机动车(待查)途经东科厂门口路段时,碰撞行人吴某六,致使吴某六倒卧于快车道上。此时司机余玉柱驾驶的轿车经过,该车头左侧碰撞倒卧在道路上的吴某六,造成吴某六当场死亡及车辆损坏的交通事故。法院认为,从现有的情况看,第一次碰撞是第二次碰撞的条件和原因之一,如果没有第一次碰撞,余玉柱的驾驶行为不可能与吴某六发生碰撞,也就是说,单凭余玉柱的独立驾驶行为并不足以导致发生吴某六的死亡事故,故本案不适用《侵权责任法》第11条。因此,交警部门关于驾车人(待查)负事故的主要责任、余玉柱负事故的次要责任的认定,并无不当[周凤林等与余玉柱机动车交通事故责任纠纷上诉案,广东省东莞市中级人民法院(2013)东中法民一终字第452号民事判决书]

[8] 何荣诉上海联合水暖卫生洁具公司人身损害赔偿纠纷案,载最高人民法院中国应用法学研究所编:《人民法院案例选》(1992—1996年合订本),人民法院出版社1997年版,第681页以下。

续表

序号	适用《侵权责任法》第 11 条的案件	适用《侵权责任法》第 12 条的案件
	上诉人顾 A 某疏于对出租房屋的安全检查和管理，导致事故的发生，存在过错。上诉人张 C 某作为南星苑 218 号 401 室房屋的转租者，对该房屋的合法实际居住人负有安全保障义务，对出租房屋内的设施负有维修的责任，有义务保证房屋内的设施正常、安全使用。但上诉人张 C 某对房屋进行不合理改造，安装不符合安全标准的燃气热水器，对该房屋及其附属设备严重疏于管理，也是导致事故的发生的重要原因，也存在过错。因此，上诉人顾 A 某、张 C 某均应对吴某死亡所导致的损失承担赔偿责任，由于上诉人顾 A 某、张 C 某的过错行为造成同一损害，故一审判处上诉人顾 A 某、张 C 某承担连带赔偿责任，符合法律规定，并无不当[顾 A 某等与吴 D 某等侵权责任纠纷上诉案，江苏省无锡市中级人民法院(2012)锡民终字第 1097 号民事判决书]	
3	某日晚 9 时左右，未知名驾驶人驾驶未知号牌货车与横穿马路的曾某某相撞后逃逸；后有未知名驾驶人驾驶未知号牌机动车碾压倒地的曾某某后亦逃逸。19 时 05 分许，彭友洪驾驶自有的轿车途经事发路段时，因刹车不及，从已倒在道路中间的曾某某身上碾压过去(其自述碾压部位为曾某某胸部)，随即停车报警。19 时 21 分，医护人员到场，经现场抢救，确定曾某某已无生命体征。法院认为，在彭友洪驾车碾压曾某某之前，有未知名驾驶人先后驾车与曾某某相撞并逃逸。未知名驾驶人与彭友洪虽无共同故意或共同过失，但每个人分别实施的加害行为都独立构成了对曾某某的侵权，最终造成了曾某某死亡的损害后果，该损害后果具有不可分性，且每个人的加害行为均是发生损害后果的直接原因，即每个人的行为都足以造成曾某某死亡。因此，根据《侵权责任法》第 11 条，确定彭友洪与肇事逃逸者承担连带赔偿责任并无不当(曾明清诉彭友洪、中国平安财产保险股份有限公司、成都市蜀都支公司机动车交通事故责任纠纷案，最高人民法院公布典型案例，载《人民法院报》2014 年 7 月 25 日)	胡某的机动车被涉案房屋西面封闭的阳台掉下来的窗玻璃砸坏。经查，该房屋的所有人和管理人是陈某、邵某，陈乙系涉案房屋的实际使用人。法院认为，建筑物的所有人、管理人陈某、邵某不能证明对本案的发生没有任何过错。使用人陈乙亦未能提供任何证据证明自己就涉案窗户玻璃的脱落、坠落没有过错。就房屋管理人及房屋使用人之间责任如何承担的问题，依据《侵权责任法》第 12 条，房屋的所有人、管理人与使用人应当各自承担相应的责任。陈乙作为房屋的实际使用人，就房屋及其相关设施、设备存在的危险最有可能进行实际控制和预防，故应就涉案窗户玻璃碎落及造成的相应损害承担主要责任即 70%。而陈某、邵某作为房屋的所有人及管理人，违反了应确保出租房屋及其提供的设施、设备安全的义务，应就涉案窗户玻璃碎落及造成的相应损害承担次要责任即 30%[陈某等诉胡某等损害责任纠纷案，上海市第一中级人民法院(2013)沪一中民一(民)终字第 2326 号民事判决书]

续表

序号	适用《侵权责任法》第 11 条的案件	适用《侵权责任法》第 12 条的案件
4	受害人马玉柱横穿高速公路，被一辆不知牌照的轿车撞倒，后遭到史志明驾驶的重型货车、陈怀阔驾驶的轿车的碾压，致使马玉柱死亡。法院认为，被告史志明、陈怀阔在本案中的行为属于无意思联络的数人共同实施的侵权行为，虽无共同意志，但分别实施了危险行为，二人在高速公路上的碾压行为都足以造成马玉柱死亡的损害后果，应当承担连带责任[中华联合财产保险股份有限公司保定中心支公司与王英等道路交通事故责任纠纷上诉案，河南省鹤壁市中级人民法院(2013)鹤民一终字第275 号民事判决书]	原告张光驾驶摩托车行驶至青岛一建建筑工地门前时，与第一个被告在此施工时所留土堆相刮，导致摩托车摔倒，而后原告的头部又与公路东侧第二个被告的广告牌下方外露的角铁部位接触，致使头部严重受伤，车辆损坏。法院认为，受害人应自担 40% 的责任，第一个被告承担 40% 的责任，第二个被告承担 20% 的责任[张光诉山东高阳建设有限公司、淄博集成房地产发展有限公司侵权责任纠纷案，山东省淄博市中级人民法院(2011)淄民三终字第441 号民事判决书]
5	2014 年 9 月 19 日，"家乡瓦罐煨汤馆"发生燃气爆炸，造成 5 人死亡、周玉林等多人受伤、周边店面及住宅受损的后果。经查"家乡瓦罐煨汤馆"位于福园公寓一层北侧，系由张爱琴与其丈夫何魁共同经营，该夫妇已在该次爆炸中身亡，张木良、蔡莲香、张晗菲、何寿庚、徐如珍、何晗煜系其法定继承人。2011 年以来，被告蔡金排、叶凤花在经营集顺公司东浦路供应站期间，明知叶志典没有燃气经营资格，不具备燃气运输资质等条件，仍向叶志典销售用于经营的液化石油气。被告叶志典在不具备燃气从业资格，无《燃气供应许可证》和相应的《工商营业执照》、车辆没有危险货物运输资质、驾驶员没有危险货物从业资格和没有押运员资格的情况下，非法从事燃气配送经营活动，将燃气销售给本市湖里区福园公寓一带的商家，从中赚取差价，并向没有气化装置、不符合安全用气环境的"家乡瓦罐煨汤馆"配送气、液双相双阀钢瓶，其间 2014 年 7 月起雇用不具备燃气从业资格的被告陈长太作为送气工和安装工。周玉林认为被告集顺公司、叶志典、陈长太、嘉福园公司、张木良、蔡莲香、张晗菲、何寿庚、徐如珍、何晗煜等的违法行为共同侵犯了其健康权，请求判令各被告连带赔偿。法院认为，以上各被告虽然没有共同的故意或过失，但是任何一方如尽到相应的法律义务均可以避免事故的发生，故可认定上述侵害行为直接结合发生同一损害后果，构成共同侵权，承担连带责任[周玉林诉蔡金排等生命权、健康权、身体权案，福建省厦门市中级人民法院(2016)闽 02 民终 1841 号民事判决书]	中盐长寿公司所有的矿井包括长平一井、长平二井、长平三井，该公司与四川钻井大队签订合同，约定由钻井大队负责长平三井钻井施工，施工过程中产生的含盐特征污水给距离约 30 米的珍心鲜农业公司农业基地造成污染。经政府主持调解，四川钻井大队一次性支付珍心鲜农业公司 50 万元补偿款。2012 年 4 月至 5 月，因四川钻井大队处理、填埋钻井产生的污染物措施不当以及下雨等原因，致使包括珍心鲜农业公司在内的数家农业基地受到污染。2012 年 4 月，长平二井配套管道发生泄漏，亦导致包括珍心鲜农业公司在内的农业基地受到污染。二审法院认为，中盐长寿公司、四川钻井大队分别实施了侵权行为，但主观上无侵权意思联络，虽然无法详细区分各自排放污染物数量及污染范围，但单就两污染源各自的侵权行为尚不足以造成本案全部损害。根据《侵权责任法》第 12 条的规定，应由中盐长寿公司、四川钻井大队各自承担相应的责任(最高人民法院发布 10 起人民法院服务保障新时代生态文明建设典型案例之五：重庆市长寿区珍心鲜农业开发有限公司诉中盐重庆长寿盐化有限公司、四川盐业地质钻井大队环境污染责任纠纷案)

三、无意思联络数人侵权与共同侵权行为的区别

(一)与共同加害行为的区别

首先，共同加害行为要求从事侵权行为的数人之间具有意思联络即共同故意，而无意思联络的数人侵权中，数人之间并无共同故意。

其次,共同加害行为并不要求造成受害人同一损害,但是无意思联络的数人侵权却要求必须造成了受害人同一损害,否则不足以将数人连接在一起,作为一类多数人侵权责任加以规范。

(二)与共同危险行为的区别

首先,因果关系类型不同。无意思联络的数人侵权中,每一个侵权人的行为与损害后果之间的责任成立因果关系都是确定的、明确的。但是,共同危险行为中,责任成立因果关系是不明确的,无法确定具体的侵权人。

其次,承担的责任不同。无意思联络的数人侵权中,各侵权人究竟向受害人承担连带责任还是按份责任,取决于他们的加害行为与受害人同一损害之间的因果关系类型。然而,共同危险行为中,每一个参与实施危及他人人身、财产安全的行为的人,其行为都是损害的潜在原因,可是因无法确定具体的侵权人,故此行为人应承担连带责任。[9]

第二节　构成要件

一、二人以上分别实施侵权行为

无意思联络的数人侵权意味着加害人必须是二人以上。但是,他们并非"共同实施"侵权行为,而是"**分别实施**"侵权行为。所谓分别实施,就说明实施侵权行为的数人之间并无意思联络,即没有共同故意。否则,就构成共同加害行为,应适用《民法典》第1168条。

二、造成了同一损害

无意思联络的数人侵权与数个侵权行为的并存的重要区别就在于,前者是数人造成了同一损害,而后者是分别造成了不同的损害。问题是,究竟何为"**同一损害**"。有人认为,"同一损害",是指数个侵权行为所造成的损害的性质是相同的,都是身体伤害或者财产损失,并且损害内容具有关联性。例如,甲的侵权行为造成了丙的左腿受伤,乙的侵权行为也造成了丙的左腿受伤。如果乙的侵权行为造成了丙的右腿受伤,则甲、乙二人的侵权行为就不属于造成同一损害。[10] 有的人认为,同一损害是指数个行为造成的损害结果不可分的情形,即数个行为仅造成一个损害结果,而非数个独立的损害结果。[11] 例如,甲乙分别开枪,同时命中丙的头部,两弹均为致命伤。[12]

本书认为,上述两种观点皆有可商榷之处。首先,"同一损害"既不限于分别实施侵权行为的数人给受害人造成一个损害结果的情形,也不要求必须是造成同一性质的损害。例如,甲、乙二人分别在自己的田里放火烧稻草,结果风势将两把火都引向了丙的房屋,以致丙被烧伤、

---

〔9〕 德国学者认为共同危险行为属于"潜在的无意思联络数人侵权"(potentielle Nebentaeter)。Staudinger/Wagner, 2008, §830 Rn.65.

〔10〕 王胜明主编:《中华人民共和国侵权责任法解读》,中国法制出版社2010年版,第54页;黄薇主编:《中华人民共和国民法典侵权责任编解读》,中国法制出版社2020年版,第31页。

〔11〕 王利明、周友军、高圣平:《中国侵权责任法教程》,人民法院出版社2010年版,第397页。

〔12〕 最高人民法院侵权责任法研究小组编著:《〈中华人民共和国侵权责任法〉条文理解与适用》,人民法院出版社2010年版,第92页。

房屋被毁。此案中,丙有两个不同的损害:一为房屋被毁的财产损失,二为被烧伤的人身伤害。但仍应认为分别实施侵权行为的甲、乙给丙造成了同一损害。倘若每一把火都足以导致丙的全部损害,就应适用《民法典》第1171条。如果不是,则适用《民法典》第1172条。其次,依据文义解释方法中的"同一解释规则",同一法律中的相同词汇应做相同的解释。既然《民法典》第1171、1172条中均出现了"同一损害"的表述,就不应以损害的不可分性作为"同一损害"的要求。因为损害是否可分取决于损害能否被分摊给每个侵权人,如果存在合理的基础来判断每个侵权人的作用在总体损害的形成中所占的比例,损害就是可分割的,否则是不可分割的。[13]《民法典》第1172条中"能够确定责任大小的"表述就说明了同一损害与非同一损害的实质性区别不在于损害是否能够合理地予以分摊。也就是说,无论损害是可分的还是不可分的,都有可能适用《民法典》第1171条或第1172条。

本书认为,同一损害既不是指仅给受害人造成了一个损害或造成同一性质的损害,也不意味着受害人遭受的损害是不可分割的。对于同一损害,应当从各个侵权人的行为与受害人权益被侵害之间的责任成立因果关系的角度出发加以理解。所谓同一损害,表明了各个侵权人分别实施的加害行为均与受害人的权益被侵害之间存在因果关系。一方面,如果受害人仅某项民事权益被侵害了并因此遭受了损害,则每个侵权人的行为都和该民事权益被侵害有因果关系。例如,张某骑摩托车撞伤了李某,李某被送到A医院治疗,因A医院的医疗过失,李某死亡。李某最终被侵害的民事权益就是生命权,而张某的行为与A医院的行为都与该权益被侵害具有责任成立的因果关系。另一方面,如果受害人多个民事权益遭受了侵害,则各个侵权人的行为与该多个权益被侵害之间都具有责任成立的因果关系。例如,甲驾驶的A车与乙驾驶的B车相撞,致使A车内的乘客丙受伤,其随身携带的名贵古董也受损。显然丙的健康权与所有权这两项民事权益遭受了侵害,且都与甲乙的行为有因果关系。如果数人的侵权行为分别侵害了受害人的不同的权益,造成了不同的损害,则属于数个侵权行为的并存,并非无意思联络的数人侵权。例如,张三将房地产开发商李四放在宝马车上的名表偷走,数分钟后,对李四不满的业主王五将李四的宝马车烧毁。张三和王五也是分别实施了侵权行为,给王五造成了损害且性质相同,都是所有权被侵害。但是,它们造成的显然不是同一损害,不构成无意思联络的数人侵权,张三和王五应当分别在各自行为的因果关系范围内承担损害赔偿责任。

三、因果关系的类型

(一)学说与实务上的争议

究竟适用《民法典》第1171条还是第1172条,对受害人与加害人而言,影响巨大。如果适用的是第1171条,加害人承担的是连带责任,对受害人极为有利;如果适用第1172条,则为按份责任,对加害人是有利的。区分这两条的关键就在于因果关系的类型。从《民法典》第1171条和第1172条的文字表述来看,只有当分别实施侵权行为的人中"**每个人的侵权行为都足以造成全部损害**",才能适用第1171条,否则应适用第1172条。问题是,如何理解第1171条中的

〔13〕 [美]文森特·R.约翰逊:《美国侵权法》(第5版),赵秀文等译,中国人民大学出版社2017年版,第186页。例如,《美国侵权法重述(第二次)》第433条A规定:"(1)在下列情形中,对伤害的赔偿应在两个或更多原因之间分摊:(a)存在不同的伤害,或(b)存在确定每个原因对一单独伤害所起作用的合理基础。(2)对任何其他伤害的赔偿不得在两个或更多的原因之间分摊。"

因果关系类型？对此，理论界与实务界存在很大的分歧。[14] 有的学者认为，所谓每个人的侵权行为都足以造成全部损害，是指每个行为都构成损害的充足原因，而充足原因是指按照社会一般经验或者科学理论认为，可以单独造成全部损害后果发生的侵权行为。正是因为同时存在的各个加害人的行为中的任何一个都足以造成全部损害后果的发生，所以要求每个加害人承担连带责任，才是合理的。[15] 有的学者认为，该条规范的是叠加的共同侵权行为，所谓叠加的共同侵权行为是指，每一个行为人对于损害的发生都具有全部的原因力，因此每个人都应当承担全部的赔偿责任。但是由于受害人只能得到一份赔偿，故此，数人承担连带责任。[16] 全国人大法工委有关人士认为，所谓"足以"并不是指每个侵权行为都实际上造成了全部损害，而是指即便没有其他的侵权行为的共同作用，独立的单个的侵权行为也有可能造成全部损害。[17] 最高人民法院组织编写的侵权责任法的释义书认为，应当从因果关系角度来考察：(1)各侵权人的行为均为发生损害后果的直接原因；(2)每一个独立的侵权行为均具有造成全部损害后果的原因力；(3)各原因力可以互相替代，而损害结果的同一性不因此发生改变。[18]

正是由于对何为"每个人的侵权行为都足以造成全部损害"存在不同的理解，故此，司法实践中对相同的案件处理结果存在很大的差异。例如，两车过失相撞，导致第三人（主要就是车内的乘客）死亡或受伤，两车的所有人或管理人如何承担责任，这是机动车交通事故责任纠纷中很常见的问题。《侵权责任法》颁布之前，为了保护受害人，便于法院判决的执行，不少法院都将多辆机动车发生交通事故造成第三人损害的情形认定为《人身损害赔偿解释》第 3 条第 1 款中的"直接结合"，从而要求各侵权人承担连带责任。例如，山东省高级人民法院认为："因机动车双方发生道路交通事故致第三人死亡的，属于无意思联络数人侵权中侵权行为直接结合发生同一损害后果的情形……肇事机动车应当承担连带责任。"[19] 再如，上海的法院认为，在两车或多车相撞引发的交通事故中，机动车双方或多方均有过错的情况下，如果"车内人员以侵权关系主张赔偿的，造成交通事故的车辆各责任方应对车内人员损害承担连带赔偿责任"。[20] 《侵权责任法》颁行后，最高人民法院的《道路交通事故损害赔偿解释》第 13 条规定："多辆机动车发生交通事故造成第三人损害，当事人请求多个侵权人承担赔偿责任的，人民法院应当区分不同情况，依照侵权责任法第十条、第十一条或者第十二条的规定，确定侵权人承担连带责任或者按份责任。"然而，由于在理解"每个人的侵权行为都足以造成全部损害"的含义上有所不同，故此，各个法院同案不同判的情形也很严重。此外，实践还常发生的一类案件是，受害人先后遭受两次甚至更多次的交通事故，但是第一次交通事故中肇事车辆逃逸，无法查明。受害人在被第一辆车撞倒后，遭受了第二辆或第三辆车的碾压致死。此时，第二、三辆

---

〔14〕 对于这种因果关系类型的称谓，都有很大的差别，如"累积因果关系""聚合因果关系""等价因果关系"等，不一而足。参见最高人民法院侵权责任法研究小组编著：《〈中华人民共和国侵权责任法〉条文理解与适用》，人民法院出版社 2010 年版，第 91 页；王利明、周友军、高圣平：《中国侵权责任法教程》，人民法院出版社 2010 年版，第 397 页。

〔15〕 王利明：《侵权责任法研究》（上卷），中国人民大学出版社 2010 年版，第 574 页。

〔16〕 杨立新：《〈中华人民共和国侵权责任法〉精解》，知识产权出版社 2010 年版，第 65 页。

〔17〕 王胜明主编：《中华人民共和国侵权责任法解读》，中国法制出版社 2010 年版，第 54 页；黄薇主编：《中华人民共和国民法典侵权责任编解读》，中国法制出版社 2020 年版，第 31 ~ 32 页。

〔18〕 最高人民法院侵权责任法研究小组编著：《〈中华人民共和国侵权责任法〉条文理解与适用》，人民法院出版社 2010 年版，第 92 页。

〔19〕《山东省高级人民法院关于道路交通事故人身损害赔偿案件中致第三人死亡的，肇事车辆双方在主次责任可以分清的情况下，其责任承担是按份责任还是连带责任的答复》（2009 年 7 月 7 日）。

〔20〕《上海市高级人民法院关于处理道路交通事故纠纷若干问题的解答》（2009 年 6 月 20 日）。

车的驾驶人是否要与第一辆车承担连带责任。对此,法院的判决差别很大。有的法院认为,无论是第一辆还是第二、三辆车的驾驶人,其分别实施的加害行为都独立构成了对受害人的侵权,每个人的加害行为都足以导致损害后果,故此,包括逃逸者在内的各个驾驶人承担连带责任。[21] 有的法院则认为,第一辆车的碰撞是第二辆车碰撞的条件和原因之一,如果没有第一次碰撞,则第二辆车是不可能与受害人发生碰撞的,因此,此类案件不属于《侵权责任法》第11条规范的情形,而应适用第12条。[22]

(二)本书的观点

本书认为,对于《民法典》第1171条中"每个人的侵权行为都足以造成全部损害"应当做如下理解:

首先,每个人的侵权行为"足以"造成全部损害意味着,一方面,每个加害行为与民事权益被侵害之间都具有相当因果关系,被侵害的民事权益与损害之间也具有相当因果关系,即这些行为无论是在责任成立的因果关系还是责任范围的因果关系上都满足相当因果关系的要求并且原因力是相同的。它们中的任何一个单独出现的话都足以导致该民事权益被侵害,并且都足以导致全部的损害。之所以有如此严格的限制条件,就是因为侵权人要承担的是连带责任,为了防止滥科连带责任,必须从因果关系的角度加以限制。否则,在各个侵权人没有意思联络的情况下,仅仅是为了受害人的赔偿更有保障而使各侵权人承担连带责任,正当性并不充分。如果有些人的行为足以造成全部损害而有些人的行为不足以,或者所有人的行为都不足以造成全部损害,只能适用《民法典》第1172条的规定。

其次,所谓"足以"并不意味着每个侵权行为都实际造成损害,这是因为:一方面,《民法典》第1171条并非主要着眼于对受害人权益的维护,而是更看重对加害人行为的否定性评价。[23] 由于每个加害行为都能造成全部损害,因此,任何行为人都不能以"除了自己还另有他人也实施侵权行为"作为抗辩事由。[24] 另一方面,实践中,侵权行为的出现总有一个先后顺序,损害结果往往在第一个侵权行为发生时就已经造成了,而后的侵权行为只是具有造成同样的损害的可能性而已,已经无法现实化地造成损害了。例如,第一辆车从受害人甲身上碾压过去后,司机并未停车而是逃逸。接着,第二、三辆车依次碾压了受害人。第二辆车的司机也逃逸,第三辆车的司机停车后报警。受害人甲死亡。在这个案件中受害人可能在第一次碾压后已经死亡,而第二、三辆车碾压的只是尸体而已。受害人可能是因为两次或三次碾压后形成的复合伤而死亡。实际上这都不重要,因为《民法典》第1171条要求的是"足以"并非"必然"。第一、二辆车碾压受害人,即便受害人没有死亡,也因碾压而受伤,足以导致死亡的后果。况且,第一、二辆车的司机都出现了肇事逃逸行为,他们的行为更加容易导致受害人死亡。至于第三辆车,尽管司机没有逃逸而是报警,值得肯定,但是,从原因力上说,即便没有第一、二辆车的在先碾

〔21〕 例如,曾明清诉彭友洪、中国平安财产保险股份有限公司成都市蜀都支公司机动车交通事故责任纠纷案,载《人民法院报》2014年7月25日,第3版;丁凤英与刘林根等机动车交通事故责任纠纷上诉案,江苏省南通市中级人民法院(2013)通中民终字第1296号民事判决书;中华联合财产保险股份有限公司保定中心支公司与王英等道路交通事故责任纠纷上诉案,河南省鹤壁市中级人民法院(2013)鹤民一终字第275号民事判决书。

〔22〕 例如,周凤林等与余玉柱机动车交通事故责任纠纷上诉案,广东省东莞市中级人民法院(2013)东中法民一终字第452号民事判决书;顾永刚等与汤文丹等机动车交通事故责任纠纷上诉案,江苏省淮安市中级人民法院(2013)淮中民终字第0885号民事判决书。

〔23〕 曹险峰:《数人侵权的体系构成——对侵权责任法第8条至第12条的解释》,载《法学研究》2011年第5期。

〔24〕 [德]克里斯蒂安·冯·巴尔:《欧洲比较侵权行为法》(下册),焦美华译,法律出版社2004年版,第528页。

压行为，其单独对受害人的碾压也具有造成受害人死亡的足够可能性。所以，第一、二、三辆车的司机应当承担连带责任，而第三辆车的司机在内部分摊的份额上应当是最小的（参见案例 14.2.1）。

案例阅读

案例14.2.1
曾明清诉彭友洪、中国平安财产保险股份有限公司 成都市蜀都支公司机动车交通事故责任纠纷案

（三）《民法典》第 1172 条的因果关系类型

《民法典》第 1172 条未要求每个人的侵权行为都足以造成全部损害。有学者认为，该条规范的是“部分因果关系型的无意思联络数人侵权”。部分因果关系意味着，每个侵权人的行为均不足以导致损害后果的发生，而必须相互结合才能导致损害后果的发生。[25] 本书认为，《民法典》第 1172 条规范了凡是因果关系类型不属于《民法典》第 1171 条的其他全部无意思联络数人侵权。具体来说，这些无意思联络数人侵权的因果关系类型如下：

1. 部分因果关系型的无意思联络数人侵权，即数人分别实施侵权行为造成他人同一损害，每个人的行为都不足以造成全部损害，只有这些行为结合起来才会造成同一损害后果（参见案例 14.2.2）。例如，A 车与 B 车相撞，导致 A 车内的乘客甲死亡。交警认定 A 车负次要责任，B 车负主要责任，此时应当适用《民法典》第 1172 条。[26] 再如，A 村建有一木制亭子供人休息。村民 B 盗窃了该亭的一根木柱，不久村民 C 又盗窃了另一根木柱。少了两根柱子的亭子摇摇欲坠，A 村却未修理。一日，亭子倒塌砸死了路人 D。显然，此案中 A、B、C 的行为共同结合才导致了 D 的死亡。三被告应当依据《民法典》第 1172 条承担按份责任。

案例阅读

案例14.2.2
刘天珍诉孙仁芳、李霞健康权纠纷案

2. 分别实施侵权行为的数人中，一人的侵权行为足以导致全部损害的发生，而另外一人的侵权行为却仅能造成部分的损害。例如，A、B、C 三个工厂往河里排放污水，其中 A、B 两个厂排放的污水量足以导致下游的养殖户 D 养殖的水产品全部死亡，C 排放的量不会导致此种后果，只会导致部分鱼苗死亡。因此，A、B、C 应当依据《民法典》第 1172 条承担按份责任。《环境侵权责任解释》第 3 条第 3 款规定：“两个以上污染者分别实施污染行为造成同一损害，部分污染者的污染行为足以造成全部损害，部分污染者的污染行为只造成部分损害，被侵权人根据侵权责任法第十一条规定请求足以造成全部损害的污染者与其他污染者就共同造成的损害部分承担连带责任，并对全部损害承担责任的，人民法院应予支持。”据此，首先，A、B 与 C 就共同给 D 造成的那部分损害（三被告重叠部分）承担连带责任；其次，A、B 就 D 的全部损害向 D 承担连带责任。

---

〔25〕 王利明、周友军、高圣平：《中国侵权责任法教程》，人民法院出版社 2010 年版，第 400 页以下。

〔26〕 最高人民法院的《道路交通事故损害赔偿解释》第 13 条规定：“多辆机动车发生交通事故造成第三人损害，当事人请求多个侵权人承担赔偿责任的，人民法院应当区分不同情况，依照侵权责任法第十条、第十一条或者第十二条的规定，确定侵权人承担连带责任或者按份责任。”

第三节 法律后果与程序法问题

一、无意思联络数人侵权的法律后果

(一)连带责任

在无意思联络的数人侵权中,如果每个人的侵权行为都足以造成全部损害,则行为人承担连带责任。被侵权人有权请求部分或者全部连带责任人承担责任,而连带责任人内部的赔偿数额的分摊应当按照各自责任的大小确定。难以确定的,平均承担赔偿责任。

(二)按份责任

在无意思联络的数人侵权中,只要任何一个行为人的行为不足以造成全部损害,他们就无须向被侵权人承担连带责任,而仅承担按份责任。在行为人内部,能够确定责任大小的,各自承担相应的责任;难以确定责任大小的,平均承担赔偿责任。[27]

二、无意思联络数人侵权的程序法问题

首先,《民法典》第1171条规定的连带责任在我国目前被作为必要的共同诉讼。法院要求原告必须将所有的侵权人都作为被告。对此做法之弊端,本书在"共同加害行为"一章已有论述。

其次,《民法典》第1172条规定的是按份责任。此种责任在诉讼程序中属于普通的共同诉讼,即被侵权人可起诉某一加害人,也可以将全部加害人作为共同被告提起诉讼。但是,当被侵权人仅起诉某一加害人时,法院作出的裁判对未被起诉的加害人没有拘束力。被侵权人要求未被起诉的加害人承担赔偿责任的,须再次提起诉讼。

---

〔27〕 例如,已被废止的《最高人民法院关于审理触电人身损害赔偿案件若干问题的解释》第2条第2款曾规定:"但对因高压电引起的人身损害是由多个原因造成的,按照致害人的行为与损害结果之间的原因力确定各自的责任。致害人的行为是损害后果发生的主要原因,应当承担主要责任;致害人的行为是损害后果发生的非主要原因,则承担相应的责任。"

第四编　特殊侵权责任

文献阅读

第十五章　监护人责任

本章重点

"养不教,父之过",可谓监护人责任的理论依据之一。监护人应当履行监护职责,既要保护被监护人的人身财产权益,也要防止被监护人给他人造成损害,否则应当承担侵权责任。本章对监护人责任进行了系统的研究,包括规范目的、构成要件、责任主体、诉讼主体、减责事由等。

第一节　概　　述

一、监护人责任的概念、特征与规范目的

(一)监护人责任的概念与特征

监护人责任,是指无民事行为能力人或限制民事行为能力人侵害他人民事权益造成损害时,监护人依法应当承担的侵权责任。比较法上,许多国家或地区的民法对监护人责任都有明文规定。我国《民法通则》第133条规定:"无民事行为能力人、限制民事行为能力人造成他人损害的,由监护人承担民事责任。监护人尽了监护责任的,可以适当减轻他的民事责任。有财产的无民事行为能力人、限制民事行为能力人造成他人损害的,从本人财产中支付赔偿费用。不足部分,由监护人适当赔偿,但单位担任监护人的除外。"

《侵权责任法》第32条规定:"无民事行为能力人、限制民事行为能力人造成他人损害的,由监护人承担侵权责任。监护人尽到监护责任的,可以减轻其侵权责任。有财产的无民事行为能力人、限制民事行为能力人造成他人损害的,从本人财产中支付赔偿费用。不足部分,由监护人赔偿。"《民法典》延续了这一规定,仅在第1188条进行了个别文字修改,将"监护责任"修改为"监护职责",同时增加了一条即第1189条,对监护人将监护职责委托给他人时侵权责任的承担作出了规定。

我国法上的监护人责任具有以下两个特征:首先,监护人责任被放在《民法典》侵权责任编第三章"责任主体的特殊规定"当中,作为一类**特殊的侵权行为**加以规定。依据《民法典》第1188条,监护人责任适用的既非过错责任,也非过错推定责任,而是无过错责任,只要被监护人造成他人损害,无论监护人对此有无过错,均应承担侵权赔偿责任。纵然监护人完全尽到了监护职责,也只能减轻其侵权责任,而不得免除责任。这一点和德国、日本以及我国

台湾地区的规定不同。在这些国家或地区民法上,监护人责任属于过错推定责任,监护人如果能够证明“尽到监督义务的或者即使进行适当监督损害仍不免发生的”,不负赔偿责任。其次,监护人责任兼具**替代责任与自己责任**的特点。比较法上的监护人责任中,承担赔偿责任的是监护人,被监护人在没有识别能力时本身是不需要承担赔偿责任的。但是,在我国法上,一方面,《民法典》第1188条第1款规定,被监护人造成他人损害的,由监护人承担侵权责任。该规定体现了监护人责任中行为人与责任人的分离,属于替代责任;这正是《民法典》侵权责任编将监护人责任规定于第三章“责任主体的特殊规定”当中的原因。[1] 另一方面,《民法典》第1188条第2款又规定,如果被监护人本身有财产的,则需要从本人财产中支付赔偿费用,不足部分,由监护人赔偿。这又意味着被监护人要为自己的行为承担责任,属于自己责任。

(二)监护人责任的规范目的

侵权法上规定监护人责任的目的有二:

首先,更好地维护被侵权人的合法权益。在加害人是无民事行为能力人或限制民事行为能力人时,多数情况下他们是没有自己独立财产的,倘若由他们承担侵权责任,势必因赔偿能力不足而无法充分补偿被侵权人的损害。通过设立监护人责任制度,要求监护人替被监护人承担责任,可以更好地维护被侵权人的权益,填补受害人的损害。

其次,更好地预防侵权行为的发生。法律上设立监护人制度的目的,不仅在于使监护人能够代理被监护人从事民事活动,还在于使监护人尽到保护被监护人的身体健康、照顾被监护人的生活、对被监护人进行管理和教育的义务。我国《民法典》第34条第1款规定:“监护人的职责是代理被监护人实施民事法律行为,保护被监护人的人身权利、财产权利以及其他合法权益等。”第3款规定:“监护人不履行监护职责或者侵害被监护人合法权益的,应当承担法律责任。”由于年龄或精神健康的原因,无民事行为能力人或限制民事行为能力人不能或不能完全认识自己的行为,所以他们既容易遭受他人的侵害,也容易给他人造成损害。要求监护人就被监护人的侵权行为承担责任,能够起到督促监护人尽到管理、教育被监护人的义务,避免被监护人从事侵权行为的作用。

二、监护人责任的归责原则

(一)其他国家和地区

在比较法上,监护人就被监护人所致损害承担侵权责任适用何种归责原则有不同的立法例,主要有过错责任、过错推定责任、无过错责任与混合责任等四种模式(参见表15.1.1)。

---

〔1〕 比较法上,有一些国家规定监护人责任并非替代责任而是过错责任。例如,在奥地利,即监护人不是为被监护人的行为承担责任,而是为自己的过错承担责任。在英国,父母或看管小孩的任何人均不对小孩的侵权行为承担替代责任,父母仅仅因自身的个人过失而承担责任。参见[荷]J.施皮尔主编:《侵权法的统一:对他人造成的损害的责任》,梅夏英、高圣平译,法律出版社2009年版,第17、86页。

表 15.1.1 监护人责任归责原则的立法模式

责任形态	自己责任	替代责任		
归责原则	过错责任	过错推定责任	无过错责任	混合责任
具体内容	受害人应当证明监护人对被监护人侵权行为的发生存在过错	法律推定监护人具有过错。如果监护人不能证明已尽到监护职责或即便尽到该职责亦无法避免损害的发生,就应承担责任	只要被监护人从事的侵权行为造成他人损害,无论监护人有无过错,皆应承担侵权责任	区分不同年龄的被监护人,分别适用无过错责任与过错责任
国家和地区	英国、爱尔兰等普通法国家	德国、比利时、希腊、卢森堡、葡萄牙、瑞士、中国台湾地区等	法国	荷兰

1. 过错责任

英国、爱尔兰等普通法国家采取这种模式。在英国法中,不满 18 岁的未成年人造成他人损害,在和成年人一样的范围内承担侵权责任,并且不享有未成年人的抗辩;无非是在过失侵权中,对于未成年人的注意义务的要求与通常谨慎合理的成年人的要求不同。[2] 换言之,如果造成损害的孩子尽到了同年龄的通常谨慎的孩子的注意义务时,则不需要承担侵权责任,否则就要承担责任。在普通法中,父母只有在没有采取合理的注意来阻止孩子伤害他人时,才需要承担责任。“通过要求证明过错,普通法一直坚持这样的观点,即父母不应当为孩子的行为承担替代责任”。[3]

2. 过错推定责任

所谓过错推定责任模式,是指被监护人致人损害时,推定监护人存在过错,应当承担侵权责任,除非监护人能够证明自己尽到了监护职责或者即便尽到监护职责也无法避免该损害的发生。德国、比利时、希腊、卢森堡、意大利、俄罗斯、比利时以及我国台湾地区等采取这种模式。例如,《德国民法典》第 832 条规定:“依法对因未成年人或者因其精神或者身体状况而需要监督的人,负有监督义务的人,对此人给第三人不法造成的损害,负赔偿义务。尽到监督义务的,或者即使进行适当监督损害仍不免发生的,不负赔偿义务。因合同而承担实施监督的人,负相同责任。”《日本民法典》第 714 条规定:“在前两条规定无责任能力人不负责任的情况下,对于无责任能力人给第三人造成的损害,由对无责任能力人负有法定监督义务的人负赔偿责任。但监督义务人并没有怠于履行其义务,或者即便不怠于履行其义务损害仍不免要发生时,不在此限。代监督义务人监督无责任能力人的人,亦负前项责任。”我国台湾地区“民法”第 187 条规定:“无行为能力人或限制行为能力人,不法侵害他人之权利者,以行为时有识别能力为限,与其法定代理人连带负损害赔偿责任。行为时无识别能力者,由其法定代理人负损害赔偿责任。前项情形,法定代理人如其监督并未疏懈,或纵加以相当之监督,而仍不免发生损害者,不负赔偿责任。如不能依前二项规定受损害赔偿时,法院因被害人之声请,得斟酌行为人及其法定代理人与被害人之经济状况,令行为人或其法定代理人为全部

---

〔2〕 [德]克里斯蒂安·冯·巴尔、[英]埃里克·克莱夫:《欧洲私法的原则、定义与示范规则:欧洲示范民法典草案》(全译本)(第 5、6、7 卷),王文胜等译,法律出版社 2014 年版,第 469 页。

〔3〕 Paula Giliker, *Vicarious Liability in Tort: A Comparative* Perspective, Cambridge, 2010, p. 202.

或一部之损害赔偿。前项规定,于其他之人,在无意识或精神错乱中所为之行为致第三人受损害时,准用之。”[4]

过错推定责任的模式的理由在于:首先,维持过错责任作为侵权法基本归责原则的立场。德国、日本和我国台湾地区的相关规定都承认责任能力即过错能力,而过错能力是过错责任对个人的要求。过错能力不同于民事行为能力。即便是无民事行为能力人,也可能有过错能力。因此,在被监护人有过错能力而给他人造成损害时,其应当为自己给他人造成损害的行为承担过错责任。如果被监护人没有过错能力的,即便造成损害,也不需要承担责任,受害人只能请求监护人承担过错推定责任。如果监护人能够证明自己没有过错的,可以免责。当受害人既无法向被监护人请求赔偿,也无法向监护人请求赔偿时,可以适用公平责任,要求被监护人进行相应的赔偿。这样一来,就被监护人造成他人损害的情形,实际上就存在三种状态,即从被监护人承担过错责任,到被监护人不承担责任而监护人承担过错推定责任,再到监护人不承担责任而被监护人承担公平责任。其次,通过将对过错的举证责任转移给被监护人,一方面,有利于受害人,使之免于证明监护人具有过错的负担。另一方面,也可以将监护人对被监护人的监护职责确定在一个较为理想的水平,毕竟监护人并不仅仅是监督管理被监护人,还包括教育和保护等职责。[5]

3. 无过错责任

依据此种立法模式,只要被监护人致人损害,无论监护人有无监督、照管上的过失,都应当承担赔偿责任。不过,监护人确实尽到了监督、照管义务时,可以适当减轻监护人的赔偿责任。采取此种模式的国家较少,比较典型的是法国。法国在很长一段时间内对监护人责任采取的也是过错推定责任。《法国民法典》第1384条第4款规定:“(1970年6月4日第70-459号法律)父与母,只要其行使对子女的照管权,即应对与其一起居住的未成年子女造成的损害,承担连带责任。”《法国民法典》第1384条第7款规定:“(1937年4月5日法律)如父、母与手艺人能证明其不能阻止引起责任的行为,前述责任得免除之。”在1997年2月19日作出的判决中,法国最高法院第二民事庭指出:“只有不可抗力以及受害人本人过错,才能免除父母对与其在

〔4〕　在我国台湾地区,监护人责任被称为“法定代理人责任”。这种提法在我国法上并不妥当。一方面,我国并未如有些国家的立法那样区分亲权和监护,法定代理人既包括亲权人也包括监护人。在我国,法定代理人的范围和监护人的范围是一致的。《民法典》第23条规定:“无民事行为能力人、限制民事行为能力人的监护人是其法定代理人。”另一方面,我国《民法典》第34条对监护人的监护职责作出了规定。监护人之所以要为被监护人的加害行为承担责任,根本原因还在于其违反了监护职责。如果采用法定代理人责任的概念,易使人误解为其违反了代理职责才导致此责任后果。尤其要看到,代理适用于民事法律行为,被代理的行为应当是法律行为,而被监护人的侵害行为属于侵权行为,是事实行为。因此,监护人对被侵害人的侵害行为并无法定代理的适用。因此,采用监护人责任的概念更为妥当。

〔5〕　笔者在苏联法学家约菲教授的一本著作《损害赔偿的债》中,看到他对于监护人责任为何应采过错推定责任的一段精彩论述,兹附录如下:“在监护人没有过错的情况下,要求他们对其被监护人所造成的损害的事实本身负责是很难理解的。首先,假定父母没有过错,即在履行父母的义务上他们是无可责难的,那么,又怎么能够以及是不是有必要去刺激父母对他们的子女进行应有的监护呢?其次,如果父母没有过错而规定他们应负责任,这就会把子女和高度危险的来源可笑的混同起来;再次,有的人认为负有监护义务的人虽然没有过错也应当负责,这只适用于对儿童的监护,而完全不适用于对其他无行为能力人——精神病患者的监护。但如果这样,对子女的行为所负责任的范围会比精神病患者所负责任的范围更为广泛。所以,没有任何理由认为,对无行为能力人负有监护义务的人在没有过错的情况下也必须承担责任。假定法律将这种责任和一定的义务,即监护义务联系起来的话,那么,皆只有在因过错违反这种义务的情况下才应当承担责任。”[苏]约菲:《损害赔偿的债》,中央政法干部学校翻译室译,法律出版社1956年版,第53页。

一起居住的未成年人的儿子所实施的造成损害的行为应负的当然责任。”故此，自1997年而来，父母仅仅在证明存在不可抗力或受害人过错时才能免责。〔6〕因此，法国法上的监护人责任已经是当然责任，即无过错责任。

4. 混合责任

混合责任模式，是指区分不同类型的被监护人而分别确定监护人责任的归责原则。监护人对有些类型的被监护人造成的损害，承担无过错责任；对有些类型的被监护人造成的损害仅在有过错的时候才承担责任，除非其能够证明“任何人都不能指责他们没有防止该孩子的行为”。〔7〕采取此种模式的国家是荷兰。《荷兰民法典》第169条规定：“对未满14周岁的儿童行使亲权或监护权的人，对该儿童的必须被认定为法律上的行为的加害之举给他人造成的损害承担责任。该儿童的加害之举本来是可以作为不法行为归责于该儿童的，但是由于其年龄的原因而不能归责于他。对已满14周岁但不满16周岁的儿童行使亲权或监护权的人，对该儿童过错造成他人的损害承担责任，但是行使该项亲权或监护权的人对防止该儿童的加害之举不能受到责难的除外。”〔8〕

《荷兰民法典》采取上述做法的理由在于：首先，对于14岁以下的儿童致害行为，父母承担严格责任符合现实生活以及对这些儿童成长管教的需要。一方面，对于14岁以下的儿童，无论父母如何管教都无法完全避免致人损害的行为的发生，因为他们的年龄太小，辨认、理解事物的能力以及控制自己行为的能力都太弱。如果对于这些儿童的致害行为，承认父母在尽到管教义务时可以免责，就会导致父母对他们加以不合理的约束，影响他们的健康成长。其次，虽然对14岁以下的儿童致害行为要承担严格责任，但父母可以通过购买第三人责任保险而避免过重的经济负担。最后，14岁以上的儿童已经具备了一定的认识与理解行为后果的能力，因此父母如果能够严加管教，是可以避免损害发生的。当父母尽到了监督管教的义务仍然发生损害的，父母就能够免除责任。

（二）我国法

我国法上对监护人责任的规定，始于《民法通则》，该法第133条第1款规定：“无民事行为能力人、限制民事行为能力人造成他人损害的，由监护人承担民事责任。监护人尽了监护责任的，可以适当减轻他的民事责任。”第2款规定：“有财产的无民事行为能力人、限制民事行为能力人造成他人损害的，从本人财产中支付赔偿费用。不足部分，由监护人适当赔偿，但单位担任监护人的除外。”《侵权责任法》第32条基本上延续这一规定，删除了“但单位担任监护人的除外”规定，同时将“不足部分，由监护人适当赔偿”修改为“不足部分，由监护人赔偿”。最终，《侵权责任法》这一条被编纂进《民法典》，成为《民法典》第1188条，该条第1款规定：“无民事行为能力人、限制民事行为能力人造成他人损害的，由监护人承担侵权责任。监护人尽到监护职责的，可以减轻其侵权责任。”第2款规定：“有财产的无民事行为能力人、限制民事行为能力人造成他人损害的，从本人财产中支付赔偿费用；不足部分，由监护人赔偿。”

从《民法典》第1188条第1款的规定可知：一方面，我国法上并不承认过错能力，即监护人

---

〔6〕 Cass. civ. 19 February 1997, Bull. civ. 1997, Ⅱ, no. 56p. 32. 转引自［德］克里斯蒂安·冯·巴尔、［英］埃里克·克莱夫：《欧洲私法的原则、定义与示范规则：欧洲示范民法典草案》（全译本）（第5、6、7卷），王文胜等译，法律出版社2014年版，第475页。

〔7〕 ［德］克里斯蒂安·冯·巴尔：《欧洲比较侵权行为法》（上册），张新宝译，法律出版社2004年版，第182页。

〔8〕 张新宝译：《荷兰侵权行为法》，载张新宝主编：《侵权法评论》（总第3辑），人民法院出版社2004年版，第3页。

对被监护人造成他人损害的行为承担侵权责任并不以被监护人缺乏过错能力为要件;另一方面,我国法上监护人责任属于无过错责任,即监护人不能以尽到监护职责作为免责事由,只能据此主张减轻侵权责任。如果《民法典》第1188条只有第1款,争议还不大,最关键的是还有第2款,就如何理解该款及其合理性问题,从《侵权责任法》颁布以来,学界就一直存在争论。

对于《侵权责任法》第32条第2款(《民法典》第1188条第2款与该款完全相同)的理解有两种观点。一种观点认为,该款确立了监护人的补充责任,即在被监护人有自己财产时,应当由被监护人承担首位的责任。只有被监护人的财产不足时,才由监护人承担适当的补充责任。〔9〕 另一种观点认为,《侵权责任法》第32条所确立的监护人责任是以第1款为基本条款的,而第2款并不具有一般性的意义。因为它没有确定一个所谓的监护人补充责任形态,它所试图处理的是特定情况下监护人与被监护人之间的利益平衡问题,以及克服监护人与被监护人的财产独立可能导致的对受害人救济落实不利的影响。此外,该款再无其他特殊的意义。〔10〕 有观点认为,分析《侵权责任法》第32条第1款可明显看出,当监护人以尽到监护责任请求减轻责任时,受害人权益很可能得不到周全保护。正是为了弥补此种救济漏洞,第32条才设置了第2款规定。基于此,第2款绝非第1款的并行规定,而是第1款的必然的逻辑延伸。这就是说,立法者之所以要责令有财产的被监护人"支付赔偿费用",目的是满足公平救济受害人的需要,而向被监护人强加的一种独立责任。当被监护人的财产仍不足以赔偿受害人的损失时,监护人必须对不足部分承担赔偿责任。由于监护人的后一种赔偿责任性质上属于公平责任,所以,其不能以尽到监护责任而请求减轻责任。总之,《侵权责任法》第32条两款规定之间具有紧密的逻辑关联,它们之间不是一般与例外的关系,而是一般规定与补充规定的关系。以此而言,《侵权责任法》第32条第2款既非关于有财产的被监护人自己责任的规定,又非关于监护人责任之承担方式的特别规定,而是为弥补第1款在保护受害人权益上的缺漏,根据衡平思想而作出的补充规定。〔11〕

在我国编纂《民法典》时,就是否需要保留《侵权责任法》第32条第2款的规定,存在不同看法。〔12〕 立法机关有关人士认为:该款应当保留,其重要意义在于解决父母等亲属之外的人员或者单位承担监护人的情况下的侵权责任的承担问题,此种情形下如果都要求监护人承担责任,那么实践中很多个人或者单位可能不愿意担任监护人,这对被监护人的成长、生活会造成负面影响。"为了打消这种顾虑,考虑到父母等亲属之外的人员或者单位担任监护人的情况,可能会给被监护人留有独立财产。在这种情况下,先从被监护人的财产中支付赔偿费用更具有制度安排上的意义。当然,从被监护人的财产中支付赔偿费用的,应当保留被监护人基本的生活费用,保障其正常的生活和学习不受影响。被监护人的财产不足以支付赔偿费用的,其余部分由监护人承担。"〔13〕

本书认为,尽管《民法典》第1188条第2款通过缓和第1款规定的监护人承担无过错责任

---

〔9〕 王利明、周友军、高圣平:《中国侵权责任法教程》,人民法院出版社2010年版,第446页;最高人民法院侵权责任法研究小组:《〈中华人民共和国侵权责任法〉条文理解与适用》,人民法院出版社2010年版,第237页。

〔10〕 薛军:《走出监护人"补充责任"的误区——论〈侵权责任法〉第32条第2款的理解与适用》,载《华东政法大学学报》2010年第3期。

〔11〕 朱广新:《被监护人致人损害的侵权责任配置——〈侵权责任法〉第32条的体系解释》,载《苏州大学学报》(哲学社会科学版)2011年第6期。

〔12〕 《民法典立法背景与观点全集》编写组:《民法典立法背景与观点全集》,法律出版社2020年版,第752页。

〔13〕 黄薇主编:《中华人民共和国民法典侵权责任编解读》,中国法制出版社2020年版,第101页。

的严厉性，打消了父母等亲属之外的人担任监护人的顾虑。然而，这一规定本身也有很大的弊端与不合理性。首先，在我国民法并不承认过错能力的背景下，《民法典》第1188条第2款实际上使得被监护人承担的是结果责任，即无论被监护人是否有过错能力，能否认识自己行为的性质，只要有自己的财产，就要为造成的损害承担赔偿责任。这种做法明显不妥。即便是完全民事行为能力人，在其非因过错而对自己的行为暂时没有意识或者失去控制造成他人损害的情形下，也只需要根据经济状况对受害人承担适当的补偿责任。相比之下，完全没有过错能力，不能认识自己行为的性质的人却仅仅因为有财产，而需要承担完全赔偿责任。两相比较之下，可知《民法典》第1188条第2款对于无民事行为能力人或限制民事行为能力人过苛，这种做法虽然使得受害人得到赔偿并减轻了监护人的责任，却容易"使得未成年人长期负担债务，致影响生计，未来生涯规划（包括结婚、就业），而妨碍其人格发展"。〔14〕 显然不符合《宪法》第49条第1款"保护儿童"的精神及《未成年人保护法》第3条对未成年人"给予特殊、优先保护"的原则。其次，该规定既不利于未成年人树立良好的行为观念和责任意识，也不利于经由社会交往的积极与消极磨炼而使未成年人的社交能力、独立人格得到健全发展。〔15〕 再次，此种有财产的被监护人应当先以自己的财产向受害人支付赔偿费用的规定，也极有可能造成监护人不去充分履行监护职责，怠于教育、保护被监护人。〔16〕 最后，因为被监护人有财产，所以在赔偿时就先从其本人财产中支付赔偿费用，这也使得监护人责任并非替代责任，原本应由监护人承担的责任实际上变成了被监护人成为第一位的责任人，监护人承担的是补充赔偿责任。此种做法不仅与过错责任原则相悖，也与替代责任的基本法理矛盾。王泽鉴教授在评论《侵权责任法》第32条第2款时认为："此项规定实际上肯定有财产的无行为能力人、限制行为能力人应负侵权责任。此种以财产的有无决定谁应承担侵权责任，创设了承担侵权责任之人与应支付赔偿费用之人的分离制度，比较法上尚属少见，理论是否允洽，是否足以保护未成年人，似值研究。"〔17〕

讨 论 监护人责任的归责原则问题

对于监护人责任究竟应当采取何种归责原则，我国学界一直存在争论。多数学者认为，核心问题在于是否承认过错能力即责任能力。不承认责任能力的学者认为，应当继续坚持无过错责任，因为这比较有利于保护受害人。承认责任能力的学者认为，监护人责任应当采取过错责任与无过错责任相结合的模式，即应当区分被监护人有无责任能力，分别适用过错责任与无过错责任。对于有责任能力的限制民事行为能力人，其需要对自己能够识别的行为造成的损害承担民事责任，此即过错责任。对于无民事行为能力人造成他人的损害或者限制民事行为能力人在自己的识别能力之外造成他人的损害，由监护人承担民事责任，即便监护人已经尽到了监护职责，亦不能免责，只是适当减轻其民事责任。

本书认为，从立法论上来说，除了是否承认过错能力对监护人责任的归责原则会产生影响之外，〔18〕 在监护人责任中也应当考虑到两类不同的被监护人，即未成年人与成年的精神病人。

〔14〕 王泽鉴：《侵权行为法》，2015年自版，第516页。

〔15〕 朱广新：《论未成年人致人损害的赔偿责任》，载《法商研究》2020年第1期。

〔16〕 杨代雄：《适用范围视角下民事责任能力之反思》，载《法商研究》2011年第6期。

〔17〕 王泽鉴：《侵权行为法》，2015年自版，第546～547页。

〔18〕 朱广新：《论未成年人致人损害的赔偿责任》，载《法商研究》2020年第1期。

1. 对于未成年人造成他人损害时,确定监护人责任究竟适用无过错责任还是过错推定责任,至少应当综合考虑以下因素:其一,最有利于未成年人的健康成长。从心理学与教育学的角度来看,人们在特定的年龄阶段对于行为的性质及其后果的认识、理解以及控制能力是不同的。低于特定年龄的未成年人,因其智力、精神状态都尚未发育成熟,认识、理解并控制行为的能力均极为低下,所以无论父母等监护人如何尽到管教的义务,都不可能避免损害的发生。相反,过于严格的管教不仅于事无补,可能会不利于未成年人的健康成长(童年的恶作剧是任何人都可能经历的过程)。但是,在特定年龄之上的未成年人,因其智力、精神状态都已经具有相当的发育,在辅以适当的教育之后,虽不能就所有的行为及其后果都有清醒的认识与完全的控制,但是毕竟能够就不损害他人的某些行为加以认识与控制。此时,要求父母等监护人尽最大努力履行其教育义务,通过加强教育而使之养成遵守现代社会中的特定行为规范,如遵守交通规则、禁止从事危险的活动等,这样既不会构成对这些未成年人健康成长的不合理限制,而且对于他们在成年之后以理性指导自己的行为也具有莫大的益处。其二,充分保护受害人权益。受害人凭空遭受损害,法律上当然需要保护,不能因造成损害的人属于未成年人,法律就不提供任何救济,因此充分保护受害人合法权益因素也应当予以考虑。

综合上述两个因素以及过错能力的因素,对未成年人致害时的监护人责任可作如下设计:其一,对于就无民事行为能力人的未成年人给他人造成的损害,无论被监护人有无自己的财产,都只能由监护人承担责任,而且监护人应当承担的是无过错责任。但是,监护人尽到了监护职责的,可以减轻责任。其二,作为限制民事行为能力人的未成年人造成他人损害的,应当自行承担侵权责任。受害人也可以请求监护人承担侵权责任,但是监护人能够证明自己尽到监护职责或者即便尽到监护职责也无法避免损害的,可以免除责任。如果受害人无法从被监护人处获得赔偿,监护人又可以通过证明自己没有过错而免责,则受害人有权请求监护人根据经济状况进行适当补偿,即监护人应当承担公平责任。

2. 对于成年的精神病人,因其精神健康状态而无法辨认或者无法完全辨认自己的行为,所以这些人造成他人损害时的监护人责任应当一律适用无过错责任。因为尽管通过心理与生理的治疗,一些精神病人能够康复,但是监护人对这些被监护人能够做的主要是要约束其行为,而非通过对其进行教育而避免他们致人损害。从某种意义上说,精神病人的危害性可能大于未成年人,将他们视作一种对社会具有危险的群体也无不可。正因如此,在欧洲就精神病院等机构规定严格责任,已经成为一种潮流。所以,对于精神病人,无论其属于无民事行为能力人还是限制民事行为能力人,一旦造成他人损害,监护人无论有无过错,均应承担责任。但是,被监护人有自己财产的,应当先用自己的财产赔偿,不足的部分由监护人赔偿。

第二节　构 成 要 件

一、加害人是无民事行为能力人或者限制民事行为能力人

我国法上以18周岁作为成年的年龄。《民法典》第17条规定:"十八周岁以上的自然人为成年人。不满十八周岁的自然人为未成年人。"所谓无民事行为能力人,是指因年龄、健康状况等原因而无法辨认自己行为的自然人,具体包括有三类:其一,不满8周岁的未成年人(《民法

典》第 20 条);其二,不能辨认自己行为的成年人(《民法典》第 21 条第 1 款);其三,8 周岁以上不能辨认自己行为的未成年人(《民法典》第 21 条第 2 款)。所谓“不能辨认自己行为”是指对于自己的行为没有辨认和识别的能力,无法判断行为的性质和认识行为可能的后果。

限制民事行为能力人有两类:其一,8 周岁以上的未成年人(《民法典》第 19 条);其二,不能完全辨认自己行为的成年人(《民法典》第 22 条)。所谓“不能完全辨认自己行为”,是指对于比较复杂的事物或者比较重大的行为缺乏判断能力,并且不能认识其行为可能的后果。需要注意的是,《民法典》第 18 条第 2 款规定:“十六周岁以上的未成年人,以自己的劳动收入为主要生活来源的,视为完全民事行为能力人。”被视为完全民事行为能力人的自然人造成他人损害时,是否不适用《民法典》第 1188 条的监护人责任的规定? 本书认为,《民法典》第 18 条第 2 款作此规定目的在于,因这些未成年人已经有了固定的劳动收入,能够独立地参加满足自己生产、生活的民事活动,可以独立实施民事法律行为,而无须由法定代理人代理,故此法律作出例外的规定。[19] 由于我国法上的监护人责任重在保护因被监护人的侵权行为而遭受损害的受害人,其制度目的不同于民事行为能力制度的目的,故此,视为完全民事行为能力人造成他人损害的,仍然应当适用《民法典》第 1188 条的规定。

二、造成了他人损害

只有在无民事行为能力人或限制民事行为能力人“造成他人损害”的,监护人才需要承担侵权责任。

首先,所谓“**他人**”仅指监护人与被监护人之外的第三人。因为监护人责任保护的是监护关系外的第三人的合法权益。[20] 如果被监护人因监护人的故意或过失而遭受损害,如儿童的学习成绩不理想,监护人殴打或限制其人身自由的,不适用监护人责任。《民法典》第 34 条第 3 款规定:“监护人不履行监护职责或者侵害被监护人合法权益的,应当承担法律责任。”《未成年人保护法》第 60 条规定:“违反本法规定,侵害未成年人的合法权益,其他法律、法规已规定行政处罚的,从其规定;造成人身财产损失或者其他损害的,依法承担民事责任;构成犯罪的,依法追究刑事责任。”故此,监护人侵害被监护人合法权益,监护人应当依据《民法典》第 1165 条第 1 款的过错责任原则承担侵权责任。此外,人民法院根据有关个人或者组织的申请,撤销其监护人资格,安排必要的临时监护措施,并按照最有利于被监护人的原则依法指定监护人(《民法典》第 36 条)。反之,如果被监护人实施侵权行为给监护人造成损害的,也不适用监护人责任。因为,这样会出现监护人既是侵权人又是被侵权人的局面(参见**案例** 15.2.1)。

案例阅读

案例15.2.1
曾敬朋等诉蔡筱泉损害赔偿纠纷案

讨 论 被监护人伤害监护人时如何承担侵权责任?

加害人邓国芬与受害人石权原系夫妻。邓国芬患精神病属于无民事行为能力人。在二人婚姻关系存续期间,邓国芬将石权砍伤。后二人离婚,石权起诉邓国芬要求其赔偿。法院认

[19] 徐开墅、成涛、吴弘:《民法通则概论》,群众出版社 1988 年版,第 34 页;王利明、杨立新、王轶、程啸:《民法学》(第 5 版),法律出版社 2017 年版,第 52 页。

[20] Staudinger/ Eberl - Borges, 2008, § 832 Rn. 47.

为,本案应适用《民法通则》第133条第1款。因为石权与邓国芬原系夫妻。邓国芬患偏执型精神分裂症砍伤石权的行为发生在双方夫妻关系存续期间,邓国芬是无民事行为能力的精神病人,而石权是其法定监护人,故邓国芬砍伤石权的民事责任依法应由石权承担。石权即使尽了监护责任也只能适当减轻而不是免除他的民事责任。[21] 另有学者认为,本案受害人知道加害人婚后患精神病,因而被视为是加害人的监护人。作为事实上的监护人,受害人石权对加害人邓国芬不仅负有监护职责,且在邓国芬造成他人损害时,依《民法通则》第133条又是法定承担民事责任的责任人。在这种情况下,原告作为权利主体和责任主体,主体上的混同就成了债的消灭原因,这种混同的力的大小因难以区分,可推定为是均等而抵销,故从这个意义上可驳回原告的诉讼请求。本案中发生混同的效果,侵权责任消灭。[22]

本书认为,上述两种观点都不妥当。虽然加害行为发生时,石权为邓国芬的监护人,但起诉时二人已经离婚。此时,应由邓国芬被起诉时的监护人(如父母、子女等)承担监护人责任。如果邓国芬有个人财产,应从个人财产中支付赔偿金。不过,新的监护人可以主张减轻侵权责任,因为在被监护人实施侵权行为时,新的监护人尚不是监护人,无法履行监护职责。如果监护人因被监护人的加害行为而死亡的,在被监护人尚有其他监护人时,死亡的监护人之近亲属有权要求其他监护人承担侵权责任。

其次,所谓"损害"既包括财产损害,也包括精神损害。监护人就被监护人的侵权行为承担的责任主要是损害赔偿责任。例如,儿童将他人的车辆划伤时,应当恢复原状或金钱赔偿;精神病人将他人打伤时,应当赔偿受害人的财产损失(如医疗费等)以及精神损害。但是,在被监护人虽未造成损害,却侵夺了他人之物或对他人合法权益构成妨碍时,监护人亦须负担返还财产、排除妨碍等侵权责任。

最后,无民事行为能力人或限制民事行为能力人的加害行为与受害人的损害之间须存在因果关系。对此,被侵权人负举证责任。被监护人的侵害行为可以是直接导致他人损害,如儿童玩火致他人房屋被毁;也可以是间接造成他人损害,例如儿童违章穿越马路,汽车司机为避免撞上该儿童以致遭受损害。[23]

第三节　法律后果与程序法问题

一、监护人责任的责任主体

(一)监护人的范围

监护人责任中的责任主体是"监护人"。我国《民法典》确立了较为完善的监护制度,其规定的监护类型包括法定监护、意定监护以及临时监护。

---

〔21〕 石权诉邓国芬人身损害赔偿案,载《最高人民法院公报》2000年第2期。

〔22〕 杨洪逵:《侵权损害赔偿案例评析》,中国法制出版社2003年版,第351页。

〔23〕 Staudinger/ Eberl－Borges,2008,§832 Rn.48.

1. 法定监护

法定监护，就是法律直接规定无民事行为能力人或者限制民事行为能力人的监护人，或者在监护发生争议时由有关部门或人民法院指定监护人。依据《民法典》第 27、32 条，未成年人的法定监护人及顺序分别为：首先，未成年人的父母是第一位的法定监护人。其次，如果未成年人的父母已经死亡或者没有监护能力的，由下列有监护能力的人按顺序担任监护人：(1)祖父母、外祖父母；(2)兄、姐；(3)其他愿意担任监护人的个人或者组织，但是须经未成年人住所地的居民委员会、村民委员会或者民政部门同意。最后，如果没有依法具有监护资格的人的，监护人由民政部门担任，也可以由具备履行监护职责条件的被监护人住所地的居民委员会、村民委员会担任。

《民法典》第 28、32 条规定，无民事行为能力或者限制民事行为能力的成年人，由下列有监护能力的人按顺序担任监护人：(1)配偶；(2)父母、子女；(3)其他近亲属；(4)其他愿意担任监护人的个人或者组织，但是须经被监护人住所地的居民委员会、村民委员会或者民政部门同意。如果没有前述依法具有监护资格的人的，监护人由民政部门担任，也可以由具备履行监护职责条件的被监护人住所地的居民委员会、村民委员会担任。

上述具有监护资格的人之间可以协议确定监护人，但要尊重被监护人的真实意愿(《民法典》第 30 条)。如果发生监护争议(如具有监护资格的人都想或都不想担任监护人)，依据《民法典》第 31 条第 1 款之规定，由被监护人住所地的居民委员会、村民委员会或者民政部门指定监护人，有关当事人对指定不服的，可以向人民法院申请指定监护人；有关当事人也可以直接向人民法院申请指定监护人。

2. 意定监护

意定监护，是指依据当事人的意思表示确定监护人的监护类型。具体又分为：

第一，遗嘱监护，即被监护人的父母通过遗嘱指定监护人的一种监护类型。《民法典》第 29 条规定，被监护人的父母担任监护人的，可以通过遗嘱指定监护人。由此可见，只有父母作为监护人的，才能通过遗嘱来指定监护人，其他的监护人不得通过遗嘱指定监护人。这是因为父母与子女之间存在血缘关系，情感最为深厚，父母也最关心子女的利益，父母可以选择自己最为信任的人在自己死后担任孩子的监护人。

第二，成年监护，即具有完全民事行为能力的成年人通过与他人的合意确定自己将来的监护人。《民法典》第 33 条规定："具有完全民事行为能力的成年人，可以与其近亲属、其他愿意担任监护人的个人或者组织事先协商，以书面形式确定自己的监护人，在自己丧失或者部分丧失民事行为能力时，由该监护人履行监护职责。"立法者作此规定，主要是考虑到我国已经进入老龄化社会，人在年老的同时常常伴随着一个智力衰退的过程，在老年人智力和思维尚清晰的时候，为了自己将来的权益可以事先合意确定自己的监护人。

3. 临时监护

临时监护，主要是在监护发生争议时，因解决该争议的程序需要一段时间，而在此期间为了更好地维护被监护人的权益，防止其权益处于无人维护的状态，法律直接确定的暂时负担监护职责的单位。《民法典》第 31 条第 3 款规定："依照本条第一款规定指定监护人前，被监护人的人身权利、财产权利以及其他合法权益处于无人保护状态的，由被监护人住所地的居民委员会、村民委员会、法律规定的有关组织或者民政部门担任临时监护人。"由此可见，临时监护也属于法定监护，因为监护人也是依据法律的规定所确定的。

需要注意的是,在我国法上,学校、幼儿园或者其他教育机构不是未成年人的监护人,它们只是对未成年人负有教育、管理职责。如果监护人想将监护职责部分或全部的委托给学校,须与学校有明确的约定。没有明确的约定,不能推定学校接受监护人的委托,对到校学习的未成年学生承担起部分或全部监护职责。[24] 无民事行为能力人或限制民事行为能力人在幼儿园、学校或者其他教育机构学习、生活期间从事侵权行为造成他人损害的,应由加害人之监护人承担监护人责任。教育机构只有在未尽教育、管理职责时,方承担责任(《民法典》第1199、1200条)。

(二)监护职责的产生

监护的类型不同,监护职责的产生时间也不同。法定监护中,监护人的职责依法产生。意定监护时,监护人的职责自遗嘱生效或协议生效时产生。具体而言,遗嘱监护自遗嘱生效时,监护人方负有监护职责;成年监护的监护人在该成年人丧失或者部分丧失民事行为能力时起负担监护职责。在确定监护人有争议时,监护人被有权机关指定后即负有监护职责。如果某人采取欺诈的手段使得被监护人的法定监护人误以为被监护人已经结婚且监护权应由其配偶行使,此时,对于被监护人侵害他人权益的后果,则应由欺诈之人承担主要责任,当然,被监护人的法定监护人在行使监护权的过程中有过错的,也应承担部分民事责任。[25]

提 示

就成年人而言,本无所谓监护人。然而,一旦成年人突发精神疾患或出现其他健康问题而全部或部分丧失辨认自己行为的能力时,其配偶、父母、子女或其他近亲属等有监护能力之人,自该成年人发病之时即依法定之监护顺序成为监护人,履行监护职责,包括就被监护人给他人造成的损害承担监护人责任。对此,最高人民法院曾有明确的见解——"成年人丧失行为能力时,监护人即应承担其监护责任。监护人对精神病人的监护责任是基于法律规定而设立的,当成年人因患精神病,丧失行为能力时,监护人应按照法律规定的监护顺序承担监护责任"。[26] 不过,考虑到监护人并不知道被监护人患有精神病,应适当减轻监护人的责任。[27] 如果现在的监护人不知道被监护人患有精神病,原来的监护人是明知的,但却加以隐瞒的;或者被监护人有多个监护人,有些知道,有些不知道的。此时,应由知道被监护人患有精神病的监护人承担责任。

在被侵权人、合同对方当事人对于成年人是否属于无民事行为能力人或者限制民事行为能力人产生疑问时,则其近亲属或者其他利害关系人可向该成年人住所地的基层人民法院提出申请,依《民事诉讼法》第十五章第四节规定的特别程序,由人民法院判决该公民为无民事行为能力人或者限制民事行为能力人。

---

〔24〕 吴凯诉朱超、曙光学校人身损害赔偿纠纷案,载《最高人民法院公报》2006年第12期。

〔25〕 最高人民法院民事审判民一庭:《被诱使脱离监护的限制民事行为能力人侵权,如何确定民事责任》,载最高人民法院民事审判第一庭:《民事审判指导与参考》(总第45辑),法律出版社2011年版,第122页。

〔26〕《最高人民法院民事审判庭关于监护责任两个问题的电话答复》(1990年5月4日)。

〔27〕《最高人民法院民事审判庭关于监护责任两个问题的电话答复》(1990年5月4日)规定:"如果监护人确实不知被监护人患有精神病的,可根据具体情况,参照《民法通则》第一百三十三条规定精神,适当减轻民事责任。"

（三）对监护人的确定有争议时的监护人责任

我国《民法典》第27条和第28条对于未成年人的监护人的顺序和无民事行为能力或者限制民事行为能力的成年人的监护人的顺序作出了规定，但是，由于同一顺序有多个主体并列，如未成年人的监护人除父母外，第一顺序的是祖父母、外祖父母。此时，依据《民法典》第30条，依法具有监护资格的人之间可以协议确定监护人。协议确定监护人应当尊重被监护人的真实意愿。但是，如果没有通过协议确定监护人或者协议约定不明以及其他对监护人的确定有争议时，应当依据《民法典》第31条规定的监护人的确定程序来解决争议，避免出现争着当监护人或都推诿不愿意当监护人的情形。一旦监护人被指定后，不得擅自变更；擅自变更的，不免除被指定的监护人的责任（《民法典》第31条第4款），其中当然包括因被监护人给他人造成损害时监护人应当承担的侵权责任。

（四）数个监护人时的监护人责任主体

被监护人有多个监护人时，被监护人给他人造成损害时，该多个监护人之间承担连带责任。实践中，常见的问题是，离婚的父母虽然都是未成年子女的监护人，但是子女仅和其中一方共同生活，如果给他人造成损害，父母是承担连带责任，还是由与孩子共同生活的父亲或母亲承担责任？《民法通则意见》第158条规定，夫妻离婚后，未成年子女侵害他人权益的，同该子女共同生活的一方应当承担民事责任；如果独立承担民事责任确有困难的，可以责令未与该子女共同生活的一方共同承担民事责任。[28] 对此，本书难以苟同。因为《民法典》并未以监护人与被监护人共同生活或实际履行监护职责为确定监护人责任主体的要件，所以被监护人有数个监护人时，即便某个监护人并没有与被监护人共同生活、未实际履行监护职责，也应当就被监护人的侵权行为承担责任。

（五）监护人将监护职责委托给他人

监护人将监护职责部分或者全部委托给他人，也被称为“委托监护”。此种情形中，仅仅是监护人委托他人代为履行监护职责，而非将监护权转移给他人，监护人并不因为委托监护而免除监护职责，依然是监护人。[29] 故此，对于被监护人造成他人的损害，必须承担《民法典》第1188条下的监护人责任。以往我国司法实践认为，被监护人造成他人损害，受托人有过错的，应与监护人负连带责任（《民法通则意见》第22条）。这显然是不妥的。首先，监护人责任中监护人是第一位的责任人，即便其将监护职责委托给他人代为行使，也并不因此使得监护人不再是监护人，从而免除监护责任。其次，受托人受委托履行监护职责基本上都是无偿的，实践中这种情形下都是亲朋好友之间才可能进行委托。比如，因出差或出国而让亲戚或朋友代为照看孩子。倘若让受托人与监护人承担连带责任，则过于苛刻。故此，在受托人有过错的情况下，除非可以认定其与监护人构成共同加害行为（《民法典》第1168条），否则，还是应当由监护人承担责任，受托人只有存在过错的时候，才承担相应的责任。鉴于此，《民法典》第1189条规定：“无民事行为能力人、限制民事行为能力人造成他人损害，监护人将监护职责委托给他人

〔28〕《山东高级人民法院关于审理人身损害赔偿案件若干问题的意见》第45条以及《江苏省高级人民法院关于审理人身损害赔偿案件若干具体问题的意见》第35条。

〔29〕委托监护不同于《民法典》第33条规定的成年监护，即具有完全民事行为能力的成年人通过与他人的合意确定自己将来的监护人。二者之间的区别参见黄薇主编：《中华人民共和国民法典侵权责任编解读》，中国法制出版社2020年版，第104页。

的,监护人应当承担侵权责任;受托人有过错的,承担相应的责任。"[30]这就明确了监护人是首要的责任人,而受托人在有过错的时候,根据其过错、原因力等因素承担相应的责任。监护人在将监护职责委托给他人时,监护人与受托人之间存在委托协议。当事人可以通过合同约定各方的责任,但是这些约定不能发生对外效力,无法对抗第三人。

需要注意的是,在精神病院治疗的精神病人虽然属于无民事行为能力人或限制民事行为能力人,但精神病院并非其监护人。故此,在精神病人造成他人损害的,仍然应当由监护人承担责任。精神病院对此具有过错的,应当承担相应的责任。[31]

(六)被监护人在侵权诉讼时已为完全民事行为能力人

如果被监护人在被侵权人提起侵权诉讼时,因已年满18周岁或精神疾病已治愈成为完全民事行为能力人的,原监护人是否仍承担侵权责任,取决该被监护人是否有经济能力。如果有经济能力,其独自承担民事责任;没有经济能力的,应当由原监护人承担民事责任。

二、监护人责任的承担

(一)监护人与被监护人不承担连带责任

在我国的监护人责任制度中,监护人与被监护人**不承担连带责任**。[32]《民法典》第1188条依据被监护人有无自己的财产,将责任的承担分成了两种情形:首先,监护人应当就被监护人给他人造成的损害承担赔偿责任。如果是多个无民事行为能力人或限制民事行为能力人共同造成他人损害的,他们各自的监护人应向被侵权人承担相应的共同侵权责任。[33]

其次,如果被监护人有自己的财产时,应先从被监护人本人的财产中支付赔偿费用,不足的部分由监护人赔偿。原《民法通则》第133条第2款规定的是"适当赔偿",但是,《侵权责任法》第32条第2款删除了"适当"一词,《民法典》第1188条加以延续。这就是说,被监护人有自己的财产又不足以支付全部的赔偿费用时,监护人应就不足之部分承担全部而非部分的赔偿责任。因为,既然在被监护人没有自己的财产时,监护人应就受害人的损害承担全部赔偿责任,那么当被监护人有自己的财产却不足支付全部赔偿费用时,监护人更应当就不足部分给予赔偿。

(二)单位作为监护人的也应承担侵权责任

以前,依据《民法通则》第133条第2款,单位担任监护人的,无须就被监护人的加害行为承担侵权赔偿责任。[34] 但是,《侵权责任法》删除了这一规定。依据《侵权责任法》第32条第2款,即便单位作为监护人也要就被监护人实施的加害行为承担责任。这一改变的理由是为了

---

〔30〕《民法典侵权责任编草案》的第二、三、四次审议稿都规定"监护人将监护职责部分或者全部"委托给他人的,在立法审议过程中,有观点认为,监护职责带有很强的身份性,能否全部委托很敏感,这种表述意味着监护人似乎可以将监护职责全部转让。故此,立法者最后删掉了"部分或者全部"的修饰语。参见《民法典立法背景与观点全集》编写组:《民法典立法背景与观点全集》,法律出版社2020年版,第800页。

〔31〕《民法通则意见》第160条规定的是责令其适当给予赔偿,这种规定不妥。

〔32〕比较法上有要求监护人与被监护人承担连带责任的立法例,如我国台湾地区"民法"第187条第1款。

〔33〕马敏诉刘伟等玩耍中的共同危险行为致其人身损害赔偿纠纷案、尚景伟诉刘龙龙等三人玩耍中突然发生的损害共同侵权赔偿纠纷案,载最高人民法院中国应用法学研究所编:《人民法院案例选》(1992-1996年合订本),人民法院出版社1997年版,第757页以下。

〔34〕《最高人民法院民事审判庭关于单位担任监护人是否承担赔偿责任的电话答复》(1989年8月30日[89]法民字第23号)指出:"关于民法通则第一百三十三条第二款'但单位担任监护人的除外'如何理解的请示,经研究并与人大法工委民法室联系了解,其立法原意是单位不承担赔偿责任。"

"促使单位监护人尽职履行监护职责，防止其怠于行使监护职责，放任被监护人侵权行为的发生，保证被侵权人受到的损害得到赔偿"。[35]《民法典》第1188条延续了这一规定。

三、监护人责任的减轻

（一）监护人尽到了监护责任

无民事行为能力人、限制民事行为能力人造成他人损害时，如果监护人尽到了监护责任，可以减轻其侵权责任。"是否尽了监护责任，与监护人过去如何尽心尽力没有关系，法律上只考虑在被监护人造成他人损害行为发生时监护人是否尽了监护责任。"[36]由于监护人责任是无过错责任，不少法官认为，只要被监护人造成了他人损害，就表明了监护人没有尽到监护责任，具有过错。[37] 此种认识的直接后果就是，监护人基本上无法证明自己尽到了监护责任。目前实践中，认定监护人尽到了监护责任往往是被监护人在幼儿园、学校等教育机构学习、生活期间造成他人损害的情形，这是因为：一方面，由于被监护人在教育机构学习、生活，故此客观上监护人确实难以履行监护职责；另一方面，因为学校等教育机构在没有尽到教育、管理职责时要承担侵权责任，故此，监护人被减轻的责任实际上就由学校等教育机构承担了，对于受害人的保护并无不利（参见**案例**15.3.1）。

案例阅读

案例15.3.1
吴凯诉朱超、曙光学校人身损害赔偿纠纷案

（二）被侵权人具有过错

实践中，能够减轻监护人责任的另一种重要情形就是，被侵权人对于损害的发生也有过错。[38] 对此，《民法典》第1173条有明确的规定："被侵权人对同一损害的发生或者扩大有过错的，可以减轻侵权人的责任。"

四、监护人责任的程序法问题

被侵权人提起侵权诉讼时，究竟将被监护人列为被告，还是将监护人列为被告，抑或以二者为共同被告，曾有不同的观点。第一种观点认为，应将被监护人列为被告，而监护人作为法定代理人参加诉讼。尽管实体法的侵权责任由监护人承担，但实体法上侵权责任的主体不等于程序法上的诉讼当事人。因为造成他人损害之人为被监护人，其属于侵权赔偿法律关系的一方当事人，是诉讼当事人。[39] 此外，《民事诉讼法》第57条第1句规定："无诉讼行为能力人由他的监护人作为法定代理人代为诉讼。"

第二种观点认为，应将监护人列为被告，判令监护人承担赔偿责任。因为依据法律规定，无民事行为能力人或限制民事行为能力人造成他人损害的，由监护人承担侵权责任。因此，在侵权诉讼中应将监护人列为被告。[40]

第三种观点认为，监护人与被监护人应列为共同被告，同时由监护人作为被监护人的法定诉讼代理人参与诉讼。[41]《民事诉讼法解释》采取了此种观点，其第67条规定："无民事行为

〔35〕 王胜明主编：《中华人民共和国侵权责任法释义》，法律出版社2010年版，第162页。

〔36〕 杨洪逵：《侵权损害赔偿案例评析》，中国法制出版社2003年版，第358页。

〔37〕 杨洪逵：《侵权损害赔偿案例评析》，中国法制出版社2003年版，第357页。

〔38〕 马旭诉李颖、梁淦侵权损害赔偿纠纷案，载《最高人民法院公报》1996年第1期。

〔39〕 贾莉：《不应直接列监护人为被告》，载《人民法院报》2005年12月18日。

〔40〕 孙明放：《未成年人侵权谁是被告》，载《人民法院报》2005年8月14日；孟俊松：《被监护人侵权案件谁为被告》，载《人民法院报》2005年9月25日。

〔41〕 刘晓英：《对监护人民事诉讼地位的再探讨》，载《现代法学》1997年第1期；最高人民法院民事审判第一庭本书编写组：《民事审判实务问答》，法律出版社2005年版，第120页。

能力人、限制民事行为能力人造成他人损害的,无民事行为能力人、限制民事行为能力人和其监护人为共同被告。”

本书认为,从我国《民法典》第1188条的规定来看,第三种观点值得赞同。一方面,被监护人实施了侵权行为,当然属于侵权诉讼的被告,且在被监护人有自己财产时,还需要以自己的财产承担责任。故此,被监护人如果不被列为被告,则无法要求其承担责任。此外,由于监护人对被监护人的侵权行为承担的是无过错责任,且即便被监护人有自己的财产,被监护人不足以支付全部赔偿费用的部分,监护人仍要承担赔偿责任,因此,监护人始终难逃责任,也属于被告。另一方面,如果仅将被监护人列为被告,那么被监护人在从事侵权行为且自己也因此而死亡时,岂非没有了被告?故此,司法实践认为,被监护人在从事造成他人损害的行为时,即便自身也因该行为而死亡的,不影响被侵权人针对监护人提起侵权诉讼,此时将监护人列为被告。[42] 由此可见,不能仅仅将被监护人列为被告,而应将监护人与被监护人列为共同被告。

如果加害人在行为时未成年,但在被侵权人提起侵权诉讼或申请再审时已为成年人,此时,监护人与被监护人的诉讼地位应如何确定?对此,《最高人民法院民事审判庭关于监护责任两个问题的电话答复》认为:“原监护人应列为本案第三人,承担民事责任。因原监护人对本案的诉讼标的无独立请求权,只是案件处理结果同本人有法律上的利害关系,因此,系无独立请求权的第三人。”本书认为,尽管被侵权人提起侵权诉讼或者案件在申请再审时,因被监护人年满18岁而成为完全民事行为能力人,不存在监护人,但是由于监护人责任在被监护人实施侵权行为时已经发生,所以并不影响监护人责任之适用,仍应将监护人与被监护人列为共同被告,无非被监护人在诉讼时因已经具备完全民事行为能力,故此不需要监护人作为其法定诉讼代理人。

---

〔42〕《最高人民法院关于未成年的侵权人死亡其父母作为监护人能否成为诉讼主体的复函》(1990年1月20日[1989]民他字第41号)指出:“未成年人阿拉腾乌拉携带其父额尔登巴图藏在家中的炸药到那木斯来家玩要,将炸药引爆,炸毁那木斯来家房屋顶棚及部分家具。那木斯来以额尔登巴图为被告要求赔偿损失,人民法院应依法受理,并依据《民法通则》及《婚姻法》的有关规定妥善处理。”

第十六章　用人者责任

文献阅读

本章重点

在本章中，读者将了解到以下内容：首先，用人者责任的理论基础究竟是什么，即用人单位为何要就被使用者因执行工作任务而给他人造成的损害承担责任。其次，用人责任的构成要件有哪些。在用人者责任的构成要件中，最富争议的问题就是如何判断被使用者是否是“执行工作任务”，这涉及如何有效地协调受害人、用人单位和被使用者三方利益。再次，工作人员或提供劳务一方自身受害时，应当通过何种制度解决。工伤保险赔偿与侵权损害赔偿能否并存？最后，定作人责任与用人者责任之间究竟存在何种差异。

第一节　概　　述

一、用人者责任的含义

用人者责任，也称“雇主责任”（employer's liability）、“辅助人责任”（Gehilfenhaftung）、“使用人责任”、“使用者责任”或“用人单位责任”，是指基于雇佣、劳务等法律关系而使用他人并对之享有管理控制力的民事主体（用人者）就被使用的民事主体（被使用者）在从事雇佣活动或者提供劳务活动中给他人造成的损害或自身遭受的损害所承担的侵权责任。用人者责任有广狭义之分（参见图16.1.1）。

狭义的用人者责任，仅指被使用者因执行工作任务或提供劳务造成他人损害时，用人者依法应当承担的侵权责任。此种用人者责任属于替代责任（vicarious liability），既包括民法上的用人者责任，也包括公法上的用人者责任即国家赔偿责任。前者如，甲在为A公司运输货物时，将行人乙撞死。此时，A公司为甲的侵权行为所承担的就是民法上的用人者责任。后者如，某公安局警察张某为报复情敌李某，故意诬陷李某嫖娼，将之行政拘留。我国《民法典》第1191条、第1192条第1款第1、2句是对民法上的用人者责任的规定。《国家赔偿法》则对国家赔偿责任作出了专门的规定。

除狭义的用人者责任外，广义的用人者责任还包括被使用者因执行工作任务或提供劳务而遭受损害时，用人者依法应当承担的责任。例如，A公司的工作人员去外地出差途中发生车祸而受伤。再如，张某受王某雇佣，为其开出租车，每月报酬为400元。某晚，张某驾车时遭犯罪分子的抢劫并被杀害。由于受害人张某是在从事受雇工作过程中受害的，因此，就涉及作为雇主的王某是否应当承担赔偿责任的问题。[1] 我国《民法典》第 1192 条第 1 款第 3 句和第 2 款规定了提供劳务一方因劳务遭受损害时,接受劳务一方的责任。至于用人单位工作人员因执行工作任务而遭受损害,属于工伤,可以获得工伤保险赔偿,《民法典》未作规定,将之交由《工伤保险条例》等加以规范。[2]

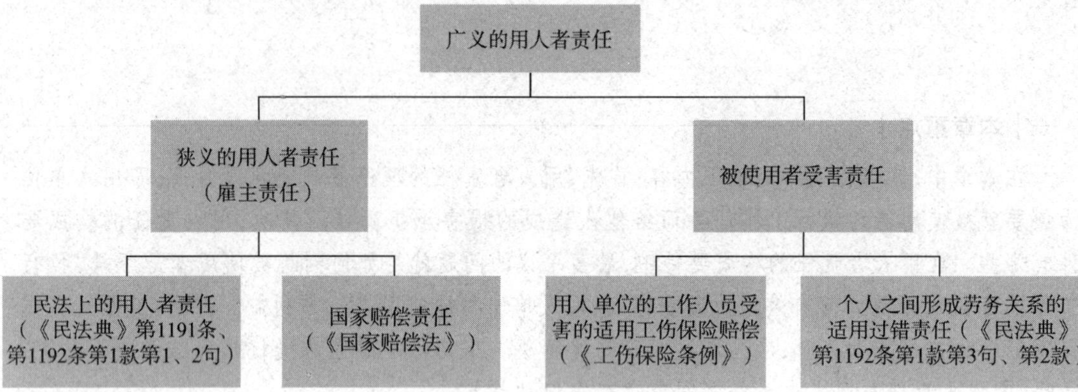

图 16.1.1　用人者责任的类型

二、用人者责任的类型

现代社会中,因生产生活的不同需要而使用他人的情形复杂多样,用人者与被使用者之间的法律关系也各有不同,既有大型企业签订劳动合同雇佣员工,也有国家机关依法招录公务员,事业单位与其工作人员签订聘任合同,还有自然人与自然人订立家政服务合同或者无偿帮工等。此外,被使用人受雇从事的活动也存在差异,有营利的活动与非营利的活动,有普通的活动也有高度危险的行业等。《民法典》延续了《侵权责任法》的立法模式,依据用人者是单位还是个人,将用人者责任区分为以下两大类,分别加以规范(参见图 16.1.2):

1. 用人单位责任(《民法典》第 1191 条),即用人单位对其工作人员因执行工作任务造成他人损害所承担的侵权责任。此类责任又分为:普通的用人单位责任、劳务派遣时用工单位与劳务派遣单位的责任。

2. 接受劳务一方的责任(《民法典》第 1192 条),即个人之间形成劳务关系的,接受劳务一方对提供劳务一方因劳务给他人造成的损害或者自身遭受的损害所承担的侵权责任。该类责任分为:提供劳务一方致害时,接受劳务一方的侵权责任;提供劳务一方受害时,接受劳务一方的侵权责任。

《民法典》之所以对用人者责任作上述区分规定,理由在于:从归责原则上,用人单位就工作人员因执行工作任务给他人造成的损害承担的是无过错责任,接受劳务一方就提供劳务一方因劳务给他人造成的损害承担的也是无过错责任,二者并无区别,本不应区分规定。但是,用人单位需要依法为工作人员投保工伤保险,在工作人员因执行工作任务而遭受损害时,应当通过工伤保险赔偿制度得到补偿,而非针对用人单位提起侵权诉讼。个人之间提供劳务的,接

---

〔1〕 张甜甜等诉王磊因张甜甜之父张桂明在受雇开车过程中被害请求损害赔偿案,载最高人民法院中国应用法学研究所编:《人民法院案例选》(总第 51 辑),人民法院出版社 2005 年版,第 246 页以下。

〔2〕 本章讨论的内容是广义的用人者责任,但是,在用语上,没有特别说明时,用人者责任仅指狭义的用人者责任。

受劳务一方无需提供劳务一方投保工伤保险，一旦提供劳务一方因劳务而遭受损害，就只能向接受劳务一方请求侵权损害赔偿。故此，有必要区分用人单位责任与接受劳务一方的责任。尤其是，随着近年来我国经济的发展，个人之间形成劳务的情形越来越多，如保姆、家庭教师、钟点工等。因此，在起草《侵权责任法》时，“有的地方、法院和专家提出，现实生活中因雇保姆、家庭装修等在个人之间形成劳务关系的较多，提供劳务一方造成他人损害或者自己受到伤害的，由谁承担责任，草案对此应当作出规定”。[3] 全国人民代表大会法律委员会经研究后建议在《侵权责任法草案（第三次审议稿）》中增加关于个人之间形成劳务关系时侵权责任的规定（《侵权责任法》第35条）。

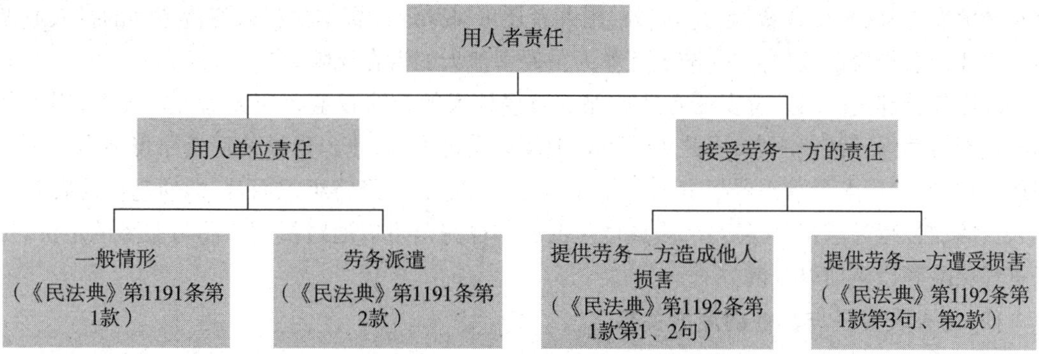

图16.1.2　《民法典》中用人者责任的类型

三、用人者责任的理论基础

在普通法中，对于雇主责任的法律性质有两种不同的解释理论：一是所谓的“仆人侵权理论”（servant's tort theory），即雇主责任就是替代责任，即一个人（主人）对另一个人（仆人）的侵权行为所承担的责任。二是所谓“主人侵权理论”（master's tort theory），该理论认为，由于仆人的行为可以归于主人，故此主人要对仆人的侵权行为负责。[4] 在大陆法系国家，用人者责任属于替代责任，即一个人为另一个人的行为负责（liability for the acts of others）。然而，为什么要令用人者为被使用者给他人造成的损害负责呢，理论解说有以下三项：

1. 报偿理论。现代社会科学技术高度发达，社会分工也极度细化。百科全书式的人物不复存在，人们在社会生活中无法事必躬亲、亲力亲为。无论是个人还是组织，都有必要借助他人的专业知识和能力来完成相应的工作任务。因此，使用他人和为人所用是现代社会中常见的情形。用人者使用他人为自己服务，得以扩展活动空间、拓宽业务领域，增加获利机会，享受了社会分工带来的好处。风险与收益相伴相生。既然用人者通过使用他人而享受了利益，自然也应承担由此带来的风险，这就是报偿原理。“如果一项法律允许一个人——或者是为了经济上的需要，或者是为了他自己的利益——使用物件、雇佣职员或者开办企业等具有潜在危险的情形，他不仅应当享有由此带来的利益，而且也应当承担由此危险对他人造成任何损害的赔

[3] 《全国人民代表大会法律委员会关于〈中华人民共和国侵权责任法（草案）〉修改情况的汇报》，2009年10月27日十一届全国人大常委会第十一次会议。

[4] Paula Giliker, *Vicarious Liability in Tort: A Comparative Perspective*, Cambridge, 2010, p. 13.

偿责任:获得利益者承担损失。”[5]据此,当被使用者因执行工作任务或提供劳务而给他人造成的损害,用人者需要承担责任。[6]

2. 控制力理论。被使用者要听从用人者之指令,受用人者之管理与控制,被纳入用人者的组织体内。[7] 这一点在大企业、大公司中表现得尤为明显。大企业或大公司实行科层制管理,不仅有严密的组织管理体系,还拥有非常完美的技术化程序和管理手段。工作人员必须服从公司或企业之指令,执行工作任务时受到相应的监督、控制与管理。正是因为用人者对被使用者具有很强的控制力,所以要求用人者为被使用者的侵权行为承担责任,可以形成有效的激励机制,促使用人者更好地履行管理、监督被使用者的职责,以防损害之发生。例如,用人者应建立严格的规章制度,对那些在从事工作活动中给他人造成影响的工作人员,采取扣发工资、奖金甚至解雇等处分,形成威慑力。此外,用人者还可以采取以资本的投入替代劳动的投入或者缩小企业经营规模等其他方法,减少工作人员侵害他人的潜在风险。[8]

3. 深口袋理论。用人者责任有助于保护被侵权人的合法权益。在大部分情况下,用人者的赔偿能力都强于被使用者,因此为了更好地保护受害人,防止出现被使用者赔偿能力不足的情形,有必要使用人者承担侵权责任。况且,就公司、企业等经济组织而言,即便它们需要就工作人员的加害行为承担赔偿责任,由此产生的成本也完全可以通过提高产品与服务的定价、投保责任保险等措施加以分散。

四、用人者责任与其他制度的关系

(一)用人者责任与国家赔偿责任

在我国,国家赔偿责任仅指国家机关和国家机关工作人员行使职权,有《国家赔偿法》规定的侵犯公民、法人、其他组织合法权益的情形并造成损害时,赔偿义务机关应当承担的赔偿责任(《国家赔偿法》第2条)。国家赔偿责任包括行政赔偿责任与刑事赔偿责任。除了《国家赔偿法》明确规定的情形外,无论是国家机关工作人员因执行工作任务造成他人损害,[9]还是国家所有的建筑物或物件造成他人损害,均非国家赔偿责任,而只是民事赔偿责任,应当适用《民法典》等民事法律的规定(参见表16.1.1)。例如,A市人大常委会的司机赵某受委派去机场接本单位负责人,途中发生交通事故,致他人车辆毁损;B县工商局科长张某违法吊销他人营业执照,给他人造成营业损失;C省高级人民法院法官李某未查明案件事实就枉法裁判,判处无罪之人有期徒刑10年;D市人民政府新建不久的办公大楼倒塌,造成了严重的人员伤亡。在这四个例子中,第2例、第3例属于国家赔偿责任,第2例为行政赔偿,第3例为刑事赔偿。至于第1例、第4例,都属于民事侵权案件。

---

[5] [德]克里斯蒂安·冯·巴尔:《欧洲比较侵权行为法》(上卷),张新宝译,法律出版社2004年版,第10页。

[6] Larenz/Canaris, Lehrbuch des Schuldrechts, zweiter Band Besonderer Teil, 2. Halbband, 1994, S. 476.

[7] Schlechtriem, Schuldrecht Besonderer Teil, Rn. 907.

[8] [美]波斯纳:《法律的经济分析》(上册),蒋兆康译,中国大百科全书出版社1997年版,第240页以下。

[9] 王胜明主编:《中华人民共和国侵权责任法解读》,中国法制出版社2010年版,第161页。

提 示

《民法通则》第121条规定:"国家机关或者国家机关工作人员在执行职务中,侵犯公民、法人的合法权益造成损害的,应当承担民事责任。"该条中的"执行职务"既包括公法意义上的执行职务,也包括私法意义上的执行职务。因此,第121条既规范了国家赔偿责任,也是对国家承担民法上用人者责任的规定,具有很重要的地位。[10] 我国《民法典》第1191条中规定的"用人单位"不仅包括企事业单位,也包括国家机关,而且该条所谓的"执行工作任务"也是既包括公法上的也包括私法上的执行工作任务。换言之,只要不属于《国家赔偿法》规范的国家赔偿责任的情形,其他的国家机关或国家机关工作人员的侵权行为都属于民事侵权。

表16.1.1 国家赔偿责任与用人单位责任的区别

	《国家赔偿法》的国家赔偿责任	《民法典》的用人单位责任
适用范围	国家机关和国家机关工作人员行使职权,有《国家赔偿法》规定的侵犯民事主体合法权益的情形,造成损害的	用人单位的工作人员因执行工作任务造成他人损害的
归责原则	违法责任为主,兼有结果责任、过错责任	无过错责任
责任主体	法定的赔偿义务机关(行政机关、被授权的组织;行使侦查、检查、审判职权的机关以及看守所、监狱管理机关)	用人单位(国家机关、企事业单位、社会团体、个体经济组织等,不包括自然人)
责任方式	支付赔偿金为原则,返还财产或者恢复原状为例外	停止侵害、排除妨碍、消除危险、赔偿损失、赔礼道歉、消除影响、恢复名誉等侵权责任
赔偿范围	财产损失中的直接损失、精神损害	财产损害(直接与间接损失)、精神损害
追偿权	在特定情形下可以追偿全部或部分赔偿费用	对于有故意或者重大过失的工作人员可以进行追偿

(二)用人者责任与法人侵权责任的关系

法人侵权责任,是指法人实施侵权行为时依法应当承担的侵权责任。我国民法采取法人实在说,法人具有民事权利能力和民事行为能力,自然也就具有民事责任能力。因此,法人无论是实施侵权行为抑或违约行为,都应当以其全部财产独立承担民事责任。具体而言,法人侵权责任在我国法上表现为以下两种类型:

1. 法人本身因故意或过失而实施侵权行为,依法承担的侵权责任或者依据无过错责任或过错推定责任承担的侵权责任。无论营利法人、非营利法人抑或特别法人,均有意思能力,故此,法人因故意或过失侵害他人民事权利造成损害的,应依据过错责任原则承担侵权责任。例如,患者突发心脏病,医院的急救中心在接听了求助电话后,迟迟未能派出救护车,延误抢救时机,患者死亡;地铁站因未维护管理好出入站的闸机,导致乘客进站时被闸机夹伤。[11] 如果侵

---

〔10〕 尹飞:《论国家赔偿责任与用人者、加害人个人责任之关系》,载《法学杂志》2008年第2期。

〔11〕 高子玉诉南京地铁集团有限公司健康权纠纷案,载《最高人民法院公报》2015年第9期。

权行为适用的无过错责任,则不以法人具有过错作为侵权责任的成立要件。例如,A公司的股东会或董事会决定将污水不经处理即排放进河流当中,以致污染环境、破坏生态造成他人损害,该行为就是A公司实施的侵权行为,应当由A公司承担侵权责任。由于我国法明确承认法人的侵权行为能力,法院在认定法人实施的一般侵权行为有无过错的问题上也不存在任何困难,故此,无须引入德国法上的企业组织过失理论。[12]

2. 法人的代表人实施侵权行为而由法人承担侵权责任。法人的代表人在我国被称为“法定代表人”,是指“依照法律或者法人章程的规定,代表法人从事民事活动的负责人。”(《民法典》第61条第1款)法定代表人属于法人的组成部分,其与法人之间是代表与被代表的关系,二者是一体的,这一点与代理人与被代理人完全不同。故此,《民法典》第61条第2款规定:“法定代表人以法人名义从事的民事活动,其法律后果由法人承受。”这主要是从实施民事法律行为而产生的权利、义务以及责任角度作出的规定。同时,《民法典》第62条还专门对法定代表人实施侵权行为造成他人损害的侵权责任作出了规定,该条规定:“法定代表人因执行职务造成他人损害的,由法人承担民事责任。法人承担民事责任后,依照法律或者法人章程的规定,可以向有过错的法定代表人追偿。”由此可知,法人的法定代表人因执行工作任务给他人造成的损害的行为就是法人的侵权行为,由法人承担侵权责任,适用《民法典》第62条。[13] 至于法定代表人之外的法人的其他工作人员因执行工作任务造成他人损害的,法人作为用人单位也应当承担侵权责任,适用《民法典》第1191条第1款。

需要注意的是,无论是法定代表人还是法人的其他工作人员,在因执行工作任务造成他人损害时,法人承担侵权责任后都有权向法定代表人或者其他工作人员追偿,但二者追偿的要件有所不同。《民法典》第62条第2款规定的是“依照法律或者法人章程的规定,可以向**有过错的法定代表人**追偿”,而第1191条第1款规定的是“可以向**有故意或者重大过失的工作人员**追偿”。这就是说,如果法律没有规定或者法人章程也没有规定,则原则上法人不得在承担侵权责任后向法定代表人追偿。这是因为,法定代表人本身就是法人的组成部分,其行为就是法人的行为,二者是一体的。但是,对于法人的其他工作人员,法人原则上是可以追偿的。此外,如果法律或者法人章程有规定,则法人可以对法定代表人追偿,另外这种追偿也不限于法定代表人必须是故意或者重大过失,至于具体的过错形态应当依据法律或法人章程的规定。然而,对于其他工作人员的追偿则仅限于该工作人员存在故意或者重大过失的情形。

(三)用人者责任与债务履行辅助人责任的关系

债务履行辅助人责任,是指债务人就债务履行辅助人在债务履行中的故意或过失所负之赔偿责任。债务履行辅助人(Erfuellungsgehilfen)包括债务人的代理人与使用人。其中,代理人包括法定代理人和意定代理人。使用人是指为债务人提供劳务,事实上辅助债务人履行债

---

〔12〕 朱岩:《论企业组织责任——企业责任的一个核心类型》,载《法学家》2008年第3期。相反,在我国台湾地区,由于“最高法院”否定法人的侵权行为能力,认为法人本身不可能实施台湾地区“民法”第184条规定的一般侵权行为。可是,要依台湾地区“民法”第28条成立法人的侵权责任,又必须是董事或者其他代表权人具有侵权行为。故此,产生了不少问题。我国台湾地区学者陈聪富教授据此主张,应当引入企业组织过失责任理论。参见陈聪富:《侵权责任主体与客体》,台北,元照出版有限公司2019年版,第2页以下。

〔13〕 这一点与我国台湾地区的“民法”规定不同。台湾地区“民法”第28条规定:“法人对于其董事或其他有代表权之人因执行职务所加于他人之损害,与该行为人连带负赔偿之责任。”之所以规定连带赔偿责任,目的在于促使法人加强对其代表人行为之控制。

务之人。[14] 债务履行辅助人责任与用人者责任的区别在于：前者属于债法总则的制度，可以适用于任何原因产生的债务关系，既包括合同之债，也包括法定之债（如因侵权行为、无因管理或不当得利所生之债）；[15] 用人者责任是侵权法上一类特殊侵权行为。

（四）用人者责任与定作人责任的关系

定作人责任，也被称"定作人指示过失责任"，是指承揽人因从事承揽工作而造成他人损害或自身遭受损害的，原则上应由承揽人自行承担侵权责任或承受损害，定作人只是在对定作、指示或选任有过错的时候，才应当承担相应的侵权责任。定作人责任与用人者责任的最大区别就在于：用人者责任适用无过错责任，只要被使用者是因执行工作任务或劳务给他人造成损害的，不管用人者有无过错，均应承担责任。然而，定作人责任中，定作人既不对承揽人完成工作过程中对第三人造成的损害承担责任，也不对承揽人自身遭受的损害承担责任。只有当定作人存在定作、指示或者选任过失时，才承担相应的责任。

其他国家和地区明确规定定作人责任的有日本和我国台湾地区。《日本民法典》第716条规定："定作人对于承揽人就其工作加于他人的损害，不负赔偿责任。但是，定作人对于定作或指示有过失时，不在此限。"通说认为，该条乃是注意的规定，即提示人们注意区分定作人与雇主的不同，而不能一概适用雇主责任。[16] 我国《民法典》第1193条在吸收了《人身损害赔偿解释》第10条相关规定的基础上，对定作人责任作出了明确的规定。

五、用人者责任的归责原则

（一）比较法

用人者责任的归责原则问题，就是指用人者就被使用者造成他人损害而承担侵权责任是否以用人者存在过错为要件。从比较法来看，主要的立法例就是过错推定责任与无过错责任两种。

1. 过错推定责任。此种立法例认为，用人者或雇主只有对于雇员从事雇佣活动中致人损害行为的发生具有过错时，才应当承担责任，雇主可以以自己没有过错而免责。考虑到保护受害人的需要，为减轻受害人的举证困难，雇主的这一过错无须受害人加以证明，而是由法律加以推定。雇主必须反证推翻对其过错的推定，才能免责。采取此种立法模式的国家或地区主要有：德国（《德国民法典》第831条）、奥地利（《奥地利民法典》第1315条[17]）、瑞士（《瑞士债务法》第55条）、日本（《日本民法典》第715条）以及我国台湾地区（台湾地区"民法"第188条）。例如，依据《德国民法典》第831条第1款规定："为某事务而使用他人的人，对他人在执行事务中不法地给第三人造成的损害，负有赔偿义务。使用人在选任被用人并且以使用人须置办机械或者器具或须指挥事务的执行为限，使用人在置办或指挥时尽到了交易中必要的注意，或者即便尽到此种注意损害依然会发生的，赔偿义务即不发生。"这一规定表明，雇主只有

---

〔14〕 孙森焱：《民法债编总论》（下册），2006年修订自版，第504页。

〔15〕 Medicus, Gesetzliche Schuldverhaeltnisse, 5. Aufl., Beck, 2007, S. 4.

〔16〕 ［日］加藤一郎：《不法行为》，有斐阁1974年版，第107页。转引自曾隆兴：《详解损害赔偿法》，中国政法大学出版社2004年版，第105页。

〔17〕 《奥地利普通民法典》第1315条规定，一个人只有在"将执行某项任务委托给不称职的人或者被认为是危险的人"时，它才需要就该执行任务的人对他人造成的损害承担责任。例如，某人特意雇佣有盗窃或其他恶习的人执行职务，尽管他对于被雇佣者特定的侵权行为的发生没有过错，但是由于他选任上的过错是存在的，因此也要承担责任。［德］克里斯蒂安·冯·巴尔：《欧洲比较侵权行为法》（上卷），张新宝译，法律出版社2004年版，第235页。

在选任和监督受雇人有错时,即雇主没有尽到当时情势所需要的注意义务时,才对其受雇人造成的损害负责。德国民法之所以对雇主责任采取过错推定,主要理由有四个:首先,坚持19世纪德国法学界对过失责任的信念。德国法上雇主责任不以雇员本身的故意或过失为要件,而是以雇主的故意或过失为要件,这样一来,雇主责任仍然是以过错作为归责事由,属于过错责任。[18] 其次,立法者认为,在保险制度尚不够发达的情况下,采取无过失责任可能会导致某些仍然需要予以照顾的产业领域以及小农场是否有能力承担这种负担的问题。Leonard教授在德国第18届法学家年会上的发言中认为,在雇主没有过失的情况下仍要负责,势必导致工业不振,商业停顿,经济不景气。[19] 再次,《德国民法典》的制订者认为,法国民法对雇主责任采取无过失责任是一种功利主义的想法,与德国人的法意识存在冲突。[20] 最后,立法者认为即便采取过错责任,只要实行过错推定,也足以保护受害人,无须采取无过错责任。从德国法院的审判实务来看,为了防止雇主随意推翻对其过错的推定,法院对免责举证提出了非常严格的要求。依据《德国民法典》第831条第1款第1句,雇主必须证明已经履行了该规定中所称的注意和监管义务,或者在没有履行时证明即便尽到了注意也难免损失之发生。通说认为,雇主不仅要证明其在选任事务辅助人的时候尽到了注意义务,而且有必要在其后继续对该事务辅助人进行考察,以便确定在发生损害行为的时候,其是否仍然有能力执行事务。[21]

2. 无过错责任。此种立法例认为,只要雇员在从事雇佣活动时因故意或过失而给他人造成了损害,那么无论雇主是否存在选任、监督上的过错,其都要承担责任。这属于一种严格责任。法国、比利时、希腊、意大利、匈牙利、西班牙、英国以及美国采取此种立法模式。在英国法上,雇主应对其雇员对第三方造成的损害承担严格责任,这种对他人行为的责任称为替代责任。雇主责任需要满足三个要件:首先,雇员造成了损害;其次,雇员造成损害的行为是侵权行为;最后,该侵权行为是在执行雇佣活动中发生的。只要满足这些要求,雇主就要承担责任,而不能通过主张自己没有过失而逃脱责任,因为他的责任是严格的责任。[22] 依据《法国民法典》第1384条,任何人要对应由其负责的人的行为造成的损害负赔偿责任;主人与雇主对其家庭佣人与受雇人在履行他们受雇的职责中造成的损害负赔偿责任;小学教师与家庭教师及手艺人要对学生与学徒在受其监视的时间内造成的损害负赔偿责任。依据《意大利民法典》第2094条,主人和雇主要承担直接的严格责任,法院认为,此种责任的基础在于被告的运营风险。

(二)我国采取的是无过错责任

我国司法实践中对于用人者责任一直采取的就是无过错责任。《民法典》颁行前,《人身损害赔偿解释》采取的就是无过错责任。该解释第9条第1款明确规定,"雇员在从事雇佣活动中致人损害的,雇主应当承担赔偿责任"。此后,《侵权责任法》第34条、第35条第1句继续采用了无过错责任的规定,《民法典》第1191条和第1192条也都分别明确了用人单位对工作人员因执行工作任务造成他人损害承担无过错责任,接受劳务一方对提供劳务一方因劳务造成他人损害承担无过错责任。

---

〔18〕 Basil S. Markesinis & Hannes Unberath, *The German Law of Torts: A Comparative Treatise*, 4th ed., Oxford, 2002, p. 694.

〔19〕 王泽鉴:《雇用人无过失侵权责任的建立》,载王泽鉴:《民法学说与判例研究》(第1册),北京大学出版社2009年版,第4页。

〔20〕 [德]克里斯蒂安·冯·巴尔:《欧洲比较侵权行为法》(上卷),张新宝译,法律出版社2004年版,第238页。

〔21〕 [德]马克西米利安·福克斯:《侵权行为法》,齐晓琨译,法律出版社2006年版,第176页。

〔22〕 Cees Van Dam, *European Tort Law*, 2nd ed., Oxford University Press, 2013, p. 508.

笔者认为,这样的规定是非常合理且有必要的。首先,有利于保护受害人,符合现代侵权法保护弱者、补偿损害的理念。在比较法上,对于用人者责任采取过错推定责任的国家也都意识到了这种做法不利于保护受害人,故而这些国家的法院在实践中通过不断减少雇主的免责事由或缩小抗辩事由的范围来消除这一弊端,最终结果就使得法律条文上的过错推定责任实际上已演变为无过错责任。[23] 例如,在德国法上,一方面,司法实务严格认定雇用人举证免责的情形;另一方面,为了规避因雇主责任适用过错推定责任而造成了受害人求偿权常常不能实现的严重问题,德国法上不得已大力发展合同法上的制度,如缔约过失、合同上的注意义务以及附保护第三人效力的契约等以其绕开该条的规定。英国著名法学家 Pollock 爵士早在 1916 年评论 Thomas Baty 撰写的雇主责任的著作时就曾准确地预见到了,他说:"在侵权行为法中拒绝替代责任,必定造成法律中合同迅猛而又令人困惑不解的发展,从任何角度来看,正义本身都不会因此而变得更好,相反法律科学却会变得更糟。"[24] 我国台湾地区"民法"第 188 条所采取的过错推定责任,也备受批评。王泽鉴教授认为,这种规定并不适应当今社会的经济状况和人民的法律意识,在立法政策上应当采取无过错责任,他说,就公平正义而言,"雇用人利用他人扩大其活动范围,理应承受雇用人侵害他人权利所生损害赔偿责任,始足以保护被害人"。[25] 1987 年,我国台湾地区的"民法"债编修正草案初稿曾设有修正规定,可惜后被删除。司法实务上只能采取严格认定雇用人举证免责的做法来保护受害人。虽然如此,"法律既然设有举证免责的规定,雇主常常因此不愿意和解,在诉讼上多方设法证明其选任监督已尽相当注意,此难免导致浪费资源;改采无过失责任,较能保护被害人,并具经济合理性"。[26]

其次,对用人者责任采取过错推定责任,令雇主就其过错负责,表面上似乎符合过错责任原则的基本精神表面,但就现代社会中的大公司、大企业而言,这种规定实属具文。因为大公司、大企业的规模大、管理层级众多,企业的所有者不可能对最底层员工尽到所谓的选任监督义务,要求他们在未尽到此种不能实现的选任监督义务时负责,明显不合实际。况且,在采取过错推定的情况下,雇主要证明自己尽到选任监督的注意义务,势必在案件中争执自己已对雇员之品德、个性、教育、能力以及有无犯罪或侵权行为前科等进行了审查,这样就把雇员的这些隐私暴露于公众面前。雇主为了免责,也不愿雇佣那些有犯罪或侵权行为前科之人,由此也会引发就业中的诸多歧视。[27] 因此,从社会观点考虑,也不应采取过错推定责任。

最后,雇主责任采取无过错责任不会对雇主造成过重的经济负担,因为雇主可以通过责任保险制度以及产品、服务的定价将因此增加的成本加以社会化分散。[28] 而且,采取无过错责任可迫使雇主不断改进科学技术及管理水平,尽力避免雇员致害他人。此外,对于投保了雇主责任保险的雇主而言,保险人可以通过保费费率的浮动间接迫使雇主加强对雇员的选任、培训与监督,由此形成一个避免雇员致害的良好激励机制。

---

〔23〕 [荷]J. 施皮尔主编:《侵权法的统一:对他人造成的损害的责任》,梅夏英、高圣平译,法律出版社 2009 年版,第 401 页;[日]圆谷峻:《判例形成的日本新侵权行为法》,赵莉译,法律出版社 2008 年版,第 303 页。

〔24〕 F. H. Lawson& B. S. Markesinis, *Tortious Liability for Unintentional Harm in the Common Law and the Civil Law*, Vol. I Text, Cambridge University Press, 1982, p. 167.

〔25〕 王泽鉴:《侵权行为》,2015 年自版,第 556 页。

〔26〕 王泽鉴:《侵权行为》,2015 年自版,第 558 页。

〔27〕 王泽鉴:《雇用人无过失侵权责任的建立》,王泽鉴:《民法学说与判例研究》(第 1 辑),北京大学出版社 2009 年版,第 26 页。

〔28〕 Guido Calabresi, *Some Thoughts on Risk of Distribution and the Law of Torts*, 70 Yale. L. J 503 – 504 (1961).

第二节　用人者责任的构成要件

一、加害人是用人单位的工作人员或者提供劳务一方

(一)用人单位的工作人员

1. 用人单位

“用人单位”是我国的独特概念,在许多法律中都有规定,范围却各不相同。《劳动合同法》第2条第1款中的“用人单位”,是指我国境内的企业、个体经济组织、民办非企业单位等组织。《残疾人保障法》第33条第2款中的“用人单位”既包括国家机关、社会团体,也包括企业事业单位、民办非企业单位。

《民法典》第1191条第1款中的“用人单位”所指何意,有不同的看法。一种观点认为,该款的用人单位既包括企业、事业单位、国家机关、社会团体等,也包括个体经济组织等。[29] 另一种观点认为,用人单位是我国劳动法上特有的概念,也是劳动法律关系的主体,具有独特的内涵与外延。在劳动法领域中,用人单位是指法律允许招用和使用劳动力的单位和组织,包括我国境内的企业、个体经济组织、民办非企业单位,还包括国家机关、事业单位、社会团体以及各种合伙组织和基金户。但是,国家机关、事业单位和社会团体只有在与劳动者订立、履行、变更、解除或者终止劳动合同时,才被称为“用人单位”。就正式在编的公务员和参照《公务员法》管理的工作人员来讲,因他们不属于《劳动合同法》的调整范围,所以就他们而言,其所在的国家机关、事业单位就不能被称为用人单位。[30]

笔者认为,《民法典》第1191条中的“用人单位”的含义很广,是指除自然人之外的一切组织。换句话说,只要不是自然人,就是该条意义上的用人单位。至于有无法人资格,是营利法人、非营利法人还是特别法人,是国有单位还是私营企业等,均在所不问。而用人单位的工作人员究竟是该组织的劳动者,还是正式在编的公务员,抑或参照《公务员法》管理的工作人员,或者所谓的“临时工”,仅仅是工作人员与该组织之间的法律关系而已,不影响《民法典》第1191条的适用。

依据有无法人资格,用人单位可分为两类:(1)具有法人资格的用人单位,包括营利法人(有限责任公司、股份有限公司等)、非营利法人(事业单位法人、社会团体法人、基金会、社会服务机构、捐助法人等)、特别法人(机关法人、农村集体经济组织法人、城镇农村的合作经济组织法人、基层群众性自治组织法人)。(2)不具有法人资格的用人单位,包括非法人组织(个人独资企业、合伙企业、不具有法人资格的专业服务机构)、法人的分支机关(如分公司)、个体工商户等。

---

〔29〕 黄薇主编:《中华人民共和国民法典侵权责任编解读》,中国法制出版社2020年版,第110页。

〔30〕 最高人民法院侵权责任法研究小组:《〈中华人民共和国侵权责任法〉条文理解与适用》,人民法院出版社2010年版,第245页。

提　示

个体工商户也称个体经济组织，分为个人经营和家庭经营两类。理论上，个人经营的个体工商户不是组织，仍属于从事经营活动的自然人，即所谓的“商自然人”。但是，《劳动合同法》第2条第1款将个体工商户看作是“个体经济组织”，认定其与雇工之间的关系为劳动关系而非劳务关系，须订立劳动合同。因此，无论是个人还是家庭经营的个体工商户都属于《民法典》第1191条第1款中的“用人单位”，其与雇员之间的关系是劳动关系，不属于该法第1192条中“个人之间形成劳务关系”的情形。

2. 工作人员

工作人员，是指被纳入了用人单位的组织之内、服从用人单位的指示并受其管理控制的自然人。[31] 用人单位的工作人员包括以下两类：

第一，与用人单位存在劳动关系的工作人员。此类工作人员已被纳入用人单位的组织体内，要服从用人单位的指示和命令（《劳动法》第3条第2款、《劳动合同法》第3条第2款）。所谓劳动关系，是指劳动者与用人单位在实现劳动过程中建立的社会关系。[32] 用人单位与其工作人员之间的劳动关系可以是长期的，也可以是短期的甚至是一次性的；可以是有偿的，也可以是无偿的。只要劳动者与用人单位之间实际存在一方提供劳动、一方实际用工的关系，就建立了劳动关系，该劳动者即属于用人单位的工作人员（《劳动合同法》第7条第1句）。至于他们之间是否依据《劳动合同法》订立了书面的劳动合同，无关紧要。

第二，公务员及参照《公务员法》管理的工作人员。当用人单位是机关法人时，其工作人员包括了“依法履行公职、纳入国家行政编制、由国家财政负担工资福利的工作人员”，即公务员（《公务员法》第2条）。此外，在法律、法规授权的具有公共事务管理职能的事业单位中，除工勤人员以外的工作人员，经批准参照《公务员法》进行管理（《公务员法》第106条）。

如前所述，用人者为被使用者承担责任的一个主要理论基础就是控制力理论，即用人者对被使用者具有管理、监督和控制之力。通过让用人者承担责任，可以有效地督促其加强对被使用者的监督控制，以免侵权行为之发生。因此，在判断加害人是否属于用人单位的工作人员时，决定性标准就是所谓的**控制力标准**（the control test），即用人者对被使用者有无控制力，能否对其施加权威。也就是说“唯一的决定因素在于是否存在指导性的依赖（或上下级）关系，使得责任人一方有权得以对相关的行为人进行控制”。[33] 从比较法来看，各国也是采取控制力的标准来认定行为人是否属于被使用者或雇员。英国著名法学家威廉·布莱克斯通爵士（Sir William Blackstone）早在《英国法释义》一书中就指出：“倘若仆人是依主人的明示或默示的指令而行动，则主人应对仆人之行为负责。”[34] 在普通法上，判例将有无控制力的考虑因素归纳

---

〔31〕雇主责任中的受雇人不限于自然人，也可以包括法人、非法人组织。但是，《民法典》第1191条使用的是“工作人员”，就将法人、非法人组织被雇佣的情形排除在外了。

〔32〕信春鹰主编：《中华人民共和国劳动合同法释义》，法律出版社2007年版，第25页。

〔33〕［德］克里斯蒂安·冯·巴尔、［英］埃里克·克莱夫：《欧洲私法的原则、定义与示范规则：欧洲示范民法典草案》（全译本）（第5、6、7卷），王文胜等译，法律出版社2014年版，第489页。

〔34〕W. Blackstone, *Commentaries on the laws of England*, London, 2001, Vol. I, p. 429. cited from Paula Giliker, *Vicarious Liability in Tort: A Comparative Perspective*, Cambridge, 2010, p. 57.

为四项:(1)雇主享有选择雇员的权利;(2)支付薪金或其他酬劳;(3)雇主享有控制工作方式的权利;(4)雇主享有暂停雇员工作或开除雇员的权利。[35] 在德国法上,联邦最高法院认为,《德国民法典》第831条中的"事务辅助人"(Verrichtungsgehilfen)是指,就其行为或活动而言,以专业或非专业、有偿或无偿之方式听从指令的人。[36] 至于指令是具有普遍约束力抑或限于某特定事务领域,无所谓。[37] 法国最高法院也认为,"存在'服从关系'——1384条第5款规定的由雇主承担的责任正是由此产生——主要意味着雇主有行使其权威的权利,并且就特定时间与标的交给职员的工作而对职员下达命令或者给予指示,在非雇工的情况下,不论交给雇员的是临时性还是经常性工作,也不论是否给予报酬"。[38] "在考虑谁是雇主时,利润这一概念并不起决定性作用,因为,是否存在服从关系应看是否存在指挥权利、给予命令和指示的权利。"[39] 同样,日本法上使用者和被使用者之间必须存在指挥命令的关系,特别是在雇佣的场合以存在一定的从属关系为前提。[40] 判例和学说对"雇佣关系"作了宽泛的解读,存在雇佣关系的依据最常见的是有雇佣合同或者劳动合同,但是即便没有这类合同,如果存在实质的指挥监督关系,也被法院肯定了雇佣关系,例如,按照父亲的命令,女儿临时坐在澡堂的收款台负责收钱的场合。[41]

在我国司法实践中,法院也是采取控制力标准来认定加害人是否属于用人单位的工作人员。例如,在一个案件中,被告吴某骑电动车送快递时撞伤受害人杨某,被告申通公司主张事发时吴某并非其工作人员,也未承包其快递片区,吴某只是帮助当时快递片区的承包人侯某送快递;但是,法院认为,由于被告吴某事发时就持有"申通快递"业务名片,其使用的电动三轮车上写有"申通"字样同时贴有吴某个人的二维码和手机号,其运送的物品也均为申通快件,吴某事发时从事的是申通公司的核心业务,即收寄投递快件工作,其在工作中必须按照申通公司的要求在一定的时间、地点将快件收取或送至指定客户,不能随意收寄投递或丢失损坏快件,其实质上是接受申通公司的管理。"从理论上讲,用人者责任的理论基础之一——控制力理论指出,被使用者要听从用人者的指令,受用人者的管理与控制,被纳入用人者的组织体内。也就是说,工作人员必须服从用人单位的指令,执行工作任务时受到相应的监督。"据此,同时结合本案已查明的事实可以认定申通公司对吴某致他人损害应承担用人者责任。[42]

---

〔35〕 R. W. M. Dias, Clerk & Lindsell on Torts, 16th ed., Sweet & Maxwell, 1989, p. 200.

〔36〕 BGH VersR 06, 1654.

〔37〕 Jauernig/Teichmann, 13 Aufl., 2009, § 831, Rn 5.

〔38〕 法国最高法院刑事庭,1968年11月7日判例。转引自罗结珍译:《法国民法典》(下册),法律出版社2005年版,第1108~1109页。

〔39〕 法国最高法院第二民事庭,1964年12月17日判例。转引自罗结珍译:《法国民法典》(下册),法律出版社2005年版,第1109页。

〔40〕 [日]圆谷峻:《判例形成的日本新侵权行为法》,赵莉译,法律出版社2008年版,第283页。

〔41〕 [日]吉村良一:《日本侵权行为法》(第4版),张挺译,中国人民大学出版社2013年版,第152页。

〔42〕 北京申通快递服务有限公司与吴金龙等生命权、健康权、身体权纠纷案,北京市第一中级人民法院(2019)京01民终7453号民事判决书。相关案例还可参见郑某1王某等与韦济远韦济权等提供劳务者受害责任纠纷案,重庆市第三中级人民法院(2018)渝03民终1034号民事判决书。

（二）个人之间形成劳务关系

1.“个人之间形成劳务关系”的含义

个人之间形成劳务关系，是指自然人与自然人之间形成了**劳务法律关系**。[43] 在该法律关系中，一方为劳务提供者即提供劳务一方，另一方为劳务接受者即接受劳务一方。[44] 民法上涉及劳务之提供与接受的合同类型很多，依其内容可大致分为：单纯劳务提供型合同，如雇佣合同；事务处理型合同，如委托合同、居间合同、行纪合同、仓储合同等；完成工作型合同，如承揽合同、旅游合同、运输合同、出版合同等。[45] 用人者责任的理论基础之一就在于用人者的控制力。故此，只有自然人之间因**单纯的劳务提供型合同**所形成的法律关系才是《民法典》第1192条规定的“个人之间形成劳务关系”。因为，在雇佣合同等单纯提供劳务型合同中，债务人所负担的是手段性债务而非结果性债务。手段性债务如何履行取决于合同的约定，债权人（接受劳务一方）有权要求债务人（提供劳务一方）在约定的时间、地点以约定的方式提供劳务。因此，接受劳务一方对提供劳务一方具有很强的控制力，符合用人者责任的要求。

至于事务处理型合同与完成工作型合同，虽然个人之间也会形成劳务的提供与接受关系，但是，他们之间并没有支配与从属、命令与服从的关系。一方面，就完成工作型合同而言，合同中的一方旨在为他方提供特定的工作成果，提供劳务者所负担的是结果性债务。故此，债务人只要提供特定的工作成果即可，至于具体的劳务提供的时间、地点和方式则享有自由决定的权利。承揽合同就属于典型完成工作型合同。虽然其与雇佣合同（典型的单纯提供劳务型合同）都具有劳务性质，但二者的本质区别在于：“当事人之间是否存在着身份上的支配与从属关系，提供劳务者能否按照自己的意志独立完成交付的工作。当事人之间在提供劳务过程中具有支配关系的，是雇佣关系；否则就是承揽关系。这种支配关系可以体现在劳动内容、劳动时间、劳动地点、劳动方式等的确定方面，但最根本性的表现是，劳务提供者能否按照自己的技能独立地完成工作。”[46] 另一方面，在事务处理型合同中，劳动力的支配者原则上就是劳务提供者自己，其劳务之提供并不受到劳务接受者的控制。总之，无论事务处理型合同还是完成工作型合同，接受劳务者都无法支配和控制提供劳务者。在这种情况下，要求劳务接受者就劳务提供者的侵权行为承担无过错责任，显然是不合理的。在这两大类合同中，如果提供劳务的一方造成他人损害，原则上由该人自行承担责任，只有接受劳务之一方存在定作、选任或指示的过失时，才需要承担责任，此即本章后面要介绍的定作人责任（《民法典》第1193条）。

2. 个人之间形成的劳务关系可以是有偿的或无偿的

个人之间形成劳务关系可以是有偿的，也可以是无偿的。有偿的情形，如家庭聘请保姆、家庭教师等。个人之间形成无偿的劳务关系即所谓的“**无偿帮工**”或“**义务帮工**”。这种行为在作为熟人社会的中国农村最为常见。在我国农村，本村村民无论是婚丧嫁娶，还是建房修屋，

---

〔43〕 2015年的《全国民事审判工作会议纪要（征求意见稿）》认为：“要准确理解适用侵权责任法第三十五条的规定，只有在两个自然人之间形成的劳务关系，才适用该条关于个人因劳务造成他人损害或者自己受到伤害产生的责任主体认定问题。”

〔44〕 从《最高人民法院关于审理劳动争议案件适用法律若干问题的解释（二）》第7条第4～6项的规定来看，以下关系属于劳务关系而非劳动关系：家庭或者个人与家政服务人员之间的关系；个体工匠与帮工、学徒之间的关系；农村承包经营户与受雇人之间的关系。

〔45〕 刘春堂：《民法债编各论》（上），2003年自版，第3页。

〔46〕 韩胜军诉杜国平雇员受害赔偿纠纷案，载最高人民法院中国应用法学研究所编：《人民法院案例选》（总第58辑），人民法院出版社2007年版，第161页以下。

往往都是由同村村民前来帮工。被帮工者一般以烟酒茶饭款待之,并不会付给工资或报酬。《人身损害赔偿解释》第13条曾对无偿帮工人致他人损害时被帮工人的责任作了专门的规定:"为他人无偿提供劳务的帮工人,在从事帮工活动中致人损害的,被帮工人应当承担赔偿责任。被帮工人明确拒绝帮工的,不承担赔偿责任。帮工人存在故意或者重大过失,赔偿权利人请求帮工人和被帮工人承担连带责任的,人民法院应予支持。"事实上,对无偿帮工时被帮工人的责任作特殊的规定并无必要,而且该条司法解释还将被帮工人明确拒绝帮工作为被帮工人的免责事由,对受害人保护也极为不利。故此,《民法典》第1192条第1款第1句没有区分劳务关系的有偿或无偿,只要个人之间形成了劳务关系,接受劳务的一方应就提供劳务一方因劳务给他人造成的损害承担侵权责任。

3.《民法典》第1191条第1款与第1192条第1款第1句的关系

《民法典》之所以在第1191条第1款与第1192条第1款第1句中分别对用人单位与工作人员、个人之间形成劳务关系中的用人者责任作出规定,就是因为用人单位与工作人员之间形成的是劳动法律关系,而个人之间形成的是劳务关系。这两类法律关系存在以下差别:首先,适用的法律不同。个人之间形成的劳务关系中,由于双方当事人的经济地位是平等的,法律无须对一方提供更多的保护,他们适用的是《民法典》等民事法律的规定。但是,在用人单位与其工作人员的关系中,双方经济地位存在很大的差异,工作人员通常处于弱势地位,为了更好地保护劳动者的合法权益,此类劳动关系由《劳动法》《劳动合同法》等法律专门加以调整,在这些法律中,有很多保护劳动者的规定。其次,是否必须参加社会保险不同。接受劳务的个人无须承担提供劳务的个人的社会保险,而用人单位必须为其工作人员提供社会保险包括投保工伤保险。这就导致了工作人员因执行工作任务遭受损害时需要适用工伤保险赔偿制度;而提供劳务一方因劳务而遭受损害的,只能通过侵权法主张赔偿。最后,纠纷解决程序不同。个人之间形成劳务关系的,如果发生纠纷,可以直接向法院提起民事诉讼。用人单位与劳动者发生劳动纠纷的,应先由劳动争议仲裁委员会仲裁,不服仲裁裁决的方能提起诉讼(《劳动争议调解仲裁法》第5条)。

提　示

比较法上,雇主责任中受雇于他人者,称为"雇员";雇佣他人者,称为"雇主"。前者是从事加害行为之主体,后者是承担侵权责任之主体。我国《民法典》没有采取雇主与雇员的表述,而是分别用了两对概念——"用人单位"与"工作人员"、"接受劳务一方"与"提供劳务一方"。这样做的理由在于:虽然雇主责任是国外的通行称谓,但是,《民法典》第1191条也调整了国家机关工作人员因工作发生的侵权行为,国家机关与工作人员不是雇佣关系,自不宜使用"雇主"和"雇员"的称谓。[47] 况且,对于个人之间形成劳务关系的问题,《民法典》第1192条有专门规定,所以,使用"用人单位"与"工作人员"、"接受劳务一方"与"提供劳务一方"的称呼,适合我国的国情。不过,本书认为,法律条文之表述应清晰准确、具有高度的概括性,不宜使用过于口语化的表述。"接受劳务一方"与"提供劳务一方"这样的表述,实在是过于拗口啰嗦。

〔47〕 王胜明主编:《中华人民共和国侵权责任法释义》,法律出版社2010年版,第170页。

（三）劳务派遣关系

1. 劳务派遣的含义

劳务派遣，也称“人力派遣”或“劳动派遣”，是指劳务派遣单位与接受劳务派遣的单位签订劳务协议，由前者将其工作人员派往后者，令其服从后者的指挥并在该单位监督下提供劳动的情形（参见图 16.2.1）。劳务派遣具有符合社会专业化分工、降低成本等优点，加之其能有效规避《劳动合同法》第 14 条对无固定期限合同的规定，因此，一度在我国劳务市场上大行其道。为了防止劳务派遣被滥用，损害劳动者的合法权益，2012 年 12 月 28 日第十一届全国人民代表大会常务委员会第三十次会议通过的《关于修改〈中华人民共和国劳动合同法〉的决定》对《劳动合同法》中劳务派遣的规定进行了修改，即作了更为严格的限制。修订后的《劳动合同法》第 66 条规定：“劳动合同用工是我国的企业基本用工形式。劳务派遣用工是补充形式，只能在**临时性**、**辅助性**或者**替代性**的工作岗位上实施。前款规定的临时性工作岗位是指存续时间不超过六个月的岗位；辅助性工作岗位是指为主营业务岗位提供服务的非主营业务岗位；替代性工作岗位是指用工单位的劳动者因脱产学习、休假等原因无法工作的一定期间内，可以由其他劳动者替代工作的岗位。用工单位应当严格控制劳务派遣用工数量，不得超过其用工总量的一定比例，具体比例由国务院劳动行政部门规定。”

依据《劳动合同法》，劳务派遣应符合以下规定：首先，劳务派遣单位必须是依法设立的组织（第 57 条）。其次，被派遣的工作人员与劳务派遣单位应订立 2 年以上的固定期限劳动合同，该合同必须载明被派遣劳动者的用工单位以及派遣期限、工作岗位等情况（第 58 条）。再次，劳务派遣单位应与接受以劳务派遣形式用工的单位订立劳务派遣协议。该协议须约定派遣岗位和人员数量、派遣期限、劳动报酬和社会保险费的数额与支付方式以及违反协议的责任（第 59 条第 1 款）。最后，劳务派遣单位应当将劳务派遣协议的内容告知被派遣劳动者（第 60 条第 1 款）。

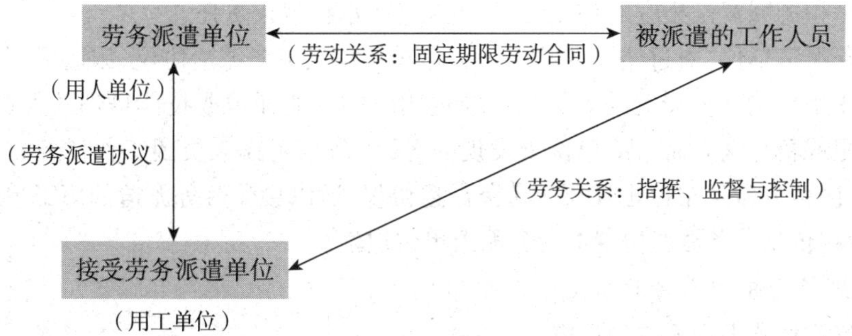

图 16.2.1　劳务派遣中的法律关系示意图

2. 原则上接受劳务派遣的单位承担侵权责任

劳务派遣关系中存在三方主体，即劳务派遣单位、被派遣的工作人员及接受劳务派遣的单位。其中，劳务派遣单位与被派遣的工作人员之间存在的是劳动关系，它是被派遣工作人员的**“用人单位”**（《劳动合同法》第 58 条第 1 款）。劳务派遣单位与接受劳务派遣的单位存在劳务派遣协议。依据该协议，被派遣的工作人员为接受劳务派遣的单位提供劳务，二者存在的是劳务关系，接受劳务派遣的单位是被派遣工作人员的**“用工单位”**（《劳动合同法》第 59 条第 1 款）。劳务派遣期间，能够对被派遣的工作人员加以指示、管理和监督的不是作为用人单位的劳务派遣单位,而是作为用工单位的接受劳务派遣的单位。故此,当被派遣的工作人员因执行工作任务造成他人损害时,应由接受劳务派遣的用工单位承担侵权责任。《民法典》第1191条第2款第1句规定,"劳务派遣期间,被派遣的工作人员因执行工作任务造成他人损害的,由接受劳务派遣的用工单位承担侵权责任"。例如,在一起案件中,被告郭东东是焦作市新时代人力资源有限公司派遣到被告人民银行修武县支行的人员。2008年11月6日,郭东东驾驶人民银行修武县支行的小客车执行工作任务时将原告蒋义训撞伤。法院认为:被告郭东东作为被派遣的工作人员在执行被告人民银行修武支行工作任务中造成袁高鹏蒋义训受害,人民银行修武支行作为接受劳务派遣的用工单位应承担侵权责任,民事赔偿责任亦应由人行修武支行承担,郭东东不应负赔偿责任和连带赔偿责任。[48]

3. 劳务派遣单位有过错时承担相应的责任

《民法典》第1191条第2款第2句规定,"劳务派遣单位有过错的,承担相应的责任"。在民法典编纂之前,《侵权责任法》第34条第2款第2句的规定是"劳务派遣单位有过错的,承担相应的补充责任"。所谓"相应的补充责任"就意味着:应由接受劳务派遣的单位即用工单位承担全部的赔偿责任。如果接受劳务派遣的单位已经承担了全部的赔偿责任,则劳务派遣单位无须再向被侵权人承担赔偿责任。而且,即便接受劳务派遣的用工单位无法承担全部的赔偿责任,也不意味着劳务派遣单位要兜底,而是根据过错承担相应的补充责任。这种规定显然对于劳务派遣单位十分优待。在民法典编纂当中,有的观点认为,劳务派遣单位的责任类型大致有两种:一是用工单位是第一顺位的责任人,劳务派遣单位是第二顺位的责任人。在用工单位承担了全部赔偿责任的情况下,劳务派遣单位对被侵权人就不再承担赔偿责任;在用工单位财力不足、无法全部赔偿的情况下,剩余的部分由劳务派遣单位来承担。二是劳务派遣单位存在过错,劳务派遣单位应当按照过错程度直接承担侵权责任。《侵权责任法》第34条第2款无法涵盖第二种情形,故此,《民法典》第1191条第2款第2句将"相应的补充责任"修改为"相应的责任"。[49] 这就是说,法院在司法实践中可以根据劳务派遣单位的过错与原因力确定劳务派遣单位应当承担的究竟是相应的补充责任,还是直接承担侵权责任。

所谓劳务派遣单位"**有过错**",是指劳务派遣单位违反劳务派遣协议,派遣了不符合要求的工作人员到用工单位,(如派遣的人员是未经过相应的专业知识或技能培训的人员、派遣的人员属于在逃犯或精神病人而派遣单位未发现的等)以致该工作人员因工作任务而给他人造成损害。此时,因劳务派遣单位也违反了劳务派遣协议,所以接受劳务派遣的用工单位在承担侵权责任后,有权依据劳务派遣协议向劳务派遣单位追偿。

(四)特殊情形中用人者的认定

1. 商业特许经营中用人者的认定

采取特许加盟经营模式的快递行业中,一般存在特许人、被特许人(加盟公司)、内部承包人、具体人员等多个法律主体及法律关系。[50] 快递员因执行工作任务造成他人损害(如派送快件途中撞伤他人),应当由何者作为用人单位承担责任,需要依据控制力标准加以判断。如

---

〔48〕 上诉人中国人民银行修武县支行与被上诉人蒋义训及原审被告郭冬冬道路交通事故赔偿纠纷案,河南省焦作市中级人民法院(2010)焦民一终字第212号民事判决书。

〔49〕 黄薇主编:《中华人民共和国民法典侵权责任编解读》,中国法制出版社2020年版,第112页。

〔50〕《北京方通皓德商贸有限公司与何德龙等机动车交通事故责任纠纷上诉案——快递员送件途中发生交通事故的赔偿主体认定》,载《人民司法·案例》2018年第2期。

果认定被特许人是快递员的用人单位，则应当由被特许人承担侵权责任。至于特许人是否需要承担责任，应当考察其有无按照特许经营合同的约定的内容和方式为被特许人持续提供经营指导、技术支持、业务培训等服务，从而对损害的发生是否存在过错加以确定。如果特许人存在过错，对损害的发生具有原因力，应当承担相应的赔偿责任。[51] 此外，对于一些名为特许经营而实为挂靠的情形，应当由挂靠人与被挂靠人承担连带责任。

2. 学徒致害时师父如何承担责任

师父与学徒之间的关系，不能简单地等同于个人之间提供劳务的关系。因为师父对学徒享有极高的控制力与监督力，学徒对师父的人身依赖性比一般雇员与雇主之间的关系更强。[52] 同时，学徒是以学艺为目的的，师父传授一定的技能给学徒，学徒在付出劳动的同时已经获得了技艺能力上的增加与经验的积累，这种收获也不同于雇员从雇主处获得的薪金。因此，实践中师父是否要就学徒因劳务而致人损害的行为承担责任，有一定的争论。[53] 本书认为，雇佣关系与师徒关系虽有区别，但并非本质之区别。所谓"教不严，师之惰"，鉴于师父对徒弟的控制能力远高于普通雇主对雇员之控制能力，故而在学徒因劳务而致人损害时，师父当然要依据《民法典》第1192条第1款第1句承担责任。

3. 被使用者再行选任被使用者时的侵权责任承担

用人单位的工作人员或提供劳务的个人在执行工作任务或提供劳务过程中，以自己的名义再行选任被使用者，该被选任的使用者因执行工作任务或提供劳务造成他人损害的，用人单位或接受劳务一方是否需要承担侵权责任，取决于被使用者有无**再行选任被使用者的权限**。如果有，则被使用者所选任的被使用者也是用人单位或接受劳务一方的被使用者。如果被使用者没有另行选任被使用者的权利，其所选任之人仅为被使用者本人的被使用者，[54] 造成损害时，用人单位或接受劳务一方无须承担用人者责任，应由选任被使用者的被使用者承担用人者责任。

4. 多个用人者时的侵权责任承担

当一人受雇于多人，即存在多个用人者时，被使用者造成他人损害的，如何承担责任？这种情形多发生合伙当中。例如，B、C、D订立合伙合同并雇佣A，A在提供劳务时给第三人E造成损害。由于原则上合伙事务应当由全体合伙人共同执行或者根据合伙合同约定或全体合伙人决定而委托一个或数个合伙人执行(《民法典》第970条)。故此，无论A是全体合伙人共同雇佣的还是执行合伙事务的某个合伙人雇佣的，在因提供劳务而造成他人损害的情形下，该损害赔偿责任属于合伙债务，应当由合伙人承担连带责任(《民法典》第973条)。

5. 出借被使用人

当用人者(**一般用人者**)基于契约或者其他关系，而将其工作人员借给他人(**临时用人者**)使用，该工作人员因执行职务损害他人时，应由何人承担责任？例如，甲为乙运输公司的A货

---

〔51〕 有的法院认为特许人具有过错的，应当承担的是相应的补充赔偿责任。参见天天快递有限公司与北京巨汇快递有限公司等机动车交通事故责任纠纷案，北京市第二中级人民法院(2020)京02民终4216号民事判决书。

〔52〕 例如，新闻曾报道，明星赵本山对其徒弟们管理得非常严格，就连徒弟的离婚都要经他亲自批准。参见《赵本山：没我的批准徒弟们不准离婚》，载新浪网：http://ent.sina.com.cn/s/m/2011-02-25/05203238713.shtml，2015年2月20日最后访问。

〔53〕 福建省高级人民法院民一庭：《雇主责任若干法律问题之思考》，载最高人民法院民事审判第一庭：《民事审判指导与参考》(总第16集)，法律出版社2004年版，第83页。

〔54〕 RGZ 55 171f.；170，321.

车驾驶员,一日丙搬家公司因业务繁忙,车辆、人手均不够。于是,丙公司向乙公司租赁了A货车并由甲继续负责驾驶该车。甲在驾驶A车为丙公司从事搬家活动的过程中,将行人丁撞伤。此时,丁究竟是向乙运输公司要求赔偿,还是向丙公司要求赔偿?

普通法中对借用雇员致害时雇主的认定标准遵循的是英国上议院在1947年的Mersey Docks and Harbour Board诉Coggins and Griffith(Liverpool)Ltd.案中的立场。该案中,港务局将一台起重机及操作的司机Newall借用给了一家装卸公司。雇佣合同约定,尽管港务局继续支付司机Newall的工资并保留解雇权,但Newall被视为装卸公司的雇员。Newall在装船时因疏忽而造成他人损害。就港务局还是装卸公司应当对他的行为负责的问题,上议院认为,港务局仍应承担责任。事故发生时,尽管该公司已指示Newall进行什么工作,但它无法控制Newall如何操作起重机。从案件的所有情况来看,港务局保留控制起重机的驾驶方式并支付Newall工资的事实表明,港务局仍然是他的雇主。在一般的情形下,法院将假定一般的用人者继续是实际加害人的雇主,除非其能够证明不应承担用人者责任。即便雇用合同中约定加害人被视为临时雇主的雇员,法院也会审查这种关系的实质。[55] Porter勋爵在1947年的Mersey Docks案中认为,确定何人承担雇主责任时,不应当简单地看雇佣合同的约定,还需要考察很多因素,包括控制力(这是一个主要的考虑因素)、何人支付工人的工资、谁有权解雇该工人、临时性工作的持续时间、机器的复杂性和操作员自身的技能等。[56]

在大陆法系国家中,德国法的处理方法与普通法相同,德国联邦最高法院在1995年的一个判例中认为,在劳务合同中,只有当雇员与一般雇主完全切断联系时,才能切断一般雇主的指令,一般雇主如果保留了随时召回人员并将其分配到别处的权利,则被认为足以防止这一联系被切断。[57] 如果雇员被整合到接受他的组织当中,则其可以被视为临时雇主的"事务辅助人"(Verrichtungsgehilfen);如果雇员与一般雇主的分离是不完全的,则受害人可以将一般雇主与临时雇主作为《德国民法典》第831条的"用人者"(Geschaeftsherrn)来请求他们共同承担承担责任。[58] 不过,瑞士的通说和判例则认为,在以劳动力出借为内容的借用劳动关系中,应当以承租人为《瑞士债务法》第55条中的事务所属人。[59]

本书认为,在出借被使用人时,原则上应当由一般用人者承担用人者责任,而临时用人者不承担用人者责任,除非一般用人者能够证明已经完全失去对被使用人的控制力。这是因为,被使用人被借用给临时用人者本来也就是一般用人者的安排,体现了一般用人者对被使用人的控制力。所以,不得因此而免除一般用人者的责任。至于一般用人者与临时用人者之间的合同约定仅具有内部效力,不应简单地以之作为确定用人者责任主体的标准。需要考察的核心问题还是何人对于被使用人具有控制力。

二、工作人员、提供劳务一方的行为构成侵权行为

1. 用人者责任属于替代责任,即用人者为被使用者的侵权行为承担责任。我国法上的用人者责任属于无过错责任,不以用人者存在故意或过失为要件。用人者责任适用无过错责任并不是说,在判断被使用者的行为是否构成侵权行为时,也适用无过错责任。在侵权诉讼中,

---

〔55〕 Paula Giliker, *Vicarious Liability in Tort: A Comparative Perspective*, Cambridge, 2010, pp. 83–84.

〔56〕 Paula Giliker, *Vicarious Liability in Tort: A Comparative Perspective*, Cambridge, 2010, p. 85.

〔57〕 MuenchKommBGB/Wagner, Beck, 4. Aufl., 2009, §831, Rn. 22.

〔58〕 W. van Gerven, J. Lever&P. Larouche, Tort law, Oxford, 2001, 5. G. 9.

〔59〕 [瑞]海因茨·雷伊:《瑞士侵权责任法》(第4版),贺栩栩译,中国政法大学出版社2015年版,第247~248页。

被侵权人负有证明工作人员或提供劳务一方的行为构成侵权行为的举证责任。被使用者的行为是否为侵权行为，原则上应依《民法典》第1165条第1款加以判断，除非法律另有特别规定。也就是说，被使用者的行为既可能因符合过错责任的构成要件而成立侵权行为，也可能因符合无过错责任的构成要件成立侵权行为。[60] 如果被使用者因执行工作任务或劳务造成他人损害的行为适用的是过错责任原则，那么在被使用者没有过错时，该行为本身就不构成侵权行为，而用人单位或接受劳务方自然也无须承担用人者责任。所以，只有当被使用者的行为符合侵权行为的构成要件，成立侵权责任时，才可能进一步发生用人者责任的问题。由此可知，我国《民法典》第1191条第1款第1句和第1192条第1款第1句并非独立的请求权基础，而只是责任承担的规范。[61]

2.《民法典》第1191条和第1192条的“造成他人损害”中的“**他人**”，是指用人单位与实施加害行为的工作人员之外的第三人或接受劳务一方与提供劳务一方之外的第三人。工作人员在工作过程中给自己的同伴造成损害的，如果受害人构成工伤的，可以获得工伤保险赔偿，原则上不得依据用人者责任起诉加害人和用人单位。例如，A、B皆为C搬运公司的工人，一日，二人在搬运货物的时候，因A没有抓稳货物，导致货物滚落将B的大腿砸伤。此时B可以获得工伤保险赔偿，而不能以A、C为被告要求他们依《民法典》第1191条第1款承担用人者责任。倘若工作人员因执行工作任务给自己造成损害，同样涉及的是工伤保险赔偿的问题，除非其所受伤害来自用人单位工作人员之外的第三人。倘若提供劳务的一方因劳务给自己造成损害，则适用《民法典》第1192条第1款第3句。

如果工作人员给用人单位或提供劳务一方给接受劳务一方造成了损害，也不属于用人者责任。此时，需要研究的是工作人员在何种情形下应当承担赔偿责任？一种观点认为，无论工作人员是故意还是过失，只要造成用人单位损害的，都应当依据过错责任原则承担赔偿责任。[62] 另一种观点认为，工作人员在劳动关系存续期间内，非因故意给用人单位造成财产损失的不需要承担赔偿责任。因为这原本就是用人单位运营过程中的风险和成本，应由用人单位通过内部规章制度解决，而非要求工作人员承担侵权赔偿责任。[63] 当然，如果是故意造成的损害，则用人单位有权要求工作人员承担赔偿责任。

从一般的民事责任法的原理出发可以认为，用人单位的工作人员在执行工作任务时，给用人单位造成了损害，这种行为既是违反劳动合同的违约行为，也构成了侵权行为。但是，劳动关系具有特殊性，劳动关系中的风险也具有特殊性，即“劳动者可能因微小的不注意通过一次错误的做法引起巨大的人身和财产损害。在此，损害风险由雇主所安排的经营组织和处于雇

---

〔60〕 尹志强：《侵权行为法论》，中国政法大学出版社2008年版，第146页；王利明主编：《中华人民共和国侵权责任法释义》，中国法制出版社2010年版，第151页；最高人民法院侵权责任法研究小组：《〈中华人民共和国侵权责任法〉条文理解与适用》，人民法院出版社2010年版，第247页。

〔61〕 这一点和德国法不同。《德国民法典》第831条第1款将雇主就事务辅助人不法致害的情形规定为自己的过错责任，雇主之所以承担责任不是因为事务辅助人的过错被归责他，而是因为雇主在选任监督事务辅助人时，自身没有尽到社会交往中的必要注意。

〔62〕 雇主张慎忠诉雇员冯国林在从事携款提货的雇佣活动时发生重大过失致所携款丢失赔偿案，载最高人民法院中国应用法学研究所编：《人民法院案例选》（总第44辑），人民法院出版社2004年版，第165页以下。

〔63〕 徐宪龙：《劳动关系存续期间非因劳动者故意造成用人单位财产损失的应由其按内部规定处理》，载北京市高级人民法院：《审判前沿：新类型案件审判实务》（第36集），法律出版社2011年版。

主权力之下的劳动条件建构所引起并被其打上烙印”。[64] 换言之,劳动者在劳动过程中造成损害本身就是雇主的经营风险。用人单位可以通过单位的内部规章制度加强对工作人员的管理来降低风险。即便是在员工给单位造成损失时,用人单位也完全可以通过扣工资、扣奖金等处罚措施来填补损害,无须动辄依赖侵权赔偿制度。如果工作人员因一般过失甚至轻微过失给单位或者其他人造成了损害,就需要承担赔偿责任,则工作人员在执行工作任务中可能战战兢兢、如履薄冰,这种工作态度对于用人单位的发展也没有好处。

因此,就工作人员对用人单位的赔偿责任,应当进行相应的限制。从比较法上来看,德国的法院依据过错程度对雇员向雇主承担的赔偿责任加以限制,即在轻过失的情况下,劳动者不承担责任,雇主自担损害;在故意或者重大过失的情况下,劳动者不能免责,在故意时,劳动者的责任不受限制;在重大过失时,劳动者一般情况下独立承担全部损害;在中等过失的情况下,损害予以分担,劳动者应当赔偿由法院根据案件具体情况确定的损害份额。[65] 法院考虑的因素包括劳动者承担责任的过错程度、劳动易于引起的危险性、损害额度、雇主已经考虑到并可以通过保险涵盖的风险、劳动者在工厂中的地位、劳动报酬的额度,此外,劳动者的年龄、工龄、家庭关系等因素也会被考虑进去。[66]

案例阅读

案例16.2.1
北京冠亚名表城与徐婷婷劳动合同纠纷上诉案

本书认为,鉴于《民法典》第1191条和第1192条将用人单位对工作人员、接受劳务一方对提供劳务一方的追偿权都限定在工作人员或提供劳务一方存在故意或者重大过失的情形,故此,工作人员只有因故意或者重大过失造成用人单位损害时,才应当承担赔偿责任(参见**案例**16.2.1);如果因为一般过失或轻微过失造成损害的,应当由用人单位自担损害,工作人员不负赔偿责任。[67]

案例阅读

案例16.2.2
杨翠兰等诉冯兆忠在受雇期间发作精神病伤害致死人命赔偿案

3. 如果被使用者是无民事行为能力人或限制民事行为能力人,其在执行工作任务或提供劳务时给他人造成损害时,究竟适用用人者责任抑或监护人责任?这种情形主要发生在间歇性精神病人被他人雇佣之时(参见**案例**16.2.2)。本书认为,受害人有权依监护人责任之规定,要求监护人承担责任;也可以依据用人者责任之规定,要求用人单位或接受劳务的一方承担侵权责任。至于用人单位或接受劳务的一方与监护人之间如何分摊,取决于何人有过错。如果用人单位明知被使用者是不完全民事行为能力人,仍然予以雇佣的,则存在过错。监护人承担赔偿责任后,可以向用人单位追偿。反之,倘若监护人隐瞒真实情况,以欺诈之方式使用人单位不知被使用人为不完全民事行为能力人的,那么用人单位承担赔偿责任后,可以向监护人追偿。

三、执行工作任务或提供劳务

《民法典》第1191条和第1192条规定,用人单位的工作人员或提供劳务一方给他人造成的损害须“因”执行工作任务和劳务所致。这个“因”字就表明:用人单位工作人员或提供劳务的一方给他人造成的损害是与“执行工作任务”或“劳务”有因果关系的。也正因如此,才需要

---

〔64〕［德］雷蒙德·瓦尔特曼:《德国劳动法》,沈建峰译,法律出版社2014年版,第191页。

〔65〕［德］雷蒙德·瓦尔特曼:《德国劳动法》,沈建峰译,法律出版社2014年版,第195页。

〔66〕［德］雷蒙德·瓦尔特曼:《德国劳动法》,沈建峰译,法律出版社2014年版,第197页。

〔67〕司法实践也有采取此种观点的。参见胡昌明、沈莉:《劳动者对其违反单位规章制度所造成的单位损失应否赔偿》,载《人民司法·案例》2012年第20期。

让用人单位或接受劳务一方承担责任。损害完全与执行工作任务或劳务没有任何关系的，如工作人员在与家人外出旅游时发生交通事故撞伤他人，显然与执行工作任务没有任何关联，当然应由工作人员自行承担侵权责任。即便损害是发生在执行工作任务或劳务过程中，也可能与执行工作任务或提供劳务的行为没有因果关系。例如，某单位负责人甲出差到外地，到A宾馆住宿。离开时忘记关水龙头，致水池中的水大量溢出，给A宾馆造成了财产损失。虽然甲出差并在A宾馆住宿的行为属于执行工作任务中的活动，但是，忘记关水龙头而造成宾馆的损害却与执行工作任务之间没有因果关联性。[68]

在用人者责任的构成要件中，最复杂也最富争议的就是，如何判断损害是否**因执行工作任务或因劳务所致**(acting in the course of one's employment)。该要件决定了用人单位或接受劳务一方要在多大范围内对工作人员或提供劳务一方的加害行为负责。这直接关系到行为自由与权益保护关系的协调。如果采取过于宽松的判断标准，会使得用人者承担过重的责任，为其根本无法控制的被使用者的加害行为负责，不利于维护用人者的行为自由。反之，如果认定标准过于严格，又会使用人者借此任意推脱责任，无法有效的保护被侵权人的合法权益。鉴于实践中的情形非常复杂，学说上有不同的观点，法律上无法给出一个统一、明确的判断标准，通常是由法院通过判例完善和发展出具体的判断标准。

(一)比较法

从比较法来看，无论是英美法系还是大陆法系，都认为在认定加害人的行为是否属于执行职务时，需要考察加害人的侵权行为与作为被告的雇主存在某种联系，从而对于雇主责任的适用范围进行限制。例如，《法国民法典》第1384条第5款规定："主人与雇主，对其家庭佣人与受雇人在履行他们受雇的职责中造成的损害，负赔偿责任。"法国最高法院的判例认为，如果职员的行为没有超越雇主对其规定的任务的界限时，并不引起职员对第三人的责任，只有当职员是在其受雇的职务之外，没有经过雇主的批准，为其职责之外的目的从事活动时，雇主才能免除自己的责任。但是，法国最高法院认为，并非滥用职务的行为都可以作为雇主的免责事由，判例认定的雇主应当承担责任的雇员滥用职务的情形包括：(1)受雇雇员挪用在履行职务中交付给他的资金，此种事由并不能将该雇员排除在履行职务之外；(2)负责上门与顾客订立合同的保险推销人员隐匿其收取的部分保费，这种行为并不是职务之外的活动；(3)银行雇员因损害顾客利益、实施滥用他人信任罪被判刑，存在顾客给予该雇员的委托，并不必然意味着该雇员是在其职务之外从事活动，因为顾客有理由认为他是在以其具有银行雇员身份而与之打交道；(4)从事清洁劳务的雇员在其负责清洁事务的珠宝店内实行盗窃，只要该雇员是在其劳动的场所与劳动时间内进行此种活动，就不能认为是在职务之外从事的活动；(5)部门经理的部下在得知其被解雇的消息后将该经理杀害，此种行为并非与服从关系无关，因此，应当引起雇主的责任。[69]

《德国民法典》第831条第1款第1句规定："选任他人执行事务的人，对他人在执行事务时给第三人不法造成的损害，负有赔偿的义务。"所谓"执行事务"(in Ausfuehrung der Verrich-

---

〔68〕《最高人民法院经济审判庭关于寿光县东都宾馆诉栖霞县物资局、物资开发公司损害赔偿纠纷一案的复函》(1992年5月5日法经[1992]70号)认为："该损害赔偿案件虽然是栖霞县物资局局长、物资公司经理两人在因公出差过程中发生的。但在宾馆房间忘记关闭水龙头的行为与执行职务没有必然联系，不属于职务行为，不宜让该两人所在单位参加诉讼、承担责任。"

〔69〕相关判例参见罗结珍译：《法国民法典》(下册)，法律出版社2005年版，第1110～1111页。

tung)的判断,德国法院的判例采取的是“直接的内在联系说”(unmittelbaren inneren Zusammenhang),〔70〕即如果事务辅助人在进行与被委任的任务存在内在联系的活动时造成了损害,那么该行为就是执行事务的行为。出发点是辅助人的义务范围,和辅助人的任务有关的行为都在该范围之内。〔71〕 联邦最高法院在一则判例中指出:“根据第831条,事务所属人应当负责赔偿的损失,只是被聘用人在执行事务中给第三人造成的损失,而不是利用执行事务这一机会而造成的损失。但这一限制的前提,也并不在于执行委任事务的行为本身直接造成了损害,而是只需造成损害的行为属于为执行事务而采取的措施范围之内。”〔72〕

《瑞士债务法》第55条第1款规定:“营业主,对于受雇人或者其他辅助人因执行职务所致之损害,应负赔偿责任,但能证明依其情事,为避免发生损害,已为相当之注意,或者纵为相当之注意,仍不免发生损害者,不在此限。”瑞士通说和判例认为,只有当执行工作事务和造成损害与履行职责存在关联性(funktioneller Zusammenhang)时,营业主才需要承担责任,否则只能认为是辅助人的个人行为,其自行承担责任。只要与事务所属人即营业主的经营目的具有关联性,即便辅助人没有正确地履行职务活动,超越权限或者没有按照事务所属人的指示命令处理事务,也不改变其所从事的执行职务活动的性质。〔73〕

在普通法中,认定是否属于执行职务的经典判断标准是由Salmond与Heuston在经典教科书《侵权法》中提出的,被称为Salmond标准,即“主人对其仆人的不法行为不承担责任,除非是在执行雇佣活动中所从事的,以下情形之一被认定为属于执行雇佣活动:(1)该不法行为得到了主人的授权;(2)以不法的且未得到授权的行为模式所实施的某些行为已经得到了主人的授权”。〔74〕 例如,在1976年的Rose v. Plenty案中,送奶工违反明确的指令带着小孩去送牛奶,结果由于其疏忽驾驶导致孩子受伤,上诉法院认为,送奶工的雇主需要承担替代责任,因为该雇员仍是在履行其受雇的职责,即使他以未经授权的方式履行了职责。〔75〕 在2002年的Lister案中,英国上议院提出了“紧密联系标准”(close connection)来取代Salmond标准,即雇主只有在雇员的行为与雇佣活动存在紧密的联系时,才需要承担替代责任。Lister案涉及一所男童寄宿学校的管理员,其在雇主不知情的情况下对一位男童进行了性虐待。男童要求学校赔偿损失。上诉法院采用了旧标准,认为管理员的行为不能被视为以未经授权的方式履行其被授权的职责。上议院认为,应当采取的标准是,管理员的侵权行为是否与他的工作如此紧密地联系,以致让雇主承担替代责任是否是公平且公正的。〔76〕

总的来说,比较法上,各国法院对执行职务行为的认定方法具有两个特征:首先,在确定雇主责任范围时,法院受到政策判断的影响。申言之,如果对执行职务作限制性的解释,就会减少雇主采取预防措施的动机,并削弱受害者向(通常)更富有的雇主寻求赔偿的能力。相反,过于宽泛的解释又会给雇主带来不必要的负担,他们可能无法通过保险承保全部损失,并且也将

---

〔70〕 Maximilian Fuchs, Werner Pauker, Alex Baumgürtner, Delikts- und Schadensersatzrecht, 9. Aufl., 2017, S. 109.

〔71〕 [德]埃尔温·多伊奇、汉斯-于尔根·阿伦斯:《德国侵权法——侵权行为、损害赔偿及痛苦抚慰金》,叶名怡、温大军译,中国人民大学出版社2016年版,第153页。

〔72〕 [德]马克西米利安·福克斯:《侵权行为法》(2004年第5版),齐晓琨译,法律出版社2006年版,第175页。

〔73〕 [瑞]海因茨·雷伊:《瑞士侵权责任法》(第4版),贺栩栩译,中国政法大学出版社2015年版,第249页。

〔74〕 Salmond & Heuston, *The Law of Torts*, 21st ed., Sweet and Maxwell, 1996, p. 443.

〔75〕 Cees Van Dam, *European Tort Law*, 2nd ed., Oxford University Press, 2013, p. 509.

〔76〕 Lister v. Hesley Hall[2002] 1 AC 215; *Cees Van Dam, European Tort Law*, 2nd ed., Oxford University Press, 2013, p. 509.

忽略其他补偿手段的影响。正因如此,著名侵权法学者弗莱明教授说,所谓“执行职务”是一个广阔的概念,为政策判断提供了足够的空间。其次,在所有法律制度中,仅仅是以雇员从事了被雇主禁止从事的不当行为本身并不能排除替代责任。[77] 也就是说,即便雇员从事的行为并未得到雇主的指令或授权,明显违反了雇主的指令或要求,甚至是构成犯罪的行为,也不能当然认为该行为不属于执行职务的行为。

（二）我国法

在我国《民法典》编纂之前,就如何理解因执行工作任务或因劳务造成他人损害,司法实践采取的是所谓的客观说,[78] 即在判断工作人员的活动是否是执行工作任务时,应当“从行为的外观断之,凡受雇人之行为外观具有执行职务之形式,或客观上足以认定其为执行职务者,纵令其为滥用职务行为、怠于职务行为或利用职务上之机会及与执行职务之时间或处所有密切关系之行为,亦应涵摄在内”。[79] 最高人民法院颁布的《人身损害赔偿解释》第 9 条第 2 款规定:“前款所称‘从事雇佣活动’,是指从事雇主授权或者指示范围内的生产经营活动或者其他劳务活动。雇员的行为超出授权范围,但其表现形式是履行职务或者与履行职务有内在联系的,应当认定为‘从事雇佣活动’。”[80] 由此可知,实践中,判断工作人员是否因执行工作任务造成他人损害或提供劳务一方是否因劳务造成他人损害的标准分为两个层次:首先,要看该活动是否为用人单位或接受劳务一方所授权或指示的活动。如果造成他人损害的行为就是在用人单位或接受劳务一方授权或指示范围内的活动,由此造成的损害当然属于因执行工作任务或因劳务造成的损害,用人单位或者接受劳务一方应当承担侵权责任。其次,如果工作人员或者提供劳务一方造成他人损害的行为并非用人单位或接受劳务一方授权或指示的活动,此时并不当然就排除用人单位或接受劳务一方的替代责任,而是要考察该活动的表现形式是否为履行职务或者与履行职务有内在联系(参见案例16.2.3)。

案例阅读

案例16.2.3
吴吉南等诉倪德华人身损害赔偿案

（三）执行工作任务或提供劳务的类型化判断

尽管我国司法实务和主流学说都采取客观说来判断损害是否因执行工作任务或因劳务所致,但是,实践中的情形非常复杂,因此有必要作类型化研究,从而明确具体案件的判断标准。依据工作人员或提供劳务一方所从事的活动是否在用人单位或接受劳务一方的授权或指示范围之内,可将“执行工作任务”与“劳务”的情形分为以下两类。

1. 授权或指示范围内的活动

如果工作人员或提供劳务方是在用人单位或接受劳务方的授权、指示范围内从事行为,无论该行为是生产经营活动还是其他活动,无论实施的是法律行为还是非法律行为,只要给他人

---

〔77〕 Paula Giliker, *Vicarious Liability in Tort: A Comparative Perspective*, Cambridge, 2010, p. 150.

〔78〕 王利明:《侵权责任法研究》(下卷),中国人民大学出版社 2011 年版,第 99 页以下。

〔79〕 2005 年台上字第 173 号判决。转引自黄立:《民法债编总论》,中国政法大学出版社 2002 年版,第 314 页。

〔80〕《最高人民法院关于审理侵权人身损害赔偿案件适用法律若干问题的解释(征求意见稿)》第 10 条第 2 款曾规定:“前款所称‘从事雇佣活动’,应当结合雇佣活动的性质或者目的事业范围,以及雇员行为与雇主利益的主观联系和客观联系等因素,综合予以认定。雇员的行为超出授权范围,但在与雇主利益相联系的合理范围内,可以认定为从事雇佣活动。”但是,由于许多学者认为,该表述过于理论化,不便在司法实践中掌握,因此正式颁布的司法解释进行了一些修改。但从该条文可以更明显地看出司法解释采取的是客观说。

造成损害,都属于“因执行工作任务”或“因劳务”造成损害的情形,用人单位或接受劳务方当然要承担侵权责任,对此不存在异议。例如,A 运输公司的工人按照公司的要求运送货物,途中发生交通事故,造成他人死亡;保安 C、D 等人按照 B 厂负责人的要求用暴力驱赶在 B 厂门前抗议该厂污染环境的人群,打伤数人。这些都属于执行工作任务,应由用人单位承担责任。

需要注意的是,工作人员或提供劳务方虽不是在直接从事用人单位或接受劳务的一方授权或指示的特定活动,但其行为是为了从事该特定活动而进行的**必要的准备活动或辅助性活动**,也应当属于授权或指示范围内的活动。[81] 例如,C 公司司机甲在得到公司指令,需要将某货物从公司驻地北京市海淀区送往天津市河西区后,先驾车前往附近的加油站加油。在加油站倒车时,不慎将乙撞伤。表面上甲去加油的活动不是运送货物的行为,但该活动属于必要的准备活动,依然属于用人单位指示范围内的活动,即执行工作任务。不过,实践中对此存在争议。有的法院认为,雇员在前往工作场所执行工作任务的活动,尚不属于执行工作任务,且该活动的方式和风险等均非雇主所能控制,因此在这一过程中造成的损害不属于执行工作任务造成的损害,雇主无须承担责任。[82]

2. 超出授权或指示范围的活动

在工作人员或提供劳务者的活动是否属于执行工作任务或提供劳务时,争议最大的就是超出授权或指示范围的活动。具体来说,这一类活动可分为两类:其一,虽有授权或指示,但怠于执行工作任务或提供劳务;或者虽然执行工作任务或提供劳务,但其内容或方式违反了指示或命令。前者如,T 大学游泳馆的救生员不认真观察巡视,而是玩手机、发微信,以致游泳者甲在水中突发癫痫时无人救援而溺水死亡。后者如,公交公司的售票员与司机在驾车运送乘客途中擅自交换工作岗位,由售票员来开车,以致发生交通事故致人死亡;再如,某超市物品时常被窃,超市让保安抓偷窃商品之人,某保安 A 发现 B 偷东西后,未按照规定程序处理,而是冲上去一顿拳打脚踢,将 B 打伤。其二,工作人员没有得到授权或指示,甚至是违反明确的禁令而从事侵权行为,这一类行为中最为典型的就是利用了执行工作任务或提供劳务的便利而从事的侵权甚至是犯罪行为。例如,某快递公司的快递员甲在分拣快递时窃取客户乙邮寄的包裹中的手机;酒店的保安偷开住店旅客停放的轿车发生交通事故等。[83]

除非是共同侵权人或黑社会组织,否则用人单位或接受劳务一方都不会指示或授权工作人员、提供劳务一方去从事侵权行为甚至犯罪行为。因此,在工作人员或提供劳务一方实施侵权行为造成他人损害时,用人单位或接受劳务一方都会明确主张该行为超出授权或指示,应由行为人自负其责。但是,用人单位或接受劳务一方不可能仅仅以此种抗辩就能否定替代责任。此时,要考察该行为与执行工作任务或劳务是否具有内在联系或其表现形式是否为履行职务。笔者认为,应当综合参考以下因素:

(1)造成他人损害的加害行为究竟是用人单位或接受劳务一方能够预见并应采取措施予

---

〔81〕 在工伤保险赔偿中,职工上下班途中遭遇交通事故的,一般都构成工伤。《工伤保险条例》第 14 条第 6 项规定,在上下班途中,受到非本人主要责任的交通事故或者城市轨道交通、客运轮渡、火车事故伤害的,属于工伤。

〔82〕 王亚仙诉李骏、龙腾货代有限公司、中国大地财产保险股份有限公司上海分公司机动车交通事故责任纠纷案,上海市闵行区人民法院(2009)闵民一(民)初字第 6290 号民事判决书。

〔83〕 有的法院认为,保安的该行为不属于履行职务的行为,酒店无需承担用人者责任。但是,由于酒店未尽到合理限度范围内对住客财产的安全保障义务,故此要承担违反安全保障义务的补充责任。相关案例参见孙韵清、徐婷姿:《酒店保安盗开住客车辆发生交通事故之酒店责任》,载《人民司法·案例》2010 年第 2 期。

以避免的风险，抑或仅仅是因为雇佣了特定的某个工作人员或提供劳务一方而增加的风险。如果是前者，那么该造成损害之行为就属于执行工作任务或提供劳务的行为；如果属于后者，则意味着用人单位或接受劳务一方无法预见此种风险且不存在阻止该行为的义务。例如，机场运送的旅客行李中往往有各种珍贵物品，而为了保护旅客财产安全，机场应当采取相应的管理措施防止运输工人借机私拆旅客行李并盗窃之。再如，出租车经营者应当预见并采取措施来避免司机违反交通规则（如超速或醉酒）驾车造成他人损害。但是，出租车公司通常很难预见并控制司机与他人斗殴或因贪图乘客的财物而杀害乘客的风险。〔84〕 所以，即便是在工作人员因故意或犯罪行为而给他人造成损害的情形，也不能当然就认为工作人员的行为不属于执行工作任务的行为，尤其是在该工作或者组织该工作的方式本身提升了此种犯罪风险的情形下。〔85〕 例如，在一起证券公司工作人员盗卖客户股票案（参见**案例** 16.2.4）中，最高人民法院认为，“杨桃作为新疆证券公司的工作人员，利用其在新疆证券公司的工作便利，借助新疆证券公司的终端操作平台完成其侵权行为，杨桃在新疆证券公司的职务增加了其侵权行为发生的可能性和危险性，新疆证券公司对此种行为应当预见到并应采取一定措施予以避免，但因其内部管理不善、内部监控存在漏洞导致未能避免。因此，应当认定，杨桃的侵权行为与其履行职务有内在关联”。〔86〕 由此可见，那些因为职务本身而产生侵权行为的可能和危险属于用人单位或接受劳务者应当预见的风险，用人者还需要预先采取措施加以避免，并将由此产生的费用作为经营成本加以分散。如果可能或危险是与加害行为人个人因素息息相关的，即仅仅是因为雇佣了这个行为人而有所提高，换做其他人从事该职务通常都不会产生此种危险，那么用人单位或接受劳务者就难以预见。该造成他人损害的行为就不属于执行工作任务或提供劳务的行为，不发生用人者责任的问题。

案例阅读

案例16.2.4
张春英与中国工商银行股份有限公司昌吉回族自治州分行、新疆证券有限责任公司、杨桃、张伟民财产损害赔偿纠纷案

(2)是否存在与执行工作任务或提供劳务具有内在联系或表现为履行职务行为的客观事实，例如，加害人是在工作的时间或工作的场所内从事的活动，加害人身着用人单位的服装或者有用人单位的标识。此事实的存在既使受害人客观上有理由相信加害人的行为就是执行工作任务的行为，使受害人相信其是在与具有用人单位的工作人员身份的人打交道，从而产生信赖；也意味着用人单位未尽到相应的管理防控措施。故此，这些造成他人损害的行为也属于履行职务的行为。例如，实践中发生的，加害人身着被告银行的工装、佩戴工作名牌，在工作时间于银行的营业场所内对受害人实施诈骗行为（如签订虚假合同骗取资金或推销理财产品等）。这种情形下，就应当认定银行作为用人单位承担用人者责任。但是，很多法院却以加害人的行为并未取得被告银行的授权或许可，目的也不是为了被告银行的利益，否定该行为是执行工作

---

〔84〕 在江某与广州交通集团出租汽车有限公司等生命权、健康权、身体权纠纷上诉案中，法院认为，出租车司机“卓某的个人故意伤害行为，是交通集团出租公司自身的风险控制能力所不及的范围，超出了该公司作为出租车辆营运者所应负担的合理的安全保障义务的范围”。广东省广州市中级人民法院（2010）穗中法民一终字第2088号民事判决书。

〔85〕 Cees Van Dam, *European Tort Law*, 2nd ed., Oxford University Press, 2013, p. 515.

〔86〕 张春英与中国工商银行股份有限公司昌吉回族自治州分行、新疆证券有限责任公司、杨桃、张伟民财产损害赔偿纠纷案，载《最高人民法院公报》2013年第2期。

任务的行为。[87] 这显然是不妥的,既不利于保护受害人,更无法有效地预防和制止此类侵权行为的发生。

案例阅读

案例16.2.5
陈敬国、张桂珍诉中国水泥厂、朱珏英交通事故损害赔偿纠纷案

(3)加害行为的目的。加害人虽然没有得到授权或指示,但其所从事的行为客观上是否为了用人单位或者接受劳务一方的利益。如果是,则该行为也往往被认定为与执行工作任务或劳务具有内在联系,用人单位或接受劳务的一方应当承担侵权责任(参见**案例16.2.5**)。例如,被告公司的员工未经原告的黄某某同意,擅自选取黄某某发布的含有其孩子、妻子的3张瘦身前后对比照片转发至该员工微信朋友圈,为被告公司进行商业宣传推广。法院认为,该员工擅自转发黄某某照片的目的系对被告公司进行商业宣传推广,故此,该行为属于执行工作任务的行为。[88]

第三节 用人者责任的法律后果与程序法问题

一、用人者责任的法律后果

(一)用人者单独承担责任

用人者就被使用者因执行工作任务或提供劳务而给他人造成的损害,是单独负责还是与被使用者承担连带责任,各国家及地区有不同规定。在我国台湾地区,依据"民法"第188条第1项,受雇人因执行职务不法侵害他人权利者,雇用人与受雇人负连带损害赔偿责任。在欧洲的许多国家,以往的观点认为,雇主责任是次要的、间接的责任。其主要目的是保护受害人的利益,而非使那些有过错的雇员可以免除个人的责任。因此,受害人既可以要求雇员承担责任,也可以要求雇主与雇员承担连带责任。但新的发展趋势是,雇主的责任不再是次要的、派生的责任而是首要的、直接的责任,因为雇主从雇员为其从事的工作中获得了利益,并且因为这种工作雇员才被置于加害人的地位。[89] 例如,在法国和西班牙,公务员被免除所有的个人责任,而在私法领域,法国最高法院2000年2月25日的判例认为,"当职员的行为没有超越雇主对其规定之任务的界限时,并不引起职员对第三人的责任"。[90]

在我国,有的观点主张应当由用人者与被使用者承担连带赔偿责任,理由在于:首先,雇主责任设立的根本目的是保护受害人的利益,实践中雇佣包括长期雇佣、短期和临时雇佣;包括固定工、临时工、合同工、钟点工等,雇主的经济实力并非都强于其雇员,这种情况下,向雇员追偿可能更能够实现其侵权损害赔偿责任。尤其是在作为雇主的法人已经完成破产清算,或者

---

〔87〕 相关案例如:张杰与中信银行股份有限公司北京京城大厦支行财产损害赔偿纠纷案,北京市第三中级人民法院(2020)京03民终3376号民事判决书;袁秀兰、中国民生银行股份有限公司中山古镇支行侵权责任纠纷案,广东省广州市中级人民法院(2020)粤01民终6780号民事判决书;李立、中国农业银行股份有限公司长春富锋支行侵权责任纠纷再审案,吉林省高级人民法院(2020)吉民申1157号民事裁定书。

〔88〕 黄某某诉萍乡市某公司肖像权、隐私权纠纷案,江西省萍乡市中级人民法院(2017)赣03民终240号民事判决书。

〔89〕 [荷]J.施皮尔主编:《侵权法的统一:对他人造成的损害的责任》,梅夏英、高圣平译,法律出版社2009年版,第403页。

〔90〕 罗结珍译:《法国民法典》(下册),法律出版社2005年版,第1110页。

雇主难以找寻的情况下，不允许直接追究雇员的责任，将使受害人的利益无法得到保护。其次，雇员为侵权行为的直接行为人，其行为业已符合侵权行为的构成要件，本应承担侵权责任。因此，不能因其雇主替代其承担责任就认为其已经被免除侵权责任。再次，民法强调每个人是自己利益的最佳判断者，因此，在雇主责任问题上，即便法律没有规定雇主和雇员的连带责任，从解释上，也应当允许受害人在雇主和雇员之间进行选择，以最为便捷、充分地实现自己的侵权赔偿请求权。最后，即便不直接规定雇主与雇员的连带责任，但在承认雇主责任的情况下，受害人对于雇主和雇员分别依据雇主责任以及雇员对其侵权行为的责任而同时享有两个请求权。此种情况下，对于受害人的损害，雇主和雇员构成不真正连带责任。受害人完全可以在要求雇主承担全部责任和要求雇员承担全部责任之间进行选择，但其只能选择其一追究，实现其中的一个责任，另一责任也随之消灭。民法典编纂之前，《人身损害赔偿解释》第 9 条第 1 款第 1 句规定，原则上雇主单独承担赔偿责任，但是，雇员因故意或者重大过失致人损害时，须与雇主承担连带赔偿责任。

然而，《民法典》第 1191 条和第 1192 条只是规定，由用人单位或接受劳务一方承担侵权责任，但是对于有故意或重大过失的工作人员或提供劳务一方可以进行追偿。本书认为，《民法典》的规定是非常合理的。要求用人者与被使用者负连带责任，既不符合报偿原理，也不利于被使用者更好地服务于用人者。申言之，基于报偿责任原理，雇员的职务行为是为了雇主的利益，因此雇员的职务行为的风险也应当归于利益的享有者，而不宜由雇员承担。通常情况下，作为经营者的雇主资力更为雄厚，也更有能力通过保险或者将赔偿费用纳入成本来提供商品或服务从而将损害转嫁到全社会，从而分担职务行为致害的风险。如果不作区分而一概认为雇主与雇员承担连带责任将导致雇员的连带责任范围过于宽泛，在雇员因轻微过失而致害他人时，连带赔偿责任的存在可能使得雇员因面临巨额赔偿而倾家荡产，但同样的数额对于作为大企业的雇主却只是九牛一毛。因此，有必要对雇员行为的责任加以适当的限制。

（二）用人者的追偿权

比较法上，用人者就被使用者造成他人损害的行为承担侵权责任后，可以向被使用者进行追偿。不过，该追偿权往往受到许多限制。例如，奥地利《雇佣责任法》第 4 条第 3 款规定，如果雇员仅有轻微过失时，雇主不得行使追偿权。荷兰和比利时的法律规定，只有当雇员是故意或重大过失时，雇主才可以行使追偿权。〔91〕 日本最高法院的判例则是通过信义原则来限制使用者对被使用者的追偿权。〔92〕

《侵权责任法》第 34 条与第 35 条未规定用人者的追偿权。〔93〕 从立法资料来看，《侵权责任法》不规定用人者追偿权的理由在于："法律委员会经同有关部门反复研究认为，在什么情况下可以追偿，情况比较复杂。根据不同行业、不同工种和不同劳动安全条件，其追偿条件应有所不同。哪些因过错、哪些因故意或者重大过失可以追偿，本法难以作出一般规定。用人单位与其工作人员之间以及因个人劳务对追偿问题发生争议的，宜由人民法院在审判实践中根据

---

〔91〕［荷］J. 施皮尔主编：《侵权法的统一：对他人造成的损害的责任》，梅夏英、高圣平译，法律出版社 2009 年版，第 404 页。

〔92〕［日］圆谷峻：《判例形成的日本新侵权行为法》，赵莉译，法律出版社 2008 年版，第 301 页以下。

〔93〕《侵权责任法》未规定用人者追偿权的详细理由可参见王胜明主编：《中华人民共和国侵权责任法解读》，中国法制出版社 2010 年版，第 162 页以下。

具体情况处理。”[94] 在《民法典》编纂时，“又有不少意见提出，建议在侵权责任法规定的基础上，增加规定用人单位的追偿权。因为根据诚实信用的原则，劳动者对用人单位负有忠实和勤勉的义务，当劳动者未尽到基本的注意义务造成用人单位损害的，应当承担适当的责任。但追偿比例应根据过错程度等因素综合考虑，而不应由劳动者承担所有的损害后果。建议以重大过失作为责任承担与否的分界线，合理地强化了工作人员的注意义务，也会促进工作人员在工作时的认真负责态度，从而有利于减少工作人员在工作中造成损失发生的情形，也有利于在用人单位与工作人员之间公平分配责任”。[95] 最终，立法机关接受了这一观点，在《民法典》第1191条第1款第2句和第1192条第1款第2句分别规定了用人单位和接受劳务一方的追偿权。

笔者认为，《民法典》规定用人单位和接受劳务一方的特定情形下的追偿权是非常有必要的。如果不规定追偿权，否定被使用者的个人责任，就会使被使用者丧失责任心，违背用人者的指示和命令从事违反职责范围的活动。这样，既不利于实现侵权责任法预防损害的功能，也不利于维护用人者的合法权益。需要注意的是，除《民法典》第1191条和第1192条对追偿权的规定外，我国的一些法律也对特定类型的用人者责任中用人者的追偿权有明确的规定，如《国家赔偿法》第31条、《资产评估法》第50条、《律师法》第54条以及《公证法》第43条等。

二、用人者责任的程序法问题

由于用人者责任中，用人者原则上只是单独承担责任，而非用人者与被使用人承担连带责任。所以，用人者责任诉讼并非必要的共同诉讼。在民事诉讼中，原告可以仅起诉用人者即用人单位或接受劳务的一方，实际的加害行为人——工作人员或提供劳务的一方可以作为第三人参加诉讼。当然，原告也可以将用人者与被使用人作为共同被告提起诉讼。

第四节　工作人员或提供劳务一方受害之赔偿责任

工作人员或提供劳务方在执行工作任务或提供劳务的过程中，既可能给他人造成损害，也可能使自己遭受损害。前一种情形是狭义的用人者责任规范的问题，后一种情形被包含在广义的用人者责任当中。工作人员执行工作任务中自身遭受损害的赔偿责任中争议最大的问题就是工伤保险赔偿与用人单位侵权责任的关系问题。《人身损害赔偿解释》就该问题曾作出如下规定：其一，凡是依法应参加工伤保险统筹的用人单位的劳动者在工作中遭受人身伤害的，只能适用《工伤保险条例》的规定处理，不能要求用人单位承担民事赔偿责任（第12条第1款）。但是，用人单位的劳动者在执行工作任务中遭受了第三人的侵权行为，则该劳动者或其近亲属不仅可以获得工伤保险给付，还有权要求第三人承担民事赔偿责任，二者可以并存（第12条第2款）。其二，如果雇主与雇员之间的关系并非劳动关系，属于依法不需要参加工伤保险统筹的，则雇主对雇员在从事雇佣活动中所遭受的人身损害应当承担侵权责任，适用的是无

---

〔94〕《全国人民代表大会法律委员会关于〈中华人民共和国侵权责任法（草案）〉审议结果的报告》，载全国人大常委会法制工作委员会民法室：《侵权责任法立法背景与观点全集》，法律出版社2010年版，第19页。

〔95〕黄薇主编：《中华人民共和国民法典侵权责任编解读》，中国法制出版社2020年版，第109页。

过错责任原则(第 11 条第 1 款第 1 句)。倘若雇员的人身损害是雇佣关系外的第三人所致,则受害人既可以请求第三人承担赔偿责任,也可以请求雇主承担赔偿责任(第 11 条第 1 款第 2 句)。[96] 雇主承担赔偿责任后,可以向第三人追偿(第 11 条第 1 款第 3 句)。[97]

提　示

用人单位的工作人员在执行工作任务中遭受损害的,如果受害人或其近亲属起诉用人单位,依据《人身损害赔偿解释》第 12 条第 1 款,此时法院应告知原告"按《工伤保险条例》的规定处理"。这是否意味着受害人或其近亲属只能请求工伤认定并获得工伤保险给付,不能起诉用人单位?抑或受害人或其近亲属有权加以选择?这个问题在受害人或其近亲属没有在法定的期限内提出工伤认定申请而无法获得工伤保险赔偿的情形中,尤为突出。法院倾向于认为,只要侵权的诉讼时效还没有届满,则受害人或其近亲属有权提起民事侵权赔偿之诉。[98] 理由在于:首先,《人身损害赔偿解释》第 12 条第 1 款并没有一律禁止提起民事侵权赔偿之诉;其次,如果错过了工伤认定,法院不给予劳动者法律救济,就等于剥夺了劳动者获得工伤事故赔偿的权利。况且,根据《工伤保险条例》第 17 条,提起工伤认定是用人单位的一项义务,如果用人单位怠于行使义务的结果是用人单位不用承担任何责任,这无疑会诱发用人单位不申报工伤认定的道德风险。本书赞同这种看法,但建议未来我国修订《工伤保险条例》时应当将工伤认定申请的时间与民事侵权的诉讼时效一致起来,从而真正实现工伤保险赔偿在工伤领域中对侵权赔偿责任的替代。

在起草《侵权责任法》时,许多人期待该法能彻底、全面地解决工作人员或提供劳务方因执行工作任务或劳务自身受到损害时究竟是适用侵权赔偿责任还是工伤保险的问题。令人遗憾的是,《侵权责任法》完全回避了用人单位的工作人员因执行工作任务自己受到损害的赔偿问题,同时该法第 35 条第 2 句还将《人身损害赔偿解释》确立的对提供劳务一方有利的无过错责任修改为过错责任,即根据提供劳务一方与接受劳务一方各自的过错承担相应的责任。《民法

---

〔96〕 关丽:《第三人侵权造成雇员人身损害的雇主责任》,载最高人民法院民事审判第一庭:《中国民事审判前沿》(2005 年第 1 集),法律出版社 2005 年版,第 111 页。

〔97〕 个人合伙成员在从事经营活动时遭受人身损害的,如果没有明确的侵权人的,则应当根据实际情况(损失大小、受害人经济状况、其他合伙人的给付能力和当地的经济水平等),由其他合伙人给予适当的补偿。因为受害的合伙人是为了合伙的共同利益而遭受损害。1987 年 10 月 10 日《最高人民法院关于个人合伙成员在从事经营活动中不慎死亡其他成员应否承担民事责任问题的批复》认为:"贾国满在兄弟二人合伙经营的汽车运输活动中,不慎被车挤死,对这次事故的发生,贾国仁没有过错,不应负赔偿责任。但贾国满为合伙人的共同利益,在经营运输活动中,不慎被车挤死,其兄作为合伙经营的受益人之一,给予死者家属适当的经济补偿,既合情理,也符合有关法律规定的精神。至于具体补偿多少,请根据实际情况酌定。"相关案例参见李扬:《个人合伙成员在合伙活动中受到人身损害的责任承担问题——田某某诉某设备安装有限公司及马某等人身损害赔偿案相关法律问题探讨》,载北京市高级人民法院:《审判前沿:新类型案件审判实务》(总第 23 集),法律出版社 2008 年版,第 82 ~ 86 页。

〔98〕 孙之智:《劳动者因时效原因无法申请工伤赔偿的,可请求民事损害赔偿——邢某诉光利公司人身损害赔偿纠纷案法律问题研究》,载北京市高级人民法院编:《审判前沿:新类型案件审判实务》,法律出版社 2012 年版,第 45 ~ 50 页;瞿继成与吉首市第二装卸运输公司健康权纠纷上诉案,湖南省湘西土家族苗族自治州中级人民法院(2012)州民一终字第 310 号民事判决书;吴继伟与徐州道远路面机械有限公司确认劳动关系纠纷上诉案,江苏省徐州市中级人民法院(2013)徐民终字第 1274 号民事判决书。2015 年《全国民事审判工作会议纪要(征求意见稿)》指出:"劳动者遭受工伤事故后非因自身原因未进行工伤认定,劳动者有权依照法律规定赔偿损失。"

典》延续了《侵权责任法》的做法。

一、用人单位的工作人员因执行工作任务自身遭受损害

(一)工作人员因执行工作任务遭受其他工作人员的侵害

受害人与加害人皆为用人单位的工作人员且损害因执行工作任务所致时,就会出现工伤保险与用人单位责任并存的问题。申言之,一方面,作为用人单位工作人员的加害人因执行工作任务而损害他人的,依《民法典》第1191条第1款,用人单位应承担侵权责任;另一方面,由于受害人是用人单位的工作人员,且是在执行工作任务过程中遭受人身损害的,所以该损害也构成工伤。依据《工伤保险条例》的规定,受害人或其近亲属可以获得工伤赔偿。例如,在一起案件中,受害人曾晓红系被告天宇电业股份有限公司的职工,1998年7月3日零时20分,曾晓红乘坐的被告接送职工下班的汽车翻车,曾晓红不幸身亡。交警大队认定被告的职工驾驶员李开明(被告单位职工)负事故全部责任,劳动部门认定曾晓红系因公殉职。该案中,由于同一用人单位的一个工作人员造成另一工作人员人身损害,就产生了工伤保险赔偿和用人单位侵权责任究竟是并存,还是只能适用工伤保险赔偿的问题。[99]

由于《民法典》《侵权责任法》等法律均未对此问题作出规定,因此,存在两种不同的观点:一种观点认为,由于加害人并非用人单位,因此可适用《人身损害赔偿解释》第12条第2款,受害人有权既获得工伤保险赔偿,又可以要求用人单位承担侵权责任。[100] 此外,我国现行法上也规定了受害人享有此种权利。《职业病防治法》第58条规定:"职业病病人除依法享有工伤保险外,依照有关民事法律,尚有获得赔偿的权利的,有权向用人单位提出赔偿要求。"《安全生产法》第53条规定:"因生产安全事故受到损害的从业人员,除依法享有工伤保险外,依照有关民事法律尚有获得赔偿的权利的,有权向本单位提出赔偿要求。"另一种观点认为,此种情形下仅适用工伤保险,受害人不得要求用人单位承担侵权责任。如果当事人以损害赔偿为案由要求用人单位赔偿的,应裁定不予受理,已经受理的,应裁定驳回起诉。[101]

本书认为,工伤保险制度的目的不仅在于补偿受害人,也是为了**分散用人单位的工伤风险**。大致来说,用人单位通过工伤保险分散的人身损害赔偿的风险主要有四类:其一,用人单位自身原因引起的风险,如用人单位的管理不善、规章制度混乱、安全保护措施不足以致职工遭受工伤;其二,工作任务本身蕴含的风险,如职工罹患职业病;其三,受害人自身原因引起的风险,如工人操作机器时失误致手臂被切断;其四,工作人员相互造成损害的风险,如建筑工地的一个工人过失导致钢管坠落,砸伤了另一位工人。为了维护职工的合法权益,分散用人单位的工伤风险,国家才建立工伤保险制度,强制用人单位为其职工缴纳工伤保险费。在职工遭受工伤时,通过工伤保险基金给予工伤保险赔偿。由此可见,用人单位的工作人员在执行工作任务时给其他工作人员造成的损害,正是工伤保险制度要分散的风险,故不应适用《民法典》第

---

[99] 向延明等诉天宇电业公司对因单位应负责任的交通事故因工死亡负担劳动保险待遇后再负损害赔偿责任案,载最高人民法院中国应用法学研究所编:《人民法院案例选》(总第38辑),人民法院出版社2002年版,第189页以下。另参见宋培安等诉郑州大亚兽药有限公司等机动车交通事故责任纠纷案,河南省郑州市中级人民法院(2012)郑民一终字第1437号民事判决书。

[100] 最高人民法院侵权责任法研究小组:《〈中华人民共和国侵权责任法〉条文理解与适用》,人民法院出版社2010年版,第255页。

[101] 最高人民法院中国应用法学研究所编:《人民法院案例选》(总第38辑),人民法院出版社2002年版,第192页以下。

1191 条第 1 款,要求用人单位为其工作人员造成的损害承担侵权责任。况且,工伤保险赔偿金的给付也是企业通过支付保险费而换得的,故此,“民事赔偿和社会法上的事故保险的必要协调在这一背景下以如下方式进行:法定的事故保险在特定范围内排除私法上的人身损害责任”。[102]

然而,必须注意的是:一方面,用人单位对工作人员在工作过程中遭受的损害并非都是可以通过工伤保险加以解决的,我国《社会保险法》第 36 条、《工伤保险条例》第 14 条和第 15 条明确规定工伤保险仅适用于职工因工作原因受到事故伤害或者患职业病,即限于人身伤亡,而不包括工作人员的财产遭受损失的情形、不属于工伤保险的其他人身损害以及因遭受歧视或性骚扰等而发生的侵权责任。正因如此,即便在工伤保险制度起源地德国,民法学通说也认为,对于雇员的物的损害,可以依据《德国民法典》第 823 条以下和第 831 条确定雇主的侵权责任;对于雇员的人身伤害,如果没有涉及《社会法典》第 7 卷第 8 条规定的工伤事故时,也应当适用一般的过错责任。[103]

另一方面,即便是符合工伤情形的人身伤亡,仅仅依靠工伤保险也不足以实现完全赔偿的原则。例如,日本法上,当劳动者依据《劳动基准法》获得事故补偿或者依据《劳动者事故补偿保险法》实际支付给劳动者或其遗属之后,雇主就已经支付的部分免除民事责任。然而,由于依据《劳动基准法》和《劳动者事故补偿保险法》,劳动者获得的补偿是固定数额,不一定能够涵盖工伤或职业病造成的所有损害,例如,失去手指的钢琴家和受到同样伤害的蓝领劳动者所获得的工伤补偿和保险利益是相同的,精神损害也未被纳入工伤保险当中。因此,在日本可就工伤保险体系中没有包含的损害提出民事诉讼。1975 年日本最高法院认为,对劳动者安全和健康照顾义务是源自合同或者其他类似的法律关系中的雇主的义务。故此,日本法上,工伤保险赔偿并不是排他性的,受伤的劳动者既可以提出成文法规定的补偿利益,也可以根据民事责任提出赔偿要求,只要这些赔偿的要求没有被成文法补偿制度所涵盖。[104] 就我国而言,也存在同样的问题。尽管在 2010 年修订后的《工伤保险条例》在很大程度上消除了以往存在的赔偿范围小、程序长等弊端,不仅扩大了工伤的认定范围,简化了工伤认定程序,同时提高了工伤保险赔偿的数额。但是,至少在以下几方面仅仅依靠工伤保险赔偿仍然不足以完全填补损害:

1. 工伤保险不包括精神损害赔偿,但侵权人身损害赔偿中包括精神损害赔偿。著名法学家张新宝教授认为,如果为单纯的工伤事故损害,不涉及第三人的加害行为,受害人一方在获得工伤保险基金给付以后,即不再享有精神损害赔偿的请求权,“此乃工伤保险制度的宗旨使然,也是节省争议解决之社会成本的必然要求”。[105] 本书认为,从工伤保险赔偿基金中支付精神损害赔偿显然是行不通的,但是工伤保险并不能免除因用人单位的原因给受害雇员造成精神损害时的赔偿责任,其只是分散用人单位对雇员因工作任务而出现人身伤亡时的财产损害。故此,受害雇员仍然有权通过侵权赔偿诉讼要求用人单位赔偿精神损害。

2. 就医疗费而言,《工伤保险条例》第 30 条第 3 款规定:“治疗工伤所需费用符合工伤保险诊疗项目目录、工伤保险药品目录、工伤保险住院服务标准的,从工伤保险基金支付。工伤保险诊疗项目目录、工伤保险药品目录、工伤保险住院服务标准,由国务院社会保险行政部门会

---

[102] [德]雷蒙德·瓦尔特曼:《德国劳动法》,沈建峰译,法律出版社 2014 年版,第 207 页。

[103] [德]雷蒙德·瓦尔特曼:《德国劳动法》,沈建峰译,法律出版社 2014 年版,第 199 页以下。

[104] [日]荒木尚志:《日本劳动法》(增补版),李坤刚、牛志奎译,北京大学出版社 2010 年版,第 101 页。

[105] 张新宝:《工伤保险赔偿请求权与普通人身损害赔偿请求权的关系》,载《中国法学》2007 年第 2 期。

同国务院卫生行政部门、食品药品监督管理部门等部门规定。”然而,同样是医疗费的赔偿,在一般的人身损害赔偿侵权责任中,依据《人身损害赔偿解释》第19条的规定:“医疗费根据医疗机构出具的医药费、住院费等收款凭证,结合病历和诊断证明等相关证据确定。赔偿义务人对治疗的必要性和合理性有异议的,应当承担相应的举证责任。医疗费的赔偿数额,按照一审法庭辩论终结前实际发生的数额确定。器官功能恢复训练所必要的康复费、适当的整容费以及其他后续治疗费,赔偿权利人可以待实际发生后另行起诉。但根据医疗证明或者鉴定结论确定必然发生的费用,可以与已经发生的医疗费一并予以赔偿。”因此,实践中存在治疗工伤的医疗费超出工伤保险诊疗项目目录、工伤保险药品目录、工伤保险住院服务标准的情形,如果要遭受工伤的受害人自行承担的情形,显然是非常不公平的。

3. 就残疾赔偿金而言,《工伤保险条例》第35条至第37条规定的伤残的工伤保险待遇也低于人身损害侵权赔偿责任中的残疾赔偿金的数额。例如,以受害人遭受六级伤残为例,依据《工伤保险条例》第36条的规定,职工因工致残被鉴定为六级伤残的,享受以下待遇,即从工伤保险基金按伤残等级支付一次性伤残补助金,标准为16个月的本人工资。但是依据《人身损害赔偿解释》第25条第1款,残疾赔偿金根据受害人丧失劳动能力程度或者伤残等级,按照受诉法院所在地上一年度城镇居民人均可支配收入或者农村居民人均纯收入标准,自定残之日起按20年计算。但60周岁以上的,年龄每增加1岁减少1年;75周岁以上的,按5年计算。因此,依据《工伤保险条例》上述规定,受害人为六级伤残获得的是16个月的工资。但是,如果按照《人身损害赔偿解释》上述规定,应当以其起诉的上一年度城镇居民人均可支配收入或者农村居民人均纯收入乘以20再乘以60%,计算出来的结果会明显高于工伤保险。

综上,笔者认为,如果工伤保险赔偿能够覆盖的工作人员因执行工作任务遭受的人身损害,工伤保险应当取代用人者责任,即受害工作人员既不能以其他工作人员给其造成损害而要求用人单位承担用人者责任,也不能因工作任务本身的危险性而遭受的损害请求用人单位承担侵权责任。但是,就工伤保险赔偿没有覆盖的部分,受害的工作人员有权要求用人单位承担侵权责任。[106] 对此,我国法律也有明确规定。例如,《职业病防治法》第58条规定:“职业病病人除依法享有工伤保险外,依照有关民事法律,尚有获得赔偿的权利的,有权向用人单位提出赔偿要求。”《安全生产法》第53条:“因生产安全事故受到损害的从业人员,除依法享有工伤保险外,依照有关民事法律尚有获得赔偿的权利的,有权向本单位提出赔偿要求。”由于,我国《民法典》并未对工作人员因工伤而请求用人单位承担侵权赔偿责任的归责原则作出特别规定,故此,受害的工作人员只能依据《民法典》第1165条第1款的过错责任原则要求用人单位承担侵权赔偿责任。

(二)因用人单位的原因致使工作人员在执行工作任务中遭受损害

如果工作人员执行工作任务时所受之损害并非其他工作人员所致,而是用人单位所致,例

---

[106] 我国司法实践中,不少法院也采取此种观点,例如,《广东省高级人民法院、广东省劳动人事争议仲裁委员会关于审理劳动人事争议案件若干问题的座谈会纪要》第5条就规定:“劳动者因生产安全事故发生工伤或被诊断患有职业病,劳动者或者其近亲属已享受工伤保险待遇,又依据《最高人民法院关于确定民事侵权精神损害赔偿责任若干问题的解释》的规定向人民法院请求用人单位承担精神损害赔偿责任的,应予支持。”案例可参见杨建祥诉蒂森电梯有限公司北京分公司劳动争议案,北京市第三中级人民法院(2018)京03民终2903号民事判决书。

如，工人在使用机器时手臂被切断，到恶性疟疾流行的地方当翻译感染疟疾而死亡等，[107]此时，应当遵循工伤保险赔偿优先的原则，即受害人应当申请工伤保险赔偿。就工伤保险赔偿不能填补的损害，如精神损害、财产受侵害的损害等，受害人依然可以要求用人单位承担侵权责任。

提　示

学校安排学生到校外工厂实习，在实习过程中学生因执行工作任务遭受损害的，不适用工伤保险。因为学生和企业之间没有劳动关系。在“王俊诉江苏强维橡塑科技有限公司、徐州工业职业技术学院人身损害赔偿纠纷案”中，法院认为：“原告王俊系被告职业学校的在校学生，其基于学校的安排到强维科技进行实习，因此项实习是该学校教学内容的延伸和扩展，所以该学校对原告在实习单位的安全仍负有一定的安全教育和管理义务。作为实习单位的强维科技，在原告实习期间，负有对原告进行安全教育与相关培训的义务，应为原告提供安全的工作场所，以保障原告在实习期间的人身安全。由于原告是基于实习到强维科技进行与其所学知识内容相关的实际操作，其与强维科技之间不存在劳动关系，原告在实习过程中受到的伤害应按照一般民事侵权纠纷处理。本案中，作为实习单位的强维科技虽然对原告进行了实习培训，但其对原告在实习时可能存在的安全隐患仍负有直接的提醒和注意义务，因强维科技未尽到相关义务，对原告受伤的损害结果存在一定的过错，应承担相应的赔偿责任，法院酌定为60%……职业学院未加强对学生的安全教育和进行必要管理，负有疏于管理的责任，该学校对原告受伤的损害结果也存在一定的过错，应承担相应的赔偿责任，法院酌定为20%……原告作为已成年大学生对其自身安全亦有一定的注意义务，其在工作时在三角架移动过程中没有离开三角架，对其受伤的损害结果存在一定的过错，应减轻二被告赔偿责任，法院酌定为20%。”[108]

（三）工作人员因执行工作任务遭受第三人的侵害

所谓“第三人”，是指用人单位及其工作人员之外的人。实践中最常见的工作人员因执行工作任务遭受第三人侵害的情形就是发生机动车交通事故。例如，甲受A单位指派前往B单位洽谈生意，路上被乙驾驶的机动车撞伤。作为A单位的工作人员，甲因执行工作任务而遭受人身损害，依据《工伤保险条例》第14条，应认定为工伤，有权获得工伤保险赔偿。同时，乙驾驶机动车造成甲的损害，构成侵权行为，应承担侵权责任。这样一来，就产生了工伤保险赔偿与第三人侵权责任能否同时适用的问题。对此，无论是《侵权责任法》还是《民法典》均未作出明确的规定。

2002年通过的《安全生产法》是最早对工伤保险与第三人侵权赔偿的关系作出规定的法律。该法第48条规定：“因生产安全事故受到损害的从业人员，除依法享有工伤社会保险外，

---

〔107〕马彩云、田雅娟：《雇员在从事雇佣活动中因病死亡时雇主责任的确定——冯某某、鞠某某诉北京某建材有限公司劳务合同纠纷案相关法律问题分析》，载北京市高级人民法院：《审判前沿：新类型案件审判实务》（总第37集），法律出版社2012年版，第106～109页。

〔108〕王俊诉江苏强维橡塑科技有限公司、徐州工业职业技术学院人身损害赔偿纠纷案，载《最高人民法院公报》2014年第7期。

依照有关民事法律尚有获得赔偿的权利的,有权向本单位提出赔偿要求。"[109] 此后,《人身损害赔偿解释》第 12 条第 2 款规定:"因用人单位以外的第三人侵权造成劳动者人身损害,赔偿权利人请求第三人承担民事赔偿责任的,人民法院应予支持。"司法解释的起草者认为,如果劳动者是因为第三人的侵权行为而遭受工伤的,则第三人不能免除民事赔偿责任,因此受害人既能获得工伤保险赔偿,同时还能要求第三人承担侵权赔偿责任(参见**案例 16.4.1**)。[110]

案例阅读

案例16.4.1
杨文伟诉宝二十冶公司人身损害赔偿案

2006 年 12 月 28 日,《最高人民法院关于因第三人造成工伤的职工或其亲属在获得民事赔偿后是否还可以获得工伤保险补偿问题的答复》([2006]行他字第 12 号)进一步肯定了《人身损害赔偿解释》的做法。该答复规定:"即根据《中华人民共和国安全生产法》第四十八条以及最高人民法院《关于审理人身损害赔偿案件适用法律若干问题的解释》第十二条的规定,因第三人造成工伤的职工或其近亲属,从第三人处获得民事赔偿后,可以按照《工伤保险条例》第三十七条的规定,向工伤保险机构申请工伤保险待遇补偿。"

2010 年 10 月 28 日颁行的《社会保险法》第 42 条规定:"由于第三人的原因造成工伤,第三人不支付工伤医疗费用或者无法确定第三人的,由工伤保险基金先行支付。工伤保险基金先行支付后,有权向第三人追偿。"这一规定意味着,就医疗费用而言,如果受害人已经从工伤保险赔偿金中获得赔偿,就不能要求第三人再行承担医疗费用的赔偿责任;反之亦然。立法者认为,作此规定的原因在于,医疗费用数额明确且医疗费用的凭据只有一份,故此,受害人不能兼得。但是,对其他的项目如残疾赔偿金、死亡赔偿金等是否依然可以获得双重赔偿,因分歧甚大,《社会保险法》未作规定。[111] 为了进一步明确医疗费不能重复赔偿,2014 年 9 月 1 日起施行的《最高人民法院关于审理工伤保险行政案件若干问题的规定》第 8 条规定:"职工因第三人的原因受到伤害,社会保险行政部门以职工或者其近亲属已经对第三人提起民事诉讼或者获得民事赔偿为由,作出不予受理工伤认定申请或者不予认定工伤决定的,人民法院不予支持。

---

[109] 2014 年修正《安全生产法》时,该条成为第 53 条,但内容没有变化。

[110] 陈现杰:《〈最高人民法院关于人身损害赔偿案件适用法律若干问题的解释〉的若干理论与实务问题解析》,载《法律适用》2004 年第 2 期。

[111] 信春鹰主编:《中华人民共和国社会保险法释义》,法律出版社 2010 年版,第 127 页。根据最高人民法院有关文件的介绍,全国人大常委会在起草《社会保险法》过程中,曾就此问题组织了论证会。当时实务界与理论界就工伤保险与第三人侵权赔偿的关系,主要有两种观点:1. 补充模式,即在发生工伤后,受到第三人侵权的工伤职工可同时主张侵权行为损害赔偿和工伤保险给付,但其最终所获得的赔偿或补偿,以实际损失为限,不得超过其实际遭受的损害。理由在于:其一,工伤保险具有补偿功能,侵权损害适用于填平法则,采取补充模式符合公平原则。其二,采取补充模式所有受到工伤的职工补偿待遇是基本相同的。如果因第三人侵害工伤可以得到双份赔偿,将会造成一般工伤的待遇与因第三人造成的工伤待遇相差太大,产生新的不公平。2. 并存模式,即维持《人身损害赔偿解释》第 12 条的做法,理由在于:首先,《工伤保险条例》虽然明确规定了构成工伤应享受相关待遇,但并没有规定第三人侵权造成工伤时应当扣减第三人的赔偿部分,也没有规定工伤保险赔偿基金或用人单位追偿权。其次,侵权损害填平法则难以适用于人身损害赔偿,生命健康无法用金钱来衡量,不存在填平问题。最后,不论项目是否重复,多得一份或数份(侵权赔偿,责任保险,工伤待遇)也不为过,况且法律没有限制当事人可以重复获得赔偿(补偿),不存在公平问题。此外,在实践中,受到工伤的职工打民事官司要花费很大的人力和金钱成本。如果把打官司的成本除去,受到工伤的职工即使打赢官司,扣除成本后所多获得的利益是非常有限的。由于争议太大,最终立法机关在《社会保险法》和修改后的《工伤保险条例》中均未明确该问题。参见《最高人民法院关于对"统一第三人侵权工伤赔偿案件裁判标准"问题的答复(2011 年)》,载最高人民法院网:http://www. court. gov. cn/gzhd/mygtxx/myfk-zl/ wpgz/201111/t20111123_167195. htm,2015 年 6 月 17 日最后访问。

职工因第三人的原因受到伤害，社会保险行政部门已经作出工伤认定，职工或者其近亲属未对第三人提起民事诉讼或者尚未获得民事赔偿，起诉要求社会保险经办机构支付工伤保险待遇的，人民法院应予支持。职工因第三人的原因导致工伤，社会保险经办机构以职工或者其近亲属已经对第三人提起民事诉讼为由，拒绝支付工伤保险待遇的，人民法院不予支持，但第三人已经支付的医疗费用除外。”

损害赔偿法以完全赔偿和禁止得利为基本原则，在承认工伤保险与第三人侵权赔偿可以并存的前提下，必须要考虑防止重复赔偿的问题，况且，依据《社会保险法》第 42 条度规定，工伤保险基金在先行支付后对第三人还有追偿权。然而，究竟哪些项目不能重复赔偿，各地法院的做法不一。有的法院认为，医疗费不能重复赔偿。例如，2013 年 8 月 19 日重庆市高级人民法院颁布的《关于因第三人侵权造成工伤的劳动者或者工亡的劳动者遗属是否既有权获得工伤保险待遇又有权获得侵权损害赔偿问题的解答》规定：“由于第三人的原因造成工伤，工伤职工或者因工死亡职工的遗属如果选择请求社会保险经办机构及用人单位支付相应的工伤保险待遇，在获得工伤保险待遇后请求第三人承担侵权损害赔偿责任的，应予支持，但医疗费用除外。”有的法院认为，对于医疗费、交通费和残疾用具费不能重复赔偿，如《北京市高级人民法院、北京市劳动争议仲裁委员会关于劳动争议案件法律适用问题研讨会会议纪要》第 34 条规定：“因第三人侵权而发生的工伤，如用人单位未为劳动者缴纳工伤保险费，应由用人单位按照《工伤保险条例》的有关规定向劳动者（或直系亲属）支付工伤保险待遇。侵权的第三人已全额给付劳动者（或直系亲属）医疗费、交通费、残疾用具费等需凭相关票据给予一次赔偿的费用，用人单位则不必再重复给付。”有的法院认为，医疗费、辅助器具费和丧葬费不能重复赔偿，例如，《广东省高级人民法院、广东省劳动人事争议仲裁委员会关于审理劳动人事争议案件若干问题的座谈会纪要》第 6 条规定：“劳动者工伤由第三人侵权所致，第三人已承担侵权赔偿责任，劳动者或者其近亲属又请求用人单位支付工伤保险待遇的，用人单位所承担的工伤保险责任应扣除医疗费、辅助器具费和丧葬费。”还有的法院认为，误工费、医疗费、护理费、住院伙食补助费、辅助器具费、被扶养人生活费、丧葬费等都不能重复赔偿。例如，2010 年《上海市高级人民法院关于审理工伤保险与第三人侵权赔偿竞合案件若干问题的解答》认为：“工伤保险赔偿和侵权损害赔偿中相同并存在重复的项目主要有这样一些，即：工伤保险赔偿中的原工资福利待遇（侵权损害赔偿中的误工费）、医疗费、停工留薪期间的护理费和生活护理费（侵权损害赔偿中的护理费）、住院伙食补助费、交通费、外省市就医食宿费（侵权损害赔偿中的外省市就医住宿费和伙食费）、康复治疗费（侵权损害赔偿中的康复费、康复护理费、适当的整容费、后续治疗费等）、辅助器具费（侵权损害赔偿中的残疾辅助器具费）、供养亲属抚恤金（侵权损害赔偿中的被抚养人生活费）、丧葬补助金（侵权损害赔偿中的丧葬费）等费用……这些项目如果重复赔偿，则违反了民法的填平原则和实际赔偿原则。故对上述项目，采取同一赔偿项目按照就高原则进行认定的方式来处理比较合理。‘就高原则’是指上述侵权损害和工伤保险相同并重复的赔偿项目，按照各自的计算标准，确定两者之中数额较高的作为劳动者应获得的赔偿数额的计算原则……法院在审理工伤保险赔偿案件中，如查明劳动者在侵权损害赔偿案件中已就相同并重复的赔偿项目按照就高原则获得足额赔偿，按照民法的填平原则，劳动者仍在工伤保险赔偿中主张赔偿的,法院不予支持。”[112]

本书认为,工伤保险作为一种社会保险制度,其与侵权赔偿责任在立法的基本思想、成立要件、给付内容等方面均有不同。[113] 工伤保险制度的核心在于:一方面,为工伤事故中处于弱势地位的受害人提供基本的生存保障;另一方面,分散用人单位的工伤风险。[114] 因此,工伤保险制度本身并无分散第三人侵权赔偿责任的功能。原则上,第三人侵权时,侵权人不能以受害人已经获得了工伤保险基金管理机构支付的工伤保险待遇或已经要求用人单位承担了工伤保险责任为由,主张损益相抵。但是,如果完全采取工伤保险与第三人侵权赔偿全部并存的做法,也有弊端。一则,这样做有违损害赔偿法上的禁止获利原则,即受害人不能因损害赔偿而获得超过其损害的利益。倘若赔偿带给受害人的利益超过了应予赔偿的损害之范围,就意味着受害人因侵害行为而获利,这是法律所不允许的。[115] 二则,允许填补同一损害的项目重复赔偿,对受害人而言,属于“锦上添花”的优遇,但对社会资源和有限的工伤保险赔偿基金而言则是浪费,不利于维持工伤保险赔偿基金的经济能力。[116] 鉴于此,本书认为,就工伤保险赔偿基金已经支付的工伤待遇中哪些可以在侵权赔偿责任中予以抵扣的问题,需要比较工伤保险赔偿项目与侵权赔偿项目的性质以及填补的是否为同一损害而定。对于性质相同,旨在填补同一损害的项目,则不能重复给付,应予以扣减;对于性质不同的赔偿项目或者只是工伤保险待遇或侵权赔偿责任中独有的项目,则不能抵扣。具体说明如下:

1. 工伤保险赔偿中医疗费、住院伙食补助费、生活护理费、交通食宿费、残疾器具辅助费、伤残补助金、丧葬补助金以及一次性工亡补助金,与侵权赔偿中的医疗费、住院伙食补助费、护理费、交通费、残疾器具辅助费、丧葬费、残疾赔偿金、死亡赔偿金填补的是同一损害,性质与功能相同。[117] 故此,就这些项目,受害人不能从工伤保险和侵权人处均得到赔偿。[118] 此外,依据《工伤保险条例》第33条第1款的规定,职工因工作遭受事故伤害或者患职业病需要暂停工作接受工伤医疗的,在停工留薪期内,原工资福利待遇不变,由所在单位按月支付。在受伤职工所在单位按月支付了原工资福利待遇的情况下,侵权人可以就被侵权人要求赔偿误工费的请

---

[112] 2009年《江苏省高级人民法院关于在当前宏观经济形势下妥善审理劳动争议案件的指导意见》也认为:“对于劳动关系以外的第三人侵权造成劳动者人身损害,同时构成工伤的,如果劳动者已获得侵权赔偿,用人单位承担的工伤保险责任中应扣除第三人已支付的医疗费、护理费、营养费、交通费、住院伙食补助费、残疾辅助器具费和丧葬费等实际发生费用。用人单位先行支付工伤保险赔偿的,可以在第三人应当承担的赔偿责任范围内向第三人追偿。”此外,《最高人民法院第八次全国法院民事商事审判工作会议纪要(民事部分)(征求意见稿)》第17条也认为:“用人单位未依法缴纳工伤保险费,劳动者因第三人侵权造成人身损害并构成工伤,如果已经获得侵权赔偿,用人单位承担的工伤保险责任应扣除第三人已支付的医疗费、护理费、营养费、交通费、住院伙食补助费、残疾器具辅助费和丧葬费等实际发生的费用。用人单位先行支付工伤保险赔偿的,可以就上述费用在第三人应承担的赔偿责任范围内向其追偿。当地政府出台的政策意见较上述规定对劳动者更有利的,可按照当地政策意见执行。”

[113] 王泽鉴:《劳灾补偿与侵权行为损害赔偿》,载王泽鉴:《民法学说与判例研究》(重排合订本),北京大学出版社2015年版,第866页。

[114] 郑尚元:《工伤保险法律制度研究》,北京大学出版社2004年版,第49页以下。

[115] Looschelders, Schuldrecht Allgemeiner Teil, 6. Aufl., 2008, Rn. 876.

[116] 王泽鉴:《劳灾补偿与侵权行为损害赔偿》,载王泽鉴:《民法学说与判例研究》(重排合订本),北京大学出版社2015年版,第873页。

[117] 周江洪:《侵权赔偿与社会保险并行给付的困境与出路》,载《中国社会科学》2011年第4期。

[118] 当然,这些费用也存在一定的差别。例如,工伤保险待遇中支付的医疗费必须符合工伤保险诊疗项目目录、工伤保险药品目录、工伤保险住院服务标准的限制,比侵权赔偿责任中的医疗费的范围要狭窄。因此,就超出工伤保险支付标准之外的医疗费,被侵权人依然有权要求侵权人承担侵权赔偿责任。

求，主张损益相抵，即要求扣减被侵权人所在单位支付的原工资福利待遇。

2. 工伤保险待遇中的伤残津贴、供养亲属抚恤金与侵权赔偿责任中的残疾赔偿金、死亡赔偿金、被扶养人生活费的性质、功能不同。前者具有社会保障功能与慰抚功能，后者旨在弥补受害人及其近亲属的财产损失，故侵权人不得主张扣减被侵权人从工伤保险基金获得的伤残津贴、供养亲属抚恤金。

3. 一次性工伤医疗补助金、营养费分别是工伤保险待遇、侵权赔偿中独有的项目，不存在重复赔偿的问题。

二、提供劳务的一方因劳务自身遭受损害的赔偿

（一）规范目的与归责原则

提供劳务的一方因劳务而自身遭受损害的情形，是指在形成劳务关系的自然人之间，提供劳务一方因劳务遭受的损害，该损害可能是来自第三人的侵权，也可能是因为劳务活动本身的危险性所致。由于个人之间形成的劳务关系不属于依法应当参加工伤保险统筹的情形，无法适用《工伤保险条例》，故此，受害人不能享受工伤保险待遇。为解决由此产生的赔偿责任问题，《民法典》第1192条第1款第3句作出了专门的规定："提供劳务一方因劳务受到损害的，根据双方各自的过错承担相应的责任。"此外，《民法典》第1192条第2款还对于提供劳务期间，提供劳务一方因第三人侵权而遭受损害的赔偿责任问题作出了规定，即"提供劳务期间，因第三人的行为造成提供劳务一方损害的，提供劳务一方有权请求第三人承担侵权责任，也有权请求接受劳务一方给予补偿。接受劳务一方补偿后，可以向第三人追偿"。

在《民法典》之前，《人身损害赔偿解释》第11条第1款第1句曾规定，雇主对雇员从事雇佣活动中遭受的人身损害即便无过错，也要承担责任，即适用无过错责任。但是，《侵权责任法》第35条第2句改变了司法解释这一规定。依据该句，劳务提供方因劳务遭受损害时，应当适用过错责任原则，即"根据双方各自的过错承担相应的责任"。从现有的文献来看，《侵权责任法》作此规定的理由在于：首先，既然个人之间提供劳务的关系不属于依法必须参加工伤保险的情形，不适用《工伤保险条例》，就意味着无法通过保险机制来分散风险。[119] 如果要求接受劳务的一方无过错也承担责任，过于苛刻，有失公允。[120] 其次，实践中，因劳务遭受损害的情形比较复杂，只有区分不同的情况，根据双方的过错来处理，才比较合理公平，符合现实。[121] 在《民法典》编纂过程中，就接受劳务一方对提供劳务一方因劳务而遭受的损害，究竟是承担过错责任还是无过错责任存在很大的争议。《民法典侵权责任编草案》第二次审议稿采取无过错责任，其第968条曾规定："提供劳务一方因劳务自己受到损害的，由接受劳务一方承担侵权责任；提供劳务一方有过错的，可以减轻或者免除接受劳务一方的责任。"但是，该草案的三审稿又进行了修改，重新回到了《侵权责任法》第35条第2句的规定，直至《民法典》颁布，也未作变动。立法机关有关人士对此的解释是："个人之间的劳务关系的损害，跟雇主情形下损害不一样，个人之间的劳务，提供劳动一方具有较大的自主权，不像雇主对雇员的控制力那么强。造成损害的，接受劳务一方承担无过错责任太重。所以提供劳务一方因劳务受到损害的，不宜采

---

〔119〕 王利明主编：《中华人民共和国侵权责任法释义》，中国法制出版社2010年版，第156页。

〔120〕 王胜明主编：《中华人民共和国侵权责任法解读》，中国法制出版社2010年版，第168页。

〔121〕 王胜明主编：《中华人民共和国侵权责任法释义》，法律出版社2010年版，第177～178页。

取无过错责任的原则,要求接受劳务的一方无条件地承担赔偿责任。"[122]

笔者认为,对于提供劳务一方因劳务所受损害的侵权赔偿责任适用过错责任原则,并不妥当:

首先,不利于保护提供劳务一方的合法权益。在个人之间形成的劳务关系中,提供劳务的一方因劳务所遭受的损害多源于该劳务本身的危险性。尽管很多时候提供劳务方对损害的发生也有过错,但是与接受劳务的一方相比,提供劳务方对劳务的危险性的认识与控制能力,显然更弱。如果按照根据双方各自的过错分担责任,那么接受劳务一方常常能够以提供劳务一方有过错为由,减轻甚或免除责任。这显然无法有效地督促接受劳务一方加强对提供劳务一方的监督、指导与控制。相反,如果适用无过错责任原则,在提供劳务方仅具有轻微过失、一般过失时,不能减轻接受劳务方的赔偿责任,这就可以有效地促使接受劳务方尽到监督和管理之责。

其次,基于报偿原理,接受劳务的一方因他人提供之劳务而受有利益,自然应承担相应的责任,这其中就包括了要对提供劳务方因劳务遭受的损害承担无过错责任。对于接受劳务方而言,这并不苛刻。相反,无过错责任能促使任何人在决定究竟是自我服务还是接受他人服务时,三思而后行。《侵权责任法》的起草者以个人之间形成的劳务不适用《工伤保险条例》,无法分散风险为由,改采过错责任原则,显然是本末倒置。事实上,正是由于个人之间形成的劳务不适用《工伤保险条例》,才更需要采用无过错责任原则。因为提供劳务方能否获得赔偿完全取决于接受劳务方个人财产之多寡。通过采取无过错责任,令接受劳务方负担更重的责任,使之认识到雇佣他人提供劳务具有很大的风险,进而投保商业的责任保险,以免将来因承担赔偿责任而陷入困境。反之,如果采取过错责任,接受劳务方因具有足够的免责与减责事由,就会心存侥幸,不去投保责任保险,最终会导致受害人的损害无法得到填补。

最后,在提供劳务一方因劳务遭受损害的情形中,有一类情形是第三人给提供劳务的一方造成损害。本来,依据《人身损害赔偿解释》第 11 条第 1 款第 2 句,如果雇佣关系以外的第三人造成雇员人身损害的,赔偿权利人可以请求第三人承担赔偿责任,也可以请求雇主承担赔偿责任。雇主承担赔偿责任后,可向第三人追偿。但是,《民法典》第 1192 条第 2 款将此种情形下接受劳务一方的赔偿责任修改为性质上属于公平责任的"补偿"责任,且规定接受劳务一方补偿后还可以向第三人追偿,故此,已经很大程度上减轻了接受劳务的一方的责任。

(二)接受劳务一方的过错之类型

1. 不具备相应的资质或安全生产条件。尽管依据《安全生产法》《建筑法》等法律,从事建设工程等生产经营活动的民事主体应当是具有相应的安全生产条件和资格的单位;但是,目前在我国的建筑市场上,违法转包或层层分包,以致实际上完全是由个人承包工程的情形屡见不鲜。个人不具有相应的资质和安全生产条件,雇佣他人从事建设工程等生产经营活动的,在法律上就应当认为接受劳务一方是有过错的。对此,《人身损害赔偿解释》第 11 条第 2 款还规定了连带责任,即"雇员在从事雇佣活动中因安全生产事故遭受人身损害,发包人、分包人知道或者应当知道接受发包或者分包业务的雇主没有相应资质或者安全生产条件的,应当与雇主承

---

[122] 黄薇主编:《中华人民共和国民法典侵权责任编释义》,中国法制出版社 2020 年版,第 115～116 页。对立法中相关争论的详细介绍参见朱宁宁:《保姆干活受伤雇主责任或将越来越重:这是公平还是不公平?》,载《法制日报》2019 年 1 月 13 日。

担连带赔偿责任”。例如,在“江炳登与李灿华雇员受害赔偿纠纷上诉案”中,法院认为:“建筑施工人须为具有相应建设资质的企业,江炳登应当知道黄伟宏个人不符合《中华人民共和国建筑法》第十二条规定的建筑施工从业资格要求,而将工程发包给其施工,依法应与其承担连带责任。”[123]

2. 未尽到对劳务活动的监督、指导、管理和控制的义务。劳务活动往往具有一定的危险性,接受劳务的一方于提供劳务一方从事劳务活动时,应尽到充分的监督、指导和管理之义务;否则,应认为接受劳务的一方具有过错,应当承担责任。在一起案件中,被告罗友敏是眉山106线西来堰大桥道板架设安装工程的承包人,其招收受害人刘明在该工程工作后,双方形成了劳动合同关系。某日,刘明于安放道板下的胶垫时未使用铁钩,直接用手放置。由于支撑道板的千斤顶滑落,重达10多吨的道板坠下,将刘明的左手砸伤。法院认为:被告罗友敏作为工程承包人和雇主,依法对民工的劳动保护承担责任。采用人工安装桥梁行车道板本身具有较高的危险性。对此,被告罗友敏应采取相应的安全措施并临场加以监督和指导,而被告仅在作业前口头予以强调,疏于注意,以致刘明发生安全事故。虽然刘明在施工中也有违反安全操作规则的过失,但其并非铁道建设专业人员、且违章情节较轻,故不能免除罗友敏应负的民事责任。[124]

3. 未提供相应的生产设备或采取相应的安全保护措施。接受劳务一方应当为提供劳务一方提供相应的生产设施并采取充分的安全保护措施,以免提供劳务者遭受损害。如果接受劳务一方不提供相应的生产设施或未采取安全保护措施,或者提供的生产设施、设备有缺陷,以致提供劳务者遭受损害的,接受劳务一方具有过错,需要承担相应责任。例如,受害人梁志有在胜坨镇孙家村的商品楼外墙粉刷涂料施工过程中,因吊架坠落受伤。该工程由胜坨镇孙家村村委会发包给垦利胜坨建筑安装公司,垦利胜坨建筑安装公司又将其中粉刷涂料的工程分包给没有相应资质的董绍民个人,董绍民再次将该工程承包给陈文光。受害人梁志有是在受雇于陈文光并进行施工时受伤的。法院认为:“被告陈文光作为雇主应当为原告提供安全的施工工具和施工环境,以保证原告在完成雇主所安排的工作中免受损害。原告在施工中因被告陈文光所提供的用于施工的吊篮脱落坠地造成伤残,被告陈文光对此负有主要责任。”[125]

（三）责任的减轻或免除

在提供劳务一方因劳务遭受损害时,接受劳务一方存在过错的,应承担赔偿责任。但是,如果提供劳务一方自己也有过错的,就应比较双方各自过错的程度,相应地减轻接受劳务一方的赔偿责任。由于《民法典》并未特别规定,受害人的重大过失可以免除行为人的侵权责任,因此,即便在接受劳务方仅具轻微过失,而提供劳务一方具有重大过失时,也不应免除接受劳务方的赔偿责任。例如,在一起案件中,受雇于被告张新启的原告张金法无证驾驶机动车,以致在从事劳务活动中发生交通事故,自身遭受损害。法院认为,雇员张金法“无驾驶资格驾驶无牌小铲车致使危害结果发生,存在重大过失”,可以减轻雇主的赔偿责任。[126]

如果提供劳务一方与接受劳务一方,对于损害的发生都没有过错。以往,司法实践中多适用公平责任予以处理,根据实际情况,由双方分担损失。例如,受害人杨长国在为雇主从事雇

---

[123] 江炳登与李灿华雇员受害赔偿纠纷上诉案,广东省佛山市中级人民法院(2008)佛中法民一终字第926号民事判决书。

[124] 刘明诉铁道部第二十工程局第八工程公司、罗友敏工伤赔偿案,载《最高人民法院公报》1999年第5期。

[125] 陈文光与梁志有人身损害赔偿纠纷上诉案,山东省东营市中级人民法院(2002)东民一终字第108号民事判决书。

[126] 张新启与张金法雇员受害赔偿纠纷上诉案,河南省安阳市中级人民法院(2010)安民二终字第310号民事判决书。

佣活动即打坟的过程中突发心脏病死亡,其近亲属要求雇主承担赔偿责任。法院认为:“受害人杨长国是在雇佣活动中突发心脏病死亡的,对于该死亡结果,雇主房宽才并不存在主观上的过错,并且打坟的工作也没有超出正常的劳动强度,由房宽才承担因受害人杨长国死亡而造成的大部分损失显失公平,但是基于公平原则和雇佣关系存在的客观事实,被告房宽才应当对受害人杨长国承担适当的民事赔偿责任。”[127] 但是,由于《民法典》第1186条已经限制了公平责任的适用,只有法律有规定才能适用公平责任,故此,上述案件不能适用公平责任。

(四)提供劳务方因劳务遭受第三人侵害的赔偿

提供劳务一方在提供劳务期间遭受第三人侵权的,受害人当然有权请求第三人承担侵权责任。但是,接受劳务一方是否需要对提供劳务一方的损害承担责任呢?司法实践中有观点认为,此时接受劳务方与直接从事侵权行为的第三人之间形成不真正连带责任关系。[128] 如果提供劳务方起诉请求第三人赔偿并被判决支持,但因第三人下落不明而无法得到执行的情况下,由于该不真正连带之债并未消灭,提供劳务方仍有权请求接受劳务方承担赔偿责任。[129] 但是,《民法典》第1192条第2款的规定是,提供劳务一方有权请求第三人承担侵权责任,也有权请求接受劳务一方给予补偿。这就是说,首先,接受劳务一方承担的是补偿责任,而非赔偿责任。因为“个人之间形成劳务关系一般不购买相应的工伤保险”,让接受劳务一方承担不真正连带责任过重。[130] 其次,从《民法典》第1192条第2款来看,提供劳务一方的补偿责任与实施侵权行为的第三人的侵权责任并无先后顺序之分,也就是说,该补偿责任不是补充责任,而是可以由提供劳务一方加以选择。从诉讼程序上说,提供劳务一方可以分别或同时起诉第三人和接受劳务一方。如果提供劳务一方只是起诉了第三人,在第三人没有赔偿能力而使得损害无法全部填补的时候,提供劳务一方可以继续起诉接受劳务一方给予补偿。提供劳务一方可以只是起诉接受劳务一方,要求其进行补偿,接受劳务一方补偿后可以向第三人追偿。如果是同时起诉第三人和接受劳务一方的话,法院判令第三人承担侵权责任,同时判令接受劳务一方在第三人不能承担或不能完全承担侵权责任的情形下,承担补偿责任。[131]

第五节 定作人责任

一、定作人责任的含义

定作人责任,也称“定作人指示过失责任”,是指当承揽人因从事承揽工作而加害于他人或自身遭受损害时,应由承揽人承担侵权责任或自担损害,定作人原则上不负侵权责任;但定作

---

[127] 《雇员因自身疾病原因突发性死亡如何赔偿——常焕香等诉房宽才等雇员损害赔偿案》,载最高人民法院中国应用法学研究所编:《人民法院案例选》(总第67辑),人民法院出版社2009年版,第71页。

[128] 最高人民法院民事审判第一庭编:《最高人民法院人身损害赔偿司法解释的理解与适用》,人民法院出版社2004年版,第183页。

[129] 石佰平诉商丘市交通运输有限公司、南红雇员受害赔偿纠纷案,载最高人民法院中国应用法学研究所编:《人民法院案例选》(总第64辑),人民法院出版社2009年版,第76页以下。

[130] 黄薇主编:《中华人民共和国民法典侵权责任编解读》,中国法制出版社2020年版,第117页。

[131] 张新宝教授在2020年8月9日晚中国政法大学民商经济法学院的讲座中认为,提供劳务一方对侵权的第三人和接受劳务一方的请求权应当是相互排斥,不能并存。

人存在定作、指示或者选任上的过错时，应就承揽人加于他人之损害或承揽人所遭受的损害承担相应的赔偿责任（参见**案例16.5.1**）。在《民法典》之前，我国《民法通则》与《侵权责任法》都没有对定作人责任作出规定。由于司法实践经常发生此类案件，故此一些地方法院的指导性文件曾结合实践作出过规定，如《江苏省高级人民法院关于审理人身损害赔偿案件若干具体问题的意见》第43条规定："承揽人在履行承揽合同过程中，由于执行定作人有过失内容的定作或指示而造成他人人身损害的，应当由定作人承担民事责任；如果承揽人也有过错，则应当由定作人和承揽人承担连带责任。如果定作人的定作或指示并无过失，则应当由承揽人承担民事责任。"在总结地方法院经验的基础上，最高人民法院的《人身损害赔偿解释》首次对定作人责任作出了详细的规定。依据该解释第10条，"承揽人在完成工作过程中对第三人造成损害或者造成自身损害的，定作人不承担赔偿责任。但定作人对定作、指示或者选任有过失的，应当承担相应的赔偿责任"。

案例阅读

案例16.5.1
朱荣楼诉中国人民解放军镇江船艇学院等损害赔偿纠纷案

我国《民法典》吸收借鉴上述司法解释的规定，对定作人责任作出了规定。《民法典》第1193条规定："承揽人在完成工作过程中造成第三人损害或者自己损害的，定作人不承担侵权责任。但是，定作人对定作、指示或者选任有过错的，应当承担相应的责任。"

二、定作人责任的性质与理论基础

从比较法上来看，德国、瑞士民法对于定作人责任没有规定，该项制度来源于英美法中的"**独立合同人**"（independent contractor）制度。在英美法上，雇主仅仅对雇员的侵权行为承担替代责任，但是对于独立合同人的侵权行为原则上是不承担侵权责任的。英美法上认为，雇员与雇主之间成立的是"劳务合同"（contract of service），也称雇佣合同（an employment contract），独立合同人与他人之间成立的是"服务合同"（contract for services/a service contract）。英国著名法官丹宁勋爵在1969年的Stevenson Jordan and Harrison Ltd.案中认为："依据一份劳务合同，某人被雇佣而成为商业的组成部分；然而，依据一份服务合同，某人尽管是为商业而服务，却并未被整合进入商业而仅仅是附属于它。"[132] 区分雇员与独立合同人的根本标准在于控制力（control test），具体需要考量的因素包括：(1)何人拥有劳动工具？如果是从事该工作的人拥有工作中使用的工具，那么该人通常就是独立合同人，反之则是雇员；(2)是获得工资还是一次性付款？如果工作的人是定期获得工资，则属于雇员，如果是一次性取得费用或报酬，则属于独立合同人；(3)工人是否在商业活动中为自己的利益，如果是为了自己的利益而工作，则属于独立合同人，反之则是雇员；(4)谁有权雇佣或解雇雇员？凡是有权雇佣或解雇雇员的就是雇主，否则就是独立合同人。[133]

日本民法仿照英美法的独立合同人制度对定作人责任作出了规定。《日本民法典》第716条规定："定作人对于承揽人就其工作加于他人的损害，不负赔偿责任。但是，定作人对于定作或指示有过失时，不在此限。"就民法中为何专门就定作人责任作出规定，日本民法学的通说认为，《日本民法典》第716条旨在避免就承揽事项上适用第715条关于雇主责任的规定。因此，第716条乃是注意的规定，即提示人们注意区分定作人与雇主的不同，而不能一概适用雇

---

〔132〕 Vivienne Harpwood, *Modern Tort Law*, 7th ed., Routledge - Cavendish, 2009, p. 358.

〔133〕 Vivienne Harpwood, *Modern Tort Law*, 7th ed., Routledge - Cavendish, 2009, p. 358.

主责任。[134] 日本大审院昭和9年5月23日判例指出:“独立行动之范围彼大(定作人—承揽人)此小(定作人—劳动者),毕竟仅系程度之不同。是均为某事业而使用他人者,就被用人之侵权行为应负责任。但于承揽情形,就使用人有无怠于注意之举证责任并不相同。此乃第715条(雇用人责任)及第716条(定作人责任)之法意也。”[135]

《大清民律草案》第953条采纳了日本民法的上述规定,即:“承揽人为承揽事项加损害于第三人者,定作人不负赔偿责任。但定作人于定做或指示有过失者,不在此限。”此后,《中华民国民法》和我国台湾地区“民法”第189条完全沿用了这一规定,即:“承揽人因执行承揽事项,不法侵害他人之权利者,定作人不负损害赔偿责任。但定作人于定做或指示有过失者,不在此限。”大清民律草案在该条的立法理由中指出:“谨按承揽人独立承办一事,如加害于第三人,其定作人不能负损害赔偿之责,因承揽人独立为其行为,而定作人非使用主,此故也。但定作人于定做或指示有过失时,仍不能免赔偿之义务,盖此时承揽人有似定作人之使用人。此本条所由设也。”我国台湾地区民法学者对设置定作人责任的理由有不同的解释。王伯琦先生认为,“民法”第189条对定作人责任的规定并非单纯地指明定作人不同于雇主,它更重要的意义在于指明民法第191条关于地上工作物所有人的责任不能适用于定作人身上,因为当定作物为地上工作物时,定作虽未完成交付,其所有权应即属于作为定作人的土地所有人。依据第191条的规定,定作人本来应当负责,但是在定作进行的过程中,定作人对于定作物的设置既无法监督指挥,更无法保管,令人依第191条负所有人责任,显然不当,因此第189条规定定作人原则上不负责任。[136] 然而,史尚宽先生却认为:“‘民法’第189条之规定,乃紧接第188条之规定,应探究英美法原理及民法之规定,以为适当之解释。除上述定作人之一般侵权行为责任外,应有其他特殊之责任,而本条之规定始有意义,‘民法’第189条乃为第188条之例外规定。定作人对于承揽人之侵权行为,原则不负责任,惟就承揽人因执行定作人有过失之承揽事项所加于他人之损害,例外的亦应依第188条负雇用人之责。依此,定作人有两重责任。即:(1)就自己之过失行为,独立负责(一般侵权行为责任)。(2)就承揽人因执行定作人有过失之承揽事项,而因承揽人之过失所加于他人之损害,负特殊侵权行为之代理责任。”[137] 王泽鉴先生则认为,设置定作人责任的规范意旨有两点:其一,承揽人既然不同于雇员,具有自主性与独立性,基本上有预防风险以及分散损害的能力,所以不必为了保护受害人而令定作人像雇主那样承担代负赔偿责任;其二,既然承揽人具有自主独立性,不受定作人的监督或指示,那么就不应当推定定作人就其定做或者指示具有过失。[138]

在我国,《人身损害赔偿解释》首次对定作人责任作出了规定。司法解释起草者认为:“由于市场经济的发展,民事法律关系越来越复杂,一些市场主体的经济行为不规范,恶性竞争导致一些承揽人野蛮施工、违规生产的情况很严重,甚至一些不法商户为了牟取暴利,定作人与承揽人串通一气,以假充真、以劣充优,偷梁换柱,生产伪劣商品,建设‘豆腐渣’工程,造成人身

---

〔134〕 [日]加藤一郎:《不法行为》,有斐阁1974年版,第107页。转引自曾隆兴:《详解损害赔偿法》,中国政法大学出版社2004年版,第105页。

〔135〕 曾隆兴:《详解损害赔偿法》,中国政法大学出版社2004年版,第105页。

〔136〕 王伯琦:《民法债编总论》,正中书局1994年版,第96页。

〔137〕 史尚宽:《债法总论》,中国政法大学出版社2000年版,第194页。

〔138〕 王泽鉴:《特殊侵权论——定作人责任》,载最高人民法院民事审判第一庭:《民事审判指导与参考》(总第22集),法律出版社2005年版,第55页。

伤害事故。对这些伤害事故引发的纠纷，缺少法律规范的指导，显然就很难得到公正的处理。”[139]故此，有必要对定作人责任作出规定。《侵权责任法》没有规定定作人责任。[140]《民法典》第1193条对定作人责任作出了规定，有利于司法实践中正确地区分用人者责任与定作人责任，值得肯定。

三、定作人责任的特征

第一，原则上定作人不对承揽人完成工作过程中对第三人造成的损害或者承揽人自身遭受的损害承担赔偿责任。无论是承揽人因完成承揽工作造成他人的损害抑或其自身损害，原则上定作人都不承担任何赔偿责任。承揽人就对他人造成的损害是否应当负担赔偿责任，应依据其加害行为是一般侵权行为还是特殊侵权行为，分别依据《民法典》第1165条第1款及其他规定确定。从这一点可知，定作人责任不同于用人者责任与工伤事故责任。

第二，定作人具有定作、指示或选任上的过错时，应对承揽人完成工作过程中对第三人造成的损害或者承揽人自身遭受的损害承担相应的责任。

当承揽人在完成工作过程中造成第三人损害时，如果定作人对定作、指示或者选任有过失的，则定作人应当承担相应的赔偿责任。具体情形如下：

其一，承揽人在完成承揽工作中致人损害的行为因欠缺过错而不构成侵权行为，而定作人具有定作、指示或选任的过错的，此时承揽人虽无须承担赔偿责任，但定作人因其过错而需要单独承担侵权责任(《民法典》第1165条第1款)。其二，承揽人在完成承揽工作中因过错致人损害而构成侵权行为，且定作人又具有定作、指示或者选任上的过错，此时依据《民法典》第1172条各自承担相应的责任。定作人责任以定作人的过错和承揽人应当承担责任这两个条件同时并存为前提。只有在定作人存在定作、指示或选任的过错，承揽人就其在完成工作过程中对第三人造成损害的行为又应当承担侵权责任的情况下，才有定作人责任的适用。[141]其三，承揽人在完成工作过程中自身遭受损害时，倘若定作人对于定作、指示或者选任有过错的，应当承担赔偿责任。我国《民法典》第776条规定：“承揽人发现定作人提供的图纸或者技术要求不合理的，应当及时通知定作人。因定作人怠于答复等原因造成承揽人损失的，应当赔偿损失。”该条所规定的损害赔偿责任不仅是违约责任，也属于侵权责任，此时定作人对承揽人的赔偿责任就是一般侵权责任。

鉴于《民法典》规定定作人责任的主要意义是为了和第1191条和第1192条的用人者责任相互区分，故此，本章仅讨论承揽人的行为造成第三人损害时定作人的责任，不讨论定作人对承揽人自身遭受的损害承担赔偿责任(此种责任既可以依据合同责任解决，也可通过侵权责任解决)的情形。

四、定作人责任的构成要件

(一)必须是承揽人等独立契约人

定作人责任与雇主责任区分的一个重要标准就是，前者实施侵权行为的是**独立契约人**，而

---

〔139〕 最高人民法院民事审判一庭编著：《最高人民法院人身损害赔偿司法解释的理解与适用》，人民法院出版社2004年版，第167页以下。

〔140〕 2015年《全国民事审判工作会议纪要(征求意见稿)》指出：“对于个人与提供劳务的一方所在单位，其他组织之间签订承揽合同，在履行合同期间提供劳动一方因劳务造成他人损害或者自己受到损害的，接受劳务一方不承担责任，但是接受劳务一方在选任、指示等方面存在过失的，应当承担相应的责任。”

〔141〕 郑玉波：《民法债编总论》，中国政法大学出版社2006年版，第188页。

后者为雇员。独立契约人当然包括承揽人,但不限于承揽人。虽然在《民法典》第1193条中使用的概念是"承揽人",但不能将之仅仅理解为《民法典》合同编第十七章规定的"承揽合同"中的承揽人,而应当扩张解释为独立契约人,即除了承揽合同中的承揽人外,还包括:其一,建设工程合同、运输合同(客运、货运)、出版合同、广告合同中的承包人、承运人、出版社;其二,委托合同、行纪合同、中介合同(居间合同)中的受托人。

美国法学家博登海默曾言,"当人们形构和界定法律概念之时,他们通常考虑的是那些能够说明某个特定概念的最为典型的情形,而不会严肃考虑那些难以确定的两可性情形","在受雇人和独立缔约人间划界,取决于控制问题,而这种控制的形式是多种多样的,因此,这种界限往往是不明确和模糊不清的"。[142] 因此,一般性的定义不足以严格地区分雇员与独立契约人,在借鉴英美法区分雇员与独立契约人的经验的基础上,结合我国的司法实践,本书认为,可以综合考虑以下因素区分雇员与独立契约人:

1. 从合同关系上区分。承揽合同与雇佣合同的重要区别在于,前者重在工作成果的交付,后者重在劳务的提供。[143] 因此,如果某合同关系重在工作成果的交付,则该合同一方当事人往往是独立契约人,如承揽合同、建设工程合同、运输合同(客运、货运)、出版合同、广告合同、委托合同、行纪合同、居间合同等,其中的一方当事人为独立契约人。如果该合同重在劳务的给付,则该合同是劳动合同或者雇佣合同,则其中提供劳务的一方当事人属于雇员。

2. 自主决策权利的大小。定作人之所以对独立契约人致人损害及其自身遭受的损害不承担赔偿责任,关键就在于独立契约人在完成承揽工作时,具有相当程度的独立性与自主性。而雇员由于对于雇主具有人身依赖关系,受到雇主的命令、指示、管理或控制,自主决策的空间较少。所以,从自主决策权利的大小也能够比较有效地区分独立契约人与雇员。

3. 从其他因素上判断,具体包括:(1)工作时间的长短。一般来说,雇员受雇的时间较长,具有连续性;而独立契约人往往与定作人之间存在一次性合同关系,因此其完成工作的时间一般较短,且不具有连续性。(2)工作场所、生产条件(如工具、设备、原料)等由谁提供。在雇佣关系下,工作场所以及生产条件一般由雇主提供,雇员只是负责提供劳务。而在承揽等关系中,工作场所以及生产条件都是由独立契约人自行负责解决,其向定作人交付工作成果即可。[144] 例如,《民法典》第772条第1款规定:"承揽人应当以自己的设备、技术和劳力,完成主要工作,但是当事人另有约定的除外。"至于工作所需材料,既可以由承揽人提供,也可以由定作人提供。《民法典》第774条和第775条对此有明确的规定。(3)报酬的支付方式。一般来说,雇员多按照固定期限如每天或每月领取劳动报酬,而独立契约人一般都是就某项工作成果一次性地领取报酬。[145] (4)解除合同关系的权利大小。[146] 一般来说,由于雇佣关系或合同关系中雇员、劳动者受到法律的强行性保护较多,因此雇主或用人单位解除雇佣合同或劳动合同的权利受到很多限制,即除非当事人达成合意,否则雇主或用人单位解除雇佣合同或劳动合同

---

〔142〕[美]E. 博登海默:《法理学:法律哲学与法律方法》,邓正来译,中国政法大学出版社2001年版,第487页以下。

〔143〕李亚虹:《美国侵权法》,法律出版社1999年版,第202页;徐爱国:《英美侵权行为法》,法律出版社1999年版,第248页。

〔144〕福建省高级人民法院民一庭:《雇主责任若干法律问题之思考》,载最高人民法院民事审判第一庭:《民事审判指导与参考》(总第16集),法律出版社2004年版,第77页。

〔145〕闫丽霞诉美达家具厂雇用的独立合同工在履行合同义务时致其损害赔偿案,载最高人民法院中国应用法学研究所:《人民法院案例选》(总第34辑),人民法院出版社2001年版,第158页。

〔146〕王利明:《人身损害赔偿疑难问题》,中国社会科学出版社2004年版,第412页。

时必须满足法定的条件，且即便是用人单位行使法定解除权而解除劳动合同之时，用人单位仍应给予经济补偿，我国《劳动法》第28条对此有明确的规定。但是，在承揽关系中，由于承揽合同是定作人为了满足其特殊需求而订立的，承揽人根据定作人的指示进行工作，如果定作人于合同成立后出于各种原因不再需要承揽人完成工作，则应当允许定作人解除合同，当然定作人享有此种任意解除权的代价是其需要承担赔偿责任。这样的规定既可以有效地保护承揽人的利益，又能够避免给定作人造成更大的损失。[147] 例如，我国《民法典》第787条规定："定作人在承揽人完成工作前可以随时解除合同，造成承揽人损失的，应当赔偿损失。"再如，《民法典》第933条规定："委托人或者受托人可以随时解除委托合同。因解除合同造成对方损失的，除不可归责于该当事人的事由外，无偿委托合同的解除方应当赔偿因解除时间不当造成的直接损失，有偿委托合同的解除方应当赔偿对方的直接损失和合同履行后可以获得的利益。"

（二）定作人存在定作、指示或选任的过失

依据《民法典》第1193条，只有"定作人对定作、指示或者选任有过错的"，才发生定作人的赔偿责任（参见**案例**16.5.2）。定作人是否具有定作、指示或者选任上的过错，首先应当依据法律的规定加以判断，在法律没有明确规定的时候，应当依照定作人"是否尽到交易上的必要注意而认定，应特别斟酌及于工作的种类、性质及危险性"。[148]

案例阅读

案例16.5.2
王忠欢诉许光大其他人身损害赔偿案

1. 定作过错

所谓定作人的定作过错，主要包括以下情形：(1)定作人要求独立契约人完成的工作成果属于违法事项。例如，定作人要求独立契约人在法律禁止施工或取土的地方施工或取土，结果独立契约人在施工的过程中挖断了军用通讯光缆。(2)定作人要求独立契约人完成的工作成果虽属合法，但是其知道或者应当知道该工作成果存在固有的危险性或者会涉及不同寻常的危险，却因过失而未告知。例如，A研究所要求铁路运输部门运输的材料属于高度危险化学品，但是却没有告知，结果铁路部门将其与B食品公司要求运送的食品一并运送，导致食品被严重污染，无法食用。(3)定作人提供的材料、设计图纸或技术要求不合理或者侵害了他人的权利。例如，某作者交付出版社出版的书稿中存在大量的抄袭、剽窃等侵害他人著作权的内容；再如，某单位提供了假冒伪劣建筑材料给建筑商，导致建筑商采用该建筑材料建成的房屋倒塌砸死行人。

2. 指示过错

定作人的指示过错，主要是定作人知道或者应当知道其于承揽人在完成承揽工作中发出指示是违法的或者可能侵害他人合法权益，仍然发出该指示，导致他人的权益遭受损害。例如，某甲明知其房屋中的某堵墙壁属于承重墙，而要求A装修公司在该墙上开窗，结果房屋坍塌，致人损害。

3. 选任过错

所谓定作人选任过错，是指定作人知道或应当知道独立契约人不能胜任该工作或者不具

---

〔147〕 胡康生主编：《中华人民共和国合同法释义》，法律出版社1999年版，第401页。

〔148〕 王泽鉴：《特殊侵权论——定作人责任》，载最高人民法院民事审判第一庭：《民事审判指导与参考》（总第22集），法律出版社2005年版，第57页。

有法律要求的从事该工作的资质,仍要求其完成该工作。例如,某单位委托没有建筑施工资质的施工单位从事建筑施工,导致建成的房屋倒塌致人损害。在日本民法中,定作人的过失一般是指定作过失或者指示过失,而对独立契约人的选任过失都包含在定作过失当中;而在《美国侵权法重述(第二次)》第411条选任过失单独列为定作人的过失。由于我国现行法对于许多行业都有明确的法定资质要求,如《安全生产法》第17条,《建筑法》第13条、第14条、第22条、第29条等,因此我国《民法典》第1193条也将定作人的选任过错独立于定作、指示的过错而加以规定。

需要注意的是,首先,定作人责任不以独立契约人须就加害行为承担赔偿责任为要件,因为当独立契约人因无过错而不必承担侵权责任时,其不过是定作人的工具,属于间接侵权行为。此时,定作人因对损害的发生有定作、指示或选任上的过错而独立承担赔偿责任,乃是就自己的行为承担侵权责任,并非替代责任。[149] 其次,就定作人有无定作、指示或选任上的过错,受害人负有举证责任。

(三)须承揽人等独立契约人因完成承揽工作而致害

依据《民法典》第1193条,只有“承揽人在完成工作过程中造成第三人损害”时,才会发生定作人因其过失承担相应赔偿责任的问题。因此,如果独立契约人肇致他人损害的行为并非发生在完成承揽工作过程中,完全是独立契约人的个人行为,此时,不发生定作人责任的问题。

(四)定作人的过失与损害之间存在因果关系

定作人就承揽人完成工作过程中造成第三人的损害承担责任,除需要定作人具有过失之外,还要求具有因果关系。但是,该因果关系究竟是指定作人的过错与损害之间的因果关系,抑或包括承揽人必须因定作人的过错而完成承揽工作,值得研究。一种观点认为,只要定作人的过失与损害结果之间存在因果关系即可;[150] 另一种观点认为,这里存在双重因果关系,即第一重因果关系为定作人的过失与承揽人完成工作之间的因果关系,第二重因果关系为承揽人完成工作的行为与受害人的损害之间的因果关系。[151]

本书原则上赞同第二种观点,首先,如果承揽人等独立契约人在完成工作中致人损害的行为与定作人的定作、指示或选任上的过错无关,那么定作人显然无须承担责任。例如,某单位交付给建筑商的房屋设计图纸虽然存在缺陷,但是建筑商在建筑房屋的过程中擅自改变了设计图纸施工,结果房屋倒塌致人损害,此时只能由建筑商自行承担赔偿责任。其次,承揽人等独立契约人完成工作的行为本身也必须与损害结果之间具有因果关系,否则也中断了定作人过失与损害之间的因果关系。需要注意的是,在我国,由于《民法典》第1193条将定作人在选任上的过错也作为定作人承担责任的情形之一,因此只要定作人具有选任上的过错,那么承揽人等独立契约人在完成工作中的任何侵权行为都可能建立定作人的过错与损害之间的因果联系。例如,甲选任没有建筑资质的建筑商乙公司建筑房屋,虽然乙公司具有实际的施工能力,但是由于其没有建筑资质,其给他人造成的损害也被认为与甲的选任过错具有因果联系。

---

[149] 《人身损害赔偿解释》的起草者认为此种情形构成了典型的替代责任显然是错误的。参见最高人民法院民事审判一庭:《最高人民法院人身损害赔偿司法解释的理解与适用》,人民法院出版社2004年版,第171页。

[150] 王泽鉴:《特殊侵权论——定作人责任》,载最高人民法院民事审判第一庭:《民事审判指导与参考》(总第22集),法律出版社2005年版,第57页。

[151] 孙森焱:《新版民法债编总论》(上册),法律出版社2006年版,第302页。

第十七章　网络侵权责任

文献阅读

本章重点

对网络服务提供者的侵权责任,《侵权责任法》只有一条即第36条加以规定,过于简单。《民法典》完善了网络侵权责任的规定,通过四条(第1194~1197条)对网络侵权责任作出了规范。本章将对网络侵权责任尤其是网络服务提供者的侵权责任进行分析。

第一节　概　　述

互联网是20世纪人类最伟大的科技发明。它促进了社会生产生活和信息传播的变革,对世界经济、政治、文化和社会产生了巨大的影响,人类社会从此步入了信息时代。在二十一世纪的前二十年中,我国互联网事业得到了飞速的发展。根据中国互联网络信息中心(CNNIC)于2020年4月发布的第45次《中国互联网络发展状况统计报告》[1],截至2020年3月,我国网民规模达9.04亿,互联网的普及率为64.5%。其中,手机网民规模达8.97亿,农村网民规模为2.55亿;网络购物用户规模为7.10亿,网络支付用户规模为7.68亿,网络视频(含短视频)用户规模为8.50亿,在线政务用户规模达6.94亿。截至2019年12月,我国域名总数为5094万个,其中“.CN”域名总数为2243万,网站总数为497万个,网页数量为2978亿个。2019年1月至12月,移动互联网接入流量消费达1220.0亿GB。截至2019年12月,我国国内市场上监测到的移动互联网应用(Application,App)数量为367万款。

互联网在深刻影响和改变国家、社会以及每一个人生产工作、生活消费、社会交往模式的同时,也引发了诸多的法律问题,其中利用信息网络侵害他人的名誉权、隐私权、个人信息等人格权益,侵害著作权、商标权等知识产权以及其他人身财产权益的行为越来越常见。为了规范和促进互联网的健康发展,保护广大民事主体合法权益,维护国家安全和社会公共利益,我国在互联网领域颁布了相当数量的法律、法规、司法解释和规章。其中,相关的法律如《全国人民代表大会常务委员会关于维护互联网安全的决定》《全国人民代表大会常务委员会关于加强网络信息保护的决定》《网络安全法》《电子商务法》《电子签名法》《消费者权益保护法》等;行政法规如《计算机信息网络国际联网管理暂行规定》《计算机信息系统安全保护条例》《互联网信

〔1〕 该报告全文可在中华人民共和国国家互联网信息办公室门户网站下载,网址为http://www.cac.gov.cn/2020-04/27/c_1589535470378587.htm,2020年7月28日最后访问。

息服务管理办法》《信息网络传播权保护条例》等;司法解释如《最高人民法院关于审理涉及计算机网络域名民事纠纷案件适用法律若干问题的解释》《最高人民法院关于审理利用信息网络侵害人身权益民事纠纷案件适用法律若干问题的规定》等。

在《民法典》颁布之前,规范网络侵权行为最重要也是最基本的法律规范就是《侵权责任法》第 36 条,该条共分 3 款分别规定:"网络用户、网络服务提供者利用网络侵害他人民事权益的,应当承担侵权责任。""网络用户利用网络服务实施侵权行为的,被侵权人有权通知网络服务提供者采取删除、屏蔽、断开链接等必要措施。网络服务提供者接到通知后未及时采取必要措施的,对损害的扩大部分与该网络用户承担连带责任。""网络服务提供者知道网络用户利用其网络服务侵害他人民事权益,未采取必要措施的,与该网络用户承担连带责任。"在《民法典》编纂过程中,鉴于网络侵权行为越来越常见,为了更好地预防和制止网络侵权行为,协调民事主体权益保护与网络活动自由的关系,不少学者呼吁《民法典》应当对于网络侵权行为加以专章规范,虽然该意见最终未被接受,但是,立法机关也充分认识到规范网络侵权行为的必要性。《民法典》在《侵权责任法》第 36 条的基础上,通过四个条文,即第 1194 条至第 1197 条对网络侵权行为作出了较为详细的规范。

一、网络侵权责任的特点

所谓网络侵权责任,就是指网络用户利用网络服务侵害他人民事权益而产生的侵权责任,其中既包括直接或具体实施侵权行为的网络用户应当承担的侵权责任,也包括提供网络服务的网络服务提供者应当承担的侵权责任。简单地说,一切发生在互联网上或利用互联网实施的侵权行为,都可称为网络侵权行为。从本质上说,这种侵权行为与没有利用互联网实施的侵权行为并无不同,都是对他人民事权益的侵害,应当依法承担侵权责任。但是,互联网本身的独特之处使得网络侵权责任具有不同于其他侵权责任的一些特点:

1. 网络侵权责任发生的概率比较高。这主要是由两方面因素决定的:一是互联网技术的普遍运用及高效便捷,使得侵害他人民事权益的行为成本也相对变得更低,也就是说,加害人可以很轻易地利用互联网侵害他人的民事权益。在开放、自由的网络环境下,任何人都可以非常便捷地接触与使用网络,从事各种活动。在互联网这个"虚拟的世界"中,用户不仅是被动地获取各种海量信息,还可以主动地通过建立网站、开通博客、微博等方式上传、发布信息。这些行为都可以被用来侵害他人民事权益。二是在作为虚拟世界的网络空间中,人们可以使用真名、假名甚至采取匿名的方式从事活动。"互联网上,没有知道你是一条狗(on the internet, nobody knows you are a dog)"。[2] 心理学研究表明:一个人在匿名的状态下往往责任感低下,对他人容易作出冷酷或残忍的行为。正是因为加害人在互联网上从事的行为具有相当的隐秘性,因此,容易诱发人们尤其是不成熟的网民在低责任感的支配下实施侵权行为。

2. 网络侵权责任的损害后果会比较严重。互联网的开放性与全球性使得地球"变小",世界上几乎所有的个人和组织都可以通过网络加以连接。人们可以利用互联网突破时空的限制,进行各种各样的生产、消费和娱乐活动,大到成百上千万的资金的支付,小到购买一本几元的书籍。互联网的这种开放性和全球性在给人们带来各种便利的同时,也使网络侵权行为的损害后果可能会非常严重。例如,在没有互联网的时代,一个人在报刊杂志上发表一篇侵害他

---

〔2〕 这是 1993 年 7 月 5 日出版的《纽约客》(*New Yorker*)杂志上发表的一幅揭示互联网虚拟性的著名漫画中的经典台词。参见张新宝主编:《互联网上的侵权问题研究》,中国人民大学出版社 2003 年版,第 2 页。

人名誉权或隐私权的文章，读者是有限的，而且被转载或流传的范围也是有限的。但是，如果是在网络上发帖、写文章来实施该侵权行为，后果就可能很严重。一方面，网络可以实现瞬间的全球即时通信，阅读、传播侵权网络文章的人难以计数，损害可以在全世界范围内蔓延；另一方面，这些在网络上的侵权文章可以很容易地被复制、存储、转发，人们可以很容易地借助各种搜索引擎获得，甚至时过境迁后又被人翻出来以讹传讹、炒作一番。数字技术和全球网络的发展，使得信息时代中遗忘成为例外，记忆成为常态，“数字技术已经让社会丧失了遗忘的能力，取而代之的则是完善的记忆”。[3] 网络侵权行为本身及其所造成的损害在信息时代往往是难以消除的。[4]

3. 网络侵权责任往往涉及三方主体，即实施网络侵权行为的网络用户、被侵权人以及网络服务的提供者。其中，网络服务提供者处于很重要的地位。这是因为，网络用户正是利用网络服务提供者提供的网络服务而实施的侵权行为，故此网络服务提供者在预防、制止侵权行为或者防止损害后果扩大上具有很重要的作用，应当负有相应的注意义务并在违反该义务时要承担相应的侵权责任。然而，网络服务的类型众多，网络用户利用网络服务实施的侵权行为也各不相同，网络服务提供者显然不可能对所有利用其提供的网络服务实施的侵权行为都能发现并加以制止。故此，网络侵权行为法律规范的重点在于如何确定网络服务提供者的注意义务及违反该义务时的侵权责任。我国《民法典》第 1194 条至第 1197 条主要规范的就是网络服务提供者的侵权责任，其中最重要的两项规则就是所谓的“通知规则”与“知道规则”。

二、网络侵权责任的归责原则

无论是网络用户利用网络服务提供者提供的网络服务实施侵害他人民事权益的行为，还是网络服务提供者利用自己的网络服务侵害他人民事权益，这些侵权行为都属于一般侵权行为，应当适用的是《民法典》第 1165 条第 1 款的过错责任原则。《民法典》第 1194 条规定：“网络用户、网络服务提供者利用网络侵害他人民事权益的，应当承担侵权责任。法律另有规定的，依照其规定。”该条来自《侵权责任法》第 36 条第 1 款，[5] 性质上属于宣示性的条款，而非规定网络侵权行为适用无过错责任。在《民法典》编纂时，有的观点认为《民法典》第 1194 条的规定不是裁判规范，应当删除；但是立法机关有关人士认为，由于互联网技术的发展和应用已经深入社会生活的各个方面，网络侵权行为有增无减，日益成为社会突出的问题，故此有必要继续维持一般性规定，突出网络并非法外之地。[6]

不过，与《侵权责任法》第 36 条第 1 款不同的，《民法典》第 1194 条增加了一句话，即“法律另有规定的，依照其规定”。该规定主要是为了与其他法律相协调。例如，《消费者权益保护法》第 44 条对于消费者通过网络交易平台购买商品或者接受服务，其合法权益受到损害时的赔偿责任作出了专门规定；《电子商务法》第 38 条对电子商务平台经营者及平台内经营者的侵

---

〔3〕［英］维克托·迈尔－舍恩伯格：《删除：大数据取舍之道》，袁杰译，浙江人民出版社 2013 年版，第 9 页。

〔4〕《中国网盗第一案告破，网上盗窃 777 万元银行存款》，载网易：http://tech.163.com/05/1220/08/25DCMKH2000915BF.html，2020 年 7 月 28 日最后访问。

〔5〕王胜明主编：《中华人民共和国侵权责任法解读》，中国法制出版社 2010 年版，第 180 页。也有学者认为，《侵权责任法》第 36 条第 1 款的作用有二：一方面，它表明本条款所规制的对象是共同侵权，应按《侵权责任法》第 8 条追究相应的侵权责任。另一方面，本款的存在也是为了引导出后面两款。参见杨明：《〈侵权责任法〉第 36 条释义及其展开》，载《华东政法大学学报》2010 年第 3 期。

〔6〕黄薇主编：《中华人民共和国民法典侵权责任编解读》，中国法制出版社 2020 年版，第 120 页。

权责任作出了规定。在单行法律对于特定类型的网络侵权行为有专门规范时,应当先适用该单行法律的规定,没有规定再适用《民法典》第1194条的相关规范。

三、网络侵权责任的类型

(一)单独责任

所谓网络侵权责任中的单独责任,是指网络用户或者网络服务提供者利用网络单独从事侵害他人民事权益的行为时,依法应独自承担的侵权责任(参见案例17.1.1)。网络用户利用网络单独从事侵权行为的情形种类众多,如在网络上发表侵害他人名誉权的言论;将涉及他人隐私的视频、音频资料上传到网络;未经同意将他人享有著作权的电影、歌曲和书籍上传到网络上供人下载;利用网络黑客技术窃取他人账户的资金等。例如,在一起案件中,被告郭宝金与原告周达华的丈夫系同单位职工。被告冒用原告姓名多次在"腾讯OICQ"网络寻呼机上与网友进行内容低俗的聊天,并将原告的工作单位、住宅电话号码告知多个网上相对人,并希望进行联系。以致先后有数名网上相关人将电话打到原告家中,要求与原告交朋友。原告向法院起诉,要求被告承担侵犯名誉权的侵权责任。法院判决被告承担侵权责任,向原告赔礼道歉并赔偿精神损害赔偿金。[7] 网络服务提供者实施侵害他人民事权益的行为也很常见,例如,未经著作权人同意在线播放或供人下载他人享有著作权的电影、电视、音乐、书籍等作品;再如,发表侵害他人名誉权的报道、刊登侵害他人隐私的照片等。

案例阅读

案例17.1.1
徐大雯与宋祖德、刘信达侵害名誉权民事纠纷案

无论是网络用户还是网络服务提供者,实施了侵害他人民事权益的侵权行为,原则上都应当依据《民法典》第1165条第1款的过错责任原则,承担侵权赔偿责任。网络服务提供者不能以权利人没有通知其采取删除、屏蔽、断开链接等必要措施作为抗辩,因为侵权行为就是网络服务提供者自己实施的,故此不适用通知规则。

受害人就网络用户或者网络服务提供者实施的侵权行为提起诉讼时,应当证明侵害其民事权益的行为来自作为被告的网络用户或者网络服务提供者。[8] 具体阐述如下:

1. 就作为被告的网络用户的认定而言,由于《全国人民代表大会常务委员会关于加强网络信息保护的决定》第6条以及《网络安全法》第24条第1款明确规定,网络运营者为用户办理网络接入、域名注册服务,办理固定电话、移动电话等入网手续,或者为用户提供信息发布、即时通讯等服务,在与用户签订协议或者确认提供服务时,应当要求用户提供真实身份信息,进行实名登记。故此,当网络侵权纠纷的被告是网络用户时,被侵权人可以以被告的网络名称暂作为被告进行立案,然后申请人民法院依法向网络服务提供者调查被告在其网络的登记、注册资料;同时,也可以申请法院向公安机关调查该网络用户的真实身份信息。如果根据网络服务提供者提供的网络登记、注册资料或者公安机关网络安全监察部门提供的信息,可以确定被告真实身份信息的,则法院将以相关信息载明的主体作为被告进行审理;如果无法确定被告真实身份信息的,则人民法院将不予受理。[9]

---

〔7〕 周达华诉郭宝金冒用其个人信息资料在网上进行内容低下的聊天侵犯名誉权案,载最高人民法院中国应用法学研究所编:《人民法院案例选》(总第45辑),人民法院出版社2004年版,第177页以下。

〔8〕 这是司法实践中比较困难的问题,参见浙江省高级人民法院课题组:《关于网络著作权侵权纠纷案件法律适用的调研》,载《法律适用》2009年第12期。

〔9〕 《江西省高级人民法院关于审理网络侵权纠纷案件适用法律若干问题的指导意见(试行)》第9条。

2. 被侵权人起诉网络服务提供者时,确定被告是否属于网络服务提供者主要考虑两个因素:其一,相应主管部门出具的网站备案登记信息,例如,侵权网页上显示的网站名称或对应的域名属于被告所有或者该网页的 IP 地址归属于被告。其二,网站上的相应标示,通常包括“联系我们”栏目或相应联系方式及网页中的其他显著标示。如果被告的“网页上没有显示任何对应的域名或者网站名称等信息可以表明该网页属于第三方所有。该网页的 IP 地址亦不能证明该网页另属其他主体所有”,那么从受害人和及其他社会公众的角度,就可以认为该网页至少从表面上属于被告。此时,被告应当举证证明网页不属于自己,否则就应当认为其属于网络服务提供者。[10] 被侵权人可以申请法院依法向通信管理部门或者电信运营商调查作为被告的网络服务提供者登记、注册的真实身份信息。如果作为被告的网络服务提供者以涉嫌侵权的信息系网络用户发布为由抗辩的,则依据《利用信息网络侵害人身权益纠纷规定》第 4 条第 1、2 款,人民法院可以根据原告的请求及案件的具体情况,责令网络服务提供者向人民法院提供能够确定涉嫌侵权的网络用户的姓名(名称)、联系方式、网络地址等信息。网络服务提供者无正当理由拒不提供的,人民法院可以依据《民事诉讼法》第 114 条的规定对网络服务提供者采取处罚等措施。

(二)连带责任

网络侵权责任中的连带责任类型很多。除了因实施多数人侵权行为而依据《民法典》第 1168 条及第 1171 条而产生的连带责任外,《民法典》第 1195 条第 2 款和第 1197 条还对网络服务提供者与实施侵权行为的网络用户之间的连带责任作出了规定:

1. 如果网络用户利用网络服务实施侵权行为,网络服务提供者接到权利人的通知后未及时采取必要措施的,则网络服务提供者应当对损害的扩大部分与该网络用户承担连带责任(《民法典》第 1195 条第 2 款)。是否及时采取了必要措施,应由网络服务提供者负举证责任(参见**案例** 17.1.2)。[11]

案例阅读

案例17.1.2
北京时越网络技术有限公司诉中国电影集团公司电影营销策划分公司案

2. 如果网络服务提供者知道或者应当知道网络用户利用其网络服务侵害他人民事权益,未采取必要措施的,则网络服务提供者与该网络用户承担连带责任(《民法典》第 1197 条)。网络服务提供者知道或者应当知道网络用户利用其网络服务侵害他人民事权益而不采取必要措施,则意味着网络服务提供者主观上是故意的,不采取必要措施的行为就足以表明,其与网络用户是共同故意侵害他人民事权益或者为实施侵权行为的网络用户提供帮助,二者构成共同加害行为或帮助侵权行为。此时,依据《民法典》第 1168 条及第 1170 条,网络服务提供者当然要与网络用户承担连带责任。例如,提供搜索引擎服务的 A 网站,知道网络上出现的很多流行歌曲或电影是未经授权的情况下,其不仅不采取必要措施,反而通过设置“电影排行榜”“歌曲排行榜”“影星列表”“歌手列表”等链接标识,将网络上的大量侵权歌曲或电影的下载链接进行系统地归纳整理,以供注册用户下载。这种故意而为之的行为客观上极大地帮助了网络用

---

〔10〕 北京慈文影视制作有限公司与中国网络通信集团公司海南省分公司侵犯著作权纠纷案,载《最高人民法院公报》2010 年第 6 期。

〔11〕 宁波成功多媒体通信有限公司诉北京阿里巴巴信息技术有限公司侵犯著作权纠纷案,北京市朝阳区人民法院(2008)朝民初字第 4679 号民事判决书。

户实施侵害他人著作权,该网络服务提供者要与实施侵权行为的网络用户承担连带责任。[12]

第二节　网络服务提供者侵权责任的构成要件

一、规范目的

我国《民法典》第1194条至第1197条规范的核心问题就是网络服务提供者的侵权责任。网络服务提供者在整个网络侵权责任中处于很重要的地位。因为,如何认定网络服务提供者的侵权责任,对于协调权益的保护和自由的维护至关重要。一方面,如果网络服务提供者对于网络用户利用网络服务实施的侵权行为,不负有任何义务,也无须承担任何责任,显然,不仅不利于制止侵权行为,保护被侵权人的合法权益,最终也会严重损害网络的健康发展。"网络空间不是'法外之地'。网络空间是虚拟的,但运用网络空间的主体是现实的,大家都应该遵守法律,明确各方权利义务。"[13]故此,网络服务提供者不仅本身不得实施侵害他人民事权益的行为,而且对于网络用户利用其网络服务实施的侵害他人民事权益的行为,也依法负有相应的注意义务。

另一方面,网络服务类型众多,网络侵权行为侵害的民事权益各异,侵权行为的样态也多种多样。虽然较之于被侵权人,网络服务提供者在发现、预防和制止网络侵权行为上具有较大的人力、物力和信息技术方面的优势,但是,网络服务提供者既没有监控网络活动的义务,从技术上来说也不可能对于所有的网络侵权行为都能够发现并制止。事实上,即便是国家网络监管部门也不可能做到这一点。故此,如何合理确定网络服务提供者的义务,即其究竟在多大的范围、何种程度上尽到防止和制止网络用户利用其网络服务实施侵权行为的义务,对于维护网络活动的自由和数字经济的健康发展也非常重要。

二、网络服务提供者

网络服务提供者是我国法律中经常使用的概念,首次对之作出规定的法律是《侵权责任法》第36条。此后,《全国人民代表大会常务委员会关于加强网络信息保护的决定》《刑法修正案(九)》《慈善法》《网络安全法》中都提及了网络服务提供者。从广义上说,任何提供网络服务的自然人、法人或非法人组织都可称为网络服务提供者。对于网络服务提供者的范围如何、究竟包括哪些类型的网络服务,理论界与实务界有不同的认识。有的学者认为,网络服务提供者可作狭义与广义两种理解,狭义的网络服务提供者,即为网络服务提供商,即仅指为各类开放性的网络(主要指国际互联网)提供信息传播中介服务的主体,其特征是按照用户的选择传输或接收信息,其本身并不组织、筛选所传播的信息。广义的网络服务提供者,则泛指一切提供网络服务的个人和组织,包括网络内容提供商、网络服务提供商、上载信息的网络用户以及

---

〔12〕上海步升音乐文化传播有限公司诉北京百度网讯科技有限公司录音制作者权侵权纠纷案,北京市海淀区人民法院(2005)海民初字第14665号民事判决书。对该案之评论,参见王迁:《走向"帮助侵权"——评"步升诉百度案"》,载《中国版权》2005年第6期。

〔13〕《习近平在第二届世界互联网大会开幕式上的讲话》,载新华网:http://www.xinhuanet.com/politics/2015-12/16/c_1117481089.htm,2020年7月28日最后访问。

其他参与网络服务的个人和组织。[14] 有的学者认为,网络服务提供者的组成比较复杂,主要有网络信息传输基础服务提供者、网络接入服务提供者、网络内容服务提供者、网络信息搜索服务提供者、网络链接服务提供者以及综合服务提供者等。但是,结合网络侵权责任的立法目的,应当对网络服务提供者进行限缩性解释,即主要指网络内容提供者,包括搜索引擎ICP、即时通信ICP、移动互联网业务ICP、门户ICP等,而不应当包括单纯提供技术服务的网络联线服务商。[15] 全国人大常委会法制工作委员会民法室有关人士认为:"网络服务提供者是一个概括性表述,既包括提供接入、缓存、信息存储空间、搜索以及链接等服务类型的技术服务提供者,也包括主动向网络用户提供内容的内容服务提供者,还包括在电子商务中为交易双方或者多方提供网络经营场所、交易撮合、信息发布等服务,供交易双方或多方独立开展交易活动的电子商务平台经营者。"[16] 司法实践中,一些法院将网络服务提供者界定为:"包括网络内容服务提供商、信息平台服务(含电子公告服务、博客服务)提供商、信息通道服务提供商、搜索引擎服务提供商、电子商务服务提供商、网络游戏服务提供商、为特定网络用户提供群发、飞信、视频等特定增值服务的网络服务提供者以及其他网络服务提供者。"[17]

本书认为,我国《民法典》第1194条所称的"网络服务提供者"可以分为两类,即**网络技术服务提供者**(Internet Service Provider)与**网络内容服务提供者**(Internet Content Provider)。[18] 所谓网络技术服务提供者,是指按照用户的指令在用户指定的两点或多点之间通过信息网络就该用户提供或修改的内容自动提供网络接入、信息传输、自动存储、存储空间、信息搜索、链接服务等技术服务的民事主体。网络内容服务提供者,是指通过互联网向用户提供各种信息内容服务的活动。国务院颁布的《互联网信息服务管理办法》将其分为经营性和非经营性两类。经营性互联网信息服务,是指通过互联网向上网用户有偿提供信息或者网页制作等服务活动;非经营性互联网信息服务,是指通过互联网向上网用户无偿提供具有公开性、共享性信息的服务活动。对于经营性的互联网信息服务实行许可制度,对于非经营性的互联网信息服务采取备案制度(《互联网信息服务管理办法》第4条第1款)。对于从事新闻、出版、教育、医疗保健、药品和医疗器械等互联网信息服务,依照法律、行政法规以及国家有关规定须经有关主管部门审核同意的,在申请经营许可或者履行备案手续前,应当依法经有关主管部门审核同意(《互联网信息服务管理办法》第5条、《互联网新闻信息服务管理规定》第5条)。

需要注意的是,网络服务提供者、网络运营者、电子商务经营者这三个概念的关系。首先,网络服务提供者不同于网络运营者。依据我国《网络安全法》第76条第3项,网络运营者是指网络的所有者、管理者和网络服务提供者。也就是说,网络运营者是一个大于网络服务提供者的概念。之所以确立网络运营者的概念,是因为《网络安全法》规范的对象是"在中华人民共和国境内建设、运营、维护和使用网络,以及网络安全的监督管理"(第2条),网络除了互联网外,还包括局域网和工业控制系统,它们并不向社会提供商业或公共服务,但是其所有者和管理者

---

〔14〕 刘颖、黄琼:《论〈侵权责任法〉中网络服务提供者的责任》,载《暨南学报》(哲学社会科学版)2010年第3期。

〔15〕 张新宝、任鸿雁:《互联网上的侵权责任:〈侵权责任法〉第36条解读》,载《中国人民大学学报》2010年第4期。

〔16〕 黄薇主编:《中华人民共和国民法典侵权责任编解读》,中国法制出版社2020年版,第121~122页。

〔17〕 《江西省高级人民法院关于审理网络侵权纠纷案件适用法律若干问题的指导意见(试行)》第2条。

〔18〕 全国人大常委会法制工作委员民法室:《〈中华人民共和国侵权责任法〉条文说明、立法理由及相关规定》,北京大学出版社2010年版,第149页。

也必须承担相应的安全义务。[19] 其次,网络服务提供者与电子商务经营者的关系。为规范电子商务活动,维护市场秩序,我国《电子商务法》对于电子商务经营者作出了专门的规定。依据该法第9条,电子商务经营者,是指通过互联网等信息网络从事销售商品或者提供服务的经营活动的自然人、法人和非法人组织,包括电子商务平台经营者、平台内经营者以及通过自建网站、其他网络服务销售商品或者提供服务的电子商务经营者。[20] 其中,电子商务平台经营者,是指在电子商务中为交易双方或者多方提供网络经营场所、交易撮合、信息发布等服务,供交易双方或者多方独立开展交易活动的法人或者非法人组织;平台内经营者,是指通过电子商务平台销售商品或者提供服务的电子商务经营者。由此可见,电子商务经营者的范围很大,包括电子商务平台经营者、平台内经营者以及自建网站销售或提供服务的电子商务经营者。应当说,只有电子商务平台经营者才属于真正意义上的网络服务提供者。当然,就电子商务经营者的网络侵权责任而言,依据特别法优于普通法的原则,应当先适用《电子商务法》等特别法的规定。

三、网络用户利用网络服务实施侵权行为

依据《民法典》第1194~1197条的规定,网络服务提供者要么因自己实施侵权行为而承担侵权责任,要么是与网络用户承担连带责任。产生连带责任的前提在于:网络用户利用网络服务实施侵权行为,即网络用户应当承担侵权责任。如果网络用户利用网络服务实施的行为不构成侵权行为,无须承担侵权责任,自然也不发生网络服务提供者与网络用户承担连带责任的可能。例如,在网络链接中,只有被链接的内容本身构成侵权,才可能认定链接服务提供者构成侵权。[21] 网络用户利用网络服务实施的行为是否构成侵权行为,应依《民法典》等法律加以判断。被侵权人主张网络服务提供者与网络用户承担连带责任时,必须证明网络用户利用了网络服务提供者的网络服务且实施了侵害自己民事权益的侵权行为。具体而言,首先,原告要证明作为网络用户利用了被告所提供的网络服务,如利用链接服务、搜索服务、存储空间服务等。其次,要证明存在网络用户侵害其民事权益的事实,例如侵害了隐私权、名誉权等人格权,或者侵害了知识产权等其他民事权益。

证明存在网络侵权行为的证据多为电子证据。依据《最高人民法院关于民事诉讼证据的若干规定》第14条,所谓电子数据,包括下列信息、电子文件:(1)网页、博客、微博客等网络平台发布的信息;(2)手机短信、电子邮件、即时通信、通讯群组等网络应用服务的通信信息;(3)用户注册信息、身份认证信息、电子交易记录、通信记录、登录日志等信息;(4)文档、图片、音频、视频、数字证书、计算机程序等电子文件;(5)其他以数字化形式存储、处理、传输的能够证明案件事实的信息。由于电子证据具有易修改性、易消逝性的特点,故此,被侵权人可以通过留存或提存、公证或者申请法院证据保全等方式,对网络侵权的电子证据加以收集、固定、存

---

〔19〕 杨合庆主编:《中华人民共和国网络安全法解读》,中国法制出版社2017年版,第161页。

〔20〕 依据《电子商务法》第2条第3款第2句,电子商务中提供的服务,不包括金融类产品和服务,以及利用信息网络提供新闻信息、音视频节目、出版以及文化产品等内容方面的服务。

〔21〕 华纳唱片有限公司与世纪悦博科技有限公司侵犯录音制作者权纠纷案,北京市高级人民法院(2004)高民终字第1303号民事判决书。

储和描述。[22]

四、网络服务提供者具有过错

无论是网络用户还是网络服务提供者利用网络实施的侵害他人民事权益的侵权行为都是一般侵权行为，适用的是过错责任原则。在网络用户利用网络服务实施侵权行为时，权利人要求网络服务提供者承担的侵权责任也是过错责任，即必须证明网络服务提供者存在过错。我国《民法典》通过通知规则与知道规则来明确网络服务提供者的过错，并使之与网络用户承担连带责任。

（一）通知规则

1. 我国法上通知规则的来源与发展

依据《民法典》第1195条第1、2款，网络用户利用网络服务实施侵权行为的，权利人有权通知网络服务提供者采取删除、屏蔽、断开链接等必要措施。通知应当包括构成侵权的初步证据及权利人的真实身份信息。网络服务提供者接到通知后，应当及时将该通知转送相关网络用户，并根据构成侵权的初步证据和服务类型采取必要措施；未及时采取必要措施的，对损害的扩大部分与该网络用户承担连带责任。这就是所谓的“通知规则”，也被称为“通知移除规则”、“通知删除规则”或“通知与取下程序”。[23] 该规则最早确立于2000年最高人民法院颁布的《最高人民法院关于审理涉及计算机网络著作权纠纷案件适用法律若干问题的解释》（已失效）。[24] 2006年颁布的《信息网络传播权保护条例》在第14～17条以及第23条专门针对为服务对象提供搜索或者链接服务的网络服务提供者如何适用通知规则作出了详细的规定。该条例对四类网络服务提供者规定了免于承担侵权赔偿责任的情形，其中，对于提供信息存储空间或者提供搜索、链接服务的网络服务提供者适用的是通知规则（第14～17条），即这两类网络服务提供者只要接到了权利人的通知后采取了删除或断开链接的措施且它们并非知道或者应当知道网络用户的侵权行为，并且没有直接参与实施相关侵权行为的，就可以免除侵权赔偿责任（第22～23条）。

2010年施行的《侵权责任法》将《信息网络传播权保护条例》中只适用于利用特定类型的网络服务提供者涉嫌侵害著作权的通知规则，创造性地上升为适用于利用网络侵害所有类型民事权益的情形中网络服务提供者承担侵权责任的一项基本规则。《侵权责任法》第36条第2款规定：“网络用户利用网络服务实施侵权行为的，被侵权人有权通知网络服务提供者采取删

---

〔22〕《江西省高级人民法院关于审理网络侵权纠纷案件适用法律若干问题的指导意见（试行）》第15条规定：“依照法律或惯例，某一电子证据需予保留，则可通过留存或提存的方式进行，电子证据实施有效的留存或提存，必须至少符合以下条件：（一）其中所蕴含的信息可供调取，以备日后查用；（二）采用了其生成、发送或接受时的格式，或者一种能够准确翻译其生成、发送或接受时格式的其他格式；（三）所保全的信息不仅应包括正文内容，还应包括可据以验证该证据可靠性的任何其他必要信息，如该证据的来源地、目的地、发送与接收时间；但对于只是为了使电子记录能够发送或接受而使用的有关信息，不在保全范围之列。在民事诉讼中，负有对电子证据进行留存或提存的当事人一方，若未能实施有效的留存或提存，则应当承担诉讼上不利的后果。除前述保全方式外，当事人也可申请公证机关进行公证或向人民法院申请证据保全。”

〔23〕黄薇主编：《中华人民共和国民法典侵权责任编解读》，中国法制出版社2020年版，第123页；杨立新：《〈中华人民共和国侵权责任法〉精解》，知识产权出版社2010年版，第166页；王利明、周友军、高圣平：《中国侵权责任法教程》，人民法院出版社2010年版，第440页。

〔24〕该解释第5条规定：“提供内容服务的网络服务提供者，明知网络用户通过网络实施侵犯他人著作权的行为，或者经著作权人提出确有证据的警告，但仍不采取移除侵权内容等措施以消除侵权后果的，人民法院应当根据民法通则第一百三十条的规定，追究其与该网络用户的共同侵权责任。”

除、屏蔽、断开链接等必要措施。网络服务提供者接到通知后未及时采取必要措施的,对损害的扩大部分与该网络用户承担连带责任。”从这一规定可以看出:首先,该款所确立通知规则仅仅适用于网络用户利用网络服务提供者提供的网络服务实施侵权行为,而网络服务提供者本身没有直接实施侵权行为的场合。如果是网络服务提供者自身直接实施了侵害他人民事权益的行为或者与网络用户共同实施侵权行为(如教唆侵权、帮助侵权),则当然需要依据《侵权责任法》第6条第1款的过错责任原则承担侵权责任。此时,网络服务提供者不能主张适用通知规则来免除责任。其次,《侵权责任法》第36条第2款并非免责事由的规定,而是归责事由的规定,即该款以是否违反通知规则的要求作为确定网络服务提供者是否应当就损害的扩大部分与直接实施侵权行为的网络用户承担连带责任的要件。由于网络用户或者网络服务提供者利用网络服务实施的侵权行为适用的都是过错责任原则,故此,《侵权责任法》第36条第2款只是对网络服务提供者就网络用户利用网络服务实施侵权行为承担连带责任的一种特殊情形,并未排除其他情形下网络服务提供者的连带责任,例如,网络服务提供者与网络用户共同故意实施侵权行为或者教唆、帮助网络用户实施的侵权行为的,应当依据《侵权责任法》第8条和第9条承担连带责任;再如,网络用户作为网络服务提供者的工作人员而在执行工作任务中实施侵权行为的,则依据《侵权责任法》第34条,网络服务提供者应当承担用人者责任。不过,《侵权责任法》第36条对于通知规则的规定过于简单,既没有规定通知的内容与形式,也没有规定网络服务提供者转达通知的义务以及网络用户的反通知。[25]

2018年颁布的《电子商务法》第42~43条对利用电子商务平台侵害知识产权时通知规则作出了非常详细的规定。如通知应当包括构成侵权的初步证据;电子商务平台经营者负有将该通知转送平台内经营者的义务;平台内经营者可以提交不存在侵权行为的声明;电子商务平台经营者在转送声明到达知识产权权利人后15日内,未收到权利人已经投诉或者起诉通知的,应当及时终止所采取的措施;因通知错误造成平台内经营者损害的,电子商务平台经营者依法承担民事责任等。

2. 通知规则的意义

在《民法典》编纂过程中,对于是否能够将通知规则适用于所有利用网络侵害民事权益的情形,存在不同的看法。有的学者认为,通知规则虽然具有一定的功能,但是该规则不应当被视为网络服务商履行其他可能的注意义务(包括主动进行版权审查)的前置程序。在一般侵权规则下,通知规则起到帮助版权人证明网络服务商存在过错的作用,也为网络服务商应对侵权通知提供指导,但是,即便网络服务商按照通知规则行事,也不能够避免其他注意义务。因此,正确的选择应该是告别网络存储服务和网络信息定位服务的安全港规则,许可法院依据共同侵权的一般规则重新塑造网络服务商共同侵权责任规则。[26] 有的学者认为,通知规则主要适用于网络侵害知识产权的情形,如果将之上升为普遍的网络侵权责任规则,尤其是适用于侵害名誉权等人格权领域,赋予被侵权人可以不经法院审理,直接发出侵权通知而要求网络服务提

〔25〕 立法机关有关人士认为,《侵权责任法》只是对通知规则作了原则性的规定,至于侵权通知的形式、应当包括的内容以及发出该通知的程序可以适用《信息网络传播权保护条例》的有关规定。全国人大常委会法制工作委员会民法室:《〈中华人民共和国侵权责任法〉条文说明、立法理由及相关规定》,北京大学出版社2010年版,第151页。

〔26〕 崔国斌:《网络服务商共同侵权制度之重塑》,载《法学研究》2013年第4期。

供者采取删除、屏蔽等措施，可能会危及言论自由，妨碍正常的网络监督。〔27〕“就网络服务提供者而言，积极行为者过度删除、屏蔽网民信息涉嫌侵犯公众自由表达，消极行为者接到通知后无动于衷，漠视被侵权人权益。就被侵权人而言，往往因沦入‘悖论式’的权利主张循环之中而使权利主张的效率受阻，被侵权人在既找不到真正的侵权人，而法院又判决网络服务提供者因通知而免责，其侵权损害无法予以救济的情况下，往往难以服判且情绪甚为激动。就网络用户而言，往往采用‘网络游击战’的方法与制止侵权的力量周旋，继续从事侵权行为，甚至有恃无恐，愈演愈烈。”〔28〕

本书认为，在网络侵权责任法律规范中，通知规则具有十分重要的意义，具体体现在以下几方面：

首先，该规则有利于维护网络服务提供者的合理自由。通知规则是建立在以下事实基础之上的，即“作为按照用户的选择传输或接受信息、本身不组织、筛选所传播信息的网络服务提供者，通常必须借助于技术手段才能对通过其系统或网络的信息加以监控，但技术手段本身有局限性；网上信息数量太大，内容又在不断变化、更新，要求监控能力有限的网络服务提供者逐条甄别信息的合法性根本不可能”。〔29〕法律上不应当给网络服务提供者施加对于利用网络服务的海量第三人所实施的侵权行为积极地采取行动，进行审查并予以预防和制止的一般性义务。否则，就会迫使网络服务提供者花费大量的人力物力和财力审查网络信息内容，从而极大地增加经营成本，这不仅会导致网络服务费用的上涨，还将严重妨碍信息的自由交流，降低信息的传播速度，这与网络技术的发展的根本目的和价值取向是背道而驰的，最终损害网络产业的发展。〔30〕同时，网络服务提供者也并非法院，其既没有确认某一行为是否属于侵权行为的权力，也缺乏相应的专业知识和能力，故此，不应当将网络服务提供者置于法院的地位，不应由其来对网络用户与权利人之间的侵权纠纷进行终局性的裁决。故此，确立通知规则有利于维护网络服务提供者的合理自由。依据通知规则的要求，一方面，网络服务提供者只需要依法处理已知内容，而不需要对网络服务中的所有内容进行全方位、无限制的监控，〔31〕其不需要承受一般性的审查义务而产生巨大的负担；另一方面，网络服务提供者在接到通知后也应当积极采取措施，预防和制止他人利用其网络服务实施侵权行为，但是，在网络用户收到了网络服务提供者转达的权利人的侵权通知后，如果发出了不侵权声明，则该纠纷最终应当交由政府有关部门或法院解决，网络服务提供者可以置身于权利人与网络用户的侵权纠纷之外，既免受可能来自权利人或网络用户的责任追究，也无须充任该纠纷的裁判者。故此，通知规则对于维护网络服务提供者的合理自由，促进网络产业健康、规范的发展是非常有利的。

其次，该规则也有利于高效地保护被侵权人的合法权益。在网络侵权中，利用网络服务侵害他人民事权益的直接侵权人往往不易查明，但网络服务提供者则是很明确的。不仅如此，网

---

〔27〕此种观点在《侵权责任法》起草时就曾有人提出。参见全国人大常委会法制工作委员会民法室：《〈中华人民共和国侵权责任法〉条文说明、立法理由及相关规定》，北京大学出版社 2010 年版，第 151 页。

〔28〕陈昶屹：《“避风港规则”扩张适用网络人格权保护之困境与消解——兼论侵权责任法第三十六条之完善》，载《人民司法·应用》2012 年第 1 期。

〔29〕北京世纪悦博科技有限公司与华纳唱片有限公司侵犯录音制作者权纠纷上诉案，北京市高级人民法院（2004）高民终字第 1303 号民事判决书。

〔30〕王迁：《知识产权法教程》（第 5 版），中国人民大学出版社 2016 年版，第 252 页。

〔31〕《网络服务者对网络用户实施的网络行为应当承担有限度的事后审查义务》，载北京市高级人民法院编：《北京法院参阅案例》（第 8 卷），知识产权出版社 2013 年版，第 76 页。

络服务提供者相对于权利人也具有更充分的技术手段和信息能力来预防和制止侵权行为。如果不采取通知规则,就意味着权利人在发现有人利用网络服务侵害自己民事权益时,只能向法院或有关部门寻求救济,此种方式不仅无法快速地预防和制止侵权行为,防止损害的发生或扩大,也增加了当事人的讼累和司法机关、行政机关的负担。依据通知规则,权利人只要能够提供构成侵权的初步证据和真实身份信息,就可以要求网络服务提供者采取删除、屏蔽等必要措施,实现预防和制止侵权行为的目的。

再次,该规则有利于保护网络用户的合法权益。权利人向网络服务提供者发出通知,指控网络用户实施了侵权行为,此种指控未必都是真实的、客观的。故此,虽然权利人一发出通知,网络服务提供者就必须要及时采取删除、屏蔽等必要措施;但是,通知规则也赋予了被指控的网络用户进行申辩的权利,其可以向网络服务提供者提交不存在侵权行为的声明,通过初步的证据来否认权利人的指控。此时,权利人只能通过向有关部门投诉或向法院起诉来解决其与网络用户之间的纠纷,否则,网络服务提供者将要及时终止所采取的措施。此外,对于那些错误通知的权利人,法律上还要求其承担由此给网络用户造成的损害,故此,权利人在发出通知前也须三思而后行,以免损害网络用户的合法权益。

最后,该规则符合过错责任这一侵权法基本归责原则的要求。网络侵权责任属于一般侵权责任,无论是网络用户还是网络服务提供者,他们只有在因过错侵害他人民事权益造成损害时,才应当承担侵权赔偿责任。无论是网络用户还是网络服务提供者,他们在直接实施侵害他人民事权益的侵权行为或者与他人共同实施侵权行为时,都应当依据过错责任原则和多数人侵权责任的相关规范承担侵权责任。但是,在网络用户利用网络服务实施侵权行为时,由于网络服务提供者一般并不负有审查网络用户是否利用其网络服务实施侵权行为的义务,故此需要通过通知规则来确定网络服务提供者过错。因此,网络服务提供者违反通知规则而承担的连带赔偿责任本身就是侵权法中过错责任原则(《民法典》第 1165 条第 1 款)的具体化,两者属于一般规范与特别规范的关系,〔32〕二者中确定网络服务提供者承担责任的事由都是过错。网络服务提供者也只有在网络用户利用其网络服务实施侵权行为时,才能通过适用通知规则来表明自己没有过错,从而不承担侵权责任。具体而言,在网络用户利用网络服务实施侵权行为时,一方面,在网络服务提供者确实不知道并且也不应当知道有人利用其网络服务实施侵权行为时,因其既没有实施加害行为,也无过错,故此,网络服务提供者不应当仅仅因为提供了网络服务而为该网络用户实施的侵权行为承担侵权责任。否则,此种责任就是结果责任,等于让网络服务提供者担保任何网络用户利用其网络服务的行为都不得是侵权行为,明显是不合理的。〔33〕另一方面,如果网络服务提供者知道或者应当知道有人利用其网络服务实施侵权行为,或者虽然不知道或者不应当知道该侵权行为的存在,但是权利人已经将相关事实告知了网络服务提供者并提供了构成侵权的初步证据后,倘若网络服务提供者仍然无动于衷,熟视无睹,而不及时采取必要措施,那么网络服务提供者的行为就是违反作为义务的不作为,其主观上就具有过错(至少有过失)。此时,当然可以认为网络服务提供者对于损害的发生或者对于损害的扩大是具有过错的,令其与网络用户承担连带责任也就理所当然,完全符合过错责任原则的

---

〔32〕 王利明:《论网络侵权中的通知规则》,载《北方法学》2014 年第 2 期。

〔33〕 美国《千禧年数字版权法》之所以确立避风港规则也就是为了避免法院不区分直接侵权和间接侵权,而让网络服务提供者承担严格责任。参见王迁:《〈信息网络传播权保护条例〉中的"避风港规则"的效力》,载《法学》2010 年第 6 期。

要求。这也正是我国法上的通知规则与美国知识产权法上的避风港规则最大的区别,后者在性质上属于免责事由,即为特定类型的网络服务提供者(提供信息存储和信息定位服务的网络服务提供者)规定的免除承担侵权责任的情形。但是,我国法上的通知规则是在网络服务提供者既没有直接实施侵权行为,也不知道且不应当知道网络用户利用其网络服务实施网络侵权行为的情形下,确认网络服务提供者过错的法定义务规则,违反该规则就视为有过错,不得推翻。故此,我国法上的通知规则在性质上属于过错责任原则的一种特殊表现形式。[34]

正是鉴于通知规则在网络侵权责任中的上述重要意义,故此,我国《民法典》仍然坚持继续在网络侵权责任中适用通知规则,但是,由于《侵权责任法》第36条的规定过于简单,故此结合《电子商务法》第42~43条的规定,《民法典》对通知规则进行了全面的完善。具体完善之处体现在以下两大方面:其一,为了合理地平衡权利人和网络用户的利益,避免网络服务提供者承担过重的审查责任,新增了转达通知和反通知程序,即《民法典》第1195条第2款规定,网络服务提供者在接到通知后应当及时将该通知转达相关网络用户,并根据权利人通知中提供的网络用户构成侵权的初步证据和服务类型采取必要措施。同时,第1196条第1款规定,网络用户接到转送的通知后,可以向网络服务提供者提交不存在侵权行为的声明,该声明应当包括不存在侵权行为的初步证据及网络用户的真实身份信息。依据《民法典》第1196条第2款,网络服务提供者在接到网络用户的不存在侵权行为的声明后,应当将该声明转送发出通知的权利人,并告知其可以向有关部门投诉或者向人民法院提起诉讼。网络服务提供者在转送声明到达权利人后的合理期限内,未收到权利人已经投诉或者提起诉讼通知的,应当及时终止所采取的措施。其二,为了避免出现虚假通知、恶意通知等损害网络用户、网络服务提供者合法权益的情形,一方面,《民法典》第1195条第1款第2句明确要求,权利人认为网络用户利用网络服务侵害自己民事权益,而通知网络服务提供者采取删除、屏蔽、断开链接等必要措施时,必须提供构成侵权的初步证据以及权利人的真实身份信息。这样就可以避免权利人随意指控他人侵权而要求网络服务提供者采取删除等必要措施,以致过度妨害他人的合理行为自由。另一方面,《民法典》第1195条第3款第1句还明确规定,权利人因错误通知造成网络用户或者网络服务提供者损害的,应当承担侵权责任。

3. 通知规则与《民法典》中其他规则制度的关系

(1)与知道规则的关系

《民法典》第1197条规定:"网络服务提供者知道或者应当知道网络用户利用其网络服务侵害他人民事权益,未采取必要措施的,与该网络用户承担连带责任。"该规则就是网络侵权责任中的"知道规则",[35]也称"明知或应知规则"。知道规则与通知规则是我国《民法典》规范网络服务提供者侵权责任的两项最基本规则。二者都是确定网络服务提供者就网络用户利用网络服务实施侵权行为时的侵权责任的归责事由,是过错责任原则的体现。同时,知道规则与通知规则是并列关系,而非递进的关系,更不是包含关系。如果被侵权人有证据证明网络服务提供者知道或者应当知道网络用户利用网络服务侵害他人民事权益,而没有采取必要措施的,那么其无须依据《民法典》第1195条向网络服务提供者发出通知,即可以直接依据《民法典》第

[34] 例如,最高人民法院第83号指导案例的判决就认为:《侵权责任法》第36条第2款所涉及的"通知"是认定网络服务提供者是否存在过错及应否就危害结果的不当扩大承担连带责任的条件。

[35] 张新宝、任鸿雁:《互联网上的侵权责任:〈侵权责任法〉第36条解读》,载《中国人民大学学报》2010年第4期。

1197 条要求网络服务提供者与实施侵权行为的网络用户负连带责任。《民法典》第 1195 条只是在被侵权人无法证明网络服务提供者“知道或者应当知道”时,才能予以适用并发挥作用。[36] 简单地说,《民法典》第 1195 条适用于网络服务提供者“不知道也不应当知道”网络用户利用其网络服务实施侵权行为的情形,而第 1197 条适用于网络服务提供者“知道或者应当知道”网络用户利用网络服务从事侵权行为的情形。[37]

(2)与人格权禁令制度的关系

《民法典》第 997 条规定:“民事主体有证据证明行为人正在实施或者即将实施侵害其人格权的违法行为,不及时制止将使其合法权益受到难以弥补的损害的,有权依法向人民法院申请采取责令行为人停止有关行为的措施。”该条是对人格权禁令制度的规定,其主要功能就是为人格权遭受侵害或有被侵害危险的权利人提供高效便捷的救济,是在吸收借鉴我国《反家庭暴力法》的人身安全保护令的基础上,为停止侵害、排除妨碍、消除危险等人格权请求权的实现所提供的程序性保障。在性质上,人格权禁令既不同于我国《著作权法》第 50 条、《专利法》第 66 条、《商标法》第 65 条规定的知识产权诉前禁令制度,也不同于《民事诉讼法》第 100 ~ 101 条规定的行为保全制度。[38] 一方面,依据《民法典》第 997 条,人格权主体向法院申请采取责令行为人停止有关行为的措施,并不以起诉为前提。人格权人在成功地请求法院采取了相关措施后,可能已经达到了制止侵权行为的目的,而无须起诉。当然,权利人也可以提起诉讼,要求侵权人承担损害赔偿等侵权责任。另一方面,《民法典》第 997 条规定的救济并非临时性的救济措施,而是终局性的措施。也就是说,法院一旦责令行为人停止有关行为,就具有确定的效力,即便人格权人不起诉,也不会如同知识产权诉前禁令或诉前行为保全制度那样失效。故此,法院在决定是否责令行为人停止有关行为时,需要进行实体审查,即确认行为人是否正在实施或者即将实施侵害申请人的人格权的违法行为且不及时制止将使申请人合法权益受到难以弥补的损害。但是,法院的这种审查又不同于诉讼程序,无须听取原被告请求与答辩,否则该程序时间会太长,起不到高效地预防和制止侵权行为的功能。正因如此,虽然法院采取责令行为人停止有关行为的措施是终局性的,却必须考虑符合比例原则,采取合理的措施。而且,在权利人因故意或者重大过失而申请错误时,需要就因此给行为人造成的损害承担赔偿责任。

从预防和制止网络侵害人格权行为的高效性和快捷性上来说,人格权禁令与通知规则具有异曲同工之妙。但是,二者存在以下明显的差别:首先,采取预防和制止侵权行为的措施的主体不同。通知规则中,是由网络服务提供者采取删除、屏蔽、断开链接等必要措施,人格权禁令中则由法院决定采取责令行为人停止有关行为的措施。其次,要件不同。人格权禁令的适用要件非常严格,需要民事主体有证据证明行为人正在实施或者即将实施侵害其人格权的违法行为,不及时制止将使其合法权益受到难以弥补的损害。法院需要对民事主体的申请进行实质性审查。但是,通知规则中,权利人只需要在发给网络服务提供者的侵权通知中提供构成侵权的初步证据和权利人的真实身份信息即可,网络服务提供者只能也只应进行形式审查,网

---

〔36〕 王胜明主编:《中华人民共和国侵权责任法解读》,中国法制出版社 2010 年版,第 187 ~ 188 页;王利明主编:《中华人民共和国侵权责任法释义》,中国法制出版社 2010 年版,第 161 页;杨立新:《〈中华人民共和国侵权责任法〉精解》,知识产权出版社 2010 年版,第 168 页。

〔37〕 张洪建、徐银波:《侵权责任法法条精义与案例指导》,法律出版社 2010 年版,第 124 页。

〔38〕 全国人大常委会法制工作委员会民法室有关人士撰写的释义书似乎并未正确区分这三者的关系。参见黄薇主编:《中华人民共和国民法典人格权编解读》,中国法制出版社 2020 年版,第 41 ~ 44 页。

络服务提供者自行确立过高的审查义务甚至会使其因此要向权利人承担相应的侵权责任。最后,法律效力不同。网络服务提供者依据权利人发出的侵权通知而采取的必要措施并非终局的、确定的,因为依据《民法典》第1196条,网络服务提供者接到声明后,应当将该声明转送发出通知的权利人,并告知其可以向有关部门投诉或者向人民法院提起诉讼。网络服务提供者在转送声明到达权利人后的合理期限内,未收到权利人已经投诉或者提起诉讼通知的,就必须及时终止所采取的措施。但是,在人格权禁令中,人民法院作出的决定是终局性的,无论权利人是否提起诉讼,都不影响该决定的效力。

(3)与个人信息权益中删除权的关系

《民法典》第1037条第2款规定:"自然人发现信息处理者违反法律、行政法规的规定或者双方的约定处理其个人信息的,有权请求信息处理者及时删除。"该款规定的是自然人个人信息权益中删除非法处理或违约处理的个人信息的权利。作为自然人个人信息权益内容的删除权与通知规则中网络服务提供者所进行的删除,虽然都有制止侵权行为的功效,但二者存在以下区别:首先,性质不同。《民法典》第1037条第2款规定的是作为自然人的个人信息权益内容即其中一项权能的删除权,该权利适用于所有的个人信息处理者,无论其是否为网络服务提供者。但是,《民法典》第1195条中的删除是法律施加给网络服务提供者预防和制止网络侵权行为的一项义务,仅适用于网络服务提供者。其次,适用条件不同。自然人行使个人信息权益中的删除权的要件为"自然人发现信息处理者违反法律、行政法规的规定或者双方的约定处理其个人信息",即信息处理者存在违法处理个人信息或违反约定处理个人信息的行为,故此自然人有权行使删除权。通知规则是因为有网络用户利用网络服务实施了侵权行为,而权利人通知网络服务提供者采取删除等必要措施,网络服务提供者本身并未直接从事对权利人的侵权行为。最后,法律后果不同。信息处理者违反《民法典》第1037条第2款的规定拒绝自然人提出的删除个人信息的请求的,自然人有权依法提起诉讼,请求法院判决处理者履行删除义务;如果因为没有及时删除而造成损害的,有权要求信息处理者承担侵权责任。然而,网络服务提供者在接到权利人的通知后没有及时采取删除等必要措施的,依据《民法典》第1195条第2款,网络服务提供者要就损害的扩大部分与实施侵权行为的网络用户承担连带责任。最后,自然人行使作为个人信息权益的权能的删除权,不存在因错误行使该权利而承担赔偿责任的问题。但是,依据《民法典》第1195条第3款,因错误通知造成网络用户或者网络服务提供者损害的,发出通知的权利人应当承担侵权责任。

4. 通知规则的具体内容

(1)权利人向网络服务提供者发出通知

权利人在发现网络用户利用网络服务实施侵权行为时,有权向网络服务提供者发出通知,要求其采取删除、屏蔽、断开链接等必要措施。依据《民法典》第1195条第1款第2句,权利人发出的通知应当包括侵权的初步证据以及权利人的真实身份信息。[39] 之所以要求这两项是因为:一方面,如果权利人不提供侵权的初步证据,则无法支持其关于网络用户利用网络服务实施侵权行为的主张,网络服务提供者也无法判断权利人的通知是正当的通知抑或是恶意通知,

---

〔39〕 在《民法典》之前,《信息网络传播权保护条例》第14条就明确了权利人的侵权通知中应当包括三项内容,即权利人的姓名(名称)、联系方式和地址;要求删除或者断开链接的侵权作品、表演、录音录像制品的名称和网络地址;构成侵权的初步证明材料。《电子商务法》第42条第1款第2句也规定:"通知应当包括构成侵权的初步证据。"

更无法采取相应的必要措施。另一方面,如果权利人不提供真实的身份信息,网络服务提供者无法判断其侵权通知的真实性,也无法在网络用户提交不存在侵权行为的声明后向其转达。故此,对于欠缺这两项中任何一项的通知,网络服务提供者完全可以不予理会。权利人在依据《民法典》第 1195 条第 2 款主张网络服务提供者收到侵权通知后没有及时采取必要措施而应与网络用户承担连带责任时,必须提出证据证明其发出了符合《民法典》第 1195 条第 1 款规定的通知。

需要注意的是,所谓“构成侵权的初步证据”至少应当包括以下内容:利用网络服务实施侵权行为的网络用户是谁、其实施了何种侵权行为、侵害了自己的何种民事权益以及主张网络用户侵害自己该种民事权益的理由。为了更好地保护民事权益,构成侵权的初步证据的要求是比较低的,并不要求足以证明侵权事实的存在。一些网络服务提供者自行制定规则,对于侵权通知中构成侵权的证据提出不合理的要求,如要求提供法院的判决书,当地县级以上宣传部门、市级以上互联网信息办公室或市级以上公安局网络警察分局等有关部门出具的证明,这些要求对于权利人不具有拘束力。[40] 权利人只要提供构成侵权的初步证据即可,如果网络服务提供者依据自己制定的所谓审查规则认为侵权通知不符合要求而不及时采取必要措施的,应当依法承担侵权责任。

至于权利人发出的侵权通知的形式,《民法典》没有作出规定,《利用信息网络侵害人身权益纠纷规定》第 5 条规定,被侵权人应当以“书面形式或者网络服务提供者公示的方式”向网络服务提供者发出通知。所谓书面形式,包括信件、电报、电子邮件、传真等。“网络服务提供者公示的方式”是指,网络服务提供者预先告知网络用户在发现有人利用网络服务实施侵权行为时应当如何通知网络服务提供者。

(2)网络服务提供者接到通知后的义务

网络服务提供者在接到权利人发来的侵权通知后,需要履行两项义务:

其一,及时将该通知转送相关网络用户。[41] 所谓相关网络用户,是指在权利人发来的侵权通知中被指控利用网络服务实施了侵害其民事权益的自然人、法人或者非法人组织。网络用户有联系方式或者网络地址明确的,则应当直接将通知书送达给该网络用户,具体的送达方式可以由网络服务提供者公示加以确定;如果网络用户的网络地址不明或者没有联系方式,无法转送的,则网络服务提供者应当将通知书的内容同时在信息网络上公告。无论是转达通知中的“及时”,还是采取必要措施中的“及时”,都应当根据具体情况判断,如网络服务提供者的类型、发出通知的时间、侵权通知的内容等。[42] 《利用信息网络侵害人身权益纠纷规定》第 6 条规定:“人民法院适用侵权责任法第三十六条第二款的规定,认定网络服务提供者采取的删除、

---

〔40〕 一些地方法院也采取此种观点。例如,浙江省高级人民法院民三庭印发的《涉电商平台知识产权案件审理指南》第 12 条就规定:“电商平台经营者提出的通知和反通知要求不能对当事人依法维权设置不合理的条件或者障碍,例如规定与通知和反通知内容无关的额外条件,或者对初步证据提出过高要求。”相关案例参见,吴春燕与河北长城传媒集团有限公司网络侵权责任纠纷案,杭州市下城区人民法院 (2015) 杭下民初字第 00217 号民事判决书。

〔41〕 《利用信息网络侵害人身权益纠纷规定》第 7 条第 2 款规定:“被采取删除、屏蔽、断开链接等措施的网络用户,请求网络服务提供者提供通知内容的,人民法院应予支持。”这一规定是以《侵权责任法》第 36 条没有规定网络服务提供者的转达通知义务为前提的,故此,在《民法典》施行后,该规定应当废止。

〔42〕 目前司法实践中,一般认为从发出通知到采取必要措施之间间隔不超过 7 天即一周,属于及时。参见樊竟合、李泽涵、唐玉如、仇心惟、段媛昳、王毅:《信息网络环境下侵害名誉权的民事责任研究》,2017 年度清华大学挑战杯比赛一等奖研究课题。

屏蔽、断开链接等必要措施是否及时,应当根据网络服务的性质、有效通知的形式和准确程度,网络信息侵害权益的类型和程度等因素综合判断。"

其二,根据构成侵权的初步证据和服务类型及时采取删除、屏蔽、断开链接等必要措施。这主要是考虑到实践中网络服务提供者提供的网络服务类型不同、构成侵权的初步证据的证明力度高低不同,而进行的区分处理,没有一刀切。最终,"所取得的效果应当是在技术能够做到的范围内避免相关信息进一步传播"。[43] 一方面,《民法典》第 1195 条虽然仅列举了删除、屏蔽、断开链接这三种必要措施,但不限于此,还包括对于制止侵权行为必要的其他措施。例如,在网络交易平台上,对于涉嫌侵害他人知识产权的商品,平台提供者可以采取诸如公开警告、降低信用评级、暂停交易、责令侵权商品下架、关闭网店等措施;[44] 提供存储服务的,服务提供者可以采取禁止下载、删除相关信息或者断开链接等方式;社交平台如微信、微博等可以采取的必要措施包括删除涉嫌侵权文章、禁止评论、禁止转发、封闭账号等。[45] 另一方面,措施是否必要应当遵循比例原则,考量构成侵权的初步证据和服务类型,如侵害的权益类型、侵权行为的严重程度、可能造成损害的大小、技术条件、服务类型等多种因素加以确定(参见**案例**17.2.1)。[46] 例如,最高人民法院第 83 号指导案例"威海嘉易烤生活家电有限公司诉永康市金仕德工贸有限公司、浙江天猫网络有限公司侵害发明专利权纠纷案"裁判要旨指出:"应根据所侵害权利的性质、侵权的具体情形和技术条件等来加以综合确定。"能够采取对于网络用户损害较小的方式就足以保护权利人的权益的措施,就不应当采取过于极端的对网络用户损害很大的措施。例如,甲在 A 网络交易平台上开设的网店中只有某个商品被权利人乙指控侵害其著作权,则 A 网络交易平台采取的必要措施应当是采取责令该商品下架或断开该商品的购买链接,而非据此直接关闭甲的网店,终止其全部商品的交易。再如,云服务提供商不同于传统网络服务提供商,后者可以直接对涉嫌侵权的数据、链接等采取删除、断开链接等措施,但是,云服务提供商负有保障用户数据安全、商业秘密和隐私的义务,除非全部清空用户的数据或者全部断开链接,否则没有办法对涉嫌侵权的数据采取类似的措施。[47]

案例阅读

案例17.2.1
威海嘉易烤生活家电有限公司诉永康市金仕德工贸有限公司、浙江天猫网络有限公司侵害发明专利权纠纷案

如果网络服务提供者没有及时向相关网络用户转达权利人的侵权通知,有何后果,《民法典》未作规定。本书认为,网络服务提供者没有转达侵权通知而采取了删除、屏蔽、断开链接等

[43] 黄薇主编:《中华人民共和国民法典侵权责任编解读》,中国法制出版社 2020 年版,第 125 页。

[44] 衣念(上海)时装贸易有限公司与浙江淘宝网络有限公司、杜国发侵害商标权纠纷上诉案,载《最高人民法院公报》2012 年第 1 期。

[45] 例如,新浪的《微博社区公约(试行)》第 26 条规定:"违规处理包括:内容处理和帐号处理。内容处理包括:删除、禁止被转发、禁止被评论、标注等。帐号处理包括:禁止发布微博、禁止被关注等,直至注销。"

[46] 例如,浙江省高级人民法院民三庭印发的《涉电商平台知识产权案件审理指南》第 15 条规定:"人民法院应当根据'比例原则'判断电商平台经营者是否采取了合理的必要措施,具体考量因素包括但不限于:(1)侵权的可能性;(2)侵权的严重程度;(3)对被通知人利益造成的影响;(4)电商平台的技术条件。被通知人多次故意侵害他人知识产权的,电商平台经营者应当采取终止交易和服务的措施。"第 16 条规定:"人民法院认定电商平台经营者采取必要措施是否'及时',应当根据判断侵权成立与否的难易程度、必要措施的具体类型等因素加以综合判断。"

[47] 《民法典立法背景与观点全集》编写组:《民法典立法背景与观点全集》,法律出版社 2020 年版,第 796 页。相关案例参见阿里云计算有限公司与北京乐某卓越科技有限公司侵害作品信息网络传播权纠纷上诉案,北京知识产权法院(2017)京 73 民终 1194 号民事判决书。不过,该判决将转通知作为网络服务提供者接到侵权通知后采取的必要措施之一,显然已经不符合《民法典》的规定了。

措施的,倘若网络用户被认定构成侵权的,即便网络服务提供者没有转达通知,也无须向该网络用户承担责任;但是,倘若网络用户并不构成侵权,则不仅发出错误通知的权利人,网络服务提供者也需要就其采取的必要措施给网络用户造成的损害承担民事责任。此时,网络用户可以将权利人和网络服务提供者作为共同被告提起诉讼,也可以单独要求网络服务提供者承担侵权责任,或者依据其与网络服务提供者之间的合同,要求网络服务提供者承担违约责任。

(3)网络用户提交的不侵权声明及网络服务提供者收到该声明后的义务

对于确实实施了侵权行为的网络用户,要么其根本就没有联系方式收不到侵权通知,要么即便收到了侵权通知也是保持沉默,不会提交所谓的不侵权声明(也称反通知)。如果网络用户没有提交不侵权的声明,则网络服务提供者可以持续采取必要措施,而没有义务终止该等措施。但是,对于没有实施侵权行为的网络用户,在接到网络服务提供者转达的权利人的侵权通知后,必将积极准备证据证明自己并不侵权,并向网络服务提供者提交不存在侵权的声明。同样,该声明中也应当包括不存在侵权行为的初步证据和网络用户的真实身份信息(《民法典》第1196条第1款)。

依据《民法典》第1196条第2款,在接到网络用户不侵权的声明后,网络服务提供者应当将该声明转送给发出通知的权利人,并告知其可以向有关部门投诉或者向人民法院提起诉讼。网络服务提供者在转送声明到达权利人后的合理期限内,未收到权利人已经投诉或者提起诉讼通知的,应当及时终止所采取的措施。

具体而言,首先,网络服务提供者负有转达不侵权声明的义务以及告知权利人去投诉或起诉的义务。所谓向有关部门投诉,如向网络违法举报中心或者依法负有查处侵权行为的行政主管部门进行举报。《网络安全法》第14条第1款规定:“任何个人和组织有权对危害网络安全的行为向网信、电信、公安等部门举报。收到举报的部门应当及时依法作出处理;不属于本部门职责的,应当及时移送有权处理的部门。”再如,《商标法》第60条对侵犯注册商标专用权的行为,也规定了商标注册人或者利害关系人可以向人民法院起诉,也可以请求工商行政管理部门处理。《反不正当竞争法》第23条规定,监督检查部门就经营者违反该法第11条规定损害竞争对手商业信誉、商品声誉的行为,可以责令停止违法行为、消除影响并予以罚款。

其次,网络服务提供者在转送声明到达权利人后的合理期限内,未收到权利人已经投诉或者提起诉讼通知的,应当及时终止所采取的措施。对于转送声明采取的是到达主义,具体的到达时间应当依据《民法典》第137条第2款加以判断。权利人应当在收到该转送声明后及时投诉或起诉并向网络服务提供者提供相应的证明,如法院的立案通知书或者有关机关受理的证明等。只要收到了该证明的,则网络服务提供者应当继续维持所采取的措施。如果在合理的期限内,网络服务提供者没有收到权利人已经投诉或者提起诉讼的通知的,应当及时终止所采取的措施。在《民法典侵权责任编草案》的第一次审议稿至第二次审议稿中,都曾经借鉴《电子商务法》第43条规定网络服务提供者如果在“十五日”内,没有收到权利人已经投诉或者提起诉讼的通知的,应当及时终止所采取的措施。但是,在草案的审议过程中,有的专家学者和企业提出“十五日”的期限过于绝对,建议修改为“合理期限”,以便于司法实践中根据具体案件情况确定期限，全国人民代表大会宪法和法律委员会经研究决定采取上述意见。[48] 当然，法律对此另有规定的，应当依据其规定。目前，我国法律和行政法规中的主要的例外有两个，均与侵害知识产权有关：其一，《电子商务法》第43条第2款规定："电子商务平台经营者接到声明后，应当将该声明转送发出通知的知识产权权利人，并告知其可以向有关主管部门投诉或者向人民法院起诉。电子商务平台经营者在转送声明到达知识产权权利人后十五日内，未收到权利人已经投诉或者起诉通知的，应当及时终止所采取的措施。"其二，《信息网络传播权保护条例》第17条规定："网络服务提供者接到服务对象的书面说明后，应当立即恢复被删除的作品、表演、录音录像制品，或者可以恢复与被断开的作品、表演、录音录像制品的链接，同时将服务对象的书面说明转送权利人。权利人不得再通知网络服务提供者删除该作品、表演、录音录像制品，或者断开与该作品、表演、录音录像制品的链接。"[49]

(4)权利人错误通知的侵权赔偿责任

《民法典》第1195条第3款规定："权利人因错误通知造成网络用户或者网络服务提供者损害的，应当承担侵权责任。法律另有规定的，依照其规定。"[50] 这一款是《民法典》的新规定，作此规定的原因在于：如果权利人发出错误的通知，则会给网络用户和网络服务提供者造成损害。其中，对于网络用户的损害主要表现为，因为网络服务提供者接到侵权通知后采取删除、屏蔽、断开链接等必要措施，这会给网络用户尤其是对那些利用网络服务销售商品或提供服务的网络用户造成损害。此时，网络服务提供者因遵循通知规则的要求，既无需向权利人承担侵权责任，也无需向网络用户承担责任。对此，《民法典》虽然没有规定，但是应作此解释。《信息网络传播权保护条例》第23条则明确规定，"网络服务提供者为服务对象提供搜索或者链接服务，在接到权利人的通知书后，根据本条例规定断开与侵权的作品、表演、录音录像制品的链接的，不承担赔偿责任"。《利用信息网络侵害人身权益纠纷规定》第7条也规定："其发布的信息被采取删除、屏蔽、断开链接等措施的网络用户，主张网络服务提供者承担违约责任或者侵权责任，网络服务提供者以收到通知为由抗辩的，人民法院应予支持。"既然如此，网络用户只能向发出错误通知的权利人要求赔偿。在《民法典》之前，有关法律法规就有相应的规定。《电子商务法》第42条第3款规定："因通知错误造成平台内经营者损害的，依法承担民事责任。恶意发出错误通知，造成平台内经营者损失的，加倍承担赔偿责任。"《信息网络传播权保护条例》第24条规定："因权利人的通知导致网络服务提供者错误删除作品、表演、录音录像制品，或者错误断开与作品、表演、录音录像制品的链接，给服务对象造成损失的，权利人应当承担赔偿责

[48] 《全国人民代表大会宪法和法律委员会关于〈民法典各分编(草案)〉修改情况和〈中华人民共和国民法典(草案)〉编纂情况的报告》，转引自《民法典立法背景与观点全集》编写组：《民法典立法背景与观点全集》，法律出版社2020年版，第60页。

[49] 依据2020年1月15日中国和美国签署的《中华人民共和国政府和美利坚合众国政府经济贸易协议》第1.13条"打击网络侵权"中第2款的规定，"中国应：(一)要求迅速下架；(二)免除善意提交错误下架通知的责任；(三)将权利人收到反通知后提出司法或行政投诉的期限延长至20个工作日；(四)通过要求通知和反通知提交相关信息，以及对恶意提交通知和反通知进行处罚，以确保下架通知和反通知的有效性。"因此，未来我国可能会修改《电子商务法》第43条的规定。此外，《最高人民法院关于涉网络知识产权纠纷几个法律适用问题的批复》(法释〔2020〕9号)第3条规定，该合理期限最长不超过20个工作日。

[50] "权利人"是在第十三届全国人民代表大会第三次会议审议时，因人大代表的意见而增加的，即明确了错误通知侵权赔偿责任的主体。参见《第十三届全国人民代表大会宪法和法律委员会关于〈中华人民共和国民法典(草案)〉审议结果的报告》(2020年5月26日第十三届全国人民代表大会第三次会议主席团第二次会议通过)，转引自《民法典立法背景与观点全集》编写组：《民法典立法背景与观点全集》，法律出版社2020年版，第65页。

任。”再如,《利用信息网络侵害人身权益纠纷规定》第 8 条规定:“因通知人的通知导致网络服务提供者错误采取删除、屏蔽、断开链接等措施,被采取措施的网络用户请求通知人承担侵权责任的,人民法院应予支持。被错误采取措施的网络用户请求网络服务提供者采取相应恢复措施的,人民法院应予支持,但受技术条件限制无法恢复的除外。”然而,这些法律法规和司法解释只是规定了权利人的错误通知给网络用户造成损失时的赔偿责任,没有考虑到错误通知不仅会给网络用户造成损害,也会给网络服务提供者造成损害。例如,阿里巴巴平台治理部 2017 年公布的数据显示,恶意投诉总量已占到其知识产权投诉总量的 24%。[51] 全国人大常委会法制工作委员民法室在浙江省调研时,阿里巴巴公司也反映,实践中恶意投诉的情形较为普遍,包括:投诉方伪造证据进行投诉,以达到讹诈的目的;恶意登记著作权、恶意官网投诉以达到控制商品售假和渠道管控等目的;虚假陈述、真假对比材料造假,以达到不正当竞争的目的。[52] 显然,这些恶意投诉不仅会耗费网络服务提供者大量的人力物力,也会导致网络服务提供者的广告收入损失或者流量损失等损害。因此,在《民法典》编纂时,立法机关对网络服务提供者的合法权益也作出了保护性规定。[53]

权利人发出错误通知而造成网络用户或者网络服务提供者损害时的赔偿责任属于侵权责任,对此不存在争议。但是,权利人的错误通知究竟侵害了网络用户或者网络服务提供者的何种民事权益、该侵权赔偿责任适用何种归责原则等问题,值得研究。从目前的司法实践中已经发生的起诉错误者要求赔偿的案件来看,恶意投诉行为多发生在具有竞争关系的经营者之间,故此,法院对于网络用户起诉恶意投诉者赔偿损失的案件基本上是以不正当竞争纠纷对待,适用《反不正当竞争法》的相关规定,如该法第 2 条关于不正当竞争的一般规定,第 11 条关于编造、传播虚假信息或者误导性信息,损害竞争对手的商业信誉、商品声誉的规定,以及第 17 条关于不正当竞争行为的民事责任的规定。例如,在一起案件中,法院认为:“于吉锋与兰霞同为淘宝网销售鞋类等商品的经营者,具有竞争关系。兰霞及其委托的张国林,通过伪造商标注册证进行投诉的方式,致使阿里巴巴公司平台以侵犯他人商标权为由对于吉锋的店铺进行了处罚,对于吉锋的商业信誉、商品声誉造成了损害,主观恶意明显。”[54]

本书认为,权利人发出错误通知所侵害的网络用户或者网络服务提供者的民事权益是网络用户或网络服务提供者的纯粹经济利益,所造成的损害性质上属于纯粹经济损失。一方面,网络用户或网络服务提供者的此种损害仅限于财产损害而不包括精神损害,并且该损害不是因错误通知直接侵害了网络用户或网络服务提供者的人格权、物权、知识产权等绝对权益而直接产生或间接产生的,它是独立存在的。另一方面,网络用户或者网络服务提供者之所以遭受此种损害是由于因果关系的一系列延伸所导致的,如网络用户发出侵权通知,而网络服务提供

---

〔51〕 浙江省高级人民法院联合课题组:《关于电商领域知识产权法律责任的调研报告》,载《人民司法·应用》2020 年第 7 期。

〔52〕《民法典立法背景与观点全集》编写组:《民法典立法背景与观点全集》,法律出版社 2020 年版,第 786 页。

〔53〕《全国人民代表大会宪法和法律委员会关于〈民法典侵权责任编(草案)〉修改情况的汇报》,载《民法典立法背景与观点全集》编写组:《民法典立法背景与观点全集》,法律出版社 2020 年版,第 35 页。

〔54〕 于吉锋、兰霞商业诋毁纠纷案,四川省高级人民法院(2019)川知民终 134 号民事判决书。类似的案件参见王垒诉江海、浙江淘宝网络有限公司不正当竞争纠纷案,杭州铁路运输法院(2018)浙 8601 民初 868 号民事判决书;黄兴华与普洱澜沧古茶股份有限公司、浙江淘宝网络有限公司不正当竞争纠纷案,杭州市余杭区人民法院(2019)浙 0110 民初 12520 号民事判决书;捷客斯(上海)贸易有限公司、亿能仕(大连)科技有限公司商业诋毁纠纷案,大连市中级人民法院(2019)辽 02 民终 1083 号民事判决书。

者依据法律的规定必须及时采取删除、屏蔽、断开链接等必要措施，因该等措施被实施后，导致了网络用户的商品或服务被暂停销售、下架或者无法链接或者信用评价降低，以致原本想购买的人不能购买到，由此产生了损失。应当说，其中掺杂的因素相当多，例如，在一个案件中，法院就指出："捷客斯公司的屡次投诉行为造成亿能仕公司商誉损害的后果……其投诉直接导致亿能仕公司的涉案产品下架，使亿能仕公司所营淘宝店铺的多款商品信息无法通过搜索、商品链接方式等方式供有需求的消费者进行查看，即使申诉成功产品恢复上架，也会对其销售记录和好评信息产生负面影响，并造成网络搜索排名下降等一系列后果，客观上已经导致亿能仕公司商业信誉及产品信誉的损害后果，减少了亿能仕公司所营店铺的交易机会，对其经营活动具有明显的限制，合法权益受到不可逆转的损失。"〔55〕至于网络服务提供者自身的损失，往往与必要措施的采取存在更长的因果关系链条，如因为错误通知而采取必要措施导致网络用户未来不再与之合作，不投放广告或者流量下降等。

鉴于错误通知给网络用户和网络服务提供者造成的损害是纯粹经济损失，受侵害的不属于绝对权，且《中华人民共和国政府和美利坚合众国政府经济贸易协议》第 1.13 条"打击网络侵权"中第 2 款规定中国应"免除善意提交错误下架通知的责任"，故此有学者认为，错误通知的赔偿责任应当以行为人具有故意要件，应当免除善意发出错误通知的权利人的责任。〔56〕本书认为，尽管网络用户和网络服务提供者遭受侵害的是纯粹财产利益，但错误通知的赔偿责任应当适用无过错责任，既非过错责任，更非仅以故意为要件。具体阐述如下：

第一，由于通知规则是《民法典》等法律所明确规定的，因此权利人非常清楚，在自己发出符合要求的侵权通知后，网络服务提供者就必须采取删除、屏蔽、断开链接等必要措施。一旦通知是错误的，就必定给网络用户或者网络服务提供者造成或大或小的损害。故此，从错误通知与纯粹财产利益遭受侵害之间的责任成立因果关系来说，是确定的，不存在权利人无法预见的问题。当然，因此造成的损害的范围、大小可能因为各种其他因素而受到不同的影响。故此，从侵权责任成立的因果关系的角度来看，要求权利人承担无过错责任并不过分。

第二，由于权利人在发出侵权通知时只需要提交构成侵权的初步证据和权利人的真实身份信息，而网络服务提供者接到通知后就应当采取必要措施，这意味着只要满足很宽松的条件，权利人就可以依据通知规则直接取得与经由法院审查后才能实施的禁令或保全制度相同的法律效果。如前所述，当权利人认为网络用户利用网络服务实施侵害自己人格权的侵权行为时，其如果要适用《民法典》第 997 条的人格权禁令制度时，就必须满足"有证据证明行为人正在实施或者即将实施侵害其人格权的违法行为，不及时制止将使其合法权益受到难以弥补的损害的"要求，同时还需要向法院提出申请，由法院进行审查后采取责令行为人停止有关行为的措施；然而，如果权利人依据《民法典》第 1195 条，则只要向网络服务提供者发出包括构成侵权的初步证据以及权利人的真实身份信息的通知，网络服务提供者就应当及时采取必要措施。二者的要求显然不同。既然如此，基于权利与风险对等的原则，权利人应当极为谨慎地行使此种通知的权利，并且承担由此产生的错误通知损害网络用户和网络服务提供者的风险。也就是说，基于风险原则，错误通知的赔偿责任也应当适用无过错责任。适用无过错责任，也

---

〔55〕 捷客斯（上海）贸易有限公司、亿能仕（大连）科技有限公司商业诋毁纠纷案，大连市中级人民法院（2019）辽 02 民终 1083 号民事判决书。

〔56〕 徐伟：《〈民法典〉中网络侵权制度的新发展》，载《法治研究》2020 年第 4 期。

可以强化权利人的责任心,使之谨慎地发出侵权通知,尤其是遏制那些恶意通知之人;同时很好地维护合理的自由与网络经济的秩序,保护网络用户和网络服务提供者的合法权益。

第三,采取无过错责任也有利于降低网络服务提供者的审查义务,即将认真审查网络用户是否利用网络服务实施侵害权利人合法权益的行为判断义务施加给发出侵权通知的权利人。如此,则一方面虽然法律上规定只要构成侵权的初步证据即可,但权利人考虑到一旦错误通知就须承担无过错赔偿责任,势必有动力尽量收集足够的证据使自己确信能够证明网络用户侵害了自己民事权益后才会发出通知,绝不敢故意虚假陈述、伪造证据进行恶意通知。另一方面,在无过错责任足以拦截大量的错误通知甚至恶意通知的前提下,网络服务提供者只需要对权利人的侵权通知和网络用户的不侵权声明中的构成侵权与不构成侵权的初步证据进行形式审查即可,无需因为担心错误乃至恶意通知而被迫采取过高的审查标准并因此损耗大量的人力物力。由此,才能使得通知规则真正成为网络服务提供者的"避风港"。[57]

第四,从《民法典》第 1195 条第 3 款的文字表述来看,该款属于独立的请求权基础。因为该款并未使用"应当依法承担侵权责任"的表述,而明确规定了只要权利人因错误通知造成网络用户或者网络服务提供者损害的,就应当承担侵权责任。[58] 这一表述与《民法典》第 222 条第 2 款第 1 句所确立的不动产登记机构就登记错误造成他人的损害应当承担无过错责任的规定是完全相同的。并且,《民法典》第 1195 条第 3 款中的"错误通知"是指通知本身的错误,而不是指权利人主观上的认识错误。

第五,至于《中华人民共和国政府和美利坚合众国政府经济贸易协议》(简称《中美协定》)第 1.13 条"打击网络侵权"中要求"免除善意提交错误下架通知的责任"的要求,即便是今后通过修订法律而在我国法中加以落实,那么完全可以依据《民法典》第 1195 条第 3 款第 2 句的"法律另有规定的,依照其规定"而予以适用即可。因为《民法典》该句的立法目的就是考虑到《民法典》第 1195 条的规定是一般规定,而根据被侵害的权利的类型不同,其他法律可以作出细化或特别规定。例如,《电子商务法》第 42 条第 3 款还规定了恶意发出错误通知,造成平台内经营者损失的,应当"加倍承担赔偿责任"的惩罚性赔偿。

5. 违反通知规则视为过错

依据《民法典》第 1195 条第 2 款,如果网络服务提供者收到了权利人的通知后,未及时采取必要措施的,则需要对损害的扩大部分与实施侵权行为的网络用户承担连带责任。首先,网络服务提供者承担侵权责任的前提当然是被权利人指控的网络用户确实利用网络服务提供者所提供的网络服务实施了侵害民事权益的行为,应当承担侵权责任,否则连带责任无从谈起。其次,网络服务提供者之所以在接到了侵权通知后没有及时采取必要措施,就应当承担责任,根本原因在于:其在已经知道网络用户利用其网络服务实施侵权行为的情况下,有法定义务加以预防和制止、防止损害的扩大,却无动于衷,故此该违反法定义务的行为视为过错行为。这种过错的性

---

〔57〕 浙江省高级人民法院民三庭印发的《涉电商平台知识产权案件审理指南》第 13 条规定:"电商平台经营者应当对通知和反通知是否具备形式要件进行审查,并排除明显不构成知识产权侵权的通知和明显不能证明被通知人行为合法性的反通知。人民法院在认定是否属于上述'明显'的情形时,应考虑电商平台经营者的一般判断能力,不能从知识产权法律专业人员的角度进行评判。电商平台经营者选择提高对通知和反通知的审查标准的,应当承担因审查判断错误而导致的法律责任。"

〔58〕 关于我国《民法典》中"依法"一词的含义,可参见刘家安:《民法典巧用"依法",完善请求权规范基础》,载《人民法院报》2020 年 7 月 30 日,第 5 版。

质与《民法典》第1197条中的“知道或者应当知道”是相同的。无非前者的时间点在权利人发出通知之后，而后者的时间点可能是侵权行为发生时或者持续发生的过程中。

（二）知道规则

1. 含义

《民法典》第1197条规定：“网络服务提供者知道或者应当知道网络用户利用其网络服务侵害他人民事权益，未采取必要措施的，与该网络用户承担连带责任。”该规则就是网络侵权责任中的知道规则，[59]也可称为“明知或应知规则”。该规则也被认为来自美国《千禧年数字版权法（DMCA）》，在美国法上也被形象地称为“红旗标准”（red flag test），其包括主观和客观两方面的因素，即首先判断网络服务商主观上是否知道（subjective awareness）反映第三方侵权的相关事实的存在，其次判断相关事实客观上是否如“红旗”一样存在，对于一个合理的人而言，有事实证明网络用户的侵权行为是很明显的。[60] 2000年最高人民法院颁布的《关于审理涉及计算机网络著作权纠纷案件适用法律若干问题的解释》（已失效）首先在利用网络侵害著作权的侵权案件中确立了“明知规则”，该解释第5条规定：“提供内容服务的网络服务提供者，明知网络用户通过网络实施侵犯他人著作权的行为，或者经著作权人提出确有证据的警告，但仍不采取移除侵权内容等措施以消除侵权后果的，人民法院应当根据民法通则第一百三十条的规定，追究其与该网络用户的共同侵权责任。”此后，《信息网络传播权保护条例》第22、23条将上述司法解释“明知”扩张为“不知道也没有合理的理由应当知道”“明知或应知”，即对于提供信息存储空间服务、提供搜索或者链接服务的网络服务提供者适用的是“明知或应知规则”。

在起草《侵权责任法》时，该法草案的第一、二次审议稿都以“明知”作为网络服务提供者与实施侵权的网络用户承担连带责任的主观要件。但是，最后颁布的《侵权责任法》第36条第3款却规定：“网络服务提供者知道网络用户利用其网络服务侵害他人民事权益，未采取必要措施的，与该网络用户承担连带责任。”既然该款使用的是“知道”，那么从文义解释上来说，就既包括明知（确实知道）和应知（应当知道）。也就是说，无论是网络服务提供者是明知还是应知而不知，都要与实施侵权的网络用户承担连带责任。然而，对于《侵权责任法》第36条第3款中的“知道”究竟是否包括应知，曾有不同的看法。全国人大常委会法工委有关人士撰写的释义书认为，《侵权责任法》第36条第3款的知道包括了知道和应当知道，这是因为：“其一，要求被侵权人证明网络服务提供者具有‘明知’的主观状态，难度太大，可能使得网络服务提供者逃脱责任，这显然不符合制定这条规定的本意。其二，虽然网络上的信息是海量的，侵权信息混杂其中，难以逐一辨别，但有些侵权信息是可以通过技术措施进行控制的，某些领域的过滤技术已经比较成熟，而且运用这种技术不会给网络服务提供者在经济上造成过重的负担，目前很多网站正在以技术措施加人工审查的方式对网络用户上传的信息进行过滤，取得了很好的效果。其三，网络上的某些侵权事实已为社会大众所共知，如盗版音乐、盗版影视作品、明显具有恶意攻击意图的文章广泛传播，但很多网络服务提供者却视而不见，甚至以此获得高额利润，长此以往，不利于净化网络环境，也不利于培育行业道德规范，更不利于网络行业的正常发展。其四，要求网络服务提供者在过错而不仅在故意的情形下承担侵权责任，符合其他国家和地区

〔59〕 张新宝、任鸿雁：《互联网上的侵权责任：〈侵权责任法〉第36条解读》，载《中国人民大学学报》2010年第4期。

〔60〕 崔国斌：《网络服务商共同侵权制度之重塑》，载《法学研究》2013年第4期。

的发展趋势以及国际惯例，并没有给我国网络服务提供者加以过重的义务。”[61]然而，有些学者认为，《侵权责任法》第 36 条第 3 款中的“知道”不包括应当知道。因为世界各国普遍对网络服务采取的是“技术中立”之态度，不要求网络服务提供者对其网络传输的内容负有“审查义务”。既然如此，网络服务提供者就没有审查其传输内容的“注意义务”，也就不存在“应知”而未知的问题。[62]

为了消除争议，在我国《民法典》编纂过程中，立法机关接受了理论界与实务界的建议，于《民法典》第 1197 条使用了“知道或者应当知道”的表述。笔者认为，这一完善是正确的。首先，实践中几乎所有的网络服务提供者都会以自己并不知道网络侵权行为为由推脱责任；而要求被侵权人证明网络服务提供者“明知”，证明的难度太大，不利于强化网络服务提供者的责任心，也不利于遏制网络侵权行为。其次，无论是明知或应知，都是以网络服务提供者不具有一般性的审查他人是否利用其网络服务实施侵权行为为前提的。毕竟网络服务提供者本身没有直接实施侵害他人民事权益的行为，而是网络用户利用了其网络服务实施了侵权行为而已，也正因如此，我国从《侵权责任法》到《民法典》才将网络侵权责任的规范放在“责任主体的特殊规定”这一章。对于网络侵权责任而言，其责任主体的特殊之处就在于没有直接实施网络侵权行为的网络服务提供者在一定条件下要承担侵权责任，这个条件由两项规则构成，一是通知规则，二是明知或应知规则。故此，网络服务提供者因为网络用户实施的侵权行为而承担侵权责任是例外，而非原则。最后，鉴于网络服务提供者所拥有的人力物力、技术能力、信息优势等因素，网络服务提供者也不能对他人利用自己网络服务实施侵权行为坐视不理、放任不管。当网络用户利用网络服务实施侵权行为的客观事实已经非常明显，而网络服务提供者仍然置若罔闻，显然不利于预防和制止侵权行为，不利于维护广大民事主体的合法权益，最终也会损害网络信息科技和网络经济的健康发展。故此，法律上通过通知规则以及明知或应知规则来作为认定网络服务提供者与实施侵权行为的网络用户承担连带责任的要件，就很好地解决了这个问题。一方面，无论明知还是应知，均以网络服务提供者具有预见和避免能力为前提的。在网络服务提供者没有此等能力的情况下，法院一般也不会认定其明知或应知。故此，以明知或应知作为网络服务提供者承担侵权责任的主观要件，并不苛刻。另一方面，网络服务提供者向他人提供网络服务而获取利益，同时也开创了他人利用该网络服务从事侵权行为的危险。基于报偿原理，网络服务提供者也理所当然地要尽到一定程度的注意义务。其不仅在明知网络侵权行为或被侵权人通知其存在侵权行为时，应当采取必要的措施阻止侵权行为，也应当主动地去发现和避免一些网络侵权行为的出现并及时采取必要的措施。

2. 明知或应知的认定标准

所谓明知也称知道，是指网络服务提供者确实知道网络用户利用其网络服务从事侵权行为而予以放任或者加以协助或利用。这种主观心理状态就是故意。所谓应知即应当知道，是指虽然网络服务提供者确实不知道网络侵权行为的存在，但从相关网络用户侵权的事实来看，其应当知道该行为的存在。这种应知而未知的心态可能是故意，也可能是过失。就如何判断网络服务提供者知道或者应当知道网络用户利用网络服务实施侵权行为，我国一些司法解释提供了判断标准。例如，《最高人民法院关于审理侵害信息网络传播权民事纠纷案件适用法律

[61] 王胜明主编：《中华人民共和国侵权责任法解读》，中国法制出版社 2010 年版，第 185 页。
[62] 杨明：《〈侵权责任法〉第 36 条释义及其展开》，载《华东政法大学学报》2010 年第 3 期。

若干问题的规定》第9条规定:“人民法院应当根据网络用户侵害信息网络传播权的具体事实是否明显,综合考虑以下因素,认定网络服务提供者是否构成应知:(一)基于网络服务提供者提供服务的性质、方式及其引发侵权的可能性大小,应当具备的管理信息的能力;(二)传播的作品、表演、录音录像制品的类型、知名度及侵权信息的明显程度;(三)网络服务提供者是否主动对作品、表演、录音录像制品进行了选择、编辑、修改、推荐等;(四)网络服务提供者是否积极采取了预防侵权的合理措施;(五)网络服务提供者是否设置便捷程序接收侵权通知并及时对侵权通知作出合理的反应;(六)网络服务提供者是否针对同一网络用户的重复侵权行为采取了相应的合理措施;(七)其他相关因素。”再如,《利用信息网络侵害人身权益纠纷规定》第9条规定:“人民法院依据侵权责任法第三十六条第三款认定网络服务提供者是否‘知道’,应当综合考虑下列因素:(一)网络服务提供者是否以人工或者自动方式对侵权网络信息以推荐、排名、选择、编辑、整理、修改等方式作出处理;(二)网络服务提供者应当具备的管理信息的能力,以及所提供服务的性质、方式及其引发侵权的可能性大小;(三)该网络信息侵害人身权益的类型及明显程度;(四)该网络信息的社会影响程度或者一定时间内的浏览量;(五)网络服务提供者采取预防侵权措施的技术可能性及其是否采取了相应的合理措施;(六)网络服务提供者是否针对同一网络用户的重复侵权行为或者同一侵权信息采取了相应的合理措施;(七)与本案相关的其他因素。”

我国《民法典》没有专门为第1197条中的“知道或者应当知道”提供判断的标准或参考因素,本书认为,认定网络服务提供者是否知道或者应当知道时,应当依据以下几项因素加以判断:

(1)法律法规中保护他人合法权益的规范。我国法律法规越来越多地给网络服务提供者施加各种义务,其中既有出于维护公共利益如国家利益或社会利益的公法上的义务,也有保护民事主体合法权益的私法上的义务。只有违反以保护特定主体的民事权益为目的的私法上的义务(保护性规范),才能作为认定网络服务提供者知道或者应当知道的依据。如果纯属公法上为加强行政管理的需要而施加给网络服务提供者的义务(管理性规范),并非保护特定主体民事权益的义务,则不应以此规范作为确定民事责任的依据。[63] 例如,《电子商务法》第27条第1款规定:“电子商务平台经营者应当要求申请进入平台销售商品或者提供服务的经营者提交其身份、地址、联系方式、行政许可等真实信息,进行核验、登记,建立登记档案,并定期核验更新。”《网络安全法》第47条规定:“网络运营者应当加强对其用户发布的信息的管理,发现法律、行政法规禁止发布或者传输的信息的,应当立即停止传输该信息,采取消除等处置措施,防止信息扩散,保存有关记录,并向有关主管部门报告。”这些规范都属于管理性规范,不能作为认定网络服务提供者知道或者应当知道的依据。但是,《电子商务法》第29条规定:“电子商务平台经营者发现平台内的商品或者服务信息存在违反本法第十二条、第十三条规定情形的,应当依法采取必要的处置措施,并向有关主管部门报告。”《食品安全法》第62条规定:“网络食品交易第三方平台提供者应当对入网食品经营者进行实名登记,明确其食品安全管理责任;依法应当取得许可证的,还应当审查其许可证。网络食品交易第三方平台提供者发现入网食品经营者有违反本法规定行为的,应当及时制止并立即报告所在地县级人民政府食品安全监督管

[63] 如学者所言,目前大量公法上给网络服务提供者施加的审查义务,极大地导致其私法注意义务水平的提高,十分不妥。参见姚志伟:《公法阴影下的避风港——以网络服务提供者的审查义务为中心》,载《环球法律评论》2018年第1期。关于规制性规范与侵权责任关系的深入研究,可参见朱虎:《规制法与侵权法》,中国人民大学出版社2018年版。

理部门;发现严重违法行为的,应当立即停止提供网络交易平台服务。”这些规范就属于保护性规范,可以作为认定网络服务提供者是否知道或应当知道的依据。

(2)网络用户利用网络服务实施的侵权行为所侵害的对象。《民法典》第1197条是普遍适用于所有利用网络服务侵害他人民事权益的情形的,我国法上的民事权益范围非常广泛,既包括名誉权、隐私权等人格权,也包括著作权、专利权、商标权等知识产权,还包括个人信息等人格利益以及商业秘密、虚拟财产等经济利益。因此,权利不同、受保护的利益不同,效力不同,法律上的保护程度也不同。对于人格权、知识产权等绝对权,权利人之外所有的人都负有不得侵害的义务;然而,对于财产利益如商业秘密等,法律只是给予某种程度的保护,防止其遭受特定行为的侵害。这些都使得网络服务提供者对于网络用户的侵权行为的发现或预见能力各不相同。正因如此,《利用信息网络侵害人身权益纠纷规定》第9条中才提出应当考虑到“该网络信息侵害人身权益的类型及明显程度”。即便是同样的权利,也涉及各种利益的协调,法律上有相应的限制规范。例如,对于名誉权、肖像权,我国《民法典》始终关注权益的保护与新闻报道、舆论监督等言论自由之间的关系,故此《民法典》第999、1020、1025条对于肖像权、名誉权作出了适当的限制。但是,对于隐私权,虽然也可以基于法律规定进行限制,但并未如肖像权、名誉权那样加以限制。故此,网络服务提供者对于网络用户侵害他人隐私权和侵害他人名誉权、肖像权的行为的预见和发现能力就会有差别。[64]

(3)网络服务提供者提供的网络服务的类型。现代网络科技信息高速发展,网络服务的类型越来越多,网络传输服务、信息存储空间服务、链接服务、搜索服务等等,不一而足。不同的网络服务的技术特性各不相同,服务提供者对网络用户侵权行为的预见能力和避免能力也有很大的差异,故此在知道或者应当知道的标准上也会有明显的差异。例如,在认定提供接入传输服务、搜索引擎服务以及BBS服务等技术服务提供者是否知道网络侵权行为时,标准通常比较严格。例如,搜索引擎服务的提供者对于搜索内容的合法性基本上不具有预见性、识别性和控制性。因为搜索引擎服务的特点在于,它可以根据用户的请求搜索遍于整个互联网空间中没有被禁止链接的任何网络终点。只要被链接网站没有采取相应的技术保护措施,就意味着对该网站可以互联互通、信息共享。[65] 所以,司法实践中,被侵权人只有证明搜索引擎服务提供者明知网络侵权行为的存在,法院才会认定网络服务提供者承担侵权责任。然而,对于提供链接服务、存储服务的网络服务提供者来说,判断的标准就相对比较宽松,很容易认定网络服务提供者是否知道侵权行为的存在。[66] 再如,网络服务提供者提供的是百科词条的创建和编辑服务时,其中的人物类词条的创建和编辑就不可避免地会涉及对在世的和已故人物的褒贬评判,主观色彩极为浓厚,故此,此种网络服务的性质与方式决定了其引发侵害他人名誉权、隐私权等侵权行为的内在风险很高,网络服务提供者对于侵权行为的发生应具有相应的预见能

---

〔64〕 例如,在“青欣久久公司于王雪梅、新浪信息公司名誉权纠纷案”中,法院认为,新浪网对网民在论坛上发表的言论,客观上不可能进行严格的内容审核,而只能进行形式审查。对于明显违反法律、法规及社会公序良俗的言论,网络经营者应当主动予以删除,但不应苛求其对论坛上所发表的言论所指向的事实情况加以仔细核查;对于论坛上发表的一般性言论,即便稍有过激之处,仍应以保护网络表达自由为先。参见最高人民法院中国应用法学研究所编:《人民法院案例选》(总第70辑),人民法院出版社2010年版,第85页。

〔65〕 《浙江泛亚公司与百度在线公司、百度网讯公司侵犯网络著作权纠纷案》,载程永顺主编:《网络著作权判例》,知识产权出版社2010年版,第240页以下。

〔66〕 环球唱片有限公司诉北京百度网讯科技有限公司侵犯信息网络传播权纠纷案,北京市第一中级人民法院(2005)一中民初字第8474号民事判决书。

力，应当通过审核规则等履行更高的注意义务。[67] 此外，提供古旧图书资料拍卖交易平台服务的网络服务提供者对于私人书信和手稿这一类交易物品的拍卖交易活动，应当尽到高度的注意义务，因为私人书信中往往涉及自然人的隐私权或死者的隐私，很容易因此类资料的拍卖而引发侵害他人隐私权和死者隐私的侵权行为。[68]

（4）其他的足以证明网络服务提供者明知或应知侵权行为的客观事实。这些事实包括网络用户侵权行为的重复次数和持续时间的长短、[69] 侵权行为造成的后果、网络服务提供者的规模大小（人力物力等）、[70] 社会上的常识和公知的事实。[71]

第三节　法律后果与程序法问题

一、就损害扩大部分承担连带责任

依据《民法典》第 1195 条第 2 款第 2 句，如果网络服务提供者没有及时采取必要措施的，对"**损害的扩大部分**"与从事侵权的网络用户承担连带责任。申言之，利用网络服务侵害他人民事权益的网络用户是直接或具体实施侵权行为的主体，是侵权人，要就被侵权人因该侵权行为而遭受的全部损害承担赔偿责任。网络服务提供者只需要就自没有及时采取必要措施始的那部分损害即损害的扩大部分负责。如此一来，在损害的扩大部分上，网络服务提供者与侵权的网络用户就形成了连带责任。

有学者认为，"损害的扩大部分"只有在网络服务提供者被提示之后才能确定，即凡是被提示之后造成的损害都属于扩大的部分。[72] 本书不赞同这种理解。因为《民法典》第 1195 条第 2 款只是规定，"未及时采取必要措施的"，需要就损害扩大的部分负连带责任，而并没有规定网络服务提供者接到通知后，"未立即采取必要措施"就要负连带责任。如前所述，及时与否，需要根据网络服务提供者的类型、发出通知的时间、侵权通知的内容等具体情况判断。因此，网络服务提供者在接到了权利人的侵权通知后的合理时间内仍然没有采取必要措施的，自该合理时间届满之日起就要承担连带赔偿责任。[73] 通知规则不仅要考虑被侵权人的合法权益的保护，还要考虑被指控侵权的网络用户以及网络服务提供者的利益。不可能任何人只要向网络服务提供者发出通知，网络服务提供者就可以马上采取措施。毕竟，网络服务提供者还要从形式上审查该通知是否符合要求，如有无权利人的真实身份信息、是否提供了构成侵权的初步

---

〔67〕 赵晓航诉北京百度网讯科技有限公司名誉权纠纷案，北京互联网法院（2019）京 0491 民初 2403 号民事判决书。

〔68〕 丁纬与北京古城堡图书有限公司、赵利娜隐私权纠纷案，北京互联网法院（2018）京 0491 民初 1813 号民事判决书。

〔69〕 祝建军：《视频分享网站服务商帮助侵犯著作权的认定》，载《人民法院报》2010 年 10 月 13 日。

〔70〕 北京搜狐互联网信息服务有限公司与傅战备著作权侵权纠纷上诉案，上海市高级人民法院（2007）沪高民三（知）终字第 128 号民事判决书；张新蚕与北京新浪互联信息服务有限公司侵犯著作权纠纷上诉案，北京市第一中级人民法院（2006）一中民终字第 5256 号民事判决书。

〔71〕 上海全土豆网络科技有限公司与新传在线（北京）信息技术有限公司侵犯著作财产权纠纷上诉案，上海市高级人民法院（2008）沪高民三（知）终字第 62 号民事判决书。

〔72〕 杨立新：《〈中华人民共和国侵权责任法〉精解》，知识产权出版社 2010 年版，第 166 页。

〔73〕 持相同观点的还有张新宝教授，参见张新宝、任鸿雁：《互联网上的侵权责任：〈侵权责任法〉第 36 条解读》，载《中国人民大学学报》2010 年第 4 期。有一种观点将"及时"理解为"立即"，参见最高人民法院侵权责任法研究小组：《〈中华人民共和国侵权责任法〉条文理解与适用》，人民法院出版社 2010 年版，第 267 页。

证据等。如果权利人发出的通知不具备法定内容之时,网络服务提供者也有权要求其加以补充(如《信息网络传播权保护条例》第14条第1款)。补充的这一段时间也属于合理的时间,在此期间也不能认为网络服务提供者未及时采取必要措施。

由此可见,所谓"损害的扩大部分"是指网络服务提供者接到通知后,未在合理时间内采取必要之措施而导致的损害被扩大的那部分。例如,在"汕头市赛格轻导航设备有限公司与汕头市易讯网络有限公司名誉侵权纠纷上诉案"中,法院明确指出:"当上诉人认为该文章存在内容失实,贬低、诋毁其企业信誉而向被上诉人提出交涉时,被上诉人已采取措施锁定该信息,并要求上诉人提交书面函件等有关资料,以便核实身份及采取下一步的措施,但上诉人对此并不予采纳和配合。在被上诉人确认了上诉人的身份、要求等情况下,立即删除该争议文章,其做法属于在合理时间和合理判断标准范围内履行网络的监控管理义务。"〔74〕

二、就全部损害承担连带责任

网络服务提供者明知或应当知道网络用户利用其网络服务从事侵权行为,而未采取必要的措施的,网络服务提供者应与网络用户承担连带责任(《民法典》第1197条)。该连带责任的范围究竟是被侵权人的全部损害,还是仅限于网络服务提供者知道或应当知道之后的损害,有不同的意见。一种观点认为,网络服务提供者应与侵权的网络用户就受害人的全部损害承担连带赔偿,该损害不仅包括知道之前的,也包括知道之后的。〔75〕另一种观点认为,该连带责任仅适用于知道之后的损害,之前的损害仍应由网络用户单独承担侵权责任。〔76〕本书赞同后一种观点。因为如果网络服务提供者根本不知道或者不应当知道网络侵权行为的存在,要求其对知道之前的那部分损害也负赔偿责任,显非合理。故此,应当以其知道或者应当知道开始的损害,作为承担连带赔偿责任的范围。

三、损害的确定

在网络侵权中,受害人应当证明自己遭受的损害(财产损失和精神损害)。但是,在相当多的情况下,受害人要想证明这一点并不容易。因此,法律上允许就侵害生命权、身体权和健康权之外的人格权益所造成的财产损失,可以被侵权人证明侵权人因此所获得的利益作为赔偿的标准。如果被侵权人既不能证明因侵权而遭受的损失,也无法证明侵权人因侵权所获得的利益,那么就应当由法院根据实际情况确定赔偿数额(《民法典》第1182条)。此外,在侵害知识产权等无形财产权的网络侵权案件中,法院往往是在法定的赔偿额限度内酌定具体的赔偿数额。《著作权法》第49条第2款规定:"权利人的实际损失或者侵权人的违法所得不能确定的,由人民法院根据侵权行为的情节,判决给予五十万元以下的赔偿。"《商标法》第63条第3款规定:"权利人因被侵权所受到的实际损失、侵权人因侵权所获得的利益、注册商标许可使用费难以确定的,由人民法院根据侵权行为的情节判决给予三百万元以下的赔偿。"《专利法》第65条第2款规定:"权利人的损失、侵权人获得的利益和专利许可使用费均难以确定的,人民法院可以根据专利权的类型、侵权行为的性质和情节等因素,确定给予一万元以上一百万元以下的赔偿。"《反不正当竞争法》第17条第4款规定:"经营者违反本法第六条、第九条规定,权利

〔74〕汕头市赛格轻导航设备有限公司与汕头市易讯网络有限公司名誉侵权纠纷上诉案,广东省汕头市中级人民法院(2006)汕中法民一终字第150号民事判决书。

〔75〕杨立新:《〈中华人民共和国侵权责任法〉精解》,知识产权出版社2010年版,第168页。

〔76〕王胜明主编:《中华人民共和国侵权责任法解读》,中国法制出版社2010年版,第187页。

人因被侵权所受到的实际损失、侵权人因侵权所获得的利益难以确定的，由人民法院根据侵权行为的情节判决给予权利人**五百万元以下**的赔偿。”此外，《利用信息网络侵害人身权益纠纷规定》第 18 条第 2 款也规定：“被侵权人因人身权益受侵害造成的财产损失或者侵权人因此获得的利益无法确定的，人民法院可以根据具体案情在 50 万以下的范围内确定赔偿数额。”

四、程序法问题

网络侵权的受害人可以起诉网络用户，也可以仅起诉网络服务提供者（参见**案例** 17.3.1），当然也可以将二者作为共同被告。在单独将网络用户或网络服务提供者作为被告时，目前的司法实践允许作为被告的网络用户或者网络服务提供者申请追加网络服务提供者或者网络用户作为共同被告或第三人（《利用信息网络侵害人身权益纠纷规定》第 3 条第 2、3 款）。例如，甲在 A 网络公司的 BBS 上大骂乙，乙可以只起诉甲，甲可以向法院申请追加 A 网络公司作为共同被告。如果乙只是起诉 A 网络公司，A 也可以申请追加甲作为共同被告。当然，更多的情况下，由于实施侵权行为的网络用户是匿名的，无法联系，故此受害人往往仅起诉网络服务提供者。

案例阅读

案例17.3.1
蔡继明与百度公司侵害名誉权、肖像权、姓名权、隐私权纠纷案

在受害人起诉网络服务提供者时，如果网络服务提供者以涉嫌侵权的信息是由某个网络用户发布的为由加以抗辩的，则其负有相应的**信息披露义务**，即法院可以责令网络服务提供者向法院提供能够确定涉嫌侵权的网络用户的姓名（名称）、联系方式、网络地址等信息（《利用信息网络侵害人身权益纠纷规定》第 4 条第 1 款）。这种规定的必要性在于：一方面，网络服务提供者对于网络用户的个人信息负有保密的义务，不能随意泄露，否则应当承担法律责任。例如，《全国人民代表大会常务委员会关于加强网络信息保护的决定》明确规定：“……三、网络服务提供者和其他企业事业单位及其工作人员对在业务活动中收集的公民个人电子信息必须严格保密，不得泄露、篡改、毁损，不得出售或者非法向他人提供。四、网络服务提供者和其他企业事业单位应当采取技术措施和其他必要措施，确保信息安全，防止在业务活动中收集的公民个人电子信息泄露、毁损、丢失。在发生或者可能发生信息泄露、毁损、丢失的情况时，应当立即采取补救措施。”《网络安全法》第 42 条规定：“网络运营者不得泄露、篡改、毁损其收集的个人信息；未经被收集者同意，不得向他人提供个人信息。但是，经过处理无法识别特定个人且不能复原的除外。网络运营者应当采取技术措施和其他必要措施，确保其收集的个人信息安全，防止信息泄露、毁损、丢失。在发生或者可能发生个人信息泄露、毁损、丢失的情况时，应当立即采取补救措施，按照规定及时告知用户并向有关主管部门报告。”故此，受害人无权直接要求网络服务提供者提供涉嫌侵权的网络用户的个人信息，但是法院可以要求其提供。另一方面，如果网络服务提供者以涉嫌侵权的信息是某个网络用户发布为由进行抗辩，又以保密为由不披露该网络用户的姓名、地址、联系方式等信息，则不仅受害人无法行使针对该网络用户的侵权赔偿请求权，法院也无法查明事实真相。鉴于此，为了在网络侵权纠纷案件中能够很好地平衡被侵权人的合法权益与保护网络用户个人信息秘密的关系，《利用信息网络侵害人身权益纠纷规定》第 4 条确立了网络服务提供者的信息披露义务（参见**案例** 17.3.2）。

案例阅读

案例17.3.2
闫某与北京新浪互联信息服务有限公司、北京百度网讯科技有限公司侵犯名誉权、隐私权纠纷案

文献阅读

第十八章　违反安全保障义务的侵权责任

本章重点

本章介绍的是违反安全保障义务的侵权责任。违反安全保障义务的侵权责任可以分为两种类型,即安全保障义务人自身违反安全保障义务的侵权责任与第三人侵权而安全保障义务人未尽到安全保障义务的侵权责任,二者在义务的内容、违反义务的判断以及侵权责任的承担等方面存在明显区别。

第一节　概　　述

一、安全保障义务的含义

(一)安全保障义务的概念与特征

安全保障义务,是指宾馆、商场、银行、车站、机场、体育场馆、娱乐场所等经营场所、公共场所的经营者、管理者或者群众性活动的组织者负有的保障他人人身财产安全的注意义务,安全保障义务人未尽到该义务时,应依法承担侵权责任。我国法上最早确立"安全保障义务"的是《人身损害赔偿解释》第6条。《侵权责任法》第37条在吸收借鉴司法解释规定的基础上,首次于法律中明确了安全保障义务。[1] 此后,《消费者权益保护法》第18条第2款也规定:"宾馆、商场、餐馆、银行、机场、车站、港口、影剧院等经营场所的经营者,应当对消费者尽到安全保障义务。"《民法典》第1198条在上述法律和司法解释的基础上,对安全保障义务作出了更完善的规定。我国法上的安全保障义务有以下特征:

1. 安全保障义务旨在保护他人的人身与财产的安全。在《人身损害赔偿解释》第6条中,安全保障义务仅限于对他人的人身安全的保护,并不包括财产安全。《侵权责任法》第37条第1款和《民法典》第1198条则将安全保障义务的保护对象扩张至人身安全与财产安全,也就是说,只要安全保障义务人没有尽到安全保障义务而造成他人损害,就应当承担侵权责任。《民法典》第1198条中的"造成他人损害"既包括因人身权益、财产权益被侵害而给被侵权人造成的财产损失,也包括人身权益被侵害而给被侵权人造成的精神损害。总之,安全保障义务人违反了安全保障义务的,无论是造成他人人身伤亡还是财产损害,均应承担责任(参见**案例**18.1.1)。

案例阅读

案例18.1.1
萧仕苑与中国银行股份有限公司广州天河支行财产损害纠纷上诉案

〔1〕 王胜明主编:《中华人民共和国侵权责任法解读》,中国法制出版社2010年版,第190页。

2. 负担安全保障义务的主体是特定主体。安全保障义务并非英美侵权法上一般性“注意义务”（duty of care），该一般性的注意义务是适用于任何民事主体的过失侵权（negeligence）的构成要件。安全保障义务仅适用于特定主体。《侵权责任法》第37条第1款规定了两类安全保障义务主体，即“宾馆、商场、银行、车站、娱乐场所等公共场所的管理人或者群众性活动的组织者”。但是，2013年修订的《消费者权益保护法》增加了一类安全保障义务主体，该法第18条第2款规定：“宾馆、商场、餐馆、银行、机场、车站、港口、影剧院等经营场所的经营者，应当对消费者尽到安全保障义务。”《消费者权益保护法》第18条第2款与《侵权责任法》第37条属于特别法与一般法的规定，其仅调整经营者与消费者之间的安全保障义务，至于经营者与消费者之外的其他人的安全保障义务仍然交由《侵权责任法》等其他法律调整。[2] 为了与《消费者权益保护法》保持一致，[3]《民法典》第1198条对安全保障义务主体进行了扩张，明确了“宾馆、商场、银行、车站、机场、体育场馆、娱乐场所等经营场所、公共场所的经营者、管理者或者群众性活动的组织者”等三类主体负有安全保障义务，其他的主体不负有此等义务（参见表18.1.1）。

表18.1.1　《最高人民法院公报》案例中的安全保障义务主体

安全保障义务主体	判决对安全保障义务内容的描述	案例名称
餐饮活动经营者	作为消费与服务合同中的**经营者**，除应该全面履行合同约定的义务外，还应当依照《合同法》第60条的规定，履行保护消费者人身、财产不受非法侵害的附随义务	李萍、龚念诉五月花公司人身伤害赔偿纠纷案，2002年第2期
商业银行	作为**金融企业法人**，官渡建行负有防范、制止危险发生，保障银行自身及进入银行营业场所客户的人身、财产权利安全的义务	吴成礼等五人诉官渡建行、五华保安公司人身损害赔偿纠纷案，2004年第12期
旅游服务机构	**旅游服务机构及其导游**对自然风险的防患意识应当高于游客，且负有保障游客安全的责任	吴文景、张恺逸、吴彩娟诉厦门市康健旅行社有限公司、福建省永春牛姆林旅游发展有限公司人身损害赔偿纠纷案，2006年第6期
	旅游经营者、**旅游辅助服务者**应当尽到安全保障义务	焦建军与江苏省中山国际旅行社有限公司、第三人中国康辉南京国际旅行社有限责任公司旅游侵权纠纷案，2012年第11期
建筑物的所有人、管理人	**建筑物的所有人、管理人**应当保证建筑物的使用安全……在该建筑物内从事经营活动的**经营者**，对在此接受其服务的公众负有安全保障义务	马青等诉古南都酒店等人身损害赔偿纠纷案，2006年第11期
生产企业	被告奥士达公司是从事**生产经营性活动的法人**，有义务在合理限度内为在其生产经营场所内的人员提供安全保障	罗倩诉奥士达公司人身损害赔偿纠纷案，2007年第7期

〔2〕 李适时主编：《中华人民共和国消费者权益保护法释义》，法律出版社2013年版，第74～75页。
〔3〕 黄薇主编：《中华人民共和国民法典侵权责任编解读》，中国法制出版社2020年版，第137～138页。

续表

安全保障义务主体	判决对安全保障义务内容的描述	案例名称
娱乐活动经营者	作为花都区宝桑园的**经营者**,宝桑园中心应当对进园游玩的游客提供合理限度内的安全保障义务	黄宇森诉广州市白云区京溪小学、广东省三茂铁路国际旅行社等人身损害赔偿纠纷案,2008 年第 9 期
酒店经营者	作为提供住宿服务的**酒店经营者**,对入住酒店的消费者应履行合理限度的安全保障义务。酒店经营者因管理、服务瑕疵等安全隐患而致消费者产生人身伤害的,应承担民事赔偿责任	赵宝华诉上海也宁阁酒店有限公司、上海市静升实业有限公司生命权、健康权、身体权纠纷案,2014 年第 1 期
地铁公司	被告地铁公司作为**地铁站和检票闸机的管理人**,应当在乘客进站乘车过程中履行相应的安全保障义务,其不仅要保证闸机的正常运行,还要对乘客进站时安全通过闸机的方式进行必要的引导,并配备相应的设施使免票乘客能够正常通行。若被告因未履行上述义务而导致乘客受伤,则应当承担相应的侵权责任	高子玉诉南京地铁集团有限公司健康权纠纷案,2015 年第 9 期
实习单位	被告通用富士公司作为实习单位,是**实习生劳动工具的提供者和工作内容的指挥者**,对实习生负有日常管理、保护之责,亦应尽到必要的安全保障义务	李帅帅诉上海通用富士冷机有限公司、上海工商信息学校人身损害赔偿纠纷案,2015 年第 12 期
银行	《商业银行法》第 6、33 条规定,商业银行对储户存款具有安全保障义务。上诉人工行新门口支行为宋鹏提供借记卡服务,就应当确保该借记卡内的数据信息不被非法窃取并加以使用。并且,工行新门口支行作为发卡行及相关技术、设备和操作平台的提供者,在其与储户的合同关系中明显占据优势地位,应当承担伪卡的识别义务。案涉伪卡交易能够进行,说明宋鹏持有的真正银行卡内数据信息可以被复制并存储到其他的伪卡内,并且伪卡输入密码后还可以进行正常的交易活动,因此工行新门口支行制发的借记卡以及交易系统在防伪技术上存在缺陷,工行新门口支行未能履行交易安全保障义务,给宋鹏造成了经济损失,应承担赔偿责任	宋鹏诉中国工商银行股份有限公司南京新门口支行借记卡纠纷案,2017 年第 12 期

3. 违反安全保障义务产生的是侵权责任。依据《民法典》第 1198 条,无论是安全保障义务人违反安全保障义务,还是第三人从事侵权行为造成他人损害而安全保障义务人未尽到安全保障义务,安全保障义务人承担的都是侵权责任而非合同责任。由于我国《民法典》第 500 条规定了缔约过失责任,且第 509 条第 2 款规定了当事人在合同履行中负有履行通知、协助、保密等义务,故此,违反安全保障义务的侵权责任也会和缔约过失责任、违约责任发生竞合。此时,受害人有权选择行使相应的缔约过失赔偿请求权、违约赔偿请求权或侵权赔偿请求权。

(二)安全保障义务的性质

安全保障义务性质如何,有附随义务说、法定义务说等不同的观点。附随义务说认为,安全保障义务是合同法上的附随义务。提供住宿、餐饮、娱乐、运输以及组织群众性活动之人往往与受害人订有契约,而契约义务除包括主给付义务、从给付义务外,还包括基于诚实信用原则而生之照顾、保护、忠实、协助等附随义务。因此,安全注意义务仅为附随义务的一种。[4] 法定义务说则认为,经营者在其服务场所对消费者等的人身和财产安全负有保障义务是一种法定义务。该义务之目的在于避免他人的人身、财产遭受损害,所以也可将之界定为为避免他人遭受损害的义务。从我国的立法实践来看,法律、行政法规大量地规定了各种具体情况下经营者承担的安全保障义务,如《消费者权益保护法》第7、18条,《铁路法》第10条,《民用航空法》第124、125条,《公路法》第43条第2款等;《合同法》以及《民法典》的合同编却没有(也不可能)对此作出明确的列举性规定。因此,将我国经营者对服务场所安全保障义务原则上确定为法定义务比较妥当,符合我国现行法律、法规所建立起来的模式。[5]

本书认为,附随义务说与法定义务说都不足以全面地解释安全保障义务的性质。首先,附随义务说的缺陷在于其必须以受害人与安全保障义务主体之间存在合同关系为前提,显然过于狭窄。一方面,这会导致在没有合同关系时,一些公共场所的经营者或群众性活动的组织者可借此不承担安全保障义务。例如,前往宾馆拜访朋友的人,因宾馆大堂湿滑而摔伤。由于受害人与宾馆并无合同关系,即宾馆就不向受害人负有所谓的附随义务,而这并不意味着宾馆就没有安全保障义务。另一方面,有些安全保障义务本身就属于合同的主给付或从给付义务而非附随义务。例如,在宾馆住宿的客人因房间内的设施之缺陷而遭受损害,宾馆违反的是主给付义务而非附随义务。此外,基于人格权、物权等绝对权的属性,不侵害这些绝对权是法定的不作为义务,而非附随义务。其次,法定义务说只是从法律的规定出发界定安全保障义务的性质,忽视当事人之间合同关系,显然也不全面。一方面,有些安全保障义务本身就属于合同义务之范畴;另一方面,判断安全保障义务是否得到适当履行时,合同关系的有无会产生重要影响。况且,"由于安全保障义务人的范围很广,涉及多个行业、多类主体,不同义务人对不同保护对象所负有的安全保障义务是不同的,在法律中无法明确其具体内容"。[6]

综上所述,没有必要将安全保障义务性质简单地界定为附随义务或法定义务,安全保障义务实质上就是判断经营者、管理者或组织者过错的标准而已,具体内容可能来自于法律的规定,也可能来源于合同的约定,甚至是基于诚实信用原则而产生。安全保障义务主体是否履行该义务,也需要根据案件的具体情况权衡多种因素后加以判断。

二、安全保障义务的功能

(一)维护公共安全

安全保障义务的主体之所以被限定为经营场所、公共场所的经营者、管理者或者群众性活动的组织者,很重要的原因就在于安全保障义务所维护的是**公共安全**。一方面,宾馆、商场、银行、车站、机场、体育场馆、娱乐场所等经营场所、公共场所是供不特定之人进出和活动的空间,人数众多,人流密集。另一方面,游园会、博览会、招聘会、运动会等群众性活动的参与人也极为众多。二者均涉及不特定多数人的人身财产安全,为了维护广大人民群众的人身财产安全,法律上有必要使经营者、管理者与组织者尽到应有的注意义务,并在违反该义务时承担侵权责任。

---

[4] 刘言浩:《宾馆对住客的保护义务》,载《法学研究》2001年第3期。相关案例参见王利毅、张丽霞诉上海银河宾馆赔偿纠纷案,载《最高人民法院公报》2001年第2期;乘客潘大玉诉承运人唐小阶晚上停车时未关好车门窗及叫醒正在睡觉的乘客致使其自带提包被盗贼打开车门盗走赔偿案,载最高人民法院中国应用法学研究所编:《人民法院案例选》(总第43辑),人民法院出版社2003年版,第112页以下。

[5] 张新宝、唐青林:《经营者对服务场所的安全保障义务》,载《法学研究》2003年第4期。

[6] 王胜明主编:《中华人民共和国侵权责任法解读》,中国法制出版社2010年版,第192页。

(二)对不作为侵权的判断

不作为侵权中,被告承担侵权责任的要件之一为负有作为之义务。长期以来,作为义务的来源被限制在法律的规定、合同的约定和行为人在先危险行为这几类,不适应社会发展的需要。通过创设安全保障义务,不仅极大地**扩张了作为义务的来源**,而且在很大程度上解决了第三人直接从事侵权行为时,安全保障义务人的不作为与受害人的损害之间因果关系判断问题。[7] 例如,在"吴成礼等五人诉官渡建行、五华保安公司人身损害赔偿纠纷案"中,受害人在银行柜台取钱时,突遭犯罪分子的持枪抢劫而被害身亡。受害人近亲属起诉银行,法院认为,银行负有及时发现和制止不法侵害,保护储户人身安全的作为义务,由于银行未尽到该积极作为之义务,故而要承担相应的民事责任。[8]

三、安全保障义务的类型

案例阅读

案例18.1.2
赵宝华诉上海也宁阁酒店有限公司、上海市静升实业有限公司生命权、健康权、身体权纠纷案

案例阅读

案例18.1.3
吴成礼等五人诉官渡建行、五华保安公司人身损害赔偿纠纷案

我国民法上的安全保障义务分为两类:一是经营者、管理者或组织者负有的不因自己的行为而损害他人的安全保障义务(参见**案例**18.1.2);二是经营者、管理者或组织者负有的防止或制止第三人对他人实施侵权行为的安全保障义务(参见**案例**18.1.3)。而依据这两种类型,违反安全保障义务的侵权责任也被分为两类:其一,义务人自身违反安全保障义务造成他人损害时的侵权责任(《民法典》第1198条第1款);其二,第三人造成他人损害而安全保障义务人未尽到安全保障义务时的侵权责任(《民法典》第1198条第2款)。这两类侵权责任存在以下区别。

(一)加害行为人不同

经营场所、公共场所的经营者、管理者或群众性活动的组织者自身违反安全保障义务而造成他人损害的,安全保障义务人就是加害人(或直接侵权人),具有过错,应当依据《民法典》第1198条第1款承担侵权责任。即便该款不作规定,依据《民法典》第1165条第1款也需要承担侵权责任。例如,客人在餐馆用餐时因地面湿滑而摔倒,致颅脑重度损伤;[9] 游泳者游泳结束后经过消毒池时,因池内防滑脚垫铺设不当摔跤受伤;[10] 饭店的消防通

---

〔7〕《人身损害赔偿解释》的起草者也明确指出:"近年来,由于有些经营者在安全保障上存在问题,给犯罪分子以可乘之机,出现了犯罪分子在酒店、银行等经营场所杀人越货的事件。受害人往往在向犯罪分子索赔不能的情况下,单独起诉酒店、银行等要求赔偿。但过去的侵权法理论未能提供受害人行使此种请求权的理论依据。《解释》根据我国法律的基本原则和审判实践中积累的经验,结合民法理论上的社会活动安全注意义务理论,对安全保障义务的范围和违反义务时的责任界限进行界定。根据该规定,从事社会活动应当对相关公众的安全给予合理的注意,疏于注意造成他人人身损害的,安全保障义务人应当承担赔偿责任;在第三人侵权的情形,安全保障义务人没有尽到注意义务的,应当承担补充赔偿责任。该理论旨在解决不作为行为与损害结果的因果关系问题,对解决审判实践中的众多新类型案件具有重要意义。"参见《最高人民法院负责人在公布〈关于审理人身损害赔偿案件适用法律若干问题的解释〉新闻发布会上的讲话》,载 https://www.sohu.com/a/350001399_169411.,2020年8月2日最后访问。

〔8〕吴成礼等五人诉官渡建行、五华保安公司人身损害赔偿纠纷案,载《最高人民法院公报》2004年第12期。

〔9〕沈力军:《公共场所管理人的安全保障义务及限度》,载《人民法院报》2012年9月27日。

〔10〕谷天杨诉北京双龙体育发展有限公司等生命权、健康权、身体权纠纷案,北京市西城区人民法院(2014)西民初字第274号民事判决书;李钧诉北京顶峰嘉铭健身有限责任公司身体权纠纷案,北京市海淀区人民法院(2013)海民初字第8578号民事判决书。

道设施的瑕疵致客人摔伤死亡;[11]酒店未在其海滩浴场设救生员,住客游泳时溺水身亡;[12]酒店地面有冰,致使来酒店开会的人摔伤;[13]商场货架上的热水瓶掉下来,烫伤随母亲购物的儿童;[14]粮站内设的专用消防池看管人员擅自离岗且防护栏过低,致儿童在消防池边玩耍时不慎滑落至消防池被淹死;[15]游客在公园参观花展,于赏花之际被蛇咬伤;[16]少年在公园游泳场玩水滑梯时,碰掉门牙;[17]火车乘客在车上醉酒过站,承运人未及时叫醒乘客,以致乘客醉酒窒息死亡;[18]乘客在地铁站下楼梯时,被防滑地毯绊倒摔伤;[19]到医院看望病人,经过住院部楼外的斜坡时,因斜坡上有砂石导致探望者摔伤。[20]

然而,在安全保障义务人违反防止或制止第三人对他人实施侵权行为的安全保障义务的侵权责任中,直接对受害人实施侵权行为的是安全保障义务人之外的第三人,且该第三人的侵权行为既非安全保障义务人的被监护人所实施,也不是安全保障义务人的工作人员因执行工作任务所致或者提供劳务一方因劳务所致。因此,第三人需要依法承担侵权责任。安全保障义务人虽非直接侵权人,却因其未尽到应尽的防止或制止损害的作为义务而需要承担侵权责任。例如,因宾馆安全问题致使旅客住宿期间被人杀害;乘客在汽车上遭受窃贼的伤害,司乘人员不闻不问;[21]在商场购物时被暴徒殴打,商场保安置之不理;[22]女住客在宾馆住宿期间被人调戏、殴打,宾馆保安与服务人员在旁围观,不闻不问;[23]在饮食店就餐时,因身份不明之人入店寻衅与店主打斗而无故被打;[24]因校园管理混乱,存在安全隐患而导致女学生被犯罪分子杀害;[25]因小区物业管理部门疏于管理、安全设施被毁,导致业主被犯罪分子以检修煤气管道

---

〔11〕《沈旭华坠楼案:家属获民事赔偿 38 万》,载中国法院网:http://www.chinacourt.org/public/detail.php?id=88496.,2020 年 8 月 2 日最后访问。

〔12〕华建文、苏建平:《海南度假溺水身亡,未尽责任酒店赔偿》,载中国法院网:http://www.chinacourt.org/.,2020 年 8 月 2 日最后访问。

〔13〕任惠敏与河南中州旅游酒店股份有限公司生命权、健康权、身体权纠纷案,河南省郑州市中级人民法院(2013)郑民一终字第 1307 号民事判决书。

〔14〕北京市高级人民法院:《损害赔偿新型疑难案例判解》,法律出版社 2007 年版,第 143 页以下。

〔15〕文晓林:《儿童贪玩被溺死,粮站家长共担责》,载《法制日报》2003 年 7 月 2 日。

〔16〕宿华文:《公园赏花遭蛇咬,游客索赔 20 万》,载中国法院网:http://www.chinacourt.org/ public/detail.php?id=94627.,2020 年 8 月 2 日最后访问。

〔17〕胡浩立:《滑梯磕掉少年牙,公园被判赔一万》,载中国法院网:http://www.chinacourt.org/public/ detail.php?id=96739.,2020 年 8 月 2 日最后访问。

〔18〕王丽春诉长春站等其夫在列车上醉酒过站后承运人未履行保护义务致继续乘车时窒息死亡赔偿案,载最高人民法院中国应用法学研究所:《人民法院案例选》(总第 43 辑),人民法院出版社 2003 年版,第 119 页以下。

〔19〕徐某与上海某地铁公司人身损害赔偿纠纷案,上海市第一中级人民法院(2012)沪一中民一(民)终字第 1113 号民事判决书。

〔20〕重庆蓝天医院有限公司与张兴燕违反安全保障义务责任纠纷上诉案,重庆市第一中级人民法院 (2013)渝一中法民终字第 03977 号民事判决书。

〔21〕张迎旭等诉汝州市汽运公司乘坐其客车途中与歹徒搏斗受伤未尽安全运送义务赔偿案,载最高人民法院中国应用法学研究所编:《人民法院案例选》(总第 28 辑),时事出版社 1999 年版,第 121 页以下。

〔22〕管研、李楠:《商场购物遭暴徒袭击,四消费者起诉银基商贸城》,载中国法院网:https://www.chinacourt.org/article/detail/2003/06/id/63493.shtml.,2020 年 8 月 2 日最后访问。

〔23〕谢雪芬诉晋江万通大酒店不履行保障旅客人身安全义务损害赔偿案,载最高人民法院中国应用法学研究所编:《人民法院案例选》(民事卷)(中),第 959 页以下。

〔24〕李彬在饮食店就餐时遭第三人伤害诉业主陆仙芹等人身损害赔偿案,载最高人民法院中国应用法学研究所编:《人民法院案例选》(总第 40 辑),人民法院出版社 2002 年版,第 183 页以下。

〔25〕《女学生校内遇害,存在安全隐患,校方被判赔偿》,载中国法院网:https://www.chinacourt.org/article/detail/2003/07/id/68623.shtml.,2020 年 8 月 2 日最后访问。

为名进入家中实施抢劫并被杀害等。[26]

（二）安全保障义务的内容与要求不同

1. 义务内容不同。安全保障义务人负有的不因自己的行为而直接损害他人的安全保障义务主要内容就是：遵守法律规定和约定，尽到谨慎注意之义务，确保不因自己的行为或管理、控制下的物件及人员给他人造成损害。例如，公园要确保游乐设备是安全的，不会导致游客人身伤亡或财产损失；灯会的组织者要通过安排治安人员、设置疏散通道，防止发生踩踏事件等。但是，安全保障义务人负有的防止或制止第三人侵权的义务的内容有所不同，其为安全保障义务人应尽到一定程度的注意义务，在合理的限度范围内降低第三人对他人实施侵权行为的风险或在侵权行为发生时予以制止，从而减少受害人的损害。例如，宾馆应当通过安装摄像头、警示公告等措施，以减少第三人在宾馆内对住客实施侵权行为的风险；再如，餐馆发现有人在餐厅内殴打顾客时，应让保安上前制止或及时拨打报警电话等。

2. 义务要求不同。安全保障义务人负有的不因自己的行为而损害他人的安全保障义务，是对义务人直接提出的要求。一个合理的人本来就应当避免因自己的作为或不作为而侵害他人权益造成损害，这是过错责任原则的基本要求，是理所当然的，也是能够做到的。因此，一旦安全保障义务人违反此种义务，就当然可以认定其过错，令其承担侵权责任。但是，安全保障义务人防止或制止第三人实施侵权行为的难度就比较大了，这种义务的要求显然要低于前一种安全保障义务。毕竟，法律不能要求安全保障义务人为他人的人身财产安全而奋不顾身，这是道德的要求而不是法律的要求。所以，法律上只是要求安全保障义务人在合理的限度范围内，采取相应的行为预防和制止第三人实施侵权行为，从而降低损害发生的概率或损害程度。即便安全保障义务人尽到了该义务，却没有起到预防和制止第三人侵权的作用，也不能据此就认定安全保障义务人要承担责任。例如，2014 年 5 月 28 日 21 时许，在山东省招远市的一家“麦当劳”快餐店内曾发生数名邪教人员将一名女士活活打死的案件。该案中直接实施侵权行为的是邪教人员，他们当然需要承担连带赔偿责任。至于麦当劳餐厅是否需要承担违反安全保障义务的侵权责任，就要取决于该餐厅是否在合理的限度范围内尽到了安全保障义务，如及时劝阻、立即报警、救助受害人等。

（三）承担的侵权责任不同

正是由于安全保障义务有两种不同的类型，故此，违反这两类安全保障义务的侵权责任也不相同。首先，依据《民法典》第 1198 条第 1 款，经营场所、公共场所的经营者、管理者或者群众性活动的组织者未尽到安全保障义务，造成他人损害的，应当承担侵权责任。该侵权责任是安全保障义务人为自己的侵权行为而承担责任，性质上属于过错责任。除非能够证明存在减责免责事由，否则安全保障义务人就受害人的损害应当承担的完全赔偿责任。如果安全保障义务人违反安全保障义务造成他人损害的侵权行为应当适用无过错责任，则不适用《民法典》第 1198 条第 1 款。例如，某经营场所的建筑物倒塌造成他人死伤的，即便该建筑物就是属于经营者的，也不适用第 1198 条第 1 款，而适用《民法典》第 1252 条。依据《民法典》第 1198 条第 2 款，尽管安全保障义务人承担的也是过错责任，但第三人实施的侵权行为可能是一般侵权行为也可能是特殊的侵权行为。例如，张三携带烈性犬进入 A 宾馆，而宾馆未予制止，烈性犬将住客李四咬伤。此时张三应当依据《民法典》第 1247 条承担极为严格的无过错责任，而宾馆则依

---

〔26〕　《业主家中被杀，物业赔偿 7 万》，载《北京晨报》2003 年 6 月 27 日。

据《民法典》第1198条第2款承担的是过错责任。其次，依据《民法典》第1198条第1款，安全保障义务人的责任是为自己行为的责任，安全保障义务人是第一位的责任人。然而，依据《民法典》第1198条第2款，直接从事侵权行为的是第三人，不是安全保障义务人。所以，第一位的责任人是第三人，安全保障义务人承担的只是相应的补充责任，并且在承担补充责任后，还可以向第三人追偿。

第二节　构成要件

一、经营场所、公共场所的经营者、管理者或群众性活动的组织者

（一）经营场所、公共场所的经营者、管理者

经营场所、公共场所是供不特定人出入和活动的地方，《民法典》第1198条第1款明确列举了几类典型的经营场所和公共场所——"宾馆、商场、银行、车站、机场、体育场馆、娱乐场所"，除此之外，经营场所、公共场所还包括以下地点或场所：餐馆、茶馆、公共浴室、展览馆、博物馆、图书馆、动物园、公园、游乐园、集贸市场、客运码头、候船厅、大学校园、电信营业厅、急诊大楼等营业场所和其他向公众开放的场所。此外，公共交通工具（汽车、火车、飞机、轮船等）的内部空间，也属于公共场所。那些不向公众开放或不用于公开经营活动而仅供特定人员出入的地方，并非公共场所。受害人擅自进入这些并非公共场所或者经营场所的区域而遭受损害的，被告是否需要承担侵权责任应根据案件的具体情形予以处理（参见**案例**18.2.1）。例如，王某未经允许，酒后擅自进入B公司尚未建成投入使用的大楼里上厕所，结果掉进天井内受伤，因该区域并不属于公共场所或经营场所，故此，不适用违反安全保障义务的侵权责任，而应当依据过错责任原则确定B公司是否需要承担侵权责任。此外，即便B公司需要承担侵权责任，由于受害人是酒后且未经允许擅自进入他人建筑物，也应当减轻B公司的赔偿责任。[27] 再如，未经许可进入高度危险活动区域或者高度危险物存放区域而受到损害的，依据《民法典》第1243条的规定，如果管理人能够证明已经采取足够安全措施并尽到充分警示义务的，可以减轻或者不承担责任。

> **案例阅读**
>
> **案例18.2.1**
> 支某等与北京市丰台区永定河管理所等生命权、健康权、身体权纠纷案

经营者是指经营场所的经营者，是《消费者权益保护法》中的概念，与消费者相对应。依据《消费者权益保护法》第3条，经营者是为消费者提供其生产、销售的商品或者提供服务的自然人、法人或非法人组织。经营者的一个重要特征就是从事的是有偿活动，即通过提供商品或者服务而取得金钱对价。也正是因为经营者从事的是有偿活动，决定了其对于消费者负有较高的注意义务，包括对进入其经营场所的消费者负有较高程度的安全保障义务。

管理者是指公共场所的管理者，即对公共场所拥有管理控制力的自然人、法人或非法人组

---

[27] 王东：《安全保障义务范畴研究——王某诉北京新华联恒业房地产开发有限公司、北京北苑星华综合市场有限公司一般人身损害赔偿案法律问题研究》，载北京市高级人民法院：《审判前沿：新类型案件审判实务》（总第27集），法律出版社2010年版，第37～41页。

织。是否属于公共场所管理者的判断标准并非单纯的物权关系,而是要看是否对公共场所拥有控制力以及管理的职责。这种控制力和职责可能是基于物权关系或债权关系而生,也可能是依据法律的规定。例如,甲公司拥有A楼的所有权,将其作为公司的办公场所。甲公司作为所有权人,当然有权管理控制该栋大楼,应当承担该栋大楼中公共场所和经营场所的安全保障义务。再如,物业服务公司对于物业区域内的业主共有部分并不享有任何物权,但是,物业服务公司依据与业主签订的物业服务合同享有对物业服务区域内的业主共有部分的经营管理的权利和义务。《民法典》第942条规定:"物业服务人应当按照约定和物业的使用性质,妥善维修、养护、清洁、绿化和经营管理物业服务区域内的业主共有部分,维护物业服务区域内的基本秩序,采取合理措施保护业主的人身、财产安全。对物业服务区域内违反有关治安、环保、消防等法律法规的行为,物业服务人应当及时采取合理措施制止、向有关行政主管部门报告并协助处理。"该条中的"采取合理措施保护业主的人身、财产安全"就是物业服务公司工作人员等物业服务人员负有的安全保障义务。例如,小区某栋楼上经常有人往楼下抛掷物品,业主多次反映而物业公司未采取任何措施,某日一块砖头被人从楼上扔下来,砸伤了业主张某。此时,依据《民法典》第1254条第2款,由于物业服务企业没有采取必要的安全保障措施防止高空抛物情形的发生,其应当依据《民法典》第1198条第2款的规定承担未履行安全保障义务的侵权责任。

(二)*群众性活动的组织者*

"群众性活动"并非法律术语,它是指为社会公众举办或向社会公众开放的文化、经济或其他社会活动,如体育比赛、运动会、游园会、灯会、庙会、烟火表演、人才招聘会、纪念会、博览会、展销会、演唱会等。群众性活动既可能是大型的,也可能是规模较小的。依据国务院颁布的《大型群众性活动安全管理条例》第2条第1款,大型群众性活动是指法人或者其他组织面向社会公众举办的每场次预计参加人数达到1000人以上的下列活动:体育比赛活动;演唱会、音乐会等文艺演出活动;展览、展销等活动;游园、灯会、庙会、花会、焰火晚会等活动;人才招聘会、现场开奖的彩票销售等活动。依据上述规定,公安机关对大型群众性活动实行安全许可制度,如果预计参加人数在1000人以上5000人以下的,由活动所在地县级人民政府公安机关实施安全许可;预计参加人数在5000人以上的,由活动所在地设区的市级人民政府公安机关或者直辖市人民政府公安机关实施安全许可;跨省、自治区、直辖市举办大型群众性活动的,则由国务院公安部门实施安全许可。对于举办大型群众性活动的组织者以及场所的管理者应当履行的安全责任,法律上都有明确的要求。如果违反安全管理规定,造成损害后果的,活动的组织者不仅要承担民事责任,还要承担刑事责任(《刑法》第135条之一)。

从公共安全管理的角度将群众性活动区分大型群众性活动和非大型群众性活动,没有问题。但是,在违反安全保障义务的侵权责任中,所谓群众性活动并不简单地以人数多少为标准。例如,自助游爱好者甲在网上发帖,征集前往某地自助游的爱好者参加,结果仅有6人报名参加。虽然人数不多,但是该活动依然属于群众性活动,而甲作为该活动的组织者应负有安全保障义务。[28] 再如,旅行社组织高端旅游团,人数往往也就是十几人而已,但是旅行社作为活动的组织者仍然负有安全保障义务。对此,《旅游法》第79～82条、《最高人民法院关于审理旅游纠纷案件适用法律若干问题的规定》等法律和司法解释有明确的规定。

---

〔28〕《自驾游出车祸造成伤亡,法院判决组织者存在过错部分担责》,载《人民法院报》2006年12月6日。

所谓群众性活动的组织者，是指负责组织实施群众性活动的自然人、法人或者非法人组织。例如，T 大学举办校园马拉松比赛，而该大学就是活动的组织者；A 公园与 B 公司共同举办春节游园庙会，则二者共同属于活动的组织者。虽然实践中群众性活动的组织者多是法人或非法人组织，但是自然人也可以是活动的组织者，例如，某骑行爱好者在微信群中发布骑行时间、路线和后勤保障的通知以及大家在微信群中的反馈等相关事实，就属于骑行活动的组织者。〔29〕

如果群众性活动是在经营场所或公共场所内举办的，如在体育馆内举行招聘会、在公园内举办庙会，则既有招聘会、庙会这些群众性活动的组织者，又有体育场所、公园这些经营场所、公共场所的经营者、管理者，他们都是安全保障义务人，应当各自履行相应的安全保障义务。例如，受害人是由于组织者没有安排足够的人手维护庙会秩序，以致出现踩踏事件而受伤的，则庙会的组织者因未尽到安全保障义务，必须承担侵权责任。如果是由于公园栏杆存在缺陷，导致受害人在游玩时跌入湖中，则公园的管理者未尽到安全保障义务，应当承担侵权责任。

讨　论　**网络服务提供者是否负有安全保障义务**

无论是《侵权责任法》第 37 条，还是《民法典》第 1198 条，安全保障义务都是适用于有形的空间（经营场所、公共场所）和群众性活动，并不适用于网络空间。但是，2018 年颁布的《电子商务法》首次将安全保障义务适用于网络空间，明确了电子商务平台的经营者对消费者负有安全保障义务。该法第 38 条第 2 款规定："对关系消费者生命健康的商品或者服务，电子商务平台经营者对平台内经营者的资质资格未尽到审核义务，或者对消费者未尽到安全保障义务，造成消费者损害的，依法承担相应的责任。"从《电子商务法》的立法资料来看，立法机关作此规定的目的在于维护消费者的生命健康，生命健康是一种位阶很高的法益，应当予以特殊的保护。《全国人民代表大会宪法和法律委员会关于〈中华人民共和国电子商务法（草案）〉修改情况的汇报》就为何增加第 38 条的规定作出了如下解释："一些常委会组成人员和部门、社会公众建议，与侵权责任法、消费者权益保护法的有关规定相衔接，针对电子商务平台对平台上销售假冒伪劣商品等行为不及时采取措施，以及对消费者未尽到安全保障义务等情形，进一步明确和细化其对消费者的责任。"〔30〕

理论界也有不少学者认为，应当明确网络服务提供者的安全保障义务，例如，有的学者认为，网络经营者通过互联网平台等技术形式进行信息撮合，在海量的供需双方之间完成信息、交易的匹配，其本质上是在进行一种组织行为，因而可被界定为群众性活动的组织者，从而成为我国侵权责任法上安全保障义务的主体。〔31〕 有的学者认为，"开启或加入交往空间者对其中的他人负有安全保障义务，应在合理限度内照顾他人权益"这一原则并无对介质的特殊要求，也适用于作为社会生活一部分的网络空间。在网络空间的社会性交往中，网络服务提供者

---

〔29〕 张灵芝、周淑芹诉汤斌、李万杰等生命权、健康权、身体权纠纷案，北京市第一中级人民法院（2017）京 01 民终 1536 号民事判决书。

〔30〕 司法实践中已有法院依据《电子商务法》这一规定确认电子商务平台经营者的安全保障义务。参见徐佳明与浙江星巢网络科技有限公司网络服务合同纠纷案，杭州互联网法院（2019）浙 0192 民初 1981 号民事判决书。

〔31〕 万方：《公私法汇流的闸口：转介视角下的网络经营者安全保障义务》，载《中外法学》2020 年第 2 期；张新宝：《顺风车网络平台的安全保障义务与侵权责任》，载《法律适用》2018 年第 12 期。

是交往的开启者和最终管理者,理应负有安全保障义务。[32]

在社会影响较大的"花椒直播案"中,一审法院北京互联网法院接受上述观点,认为网络服务提供者负有安全保障义务,其判决书称:"随着网络信息技术的发展,人们的工作、学习、社交、娱乐及购物等诸多活动均可通过网络空间进行,且一般都是通过某个互联网平台进行。网络空间本身就具有开放、互联、互通、共享的特点。因此网络空间实际上也存在公共空间或群众性活动,其中不仅存在着对智力财产、人格的侵害危险,也存在对人身及有形财产侵害的可能性。国家立法层面对两种责任的关联关系亦有体现,例如,2019 年施行的《电子商务法》第 38 条第 2 款规定:对关系消费者生命健康的商品或者服务,电子商务平台经营者对平台内经营者的资质资格未尽到审核义务,或者对消费者未尽到安全保障义务的,造成消费者损害的,依法承担相应的责任。在司法实践中,北京市朝阳区人民法院审理的(2008)朝民初字第 10930 号案件,即全国首例'人肉搜索'案便是网民基于网上博客信息而对特定人、其家庭和住所进行侵扰的事实而引发的。对以上危险进行防范,也是一种安全保障。网络服务提供者作为网络空间的管理者、经营者、组织者,在一定情况下,对网络用户负有一定的安全保障义务。由此,在现实生活中,网络服务提供者有可能因未尽到安全保障义务而产生网络侵权责任。但需要特别指出的是,网络空间下的安全保障义务的具体义务内容有别于传统实体空间下的安全保障义务内容。囿于网络空间的虚拟性,我们不能要求网络服务提供者采取实体空间下的安全保障措施。网络空间条件下,网络服务提供者所采取的措施首先应符合网络空间的自身特点,其次应是在网络服务提供者的能力范围内,因此网络服务提供者的安全保障义务内容一般应仅包含审核、告知、删除、屏蔽、断开链接等措施。"[33]

不过,该案的二审法院北京市第四中级人民法院否定了一审法院的主张,其认为:"侵权责任法第三十七条第一款规定了违反安全保障义务的侵权责任。该条规定的安全保障义务是宾馆、商场、银行、车站、娱乐场所等公共场所的管理人或者群众性活动的组织者负有的保障他人人身、财产安全的注意义务。本案中物理空间的安全保障义务人现实存在,且已经承担了相应的民事责任。网络空间具有开放性、公共性的场所特征,网络服务提供者是否也应适用上述规定,承担相应的安全保障义务?事实上,网络空间作为虚拟公共空间,其与现实物理公共空间还是存在着明显差异,能否扩大解释侵权责任法第三十七条第一款,将有形物理空间的安全保障义务扩张到无形网络空间,适用网络侵权责任的内容来确定网络服务提供者的安全保障义务,尚存争议。但是网络空间不是法外之地,网络作为一个开放的虚拟空间,网络空间治理是社会治理的重要组成部分,应当进行必要的规制。在目前的侵权责任法体系下,当案件事实处于两个或多个规范涵盖范围之内时,应当考虑的是适用何种法律规范更有利于提高事实与法律规范的契合度,从而更好地体现法律正义,维护社会公平正义。具体到本案,在适用侵权责任法第六条第一款规定的过错责任原则能够归责的情况下,不必扩大解释侵权责任法第三十七条第一款的适用范围。故本院认为一审判决适用法律有误,应当予以纠正。"[34]

---

〔32〕 刘文杰:《网络服务提供者的安全保障义务》,载《中外法学》2012 年第 2 期。

〔33〕 何小飞诉北京密境和风科技有限公司网络侵权责任纠纷案,北京互联网法院(2018)京 0491 民初 2386 号民事判决书。

〔34〕 北京密境和风科技有限公司与何小飞网络侵权责任纠纷案,北京市第四中级人民法院(2019)京 04 民终 139 号民事判决书。

在我国《民法典》编纂时，也有观点主张应当明确网络服务提供者的安全保障义务，〔35〕但是，立法机关有关人士认为："合理确定安全保障义务人的范围，既要以人为本，对社会生活中可能发生危险的场所或者活动，要求行为人履行必要的防范损害发生的义务，充分保护广大人民群众的人身和财产安全；又要考虑我国国情，从促进社会和谐稳定的目的出发，不能盲目地扩大安全保障义务人的范围，避免引发过多社会纠纷；同时还要处理好未尽到安全保障义务的侵权行为与其他侵权行为之间的关系，避免或者减少相关法律规定间的冲突或者竞合。"〔36〕故此，并未将安全保障义务扩张适用于网络空间，使网络服务提供者负担安全保障义务。本书赞同这种做法。首先，对于网络服务提供者的侵权责任，我国《民法典》第1194～1197条已有专门的规范，最主要的规则就是通知规则与知道规则。也就是说，这两项规则已经确立了网络服务提供者在网络用户（第三人）利用网络服务实施侵权行为时应当尽到的注意义务，即如果知道或者应当知道有人利用网络服务实施侵权行为的，应当及时采取必要措施，否则要承担连带责任；如果不知道且不应当知道的，那么在收到权利人发出的侵权通知后，应当及时采取必要措施。这两项规则足以解决网络服务提供者预防和制止第三人侵权的问题，无须对之适用《民法典》第1198条第2款规定的安全保障义务。其次，我国现行法律法规和规章为网络服务提供者确立了大量的义务，其中相当数量的是以保护他人合法权益为目的的保护性规范。一方面，有些法律法规已经明确了网络服务提供者违反这些规范的民事责任，故此依据相应的规定确认网络服务提供者的民事责任即可，无须透过安全保障义务将公法义务转介为民事义务与民事责任；〔37〕另一方面，对于没有直接规定民事责任的公法上的保护性规范，则完全可以通过违法视为过失或违法推定过失的技术处理作为网络服务提供者的过错，进而依据《民法典》第1165条第1款的过错责任原则处理即可。正因如此，在"花椒直播案"中，二审法院才认为，"在适用侵权责任法第六条第一款规定的过错责任原则能够归责的情况下，不必扩大解释侵权责任法第三十七条第一款的适用范围"。

二、未尽到安全保障义务

不同的安全保障义务主体在不同的情形中应当负担的安全保障义务的内容也不相同。判断是否尽到安全保障义务，应根据案件的具体情况，综合考虑以下因素后方能得出妥当的结论。

（一）是否尽到法律法规和相关标准中以保护人身财产安全为目的的要求

现代社会中政府对公共生活的方方面面都加以规制，我国也不例外。在许多法律、法规、规章和标准中，对经营场所、公共场所的经营者、管理者以及群众性活动的组织者有明确的以保护他人人身财产安全为目的的义务性规范。是否按照法定义务的要求而为，是判断经营者、管理者以及组织者是否履行安全保障义务的一个重要指标。例如，《消防法》第20条规定："举办大型群众性活动，承办人应当依法向公安机关申请安全许可，制定灭火和应急疏散预案并组

---

〔35〕《民法典立法背景和观点全集》编写组：《民法典立法背景和观点全集》，法律出版社2020年版，第796页。

〔36〕黄薇主编：《中华人民共和国民法典侵权责任编解读》，中国法制出版社2020年版，第138页。

〔37〕学者主张确立网络服务提供者安全保障义务的主要理由就是：我国法律和行政法规大量地规定了各种具体情况下经营者承担的安全保障义务，需要通过安全保障义务，这一"典型的公私法之间实现相互工具化的转介条款"，来引介公法上的管制性规范作为安保义务人注意义务的内容。参见万方：《公私法汇流的闸口：转介视角下的网络经营者安全保障义务》，载《中外法学》2020年第2期。

织演练,明确消防安全责任分工,确定消防安全管理人员,保持消防设施和消防器材配置齐全、完好有效,保证疏散通道、安全出口、疏散指示标志、应急照明和消防车通道符合消防技术标准和管理规定。"《营业性演出管理条例》第19条规定:"在公共场所举办营业性演出,演出举办单位应当依照有关安全、消防的法律、行政法规和国家有关规定办理审批手续,并制定安全保卫工作方案和灭火、应急疏散预案。演出场所应当配备应急广播、照明设施,在安全出入口设置明显标识,保证安全出入口畅通;需要临时搭建舞台、看台的,演出举办单位应当按照国家有关安全标准搭建舞台、看台,确保安全。"《娱乐场所管理条例》第21条规定:"营业期间,娱乐场所应当保证疏散通道和安全出口畅通,不得封堵、锁闭疏散通道和安全出口,不得在疏散通道和安全出口设置栅栏等影响疏散的障碍物。娱乐场所应当在疏散通道和安全出口设置明显指示标志,不得遮挡、覆盖指示标志。"这些法律和行政法规的规定,都是要确保在举办大型群众性活动和营业演出时的安全,防止因为消防安全措施不符合要求而造成人员伤亡和财产损失,故此,在认定经营者、管理者和组织者是否尽到安全保障义务时,法院首先要查找这些法律法规的规定,并根据被告的行为来确定是否履行该等法定义务。[38] 当然,并非法律行政法规中对经营者、管理者或组织者施加的所有义务都可以作为判断其是否履行安全保障义务的标准,那些纯粹是行政管理性而不是以保护人身财产安全为目的义务,不能作为认定的标准。

(二)场所或活动的危险程度大小

越是危险程度高的群众性活动或越容易出现各种人身伤亡或财产损失的经营场所、公共场所和群众性活动,法律上对于经营者、管理者和组织者的注意义务的要求就越高。例如,就群众性活动而言,举办奥林匹克运动会和举办清华大学的教职工运动会,因为参加人员不同、场地不同和各种不可控因素的差别,对活动的组织者的注意义务的要求显然是完全不同。前者对于组织者的安全保障义务的要求极高,而后者就相对较低。就奥林匹克运动会的组织而言,其不是一两场活动,而是很多场比赛和开幕式、闭幕式等活动,参加的人员也极为众多,既有国内外运动员、裁判员和辅助工作人员,也有大量的观众和采访报道的新闻媒体,故此组织安排稍有不当即可能出现严重的安全问题。再如,人群密集、人流量巨大的公共场所与人迹罕至的公共场所,二者对于管理人的要求也不同。试想,作为每天人流量十几万人的故宫而言,其管理人要尽到的安全保障义务显然是要高于每天人流量只有十几二十个人的县城的小博物馆。在"张国圣等诉郑和公园人身损害赔偿案"中,法院就认为:"衡量管理人是否有过错的标准即在于其行为是否尽了一个善良管理人标准下最大的谨慎和最大的努力。郑和公园是免费开放的,这就意味着危险发生的几率更大,因此其防止或制止损害的义务应当更重。水火无情,郑和公园管理处作为管理者对所管理的区域应当比普通公众更了解场所内的情况,应当更能预见和认识到两米深的水塘是一个危险源,特别是对开放后可随意进出的孩子而言,所以其应当尽最大可能地采取积极有效措施防范和制止危险的发生。"[39]

(三)经营者、管理者和组织者的预防与控制能力

判断从事经营活动或者其他社会活动的自然人、法人、非法人组织是否应当承担及承担何种限度内的安全保障义务时,要考虑义务人预防、控制损害的能力。越能预见、越能避免的危险,安全保障义务人越应当注意避免、加以控制,否则就存在过错。例如,在"李萍、龚念诉五月

---

〔38〕 吴成礼等五人诉官渡建行、五华保安公司人身损害赔偿纠纷案,载《最高人民法院公报》2004年第12期。

〔39〕 南京市中级人民法院(2007)宁民一终字第223号民事判决书。

花公司人身伤害赔偿纠纷案”中,受害人是被客人自带的被犯罪分子伪装成酒的爆炸物砸伤的,对于这种危险行为的发生,作为经营者的五月花餐厅显然是无法预见和控制的。对此,法院指出:“五月花餐厅接受顾客自带酒水到餐厅就餐,是行业习惯使然。对顾客带进餐厅的酒类产品,根据我国目前的社会环境,还没有必要、也没有条件要求经营者采取像乘坐飞机一样严格的安全检查措施。由于这个爆炸物的外包装酷似真酒,一般人凭肉眼难以识别。携带这个爆炸物的顾客曾经将其放置在自己家中一段时间都未能发现危险,因此要求服务员在开启酒盒盖时必须作出存在危险的判断,是强人所难。五月花餐厅通过履行**合理的谨慎注意义务**,不可能识别伪装成酒的爆炸物,因此不存在违约行为。”[40]

(四)是否从中获得利益

对于那些从事经营活动或其他可从中获益的社会活动的经营者、管理者或者群众性活动的组织者,认定其有无安全保障义务时,须从宽把握。因为其从事的是有偿活动,从中获取利益,基于报偿原则,应当认定其负有更高的注意义务。同时,这种高度的义务要求也会迫使其将收入中的一部分作为预防和制止损害发生的成本。但是,对于无偿从事社会活动的人,应尽量少认定其负有安全保障义务,即便认定负有安全保障义务,那么对其合理限度也要从严掌握。这是基于收益与风险相一致的原则。[41] 例如,在“陈恩彤与广州市晓港公园人身损害赔偿纠纷案”中,法院就认为:“广州市晓港公园设置儿童游玩节目是以获取一定收益为对价的,根据收益与风险相一致的原则,其应对参加该活动的人员承担相应的安全保障义务。”[42] 再如,对于组织不具有营利性和比赛性的相约骑行活动的组织者,法院认为:“其承担的安全保障义务虽然应低于商业性骑行活动或竞赛性骑行活动组织者的义务,但仍然应承担比一般骑行参加者更高的注意义务。组织者除了应承担以上一般骑行者应承担的注意义务外,还应承担召集参加者、安排路线、管理费用支出、督促骑行人员遵守基本的骑行安全常识等义务。”[43]

三、他人遭受了损害

(一)必须是“他人”遭受了损害

无论是《侵权责任法》还是《民法典》都并未对安全保障义务所保护的对象进行限定,而是笼统地称为“他人”,[44] 即安全保障义务人之外的民事主体,包括自然人、法人和非法人组织。“他人”可能与安全保障义务人之间存在合同(如住宿合同、储蓄合同、买卖合同、旅游合同或其他服务合同)关系,也可能曾经存在合同关系但合同已经履行完毕,或正处于缔约的过程中,例如,在饭店吃完饭结账后准备离开的顾客或到宾馆来办理入住的旅客。如果遭受损害的人本身是经营场所、公共场所的经营者、管理者或群众性活动组织者的工作人员或提供劳务一方,且该损害是因执行工作任务或劳务所致,则不适用安全保障义务的规定,而是适用《民法典》第1192条以及《工伤保险条例》的相关规定。

---

〔40〕 李萍、龚念诉五月花公司人身伤害赔偿纠纷案,载《最高人民法院公报》2002年第2期。

〔41〕 张新宝、唐青林:《经营者对服务场所的安全保障义务》,载《法学研究》2003年第4期。

〔42〕 广东省广州市中级人民法院(2004)穗中法民一终字第1637号民事判决书。

〔43〕 张灵芝、周淑芹诉汤斌、李万杰等生命权、健康权、身体权纠纷案,北京市第一中级人民法院(2017)京01民终1536号民事判决书。

〔44〕 在侵权责任法起草时,曾有人提出要明确安全保障义务所保护的对象,如有人建议规定为“顾客或参与活动者”“进入公共场所或者参与活动的人”。立法者考虑到,在法律中明确哪些人是保护对象很困难,所以只是规定为“他人”,没有明确具体的范围。将这个问题交给法院具体判断。王胜明主编:《中华人民共和国侵权责任法解读》,中国法制出版社2010年版,第192页。

案例阅读

案例18.2.2
高雪芬等诉杨海成等侵害生命权纠纷案

那些没有经过经营场所、公共场所的经营者或管理者的同意，而侵入该场所甚至采取非法手段进入该等场所从事违法犯罪活动的人，经营者和管理者对他们是否也负有安全保障义务及其范围，值得研究(参见**案例**18.2.2)。这些人未经同意非法进入他人场所，当然是有过错的，甚至本身就构成犯罪行为，但除非可以认定存在受害人故意或者其他法定免责事由，否则不能据此就不考察经营者或管理者是否尽到相应的安全保障义务，进而完全免除侵权责任。当然，对于这些非法进入经营场所或公共场所的人，经营者和管理者可能无法预见他们的出现和他们的行为，甚至这些行为本身就是侵害经营者和管理者自身的合法权益的行为。故此，经营者和管理者对这些人的财产安全原则上不负有安全保障义务，对人身安全也负有程度较低的安全保障义务。在一个案件中，吴某在景区内未经同意私自上树采摘杨梅，不慎摔死。死者吴某近亲属要求景区管理者承担未尽安全保障义务的赔偿责任。法院认为，被告作为景区管理者及杨梅树的所有人，“应尽安全保障义务，应意识到攀爬杨梅树采摘果实存在可能危及人身财产安全的情况，但其未对此作出警示告知，存在一定的过错，依法应承担次要责任”。死者吴某“作为一名成年人，应当预料到上树采摘杨梅的危险性，但其在未采取安全保护措施的情况下，不顾自身年纪较大，擅自上树采摘杨梅，直接导致涉案事故发生，存在重大过错，其应对自身损害承担主要责任”。故此，最终认定被告承担5%的赔偿责任。[45]

(二)未尽安全保障义务的行为与他人之损害存在因果关系

无论受害人是因安全保障义务人的行为直接遭受侵害，还是因第三人的侵权行为遭受损害，该损害都必须与安全保障义务人未尽安全保障义务的行为存在因果关系。如果即便安全保障义务人尽到了该义务，他人仍不免遭受损害的，则安全保障义务人不应承担侵权责任。例如，在一起案件中，由于被告餐饮公司消防通道进门后东侧40厘米处直接悬空且无照明设备，对他人的人身安全构成严重威胁，导致用餐的顾客不幸摔伤死亡。顾客死亡这一损害后果显然是与餐饮公司没有尽到相应的安全保障义务具有因果关系的，餐饮公司应当承担侵权责任。[46]

第三节　法律后果与程序法问题

一、责任主体

经营场所、公共场所的经营者、管理者或者群众性活动的组织者因自身实施的违反安全保障义务的行为，侵害他人民事权益造成损害的，他们当然需要承担侵权责任。当第三人实施侵权行为时，由于第三人是直接的侵权人，其应当承担侵权责任。经营者、管理者或组织者只有在未尽到安全保障义务的时候，才承担相应的补充责任。

---

〔45〕 李秋月等与广州市花都区梯面镇红山村民委员会违反安全保障义务责任纠纷上诉案，广东省广州市中级人民法院(2018)粤01民终4942号民事判决书。

〔46〕 喻建华等诉张生记公司等人身损害赔偿案，北京市朝阳区人民法院(2003)朝民初字第18330号民事判决书。

（一）第三人行为的含义

第三人从事侵权行为造成他人损害时，第三人要承担侵权责任。该第三人的行为可能是一般侵权行为，有可能是特殊侵权行为。有观点认为，《侵权责任法》第37条第2款应仅适用于第三人故意侵权的场合。其理由在于，如果第三人是过失侵权，则应当适用《侵权责任法》第12条。〔47〕本书认为，此种观点并不妥当。首先，性质上，安全保障义务人没有尽到防止或制止第三人侵权的安全保障义务而承担的侵权责任，属于《侵权责任法》以及《民法典》特别规定的一类侵权责任，而多数人侵权责任属于普遍适用于所有侵权行为的一般性规则，前者在适用上优先于后者。其次，无论是《侵权责任法》第12条还是《民法典》第1172条，所规定的都是承担按份责任的无意思联络数人侵权，其中的因果关系形态可能是结合的因果关系，即每个人的行为结合起来才能造成损害，也可能是部分人的行为单独发生即足以造成全部损害，而部分人的行为单独发生不足以造成全部损害。故此，数个侵权人要承担按份责任。然而，《侵权责任法》第37条第2款以及《民法典》第1198条第2款中的因果关系则较为特殊。因为第三人的侵权行为单独发生即足以造成全部损害，而安全保障义务人即便尽到安全保障义务，在大多数时候也不足以防止或避免损害结果的发生甚至是扩大。既然如此，法律上为何还要安全保障义务人承担相应的补充责任呢？本书认为，根本原因还是在于：相当多的情况下由于无法查明实施侵权行为的第三人或者虽能查明但第三人没有赔偿能力，此时令安全保障义务人承担的实际上是所谓的“富人责任”，即一定程度上发挥的是社会保障的功能。否则，受害人就完全无法获得任何赔偿。这一点从《民法典》第1198条第2款第2句肯定经营者、管理者或者组织者对第三人的追偿权上也能得到证明。故此，本书认为，第三人的侵权行为既有故意的侵权行为，也有过失的侵权行为。前者如，为报复社会之犯罪分子，持刀到校园砍杀无辜学生，而校方没有尽到安全保障义务，致使多名学生伤亡；后者如，车站没有维持好秩序，导致乘客上车时突然发生拥挤，受害人不知道被谁挤到而摔伤。

（二）相应的补充责任的含义

所谓“**相应的补充责任**”有两层含义：首先，是补充责任而非连带责任或按份责任。补充责任就意味着安全保障义务人享有类似一般保证人的先诉抗辩权，即应当由从事侵权行为的第三人就受害人的损害承担侵权责任。如果该人已经全部承担了侵权责任，管理人或组织者无须承担侵权责任。只有第三人下落不明或者无力承担全部的侵权责任时，安全保障义务人才负补充责任，即第二位的赔偿责任。这主要是考虑到：毕竟直接实施侵权行为的是第三人，而非经营者、管理者或组织者，就算经营者、管理者或组织者未尽到安全保障义务，与第三人的侵权行为也是两个独立的法律关系，不应加以混淆。“安全保障义务人并非直接的侵权人，其违反安全保障义务的行为只是造成事故发生的一个条件而非原因”。〔48〕将安全保障义务人的责任确定为补充责任，更为公平合理。其次，即便第三人不能承担全部的侵权责任，经营者、管理者或组织者也并非就受害人未能从第三人处获得赔偿的部分全部兜底，予以赔偿，而仅承担“**相应**”的责任。因为，如果一旦实施侵权行为的第三人下落不明、无法确认或没有赔偿能力，

---

〔47〕孙维飞：《论安全保障义务人相应的补充责任——以〈侵权责任法〉第12条和第37条第2款的关系为中心》，载《东方法学》2014年第3期。

〔48〕梁悦光、莫雪连与蔡俊杰、蔡素芬人身损害赔偿纠纷案，广东省佛山市中级人民法院（2005）佛中法民一终字第230号民事判决书。

经营者、管理者或组织者就必须承担无限制的补充责任，实际上就等于安全保障义务人替代第三人承担了全部的赔偿责任。这是不合理的，法律规定的“补充责任”也就没有任何意义了。[49] 至于如何判断补充责任“相应与否”，有人认为，这里主要就是考虑管理人或组织者未尽安全保障义务的程度即过错程度。[50] 本书认为，在确定安全保障义务承担多少补充责任时，除需要考虑管理人或组织者的过错程度外，还应考虑原因力、[51] 管理人或组织者的经济状况、被侵权人的经济状况等多种因素，公平合理地确定安全保障义务人究竟承担多大范围的补充责任。

二、追偿权的有无

如果管理人或组织者是因未尽安全保障义务而直接致人损害，因无其他侵权人，故此不存在安全保障义务人向他人追偿的问题(除非是用人者责任的情形)。但是，在第三人造成他人损害，管理人或组织者未尽安全保障义务时，管理人或组织者在承担了相应的补充责任后，就会发生能否对第三人进行追偿的问题。《人身损害赔偿解释》第 6 条第 2 款第 3 句曾规定：“安全保障义务人承担责任后，可以向第三人追偿。”但是，《侵权责任法》没有明确规定安全保障义务人的追偿权。有人认为，这是立法者采取了回避的态度。

《民法典》编纂时，对于是否应当规定安全保障义务人的追偿权问题，仍然存在争议。立法机关改变了以往的态度，在《民法典》第 1198 条第 2 款第 2 句明确肯定了安全保障义务人对第三人的追偿权。其理由在于：“一是符合不真正连带责任的法理。借鉴德国通说见解，不真正连带责任的认定以‘阶层区分说’为标准。第三人因为距离损害更近，属于终局责任人，安全保障义务人可以向其追偿。二是有利于避免司法中的争议，为实践中出现的具体案例提供法律依据。”[52]

三、程序法问题

在违反安全保障义务的侵权纠纷之诉中，原告可以安全保障义务人为被告，也可以在第三人侵权时以第三人和安全保障义务人为共同被告。不过，实践中，由于直接从事侵权行为的第三人有可能下落不明，或者根本就没有赔偿能力，因此，原告往往只会以安全保障义务人为被告。

---

〔49〕《地方和中央有关部门对侵权责任法草案的意见(二)》，载全国人大常委会法制工作委员会民法室编：《侵权责任法立法背景与观点全集》，法律出版社 2010 年版，第 70 页。

〔50〕王胜明主编：《中华人民共和国侵权责任法释义》，中国法制出版社 2010 年版，第 204 页。

〔51〕《人身损害赔偿解释》第 6 条第 2 款第 2 句中的“能够防止或者制止损害的范围”指的就是安全保障义务人的未尽安全保障义务这一过错行为与损害之间的原因力。

〔52〕黄薇主编：《中华人民共和国民法典侵权责任编解读》，中国法制出版社 2020 年版，第 142 页。

第十九章　教育机构的侵权责任

文献阅读

本章重点

现代社会的“师者”已非单纯的“传道、授业与解惑”之人，他们还负有保护学生人身安全的义务。长期的计划生育政策使我国独生子女人数众多，独生子女往往被一家视为掌上明珠，爱若珍宝，一旦在幼儿园、学校学习生活期间遭受人身伤害，几乎所有的家庭都会认为教育机构有过错，要追究其责任。为了既有效地保护未成年人的人身安全，使其健康成长，又不对教育机构提出过苛的要求，我国《民法典》对教育机构侵权责任作出了专门规范。本章研究的就是教育机构侵权责任的问题，包括规范目的、归责原则、构成要件与责任承担等。

第一节　概　　述

一、教育机构侵权责任的规范目的

由于年龄或健康状况方面的原因，无民事行为能力人或限制民事行为能力人没有认识能力或认识能力不完全，因此，民法上建立了监护制度，规定由监护人对无民事行为能力人或限制民事行为能力人进行照顾、保护与管教。可是，在被监护人在幼儿园、学校或其他教育机构学习、生活期间，监护人显然无法尽到照顾、保护和管教被监护人的职责。此时，应由教育机构履行对学生进行教育和管理的职责。如果教育机构未尽到教育、管理职责，而使无民事行为能力人或限制民事行为能力人遭受损害的，教育机构依法应当承担侵权责任。这就是所谓的教育机构侵权责任。

在我国，有相当数量的法律法规和规章对幼儿园、中小学等教育机构的教育管理职责作出了规定，如《义务教育法》《未成年人保护法》《幼儿园管理条例》《中小学幼儿园安全管理办法》《学生伤害事故处理办法》等法律法规和规章。

为了维护正常的教学秩序，促使教育机构更好地履行教育、管理职责，保护无民事行为能力人和限制民事行为能力人的合法权益，及时有效地解决纠纷，我国《侵权责任法》第 38 ~ 40 条对教育机构的侵权责任作出了详细的规定。《民法典》第 1199 ~ 1201 条总体上延续了《侵权责任法》的规定，并进行了若干修改完善，如将“责任”明确为“侵权责任”、规定了教育机构对第三人的追偿权等。

二、教育机构侵权责任的含义

（一）教育机构侵权责任的概念与特征

教育机构的侵权责任，是指无民事行为能力人或限制民事行为能力人在幼儿园、学校和其他教育机构学习、生活期间遭受人身损害时,教育机构因未尽到教育、管理职责而依法承担的侵权责任。教育机构的侵权责任有以下特征:

1. 教育机构侵权责任仅仅是教育机构就无民事行为能力人或限制民事行为能力人在校或在园期间遭受的人身损害承担的侵权赔偿责任。在《民法典》中,教育机构的侵权责任既非泛指教育机构的一切侵权责任,也并非教育机构就学生在校、在园期间遭受的一切损害而承担的民事责任。首先,教育机构侵权责任中的受害人仅限于无民事行为能力人或限制民事行为能力人。至于完全民事行为能力人在教育机构学习、生活期间遭受损害的,不适用《民法典》关于教育机构侵权责任的规定(即第 1199 ~ 1201 条),而应适用《民法典》侵权责任编中的相应规定。例如,19 岁大学生甲在 T 大学的游泳馆上游泳课,因教师乙疏于管理,致甲在水中突发癫痫时未能被及时发现并予以救助,最终甲溺水身亡。乙的行为构成侵权行为,因乙为 T 大学的教师且是在执行工作任务时给他人造成的损害。故此,T 大学应依据《民法典》第 1191 条第 1 款第 1 句承担侵权责任。其次,受害人遭受的损害是人身损害,即无民事行为能力人、限制民事行为能力人在校或在园学习、生活期间,其生命权、身体权或健康权遭受了损害(如死亡、残疾),才适用《民法典》第 1199 ~ 1201 条的规定。曾有观点认为,将教育机构的侵权责任限制在人身损害的情形是法律的漏洞,应通过类推适用的方法将这些规定适用于学生的财产损害。[1] 对此,本书不能赞同。因为,从规范目的上来说,之所以单独规定教育机构侵权责任,就是为了保护不完全民事行为能力人的人身安全而设的,至于不完全民事行为能力人学习生活期间的财产遭受损害的问题,一则发生的情形较少,二则即便发生也完全可以通过相应的侵权法律规范加以解决,无须特别规定。例如,小学三年级学生张某带了一部手机到学校,课间休息时,张某与李某因玩手机游戏而发生争执,李某一怒之下将张某的手机摔坏。对张某的财产损失,依据《民法典》第 1188 条,应由李某的监护人承担侵权责任。

2. 教育机构因未尽到教育、管理职责而承担的侵权赔偿责任属于过错责任或过错推定责任。教育机构侵权责任不是无过错责任,而是过错责任或过错推定责任。首先,在我国法上,教育机构不是在校学习、生活的不完全民事行为能力人的监护人。[2] “监护人将未成年学生送至学校学习,其监护职责并未转移到学校;学校也不因接受未成年学生到校学习,自然而然地承担起对该学生的监护职责。监护人如果想将监护职责部分或者全部委托给学校,必须与学校达成明确的委托约定。没有明确的委托约定,不能推定学校接受监护人的委托,对到校学习的未成年学生承担起部分或全部监护职责。”[3] 依据《民法典》第 1199 ~ 1201 条,只有因幼儿园、学校等教育机构未尽教育、管理职责,使不完全民事行为能力人遭受人身损害的,这些教育机构才应承担责任。其次,未成年人的天性好动,喜欢玩耍,但其对行为的性质和后果又往往缺乏认识,加之,我国地域广阔,教育经费投入不足,各地幼儿园、学校的教育管理水平与硬件差别很大。如果对于教育机构的侵权责任采取无过错责任,在没有配套制度(如相应的责任保险甚至赔偿基金)的情况下,教育机构很难承担此种赔偿责任。甚至会出现,教育机构为了避免承担责任,将尽量减少那些对于孩子健康成长虽然有益且必要,但有风险的活动,如不再组

---

〔1〕 参见王利明、周友军、高圣平:《中国侵权责任法教程》,人民法院出版社 2010 年版,第 447 页。

〔2〕 在有的国家如德国,教育机构被认为是依契约而负有监督义务的监督人。Brox/Walker, Besonderes Schuldrecht, 33. Aufl. 2008, § 42 Rn. 16.

〔3〕 吴凯诉朱超、曙光学校人身损害赔偿纠纷案,载《中华人民共和国最高人民法院公报》2006 年第 12 期。

织春游、秋游，尽量减少有风险的体育活动等。[4] 长此以往，对于未成年人的健康发展尤其社交技能与自我防护技能的培养是非常不利的。故此，《侵权责任法》及《民法典》都未对教育机构的侵权责任采取无过错责任，而是区分适用过错责任与过错推定责任。

（二）教育机构侵权责任与其他侵权责任的关系

1. 教育机构侵权责任与用人者责任

教育机构的教师、保安等工作人员因执行工作任务，造成在校学习、生活的无民事行为能力人或限制民事行为能力人人身损害的，作为用人单位或用工单位的教育机构应依《民法典》第1191条承担用人者责任。不过，这种情形已经为《民法典》第1199、1200条所涵盖。也就是说，不完全民事行为能力人在幼儿园、学校或者其他教育机构学习、生活期间受到人身损害的情形，就包括了教师、保安在执行工作任务时所造成的人身损害。例如，A小学五年级某班班主任李某因该班学生王某的父母没有帮其办成某件私事，迁怒于王某。在王某上课答错问题时，用教鞭将王某打伤。显然，该侵权行为是李某因执行工作任务造成他人损害的侵权行为，应当由用人单位A小学承担侵权责任。当然，A小学可以向李某追偿。如果教师、保安不是因执行工作任务而造成在校或在园学习、生活的不完全民事行为能力人人身损害的，则加害人应当自行承担侵权责任。

2. 教育机构侵权责任与监护人责任

在教育机构学习、生活期间，一个不完全民事行为能力人造成另一个不完全民事行为能力人的人身损害时，涉及同时适用监护人责任与教育机构侵权责任的问题。一方面，加害人的监护人应当承担监护人责任。尽管被监护人是在脱离监护人控制之下而给他人造成损害的，但是，依据《民法典》第1188条，监护人尽到监护职责的，只能减轻而非免除监护人的侵权责任。另一方面，如果教育机构未尽到教育、管理职责的，则教育机构应当承担侵权责任。受害人可以只起诉加害人及其监护人，也可以只起诉教育机构，还可以将加害人及其监护人以及教育机构作为共同被告提起诉讼，他们应当根据各自的责任大小承担相应的责任（参见表19.1.1）。

表19.1.1　加害人和教育机构作为共同被告时的责任分担

序号	简要案情	教育机构	加害人	受害人
1	受害人蔡某与被告李某系在被告润泽小学二年级就读的同班同学。某日下课期间，在教室里两人因玩玩具起了冲突。蔡某被李某踢中下体受伤。事后当事人及其他学生均未向老师反映该情况。［蔡某诉厦门市集美区润泽小学等教育机构责任纠纷案，福建省厦门市集美区人民法院（2013）集民初字第1134号民事判决书］	被告润泽小学承担60%的责任	加害人李某的监护人承担30%的责任	受害人蔡某承担10%的责任
2	2012年6月19日下午，被告罗山一小六年级四班第一节课是体育课，授课内容为足球和投掷游戏。学生分散自由活动，受害人连某与同学玩斗鸡，单腿站立时被被告周某推倒受伤。［连战与周子龙、罗山县第一实验小学健康权纠纷案，河南省罗山县人民法院（2012）罗民初字第1200号民事判决书］	被告罗山一小承担55%的责任	加害人周某的监护人承担30%的责任	受害人连某承担15%的责任

［4］从目前的情况来看，已经有相当数量的中小学在减少有风险的体育活动，教育部在2015年4月30日发布的《学校体育运动风险防控暂行办法》中不得不明确规定："教育行政部门和学校不得以减少体育活动的做法规避体育运动风险。"

续表

序号	简要案情	教育机构	加害人	受害人
3	受害人赵某某与被告人彭某某系被告艺林小学的同班同学,赵某某未满10周岁。2012年1月9日中午吃完饭后,艺林小学的许多小朋友在操场上玩开火车的游戏,彭某某在火车队伍的前面,赵某某站在彭某某的后面,赵某某催彭某某走快点,然后,赵某某在转弯时自己摔倒,彭某某站在旁边。这时候,彭某某被别的年级的小朋友撞到,趴骑在赵某某背上,用双手支撑着地面,彭某某叫赵某某快点走,赵某某没来得及爬起来,彭某某说没力了,就趴下去压倒了赵某某,起来后,发现赵某某两颗牙齿折断一半。[赵某某与东莞市万江艺林小学等教育机构责任纠纷上诉案,广东省东莞市中级人民法院(2013)东中法民一终字第18号民事判决书]	被告艺林小学不承担责任	加害人彭某的监护人承担70%的责任	受害人赵某某承担30%的责任
4	原告段某与被告王某同为被告郑州市二七区齐礼闫小学的学生。2012年3月29日11时45分左右,段某与王某所在班级的班主任贾某正在教室里组织尚未下楼排队的学生排队放学,段某与王某在教学楼前的操场上站队时,段某将王某在科学课上制作的作品夺走引发二人争执。王某将段某左腿部踢伤。[段巷宇与王东东、郑州市二七区齐礼闫小学生命权、健康权、身体权纠纷案,河南省郑州市二七区人民法院(2012)二七少民初字第103号民事判决书]	被告郑州市二七区齐礼闫小学承担60%的责任	加害人王某的监护人承担30%的责任	受害人承担10%的责任
5	原告韩某与被告董某均为被告杞县博乐小学的学生,2012年2月11日,原告坐在教室里自己的板凳上,被告董某突然跑到原告跟前用手推原告,将原告推翻摔倒在地,左手腕处被摔伤,导致该处骨折。[韩玉诉董泽新、杞县博乐小学健康权纠纷案,河南省杞县人民法院(2012)杞民初字第857号民事判决书]	被告杞县博乐小学应承担30%的责任	加害人董某的监护人承担60%的责任	受害人承担10%的责任
6	2011年12月31日午休前,就读于被告合浦县党江镇某小学幼儿园的同班学生原告潘某某、被告吴某晖、许某先三人在嬉闹,被告吴某晖碰倒被告许某先,被告许某先跌倒后压在原告潘某某的腿上致原告潘某某受伤。[潘某某诉合浦县党江镇某小学等健康权纠纷案,合浦县人民法院(2012)合民初字第629号民事判决书]	被告合浦县党江镇某小学承担60%的责任	加害人吴某晖、许某先各承担20%的责任	受害人不承担责任
7	原告夏某与被告潘某均系被告城关一小在校生。2009年第一学期,双方都在该校三年级(五)班学习。10月21日下午,放学铃响后,夏某在整理文具时,三角板掉在地上,用脚踢一下,正好踢到潘某跟前,潘某问是谁的,夏某说是自己的,潘某就顺手拾起扔给夏某,结果该三角板碰伤了夏某右眼。[潘某与南召县城关镇第一完全小学校等健康权纠纷上诉案,河南省南阳市中级人民法院(2011)南民二终字第671号民事判决书]	被告城关一小应承担20%的责任	加害人潘某应承担50%的责任	受害人夏某应承担30%的责任
8	原告蔡某与刘某、黄某为被告二七区培育小学二年级学生。2010年12月17日下课期间,原告蔡某与黄某在玩耍中,黄某用手拉着蔡某的衣服帽子,刘某见后用手拍打黄某的胳膊,黄某松手后,原告蔡某倒地,一颗门牙折断。[蔡澍与刘亚宁、申红娟、黄建华、李亚利、郑州市二七区培育小学健康权纠纷案,河南省郑州市二七区人民法院(2011)二七民一初字第3120号民事判决书]	被告二七区培育小学承担40%的责任	被告刘某和黄某各承担25%的责任	受害人蔡某自行承担10%的责任

续表

序号	简要案情	教育机构	加害人	受害人
9	刘某与胡某均为北京市平谷区第一小学的学生。2016年11月9日下午体育课期间，因老师在操场内指导其他学生进行训练，刘某与胡某等部分同学在篮球场边自由活动，该区域没有老师管理。胡某从背后推了刘某一下，刘某撞到球架立柱上牙齿受伤。［刘某诉北京市平谷区第一小学等教育机构责任纠纷案，北京市第三中级人民法院（2018）京03民终1756号民事判决书］	被告平谷区第一小学承担80%的赔偿责任	陈某、胡大某作为胡某的监护人承担20%的责任	受害人不承担责任
10	谢某某、彭某某均系某某实验学校学生，2015年5月27日中午，某某实验学校为减轻中考考生心理压力，组织学生开展撕名牌活动，在活动进行过程中彭某某将谢某某推倒，造成谢某某受伤。［谢某某诉彭某某等生命权、健康权、身体权案，北京市第一中级人民法院（2016）京01民终6285号民事判决书］	实验学校承担30%的赔偿责任	监护人承担70%的赔偿责任	受害人不承担责任

3. 教育机构的侵权责任与其他无过错责任

教育机构的侵权责任也会与其他无过错责任存在竞合的关系。例如，小学的教学楼倒塌致学生死亡时，由于学生是在学校学习、生活期间遭受的人身损害，而教育机构没有确保教育设施的安全，属于未尽到管理职责。因此，受害人既可以依据《民法典》第1199～1201条要求教育机构承担侵权责任，也可以依据《民法典》第1252条要求教学楼的建设单位（即小学）和施工单位承担连带责任。

三、教育机构侵权责任的类型与归责原则

（一）教育机构直接侵权时的侵权责任及归责原则

教育机构直接侵权的责任，是指由于教育机构没有尽到**教育、管理职责**而造成在校、在园学习生活的无民事行为能力人或限制民事行为能力人人身损害时，教育机构应承担的侵权责任。例如，因学校采取的预防措施不足，使小学生在参加学校组织的劳动技术课时被烫伤；[5]因上课的老师疏于监管且校门无人把守，小学生A于上课期间跑去鱼塘玩水，溺水身亡；[6]学前班学生甲和乙上户外活动课时用树枝打闹，任课教师没有及时发现并制止，乙的眼睛被甲扎伤。[7]在这些案件中，教育机构没有尽到教育、管理的职责，应当承担侵权责任。

教育机构直接侵权时适用的归责原则为过错责任原则。《民法典》区分了受害人是无民事行为能力人还是限制民事行为能力人，分别规定适用过错推定责任与过错责任。当受害人是限制民事行为能力人时，教育机构侵权责任是普通的过错责任，受害人应当举证证明学校或其他教育机构未尽教育、管理职责（存在过错）后，才能要求教育机构承担侵权责任（《民法典》第

---

〔5〕麦嘉雯与佛山市顺德区西山小学一般人身损害赔偿纠纷上诉案，广东省佛山市中级人民法院（2006）佛中法民一终字第563号民事判决书。

〔6〕海南省定安县新竹镇陆地小学与邱启东等人身损害赔偿纠纷上诉案，海南省海南中级人民法院（2006）海南民二终字第281号民事判决书。

〔7〕庄炜杰诉陈佳琪等户外活动课期间被同伴刺伤左眼致残赔偿案，福建省泉州市中级人民法院（2003）泉民终字第1219号民事判决书。

1200 条);倘若受害人是无民事行为能力人时,教育机构承担的过错推定责任,即只要学生在校学习、生活期间遭受了人身损害,就推定教育机构没有尽到教育、管理职责,存在过错,应承担侵权责任。教育机构只有在证明自己尽到了教育、管理职责后,才可以不承担责任(《民法典》第 1199 条)。

之所以作出上述区分,理由在于:一方面,无民事行为能力人是未满 8 周岁的未成年人和不能辨认自己行为的人,他们遭受人身伤害后基本上无法清晰回忆与描述事发经过,加之由于损害事件本身就发生在教育机构内,受害人的监护人也无从得知真实情况,难以举证证明教育机构是否尽到教育、管理职责。另一方面,无民事行为能力人的判断能力与自我保护能力更低,他们既容易侵害他人,也容易遭受他人侵害。这就要求教育机构对于无民事行为能力人尽到更高的注意义务,更好地履行教育和管理的职责。基于这些考虑,立法者才针对无民事行为能力人和限制民事行为能力人分别规定了过错推定责任与过错责任。

(二)第三人侵权时教育机构的侵权责任及归责原则

第三人侵权时教育机构的侵权责任,是指幼儿园、学校或者其他教育机构以外的人员造成无民事行为能力人或限制民事行为能力人损害的,教育机构因未尽到**管理职责**而应当承担的相应的补充责任。《民法典》第 1201 条规定的就是此类教育机构的侵权责任。

所谓"幼儿园、学校或者其他教育机构以外的第三人",应当排除以下人员:其一,教育机构自身的工作人员如教师、职工等,以及因劳务派遣而由教育机构进行管理的工作人员(如保安、保洁人员等)。其二,在教育机构学习、生活的不完全民事行为能力人。实践中,第三人侵权而教育机构承担相应补充责任的典型情形是,犯罪分子为报复社会而进入幼儿园、学校内行凶,残杀儿童或学生,而学校没有采取任何措施保护学生的情形(参见**案例** 19.1.1)。事实上,在第三人实施侵权时,教育机构承担的义务,性质上与《民法典》第 1198 条第 2 款规定的经营者、管理者或组织者预防或制止第三人侵权的安全保障义务相似。

案例阅读

案例19.1.1
税华君等诉合江县人民小学未尽安全关照义务致其在校时遭犯罪行为伤害赔偿案

(三)两类侵权责任的区别

与教育机构的直接侵权责任相比,第三人侵权时教育机构承担的侵权责任有两个显著的特征:其一,过错的表现形式不同。教育机构直接侵权时,其过错表现为"**未尽到教育、管理职责**",而第三人侵权时教育机构的过错表现在"**未尽到管理职责**"。这是因为,实施侵权的第三人是教育机构以外的人,其既非教育机构的工作人员,也非在教育机构学习生活的无民事行为能力人或限制民事行为能力人。因此,教育机构对之不可能进行"教育",而只能履行"管理"职责,从而预防他们实施侵权行为。其二,承担的责任不同。在教育机构直接侵权的责任中,教育机构要直接向被侵权人承担侵权责任,它承担的第一位的责任。但在第三人侵权时,实施侵权行为的第三人是首位的责任人,教育机构承担的只是"**相应的补充责任**",并且幼儿园、学校或者其他教育机构承担补充责任后,可以向第三人追偿。故此,该责任与《民法典》第 1198 条第 2 款规定的责任性质相同(参见图 19.1.1)。

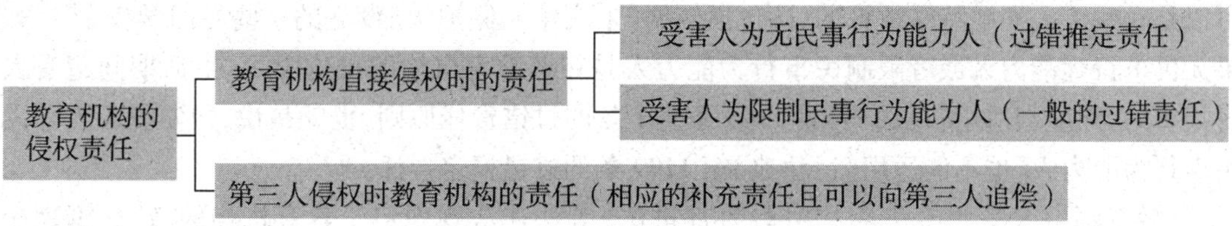

图 19.1.1　教育机构侵权责任类型

第二节　构 成 要 件

一、受害人是不完全民事行为能力人

无民事行为能力人和限制民事行为能力人既包括未成年人，也包括因健康等原因而不能或不能完全认识自己行为的成年人。《人身损害赔偿解释》第 7 条规定的教育机构侵权责任仅适用于在教育机构学习、生活的未成年人遭受人身损害的情形，显然过于狭窄。我国《残疾人保障法》第 26 条第 3 款规定："高级中等以上特殊教育机构、普通教育机构附设的特殊教育班和残疾人职业教育机构，对符合条件的残疾人实施高级中等以上文化教育、职业教育。"《残疾人教育条例》第 35 条规定："设区的市级以上地方人民政府可以根据实际情况举办实施高级中等以上教育的特殊教育学校，支持高等学校设置特殊教育学院或者相关专业，提高残疾人的受教育水平。"当这些属于无民事行为能力人或限制民事行为能力人的残疾人在教育机构接受特殊教育或职业教育时，教育机构也应当尽到教育、管理职责。故此，《侵权责任法》和《民法典》都统一采取了"无民事行为能力人或者限制民事行为能力人"的称谓。

提　示

作为无民事行为能力人或限制民事行为能力人的成年人在教育机构接受教育的，毕竟只是一小部分人，相当数量的不能辨认或者不能完全辨认自己行为的成年人或在监护人的监护下生活，或在精神病院等医疗机构接受治疗。如果作为不能辨认或者不能完全辨认自己行为的成年人在精神病院等医疗机构接受治疗期间遭受了损害，医疗机构的侵权责任属于过错责任，即在其存在过错时，应当承担侵权责任。

二、在教育机构学习、生活期间受到了人身损害

《民法典》第 1199 ~ 1201 条明确列举的"幼儿园、学校"是最主要的教育机构。幼儿园是指，对 3 周岁以上学龄前幼儿实施保育和教育的机构，幼儿园的适龄幼儿为 3 ~ 6 周岁（或 7 周岁）的孩子。依实施的教育阶段的不同，学校分为小学、中学和大学。除幼儿园、学校之外，教育机构尚包括各种专修（进修）学院、培训（补习）学校、培训（补习）中心等。教育机构既可以是政府、事业单位、社会团体设立的，也可以是企业、个人设立的；既可以是进行普通教育的，也

可以是对残疾人实施特殊教育的,还包括依据《未成年人保护法》设立的一些专门学校。[8] 如果无民事行为能力人或者限制民事行为能力人是在非教育机构的机构学习、生活期间遭受人身损害的,则应当适用《民法典》第1165条第1款的过错责任原则,也就是说,即便受害人是无民事行为能力人,也不能适用《民法典》第1199条的过错推定责任。[9]

《教育法》《义务教育法》《民办教育促进法》等法律法规规定了教育机构的教育、管理职责,但这种教育、管理的职责仅限于学生"在教育机构学习、生活期间"。该期间以外的时间,自然仍由监护人负担教育、管理、保护等监护职责。所谓"在教育机构学习、生活期间",即正常的教学教育活动期间,是指按照学校、幼儿园及其他教育机构的教学计划,属于教学、课间休息、学生自习的时间。此外,只要是属于学校等教育机构安排的教育教学活动,是否在教育机构的场所内进行,无关紧要。例如,学校组织学生春游、安排民乐团的成员外出表演,或者学校委托具有教育培训资质的教育机构组织拓展训练等时间,[10] 仍然属于在教育机构学习、生活期间,幼儿园、学校等教育机构要尽到教育、管理的职责。

原则上,学生在进入校园之前及放学离开校园之后的时间,不属于在教育机构学习、生活期间。[11] 但是,如果学校违反规定擅自提前放学或者其他不当原因使学生被迫提前离开学校,令学生在无人管理的状态而遭受人身损害的,学校仍应承担责任。《学生伤害事故处理办法》第13条规定:"下列情形下发生的造成学生人身损害后果的事故,学校行为并无不当的,不承担事故责任;事故责任应当按有关法律法规或者其他有关规定认定:(一)在学生自行上学、放学、返校、离校途中发生的;(二)在学生自行外出或者擅自离校期间发生的;(三)在放学后、节假日或者假期等学校工作时间以外,学生自行滞留学校或者自行到校发生的;(四)其他在学校管理职责范围外发生的。"该条中之所以要强调"学校行为并无不当的",原因就在于不能因为学校的不当行为而使学生离开学校,否则学校依然要承担教育机构侵权责任。例如,在一起案件中,被告龙岩市小池乡黄邦小学将本来是学校课外活动的时间作为补习时间,且违反国家规定擅自实行补习收费,导致原告之子陈宇峰因未交费不能补习,只能提前离校。离校后,该同学在爬树的过程中摔伤致死。法院认为该小学应当承担一定的赔偿责任。[12]

三、教育机构未尽到教育、管理的职责

(一)教育机构的教育、管理职责

教育机构之所以承担侵权责任,根本原因在于其有过错。所谓过错就是"未尽到教育、管理职责"。教育、管理职责实际上就是指教育机构负有的对在教育机构期间学习、生活期间的无民事行为能力人与限制民事行为能力人,进行教育、管理和保护的义务。违反了该职责,教育机构就有过错,应当承担侵权责任。我国《教育法》《教师法》《义务教育法》《民办教育促进法》《未成年人保护法》等法律,《幼儿园管理条例》等行政法规以及《学生伤害事故处理办法》

---

〔8〕 不同意见参见最高人民法院侵权责任法研究小组:《〈中华人民共和国侵权责任法〉条文理解与适用》,人民法院出版社2010年版,第276页。

〔9〕 孙某某诉沈某、丁汉涛因未成年人在托管机构遭受人身损害侵权纠纷案,载《江苏省高级人民法院公报》2018年第4辑。

〔10〕 周某某与湖北正路职业学校、广水市益众高级中学教育机构责任纠纷案,湖北省随州市中级人民法院(2016)鄂13民终302号民事判决书。

〔11〕《安徽省高级人民法院审理人身损害赔偿案件若干问题的指导意见》第19条。

〔12〕 陈德明因其子在离校回家途中爬树坠落死亡诉龙岩市小池乡黄邦小学赔偿纠纷案,最高人民法院中国应用法学研究所编:《人民法院案例选》(专辑1),人民法院出版社1997年版,第140页以下。

《中小学幼儿园安全管理办法》等规章，对于学校、幼儿园或者其他教育机构的教育、管理、保护义务作出了详细的规定，涉及方方面面，包括：确保园舍、校舍、场地、其他公共设施之安全；提供符合安全标准的药品、食品、饮用水及教育教学和生活用具；尊重和爱护未成年人，不得进行任何虐待、歧视、体罚和变相体罚、侮辱人格等损害未成年人身心健康的行为；建立完善的安全保卫、消防、设施设备管理等安全管理与安全教育制度。发现存在管理混乱，重大安全隐患等问题时及时采取相应的措施；组织学生参加教育教学或校外活动时，对学生进行安全教育并采取安全管理措施；明知或者应知未成年人有特异体质或特定疾病，不宜参加某种教育教学活动时，采取必要的防范措施；确保教师或者其他工作人员符合法律、法规以及规章的生理与心理健康；未成年人在校或在园期间突发疾病或受到伤害时，教育机构应及时采取救治措施等。

如果学校等教育机构没有按照相应法律法规规章的要求来履行教育、管理的职责，就存在过错，应当就由此给学生造成的损害承担赔偿责任。例如，由于被告幼儿园规章制度极不健全，管理非常混乱，如没有建立学生的接送、登记制度，没有统一的接送学生时间，导致受害人陈某擅自离园而幼儿园竟然不知道。法院因此认为，幼儿园的管理不善与受害人陈某的死亡之间有一定的联系，应当承担一定的责任。〔13〕 再如，被告幼儿园故意隐瞒园内已发生的手足口病疫情，未采取规定的预防、处置措施，也没有履行提醒入托未成年人监护人注意的义务，致使受害人的监护人认识不足，延误治疗，导致受害人因错失治疗时机而死亡，法院认为，对此损害后果，幼儿园应承担相应责任。〔14〕

（二）判断教育机构过错的参考因素

我国幅员辽阔，各地区经济社会发展很不平衡，各级各类学校、幼儿园的条件也存在很大差别。法院应根据案件的具体情况，依据受害人的年龄、损害发生的时间、直接加害人是谁、教育机构的种类与管理模式、收费高低等因素，对教育机构是否尽到教育、管理职责进行全面的考量。例如，幼儿园的教育、管理职责重于小学，小学要重于中学；寄宿制学校的教育、管理职责重于非寄宿制学校；体育课、实验课尤其是外出游玩等具有一定风险的活动中，教育机构的教育、管理职责重于课堂教学中的教育管理职责；学生在课堂上出现打闹时，教师的管理职责重于课间学生打闹时教师的管理职责等。此外，损害事故曾经是否发生过，对教育机构的教育、管理职责也会发生重要影响。如果导致损失的损害事件此前已经发生，而学校却仍未采取措施，致使同一性质的损害事件再次发生，就应当认为学校没有尽到管理的职责。例如，在一个案件中，某一小学生在课堂上被同伴用弹弓弹伤，受害人要求加害人和小学承担侵权责任。法院认为："事发上午已发生过学生弹弓弹人之事，校方虽对学生进行了批评但思想上并未引起足够重视，也未收缴弹弓并作出禁止性规定致弹弓弹人事件在学校上课时间、上课课堂再次发生并导致重大伤害，学校应承担相应民事赔偿责任。"〔15〕

---

〔13〕 陈定章、王海莲与澄迈县福山益童幼儿园人身损害赔偿案，海南省海南中级人民法院（2003）海南民二终字第34号民事判决书。

〔14〕 王爱国、吴丽诉张丽等因隐瞒手足口病疫情致入托儿童死亡侵权纠纷案，江苏省淮安市中级人民法院（2013）淮中民终字第0082号民事调解书。

〔15〕 娄绍川与娄吉伟、绍兴市越城区鉴湖镇筠溪完全小学人身损害赔偿纠纷案，浙江省绍兴市中级人民法院（2001）绍民终字第822号民事判决书。

第三节 法 律 后 果

一、教育机构侵权责任的承担

教育机构未尽到教育、管理职责,致使无民事行为能力人或者限制民事行为能力人在教育机构学习、生活期间遭受人身损害的,应当承担侵权责任。如果无民事行为能力人或者限制民事行为能力人在教育机构学习、生活期间,受到来自教育机构以外的第三人的侵害,遭受人身损害的,则应由该直接从事侵权行为之人作为第一位责任人,承担侵权责任。教育机构只是在未尽到管理职责时,才承担"**相应的补充责任**"。法律作此规定的目的就是避免教育机构承担过重的责任。毕竟,直接从事侵权行为的是第三人,而非教育机构。

所谓"补充"责任意味着:首先,教育机构不是第一位的责任人,而是第二位责任人。受害人不能从第三人与教育机构中二选一的,必须先由第三人作为第一位的责任人承担责任。教育机构享有类似一般保证人的先诉抗辩权。之所以如此,是因为学校只是造成损害的间接原因,第三人的加害行为才是直接原因。其次,补充责任意味着,只有在根本无法找到第三人来承担责任或者第三人没有能力承担责任的情况下适用。如果找到了第三人,第三人也依法承担了责任,就不存在适用补充责任的问题。再次,教育机构承担的不是全部的补充责任,而是相应的补充责任,即依据过错的程度及原因力的大小承担相适应的补充责任。最后,幼儿园、学校或者其他教育机构承担补充责任后,可以向第三人追偿(《民法典》第 1201 条第 2 句)。

二、教育机构侵权责任的免责事由

由于教育机构的侵权责任属于过错责任,故其可通过证明自己没有过错而免除责任。此外,如果存在不可抗力等法定的免责事由时,教育机构也可以免责。《学生伤害事故处理办法》对教育机构可能的免责事由作出了一个列举。该办法第 12 条规定:"因下列情形之一造成的学生伤害事故,学校已履行了相应职责,行为并无不当的,无法律责任:(一)地震、雷击、台风、洪水等不可抗的自然因素造成的;(二)来自学校外部的突发性、偶发性侵害造成的;(三)学生有特异体质、特定疾病或者异常心理状态,学校不知道或者难于知道的;(四)学生自杀、自伤的;(五)在对抗性或者具有风险性的体育竞赛活动中发生意外伤害的;(六)其他意外因素造成的。"需要注意的是,一方面,《学生伤害事故处理办法》性质上属于部门规章,依据《立法法》的规定,其无权对属于民事基本制度的侵权责任作出规定。另一方面,该办法列举的上述六类原因中,不可抗力、受害人故意属于法定的免责事由,对此《民法典》有相应的规定;至于其他的情形,并非法定免责事由。因此,法院仍然要判断教育机构是否存在过错,如果存在过错,即便存在这些因素,教育机构仍然要承担侵权责任。例如,受害人有特异体质,不能参加体育活动,且家长已经告知学校,但是学校仍然让其参加体育课,因此导致受害人死亡的,学校需要承担侵权责任(参见案例 19.3.1)。

案例阅读

案例19.3.1
鸡西市树梁中学、张兆明教育机构责任纠纷案

三、教育机构侵权责任的程序法问题

如果因教育机构没有尽到教育、管理职责而造成不完全民事行为能力人人身损害的，受害人当然可以仅起诉教育机构，但是，如果加害人是同为在学校学习、生活的其他不完全民事行为能力人的，法院可以追加实际加害人及其监护人作为共同被告；如果是教育机构之外的第三人造成的人身损害，受害人仅起诉第三人的，法院不应追加教育机构为共同被告，但是，此种情形下，受害人仅起诉教育机构的，则应当追加第三人为共同被告。

文献阅读

第二十章　产品责任

本章重点

在大生产、大消费的现代社会，产品质量与产品安全与每一个人息息相关。当下，我国产品安全问题较为严重，市场充斥着各类有毒、有害的食品、药品等，日复一日、年复一年地损害广大人民群众的生命健康。对那些为谋取不法利益铤而走险，不怕上绞刑架的"亡命之徒"而言，产品责任的威慑力微不足道。但是，对于大型的公司企业来说，当它们生产的缺陷产品造成损害时，令其承担产品责任以及惩罚性赔偿责任，就非常重要。本章对产品责任的归责原则、构成要件、责任主体、惩罚性赔偿、缺陷产品的召回等内容进行了研究。

第一节　概　　述

一、产品责任的含义

（一）产品责任的概念与特征

产品责任（product liability），是指缺陷产品造成他人损害时，产品的生产者、销售者应当承担的侵权责任。产品责任属于侵权责任，不以合同关系为前提，无论被侵权人与产品的生产者、销售者之间有无买卖合同或其他合同关系，被侵权人均可以针对生产者、销售者提起产品责任之诉。产品责任也是一种特殊的侵权责任，适用无过错责任而非过错责任原则。

提　示

机动车存在缺陷发生道路交通事故，因此而遭受损害的机动车驾驶人、车内乘客，当然可以追究机动车生产者、销售者的产品责任。至于因此而遭受损害的机动车外的当事人（其他机动车驾驶人或车内乘客、行人等），既可以依据《民法典》侵权责任编第五章和《道路交通安全法》等法律的规定，要求机动车一方承担机动车交通事故责任，也可以依据《民法典》侵权责任编第四章，要求缺陷机动车的生产者、销售者承担产品责任。对此，《道路交通事故损害赔偿解释》第12条有明确的规定。

(二)产品责任与物的瑕疵担保责任的区别

产品责任是特殊的侵权责任,不同于性质上属于违约责任的物的瑕疵担保责任。后者是指因产品的质量不符合合同的约定、法律的规定时,产品的销售者应承担的违反合同的民事责任。[1] 二者存在以下区别(参见表20.1.1):

1. 责任的性质不同。产品责任是侵权责任,物的瑕疵担保责任是违约责任。《民法典》侵权责任编第四章、《产品质量法》第41～46条以及《消费者权益保护法》第40条第2款是对产品责任的规定。《民法典》第617条、《产品质量法》第40条、《消费者权益保护法》第40条第1款与第48条则是对物的瑕疵担保责任的规定。

2. 有无合同关系不同。依据合同的相对性,只有原告与被告之间存在有效的合同关系如买卖合同、承揽合同时,一方当事人才有权要求对方当事人承担违约责任。这正是《产品质量法》第40条第1款、《消费者权益保护法》第40条第1款仅允许购买产品的消费者要求产品的销售者承担瑕疵担保责任的理由。然而,作为侵权责任的产品责任,其成立不以加害人与受害人有合同关系为必要,任何因缺陷产品而遭受损害的人都有权要求产品的生产者、销售者承担侵权责任。

3. 缺陷不同于瑕疵。瑕疵担保责任以产品存在瑕疵为构成要件。瑕疵可分为物的瑕疵与权利瑕疵。物的瑕疵,是指作为合同标的物的产品的质量不符合要求。认定标的物的质量是否符合要求,首先看当事人的约定,即合同关于标的物的质量有约定的,从约定;没有约定或者约定不明确的,依据《民法典》第510条,双方可以协议补充,不能达成补充协议的,则按照合同相关条款或者交易习惯确定。如果既无法协议补充,也无法按照合同相关条款或交易习惯确定的,则适用《民法典》第511条第1项之规定,"质量要求不明确的,按照强制性国家标准履行;没有强制性国家标准的,按照推荐性国家标准履行;没有推荐性国家标准的,按照行业标准履行;没有国家标准、行业标准的,按照通常标准或者符合合同目的的特定标准履行"。然而,产品责任则以产品存在缺陷为构成要件之一。产品责任旨在保护广大民事主体的人身财产安全,而因产品缺陷遭受损害的被侵权人也并非都与产品的生产者、销售者存在合同关系。故此,产品的缺陷应由法律规定,不取决于当事人的合同约定。依据我国法律,产品的缺陷是指产品存在危及人身、他人财产安全的不合理的危险;产品有保障人体健康和人身、财产安全的国家标准、行业标准的,是指不符合该标准(《产品质量法》第46条、第26条第2款)。

4. 承担责任的性质与方式不同。当买卖合同、承揽合同等的标的物的质量不符合要求时,出卖人、承揽人等违约方应当依法承担违约责任。依据《民法典》第582～583条以及《产品质量法》第40条第1款,质量不符合要求的,如果当事人对于违约责任有约定的,就按照约定,如约定了违约金的,就应当支付违约金。如果对违约责任没有约定或者约定不明确,而依据《民法典》第510条也不能确定的,则受损害方有权根据标的物的性质以及损失的大小,合理选择请求对方承担相应的违约责任,具体的违约责任承担方式包括:(1)修理,即对存在瑕疵的产品

[1] 卞耀武:《产品质量法诠释》,人民法院出版社2000年版,第102页以下;卞耀武主编:《中华人民共和国产品质量法释义》,法律出版社2000年版,第87页以下。需要注意的是,在我国,《合同法》以及《民法典》合同编不承认瑕疵担保责任的独立存在,而是将其统一纳入违约责任当中。由于《合同法》以及《民法典》对违约责任原则上采取的是无过错责任,所以,也没有必要在违约责任之外再设立瑕疵担保责任。详见胡康生主编:《中华人民共和国合同法释义》,法律出版社1999年版,第235页以下;黄薇主编:《中华人民共和国民法典合同编解读》(下),中国法制出版社2020年版,第544页。

进行修复,使其质量符合要求;(2)重作,即重新按照要求制作标的物,如承揽人生产的零部件不符合定作人的要求,则应当重新制作质量符合要求的零部件;(3)更换,是指以符合质量要求的产品替换不符合要求的产品;(4)退货,可能是解除买卖合同等合同产生的法律效果,也可能只是将不符合质量要求的标的物退还给出卖人等违约方,然后要求其重新交付质量符合要求的标的物;(5)减少价款或者报酬,即买受人等自愿接受质量不符合要求的标的物,但主张相应地减少价款或者报酬,从而使双方的合同关系重新恢复到均衡的等价关系;[2](6)赔偿损失,即赔偿因产品质量不符合要求而给买受人等非违约方造成的损失。

在产品责任中,无论是产品的生产者还是销售者,承担的都是侵权责任。侵权责任并非如违约责任那样可以由当事人加以约定。具体的侵权责任承担方式包括:(1)因产品缺陷危及他人人身、财产安全的,被侵权人有权请求生产者、销售者承担停止侵害、排除妨碍、消除危险等侵权责任(《民法典》第1205条);(2)因产品存在缺陷造成他人损害的,被侵权人可以请求生产者、销售者承担赔偿责任(《民法典》第1203条),包括金钱赔偿、恢复原状或折价赔偿(《产品质量法》第44条);(3)产品投入流通后发现存在缺陷的,生产者、销售者应当及时采取停止销售、警示、召回等补救措施;未及时采取补救措施或者补救措施不力造成损害扩大的,对扩大的损害也应当承担侵权责任(《民法典》第1206条第1款)。依法采取召回措施的,生产者、销售者应当负担被侵权人因此支出的必要费用(《民法典》第1206条第2款)。

5. 举证责任不同。产品缺陷的证明原则上适用一般的举证规则"谁主张,谁举证",即主张产品存在缺陷的原告负有举证责任,但是法律另有规定的除外。例如,《食品药品纠纷规定》第6条规定:"食品的生产者与销售者应当对于食品符合质量标准承担举证责任。认定食品是否合格,应当以国家标准为依据;没有国家标准的,应当以地方标准为依据;没有国家标准、地方标准的,应当以企业标准为依据。食品的生产者采用的标准高于国家标准、地方标准的,应当以企业标准为依据。没有前述标准的,应当以食品安全法的相关规定为依据。"

物的瑕疵的证明责任原则上也适用"谁主张,谁举证"的规则,但是,为了更好地保护消费者的合法权益,我国《消费者权益保护法》第23条第3款规定:"经营者提供的机动车、计算机、电视机、电冰箱、空调器、洗衣机等耐用商品或者装饰装修等服务,消费者自接受商品或者服务之日起六个月内发现瑕疵,发生争议的,由经营者承担有关瑕疵的举证责任。"[3]

6. 案由与管辖法院不同。产品责任属于侵权责任,案由为"**产品责任纠纷**",产品制造地、产品销售地、侵权行为地和被告住所地人民法院都有管辖权(《民事诉讼法》第28条、《民事诉讼法解释》第26条)。

产品瑕疵担保责任属于合同责任,案由多为"**买卖合同纠纷**",由被告住所地或合同履行地的法院管辖(《民事诉讼法》第23条),或者当事人协议选择的法院管辖,包括被告住所地、合同履行地、合同签订地、原告住所地、标的物所在地的人民法院(《民事诉讼法》第34条)(参见**案例**20.1.1)。

案例阅读

案例20.1.1
北京卅州鑫磊建筑砌块有限公司诉漳州市芗城科辉市政工程机械有限公司产品责任纠纷案

〔2〕黄薇主编:《中华人民共和国民法典合同编解读》(下),中国法制出版社2020年版,第427页。

〔3〕该规定是2013年第二次修正《消费者权益保护法》时新增的,立法理由可参见李适时主编:《中华人民共和国消费者权益保护法释义》(最新修正版),法律出版社2013年版,第93页以下。

表 20.1.1　产品责任与瑕疵担保责任的区别

区别	产品责任	瑕疵担保责任
有无合同关系的不同	不以加害人与受害人有合同关系为必要	存在于买卖合同当事人之间
缺陷与瑕疵不同	产品的缺陷是指产品存在危及人身、他人财产安全的不合理的危险	物的瑕疵是指不符合当事人之间约定的质量要求或者不符合法律规定的质量标准
承担责任方式不同	侵权责任,承担方式包括停止侵害、排除妨碍、消除危险、赔偿损失	违约责任,包括修理、更换、重作、退货、减少价款或报酬、赔偿损失
案由不同	案由为产品责任纠纷	案由为买卖合同等合同纠纷
管辖法院不同	由产品制造地、产品销售地、侵权行为地和被告住所地的法院管辖	由被告住所地、合同履行地的法院管辖或者当事人协议选择的法院管辖

二、产品责任的归责原则

(一)生产者承担的是无过错责任

诚如学者所言,产品责任的本质问题就是应当将现代机器导向的大规模生产所引发的损害风险分配给谁的问题,可能的分配方案无非是三种:一是分配给受害人,即将该损害风险作为其获得工业发展利益而必须付出的代价,即作为不可抗力而加以承受。二是由国家承担,实际上就是分配给所有的纳税人。三是有条件地分配给生产者,因为生产者通过制造不符合公众期望的安全要求的产品而造成了损害,而且只有生产者才能将该成本纳入产品的价格中从而在相对有限的人群(产品的使用者)中加以分散。[4] 几乎所有的国家或地区都是选择了第三种方案,要求产品的生产者就其缺陷产品给他人造成的损害承担**无过错责任**(严格责任)。

1985 年的欧共体第 85/374 号关于产品责任的指令明确指出:"考虑到对于我们这个技术日益进步的时代,惟有生产者的无过错责任能够以一种适当的方式来解决现代化技术生产固有风险的公平分担问题。"该指令第 1 条规定:"生产者应当对其产品的缺陷所造成的损害承担责任。"依据这一指令,欧共体成员国都在本国法律中明确了生产者对缺陷产品损害的无过错责任。1990 年 1 月 1 日起生效的《德国产品责任法》依据该指令明确了生产者对于缺陷产品的损害承担无过错责任,该责任制度与《德国民法典》第 833 条第 1 款、《赔偿义务法》、《航空交通法》、《水务法》、《药品法》中已经规定的危险责任是一致的。[5] 法国在 1998 年 5 月 19 日通过的第 98－389 号法律在《法国民法典》中增加了第四编(二)"有缺陷的产品引起的责任",其中,第 1386－1 条规定:"产品的生产者应对其产品的缺陷造成的损害承担责任,不论其与受害人是否有合同联系。"瑞士虽然不属于欧共体成员(也不属于此后成立的欧盟成员),但是,1985 年的欧共体产品责任指令对于瑞士法也产生了很大的影响。1994 年 1 月 1 日颁布生效的《瑞士联邦产品责任法》在很大程度上采取了该指令,规定了产品责任中生产者的无过错责任。[6] 在产品责任法律制度非常发达的美国,几乎每个州的基本规则都是,生产商为他们出售的产品具有缺陷致害负侵权责任。在产品责任之诉中,原告只需要证明三个要件即可:被告出售了缺

---

〔4〕 Duncan Fairgrieve ed., *Product Liability in Comparative Perspective*, Cambridge University Press, 2005, p. 155.

〔5〕 [德]马克西米利安·福克斯:《侵权行为法》(2004 年第 5 版),齐晓琨译,法律出版社 2006 年版,第 302 页。

〔6〕 [瑞]海因茨·雷伊:《瑞士侵权责任法》(第 4 版),贺栩栩译,中国政法大学出版社 2015 年版,第 318 页。

陷产品、产品缺陷导致了原告的伤害且产品在出售时即有缺陷。[7]

在我国法上,生产者就缺陷产品给他人造成的损害,承担的也是无过错责任。《民法典》第1202条规定:"因产品存在缺陷造成他人损害的,生产者应当承担侵权责任。"《产品质量法》第41条第1款规定:"因产品存在缺陷造成人身、缺陷产品以外的其他财产(以下简称他人财产)损害的,生产者应当承担赔偿责任。"应当说,生产者就产品缺陷致人损害承担无过错责任的立法模式,具有非常充分的合理性。首先,"在产品生产过程中,生产者一直处于主动、积极的地位,只有他们才能及时认识到产品存在的缺陷并能设法避免。大多数消费者由于缺乏专业知识和对整个生产过程的了解,不可能及时发现产品的缺陷并以自己的行为防止其造成的危险。正是由于生产者在产品生产过程中所处的这种特殊地位,才使法律将产品责任规定为无过错责任"。[8] 而从经济学上说,只有采取无过错责任才可以更有效地激励产品的生产者严格控制产品质量,尽可能避免生产出缺陷产品。其次,产品的生产者通过生产产品并出售产品而获利,因为这一经济利益的实现而给他人造成损害的,基于收益与风险相一致的原则,生产者当然要承担因产品缺陷给他人造成损害的责任。最后,与消费者相比,产品的生产者在分散缺陷产品相关的损失方面处于更为有利的地位。一方面,生产者预防缺陷产品的费用可以摊入产品的价格之中,由广大的消费者加以分摊;另一方面,生产者可以通过购买产品责任保险而将因缺陷产品致人损害发生的赔偿责任由众多投保人加以分摊。因此,令生产者承担无过错责任并不苛刻。

(二)销售者承担的是无过错责任

就缺陷产品造成的损害,销售者究竟承担过错责任还是无过错责任,存在争议。在我国《民法典》颁布之前,主要的争议是源于《侵权责任法》第42条第1款和《产品质量法》第42条第1款。前者规定:"因销售者的过错使产品存在缺陷,造成他人损害的,销售者应当承担侵权责任。"后者规定:"由于销售者的过错使产品存在缺陷,造成人身、他人财产损害的,销售者应当承担赔偿责任。"一种观点认为,从这两款可知,只有当销售者存在过错并且因该过错而导致产品存在缺陷的,销售者才应当承担侵权赔偿责任,故此销售者承担的是过错责任。[9] 另一种观点认为,依据《侵权责任法》第43条可知,只要因为产品的缺陷造成损害,无论是生产者还是销售者,都应当向被侵权人承担无过错责任,产品的缺陷是否因销售者的过错所致只是决定销售者是否需要承担最终责任的依据。[10] 换言之,销售者的过错只是在销售者与生产者等其他责任主体之间分担责任时,才具有意义。因此,不能孤立地理解《侵权责任法》第42条,进而得出销售者承担过错责任的结论,而应当将《侵权责任法》第41~43条结合起来理解,即第43条所规定的是生产者、销售者对于被侵权人所承担的无过错产品责任,而第41条和第42条则是生产者、销售者承担侵权责任之后,生产者、销售者内部责任的分担规则。[11]

本书认为,争论的重要原因在于法律规定本身的问题。一方面,《侵权责任法》第42条第1款及《产品质量法》第42条第1款明确使用了"过错"一词,而从这两款的文字表述来看,似乎

---

[7] [美]戴维·G.欧文:《产品责任法》,董春华译,中国政法大学出版社2012年版,第96~97页。

[8] 陈梅金、林德鑫诉日本三菱汽车工业株式会社损害赔偿纠纷案,载《最高人民法院公报》2001年第2期。

[9] 王胜明主编:《中华人民共和国侵权责任法解读》,中国法制出版社2010年版,第222页。

[10] 张新宝:《侵权责任法》(第2版),中国人民大学出版社2010年版,第254页;王利明、周友军、高圣平:《中国侵权责任法教程》,人民法院出版社2010年版,第517页以下;高圣平:《论产品责任的责任主体及归责事由——以〈侵权责任法〉"产品责任"章的解释论为视角》,载《政治与法律》2010年第5期。

[11] 杨立新:《〈中华人民共和国侵权责任法〉条文释义与司法适用》,人民法院出版社2010年版,第285~286页。

要表达的意思就是：销售者仅在有过错且因过错造成产品有缺陷的情况下，才需要向被侵权人承担责任。如果认为销售者向被侵权人承担的是无过错责任，那么《侵权责任法》第 42 条第 2 款与《产品质量法》第 42 条第 2 款规定的“销售者不能指明缺陷产品的生产者也不能指明缺陷产品的供货者的，销售者应当承担赔偿责任”就成为完全没有任何意义的规定。另一方面，依据《侵权责任法》第 43 条第 2 款以及《产品质量法》第 43 条，产品缺陷由生产者造成的，销售者赔偿后，有权向生产者追偿。这种规定又意味着，即便缺陷与销售者毫无关系，销售者也没有任何过错，当被侵权人要求其赔偿时，其也要先承担责任，之后才能向生产者追偿。如此一来，销售者向被侵权人负担的侵权责任显然是不以过错为要件的，过错只是对生产者进行追偿时才有意义。

有鉴于此，在《民法典》编纂时，理论界与实务界呼吁立法机关解决上述法律条文理解中的矛盾。最终，《民法典》删除了《侵权责任法》第 42 条，只保留了第 41 条和第 43 条的规定，分别成为《民法典》第 1202 条和第 1203 条。〔12〕 如此一来，上述误解和争议自然就消除了。

本书赞同销售者也应当承担无过错责任的观点，除了因为《民法典》已经删除《侵权责任法》第 42 条规定之外，还有如下几项理由：首先，如果要求被侵权人只有证明销售者具有过错且因该过错导致产品存在缺陷时，才能要求其承担侵权责任，显然证明难度过高。一旦被侵权人无法加以证明的，其就只能要求生产者承担侵权责任。这种做法一方面与《民法典》第 1203 条第 1 款的规定相悖，另一方面也不利于保护消费者的合法权益，因为在生产者没有赔偿能力时，受害人的损害无法得到补偿，只能自担损害。其次，从报偿原理上说，销售者也因缺陷产品的销售而获得相应的利益，自然应当在缺陷产品造成他人损害时承担侵权责任的风险，这就包括生产者无力赔偿时最终承担赔偿责任的风险也应归于销售者。正因如此，美国法上产品责任的严格责任适用于产品分配商业链条上的所有当事人，从缺陷零部件供应商到生产商、中间经销商以及零售商。只有临时的私人销售者出售二手商品时，如个人出售自己的二手车，不适用严格责任。〔13〕《美国侵权法重述（第三次）· 产品责任》第 1 条规定：“凡从事产品销售或者分销经营活动，销售者或者分销缺陷产品者，应当对该缺陷造成的人身或者财产损害承担责任。”美国法学会对该条的评注指出：“本节所述规则仅仅适用于从事对该缺陷产品进行销售业务或者其他分销业务活动的制造者以及其他商业销售者或者分销者，它不适用于对该产品的非商业性的销售者或者分销者。所以，规则既不适用于邻里之间的食物买卖行为，也不适用于私有车主将自己的车转卖给他人的行为。”〔14〕最后，法律上使销售者承担无过错责任对其并不过苛。一方面，作为商业机构的销售者比个人使用者和消费者更有能力将产品责任的损害通过保险或产品的定价加以分散；另一方面，批发商或零售商也更有能力将产品责任的所有损失追及产品销售链条的源头——产品的生产者。也就是说，销售者实际上是可以将产品责任的损失追溯至源

---

〔12〕 立法机关有关人士解释删除《侵权责任法》第 42 条的理由为：该条第 1 款“因销售者的过错使产品存在缺陷，造成他人损害的，销售者应当承担侵权责任”的表述确实与第 43 条第 3 款“因销售者的过错使产品存在缺陷的，生产者赔偿后，有权向销售者追偿”的表述重复；第 42 条第 2 款“销售者不能指明缺陷产品的生产者也不能指明缺陷产品的供货者的，销售者应当承担侵权责任”也主要解决责任内部分配的问题，并且第 43 条第 2、3 款能够涵盖第 42 条的内容。由此看出，删除第 42 条并不影响侵权责任编关于产品责任的严密规定。为了使表述更加清晰简洁、上下文逻辑更加通顺，《民法典》侵权责任编编纂过程中，删除了《侵权责任法》第 42 条的规定。参见黄薇主编：《中华人民共和国民法典侵权责任编解读》，中国法制出版社 2020 年版，第 159 ~ 160 页。

〔13〕 到 2008 年为止，美国只有五个州（特拉华、马萨诸塞、密歇根、北卡罗来纳以及弗吉尼亚）在形式上拒绝侵权之严格产品责任原则。［美］戴维 · G. 欧文：《产品责任法》，董春华译，中国政法大学出版社 2012 年版，第 100 页。

〔14〕 美国法律研究院：《侵权法重述第三版：产品责任》，肖永平等译，法律出版社 2006 年版，第 5 页。

头即产品的生产者的。此外,让零售商和批发商承担严格责任,能够激励他们仅和那些有商业声望的、财务状况良好的制造商和分销商打交道,从而更有利于保护产品的使用者和消费者。[15]

综上所述,因产品缺陷造成他人损害时,生产者与销售者都应当承担**无过错责任**。被侵权人无论是要求生产者承担赔偿责任还是要求销售者承担赔偿责任,都无须证明他们存在过错。如果销售者没有过错却承担了赔偿责任的,其可以向生产者追偿;反之,生产者承担赔偿责任,也可以向因过错造成产品缺陷的销售者追偿。

提 示

在欧盟,产品生产者的无过错责任仅限于消费者保护,而不适用于企业与企业之间。学者认为,如果将严格责任扩大适用于企业之间,就会违背欧共体指令保护消费者的目的,并且会极大范围干预合同自由。[16] 但是,在我国法上,生产者、销售者对缺陷产品造成他人损害承担无过错责任,并不仅仅适用于消费者保护,而适用于因缺陷产品而遭受损害的任何民事主体,即便其并非《消费者权益保护法》意义上的消费者。

三、产品责任与产品的保修期限、合理使用年限

产品的保修期限,也称"产品的包修期限",是指依据当事人的约定或者法律的规定,产品的生产者对产品的质量问题承担免费修理义务的期限。我国现行法对部分产品的保修期限有明确的规定,如《家用汽车产品修理、更换、退货责任规定》第 17 条规定:"家用汽车产品包修期限不低于 3 年或者行驶里程 60,000 公里,以先到者为准;家用汽车产品三包有效期限不低于 2 年或者行驶里程 50,000 公里,以先到者为准。家用汽车产品包修期和三包有效期自销售者开具购车发票之日起计算。"在保修期限内,如果家用汽车出现产品质量问题,消费者凭三包凭证由修理者免费修理(包括工时费和材料费)。具体来说,如果是发动机、变速器的主要零件出现产品质量问题的,消费者可以选择免费更换发动机、变速器。如果家用汽车产品的易损耗零部件在其质量保证期内出现产品质量问题的,消费者可以选择免费更换易损耗零部件(《家用汽车产品修理、更换、退货责任规定》第 18 条)。此外,《农业机械产品修理、更换、退货责任规定》《微型计算机商品修理更换退货责任规定》《家用视听商品修理更换退货责任规定》《部分商品修理更换退货责任规定》等也对一些产品的保修期限作出了规定。[17]

---

〔15〕 美国法律研究院:《侵权法重述第三版:产品责任》,肖永平等译,法律出版社 2006 年版,第 17 页。

〔16〕 [德]克里斯蒂安·冯·巴尔、[英]埃里克·克莱夫主编:《欧洲私法的原则、定义与示范规则:欧洲示范民法典草案》(全译本)(第 5、6、7 卷),王文胜等译,法律出版社 2014 年版,第 534 页。

〔17〕 至于不动产如建筑工程的质量保修期限,则由《建筑法》等法律法规加以规定。《建筑法》第 62 条规定:"建筑工程实行质量保修制度。建筑工程的保修范围应当包括地基基础工程、主体结构工程、屋面防水工程和其他土建工程,以及电气管线、上下水管线的安装工程,供热、供冷系统工程等项目;保修的期限应当按照保证建筑物合理寿命年限内正常使用,维护使用者合法权益的原则确定。具体的保修范围和最低保修期限由国务院规定。"《建设工程质量管理条例》第 40 条规定:"在正常使用条件下,建设工程的最低保修期限为:(一)基础设施工程、房屋建筑的地基基础工程和主体结构工程,为设计文件规定的该工程的合理使用年限;(二)屋面防水工程、有防水要求的卫生间、房间和外墙面的防渗漏,为 5 年;(三)供热与供冷系统,为 2 个采暖期、供冷期;(四)电气管线、给排水管道、设备安装和装修工程,为 2 年。其他项目的保修期限由发包方与承包方约定。建设工程的保修期,自竣工验收合格之日起计算。"

产品的合理使用年限,俗称"产品的使用寿命"或"安全使用年限",即产品在正常使用的情形下能够安全使用的最长期限。产品的合理使用年限不同于产品的保修期限。首先,产品的合理使用年限基本上都要长于产品的保修期限。例如,家用汽车产品的保修期限为3年或6万公里,而家用汽车的合理使用年限显然更长。依据《机动车强制报废标准规定》第5条第1款第1项,小、微型出租客运汽车的使用年限为8年,中型出租客运汽车为10年,大型出租客运汽车为12年。依据国家标准化管理委员会颁布的《家用电器安全使用年限细则》,彩电的安全使用年限为8～10年,电热水器8年,电冰箱12～16年,电饭煲10年,空调器8～10年,煤气灶8年,洗衣机8年,电吹风4年,个人电脑6年,微波炉10年,电风扇10年,吸尘器8年。

其次,在产品的保修期限或三包期限内,产品的保修或三包由销售者承担,销售者承担后,属于生产者的责任或者属于其他经营者的责任的,销售者有权向生产者、其他经营者追偿。但是,如果超过了保修期限或三包期限,则销售者不承担免费维修或三包责任。然而,无论是否在三包期限内,只要是在产品的合理使用期限内,因产品缺陷造成他人损害的,产品的生产者、销售者均要承担侵权责任(参见**案例**20.1.2)。当产品超过了合理使用期限,使用者依然继续使用,造成损害的,则与产品的生产者或销售者无关,应由产品的使用者自担损害。例如,作为被告的出租人将超过安全使用年限的热水器提供给承租人使用,导致原告的女儿在洗澡时一氧化碳中毒身亡,法院认为:"根据国家标准GB17905－2008《家用燃气燃烧器具安全管理规则》的相关规定,燃气热水器的报废年限为八年。涉案热水器至损害发生时已逾十年,超过安全使用期限。李茂生作为涉案热水器的提供者,明知热水器已过安全使用期限,仍然提供给受害人董欢使用,应对损害发生承担大部分责任。受害人董欢是完全民事行为能力人,具有普通的生活常识,能够预见到用已过安全使用期的热水器洗澡不安全,但轻信能够避免,有一定过失,应承担相应的民事责任。"[18]

案例阅读

案例20.1.2
胜达房地产公司与商社汽车公司损害赔偿纠纷上诉案

第二节　构成要件

一、产品

(一)概念与特征

产品的概念决定了产品责任的适用范围。故此,各国产品责任立法都要对产品是什么作出界定。1985年的欧共体第85/374号关于产品责任的指令第2条将"产品"界定为"指所有的动产,但不包括初级农产品(primary agricultural products)和狩猎产品(game),即使该产品存在于另一动产或另一不动产中。初级农产品,是指土壤、畜牧业和渔业之产品,但经过初次加工的产品除外。本指令中的产品包括电力(electricity)"。《法国民法典》第1386－3条规定:"一切动产物品,即使其与不动产结合成一体,其中包括土地的产品、畜产品、猎获物与水产品,都

〔18〕　董红祥等与南京广播电视集团有限责任公司等生命权纠纷上诉案,江苏省南京市中级人民法院(2014)宁民终字第2999号民事判决书。

是产品;电,视为产品。"《美国侵权法重述(第三次)·产品责任》第 19 条对产品的定义为:"为本重述之目的:(a)产品是经过商业性销售以供使用或消费的有形动产。其他项目如不动产和电,当它们的销售及使用与有形动产的销售及使用足够类似时,也是产品,适用本重述是适当的。(b)服务,即使是商业性提供的,也不是产品。(c)人类血液及人类组织器官,即使是商业性提供的,也不受本重述规则的约束。"我国《民法典》对产品未作界定,产品的法定定义来自《产品质量法》。依据该法第 2 条第 2 款,产品是指经过加工、制作,用于销售的产品(参见图 20.2.1)。

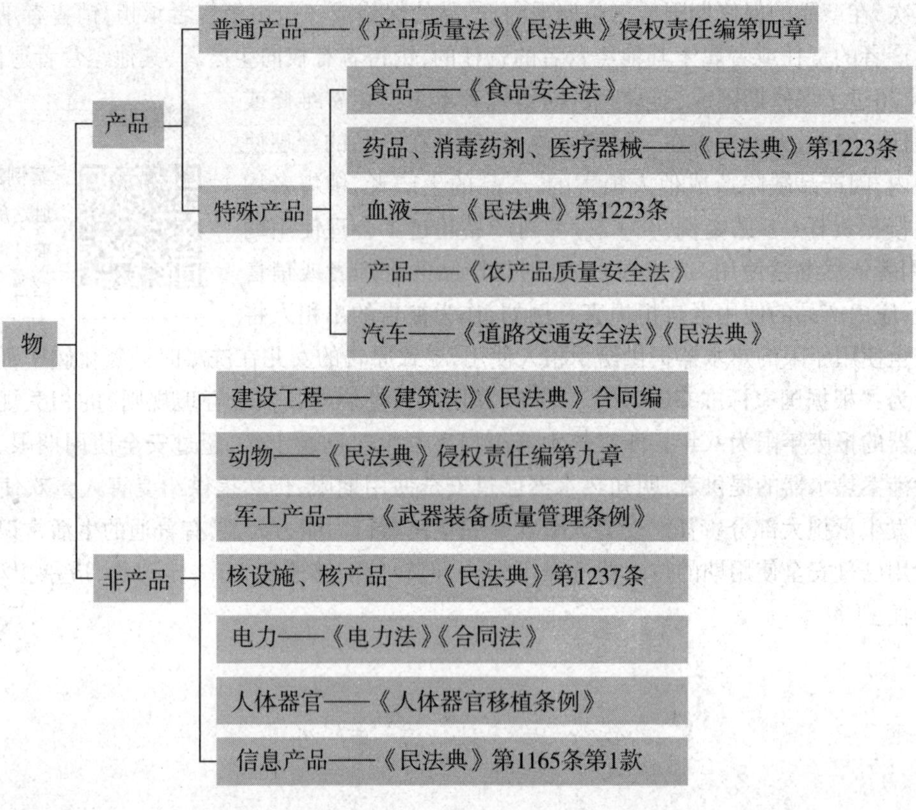

图 20.2.1 民法上的物与产品责任中产品的关系

由此可知,我国法上的产品具有以下特征:

1. 产品责任中的产品限于动产,不包括不动产。首先,产品不包括服务,而仅限于有体物;其次,有体物中的动产才属于产品,建筑物等不动产排除在外。《产品质量法》第 2 条第 3 款第 1 句规定,"建设工程不适用本法规定"。因为,我国《民法典》侵权责任编第十章对建筑物、构筑物以及林木等不动产造成他人损害的责任有专门的规范。故此,产品责任中的产品仅指动产,不包括不动产。动产即便是因为添附而与不动产或其他动产结合,如果存在缺陷而造成他人损害的,也适用产品责任。

提　示

建设工程总体质量问题虽不由《产品质量法》以及《民法典》侵权责任编第四章“产品责任”调整，但是，建设工程中需要使用的建筑材料、建筑构配件和设备，仍属于经过加工、制作用于销售的产品。1997 年修订《产品质量法》时，有的常委委员和地方就提出，建设工程的质量问题适用其他法律的有关规定，不适用本法，但建设工程所使用的建筑材料和配套产品应适用本法。[19] 据此，立法者在《产品质量法》第 2 条第 3 款中增加了第 2 句——“但是，建设工程使用的建筑材料、建筑构配件和设备，属于前款规定的产品范围的，适用本法规定”。

2. 产品是经过加工、制作的动产。任何改变物质原有的物理状态、化学性质，从而使其品质有所变化的活动，均属于加工、制作活动。至于被改变的物质究竟是人工产品还是天然产品、原材料还是毛坯或半成品、其加工方法是工业方法还是手工方法、是在工厂还是家庭作坊进行的加工等，在所不问。如果某些物质直接来源于自然界，虽然人类的开采、挖掘等活动改变了其原有的状态，但并未影响该物质的内在品质的，其内在品质如何仍完全决定于自然，与人类活动无关，该物质因不属于经过加工、制作而形成的产品，故此不适用《民法典》“产品责任”以及《产品质量法》关于产品责任的法律规范的调整。例如，来源于大自然的原始物品，如原煤、原油及矿石等；直接捕捞自海洋、江河中的鱼虾；从森林中猎获的飞禽走兽、采摘的蘑菇、野菜等，因未经任何加工、制作，不属于产品。因这些物质的质量引发的损害赔偿纠纷，可以按照当事人之间的买卖合同与《民法典》合同编的规定，或者依据《民法典》第 1165 条第 1 款的过错责任原则处理。例如，A 饭店加工制作的河豚因未清理干净而致食客张某中毒的，被侵权人应当依据过错责任原则要求 A 饭店承担侵权责任或者依据二者之间的餐饮服务合同要求 A 饭店承担违约责任。

3. 产品是用于销售即投入流通的动产。有人认为，销售就是指出卖，如果是自己使用或者赠与他人，不属于“用于销售”。即便造成他人损害，也不适用《产品质量法》的规定。[20] 有人则认为，“用于销售”一词不能简单地理解为，只有通过销售而交付的物才属于《产品质量法》中的产品。无论产品的加工制作是企业为了营销目的有偿或无偿赠送，或作为员工福利而交付给消费者或使用者，都应当认为属于《产品质量法》中的产品。[21]

本书认为，所谓“用于销售”，就是指将产品投入流通，只要产品的生产者是基于自己的意思而放弃对产品的占有，即属于投入流通，至于特定产品是出售给他人还是赠与他人，在所不问。[22] 这是因为，一方面，任何物质无论是否经过加工、制作，倘若不进入流通领域，仅供加工人或制作者本人使用，即便存在缺陷，也不会对“他人”造成损害。正是因为生产者使其产品进入了流通领域，供不特定的他人使用，为了保护广大产品的消费者的合法权益，才需要专门的

---

〔19〕 全国人民代表大会法律委员会关于《中华人民共和国产品质量法修正案（草案）》审议结果的报告，2000 年 7 月 3 日在第九届全国人民代表大会常务委员会第十六次会议上。

〔20〕 全国人大常委会法制工作委员会经济法室编：《中华人民共和国产品质量法实用讲话及疑难问题解答》，中国言实出版社 2000 年版，第 10 页。

〔21〕 朱克鹏、田卫红：《论我国产品责任的构成要件及其完善》，载《深圳大学学报》（人文社科版）1995 年第 4 期；刘文琦：《产品责任法律制度比较研究》，法律出版社 1997 年版，第 134 页。

〔22〕 此点从《产品质量法》第 41 条第 2 款关于产品生产者的免责事由之一“未将产品投入流通”即可看出。

产品责任法加以规范。故此,《产品质量法》第 41 条第 2 款第 1 项才规定,如果生产者并未将产品投入流通,即便该产品存在缺陷造成他人损害,亦不承担赔偿责任。例如,A 公司研发的一款新型智能手机,正处于试验阶段。某日公司研究人员携带该手机前往外地进行测试,不慎将其遗失。甲拾得该手机后,没有将之交还失主,而是自行使用。手机电池在充电过程中发生爆炸,致甲的妻子乙受伤。对此,A 公司无须承担产品责任。另一方面,生产者即便是将产品作为免费试用品或者赠品赠与他人的,依然属于自愿放弃产品的占有,并且已将产品投入流通。故此,倘若该等赠品因缺陷而给他人造成损害的,生产者、销售者亦应承担产品责任。

(二)特殊的产品

1. 食品

食品,指各种供人食用或者饮用的成品和原料以及按照传统既是食品又是中药材的物品,但是不包括以治疗为目的的物品(《食品安全法》第 150 条第 1 款)。食品当然属于产品,食品存在缺陷造成他人损害的侵权责任也是产品责任。但是,由于食品直接进入人体,与广大人民群众的生命健康息息相关,加之一段时期内我国食品安全问题非常严重,一些有毒、有害食品充斥市场,严重威胁和损害了公众的生命健康。故此,为保证食品安全,维护公众之身体健康和生命安全,我国特别颁布了专门的法律即《食品安全法》,用以规范食品的生产和经营活动并加强管理。因此,在食品造成他人损害时,首先应当适用作为特别法的《食品安全法》的规定,没有规定的才能适用《民法典》《产品质量法》等法律关于产品责任的规定。

2. 药品、消毒产品、医疗器械

药品,是指用于预防、治疗、诊断人的疾病,有目的地调节人的生理机能并规定有适应症或者功能主治、用法和用量的物质,包括中药、化学药和生物制品等(《药品管理法》第 2 条第 2 款)。消毒产品,包括消毒剂、消毒器械(含生物指示物、化学指示物和灭菌物品包装物)、卫生用品和一次性使用医疗用品(《消毒管理办法》第 45 条第 3 款)。医疗器械,是指直接或者间接用于人体的仪器、设备、器具、体外诊断试剂及校准物、材料以及其他类似或者相关的物品,包括所需要的计算机软件;其效用主要通过物理等方式获得,不是通过药理学、免疫学或者代谢的方式获得,或者虽然有这些方式参与但是只起辅助作用;其目的是:(1)疾病的诊断、预防、监护、治疗或者缓解;(2)损伤的诊断、监护、治疗、缓解或者功能补偿;(3)生理结构或者生理过程的检验、替代、调节或者支持;(4)生命的支持或者维持;(5)妊娠控制;(6)通过对来自人体的样本进行检查,为医疗或者诊断目的提供信息(《医疗器械监督管理条例》第 76 条第 1 款)。

药品、消毒产品和医疗器械,皆属于产品。由于这些产品直接作用于人体,它们安全与否、有效与否,直接关涉人民群众的生命健康。我国颁布了《药品管理法》《传染病防治法》《医疗器械监督管理条例》《消毒管理办法》等法律法规和规章,对药品、消毒产品和医疗器械的生产、经营、销售等活动加以严格管理。

因药品、消毒产品和医疗器械存在缺陷,造成他人损害的,生产者和销售者应当承担侵权责任。不过,由于这些产品常常只能在诊疗活动中使用,因此,《民法典》侵权责任编在第六章“医疗损害责任”中作出了专门的规定,即《民法典》第 1223 条规定:“因药品、消毒产品、医疗器械的缺陷,或者输入不合格的血液造成患者损害的,患者可以向药品上市许可持有人、生产者、血液提供机构请求赔偿,也可以向医疗机构请求赔偿。患者向医疗机构请求赔偿的,医疗机构赔偿后,有权向负有责任的药品上市许可持有人、生产者、血液提供机构追偿。”《医疗损害责任解释》第 3 条规定，患者因缺陷医疗产品受到损害，起诉部分或者全部医疗产品的生产者、销售者和医疗机构的，应予受理。患者仅起诉医疗产品的生产者、销售者、医疗机构中部分主体，当事人依法申请追加其他主体为共同被告或者第三人的，应予准许。必要时，人民法院可以依法追加相关当事人参加诉讼。

3. 血液

血液，是指全血、血液成分和特殊血液成分（《血站管理办法》第 65 条第 1 款）。仅仅是存在于人体内的血液，显然不会给他人造成损害。一旦血液与人体分离，进入他人体内，才可能造成损害。血液从采集到最终进入患者体内的过程涉及诸多主体，如献血者、血站、医疗机构。为了确保血液采集与使用过程中的安全，维护广大人民群众的生命与健康，我国颁布了《献血法》《血站管理办法》《血站质量管理规范》等诸多法律、法规以及规章加以规范。例如，《献血法》第 10 条规定："血站采集血液必须严格遵守有关操作规程和制度，采血必须由具有采血资格的医务人员进行，一次性采血器材用后必须销毁，确保献血者的身体健康。血站应当根据国务院卫生行政部门制定的标准，保证血液质量。血站对采集的血液必须进行检测；未经检测或者检测不合格的血液，不得向医疗机构提供。"第 12 条和第 13 条规定，临床用血的包装、储存、运输，必须符合国家规定的卫生标准和要求。医疗机构对临床用血必须进行核查，不得将不符合国家规定标准的血液用于临床。

当血液不合格（如携带各种病毒、被污染或变质等）造成他人损害时，除非献血者明知其血液有问题而故意隐瞒（如艾滋病患者故意献血给他人），否则献血者本身不属于产品的生产者，不应当承担责任。需要承担责任的是血站与医疗机构。值得研究的问题是，血液是否属于产品？血站、医疗机构是否是血液的生产者、销售者？[23] 早在起草《侵权责任法》时，多数学者就认为，为了合理地保护患者的权益，体现法律的公平正义，减少医患纠纷，应当将血液作为产品，从而适用产品责任。故此，《侵权责任法》第 59 条规定，因输入不合格的血液造成患者损害的，患者可以向血液提供机构请求赔偿，也可以向医疗机构请求赔偿。患者向医疗机构请求赔偿的，医疗机构赔偿后，有权向血液提供机构追偿。换言之，作为血液提供者的血站和使用者的医疗机构，均应就血液不合格给患者造成的损害承担无过错责任（参见**案例 20.2.1**）。[24] 《民法典》第 1223 条规定，输入不合格的血液造成患者损害的，患者可以向血液提供机构请求赔偿，也可以向医疗机构请求赔偿。患者向医疗机构请求赔偿的，医疗机构赔偿后，有权向负有责任的血液提供机构追偿。[25]

案例阅读

案例20.2.1
周某与衡阳市中心血站等医疗产品责任纠纷案

从上述规定可知，受害人可以单独起诉医院或血液提供机构，或者将二者作为共同被告提起诉讼。如果是由于血液提供机构的原因导致血液被污染或携带病毒，则医疗机构在承担赔

〔23〕 相关争论参见王胜明主编：《中华人民共和国侵权责任法解读》，中国法制出版社 2010 年版，第 287 页以下。

〔24〕 我国以往的司法实践中曾采取过错推定责任，如江苏省高级人民法院 2001 年的《全省民事审判工作座谈会纪要》就是采取此种观点。

〔25〕 立法机关有关人士指出，《民法典》第 1223 条的法理基础在于"给予患者两种选择权，是给患者多一条救济的渠道；同时也赋予医疗机构的追偿权，向真正的责任人进行追偿"。黄薇主编：《中华人民共和国民法典侵权责任编解读》，中国法制出版社 2020 年版，第 217 页。

偿责任后,可以对之进行追偿。[26] 依据《医疗损害责任解释》第 3 条的规定,如果患者因输入不合格的血液受到损害提起侵权诉讼的,可以同时起诉血液提供机构和医疗机构请求赔偿,如果患者只是起诉血液提供机构或者医疗机构的,当事人依法申请追加其他主体为共同被告或者第三人的,应予准许。必要时,人民法院可以依法追加相关当事人参加诉讼。

4. 农产品

农产品,是指来源于农业的初级产品,即在农业活动中获得的植物、动物、微生物及其产品(《农产品质量安全法》第 2 条第 1 款)。[27] 依据《农产品质量安全法》第 54 条的规定,"生产、销售本法第三十三条所列农产品,给消费者造成损害的,依法承担赔偿责任。农产品批发市场中销售的农产品有前款规定情形的,消费者可以向农产品批发市场要求赔偿;属于生产者、销售者责任的,农产品批发市场有权追偿。消费者也可以直接向农产品生产者、销售者要求赔偿"。此外,该法第 33 条规定:"有下列情形之一的农产品,不得销售:(一)含有国家禁止使用的农药、兽药或者其他化学物质的;(二)农药、兽药等化学物质残留或者含有的重金属等有毒有害物质不符合农产品质量安全标准的;(三)含有的致病性寄生虫、微生物或者生物毒素不符合农产品质量安全标准的;(四)使用的保鲜剂、防腐剂、添加剂等材料不符合国家有关强制性的技术规范的;(五)其他不符合农产品质量安全标准的。"

从上述规定可以看出,农产品属于产品,农产品损害责任适用的也是无过错责任。只要农产品的生产者、销售者或批发市场,生产、出售不符合法律规定的农产品造成消费者损害的,就应承担侵权责任。

(三)不适用产品责任的物

1. 动物

动物是有体物,属于动产。但是,一方面,动物并非人们加工制造的动产,不属于产品;另一方面,动物损害责任本身就是一种特殊的侵权责任,法律对之已有专门的规范(《民法典》侵权责任编第九章),故而,动物损害责任不同于产品责任。

2. 武器装备

武器装备,以往被称为"军工产品",是指实施和保障军事行动的武器、武器系统和军事技术器材(《武器装备质量管理条例》第 2 条第 1 款)。武器装备属于禁止流通物,不能进入市场流通。况且,武器装备的研制、生产等过程涉及国家秘密与国防安全。因此,《产品质量法》第 73 条第 1 款规定:"军工产品质量监督管理办法,由国务院、中央军事委员会另行制定。"

3. 核设施、核材料

核设施的运营以及运入运出核设施的核材料的生产、运输、使用、保管等活动属于高度危险作业,其造成他人的人身伤亡或财产损害,适用《民法典》侵权责任编第 1237 条,不适用《民法典》"产品责任"的规定。因此,《产品质量法》第 73 条第 2 款规定:"因核设施、核产品造成损害的赔偿责任,法律、行政法规另有规定的,依照其规定。"

4. 电力

电力并非指存在于自然界的能源,而是指人类制造或生产、控制、输送和在商业中推销的

---

〔26〕 王胜明主编:《中华人民共和国侵权责任法解读》,中国法制出版社 2010 年版,第 291 页。

〔27〕 关于《中华人民共和国农产品质量安全法(草案)》的说明,2005 年 10 月 22 日第十届全国人民代表大会常务委员会第十八次会议。

一种能源。从这个意义上说,电力当然也属于加工制造并用于销售的产品。电力的缺陷指的是电力的电压不符合国家规定的供电质量标准和约定安全供电的情形。一些国家认为电力也属于产品,适用产品责任。例如,《欧共体理事会1985年7月25日关于协调成员各国关于缺陷产品责任的法律与行政规定的指令》第2条第3句规定:"本指令中的产品包括电力。"美国的多数法院认为,一旦电力通过了顾客的电表进入其房屋时,它就是投入商业流通的产品,因此受到产品责任法中严格责任的调整,在此之前,输电系统提供的不是产品而是服务。〔28〕但是,也有少数法院拒绝将严格责任适用于电力损害。〔29〕《欧洲示范民法典草案》第六卷第3:204条第6款规定:"产品指动产(即使它被合并进其他动产或者不动产)或者电力。"

本书认为,在我国法上,电力不属于产品,不适用产品责任。首先,如果因供电企业的设备出现故障,导致电压发生变化而给用户造成损害,由于受害人与供电企业存在供用电合同,所以供电企业的供电不符合标准造成损害的情形构成违约责任(《民法典》第651条;《电力法》第28条、第59条第2款、第60条)。其次,在与供电企业没有合同关系的第三人因触电而遭受损害的,由于并不存在缺陷问题,所以也不适用产品责任。此时,需要看电压是高压还是低压。倘若是高压电,就属于高度危险责任(《民法典》第1240条);如果是低压电,则适用过错责任(《民法典》第1165条第1款)。故此,对于电力造成他人损害的,无须适用产品责任。

5. 人体器官

器官与人体分离后,原则上属于物,即动产。人体器官只有在从捐献者体内摘除且该器官本身存在问题(如带有病毒等),在移植入患者体内后,才可能造成损害。人体器官移植是指摘取捐献人具有特定功能的心脏、肺脏、肝脏、肾脏或者胰腺等器官的全部或者部分,将其植入接受人身体以代替其病损器官的过程。在人体器官移植造成患者损害的情形中,即便被移植的器官存在问题,捐献者原则上无须承担责任。这是因为:首先,捐献者通常不知道其捐献的器官是否有疾病或者是否会因其他原因给接受移植的患者造成损害。其次,器官移植只能依法在已经办理人体器官移植诊疗科目登记的医疗机构进行,依据《人体器官移植条例》第16条,"实施人体器官移植手术的医疗机构及其医务人员应当对人体器官捐献人进行医学检查,对接受人因人体器官移植感染疾病的风险进行评估,并采取措施,降低风险"。故此,即便因移植的人体器官造成患者损害,责任人也可能是实施人体器官移植的医疗机构,如医疗机构没有对人体器官捐献人进行医学检查或者未采取措施,导致接受人因人体器官移植手术感染疾病,从而遭受损害(《人体器官移植条例》第27条第2、4款)。此时,医疗机构承担的侵权责任属于《民法典》侵权责任编第六章规定的医疗损害责任,而非产品责任。最后,我国《民法典》等法律禁止任何组织或者个人以任何形式买卖人体器官(第1007条)。人体器官等必须是捐献,且活体器官的接受人仅限于活体器官捐献人的配偶、直系血亲或者三代以内旁系血亲,或者有证据证明与活体器官捐献人存在因帮扶等形成亲情关系的人员(《人体器官移植条例》第10条)。因此,更不能因此产生捐献人的侵权责任问题。

6. 废品

废品是指那些经过使用但被抛弃的物品,或因使用而损坏或丧失原有使用价值的物品。

---

〔28〕 美国法律研究院:《侵权法重述第三版:产品责任》,肖永平等译,法律出版社2006年版,第383页。

〔29〕 [美]戴维·G.欧文:《产品责任法》,董春华译,中国政法大学出版社2012年版,第337页。

如报废汽车、废旧家电等。这些物品或已退出流通,须依法定程序处理,如报废的汽车;或已不具备原有的使用价值,只能另作他用。废品已非《产品质量法》所规定的产品。故此,因废品而遭受损害的受害人,不得通过产品责任之诉获得赔偿,而可以通过一般侵权责任或者其他的特殊责任的规定获得赔偿。[30]

7. 信息产品

所谓信息产品主要是指书籍、地图、软件程序、数据等。当信息产品中的信息出现错误时,是否可认定为该信息产品存在缺陷,并且在其给他人造成损害时,适用产品责任?例如,医学教科书上对用药量的印刷错误,导致医生据此给患者进行了错误的治疗,从而造成损害;化学教科书上将两种化学元素的比例标错,结果学生做实验时发生了爆炸;飞机上的导航软件出现程序错误,致使飞机坠毁等。对此信息产品能否适用产品责任的问题,比较法上有不同的观点。德国通说认为,存储在数据载体如磁盘、光盘中的软件属于产品,适用产品责任。[31] 但是,就那些没有存储在数据载体中的软件,是否适用产品责任存在很大的争议。[32] 在美国,除了涉及缺陷的航海图和提供职业杀手信息的出版物,其他针对书籍、杂志文章、电影、唱片、电脑游戏、网络等信息产品的诉讼,都已经被禁止。美国多数法院认为,危险性虚假信息的出版物不属于缺陷产品,不适用产品责任,尤其不能适用严格责任,否则将会极大地侵害言论自由。至于游戏、录像、电影、视频游戏等,也不能提起产品责任之诉。[33]

本书赞同美国法院上述观点,即信息产品原则上不适用作为无过错责任的产品责任,否则会影响信息自由与言论自由。对于因错误的信息而遭受损害的被侵权人而言,其可以依据《民法典》第1165条第1款规定的过错责任原则要求赔偿。从我国司法实践来看,出现过不少以图书质量存在问题而起诉出版社或销售者承担产品责任的案件,但很少出现因为图书质量而遭受人身财产损失的案件。只有极个别案件中,存在因软件的缺陷造成他人损害的情形。例如,在一个案件中,受害人因杀毒软件的生产者、销售者未告知、警示该杀毒软件对内存有很高的要求,从而遭受损害。对此,法院认为:"北信源杀毒软件对内存要求较高,而该软件开发商北信源公司对此没有提供警示与说明,致使其产品在使用中具有不合理危险,该不合理危险在产品投入流通时已存在,正因为一般服务器对内存要求不高,而北信源软件实时监测服务器内存查病毒对内存要求较高,该原因引起证券网络交易系统故障导致损失的发生,该证明具有较为可信的程度,可认定林皓公司因对使用其软件的内存要求不作警示与说明,在某种程度上其产品存在缺陷,且该缺陷是造成本案损害发生的直接原因……林皓公司和北信源公司分别作为该软件的销售者和开发者,不仅对该软件的质量应负瑕疵担保责任,而且对该软件的缺陷所致消费者的财产损失应负连带赔偿责任。"[34]

---

〔30〕 李扬:《废品致人损害的侵权责任研究——王某诉金某产品侵权纠纷案法律问题探讨》,载北京市高级人民法院:《审判前沿:新类型案件审判实务》(总第19集),法律出版社2008年版,第91页以下。

〔31〕 Erman/Schiemann, ProdHaftG, 2008, §2, Rn. 2; Rolland Rn 16; MünchKommBGB/Wagner, ProdHaftG, 2004, §2, Rn. 15.

〔32〕 Staudinger/Oechsler, ProdHaftG, 2008, §2, Rn. 65.

〔33〕 美国法律研究院:《侵权法重述第三版:产品责任》,肖永平等译,法律出版社2006年版,第382~383页;[美]戴维·G. 欧文:《产品责任法》,董春华译,中国政法大学出版社2012年版,第339页以下。

〔34〕 北京北信源自动化技术有限公司、上海林皓网络技术有限公司诉金信证券有限责任公司东阳吴宁西路证券营业部产品责任纠纷抗诉案,载最高人民检察院民事行政检察厅编:《人民检察院民事行政抗诉案例选》(第8集),法律出版社2005年版。

二、缺陷

（一）缺陷的概念与判断过程

只有当产品存在缺陷，造成他人损害时，才产生生产者、销售者的产品责任。尤其考虑到产品责任属于无过错责任，不需要生产者或销售者存在过错，因此，对于“缺陷”的界定，就显得至关重要。1985 年的欧共体第 85/374 号关于产品责任的指令第 6 条规定：“1. 若某产品不能具备人们对产品合理预期的安全性能，该产品即存在缺陷，考虑到一切情形，包括：（a）对产品的说明；（b）对产品用途的合理预期；（c）将产品投入流通的时间。2. 不能仅仅因为后来有更好的产品投入流通而认定为（以前的）产品存在缺陷。”《法国民法典》第 1386－4 条规定：“产品，在其不能提供人们可以合理期待之安全时，按本编之意义，为有缺陷的产品。在评判何为‘可以合理期待的安全’时，应当考虑各种情形，尤其要考虑到产品的介绍与人们可以合理期待的用途，以及考虑产品投入流通的时间。如果后来投入流通的产品在性能上更为完善，不得仅仅依据这一事实就认定某一产品有缺陷。”第 1386－10 条规定：“即使产品的生产遵守了技艺规则或现有规范，或者产品的生产得到行政批准，其生产者对产品的缺陷仍应负责任。”《德国产品责任法》第 3 条规定：“考虑到以下因素，如果产品不能提供人们有权期待的安全，则该产品存在缺陷：（a）产品的现状；（b）产品能够被合理预期的用途；（c）产品投入流通的时间。”[35]

我国《产品质量法》第 46 条将“缺陷”界定为：“本法所称缺陷，是指产品存在危及人身、他人财产安全的不合理的危险；产品有保障人体健康和人身、财产安全的国家标准、行业标准的，是指不符合该标准。”从该定义可以看出：首先，我国法对于缺陷的界定也是采取合理期待的实质判断标准，所谓不合理的危险，本质上就是不符合人们合理期待的安全。其次，我国法为产品有无缺陷提供了一个判断层次（参见图 20.2.2），即：（1）当产品有保障人体健康和人身、财产安全的国家标准、行业标准时，如果产品不符合该标准，当然被认为有缺陷；（2）如果没有相关的国家标准或者行业标准，或者即便产品符合保障人体健康和人身、财产安全的国家标准、行业标准，也不等于该产品就没有缺陷或无法判断其有无缺陷，只要能够证明该产品存在危及人身、财产安全的不合理危险，仍应认定其存在缺陷（参见**案例** 20.2.2）。[36]

案例阅读

案例20.2.2
李华林与楚雄昇源农机制造有限公司等产品责任纠纷上诉案

---

〔35〕 Duncan Fairgrieve ed.，*Product Liability in Comparative Perspective*，Cambridge University Press，2005，p. 107.

〔36〕 例如，在“东风汽车有限公司等与商洛市秦锌运输有限责任公司等产品质量损害赔偿纠纷上诉案”中，法院认为：“根据产品责任制度保护消费者合法权益的立法目的，在认定产品缺陷时以不合理危险为衡量标准，产品不符合保障人身、财产安全的国家标准或行业标准的，可以直接认定产品存在缺陷，产品符合保障人身、财产安全的国家标准或行业标准的，只能初步证明产品无缺陷，若有证据证明产品存在不合理危险，仍应认定产品存在缺陷。”陕西省高级人民法院（2010）陕民二终字第 34 号民事判决书。再如，在一起案件中，原告因被告生产的烟花燃烧过快而受伤，法院认为，即便诉争产品有合格减压报告，也只能证明“产品符合国家有关法律法规、质量标准，并不能证明产品不存在缺陷”。姚建军：《产品质量检验合格并不等于产品无缺陷》，载《人民司法·案例》2014 年第 2 期。

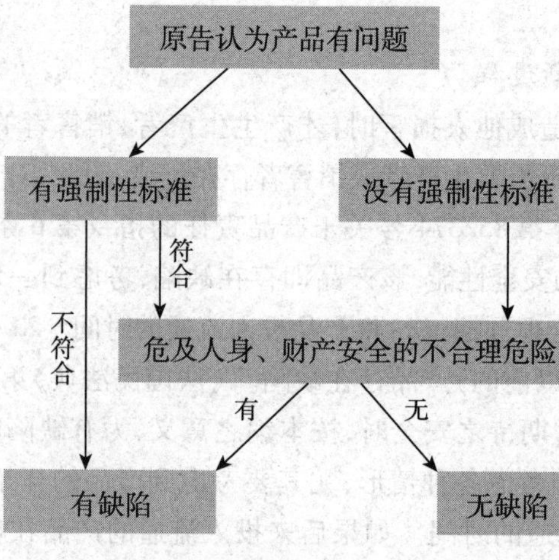

图 20.2.2 产品缺陷的判断层次

讨论 为什么符合强制性标准的产品不等于没有缺陷的产品

某个产品即便符合了强制性标准,之所以仍应考察其是否存在危及人身财产安全的不合理危险,有以下两方面的原因:

第一,某一产品即便有保障人体健康和人身财产安全的国家标准、行业标准,由于标准的制订者受其知识水平、能力所限,该标准也不可能将所有不合理的危险加以排除。因此,所谓的标准往往并未全部覆盖保障产品人身、财产安全的要求。符合标准也只是意味着:该产品符合了标准所涵盖的安全性能指标,不具有标准所明确排除的不合理危险。[37] 如果存在标准并未涉及的不合理危险,当然还应当认定产品存在的缺陷。否则,不利于保护消费者的合法权益,与产品责任法的立法目的也是背道而驰的。此外,保障人体健康和人身、财产安全的国家标准、行业标准,一般只是从设计、制造等技术参数等方面对产品的安全性能提出要求,进而消除对人身、财产安全的不合理危险。但是,产品的缺陷包括多种类型,既有制造缺陷、设计缺陷,也有警示缺陷。标准往往会遗漏很多警示缺陷。例如,产品的质量符合国家标准,但生产者没有对产品的危险向消费者作出适当的警示或说明,仍应认定该产品存在缺陷。

第二,从法政策出发,在我国倘若仅以国家标准、行业标准作为判断缺陷的唯一依据,将产生以下两方面的弊端:一方面,我国的标准往往由某一行业主管机关及其下属部门和行业企业参与制订,这些单位为了维护本部门、本行业的利益,往往置人民群众的生命健康于不顾,不遵循科学规律来制订标准,人为降低标准要求,结果使得我国的各类标准存在严重滞后、标准空白、与市场需求脱节等一系列问题。故此,仅以符合国家标准和行业标准为由否定产品的缺陷,既不利于提高我国产品质量,实现从“中国制造”到“中国创造”的转型,更无法有效地保护人民群众的生命、健康与财产安全。另一方面,在经济全球化的当今世界,大量外国公司企业进入我国从事产品的生产与销售,原产于外国的产品也大量涌入我国市场。与发达国家相比,我国产品的国家标准、行业标准对于保障人身安全与财产安全的要求明显偏低。这样一来,如

〔37〕 卞耀武主编:《中华人民共和国产品质量法释义》,法律出版社 2000 年版,第 103 页。

果仅以是否符合国家标准或行业标准作为判断产品缺陷的唯一根据，也容易导致外国公司生产销售虽不符合其本国标准却符合我国标准的产品，进而损害我国人民的人身财产权益。

（二）缺陷的具体判断

1. 不符合保障人体健康和人身、财产安全的国家标准、行业标准

现代社会，加强产品质量的监管，从而维护人民群众的人身和财产安全，是政府的一项重要的职责，也是政府存在的合法性基础之一。为了能够确保产品的质量与安全，政府要确立强制性的产品质量标准，并对违反这一标准而生产销售产品者给予处罚。依据我国《标准化法》的规定，对保障人身健康和生命财产安全、国家安全、生态环境安全以及满足经济社会管理基本需要的技术要求，应当制定强制性国家标准（第 10 条第 1 款）；强制性国家标准由国务院批准发布或者授权批准发布，法律、行政法规和国务院决定对强制性标准的制定另有规定的，从其规定（第 10 条第 4、5 款）。对满足基础通用、与强制性国家标准配套、对各有关行业起引领作用等需要的技术要求，可以制定推荐性国家标准（第 11 条第 1 款）。对没有推荐性国家标准、需要在全国某个行业范围内统一的技术要求，可以制定行业标准（第 12 条第 1 款）。

由此可见，《产品质量法》第 46 条中所谓的“保障人体健康和人身、财产安全的国家标准、行业标准”，应当仅限于强制性国家标准，不包括行业标准。生产者生产的产品必须符合强制性国家标准的要求，否则该产品就存在缺陷。例如，被告电器厂制造的 FA－40 排风扇漏电，原告之父触电身亡。经过鉴定，被告生产的该排风扇电机的绝缘电阻、电气强度均不符合国家标准 GB12350－2000《小功率电动机的安全要求》之规定。显然，该产品存在缺陷，且产品缺陷与受害人死亡的损害事实间具有因果关系，被告电器厂需承担侵权责任。[38]

2. 存在危及人身、他人财产安全的不合理危险

（1）合理危险与不合理危险的区分

无论产品是否符合强制性国家标准，在最终确定其有无缺陷时，均应考察该产品是否存在危及人身、财产安全的不合理危险。显然，任何产品都不可能是百分之百的安全，都有这样或那样的危险。但是，并非所有的危险都构成缺陷，只有当产品存在危及人身、财产安全的不合理危险时，才具有缺陷。

之所以要区分合理的与不合理的危险，理由在于：一方面，这种区分有助于协调产品的有用性与危险性之间的关系。“实际上，每一件被投入某种使用的产品，都以一定方式、在一定程度上是危险的。但多数该种危险都是物理上、化学上或者生物上不能合理避免的简单的事实，对这些生活中的自然风险，是产品使用者而非产品供应者适当地承担避免并保证避免由此产生的任何伤害的责任。”[39] 换言之，“很多产品事故造成的损失只有以牺牲产品的特性为代价才能消除，而这些特性正是产品有用性和满足使用者需要性之所在”。[40] 例如，烤箱要烤食物就需要产生高温，而菜刀要切菜就应锋利。如果消除了这些危险，产品也就无法实现其功用，丧失相应的使用价值了。因此，在消除产品的危险时要考虑的问题是，是否因此而破坏了产品

---

〔38〕 赵继英等诉宁波市鄞州富丽电器厂等产品责任纠纷案，浙江省绍兴市越城区人民法院（2007）越民一初字第 1756 号民事判决书。

〔39〕 ［美］戴维·G. 欧文：《产品责任法》，董春华译，中国政法大学出版社 2012 年版，第 125 页。

〔40〕 ［美］文森特·R. 约翰逊：《美国侵权法》，赵秀文等译，中国人民大学出版社 2004 年版，第 208 页。

的实用性或者导致产品的价格极为昂贵而失去一般效用。通过“**不合理的危险**”这一缺陷判断标准,有助于在消除危险与维持产品的实用性、满足使用者需要性之间保持平衡。

另一方面,区分合理危险与不合理危险也有助于科技水平的发展。现代社会日新月异,科学技术水平的发展更是一日千里。在竞争激烈的市场经济中,为占领市场,获得更大的经济利益,产品的生产者具有足够的动力,去不断改进技术,提高产品的质量与安全性。因此,产品的危险合理与否的认知和判断,也会随着科技水平的发展而变化。法律上判断产品的危险是否合理,应以该产品“投入流通时”这一时间点为标准。尽管产品受害人取得产品时存在的危险在后来推出的产品中可能会被消除,受害人也不能以随后被改进的产品的质量为标准,主张原产品存在不合理的危险。否则,新技术的运用只会给运用者带来风险,不利于社会的发展。正因如此,1985 年《欧共体第 85/374 号关于产品责任的指令》第 6 条第 2 款才规定:“不能仅因此后有更好的产品投入流通而认为(此前的)产品存在缺陷。”1992 年 6 月 29 日《欧共体理事会关于产品一般安全的指令》第 2 条第 2 款第 2 项规定:“获得更高的安全水平或者其他危险性更小的产品的可能性不应构成认定为某产品‘不安全’或‘危险’的理由。”《法国民法典》第 1386－4 条第 3 款规定:“如果后来投入流通的产品在性能上更为完善,不得仅仅依据这一事实就认定某一产品有缺陷。”我国法上虽然没有作此规定,但是,《产品质量法》第 41 条第 2 款第 3 项之所以规定“将产品投入流通时的科学技术水平尚不能发现缺陷的存在的”可以作为生产者的免责事由,也是基于这一考虑,即对不合理危险的判断应当以产品投入流通时的科技水平作为判断标准。[41]

(2)不合理的危险之判断

任何产品都不是完全安全的。一方面,对于那些产品投入流通时因科学技术水平所限尚不能发现的危险,生产者也好、销售者也罢,均无能为力。这些危险与生产者、销售者无关,不属于不合理的危险。另一方面,如果产品原本是安全的,只是因为进行了不合理的使用而产生了危险,即便因此发生了损害,也是使用者咎由自取,与生产者、销售者无关,不能认为产品具有不合理的危险。故此,1992 年 6 月 29 日《欧共体理事会关于产品一般安全的指令》第 2 条第 2 款将“安全产品”(safe product)界定为“在正常或合理使用条件下,在使用期内未出现任何危险或者仅仅只出现了使用过程中允许的最低程度的危险”。由此可见,不合理的危险并非指产品的一切可能的危险,它仅是指在对产品进行合理使用的过程中出现的危及使用者人身安全、财产安全的危险。换言之,人们在合理使用产品时,通常会产生一种对产品安全性的合理期待。如果在合理使用的情况下,产品竟然对人身、财产造成了损害,该事实就表明:要么产品的质量不合格,其制造或设计上有缺陷;要么该危险虽然是合理使用产品的必然产物,但因为生产者、销售者未进行充分的说明与警示而存在警示上的缺陷(参见**案例 20.2.3**)。总之,无论何种情形,都属于产品之缺陷,可归责于生产者、销售者,他们应当承担侵权责任。

案例阅读

案例20.2.3
吴孟璇诉贝亲株式会社等产品责任纠纷案

由于现代社会的产品数量众多,功能和用途也千差万别,民事主体对于产品的了解掌握程度也各不相同。故此,很难有一个统一的标准来判断对产品的某种使用方式是否为合理的使用,而是应当综合考虑以下因素:

---

〔41〕 卞耀武主编:《中华人民共和国产品质量法释义》,法律出版社 2000 年版,第 93 页。

第一，产品的说明。不同的产品，使用方法不同。产品的使用者受制于专业知识，不可能清楚产品的合理使用方法。故此，为了防止可能出现的对产品的不合理使用，避免发生损害，生产者、销售者应当依据产品的特性、使用产品的人群、可能发生的意外情形等因素，对产品的成份和含量，安装、使用与维护的方法，储存与运输的方法，使用期限或失效期，可能发生的不合理使用情形及其危害等，通过标识、说明书等各种方式作出充分合理的说明。对此，我国法律有相应的规定。例如，《消费者权益保护法》第 18 条第 1 款规定："经营者应当保证其提供的商品或者服务符合保障人身、财产安全的要求。对可能危及人身、财产安全的商品和服务，应当向消费者作出真实的说明和明确的警示，并说明和标明正确使用商品或者接受服务的方法以及防止危害发生的方法。"《产品质量法》第 27 条第 1 款第 3、4 项规定，根据产品的特点和使用要求，需要标明产品规格、等级、所含主要成份的名称和含量的，用中文相应予以标明；需要事先让消费者知晓的，应当在外包装上标明，或者预先向消费者提供有关资料；限期使用的产品，应当在显著位置清晰地标明生产日期和安全使用期或者失效日期。再如，《药品管理法》第 49 条规定："药品包装应当按照规定印有或者贴有标签并附有说明书。标签或者说明书应当注明药品的通用名称、成份、规格、上市许可持有人及其地址、生产企业及其地址、批准文号、产品批号、生产日期、有效期、适应症或者功能主治、用法、用量、禁忌、不良反应和注意事项。标签、说明书中的文字应当清晰，生产日期、有效期等事项应当显著标注，容易辨识。麻醉药品、精神药品、医疗用毒性药品、放射性药品、外用药品和非处方药的标签、说明书，应当印有规定的标志。"此外，《食品安全法》《药品说明书和标签管理规定》《医疗器械说明书、标签和包装标识管理规定》（已失效）等法律法规和规章对产品的说明、标签等都有明确的规定。

在产品已有关于合理使用的说明之时，使用者将会产生对产品安全性的合理期待，只要按照说明，合理使用产品，就不会遭受人身、财产损害。同样，生产者、销售者也会对使用者按照说明去合理地使用产品产生合理的期待。故此，当使用者按照说明去使用产品而遭受了损害，该事实就足以证明产品具有不合理的危险。反之，当使用者没有阅读说明或者没有按照说明而不合理地使用产品，以致遭受了损害，就不能据此认定产品具有不合理的危险。

第二，对不合理使用产品的危险之预防。为更好地消除产品的危险，生产者、销售者不仅要说明产品的合理使用方法，还要对自己能合理预见的使用者可能会对产品进行不合理使用及由此产生的危险提前加以警示，以免使用者遭受损害（参见**案例** 20.2.4）。《产品质量法》第 27 条第 1 款第 5 项规定，使用不当，容易造成产品本身损坏或者可能危及人身、财产安全的产品，应当有警示标志或者中文警示说明。第 28 条规定："易碎、易燃、易爆、有毒、有腐蚀性、有放射性等危险物品以及储运中不能倒置和其他有特殊要求的产品，其包装质量必须符合相应要求，依照国家有关规定作出警示标志或者中文警示说明，标明储运注意事项。"判断生产者、销售者对产品的哪些不合理使用及其危险应当合理预见，需要考虑产品的类型、特性、不合理使用所产生的危险程度、普通消费者的知识水平、不同的使用人群（如成年人还是儿童）等各种因素。

> **案例阅读**
>
> **案例20.2.4**
> 南海市小塘中心永华玩具厂与韦某产品侵权纠纷上诉案

（三）缺陷的类型

1. 分类的意义

产品的缺陷有不同的类型，比较法上基本上将其分为三种类型，即制造缺陷（manufacturing defects/ Fabrikationsfehler）、设计缺陷（design defects/ Konstruktionsfehler）、警示缺陷（instruction defects/ Instruktionsfehler)。例如,《美国侵权法重述(第三次)·产品责任》第2条规定:“产品存在缺陷,如果它在售出或转销时:存在制造缺陷、存在设计缺陷或者因为缺少充分的说明或警告而存在缺陷。一种产品:(a)存在制造缺陷——如果产品不符合预订的设计,即使被告在准备和销售产品时尽了所有可能的注意义务;(b)存在设计缺陷——如果产品引起的可预见的危险性可以由出售或其他分销商通过采用另外一种合理的替代设计来减少或避免,或者由于商业流转过程中前一出卖者的行为以及没有采取替代方案而导致产品存在不合理的危险;(c)因为缺少充分的说明或警告而存在缺陷,如果产品引起损害的可预见的危险本可以通过出卖者或其他分销商的合理说明或警告而减少或避免,或者由于商业流转过程中的前一出卖者的行为以及没有进行说明或警告而导致产品存在不合理的危险。”《德国产品责任法》虽然没有采取缺陷的三分法(three known categories of defects),但是,司法实践中法院也认可设计缺陷、制造缺陷与警示缺陷的区分。[42]

案例阅读

案例20.2.5
青岛铁道大厦等诉青岛消防器材公司等产品责任案

我国《民法典》《产品质量法》也没有对缺陷的类型进行规定,但是理论界与实务界都普遍认可缺陷的三分法(参见案例20.2.5)。因为这种分类具有重要的意义。首先,判断缺陷的难易程度不同。产品有无设计缺陷或制造缺陷,普通人难以判断,也不可能通过所谓消费者的合理期待标准加以认定,毕竟消费者本身就是门外汉,对于产品的设计和制造并不了解,也无法了解。故此,在认定产品是否存在设计缺陷或制造缺陷时,除需要依据相应的标准,更需要的是由具有相关领域专门知识的专家进行鉴定。然而,警示缺陷的认定则并不都需要专家鉴定。很多时候,法院依据合理的期待标准就会对生产者和销售者提出警示或说明的要求。其次,在召回义务的承担和履行上有所不同。对于存在设计缺陷、制造缺陷的产品,因其引起人身伤害、财产损失的危险非常大,而在“大生产、大消费”的现代社会,危险尤其大。故此,对存在这两类缺陷的产品,必须由生产者、销售者采取停止销售、修理、更换、收回等方式,否则,难以保障公众的人身、财产安全。然而,就存在警示缺陷的产品,在投入流通后,发现该缺陷的,生产者、销售者当然也需要停止销售、警示,但是通常不需要采取召回的方式。

2. 制造缺陷

制造缺陷,是指产品在生产制造过程中因使用的原材料、零部件等存在缺陷或者因生产流程不安全可靠等原因,而使产品存在危及人身、财产安全的不合理危险。[43] 例如,在一起案件中,受害人因被告的啤酒瓶爆炸而遭受损害。法院认为,“根据啤酒行业的强制性规定,啤酒瓶必须使用B瓶,但被告生产的山城牌啤酒销往水口的有使用了非B瓶”的情形,因此该产品存在制造缺陷,生产者应当就啤酒瓶爆炸所造成的损害承担赔偿责任。[44] 由于制造缺陷的认定涉及专业性知识,故此我国司法实践中,法院往往要求有资质的鉴定部门进行鉴定后才加以确认。

〔42〕 Duncan Fairgrieve ed., *Product Liability in Comparative Perspective*, Cambridge University Press, 2005, p. 107.

〔43〕《美国侵权法重述(第三次):产品责任》第2条(a)规定:“如果产品背离其设计意图,即便在制造和销售该产品的过程中已经尽到所有可能的谨慎,该产品存在制造缺陷。”

〔44〕 张锡惠与重啤(集团)綦江啤酒有限责任公司人身损害赔偿案,四川省古蔺县人民法院(2001)古蔺民初字第85号民事判决书。

3. 设计缺陷

设计缺陷,是指产品因其设计上存在的欠缺而带来的危及他人人身、财产安全的不合理危险。[45] 判断产品是否具有设计缺陷,应考虑以下几点:首先,强制性国家标准对产品设计的要求,系争产品是否符合该要求;其次,没有强制标准时,产品的生产者能否合理预见产品造成人身损害、财产损害的危险,并有能力通过改变设计加以减少或者避免危险。例如,被告海南马自达汽车公司生产的 HMC7180 轿车未对座椅滑槽线设置保护措施,违反了机动车设计规则 CMVDR217《关于座椅、座椅固定装置和头枕的设计规则》6.3.3 中"座椅的安装应保护无外加因素影响锁止装置的松脱"的要求,该车座椅之设计存在严重安全隐患,致使车辆在事故发生过程中,驾驶员座椅锁止装置右侧滑槽制板处于非正常开启状态,造成驾驶座椅前移,给驾驶人造成人身损害。因此,被告的汽车存在设计缺陷。[46] 再如,一起因为饮料烫伤顾客引发的产品责任纠纷案中,法院认为:"虽然双方当事人在庭审中对热饮的温度无任何国家标准、行业标准和地方标准均表示认可,但是由于上诉人杭州肯德基有限公司绍兴华谊分店出售的热果珍饮料确实造成了被上诉人谢文萍双大腿前侧烫伤的严重后果。如果上诉人杭州肯德基有限公司绍兴华谊分店在出售时能适当调低热果珍饮料的温度,就完全可以避免本案损害结果的发生,同时,这种做法也符合快餐行业热饮'即买即饮'的特征,由此可以推定,上诉人杭州肯德基有限公司绍兴华谊分店的产品存在着设计上的缺陷。"[47]

4. 警示缺陷

警示缺陷,也称指示缺陷、说明缺陷或告知缺陷等,是指因产品的标识、标注、使用说明中未全面、妥当地说明或警告,而使产品存在危及人身、财产安全的不合理危险。警示缺陷可以分为两类:一是应当警示而未警示;二是虽然警示但该警示不充分或者合理的人都无法理解。总的来说,存在警示缺陷的前提是产品的生产者或销售者负有警示的义务,而其未履行或适当履行该义务。倘无该义务,则不存在警示缺陷。警示义务并非对任何可能危险的警示,因为要求生产者警告某一产品可能具有但尚未发现的危险无异于没有提出任何警告。[48] 从我国相关法律法规的规定来看,产品的生产者、销售者负有以下警示义务:

(1)对于产品的性能、结构及安装、使用、维护方法应当予以充分的警示义务。现代工业社会的产品,其性能、结构、安装或使用方法往往非常复杂,使用者因专业知识有限,无法自行进行正确的安装、使用或者维护。所以,法律要求生产者必须在产品的标识标注[49]以及安装、使用说明书等随同产品交付给使用者的资料中,对产品的性能、结构以及安装、使用、维护方法进行准确、充分、详尽的说明。当法律法规明确规定了产品的生产者或销售者负有警示义务,而生产者或销售者未尽该义务时,则该产品存在警示缺陷。由此造成他人损害的,产品的生产

---

[45]　《美国侵权法重述(第三次):产品责任》第 2 条(b)规定:"当产品之可预见的损害风险,能够通过销售者或者其他分销者,或者他们在商业批发销售链中的前手的更为合理的产品设计加以减少或者避免,而没有进行这样的合理设计使得产品不具有合理的安全性能,该产品则存在设计缺陷。"

[46]　《海马汽车因设计缺陷被判赔付 11 万》,载 http://bbs.273.cn/dispbbs.asp? boardid=125&id=8519.,2020 年 8 月 2 日最后访问。

[47]　杭州肯德基有限公司、杭州肯德基有限公司绍兴华谊分店与谢文萍人身损害赔偿纠纷上诉案,浙江省绍兴市中级人民法院(2001)绍中民终字第 510 号民事判决书。

[48]　[英]埃利斯代尔·克拉克:《产品责任》,黄列等译,社会科学文献出版社 1992 年版,第 89 页。

[49]　产品的标识标注,是指用于识别产品及其质量、数量、特征、特性和使用方法所作的各种表示的统称,产品标识可以用文字、符号、数字、图案以及其他说明物等表示。

者、销售者应当承担侵权赔偿责任。[50]

（2）如果产品的安装、使用或维护不当，可能会发生危及人身、财产的危险时，应当予以充分的警示。《产品质量法》第27条第1款第5项规定："使用不当，容易造成产品本身损坏或者可能危及人身、财产安全的产品，应当有警示标志或者中文警示说明。"[51]

（3）如果产品属于危险物品或在储存、运输、保管中有特殊要求的，应当予以充分的警示和说明。《产品质量法》第28条规定："易碎、易燃、易爆、有毒、有腐蚀性、有放射性等危险物品以及储运中不能倒置和其他有特殊要求的产品，其包装质量必须符合相应要求，依照国家有关规定作出警示标志或者中文警示说明，标明储运注意事项。"[52]

（四）产品缺陷的证明

1. 被侵权人的举证责任

产品缺陷的举证责任究竟由被侵权人负担，还是由产品的生产者或销售者负担，直接关系到产品责任诉讼的结果，非常重要。从证明责任的分配原理上说，产品的缺陷应当由被侵权人加以证明。例如，1985年《欧共体第85/374号关于产品责任的指令》第4条规定："受害者须证明其所遭受的损害、产品的缺陷以及缺陷与损害之间存在因果关系。"再如，《法国民法典》第1386－9条规定："原告应当证明损害、产品的缺陷以及该缺陷与损害之间有因果关系。"不过，在我国司法实践中，由于被侵权人证明产品缺陷往往存在困难，因此，法院对此存在不同的认识。有些法院认为："受害人首先需举证证明其使用的产品存在缺陷，使用缺陷产品所导致的死亡、人身伤害和缺陷产品以外的其他财产损害的结果存在、产品缺陷与受害人所受损害之间存在因果关系等，而产品的生产者主张免责，就应举证证明产品不存在缺陷或者即使产品有缺陷，其存在法律规定的免责事由。"[53]有些法院则认为："根据我国产品质量法的规定，产品责任是一种严格责任，生产者、销售者依照产品质量法的规定承担产品质量责任，产品的质量是否符合该产品的国家标准或行业标准，是判断该产品是否存在缺陷的两种法定情况之一，对产品的质量是否合格应当由生产者承担举证责任。"[54]如果生产者如不能证明涉案产品没有缺陷，就要承担产品责任。[55]

本书认为，由于《民法典》等法律并未对产品缺陷的举证责任作出特别规定，因此，被侵权人负有提出证据证明产品存在缺陷的证明责任。但是，考虑到被侵权人欠缺相关专业技术知识，不了解产品生产、销售的具体情况，因此，对被侵权人证明产品缺陷的责任不应要求过高。

---

[50] 张杰庭诉日本国丰田汽车股份有限公司损害赔偿案，载北京市海淀区人民法院：《审判案例选析》，中国政法大学出版社1997年版，第98页以下。

[51] 湖北省汉川钢丝绳股份有限公司与太原市迎泽区独山煤矿二坑、山西四宾机电设备有限公司损害赔偿纠纷案，山西省高级人民法院（2000）晋民二终字第2号民事判决书。

[52] 胡毛毛与江苏爱特福药物保健品有限公司人身损害赔偿纠纷案，江苏省高级人民法院（2000）苏民终字第67号民事判决书。

[53] 梁翠桃与台州市华能摩托车制造有限公司、李伟灶产品责任纠纷案，广东省佛山市中级人民法院（2004）佛中法民一终字第327号民事判决书。

[54] 汪孝康与浙江之江酒业有限公司产品责任纠纷案，浙江省德清县人民法院（2004）德民初字第1348号民事判决书。

[55] 陈梅金、林德鑫诉日本三菱汽车工业株式会社损害赔偿纠纷案，载《最高人民法院公报》2001年第2期。

被侵权人只要提供证据(包括但绝不限于相应资质的鉴定机构的鉴定报告等[56])证明涉案产品存在问题,即可初步认定产品存在缺陷,被侵权人无须证明产品的具体缺陷类型。此后,就应由作为被告的生产者、销售者提供证据证明产品不存在缺陷。此外,在一些案件中,还可以依据表面证据来认定产品存在缺陷。例如,消费者在食用某种食品或药品而受到损害的情形中,只要证明二者具有一定的联系即可。对此,《食品药品纠纷规定》第5条第2款规定:“消费者举证证明因食用食品或者使用药品受到损害,初步证明损害与食用食品或者使用药品存在因果关系,并请求食品、药品的生产者、销售者承担侵权责任的,人民法院应予支持,但食品、药品的生产者、销售者能证明损害不是因产品不符合质量标准造成的除外。”总之,对被告证明产品没有缺陷的要求应当高于原告证明产品存在缺陷的要求程度。因为被告不仅要证明诉争产品符合强制性国家标准,还要在这基础上进一步证明产品并不存在造成被侵权人损害的那些不合理的危险。

讨论 基于高度盖然性对产品存在缺陷的推定

司法实务中,针对汽车自燃引发的产品责任诉讼中,不少法院往往采取推定的方式确认汽车的缺陷,即只要没有证据证明使用者对汽车的使用不当或者使用者改变了汽车内在设计、结构等以及人为纵火等外部原因,即便无法确实查明自燃的原因如何,也可以基于高度的盖然性推定该车存在缺陷。在“东风汽车有限公司等与商洛市秦锌运输有限责任公司等产品质量损害赔偿纠纷上诉案”中,法院认为:“秦锌公司从2007年4月6日购车之日至2007年4月19日事故发生之日仅十三天,按常理,这时候的车辆各方面性能和状况应该是非常好的,不存在电器、油路老化问题,四被告也没有证据证明秦锌公司使用不当或者没有尽维修、保养义务。秦锌公司在正常使用的情况下,车辆发生燃烧,造成严重损害,超出了秦锌公司安全行驶的合理期待和对危险的预防能力,在排除了其他可能原因的情况下,作为致害原因之一的产品存在缺陷的可能性达到了高度盖然性,此种情况下,四被告没有证据证明秦锌公司使用不当或其他原因导致车辆烧毁,可以推定产品存在危及人身、财产安全的不合理危险,即产品存在缺陷。”[57]

2. 产品缺陷的鉴定

现代社会的工业产品结构和技术原理复杂,对于没有专业知识的消费者而言,显然没有足够的知识与技术条件来证明产品存在缺陷,而需要专业机构和人员提供帮助。美国法上是通过专家证言来证明产品的缺陷,《联邦证据规则》第702条规定,专家证言只有建立在充分的事实和数据的基础上,才是可信的原则和方法的结果,才是被允许的。[58] 在我国,实践中对产品

---

〔56〕 目前我国各种产品质量鉴定机构的收费都非常高,这对于消费者的维权构成了严重的妨害。根据有关媒体的报道,鉴定一件262元左右的羽绒服,需要700元鉴定费;鉴定一台价格1000元的手机,需要5000元鉴定费;鉴定一辆汽车的缺陷,费用甚至高达在10万元左右。戴敦峰:《高昂鉴定费,维权“拦路虎”》,载《南方周末》2005年7月28日。

〔57〕 陕西省高级人民法院(2010)陕民二终字第34号民事判决书。相同案例参见祁庆民诉上海大众汽车有限公司产品责任纠纷案,载最高人民法院中国应用法学研究所编:《人民法院案例选》(总第64辑),人民法院出版社2009年版,第107页以下;冯国强与佛山市顺德区鑫晟汽车贸易有限公司产品责任纠纷上诉案,广东省佛山市中级人民法院(2006)佛中法民二终字第532号民事判决书。

〔58〕 [美]戴维·G.欧文:《产品责任法》,董春华译,中国政法大学出版社2012年版,第129页以下。

是否存在缺陷的鉴定机构有两类:(1)产品质量技术鉴定机构。在2018年之前,原国家质量技术监督局发布的《产品质量仲裁检验和产品质量鉴定管理办法》曾规定,产品质量鉴定是指省级以上质量技术监督部门指定的鉴定组织单位,根据申请人的委托要求,组织专家对有质量争议的产品进行调查、分析、判定,出具质量鉴定报告的过程(第4条)。所谓省级以上质量技术监督部门指定的鉴定组织单位,是指直属于各省质量技术监督局的事业单位,如广东产品质量监督检验研究院、江苏省产品质量监督检验研究院、北京市产品质量监督检验院等。后来,该规章因为立法依据不足,于2018年被废止。(2)司法鉴定机构。司法鉴定是指在诉讼活动中鉴定人运用科学技术或者专门知识对诉讼涉及的专门性问题进行鉴别和判断并提供鉴定意见的活动。所谓司法鉴定机构,是指从事以下司法鉴定业务的法人或者其他组织:法医类鉴定;物证类鉴定;声像资料鉴定;其他鉴定事项。司法鉴定机构是司法鉴定人的执业机构,应当符合相应的条件,经省级司法行政机关审核登记,取得《司法鉴定许可证》,在登记的司法鉴定业务范围内,开展司法鉴定活动。在产品责任诉讼中,当事人就产品是否存在缺陷发生争议时,人民法院可以委托相应的司法鉴定机构对产品是否有缺陷予以鉴定。

无论是质量技术部门的鉴定,还是司法鉴定机构的鉴定,产品质量鉴定存在的问题包括:其一,有些产品的缺陷因所需科技水平较高,而有资质的鉴定机构较少,导致难以鉴定,如汽车质量鉴定机构在我国就只有十几家。其二,鉴定费用高昂、程序较长。例如,对于汽车质量的鉴定收费一般在1万元到3万元之间,有些甚至高达10万元。[59] 之所以出现这种现象,很大程度上是因为我国的价格管理部门规定,鉴定机构对财产鉴定的收费是根据诉讼标的和鉴定标的两者中的较小值,按照标的额比例分段累计收取的。[60]

在产品责任诉讼中,一旦有了鉴定机构的鉴定结论后,法院因为不懂技术问题,无法对鉴定结论的内容进行审查,其主要就是从鉴定机构的资质、鉴定结论的法律依据以及双方当事人对待鉴定结果是否存在异议等几个方面加以审查。[61]

(五)对产品缺陷的补救措施

1. 产品安全的持续关注义务

产品的缺陷在投入流通之前就已发现的,无论是生产者还是销售者,都不应继续将产品投入流通。然而,出于各种复杂的原因(如生产者的工艺水平、投入流通时的科学技术水平等),生产者、销售者可能在产品投入流通时没有发现产品存在缺陷,并不知道缺陷的存在。此时,如果是投入流通时的科技水平尚不能发现缺陷的,则依据《产品质量法》第41条第2款第3项,生产者可以免除赔偿责任;如果当时的科技水平可以发现缺陷,只是生产者没有发现而已,由于产品责任属于无过错责任,故此因该缺陷造成他人损害的,产品的生产者、销售者仍然要承担侵权责任。但是,为更好提高产品的安全性,维护广大民事主体的人身、财产安全,法律上必须给生产者、销售者施加对产品安全的持续性关注义务(Beobachtungspflicht),也称产品监测义务。也就是说,产品的生产者、销售者不能因为产品已经出售了,就放弃对产品安全的关注,而必须持续关注产品的安全,一旦发现存在缺陷,就必须及时采取措施消除缺陷,从而避免损

〔59〕 戴蕾蕾:《质量鉴定"困"住维权车主》,载《法制日报》2014年3月16日。

〔60〕 例如,已被废止的《司法鉴定收费管理办法》第8条的规定。

〔61〕 崔宁:《汽车产品责任纠纷中缺陷的鉴定与证明》,清华大学法学院2013年度本科生毕业论文。该文对我国现行汽车缺陷鉴定中存在的问题进行了详细的实证研究和分析,颇具参考价值。

害的发生或者防止损害的扩大。

就生产者、销售者的持续关注义务,《民法典》第1206条规定:"产品投入流通发现存在缺陷的,生产者、销售者应当及时采取停止销售、警示、召回等补救措施;未及时采取补救措施或者补救措施不力造成损害扩大的,对扩大的损害也应当承担侵权责任。依据前款规定采取召回措施的,生产者、销售者应当负担被侵权人因此支出的必要费用。"此外,《消费者权益保护法》第19条、《食品安全法》第63条也有相应的规定。

2. 停止销售、警示、召回等补救措施

停止销售,是指在发现产品存在缺陷后,销售者应当立即停止缺陷产品的销售,如正在缔约过程中应当停止缔约,已经缔约但尚未交付产品的不得交付。警示是针对产品存在某种危险或就产品应有的正确使用方法而给予的说明、提示。召回,是指通过采取撤回、退货、更换、修理、销毁等方式,以预防、控制和消除产品的缺陷,避免因该缺陷给他人造成损害。也就是说,"产品召回制度通过召回本身防止损害的发生与扩大,并不以现实损害为前提"。[62] 目前我国已经建立了一整套较为完善的产品召回的法律规范体系(参见表20.2.1)。例如,根据国家市场监督管理总局的统计,截至2019年年底,我国累计实施汽车召回1992次,涉及缺陷车辆7578.01万辆,生产者因召回而投入直接费用总计约580亿元。[63]

生产者、销售者在产品投入流通后,只要产品存在缺陷并造成了损害,无论生产者、销售者是否采取补救措施,都要对此承担侵权赔偿责任。因为产品责任是无过错责任,不以生产者、销售者有过错为责任成立要件。但是,为了激励生产者、销售者及时采取有力的补救措施,法律上有必要规定,生产者、销售者对于采取措施后扩大的损害不再承担责任。

在我国《民法典》编纂前,《侵权责任法》第46条未明确此点,这很容易使人误以为,只要及时采取了有力的补救措施,产品的生产者、销售者就不需要承担因产品缺陷而造成的任何损害。为了消除该误解,《民法典》第1206条第1款明确规定,"未及时采取补救措施或者补救措施不力造成损害扩大的,对扩大的损害也应当承担侵权责任"。该句使用一个"**也**"字,就表明了生产者、销售者即便及时采取了有力的补救措施也不免除对采取该措施之前已经发生的损害承担责任,但是对于及时采取有力措施之后的扩大的损害,就不承担责任了。因为在生产者、销售者及时采取了有力的补救措施之后,被侵权人如果仍然遭受损害的,则显然与生产者、销售者的行为没有因果关系。对于该扩大的损害,生产者和销售者不承担责任。

此外,考虑到因为产品缺陷而采取召回措施会给被侵权人造成负担,增加不必要的支出,如将缺陷汽车从外地开到4S店进行修理而支付的汽油费、高速公路通行费以及住宿费等,故此,《民法典》第1206条第2款还规定,因为采取召回措施而导致被侵权人支付了必要费用的,生产者、销售者必须向被侵权人支付该费用,因为这些费用就是由于产品缺陷而给消费者造成的损失。

3. 被侵权人有权请求停止侵害、排除妨碍和消除危险

因产品缺陷危及他人人身、财产安全的,即便产品的生产者、销售者未主动及时采取补救措施且国家有关主管部门亦未责令生产者、销售者召回时,被侵权人依据《民法典》第1205条也有权请求生产者、销售者承担停止侵害、排除妨碍、消除危险等侵权责任。该条所谓排除妨

---

〔62〕 捷跑电子科技有限公司诉青岛海信进出口有限公司国际货物买卖合同纠纷案,载《最高人民法院公报》2013年第11期。

〔63〕 《市场监管总局关于2019年全国汽车和消费品召回情况的通告》(2020年第6号),载国家市场监督管理总局网站:http://gkml.samr.gov.cn/nsjg/zlfzj/202003/t20200331_313684.html.,2020年4月20日最后访问。

碍、消除危险,就是指生产者、销售者应当采取相应的措施,如修理、更换零部件、升级相应软件系统等来消除产品的缺陷,从而保障人身、财产安全。

4. 补救措施的承担主体

从《民法典》第1205条和第1206条的规定来看,只要产品投入流通后发现存在缺陷的,生产者、销售者就应当及时采取停止销售、警示、召回等补救措施,而被侵权人既有权请求生产者也有权请求销售者承担停止侵害、排除妨碍、消除危险等侵权责任。就补救措施中的召回这一措施而言,有些情形下缺陷产品被召回后,由销售者或生产者进行修理、更换即可消除缺陷;有些情形下,缺陷产品的缺陷无法消除,只能由产品的购买者向销售者或生产者进行退货,而生产者自行或委托销售者对该等缺陷产品进行销毁。例如,存在毒副作用的缺陷药品或者违反食品安全标准的食品,则必须召回后进行销毁处理。

如果法律法规等对于召回义务主体有特别的规定时,应当适用该规定。例如,就缺陷药品的召回,我国现行法律法规和规章将召回的义务施加给了药品的生产企业而非药品的销售企业,后者只是负有停止销售、通知生产企业并协助生产企业履行召回义务的义务。《国务院关于加强食品等产品安全监督管理的特别规定》第9条第1款规定:"生产企业发现其生产的产品存在安全隐患,可能对人体健康和生命安全造成损害的,应当向社会公布有关信息,通知销售者停止销售,告知消费者停止使用,主动召回产品,并向有关监督管理部门报告;销售者应当立即停止销售该产品。销售者发现其销售的产品存在安全隐患,可能对人体健康和生命安全造成损害的,应当立即停止销售该产品,通知生产企业或者供货商,并向有关监督管理部门报告。"《药品召回管理办法》第3条规定:"本办法所称药品召回,是指药品生产企业(包括进口药品的境外制药厂商,下同)按照规定的程序收回已上市销售的存在安全隐患的药品。"第5条规定:"药品生产企业应当按照本办法的规定建立和完善药品召回制度,收集药品安全的相关信息,对可能具有安全隐患的药品进行调查、评估,召回存在安全隐患的药品。药品经营企业、使用单位应当协助药品生产企业履行召回义务,按照召回计划的要求及时传达、反馈药品召回信息,控制和收回存在安全隐患的药品。"第6条规定:"药品经营企业、使用单位发现其经营、使用的药品存在安全隐患的,应当立即停止销售或者使用该药品,通知药品生产企业或者供货商,并向药品监督管理部门报告。"

在最高人民法院第一国际商事法庭审理的一个案件中,就涉及该问题。[64] 在该案中,依法负有召回缺陷药品义务的是国外的药品生产商拒不履行召回义务,国内的药品销售者履行了该义务并因此而遭受了损失(包括药品本身损失、召回费用、销毁费用等),后销售者向生产者请求赔偿。由于销售者是从香港经销商处进口药品而非直接向生产者处进口,二者没有合同关系,最高人民法院认可了销售者有权依据侵权法的过错责任原则,要求生产者给予赔偿(参见**案例**20.2.6)。

案例阅读

案例20.2.6
广东本草药业集团有限公司诉贝斯迪大药厂(Bruschettini S. R. L.)产品责任纠纷案

如果对于究竟谁来实施产品的召回等措施,法律并无明文规定且当事人没有约定时,那么,"谁更方便、有效地合理预防、消除风险,谁即应当及时、正确地

[64] 笔者与中国人民大学法学院张新宝教授、姚辉教授曾应最高人民法院第一国际商事法庭之邀请,就本案中的疑难法律问题进行了讨论。大家一致认为,销售者可以依据侵权法要求产品生产者予以赔偿,只是就赔偿范围问题,大家有不同的看法。

采取相应措施”。〔65〕

表 20.2.1　我国规定召回制度的法律和行政法规

类型	名称	适用范围
法律	民法典	产品投入流通后发现存在缺陷的(第 1206 条)
	消费者权益保护法	经营者发现其提供的商品或者服务存在缺陷,有危及人身、财产安全危险的(第 19 条)
	食品安全法	食品不符合食品安全标准或者有证据证明可能危害人体健康的(第 63 条)
	药品管理法	药品存在质量问题或者其他安全隐患的(第 82 条)
	疫苗管理法	疫苗存在或者疑似存在质量问题的(第 73 条)
	大气污染防治法	机动车、非道路移动机械排放大气污染物超过标准,属于设计、生产缺陷或者不符合规定的环境保护耐久性要求的(第 58 条)
	特种设备安全法	因生产原因造成特种设备存在危及安全的同一性缺陷的(第 26 条)
行政法规	国务院关于加强食品等产品安全监督管理的特别规定	生产企业发现其生产的产品存在安全隐患,可能对人体健康和生命安全造成损害的 (第 9 条)
	化妆品监督管理条例	化妆品存在质量缺陷或者其他问题,可能危害人体健康的(第 44 条)
	食品安全法实施条例	食品不符合食品安全标准或者有证据证明可能危害人体健康的(第 7 条)
	农业机械安全监督管理条例	农业机械存在设计、制造等缺陷,可能对人身财产安全造成损害的(第 16 条)
	医疗器械监督管理条例	医疗器械不符合强制性标准、经注册或者备案的产品技术要求或者存在其他缺陷的(第 52 条)
	缺陷汽车产品召回管理条例	缺陷,是指由于设计、制造、标识等原因导致的在同一批次、型号或者类别的汽车产品中普遍存在的不符合保障人身、财产安全的国家标准、行业标准的情形或者其他危及人身、财产安全的不合理的危险 (第 3 条)
	农药管理条例	农药对农业、林业、人畜安全、农产品质量安全、生态环境等有严重危害或者较大风险的(第 42 条)

三、因果关系

在产品责任中,只有受害人的损害是因产品缺陷所致,即受害人的人身或财产损害是因产品危及人身、财产安全的不合理危险之现实化所致时,生产者、销售者才需要承担无过错责任。因此,被侵权人应当证明所受损害与缺陷产品之间存在因果关系。然而,很多时候要证明产品的缺陷与损害之间存在因果关系,并不容易。一方面,有些缺陷与损害之间的关系是现有的科学技术水平尚无法加以证明的,只能认为有可能存在因果关系或者存在某种联系。例如,在胶合板、碎料板、绝缘泡沫、其他树脂制品和塑料、消毒剂等产品中往往含有甲醛,甲醛在足够浓

〔65〕 捷跑电子科技有限公司诉青岛海信进出口有限公司国际货物买卖合同纠纷案,载《最高人民法院公报》2013 年第 11 期。

度(如百万分之一)的情况下会刺激眼睛和呼吸系统。但是,目前并没有可靠的证据证明其会引起癌症、白血病或者其他疾病。人们只能通过充足的动物试验中得到的证据以及有限的来自人类的证据,将甲醛列为可能引起人类癌症的物质。[66] 因此,在使用者因车内甲醛、苯超标而遭受人身损害的案件中,被侵权人很难确切地证实二者的因果关系。[67] 另一方面,受害人遭受的损害与产品缺陷之间的因果关系并非简单的一因一果,很可能是多因一果或多因多果。因此,不能认为受害人只要在使用产品的过程中遭受了损害,就必定是产品缺陷所致。例如,在一起案件中,上诉人(原审原告)乘坐的被上诉人(原审被告)生产的三菱帕杰罗 V73 越野车,该车突然失控发生事故,上诉人遭受人身损害。上诉人认为是被告生产的汽车的制动系统存在缺陷才给自己造成的损害。法院认为:客观看来,道路交通事故的发生可能有多种原因,路况是否良好、光线的强弱、驾驶员与车辆的磨合程度、驾驶员是否足够谨慎、驾驶员的操作水平高低、应急处理措施是否得当以及是否有外来原因介入等因素,均可对事故发生造成影响。因此,在因果关系的认定上不存在上诉人所述"非此即彼"的简单逻辑,推定汽车制动系统存在缺陷需要严格的法律条件。[68]

虽然确切地证明产品的缺陷与损害之间的因果关系比较困难,但是,在法律没有特别规定时,也不能因此就完全免除被侵权人的证明责任。被侵权人仍然需要提供证据证明损害与产品的缺陷之间存在因果关系,但并不要求被侵权人确切地证明损害就是缺陷产品所致,只要证明其损害与缺陷产品存在一定的关联性即可。换言之,被侵权人证明产品所存在的缺陷有可能造成其损害即可,不要求证明缺陷就是造成损害的唯一的、确定的原因。被侵权人证明此点后,就应当由产品的生产者或销售者证明产品不存在缺陷,或者虽然有缺陷,但该缺陷并不是造成损害的原因。例如,《食品药品纠纷规定》第 5 条第 2 款规定:"消费者举证证明因食用食品或者使用药品受到损害,初步证明损害与食用食品或者使用药品存在因果关系,并请求食品、药品的生产者、销售者承担侵权责任的,人民法院应予支持,但食品、药品的生产者、销售者能证明损害不是因产品不符合质量标准造成的除外。"司法解释的起草者认为,所谓初步证明就是采用盖然性学说,即受害人只要拿出其购买了该不安全食品、药品的初步证据,如购物发票、使用过的奶罐或药品的包装等,就可以证明两者之间存在因果关系。接下来,就应当由食品或药品的生产者、销售者来证明消费者的损害并不是因为食用食品或使用药品所致。[69]

此外,在符合一定条件的情况下,可以根据案件的事实来推定缺陷与损害的因果关系,即只要确认了产品存在缺陷且能够排除其他造成损害的原因,即使不能确切地证明缺陷与损害之间存在因果关系,也可以推定缺陷与损害之间的因果关系。生产者、销售者必须举证,来推翻此种对因果关系之推定,方能免责。[70] 例如,在"吴国庆与秀山县市政建设开发有限公司产品责任损害赔偿纠纷上诉案"中,法院认为:"产品责任的构成要件为损害事实、产品有缺陷、产

〔66〕 [美]H. W. 刘易斯:《技术与风险》,杨健等译,中国对外翻译出版公司 1994 年版,第 120 页以下。

〔67〕 李晨照、李发君、于金英人身损害赔偿纠纷上诉案,北京市第二中级人民法院(2004)二中民终字第 7532 号民事裁定书。

〔68〕 刘文红诉三菱汽车工业株式会社产品责任案,北京市高级人民法院(2005)高民终字第 624 号民事判决书。

〔69〕 最高人民法院民事审判第一庭:《最高人民法院关于食品药品纠纷司法解释理解与适用》,人民法院出版社 2014 年版,第 85 ~ 86 页。

〔70〕 张锡惠与重啤(集团)綦江啤酒有限责任公司啤酒瓶爆炸致人身损害赔偿案,四川省古蔺县人民法院(2001)古蔺民初字第 85 号民事判决书。

品缺陷和损害事实有因果联系。受害人要求销售者承担产品责任,不仅要证明损害事实,原则上还须举证证明自己使用的产品存在缺陷以及该缺陷造成了损害。但对于本案被上诉人使用的这种制造工艺较为复杂的快速电控卷扬机,产品本身是否存在引发本案爆炸事故的缺陷,一般消费者不仅难以查知,也难以通过比较经济的方式举证证明。依据举证责任分配中的诚实信用原则和公平原则,应有条件地适用因果关系推定,即在某种条件下推定卷扬机本身的缺陷导致损害后果的发生。本案可以确定的事实是上诉人吴国庆作为销售者,不仅不能提供其售给被上诉人 JK-1.5 型快速卷扬机的生产许可证明,而且在该卷扬机刹车鼓、刹车器、电机联接盘等元件发生爆炸事故后,也不能提供这些元件的质量标准和技术参数。在此条件下,即可推定该卷扬机本身的缺陷与损害事实存在因果联系,从而转由上诉人吴国庆(销售者)举证证明该卷扬机不存在引起爆炸的缺陷或者存在的缺陷与损害事实无关。上诉人吴国庆仅凭被上诉人的操作员无卷扬机操作合格证的事实不能完成其证明责任。故此,上诉人吴国庆应承担举证不能的法律后果,应对被上诉人因其卷扬机元件爆炸而遭受的财产损失承担赔偿责任。"[71]

讨论 产品责任诉讼中的证人证言效力问题

缺陷产品在造成受害人损害时,很可能除受害人外并无他人在场或虽有他人在场却均为受害人的亲朋好友。因此,原告在证明自己因产品遭受了损害时,只能提供这些人证言。而对此证言之效力,被告常以证人与受害人有利害关系为由加以否定。司法实践认为,判断受害人的损害是否因产品缺陷所致,并非仅仅依赖证人证言。而是要通过证人证言、医院的病历等证据构成一个完整的证据链条。况且,从社会生活的常识来看,任何人都是与自己的亲朋好友待在一起的时间多。在使用某一产品如喝啤酒时,也多与自己的亲友一起。仅以证人与受害人有利害关系为由否定证人证言的效力,显然不妥当。在一个案件中,原告因被告生产的啤酒瓶爆炸而致眼睛受伤,被告提出的答辩理由为证人系原告亲属,证明力较低,鉴定书不能证明原告眼睛受伤与被告生产的啤酒瓶有因果关系。法院认为:"原告左眼受伤后即送两家医院,前后约四小时,在如此紧急的情况下,在如此短暂的时间里,原告的法定代理人编造谎言的可能性极低,而且,到医院就诊时,很难意识到今后会'打官司',他也就不可能欺骗医生,误导治疗,所以,记载于前述病历记录上的原告的法定代理人对医生的陈述,真实可信,本院予以采信。证人汪金松系原告亲戚,被告对其证言的真实性提出怀疑,本院认为,根据民事诉讼法第 70 条规定,凡是知道案件真实情况的单位和个人,都有义务出庭作证。由此可见,我国法律并未禁止当事人的亲属为其作证,所以,不能仅仅从证人与当事人的关系上否认证言的真实性;而且,消费者饮用啤酒,通常也只同亲朋好友一同饮用,之江啤酒并不限于在公共场所饮用,因此,消费者如果因饮用啤酒而受到伤害必须要有毫无关系的人作证,否则就不能获得赔偿的话,不仅有悖情理,而且显失公平,故对证人证言本院予以采信。"[72]

---

〔71〕 吴国庆与秀山县市政建设开发有限公司产品责任损害赔偿纠纷上诉案,重庆市第四中级人民法院(2006)渝四中法民一终字第 213 号民事判决书。

〔72〕 汪孝康与浙江之江酒业有限公司产品责任纠纷案,浙江省德清县人民法院(2004)德民初字第 1348 号民事判决书。

第三节 责任主体与程序法问题

一、产品责任的责任主体

(一)生产者

缺陷产品造成他人损害时,生产者是首要的责任人。所谓生产者,就是生产产品的自然人、法人、非法人组织,包括产品的设计者、制造者、生产商及任何将自己置于生产者地位的人。例如,1985 年的《欧共体第 85/374 号关于产品责任的指令》第 3 条规定:"本指令中,'生产者'指成品的制造者、原材料的生产者或者部件的制造者以及任何以生产者名义出现,并将自己的姓名、商标或标识标记标注于产品上的人。不影响生产者的责任,任何在其商业活动范围内进口产品到共同体内部用于出售、出租、长期租赁或者其他任何形式的分派的人,都应当被视为本指令定义的生产者并承担与生产者相同的义务。如果无法识别产品的生产者,供货商将被视为生产者,除非该供货商能在合理的期限内向受害者说明生产者的身份或者指出向他提供产品的人。如果进口产品为标明进口商名称,即使标明了生产者的名称,本条第 2 款的规定仍然适用。"《法国民法典》第 1386 - 6 规定:"以专业名义、制成品的制造者、原材料的生产者、各种部件的制造者,均为产品的生产者。为适用本编之规定,任何人以专业名义属于下列情况者,视同生产者:(1)以生产者的面目出现,产品上加有其名称、商标或者其他区别标识者;(2)为销售、租赁(不论是否带有买卖预约)或者其他任何形式的销售,在共同体内进口产品者;可以按照本法典第 1792 条至 1792 - 6 条与第 1646 - 1 条之规定追究其责任的人,不视为本编意义上的产品生产者。"例如,超市委托他人生产产品后将超市自己作为产品的生产商在产品标识上加以注明,则该超市属于产品的生产者。

1. 举证责任

原告应当证明被告就是产品的生产者。一般来说,原告可以提供购物发票、收据、产品相关标志标识等来证明此点。依据《产品质量法》第 27 条第 1 款第 2 项,产品或者其包装上的标识必须真实,并有中文标明的产品名称、生产厂厂名和厂址。因此,可以根据产品标识上标明的生产厂名确定产品的生产者。如果原告不能证明产品是被告所生产的,或者被告证明了缺陷产品并非自己生产的,而是他人假冒自己名称生产的产品,则原告针对被告的侵权赔偿请求权就无法成立。例如,在一个案件中,原告诉称自己因被告生产的轮胎爆炸而发生交通事故,遭受损害。法院认为:原告要求追究制造商的损害赔偿责任,首先应证明事故现场爆胎产品是被告制造的产品,及该产品存在缺陷之事实,而原告现有的证据不足以认定该事实存在,故其诉请事由,不能成立。[73]

2. 特殊情形中生产者的确定

(1)存在缺陷的只是产品的一个部件或者原材料时生产者的确定。当产品的缺陷只是发生在组成该产品的多个部件中的一个,而该部件乃是其他人生产时,此时,被侵权人既可以要

---

〔73〕 甘肃省公路局诉日本横滨橡胶株式会社产品责任侵权纠纷案,陕西省西安市中级人民法院(2002)西经二初字第 074 号民事判决书。

求整个产品的生产者承担责任，也可以要求存在缺陷的特定部件的生产者承担责任。例如，A公司生产的电视机发生爆炸，经鉴定引起爆炸的原因在于该电视机的显像管存在设计缺陷，而这一显像管是由B公司生产的。受害人既可以要求A公司承担责任，也可以要求B公司承担责任。当受害人仅起诉A公司时，其不得以造成损害的缺陷产品是由B公司生产的为由进行抗辩。此时，缺陷部件的生产者与整体产品的生产者应当向被侵权人承担连带责任。

(2)将商标许可他人使用时商标所有人是生产者。商标注册人可以通过签订商标使用许可合同，许可他人使用其注册商标。许可人应当监督被许可人使用其注册商标的商品质量。经许可使用他人注册商标的，必须在使用该注册商标的商品上标明被许可人的名称和商品产地(《商标法》第43条第1、2款)。因此，在许可使用商标的情形下，如果产品存在缺陷造成他人损害的，则商标使用许可的许可人和被许可人都是产品的生产者，二者应当向被侵权人承担连带赔偿责任。《最高人民法院关于产品侵权案件的受害人能否以产品的商标所有人为被告提起民事诉讼的批复》规定："任何将自己的姓名、名称、商标或者可资识别的其他标识体现在产品上，表示其为产品制造者的企业或个人，均属于《中华人民共和国民法通则》第一百二十二条规定的'产品制造者'和《中华人民共和国产品质量法》规定的'生产者'。本案中美国通用汽车公司为事故车的商标所有人，根据受害人的起诉和本案的实际情况，本案以通用汽车公司、通用汽车海外公司、通用汽车巴西公司为被告并无不当。"例如，在一个案件中，法院认为：玉环县压力锅厂(以下简称玉环厂)无视《压力锅安全及性能要求》的国家标准，继续按已明令废止的旧的产品国家标准生产存在危及消费者人身、财产安全的压力锅，导致原告在使用该锅时发生爆炸，应当承担赔偿责任。双喜压力锅制造总公司虽不是爆炸压力锅的直接生产者，但其为自身利益，将由其管理、使用的商标有偿出让给玉环厂，用于生产有缺陷的压力锅，对消费者起了误导作用。在玉环厂的生产过程中，双喜压力锅制造总公司对玉环厂销售区域、压力锅部分配件采用、价格等方面，均有规定，在一定程度上参与了玉环厂的经营，且疏于对质量的监督管理，对原告因炸锅造成的人身损害负有连带赔偿责任。[74]

(3)产品的进口商应视为产品的生产者。当缺陷产品是由国外进口时，产品的进口商也应当作为产品的生产者。这主要是为了更好地保护受害人，使之能够依据国内法获得救济。例如，《法国民法典》第1386－6条第2款规定："为适用本编之规定，任何人以专业名义属于下列情况者，视同生产者：1. 以生产者的面目出现，产品上加有其名称、商标或其他区别标识者；2. 为销售、租赁(不论是否带有买卖预约)或者其他任何形式的销售，在共同体内进口产品者。"

(4)销售者不能指明生产者或供货者时应视为生产者。《侵权责任法》第42条第2款以及《产品质量法》第42条第2款规定，销售者不能指明缺陷产品的生产者也不能指明缺陷产品的供货者的，销售者应当承担侵权责任。这一规定的初衷是为了避免发生因不能准确确定缺陷产品的生产者而使受害人求偿无着的情况，也有利于促使销售者谨慎地进货，选择可靠的生产者与供应商，不经销那些隐匿、伪造生产厂名的产品。[75] 但是，由于我国法律对于销售者也采取无过错责任，且依据《民法典》第1203条第1款，因产品存在缺陷造成他人损害的，被侵权人可以向产品的生产者请求赔偿，也可以向产品的销售者请求赔偿。故此，无论销售者是否能够

〔74〕 饶士龙与沈阳双喜压力锅制造总公司、玉环县压力锅厂产品质量损害赔偿纠纷案，浙江省萧山市人民法院(2000)萧民初字第1232号民事判决书。

〔75〕 卞耀武主编：《中华人民共和国产品质量法释义》，法律出版社2000年版，第94页。

指明缺陷产品的生产者或者供货者,都不影响被侵权人对销售者的侵权赔偿请求权,上述规定并无实际意义,《民法典》未对此作出规定。

(二)销售者

产品的销售者,是指生产者以外的将产品投入流通的民事主体,包括批发商、零售商、以提供产品为目的而履行劳务合同的人、提供产品以换取任何非金钱代价的人、提供产品以履行法定义务的人、提供产品作为奖品或捐赠的人等。依据我国法律,在消费者因缺陷产品遭受损害时,以下三类并非实际销售者的民事主体被视为销售者,其有义务先行向消费者赔偿,然后对销售者进行追偿:

1. 使用他人营业执照的违法经营者提供商品或者服务,损害消费者合法权益的,消费者可以向其要求赔偿,也可以向营业执照的持有人要求赔偿(《消费者权益保护法》第42条)。

2. 消费者在展销会、租赁柜台购买商品或者接受服务,其合法权益受到损害的,可以向销售者或者服务者要求赔偿。展销会结束或者柜台租赁期满后,也可以向展销会的举办者、柜台的出租者要求赔偿。展销会的举办者、柜台的出租者赔偿后,有权向销售者或者服务者追偿(《消费者权益保护法》第43条)。

3. 消费者通过网络交易平台购买食品、药品遭受损害,网络交易平台提供者不能提供食品、药品的生产者或者销售者的真实名称、地址与有效联系方式,消费者有权要求网络交易平台提供者承担责任。网络交易平台提供者承担赔偿责任后,可以向生产者或者销售者追偿(《食品安全法》第131条第2款、《食品药品纠纷规定》第9条)。

(三)生产者与销售者之间的关系

1. 生产者与销售者之间承担不真正连带责任

依据《民法典》第1203条第1款、《产品质量法》第43条第1句,因产品存在缺陷造成损害的,被侵权人可以向产品的生产者请求赔偿,也可以向产品的销售者请求赔偿。需要研究的是,生产者与销售者之间究竟承担的是何种责任?一种观点认为,为了更有效地保护受害人,生产者与销售者应当作为共同侵权行为人,承担连带赔偿责任。二者内部责任的大小,按照各自的过错予以确定。[76] 另一种观点认为,生产者与销售者就缺陷产品给他人造成的损害承担的是不真正连带责任。[77] 因为依据法律规定,"产品销售者在无过错的情况下,仍有义务替代生产者先行承担责任。该类事项属于多数债务人就基于不同原因而偶然产生的同一内容的给付,各负全部履行的义务,并因债务人之一的履行而使全体债务人的债务归于消灭的情况"。[78]

本书赞同第二种观点。首先,依据《民法典》第178条第3款,连带责任须由法律规定或者当事人约定。我国现行法律并未规定生产者与销售者承担连带责任。其次,无论是《民法典》第1203条第1款,还是《产品质量法》第43条第1句,之所以允许被侵权人选择要求生产者或销售者承担赔偿责任,其主要目的就是保护被侵权人,便于其请求赔偿。并非因为产品的生产

[76] 徐某诉武安花炮厂、嘶马鞭炮厂损害赔偿案,江苏省扬州市中级人民法院(1991)法民上字第74号;梁石荣与上海鸿惠建材有限公司等产品责任纠纷上诉案,广东省广州市中级人民法院(2006)穗中法民二终字第2239号民事判决书。

[77] 王利明:《侵权责任法中不真正连带责任的具体类型及特征》,载王利明主编:《判解研究》(总第52辑),人民法院出版社2010年版;王竹:《缺陷产品不真正连带责任制度的确立与完善》,载《中国社会科学报》2009年12月8日。

[78] 吴进兴诉无锡市第四人民医院、无锡市三爱斯贸易有限公司因医疗器械存在缺陷致人损害案,江苏省无锡市滨湖区人民法院(2004)锡滨民一初字第1622号民事判决书。

者与销售者构成共同侵权行为，应承担连带责任。最后，要求生产者与销售者承担连带责任，也与《民法典》第1203条第2款及《产品质量法》第43条第2、3句的规定不符。

2. 生产者与销售者之间的追偿

依据《民法典》第1203条第2款、《产品质量法》第43条第2、3句，当产品的缺陷是由于生产者造成的，销售者对缺陷的产生并无过错，那么在销售者承担赔偿责任后，有权对生产者进行追偿。如果是因销售者的过错使产品存在缺陷的，则生产者赔偿后，有权向销售者追偿。销售者的过错导致产品存在缺陷的情形，例如，销售者没有将产品中应有的配件出售给消费者导致产品存在缺陷；销售者因保管上的欠缺使得产品损坏或变质等。《食品安全法》第148条第1款甚至规定："消费者因不符合食品安全标准的食品受到损害的，可以向经营者要求赔偿损失，也可以向生产者要求赔偿损失。接到消费者赔偿要求的生产经营者，应当实行**首负责任制**，先行赔付，不得推诿；属于生产者责任的，经营者赔偿后有权向生产者追偿；属于经营者责任的，生产者赔偿后有权向经营者追偿。"

（四）产品的运输者、仓储者等第三人

产品的运输者、仓储者等第三人承担的不是产品责任，它们只是与产品的生产者或销售者之间存在运输合同、仓储合同等合同法律关系。一方面，产品的运输者、仓储者是谁，被侵权人难以知悉；另一方面，即便产品的缺陷是由于运输者、仓储者等第三人的过错所致，受害人也无法加以证明。故此，被侵权人要求产品的生产者或销售者赔偿是最为便捷可行的。因运输者、仓储者等第三人的过错使产品存在缺陷，造成他人损害的，生产者或销售者赔偿后，有权向运输者、仓储者等第三人追偿（《民法典》第1204条）。在产品责任诉讼中，可以将运输者和仓储者列为第三人。

（五）产品的广告经营者、广告发布者、广告代言人

生产者、销售者通过虚假广告推销缺陷产品时，还涉及广告经营者、广告发布者以及广告代言人的民事责任。所谓广告经营者，是指接受委托提供广告设计、制作、代理服务的民事主体。广告发布者，是指为广告主或者广告主委托的广告经营者发布广告的民事主体。广告代言人，是指广告主以外的，在广告中以自己的名义或者形象对商品、服务作推荐、证明的民事主体。我国《广告法》第56条规定："违反本法规定，发布虚假广告，欺骗、误导消费者，使购买商品或者接受服务的消费者的合法权益受到损害的，由广告主依法承担民事责任。广告经营者、广告发布者不能提供广告主的真实名称、地址和有效联系方式的，消费者可以要求广告经营者、广告发布者先行赔偿。关系消费者生命健康的商品或者服务的虚假广告，造成消费者损害的，其广告经营者、广告发布者、广告代言人应当与广告主承担连带责任。前款规定以外的商品或者服务的虚假广告，造成消费者损害的，其广告经营者、广告发布者、广告代言人，明知或者应知广告虚假仍设计、制作、代理、发布或者作推荐、证明的，应当与广告主承担连带责任。"

（六）网络交易平台提供者

现代社会是网络信息社会，通过各种网络交易平台销售商品、提供服务的情形极为普遍。商务部发布的《中国电子商务报告2019》显示，2019年我国电子商务交易额达到34.81万亿元，其中，实物商品网上零售额为8.52万亿元，占社会消费品零售总额的比重为20.7%。无论民事主体是在线下还是线上销售商品，其作为生产者、销售者的法律地位不发生变化，例如，生产者通过自行建立的网络或者其他网络服务而销售所生产的商品，如果因产品缺陷造成损害，依然要作为生产者承担产品责任。

但是,如果产品的生产者、销售者是通过第三方提供的网络交易平台进行产品的销售,则该交易形态中就存在三方主体:一是产品的生产者、销售者;二是购买产品的消费者或其他民事主体;三是网络交易平台的提供者。此种通过互联网等信息网络来销售产品的经营活动就是电子商务。其中,网络交易平台的提供者即所谓的“电子商务平台经营者”。依据《电子商务法》第9条第2款,电子商务平台经营者是指在电子商务中为交易双方或者多方提供网络经营场所、交易撮合、信息发布等服务,供交易双方或者多方独立开展交易活动的法人或者非法人组织。通过电子商务平台销售产品的生产者或销售者就是所谓的平台内经营者。为了更好地保护消费者合法权益,强化网络交易平台提供者的责任,我国现行法律规定网络交易平台提供者的民事责任作出了特别的规定,其中与产品责任有关的如下:

1. 网络交易平台提供者在特定条件下的**先行赔付责任**,规定该责任的法律规范和司法解释包括:(1)《消费者权益保护法》第44条第1款规定:“消费者通过网络交易平台购买商品或者接受服务,其合法权益受到损害的,可以向销售者或者服务者要求赔偿。网络交易平台提供者不能提供销售者或者服务者的真实名称、地址和有效联系方式的,消费者也可以向网络交易平台提供者要求赔偿;网络交易平台提供者作出更有利于消费者的承诺的,应当履行承诺。网络交易平台提供者赔偿后,有权向销售者或者服务者追偿。”(2)《食品安全法》第131条第2款规定:“消费者通过网络食品交易第三方平台购买食品,其合法权益受到损害的,可以向入网食品经营者或者食品生产者要求赔偿。网络食品交易第三方平台提供者不能提供入网食品经营者的真实名称、地址和有效联系方式的,由网络食品交易第三方平台提供者赔偿。网络食品交易第三方平台提供者赔偿后,有权向入网食品经营者或者食品生产者追偿。网络食品交易第三方平台提供者作出更有利于消费者承诺的,应当履行其承诺。”(3)《食品药品纠纷规定》第9条也规定:“消费者通过网络交易平台购买食品、药品遭受损害,网络交易平台提供者不能提供食品、药品的生产者或者销售者的真实名称、地址与有效联系方式,消费者请求网络交易平台提供者承担责任的,人民法院应予支持。网络交易平台提供者承担赔偿责任后,向生产者或者销售者行使追偿权的,人民法院应予支持。网络交易平台提供者知道或者应当知道食品、药品的生产者、销售者利用其平台侵害消费者合法权益,未采取必要措施,给消费者造成损害,消费者要求其与生产者、销售者承担连带责任的,人民法院应予支持。”

2. 电子商务平台经营者未尽到资质资格的审核义务或未尽到对消费者的安全保障义务的,应当承担**相应的责任**。《电子商务法》第38条第2款规定:“对关系消费者生命健康的商品或者服务,电子商务平台经营者对平台内经营者的资质资格未尽到审核义务,或者对消费者未尽到安全保障义务,造成消费者损害的,依法承担相应的责任。”这一责任的依据在于我国法律规定网络交易平台提供者对于平台内经营者主体的资质资格负有法定的审核审查义务,包括:(1)《电子商务法》第27条第1款规定:“电子商务平台经营者应当要求申请进入平台销售商品或者提供服务的经营者提交其身份、地址、联系方式、行政许可等真实信息,进行核验、登记,建立登记档案,并定期核验更新。”(2)《食品安全法》第62条第1款规定:“网络食品交易第三方平台提供者应当对入网食品经营者进行实名登记,明确其食品安全管理责任;依法应当取得许可证的,还应当审查其许可证。”(3)《药品管理法》第62条第2款规定:“第三方平台提供者应当依法对申请进入平台经营的药品上市许可持有人、药品经营企业的资质等进行审核,保证其符合法定要求,并对发生在平台的药品经营行为进行管理。”

讨　论　电子商务平台经营者违反对消费者的安全保障义务时的民事责任

在立法过程中，就《电子商务法》第38条第2款规定的电子商务平台经营者违反安全保障义务时承担何种民事责任，经历了一个从“连带责任”到“相应的补充责任”，最后到“相应的责任”的变化。《电子商务法（草案）》第二次审议稿的规定是：“电子商务平台经营者知道或者应当知道平台内经营者销售的商品或者提供的服务不符合保障人身、财产安全的要求，或者有其他侵害消费者合法权益行为，未采取必要措施的，依法与该平台内经营者承担连带责任。对关系消费者生命健康的商品或者服务，电子商务平台经营者对平台内经营者的资质资格未尽到审核义务，或者对消费者未尽到安全保障义务，造成消费者损害的，依法与该平台内经营者承担**连带责任**。”在对该草案进行第三次审议时，该条中的“连带责任”被修改为“**相应的补充责任**”，原因是：“一些社会公众、电商平台企业和法院的同志提出，草案三次审议稿第三十七条第二款关于电子商务平台经营者与平台内经营者承担连带责任的规定，给平台经营者施加的责任过重，建议将‘承担连带责任’改为‘承担相应的补充责任’，与侵权责任法的有关规定相一致。宪法和法律委员会经研究认为，这样修改更为合理，也能够为消费者提供充分保障，建议采纳这一意见。”[79] 但是，对《电子商务法（草案）》进行第四次审议时，“一些常委委员和列席会议的同志提出，实践中，电子商务平台经营者未履行资质资格审核义务和对消费者的安全保障义务的情况比较复杂，可根据实际情形依法认定其应承担的责任”。[80] 于是，全国人民代表大会宪法和法律委员会经研究，建议将草案四次审议稿第37条第2款中的“依法承担相应的补充责任”，修改为“**依法承担相应的责任**”。最终《电子商务法》第38条第2款采取了“相应的责任”的表述。

就《电子商务法》第38条第2款中“相应的责任”的理解，不少人认为，该款中的“相应的责任”并非一种特定类型的民事责任，它既可能民事责任，也可能是行政责任或刑事责任；在民事责任中，既可能是连带责任，也可能是补充责任。因此，究竟承担何种责任要由司法机关进行具体裁量。[81]

本书认为，或许立法机关在当初发生争议的时候，希望采取这种模糊的方式处理，但是从法律规范的角度来说，这种解释却不妥当。首先，从《电子商务法》第38条第1款和第37条来看，规定的显然都是民事责任，不可能第38条第2款成了刑事责任、行政责任。其次，在民法中，自己责任、按份责任是原则，而替代责任、连带责任以及补充责任都是例外。正因如此，《民法典》第177条在规定按份责任时，没有要求按份责任必须以法律的明确规定或当事人的明确约定为前提。《民法典》第178条第3款明确规定：“连带责任，由法律规定或者当事人约定。”既然《电子商务法》第38条第1款已经规定了承担连带责任的情形，除非电子商务平台经营者未尽到安全保障义务的行为符合《民法典》第1171条所规定的情形，否则不会发生连带责任。

---

〔79〕《全国人民代表大会宪法和法律委员会关于〈中华人民共和国电子商务法（草案）〉审议结果的报告》，载中华人民共和国全国人民代表大会官方网站：http://www.npc.gov.cn/npc/xinwen/2018-08/31/content_2060157.htm.，2020年8月7日最后访问。

〔80〕《全国人民代表大会宪法和法律委员会关于〈中华人民共和国电子商务法（草案四次审议稿）〉修改意见的报告》，载中华人民共和国全国人民代表大会官方网站：http://www.npc.gov.cn/npc/xinwen/2018-08/31/content_2060161.htm.，2020年8月7日最后访问。

〔81〕电子商务法起草组：《中华人民共和国电子商务法解读》，中国法制出版社2018年版，第192～193页；宋燕妮主编：《中华人民共和国电子商务法精释与适用》，中国民主法制出版社2018年版，第116页。

最后,补充责任也必须由法律明确规定,而不能任意创设。例如,《民法典》明确提到“补充”一词的只有第1198条第2款、第1201条。因此,《电子商务法》第38条第2款中的相应的责任,应当理解为仅指按份责任。

鉴于电子商务平台经营者违反安全保障义务的侵权责任属于一般侵权责任,应当适用的是过错责任原则,故此,在电商平台经营者违反安全保障义务,造成消费者损害时,要根据其行为的过错程度、原因力等确定侵权赔偿责任的大小。

3. 网络交易平台提供者的连带责任,即网络交易平台明知或者应知销售者利用网络平台侵害消费者合法权益而未采取必要措施的,应当与销售者承担连带责任。对此,作出规定的法律规范包括:(1)《民法典》第1197条规定:“网络服务提供者知道或者应当知道网络用户利用其网络服务侵害他人民事权益,未采取必要措施的,与该网络用户承担连带责任。”(2)《消费者权益保护法》第44条第2款规定:“网络交易平台提供者明知或者应知销售者或者服务者利用其平台侵害消费者合法权益,未采取必要措施的,依法与该销售者或者服务者承担连带责任。”(3)《电子商务法》第38条第1款规定:“电子商务平台经营者知道或者应当知道平台内经营者销售的商品或者提供的服务不符合保障人身、财产安全的要求,或者有其他侵害消费者合法权益行为,未采取必要措施的,依法与该平台内经营者承担连带责任。”

二、产品责任的程序法问题

产品责任诉讼中,受害人既可以单独起诉产品的生产者要求其赔偿,也可以仅以销售者为被告,还可以将产品的生产者与销售者作为共同被告提起诉讼(**类似的必要共同诉讼**)。[82] 如果受害人仅起诉生产者或销售者时,法院不应将未被起诉的生产者或销售者追加为共同被告或作为第三人。《食品药品纠纷规定》第2条规定:“因食品、药品存在质量问题造成消费者损害,消费者可以分别起诉或者同时起诉销售者和生产者。消费者仅起诉销售者或者生产者的,必要时人民法院可以追加相关当事人参加诉讼。”例如,在一个案件中,作为生产者的被告庆林公司认为,本案属于产品责任纠纷,自己是产品的生产者,原告应起诉销售商曾春,不应直接起诉自己。法院认为:原告使用被告曾春销售的、被告庆林公司生产的产品发生的纠纷,可以就曾春和庆林公司择一而诉,也可以将二被告作为共同被告起诉。故对庆林公司提出的原告索赔顺序不合法的辩解,不予支持。[83]

第四节　免责事由与责任承担方式

一、产品责任的免责事由

从比较法上,许多国家的法律都对产品责任中生产者的免责事由作出了明确的规定。例

---

〔82〕 关于不真正连带责任之诉在程序法上如何处理的详细分析,可参见罗恬漩、王亚新:《不真正连带责任诉讼问题探析》,载《法律适用》2015年第1期。

〔83〕 黄建良诉曾春、四川庆林实业集团有限公司产品责任纠纷案,四川省崇州市人民法院(2001)崇州民初字第138号民事判决书。

如,1985 年的《欧共体第 85/374 号关于产品责任的指令》第 7 条规定,当生产者能够证明以下情形的,可以不承担责任:“1. 其未将产品投入流通;2. 根据具体情况,其将产品投入流通时引起损害的缺陷并不存在或者该缺陷是在后来形成的;3. 其生产的产品既不是用于出售或者任何具体经济目的分派,也不是在其商业范围内生产或者销售产品;4. 证明产品的缺陷起因于公权机构对同类产品所制定的强制性标准;5. 其将产品投入流通时,限于当时的科学技术水平尚无法发现缺陷的存在;6. 对于部件的制造者而言,该部件的缺陷应归咎于产品的设计或者产品制造者的指示。”《法国民法典》第 1386－11 条规定:“产品生产者除能够证明以下事项外,均当然应负责任:1. 证明其并未将产品投入流通;2. 考虑到具体情形,有理由认为在产品由其投入流通之当时并不存在造成损害的产品缺陷,或者有理由认为此种缺陷是后来才出现的缺陷;3. 该产品并不是为了投入销售或者其他任何形式的流通;4. 在其产品投入流通之时,现有的科学与技术知识并不能够发现缺陷的存在;5. 或者由于本产品符合立法与条例性质的强制性规则,其缺陷系由此而引起的。如果产品的构成部件的生产者能够证明,产品的缺陷是由于其为之提供部件的产品本身的设计所造成,或者是由于该产品的生产者所提出的指令要求所造成的,该部件的生产者不再负责任。”

我国《民法典》没有对产品责任的免责事由作出规定,相关规定在《产品质量法》第 41 条第 2 款,该款为产品的生产者规定了以下三类免责事由:

1. 未将产品投入流通。所谓“未将产品投入流通”,是指产品并未投入到流通当中,或者并非基于生产者的意志和意愿而被投入流通领域的。[84] 产品责任属于危险责任,只有在产品的生产者是基于自由意志将产品投入流通时,其才开启了一种危险状态,负有保证产品不具有危及他人人身、财产安全的不合理危险的义务。当生产者投入流通的产品存在缺陷,依据自己责任原则,就可以将产品缺陷及其所造成的损害归责于生产者。反之,如果产品根本没有投入流通或者是在违背生产者意志和意愿的情况下而被投入了流通的,由于生产者并不存在侵权法意义上的“行为”,即便因该产品的缺陷造成了他人损害,生产者也无须负责。这一免责事由不仅可以适用于产品的生产者,也适用于产品的销售者。例如,A 公司生产的一批电视机经过检测不合格,存放在仓库中,准备拆解。甲盗窃了其中的一台,并出售给不知情的乙。尽管乙作为善意第三人也许可以依据善意取得制度取得该电视机的所有权;但是,如果电视机发生爆炸造成其人身伤亡时,只能要求甲承担责任,而不能要求 A 公司承担责任。因为 A 公司并未将该台电视机投入流通。

2. 产品投入流通时,引起损害的缺陷尚不存在。这是指产品在脱离生产者的占有时并不存在缺陷,该缺陷是在投入流通之后才产生的,至于产生该缺陷的原因,可能是产品在运输、储存、保管过程中的不当行为所致,也可能是由于受害人对产品的不正当安装、使用方法所致。如果是前者,依据《民法典》第 1204 条,仍然要由生产者承担赔偿责任,然后再向销售者、运输者、仓储者等进行追偿。故此,就“产品投入流通时,引起损害的缺陷尚不存在”显然不包括前一种情形,而仅仅是指后一种情形,即缺陷完全是由受害人自身的原因所造成的时,其方能免责。

3. 将产品投入流通时的科学技术水平尚不能发现缺陷的存在。这一免责事由也被称为“开发风险抗辩”(the development risks defense)或“现有技术水平抗辩”(the state－of－the－

---

〔84〕 Staudinger/ Oechsler, ProdHaftG, 2008, § 1, Rn. 41.

art defense)。该免责事由主要是为了权衡保护消费者利益与维护生产者的合理自由、促进科技生产力的发展之间的关系。如果生产者因产品投入流通时科学技术知识也无法发现的缺陷而承担责任,将不利于新产品的研发与科技水平的提升,也不利于一国的产业的发展。

所谓"产品投入流通时的科学技术水平"意味着:一方面,应当以"产品投入流通时"这一时间点作为判断的基准时间点,而不是案件审理时的标准,[85] 因为从产品投入流通到案件审理可能经过了一段时间,而此间科技水平已经有所发展。故此,以案件审理时的标准就等于以后来投入流通的产品在性能上更为完善作为认定产品缺陷的标准。另一方面,所谓科技水平究竟是指何种程度的科技水平,值得研究。一种观点认为,该科技水平既不是指生产者自身所掌握的科学技术,也不是当时世界上最先进的科学技术水平,而是一个国家社会整体具有的科学技术水平。[86] 另一种观点认为,"生产者必须证明,在所涉产品投入流通时的科学技术知识水平的客观状态,包括该知识的最先进的水平,不足以发现该瑕疵的存在。另外为了使生产者能够成功地提出相关科学技术知识的抗辩,该知识在投入流通时必须能够为人所利用"。[87] 本书认为,为了能够更好地维护广大消费者的人身财产安全,更好地促进科技的发展,应当采取后一种观点,即在产品投入流通时,已经为人们所能掌握并加以利用的所涉产品的最先进的科学技术知识水平作为判断是否能够发现缺陷存在的依据。

二、产品责任的承担方式

(一)侵权赔偿责任

因产品存在的缺陷造成他人损害的,生产者、销售者应当承担赔偿责任。如果缺陷的产品造成了产品的购买者、使用者人身损害的,侵权人应当赔偿医疗费、护理费、交通费、营养费、住院伙食补助费等为治疗和康复支出的合理费用,以及因误工减少的收入。造成残疾的,还应当赔偿辅助器具费和残疾赔偿金;造成死亡的,还应当赔偿丧葬费和死亡赔偿金(《民法典》第1179条)。如果缺陷产品造成了他人财产损失时,侵权人应当恢复原状或者折价赔偿。受害人因此遭受其他重大损失的,侵害人应当赔偿损失(《产品质量法》第44条第2款)。

依据《产品质量法》第41条第1款以及第42条第1款,产品责任的赔偿范围并不包括缺陷产品自身的损失。也就是说,如果被侵权人无论是针对生产者还是销售者提起产品责任之诉,生产者或销售者都不就缺陷产品本身的损害承担赔偿责任。这一损害应当通过瑕疵担保责任解决,即由与销售者具有买卖合同关系的购买人通过违约之诉加以解决。在比较法上,1985年《欧共体第85/374号关于产品责任的指令》、《法国民法典》、《德国产品责任法》等都认为,产品的生产者只对因产品的缺陷造成他人的生命、身体或健康或缺陷产品之外的财产损害承担无过错责任。至于缺陷产品本身的损害,应由买卖法来加以规定。因为立法者不希望将无过失的产品责任扩张到缺陷产品自身的损害上,否则买卖法上的填补制度将失去适用的对象。"产品责任的保护对象不包括商品自身损害,是各国产品责任法的基本原则。产品自身损害所生的纯经济损失,原则上应在合同法上加以救济。过度扩大侵权责任法的规范领域,将如美国学者吉尔默在其名著《合同的死亡》中所说,使合同法淹没在侵权行为法的汪洋大

---

〔85〕 美国有的法院认为应当依照案件审理时的科技水平来认定。参见[美]文森特·R.约翰逊:《美国侵权法》(第5版),赵秀文等译,中国人民大学出版社2017年版,第170页。

〔86〕 卞耀武主编:《中华人民共和国产品质量法释义》,法律出版社2000年版,第93页。

〔87〕 [德]克里斯蒂安·冯·巴尔、[英]埃里克·克莱夫主编:《欧洲私法的原则、定义与示范规则:欧洲示范民法典草案》(全译本)(第5、6、7卷),王文胜等译,法律出版社2014年版,第535页。

海中。”[88]

本书认为，将缺陷产品自身的损害完全排除在产品责任的赔偿范围之外，并不合理。首先，如果将缺陷产品自身的损害排除在产品责任之外，只能通过合同责任去获得赔偿，那就意味着被侵权人要通过两次诉讼来解决缺陷产品造成的损害，一次是违约责任之诉，解决缺陷产品本身的损害；一次是产品责任之诉，解决人身损害和缺陷产品之外的财产损害。这显然是荒唐的，不仅徒增被侵权人的诉累，也浪费司法资源。[89] 其次，在很多时候，被侵权人的损害就是缺陷产品本身的损害，如果要求该损害只能通过合同责任解决，那就意味着被侵权人无法向与其没有合同关系的产品的生产者请求赔偿，而在销售者没有赔偿能力时，对于被侵权人就十分不利。故此，我国司法实践中，法院认为，被侵权人就缺陷产品本身的损害可以依据产品责任，要求与其没有合同关系的生产者赔偿。例如，在“祁庆民诉上海大众汽车有限公司产品责任纠纷案”中，原告购买的由被告生产的帕萨特汽车发生自燃，原告就该缺陷产品本身的损害对产品的生产者提起了产品责任之诉，法院认为：“祁庆民购买的帕萨特车在正常停驶状态下发生燃烧，经消防部门认定火灾原因不明。现因无证据证明车辆燃烧是外界人为原因或祁庆民使用不当所致，加之该车尚在整车质量保证期内，上海大众亦未能举证证明祁庆民曾对该车进行过不当修理，可以表明该车存在不合理的危及人身、财产安全的危险，即存在产品质量缺陷。”[90] 再次，在我国无须担心侵权责任对合同责任的淹没问题，因为我国法上违反买卖合同的违约责任适用的也是无过错责任，即便将产品责任保护的范围扩张至缺陷产品本身，也不会给产品的生产者产生不利影响。最后，从我国《民法典》第1202条和第1203条的规定来看，所谓“他人损害”就是指产品的生产者、销售者之外的民事主体，并未将损害的范围限定在人身损害和缺陷产品之外的财产损害。立法机关的有关释义书也认为：“缺陷产品造成受害人损害的事实，是指缺陷产品的使用人或者第三人因缺陷产品造成损害的客观存在。损害事实包括人身损害、财产损害。财产损害是否包括缺陷产品本身的损失，在立法中存在争论。有的认为，多数国家产品责任中的财产损害仅指缺陷产品以外的其他财产的损失，不包括缺陷产品本身。缺陷产品本身的损害，属于合同责任问题，应当通过合同解决，缺陷产品以外的其他财产损害，才是本章所称的财产损害。有的认为，财产损害应当包括缺陷产品本身的损害。有的提出，立法应当从我国国情出发，从保护用户、消费者的角度出发，财产损害不应区分缺陷产品本身的损害与缺陷产品以外的其他财产的损害。我们认为本条的财产损害，既包括缺陷产品以外的其他财产的损害，也包括缺陷产品本身的损害，这样，有利于及时、便捷地保护用户、消费者的合法权益。”[91]

（二）排除妨碍、消除危险

如果“法律的保护能够在实际的损害发生之前就可以介入，并且可以尽量避免所面临的法益损害，那么这种法律保护才是更为有效的”。[92] 因此，当产品存在缺陷，危及他人人身、财产

---

〔88〕 刘静：《产品责任论》，中国政法大学出版社2000年版，第150页。

〔89〕 高圣平：《论产品责任损害赔偿范围——以〈侵权责任法〉〈产品质量法〉相关规定为分析对象》，载《华东政法大学学报》2010年第3期。

〔90〕 最高人民法院中国应用法学研究所编：《人民法院案例选》（总第64辑），人民法院出版社2009年版，第110页以下。

〔91〕 黄薇主编：《中华人民共和国民法典侵权责任编释义》，中国法制出版社2020年版，第157～158页。

〔92〕 ［德］马克西米立安·福克斯：《侵权行为法》（2004年第5版），齐晓琨译，法律出版社2006年版，第132页。

安全时,通过排除妨碍、消除危险可以有效地预防损害,为民事主体的合法权益提供更全面的保护。《民法典》第 1205 条规定:“因产品缺陷危及他人人身、财产安全的,被侵权人有权请求生产者、销售者承担停止侵害、排除妨碍、消除危险等侵权责任。”在《民法典》第 1167 条已经规定了作为绝对权请求权的停止侵害、排除妨碍和消除危险等侵权责任的情形下,是否还有必要专门针对产品责任重复加以规定,值得讨论。

(三)惩罚性赔偿

惩罚性赔偿责任的主要目的在于对侵权人进行惩罚、遏制,从而弥补补偿性损害赔偿责任在威慑与遏制功能上的不足。欧洲国家认为,产品责任中生产者已经承担了极为严厉的无过错责任,故此不应当再适用惩罚性赔偿责任。但是,我国为了维护产品安全,保护广大人民群众的人身权、财产权和人格权,《民法典》第 1207 条规定:“明知产品存在缺陷仍然生产、销售,或者没有依据前条规定采取有效补救措施,造成他人死亡或者健康严重损害的,被侵权人有权请求相应的惩罚性赔偿。”相比于《侵权责任法》第 47 条对产品责任中惩罚性赔偿的规定,《民法典》增加了一种适用情形,即产品的生产者、销售者未依据《民法典》第 1206 条规定采取有效的补救措施而造成他人死亡或者健康严重损害的情形。由于惩罚性赔偿中的具体计算标准非常复杂,因此交由法官结合具体案件确定赔偿数额更为合适,故《民法典》该条并未规定如何确定惩罚性赔偿的具体数额。

除了《民法典》第 1207 条之外,我国还有两部法律规定了涉及产品、服务的惩罚性赔偿责任:(1)《消费者权益保护法》第 55 条规定:“经营者提供商品或者服务有欺诈行为的,应当按照消费者的要求增加赔偿其受到的损失,增加赔偿的金额为消费者购买商品的价款或者接受服务的费用的三倍;增加赔偿的金额不足五百元的,为五百元。法律另有规定的,依照其规定。经营者明知商品或者服务存在缺陷,仍然向消费者提供,造成消费者或者其他受害人死亡或者健康严重损害的,受害人有权要求经营者依照本法第四十九条、第五十一条等法律规定赔偿损失,并有权要求所受损失二倍以下的惩罚性赔偿。”[93] 本条第 1 款规定的是经营者提供商品或者服务有欺诈行为的惩罚性赔偿,而第 2 款规定的是缺陷产品或服务造成他人死亡或者健康严重损害时的惩罚性赔偿责任。前一种惩罚性赔偿责任适用于经营者与消费者之间,即只有消费者有权请求此种惩罚性赔偿(参见**案例** 20.4.1)。但是,后一种惩罚性赔偿责任适用于经营者与消费者或者其他受害人之间,只要是因为缺陷商品或缺陷服务遭受损害的人,皆有权请求经营者承担此种惩罚性赔偿,性质上属于产品责任,是《民法典》第 1207 条的具体化(参见**案例** 20.4.2)。(2)《食品安全法》第 148 条第 2 款规定:“生产不符合食品安全标准的食品或者经营明知是不符合食品安全标准的食品,消费者除要求赔偿损失外,还可以向生产者或者经营者要求支付价款十倍或者损失三倍的赔偿金;增

案例阅读

案例20.4.1
邓美华诉上海永达鑫悦汽车销售服务有限公司买卖合同纠纷案

案例阅读

案例20.4.2
黄某某与深圳市涵某某化妆品有限公司、朱某某、郭某某产品责任纠纷案

〔93〕《消费者权益保护法》于 2013 年 10 月 25 日第十二届全国人民代表大会常务委员会第五次会议作了第二次修正,原法第 49 条规定:“经营者提供商品或者服务有欺诈行为的,应当按照消费者的要求增加赔偿其受到的损失,增加赔偿的金额为消费者购买商品的价款或者接受服务的费用的一倍。”但是,有鉴于实践中有的经营者采取弄虚作假等欺诈行为,损害消费者权益,甚至造成严重损害消费者生命健康的后果,各方面呼吁对此要加大惩罚力度。因此,在第二次修正中加强了惩罚性赔偿的力度。

加赔偿的金额不足一千元的，为一千元。但是，食品的标签、说明书存在不影响食品安全且不会对消费者造成误导的瑕疵的除外。”需要注意的是，本款规定的惩罚性赔偿不以消费者遭受实际损害（包括人身损害）为前提，也就是说，只要食品不符合食品安全标准，消费者就有权主张生产者或者销售者按照该款规定承担惩罚性赔偿责任。这是《食品安全法》与《民法典》第1207条的一个根本区别。

讨　论　惩罚性赔偿责任是否适用首负责任制

《食品安全法》第148条第1款规定：“消费者因不符合食品安全标准的食品受到损害的，可以向经营者要求赔偿损失，也可以向生产者要求赔偿损失。接到消费者赔偿要求的生产经营者，应当实行首负责任制，先行赔付，不得推诿；属于生产者责任的，经营者赔偿后有权向生产者追偿；属于经营者责任的，生产者赔偿后有权向经营者追偿。”该款规定了食品安全责任中的首负责任制，其主要目的在于防止生产经营者相互推诿，维护消费者的合法权益。〔94〕《食品安全法》第148条第1款规定了首负责任制之后，因同条第2款又对惩罚性赔偿责任作出了规定，由此产生的问题就是，惩罚性赔偿责任是否也属于首负责任制包含的范围。本书认为，首负责任制的范围不应当包括惩罚性赔偿，主要理由如下：

首先，从文义解释的角度来说，首负责任制不应当包括惩罚性赔偿。《食品安全法》第148条第1款第1句的表述是“赔偿损失”，第2句的首负责任制明确指向的就是“赔偿损失”这一“赔偿要求”。该条第2款在规定惩罚性赔偿时，专门使用了另外一个表述，即“还可以向生产者或者经营者要求支付价款十倍或者损失三倍的赔偿金”，这个赔偿金是指惩罚性赔偿，其明显有别于第1款中的“赔偿损失”。

其次，从《食品安全法》第148条第1款关于首负责任制的立法目的来看，该规定是为了更好地维护消费者的权益，填补其因不符合食品安全的食品而遭受的损害，避免因为生产者、销售者互相推诿，以致消费者的损害无法及时得到填补。故此，对于赔偿损失应当采取首负责任制，以便更好地保护消费者的合法权益。但是，惩罚性赔偿主要的功能是预防与制裁而非填补，采取首负责任制的正当性不足。

再次，从《食品安全法》第148条第2款关于惩罚性赔偿责任的适用要件来看，生产者只要是生产不符合食品安全标准的食品就当然要承担惩罚性赔偿，但是经营者只有在“经营明知是不符合食品安全标准的食品”时，才需要承担惩罚性赔偿。故此，惩罚性赔偿责任的主要目的不是保护受害的消费者，而是更好地制裁那些生产不符合食品安全标准的生产者或者经营明知是不符合食品安全标准的食品的经营者的。

最后，由于适用《食品安全法》第148条第2款的惩罚性赔偿并不以消费者遭受人身损害为要件，故此，如果将惩罚性赔偿纳入首负责任制的范畴，对于生产者和经营者可能过于苛刻。

---

〔94〕 信春鹰主编：《中华人民共和国食品安全法释义》，法律出版社2015年版，第373页。

文献阅读

第二十一章　机动车交通事故责任

| 本章重点 |

现代社会,“车祸猛于虎”。我国早已步入汽车时代,但离达到“汽车文明时代”还有相当的距离。种种不遵守交通法规之行为使我国每年有数万人命丧车轮之下。有了科学合理的交通法规之后,如何严格执行这些规定,成为汽车时代的重大社会问题。《民法典》《道路交通安全法》等法律和司法解释对机动车交通事故责任作出了相对比较科学合理的规范。此外,我国也正在完善以侵权赔偿责任、强制责任保险、商业保险、救济基金等为内容的机动车交通事故损害综合补救体系。

第一节　概　　述

一、机动车交通事故责任的含义

交通事故,可分为道路交通事故、水路交通事故、航空事故、铁路事故等。从道路交通安全管理的角度上,我国《道路交通安全法》第 119 条第 5 项将道路交通事故界定为“车辆在道路上因过错或者意外造成的人身伤亡或者财产损失的事件”。车辆可分为机动车与非机动车,据此,道路交通事故被分为机动车交通事故与非机动车交通事故(参见图 21.1.1、表 21.1.1 和图 21.1.2)。

机动车交通事故,是指机动车在道路上造成人身伤亡与财产损害的事件。机动车发生交通事故可能产生刑事责任、行政责任和民事责任(侵权责任或违约责任)。民法仅仅调整机动车交通事故的民事责任问题。我国《民法典》侵权责任编第五章延续了《侵权责任法》第六章的标题——**“机动车交通事故责任”**,该责任仅指机动车发生交通事故造成损害时的侵权责任,即因机动车交通事故造成他人损害时,机动车的所有人、管理人、使用人等民事主体依法应当承担的侵权责任。例如,A 酒后驾车且闯红灯,将通过人行横道的 B 与骑自行车的 C 撞伤,还将停在路边的 D 的机动车撞坏。这些都属于机动车交通事故,A 应当向被侵权人 B、C、D 承担侵权赔偿责任。

至于非机动车发生交通事故造成损害的,属于一般侵权行为,适用《民法典》第 1165 条第 1 款的过错责任原则。例如,张三骑自动车逆行,将行人李四撞伤,侵权人张三要为其因过错而给被侵权人李四造成的损害负赔偿责任。

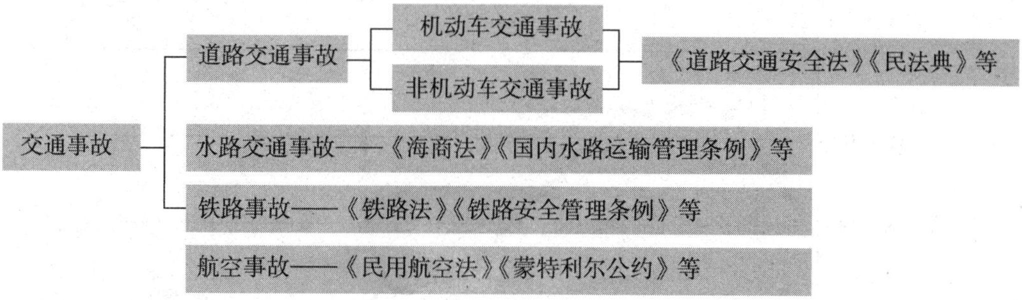

图 21.1.1　交通事故的类型

表 21.1.1　1999—2018 年我国道路交通事故主要数据〔1〕

年度	发生数(起)	死亡人数(人)	受伤人数(人)	直接经济损失(万元)
1999	412,860	83,529	286,080	212,401.8
2000	616,971	93,853	418,721	266,890.4
2001	754,919	105,930	546,485	308,787.3
2002	773,137	109,381	562,074	332,438.1
2003	667,507	104,372	494,174	336,914.6
2004	517,889	107,077	480,864	239,141
2005	450,254	99,000	470,000	188,000
2006	378,781	89,455	431,000	148,956
2007	327,209	81,649	380,442	119,878
2008	265,204	73,484	304,919	100,972.2
2009	238,351	67,759	275,125	91,000
2010	219,521	65,225	254,075	92,633.5
2011	210,812	62,387	237,421	107,873
2012	204,196	59,997	224,327	117,489.6
2013	198,394	58,539	213,724	103,896.6
2014	196,812	58,523	211,882	107,542.9
2015	187,781	58,022	199,880	103,691.7
2016	212,846	63,093	226,430	120,759.9
2017	203,049	63,772	209,654	121,311.3
2018	244,937	63,194	258,532	138,455.9

〔1〕 根据中国国家统计局的《中国统计年鉴》(2000 年卷至 2019 年卷)中的数据整理而成。

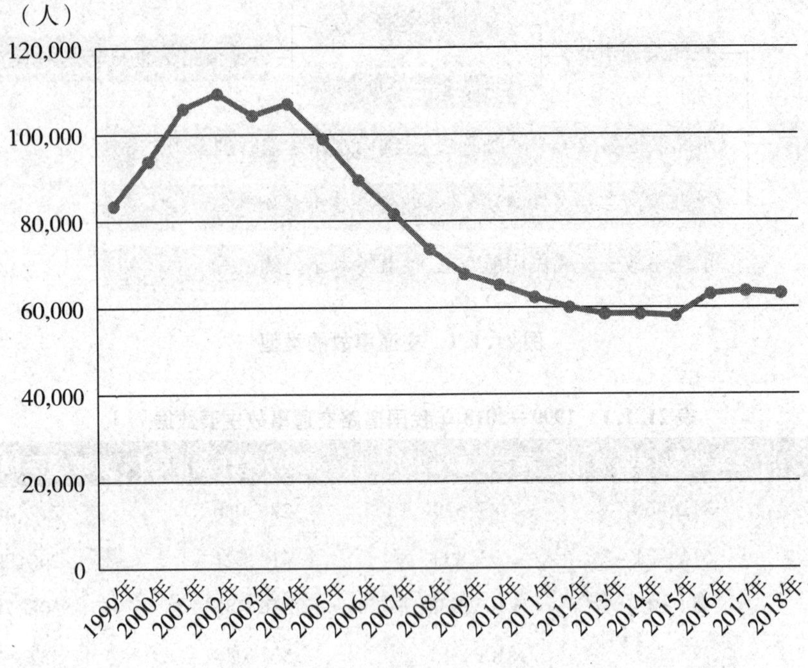

图 21.1.2 1999—2018 年我国道路交通事故死亡人数变化趋势

2004 年 5 月 1 日施行的《道路交通安全法》是我国专门规范道路交通安全的法律,由于该法对机动车交通事故侵权责任的归责原则、构成要件与免责事由等侵权问题作出了规定,故此,《侵权责任法》虽然在第六章专章规定"机动车交通事故责任",却未对这些重要的问题再予规定,而是主要对机动车交通事故责任主体问题作出了详细规范。在我国《民法典》编纂过程中,学者们认为,作为侵权责任领域基本法的《民法典》侵权责任编应当在"机动车交通事故责任"一章中对机动车交通事故责任的归责原则、责任主体等重要问题作出规定,而不应当如《侵权责任法》第 48 条那样,简单地援引《道路交通安全法》。[1] 然而,立法机关认为,《道路交通安全法》第 76 条对机动车交通事故赔偿责任的归责原则和减免责事由已经作出规定,《民法典》中无须重复规定,以免就该问题再次引发不必要的争议。因此,《民法典》侵权责任编第五章仍然未对归责原则、减免责事由等问题作出规定,《民法典》第 1208 条规定:"机动车发生交通事故造成损害的,依照道路交通安全法律和本法的有关规定承担赔偿责任。"该条基本上维持了《侵权责任法》第 48 条的规定,只是将原条文中的"道路交通安全法"改为"道路交通安全法律",同时增加了"本法"一词,明确了《民法典》的相关规定适用于机动车交通事故责任。

二、机动车交通事故责任的归责原则

(一)机动车之间发生交通事故的,适用过错责任原则

依据《道路交通安全法》第 76 条第 1 款第 1 项,机动车之间发生交通事故造成人身伤亡、财产损失的,应当先由保险公司在机动车第三者责任强制保险责任限额范围内予以赔偿;不足的部分,由有过错的一方承担赔偿责任;双方都有过错的,按照各自过错的比例分担责任。由此可见,机动车之间发生交通事故的,就第三者责任强制保险赔偿限额范围外的损失之赔偿责

[1] 张新宝:《民法分则侵权责任编立法研究》,载《中国法学》2017 年第 3 期;程啸:《民法典侵权责任编中机动车交通事故责任的完善》,载《法学杂志》2019 年第 1 期。

任，适用的是**过错责任原则**。之所以如此，“主要是考虑到机动车驾驶人之间属于平等的主体，不存在强弱的区别，并负有相同的义务。也符合世界各国处理这类事故的惯例和我国目前处理交通事故的实践”。〔2〕

（二）机动车与非机动车驾驶人、行人之间发生交通事故的，适用无过错责任

依据《道路交通安全法》第76条第1款第2项，〔3〕机动车发生交通事故造成了非机动车驾驶人、行人的人身伤亡、财产损失的，就保险公司在机动车第三者责任强制保险责任限额范围内予以赔偿后的不足的部分，应由机动车一方承担赔偿责任。如果有证据证明非机动车驾驶人、行人有过错的，可以根据过错程度适当减轻机动车一方的赔偿责任。但是，即便非机动车驾驶人、行人有过错，而机动车一方没有过错，机动车一方也要承担赔偿责任，只是该赔偿责任最高**不超过**10%。此外，《道路交通安全法》第76条第2款规定：“交通事故的损失是由非机动车驾驶人、行人故意碰撞机动车造成的，机动车一方不承担赔偿责任。”由此可见，当机动车造成非机动车驾驶人、行人损害时，机动车一方应当承担的是无过错责任，而非过错责任或过错推定责任。

这是因为，首先，立法者关于《道路交通安全法》的立法说明已明确指出：“根据民法通则的规定，机动车作为高速运输工具，对行人、非机动车驾驶人的生命财产安全具有一定的危险性，发生交通事故时，应当实行无过失原则，即机动车与非机动车、行人发生交通事故，由机动车一方承担民事责任；如果能够证明损害是由受害人故意造成的，不承担民事责任。”〔4〕其次，无过错责任仅指侵权责任的成立不需要考虑加害人的过错，并不是说，赔偿范围的确定也完全不考虑过错。依据《道路交通安全法》第76条第1款第2项，如果有证据证明非机动车驾驶人、行人有过错的，根据过错程度适当减轻机动车一方的赔偿责任。因此，采取无过错责任并不会出现鼓励行人、非机动车违章的弊端。事实上，也没有任何证据能够证明此点。再次，依据《道路交通安全法》第76条第1款第2项，即便是机动车一方没有过错的，也需要承担赔偿责任，只是法律上对其责任进行限制，即承担不超过10%的赔偿责任。机动车一方没有过错，也要承担赔偿责任，这正是无过错责任的典型特色。〔5〕最后，从比较法上来看，“机动车保有人的严格责任，在当今欧洲几乎是一个共同特征。在没有这种规定的少数国家里，有保险的解决途径或者提高了注意的标准，这在实践中或多或少达到了相同的结果。”〔6〕例如，在德国，依据《道路交通法（STVG）》第7条的规定，只要机动车运行造成了他人损害，机动车的保有人就必须承担侵权赔偿责任，除非能够证明不可抗力，即与运行无关的来自外部的由不可抗拒的自然力量或者第三人的行为所引起的事件，并且该事件无法由人的判断和经验所事先预知，即便尽到了最大的根据具体情况可期待的注意也不能通过可承担的经济手段予以预防或者防止其产生损害，

---

〔2〕郎胜主编：《中华人民共和国道路交通安全法释义》，法律出版社2004年版，第171页。

〔3〕该条于2007年12月29日被第十届全国人民代表大会常务委员会第三十一次会议通过的《全国人民代表大会常务委员会关于修改〈中华人民共和国道路交通安全法〉的决定》所修正。

〔4〕《全国人大法律委员会关于〈中华人民共和国道路交通安全法修正案（草案）〉修改情况的汇报》，载郎胜主编：《中华人民共和国道路交通安全法释义》，法律出版社2004年版，第313页。

〔5〕正因如此，立法机关有关人士撰写的民法典释义书也不得不承认，机动车发生交通事故造成非机动车驾驶人、行人损害的，机动车一方还要承担部分的无过错责任。参见黄薇主编：《中华人民共和国民法典侵权责任编解读》，中国法制出版社2020年版，第173页。

〔6〕［德］克里斯蒂安·冯·巴尔、［英］埃里克·克莱夫主编：《欧洲私法的原则、定义与示范规则：欧洲示范民法典草案》（全译本）（第5、6、7卷），王文胜等译，法律出版社2014年版，第546页。

并且不能因为其发生的频繁而予以容忍。[7]

讨论 《道路交通安全法》第76条第1款第2项是否属于过错推定责任

《道路交通安全法》颁行至今,关于机动车造成非机动车驾驶人、行人损害时,机动车一方适用的归责原则究竟是什么,一直存在争论。除了无过错责任说,过错推定责任说是一种比较流行的观点。[8] 此说认为,《道路交通安全法》第76条第1款第2项确立了机动车一方按照过错推定原则承担赔偿责任的制度,[9]即机动车一方如果不能证明自己对于非机动车驾驶人、行人所遭受的损害没有过错,就必须承担全部的赔偿责任。如果能够证明非机动车驾驶人、行人对于损害的发生有过错的,可以依据受害人过错程度适当减轻赔偿责任。支持过错推定说的理由有:首先,现代社会中机动车普及率很高,因此机动车并非一种危险源,机动车的运行也不属于高度危险作业,不适用原《民法通则》第123条的无过错责任。其次,机动车发生交通事故,造成行人或非机动车驾驶人损害的情形,损害发生的原因往往不是唯一的,行人、非机动车驾驶人常常具有过错,因此不宜适用无过错责任。[10]

过错推定说与无过错责任说的差别体现在两点:其一,侵权赔偿责任的成立。在大多数情况下,过错推定责任与无过错责任对受害人保护力度的差别可能并不大。因为实践中机动车交通事故的发生往往是由于机动车一方的过错所致,即便实行过错推定,机动车一方也很难推翻对其过错的推定。但是,过错推定与无过错责任的免责事由仍有区别。如果采取过错推定,行为人实际上还是有机会通过证明自己没有过错而免责的,而无过错责任中就不存在这样的问题。更重要的是,过错推定责任说难以解释《道路交通安全法》第76条第1款第2项第3句的规定。因为,依据该句规定,即便机动车一方没有任何过错,也要承担不过超过10%的赔偿责任。有人解释说,这是对公平责任的规定。问题是,公平责任只适用于加害人与受害人均无过错的情形。无论是加害人还是受害人有过错,都不能适用公平责任。《道路交通安全法》上述规定适用的情形却是受害人有过错而加害人没有过错。因此,不能将该规定解释为公平责任。还有观点解释这是部分的无过错责任,于是得出我国法上机动车造成非机动车驾驶人、行人损害的侵权责任部分适用过错推定责任,部分适用无过错责任的结论。[11] 这种解释显然难以自圆其说。其二,减轻责任的事由。如果采取过错推定责任的观点,那么只要有证据证明作为受害人的非机动车驾驶人、行人对损害的发生具有过错,无论是一般过失,还是重大过失,机动车一方都可以减轻责任;相反,在采取无过错责任的情况下,只有受害人对损害的发生具有

---

〔7〕 [德]埃尔温·多伊奇、汉斯-于尔根·阿伦斯:《德国侵权法——侵权行为、损害赔偿及痛苦抚慰金》,叶名怡、温大军译,中国人民大学出版社2016年版,第183页。

〔8〕 相关案例如庄信龙等诉金华市恒辉热镀锌有限公司等道路交通事故损害赔偿纠纷案,载最高人民法院中国应用法学研究所编:《人民法院案例选》(总第65辑),人民法院出版社2009年版,第124页以下;齐风英等与乌鲁木齐同望达汽车服务有限公司道路交通事故人身损害赔偿纠纷上诉案,新疆维吾尔自治区乌鲁木齐市中级人民法院(2010)乌中民一终字第1256号民事判决书。

〔9〕 白景富:《关于〈中华人民共和国道路交通安全法修正案(草案)〉的说明》,2007年10月24日第十届全国人民代表大会常务委员会第三十次会议。

〔10〕 王胜明:《道路交通事故赔偿制度的演变和立法思考》,载中国民商法律网:http://www.civillaw.com.cn/article/default.asp?id=38477。

〔11〕 王利明:《侵权责任法研究》(第2版下卷),中国人民大学出版社2018年版,第298~299页;黄薇主编:《中华人民共和国民法典侵权责任编解读》,中国法制出版社2020年版,第173页。

重大过失，方能减轻加害人的赔偿责任。不过，从《道路交通安全法》第 76 条第 1 款第 2 项的规定来看，似乎只要有证据证明非机动车驾驶人、行人有过错的，无论过错程度如何，都可以根据过错程度适当减轻机动车一方的赔偿责任。从这个角度上说，过错推定责任似乎又符合立法本意。

综上所述，本书认为，我国现行《道路交通安全法》在机动车造成非机动车驾驶人、行人损害应适用何种归责原则的问题上，有相互矛盾之处。未来修法时，应明确采取无过错责任原则，并规定只有受害人具有重大过失时，才能减轻机动车一方的责任。唯其如此，方能更好地保障广大人民群众的人身财产安全。

（三）机动车内的乘客遭受损害时的归责原则

无论是机动车之间发生交通事故，还是机动车与非机动车驾驶人、行人发生交通事故，都可能涉及机动车内的乘客遭受损害如何赔偿的问题。依据机动车的乘客与机动车一方有无客运合同，可以将该问题分为以下两种情形加以解决。

1. 乘客与机动车一方存在客运合同

当乘客与机动车一方存在客运合同（如乘坐出租车、公交车）时，因所乘坐的机动车发生交通事故而遭受损害的，此时，就承运人而言，发生违约责任与侵权责任的竞合，受害人有权选择请求违约方承担违约责任或者侵权责任（《民法典》第 186 条）。一方面，受害人有权依据《民法典》第 823 条和第 824 条，要求承运人就人身伤亡或随身携带的物品毁损、灭失承担违约损害赔偿责任。但是，第 823 条规定的是无过错责任，即除非“伤亡是旅客自身健康原因造成的或者承运人证明伤亡是旅客故意、重大过失造成的”之外，否则承运人即便没有过错，也要承担赔偿责任。但是，《民法典》第 824 条第 1 款规定的是过错责任，即只有当承运人因过错造成旅客随身携带的物品毁损、灭失的，才承担赔偿责任。[12] 此外，依据《民法典》第 996 条，如果因违约行为侵害旅客的生命权、身体权和健康权而造成严重精神损害的，在违约责任中，受害人也有权要求违约方承担精神损害赔偿责任。另一方面，遭受损害的乘客也可以要求承运人承担侵权损害赔偿责任。但是，我国《道路交通安全法》第 76 条只是规定了机动车之间发生交通事故以及机动车与非机动车驾驶人、行人之间发生交通事故的情形，没有规定机动车发生交通事故造成本车乘客损害的侵权赔偿责任问题。故此，车内乘客只能依据《民法典》第 1165 条第 1 款的过错责任原则要求承运人承担侵权赔偿责任。

当乘客因所乘坐的机动车与其他机动车发生交通事故而遭受损害的，此时，受害人还可以要求其他有过错的机动车一方承担侵权责任。不过，因为是机动车之间发生的交通事故而造成车内乘客的损害，故此，依据《道路交通安全法》第 76 条第 1 款第 1 项，应当适用过错责任原则。例如，A 乘坐 B 长途汽车公司的汽车旅行，途中 B 公司的车与 C 驾驶的机动车发生碰撞，导致 A 受伤。交警认定该事故中 C 负全部责任，此时，A 可以要求 C 承担侵权赔偿责任。当然，尽管 B 在本次事故中没有责任，但是由于其对乘客的人身伤亡承担的是无过错责任，故此 A

---

〔12〕 立法者之所以规定承运人对此种财产损失仅承担过错责任的理由在于：“旅客随身携带物品处于其直接控制之下，而不是处于承运人的保管之下，旅客也应对其随身携带的物品负有一定的保管责任，其也应当尽足够的注意保护这些物品，因而承运人对旅客随身携带物品负有相对较轻的注意保管义务。”参见黄薇主编：《中华人民共和国民法典合同编解读》（下册），中国法制出版社 2020 年版，第 1089 页。

可以只起诉B,或者将B和C作为共同被告要求他们承担多数人侵权责任(参见图21.1.3)。

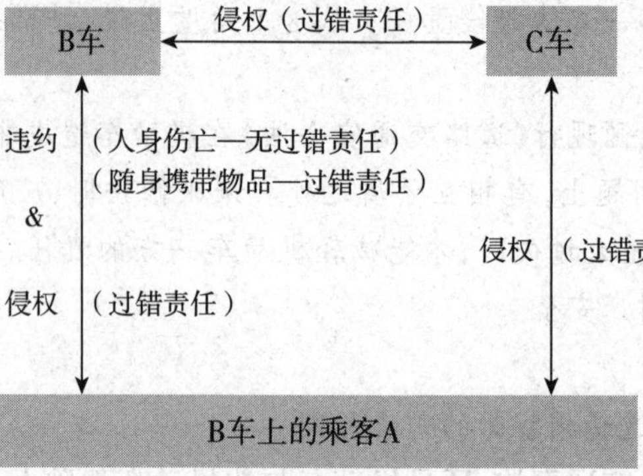

图21.1.3　乘客与机动车一方存在客运合同关系的情形

2. 乘客与机动车一方没有客运合同

如果乘客与机动车一方没有客运合同关系,而是无偿搭乘非营运的机动车(好意同乘)。在该机动车发生交通事故且属于该机动车一方责任时,乘客依然可以基于侵权责任要求机动车使用人承担赔偿责任,但是,除非机动车使用人有故意或者重大过失,否则应当减轻其赔偿责任。如果乘客乘坐的机动车与其他机动车相撞发生交通事故,其他机动车存在过错时,乘客可以依据过错责任原则要求该机动车一方承担赔偿责任。当然,在其所乘坐的机动车的使用人也有过错,应当承担机动车交通事故责任时,乘客可以将发生交通事故的机动车双方作为共同被告起诉,要求他们承担多数人侵权责任(参见图21.1.4)。

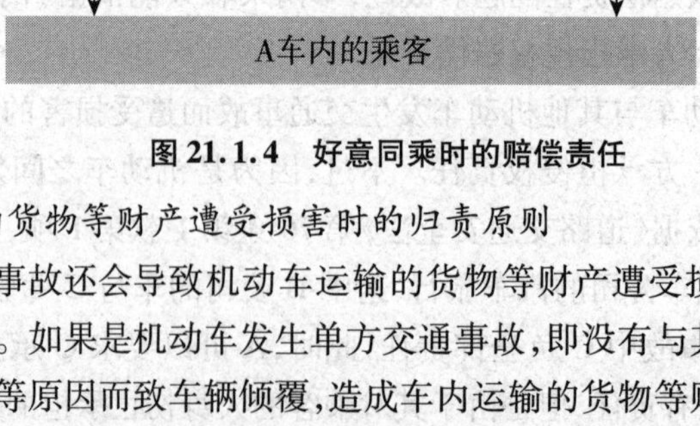

图21.1.4　好意同乘时的赔偿责任

(四)机动车内的货物等财产遭受损害时的归责原则

机动车发生交通事故还会导致机动车运输的货物等财产遭受损害。此时,也发生违约责任与侵权责任的竞合。如果是机动车发生单方交通事故,即没有与其他机动车发生交通事故,而是由于驾驶不谨慎等原因而致车辆倾覆,造成车内运输的货物等财产损害的,受害人既有权要求承运人承担违约责任,也有权要求其承担侵权责任。就违约责任,《民法典》第832条规定:"承运人对运输过程中货物的毁损、灭失承担赔偿责任。但是,承运人证明货物的毁损、灭失是因不可抗力、货物本身的自然性质或者合理损耗以及托运人、收货人的过错造成的,不承担赔偿责任。"该条规定承运人的赔偿责任属于无过错责任,即除非承运人证明存在本条规定的免责事由，否则就应当承担赔偿责任。当然，受害人也可以依据《民法典》第 1165 条第 1 款要求承运人承担过错侵权责任。

倘若是机动车之间发生交通事故造成机动车内的货物等财产毁损、灭失的，依据《道路交通安全法》第 76 条第 1 款第 1 项，受害人有权要求具有过错的机动车一方承担侵权责任，包括要求承运人和具有过错的另一方机动车使用人承担多数人侵权责任（参见图 21.1.5）。

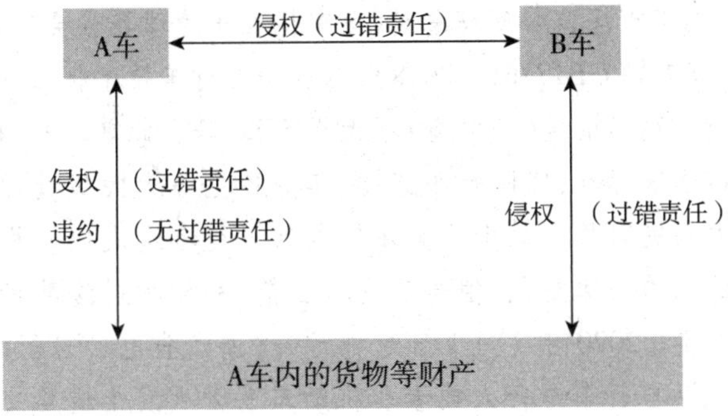

图 21.1.5　车内货物等财产损害的赔偿责任

第二节　构成要件

一、造成了他人损害

首先，机动车造成了他人损害。所谓"**他人**"既包括行人、非机动车驾驶人以及其他机动车上的人员，也包括本机动车上的人员。

其次，无论是机动车之间发生交通事故，还是机动车与非机动车驾驶人、行人发生交通事故，只有造成了损害，才可能产生侵权赔偿责任。损害包括人身伤亡（生命权、身体权或健康权受到侵害而遭受的损害）与财产损失（随身携带的物品以及托运的货物等财产）。其中，人身伤亡引发的损害既包括财产损害，也包括精神损害。[13]

二、机动车处于运行中

（一）机动车的含义

机动车，是指以动力装置驱动或者牵引，上道路行驶的供人员乘用或者用于运送物品以及进行工程专项作业的**轮式车辆**（《道路交通安全法》第 119 条第 3 项）。"动力装置"是指以机械、电力等动力为车辆驱动或者牵引的主要动力来源，不包括以人力或畜力为驱动力的情形。"上道路行驶"是指能够驱车上路，有实际交通运行意义的车辆，从而区别于那些不能上道路行驶或者作为观赏、收藏、实验意义的车辆。"轮式车辆"主要是指以车轮作为运行形式的车辆，

---

〔13〕《最高人民法院关于财保六安市分公司与李福国等道路交通事故人身损害赔偿纠纷请示的复函》（［2008］民一他字第 25 号）。

以区别于那些以履带或气垫运行形式的车辆。[14] 具体来说,适用《民法典》和《道路交通安全法》规定的机动车交通事故责任的机动车为:各种汽车、电车、电瓶车、摩托车、拖拉机以及轮式专用机械车。

讨 论 超标电动自行车是否适用机动车交通事故责任

2018 年 5 月 15 日国家市场监督管理总局、国家标准化管理委员会颁布的国家强制性标准《电动自行车安全技术规范》(GB17761－2018),对电动自行车技术标准作出了强制性规范,如最高时速不超过 25 公里、整车重量(含电池)不大于 55kg 等。此前,一些电动自行车厂商生产的电动自行车不符合该国家标准,实际行驶速度、车身重量等大大超过标准,经常发生撞伤撞死行人的事件或者引发火灾事故。对于此类超标电动自行车造成他人损害的,究竟是否适用机动车交通事故责任的相关法律规范,值得研究。目前,法律和司法解释对此没有规定,有的地方性法规有相应的规定。2020 年 7 月 1 日起施行的《浙江省电动自行车管理条例》第 20 条规定:"驾驶备案非标电动自行车与行人或者非机动车驾驶人发生道路交通事故的,应当根据道路交通事故当事人的行为对发生道路交通事故所起的作用以及过错的严重程度,确定当事人的事故责任,根据情形可以适当加重备案非标电动自行车驾驶人的赔偿责任。驾驶不允许上道路行驶的电动自行车和他人发生道路交通事故的,可以根据事故情形和当事人的要求,对电动自行车属于机动车或者非机动车的属性先行鉴定,再依据车辆属性进行事故责任认定和处理。"

本书认为,上述浙江省的地方性法规的规定是正确的,即驾驶超标的电动自行车之人发生交通事故造成他人损害的,如果该电动自行车的实际行驶速度超过了国家强制性标准规定的每小时最高 25 公里的标准,则应当认定为机动车,适用机动车交通事故责任的法律规范,包括刑法关于交通肇事罪的规定。此外,因此类超标电动自行车违反国家强制性标准,属于缺陷产品,故此,受害人还有权依据《民法典》《产品质量法》关于产品责任的规定,要求产品的生产者和销售者承担无过错责任。[15]

需要注意的是,在国家强制性标准颁布后,有的地方政府作出了超标电动自行车的过渡性管理规定,例如,2018 年 10 月 17 日北京市公安局公安交通管理局发布的《北京市电动自行车过渡期登记和通行管理办法》规定,对于目录外的电动自行车,须申领临时标识,并设置 3 年过渡期,自 2018 年 11 月 1 日开始,至 2021 年 10 月 31 日截止。据此,有观点认为,对于依法领取了临时标识且在过渡期间内的超标电动自行车仍然视作非机动车,发生交通事故的,不适用机动车交通事故责任的相关法律规定。但是,对于没有依法领取临时标识的、过渡期满后仍上路行驶或在过渡期仍然购买并使用超标电动自行车的,如果发生交通事故造成他人损害,则应将该电动自行车视为机动车,适用机动车交通事故责任的规定。本书认为,这种观点误解了行政管理规范与民事侵权责任规范的差异。地方政府有关部门的过渡性规定,只是从行政管理上允许这些原本不能上路行驶的电动自行车上路行驶,公安机关不给予处罚。不等于这些超标

〔14〕 郎胜主编:《中华人民共和国道路交通安全法释义》,法律出版社 2004 年版,第 266 页。

〔15〕 相关案例参见浙江钻豹电动车有限公司与林某某等产品责任纠纷上诉案,浙江省宁波市中级人民法院(2017)浙 02 民终 901 号民事判决书。

电动车造成损害后就无须考察该电动车的属性究竟是机动车抑或非机动车，而分别适用相应的法律规范。

（二）处于运行中

机动车交通事故必须是机动车“**在道路上**”给他人造成了损害。道路，是指公路、城市道路和虽在单位管辖范围但允许社会机动车通行的地方，包括广场、公共停车场等用于公众通行的场所（《道路交通安全法》第119条第1项）。公路，是指经公路主管部门验收认定的城间、城乡间、乡间能行驶汽车的公共道路，包括公路的路基、路面、桥梁、涵洞、隧道[《公路管理条例》（已失效）第36条第1款]。城市道路，是指城市供车辆、行人通行的，具备一定技术条件的道路、桥梁及其附属设施（《城市道路管理条例》第2条）。

所谓“机动车在道路上”实质上就是要求机动车被作为交通运输工具“**投入到运行中**”或“**处于运行中**”（bei dem Betrieb）。因为机动车只有投入到运行中，才会对周围环境中的人身、财产权益造成危险。机动车的危险性就在于，当其处于运行之中，因机动车自身的重量、速度、惯性等对他人的人身、财产安全具有造成损害（如撞击、碾压等）的风险。所谓机动车的运行，不仅包括机动车处于运动状态的各种情形，如启动、行驶、转弯、倒车、车辆灯光的使用等，也包括机动车虽未运动但仍处于道路交通当中的各种情形。例如，为了等候红灯而暂时熄火、临时停靠在路边施划的停车位上、在高速公路停车带上停车等。

三、损害是因机动车的运行所致

受害人的损害必须是由于机动车的运行所致。也就是说，因机动车运行所形成的危险现实化而造成了他人损害。至于损害的发生是否因机动车之间、机动车与非机动车或行人之间是否发生物理上的接触所致，在所不问（参见**案例**21.2.1）。[16] 例如，实践中最易引发交通事故的一种情形就是夜间滥用远光灯，导致对向行驶的机动车驾驶人视野障碍，进而发生交通事故造成他人损害或者自身受害。我国《道路交通安全法实施条例》第48条第5项规定，在没有中心隔离设施或者没有中心线的道路上，机动车遇相对方向来车时应当遵守下列规定，即“夜间会车应当在距相对方向来车150米以外改用近光灯，在窄路、窄桥与非机动车会车时应当使用近光灯”。显然，此时滥用远光灯的机动车一方违反了该规定，存在过错，应当承担机动车交通事故责任。[17] 再如，在一起案件中，原告驾驶的二轮摩托车与被告驾驶的大中型拖拉机相会之时，两车虽未发生剐蹭，但是，原告驾驶的摩托车倒地，原告受伤。因无法查明双方在交会时发生事故的过程，交警部门无法认定本起事故责任。但是，依据“优者负担危险”理论，法院认为：在原告、被告两车交会过程中，虽无证据证明双方发生过直接的碰撞，但被告所驾驶的拖拉机对周围环境的危险大于原告所驾驶的摩托车对周围环境的危险。被告控制风险的能力更强，交会时将造成摩托车车主心理上的不安全感。基于这种不安全感会造成事故发生率的增加，而被告也未能举证证明自己已履行了充分的注意义务，并尽可能地回避自己所驾驶车辆对周围的危险，因此，被告

案例阅读

案例21.2.1
黄某某等与朱某某等机动车交通事故责任纠纷上诉案

〔16〕 Deutsch/Ahrens, Deliktsrecht, 5. Aufl. 2009, S. 170.

〔17〕 余社会与李秀云、宿州市运达运输有限责任公司等机动车交通事故责任纠纷案，安徽省宿州市中级人民法院(2015)宿中民三终字第00837号民事判决书。

应当承担一定的赔偿责任。[18]

如果受害人的损害虽然与机动车相关,但却并非因机动车的运行所致,而是因其他原因所致,不属于机动车交通事故责任。例如,A 的机动车停放在停车场中,因该车充电时发生自燃,将相邻车位 B 的机动车烧毁。此时,B 可以依据过错责任原则,要求 A 承担侵权赔偿责任,也可以在证明产品存在缺陷和因果关系后要求 A 车的生产者、销售者承担产品责任。

如果受害人的损害是由于机动车的运行和第三人的侵权行为结合所致,则应当依据不同的情形分别处理。例如,A 车与 B 车相撞,B 车倾覆,致使车内乘客 C 死亡,交警部门认定 A 车与 B 车负同等责任。此时 A 车与 B 车应当就 C 的死亡承担多数人侵权责任。不过,他们之间究竟是连带责任还是按份责任,即适用《民法典》第 1171 条抑或第 1172 条有不同的观点。[19] 再如,甲驾车正常行驶在乙公司管理的高速公路上,突然前方从旁边山上掉下一块大石头。为躲避该石头,甲车与丙车相撞,两人皆受伤,两车损坏。此时,由于甲、丙二车均无过错,因此需要考察乙公司是否尽到清理、防护、警示等义务,如果其不能证明尽到这些义务,就应当承担相应的侵权责任。实践中,曾有这样的案件,原告与其丈夫一起去某医院看望病人。当由东向西走至某电线杆处时,被告电焊钳厂的一辆小货车在机动车道内同向驶过该路段,路中的一流泥井盖被该车碾压弹飞,井盖在离井口 14 米处将原告击伤。发生事故的路段是被告市政管理局负责维护。法院认为:被告市政管理局对应由其维护的路段未尽好维护之责,主观上具有疏忽大意的过错,应按其过错大小承担对原告的赔偿责任。被告电焊钳厂客观上虽无违章行为,主观上亦无明显过错,但事实上由于其工作人员驾驶高速运输工具(该厂汽车),将路面井盖压起砸伤原告,对原告造成了一定损害,且损害的发生并非原告故意造成的,故对电焊钳厂应适用无过错责任原则,由其承担一定的赔偿责任。因此,法院判决二被告向原告承担按份责任,分别负担受害人的一部分损害。[20]

四、机动车之间发生交通事故时,行为人应具有过错

依据《道路交通安全法》第 76 条第 1 款第 1 项,机动车之间发生交通事故适用过错责任原则。因此,只有加害人对于损害的发生具有过错时,才承担赔偿责任。机动车之间发生的交通事故中,无论是加害人过失的认定,还是受害人过失的认定,采取的都是**客观标准**。即依据加害人、受害人是否违反道路交通安全法律、法规以及相关规则,判断各自有无过失以及过失的大小。在我国司法实践中,法院主要以公安机关道路交通管理部门出具的交通事故责任认定书,作为确定发生交通事故的机动车双方有无过错以及各自过错大小的主要依据(参见表 21.2.1)。但是,公安机关交通管理部门出具的**交通事故认定书**只是法院处理交通事故损害赔偿案件的证据,并非决定性标准。[21] 任何一方当事人对于该认定书有异议的,可以通过提供相

---

〔18〕 姚月平诉丁红军道路交通事故人身损害赔偿纠纷案,载最高人民法院中国应用法学研究所编:《人民法院案例选》(总第 64 辑),人民法院出版社 2009 年版,第 138 页以下。

〔19〕 在第 19 号指导案例“赵春明等诉烟台市福山区汽车运输公司卫德平等机动车交通事故责任纠纷案”中,法院认定相撞两车应当对因此死亡的车内乘客承担连带责任。

〔20〕 虢红桃与长沙市电焊钳厂等人身损害赔偿纠纷上诉案,湖南省长沙市中级人民法院(2000)长中民一终字第 51 号民事判决书。

〔21〕 国外发生交通事故时,也都是由交通警察出具相应的事故报告。例如,美国的机动车交通事故一般由事故发生地警方或者州高速公路巡警进行调查,调查后警员会出具一份事故报告,报告包含了其调查的一系列结果。这份事故报告可以帮助希望知道事故发生原因的当事人和他们的律师了解事实,在诉讼发生时十分有用。参见陈安琪:《论交通事故认定书》,清华大学法学院 2013 年本科毕业论文。

应的证据或理由；公安机关不承担举证责任。[22] 关于交通事故认定书，需要注意以下几点：

1. 公安机关交通管理部门作出的交通事故责任认定的行为不属于具体行政行为。因此，如果当事人对于交通事故认定存在异议的，可以向作出道路交通事故认定的公安机关交通管理部门提出复核申请或者直接向上一级公安机关交通管理部门提出复核申请（《道路交通事故处理程序规定》第71、72条），但是不能申请行政复议或者向人民法院提起行政诉讼。但是，如果当事人对公安机关依据该交通事故认定而作出的行政处罚（如罚款、吊销驾驶证等）不服的，可以提起行政诉讼或申请复议。

2. 交通事故认定书中交通事故责任的认定主要是依据《道路交通安全法》《道路交通安全法实施条例》等法律法规作出的。然而，交通事故责任认定中的责任分析不同于民事审判中对机动车交通事故侵权责任的分析判断。后者需要适用的是包括《民法典》在内的全部民事法规。此外，交通事故责任认定与机动车交通事故侵权责任在归责原则、举证责任负担、责任人的范围等方面都有不同之处。司法实践主流观点认为，交通事故认定书不能作为民事侵权损害赔偿责任分配的唯一依据，行为人在侵权行为中的过错程度，应当结合案情，全面分析全部证据，根据民事诉讼的归责原则进行综合认定。[23] 例如，在机动车撞伤行人的交通事故中，即便是认定机动车一方和行人负同等责任，在侵权赔偿责任中，也不能就认定机动车一方承担50%的责任，而只能适当减轻机动车一方的赔偿责任，如减轻至30%～40%的比例。

此外，在有些机动车交通事故损害赔偿纠纷中，当事人在发生交通事故时均未报警或者因为其他原因，导致公安机关未作出道路交通事故责任认定书。此时，法院不能因为没有交通事故责任认定书就不处理侵权赔偿纠纷。法院应当根据当事人提出的证据等，在查明事实的基础上考虑归责原则、当事人的过错、原因力等确定各方当事人的责任（参见**案例**21.2.2）。

案例阅读

案例21.2.2
张亚彬诉张献周机动车交通事故责任纠纷案

表21.2.1　我国法上的各种事故认定书及其效力

类型	制作机关	法律效力
交通事故认定书	公安机关交通管理部门	交通事故认定书是处理交通事故的证据（《道路交通安全法》第73条）。交通事故责任认定行为不属于具体行政行为，不能向人民法院提起行政诉讼。如果当事人对交通事故认定书牵连的民事赔偿不服的，可以向人民法院提起民事诉讼[《全国人民代表大会常务委员会法制工作委员会关于交通事故责任认定行为是否属于具体行政行为，可否纳入行政诉讼受案范围的意见》（法工办复字[2005]1号）]。在民事诉讼中，交通事故认定书可以作为证据使用，但并非侵权赔偿责任分配的唯一依据（《最高人民法院公报》2010年第11期）

〔22〕 贺小荣：《对交通事故形成原因的举证责任应由谁来承担的问题》，载最高人民法院民事审判第一庭编：《中国民事审判前沿》（2005年第2集），法律出版社2005年版，第56页。

〔23〕 葛宇斐诉沈丘县汽车运输有限公司、中国人民财产保险股份有限公司周口市分公司、中国人民财产保险股份有限公司沈丘支公司道路交通事故损害赔偿纠纷案，载《最高人民法院公报》2010年第11期。

续表

类型	制作机关	法律效力
火灾事故认定书	公安机关消防机构	火灾事故认定书是处理火灾事故的证据(《消防法》第 51 条第 3 款)。它是公安消防机构在查明火灾事故事实后,根据当事人的行为与火灾事故之间的因果关系,以及其行为在火灾事故中所起的作用而作出的结论,其本身并不确定当事人的权利义务,不是一种独立的具体行政行为,不属于《行政诉讼法》第 11 条规定的受案范围
农机事故认定书	农业机械化主管部门	农业机械事故认定书是处理农机事故的证据(《农业机械安全监督管理条例》第 27 条)
船舶污染事故认定书	组织事故调查处理的机关或者海事管理机构	《防治船舶污染海洋环境管理条例》第 47 条第 2 款:"事故认定书应当载明事故基本情况、事故原因和事故责任。"
铁路交通事故认定书	组织事故调查组的机关或者铁路管理机构	铁路交通事故认定书是事故赔偿、事故处理以及事故责任追究的依据(《铁路交通事故应急救援和调查处理条例》第 29 条第 2 款)。经庭审质证,对于事故认定书所认定的事实,当事人没有相反证据和理由足以推翻的,人民法院应当作为认定事实的根据(《铁路人身损害赔偿解释》第 14 条)

第三节　责 任 主 体

一、机动车一方的含义

(一)《道路交通安全法》第 76 条中"机动车一方"的含义

《道路交通安全法》第 76 条是关于机动车交通事故责任最为重要的法律规范,但是该条并未明确界定机动车交通事故的责任主体,只使用了"**机动车一方**"的含糊表述。[24] 就"机动车一方"的理解,有学者认为,从该条可以看出,我国已经将机动车损害赔偿责任与机动车驾驶人责任有机地融为一体,无论机动车的保有人与驾驶人是否一致,只要机动车造成非机动车驾驶人或者行人损害,他们都应当承担责任,除非其能够证明非机动车驾驶人或者行人违反道路交通法律、法规并且机动车驾驶人已经采取了必要的处置措施,方能适当减轻赔偿责任。[25]

本书认为上述观点并不妥当。首先,无限制地扩大危险责任主体违背了危险责任的法理。侵权法中之所以产生危险责任,是基于以下原因:其一,风险开启理论。从事危险活动,或者占

〔24〕《道路交通安全法草案(第二次审议稿)》第 71 条第 1 款曾就机动车交通事故责任主体作过如下较为明确的规范:"对机动车在道路交通事故中的民事责任,按照下列规定承担:(一)驾驶人是机动车所有人、管理人的,由驾驶人承担;(二)经机动车所有人、管理人授权驾驶机动车的,由机动车驾驶人或者所有人、管理人承担;(三)未经机动车所有人、管理人授权驾驶机动车的,由驾驶人承担;(四)驾驶人与机动车所有人、管理人就机动车事故责任的负担事先已有书面约定的,从其约定。"第 2 款规定:"机动车所有人、管理人依据前款第二项承担赔偿责任后,有权向驾驶人追偿。"但是,在审议《道路交通安全法》的过程中,一些全国人大常委会的委员提出,处理机动车交通事故时,确定由谁承担责任的情况较为复杂,在实践中需要根据民法的有关规定和案件的具体情况确定,本法可以不作规定,因此该规定最终被删除。郎胜:《中华人民共和国道路交通安全法释义》,法律出版社 2004 年版,第 317 页。

〔25〕于敏:《机动车损害赔偿责任与过失相抵——法律公平的本质及其实现过程》,法律出版社 2005 年版,第 128 页。

有、使用危险物品的人本身制造了对他人人身、财产权益造成损害的危险，因此作为危险源的开启者，其当然需要承担责任。其二，风险控制与分散理论。从事危险活动或者占有、使用危险物品的人对于这些活动或物品的性质具有最为真切的认识，也最具有能力控制危险的现实化，因此作为危险的控制者，其应当承担责任。而且通过法定的强制责任保险以及商业保险，这些人有能力将风险加以分散。其三，报偿理论。从事危险活动或者占有、使用危险物品的人从这一活动中获得了利益，基于享受利益者承担风险的原则，应当承担责任。因此，倘若认为机动车一旦造成非机动车驾驶人或者行人的损害，无论机动车的保有人与驾驶人是否一致，均适用危险责任归责原则，显然不符合上述危险责任的理论基础。正因如此，从比较法上来看，危险责任的主体都是有严格限定的。例如，冯·巴尔教授起草的《欧洲示范民法典草案》将动物损害责任、危险物损害责任和机动车损害责任这些危险责任的主体都严格限定为“保有人”，“就动物、机动车或者物质而言，保有人是指为其自身利益对它们进行获益使用或物理控制，并行使对它们的支配权或使用权的人”。[26]

其次，区分机动车的保有人与驾驶人分别适用危险责任与过错责任，并不会出现不利于保护受害人权益的问题。一方面，现代侵权行为法中过错的认定日益呈现客观化的趋势，违法推定过失的情形普遍存在，对于机动车损害赔偿事故而言，由于《道路交通安全法》《道路交通安全法实施条例》等法律法规对于机动车驾驶人的义务作出了详细的规定，因此驾驶人一旦违反这些法定义务，就很容易基于其违法行为而推定其具有过失，无须考虑行为人主观的心理状态。这样做的实际效果类似于危险责任，但由于本质上还是过错责任，因此在机动车造成非机动车驾驶人或者行人人身伤亡时，如果受害人具有重大过失而驾驶人只具有轻微过失时，驾驶人有可能会极大地减轻甚至免除责任。当然，由于机动车的保有人适用的是危险责任，其不能免除责任。另一方面，由于驾驶人与机动车保有人之间往往是雇员与雇主的关系，所以基于雇主责任的规定，当驾驶人因过错造成他人损害时，雇主必须承担责任。此外，我国司法实践对于工作人员的活动是否属于“执行工作任务”采取的是客观说，即不仅雇员从事“雇主授权或者指示范围内的生产经营活动或者其他劳务活动”属于从事雇佣活动，而且即便在“雇员的行为超出授权范围，但其表现形式是履行职务或者与履行职务有内在联系”时，也认定为“从事雇佣活动”（《人身损害赔偿解释》第 9 条第 2 款）。

综上所述，本书认为，《道路交通安全法》第 76 条第 1 款第 2 项所确立的危险责任适用对象并不是无论何时都必须谨慎行为的任何人，它只施加给那些其所从事的危险通常已经由法律精确定义了的特定人。这些作为危险责任主体的特定人，各国法律的称呼有所不同，如保有人（halter）、监管人（gardien）、占有人（bezitter）、持有人（inhaber）等。本书倾向于使用“保有人”这一概念，以使它与我国现行法中具有不同含义的管理人、占有人、使用人的概念相区分。我国《道路交通安全法》第 76 条中作为机动车交通事故责任主体的“机动车一方”应当理解为机动车的“**保有人**”，[27]即对机动车的运行享有控制支配权并从机动车的运行中享受相应利益的自然人、法人或非法人组织。

（二）保有人的判断标准

就机动车保有人的含义而言，各国法虽稍有差异，大体上仍然相同，主要是从危险责任的

---

〔26〕 李昊：《危险责任的动态体系论》，北京大学出版社 2020 年版，第 192 页。

〔27〕 程啸：《机动车损害赔偿责任主体研究》，载《法学研究》2006 年第 4 期。

法理出发予以界定。例如,奥地利将机动车的保有人界定为:“对机动车辆以自担风险的方式使用受益并且拥有作为使用收益前提条件的支配力。”希腊界定为“事故发生时作为所有权人或基于合同而以自己名义占用机动车辆者,或者任何使自己独立控制机动车辆并以任何一种方式加以使用的人”。葡萄牙界定为“以责任自负的方式对机动车辆使用受益并拥有作为使用受益之前提条件的支配力者”。〔28〕 德国联邦最高法院的判例认为,机动车的保有人是指“为自己的计算而使用机动车,并对以这种使用为前提的机动车拥有处分权的人”。其中,“为自己的计算而使用机动车”是指获得运行利益并且支付运行费用的人。而所谓“运行利益”,是指对机动车运行拥有自己的经济利益,这里利益可以是单纯观念上的,也可以是某种便利。而运行费用不仅包括燃料费、车库费、驾驶员的报酬、修理费、保险金、税金等,还包括车辆折旧费、购买机动车费用的利益等。如果此等运行费用是由数人共同支付的,那么这数人就是机动车的共同保有人。所谓“拥有处分权”是指对机动车享有运行上的支配权。这个标准在机动车的买卖与让渡方面具有重要的意义。在所有权保留买卖的场合,买主就是保有人;在将机动车借用给他人时,即便由该借用人支付燃料费等,出借人仍然是机动车的保有人。在机动车的使用租赁中,由于承租人只是支付一定的租赁费而不支付运行费用,因此出租人是机动车的保有人。当机动车保有人将机动车交付给修理厂修理时,保有人的地位不因此改变。当然,如果在修理期间造成他人损害,保有人与修理厂要对受害人承担连带责任,至于保有人与修理厂的关系可以依据有关的规定解决。夫妇二人为了执行共同的业务而使用同一台机动车时,二者构成共同保有人。机动车销售公司为顾客提供试车服务时,保有人是该公司。〔29〕 在日本,依据《机动车损害赔偿保障法》第3条的规定,承担责任的是提供营运者(也称机动车的营运提供者),日本民法学界通说认为,机动车的运行供用者的判断应从运行支配与运行利益两项基准上把握。〔30〕 所谓运行供用者是指机动车的运行支配与运行利益的归属者。运行支配是指可以在事实上支配管领机动车之运行的地位。而所谓运行利益,一般认为限于因运行本身而产生的利益。换言之,某人是否属于运行供用者,要从其是否因对该机动车的运行于事实上位于支配管理的地位和是否从该机动车的运行本身中获得了利益两个方面加以判断。〔31〕

我国《道路交通安全法》等法律法规中没有使用“机动车保有人”的概念,但是,司法实践中采取了上述判断机动车保有人的标准,即运行支配说与运行利益说。〔32〕 在《最高人民法院关于被盗机动车肇事后由谁承担损害赔偿责任问题的批复》(法释[1999]13号)中,最高人民法院认为:“使用盗窃的机动车辆肇事,造成被害人物质损失的,肇事人应当依法承担损害赔偿责任,被盗机动车辆的所有人不承担损害赔偿责任。”这一规定的理由在于:“对于车辆所有人来说,车辆被盗已是一大损失,对于已经脱离其有效控制的车辆发生的交通肇事行为,再由其承担损害赔偿责任,有失法律的公允。”〔33〕 最高人民法院民事审判第一庭作出的《关于连环购车

〔28〕 [德]克里斯蒂安·冯·巴尔:《欧洲比较侵权行为法》(下卷),焦美华译,法律出版社2004年版,第407页。

〔29〕 于敏:《机动车损害赔偿责任与过失相抵——法律公平的本质及其实现过程》,法律出版社2005年版,第75页以下。

〔30〕 [日]田山辉明:《日本侵权行为法》,顾祝轩、丁相顺译,北京大学出版社2011年版,第196页。

〔31〕 李薇:《日本机动车事故损害赔偿法律制度研究》,法律出版社1997年版,第29页。

〔32〕 《道路交通安全法》颁布之前,最高人民法院在就机动车损害赔偿责任主体的确定问题共发布了两个司法解释以及一个批复。

〔33〕 孙军工:《解读〈关于被盗机动车肇事后由谁承担损害赔偿责任问题的批复〉》,载《解读最高人民法院司法解释·民事卷(1997—2002)》,人民法院出版社2003年版,第39页。

未办理过户手续,原车主是否对机动车发生交通事故致人损害承担责任的请示的批复》则最为明确地采用了运行支配与运行利益的判断标准。该批复指出:“连环购车未办理过户手续,因车辆已经交付,原车主既不能支配该车的营运,也不能从该车的营运中获得利益,故原车主不应对机动车发生交通事故致人损害承担责任。”负责起草该批复的杨永清法官的解读为:“根据危险责任思想和报偿责任理论来确定机动车损害赔偿的责任主体,具体操作就是通过‘运行支配’和‘运行利益’两项标准加以把握。所谓运行支配通常是指,可以在事实上支配管领机动车之运行的地位。而所谓运行利益,一般认为是指因机动车运行而生的利益。换言之,某人是否属于机动车损害赔偿责任的主体,要从其是否对该机动车的运行于事实上位于支配管理的地位和是否从机动车的运行中获得了利益两个方面加以判明。进一步说,某人是否是机动车损害赔偿的责任主体,以该人与机动车之间是否有运行支配和运行利益的关联性加以确定。”〔34〕由此可知,我国司法实践对机动车保有人的判断标准也明确采取了运行支配说与运行利益说。

综上所述,本书认为,在判断民事主体是否为机动车一方(即机动车保有人)时,应当综合采取以下两个标准:其一,**运行支配**,即可以在事实上支配控制机动车之运行的地位,即决定是否将机动车投入运行中并在运行中可以加以控制和支配。其二,**运行利益**,即为是指因机动车运行而生的利益,无论是经济利益抑或精神利益,在所不问。

二、机动车一方的认定

(一)机动车的所有人、管理人原则上就是机动车一方

机动车的所有权的归属是运行支配与运行利益的重要指示器,也就是说,在很多时候机动车的所有人就是机动车一方即机动车保有人。我国实行机动车登记制度,机动车经公安机关交通管理部门登记后,方可上道路行驶。任何个人或单位在购买机动车之后,都应当依据法律的规定办理机动车所有权注册登记或转移登记。因此,判断某人是否为机动车的所有权人可以依据机动车在机动车管理机关的登记来确定。机动车管理机关包括:公安机关交通管理部门车辆管理所(《机动车登记规定》第 2 条)、农业机械化主管部门(《拖拉机和联合收割机登记规定》第 2 条)、中国人民解放军和中国人民武装警察部队的有关部门(《道路交通安全法》第 120 条)。

机动车的所有权人驾驶机动车造成他人损害的,机动车所有人应当承担侵权责任。机动车的所有权由二人以上共有(共同共有或者按份共有)的,责任主体应为该数个所有人,他们就受害人的损害承担连带责任,但是法律另有规定或者第三人知道共有人不具有连带债权债务关系的除外(《民法典》第 307 条)。

所谓机动车的管理人,是指机动车所有人之外的对机动车享有管理权的人,即民事主体通过租赁、委托、借用等合法方式从机动车所有权人处取得对机动车的占有、使用、收益等管理权的时候,其就属于机动车的管理人。〔35〕 当机动车上既有所有人,也有管理人时,由于管理人对机动车享有运行支配权并取得运行利益,因此机动车的管理人属于机动车一方,应当对机动车发生交通事故给他人造成的损害,承担赔偿责任。

---

〔34〕 杨永清:《解读〈关于连环购车未办理过户手续原车主是否对机动车交通事故致人损害承担责任的复函〉》,载《解读最高人民法院请示与答复》,人民法院出版社 2004 年版,第 119 页以下。

〔35〕 最高人民法院民事审判第一庭:《最高人民法院关于道路交通事故损害赔偿司法解释理解与适用》,人民法院出版社 2012 年版,第 28 页。

(二)因租赁、借用等情形使机动车所有权人、管理人与使用人不一致的,原则上使用人是机动车一方

1. 租赁、借用机动车的含义

实践中,租赁、借用等导致机动车所有人、管理人与使用人不是同一人的情形比较常见。所谓机动车租赁,是指机动车出租人与承租人签订机动车租赁合同,约定出租人将租赁机动车交付承租人使用,收取租赁费用且不提供驾驶劳务的经营活动。主要的机动车租赁形态有三种:一是经营租赁,即出租人以收取租金为主要经营内容的机动车租赁,其中,依据租赁时间长短,又分为长期、中期与短期租赁。租期15天以下的为短期租赁;15~90天的属于中期租赁;超过90天的属于长期租赁。短期租赁汽车的承租人主要是个人,如因到外地旅游或出差的需要而租赁机动车,而中长期租赁汽车的承租人多为企业等单位。二是融资租赁,即机动车的出租人根据承租人对出卖人、租赁机动车的选择,向出卖人购买机动车,提供给承租人使用,承租人支付租金的机动车租赁活动(《民法典》第735条)。三是分时租赁,这种租赁属于机动车短期租赁的一个具体形态,是随着互联网共享经济的发展而出现的新的租赁形态,其与传统的短期租赁的最大的区别就是将租赁的时间间隔缩小到按照小时甚至分钟来计算。

我国的汽车租赁业始于1989年,先后经历了国企主导,到外企主导,再到目前的电商企业主导的三个发展阶段。随着互联网科技的高速发展,我国的汽车租赁市场也得到了飞速发展,据统计,2012年我国汽车租赁行业市场规模仅248亿元,而六年后即2018年年底,我国的汽车租赁行业市场规模已经达到了802亿元,专家们预测,2020年我国汽车租赁行业市场规模将突破千亿元,2023年将增长至1464亿元左右。[36] 目前,我国还没有全国性规范汽车租赁的法律法规或规章,[37]只有一些地方颁布的地方政府规章,如重庆市人民政府颁布的《重庆市汽车租赁管理办法》、北京市人民政府颁布的《北京市汽车租赁管理办法》等。

所谓借用机动车,是指当事人约定一方以机动车无偿借给他方使用,他方在使用完毕之后返还机动车的行为。借用机动车的情形一般发生在熟人、朋友、单位同事之间,可能是一次性的,如因家中急事要处理而借单位同事的车;也可能是长期的,如某人要出国一年,将自己的汽车借给朋友使用并维护保养。

2. 机动车使用人承担赔偿责任的理由

在租赁、借用机动车的情况下,如果借用人和承租人在驾驶机动车时,发生交通事故造成他人损害,且属于该机动车一方的责任,那么究竟是由借用人、承租人承担赔偿责任,还是由机动车的所有人、管理人承担责任,抑或由借用人与出借人、承租人与出租人负连带责任,实践中曾经存在很大的争议,法院的做法差别也大。《侵权责任法》第49条对该问题作了明确规定,明确了承租人、借用人等使用人是机动车一方,原则上由其承担赔偿责任。这是因为,无论是汽车租赁还是借用机动车,机动车的所有人、管理人都已经失去了对机动车的支配和控制,承租人、借用人对于机动车具有支配和控制力,依据运行支配和运行利益说,自然人应当由机动车使用人承担赔偿责任。《民法典》第1209条延续了《侵权责任法》第49条的规定,[38]但是,

---

〔36〕《2019年中国汽车租赁行业发展痛点、行业发展前景及行业发展优势》,载中国产业信息网:http://www.chyxx.com/industry/201912/818354.html,2020年7月28日最后访问。

〔37〕1998年原交通部和国家计划委员会颁布的《汽车租赁业管理暂行规定》于2007年11月14日被交通运输部废止。

〔38〕《民法典》第749条还明确规定,在融资租赁合同中,承租人占有租赁物期间,租赁物造成第三人的人身损害或者财产损失的,出租人不承担责任。

吸收了最高人民法院《道路交通事故损害赔偿解释》第1条的规定，增加了机动车的"管理人"。

3. 有过错的机动车所有人、管理人应当承担相应的赔偿责任

尽管在机动车所有人、管理人与使用人不是同一人，机动车发生交通事故，属于机动车一方责任的，原则上是由机动车使用人承担赔偿责任，但是，如果机动车所有人、管理人对于损害的发生有过错的，也需要承担相应的赔偿责任。

(1)机动车所有人、管理人对于损害的发生有过错的情形

侵权法以过错责任为基本的归责原则，《民法典》第1165条第1款就是对过错责任原则的规定。故此，《民法典》第1209条规定，如果机动车所有人、管理人对于机动车交通事故损害的发生存在过错的话，也应当要承担相应的赔偿责任。究竟何种情形下才能认定机动车的所有人、管理人对损害的发生有过错？《道路交通事故损害赔偿解释》第1条规定："机动车发生交通事故造成损害，机动车所有人或者管理人有下列情形之一，人民法院应当认定其对损害的发生有过错，并适用侵权责任法第四十九条的规定确定其相应的赔偿责任：(一)知道或者应当知道机动车存在缺陷，且该缺陷是交通事故发生原因之一的；(二)知道或者应当知道驾驶人无驾驶资格或者未取得相应驾驶资格的；(三)知道或者应当知道驾驶人因饮酒、服用国家管制的精神药品或者麻醉药品，或者患有妨碍安全驾驶机动车的疾病等依法不能驾驶机动车的；(四)其它应当认定机动车所有人或者管理人有过错的。"例如，李某过年回老家N市。其预先在A租车公司租赁了一辆汽车，约定在N市机场取车。取车后李某驾车回家，因雪天路滑，李某的机动车与张某的机动车追尾，交警认定李某负全责。经查，A租车公司该车的刹车有严重缺陷。本案中A公司将存在严重缺陷的汽车出租给客户，存在过错，故就张某的损失，李某应当承担责任，而A租车公司应当承担相应的责任。再如，A向朋友B借用机动车，B知道A没有驾照仍然把车借给了A，结果A发生交通事故造成C损害，那么B对于损害的发生也有过错，应当承担相应的赔偿责任。

(2)相应的赔偿责任的含义

《民法典》第1209条规定，机动车所有人、管理人对损害的发生有过错的，承担相应的赔偿责任。所谓相应的赔偿责任，既非连带责任，也不是补充责任，而是按份责任，即根据机动车所有人、管理人对损害发生的过错程度和原因力，确定其应当承担的赔偿责任。例如，在一起机动车交通事故赔偿纠纷案件中，被告张某明知其所有的汽车超过了安全技术检验期限，存在安全隐患，而将车辆借给彭某使用，而彭某又将车辆借给无驾驶证的石某，石某驾驶该车发生交通事故，造成三人受伤。交警认定，石某负事故的全部责任，受伤的三人不负本起事故的责任。法院认为，机动车所有人张某应承担受害人损失的20%，机动车管理人彭某承担20%，机动车使用人石某承担60%。[39]

---

〔39〕 甘肃省庆阳市中级人民法院(2014)庆中民终字第3号民事判决书。

提 示

需要注意的是,租赁机动车不同于出租车。出租车发生机动车交通事故造成损害时,出租车司机和出租车公司究竟如何承担责任,需要考察出租车司机和出租车公司之间的法律关系。我国各地的出租车经营模式不同,出租车司机与出租公司之间的法律关系非常复杂。有些地方的出租车行业实行的是公司制的经营模式,即出租车的经营权和所有权归属于出租车公司,司机按照承包合同缴纳相应的承包费,如北京、天津等城市;有些地方采取的是挂靠制的经营模式,即司机实际出钱购买车辆,挂靠在出租车公司名下,公司拥有出租车经营权和名义上的所有权。[40] 在不同的出租车经营模式下,出租车发生交通事故时的责任主体有所不同。如果是公司制经营模式,则出租车司机造成他人损害的,应当由出租车公司依据《民法典》第1191条第1款承担用人单位责任;如果采取挂靠模式,依据《民法典》第1211条,应当由挂靠人即出租车司机与被挂靠人即出租车公司承担连带责任。

(三)转让机动车而未办理登记的,受让人为机动车一方

1.机动车所有权的转让与登记

最典型的机动车转让的方式就是买卖,其他的转让方式还包括赠与、以物抵债等。机动车属于准不动产,可以准用不动产的规则。但是,对于机动车所有权的转移,我国法律没有采取登记生效要件主义。《民法典》第224条规定:“动产物权的设立和转让,自交付时发生效力,但是法律另有规定的除外。”第225条规定:“船舶、航空器和机动车等的物权的设立、变更、转让和消灭,未经登记,不得对抗善意第三人。”这就是说,机动车作为动产,其所有权的转让仍然是以交付作为生效要件,只要交付了,所有权就发生转让。登记并不影响机动车所有权的转让,而只是具有对抗善意第三人的效力。公安部颁布的《机动车登记规定》第18条第1款规定:“已注册登记的机动车所有权发生转移的,现机动车所有人应当自机动车交付之日起三十日内向登记地车辆管理所申请转移登记。”但是,公安部认为机动车登记并不是所有权登记,而是一种行政管理措施。[41] 有鉴于此,《民法典》第1210条没有再如《侵权责任法》第50条那样使用“所有权转移登记”而只是使用了“登记”的表述。

2.转让机动车未办理登记时赔偿责任主体为受让人

在我国实践中,机动车所有权发生转移时,出于怕麻烦、节省费用、以物抵债等多种原因,可能产生当事人并未办理机动车所有权转移登记的情形。这就产生了机动车管理机关登记的所有人与实际的所有人不一致的问题。一旦机动车造成他人损害时,应由何人承担责任,就会发生很大的争议。[42] 《侵权责任法》颁布之前,最高人民法院民一庭在对江苏省高级人民法院请示作出的《关于连环购车未办理过户手续,原车主是否对机动车发生交通事故致人损害承担责任的请示的批复》([2001]民一他字第32号)中明确指出:“连环购车未办理过户手续,因车

---

〔40〕 详细的介绍,参见姚宝华:《出租汽车损害赔偿责任主体的确定》,载最高人民法院民事审判第一庭:《民事审判指导与参考》(总第36集),法律出版社2009年版,第69页以下。

〔41〕 2000年公安部在答复最高人民法院执行工作办公室和研究室时分别作出的《关于确定机动车所有权人问题的复函》(公交管[2000]98号)和《关于机动车财产所有权转移时间问题的复函》(公交管[2000]110号)均认为,公安机关办理的机动车登记,是准予或者不准予机动车上道路行驶的登记,不是机动车所有权登记。

〔42〕 参见程啸:《机动车损害赔偿责任主体研究》,载《法学研究》2006年第4期。

辆已经交付，原车主既不能支配该车的营运，也不能从该车的营运中获得利益，故原车主不应对机动车发生交通事故致人损害承担责任。但是，连环购车未办理过户手续的行为，违反有关行政管理法规的，应受其规定的调整。”由于该批复并非司法解释，故此不具有法律约束力，不少法院在司法实践并不遵循。

此外，实践中还出现机动车分期付款买卖中机动车发生交通事故由谁承担赔偿责任的争议。分期付款买卖是一种特殊的买卖形式，是买受人将其应付的总价款按照一定期限分批向出卖人支付的买卖（《民法典》第 634 条）。由于分期付款买卖中，出卖人须先交付标的物，买受人于受领标的物后分若干次付款，出卖人有收不到价款的风险。因此，交易实践中，当事人在分期付款买卖中往往作出所有权保留的特约，即买受人虽先占有、使用标的物，但在双方当事人约定的条件（通常是价款的一部分或全部清偿）成就前，出卖人仍保留标的物所有权。只有条件成就后，所有权才转移给买受人。在机动车的分期付款买卖中，买受人在没有履行支付价款或者其他义务之前，机动车的所有权仍属于出卖人（《民法典》第 641 条）。因此，公安机关登记的车主以及机动车行驶证上记载的车主都是出卖人。当买受人驾驶机动车发生交通事故致人损害时，就会发生究竟是由买受人承担责任还是由出卖人与买受人承担连带赔偿责任的问题。

由于所有权保留只是起到担保的功能，而机动车的运行支配和运行利益实际上仍归于买受人，因此，买受人发生机动车交通事故的，当然应由买受人承担责任。2000 年 11 月 21 日最高人民法院审判委员会第 1143 次会议通过的《最高人民法院关于购买人使用分期付款购买的车辆从事运输因交通事故造成他人财产损失保留车辆所有权的出卖方不应承担民事责任的批复》（法释[2000]38 号）规定：“采取分期付款方式购车，出卖方在购买方付清全部车款前保留车辆所有权的，购买方以自己名义与他人订立货物运输合同并使用该车运输时，因交通事故造成他人财产损失的，出卖方不承担民事责任。”

在总结上述司法解释和实践经验的基础上，《侵权责任法》第 50 条明确规定：“当事人之间已经以买卖等方式转让并交付机动车但未办理所有权转移登记，发生交通事故后属于该机动车一方责任的，由保险公司在机动车强制保险责任限额范围内予以赔偿。不足部分，由受让人承担赔偿责任。”最高人民法院颁布的《道路交通事故损害赔偿解释》第 4 条规定：“被多次转让但未办理转移登记的机动车发生交通事故造成损害，属于该机动车一方责任，当事人请求由最后一次转让并交付的受让人承担赔偿责任的，人民法院应予支持。”

《民法典》延续了法律和司法解释上述规定，其第 1210 条规定：“当事人之间已经以买卖或者其他方式转让并交付机动车但是未办理登记，发生交通事故造成损害，属于该机动车一方责任的，由受让人承担赔偿责任。”这就明确肯定了应当由机动车受让人承担赔偿责任。本书认为该规定是正确的。因为在机动车已经交付给受让人的情形下，判断机动车保有人的关键标准是运行支配与运行利益的归属。机动车只要实际交付给买受人、受赠人，该机动车的运行支配以及运行利益就归于买受人或受赠人。尽管原所有人在机动车登记上仍是名义的所有人，但实际上已经不对该机动车享有运行利益且不能进行运行支配了。所以，应由受让人承担赔偿责任。

提　示

关于《道路交通事故损害赔偿解释》第4条中的"最后一次转让并交付"的含义,需要注意的是,首先,所谓最后一次转让,是指在发生道路交通事故之前的最后一次转让;其次,转让可以是买卖,也可以是赠与等其他情形;最后,交付是指现实交付,即实际占有的转移,不包括观念交付。例如,甲将自己的汽车卖给乙,乙后来又卖给丙,丙再次卖给丁。显然,汽车从甲到丁经过了三次买卖,皆未办理过户。如果丁驾车撞伤他人,赔偿责任的主体就是"最后一次转让并交付的受让人"即丁,而非名义所有权人甲。

(四)挂靠人与被挂靠人承担连带责任

挂靠(也称"挂户")是我国社会经济中的一个独特现象。改革开放初期,由于国家在法律、政策上存在很多对私营经济、个体经济参与某些领域的经济活动的歧视性限制规定甚至禁止性规定,因此,一些个体工商户、个人合伙、私营企业为了能够进入特定的行业从事活动,便与国有或集体企业签订挂靠合同,以该企业的名义从事生产经营活动。所谓机动车的挂靠,是指为了满足法律或地方政府对车辆运输经营管理上的要求,民事主体将自己出资购买的机动车挂靠于某个具有运输经营权的公司,向该公司缴纳或不缴纳一定的管理费用,由该公司为挂靠车主代办各种相应的法律手续。以往的司法实践中,对于挂靠人发生机动车交通事故时,被挂靠人是否需要承担责任以及如何承担责任,存在很大的争议。

第一种观点认为,挂靠人与被挂靠单位应当对受害人承担连带赔偿责任,挂户单位(个人)承担责任后,有权向车辆实际所有人追偿。但是,如果车辆实际所有人能举证证明已向挂户单位(个人)交纳了管理费用,但挂户单位(个人)没有履行挂户合同约定的监督管理义务的,那么挂户单位(个人)应自行承担一定责任。[43] 第二种观点认为,原则上应由挂靠人承担责任,但是,如果被挂靠单位收取了费用,则其应在该费用范围内就损害与挂靠人承担连带责任或者承担适当的赔偿责任。[44] 第三种观点认为,应当仅由挂靠人承担责任,被挂靠人不承担任何赔偿责任。[45]

为统一法律适用,《道路交通事故损害赔偿解释》作出了统一的规定。该解释第3条规定:"以挂靠形式从事道路运输经营活动的机动车发生交通事故造成损害,属于该机动车一方责任,当事人请求由挂靠人和被挂靠人承担连带责任的,人民法院应予支持。"最高人民法院这样

[43] 《安徽省高级人民法院审理人身损害赔偿案件若干问题的指导意见》第9、10条以及《江苏省高级人民法院2001年全省民事审判工作座谈会纪要》第7部分第6条曾采取该观点。

[44] 《天津市高级人民法院关于审理交通事故赔偿案件有关问题的经验总结》第4条曾规定:"被挂靠车辆在运行中造成他人损害的,按下列规定处理:(1)若被挂靠单位收取了管理费或得到了经济利益,由挂靠人承担赔偿责任,被挂靠单位在收取的管理费和得到经济利益总额内承担连带责任。(2)若被挂靠单位未收取管理费或未取得其他经济利益,仅仅是基于地方政府管理的要求挂靠或强制挂靠,被挂靠单位不承担赔偿责任。"山东省高级人民法院2005年印发的《全省民事审判工作座谈会纪要》曾规定:"对于机动车挂靠经营情形下发生道路交通事故的,原则上应由挂靠人或者实际车主承担损害赔偿责任,但被挂靠人从挂靠车辆的经营中取得利益的,应承担适当的赔偿责任。"

[45] 例如,在"李明春诉陈志、安徽省淮南市汽车运输总公司交通事故人身损害赔偿纠纷案"中,法院认为:"陈志驾驶的车辆虽挂户于上诉人淮南市汽车运输公司,但该车已实际由陈志支配车辆运行并取得运行利益,故陈志驾车不慎撞伤李明春,应承担赔偿责任。上诉人淮南市运输总公司在该车给他人造成损害时,既未享有对该车的运行支配权,亦未占有该车的运行利益,故该公司不承担赔偿责任。"安徽省淮南市中级人民法院(2002)淮民一终字第541号民事判决书。

规定的理由在于：首先，被挂靠人对于挂靠车辆的运行是可以进行控制，也可以由其运行而获得利益的。例如，被挂靠人可以通过对挂靠人进行选择、管理、监督来实现控制，而且被挂靠人收取的不仅仅是管理费，也包括因接受挂靠而使得单位的规模扩大、市场份额增加等利益。其次，承担连带责任有利于督促那些从事道路交通运输经营的公司加强管理，从而减少违法行为，维护正常的运输经营市场秩序。最后，连带责任有利于保护受害人的合法权益。

《民法典》吸收了司法解释的规定，其第1211条规定："以挂靠形式从事道路运输经营活动的机动车，发生交通事故造成损害，属于该机动车一方责任的，由挂靠人和被挂靠人承担连带责任。"

（五）未经允许驾驶他人机动车的，机动车使用人是机动车一方

1. 未经允许驾驶他人机动车的情形

未经允许驾驶他人机动车，是指没有获得机动车的所有人或管理人的同意而驾驶他人的机动车，主要发生在以下情形：其一，亲人朋友等存在特定亲属关系、朋友关系的人之间一方偷开他方的机动车，尤其是成年子女偷开父母的机动车（如果是未成年子女偷开父母的机动车，则适用《民法典》第1188条关于监护人责任的规定）。其二，没有特定关系的人之间偷开机动车（参见**案例21.3.1**），如客人将汽车交给修车厂修理，结果修车厂的职工偷开该车出远门；旅店代为泊车的保安不按照规定将车驶入停车场，而是偷着开出去兜风等。[46]

案例阅读

案例21.3.1
大众交通（集团）公司诉李某等交通事故责任纠纷案

未经允许驾驶他人机动车属于侵害他人所有权的侵权行为，但是，偷开他人机动车不等于盗窃、抢劫或抢夺机动车，它们之间最大的区别就在于是否具有非法占有机动车的意思。偷开机动车者并没有非法占有机动车的意思，而是临时使用他人的机动车，用完之后会归还给机动车的所有人或者管理人。而无论是盗窃、抢劫还是抢夺机动车，都是以非法占有他人机动车为目的。如果是盗窃、抢劫或抢夺机动车发生交通事故造成他人损害，则不适用本条，而是适用《民法典》第1215条。正因如此，《民法典》第1212条才特别提示"但是本章另有规定的除外"，这个另有规定就是指《民法典》第1215条的规定。

2. 未经允许驾驶他人机动车发生交通事故时的责任主体

《侵权责任法》对于未经允许驾驶他人机动车的情形没有规定，《道路交通事故损害赔偿解释》第2条规定："未经允许驾驶他人机动车发生交通事故造成损害，当事人依照侵权责任法第四十九条的规定请求由机动车驾驶人承担赔偿责任的，人民法院应予支持。机动车所有人或者管理人有过错的，承担相应的赔偿责任，但具有侵权责任法第五十二条规定情形的除外。"《民法典》第1212条吸收借鉴司法解释这一规定，对未经允许驾驶他人机动车发生交通事故时的赔偿责任主体作出了规定，即应当由机动车使用人即未经允许驾驶他人机动车的人承担责任。例如，C偷开B的车，结果撞伤了D，应由C承担责任。如果B存在过错的，承担相应的责任。然而，如果是A帮C偷拿了B的车钥匙，将之交由C来驾驶，结果发生交通事故撞伤了D。此时，机动车使用人是C，其当然要承担责任。A属于偷拿车钥匙的人，其是否需要承担责任呢？本书认为，这种情形下，A的行为构成帮助行为，因此，在C驾驶机动车发生交通事故造

---

〔46〕 相关案例参见河北省石家庄市中级人民法院（2019）冀01民终13860号民事判决书；上海市黄浦区人民法院（2011）黄民一（民）初字第493号民事判决书。

成他人损害时,A 与 C 承担连带赔偿责任。

机动车所有人或者管理人原则不承担赔偿责任,但是在他们对损害的发生具有过错的情形下,要承担相应的赔偿责任。首先,要明确的一点是《民法典》第 1212 条中的“过错”与《道路交通事故损害赔偿解释》第 1 条中提到的那几种过错类型既有相同之处,也有不同之处。相同之处,如机动车存在缺陷,本不应上路行驶,对此机动车所有人是明知的,而他人偷开机动车发生交通事故也正是由于该缺陷所致。不同之处在于,既然是未经允许而驾驶机动车,自然就不存在机动车所有人或者管理人“知道或者应当知道驾驶人无驾驶资格或者未取得相应驾驶资格”的情形,或者“知道或者应当知道驾驶人因饮酒、服用国家管制的精神药品或者麻醉药品,或者患有妨碍安全驾驶机动车的疾病等依法不能驾驶机动车的”情形。那么,机动车所有人或者管理人的过错如何判断,需要结合案件的情况,如机动车的停放地点、偷开者与机动车所有人或管理人之间的关系、管理人或所有人的控制力等来确定。例如,张三停车后未按照规定熄火,就离开汽车去商店买烟,结果正在学车的李四,上车一通瞎操作后将旁边的王五停放的汽车撞坏。此时,张三离开车未按照规定熄火,以致李四偷开该车并撞坏王五的汽车,那么对于损害的发生张三是有过错的,需要对王五的损害承担一定的赔偿责任。至于张三自身车辆的损坏,则可以要求李四赔偿。

需要注意的是,在偷开汽车过程中很可能出现转化的问题,即本来只是想偷开他人的车玩一下,享受驾驶的乐趣,结果发现车很高级、很值钱,于是就将其据为已有或者卖给他人。这种情形下,如果发生交通事故造成他人损害的,应当适用《民法典》第 1215 条,由盗窃人承担赔偿责任,不存在机动车所有人或者管理人承担相应责任的问题。

(六)转让拼装或已达到报废标准的机动车时,转让人与受让人负连带责任

1. 拼装或者报废机动车的含义

所谓拼装的机动车,是指没有制造、组装机动车许可证的企业或个人,擅自非法制造、拼凑、组装的机动车。《国务院对禁止非法拼(组)装汽车、摩托车通告的批复》(国函[1996]69 号)规定:“一、未经国家有关部门批准,利用进口汽车车身(含驾驶室)拼(组)装生产汽车的,属于非法拼(组)装车辆行为。二、未经国家有关部门批准,利用进口摩托车发动机(含全套发动机散件)、车架拼(组)装生产摩托车的,属于非法拼(组)装车辆行为。”[47]拼装的机动车没有整车出厂合格证明或进口机动车的进口凭证,达不到机动车的国家安全技术标准。这样的机动车上道路行驶,势必对公众的人身安全和财产安全构成严重的威胁。故此,《道路交通安全法》第 16 条第 1 项明确禁止任何单位或者个人拼装机动车。

已达到报废标准的机动车,是指按照国家强制报废标准应当报废的机动车。这种机动车已经行驶达到了一定的年限和里程,其安全系数已经不符合要求。如果仍上道路行驶,也会严

---

[47] 1999 年 10 月 25 日经国务院批准,原外经贸部、原国家经贸委、财政部、公安部、原国家工商局、海关总署联合发布的《关于执行〈关于禁止非法拼(组)装汽车、摩托车的通告〉的实施细则》(外经贸机电发[1999]第 628 号)第 7 条规定:“下列情况之一者,属非法拼(组)装汽车、摩托车行为:一、未列入《目录》的企业利用进口关键件组装生产汽车、摩托车的;二、列入《目录》的企业利用进口关键件组装生产汽车、摩托车,但未经国家批准立项的;或虽经国家批准列项但不能提供外经贸部签发的《进口配额证明》或《机电产品进口登记表》以及许可证发证机关签发的《进口许可证》和海关签发的《关税缴纳证明书》《货物进口证明书》的;三、虽持有上述证明文件,但生产的产品与批准进口的车型、数量、规格或用途不符的,或不按规定使用上述证明文件的;四、生产企业采用国家批准的进口关键总成生产的汽车、摩托车,其关键总成和非关键进口件的总价值超过原进口车型 60%,又无整车进口证明和按整车完税证明的。”

重威胁公众的人身和财产安全。国务院颁布的《报废机动车回收管理办法》第 11 条规定："回收的报废机动车必须按照有关规定予以拆解；其中，回收的报废大型客车、货车等营运车辆和校车，应当在公安机关的监督下解体。"[48]《道路交通安全法》第 14 条第 2、3 款规定："应当报废的机动车必须及时办理注销登记。达到报废标准的机动车不得上道路行驶。报废的大型客、货车及其他营运车辆应当在公安机关交通管理部门的监督下解体。"第 100 条规定："驾驶拼装的机动车或者已达到报废标准的机动车上道路行驶的，公安机关交通管理部门应当予以收缴，强制报废。对驾驶前款所列机动车上道路行驶的驾驶人，处二百元以上二千元以下罚款，并吊销机动车驾驶证。出售已达到报废标准的机动车的，没收违法所得，处销售金额等额的罚款，对该机动车依照本条第一款的规定处理。"

2. 转让人与受让人承担连带责任

为了进一步防止拼装的或已达到报废标准的机动车被投入到道路交通当中进行使用，危害公众人身与财产安全，《民法典》第 1214 条明确规定，以买卖或者其他方式转让拼装或者已达到报废标准的机动车，发生交通事故造成损害的，由转让人和受让人承担连带责任。之所以令转让人和受让人承担连带责任，就是因为他们非常清楚所转让的是不能上路行驶的拼装的或已达到报废标准的机动车，这种情况下，他们依然违法转让，故此，对于该机动车发生交通事故造成的损害，显然是具有共同的故意，是共同侵权人。《民法典》第 1168 条规定："二人以上共同实施侵权行为，造成他人损害的，应当承担连带责任。"由于实践中可能发生拼装或报废机动车的连环买卖或转让的情形，故此，《道路交通事故损害赔偿解释》第 6 条还规定："拼装车、已达到报废标准的机动车或者依法禁止行驶的其他机动车被多次转让，并发生交通事故造成损害，当事人请求由所有的转让人和受让人承担连带责任的，人民法院应予支持。"

当然，实践中也不能完全排除这种可能，即因出卖人之欺诈，买受人并不知道购买的是拼装或报废的机动车。此时，如果该机动车发生交通事故造成他人损害的，那么只要买受人能够证明其因欺诈而不知悉所购机动车为拼装或报废的机动车，就可以无须承担连带责任，但是，机动车使用人仍然需要依据《道路交通安全法》第 76 条的规定承担相应的责任。拼装或报废机动车的转让人，要就受害人的损害承担全部赔偿责任。

（七）盗抢机动车时，盗抢者为机动车一方

当机动车被盗窃、抢劫或抢夺时，一方面，机动车的所有人、管理人本身就是受害者，实施盗窃、抢劫或抢夺机动车的人不仅侵害了机动车所有人、管理人的民事权益，而且该行为也构成犯罪行为，需要承担刑事责任；另一方面，由于机动车的所有人或管理人是在完全违背意志的情况下失去对机动车的支配和控制，故此，对于被盗抢的机动车发生的交通事故当然不需要承担责任。这种情况下，即便该机动车本身存在缺陷，也无须承担责任。因为在机动车被盗抢的情形下，无从谈起机动车所有人或管理人对损害的发生的过错问题。

---

[48] 2012 年商务部、发改委、公安部和原环境保护部联合颁布的《机动车强制报废标准规定》第 4 条规定："已注册机动车有下列情形之一的应当强制报废，其所有人应当将机动车交售给报废机动车回收拆解企业，由报废机动车回收拆解企业按规定进行登记、拆解、销毁等处理，并将报废机动车登记证书、号牌、行驶证交公安机关交通管理部门注销：（一）达到本规定第五条规定使用年限的；（二）经修理和调整仍不符合机动车安全技术国家标准对在用车有关要求的；（三）经修理和调整或者采用控制技术后，向大气排放污染物或者噪声仍不符合国家标准对在用车有关要求的；（四）在检验有效期届满后连续 3 个机动车检验周期内未取得机动车检验合格标志的。"该标准第 5 条对各类机动车的报废年限作出了明确的规定。

对于机动车被盗抢时,机动车所有人或管理人无须为此后发生的交通事故负责,理论上和实践中几乎没有什么争议。早在1999年《最高人民法院关于被盗机动车辆肇事后由谁承担损害赔偿责任问题的批复》就明确规定:"使用盗窃的机动车辆肇事,造成被害人物质损失的,肇事人应当依法承担损害赔偿责任,被盗机动车辆的所有人不承担损害赔偿责任。"此后,《侵权责任法》第52条和《民法典》第1215条延续了这一规定。

犯罪分子在盗窃、抢劫或抢夺机动车后,常常是自己使用该机动车,但也可能出现其将机动车通过租赁、借用等方式给他人使用的情形。此时,如果机动车使用人发生交通事故造成他人损害,又属于该机动车一方责任的,依据《民法典》第1215条第1款,机动车使用人与盗抢人需要承担连带责任。这是因为,在交通事故被认定为机动车一方责任的情形下,机动车使用人当然需要承担责任,盗抢人虽然不是机动车使用人,但其实施盗抢他人机动车的违法犯罪行为,为了制裁该行为,也应当让盗抢人承担责任。故此,盗抢人和机动车使用人都需要向受害人承担责任且赔偿范围是一致的,受害人有权要求机动车使用人承担全部责任,也有权要求盗抢人承担责任。当然基于禁止得利原则,受害人只能得到一份赔偿,于是盗抢人和机动车使用人就需要承担连带责任。

(八)套牌机动车的,由套牌车的所有人或管理人承担责任

所谓套牌机动车是指悬挂与他人机动车牌照的号码相同的伪造号牌的机动车。套牌行为是严重的违法行为,一方面属于伪造车牌的违法行为,逃避法律监管,使受害人无法找到真正的加害人;另一方面还往往侵害了机动车号牌被套牌的人的合法权益,使他人可能被追究行政处罚责任。故此,《道路交通安全法》第96条规定,对于伪造、变造或使用伪造、变造的机动车号牌的,可以处以15日以下拘留、罚款以及扣留机动车的处罚。构成犯罪的,还要追究刑事责任。此外,《道路交通事故损害赔偿解释》第5条规定:"套牌机动车发生交通事故造成损害,属于该机动车一方责任,当事人请求由套牌机动车的所有人或者管理人承担赔偿责任的,人民法院应予支持;被套牌机动车所有人或者管理人同意套牌的,应当与套牌机动车的所有人或者管理人承担连带责任。"(参见**案例**21.3.2)

案例阅读

案例21.3.2
赵春明等诉烟台市福山区汽车运输公司卫德平等机动车交通事故责任纠纷案

所谓"被套牌机动车所有人或者管理人同意套牌的",主要是指一些单位或个人为了谋取非法利益,而同意他人对自己的机动车进行套牌。这种情况下,令被套牌机动车所有人或者管理人与套牌机动车的所有人或者管理人承担连带责任,有利于预防和制止此种违法行为。但是,如果机动车的所有人或管理人不知道或者不应当知道自己的车牌被他人套用,在这种情形下,只要机动车所有人或者管理人能够证明,无须承担赔偿责任。

(九)借用他人身份证买车时,机动车的实际所有人为机动车一方

实践中,一些地方为了限制机动车数量的增长,对于购买机动车有身份上的要求,如必须是有本地户口、身份证的居民。这就使一些非本地居民在本地购买机动车时,借用身份证,将机动车登记在他人名下。以往,一些法院认为,在借用身份证供他人购车时,如果发生交通事故,出借身份证者违法出借身份证,存在过错,因此应与机动车的实际所有人承担连带责任。[49]

---

〔49〕 黄德勤诉朱祖其、梁细铭道路交通事故损害赔偿纠纷案,广东省佛山市中级人民法院(2003)佛中法民一终字第1186号民事判决书。

本书认为，依据《民法典》第1209条的立法精神，出借身份证之人只是名义上的机动车所有人，无法控制机动车并享有利益，所以不应承担赔偿责任，更不应与机动车的实际所有人承担连带责任。正确的做法是，由实际使用与控制机动车的人即借用他人身份证购车之人承担侵权责任。

（十）驾校学员在驾驶培训中发生事故的，驾校承担责任

接受驾驶培训的人员在培训中驾驶机动车发生交通事故的，属于该机动车一方责任时，《道路交通安全法实施条例》第20条第2款规定："学员在学习驾驶中有道路交通安全违法行为或者造成交通事故的，由教练员承担责任。"由于教练员是驾驶培训机构的工作人员，依据《民法典》第1191条第1款，用人单位的工作人员因执行工作任务造成他人损害的，由用人单位承担侵权责任。因此，该责任应由驾驶培训机构承担。正因如此，《道路交通事故损害赔偿解释》第7条规定："接受机动车驾驶培训的人员，在培训活动中驾驶机动车发生交通事故造成损害，属于该机动车一方责任，当事人请求驾驶培训单位承担赔偿责任的，人民法院应予支持。"

（十一）试乘发生事故的，由提供试乘服务者承担责任

试乘是机动车销售商为了推销产品而提供的一种服务，虽然是免费的，但根本目的在于推销产品，所以不能等同于一般的社会生活中的免费搭车，不能仅仅因为无偿而减轻责任或限制责任的成立。《道路交通事故损害赔偿解释》第8条规定："机动车试乘过程中发生交通事故造成试乘人损害，当事人请求提供试乘服务者承担赔偿责任的，人民法院应予支持。试乘人有过错的，应当减轻提供试乘服务者的赔偿责任。"至于试乘中造成车外人员伤害或其他机动车损害的，当然应当按照《道路交通安全法》第76条的规定，由机动车一方承担责任。需要注意的是，试驾不同于试乘。试驾人造成他人损害的，应当依据《民法典》第1209条处理，即由驾驶人承担责任，提供试驾服务的一方有过错的，应当承担相应的赔偿责任。

（十二）网约车发生交通事故时的赔偿责任主体

网约车交通事故责任是随着网络科技的发展以及网约车平台的出现而产生的一种新型的机动车交通事故责任。所谓网约车就是从事网络预约出租汽车的简称。网约车经营服务是指以互联网技术为依托构建服务平台，整合供需信息，使用符合条件的车辆和驾驶员，提供非巡游的预约出租汽车服务的经营活动；网络预约出租汽车经营者，也称网约车平台公司，是指构建网络服务平台，从事网约车经营服务的企业法人（《网络预约出租汽车经营服务管理暂行办法》第2条）。从实践来看，网约车平台的业务类型很多，包括专车、出租车、快车、顺风车、代驾等多种类型，不同的业务模式中各方当事人的法律关系不同，网约车平台采取的计价方式、抽取费用的比例、派单抢单方式等具体的经营模式也不相同。其中，有些问题依据既有的法律规范即可解决。例如，乘客通过手机软件在网约平台上预约出租车，在乘坐出租车时发生交通事故导致乘客、行人受害。此时，应由出租车公司作为用人单位依据《民法典》第1191条第1款来承担责任，就网约车平台而言，除非受害人能够证明其对该交通事故的发生存在过错，否则完全不需要承担责任。再如，出租车公司自行研发网约车平台（如首汽约车），在这种情形下，由于出租车司机属于公司的员工，发生交通事故后由网约车平台即出租车公司应当承担用人者责任。

应当说，上述网约车交通事故责任并没有太多复杂或者特殊之处需要专门加以规范。但是，对于网约车中的专车、快车、顺风车等经营模式下发生交通事故时的损害赔偿责任问题，则

存在不少值得研究的地方。[50] 例如,网约车平台在专车、快车或顺风车发生交通事故造成他人损害时,究竟承担何种责任?是作为用人单位承担替代责任,还是与司机承担连带赔偿责任,抑或只需要依据《民法典》第1198条的规定承担相应的补充责任?对此,司法实践中存在很大的争议,各地法院的判决也不一致。[51] 这实际上就涉及不同经营模式中网约车平台与司机的关系问题。在顺风车模式中,网约车平台实际上只是起到一个媒介或者中介的作用,通过汇集信息,使有出行需要的乘客和有分担费用需求的驾车出行者之间能够成交。因此,不能将网约车平台作为顺风车司机的用人单位,令网约车平台承担用人者责任,而是应当根据网约车平台有无过错及过错的程度确定其是否需要承担侵权责任。至于专车、快车,尽管机动车本身的所有人是司机且网约车平台往往通过劳务派遣或集约租赁的外包经营模式来避免自己与专车司机间产生劳务关系,但是,基于运行支配和运行利益说,应当认为网约车平台是机动车一方即机动车的保有人。故此,一旦发生机动车交通事故造成他人损害的,受害人可以要求网约车平台承担责任。网约车平台承担责任后,可以向有过错的驾驶人追偿或者向与其存在相应法律关系的实际经营企业追偿。

在我国《民法典》编纂过程中,2018年3月15日全国人大常委会法制工作委员会下发的《民法典侵权责任编(征求意见稿)》,曾对网络约车机动车发生交通事故时的责任主体问题作出了规定,其第47条规定:"网络预约机动车发生交通事故造成损害,属于机动车一方责任,依照下列方式承担赔偿责任:(一)网络预约平台提供机动车及驾驶人的,由网络预约平台承担赔偿责任;(二)网络预约平台仅提供机动车的,依照前条规定承担赔偿责任;(三)网络预约平台仅提供媒介服务的,由机动车使用人承担赔偿责任;网络预约平台对损害的发生有过错的,承担补充责任。"《民法典侵权责任编草案》的第一次审议稿删除了该规定。在《民法典侵权责任编草案》的审议过程中,全国人大宪法和法律委员会副主任周光权等全国人大代表提出应当对网约车的交通事故责任作出规定,[52] 不少学者也有相同的主张。但是,立法机关认为:"网络预约机动车作为新生事物,各方面对其责任问题如何规定,分歧很大。如在网络预约平台公司仅提供媒介服务的情形下,机动车使用人与网络预约平台究竟应当承担什么样的责任,是连带责任、补充责任,一直有不同的意见。经反复研究认为,在争议较大、难以形成基本共识的情况下,民法典作为基本法还不宜对这一问题仓促作出规定……否则可能对相关行业造成限制。"[53] 据此,《民法典》对这一问题未作规定。

---

〔50〕 保险法上的问题就是,因司机使用私家车作为顺风车、快车等从事营运而改变作为保险标的的机动车的危险程度,在被保险人没有履行通知义务时,保险人可否依据《保险法》第52条免除保险赔偿责任。最新案例参见程春颖诉张涛、中国人民财产保险股份有限公司南京市分公司机动车交通事故责任纠纷案,载《最高人民法院公报》2017年第4期。

〔51〕 北京市海淀区人民法院民六庭游晓飞:《海淀法院涉APP出行平台交通事故案件调研报告》(内部资料)。

〔52〕 《网约车平台责任应写入民法典》,载新华网:http://www.xinhuanet.com/tech/2018-12/28/c_1123916246.htm,2020年8月8日最后访问。

〔53〕 《全国人大法工委回应民法典草案六大问题》,载《中国妇女报》2020年5月15日。

第四节　减责与免责事由

一、机动车交通事故责任的减责事由及减轻的比例

（一）受害人过错

机动车之间发生交通事故适用的是过错责任原则，因此，在被侵权人对同一损害的发生或者扩大有过错的，可以减轻侵权人的责任（《民法典》第1173条）。《道路交通安全法》第76条第1款第1项规定的“双方都有过错的，按照各自过错的比例分担责任”也是同样的意思。至于机动车与非机动车驾驶人、行人发生交通事故时，适用的是无过错责任原则，理论上应当将受害人的过错限定为重大过失，才能减轻侵权人的责任。但是，《道路交通安全法》第76条第1款第2项规定，“有证据证明非机动车驾驶人、行人有过错的，根据过错程度适当减轻机动车一方的赔偿责任”。[54] 本书认为，由于机动车造成非机动车驾驶人、行人损害的赔偿责任是无过错责任，因此，要立足于该归责原则的背景下来理解因受害人过错而减轻侵权人责任的具体适用，不能仅仅因为受害人对损害的发生具有轻微的或者一般的过失就减轻侵权人的责任。

（二）好意同乘

1. 概念与性质

所谓好意同乘，也称搭便车、顺风车等，是指日常生活中人们基于友情或出于善意，让他人无偿搭乘其驾驶的非营运机动车。例如，A与B是同事，A的汽车限行，二人住在相距不远的地方，B下班时问A要不要一起回家，A欣然同意，遂搭乘B的车。好意同乘是人们日常交往中的互惠互助行为，体现了助人为乐、团结友爱的精神，不仅有利于维持人际关系的和谐，也有利于减少交通拥堵，节约能源和保护环境，故此，好意同乘是法律和道德所鼓励的行为。

好意同乘在法律上的性质属于民法中的情谊行为。所谓情谊行为，是指行为人以建立、维持或者增进与他人相互关切、爱护的感情为目的而从事的，不具有受法律拘束意思的，后果直接无偿利他的行为。[55] 生活中的情谊行为有很多，除好意同乘外，还包括请朋友吃饭，相约看电影或逛街，邻居之间答应帮助浇花等。情谊行为中的一方虽然从事的是无偿的利他行为，但是，由于情谊行为并不以产生受法律拘束的意思表示为目的，故此，情谊行为不同于无偿合同，其通常可以排除合同法上的给付义务以及违约责任。[56] 例如，某日，张三对同事李四说，下午请客去吃海鲜，李四欣然接受，为此，中午饭都没有吃。结果，到了下午，张三有急事走了，没有兑现承诺。显然，张三答应请客的行为属于情谊行为，因为张三并不会认为自己的承诺会产生法律上的义务，李四也不应认为自己和张三之间形成了契约，张三不请客就要承担违约责任。因此，尽管张三没有兑现请客的诺言，而李四饥肠辘辘，他们之间也不会发生合同法的上给付义务与违约责任。当然，张三的行为在社会交往礼仪层面上毫无疑问是应受谴责的行为。

---

〔54〕 该句在2003年《道路交通安全法》规定为，“有证据证明非机动车驾驶人、行人违反道路交通安全法律、法规，机动车驾驶人已经采取必要处置措施的，减轻机动车一方的责任”。

〔55〕 参见王雷：《情谊行为基础理论研究》，载《法学评论》2014年第3期。

〔56〕 Haimo Schack/Hans – Peter Ackmann, Das Buergerliche Recht in 100 Leitentscheidungen, Mohr Siebeck, 2011, S. 81ff.

情谊行为虽然不会产生合同上义务,但并不因此就完全排除侵权责任。毕竟,好心办坏事的现象也屡见不鲜,即便是善意的无偿的行为,也不能免除对他人人身财产安全的注意义务。故此,在情谊行为中,一方也负有对另一方人身、财产的保护义务,如果因此造成损害也需要承担赔偿责任。可是,由于情谊行为是乐于助人的、无偿利他的行为,如果对行为人的注意义务要求过高、法律责任过重,也不利于人们的互助互惠,对合理的行为自由以及社会和谐也没有好处。正因如此,在好意同乘的情况下,当搭乘者遭受损害时,只要提供搭乘者没有故意或重大过失,就应当减轻提供搭乘者的赔偿责任。

在我国《民法典》编纂之前,对于好意同乘造成搭乘人损害时,能否减轻机动车使用人赔偿责任的问题,法律和司法解释都没有规定。但是,实践中存在不少好意同乘而造成他人损害的案件。一些地方法院的审判实践也认为,好意同乘可以减轻赔偿责任(参见表 21.4.1)。《民法典》编纂时,不少专家学者与法官都提出,在《民法典》中应当对好意同乘作出规定,立法机关接受了这些合理建议,在第 1217 条规定:"非营运机动车发生交通事故造成无偿搭乘人损害,属于该机动车一方责任的,应当减轻其赔偿责任,但是机动车使用人有故意或者重大过失的除外。"

表 21.4.1　部分地方法院对好意同乘的规定

序号	地方法院司法文件	具体规定
1	《新疆维吾尔自治区高级人民法院关于审理道路交通事故损害赔偿案件若干问题的指导意见(试行)》2011 年 9 月 29 日颁布	第 18 条:"机动车发生交通事故造成本车好意同乘者损害,不能免除机动车一方的赔偿责任,但可以适当减轻责任;搭乘者有过错的,应当减轻机动车一方的赔偿责任。"
2	《浙江省高级人民法院民一庭关于审理道路交通事故损害赔偿纠纷案件若干问题的意见(试行)》2010 年 7 月 1 日颁布	第 18 条:"机动车发生道路交通事故,造成本车无偿搭乘者损害的,应适当减轻本车赔偿义务人的赔偿责任,但本车驾驶人有重大过错的除外。无偿搭乘者有过错的,应相应减轻本车赔偿义务人的赔偿责任。"
3	《云南省高级人民法院关于审理人身损害赔偿案件若干问题的会议纪要》2009 年 8 月 1 日颁布	第 16 条:"在好意同乘造成损害的情况下,应当适当减轻提供搭乘人的责任。"
4	《陕西省高级人民法院关于审理道路交通事故损害赔偿案件若干问题的指导意见(试行)》2008 年 1 月 1 日颁布	第 19 条:"无偿搭乘他人机动车,因该机动车发生道路交通事故受到损害的,应酌情减轻机动车一方的赔偿责任。但基于经营目的实施的无偿搭乘以及依法享受免票的除外。"
5	《重庆市高级人民法院关于审理道路交通事故损害赔偿案件适用法律若干问题的指导意见》2006 年 10 月 18 日颁布	第 24 条:"无偿搭乘他人机动车,因该机动车发生道路交通事故受到损害的,应当酌情减轻机动车方的赔偿责任。但有下列情形之一的除外:(一)机动车方基于经营目的提供无偿搭乘的;(二)受害人按照规定免票的。"

2. 好意同乘的构成要件

(1)搭乘人是无偿搭乘。所谓无偿搭乘,是指机动车使用人没有要求搭乘人为其乘坐机动车的行为而支付对价。至于实践中搭乘人出于感激而馈赠一些礼品(如给些汽油票、送一些食物)给机动车驾驶人,并不影响无偿性的认定。一般来说,好意同乘中搭乘人与机动车驾驶人往往是同一个方向,也就是俗语说的顺路,但也有机动车使用人专程将搭乘人送往某地的,例如,朋友聚会吃饭,饭后没有喝酒的人开车将几位喝酒的朋友一一送回他们在城东的家中,然后自己开车返回自己在城西的家。

(2)搭乘的是非营运机动车。非营运机动车是与营运机动车相对应的概念。所谓营运机动车,指从事道路旅客运输经营(客运经营)和道路货物运输经营(货运经营)的机动车(《道路运输条例》第2条第2款),如公交公司的公共汽车、长途客运公司的客车、出租车公司的出租车、快递公司从事货物运输的货车、网约车公司的专车等。这些以从事旅客运输或货物运输作为营业的机动车,法律上对其有很严格的规定,承运人必须严格履行安全运输的义务。即便营运机动车按照规定免票或许可搭乘人无偿搭载某些乘客的,也不得以此为由而减轻或者免除造成旅客损害的赔偿责任。例如,《民法典》第823条规定:"承运人应当对运输过程中旅客的伤亡承担赔偿责任;但是,伤亡是旅客自身健康原因造成的或者承运人证明伤亡是旅客故意、重大过失造成的除外。前款规定适用于按照规定免票、持优待票或者经承运人许可搭乘的无票旅客。"我国一些地方法院也对此有相应的规定,例如,《重庆市高级人民法院关于审理道路交通事故损害赔偿案件适用法律若干问题的指导意见》(2006年10月18日颁布)第24条:"无偿搭乘他人机动车,因该机动车发生道路交通事故受到损害的,应当酌情减轻机动车方的赔偿责任。但有下列情形之一的除外:(一)机动车方基于经营目的提供无偿搭乘的;(二)受害人按照规定免票的。"非营运机动车就是并非专门从事道路旅客运输经营(客运经营)和道路货物运输经营(货运经营)的机动车。就好意同乘而言,非营运机动车主要就是所谓的私家车。但是,实践中也有一些虽然从事运输经营的机动车不进行运输经营时而好意搭载乘客的情形,此时也可以认定为好意同乘。

(3)被搭乘的机动车发生交通事故造成无偿搭乘人损害且属于该机动车一方责任的。如果被搭乘的机动车虽然发生了交通事故造成搭乘人损害,但是该机动车一方无责而应由对方机动车负全责的,显然,无偿搭乘人只能要求对方机动车承担责任。只有被搭乘的机动车一方有责任,无论是全部责任还是部分责任,无偿搭乘人都可以向所搭乘的机动车一方要求赔偿,此时才能适用好意同乘来减轻被搭乘的机动车一方的责任。无偿搭乘人的损害可能是人身损害,也可能是财产损害。

3. 好意同乘的法律效果

好意同乘只能减轻被搭乘的机动车一方的赔偿责任,而不能免除责任。此外,虽然构成好意同乘,但是,机动车使用人有故意或者重大过失的,也不能适用好意同乘来减轻责任。所谓故意,就是指机动车使用人对于无偿搭乘人的损害的发生具有故意,比如就是要借机杀死无偿搭乘人。重大过失,是指机动车使用人对于无偿搭乘人的损害的发生存在重大过失,比较常见的情形的如闯红灯,或明知机动车存在制动缺陷不能上路行驶却仍然行驶还搭载他人等。一般来说,被搭乘人是否有重大过失,可以参考公安机关交通部门作出的道路交通事故责任认定书来认定,当然,也不能简单地就把交通事故责任认定书中认定被搭乘一方负全责或主要责任的情形等同于被搭乘人有重大过失的情形。而且,即便在公安机关没有作出此种认定时,只要无偿搭乘人能够提出证据证明被搭乘人具有重大过失,也可以使被搭乘的机动车一方不能以好意同乘为由主张减轻责任。

以往的司法实践中曾有观点认为,在好意同乘的情形下,考虑到无偿乘车的特殊性和驾驶员的无偿服务,因此对驾驶员承担的赔偿范围应当有所限制,与一般的人身损害赔偿范围有区别,即赔偿项目中不应当包括精神损害抚慰金。[57] 本书认为这一观点不妥。首先,是否赔偿精神损害抚慰金,取决于侵权行为是否符合《民法典》第1183条的规定,只要侵害自然人人身权益造成严重精神损害的,被侵权人就有权请求精神损害赔偿。这与侵权人是否从事无偿行为无关。其次,《民法典》第1217条规定的好意同乘应当减轻赔偿责任并未限定于财产赔偿或精神损害赔偿。故此,只要构成好意同乘,应当在认定赔偿范围和数额后再进行减轻,而不是直接否定受害人的精神损害赔偿请求权。

提　示

在适用好意同乘时,也要注意无偿搭乘人对于损害发生的过错。例如,无偿搭乘人明知机动车使用人醉酒或者无证驾驶,仍然接受其邀请无偿搭乘机动车,结果发生交通事故而遭受损害。此时,机动车使用人具有重大过失,不能以好意同乘为由主张减轻责任,但是,由于作为受害人的无偿搭乘人对于损害的发生也是有过错的,故此,依据《民法典》第1173条,可以减轻机动车一方的赔偿责任。此外,无偿搭乘人在乘坐时不按照规定系安全带,机动车使用人提醒后仍不系安全带,结果发生交通事故而遭受损害,也应当作为受害人的过错而依据《民法典》第1173条减轻赔偿责任。

(三)减轻的比例

1. 机动车之间发生交通事故的,按照各自过错的比例分担。对于机动车之间发生的交通事故,被侵权人也有过错的,根据《道路交通安全法》第76条第1款第1项的规定,应"按照各自过错的比例分担责任"。如果只是原告遭受损害,被告没有遭受损害或者被告虽遭受损害未提起反诉,则就原告的损失,应当按照原被告双方过错的比例,确定被告赔偿的数额与原告自行负担的数额。倘若原被告皆遭受了损害,且被告针对原告提出了反诉,就应当将该起交通事故造成的总损失加以确定,然后根据双方的过错比例,分别确定各自负担的部分。就机动车双方各自过错的比例如何确定,目前,法院的做法主要是以公安机关交通管理部门的交通事故责任认定为依据。

2. 机动车与非机动车驾驶人、行人之间发生交通事故的,可根据非机动车驾驶人、行人的过错程度适当减轻机动车一方的赔偿责任。《道路交通安全法》第76条第1款第2项规定:"机动车与非机动车驾驶人、行人之间发生交通事故,非机动车驾驶人、行人没有过错的,由机动车一方承担赔偿责任;有证据证明非机动车驾驶人、行人有过错的,根据过错程度适当减轻机动车一方的赔偿责任;机动车一方没有过错的,承担不超过百分之十的赔偿责任。"该规定有以下三层含义:首先,必须是机动车一方提出证据证明了作为受害人的非机动车驾驶人、行人存在过错的,才能减轻机动车一方的赔偿责任。其次,立法者对依过错减轻作出了一个限制即"适当"的减轻。所谓适当的减轻意味着,要考虑加害人与受害人各自的过错程度,以确定是否减轻以及减轻责任的比例。例如,机动车一方具有严重的过错(如醉酒驾车、超速、闯红灯),那么除非受害人对于损害的发生也具有重大过失,否则不应减轻赔偿责任;如果加害人具有的是

---

〔57〕 最高人民法院民事审判第一庭本书编写组:《民事审判实务问答》,法律出版社2005年版,第119页。

一般过失,而受害人具有重大过失,则应当减轻机动车一方的赔偿责任。[58] 最后,在机动车一方没有任何过错,过错完全在于受害人一方时,机动车一方仍然要承担赔偿责任,但最高不超过10%。这是因为机动车造成非机动车驾驶人或行人损害的赔偿责任是无过错责任,即便加害人没有过错也要承担责任。

讨 论 公安机关交通管理部门无法认定事故责任时的问题

交通事故发生后,出于种种原因公安机关交通管理部门在有些情况下可能无法作出责任认定。例如,现场没有监控录像又无证人证言,当事人各执一词,公安机关无法认定双方的责任。此时,如何确定机动车交通事故赔偿责任问题,值得研究。

本书认为,首先,如果是机动车与非机动车驾驶人、行人之间发生交通事故的,由于适用的是无过错责任原则,因此公安机关无法作出责任认定不影响责任的成立,只是对赔偿范围产生影响。既然没有证据可以证明受害人对损害的发生有过错,机动车一方自然就应承担全部的赔偿责任。[59]

其次,如果是机动车之间发生交通事故,公安机关无法作出责任认定。此时,原则上应由双方承担同等的责任,但也应当考虑适用"优者危险负担的原则"来确定责任。所谓"优者危险负担"原则是指在受害人有过失的情况下,考虑到双方对道路交通注意义务的轻重,按机动车危险性的大小以及危险回避能力的优劣,分配交通事故的损害后果。该原则要旨为:在交通事故处理中,以交通工具的危险性大小以及危险回避能力等因素来区分事故危险的责任。机动车之间发生交通事故,应以增减速、控制力及最小径回转能力等性能上较好的汽车为优者,或就速度、硬度、重量、大小等对他人汽车危险性较多之汽车为优者;而由优者来负担危险。[60] 最高人民法院民一庭也认可危险负担原则,其认为:"在没有交通事故责任认定书的情形下,人民法院应根据事故发生时,事故双方的车辆性能、造成危险局面的成因、危害会比能力的大小、造成损害后果的原因等具体情况,判定各方的民事赔偿责任。"[61] 应当说,"优者危险负担"的方法比简单地双方平均分担更为合理。

---

[58] 实践中,法院基本上都是依据公安机关交通管理部门的事故责任认定书来确定机动车一方赔偿责任的大小,但对减轻的最高比例有所限制。例如,《广东省高级人民法院、广东省公安厅关于〈道路交通安全法〉施行后处理道路交通事故案件若干问题的意见》第19条规定:"机动车与非机动车驾驶人、行人发生交通事故,依据《道路交通安全法》第七十六条的规定需要减轻机动车方赔偿责任的,一般按照以下原则减轻责任:(1)非机动车驾驶人、行人在事故中负次要责任的,减轻比例不超过20%;(2)非机动车驾驶人、行人在事故中负同等责任的,减轻比例不超过40%;(3)非机动车驾驶人、行人在事故中负主要责任的,减轻比例不超过60%;(4)非机动车驾驶人、行人在事故中负全部责任的,减轻比例不超过80%。但非机动车驾驶人、行人在禁止非机动车和行人通行的城市快速路、高速公路发生交通事故,承担事故全部责任的,机动车方的减轻比例不超过90%。"

[59] 采取此种观点的有《广东省高级人民法院、广东省公安厅关于〈道路交通安全法〉施行后处理道路交通事故案件若干问题的意见》第20条第2项、《重庆市高级人民法院关于审理道路交通事故损害赔偿案件适用法律若干问题的指导意见》第22条第1款第2项。

[60] 相关案例参见何月华等与徐刚、无锡市明珠接送客服务有限公司、中国人民财产保险股份有限公司无锡市锡山支公司等道路交通事故人身损害赔偿案,载最高人民法院中国应用法学研究所编:《人民法院案例选》(总第60辑),人民法院出版社2008年版,第189页以下;姚月平诉丁红军道路交通事故人身损害赔偿纠纷案,载最高人民法院中国应用法学研究所编:《人民法院案例选》(总第64辑),人民法院出版社2009年版,第138页以下。

[61] 最高人民法院民一庭:《优者危险负担原则在认定交通事故损害赔偿责任中的运用》,载最高人民法院民事审判第一庭:《民事审判指导与参考》(总第51辑),人民法院出版社2012年版,第144~147页。

二、机动车交通事故责任的免责事由

(一)受害人故意

《民法典》第1174条规定:"损害是因受害人故意造成的,行为人不承担责任。"《道路交通安全法》第76条第2款规定:"交通事故的损失是由非机动车驾驶人、行人故意碰撞机动车造成的,机动车一方不承担赔偿责任。"所谓"受害人故意碰撞机动车造成交通事故损失"的情形包括:其一,受害人的自杀与自残行为;其二,受害人虽非自杀或自残,但是其为了达到敲诈机动车一方钱财的非法目的,故意主动碰撞机动车的行为。被告应就受害人故意碰撞机动车负举证责任。例如,甲从过街天桥上下纵身跃下,掉在主路上,乙驾驶的汽车刚好经过,刹车不及将甲撞死。后发现甲口袋中的遗书,证明死者是因抑郁症而自杀身亡。乙无须承担赔偿责任。

(二)不可抗力

比较法上来看,不可抗力能否作为机动车损害赔偿责任的免责事由有不同的规定。一种做法认为,不可抗力也不能免除赔偿责任,如法国;另外一种做法认为,不可抗力可以作为免责事由,如德国、日本。我国《民法典》第180条第1款规定:"因不可抗力不能履行民事义务的,不承担民事责任。法律另有规定的,依照其规定。"因此,在机动车交通事故责任中,不可抗力也属于免责事由。

第五节　强制责任保险与救助基金

一、机动车交通事故责任强制保险

(一)概念与特征

机动车交通事故责任强制保险(以下简称交强险),是指由保险公司对被保险机动车发生道路交通事故造成本车人员、被保险人以外的受害人的人身伤亡、财产损失,在责任限额内予以赔偿的强制性责任保险(《机动车交通事故责任强制保险条例》第3条)。作为机动车交通事故责任强制保险,其宗旨在于保障机动车交通事故中受害的第三人,使第三人能够及时获得补偿。因此,该责任保险不同于商业性的机动车第三者责任险。

交强险具有以下几项特征:首先,**强制性**,主要体现在保险合同订立上的强制性、最低投保金额的强制性、合同条款的强制性、保险费率的强制性以及保险合同撤销、解除上的强制性。其次,**公益性**。强制责任保险是为了保障第三人在遭受损害后能够及时获得救济,具有很强的公益性,与任意责任保险的私益性有很大的区别。最后,**为第三人利益性**,如赋予受害人直接针对保险人的保险金给付请求权、[62]加害人的故意损害也纳入强制责任保险的范围、保险人针对被保险人的抗辩权不得向第三人行使以及保险标的转让时无须经过保险人同意保险合同也继续有效等。

---

[62] 受害人有权直接请求保险公司给付交强险赔偿金,保险公司不得以已向被保险人理赔为由对抗受害人的交强险赔偿请求权。参见最高人民法院民一庭:《保险公司能否以已向被保险人理赔为由对抗受害人的交强险赔偿请求权》,载最高人民法院民事审判第一庭:《民事审判指导与参考》(总第42集),法律出版社2011年版,第159~162页。

（二）性质

《机动车交通事故责任强制保险条例》第1条规定："为了保障机动车道路交通事故受害人依法得到赔偿，促进道路交通安全，根据《中华人民共和国道路交通安全法》、《中华人民共和国保险法》，制定本条例。"有些人认为，《机动车交通事故责任强制保险条例》第1条明确以《保险法》作为立法依据，《保险法》第2条规定："本法所称保险，是指投保人根据合同约定，向保险人支付保险费，保险人对于合同约定的可能发生的事故因其发生所造成的财产损失承担赔偿保险金责任，或者当被保险人死亡、伤残、疾病或者达到合同约定的年龄、期限等条件时承担给付保险金责任的商业保险行为。"由此，他们得出一个结论，即交强险是强制保险，同时也是商业保险。本书不赞同此种观点，理由如下：

1. 虽然《机动车交通事故责任强制保险条例》第1条在立法依据中提到了《保险法》，但是该条首先引用的法律依据是《道路交通安全法》。事实上，交强险也正是因为《道路交通安全法》第17条的规定才得以确立。如果说《保险法》是调整保险法律关系的一般法，则《道路交通安全法》中对交强险的规定就是特别法。同一效力位阶的法律，特别优于一般，新法优于旧法。正因如此，《保险法》第184条第2款才明确规定："强制保险，法律、行政法规另有规定的，适用其规定。"因此，在研究交强险的性质时，应当依据《道路交通安全法》的规定，而非简单地套用《保险法》的第2条。

2.《道路交通安全法》第76条第1款规定："机动车发生交通事故造成人身伤亡、财产损失的，由保险公司在机动车第三者责任强制保险责任限额范围内予以赔偿；不足的部分，按照下列规定承担赔偿责任：（一）机动车之间发生交通事故的，由有过错的一方承担赔偿责任；双方都有过错的，按照各自过错的比例分担责任。（二）机动车与非机动车驾驶人、行人之间发生交通事故，非机动车驾驶人、行人没有过错的，由机动车一方承担赔偿责任；有证据证明非机动车驾驶人、行人有过错的，根据过错程度适当减轻机动车一方的赔偿责任；机动车一方没有过错的，承担不超过百分之十的赔偿责任。"本来，立法者作这个规定的意思是非常清楚的，即只要"机动车发生交通事故，造成人员伤亡、财产损失的，首先由保险公司在肇事机动车投保的第三者责任强制保险的责任限额范围内进行理赔。这样理赔有利于交通事故赔偿工作的迅捷、明确；有利于保证交通事故受害人及时得到救助；有利于维护机动车驾驶人的合法权益。同时，也符合国际通用的理赔原则"。[63] 换言之，《道路交通安全法》第76条其实是对交强险作出了以下两个重要规定：

第一，交强险应当实行无过错赔偿，即在交强险的责任限额内并不去考虑机动车一方有责还是无责，只有超出了赔偿限额的部分，才按照侵权法的规则——无过错责任与过错责任——处理。事实上，在比较法上，也有不少这样的规定。最典型的如我国台湾地区的"强制汽车责任保险法"，该法第7条规定："因汽车交通事故致受害人伤害或死亡者，不论加害人有无过失，请求权人得依本法规定向保险人请求保险给付或向财团法人汽车交通事故特别补偿基金（以下简称特别补偿基金）请求补偿。"

第二，受害人有针对保险公司的直接赔偿请求权。也就是说，受害人可以直接将保险公司作为被告提起诉讼，法院可以判决保险公司直接将交强险的赔偿金支付给受害人或其近亲属。显然，这样的规定对于受害人是非常有好处的，也是比较法上通行的做法。例如，《日本机动车损害赔偿保障法》第16条第1款规定："第三条规定的保有人的损害赔偿责任发生时，受害人

---

〔63〕 郎胜主编：《中华人民共和国道路交通安全法释义》，法律出版社2004年版，第171页。

可以根据政令的规定,在保险金额的限度内,请求保险公司支付损害赔偿额。”

然而,《道路交通安全法》第 76 条确定的上述两项规定中的第一项被《机动车交通事故责任强制保险条例》给修改了。《机动车交通事故责任强制保险条例》第 23 条第 1 款规定:“机动车交通事故责任强制保险在全国范围内实行统一的责任限额。责任限额分为死亡伤残赔偿限额、医疗费用赔偿限额、财产损失赔偿限额以及被保险人在道路交通事故中无责任的赔偿限额。”这就意味着,发生交通事故后,先要区分机动车一方有无责任,然后再由保险公司依据被保险人有无责任来相应地支付赔偿金,不足的,再按照侵权法的归责原则处理。这种做法显然与《道路交通安全法》第 76 条第 1 款的立法目的背道而驰。同时,《机动车交通事故责任强制保险条例》不顾交强险旨在保护受害人的立法目的,又于第 28 条规定:“被保险机动车发生道路交通事故的,由被保险人向保险公司申请赔偿保险金。保险公司应当自收到赔偿申请之日起 1 日内,书面告知被保险人需要向保险公司提供的与赔偿有关的证明和资料。”这就等于不承认受害人的直接请求权。

显然,《机动车交通事故责任强制保险条例》极大地维护保险业的行业利益,没有贯彻《道路交通安全法》的立法目的,修改了该法第 76 条的规定。但是,司法实践中法院依据《道路交通安全法》第 76 条还是认可了受害人的直接请求权。《道路交通事故损害赔偿解释》第 25 条第 1 款规定:“人民法院审理道路交通事故损害赔偿案件,应当将承保交强险的保险公司列为共同被告。但该保险公司已经在交强险责任限额范围内予以赔偿且当事人无异议的除外。”但是,对于区分有责、无责的分项限额赔偿,法院则无法改变。

3. 在保险法领域,对于保险有多种分类方法。如强制保险与自愿保险、商业保险与社会保险。其中,商业保险与社会保险的分类标准在于保险的举办目的是否营利。[64] 如果以营利为目的的保险,则是商业保险,也称营业保险,如我国保险法上的那些财产保险和人身保险都是此类。如果保险不以营利为目的的,则为社会保险。而这种社会保险又多以强制的方式实行。我国的交强险是强制保险,这一点没有疑问。问题是,它是否以营业为目的呢? 回答显然是否定的,因为《机动车交通事故责任强制保险条例》第 6 条第 1 款规定得非常清楚,即“机动车交通事故责任强制保险实行统一的保险条款和基础保险费率。国务院保险监督管理机构按照机动车交通事故责任强制保险业务总体上不盈利不亏损的原则审批保险费率”。这个“不盈利不亏损”的原则也是比较法上交强险立法所普遍遵循的原则。例如,《日本机动车损害赔偿保障法》第 25 条规定:“责任保险的保险费率及责任互助的互助费率,应在高效率经营下补偿适当原价/成本的范围内,尽可能低。”

交强险之所以不以营利为目的,不能作为商业保险,是因为:其一,该保险的目的在于“保障机动车道路交通事故受害人依法得到赔偿,促进道路交通安全”(《机动车交通事故责任强制保险条例》第 1 条);其二,该保险是强制的,法律不能通过强制的方式帮助保险公司追求利润,如果这样做显然是错误的。尽管事实上,我国的交强险被错误地作为一种商业保险来运营(参见图 21.5.1)。

综上所述,交强险不是商业保险,而是非商业保险,有些学者称之为政策性保险。当然,从立法上来说,也可以将其设计为社会保险(新西兰就曾这样做过,后来归于失败)。考虑到我国颁布的《社会保险法》已经明确社会保险的范围,所以应当将交强险恢复其政策性保险的本来

---

〔64〕 郑玉波:《保险法论》,刘宗荣修订,三民书局 2006 年版,第 4 页;王保树主编:《商法》,北京大学出版社 2011 年版,第 458 页。

目的，真正贯彻落实《道路交通安全法》第 76 条的立法精神。

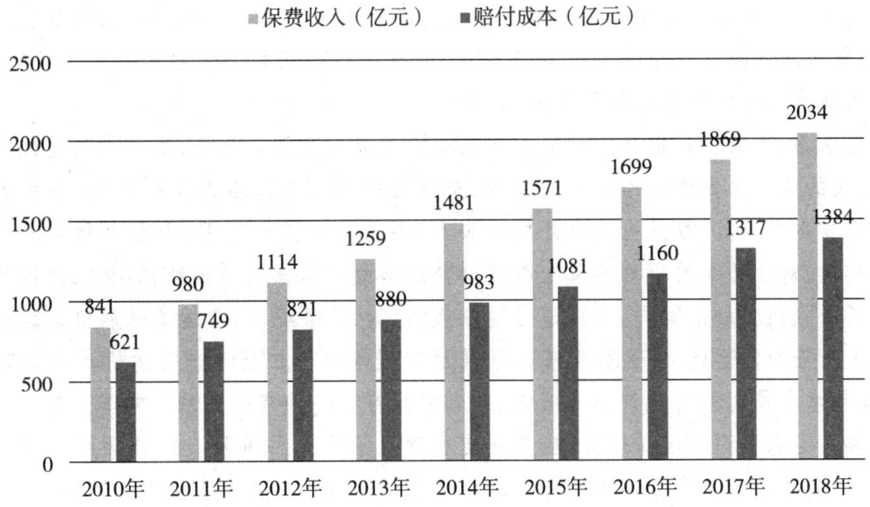

图 21.5.1　2010—2018 年机动车交通事故责任强制保险保费收入与赔付成本[65]

（三）交强险中受害人的范围

受害人是侵权行为法上的用语，在交强险中称为“第三人”、“第三方”或“受害的第三人”。《机动车交通事故责任强制保险条例》第 3 条规定，有权获得机动车交通事故责任强制保险赔偿金的受害人不包括以下两类人员：

1. 被保险人。被保险人，是指投保人及其允许的合法驾驶人（《机动车交通事故责任强制保险条例》第 41 条第 2 项）。而投保人是指与保险公司订立机动车交通事故责任强制保险合同，并按照合同负有支付保险费义务的机动车的所有人、管理人（《机动车交通事故责任强制保险条例》第 41 条第 1 项）。之所以将被保险人排除在交强险的受害人范围之外，主要是出于防范道德风险、降低制度成本等考虑。

2. 本车人员。本车人员，是指发生机动车交通事故时，除驾驶人以外的被保险机动车上承载的人员。是否属于本车人员应以**保险车辆发生道路交通事故时**，该人员置身于何处（车内还是车外）为标准。如果事故发生时，该人处于车外，无论导致该人处于车外的原因如何，是主动离开抑或因发生车祸被甩出车外，均不属于本车人员，有权获得强制责任保险的赔偿（参见**案例** 21.5.1）。[66]

案例阅读

案例21.5.1
郑克宝诉徐伟良、中国人民财产保险股份有限公司长兴支公司道路交通事故人身损害赔偿纠纷案

讨　论　交强险能否适用于本车人员？

起草《机动车交通事故责任强制保险条例》时，关于本车人员能否获得机动车强制责任保

〔65〕本统计数据来自 2010—2018 年期间国务院保险监督管理机构每年公布的当年《机动车交通事故责任强制保险业务情况的公告》。

〔66〕郑克宝诉徐伟良、中国人民财产保险股份有限公司长兴支公司道路交通事故人身损害赔偿纠纷案，载《最高人民法院公报》2008 年第 7 期。

险赔偿的问题有很大的争议。

肯定说认为,交强险的立法目的就是保障道路交通事故受害人能确实地得到赔偿。而交通事故中的伤亡人员中有相当一部分属于驾驶人之外的本车人员。将这些人排除在受害人的范围,不能有效地保障所有交通事故的受害人,也不符合条例的立法目的。从比较法上看,许多国家的法律也认可本车人员属于受害人。

否定说认为,不应当将本车人员纳入交强险的受害人范围。首先,由于受到交强险的赔偿限额、投保人的实际承受能力等因素的制约,交强险的作用与范围都是有限的,在我国现阶段只应适宜保障本车人员、被保险人以外的受害人,不能盲目扩大范围,否则不利于发挥交强险的功能。其次,对于营运的机动车发生群死群伤的事故中本车人员的赔偿问题,我国已经有其他强制责任保险制度加以解决。如《道路运输条例》第35条规定,客运车辆从事客运服务必须购买承运人责任险。因此,对这类损害无须通过交强险解决。至于非营运机动车搭载其他乘客时,乘客基本上是驾驶人的亲属或朋友,二者之间存在一种信任关系。乘车人对于可能发生的风险具有一定的预测与认知能力,应在一定程度上承受此种风险。这样既可以减轻制度负担,也可防止道德风险。[67]《机动车交通事故责任强制保险条例》最后采取了否定说,将本车人员排除在第三人的范围之外。

(四)交强险的责任限额

依据《机动车交通事故责任强制保险条例》第23条,机动车交通事故责任强制保险在全国范围内实行统一的责任限额。责任限额分为死亡伤残赔偿限额、医疗费用赔偿限额、财产损失赔偿限额以及被保险人在道路交通事故中无责任的赔偿限额。机动车交通事故责任强制保险责任限额由国务院保险监督管理机构会同国务院公安部门、国务院卫生主管部门、国务院农业主管部门规定。

为使机动车交通事故强制保险赔偿金的分配与人身伤亡、财产损失的风险程度、保障水平相匹配,我国交强险的限额还采取了所谓的分项限额,即依据损害的类型分为以下四类,在每一类中规定责任限额:(1)死亡伤残赔偿限额,即每次事故造成受害人死亡、受伤或残疾时,用于支付医疗费用(含抢救费用)之外的费用开支的最高赔偿金额,这部分赔偿项目大致包括:误工费、护理费、交通费、住宿费、住院伙食补助费、营养费、残疾赔偿金、死亡赔偿金、丧葬费、精神抚慰金等。(2)医疗费用赔偿限额,即每次事故造成受害人伤亡时,用于医疗费用包括抢救费用的开支的最高限额,如挂号费、诊断费、医药费、检查费、住院费等。(3)财产损失赔偿限额,即每次事故对受害人的财产权益造成损害的最高赔偿金额。(4)无责任的赔偿限额,是指被保险人在机动车交通事故中没有过错的情况下,保险人对于受害人的人身伤亡和财产损失所承担的最高赔偿限额。

---

〔67〕 国务院法制办、中国保监会产险部、中国保监会法规部编:《机动车交通事故责任强制保险条例释义》,法律出版社2006年版,第9页以下。

表 21.5.1　我国现行交强险责任限额[68]

分项赔偿 / 有无责任	死亡伤残赔偿限额	医疗费用赔偿限额	财产损失赔偿限额
被保险机动车在交通事故中有责任的赔偿限额	180,000 元	18,000 元	2000 元
被保险机动车在道路交通事故中无责任的赔偿限额	18,000 元	1800 元	100 元

交强险的赔偿范围既包括受害人的财产损失，也包括受害人因人身伤亡遭受的财产损害和精神损害。《最高人民法院关于财保六安市分公司与李福国等道路交通事故人身损害赔偿纠纷请示的复函》（[2008]民一他字第 25 号）规定："《机动车交通事故责任强制保险条例》第 3 条规定的'人身伤亡'所造成的损害包括财产损害和精神损害。精神损害赔偿与物资损害赔偿在强制责任保险限额中的赔偿次序，请求权人有权进行选择。请求权人选择优先赔偿精神损害，对物资损害赔偿不足部分由商业第三者责任险赔偿。"[69]

讨　论　分项限额赔偿是否合理

分项限额赔偿是《机动车交通事故责任强制保险条例》第 23 条规定的。这种规定对于保险公司控制风险极为有利，对于维护机动车交通事故受害人的合法权益却非常不利。也就是说，分项限额赔偿的规定纯粹就是为了维护保险公司这一利益集团的利益而作出的规定，完全违背了交强险的立法目的。实践中，机动车交通事故发生后的损失在前期主要就是表现为医疗费的支出。尤其是在当前我国医疗费用极为高昂的大环境下，抢救和治疗受害人而支出的医疗费往往远高于被保险机动车一方有责时的 1 万元的赔偿限额，遑论被保险机动车无责时的微不足道的 1000 元赔偿限额（参见表 21.5.1）。如果按照分项限额赔偿，不仅会让受伤的受害人无法及时得到救助和治疗，也不利于发挥交强险的补偿功能。有鉴于此，司法实践中，很多法院突破分项限额赔偿，要求保险公司在总限额（机动车一方有责时为 12.2 万元）内赔偿。[70] 最高人民法院强调"《机动车交通事故责任强制保险条例》明确规定了分项限额，我们

[68] 在很长一段时间内，我国机动车交强险的限额为：被保险机动车有责任时，总限额为 122,000 元，其中，死亡伤残赔偿限额为 110,000 元，医疗费用赔偿限额为 10,000 元，财产损失赔偿限额为 2000 元。无责任时，死亡赔偿限额为 11,000 元，医疗费用赔偿限额为 1000 元，财产损失赔偿限额为 100 元。2020 年 9 月 2 日，中国银保监会发布了《关于实施车险综合改革的指导意见》。依据该意见，自 2020 年 9 月 19 日起，交强险责任限额进行调整，被保险机动车有责任时，死亡伤残赔偿限额为 180,000 元，医疗费用赔偿限额为 18,000 元，财产损失赔偿限额维持 2000 元不变。在被保险机动车无责任时，死亡伤残赔偿限额为 18,000 元，医疗费用赔偿限额为 1800 元，财产损失赔偿限额维持 100 元不变。

[69] 相关案例参见任胜忠诉大众保险股份有限公司宁波分公司保险合同纠纷案，载最高人民法院中国应用法学研究所编：《人民法院案例选》（总第 65 辑），人民法院出版社 2009 年版，第 318 页以下。

[70] 李明义：《侵权责任法在交通事故损害赔偿案件审理中的理解与适用》，载《人民司法·应用》2010 年第 5 期。

应当严格遵守”。[71]在针对辽宁省高级人民法院的一个批复中,最高人民法院明确指出:“根据《中华人民共和国道路交通安全法》第十七条、《机动车交通事故责任强制保险条例》第二十三条,机动车发生交通事故后,受害人请求承保机动车第三者责任强制保险的保险公司对超出机动车第三者责任强制保险分项限额范围予以赔偿的,人民法院不予支持。”[72]

本书认为,《机动车交通事故责任强制保险条例》是行政法规,法院在审判中应当遵循。但是,该法规对分项限额赔偿的规定与《道路交通安全法》确立交强险的立法目背道而驰,故此,未来修改《机动车交通事故责任强制保险条例》时,应当取消分项限额的不合理规定,至少应当将医疗费的限额提高相当数额。

(五)保险人免除保险赔偿责任的问题

1. 受害人故意

受害人故意造成损害的发生是所有的侵权行为中加害人的免责事由。机动车交通事故是因受害人故意所致时,机动车一方无须承担赔偿责任。交强险的保险人亦无须承担保险金的给付责任(《机动车交通事故责任强制保险条例》第 21 条第 2 款)。

2. 被保险人的原因

《机动车交通事故责任强制保险条例》第 22 条规定:“有下列情形之一的,保险公司在机动车交通事故责任强制保险责任限额范围内垫付抢救费用,并有权向致害人追偿:(一)驾驶人未取得驾驶资格或者醉酒的;(二)被保险机动车被盗抢期间肇事的;(三)被保险人故意制造道路交通事故的。有前款所列情形之一,发生道路交通事故的,造成受害人的财产损失,保险公司不承担赔偿责任。”实践中,对该规定的理解有非常大的分歧,即除了财产损失外,保险公司是否应当在强制保险责任限额内,就受害人的人身伤亡的财产损害(如死亡赔偿金、残疾赔偿金等)和精神损害承担赔偿责任?

一种观点认为,本条实际上完全免除了保险公司的赔偿责任,保险公司只是承担垫付抢救费用的责任。[73] 理由在于:首先,对于该条的解释应先遵照条款词句表面上的意思,《机动车交通事故责任强制保险条例》第 22 条关于“造成受害人的财产损失,保险公司不承担赔偿责任”的规定并不能当然推定其他损失应予赔偿。[74] 其次,第 22 条中的“财产损失”应作广义理解。从《人身损害赔偿解释》第 1 条的规定来看,“财产损失”系指与精神损害相对应的广义上的财产损失,因此,《机动车交通事故责任强制保险条例》第 22 条的免赔范围包括因人身伤亡

[71] 参见最高人民法院审判委员会委员、民一庭庭长张勇健:《在全国高级人民法院民一庭庭长座谈会上的总结讲话》,载最高人民法院民事审判第一庭:《民事审判指导与参考》(总第 54 辑),人民法院出版社 2013 年版,第 34 ~ 35 页;最高人民法院民一庭:《道路交通事故损害赔偿纠纷案件中,机动车交通事故责任强制保险中的分项限额能否突破》,载最高人民法院民事审判第一庭:《民事审判指导与参考》(总第 50 辑),人民法院出版社 2012 年版,第 106 ~ 111 页。

[72] 《最高人民法院关于在道路交通事故损害赔偿纠纷案件中机动车交通事故责任强制保险中的分项限额能否突破的请示的答复》([2012]民一他字第 17 号)。

[73] 最高人民法院立案庭赞同此种观点。参见《最高人民法院关于对安徽省高级人民法院如何理解和适用〈机动车交通事故责任强制保险条例〉第二十二条的请示的复函》([2009]民立他字第 42 号)。

[74] 孙立美诉中国人民财产保险股份有限公司北京市西城支公司机动车交通事故责任强制保险合同纠纷案,北京市西城区人民法院(2009)西民初字第 10476 号民事判决书。

产生的各项经济损失，如残疾赔偿金、死亡赔偿金等。[75] 最后，垫付抢救费用不同于支付抢救费用。这里的垫付实质上相当于在特定条件下的先行赔偿责任，即可以向致害人追偿的非终局性赔偿责任。《机动车交通事故责任强制保险条例》第22条第2款明确免除了保险公司对受害人财产损失的赔偿责任，毕竟财产损失没有人身伤害的抢救费用那样急迫。[76] 如果说《机动车交通事故责任强制保险条例》第22条第1款没有免除保险公司对人身伤亡的赔偿责任，那么本条就丧失了存在的意义，因为《道路交通安全法》第75条已经规定了保险公司垫付抢救费用的责任。所以第22条的立法目的就是限制或者免除被保险人严重过错情形下保险公司的赔偿责任。[77]

另一种观点认为，保险公司对于人身伤亡仍然应当承担保险赔偿责任。首先，《机动车交通事故责任强制保险条例》第22条只是说保险公司应当垫付抢救费用，没有说保险公司就可以免除保险赔偿责任。从《道路交通安全法》第76条的规定来看，保险公司免责事由只有一种，就是受害人故意。其次，机动车交通事故中很多就是无证驾驶、醉酒驾驶所致，如果在这种情况下，以第22条第1款为据，认为保险公司不承担保险赔偿责任，也是不合理，不利于对受害人的保护。[78]

目前，司法实践的主流观点是第二种观点，已有相当数量的法院判决采取了这一观点。[79] 最高人民法院的《道路交通事故损害赔偿解释》明确采取了这一观点。该解释第18条第1款规定："有下列情形之一导致第三人人身损害，当事人请求保险公司在交强险责任限额范围内予以赔偿，人民法院应予支持：（一）驾驶人未取得驾驶资格或者未取得相应驾驶资格的；（二）醉酒、服用国家管制的精神药品或者麻醉药品后驾驶机动车发生交通事故的；（三）驾驶人故意制造交通事故的。"此外，考虑到目前交强险还不是一种完全的社会保险，需要考虑保险公司的运营成本和费率，故此，该司法解释第18条第2款还明确赋予了保险公司以追偿权，即"保险公司在赔偿范围内向侵权人主张追偿权的，人民法院应予支持。追偿权的诉讼时效期间自保险公司实际赔偿之日起计算"。[80]

（六）交强险与商业三者险的适用关系

实践中，不少机动车所有人，除依法投保交强险外，还会主动投保机动车第三者责任商业保险（以下简称商业三者险）。在发生机动车道路交通事故之后，如何适用交强险和商业三者险是司法实践中争议很大的问题。其中的核心就是精神损害赔偿责任的问题。实践中保险公司往往在商业三者险的合同中约定不承担精神损害赔偿责任，但法律法规并未排除交强险对

---

〔75〕《安徽省高级人民法院关于如何理解和适用〈机动车交通事故责任强制保险条例〉第二十二条的请示》（2009年5月19日［2008］皖民申字第440号）。

〔76〕刘锐：《无证、醉酒驾驶情形保险公司应否承担交强险赔偿责任》，载《人民司法·应用》2009年第23期。

〔77〕刘锐：《无证、醉酒驾驶情形保险公司应否承担交强险赔偿责任》，载《人民司法·应用》2009年第23期。

〔78〕栗娟：《醉酒驾驶事故中保险公司应承担交强险赔偿责任》，载《人民司法》2008年第18期。

〔79〕谢志南诉中华联合财产保险股份有限公司余姚支公司保险合同纠纷案，载最高人民法院中国应用法学研究所编：《人民法院案例选》（总第65辑），第324页以下；李丹丹诉吴志成等道路交通事故人身损害赔偿纠纷案，载最高人民法院中国应用法学研究所编：《人民法院案例选》（总第66辑），第111页以下；李翠华与都邦财产保险股份有限公司重庆分公司黔江支公司机动车交通事故责任强制保险合同纠纷上诉案，重庆市第四中级人民法院（2010）渝四中法民终字第00604号民事判决书；中国人民财产保险股份有限公司郑州市郑汴路支公司与郑州长通实业有限公司保险合同纠纷上诉案，河南省郑州市中级人民法院（2010）郑民四终字第1209号民事判决书。

〔80〕保险公司不是从被保险人处取得追偿权，而是从受害人处取得追偿权。参见最高人民法院民事审判第一庭：《最高人民法院关于道路交通损害赔偿司法解释理解与适用》，人民法院出版社2012年版，第239～240页。

精神损害的赔偿。故此,如果先适用交强险并在交强险中赔偿精神损害,剩下的财产损害通过商业三者险来赔偿,对于受害人权益保护更为有利。反之,则对保险公司有利。

有鉴于此,《道路交通事故损害赔偿解释》作出了详细的规定。依据该解释第 16 条第 1 款,同时投保交强险和商业三者险的机动车发生交通事故造成损害,当事人同时起诉侵权人和保险公司的,人民法院应当按照下列规则确定赔偿责任:(1)先由承保交强险的保险公司在责任限额范围内予以赔偿;(2)不足部分,由承保商业三者险的保险公司根据保险合同予以赔偿;(3)仍有不足的,依照《道路交通安全法》和《侵权责任法》的相关规定由侵权人予以赔偿。该条第 2 款规定,被侵权人或者其近亲属请求承保交强险的保险公司优先赔偿精神损害的,人民法院应予支持。也就是说,可以先从交强险中支付精神损害赔偿,然后依次由交强险和商业三者险支付财产损害赔偿。

《民法典》吸收了上述司法解释的规定,但进行了简化表述,其第 1213 条规定:"机动车发生交通事故造成损害,属于该机动车一方责任的,先由承保机动车强制保险的保险人在强制保险责任限额范围内予以赔偿;不足部分,由承保机动车商业保险的保险人按照保险合同的约定予以赔偿;仍然不足或者没有投保机动车商业保险的,由侵权人赔偿。"应当说,这样的规定有利于保护受害人,使其损害得到充分的补救。同时,从《道路交通安全法》第 76 条第 1 款的规定——"机动车发生交通事故造成人身伤亡、财产损失的,由保险公司在机动车第三者责任强制保险责任限额范围内予以赔偿;不足的部分,按照下列规定承担赔偿责任"——来看,赔偿顺序也是非常清楚的,即首先由法定保险即交强险给予赔偿,这个赔偿的范围既包括人身伤亡,也包括财产损失。《道路交通安全法》第 76 条第 1 款中使用的"人身伤亡"仅仅是指人身伤亡这一生命权、身体权或健康权受侵害的客观状态,至于由于人身伤亡引发的损害,当然要依据《民法典》第 1179 条和第 1183 条第 1 款来确定,不仅包括侵害人身造成人身伤亡的各种财产损失,也包括侵害人身权益造成的精神损害。同理,该句中的"财产损失"是指财产权益被侵害而遭受的损失。财产权益被侵害,原则上只是会给民事权益主体造成财产损失,极其特殊的情况下才会造成精神损害(《民法典》第 1183 条第 2 款)。[81] 其次,在交强险不足以全部赔偿的部分,则按照侵权责任来赔偿。侵权人可以通过购买机动车商业保险来分散损失,如果其已经购买了该类保险的,自然应当由商业三者险赔偿,不足的或者没有购买的,只能通过侵权责任加以赔偿。由于商业保险是自愿保险,是当事人意思自治的产物,故此,如何赔偿应由当事人在合同中加以约定。这种约定可以排除对某些损害如精神损害的赔偿,除非该约定被依法认定无效。

讨论 未依法投保交强险的投保义务人的民事责任

尽管《道路交通安全法》第 17 条明确规定"国家实行机动车第三者责任强制保险制度",《机动车交通事故责任强制保险条例》第 2 条第 1 款也明确规定:"在中华人民共和国境内道路上行驶的机动车的所有人或者管理人,应当依照《中华人民共和国道路交通安全法》的规定投

[81] 《道路交通事故损害赔偿解释》第 14 条明确规定:"道路交通安全法第七十六条规定的'人身伤亡',是指机动车发生交通事故侵害被侵权人的生命权、健康权等人身权益所造成的损害,包括侵权责任法第十六条和第二十二条规定的各项损害。道路交通安全法第七十六条规定的'财产损失',是指因机动车发生交通事故侵害被侵权人的财产权益所造成的损失。"

保机动车交通事故责任强制保险。"但是,实践中依然有一些人,尤其是农村的各类机动车的所有人或管理人为省钱而不依法投保交强险,这种行为显然是违法行为,应当依法给予相应的处罚(《道路交通安全法》第98条第1款)。

在民法上,未依法投保交强险的机动车一旦发生交通事故,就意味着无法通过交强险使受害人获得赔偿。为此,《道路交通事故损害赔偿解释》第19条规定:"未依法投保交强险的机动车发生交通事故造成损害,当事人请求投保义务人在交强险责任限额范围内予以赔偿的,人民法院应予支持。投保义务人和侵权人不是同一人,当事人请求投保义务人和侵权人在交强险责任限额范围内承担连带责任的,人民法院应予支持。"该条规定的"投保义务人在交强险责任限额范围内予以赔偿"的责任,以及"投保义务人和侵权人在交强险责任限额范围内承担"的连带责任,属于一种法定赔偿责任,其构成要件不同于机动车交通事故赔偿责任。机动车交通事故赔偿责任需要区分是发生在机动车之间还是机动车与非机动车驾驶人、行人之间,而分别适用过错责任或无过错责任。然而,前述未依法投保交强险的投保义务人在交强险责任限额范围内予以赔偿的责任,及其与侵权人在该限额内的连带赔偿责任,只需要满足两个要件:其一,未依法投保交强险;其二,未投保交强险的机动车发生交通事故造成损害。例如,张三的A车与李四的B车发生交通事故,李四的各种损失是10,000元,张三的损失是5000元,交警依据双方过错等因素认定责任比例为,张三负事故的30%责任,李四负事故的70%的责任。如果双方都投保了交强险,那么张三通过交强险赔偿李四的损失数额是3000元,而李四通过交强险赔偿张三的是3500元。然而,如果张三没有投保交强险,而李四投保了,那么按照司法解释上述规定,则李四有权要求投保义务人(同时也是侵权人)张三在交强险责任限额内赔偿10,000元,而张三只能要求李四的交强险赔偿3500元。反之,如果张三投保了,李四没有投保,则张三有权要求李四在交强险限额内赔偿5000元,李四只能要求张三的交强险赔偿3000元。显然,这样的责任构成要件具有一种结果责任的意味,非常严厉。《道路交通事故损害赔偿解释》的起草者认为,这样规定的目的就在于督促投保义务人依法履行投保交强险的义务。[82]

二、道路交通事故救助基金

(一)意义

虽然法律对机动车造成非机动车驾驶人或者行人损害时采取了无过错责任原则,又实行了机动车强制责任保险制度,但交通事故的受害人的保障仍可能不足。例如,某些机动车车主违反法律规定未投保强制责任保险,结果发生交通事故后,既没有保险给付,又无赔偿能力。再如,机动车肇事后驾驶人逃逸,无法查明加害人或肇事车辆。为更好地维护机动车交通事故受害人的合法权益,《道路交通安全法》第17条规定:"国家实行机动车第三者责任强制保险制度,设立道路交通事故社会救助基金。具体办法由国务院规定。"第75条规定:"医疗机构对交通事故中的受伤人员应当及时抢救,不得因抢救费用未及时支付而拖延救治。肇事车辆参加机动车第三者责任强制保险的,由保险公司在责任限额范围内支付抢救费用;抢救费用超过责任限额的,未参加机动车第三者责任强制保险或者肇事后逃逸的,由道路交通事故社会救助基金先行垫付部分或者全部抢救费用,道路交通事故社会救助基金管理机构有权向交通事故责

---

〔82〕 最高人民法院民事审判第一庭:《最高人民法院关于道路交通损害赔偿司法解释理解与适用》,人民法院出版社2012年版,第251页。

任人追偿。”《机动车交通事故责任强制保险条例》第 24 条规定:“国家设立道路交通事故社会救助基金(以下简称救助基金)。有下列情形之一时,道路交通事故中受害人人身伤亡的丧葬费用、部分或者全部抢救费用,由救助基金先行垫付,救助基金管理机构有权向道路交通事故责任人追偿:(一)抢救费用超过机动车交通事故责任强制保险责任限额的;(二)肇事机动车未参加机动车交通事故责任强制保险的;(三)机动车肇事后逃逸的。”《道路交通事故社会救助基金管理试行办法》第 2 条第 2 款规定:“本办法所称道路交通事故社会救助基金(以下简称救助基金),是指依法筹集用于垫付机动车道路交通事故中受害人人身伤亡的丧葬费用、部分或者全部抢救费用的社会专项基金。”由此可见,道路交通事故救助基金的主要目的在于,解决没有投保第三者强制保险的机动车致人损害以及肇事者逃逸又无法查明等情况下如何保护受害人的问题。

(二)资金来源

《机动车交通事故责任强制保险条例》第 25 条规定,道路交通事故救助基金(以下简称救助基金)的来源包括以下几类:

1. 按照交强险的保险费的一定比例提取的资金。从交强险的保费中提取一定比例的资金作为救助基金的来源乃是世界各国或各地区普遍采取的做法,无非提取的比例不同,我国香港特别行政区为 3%,我国台湾地区为 2%,韩国为 4.4%。《道路交通事故社会救助基金管理试行办法》第 7 条规定:“每年 3 月 1 日前,财政部会同中国保险监督管理委员会(以下称中国保监会)根据上一年度救助基金的收支情况,按照收支平衡的原则,确定当年从交强险保险费收入提取救助基金的比例幅度。省级人民政府在幅度范围内确定本地区具体提取比例。”

2. 对未按照规定投保交强险的机动车的所有人、管理人的罚款。《道路交通安全法》第 98 条第 1 款规定:“机动车所有人、管理人未按照国家规定投保机动车第三者责任强制保险的,由公安机关交通管理部门扣留车辆至依照规定投保后,并处依照规定投保最低责任限额应缴纳的保险费的二倍罚款。”在我国立法中,行政处罚措施的罚款应当上缴国库,作为国家财政收入,纳入预算管理。国家建立救助基金的目的是保护受害人的利益,在我国财政比较紧张的情况下,将原本作为国家财政收入的罚款纳入救助基金,体现了国家财政所给予的支持。

3. 救助基金管理机构依法向道路交通事故责任人追偿的资金。《道路交通安全法》以及《机动车交通事故责任强制保险条例》都赋予了救助基金在先行垫付抢救费用或丧葬费用后享有向道路交通事故责任人的追偿权。因此,救助基金在向该责任人行使追偿权后,获得的资金应当作为该基金的来源。

4. 救助基金孳息。救助基金孳息主要是指基金存放在金融机构后获得的利息以及通过其他方式运作获得的增值收入。考虑到救助基金运行的公益目的,为了保障其资金的安全性,法律上应禁止基金的管理机构将基金中的资金投入到房地产、证券市场、企业等风险较大的行业,而应当通过购买国债、金融债券等比较安全的投资方式获得孳息。

5. 其他资金。其他资金主要是指社会有关人员进行的捐赠或者政府给予的一定扶持等收入。

我国道路交通事故社会救助基金的数额如图 21.5.2 所示。

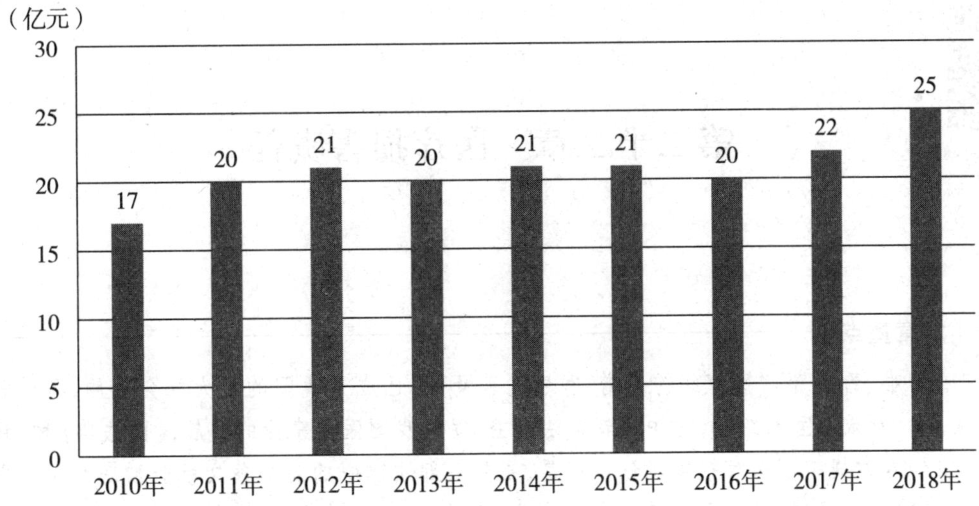

图 21.5.2 2010—2018 年道路交通事故社会救助基金的数额变化[83]

（三）道路交通事故社会救助基金的给付

《民法典》第 1216 条规定："机动车驾驶人发生交通事故后逃逸，该机动车参加强制保险的，由保险人在机动车强制保险责任限额范围内予以赔偿；机动车不明、该机动车未参加强制保险或者抢救费用超过机动车强制保险责任限额，需要支付被侵权人人身伤亡的抢救、丧葬等费用的，由道路交通事故社会救助基金垫付。道路交通事故社会救助基金垫付后，其管理机构有权向交通事故责任人追偿。"[84]此外，依据《道路交通安全法》第 75 条以及《机动车交通事故责任强制保险条例》第 24 条，在符合法定情形下，救助基金先行垫付的只是受害人的人身伤亡的抢救费用或者丧葬费用。《道路交通事故社会救助基金管理试行办法》第 12 条规定："有下列情形之一时，救助基金垫付道路交通事故中受害人人身伤亡的丧葬费用、部分或者全部抢救费用：（一）抢救费用超过交强险责任限额的；（二）肇事机动车未参加交强险的；（三）机动车肇事后逃逸的。依法应当由救助基金垫付受害人丧葬费用、部分或者全部抢救费用的，由道路交通事故发生地的救助基金管理机构及时垫付。救助基金一般垫付受害人自接受抢救之时起 72 小时内的抢救费用，特殊情况下超过 72 小时的抢救费用由医疗机构书面说明理由。具体应当按照机动车道路交通事故发生地物价部门核定的收费标准核算。"

除上述费用之外，无论是人身伤亡方面的还是财产损失方面的费用，都不能由救助基金给付。因为法律设计道路交通事故救助基金的主要目的，就是通过先行垫付抢救费用以便使受害人及时得到抢救，挽救其生命，或者在受害人死亡时通过先行垫付丧葬费用使死者得以安息。此外，社会救助基金是为了避免无辜的受害人无法得到任何补偿情况下的最终救济措施，而非赔偿受害人损害的责任制度，因此不能为受害人的其他损害支付费用。

---

〔83〕 本统计数据来自 2010—2018 年期间国务院保险监督管理机构每年公布的当年的《机动车交通事故责任强制保险业务情况的公告》。

〔84〕 《民法典》该条来自《侵权责任法》第 53 条，但进行了一处重要的修改，即明确了在抢救费用超过机动车交通事故责任强制保险责任限额的情形下，需要支付被侵权人人身伤亡的抢救、丧葬等费用的，也应当由道路交通事故社会救助基金垫付。

文献阅读

第二十二章 医疗损害责任

本章重点

“看病难、看病贵”“医疗纠纷激增、医患关系紧张”已成为我国的重大社会问题，备受社会各界关注。为减少医患纠纷，维护患者合法权益，促进我国医学事业的发展，《民法典》和《侵权责任法》均专章规定了医疗损害责任。但是，指望一部法律中的几个条文就能彻底解决目前医疗领域中的全部问题，显然不现实。问题的最终解决，仍有待于我国整个医疗卫生体制的变革。通过阅读本章，读者将了解到医疗损害责任的归责原则、构成要件、免责事由等问题。

第一节 概 述

一、医疗损害责任的含义

(一)医疗损害责任的概念与类型

医疗损害责任的概念有广狭义之分(参见图22.1.1)。狭义的医疗损害责任，仅指医疗机构或医务人员在诊疗活动中因过失侵害患者生命权、身体权、健康权造成损害时，依法承担的损害赔偿责任。此种责任属于专家责任。一方面，造成损害的主体是医疗机构、医务人员等具有专业性知识的机构和人员；另一方面，损害是在专业性服务活动(诊疗活动)中造成的。正是由于造成损害的是专家，而损害又发生在专业活动中，因此，医疗损害责任在过错、因果关系的判断上都有特殊之处。

除狭义的医疗损害责任外，广义的医疗损害责任尚包括：(1)药品、医疗器械的缺陷给患者造成损害时，医疗机构应当承担的赔偿责任；(2)医疗机构、医务人员在诊疗过程中侵害患者的生命权、健康权与身体权之外的其他人身权益、财产权益并造成损害时，应当承担的赔偿责任。如侵害患者的隐私权、肖像权、个人信息的责任。这两类责任都不是专家责任。前者属于产品责任，对此《民法典》侵权责任编第四章以及《产品质量法》《药品管理法》等法律已有专门的规范，无须在医疗损害责任中再作规定。后者虽然也是发生在诊疗活动当中，但并非因为医疗机构、医务人员提供的专业性服务所致，完全可以适用《民法典》第1165条第1款的过错责任原则。故此，本章讨论的只是狭义的医疗损害责任。

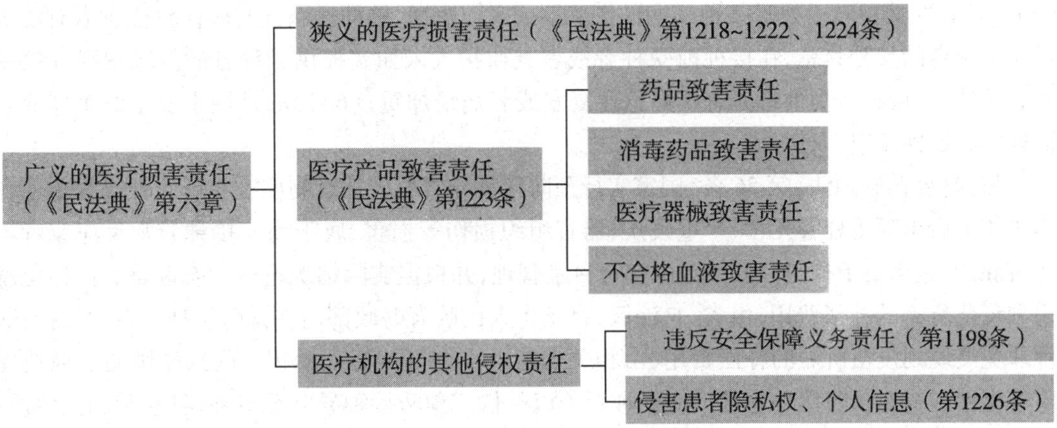

图 22.1.1　医疗损害责任的规范体系

(二)几类特殊的医疗损害责任

1. 医疗美容

医疗美容,是指运用手术、药物、医疗器械以及其他具有创伤性或者侵入性的医学技术方法对人的容貌和人体各部位形态进行的修复与再塑(《医疗美容服务管理办法》第 2 条第 1 款)。医疗美容活动是由美容医疗机构,或者开设医疗美容科室的医疗机构来开展的,不同于普通的非医疗美容。由于医疗美容活动也属于医疗活动,故此,当美容医疗机构或者开设医疗美容科室的医疗机构实施医疗美容活动时因过失给他人造成损害的,属于医疗损害责任,适用《民法典》侵权责任编第六章的规定。如果是非医疗机构实施的美容活动,由此给他人造成损害的,不属于医疗损害责任,应当适用的是《民法典》第 1165 条第 1 款。

2. 计划生育

被用于控制人口增长的计划生育是中国的一项基本国策。要进行计划生育,往往要实施避孕节育手术。《人口和计划生育法》第 21 条第 1 款规定:"实行计划生育的育龄夫妻免费享受国家规定的基本项目的计划生育技术服务。"虽然是免费享受计划生育技术服务,但因此遭受损害的,接受服务者仍然有权要求提供计划生育技术服务的医疗机构承担损害赔偿责任。由此产生的损害赔偿纠纷也属于医疗损害责任纠纷。

3. 预防接种

因预防接种活动而遭受人身损害的,受害人提起损害赔偿之诉属于医疗损害责任纠纷。此类损害纠纷的具体情形包括:其一,因为预防接种的疫苗不合格而造成人身损害;其二,因预防接种过程中存在过失而造成人身损害,如医疗卫生人员在实施接种前没有告知受种者或者其监护人所接种疫苗的品种、作用、禁忌、不良反应以及注意事项,询问受种者的健康状况以及是否有接种禁忌等情况。

但是,由于预防接种异常反应而造成的损害不属于医疗损害责任纠纷,法院一般是裁定驳回起诉。此类损害要按照《疫苗管理法》的有关规定处理。依据该法第 52 条,所谓预防接种异常反应,是指合格的疫苗在实施规范接种过程中或者实施规范接种后造成受种者机体组织器官、功能损害,相关各方均无过错的药品不良反应。下列情形不属于预防接种异常反应:(1)因疫苗本身特性引起的接种后一般反应;(2)因疫苗质量问题给受种者造成的损害;(3)因接种单位违反预防接种工作规范、免疫程序、疫苗使用指导原则、接种方案给受种者造成的损害;

(4)受种者在接种时正处于某种疾病的潜伏期或者前驱期,接种后偶合发病;(5)受种者有疫苗说明书规定的接种禁忌,在接种前受种者或者其监护人未如实提供受种者的健康状况和接种禁忌等情况,接种后受种者原有疾病急性复发或者病情加重;(6)因心理因素发生的个体或者群体的心因性反应。

依据《疫苗管理法》第56条,国家实行预防接种异常反应补偿制度。实施接种过程中或者实施接种后出现受种者死亡、严重残疾、器官组织损伤等损害,属于预防接种异常反应或者不能排除的,应当给予补偿。补偿范围实行目录管理,并根据实际情况进行动态调整。接种免疫规划疫苗所需的补偿费用,由省、自治区、直辖市人民政府财政部门在预防接种经费中安排;接种非免疫规划疫苗所需的补偿费用,由相关疫苗上市许可持有人承担。国家鼓励通过商业保险等多种形式对预防接种异常反应受种者予以补偿。预防接种异常反应补偿应当及时、便民、合理。预防接种异常反应补偿范围、标准、程序由国务院规定,省、自治区、直辖市制定具体实施办法。此外,《疫苗管理法》第68条还规定,国家实行疫苗责任强制保险制度。疫苗上市许可持有人应当按照规定投保疫苗责任强制保险。因疫苗质量问题造成受种者损害的,保险公司在承保的责任限额内予以赔付。

4. 缺陷出生

缺陷出生(wrongful birth),也称不法出生或不当出生,是指因医疗过失而导致存在生理缺陷的婴儿在违背父母意愿的情形下出生(参见**案例**22.1.1)。由此引起的损害赔偿纠纷,也属于医疗损害责任纠纷。但是,缺陷出生的损害赔偿纠纷存在以下不同之处:一方面,请求权主体不同。一般医疗损害责任纠纷中,原告是因医疗机构或医务人员的医疗过失而导致生命权、身体权或健康权被侵害的受害人,在受害人死亡的情况下,原告是其近亲属。但是,缺陷出生损害赔偿纠纷的原告是父母而非出生的婴儿,并且婴儿的生理缺陷也是先天形成的而非医疗过失造成的。另一方面,损害赔偿的范围不同。一般医疗损害责任中,医疗机构或者医务人员因医疗过失给患者造成了损害,医疗机构需要承担的是侵害患者人身权的财产损害和精神损害赔偿责任。前者既包括了医疗费、护理费、交通费等所受损害,也包括误工费、残疾赔偿金、被扶养人生活费、死亡赔偿金等所失利益。但是,在缺陷出生损害赔偿诉讼中,涉及的赔偿项目主要就是两项:一是抚养费,二是精神损害。至于缺陷婴儿父母提出的抚养费的请求是否支持的问题,比较法上存在很大的争论。有些国家采取肯定的态度,如德国、法国、意大利、丹麦等国家肯定缺陷婴儿父母的抚养费用请求权,而英国、比利时、西班牙都否定此种请求权。我国法院多否定抚养费请求权而肯定精神损害赔偿请求权。

案例阅读

案例22.1.1
王洁颖、董鹏程诉首都医科大学附属复兴医院医疗损害责任纠纷案

讨　论　缺陷出生(wrongful birth)与缺陷生命(wrongful life)

从我国司法实践来看,因为医疗机构产前检查的过失而致先天性有缺陷的孩子出生的案件日渐增多。这些案件中,相当一部分是父母作为原告起诉,也有些案件中的原告为父母以及残疾的孩子。在父母和孩子都作为原告起诉的案件中,法院的处理方法各不相同。有的法院

认可参加孩子作为原告起诉的权利,[1]但多数法院不予认可,理由在于:公民的民事权利能力始于出生,终于死亡。例如,在某案件中,在进行产前检查阶段,陈某乙还处于胎儿时期,其无民事权利能力,不可能决定自己的出生,决定生育的选择权为其父母所有;但一旦残疾儿出生,则侵犯了残疾儿父母的"优生选择权",无疑被侵权主体为父母而非陈某乙。故陈某乙以原告身份主张赔偿权利不符合相应法律规定。[2]

在英美国家,将上述两类原告不同的案件区分为缺陷出生(wrongful birth)和缺陷生命(wrongful life)。缺陷出生是指,因医疗机构过失导致产下残疾孩子之情形,该残疾孩子的父母针对医疗机构提出的赔偿请求权,包括医疗费用、特别的抚养费用以及精神损害赔偿。缺陷生命是指,因医疗机构的过失而导致残疾孩子出生时,该残疾孩子本身提出的请求,包括精神痛苦以及特殊医疗费用。

本书认为,先天性残疾的孩子原则上不具有损害赔偿请求权,只有父母才能作为原告提起诉讼。这是因为:一方面,出生这一事实本身不能被评价为损害,残疾孩子不能以自己的出生作为损害,也就是说,有缺陷的生命在法律上不能被评价为一种损害,否则违反基本伦理和对生命的尊重。另一方面,孩子的残疾乃是先天性的残疾并非因为医疗机构的医疗过失所致,因此,所谓的缺陷出生中并不是孩子的出生是"wrongful",而是医疗机构因过失而未能阻止怀孕或生产的行为是"wrongful"。[3] 正是因为这一行为,才使有缺陷的孩子出生了,而非使原本无缺陷的孩子成为有缺陷的孩子。从我国现行法来看,残疾孩子也不享有损害赔偿请求权。《民法典》第16条规定:"涉及遗产继承、接受赠与等胎儿利益保护的,胎儿视为具有民事权利能力。但是,胎儿娩出时为死体的,其民事权利能力自始不存在。"这一规定在侵权法中适用的前提是,胎儿原本健康,但因为其母亲遭受他人侵害或者胎儿本身在出生过程中遭受他人侵害,为了保护胎儿的利益,将之视为具有民事权利能力,从而肯定其损害赔偿请求权的存在,只是在其出生且并非死体时,才可以行使该请求权。最高人民法院的一则裁定指出:"本案中,马识真作为原告,认为其母亲在怀孕马识真期间,受约翰公司工作环境污染影响,造成马识真出生后身体残疾的后果,从而以约翰公司为被告,向人民法院提起诉讼,请求判令约翰公司向其赔偿损失,具体包括医药费、护理费、康复费、交通费、营养费、残疾赔偿金、精神损害抚慰金等……本案系未成年人马识真提起的诉讼,而非以胎儿的名义提起的诉讼……马识真的起诉符合我国民事诉讼法第一百零八条的规定……南开法院以本案中马识真依据其母郑茹与约翰公司在劳动关系中形成的权利、义务而向约翰公司主张侵权之诉、主体不适格为由,裁定驳回马识真的起诉,实属不当。天津一中院关于马识真所主张的受到的侵害系发生在其母怀孕并与约翰公司履行劳动合同期间,马识真在本案中起诉主张权利属于主体不适格的观点以及天津高院关于马识真主张受到的损害系发生在其母怀孕期间、马识真以自己的名义起诉没有法律

---

〔1〕 张某某、柏某甲、柏某乙诉青阳县中医医院医疗损害责任纠纷案,青阳县人民法院(2015)青民一初字第00130号民事判决书。

〔2〕 例如,广州市中级人民法院颁布的《医疗损害责任纠纷案件审理指引》第7条第2款规定:"前款情形下,以婴儿的名义提起民事诉讼的,人民法院应当向其法定代理人释明以父母名义起诉。"再如,在"云南省平安中西医结合医院与陈武凤等医疗损害赔偿纠纷上诉案"案中,法院认为:"本案的损害事实并非是残疾婴儿的出生,因为生命的无价不能因身体的残疾而低估其价值,故本案产生的损害应当是被告平安医院对原告优生优育权的侵犯而给原告身体、感情、精神上造成的损害。"云南省昆明市中级人民法院(2007)昆民三终字第854号民事判决书。

〔3〕 Cees Van Dam, *European Tort Law*, 2nd ed., Oxford University Press, 2013, pp. 509, 193.

依据的观点,亦属不当,均应予纠正。"[4]

从比较法上来看,除了极少数的国家如荷兰,美国的加州、新泽西州和华盛顿特区的法院允许孩子针对医疗机构提起诉讼,绝大多数都不允许,理由在于:首先,医疗机构对于残疾的新生儿不负有任何的注意义务,而新生儿的残疾乃是先天性因素所致,与医疗过失行为本身无关。如果认为医生对残疾新生儿负有阻止有缺陷的生命出生的义务,就意味着死亡要胜过有缺陷的生命,这显然违反生命同等神圣的公共政策。其次,难以认定侵害的对象和损害,一方面,残疾的孩子被侵害的是什么呢?其本身毕竟没有选择是否出生的权利,而健康权也并非因为医疗机构的过失行为而遭受损害。另一方面,基于完全赔偿原则,侵权赔偿要使受害人恢复到如果侵权行为没有发生时其应处的状态。按照这一理论,则孩子提起诉讼的话,赔偿应当是恢复到其没有出生时应处的状态,而要比较有缺陷的生命与没有出生之间的损害,是难以做到的。

综上所述,考虑到通过父母提起的诉讼所获得的赔偿可以及于残疾孩子,故此,不应当允许孩子作为原告起诉。我国司法实务和理论界认为,之所以在缺陷出生中的原告只能是父母而非孩子,根本原因在于缺陷出生侵害了父母的优生优育权或自由选择生育的权利。[5] 不过,本书更倾向于认为,缺陷出生侵害的是母亲的身体权,即侵害了身体权所保护的母亲决定是否生育有缺陷的孩子的自由选择的权利。

(三)医疗损害纠纷中的责任竞合

患者因医疗机构或医务人员在诊疗活动中的过失而遭受损害的,会发生侵权责任与违约责任的竞合。一方面,医疗机构、医务人员的医疗过失行为侵害了患者的生命权、身体权或健康权,故此,该行为构成侵权行为;另一方面,由于患者与医疗机构存在医疗服务合同关系,也可以请求医疗机构承担违约责任。如果该违约行为损害患者人格权并造成严重精神损害的,违约赔偿责任中可以包括精神损害赔偿(《民法典》第996条)。当患者针对医疗机构提起违约之诉时,诉由是"医疗服务合同纠纷";如果是侵权之诉,诉由是"医疗损害责任纠纷"。具体选择何种诉由,行使哪一种损害赔偿请求权,由患者决定。

二、医疗损害责任的归责原则

我国法律对于医疗损害责任历来适用的都是**过错责任原则**。《民事诉讼证据规定》第4条第1款第8项曾经规定:"因医疗行为引起的侵权诉讼,由医疗机构就医疗行为与损害结果之间不存在因果关系及不存在医疗过错承担举证责任。"[6]但是,《侵权责任法》并未采取此种做法,理由在于:首先,在医疗损害责任中一律采取过错推定,并不一定就有利于患者,它会导致医疗机构采取保守医疗,不利于医学科学的发展。至于患者在发生纠纷时与医疗机构信息不对称的问题,可以通过信息公开的方式加以解决。[7] 其次,造成医疗损害的原因较为复杂,不少情况下由医疗机构承担证明责任也是困难的。至于因果关系证明规则可以由民事诉讼法的

---

[4] 马识真、约翰克兰(天津)有限公司健康权纠纷案,最高人民法院(2011)民提字第30号民事裁定书。

[5] 丁春艳:《"错误出生"案件之损害赔偿责任研究》,载《中外法学》2007年第6期;张红:《错误出生的损害赔偿责任》,载《法学家》2011年第6期。

[6] 2019年最高人民法院修订该司法解释时,已将这一规定删除。

[7] 王胜明主编:《中华人民共和国侵权责任法解读》,中国法制出版社2010年版,第272页。

证据制度解决,《侵权责任法》可以不作规定。[8]

我国《民法典》延续了《侵权责任法》的规定,没有对医疗损害责任实行过错推定和因果关系推定。故此,《民法典》侵权责任编第六章虽然专章规定了医疗损害责任,但是医疗损害责任性质上仍然属于一般侵权责任,适用的是过错责任原则。《民法典》只是在第1222条规定了三种特殊情形下对医疗机构实行过错推定。

三、医疗事故责任与医疗损害责任的区分

2002年9月1日起施行的《医疗事故处理条例》是专门规范医疗事故的行政法规。依据该条例第2条,医疗事故是指医疗机构及其医务人员在医疗活动中,违反医疗卫生管理法律、行政法规、部门规章和诊疗护理规范、常规,过失造成患者人身损害的事故。是否构成医疗事故,应由负责医疗事故技术鉴定工作的医学会组织鉴定(《医疗事故处理条例》第20条)。如果经鉴定认为不构成医疗事故的,医疗机构就不承担赔偿责任(《医疗事故处理条例》第49条第2款)。这一规定显然是错误的。

首先,医疗机构及其医务人员在诊疗活动中造成患者损害的行为是否构成医疗事故,只是涉及是否需要承担行政责任、刑事责任的问题,与民事侵权责任的有无并无必然联系。构成医疗事故的,医疗机构及其医务人员不仅要承担民事责任,还要承担行政责任乃至刑事责任。不构成医疗事故,无非不发生行政责任与刑事责任,并不等于医疗机构就无须承担民事责任。其次,《立法法》第8条第7项及第9条规定,"民事基本制度"只能制定法律,在该事项尚未制定法律时,全国人民代表大会及其常务委员会有权作出决定,授权国务院可以根据实际需要制定行政法规。全国人民代表大会及其常务委员会并未将医疗损害责任这一民事基本制度的立法权授予给国务院。因此,作为行政法规的《医疗事故处理条例》无权以是否构成医疗事故,作为决定医疗机构是否承担民事赔偿责任的标准。

正因如此,起草《侵权责任法》时,"各方面普遍认为,医疗纠纷案件处理中法律适用的二元化的现象损害了我国法制的严肃性和统一性,影响了司法公正,加剧了医患矛盾,亟须通过立法加以解决"。[9] 有鉴于此,《侵权责任法》第七章专门规定了"医疗损害责任",其调整范围涵盖了患者因医疗机构及其医务人员的过错而在诊疗活动中遭受损害的情形,不再区分是否构成医疗事故。我国《民法典》侵权责任编第六章延续了《侵权责任法》的规定。所以,只要是医疗机构或者其医务人员在诊疗活动中因过错给患者造成损害的,就应当适用《民法典》等法律的规定,承担赔偿责任。

第二节　构成要件

一、加害人为医疗机构或者医务人员

医疗机构,是指依照《医疗机构管理条例》的规定,取得《医疗机构执业许可证》的机构

---

〔8〕《全国人民代表大会法律委员会关于〈中华人民共和国侵权责任法(草案)〉修改情况的汇报》,2009年10月27日十一届全国人大常委会第十一次会议。

〔9〕王胜明主编:《中华人民共和国侵权责任法解读》,中国法制出版社2010年版,第269～270页。

(《医疗事故处理条例》第60条第1款),包括从事疾病诊断、治疗活动的医院、卫生院、疗养院、门诊部、诊所、卫生所(室)以及急救站等医疗机构(《医疗机构管理条例》第2条)。医务人员,是指经过考核和卫生行政机关批准或承认,取得相应资格的各级各类卫生技术人员(如执业医师、执业助理医师、护士等)以及从事医疗管理、后勤服务等人员。[10]

医疗损害责任的加害人必须是医疗机构、医务人员的原因在于:医疗活动是一种专业性、技术性、风险性都很强的活动,涉及人民群众的生命健康安全。现代国家对于医疗活动莫不严加管理,不允许没有经过专业训练并取得相应资质的机构或人员随意从事医疗活动。在我国,《执业医师法》《医疗机构管理条例》《护士条例》等法律法规与规章,对从事医疗活动的医疗机构及医务人员的主体资格有非常严格的限制。如果不符合法律法规规定的机构或者个人从事了医疗活动,该活动具有非法性,属于非法行医。[11] 因非法行医而造成患者损害的侵权责任属于一般侵权责任,不属于医疗损害责任,只要依据过错责任原则处理即可。[12] 不仅如此,非法行医还会产生相应的行政责任与刑事责任。一方面,无论患者有无损害,非法行医者都要承担相应的行政责任。例如,依据《执业医师法》第39条,未经批准擅自开办医疗机构行医或者非医师行医的,由县级以上人民政府卫生行政部门予以取缔,没收其违法所得及其药品、器械,并处十万元以下的罚款;对医师吊销其执业证书。另一方面,非法行医情节严重(如造成患者人身轻伤)的,构成非法行医罪(《刑法》第336条)。只有医疗机构或者医务人员在诊疗活动中因过错造成患者损害的,构成的是医疗损害责任,适用《民法典》侵权责任编第六章“医疗损害责任”。依据《刑法》第335条,医务人员由于严重不负责任,造成就诊人死亡或者严重损害就诊人身体健康的,构成医疗事故罪,处3年以下有期徒刑或者拘役。[13]

二、患者在诊疗活动中受到损害

(一)诊疗活动的含义

患者只有在诊疗活动中受到损害,才会发生医疗损害责任(《民法典》第1218条)。“诊疗活动”这一要件界定了医疗损害责任的适用范围,也就是说,并非患者在医疗机构受到的所有损害都产生医疗损害责任。例如,患者在医院大厅排队挂号时,由于地板湿滑而摔伤,此时,医疗机构应依《民法典》第1198条第1款承担违反安全保障义务的侵权责任;患者在住院期间,因医院大楼倒塌而死亡,依据《民法典》1252条,医疗机构作为建设单位应当与施工单位承担连带责任,也不属于医疗损害责任。

何为“**诊疗活动**”,《民法典》未予明确。在现行法律法规中,只有《医疗机构管理条例实施

---

〔10〕 参见1988年5月10日原卫生部颁布的《关于〈医疗事故处理办法〉若干问题的说明》。

〔11〕 《最高人民法院关于审理非法行医刑事案件具体应用法律若干问题的解释》第1条规定:“具有下列情形之一的,应认定为刑法第三百三十六条第一款规定的‘未取得医生执业资格的人非法行医’:(一)未取得或者以非法手段取得医师资格从事医疗活动的;(二)被依法吊销医师执业证书期间从事医疗活动的;(三)未取得乡村医生执业证书,从事乡村医疗活动的;(四)家庭接生员实施家庭接生以外的医疗行为的。”

〔12〕 《医疗事故处理条例》第61条规定:“非法行医,造成患者人身损害,不属于医疗事故,触犯刑律的,依法追究刑事责任;有关赔偿,由受害人直接向人民法院提起诉讼。”

〔13〕 根据最高人民检察院、公安部印发的《最高人民检察院、公安部关于公安机关管辖的刑事案件立案追诉标准的规定(一)》第56条,具有下列情形之一的,属于《刑法》第335条规定的“严重不负责任”:(1)擅离职守的;(2)无正当理由拒绝对危急就诊人实行必要的医疗救治的;(3)未经批准擅自开展试验性医疗的;(4)严重违反查对、复核制度的;(5)使用未经批准使用的药品、消毒药剂、医疗器械的;(6)严重违反国家法律法规及有明确规定的诊疗技术规范、常规的;(7)其他严重不负责任的情形。《刑法》第335条规定的“严重损害就诊人身体健康”,是指造成就诊人严重残疾、重伤、感染艾滋病、病毒性肝炎等难以治愈的疾病或者其他严重损害就诊人身体健康的后果。

细则》作出了界定。依据该细则第88条第1款，诊疗活动，是指通过各种检查，使用药物、器械及手术等方法，对疾病作出判断和消除疾病、缓解病情、减轻痛苦、改善功能、延长生命、帮助患者恢复健康的活动。判断医疗机构及其医务人员的活动是否属于诊疗活动，关键要看该活动是否需要运用医疗机构、医务人员的专业知识、技能与设备等手段。如果需要，则该活动就属于诊疗活动。故此，可将诊疗活动界定为：医疗机构、医务人员借助医学知识、专业技术、仪器设备及药物等手段，为患者提供的紧急救治、检查、诊断、治疗、护理、保健、医疗美容以及为此服务的后勤和管理等维护患者生命健康所必需的活动。

（二）患者遭受了损害

诊疗活动是以维护患者的生命健康为目的的。因此，在诊疗活动中，医疗机构或者医务人员因过失而侵害的只是患者的生命权、身体权和健康权。倘若医疗机构、医务人员借诊疗活动之机侵害患者的财产权益和其他人身权益，则属于其他民事责任的范畴，不属于医疗损害责任。例如，医院违反规定对患者实施不必要的检查以牟取非法利益、通过价格欺诈出售高价药品给患者等，皆不属于医疗损害责任，而是构成违约责任或其他类型的侵权责任。

（三）诊疗活动与患者的损害之间存在因果关系

患者的损害必须是因诊疗活动所致。如果患者的损害不是发生在诊疗活动中，或与诊疗活动不存在因果关系，也不发生医疗损害责任。例如，限于诊疗活动进行时的医学科学水平，根本就无法对患者的疾病进行诊断或治疗，患者因此死亡的，显然患者的死亡与诊疗活动没有因果关系，完全是受害人自身疾病的疑难复杂所致，此时，依据《民法典》第1224条第1款第3项，医疗机构不承担赔偿责任。

在判断医疗机构或者医务人员的过错诊疗活动与损害的因果关系时，需要注意的是：首先，过错诊疗行为应当是造成患者损害的条件。在医疗损害纠纷中，应当考察这样一个问题——倘若没有医疗机构或者医务人员在诊疗活动中的过错，患者的损害是否会发生？如果回答是否定的，则该过错诊疗活动是造成损害的必要条件；如果答案是肯定，则不是。其次，在考虑有过错的诊疗活动是否属于造成患者损害发生的条件时，无须考该过错诊疗活动引发患者损害的可能性或概率是否高于不会引发损害的可能性或概率。因为患者本身就是罹患疾病或遭受了其他损害的人，导致其死亡或伤残等损害的原因是复合的。除过错诊疗活动外，还包括患者自身病情、治疗时间、身体素质、医疗技术水平等原因。医疗机构或者医务人员有过错的诊疗活动通常只是增加了患者遭受损害的概率，或者说是减少了患者存活或治愈的概率。此种生存或康复概率的减少本身就是一种损害。故此，不能因为患者即便得到有效的诊治，其痊愈或存活的概率也很低，就认定损害与过错诊疗活动没有因果关系。最后，受害患者或者其近亲属需要提出证据证明损害与诊疗活动存在因果关系，至少需要证明以下事项：其一，受害人曾在作为被告的医疗机构接受过诊疗活动并遭受了损害。对此，被侵权人可以通过提供交费单据、病历、出院证明等证明之。其二，诊疗活动与损害之间因果关系的证明，该因果关系的证明涉及专业知识，需要通过相应的医疗损害鉴定意见加以确定。

三、医疗机构或者医务人员存在过错

（一）概述

1. 医疗过错的含义

医疗损害责任属于过错责任，加害人主观上应具有过错。《侵权责任法》第54条规定"医疗机构及其医务人员有过错"，这一表述并不妥当。医疗机构在诊疗活动中因过错造成患者损害(如医疗机构因维护不当导致医疗设备在手术时出现故障,以致患者死亡)的,医疗机构当然要承担赔偿责任;而医务人员是医疗机构的工作人员,其从事诊疗活动属于执行工作任务,因此造成患者损害的,依据《民法典》第1191条规定的用人单位责任,也应当由医疗机构承担侵权责任。故此,《民法典》第1218条将之修改为“医疗机构或者其医务人员有过错”。所谓过错,仅限于过失,包括疏忽大意的过失和过于自信的过失,不包括故意。如果医疗机构或者医务人员在诊疗活动中故意给患者造成损害,那么,在民法上就是一般侵权责任而非医疗损害责任;在刑法上,故意造成此等损害的医务人员也不构成医疗事故罪,而构成故意伤害罪或故意杀人罪。

2. 医疗过错的特点

医疗损害责任中,直接造成患者损害的人主要就是医务人员。医务人员不同于普通的人,属于“专家”。在法律中,专家是指以为委托人提供专业性服务作为职业的具有专门知识和技术的专业人士,如医师、律师、会计师、建筑师等。作为专家的医务人员具有以下特点:首先,他们受到其所从事行业长期而又严格的专门训练,工作内容具有高度的技术性与专业性。作为专家的医务人员是通过高层次脑力劳动,为当事人提供专业性的智力服务而获取报酬的,因此其工作重心在于以精神、智力之判断为中心的脑力劳动,而非体力劳动。[14] 其次,医务人员以向社会公众提供医疗服务这一专业性服务为职业,面对的是不特定的社会大众,该职业的目的在于维护和挽救患者的生命健康。因此,为了维护公众的人身安全,使公众能得到符合一定要求的专业性服务,医务人员只有达到有关法律的要求并获得相应的资格证书与执业证明后才能执业。例如,我国《执业医师法》第14条规定,医师只有经注册后,方可在医疗、预防、保健机构中按照注册的执业地点、执业类别、执业范围执业,从事相应的医疗、预防、保健业务。未经医师注册取得执业证书,不得从事医师执业活动。要取得执业证书,就必须参加国家组织的执业医师资格考试或执业助理医师资格考试(《执业医师法》第8条)。只有资格考试成绩合格,才能取得执业医师资格或者执业助理医师资格(《执业医师法》第12条)。最后,公众对于医务人员的专业知识与技能具有合理的期待与信任,因此医务人员应当负担高度的忠实、信义义务。[15] 例如,我国《执业医师法》第22条规定:“医师在执业活动中履行下列义务:(一)遵守法律、法规,遵守技术操作规范;(二)树立敬业精神,遵守职业道德,履行医师职责,尽职尽责为患者服务;(三)关心、爱护、尊重患者,保护患者的隐私;(四)努力钻研业务,更新知识,提高专业技术水平;(五)宣传卫生保健知识,对患者进行健康教育。”《护士条例》第16条规定:“护士执业,应当遵守法律、法规、规章和诊疗技术规范的规定。”

医务人员作为专家而具有的上述特征,决定了其注意义务具有高度客观化的特点。[16] 一方面,他们必须具有与所要求的资格相符的能力、技能,不得以能力不足作为免责事由。当医务人员发生一定水准以下的行为时,当然认定为其有过失,过失判断标准被客观化。另一方面,医务人员在诊疗活动中负有的是方式性或手段性义务,也就是说,他们只要确保诊疗活动符合法律规定、诊疗规范和应有的注意义务的要求即可,法律上并不要求他们担保诊疗活动的效果,即患者一定会被治愈或避免死亡。故此,判断医务人员有无过失时,决不能仅从患者死

---

〔14〕 Jackson & Powell, *Professional Negligence*, 4th ed., Sweet & Maxwell, 1997, p. 3.

〔15〕 Jackson & Powell, *Professional Negligence*, 4th ed., Sweet & Maxwell, 1997, p. 2.

〔16〕 梁慧星:《〈侵权责任法〉中的医疗损害责任》,载《法商研究》2010年第6期。

亡或伤残的后果出发加以推论，认为只要患者死亡、伤残或没有康复，就一定是医务人员具有医疗过错。

3. 医疗过错的确定方法

受害人应当证明医疗机构或者其医务人员存在医疗过错。由于诊疗活动是具有很强的专业性、结果不确定性的复杂活动，因此，既不能够完全由专业知识不足的患者来证明医疗机构及其医务人员的过错，也不能对医疗机构全部实行过错推定。为了既能够有效地维护患者的合法权益，"又不过度加重医疗机构的赔偿责任，导致消极性防御医疗的出现和阻碍医疗科学技术的进一步发展，使广大患者的整体利益受损"。[17]《民法典》在《侵权责任法》相关规定的基础上，继续采取以下三种确定医疗过失的方法：(1)是否违反说明及取得同意之义务。《民法典》第1219条要求，医务人员在诊疗活动中应当向患者说明病情和医疗措施。需要实施手术、特殊检查、特殊治疗的，医务人员应当及时向患者具体说明医疗风险、替代医疗方案等情况，并取得其明确同意；不能或者不宜向患者说明的，应当向患者的近亲属说明，并取得其明确同意。如果医务人员没有履行该义务，当然就认定具有过错，因此造成患者损害的，医疗机构应当承担赔偿责任。(2)是否违反诊疗义务。《民法典》第1221条规定，医务人员在诊疗活动中未尽到与当时的医疗水平相应的诊疗义务，造成患者损害的，医疗机构应当承担赔偿责任。(3)特殊情形下的过错推定。《民法典》第1222条规定，患者在诊疗活动中遭受损害，有下列情形之一的，推定医疗机构有过错：一是违反法律、行政法规、规章以及其他有关诊疗规范的规定；二是隐匿或者拒绝提供与纠纷有关的病历资料；三是遗失、伪造、篡改或者违法销毁病历资料。

（二）说明及取得同意之义务

1. 概述

尽管医疗活动是一种非常专业的活动，然而，基于以下理由，医务人员仍应向患者或其近亲属负有说明并取得同意之义务：首先，现代社会的医患双方处于平等地位，二者间存在高度的信赖关系。虽然医务人员是专家，在诊疗活动中具有专业判断和决策的权限，但患者基于生命权、身体权和健康权具有自主决定的权利，医务人员应当对此予以充分的尊重。其次，在诊疗活动中，有些是在客观上会侵害患者身体权、健康权的活动（如通过手术切除某一人体器官或人体组织），或者是具有高度风险性的治疗活动，或者会给患者带来较大经济负担。对于这些诊疗活动，如果医务人员不向患者或其近亲属加以说明并取得同意，则患者基于身体权、健康权的排他功能，有权排除此种侵害，而患者或其近亲属也有权拒绝接受那些具有高风险或给其带来经济负担的诊疗活动。

故此，依据《民法典》第1219条，医务人员在诊疗活动中应当向患者说明病情和医疗措施。需要实施手术、特殊检查、特殊治疗的，医务人员应当及时向患者具体说明医疗风险、替代医疗方案等情况，并取得其明确同意；不能或不宜向患者说明的，应当向患者的近亲属说明，并取得其明确同意。[18] 此外，《精神卫生法》第43条、《执业医师法》第26条、《基本医疗卫生与健康促进法》第32条等法律，《医疗机构管理条例》第33条、《医疗纠纷预防和处理条例》第13条、

---

〔17〕北京市高级人民法院(2008)高终字第321号民事判决书，载北京市高级人民法院：《审判前沿：新类型案件审判实务》(总第25集)，法律出版社2010年版，第197页。

〔18〕《民法典》第1219条对《侵权责任法》第55条进行了三处修改：其一，要求医务人员向患者"具体"说明医疗风险，而非只是说明医疗风险；其二，将"书面同意"修改为"明确同意"；其三，除"不宜"说明外，增加了"不能"说明。

《医疗事故处理条例》第 11 条、《人体器官移植条例》第 19 条等行政法规,以及《医疗机构管理条例实施细则》第 62、88 条等规章,都对医疗机构和医务人员的说明并取得同意之义务作出了规定。

2. 适用范围

作为专家的医务人员在诊疗活动中,具有很强的自主性与独立性,其要运用专业知识进行独立的判断。因此,如果任何诊疗活动都必须向患者或其近亲属说明并取得同意,诊疗活动将无法及时有效地进行。这对患者来说,也是不利的。故此,《民法典》第 1219 条第 1 款第 1 句虽然一般性地确定了医务人员负有"向患者说明病情和医疗措施"的义务,但并非都需要取得明确同意。需要取得患者或其近亲属明确同意的情形,被限制在"需要实施手术、特殊检查、特殊治疗"这三类情形,其具体的范围应当依据相应的法律法规和规章的规定加以明确。例如,《精神卫生法》第 43 条规定,医疗机构对精神障碍患者实施下列治疗措施,应当向患者或者其监护人告知医疗风险、替代医疗方案等情况,并取得患者的书面同意;无法取得患者意见的,应当取得其监护人的书面同意,并经本医疗机构伦理委员会批准:(1)导致人体器官丧失功能的外科手术;(2)与精神障碍治疗有关的实验性临床医疗。再如,依据《医疗机构管理条例实施细则》第 88 条第 3 款,"特殊检查、特殊治疗"是指具有下列情形之一的诊断、治疗活动:(1)有一定危险性,可能产生不良后果的检查和治疗;(2)由于患者体质特殊或者病情危笃,可能对患者产生不良后果和危险的检查和治疗;(3)临床试验性检查和治疗;(4)收费可能对患者造成较大经济负担的检查和治疗。

3. 例外的情形

现实生活中,经常发生这样的现象,交通事故等侵权行为的受害人已是生命垂危,本人已无法表达意志,又无法联系或查明其近亲属。此时,倘不及时采取相应的医疗措施,患者可能立即死亡或遭受严重的伤害。为了维护患者的生命、健康,《民法典》第 1220 条规定:"因抢救生命垂危的患者等紧急情况,不能取得患者或者其近亲属意见的,经医疗机构负责人或者授权的负责人批准,可以立即实施相应的医疗措施。"关于该条中的"不能"究竟是仅指客观上不能取得患者或者其近亲属意见,[19] 即患者本人无法表达意志而一时又无法查明患者的近亲属或联系其近亲属,还是包括患者近亲属拒绝同意或无法达成一致意见等主观上不能取患者近亲属意见的情形,存在争议。

司法实践中,有些法院认为,应当对"不能取得患者或者近亲属意见的"情形进行扩张解释,唯其如此,方能有效维护患者的合法权益。例如,广州市中级人民法院颁布的《医疗损害责任纠纷案件审理指引》第 36 条规定:"下列情形,患者生命垂危且不能表达意见,经医疗机构负责人或者授权的负责人批准,为挽救患者生命,可以立即实施相应的医疗措施:(一)近亲属不明或者无联系方式的;(二)有联系方式但联系不到近亲属的;(三)近亲属拒绝发表意见的;(四)近亲属的意见不一致且形不成多数意见的;(五)近亲属的意见明显不利于患者利益的;(六)法律、法规规定的其他情形。前款情形下,医疗机构及其医务人员怠于立即实施相应的医疗措施造成患者损害,患者请求医疗机构承担赔偿责任的,人民法院应予支持。"然而,《民法

---

〔19〕 对该条理解上的分歧的详细介绍,参见陈特:《谈医疗机构告知义务的特殊规定——李某某等与北京某医院医疗损害赔偿纠纷案法律问题探讨》,载北京市高级人民法院:《审判前沿:新类型案件审判实务》(总第 34 集),法律出版社 2011 年版,第 53 页。

典》第1220条中"不能取得患者或者其近亲属意见的"情形，仅限于客观上不能，即患者因疾病或损伤而昏迷或神志不清不能表达意志，也无近亲属陪伴，又联系不到近亲属的情况，不包括患者有近亲属但不发表意见或者意见分歧甚至该意见明显不利于患者的情形。之所以如此，是因为立法机关认为：在抢救生命垂危的患者等紧急情况下，"不能取得患者或者其近亲属意见的"情况是多种多样、比较复杂的。"有的情况是近亲属的决策对患者不利；有的情况是患者病重，家庭负担较重，患者或者其近亲属不愿意继续治疗；还有的情况是，在患者意识清醒时曾经立下遗嘱或者对近亲属明确表示，生命临终要有尊严，不想遭受各种治疗上的痛苦；此外，还有一些其他情形。因此，如果一概规定医疗机构可以实施强行治疗，不但违反了意思自治原则，同时对患者及其家庭也不一定有益。"[20]

本书认为，立法机关的上述考虑有一定的道理。虽然我国曾经发生过此类案件（如广受关注的"李丽云死亡案"[21]），但是，如果在患者无法表示同意而近亲属明确拒绝同意或者意见不一致等情况下，由医疗机构实施强制医疗，就等于医疗机构介入到患者与近亲属之间的矛盾中，难谓妥当，甚至为患者或其近亲属事后拒绝支付相应的费用，无理取闹要求医疗机构承担责任提供口实。在当前的法律体系下，如果患者的近亲属真的是对患者的情况不闻不问甚至迟迟不能达成一致，那么只能认为，无法表达意思的患者必须要自认倒霉，承受这种绝情的亲人的背叛。

4. 义务履行的方法

首先，原则上，无论是否实施手术、特殊检查、特殊治疗，医务人员都应当向患者履行说明及取得同意之义务。但是，在"**不能或者不宜向患者说明**"的时候，应当向患者的近亲属说明并取得其书面同意。所谓"不宜向患者说明"的情形，是指如果向患者说明，会给其增加心理负担，带来消极影响，不利于患者治疗和康复的情形。例如，在患者身患某种不治之症的情况下，如果医务人员将此事直接告知患者，势必会使一些患者悲观厌世，不配合治疗。所谓"不能向患者说明"的情形，是指患者因疾病已经昏迷不醒或神志不清，无法表达同意的意思表示。此时，也应当向患者的近亲属说明。

其次，由于患者或其近亲属通常都不是医学领域的专业人士，因此，医务人员在履行说明义务时，应当以通俗易懂的语言，说明病情和医疗措施，尤其是要具体地说明医疗风险、替代医疗方案等情况。实践中，许多医疗机构虽然形式上似乎履行了说明及其同意的义务，但是履行的方式往往不适当。例如，没有将治疗措施的全部风险加以说明、隐瞒一些重要的信息、使用含混不清的词语等。这种情况下，如果患者遭受损害，医疗机构仍然应当承担赔偿责任。例如，在一个案件中，原告在被告武警医院施行左眼脂肪瘤摘除术前，该医院未明确将术后可能产生提上睑肌断裂的并发症告知原告。手术完成后，原告的左上睑下垂系提上睑肌遭受损伤。原告遂以武警医院在治疗过程中有过错为由提起诉讼。法院认为：由于医疗机构对患者施行手术是在一定程度上"破坏"人体而达到治疗效果，所以医院实施手术前应在有条件的情况下取得患者的同意。患者对手术的同意及对手术后果的接受，应当建立在对手术风险充分认识的基础之上。否则，不能视为真正意义上的同意，医疗机构应当承担相应的责任。被告在给原告实施手术前，凭其专业能力应当能够预见手术所可能发生的风险，然而却没有将该风险充分

---

〔20〕 黄薇主编：《中华人民共和国民法典侵权责任编解读》，中国法制出版社2020年版，第208页。

〔21〕 李丽云于2007年11月21日下午在肖志军的陪同下到首都医科大学附属北京朝阳医院京西院区呼吸内科门诊就诊。经过检查发现，李丽云病情危重，医院妇产科、ICU、麻醉科联合对她进行了积极抢救。其间，因考虑挽救母儿生命，建议进行剖宫产手术，但因自称是李丽云丈夫的肖志军拒绝而未能进行。

告知原告,违反了基本的注意义务,其过错是显而易见的。[22]

最后,医务人员应当取得患者或者其近亲属的明确同意。《侵权责任法》第55条出于证据保存、避免发生纠纷的需要,规定的是要取得“书面同意”。但是,实践中医疗机构担心未来发生纠纷,机械地要求患者或者其近亲属必须签署书面的同意文件,一旦无法取得,医疗机构就不敢或者不愿意开展紧急措施,从而延误了最佳治疗时机。有鉴于此,《民法典》第1219条将“书面同意”修改为“**明确同意**”,即只要患者或者其近亲属明确表示了同意该手术、特殊检查或者特殊治疗即可。[23] 至于同意的形式,可以结合诊疗规范、操作经验等综合认定,可以是签署告知同意书的形式,也可以是录音的方式,或者患者或者近亲属为特殊检查或者特殊治疗已经缴费的记录等。当然,医疗机构对于已经取得患者或者近亲属的明确同意负有证明责任。但是,患者可以提供相反的证据加以反驳。

5. 法律效力

如果医务人员依照法律规定履行了告知说明义务,并取得了患者或其近亲属的同意,即便诊疗活动客观上确实给患者造成了损害,但是,只要医疗机构及其医务人员不存在其他过错,就无须承担侵权责任(参见**案例**22.2.1)。反之,如果医务人员没有履行告知说明义务,给患者造成损害的,即便该损害是属于诊疗活动必然的或可预见的风险,医务人员仍然存在过错,医疗机构应当承担赔偿责任。如果医疗机构仅仅是没有履行告知说明义务,侵害了患者的知情同意权,却没有给患者造成人身损害,那么患者不能仅以此为由要求医疗机构承担侵权赔偿责任。[24] 例如,在一个案件中,法院认为:“违反告知、说明义务的过失应承担的责任比例与其他诊疗行为的过失不同,其通常不会造成人身的损害,而是表现为在医师充分告知的情况下患者若作出不同选择可能产生的后果与实际发生的后果之间的差额。若两种后果之间不存在差额,或实际后果比作出不同选择可能产生的后果要好,则可认为不存在损害后果,医方不必承担赔偿责任。在实际后果比作出不同选择可能产生的后果差的情况下,医方应对这一差额承担赔偿责任。”[25]

案例阅读

案例22.2.1
方金凯诉同安医院医疗损害赔偿纠纷案

(三)与当时的医疗水平相应的诊疗义务

1. 含义

诊疗义务,是指医务人员在对患者进行诊疗活动中应当负有的义务。《民法典》第1221条规定:“医务人员在诊疗活动中未尽到与当时的医疗水平相应的诊疗义务,造成患者损害的,医疗机构应当承担赔偿责任。”该条确定了判断医疗过错的基本标准,即“当时的医疗水平”。所谓“当时”,是指针对患者从事诊疗活动之时,而非医疗赔偿诉讼提出之时。因为医学科学是在不断发展进步的,医务人员的专业知识水平也是随着时代的发展而不断提高的。如果以事后的医学水平来对从事诊疗活动时的医务人员提出要求,显然不合理。因此,“当时的医疗水平”

〔22〕 陈瑞雪诉中国人民武装警察部队上海市总队医院医疗纠纷损害赔偿案,上海市第一中级人民法院(2001)沪一中民终字第900号民事判决书。

〔23〕 黄薇主编:《中华人民共和国民法典侵权责任编解读》,中国法制出版社2020年版,第205页。

〔24〕《医疗损害责任解释》第17条规定:“医务人员违反侵权责任法第五十五条第一款规定义务,但未造成患者人身损害,患者请求医疗机构承担损害赔偿责任的,不予支持。”

〔25〕 奚希夫、宁波大学医学院附属医院医疗服务合同纠纷案,浙江省宁波市中级人民法院(2016)浙02民终129号民事判决书。

是指，从事诊疗活动之时一个合格的医务人员应具有的医疗水平。《医疗损害责任解释》第16条规定："对医疗机构及其医务人员的过错，应当依据法律、行政法规、规章以及其他有关诊疗规范进行认定，可以综合考虑患者病情的紧急程度、患者个体差异、当地的医疗水平、医疗机构与医务人员资质等因素。"

2. 具体判断标准

（1）法定义务

现代社会中，许多诊疗义务已由法律、行政法规、规章以及其他有关诊疗规范中作出了明确的规定。因此，在判断医务人员是否尽到与当时的医疗水平相应的诊疗义务时，应当考虑诉争的诊疗活动进行时，相关法律、法规和诊疗规范中的具体规定。如果违反了该规定，就应当认为存在医疗过错。例如，依据原卫生部颁布的《胃癌诊疗规范（2011年版）》，胃镜检查是确诊胃癌的必须检查手段。如果医务人员在没有进行胃镜检查的情况下，就确定患者患有胃癌，进行了胃癌切除手术，显然具有医疗过错。

（2）合理注意义务

任何国家的法律、法规和诊疗规范都不可能将医务人员在从事诊疗活动中应当尽到的全部义务加以列举。况且，即便尽到了法定的义务，也不意味着医务人员就没有过错。因此，在判断医务人员是否尽到与当时的医疗水平相应的诊疗义务时，还应以医务人员是否尽到善良管理人的注意作为判断标准。所谓善良管理人的注意，也称"合理注意义务"。其具体内容为：

第一，在通常情形下，同一医疗活动领域中一位合格的从业人员在同样的情形下应有的谨慎、技能与能力。如果行为人的行为已达到了这一标准，则认为尽到了勤勉谨慎义务；如果没有达到，则属于违反义务的行为。

第二，如果某一医疗活动领域的从业人员从事的是其所不熟悉的医疗领域的诊疗活动，则其应当具备一个普通的医务人员应具备的注意。换言之，即便是医务人员属于内科医生，对外科、脑科等其他医学专业的知识具有局限性，但也不能否定其作为一个普通医生应当具有的基本注意义务。例如，在一个案件中，受害人患的是消化性溃疡病，但对其进行治疗的却是脑科医院精神科的医务人员。在诉讼中，被告以自己的专业知识有限为由进行抗辩。对此，法院认为，受害人"是精神病患者，其对消化道病情的主诉与普通患者的主诉可能存在差异，（南京脑科医院）精神科医务人员对消化科医学专业知识具有局限性，这都是脑科医院诊治姜平安溃疡病的影响因素，但这些因素并不能否定脑科医院应有的注意义务。脑科医院医生诊治姜平安消化道疾病的注意义务，虽不能以消化科医生的专业水准为标准，但应以一般医生的注意能力为标准。消化性溃疡病的基本医学知识是普通医生所具有的，脑科医院的医生对此应具有相应的注意能力与义务。在姜平安多次腹痛的情况下，脑科医院疏于履行注意义务，未做出初步诊治，在患者病情发展的早期也未及时请专科医生会诊，都是违反了注意义务，具有医疗过失行为"。[26]

讨　论　判断诊疗义务时是否要考虑地区、医疗机构的差异

就"与当时的医疗水平相应的诊疗义务"的判断问题，《侵权责任法（第二次审议稿）》第57

〔26〕宋小妹等与南京脑科医院等医疗赔偿纠纷上诉案，江苏省南京市中级人民法院（2007）宁民一终字第741号民事判决书。

条第2款曾提出一些参考因素,即“应当适当考虑地区、医疗机构资质、医务人员资质等因素”。但是,基于以下两项理由,该规定被删除了:其一,以地区、医疗机构资质、医务人员资质等因素来决定医务人员的注意义务,有差别对待个体的生命健康权的嫌疑,而且从实践来看,也无法具体衡量。[27] 其二,实践中医务人员所遵从的诊疗规范是一致的,并没有地区差别,医务人员的注意义务也不应有区别。例如,患者做阑尾炎手术,三级甲等医院能做好,难道二级甲等医院就没义务做好?对医疗机构来说,没有相应资质就不能做相应手术,既然都能做这个手术,标准就不应有区别。资质高水平高,只能说明医疗机构有义务治得更好,但通常标准必须是一致的。[28] 在本次《民法典》编纂时,也有人继续提出要求考虑地区差异的意见,但是没有被立法机关接受。《民法典》延续了《侵权责任法》的规定。

本书认为,在判断医务人员是否尽到“与当时的医疗水平相应的诊疗义务”时,考虑医疗机构的资质、医务人员的资质,确实不妥。如果医疗机构和医务人员认为自己的资质不足以进行诉争的诊疗活动,就不应从事该活动,而应建议患者转诊。明明资质不足仍从事该诊疗活动,本身就是有过错的。但是,在判断“当时的医疗水平”时,是否需要考虑地区的差别,却需要进一步研究。毕竟我国是一个国土面积辽阔,各地区经济社会发展又极度不平衡的国家。医务人员的医疗水平不仅取决于其自身的学识,还受制于其所在医疗机构的各种仪器设备等硬件水平。因此,在极个别的情形下,在判断医务人员的诊疗义务时,要实事求是地考虑农村与城市、大城市与中小城市之间客观存在的医疗水平上的差异。[29]

可是,如果判断医疗过错时必须一般性的考虑地区医疗水平的差异而有不同的要求,就不妥了。首先,现代社会的交通、通讯极度发达,信息的交流与传递也日益快捷,这使医疗水平落后地区的医务人员,有更多的机会向那些医疗水平高的同行学习。过度强调地区医疗水平差异,会成为医疗水平落后者不思进取、故步自封的“保护伞”。如此一来,我国地区之间医疗水平的差异就永远难以消除了。其次,我国现行的医疗资源分布极不均衡。城市占据了全国医疗资源的80%,农村仅占了20%。而在城市里,大医院又占据了80%的医疗资源。[30] 以三级甲等医院为例,我国目前共765家三级甲等医院。其中仅位于北京、上海、天津、重庆、广州、武汉、西安、南京、成都、沈阳等十大城市的就有283家,占了36.99%。这种医疗资源分布极度不均衡的现状是造成目前医疗资源供求关系极度紧张,广大人民群众看病难、看病贵的一个重要原因。如果在判断医务人员的过错时,还考虑地区差异,只会导致更多的患者涌入大城市看病,甚至是小病也去三甲医院治疗。如此,医疗资源供需关系只会更加紧张,不利于我国未来医疗卫生体制改革的顺利进行。

---

〔27〕《社会公众和有关单位对侵权责任法草案的意见》,载全国人大常委会法制工作委员会民法室编:《侵权责任法立法背景与观点全集》,法律出版社2010年版,第118页;另参见王胜明主编:《中华人民共和国侵权责任法解读》,中国法制出版社2010年版,第283页。

〔28〕《法官对侵权责任法草案的意见》(二),载全国人大常委会法制工作委员会民法室编:《侵权责任法立法背景与观点全集》,法律出版社2010年版,第234页。

〔29〕《侵权责任法》审议中支持考虑地区差异的全国人大代表和委员的意见,参见《丛斌委员建议判定医疗损害责任时应考虑医疗水平地区间差别》,载中国人大网:http://www.npc.gov.cn/npc/c199/200912/9e5ca723897b4842a5e2915dc115a49e.shtml,2020年8月4日最后访问。

〔30〕《医疗资源分布不均导致看病难》,载搜狐网:http://news.sohu.com/20070316/n248760248.shtml,2007年7月3日最后访问。

（四）医疗过错推定

《民法典》第 1222 条规定了三种情形中的医疗过错推定，即如果患者在诊疗活动中遭受损害，又存在以下三种情形之一时，医疗机构被推定为具有过错，被侵权人无须证明医疗机构的过错。

1. 违反规定推定过错

如果医疗机构违反法律、行政法规、规章以及其他有关诊疗规范的规定，就推定其具有过错。由于诊疗活动是一种具有高度专业性、复杂性的活动，因此，医疗机构、医务人员必须严格遵循法律、行政法规、规章以及有关诊疗规范，以免给患者的生命权、身体权或健康权造成损害。一旦医疗机构或者其医务人员违反了上述规定，在患者遭受损害的情况下，该损害很可能就是由医疗机构的过错所致。故此，可以依据医疗机构的违法行为推定其对损害的发生存在过错，除非医疗机构能够举证证明并不存在过错。

所谓法律、行政法规、规章，如《执业医师法》《精神卫生法》《药品管理法》《献血法》《传染病防治法》《医疗机构管理条例》《医疗纠纷预防和处理条例》《医疗事故处理条例》《血液制品管理条例》《护士条例》《医疗美容服务管理办法》《血站管理办法》《处方管理办法》《放射诊疗管理规定》《医师外出会诊管理暂行规定》《消毒管理办法》《人类辅助生殖技术管理办法》等。"其他有关诊疗规范"，是指基于维护公民健康权利的原则，在总结以往科学和技术成果的基础上对医疗过程的定义和所应用技术的规范或指南。通常分为广义和狭义两种。狭义的诊疗规范，是指由国家卫生计生委（现国家卫生健康委员会）、国家中医药管理局制定或者认可的与诊疗活动有关的技术标准、操作规程等规范性文件（《医疗机构管理条例实施细则》第 88 条第 4 款）。广义的诊疗规范除了狭义的诊疗规范外，还包括由全国性行业协（学）会（如中华医学会、中华护理学会等）针对本行业的特点，制定的各种标准、规程、规范、制度的总称。

讨 论 《民法典》第 1222 条第 1 项是推定过错还是视为过错

在《民法典》编纂中，对于医疗机构"违反法律、行政法规、规章以及其他有关诊疗规范的规定"究竟是推定过错还是视为过错，存在争论。有观点认为，医疗机构、医务人员当然要遵守法律、行政法规、规章以及其他有关诊疗规范的规定，违反这些规定本身就是医疗过错，而非被推定出来的过错。医疗机构不可能通过推翻所谓的过错推定来抗辩，只能通过证明该有过错之行为与损害的发生不存在因果关系免除责任。另一种观点认为，诊疗活动是非常复杂的，"病万变，药亦万变"，法律、行政法规、规章以及其他有关诊疗规范的规定也并非适合所有情形。在有的情形下，可能就需要采取违背诊疗规范的治疗方法才能取得一定的效果。因此，只要证明在当时的情况下这种违背法律、行政法规、规章以及诊疗规范的规定的行为是合理的，也达到了应有的目的，就可以推翻对医疗机构过错的推定。如果是视为过错，这种情形下医疗机构无法推翻对其过错的推定，显然是不妥的。最后，立法机关接受了第二种观点。

2. 隐匿或者拒绝提供与纠纷有关的病历资料

病历资料，是指医务人员在医疗活动过程中形成的文字、符号、图表、影像、切片等资料的总和，包括门（急）诊病历和住院病历。《民法典》第 1225 条列举了比较典型的几类病历资料，即"住院志、医嘱单、检验报告、手术及麻醉记录、病理资料、护理记录"。《医疗纠纷预防和处理条例》第 16 条第 1 款的列举则更为全面,该款规定“患者有权查阅、复制其门诊病历、住院志、体温单、医嘱单、化验单(检验报告)、医学影像检查资料、特殊检查同意书、手术同意书、手术及麻醉记录、病理资料、护理记录、医疗费用以及国务院卫生主管部门规定的其他属于病历的全部资料”。

在发生医疗损害纠纷时,病历资料对于查明案情、确定双方责任极为重要,而且《民法典》等法律也明确规定了患者有权要求查阅复制病历资料,医疗机构负有及时提供的义务。如果医疗机构隐匿或者拒绝提供与纠纷有关的病历资料,既违反了法定的义务,也凸显了其主观上的恶意,此时,再让患者来举证证明医疗机构的过错既不合理,也无必要。因此,依据《民法典》第 1222 条第 2 项,可以推定医疗机构具有过错。[31]

需要注意的是以下两点:其一,医疗机构主观上是故意的,即“隐匿或者拒绝提供”,而非因为不可抗力等原因客观上无法提供。对此,《医疗损害责任解释》第 6 条第 2 款有明确的规定:“患者依法向人民法院申请医疗机构提交由其保管的与纠纷有关的病历资料等,医疗机构未在人民法院指定期限内提交的,人民法院可以依照侵权责任法第五十八条第二项规定推定医疗机构有过错,但是因不可抗力等客观原因无法提交的除外。”其二,医疗机构隐匿或者拒绝提供的是与患者损害赔偿纠纷有关的病历资料,而非无关的病历资料。

3. 遗失、伪造、篡改或者违法销毁病历资料

医疗机构负有依法妥善保管病历资料的法定义务(《民法典》第 1225 条第 1 款),如果其遗失病历资料,显然是有过错的,而且也导致医疗损害纠纷的事实难以查明,故此,可以推定医疗机构具有过错。至于医疗机构伪造、篡改病历资料,不仅是严重违法行为,而且其主观上明显是故意的,目的就在于隐瞒真相。故此也应当推定医疗机构具有过错。当然,需要注意的是,医疗机构虽然篡改了病历,但如果被篡改的内容并非病历的实质内容,不影响对医疗过错、因果关系有无的认定时,此时,虽然医疗机构需要承担相应的行政责任,但是不宜直接推定医疗机构具有过错。当然,被篡改的是否属于病历的实质内容,应由医疗机构负举证责任。也就是说,作为病历资料制作方的医疗机构应当对病历资料内容存在的明显矛盾或错误作出合理解释,否则就应承担相应的不利后果;如果只是因为医生或护士的粗心大意或违规而致病历仅存在错别字、未按病历规范格式书写等形式瑕疵的,不影响对病历资料真实性的认定。

所谓违法销毁病历资料,是指违反法律法规规章等关于保存病历资料的规定而销毁病历资料,由此可见,《侵权责任法》第 58 条将“销毁病历资料”作为推定医疗机构具有过错的情形之一过于宽泛,将那些合法销毁病历资料的情形也涵盖进去了。故此,《民法典》第 1222 条增加了“违法”的限制要求。例如,《医疗机构病历管理规定》第 29 条规定:“门(急)诊病历由医疗机构保管的,保存时间自患者最后一次就诊之日起不少于 15 年;住院病历保存时间自患者最后一次住院出院之日起不少于 30 年。”医疗机构如果在超过了保存最长时间后依法销毁病

〔31〕《民法典》和《侵权责任法》的这一规定是对司法实践做法的总结。例如,《河南省高级人民法院关于当前民事审判若干问题的指导意见》第 40 条第 2 款规定:“医疗机构涂改、伪造、隐匿、销毁病历资料,导致认定医疗损害的因果关系及过错要件的证据不存在或证据不足的,应由医疗机构承担不利后果”。《安徽省高级人民法院关于审理医疗赔偿纠纷民事案件的若干意见(试行)》(皖高法[2004]11 号)第 12 条第 2 项规定,有证据证明医疗机构涂改、伪造、隐匿、销毁病历资料的,可以直接认定其存在过错。《江西省高级人民法院民事审判第一庭关于审理医疗人身损害赔偿纠纷案件适用法律若干问题的解答》第 6 条规定:“具有以下情形之一的,可以推断医疗机构存在过错:(1)伪造、隐匿、销毁病历资料的;(2)违反规定修改病历资料,导致不能作出鉴定结论的。”

历资料的,不能推定医疗机构具有过错。

（五）医疗过错的鉴定

在医疗损害责任纠纷中,就医疗机构或者其医务人员是否存在过错、医疗过错行为与患者的损害有无因果关系、原因力的程度如何等问题,都需要专门的知识。在我国,主要是通过医疗损害鉴定来解决此类问题。可以说,绝大部分的医疗损害案件都需要进行鉴定,有些甚至要反复多次鉴定(参见表22.2.1)。

在医疗损害责任诉讼中,需要对医疗损害责任纠纷中的专门性问题进行鉴定的,应当向人民法院提出申请;即便当事人未申请鉴定,如果人民法院认为这些专门性问题需要鉴定的,应当依职权委托鉴定(《医疗损害责任解释》第8条)。如果是当事人申请医疗损害鉴定的,由双方当事人协商确定鉴定人;当事人就鉴定人无法达成一致意见,人民法院提出确定鉴定人的方法,当事人同意的,按照该方法确定;当事人不同意的,由人民法院指定(《医疗损害责任解释》第9条)。所谓需要进行鉴定的医疗损害责任纠纷中的专门性问题主要包括以下问题:(1)实施诊疗行为有无过错;(2)诊疗行为与损害后果之间是否存在因果关系以及原因力大小;(3)医疗机构是否尽到了说明义务、取得患者或者患者近亲属书面同意的义务;(4)医疗产品是否有缺陷、该缺陷与损害后果之间是否存在因果关系以及原因力的大小;(5)患者损伤残疾程度;(6)患者的护理期、休息期、营养期;(7)其他专门性问题。

此外,《医疗纠纷预防和处理条例》第34条第1款规定,医疗纠纷人民调解委员会调解医疗纠纷,需要进行医疗损害鉴定以明确责任的,由医患双方共同委托医学会或者司法鉴定机构进行鉴定,也可以经医患双方同意,由医疗纠纷人民调解委员会委托鉴定。

表22.2.1　2010—2014年广州法院医疗纠纷案件鉴定情况〔32〕

年度	判决结案数	一审鉴定				二审鉴定	
		有鉴定的案件数	鉴定率	有多次鉴定的案件数	多次鉴定率	二审中有鉴定的案件数	二审鉴定率
2010	31	21	67.74%	7	22.58%	5	16.13%
2011	64	55	85.94%	16	25.00%	1	1.56%
2012	65	56	86.15%	19	29.23%	0	0.00%
2013	61	54	88.52%	22	36.07%	0	0.00%
2014	49	41	83.67%	11	22.45%	0	0.00%
合计	270	227	84.07%	75	27.78%	6	2.22%

第三节　法律后果

一、医疗损害责任的责任主体

医疗损害责任的主体是医疗机构,医务人员作为医疗机构的工作人员因执行工作任务(诊疗活动)而造成他人损害的,由作为用人单位的医疗机构承担侵权责任,但是用人单位承担侵权责任后,可以向有故意或者重大过失的工作人员追偿(《民法典》第1191条第1款)。如果医

〔32〕 广州市中级人民法院:《广州医疗纠纷诉讼情况白皮书(2010—2014年)》,2015年5月21日发布。

务人员是经过所在医疗机构的批准而受其他医疗机构之邀请外出会诊,[33]在诊疗活动中因过错造成患者损害的,应由邀请该医生的医疗机构承担赔偿责任(《医疗损害责任解释》第20条)。

如果医疗过错与其他原因结合造成患者损害的,例如医疗过错与医疗器械的缺陷或者不合格的血液等原因结合导致了患者的损害,依据《医疗损害责任解释》第22条,医疗机构与医疗产品的生产者或者销售者、血液提供机构承担连带责任;医疗机构或者医疗产品的生产者、销售者承担赔偿责任后,向其他责任主体追偿的,应当根据诊疗行为与缺陷医疗产品或者不合格血液造成患者损害的原因力大小确定相应的数额。之所以如此,是因为依据《民法典》第1223条,即便是单纯因为药品、消毒产品、医疗器械的缺陷,或者输入不合格的血液造成患者损害的,患者也有权选择向药品上市许可持有人、生产者、血液提供机构请求赔偿,或者向医疗机构请求赔偿。既然如此,在医疗过错与缺陷医疗产品、不合格血液结合导致患者损害的,患者也有权要求医疗机构与医疗产品的生产者或者销售者、血液提供机构承担连带责任。

此外,实践中还经常出现,患者先后在多家医疗机构进行治疗,后遭受损害,其将这些医疗机构作为共同被告起诉,要求他们共同承担赔偿责任。此时,应当依据《民法典》关于多数人侵权责任的规范处理。由于医疗机构几乎不可能共同故意侵害患者,故此,适用《民法典》第1168条共同加害行为的可能性很小,主要涉及的是第1170条至第1172条。[34]

二、医疗损害责任的免责事由

除《民法典》规定的一般的免责事由,如不可抗力、受害人故意之外,《民法典》第1224条特别规定了医疗机构不承担赔偿责任的三种情形。对这三种情形,医疗机构负有举证责任:

1. 患者或者其近亲属不配合医疗机构进行符合诊疗规范的诊疗且医疗机构或者其医务人员没有过错,医疗机构不承担赔偿责任。这是因为,导致患者损害的原因不是医疗机构及其医务人员有过错的诊疗活动,而是患者或者其近亲属不配合治疗。既然医疗机构的诊疗活动与与患者的损害之间没有因果关系,医疗机构自然无须承担责任。需要注意的是,首先,必须是患者或者其近亲属不配合医疗机构进行“**符合诊疗规范**”的诊疗。如果医疗机构的诊疗本身就不符合诊疗规范,患者或者其近亲属当然有权拒绝,由此导致患者遭受损害时,医疗机构仍然需要承担侵权责任。其次,医疗机构或者医务人员没有过错。即便是患者或者其近亲属不配合医疗机构进行诊疗,如果医疗机构及其医务人员存在过错,例如,没有清楚地向患者说明不配合治疗的后果与风险等,此时,该过错行为对于损害的发生也具有一定的原因力,依据《民法典》第1224条第2款,医疗机构仍要承担相应的赔偿责任。

2. 医务人员在抢救生命垂危的患者等紧急情况下已经尽到合理诊疗义务,医疗机构不承担赔偿责任。显然,医务人员在抢救生命垂危的患者等紧急情况时,不可能如同普通的诊疗活动那样反复思考、权衡各种诊疗措施的利弊,作出非常全面、慎重的判断,因为根本没有时间这样去做。在这种情形下,不应苛求医务人员和医疗机构。故此,《民法典》第1224条第1款第2

---

〔33〕《医师外出会诊管理暂行规定》第2条规定:“本规定所称医师外出会诊是指医师经所在医疗机构批准,为其他医疗机构特定的患者开展执业范围内的诊疗活动。医师未经所在医疗机构批准,不得擅自外出会诊。”

〔34〕《医疗损害赔偿解释》第19条规定:“两个以上医疗机构的诊疗行为造成患者同一损害,患者请求医疗机构承担赔偿责任的,应当区分不同情况,依照侵权责任法第八条、第十一条或者第十二条的规定,确定各医疗机构承担的赔偿责任。”该条排除了对《侵权责任法》第10条的共同危险行为的适用。

项要求医务人员只要尽到了合理诊疗义务,医疗机构就可以不承担侵权责任。何为“**合理诊疗义务**”,必须根据个案具体判断。例如,在一个案件中,法院认为:“被告这一行为是根据原告剖宫产术中病情发展为挽救其性命的情况下作出,并无过错,该行为是正常的医疗行为而不是侵权行为,原告要求被告承担其因子宫全切除术导致七级伤残的民事赔偿责任的理由不能成立,本院不予支持。”[35]

3. 限于当时的医疗水平难以诊疗。医疗水平是随着医学科学技术不断发展而逐渐提高并日趋完善的。在判断医疗机构是否需要对患者因诊疗活动遭受的损害承担侵权责任时,应考虑从事诊疗活动当时的医疗水平。如果在当时的医疗水平的限制下,医疗机构或者其医务人员无法预料其诊疗行为对于患者所造成的损害或难以避免此种损害,就不应苛求医疗机构或者其医务人员,判令其承担侵权责任。否则,将会严重妨害医学科学技术水平的提高,最终损害的仍是患者的利益。故此,《民法典》第 1224 条第 1 款第 3 项规定,限于当时的医疗水平难以诊疗,医疗机构不承担赔偿责任。例如,在一起案件中,原告诉称,因被告的病理医师误诊原告的右乳包块是乳癌,导致整个右乳被切除,因此要求被告承担医疗损害赔偿责任。因原告所患颗粒肌母细胞瘤为一种罕见的软组织肿瘤。截至 1996 年世界报告的病例仅为 36 例,其属于少数来源未确定,良恶性质难以界定的肿瘤之一。法院认为:因我国目前对该肿瘤研究的技术水平尚不能对该肿瘤的良恶性有较明确的判断标准,且该肿瘤恶性表现形式复杂,故快速诊断难以达到精确程度……医学科学是极为复杂的学科,对同一病例,医师因学识、经验、认识差异而可得出不同的印象和判断,尤其对于一些罕见病例,则判断差异更为显著。因此,对本案的特殊罕见肿瘤的认定应以倾向性的诊断意见和该研究领域的权威意见相结合作为判断标准……本案所涉及的整个治疗行为的不完美之处亦是客观存在的,但是对此不完美,非被告主观有过错或行为违法造成,而是目前医学科学对该肿瘤的诊疗水平及技术局限造成,若要求由被告承担此局限性的后果,势必不利于医学科学的发展,从社会公平的角度考虑亦显不妥。[36]

---

〔35〕 杨丹诉达州市妇幼保健院医疗事故赔偿纠纷案,四川省达州市中级人民法院(2000)达民初字第 62 号民事判决书。

〔36〕 丛刘青诉鼓楼医院的手术方案虽经其亲属签字但诊断有误致手术错误人身损害赔偿案,载最高人民法院中国应用法学研究所编:《人民法院案例选》(总第 38 辑),人民法院出版社 2002 年版,第 122 页以下。

文献阅读

第二十三章　环境污染和生态破坏责任

本章重点

环境与生态保护是现代社会中备受关注的问题。在经济高速发展与环境污染、生态破坏严重并存的当下中国，完善环境生态保护法律制度，明确环境污染者与生态破坏的侵权责任至关重要。本章将对环境污染和生态破坏责任的类型、归责原则、构成要件以及多数人侵权责任等问题进行全面的介绍。

第一节　概　　述

一、环境污染的含义

（一）环境污染的概念与类型

环境，是指影响人类生存和发展的各种天然的和经过人工改造的自然因素的总体，包括大气、水、海洋、土地、矿藏、森林、草原、湿地野生生物、自然遗迹、人文遗迹、自然保护区、风景名胜区、城市和乡村等（《环境保护法》第2条）。环境污染（environmental pollution）有广、狭义之分。

狭义的环境污染即“公害”，也称“特殊的环境污染”是指因产业活动或其他人为活动而破坏大气、水、土壤、海洋、安静稳定等自然环境，从而给不特定多数人的生命、身体、健康、财产或者其他民事权益造成损害的行为。[1] 例如，A公司向大气中排放的有毒、恶臭气体，导致周围村庄的居民罹患恶性肿瘤且种植的农作物亦大面积减产。

广义的环境污染除公害之外，还包括“私害”，即相邻关系人之间的环境污染行为。这种环境污染也被称为“一般的环境污染”，是指相邻的不动产权利人之间，一方违反国家规定实施弃置固体废物，排放大气污染物、水污染物、噪声、光、电磁波辐射等有害物质等污染环境的行为，给他方造成损害的情形。

（二）公害与私害的区别

1.加害人与受害人特定与否的不同

狭义的环境污染之所以被称为“公害”，就是因为环境污染行为给不特定人的权益造成了损害，损害了公共利益。在狭义的环境污染中，受害人和损害都具有不确定性。一方面，受害

---

〔1〕［日］原田尚彦：《环境法》，于敏译，法律出版社1999年版，第3页。

人往往不是某一个或某几个特定的人，而是大范围的、不特定的人。另一方面，损害的发生具有不特定性。受害人可能是立即遭受损害，也可能是在今后的一段时间内遭受损害。某人可能今天未发现受害，但明天也许就发现受害。[2] 此外，加害人有时也是难以特定的。

私害不同于公害的地方就在于，它只是特定的主体之间的妨害。也就是说，在作为私害的环境污染中，加害人与受害人均为特定之民事主体且二者的不动产相互毗邻。例如，甲深夜在家中高分贝播放音乐，由此产生噪声严重影响了楼上和楼下的邻居乙、丙的睡眠。尽管甲制造生活噪声的行为也是一种污染环境的行为，但该行为只是对特定人即乙、丙的宁静构成了妨害。在一个案件中，原告陆耀东的居室西侧与被告永达公司经营场所的东侧相邻，中间间隔一条宽15米左右的公共通道。永达公司为给该经营场所东面展厅的外部环境照明，在展厅围墙边安装了三盏双头照明路灯，每晚7时至次日晨5时开启。这些位于陆耀东居室西南一侧的路灯，高度与陆耀东居室的阳台持平，最近处离陆耀东居室20米左右，其间没有任何物件遮挡。这些路灯开启后，灯光除能照亮永达公司的经营场所外，还能散射到陆耀东居室及周围住宅的外墙上，并通过窗户对居室内造成明显影响。在陆耀东居室的阳台上，目视夜间开启后的路灯灯光，亮度达到刺眼的程度。法院认为：被告永达公司开启的涉案路灯灯光，已对原告陆耀东的正常居住环境和健康生活造成了损害，构成环境污染。永达公司不能举证证明该侵害行为具有合理的免责事由，故应承担排除危害的法律责任。[3]

2. 污染的原因行为不同

在狭义的环境污染中，造成污染的活动是产业活动和其他的人为活动，如工厂的生产经营活动、开采矿藏、运输危险化学品等。这些活动必定会产生废水、废气、固体废物等污染物，以致污染环境。换句话说，排污行为本身是正常的生产、生活活动必然的“副产品”。由于产业活动总体上有利于人类社会的进步和发展，因此在价值判断上这些排污行为又是符合社会生活常规、有价值和有意义的合法行为，甚至是国家鼓励的活动。但是，当这些活动超过了生态系统可以承受的限度，就会发生环境污染或生态破坏。因此，对于狭义的环境污染的原因行为，“既不能完全禁止，也不能放任自流，应当在权衡经济、社会、环境等各种利益，确定在发展经济、保护人体健康和环境资源等方面均能接受的平衡点”。[4] 申言之，一方面，这些活动的进行需要得到国家的许可，国家许可这些活动的进行就意味着同意了活动者排放污染物。另一方面，国家又通过法律对这些污染环境的活动进行严格的管制，如确定排污的标准和排放量，要求活动者必须遵守标准排污。

在相邻关系人污染环境的行为中，引发污染的原因是人们从事的日常生活行为，如看电视、听音乐、做饭、聚会、为广告牌照明等。这些活动并非必然污染环境，原则上无须得到国家的预先许可。这些活动中也会产生噪声、废气、粉尘、亮光等一些污染物，只要在一定的标准范围内，他人应当忍受。之所以在日常生活中出现污染环境的后果，可以说完全是因行为人违反规定，超过标准所致。因此，只要行为人违反规定弃置固体废物，排放大气污染物、水污染物、土壤污染物、噪声、光辐射、电磁辐射等有害物质等污染环境的行为，就应当予以禁止。

---

〔2〕 谢怀栻：《外国民商精要》（修订版），法律出版社2006年版，第47页。

〔3〕 陆耀东诉永达公司环境污染损害赔偿纠纷案，载《最高人民法院公报》2005年第5期。

〔4〕 王明远：《环境侵权救济法律制度》，中国法制出版社2001年版，第16页。

3. 规范的法律不同

由于相邻关系人的污染环境是在特定人之间发生的侵害或妨害行为,所以私害行为由物权法、侵权法调整即可。我国《民法典》第 294 条规定,不动产权利人不得违反国家规定弃置固体废物,排放大气污染物、水污染物、土壤污染物、噪声、光辐射、电磁辐射等有害物质。因此而受妨害的相邻不动产权利人,有权行使物权请求权,要求其停止侵害、排除妨害、消除危险。如果因这种污染环境的行为造成了损害,被侵权人还有权要求加害人承担侵权赔偿责任。

就狭义的环境污染而言,它既不是对特定的某个人或某些人的权益造成的损害,也不仅仅是由特定的民事主体所从事的行为。一方面,现代科学技术的发展扩大了人类社会活动的质与量,人类每天进行的正常活动在物理和化学上都出现了巨大化与扩大化的趋势。[5] 环境污染不仅对特定地域的人,还对整个国家乃至整个地球上的人类生存环境造成破坏。另一方面,现代社会中各种污染物的排放来自成千上万的民事主体,例如,在一条大河边上,可能建有许多工厂,这些工厂都往河中排放废水。面对这些因不特定多数发生源的积蓄而给不特定多数人造成的损害,仅依靠民法中追究个人责任的机制无济于事。要保护环境、维持生态平衡,就迫切需要通过国家的公权力的全方位介入,包括事先的预防(如对清洁生产的规定、实行排污许可制度等)、事后的惩治与赔偿(行政处罚等)等。唯其如此,方能全方位地贯彻保护环境的公共目标。在世界一体化的今天,要保护人类生活的地球,还迫切需要全球范围内国家与国家、政府与政府之间的合作与努力。正是由于上述原因,环境保护法脱离民法而成为一个独立的法律部门,环境保护法形成之后又很快形成了国际环境保护法。[6]

4. 归责原则不同

就相邻关系人之间污染环境的侵权赔偿责任而言,不少国家(如日本、德国)适用的是过错责任原则。但就狭义环境污染损害责任,一般都适用无过错责任原则。这是因为,在相邻关系人之间出现环境污染行为时,受害人要证明加害人的过错并不困难。但是,在狭义的环境污染损害中,因造成损害的污染物来源于现代工业生产中形成废水、废气等污染物,受害人不具有专业知识,很难证明加害人的过错。因此,只有实行无过错责任原则,方能有效地保护受害人的合法权益。需要注意的是,在我国,无论是私害还是公害的环境污染行为,均适用无过错责任原则。

5. 诉讼形态不同

在私害中,受妨害的原告起诉作为妨害人的被告,就是普通的民事诉讼。而在公害中,一方面,由于受害人多,因而常常适用的是集团诉讼或代表人诉讼;另一方面,公害行为损害的是作为公共资源的自然环境,即对公共利益直接构成了侵害,此时个人未必有提起诉讼的动力,需要特定的机构或组织提起公益诉讼。正因如此,我国《民事诉讼法》第 55 条第 1 款规定:“对污染环境、侵害众多消费者合法权益等损害社会公共利益的行为,法律规定的机关和有关组织可以向人民法院提起诉讼。”《海洋环境保护法》第 89 条第 2 款规定:“对破坏海洋生态、海洋水产资源、海洋保护区,给国家造成重大损失的,由依照本法规定行使海洋环境监督管理权的部门代表国家对责任者提出损害赔偿要求。”

---

〔5〕 [日]原田尚彦:《环境法》,于敏译,法律出版社 1999 年版,第 10 页。

〔6〕 谢怀栻:《外国民商精要》(修订版),法律出版社 2006 年版,第 48 页。

二、破坏生态的含义

破坏生态,也称生态破坏(ecology destroying),是指人类社会活动引起的生态退化及由此衍生的环境效应,导致了环境结构和功能的变化,对人类生存发展以及环境本身发展产生不利影响的现象。[7] 生态破坏的类型主要包括:水土流失、沙漠化、荒漠化、森林锐减、土地退化、生物多样性的减少、湖泊的富营养化、地下水漏斗、地面下沉等。

环境污染与破坏生态既有联系又有区别。二者的联系为:首先,污染环境的行为同时可能破坏生态,如向湖泊中排放污水,除了污染水体,还会破坏湖泊中的生态系统,导致一些珍贵的生物灭绝。其次,污染环境和破坏生态都有可能给他人的人身财产权益造成损害。或许是考虑到这个原因,在起草《侵权责任法》时,立法机关将生态破坏也纳入环境污染当中。全国人大常委会法制工作委员会民法室在解释《侵权责任法》第65条中"污染环境"的含义时认为,污染环境既包括污染生活环境,也包括污染生态环境。换言之,对于大气、水体、海洋、土地等生活环境的污染属于环境污染,而对于生物多样性的破坏、破坏生态环境和自然资源造成水土流失等生态环境的污染也属于环境污染。[8]

然而,生态破坏和环境污染也存在较为明显的区别,不应加以混淆。一方面,破坏生态的行为并非都属于污染环境的行为,反之污染环境的行为也不一定破坏生态。例如,非法砍伐森林会造成水土流失、沙漠化、荒漠化,却并未排放污染物污染环境;再如,噪声污染属于环境污染,却不会破坏生态。另一方面,环境污染会给他人人身财产权益造成损害,而生态破坏有时不一定会给特定民事主体的人身财产权益造成损害,而是造成所谓的生态环境损害。生态环境损害与民法上的损害并不相同。故此,《最高人民法院关于审理生态环境损害赔偿案件的若干规定(试行)》第2条第1项才规定:"因污染环境、破坏生态造成人身损害、个人和集体财产损失要求赔偿的,适用侵权责任法等法律规定。"而不适用该司法解释的规定。

2013年11月12日中国共产党十八届三中全会审议通过的《中共中央关于全面深化改革若干重大问题的决定》明确提出:"建设生态文明,必须建立系统完整的生态文明制度体系,实行最严格的源头保护制度、损害赔偿制度、责任追究制度,完善环境治理和生态修复制度,用制度保护生态环境。"中国共产党十九大报告进一步提出要"加大生态系统保护力度"的决策部署。2014年修订《环境保护法》时,该法第64条就明确规定:"因污染环境和破坏生态造成损害的,应当依照《中华人民共和国侵权责任法》的有关规定承担侵权责任。"

为了贯彻落实中央文件的要求,更好的保护生态环境,建设生态文明,我国民法典编纂时专门在《侵权责任法》关于环境污染责任规定的基础上,增加了生态破坏责任,《民法典》侵权责任编第七章"环境污染和生态破坏责任"不仅对环境污染造成他人损害的责任,也对破坏生态造成他人损害以及生态环境损害的责任作出了细致的规定。

三、环境污染和生态破坏责任的概念与特征

环境污染和生态破坏责任,是指因污染环境、破坏生态造成他人损害时,侵权人应当依法承担的侵权责任。在我国,除《民法典》侵权责任编第七章专门规定环境污染和生态破坏责任外,还有许多法律有相应的规定,如《环境保护法》第64条,《海洋环境保护法》第89条,《水污

---

[7] 左玉辉:《环境学》,高等教育出版社2002年版,第14页。

[8] 全国人大常委会法制工作委员会民法室:《〈中华人民共和国侵权责任法〉条文说明、立法理由及相关规定》,北京大学出版社2010年版,第226页。

染防治法》第96、98～100条,《大气污染防治法》第125条,《固体废物污染环境防治法》第121～123条,《环境噪声污染防治法》第61条以及《放射性污染防治法》第59条等。作为特殊的侵权责任,环境污染和生态破坏责任的特殊之处表现在以下三点:(1)以无过错责任为归责原则。无论是环境污染,还是生态破坏,只要造成他人损害,即便侵权人没有过错,也要承担侵权责任(《民法典》第1229条)。(2)实行因果关系的推定,即只要因污染环境、破坏生态发生纠纷,就推定污染行为与损害之间存在因果关系,污染者负有证明不存在因果关系的举证责任(《民法典》第1230条)。(3)侵权人与第三人负不真正连带责任。即便环境污染、破坏生态是因第三人的过错所致,侵权人也不能因此免除侵权责任,而应当与第三人一起向受害人负不真正连带责任(《民法典》第1233条)。

四、环境污染和生态破坏责任的归责原则

《民法典》第1229条规定:"因污染环境、破坏生态造成他人损害的,侵权人应当承担侵权责任。"由此可见,环境污染和生破坏责任适用的是**无过错责任**。即无论污染者、破坏者有无过错,只要其从事了污染环境、破坏生态的行为,给他人造成了损害,就应当承担侵权责任。最高人民法院颁布的《环境侵权责任解释》第1条第1款第1句更是明确规定:"因污染环境造成损害,不论污染者有无过错,污染者应当承担侵权责任。"

第二节　构 成 要 件

一、污染环境、破坏生态的行为

按照污染物质的不同,可以将污染环境的行为分为:(1)大气污染,即因燃煤、工业、机动车船、扬尘、农业等活动而向大气中排放污染物、污染大气的行为。(2)水污染,是指水体因某种物质的介入,而导致其化学、物理、生物或者放射性等方面特性的改变,从而影响水的有效利用,危害人体健康或者破坏生态环境,造成水质恶化的现象(《水污染防治法》第102条第1项)。(3)环境噪声污染,是指所产生的环境噪声超过国家规定的环境噪声排放标准,并干扰他人正常生活、工作和学习的现象(《环境噪声污染防治法》第2条第2款)。(4)固体废物污染,是指倾倒、堆放、丢弃、遗撒固体废物而污染环境的行为。固体废物是在生产、生活和其他活动中产生的丧失原有利用价值或者虽未丧失利用价值但被抛弃或者放弃的固态、半固态和置于容器中的气态的物品、物质以及法律、行政法规规定纳入固体废物管理的物品、物质(《固体废物污染环境防治法》第88条第1项)。(5)海洋环境污染,是指直接或者间接地把物质或者能量引入海洋环境,产生损害海洋生物资源、危害人体健康、妨害渔业和海上其他合法活动、损害海水使用素质和减损环境质量等有害影响(《海洋环境保护法》第94条第1项)。(6)放射性污染,是指由于人类活动造成物料、人体、场所、环境介质表面或者内部出现超过国家标准的放射性物质或者射线(《放射性污染防治法》第62条第1项)。

所谓生态破坏,是指因污染环境的行为或者其他行为而对生态造成的破坏,如水土流失、沙漠化、荒漠化、森林锐减、生物多样性的减少、湖泊的富营养化、地面下沉等。

在判断行为人是否从事了污染环境、破坏生态的行为时,一个很重要的判断标准就是,此种排放污染物的行为是否超过国家或地方规定的污染物排放标准。由于排放污染物是产业活动的必然后果或副产品，要完全禁止排放污染物就等于完全禁止产业活动，因而任何国家都不可能禁止排放污染物，能做的只是划定相应的污染物排放标准。要求企业等民事主体在该标准范围内排放。《环境保护法》第 16 条规定："国务院环境保护主管部门根据国家环境质量标准和国家经济、技术条件，制定国家污染物排放标准。省、自治区、直辖市人民政府对国家污染物排放标准中未作规定的项目，可以制定地方污染物排放标准；对国家污染物排放标准中已作规定的项目，可以制定严于国家污染物排放标准的地方污染物排放标准。地方污染物排放标准应当报国务院环境保护主管部门备案。"行为人在规定的标准内排放污染物，国家不予禁止，也不作为污染环境、破坏生态的行为进行行政处罚。但是，如果超过标准排放，则不仅要禁止，给予处罚，倘若因此造成他人损害的还必须承担侵权责任。实践中，就污染者的排污行为是否超过标准，通常需要由有关机构如环境监测部门出具的检测报告加以证明。不过，即便企业等民事主体的排污行为符合排污标准，但只要造成了他人损害的，依然需要承担侵权责任，排污符合国家标准或地方标准不能作为污染者减轻或者免除责任的理由（《环境侵权责任解释》第 1 条第 1 款）。

二、造成他人损害

无论是污染环境，还是破坏生态，都只有给他人造成损害，才产生侵权赔偿责任。因我国法律上未限制环境污染给他人造成的损害的类型，因而所谓损害既包括人身伤亡（如造成他人患病），也包括对财产权造成的损害（如因河流污染导致养殖户的鱼苗死亡）。就财产损失而言，既包括直接损害，也包括间接损失。此外，被污染者因清除污染而支出的费用也应当给予赔偿。例如，在一个环境污染赔偿纠纷中，被告将混凝土废渣倾倒在原告承包的鱼塘边，导致原告的鱼塘中出现多品种鱼死亡。法院认为：环境污染损害赔偿纠纷，实行全部赔偿损失原则，包括直接损失与间接损失。具体有：财产遭受污染的损失，受害人在正常情况下可获得但因环境污染破坏而未能获得的利益，在被破坏的自然环境体上花费的物质和劳动消耗，为消除污染后果、恢复被污染破坏的环境而需要付出的花费。原告的财产损失具体包括三部分：其一，因污染造成的死鱼的损失；其二，原告于 1996 年 4 月至 1997 年 4 月间一年未能正常养鱼的间接损失；其三，倾倒在原告鱼塘周围的混凝土废渣不作清除，因废渣仍存在污染因素而应给予的补偿费。[9]

此外，即便环境污染、生态破坏的行为没有造成损害，但是危及他人人身、财产安全的，依据《民法典》第 1167 条，污染者、破坏者仍应当承担停止侵害、排除妨碍或消除危险等侵权责任。

三、存在因果关系

（一）因果关系的推定

在我国，环境污染和生态破坏责任实行的是因果关系推定，即受害者无须证明污染环境、破坏生态的行为与其损害之间的因果关系，而由污染者、破坏者就其行为与损害之间不存在因果关系负举证责任（《民法典》第 1230 条）。在环境污染和生态破坏责任中，之所以要采取因果关系推定，主要是考虑到，环境污染、生态破坏侵权行为往往具有长期性、潜伏性、持续性、广泛性的特点，且其造成损害的过程也非常复杂，往往要经历一系列中间环节才能最终造成损害，

---

〔9〕　第三航务工程局第三公司等与潘传河环境污染损害赔偿纠纷再审案，江苏省南京市中级人民法院（1999）宁民再终字第 9 号民事判决书。

甚至难以借助现代科学知识并利用相应的科学仪器确认因果关系。如果要求受害人必须确切地证明环境污染行为与损害的因果关系,则既不利于受害人的合法权益维护,也不利于保护环境和生态。〔10〕 故此,为了被侵权人的证明负担,更加迅速地救济受害人,我国法上采取了因果关系推定的规则。例如,在一个案件中,法院认为,所谓环境侵权民事责任,其构成要件包括:实施了污染环境的行为、构成环境损害的事实以及损害与污染环境行为之间存在因果关系。根据民事诉讼证据规则,因环境污染引起的损害赔偿诉讼实行的是"举证责任倒置",也就是说,在环境侵权案件中,只要受害人提供初步证据盖然性地证明因加害人实施了污染环境的行为而使自己受到损害的事实,举证责任就转移到加害人一方。由加害人就法律规定的免责事由及其行为与损害结果之间不存在因果关系,承担举证责任。如果加害人不能证明损害后果不是其造成的,就可推定加害人的行为与损害事实之间具有因果关系,加害人就应当承担民事责任。上述规定的依据正是基于环境污染往往涉及高深的科技活动,污染造成的损害具有积累性、潜伏性、广泛性的特点。如果在环境侵权中仅以环境科学证明直接因果关系,很可能陷入科学争论而无法使受害人的请求得到救济。〔11〕

从比较法来看,许多国家的环境污染责任中也实行的是因果关系推定。例如,1970年美国密歇根州颁布的《环境保护法》第203条规定:"当原告在诉讼中初步证明被告的行为已经或者可能损害或毁坏空气、水体或公共托管的其他自然资源时,被告可提出相反的证据来反驳这一初步证明。"〔12〕《德国环境责任法》第6条第1款规定:"根据特定案件的事实,倘若某设备可能导致相应损害之发生,应推定损害是由该设备所致。特定案件中导致损害的可能性,应根据该设备的操作程序、使用的装置、使用和排放物质的种类及浓度、气象状况、损害发生的时间与地点、损害的情形及特定案件中所有导致或不导致损害发生的因素加以确定。"该款被认为是对"因果关系推定"(Ursachenvermutung)的规定。德国民法学者认为,《德国环境责任法》之所以要采取因果关系的推定,就是因为证明环境污染与损害之间的因果关系相当困难。这种困难体现在:正如对许多疾病和损害的成因尚不清楚那样,人们对于许多造成损害的物质的工作原理如何,也不清楚。在环境污染中,损害通常都是在一个相对较长的时间内累积所致,并且是在多种致害原因的共同作用下最终发生的。〔13〕

(二)举证责任

环境污染责任中适用因果关系推定,并不意味着被侵权人就不负担任何举证责任。在环境侵权纠纷诉讼中,被侵权人至少应提出初步的或盖然性的证据,据以建立被告的环境污染行为与自己所受损害之间的初步联系(参加**案例**23.2.1)。《环境侵权责任解释》第6条规定:"被侵权人根据侵权责任法第六十五条规定请求赔偿的,应当提供证明以下事实的证据材料:

---

〔10〕 有学者指出,将环境污染损害中的因果关系推定适用于生态破坏损害当中并不妥当,理由是:生态环境损害的结果往往是直接发生的,不存在人体潜伏期长等问题。另外,在政府作为生态环境损害赔偿的索赔主体的情况下,其能够调动的资源也非个人或社会组织所能相比。参见冯洁语:《公私法协动视野下生态环境损害赔偿的理论构成》,载《法学研究》2020年第2期。笔者认为,即便是政府提起的生态损害赔偿诉讼也未必就能确切的证明因果关系,而且生态损害虽然不存在人体潜伏期的问题,可是生态破坏行为与最终的损害之间的因果关系亦并不容易证明,故此在生态破坏责任中采取因果关系推定仍有必要。

〔11〕 广东泺雅灯饰制造有限公司与谢赞添环境污染损害赔偿纠纷上诉案,广东省广州市中级人民法院(2005)穗中法民二终字第1770号民事判决书。

〔12〕 王胜明主编:《中华人民共和国侵权责任法解读》,中国法制出版社2010年版,第330页。

〔13〕 Hager/Rehbinder – Hager, Umwelthaftungsgesetz, Beck, 2010, §6, Rn. 1.

（一）污染者排放了污染物；（二）被侵权人的损害；（三）污染者排放的污染物或者其次生污染物与损害之间具有关联性。”例如，在“孙大年诉新沂市通力氨基酸厂环境污染损害赔偿纠纷案”中，法院认为，适用《最高人民法院关于民事诉讼证据的若干规定》第4条的要件及前提为环境污染客观存在、具有较为明显的加害人，即受害人应举出盖然性证据证明环境污染及加害人的存在。该案中，孙大年在纠纷发生后，通过律师事务所委托新沂市价格认证中心对死鱼损失进行价格认证，说明孙大年具有一定的维权意识和举证能力，适用举证责任倒置的前提是死鱼样本存在可供鉴定，目前由于样本不存在，无法鉴定的责任在孙大年，故孙大年未能完成初步举证责任，如简单适用举证责任倒置，不仅有违立法本意，且对于通力厂也显失公平。[14]

案例阅读

案例23.2.1

吴波与北京天鸿房地产开发有限责任公司等环境污染纠纷上诉案

只要被侵权人完成了上述对环境污染、生态破坏与损害之间的因果关系的初步的证明责任，就实行因果关系的推定，由环境污染者、生态破坏者来证明自己污染环境或者破坏生态的行为与被侵权人的损害之间没有因果关系。《环境侵权责任解释》第7条规定：“污染者举证证明下列情形之一的，人民法院应当认定其污染行为与损害之间不存在因果关系：（一）排放的污染物没有造成该损害可能的；（二）排放的可造成该损害的污染物未到达该损害发生地的；（三）该损害于排放污染物之前已发生的；（四）其他可以认定污染行为与损害之间不存在因果关系的情形。”

（三）证据问题

环境污染侵权纠纷的因果关系的证明涉及专门的科学知识。对于环境污染、生态破坏行为与损害之间有无因果关系，需要专门的鉴定、检验。一方面，在环境污染、生态破坏事件发生后，相关的环境保护监管部门会进行相应的调查、检验、检测、评估。这些部门或者其委托的机构出具的环境污染事件调查报告、检验报告、检测报告、评估报告或者监测数据等对于认识案件事实非常重要。另一方面，人民法院也可以委托具备相关资格的司法鉴定机构出具鉴定意见或者由国务院环境保护主管部门推荐的机构出具检验报告、检测报告、评估报告或者监测数据。必要时，当事人也可以聘请专家提供专家证言。对于上述证据，《环境侵权责任解释》第8～10条均在一定程度上予以认可。因为这对于保护被侵权人是非常必要的。

四、免责与减责事由

（一）免责事由

环境污染和生态破坏责任的免责事由只有两项：不可抗力与受害人故意。对此，《水污染防治法》第96条第2、3款规定：“由于不可抗力造成水污染损害的，排污方不承担赔偿责任；法律另有规定的除外。水污染损害是由受害人故意造成的，排污方不承担赔偿责任。水污染损害是由受害人重大过失造成的，可以减轻排污方的赔偿责任。”此外，《海洋环境保护法》第91条规定：“完全属于下列情形之一，经过及时采取合理措施，仍然不能避免对海洋环境造成污染损害的，造成污染损害的有关责任者免予承担责任：（一）战争；（二）不可抗拒的自然灾害；（三）负责灯塔或者其他助航设备的主管部门，在执行职责时的疏忽，或者其他过失行为。”

至于因第三人过错而导致环境污染、破坏生态，进而造成损害的，污染者是否免责的问题，

---

〔14〕 江苏省徐州市中级人民法院（2006）徐民一终字第27号民事判决书。

《民法典》第1233条规定:“因第三人的过错污染环境、破坏生态的,被侵权人可以向侵权人请求赔偿,也可以向第三人请求赔偿。侵权人赔偿后,有权向第三人追偿。”该条中所谓“因第三人的过错污染环境、破坏生态的”情形,应当理解为污染环境、破坏生态完全是由于第三人的过错所致,从原因力上而言,与环境污染者或生态破坏者无关。因为,如果是第三人的过错行为与污染者或破坏者的行为相结合而导致损害的话,污染者或破坏者本来也就应当承担责任,无非需要判断的是其与第三人究竟是适用《民法典》第1171条还是第1172条而承担按份责任或连带责任。因此,没有必要特别规定。只有当污染环境、破坏生态完全是因为第三人的过错行为所致,才需要特别明确此种情形下,侵权人能否以第三人过错作为免责事由的问题。例如,甲炼油厂的输送原油的管道从乙承包的鱼塘边经过。某日深夜,丙为盗窃原油而将输油管道凿破,原油泄露出来污染了乙的鱼塘,其养殖的水产品全部死亡。再如,运送化学品的A船正常航行,B船违规航行而与A船相撞,导致A船上的化学品泄漏到海湾中,引发了严重的环境污染和生态破坏。在上述两个例子中,环境污染、生态破坏的行为显然都是由于丙、B船这些第三人的过错的行为所致。

依据《民法典》第1233条,即便是完全因第三人过错而致污染环境、破坏生态,给被侵权人造成损害的,侵权人也不能以第三人过错为由免责,被侵权人可以要求侵权人赔偿,也可以要求第三人赔偿。之所以如此,就是为了更有效地保护环境污染、生态破坏侵权责任的受害人。如果侵权人能够以此作为免责事由,则意味着被侵权人只能请求第三人赔偿,而第三人很可能无法查明或者即便查明了也没有赔偿能力。当然,由于污染环境、破坏生态是因为第三人的过错造成的,故此,侵权人赔偿后可以向第三人追偿,这种追偿应当理解为全部的追偿而不是部分的追偿。

在诉讼程序上,被侵权人可以单独起诉侵权人即环境污染者、生态破坏者,也可以单独起诉第三人,还可以将他们作为共同被告提起诉讼。

(二)减责事由

既然环境污染、生态破坏责任属于无过错责任,那么只有在受害人对损害的发生或扩大具有重大过失时,方能减轻侵权人的赔偿责任。例如,《水污染防治法》第96条第3款第2句规定:“水污染损害是由受害人重大过失造成的,可以减轻排污方的赔偿责任。”

(三)举证责任

依据《民法典》第1230条,因污染环境、破坏生态发生纠纷,行为人应当就法律规定的不承担责任或者减轻责任的情形承担举证责任。

五、惩罚性赔偿

在民法典编纂的过程中,为了落实党的十八届三中全会提出的对造成生态环境损害的责任者严格实行赔偿制度的要求,贯彻党的十九大报告提出的“加大生态系统保护力度”的决策部署,《民法典》专门增加了对环境污染和生态破坏的惩罚性赔偿的规定。[15] 结合2017年中共中央办公厅、国务院办公厅联合印发的《生态环境损害赔偿制度改革方案》,立法机关在《民法典》增加了环境污染和生态破坏的惩罚性赔偿的规定。《民法典》第1232条规定:“侵权人违反法律规定故意污染环境、破坏生态造成严重后果的,被侵权人有权请求相应的惩罚性赔偿。”

---

〔15〕 沈春耀:《关于〈民法典〉各分编(草案)的说明》,载《民法典立法背景与观点全集》编写组:《民法典立法背景与观点全集》,法律出版社2020年版,第28页。

依据这一规定,适用惩罚性赔偿的要件如下:

1. 侵权人主观上是故意,即明知其实施的污染环境、破坏生态的行为会给他人造成损害,而依然追求或放任此种损害结果的发生。

2. 必须是违反法律规定污染环境、破坏生态。由于工业生产和其他社会活动都会在一定程度上污染环境或破坏生态,污染物是工业活动不可避免的副产品。如果只要是排放了污染物或破坏了生态,都适用惩罚性赔偿,显然过于苛刻,既不公平,也不符合生产发展的规律。故此,只有行为人在违反法律规定污染环境、破坏生态时才可能适用惩罚性赔偿。所谓违反法律规定污染环境主要是指没有排污许可而进行排污或者超标排污的。《环境保护法》第 44 条第 1 款规定:"国家实行重点污染物排放总量控制制度。重点污染物排放总量控制指标由国务院下达,省、自治区、直辖市人民政府分解落实。企业事业单位在执行国家和地方污染物排放标准的同时,应当遵守分解落实到本单位的重点污染物排放总量控制指标。"第 45 条规定:"国家依照法律规定实行排污许可管理制度。实行排污许可管理的企业事业单位和其他生产经营者应当按照排污许可证的要求排放污染物;未取得排污许可证的,不得排放污染物。"因此,违反国家规定污染环境的行为是更恶劣的行为,完全是行为人为了一己私利而实施的对于整体社会福利没有任何好处的行为,应当适用惩罚性赔偿。所谓违反国家规定破坏生态,主要是指在国家生态保护区域内从事的各种破坏生态的行为。《环境保护法》第 29 条规定,国家在重点生态功能区、生态环境敏感区和脆弱区等区域划定生态保护红线,实行严格保护。各级人民政府对具有代表性的各种类型的自然生态系统区域,珍稀、濒危的野生动植物自然分布区域,重要的水源涵养区域,具有重大科学文化价值的地质构造、著名溶洞和化石分布区、冰川、火山、温泉等自然遗迹,以及人文遗迹、古树名木,应当采取措施予以保护,严禁破坏。行为人在国家严格保护的这些生态区域内实施生态破坏行为,显然主观上更恶劣,情节更严重,应当适用惩罚性赔偿。

3. 造成严重后果的。所谓严重后果主要是指因环境污染、生态破坏行为而给被侵权人的人身财产权益造成了严重损害或者对生态造成严重破坏的情形,例如,造成被侵权人死亡、残疾,甚至群死群伤,或者造成被侵权人的重大财产损失等。在确定后果是否严重时,当然还要考虑到环境污染、生态破坏行为造成的严重社会影响,对环境和生态破坏的严重程度等因素。

第三节　多人环境污染和生态破坏中的因果关系与责任承担

环境污染、生态破行为由单独一个民事主体实施的,固然常有。多人实施污染环境、破坏生态的行为并造成他人损害的情形,亦不鲜见。这是因为:一方面,环境污染、生态破坏行为多与工业生产有关,而工业生产要在资源集中等便于获得生产要素的区域,如有色金属开采公司要位于有色金属矿藏丰富的地方,化工、造纸、核电等需要大量用水的企业则多建于湖泊江河之畔。如此一来,就很容易出现多家生产者同时污染环境、破坏生态的情形,如排放污水、释放废气、倾倒废渣等。另一方面,环境本身具有一定的容量,大气、水、土地、动植物等都有承受污染物的一个最高限值。只有当特定时空里的污染物超过了生态系统能够承受的限度时,才会发生环境污染或生态破坏,造成他人损害。多人实施环境污染行为显然更容易突破环境容量,造成损害。

在多人环境污染、破坏生态的损害赔偿责任中,因果关系的判断,复杂而重要。首先,多人侵权责任的特殊之处就在于因果关系呈现复数形态,即多人分别实施侵权行为给他人造成同一损害。此等“多因一果”的形态较之于单独侵权行为中“一因一果”或“一因多果”的形态,显然更复杂。此外,复数因果关系本身又有不同的类型,如何科学地加以区分并判断之,也不容易。其次,在损害赔偿法上,不同形态的复数因果关系常常决定了数个侵权人的责任承担方式,即究竟是向受害人承担按份责任,还是连带责任。例如,在数个侵权人实施的加害行为只有相互结合才能造成受害人同一损害之时,这些侵权人只需按照各自的份额向受害人承担赔偿责任(《民法典》第1172条)。而倘若每个侵权人的行为都足以造成同一损害后果,则该数个侵权人就要向受害人承担连带赔偿责任(《民法典》第1171条)。按份责任还是连带责任,无论对加害人还是对受害人,都十分重要。

一、复数因果关系的形态

在多人实施污染环境、破坏生态造成他人损害时,其中有哪些类型的因果关系,有不同的见解。有的学者认为,可以根据各个污染源结合后的效力不同,将环境污染中复数因果关系形态分为七类,分别是:(1)相抵效应(Antagonistischer Effekt),即各个污染源所施放之物质互相结合后在效力上产生互相抵消的效果,亦即多个污染源结合后的效果少于各个污染源分别施放物质原始效力之和;(2)等加效应(Additiver Effekt),即各个污染源所施放的物质相互结合后产生的效果,等于未结合前各个污染源各别所施放的物质原始效力相加之和;(3)累进效应(Progressiver Effekt),即各个污染源所施放的物质相互结合后产生的效果,超过没有结合之前各个污染源分别施放物质原始效力之和;(4)互补效应(Komplementärer Effekt),即各个污染源施放的物质结合后造成了某一种现实损害,但此等物质在结合之前,是无法单独造成该现实的损害的;(5)竞合效应(Konkurrierender Effekt),即各个污染源所释放之物质互相结合后造成某一现实损害,但此等个别污染源所施放的物质尽管没有相互结合,其原始的效力也都分别足以单独造成此种现实的损害;(6)持分不明之效应(Ungeklärte Teilkausalität),即各个污染源分别仅单独造成某一部分损害,但各个污染源到底造成哪一部分之损害,实际上并无法澄清清楚;(7)多者择一的因果关系(Alternative Alleinkausalität),即有多个污染源均为可疑的加害人,但是真正的因果关系或是真正的加害人却无法澄清。[16]

还有的人认为,多人环境污染行为可分为两大类:一是共同侵权行为,即数个环境危害行为人之间存在意思联络、共同过失或者故意与过失结合的情形,则属于共同侵权行为;二是没有主观联系的数人环境污染行为。后一种情况根据其中“单个行为是否均能造成环境侵权损害”和“最终所表现的同一不可分的环境侵权损害是否能够由导致损害的某单个行为独自造成”两个因素,可分为环境聚合危害行为、环境加算危害行为、环境叠加危害行为和环境择一危害行为。环境聚合危害行为,是指两个或两个以上无过错联系的环境危害行为同时造成一个不可分割的损害事故,即使没有其他加害主体的加害行为,每一个加害主体的环境危害行为均足以造成同一损害后果。如果两个或两个以上无过错联系的加害主体的单个加害行为均不足以造成损害,只有这些行为结合后,才能造成一个不可分割的损害事实,就属于环境加算危害

〔16〕 王千维:《环境损害中多数污染源之组合形式及其在侵权行为法上责任归属之基本原则》,载《政大法学评论》第63期,第205页以下。

行为。至于环境叠加危害行为,是指两个或两个以上无过错联系的加害主体分别实施的单个环境危害行为均可能导致一定程度的性质相同的损害发生,但其中任何一个单独行为都无法导致最终的损害结果,而这些环境危害行为恰好同时发生,一起导致了一个完整的不可分割的损害,但这些行为之间对损害的"贡献"比例无法确定。环境择一危害行为,是指两个或两个以上无过错联系的加害主体分别实施的单个环境危害行为均有导致损害结果发生的危险,但并非全部单个的行为均实际造成了损害,而究竟其中哪个或哪几个行为与损害有因果关系无法确定。〔17〕

本书认为,上述观点均有可商榷之处。首先,就侵权赔偿责任的归属与承担而言,按照各个污染源组合后效力的不同,将多数人环境污染、破坏生态所致损害中的复数因果关系分为七类,意义不大。因果关系在损害赔偿法上的基本功能就两项:确定责任成立与限制责任范围。〔18〕在多数人环境污染、生态破坏中,各个污染源结合后产生的作用力之间究竟是相抵、等加,还是累进、互补、竞合,并非损害赔偿责任成立的因果关系要关注的问题。就责任的成立而言,因果关系是指各个污染源在相抵、等加、累进、互补或竞合后的作用力是否与受害人的同一损害存在因果联系。至于各个污染者或破坏者如何向被侵权人承担赔偿(按份责任还是连带责任)的问题,需要考察的是各个污染源单独的作用力与同一损害结果之间的因果关系。也就是说,要判断单个污染源本身是否均足以造成全部的损害结果。至于各个污染源分别施放的物质的原始效力与造成同一损害的实际效力的关系究竟是相抵、等加、累进,还是互补、竞合,并非侵权法需要关注的问题。

至于上述第二种观点的问题在于:首先,在多人环境污染、生态破坏责任中,排污者的行为多为故意,但他们之间并无意思联络,也就是说并非共同故意侵害他人。将这些分别、故意实施环境污染行为的人联系在一起的是受害人遭受的同一损害。因此,将故意与过失结合的环境污染行为也纳入共同侵权中,有欠妥当。其次,在我国法上,区分环境叠加行为与环境加算行为并无意义。

综上所述,本书认为,依据各环境污染行为是否足以导致同一损害,可将多人环境污染损害中的复数因果关系分为以下四种形态:

1. 共同的因果关系(Gemeinsame Kausalitäten),也称"结合的因果关系"或"部分的因果关系",〔19〕是指数人分别实施了污染环境、破坏生态的行为,给他人造成了同一损害。其中任何一个行为单独发生均不足以造成部分或全部的损害,但这些行为相互结合后,造成了受害人的全部损害。在结合的因果关系中,任何一个污染环境或破坏生态的行为都不是充分的原因,同一损害后果是多个污染环境或破坏生态的行为共同作用所致。〔20〕依据单独的行为能否给受害人造成损害,又可以将共同的因果关系分为两类:〔21〕其一,数个行为结合共同造成了损害,即数个行为人的行为单独发生的话,都不可能造成环境污染或生态破坏,继而损害他人权益,但两个行为结合后导致了受害人的同一损害。例如,A 船与 B 船在航行中因均有过失而碰撞。B

---

〔17〕 竺效:《论无过错联系之数人环境侵权行为的类型——兼论致害人不明数人环境侵权责任的司法审理》,载《中国法学》2011 年第 5 期。

〔18〕 程啸:《侵权责任法》,法律出版社 2011 年版,第 176 页。

〔19〕 王泽鉴:《侵权行为》,北京大学出版社 2009 年版,第 189 页。

〔20〕 Erwin Deutsch, Allgemeines Haftungsrecht, 2. Aufl., Carl Heymanns, 1996, Rn. 151.

〔21〕 程啸:《侵权行为法总论》,中国人民大学出版社 2008 年版,第 269 ~ 270 页。

船碰撞后船体破裂,船上所载的重油泄漏,污染了C游泳场管理的水域及海岸带。[22] 显然,A船或B船的航行本身不是环境污染行为,二者单独发生均不会造成他人损害。其二,数个行为互相结合加强了损害,[23] 即单独的每一个行为都是环境污染、破坏生态的行为,会给他人造成一定的损害,但不足以造成全部的损害,这些行为结合后才能造成全部损害。例如,甲厂与乙厂都往河中排放污水,甲排放了3个单位,乙排放了4个单位。任何一个厂排放的污水量都会造成丙公司养殖的鱼苗部分死亡,但不会使丙公司的鱼苗全部死亡。由于两个厂同时排污,导致水中污染物总量极大的超标,丙公司的鱼苗全部死亡。

2. 竞合的因果关系(konkurrierender Kausalität),是指数人分别实施了污染环境、破坏生态的行为,给他人造成同一损害,但即便其中任何一个行为单独发生,也足以造成同一损害。这几个行为之所以一起发生,造成损害,完全是偶然的。例如,A厂与B厂不约而同往河里偷排污水,且任何一个厂排放的污水都足以导致C的鱼苗死亡。尽管从科学的角度上说,多个污染源同时排放的物质之间,因化学性质的不同,会存在相抵、累加、累进、互补等各种可能性,但在侵权法上只需要考虑这些污染源结合后是否造成了同一损害,以及单独污染源排放的物质是否足以造成同一损害即可。

3. 累积的因果关系(Kumulative Kausalitäten),即数人分别实施环境污染、破坏生态之行为,给他人造成了同一损害。这些行为中的一个或部分单独发生,也足以造成全部的损害后果。例如,A厂与B厂均为造纸厂,A厂为国营大厂,规模巨大,年产500万吨。B厂是私营小厂,年产1万吨。A厂超标排放污水1000个单位,而B厂超标排放1个单位的污水,结果导致了下游养殖户C的鱼苗死亡。在这个案件中,A厂单独排放的污水就足以导致全部损害了,而B厂排放的污水只能造成C的一小部分损害。

4. 择一的因果关系(Alternative Kausalitäten),即数人从事了危害他人财产、人身安全的环境污染、生态破坏的行为,其中一人或数人的行为实际造成了他人的损害,但无法确定究竟是哪一个或哪几个行为造成了该损害。例如,甲厂与乙厂分别向空气中排放有毒气体A、有毒气体B,丙因空气污染患病。但无法确定究竟是有毒气体A还是有毒气体B导致了丙的疾病。显然,择一的因果关系本质上并不是因果关系的问题,而只是一个证明的问题。[24]

二、责任主体与承担方式

(一)共同的因果关系、竞合的因果关系与累积的因果关系的责任主体与承担方式

《民法典》第1171条与第1172条的根本区别在于复数因果关系的形态不同。如果多人环境污染损害中的复数因果关系为竞合的因果关系,那么就适用第1171条。反之,无论是共同的因果关系还是累积的因果关系,都应适用第1172条。究竟适用哪一条,决定了各个环境污染者或生态破坏者究竟是向受害人承担连带责任还是按份责任。

从理论上说,区分复数因果关系的具体形态,从而相应地适用《民法典》第1171条或第1172条,并不复杂。在证明责任法上,如果受害人要主张适用《民法典》第1171条,其需要证明

---

〔22〕 菱角咀海滨游泳场诉东海海运有限公司与中国船舶燃料供应福建有限公司的船舶碰撞造成船载油料泄漏海域污染损害赔偿案,载最高人民法院中国应用法学研究所编:《人民法院案例选》(总第32辑),人民法院出版社2000年版,第305页以下。在该案中,法院只是判决漏油的船舶所有人承担环境污染侵权赔偿责任,而没有判决另一艘船的所有人承担责任,颇值商榷。

〔23〕 Erwin Deutsch, Allgemeines Haftungsrecht, 2. Aufl., Carl Heymanns, 1996, Rn. 153.

〔24〕 Erwin Deutsch, Unerlaubte Handlungen, Schadensersatz und Schmerzensgeld, 3 Aufl., Carl Heymanns, 1995, Rn. 61.

每个侵权人的行为都足以造成全部损害。如不能证明,就应适用《民法典》第1172条。对此,《环境侵权责任解释》第3条第2款规定:“两个以上污染者分别实施污染行为造成同一损害,每一个污染者的污染行为都不足以造成全部损害,被侵权人根据侵权责任法第十二条规定请求污染者承担责任的,人民法院应予支持。”

然而,从我国环境污染损害赔偿司法实践来看,在多人无意思联络分别实施环境污染行为造成同一损害的案件中,法院基本上都是直接认定全部污染者要向受害人承担连带责任,并不会考虑每个污染者的行为是否都足以造成全部损害。[25] 例如,在“邬良永等诉邬宗军等环境污染损害赔偿纠纷案”中,七名原告(受害人)承包了73亩养殖塘进行水产养殖,而两名被告(加害人)分别经营木雕工艺品厂、真空镀膜厂。两被告经营的企业均将未经处理的工业废水直接排入流经七原告养殖塘的河流,导致原告养殖塘中的水产品全部死亡。法院委托鉴定机构的鉴定结论仅仅说明了,两个被告排放的化学需氧量(COD)、色度超标的污水会造成原告养殖的水产品死亡,却没有明确究竟是每一个被告的污水都足以造成这样的后果,还是两个被告排放的污水相加后才造成原告养殖的水产品死亡的后果。最终法院判决认为,由于两被告未能提供证据证明其行为与七原告的损害结果之间不存在因果关系及存在法定的免责事由,据此可认定两被告经营企业的排污行为与七原告养殖塘内的水产品死亡之间存在因果关系,两被告应对七原告的经济损失承担民事赔偿责任。两被告系共同侵权,应承担连带责任。[26] 也就是说,法院认为,只要被告没有推翻因果关系推定,那么就要承担赔偿责任,数个被告就要承担连带责任。出现这种情形的原因在于:有些法院错误地理解了环境污染损害赔偿中的因果关系推定规则。

在《侵权责任法》颁布前,司法解释就在环境污染损害赔偿诉讼中确立了因果关系推定规则。《民事诉讼证据规定》第4条第1款第3项规定,“因环境污染引起的损害赔偿诉讼,由加害人就法律规定的免责事由及其行为与损害结果之间不存在因果关系承担举证责任”。[27] 该规定为《侵权责任法》所接受。《侵权责任法》第66条规定:“因污染环境发生纠纷,污染者应当就法律规定的不承担责任或者减轻责任的情形及其行为与损害之间不存在因果关系承担举证责任。”[28] 立法者在环境污染损害中实行因果关系推定的理由,前文已有阐述。然而,因果关系推定只是推定环境污染行为与损害结果之间的因果关系的存在,而非推定环境污染行为都足以造成全部损害。易言之,不能将因果关系的推定与连带责任的适用条件相混淆,否则就

---

〔25〕 陈明山:《环境侵权纠纷数个污染者之责任判定——周某诉辉成公司、彩色公司环境污染责任纠纷案相关法律问题分析》,载北京市高级人民法院:《审判前沿:新类型案件审判实务》(总第44集),法律出版社2013年版,第106~108页。

〔26〕 浙江省宁海县人民法院(2008)宁民一初字第3150号民事判决书。类似的案例还有,韦干贯与广西农垦新兴畜牧水产有限责任公司等环境污染损害赔偿纠纷上诉案,广西壮族自治区柳州市中级人民法院(2006)柳市民一终字第561号民事判决书;内蒙古塞外星华章纸业股份有限公司等与包头市供水总公司环境污染损害赔偿纠纷上诉案,内蒙古自治区高级人民法院(2005)内民二终字第54号民事判决书;严志洪与广州市花都威扬织造有限公司等环境污染损害赔偿纠纷上诉案,广东省广州市中级人民法院(2004)穗中法民二终字第1024号民事判决书;南宁德固赛美诗药业有限公司等与覃桂英等环境污染损害赔偿纠纷上诉案,广西壮族自治区南宁市中级人民法院(2006)南市民一终字第823号民事判决书;天津市静海县团泊电镀厂等与赵振太环境污染损害赔偿纠纷上诉案,天津市第一中级人民法院(2006)一中民四终字第898号民事判决书。

〔27〕 2019年修订该司法解释时已经删除本条。

〔28〕 除《侵权责任法》外,明确规定环境污染责任中实行因果关系推定的法律和司法解释还有:《水污染防治法》第98条、《固体废物污染环境防治法》第86条、《民事诉讼证据规定》第4条第1款第4项。

会违反自己责任，有失公平。[29]

本书认为，即便是实行因果关系的推定，多人环境污染损害的受害人如果要主张适用《民法典》第 1171 条也应当证明每个环境污染行为都足以造成全部损害的责任。如果无法证明，则应适用《民法典》第 1172 条，由各污染者向受害人承担按份责任。倘若各污染者之间的赔偿责任份额无法确定的，则由各个污染者平均承担赔偿责任（参见**案例** 23.3.1）。此外，如果两个以上污染者分别实施污染行为造成同一损害，其中，部分污染者的污染行为足以造成全部损害，而部分污染者的污染行为只造成部分损害。被侵权人有权要求足以造成全部损害的污染者与其他污染者就共同造成的损害部分承担连带责任，并对全部损害承担责任（《环境侵权责任解释》第 3 条第 3 款）。

案例阅读

案例23.3.1
吴冬青等与盐城苏海制药有限公司草庙分公司水污染责任纠纷上诉案

（二）择一的因果关系的责任主体与承担方式

择一因果关系的多数人环境侵权，是指二人以上实施危及他人人身、财产安全的环境污染或生态破坏行为，但仅仅其中一人或数人的行为实际造成他人损害，却无法确定具体的侵权人，故由全部参与实施了污染环境或破坏生态行为的人承担连带责任。

共同危险行为本身就是一种因果关系的推定。立法者设立共同危险行为制度，是要消除受害人因缺乏证据而无法证明因果关系的困难，因此，《民法典》第 1170 条只是证明责任分配规范，而非归责事由的规范或责任成立要件的规范。[30] 由于真正实施侵权行为的人躲在参与实施了对他人人身、财产安全有危险的数个行为人当中，将这数人作为一个整体后可以建立行为与损害后果的联系。这种联系只是一种推定。共同危险行为人可以通过提供证据推翻之。然而，《民法典》第 1230 条明确规定："因污染环境、破坏生态发生纠纷，行为人应当就法律规定的不承担责任或者减轻责任的情形及其行为与损害之间不存在因果关系承担举证责任。"这就是说，在数人均实施了危及他人人身、财产安全的环境污染、生态破坏行为后，不需要由受害人来证明究竟是哪一个或哪一些被告的行为实际造成了自己的损害，而应由被告来证明自己的污染环境或破坏生态的行为与损害之间没有因果关系。如果不能证明不存在因果关系，就要承担责任。所以，在无法查明究竟是哪一个环境污染或生态破坏行为造成损害的多人环境污染案件中，受害人无须适用《民法典》第 1170 条，而只需要适用第 1230 条就可以令所有的污染者都承担责任。此时，各个污染者究竟是依据《民法典》第 1171 条还是第 1172 条来承担责任呢？对此，本书认为，应当按照《民法典》第 1172 条来承担责任。这是因为，《民法典》第 1230 条只是建立了污染行为与损害之间的因果关系，却没有推定单独的污染行为足以造成全部损害。除非受害人能够证明此点，否则仅适用《民法典》第 1172 条，各侵权人承担按份责任。

[29] 在 2010 年颁布的《侵权责任法》施行后，一些法院已经注意到了因果关系的推定和连带责任的适用条件是不同的。例如，在"蒋永清与岳阳市好吃香食品有限公司等水污染责任纠纷上诉案"中，两个被告向河中排放污水，导致原告鱼塘中养殖的鱼死亡。当地渔政站的调查报告认定，被告好吃香公司和被告张作宏经营的食品厂排放的生产废水是造成原告蒋永清鱼塘死鱼的直接原因，根据好吃香公司和张作宏的食品厂的生产规模、废水排放量的有关情况，明确好吃香公司承担本次死鱼事故 70% 的责任，食品厂承担本次死鱼事故 30% 的责任。二审法院一方面适用因果关系推定规则，认定两被告应当承担侵权责任；另外，依据渔政站的报告确定两被告分别向原告承担 70%、30% 的责任。参见湖南省岳阳市中级人民法院(2012)岳中民三终字第 318 号民事判决书。

[30] Staudinger – Belling/Ebel – Borges, 2008, § 830, Rn. 66.

第四节　生态环境损害责任

一、生态环境损害的含义

生态环境损害，是指因污染环境、破坏生态造成大气、地表水、地下水、土壤、森林等环境要素和植物、动物、微生物等生物要素的不利改变，以及上述要素构成的生态系统功能退化。〔31〕生态环境损害不同于民法上的损害。民法中的损害是指，具有可赔偿性（ersatzfaehiger）的特定民事主体所遭受的物质利益或精神利益的非自愿的丧失。二者的差异表现在以下几方面：

1. 性质不同。民法上的损害是指人身权益、财产权益遭受侵害而产生的不利益，具体表现为因人身伤亡而遭受的财产损失，因财产权益被侵害而遭受的经济损失，或者因人身权益被侵害而给受害人及其近亲属造成的精神痛苦。但是，生态环境损害专指生态环境本身的损害，是与民法上的人身损害、财产相并列的损害类型。有学者认为，从环境污染、生态破坏侵权责任角度而言，如果说环境损害是大概念，则环境损害包括了人身财产损害和生态环境损害。〔32〕

2. 赔偿权利人不同。民法上的损害，无论是财产损害，还是精神损害，都是特定民事主体即自然人、法人或非法人组织的人身财产权益遭受侵害而遭受的不利益。然而，生态环境损害并非特定主体遭受的损害，而是生态环境本身的损害，即由于污染环境或破坏生态的行为而给生态环境造成的不利改变以及提供生态系统服务功能的破坏。正因如此，民法上的损害，赔偿权利人就是被侵权人，在被侵权人死亡的情况下是其近亲属；被侵权人为组织，该组织分立、合并的，承继权利的组织有权请求侵权人承担侵权责任（《民法典》第1181条）。生态环境损害发生后，有权要求侵权人承担侵权责任的主体不是某个特定的被侵权人，因为生态环境是公共产品，我们每个人置身于其中的，生态环境损害发生后，可以说，我们每个人都是受害者。有鉴于此，《生态环境损害赔偿制度改革方案》明确指出：国务院授权省级、市地级政府（包括直辖市所辖的区县级政府，下同）作为本行政区域内生态环境损害赔偿权利人。省域内跨市地的生态环境损害，由省级政府管辖；其他工作范围划分由省级政府根据本地区实际情况确定。省级、市地级政府可指定相关部门或机构负责生态环境损害赔偿具体工作。省级、市地级政府及其指定的部门或机构均有权提起诉讼。跨省域的生态环境损害，由生态环境损害地的相关省级政府协商开展生态环境损害赔偿工作。在健全国家自然资源资产管理体制试点区，受委托的省级政府可指定统一行使全民所有自然资源资产所有者职责的部门负责生态环境损害赔偿具体工作；国务院直接行使全民所有自然资源资产所有权的，由受委托代行该所有权的部门作为赔偿权利人开展生态环境损害赔偿工作。《民法典》第1234条也明确规定，生态环境损害的赔偿权利人只能是“国家规定的机关或者法律规定的组织”。

3. 赔偿方法不同。就民法上的损害，赔偿的方法就是两种：一是恢复原状，二是金钱赔偿。

---

〔31〕　这是2017年12月中共中央办公厅、国务院办公厅印发的《生态环境损害赔偿制度改革方案》的界定。在此之前，2014年环保部环境规划院编制的《环境损害鉴定评估推荐方法》（第Ⅱ版）将生态环境损害界定为，是指由于污染环境或破坏生态行为直接或间接地导致生态环境的物理、化学或生物特性的可观察的或可测量的不利改变，以及提供生态系统服务能力的破坏或损伤。

〔32〕　吕忠梅：《“生态环境损害赔偿”的法律辨析》，载《法学论坛》2017年第3期。

除非有法律的明确规定,如《国家赔偿法》第 32 条第 1 款规定:"国家赔偿以支付赔偿金为主要方式。"否则,恢复原状还是金钱赔偿在我国采取的是自由选择主义。[33] 然而,对于生态环境损害,重要的是对受损的生态环境进行修复。

正是由于生态环境损害与民法上的损害存在上述差别,《民法典侵权责任编草案》的第一次审议稿不区分这两种损害而将之混在一起规定的做法,备受批评。全国人民代表大会宪法和法律委员会在"关于《民法典侵权责任编(草案)》修改情况的汇报"中指出:"有的地方、部门、法学教学研究机构和社会公众提出,应当对破坏生态环境造成的社会公共利益、国家利益损害责任和造成的民事主体人身、财产损害责任进行分别规定。宪法和法律委员会经研究认为,破坏生态环境一般会造成两类损害后果,一类是对生态环境本身的损害,另一类是对民事主体的人身、财产损害。这两类损害后果在责任构成要件、请求权主体、赔偿范围等方面有所不同,中央有关文件对此作了区分。据此,建议对草案作如下修改:一是明确破坏生态环境造成他人损害的,侵权人应当承担侵权责任;二是明确违反国家规定造成生态环境损害,能够修复的,法律规定的机关或者组织有权请求侵权人承担修复责任;三是明确违反国家规定造成生态环境损害的,法律规定的机关或者组织有权请求侵权人赔偿生态环境功能永久性损害造成的损失、生态环境损害调查和鉴定评估费等损失和费用。"

从《民法典侵权责任编草案》的第二次审议稿开始,就正式的区分了环境污染、破坏生态造成民法上的损害,与造成生态环境损害这两种不同的侵权类型。《民法典》第 1234 条和第 1235 条是专门针对造成生态环境损害而作出的特别规定。

二、造成生态环境损害的修复责任

(一)修复责任的请求权人

案例阅读

案例23.4.1
中国生物多样性保护与绿色发展基金会不服宁夏回族自治区高级人民法院不予受理裁定案

依据《民法典》第 1234 条,违反国家规定造成生态环境损害,生态环境能够修复的,国家规定的机关或者法律规定的组织有权请求侵权人在合理期限内承担修复责任(参见**案例** 23.4.1)。所谓国家规定的机关,是指省级、市地级人民政府及其指定的相关部门、机构或者受国务院委托行使全民所有自然资源资产所有权的部门。法律规定的组织,主要是指污染环境、破坏生态的行为损害社会公共利益的情形下,依据法律规定有权提起民事公益诉讼的组织,具体包括:(1)检察机关,《民事诉讼法》第 55 条第 2 款规定,人民检察院在履行职责中发现破坏生态环境和资源保护、食品药品安全领域侵害众多消费者合法权益等损害社会公共利益的行为,在没有前款规定的机关和组织或者前款规定的机关和组织不提起诉讼的情况下,可以向人民法院提起诉讼。前款规定的机关或者组织提起诉讼的,人民检察院可以支持起诉。(2)符合条件的社会组织,《环境保护法》第 58 条第 1 款规定,"对污染环境、破坏生态,损害社会公共利益的行为,符合下列条件的社会组织可以向人民法院提起诉讼:(一)依法在设区的市级以上人民政府民政部门登记;(二)专门从事环境保护公益活动连续五年以上且无违法记录"。

(二)修复责任的含义

所谓修复责任,是指污染环境、破坏生态的行为人依法应当承担的修复生态环境的责任。对生态环境的修复,包括生态修复与环境修复。生态修复指生态环境损害发生后,为将生态环

〔33〕 程啸、王丹:《损害赔偿的方法》,载《法学研究》2013 年第 3 期。

境的物理、化学或生物特性及其提供的生态系统服务恢复至基线状态，同时补偿期间损害而采取的各项必要的、合理的措施。环境修复是指生态环境损害发生后，为防止污染物扩散迁移、降低环境中污染物浓度，将环境污染导致的人体健康风险或生态风险降至可接受风险水平而开展的必要的、合理的行动或措施。

此种修复责任应当由侵权人在合理期限内承担，如果其在该期限不承担的，则国家规定的机关或者法律规定的组织可以自行或者委托他人进行修复，所需费用由侵权人负担。修复费用包括制定、实施修复方案的费用，修复期间的监测、监管费用，以及修复完成后的验收费用、修复效果后评估费用等。当然，所谓修复责任的前提是受损的生态环境能够修复，如果确实无法修复，只能赔偿损失，如赔偿生态环境功能永久性损害造成的损失。

三、生态环境损害的赔偿范围

依据《民法典》第1235条，违反国家规定造成生态环境损害的，国家规定的机关或者法律规定的组织有权请求侵权人赔偿下列损失和费用（参见**案例**23.4.2）：

案例阅读

案例23.4.2
江苏省人民政府诉安徽海德化工科技有限公司生态环境损害赔偿案

1. 生态环境受到损害至修复完成期间服务功能丧失导致的损失，即受损的生态环境从损害发生到通过修复而使之恢复至受损之前的状态这一期间内，提供生态系统服务的损失补偿。

2. 生态环境功能永久性损害造成的损失，即受损的生态环境及其服务难以恢复，其向公众或其他生态系统提供服务能力完全丧失，对于此种损失所给予的补偿。

3. 生态环境损害调查、鉴定评估等费用，这主要是指国家规定的机关或者法律规定的组织及其指定的部门开展对生态环境损害的现场调查、勘验勘查、环境监测、鉴定评估、专家咨询、信息公开、第三方审计、验收等活动而支出的费用，也包括为此进行生态环境损害诉讼支出的律师代理在内的必要费用。

4. 清除污染、修复生态环境费用。清除污染的费用是指清洗被污染的动植物和公共建筑、集中处理和处置污染物、回收废物、应急物资产生的费用；修复生态环境的费用是指生态环境损害发生后，为防止污染物扩散迁移、降低环境中污染物浓度，将环境污染导致的人体健康风险或生态风险降至可接受风险水平而开展的必要的、合理的行动或措施而产生的费用。具体而言，清除污染、修复生态环境的费用包括：制定、实施清除污染、修复生态环境的方案的费用，清除污染和修复生态期间的监测、监管费用，以及清污、修复完成后的验收费用，修复效果后评估费用等。如果修复清除污染、修复生态环境的费用难以确定或者确定具体数额所需鉴定费用明显过高的，则依据《最高人民法院关于审理环境民事公益诉讼案件适用法律若干问题的解释》第23条之规定，人民法院可以结合污染环境、破坏生态的范围和程度、生态环境的稀缺性、生态环境恢复的难易程度、防治污染设备的运行成本、被告因侵害行为所获得的利益以及过错程度等因素，并可以参考负有环境保护监督管理职责的部门的意见、专家意见等，予以合理确定。

5. 防止损害的发生和扩大所支出的合理费用，即国家规定的机关或者法律规定的组织实施应急方案以及为防止生态环境损害的发生和扩大采取合理预防、处置措施发生的应急处置费用等。

文献阅读

第二十四章　高度危险责任

本章重点

现代社会就是风险社会。科学技术在提高人们生活品质的同时，也创造出了大量前所未有的危险物质和危险活动。无论什么人宣称或主张，这些物质或活动是绝对安全的，都是不能相信的。世界上唯一绝对的事情就是，“绝对没有绝对的事情”。鉴于高度危险物质或高度危险活动的“高度”危险性，有必要让这些物质的拥有者与活动的经营者承担无过错责任，有时甚至是绝对责任。本章将对高度危险责任进行系统的研究。

第一节　概　　述

一、高度危险责任的概念与类型

（一）高度危险责任的概念

高度危险责任，也称“高度危险作业责任”，是指因从事高度危险作业造成他人损害，依法应当承担的侵权责任。在我国法上，最早对高度危险责任作出一般性规范的是《民法通则》，其第123条规定：“从事高空、高压、易燃、易爆、剧毒、放射性、高速运输工具等对周围环境有高度危险的作业造成他人损害的，应当承担民事责任；如果能够证明损害是由受害人故意造成的，不承担民事责任。”通说认为，该条规定的就是危险责任，即无过错责任。[1]

《侵权责任法》在第九章采用9个条文对高度危险责任作了更加详尽具体的规范。首先，该法第69条是对高度危险作业责任的一般性规定。该条不仅明确了高度危险责任适用的是危险责任即无过错责任，还为“司法实践处理法律未明确规范的高度危险行为提供了一个指导性原则”。[2] 其次，《侵权责任法》第70条至第73条逐一规定了各种具体类型的高度危险责任，包括核事故损害责任（第70条）、民用航空器损害责任（第71条）、高度危险物损害责任（第72、74、75条）、高度危险活动损害责任（第73条）、高度危险区域损害责任（第76条）。此外，第77条还对高度危险责任的赔偿责任限额作了规定。

---

〔1〕 金平主编：《民法通则教程》，重庆出版社1987年版，第430页；佟柔主编：《中国民法》，法律出版社1990年版，第581页；顾昂然等：《中华人民共和国民法通则讲座》，中国法制出版社2000年版，第240页；王利明主编：《民法·侵权行为法》，中国人民大学出版社1993年版，第441页；张新宝：《中国侵权行为法》（第2版），中国社会科学出版社1998年版，第515页；杨立新主编：《侵权行为法案例教程》，知识产权出版社2003年版，第142页。

〔2〕 王胜明主编：《中华人民共和国侵权责任法解读》，中国法制出版社2010年版，第347页。

我国《民法典》侵权责任编第八章“高度危险责任”总体上延续了《侵权责任法》中高度危险责任的体系结构，包括对高度危险作业责任的一般条款和具体类型的规定，只是对一些内容进行了完善，如增加了高度危险物的类型，将高度危险活动中减责事由规定为被侵权人具有重大过失等。关于大陆法系国家和地区的高度危险责任立法模式详见表24.1.1。

表24.1.1　部分大陆法系国家和地区关于高度危险责任的立法模式

立法模式	国家和地区									
	德国	俄罗斯	意大利	荷兰	法国	瑞士	日本	葡萄牙	中国大陆	中国台湾地区
一般规定		●	●	●	●			●		●
具体列举	●					●	●			
一般规定+具体列举									●	

说明：(1)一般规定，是指在民法典中对高度危险责任作出一般性规定；(2)具体列举，是指民法典中不一般性地规定高度危险责任，而仅通过单行立法逐一列举。(3)● 表示采取该立法模式。

（二）高度危险的判断

高度危险责任中最核心的概念就是“高度危险”。什么是高度危险？程度多高的危险才是高度危险？如果不明确这一点，那么《民法典》第1236条关于高度危险责任的一般性条款就根本无法适用。例如，《意大利民法典》第2050条是欧洲国家民法典中为数不多的危险活动的一般性法律规范，该条规定：“因进行危险活动而给他人造成的任何损害，根据危险的性质或运用手段的特征，行为人不能证明已采取所有适当措施以避免损害的，应当承担赔偿责任。”德国学者Will认为，由于如何区分危险和非危险活动没有明确标准，因此《意大利民法典》这一条难以令人满意，是一个无用的规定。[3]

在我国法学界，对于如何判断“高度危险”，有不同的看法。第一种观点认为，判断某种活动是否属于高度危险作业，主要的依据有两项：首先，它必须是利用了现代科学技术手段。其次，该活动必须采取特殊的技术安全方法才能进行，因为该技术方法旨在减少损害的发生概率。[4] 有些法院采取了这种观点。例如，在一起煤气爆炸案件中，法院认为：“高度危险作业是指利用现代化科学技术设施从事对周围环境的人身或财产安全具有高度危险的作业活动。高度危险是指按照现有的技术发展水平，人们不能完全控制和有效防止的致损风险。燃气虽具有易燃、易爆的物理属性，但现已被广泛应用，只要按照相关规定正常使用，就能控制和有效预防事故的发生，不具有高度危险性，且本案中燃气爆炸事故的发生也并非燃气公司及燃气二公司在作业过程中引起的，故本案不应当适用民法通则第123条之规定，而应当按照一般侵权的过错责任归责原则处理，由刘某某就对方具有过错承担举证责任。”[5]

第二种观点认为，界定高度危险应依照主观与客观标准相结合的原则加以确定。首先，高度危险作业是与人们利用现代科学技术成果改造自然的活动联系在一起的。虽然采用现代科学技术设施不是高度危险作业的必备条件，但却是重要条件之一。其次，高度危险作业是与物

---

〔3〕 Michael R. Will, Quellen erhoehter Gefahr, S. 150. 转引自王泽鉴：《侵权行为》，2015年自版，第682页。

〔4〕 郭明瑞、房绍坤、於向平：《民事责任论》，中国社会科学出版社1991年版，第209~210页。

〔5〕 杜珉：《高度危险作业的法律适用——刘某某诉北京燃气集团有限责任公司等一般人身损害赔偿案法律问题研究》，载北京市高级人民法院：《审判前沿：新类型案件审判实务》（总第25集），法律出版社2010年版，第7页。

品或行为所具有的特殊危险性相联系的。只有当某些危险物品或行为表现出超乎一般物品或行为的危险性时才能视为高度危险作业。因此,高度危险作业与一般性的危险作业的区别在于前者具有超过公认的一般危险程度。[6]

第三种观点认为,高度危险作业应当具备两项特征:(1)它是一种合法的行为,至少是不为法律所禁止的行为。(2)由于受到科学技术和工业制造能力、材料强度等多方面原因的局限,这种作业对周围环境的高度危险以及可能造成的损害具有不可避免性。只有某种作业所具备的高度危险以及可能造成的损害是无法避免的,即使加害人尽到高度注意且采取了必要的措施也无法完全避免,才构成高度危险作业。[7]

第四种观点认为,某项作业是否属于高度危险作业应依据以下因素综合判断之:(1)对于周围环境具有一定的危险性,即对于周围环境中的人身和财产构成了威胁;(2)这种危险性转变为现实损害的可能性很大。"高度危险"的提法就是为了突出此种危险的严重性;(3)该种作业并非一般人们所习惯的作业,只有在采取技术安全的特别方法时才能使用;(4)即便危险活动人或者危险物品的持有人尽到了合理的注意仍然无法减免该危险;(5)该活动或物品对于社会的价值与该活动对社会的危害之间的衡量。如果二者之间显然不成比例,那么应当对其科加较重的责任,以遏制该活动的展开或该物品的持有。[8]

第五种观点认为,高度危险与否应当考虑以下几个因素:(1)产生的损害后果是否严重,包括死伤人数、侵害的权益类型;(2)是否难以控制,只有危险作业人采取了所有可能的控制措施也无法避免损害的发生,此种危险才是高度危险;(3)损害的异常性,如果一个活动是社会上大部分人都在采取的,就算有危险也不是高度危险,例如家庭使用天然气。(4)社会价值,高度危险作业虽然有危险,但是仍然是对于社会有价值的活动。[9]

以上观点都具有或多或少的合理性。本书认为,"高度危险"不同于"危险",高度危险最大的特征就表现在危险的"**高度性**"之上。所谓高度危险性(abnormally dangerous),就是指**不同寻常的危险**。社会生活中的任何活动都具有这样或那样的危险,但不是什么危险都是高度危险或异乎寻常的危险。《美国侵权法重述(第二次)》第519条是对高度危险责任的一般性规定:"(1)从事异常危险活动者即使已经尽到最大注意防止损害的发生,仍应对该活动给他人的人身、土地或动产造成的损害承担责任;(2)该严格责任仅限于因该行为的异常危险而造成的损害。"第520条就如何认定异常危险列举了应当加以考量的以下因素,即"(1)具有给他人的人身、不动产或动产造成某种损害的高度的风险;(2)因该危险而造成损害的可能性很大;(3)合理的注意无法消除此种风险;(4)该活动并非一般习惯活动的程度;(5)该活动就从事该活动的地点而言的不适当性;(6)该活动对于社会的价值与该活动的危害不成比例的程度"。上述规定对一般危险的社会活动与高度危险的社会活动进行了区分,可供我国法院借鉴使用。在此基础上,本书认为,认定某一活动是否属于高度危险活动或高度危险作业,应当综合考虑以下因素:

1. 高度危险中的"危险"是指对他人人身财产安全造成损害的可能性。所谓他人就是高度

[6] 王利明主编:《民法·侵权行为法》,中国人民大学出版社1993年版,第438~439页。

[7] 张新宝:《中国侵权行为法》(第2版),中国社会科学出版社1998年版,第518页;范利平:《特殊侵权责任的意识——析高度危险作业的范围》,载《西南政法大学学报》2004年第1期。

[8] 杨立新主编:《侵权行为法案例教程》,知识产权出版社2003年版,第143页。

[9] 王利明:《侵权责任法研究》(下卷),中国人民大学出版社2010年版,第548页以下。

危险作业人或从事高度危险活动的人之外的人(《民法通则》第123条称之为“周围环境”),亦即高度危险活动或高度危险物品的危险范围波及的自然人、法人或非法人组织。高度危险中的“高度”,可从以下三个方面加以理解:

其一,危险现实化的“**高度可能性**”,即某项活动或某种物质可能是社会生活中常见的,也可能是少见的,但是其导致他人损害的可能性非常大,即便行为人尽到合理谨慎的注意义务亦难确保危险不现实化并造成损害。例如,高压电的运营、地下挖掘活动、高速轨道交通工具等。正是基于这种危险现实化的高度可能性,故此,危险活动的经营者或危险物品的管理人应当具有“高度的注意义务”以避免损害的发生。至于有些物质或活动,如家庭中的煤气或液化气的使用,只要尽到一个普通的合理人的注意义务(如用完煤气记得关掉阀门、在检查煤气时要远离明火等),就可以很轻易地避免损害,不属于高度危险活动或高度危险物质。

其二,损害结果上的“**高度可怕性**”,有些活动如核电站的运营或者高速铁路的运营,一旦发生事故所造成的人员伤亡或者财产损失是极为巨大的,后果非常可怕(参见本章核事故损害责任部分)。剧毒、易燃、易爆等物质一旦安全措施不当,所造成的损害也是非常严重的。例如,2020年6月13日16时40分许,我国浙江省沈海高速发生一起液化气槽罐车爆炸事件,造成20人死亡,172人受伤,周边建筑物受到不同程度的损坏。[10] 2020年8月4日下午6时左右,黎巴嫩首都贝鲁特港口区发生巨大爆炸,该爆炸导致158人死亡,6000多人受伤,30万人无家可归,直接经济损失数十亿美元。此次爆炸就是因为存放在港口仓库长达六年之久的2750吨硝酸铵因缺乏安全措施而导致的。[11]

有些活动或物质造成损害的概率其实很小,但是,一旦出现后果常令人感到可怕或恐惧。例如,现代民用航空的安全性是非常高的。2000年英国有关部门对九种交通方式的安全性进行比较。结果显示,以十亿人/公里死亡率计算,飞机的安全性高居榜首,死亡率为0.05,远低于排名第二的公共汽车(0.4)。1980年以来,飞机已经成为最安全的出行方式之一。2004年至2013年,全球喷气运输机解体事故百万次飞行死亡事故率为0.33。换言之,一个人如果每天飞行1次,那么在8300年的时间里,他才可能会遇到1次死亡事故。[12] 然而,民用航空损害责任却在世界各国都是危险责任,原因在于,民航事故一旦发生基本上就是机毁人亡,没有生还的可能性,而大众传媒将每一次民航事故都加以报道,所以让人们认为民航事故很可怕,认为民用航空器的运营是很危险的事情。当然,从另一个角度来说,民航航空器的运营必须高度谨慎,否则一个小差错就会机毁人亡。

其三,损害发生的“**高度不确定性**”,有些活动或物质因目前科学技术所限,尚无证据证明会造成损害。其发生损害的可能性如何存在高度的不确定性。例如,转基因食品对于人类是否有危害,尚无强有力的证据加以证明。本着“宁可信其有不可信其无”的态度,立法上可以将转基因产品的损害规定为无过错责任。

如果某种活动或者某种物质具备上述三项特征中的一项,就可以认为该活动或者该物质是高度危险的活动或物质。例如,假奶粉或发霉变质的食物也是有毒物品,对他人的人身权益具有危险。但是,此种变质的食物虽然危险,却并不符合上述特征之一,故此并非高度的危险。

---

〔10〕《交通运输部安委会关于切实做好危化品运输等重点领域安全生产工作 坚决遏制重特大安全生产事故的紧急通知》(交安委明电[2020]20号)。

〔11〕 中国新闻网:http://www.chinanews.com/gj/2020/08-09/9260312.shtml。

〔12〕《民航安全专家:中国民航飞机很新安全性高》,载搜狐网:http://news.sohu.com/20150121/n407946034.shtml。

然而,如果是氰化物,则属于高度危险物。因为氰化物属于剧毒化学品,其流散可能造成极为严重的后果。由此可见,将高度危险物损害责任中"剧毒"广义的解释为"有毒",显然是不妥当的。〔13〕

2. 高度危险还意味着高度危险活动或高度危险物品造成损害的可能性是大还是小,取决于从事这些活动或管理这些物品的人。〔14〕 因为,这些人既然决定从事高度危险活动或管理高度危险物品,就应当具有专门的知识能力以及相应的人力、物力,社会公众也会合理地期待他们采取相应的措施来预防避免损害的发生。申言之,从事此种危险活动或者持有、保管此种危险物品的人应当具有专门的科学知识,按照严格的程序和规定,采取必要的措施对该物品或活动进行管理。〔15〕 现代各国法律也将此等高度的注意义务明确规定,并施加给高度危险活动的经营者或高度危险物品的管理人。例如,某个企业要生产、经营、储存、运输与处理危险化学品,如爆炸品、压缩气体和液化气体、易燃液体、易燃固体、自燃物品和遇湿易燃物品、氧化剂和有机过氧化物、有毒品和腐蚀品等,该企业就必须严格按照法律规范以及技术规范的规定来做。对此,《道路交通安全法》《危险化学品安全管理条例》《危险化学品登记管理办法》《危险化学品生产企业安全生产许可证实施办法》《危险化学品经营许可证管理办法》等法律法规规章有明确的规定。一方面,通过法律法规等提出的要求,可以将那些不具备条件的民事主体排除在外,使之不得从事高度危险活动,从而减少危险;另一方面,对依法可以从事高度危险活动的主体提出了很高的法定注意义务的要求,令其必须在高度危险作业的各个环节严格遵循。

(三)高度危险责任的一般条款

《侵权责任法》第 69 条被认为是关于高度危险责任的一般条款,它为司法实践处理法律未明确规范的高度危险行为提供了一个指导性原则,〔16〕具有兜底性功能,将那些法律没有规定的高度危险作业也涵盖进来。〔17〕 因此,受到不少学者的赞扬。但是,本书认为应当废弃该条。理由在于:虽然《侵权责任法》第 69 条属于高度危险责任的一般条款,但该条只是为将来单行立法确立新的高度危险责任类型提供了基本的法律依据。它并非意味着,法官可据此任意定哪些行为属于高度危险责任,进而适用无过错责任原则。因为无过错责任必须由法律规定,而不能由法官任意决定。既然如此,没有这一条,立法者也完全可以通过单行立法确立新型的高度危险责任。规定这一条有何用处呢?《侵权责任法》第 69 条来自《民法通则》第 123 条,而《民法通则》数十年的实践已经一再证明,如无法律对何为"高度危险作业"之具体规定(如对"高压电"的界定那样),司法实践就会出现很大的混乱(参见表 24.1.2、表 24.1.3)。但是,也有观

---

〔13〕 梁慧星:《雇主承包厂房拆除工程违章施工致雇工受伤感染死亡案评释》,载梁慧星:《民法学说判例与立法研究》,中国政法大学出版社 1993 年版,第 275 页。

〔14〕 在 1982 年的 Kent v. Gulf States Utilities Co. 案中,美国法院确立的"唯一致害人事故的原则"也是这个意思。依据该原则,判断某一活动是否属于高度危险活动,应当看发生损害的可能性究竟是仅仅取决于被告的活动能力以及安全预防措施的设置情况,还是同时依赖于活动的危险程度和原被告双方各自的安全预防。只有当实施这种活动的一方是事实上唯一能控制因该活动而造成损害的人时,严格责任才能适用于该活动。参见[美]文森特·R. 约翰逊:《美国侵权法》,赵秀文等译,中国人民大学出版社 2004 年版,第 197 页。

〔15〕 《江苏省高级人民法院关于审理人身损害赔偿案件若干具体问题的意见》第 24 条第 2 款就采取了这一判断标准:"高度危险作业,是指对周围环境有高度危险,只有采取必要的安全防护措施时才能从事的活动。如高空施工、操作,高压输电,易燃、易爆、剧毒、放射性物品的生产、运输、存储,火车、飞机等高速运输工具的运行等。"

〔16〕 王胜明主编:《中华人民共和国侵权责任法解读》,中国法制出版社 2010 年版,第 347 页。

〔17〕 王利明《侵权责任法研究》(下卷),中国人民大学出版社 2010 年版,第 538 页以下。

点认为，该条规定还是很有必要，尽管持这种观点的学者并没有说出究竟必要在何处。民法典编纂时，立法机关依然保留了《侵权责任法》第 69 条，使之成为《民法典》第 1236 条，其理由在于“对目前已有法律规范的高度危险行为侵权责任的共性问题作出规定，可以为司法实践处理尚未有法律明确规范的高度危险行为提供一个指导性原则”。〔18〕

表 24.1.2　法院确认属于高度危险作业的活动

序号	活动的类型	案例来源
1	气象局发射气象炮弹的行为	李艳平诉宁安县气象局发射气象炮弹碎片致人死亡损害赔偿纠纷案，最高人民法院中国应用法学研究所编：《人民法院案例选》（1992 年至 1996 年合订本：民事、经济、知识产权、海事、民事诉讼程序卷）（上），人民法院出版社 1997 年版，第 722 页以下
2	违法使用高毒农药的行为	汤毅青因食用喷有禁用农药的水果中毒诉用药人林活新赔偿案，最高人民法院中国应用法学研究所编：《人民法院案例选》（总第 24 辑），时事出版社 1998 年版，第 72 页以下
3	部队组织学生进行的打靶训练活动	王贞寰诉中国人民武装警察 8721 部队等在打靶训练中造成其受枪伤赔偿案，最高人民法院中国应用法学研究所编：《人民法院案例选》（总第 37 辑），人民法院出版社 2002 年版，第 130 页以下
4	硫酸的储存与保管	常秀云等因其亲属在就餐时误将硫酸当作白酒饮下致死诉饭店业主吴占国等损害赔偿案，最高人民法院中国应用法学研究所编：《人民法院案例选》（总第 42 辑），人民法院出版社 2003 年版，第 161 页以下
5	爆破公司进行的爆破作业	陈洪春诉珠海爆破新技术开发有限公司人身损害赔偿纠纷案，广东省高级人民法院编：《人民法院裁判文书选》（广东・2000 年卷），法律出版社 2001 年版，第 331 页
6	烟花爆竹厂的爆炸	河南省高级人民法院（2001）豫法民终字第 745 号民事判决书
7	蒸馒头的锅炉发生爆炸	张艳波诉申延军、罗秀臣人身损害赔偿案，吉林省柳河县人民法院民事判决书（1999）柳民初字第 648 号，吉林省高级人民法院编：《人民法院裁判文书选：吉林・2000 年卷》，法律出版社 2001 年版，第 220 页以下
8	天然气的供输	倪仕贤诉启东市煤气有限公司等一般人身损害赔偿案，江苏省南通市中级人民法院（2007）通中民一终字第 1022 号民事判决书
9	农业生产单位在住宅区的房屋内用剧毒药拌棉种	潘双喜诉农八师一五零团人身损害赔偿案，新疆生产建设兵团第（农）八师中级人民法院（2007）兵八民终字第 35 号民事判决书
10	天然气加气站的经营	张某与重庆市压缩天然气有限责任公司高度危险作业损害赔偿纠纷上诉案，重庆市第一中级人民法院（2009）渝一中法民终字第 6455 号民事判决书

〔18〕　黄薇主编：《中华人民共和国民法典侵权责任编解读》，中国法制出版社 2020 年版，第 267 页。

表 24.1.3　法院判决确认不属于高度危险作业的活动类型

序号	活动的类型	案例来源
1	公园经营的游乐设备——飞天潜水艇的运行	童丽灵等诉海口滨海公园管理发展有限公司人身损害赔偿纠纷案，海南省海口市中级人民法院民事判决书(2000)海中法民终字第 117 号
2	武装部没有销毁干净的炮弹残骸的爆炸	范中毅诉江苏省武进县人民武装部销毁炮弹遗留的残骸爆炸致人身损害赔偿纠纷案，最高人民法院中国应用法学研究所编:《人民法院案例选》(1992 年至 1996 年合订本:民事、经济、知识产权、海事、民事诉讼程序卷)(上)，第 601 页以下
3	纳入《国家标准危险货物品名表》的三氯乙烷的保管行为	杨吉诉王磊等在共同玩耍中翻墙进入大华无线电厂内寻得易燃品后点燃取乐被烧伤人身损害赔偿案，最高人民法院中国应用法学研究所编:《人民法院案例选》(总第 44 辑)，人民法院出版社 2004 年版，第 130 页以下
4	甲酸制剂的保管行为	支国柱诉北京市红星化工厂赔偿案，北京市高级人民法院编:《人民法院裁判文书选:北京・2000 年卷》，第 419 页以下
5	私自改装的土锅炉发生的爆炸	李维娥、季雪梦与曹立民人身损害赔偿纠纷案，山东省利津县人民法院民事判决书(2001)利民初字第 492 号，载山东省高级人民法院编:《人民法院优秀裁判文书选》(山东・2002 年卷)，人民法院出版社 2003 年版，第 238 页
6	地震勘探放炮作业	籍某某诉中国石化胜利油田有限公司地球物理勘探开发公司财产损害赔偿纠纷再审案，山东省东营市东营区人民法院民事判决书(2002)东民再字第 2 号
7	船舶修理行为	荷属安的列斯・东方航运有限公司与中国・澄西船舶修造厂船舶修理合同纠纷案，《最高人民法院公报》2008 年第 12 期
8	发电站放水行为	尹良祥等诉云南大唐国际李仙江流域水电开发有限公司高度危险作业致人损害赔偿案，云南省宁洱哈尼族彝族自治县人民法院(2007)宁民初字第 320 号民事判决书

(四)高度危险责任的具体类型

《民法典》侵权责任编第八章对典型的高度危险作业损害责任的类型作出了规定，包括以下几类(参见表 24.1.4)：

1. 核事故损害责任，即民用核设施或者运入运出核设施的核材料发生核事故造成他人损害，民用核设施的营运单位应当承担的侵权责任(第 1237 条)。

2. 民用航空器损害责任，即民用航空器造成他人损害，民用航空器的经营者应当承担的侵权责任(第 1238 条)。

3. 高度危险物品损害责任，即占有或者使用易燃、易爆、剧毒、高放射性、强腐蚀性、高致病性等高度危险物造成他人损害，占有人或者使用人应当承担的侵权责任(第 1239 条)。

4. 高度危险活动损害责任，即从事高空、高压、地下挖掘活动或者使用高速轨道运输工具造成他人损害，经营者应当承担的侵权责任(第 1240 条)。

5. 高度危险区域损害责任，即因未经许可进入高度危险活动区域或者高度危险物存放区域受到损害，管理人应当承担的侵权责任(第 1243 条)。

表 24.1.4　《民法典》中高度危险责任的规范体系

一般条款	《民法典》第 1236 条
具体类型	核事故损害责任(《民法典》第 1237 条)
	民用航空器损害责任(《民法典》第 1238 条)
	高度危险物损害责任(《民法典》第 1239 条)
	高度危险活动损害责任(《民法典》第 1240 条)
	高度危险区域损害责任(《民法典》第 1243 条)

二、高度危险责任的构成要件

(一)从事了高度危险作业

高度危险作业,是指对他人人身财产安全具有高度危险的作业。首先,"作业"的含义十分广泛,既包括占有与管理高度危险物(如核材料、剧毒物质、爆炸物品等),也包括从事对周围环境具有高度危险的各种活动(如高空、高压、地下挖掘活动,高速轨道运输工具的运营等),以及高度危险区域设置与管控。其次,必须是对他人的人身财产安全具有高度的危险,即便作业者尽到高度的注意义务亦难以完全避免损害之发生。

需要注意的是,高度危险责任与环境污染和生态破坏责任的关系。如果高度危险作业直接侵害了他人的人身财产权益,造成了损害,则属于高度危险责任。例如,高压电将路人击伤。倘若高度危险作业是通过污染环境、破坏生态而对他人造成损害的,就应当考虑适用环境污染和生态破坏责任。[19] 例如,运输剧毒物质——氰化物的汽车倾覆,氰化物流入河里,致水体被严重污染,下游养殖者的鱼苗因此全部被毒死。此时,应当适用的环境污染和生态破坏责任,而非《民法典》第 1239 条的高度危险物损害责任。

(二)因高度危险作业造成他人损害

高度危险作业责任中的"他人",是指从事高度危险作业的民事主体之外的人,而该人之损害是由高度危险作业所致。也就是说,受害人的损害是因高度危险作业本身所具有的危险性之现实化所造成的。无过错责任非常严格,故此对其适用范围应当予以严格限定。从事高度危险作业的人并非对于该作业造成的所有损害都必须承担无过错责任。需要承担无过错责任的损害,仅限于**危险现实化**而引发的损害。虽然高度危险作业给他人造成了损害,但损害却并非因该作业之高度危险所致,那么,就应当适用《民法典》的其他侵权法律规范。例如,A 公司的仓库储存了一大批炸药。如果因炸药爆炸,导致相邻房屋居住者的人身伤亡、财产损失的,适用《民法典》第 1239 条的高度危险物损害责任。但如果是该仓库的墙体倒塌,将路人压伤,就属于建筑物损害责任。虽然也属于无过错责任,但应当适用的是《民法典》第 1252 条。

三、高度危险责任的责任主体

(一)不同的责任类型有不同的责任主体

高度危险责任的类型不同,承担侵权责任的主体也不相同。首先,就高度危险物品责任而言,责任主体原则上依据**物权关系**确定,包括高度危险物的占有人、使用人、所有人、管理人以及非法占有人等主体。其次,就高度危险活动损害责任而言,责任主体是该活动的**经营者**,如民用核设施的营运单位,民用航空器的经营者,高空、高压、地下挖掘活动或者高速轨道运输工

---

〔19〕 张新宝:《中国侵权行为法》(第 2 版),中国社会科学出版社 1998 年版,第 517 页。

具的经营者。最后,高度危险区域损害责任的主体就是该区域的管理人。

(二)高度危险物品损害责任中的各责任主体的关系

高度危险物品造成他人损害时,涉及多个责任主体,如所有人、管理人、占有人、使用人、非法占有人等,这些主体之间应当依据下列规定,承担高度危险责任:

1. 就高度危险物品损害责任而言,如果是在占有或使用该高度危险物的过程中造成他人损害的,则应当由占有人或者使用人承担侵权责任(《民法典》第1239条)。高度危险物品的所有人可能就是占有人或者使用人,也可能与占有人、使用人分离,此时应当基于对于高度危险物具有管领控制力的主体承担侵权责任的原则,由占有人、使用人承担责任。

2. 如果是遗失、抛弃高度危险物造成他人损害时,原则上由所有人承担侵权责任;如果所有人将高度危险物交由他人管理的,在他人管理期间,发生高度危险物被遗失、抛弃行为,以致造成他人损害的,应当由管理人承担侵权责任;所有人有过错的,其与管理人承担连带责任(《民法典》第1241条)。

3. 如果非法占有高度危险物造成他人损害的,如高度危险物被他人偷窃、抢劫或抢夺的,则由非法占有人承担侵权责任。如果所有人、管理人不能证明对防止他人非法占有尽到高度注意义务的,其应与非法占有人承担连带责任(《民法典》第1242条)。

四、高度危险责任的免责事由

(一)受害人故意

受害人故意通常属于免责事由,高度危险责任也不例外。《民法典》第1237条至第1240条对此有明确的规定。

(二)不可抗力

不可抗力并非都可以作为高度危险责任的免责事由。《民法典》第1239条与第1240条规定了,在高度危险物造成他人损害以及从事高空、高压、地下挖掘活动或者使用高速轨道运输工具造成他人损害时,不可抗力属于免责事由。但是,在其他具体类型的高度危险责任如核事故损害责任(第1237条)、民用航空器损害责任(第1238条)中,《民法典》均未规定不可抗力属于免责事由。这是因为:首先,在核事故损害责任中,将免责事由限制在受害人故意与战争等情形,能更好地保护受害人,也与国际上的通行做法相符。[20] 因此,不可抗力不可免除核事故损害责任。其次,在民用航空器造成损害的情形中,即便是《民用航空法》也没有规定不可抗力可以免责,《民法典》也不应将不可抗力作为民用航空器损害责任的免责事由。

(三)战争、武装冲突、暴乱等情形

战争、武装冲突、暴乱等情形,仅仅是核事故损害责任的免责事由。《核安全法》第90条第1款规定:“因核事故造成他人人身伤亡、财产损失或者环境损害的,核设施营运单位应当按照国家核损害责任制度承担赔偿责任,但能够证明损害是因战争、武装冲突、暴乱等情形造成的除外。”《民法典》第1237条与《核安全法》的规定保持了一致。从国际公约和比较法的规定来看,战争、敌对行动基本上也都被作为核事故损害责任的免责事由。例如,《关于核损害民事责任的1997年维也纳公约》第4条第3款规定:“如果运营者证明核损害是直接由军事冲突行为、敌对行动、内战或暴乱所引起,运营者不负本公约规定的任何责任。”我国台湾地区的“核子

---

〔20〕 王胜明主编:《中华人民共和国侵权责任法解读》,中国法制出版社2010年版,第353~354页;黄薇主编:《中华人民共和国民法典侵权责任编解读》,中国法制出版社2020年版,第272页。

损害赔偿法"第18条规定:"核子设施经营者,对于核子损害之发生或扩大,不论有无故意或过失,均应依本法之规定负赔偿责任。但核子事故系直接由于国际武装冲突、敌对行为、内乱或重大天然灾害所造成者,不在此限。"

五、高度危险责任的赔偿限额

虽然严格责任或者无过错责任较之于过错责任对于侵权人更为严厉,但并未因此使无过错责任或者严格责任都必然伴有赔偿限额。立法者对于某一类侵权行为规定无过错责任,必定要有正当的理由,否则就不应当作出规定。既然如此,再对侵权人给予最高额赔偿限额的保护,正当性就不充分。故此,从比较法上来看,最高赔偿限额并不是严格责任固有的特征。例如,在欧洲各国,除了德国和奥地利对严格责任有不同的最高限额的规定,大多数国家除非执行某些国际条约的要求,否则都未对严格责任作出最高赔偿限额的规定。〔21〕

我国法也并未一般性的为所有的无过错责任规定最高赔偿限额,立法者只是对高度危险责任的最高赔偿限额作出了规定,而且此种规定也只是从法律保留原则意义上作出的规定,即只有法律才能为高度危险责任规定赔偿限额,行政法规、地方性法规或者部门规章都不得作此规定。《侵权责任法》第77条规定:"承担高度危险责任,法律规定赔偿限额的,依照其规定。"《民法典》第1244条在该条规定的基础上进行了修改,增加了一段话,即"但是行为人有故意或者重大过失的除外"。这是因为:一方面,即便是法律规定了赔偿限额的高度危险责任中,行为人造成他人损害也并非都是毫无过错。可以说,绝大多数情况下,行为人是因为过错而造成他人损害,甚至主观上是故意或者重大过失。对于这种主观恶性较大的侵权人,不应当限定其赔偿责任,而应当遵循完全赔偿原则。另一方面,我国现行的一些法律也明确规定了,如果侵权人有故意或者重大过失的,不能援引赔偿限额的规定。例如,《民用航空法》第132条规定:"经证明,航空运输中的损失是由于承运人或者其受雇人、代理人的故意或者明知可能造成损失而轻率地作为或者不作为造成的,承运人无权援用本法第一百二十八条、第一百二十九条有关赔偿责任限制的规定;证明承运人的受雇人、代理人有此种作为或者不作为的,还应当证明该受雇人、代理人是在受雇、代理范围内行事。"再如,《海商法》第118条规定:"经证明,旅客的人身伤亡或者行李的灭失、损坏,是由于承运人的故意或者明知可能造成损害而轻率地作为或者不作为造成的,承运人不得援用本法第一百一十六条和第一百一十七条限制赔偿责任的规定。经证明,旅客的人身伤亡或者行李的灭失、损坏,是由于承运人的受雇人、代理人的故意或者明知可能造成损害而轻率地作为或者不作为造成的,承运人的受雇人、代理人不得援用本法第一百一十六条和第一百一十七条限制赔偿责任的规定。"

故此,《民法典》第1244条规定:"承担高度危险责任,法律规定赔偿限额的,依照其规定,但是行为人有故意或者重大过失的除外。"这就意味着,即便是因为高度危险作业而遭受损害,受害人也可以选择适用无过错责任抑或过错责任。当受害人能够证明行为人的故意或者重大过失的,可以依据《民法典》第1165条第1款的过错责任原则,要求侵权人承担完全赔偿责任,从而突破法律对最高赔偿限额的规定;如果受害人无法证明行为人的故意或者重大过失的,就可以依据高度危险责任的相应规定,要求侵权人承担无过错责任,但是即便损害超过了法律规定的赔偿限额,也只能按照赔偿限额赔偿。

---

〔21〕［奥］伯恩哈德·A.科赫、［奥］赫尔穆特·考茨欧主编:《侵权法的统一:严格责任》,管洪彦译,法律出版社2012年版,第604页。

第二节　核事故损害责任

一、核技术和核事故

自1939年科学家首次发现核裂变现象以来,人类在核技术领域不断取得重大突破,既研制出了原子弹、氢弹、核动力潜艇等严重威胁人类安全的核武器,也将核技术运用到工业、能源、医学、农业、地质调查等造福人类的领域。"祸兮福之所倚,福兮祸之所伏。"核技术既能造福人类,也能毁灭人类。由于人为的原因或者人力目前尚无法完全控制的原因,核损害事故始终有发生的可能。而这种事故一旦发生,其损害将是巨大的、无法估量的,后果非常可怕!例如,1986年4月26日,苏联切尔诺贝利核电站发生的核泄漏是人类历史上最严重的一次核泄漏,事故等级为七级(最高等级)。8吨多的强辐射核物质泄漏的直接后果是7000多人死亡,320多万人受到核辐射侵害。靠近该核电站7公里内的松树、云杉全部凋萎,1000公顷森林逐渐死亡,15万平方公里的地区被放射性污染。此后50年内,该电站附近10公里范围内不能耕作、放牧;10年内,附近100公里范围内被禁止生产牛奶。当时参加救援工作的83.4万人中,有30多万人因受放射伤害而死去。数十年后,当年发生爆炸的四号机组的"石棺"外的辐射强度仍达到每小时744毫伦琴,远远高出安全值20毫伦琴的水平。目前,乌克兰共有包括47.34万儿童在内的250万核辐射受害者处于医疗监督之下。核辐射导致甲状腺癌的发病率增加了10倍多。大量的放射性核素碘-131和衰变期很长的铯-137通过空气的流动扩散,严重污染了事发地点周边的空气、土壤和河流,破坏了当地自然环境以及生态系统。据专家估测,事故的后果还要经过一个世纪才能完全消除。〔22〕人类历史上的几次重大核事故详见表24.2.1。

表24.2.1　人类历史上的重大核事故〔23〕

名称	时间与地点	等级	事故原因
三里岛核事故	1979年3月28日美国宾夕法尼亚州的三里岛核电站第2组反应堆毁坏	五级	1. 硬件系统失效(如反应堆第一回路冷却系统故障); 2. 安全设计准则缺陷(如稳压器泄压阀开启压力定值偏低); 3. 人为失误辅助(如给水泵出口阀门在检修后忘记关掉)
切尔诺贝利核事故	1986年4月26日苏联切尔诺贝利核电站第4号反应堆核泄漏	七级	1. 硬件系统失效(如安全阀在一回路压力超过定值时不能工作); 2. 安全设计准则缺陷(如没有有效的扑灭石墨大火的设备以及防止人为干预的保护闭锁系统); 3. 人为错误(如未能判断核电站已有失控之危险)

〔22〕　宋世益、魏忠杰:《再访"死亡之城"切尔诺贝利:辐射仍在继续》,载《国际先驱导报》2006年4月25日。
〔23〕　魏仁杰:《核电与核电安全——三里岛和切尔诺贝利核电站事故研究》,载《核动力工程》1987年第4期。

续表

名称	时间与地点	等级	事故原因
东海村核事故	1999 年 9 月 30 日，日本茨城县那珂郡东海村的核燃料加工厂核泄漏	四级	1. 工作人员不遵守操作规程。工人为缩短工作时间，违反操作规程向沉淀槽中一下投入了超过铀临界量的大量铀溶液。 2. 忽略对中子辐射的防护。事故发生单位没有配备必需的监测中子辐射的专门仪器，也没有配备应付中子辐射的防护器材和用品； 3. 事故报警不规范。明明已经发生核辐射事故却报警称有急病人，造成抢救人员在毫无辐射防护装备的情况下进入事故现场，遭受到不同程度的放射线照射
福岛核事故	2011 年 3 月 11 日日本福岛第一核电站核泄漏	七级	2011 年 3 月 11 日 13 时 46 分，日本东北地区宫城县北部发生里氏 9.0 级强震，导致福岛第一核电站氢气外漏引发爆炸，出现核泄漏。此后因人为原因，导致损害进一步扩大

我国于 1964 年研制并成功引爆了第一颗原子弹，1970 年第一艘核潜艇下水，1994 年建成运营了第一座大型商用核电站——大亚湾核电站。到 2010 年，我国总共建成 6 座核电站共 11 台机组，总装机容量为 870 万千瓦，全年发电量已占全国发电总量的 1.7%。根据 2006 年 3 月国务院常务会议通过的《核电发展中长期规划(2005—2020)》，我国未来十五年要"积极发展核电"，计划到 2020 年核电装机容量达到 4000 万千瓦，占电力总装机的 4%。除已经运行的 6 座核电站外。当时，我国还有 12 座正在建设的核电站、25 个座筹备建设的核电站。这些已建、在建和筹建的核电站分布在我国的许多省市，如江苏、浙江、山东、福建、广东、黑龙江、吉林、辽宁、广西、江西、湖北、湖南、重庆、河南、四川等。

2011 年日本福岛核事故后，我国有关部门暂停了核电站的审批。然而，鉴于建设核电站对于我国经济的必要性，2014 年 6 月 7 日国务院办公厅发布的《能源发展战略行动计划(2014—2020 年)》要求："在采用国际最高安全标准、确保安全的前提下，适时在东部沿海地区启动新的核电项目建设，研究论证内陆核电建设。坚持引进消化吸收再创新，重点推进 AP1000、CAP1400、高温气冷堆、快堆及后处理技术攻关。加快国内自主技术工程验证，重点建设大型先进压水堆、高温气冷堆重大专项示范工程。积极推进核电基础理论研究、核安全技术研究开发设计和工程建设，完善核燃料循环体系。积极推进核电'走出去'。加强核电科普和核安全知识宣传。到 2020 年，核电装机容量达到 5800 万千瓦，在建容量达到 3000 万千瓦以上。"

截至 2019 年 6 月，我国运行核电机组 47 台，在用放射源 142,607 枚，各类射线装置 181,293台(套)，从事生产、销售、使用放射性同位素和射线装置的单位共 73,070 家，放射源和射线装置 100% 纳入许可管理，废旧放射源 100% 安全收贮。放射源辐射事故年发生率持续降低，由 20 世纪 90 年代的每万枚 6.2 起降至目前的每万枚 1.0 起以下，达到历史最低水平。[24]

二、核事故损害责任的概念

所谓核事故损害责任，是指民用核设施或者运入运出核设施的核材料发生核事故而给他人造成损害时，侵权人依法应当承担的侵权责任。民用核设施是指非军工、军事用途的核设施。依据《核安全法》第 2 条，民用核设施包括：(1) 核电厂、核热电厂、核供汽供热厂等核动力

〔24〕 中华人民共和国国务院新闻办公室：《中国的核安全白皮书》(2019 年 9 月)。

厂及装置;(2)核动力厂以外的研究堆、实验堆、临界装置等其他反应堆;(3)核燃料生产、加工、贮存和后处理设施等核燃料循环设施;(4)放射性废物的处理、贮存、处置设施。核材料则是指:(1)铀-235材料及其制品;(2)铀-233材料及其制品;(3)钚-239材料及其制品;(4)法律、行政法规规定的其他需要管制的核材料。

三、核事故损害责任的归责原则、构成要件与责任主体

(一)民用核设施损害责任的归责原则

民用核设施的运营对周围环境具有高度危险性,属于高度危险作业。故此,民用核设施发生核事故造成损害时,应当适用**无过错责任**。并且,此种无过错责任较之一般的无过错责任应当更为严格。例如,《德国原子能法》第25条规定,只要因核事故造成他人人身或财产损害的,无论该事故是因核燃料、放射性物质、核废料还是其他核物质所引起的,核设施的保有人都要承担无过错责任。即便核事故是由于战争、敌对行为、内战、暴乱、重大自然灾害所致,核设施的经营者亦不能免除责任。[25] 在我国,依据《民法典》第1237条、《核安全法》第90条,核事故损害责任适用的也是非常严格的无过错责任,即便是不可抗力造成的核事故,也不能免除核设施经营者的责任。

(二)民用核设施损害责任的构成要件

1.民用核设施或者运入运出核设施的核材料发生核事故。这是指核设施内的核燃料、放射性产物、废料或运入运出核设施的核材料所发生的放射性、毒害性、爆炸性或其他危害性事故,或一系列事故(《民用核设施安全监督管理条例》第24条第5项)。

2.造成他人损害。受害人因核事故而遭受了损害,既包括人身伤亡,也包括财产损失。《核安全法》第90条第1款规定,因核事故造成他人人身伤亡、财产损失或者环境损害的,核设施营运单位应当按照国家核损害责任制度承担赔偿责任。《国务院关于核事故损害赔偿责任问题的批复》第2条规定:"营运者应当对核事故造成的人身伤亡、财产损失或者环境受到的损害承担赔偿责任。……"

(三)责任主体

核事故损害责任的主体是民用核设施的营运单位,即在中华人民共和国境内,申请或者持有核设施安全许可证,可以经营和运行核设施的单位(《核安全法》第93条第3款)。需要注意的是,为核设施营运单位提供设备、工程以及服务等的单位不承担核损害赔偿责任。如果核设施营运单位与其有约定的,在承担赔偿责任后,则可以按照约定追偿(《核安全法》第90条第2款)。

四、赔偿保障机制与最高赔偿限额

(一)赔偿保障机制

由于核设施一旦发生核事故,可能造成非常巨大的损害。如果核设施的经营者没有足够的赔偿能力,受害人就难以得到补偿。为此,法律上通过以下三种方法来建立核损害赔偿责任的经济保障机制。

1.财务担保,即法律上要求核设施的经营者提供财务担保,缴纳相应的保证金。例如,《德国原子能法》第13条第3款规定,为保证核设施的保有人能够履行法定的损害赔偿义务,其必须缴纳最高额不超过25亿欧元的保证金,该保证金具体数目与额度,每5年进行一次审核。

---

〔25〕 但是,在核事故是因为战争、不可抗力所致时,保有人仅在最高赔偿限额范围内给予赔偿。Erwin Deutsch/Hans Juergen Ahrens, Deliktsrecht, 5. Aufl. 2009, S. 174.

2. 强制责任保险,即强制性规定核设施的经营者必须投保核责任保险。例如,《日本核责任法》要求每个核设施必须投保规定的数额,此数额目前是600亿日元。[26] 我国台湾地区的"核子损害赔偿法"第25条规定,核子设施经营者,应维持足供履行核子损害赔偿责任限额之责任保险或财务保证,并经"行政院"原子能委员会核定,开始得运转核子设施或运送核子物料。第31条规定,核子设施经营者不能履行赔偿责任时,核子损害被害人得径向其责任保险人或财务保证人请求赔偿。

3. 财政帮助。如果实际损害赔偿数额超过了保证金额度或责任保险数额,则政府将提供相应的财政帮助。例如,我国台湾地区的"核子损害赔偿法"第27条规定,核子设施经营者因责任保险或财务保证所取得之金额,不足履行已确定之核子损害赔偿责任时,政府应补足其差额。但以补足至第24条所定之赔偿限额为限。前项政府补足之差额,仍应由核子设施经营者负偿还之责任。

我国《核安全法》第90条第3款规定:"核设施营运单位应当通过投保责任保险、参加互助机制等方式,作出适当的财务保证安排,确保能够及时、有效履行核损害赔偿责任。"2007年6月30日国务院作出的《关于核事故损害赔偿责任问题的批复》第7条规定:"核电站的营运者和乏燃料贮存、运输、后处理的营运者,对一次核事故所造成的核事故损害的最高赔偿额为3亿元人民币;其他营运者对一次核事故所造成的核事故损害的最高赔偿额为1亿元人民币。核事故损害的应赔总额超过规定的最高赔偿额的,国家提供最高限额为8亿元人民币的财政补偿。对非常核事故造成的核事故损害赔偿,需要国家增加财政补偿金额的由国务院评估后决定。"第8条规定:"营运者应当做出适当的财务保证安排,以确保发生核事故损害时能够及时、有效的履行核事故损害赔偿责任。在核电站运行之前或者乏燃料贮存、运输、后处理之前,营运者必须购买足以履行其责任限额的保险。"

1986年大亚湾核电站开始建设时,中国人民保险公司曾按照国家的要求承保了核责任险。由于核事故的损害赔偿数额惊人,因此保险金额非常高。我国核电站的保险金额最高的达16亿美元,最少的也在10亿美元左右。这种巨额保险赔偿金是任何一家保险公司都无法独自承担的。为增强核责任保险的实力,1999年5月经中国保险业监督管理委员会批准,成立了中国核保险共同体,其宗旨是集中中国境内的核保险承保能力,加强与国际核保险市场的分保业务往来,为核电事业的发展提供保险服务,核保险共同体的执行机构是中国再保险公司。最新数据显示,2019年中国核保险共同体为境内各核电集团有关核设施和核活动、47台运行核电反应堆提供保障和风险管理服务,保险金额超过8500亿元,并通过再保险方式为全球超过70%的商用核电项目、核燃料循环设施提供保障和风险管理支持,优化核保险风险组合。[27]

（二）最高赔偿限额

核设施的经营者承担的是无过错责任。为避免其因无过错责任而承担过重的赔偿责任造成严重的负担,一些国家或地区的法律对无过错的核损害责任有最高赔偿额的规定。例如,《法国核责任法》规定,一个运营者对一次核事件的最高责任限额是6亿法郎;当一个低风险的核设施在同一个厂址运行时,其责任限额可以降低为1.5亿法郎。《乌克兰原子能法》规定,营运人的核责任限额为每一核事故5000万特别提款权,其中不包括任何利息和法庭费用。我国

〔26〕 李雅云:《核损害责任法律制度研究》,载《环球法律评论》2002年秋季号。

〔27〕《中国核保险共同体20岁啦!》,载搜狐网:https://www.sohu.com/a/338229882_618588。

台湾地区"核子损害赔偿法"第 24 条规定:"核子设施经营者对于每一核子事故,依本法所负之赔偿责任,其最高限额为新台币四十二亿元。前项赔偿限额,不包括利息及诉讼费用在内。"

我国《民法典》第 1244 条规定:"承担高度危险责任,法律规定赔偿限额的,依照其规定,但是行为人有故意或者重大过失的除外。"也就是说,对于核事故损害责任,如果要规定赔偿限额的话,也应当由法律加以规定。然而,《核安全法》并未加以规定。目前对核事故损害赔偿限额的规定来自《国务院关于核事故损害赔偿责任问题的批复》,该批复的第 7 条第 1 款第 1 句规定:"核电站的营运者和乏燃料贮存、运输、后处理的营运者,对一次核事故所造成的核事故损害的最高赔偿额为 3 亿元人民币;其他营运者对一次核事故所造成的核事故损害的最高赔偿额为 1 亿元人民币。"[28]

第三节　民用航空器损害责任

一、民用航空器损害责任的概念与类型

民用航空器损害责任,是指因民用航空器运营而给他人造成损害时,该民用航空器的经营者应承担的侵权责任。民用航空器,是指除用于执行军事、海关、警察飞行任务外的航空器(《民用航空法》第 5 条)。[29] 航空器是指大气层中靠空气反作用力做支撑的任何器械。[30]

民用航空器损害责任的类型如下:

1. 民用航空器对运输的旅客、货物造成损害时的侵权责任。民用航空器在运输旅客、货物的过程中对所运载的旅客、货物造成损害时,经营者应当承担侵权责任。《民用航空法》第 124 条第 1 句规定,因发生在民用航空器上或者在旅客上、下民用航空器过程中的事件,造成旅客人身伤亡的,承运人应当承担责任。第 125 条第 1 款规定:"因发生在民用航空器上或者在旅客上、下民用航空器过程中的事件,造成旅客随身携带物品毁灭、遗失或者损坏的,承运人应当承担责任。因发生在航空运输期间的事件,造成旅客的托运行李毁灭、遗失或者损坏的,承运人应当承担责任。"

案例阅读

案例24.3.1
陆红诉美国联合航空公司国际航空旅客运输损害赔偿纠纷案

由于旅客或货物的托运人与民用航空器的经营者之间还存在运输合同关系,因此受害人既可以要求经营者承担侵权责任,也可以要求其承担违约责任,并且依据《民法典》第 996 条,违约责任之诉中也可以要求精神损害赔偿(参见**案例** 24.3.1)。

2. 民用航空器对地面第三人造成损害时的侵权责任。飞行中的民用航空器或从飞行中的民用航空器上下落的人或者物,造成地面、水面上的民事主体人身伤亡或财产损害的,民用航

〔28〕 该数额较之于 1986 年《国务院关于处理第三方核责任问题给核工业部、国家核安全局、国务院核电领导小组的批复》中的数额有所提高。1986 年的批复第 3 条规定:"对于一次核事故所造成的核损害,营运人对全体受害人的最高赔偿额合计为人民币一千八百万元。对核损害的应赔总额如果超过前款规定的最高赔偿额,中华人民共和国政府将提供必要的、有限的财政补偿,其最高限额为人民币三亿元。"

〔29〕 如果是用于执行军事、海关、警察飞行任务的航空器造成地面或水面上的第三人损害时,产生的是国家赔偿责任。

〔30〕 1944 年制定、1947 年生效的《国际民用航空公约》(通称《芝加哥公约》)。我国于 1974 年加入该公约。

空器的经营人依法应当承担侵权责任(《民用航空法》第 157 条第 1 款)。“飞行中”,是指自民用航空器为实际起飞而使用动力时起至着陆冲程终了时止;就轻于空气的民用航空器而言,飞行中是指自其离开地面时起至其重新着地时止(《民用航空法》第 157 条第 2 款)。

依据造成地面第三人损害的民用航空器的国籍不同,可以将此类侵权分为以下两种情形:

(1)国内民用航空器在本国境内造成地面第三人的损害。凡是具有中华人民共和国国籍的民用航空器,在我国境内造成地(水)面上的第三人损害的,均应适用《民法典》与《民用航空法》的规定。[31]《民用航空法》第 157 条第 1 款规定:“因飞行中的民用航空器或者从飞行中的民用航空器上落下的人或者物,造成地面(包括水面,下同)上的人身伤亡或者财产损害的,受害人有权获得赔偿;但是,所受损害并非造成损害的事故的直接后果,或者所受损害仅是民用航空器依照国家有关的空中交通规则在空中通过造成的,受害人无权要求赔偿。”国际层面上,早在 1952 年起草《关于外国航空器对地(水)面上第三人造成损害的公约》(简称 1952 年罗马公约)时,起草者就主张,对于那些当初决定从事一项会给他人带来危险的活动的人或单位,应当使之负担这种危险责任,即使所采取的任何合理照料和预防措施都无法避免损害或伤害的发生时,亦应如此。[32] 我国在起草《民用航空法》时也吸收借鉴了 1952 年罗马公约的规定。[33]

(2)外国民用航空器在本国境内造成地面第三人的损害。如果不具有我国国籍的民用航空器在我国境内对地(水)上第三人造成损害的,该侵权行为应适用何种法律,取决于我国有关涉外民事关系法律适用顺序的法律规定。《涉外民事关系法律适用法》第 44 条规定:“侵权责任,适用侵权行为地法律,但当事人有共同经常居所地的,适用共同经常居所地法律。侵权行为发生后,当事人协议选择适用法律的,按照其协议。”目前,世界上唯一生效的关于航空器对地(水)面第三人责任的赔偿的公约就是 1952 年的《罗马公约》。该公约第 1 条第 1 款规定:“在地(水)面上蒙受损害的任何人,只需证明该损害是由飞行中航空器或者从航空器上掉下来任何人或物体造成的,就有权获得本公约规定的赔偿。”显然该公约采取的是危险责任原则,受害人只需要证明两点即可要求航空器的经营者承担赔偿责任:其一,遭受了损害;其二,该损害是由于飞行中的航空器或者从航空器上掉下来的任何人或者物体造成的。[34] 但是,由于 1952 年的罗马公约规定了赔偿责任的限额,加之该公约处理的又是一种极少发生的事件,不存在难以克服的法律冲突和管辖冲突。因此,目前加入该公约的国家很少。美国、加拿大以及许多欧洲发达国家都一直没有加入该公约,我国亦未加入。[35] 故此,外国航空器在我国境内造成地(水)面上第三人损害的事件时,也应适用我国的《民法典》与《民用航空法》(参见**案例** 24. 3. 2)。

案例阅读

案例24.3.2
上海盛帆房地产开发有限公司诉韩国大韩航空有限公司赔偿纠纷案

关于民用航空器损害责任的类型详见表 24. 3. 1。

---

〔31〕 2004 年 11 月 21 日 8 时 20 分,由包头飞往上海的 MU5210 航班起飞后不久在包头机场附近坠毁。除机上 47 名乘客和 6 名机组人员全部遇难外,还造成地面 2 人遇难。

〔32〕 [荷兰]迪德里克斯·弗斯霍尔:《航空法简介》,赵维田译,中国对外翻译出版社 1987 年版,第 148 页

〔33〕 《关于〈中华人民共和国民用航空法(草案)〉的说明》,1995 年 6 月 23 日第八届全国人民代表大会常务委员会第十四次会议。

〔34〕 赵维田:《国际航空法》,社会科学文献出版社 2000 年版,第 377 页以下。

〔35〕 赵维田:《国际航空法》,社会科学文献出版社 2000 年版,第 387 页。

表 24.3.1 民用航空器损害责任类型

损害的类型	项目		
	违约责任	侵权责任	赔偿限额
国内航空运输旅客人身伤亡	《民法典》第 823 条 无过错责任	《民法典》第 1238 条、《民用航空法》第 124 条 无过错责任	每名旅客赔偿责任限额为人民币 40 万元(《国内航空运输承运人赔偿责任限额规定》第 3 条第 1 项)
国内航空运输旅客随身携带的物品毁损、灭失	《民法典》第 824 条第 1 款 过错责任	《民法典》第 1238 条、《民用航空法》第 125 条 无过错责任	每名旅客随身携带物品赔偿责任限额为人民币 3000 元;(《国内航空运输承运人赔偿责任限额规定》第 3 条第 2 项)
运输的货物以及旅客托运的行李毁损、灭失	《民法典》第 824 条第 2 款、第 832 条 无过错责任	《民法典》第 1238 条、《民用航空法》第 125 条 无过错责任	旅客托运的行李和运输的货物的赔偿责任限额为每公斤人民币 100 元(《国内航空运输承运人赔偿责任限额规定》第 3 条第 3 项)
国际航空运输旅客人身伤亡	1999 年《蒙特利尔公约》[36]第 17 条第 1 款		每名旅客最高赔偿金额 11.31 万特别提款权;超过这一限额的受害人仍可追究承运人的过错责任
国际航空运输旅客财产损失	1999 年《蒙特利尔公约》第 17 条第 2 款		每名旅客最高赔偿金额 1131 特别提款权
民用航空器造成地(水)面上第三人的人身伤亡与财产损失	《民法典》第 1238 条		无

二、民用航空器损害责任的构成要件

(一)因民用航空器所致

因民用航空器所致包括以下几种情形:

1. 旅客的人身伤亡,必须是发生在民用航空器上或者在旅客上、下民用航空器过程中的事件所造成的。

2. 旅客随身携带的行李的毁损,必须是因发生在民用航空器上或者在旅客上、下民用航空器过程中的事件所致。

3. 托运的行李或货物的毁损,必须是发生在航空运输期间的事件所致。“航空运输期间”,是指在机场内、民用航空器上或者机场外降落的任何地点,托运行李、货物处于承运人掌管之下的全部期间(《民用航空法》第 125 条第 5 款)。该期间不包括机场外的任何陆路运输、海上运输、内河运输过程;但是,此种陆路运输、海上运输、内河运输是为了履行航空运输合同而装载、交付或者转运,在没有相反证据的情况下,所发生的损失视为在航空运输期间发生的损失(《民用航空法》第 125 条第 6 款)。

4. 地面第三人的损害,必须是因飞行中的民用航空器或者从飞行中的民用航空器上落下

---

〔36〕 该公约全称为《统一国际航空运输某些规则的公约》,2005 年 2 月 28 日我国第十届全国人民代表大会常务委员会第十四次会议批准。

的人或者物所造成的(《民用航空法》第157条第1款)。如果地面第三人所受之损害并非造成损害的事故的直接后果,或者所受损害仅是民用航空器依照国家有关的空中交通规则在空中通过造成的,受害人无权要求赔偿(《民用航空法》第157条第1款)。例如,因飞机坠落到湖里,引发大量的人群旁观,结果踩毁了原告的农田。对此,民用航空器的经营者不承担赔偿责任。

(二)受害人遭受了损害

受害人的损害既包括人身权益遭受的损害,如生命权、身体权、健康权等被侵害,也包括财产权益遭受的损害,如行李的丢失、货物的毁损、地面房屋被毁等。例如,1999年的"4·15"大韩航空公司MD-11货机坠毁事件不仅造成地面居民5人死亡,42人受伤,还造成了近千户居民的房屋受损。在由此引发的一起诉讼中,原告洪亮因其房屋受到大韩航空公司坠机事故的影响而严重受损,法院判决大韩航空应当对受害人的房屋的公用部位、设备以及公用设施进行修缮,使其恢复原状,同时赔偿原告损失人民币145,021元。[37]

三、民用航空器损害责任的责任主体

(一)公共航空运输的承运人

民用航空器损害责任的主体为民用航空器的经营者(《民法典》第1238条)。民用航空器造成旅客或运输的货物损害时,经营者就是公共航空运输的承运人,包括缔约承运人与实际承运人。前者应当对航空运输合同约定的全部运输负责,后者仅对其履行的运输负责(《民用航空法》第138条)。缔约承运人,是指以本人名义与旅客或者托运人,或者与旅客或者托运人的代理人,订立航空运输合同的人(《民用航空法》第137条第1款)。实际承运人,是指根据缔约承运人的授权,履行全部或者部分运输的人,而且只要没有相反的证明,就认为存在此种授权(《民用航空法》第137条第2款)。

(二)民用航空器的经营人、所有人

民用航空器造成地面第三人的损害时,民用航空器的经营者应当承担侵权责任(《民法典》第1238条)。此时,民用航空器的经营者,是指损害发生时使用民用航空器的人(《民用航空法》第158条第2款)。如果民用航空器的使用权已经直接或者间接地授予他人,而本人保留对该民用航空器的航行控制权的,本人仍被视为经营人(《民用航空法》第158条第2款)。至于经营人的受雇人、代理人在受雇、代理过程中使用民用航空器,无论是否在其受雇、代理范围内行事,均视为经营人使用民用航空器(《民用航空法》第158条第3款)。

此外,民用航空器登记的所有人应当被视为经营人,并承担经营人的责任;除非在判定其责任的诉讼中,所有人证明经营人是他人,并在法律程序许可的范围内采取适当措施使该人成为诉讼当事人之一(《民用航空法》第158条第4款)。如果某人未经对民用航空器有航行控制权的人同意而使用该民用航空器,并对地面第三人造成损害的,有航行控制权的人除证明本人已经适当注意防止此种使用外,应当与该非法使用人承担连带责任(《民用航空法》第159条)。

四、民用航空器损害责任的减责与免责事由

(一)免责事由

1. 受害人故意。依据《民法典》第1238条,如果民用航空器的经营者能够证明损害是因受

[37] 洪亮诉韩国大韩航空有限公司财产损害赔偿纠纷案,载鲍贤明主编:《判案解析》,法律出版社2005年版,第19页以下。

害人故意造成的,不承担责任。《民用航空法》第 161 条第 1 款也规定,依照本章规定应当承担责任的人证明损害是完全由于受害人或者其受雇人、代理人的过错造成的,免除其赔偿责任。但是,在旅客依据客运合同要求承运人承担人身伤亡的赔偿责任时,依据《民法典》第 823 条第 1 款,免责事由除了旅客的故意还包括重大过失。

2. 旅客本人的健康状况所致。依据《民法典》第 823 条第 1 款和《民用航空法》第 124 条,如果伤亡是旅客自身健康原因造成的,承运人不承担责任。

3. 行李、货物自身原因所致。《民法典》第 832 条规定:“承运人对运输过程中货物的毁损、灭失承担赔偿责任,但是,承运人证明货物的毁损、灭失是因不可抗力、货物本身的自然性质或者合理损耗以及托运人、收货人的过错造成的,不承担赔偿责任。”此外,依据《民用航空法》第 125 条第 2 ~4 款,旅客随身携带物品或者托运行李的毁灭、遗失或者损坏完全是由于行李本身的自然属性、质量或者缺陷造成的,承运人不承担责任。行李包括托运行李和旅客随身携带的物品。因发生在航空运输期间的事件,造成货物毁灭、遗失或者损坏的,承运人应当承担责任;但是,承运人证明货物的毁灭、遗失或者损坏完全是由于下列原因之一造成的,不承担责任:(1)货物本身的自然属性、质量或者缺陷;(2)承运人或者其受雇人、代理人以外的人包装货物的,货物包装不良;(3)政府有关部门实施的与货物入境、出境或者过境有关的行为。

4. 战争或武装冲突。依据《民用航空法》第 125 条以及第 160 条,如果损害是武装冲突或者骚乱的直接后果,则免除经营者的侵权责任。

5. 被有关国家机关剥夺民用航空器的使用权。《民用航空法》第 160 条第 2 款规定:“依照本章规定应当承担责任的人对民用航空器的使用权业经国家机关依法剥夺的,不承担责任。”例如,政府征用某公司的民航飞机运载武装人员,该飞机坠毁造成了地面第三人的损害。此时,应由国家承担国家赔偿责任,民航公司免除责任。

(二)减责事由

《民用航空法》第 161 条第 1 款第 2 句规定:“应当承担责任的人证明损害是部分由于受害人或者其受雇人、代理人的过错造成的,相应减轻其赔偿责任。但是,损害是由于受害人的受雇人、代理人的过错造成时,受害人证明其受雇人、代理人的行为超出其所授权的范围的,不免除或者不减轻应当承担责任的人的赔偿责任。”

五、民用航空器损害责任的赔偿范围

关于民用航空器损害责任的赔偿范围,《民用航空法》未作具体的规定。此时应当适用《民法典》第 1179 条以下的规定。例如,在处理大韩航空坠机损害赔偿案,上海市第一中级人民法院明确认为:“根据我国法律规定,大韩航空应赔偿因乔善贤等权利受到侵害而产生的损失,该损失包括财产损失和非财产损失,财产损失包含现实损失与应得利益的损失。”“至于总的赔偿额的确定,应能足以使原告得到抚慰和补偿,并对被告起到惩戒的作用。应尽最大可能弥补原告因此受到的损失。在当今民用航空交通工具普遍使用的情况下,被告应充分重视航空运输质量,保证航空运输安全。现被告飞机出现坠毁事故,导致地面无辜第三人死亡,受害家庭支离破碎,损害后果特别严重。被告应充分吸取教训,强化安全管理,保障飞行安全。”[38]

---

〔38〕 乔善贤、沈妹芳、王晖诉韩国大韩航空有限责任公司损害赔偿纠纷案,载鲍贤明主编:《判案解析》,法律出版社 2005 年版,第 26 页以下。

六、民用航空器损害责任的最高赔偿限额

（一）对旅客和运输货物的最高赔偿限额

依据《国内航空运输承运人赔偿责任限额规定》第2、3条，在中华人民共和国国内航空运输中造成损害的，国内航空运输承运人应当在下列规定的赔偿责任限额内按照实际损害承担赔偿责任，但是《民用航空法》另有规定的除外：(1)对每名旅客的赔偿责任限额为人民币40万元；(2)对每名旅客随身携带物品的赔偿责任限额为人民币3000元；(3)对旅客托运的行李和对运输的货物的赔偿责任限额，为每公斤人民币100元。

（二）对地面第三人损害的最高赔偿限额

民用航空器造成地面第三人损害时，经营者的赔偿责任是否需要有最高赔偿限额的规定，国内外都存在很大的争议。我国《民用航空法草案》第170条至173条、第178条和第180条，曾就民用航空器对地面第三人造成损害的赔偿责任限额作出了规定。但是，“有些委员和全国人大财经委员会提出，国际上多数民用航空大国都没有对地面第三人损害实行赔偿责任限额的制度。在这种情况下，本法作出地面第三人赔偿责任限额的规定，可能不利于合理处理赔偿责任问题。因此，建议删去草案上述几条的规定”。〔39〕 最后，《民用航空法》对于赔偿责任限额没有作出规定。

第四节　高度危险物损害责任

一、高度危险物损害责任的概念

高度危险物损害责任，是指因占有或使用高度危险物造成他人损害时，占有人或使用人应当承担的侵权责任。高度危险物包括易燃、易爆、剧毒、高放射性、强腐蚀性、高致病性等高度危险物。其中，“强腐蚀性”“高致病性”物质是《民法典》第1239条在《侵权责任法》第72条基础上新增的两类高度危险物。

高度危险物损害责任适用的是**无过错责任**。因为这些物品具有“易燃、易爆、剧毒、高放射性、强腐蚀性、高致病性”等高度危险的物理、化学、生物属性。一方面，这些独特的属性使得此等物质非常容易造成人身伤亡和财产损失且损害后果往往非常严重。另一方面，在占有、使用这些物品时，占有人、使用人必须尽到高度的注意义务，采取特别的防护。稍有不慎，在这些物品的运输、装卸、储存或使用的过程中，其内在的高度危险性就可能现实化，给他人造成损害。

二、高度危险物损害责任的构成要件

（一）占有、使用高度危险物

1. 高度危险物的含义与类型

《民法典》颁布之前，《侵权责任法》第72条和《民法通则》第123条都对高度危险物作出了列举，即易燃、易爆、剧毒、放射性等高度危险物。但是，这种列举并不合理，因为“易燃、易爆、剧毒”物质的危险程度肯定是很高的，而“放射性”物质并不一定都是高度危险物，放射性本

---

〔39〕《全国人大法律委员会关于〈中华人民共和国民用航空法（草案）〉审议结果的报告》，1995年10月23日在第八届全国人民代表大会常务委员会第十六次会议。

身就可以分为天然放射性和人工放射性,且放射强度也有很大的差异。例如,大理石、花岗岩也都具有一定的放射性,但对于人体的危害并不是很大,不能认为是高度危险物。故此,立法机关在编纂民法典时,将“放射性”修改为“强放射性”,是非常科学的。此外,强腐蚀性、高致病性物质也应当属于高度危险物,前者如强酸类物质(如硫酸、硝酸、盐酸、氢氟酸等)、强碱类物质(如氢氧化钠,俗称烧碱)、强氧化剂物质(如过氧化氢、过氧乙酸)等;后者如 HIV、SARS－CoV、结核、鼠疫杆菌、炭疽、霍乱、高致病性禽流感病毒、埃博拉病毒、2020 新型冠状病毒等。[40] 依据《民法典》第 1239 条,所谓高度危险物包括“易燃、易爆、剧毒、高放射性、强腐蚀性、高致病性”等高度危险物。

然而,究竟哪些物品属于易燃、易爆、剧毒、高放射性、强腐蚀性、高致病性等高度危险物,却没有明确的规定。从现行的法律规定来看,只对危险物品以及危险物品管理作出了规定。例如,《危险化学品安全管理条例》第 3 条第 1 款规定:“本条例所称危险化学品,是指具有毒害、腐蚀、爆炸、燃烧、助燃等性质,对人体、设施、环境具有危害的剧毒化学品和其他化学品。”《道路危险货物运输管理规定》第 3 条第 1 款规定:“本规定所称危险货物,是指具有爆炸、易燃、毒害、感染、腐蚀等危险特性,在生产、经营、运输、储存、使用和处置中,容易造成人身伤亡、财产损毁或者环境污染而需要特别防护的物质和物品。危险货物以列入国家标准《危险货物品名表》(GB12268)的为准,未列入《危险货物品名表》的,以有关法律、行政法规的规定或者国务院有关部门公布的结果为准。”

本书认为,并非所有的危险物品都属于高度危险物品。如果不做任何限制,将一切危险物品都作为高度危险物品,进而适用无过错责任,显然是不合理的。判断某物是否属于高度危险物品,不仅要考虑其是否属于上述国家标准中规定的危险物品,还需要符合以下标准:

第一,该物品造成损害的概率很高或者造成的损害后果往往很严重。危险物品虽然都具有危险,但不同的物品,危险程度是有差别的。高度危险物品重在“高度危险”,主要体现在两个方面:一方面,损害发生概率高,只有某物具有造成损害的巨大可能性时,该物才属于高度危险物。如果某物虽具有危险,但发生损害的可能性非常低,则不属于高度危险物。例如,同为爆炸品,有些是有整体爆炸危险的物质和物品(如雷管、炸药、苦味酸、硝化甘油等),而有些只有迸射危险但无整体爆炸危险(如燃烧弹、催泪弹)。有些虽然有整体爆炸危险但属于极端不敏感物质。另一方面,损害后果严重。同为危险物品,其危险现实化的后果也是不同的。如果某物所具有的危险一旦现实化,就会给他人的人身、财产造成严重的损害,则属于高度危险物品,反之则为普通危险物品。例如,同为有毒物质,其最小致死量或浓度、绝对致死量或浓度都是完全不同的。正因如此,《危险货物品名表》将危险货物分为Ⅰ、Ⅱ、Ⅲ等级,仅将Ⅰ等级货物称为“具有高度危险性质”的货物。

第二,为防止造成他人损害,该物品的所有人、管理人或使用人负有高度的注意义务。由于高度危险物具有高度的危险性,所有人等只有尽到高度的注意义务,才可能(而非必然)避免该物品之高度危险性现实化,造成他人损害。如果只要尽到一般的谨慎,就可以防止某物给他人造成损害,该物品就只是一般的危险物品,适用过错责任原则处理即可。从我国法律的规定

[40] 高致病性物质也是立法机关考虑到 2020 年新型冠状病毒产生的巨大危害而增加的。事实上,2004 年 4 月在安徽就发生过中国疾病预防控制中心(CDC)病毒病预防控制所泄露 SARS 病毒的事件。参见赵小剑、朱晓超:《SARS 病毒泄漏调查》,载《财经》2004 年 5 月 21 日。

来看，高度危险物品与一般危险物品在生产、储存、经营、运输安全上有不同的要求。对前者的要求远远高于后者。也正因如此，《民法典》第 1242 条才规定，即便是他人非法占有高度危险物而造成损害的，所有人、管理人如不能证明对防止非法占有尽到了“高度注意义务”的，仍需要与非法占有人承担连带责任。

2. 占有、使用高度危险物

占有、使用高度危险物的情形包括生产、装卸、运输、储存、保管高度危险物等。《民法典》第 1239 条之所以提出“占有或者使用”的要求，是因为：一方面，占有、使用高度危险物就意味着，开启了对周围环境的高度危险源，占有人或者使用人相应地负有造成他人损害之义务。另一方面，只有在有人占有、使用高度危险物时，才能确定对由此造成的损害负责任之主体。倘若自然界中存在的物品，即便具有高度危险性，造成了他人损害，因与人之行为无关，故不发生侵权责任。

（二）高度危险物品造成了他人损害

首先，所谓他人是指高度危险物的占有人、使用人之外的人。损害既包括人身伤亡，也包括财产损失。其次，损害必须是因高度危险物的危险性现实化所致（参见**案例** 24.4.1）。如果受害人的损害与高度危险物的危险无关，虽然构成侵权行为，也不属于高度危险物损害责任。例如，运输剧毒化学品的车辆发生交通事故，造成他人伤亡，应当适用机动车交通事故责任。

案例阅读

案例24.4.1
宋学文诉吉化集团公司建设公司等案

三、高度危险物损害责任的减责与免责事由

（一）减责事由

《民法典》第 1239 条第 2 句规定：“被侵权人对损害的发生有重大过失的，可以减轻占有人或者使用人的责任。”这是因为高度危险责任属于无过错责任。为了更好地保护受害人，提高占有人或使用人的注意义务，法律才特别规定，只当受害人对损害之发生有重大过失的，方能减轻侵权人之赔偿责任。

（二）免责事由

依据《民法典》第 1239 条，如果高度危险物的占有人或者使用人能够证明损害是由于受害人的故意或者不可抗力所致，则不承担责任。

四、高度危险物损害责任的责任主体

（一）占有人、使用人

原则上，高度危险物的占有人、使用人是高度危险物损害责任的主体。因为他们对于高度危险物加以支配控制，并因占有、使用高度危险物而获取利益。故此，他们是高度危险物品损害责任的主体。在很多情况下，占有人、使用人就是所有人或者管理人。但是，也可能因为运输、保管等合同而出现所有人、管理人与占有人、使用人的分离。由于《民法典》第 1242 条对非法占有人的责任有特别之规定。故此，《民法典》第 1239 条中的占有人仅限于“合法占有人”。此外，由于在该条中占有人与使用人并列，而使用人必定要占有高度危险物方能使用。所以，占有人是指“使用人之外的合法占有人”，具体包括：所有权人以及基于运输、保管等非以使用为目的的合同债权或物权关系而占有高度危险物之人。使用人应当是指基于借用、租赁等以使用为目的的合同债权或物权关系而占有高度危险物的人。

(二)所有人、管理人

1. 依据《民法典》第 1241 条第 1 句,所有人在高度危险物遗失或抛弃高度危险物的情况下,就该高度危险物给他人造成的损害,承担无过错责任。这是因为,所有人依法对高度危险物的保管负有高度之注意义务。倘因保管不善而致高度危险物遗失而致人损害,所有人难辞其咎。如果是因为他人的盗窃致使高度危险物丢失,鉴于该物本身的高度危险性,为保护受害人,所有人仍需承担侵权责任。[41] 至于所有人任意抛弃高度危险物,该行为本身就有明显的过错,则更应对由此造成的损害承担责任。

2.《民法典》第 1241 条第 2 句规定的所有人将高度危险物交由他人管理,是指所有人将高度危险物交由他人保管、运输或储存等情形,如在专业的危险化学品仓储公司保管该危险物,或者交由运输公司进行运输。此时,管理人是指所有人之外的合法占有人。因管理人实际占有高度危险物,故依《民法典》第 1241 条第 2 句,由其就高度危险物给他人造成的损害承担无过错责任。

3. 虽然管理人要就高度危险物给他人造成的损害承担侵权责任,但是,依据《民法典》第 1241 条第 2 句,如果所有人有过错的,应与管理人负连带责任。所有人有过错的情形,是指所有人在将高度危险物交由他人管理时没有履行法定义务或具有其他的过错且该过错行为与损害的发生存在因果关系,具体包括以下情形:

(1)没有选择具有法定资格的管理人来管理高度危险物的情形。鉴于高度危险物的危险性,因此,我国法律法规对于管理高度危险物的主体都有严格审批许可上的要求。例如,《危险化学品安全管理条例》第 43、44 条规定,从事危险化学品道路运输、水路运输的,应当分别依照有关道路运输、水路运输的法律、行政法规的规定,取得危险货物道路运输许可、危险货物水路运输许可,并向工商行政管理部门办理登记手续。危险化学品道路运输企业、水路运输企业应当配备专职安全管理人员。危险化学品道路运输企业、水路运输企业的驾驶人员、船员、装卸管理人员、押运人员、申报人员、集装箱装箱现场检查员应当经交通运输主管部门考核合格,取得从业资格。如果所有人委托的是没有相应许可证的运输企业运输剧毒化学品的,应当认为所有人具有过错。

(2)所有人没有依法采取相应的管理、防护措施的情形。例如,《放射性物品运输安全管理条例》第 6 条第 2 款规定:"放射性物品的托运人(以下简称托运人)应当制定核与辐射事故应急方案,在放射性物品运输中采取有效的辐射防护和安全保卫措施,并对放射性物品运输中的核与辐射安全负责。"如果托运人没有采取有效的防范保卫措施的,则其有过错。

(3)所有人未依法如实向管理人说明高度危险物的相关情况。例如,《民法典》第 828 条,托运人托运易燃、易爆、有毒、有腐蚀性、有放射性等危险物品的,应当按照国家有关危险物品运输的规定对危险物品妥善包装,做出危险物品标志和标签,并将有关危险物品的名称、性质和防范措施的书面材料提交承运人。托运人违反前款规定的,承运人可以拒绝运输,也可以采取相应措施以避免损失的发生,因此产生的费用由托运人负担。再如,《港口危险货物安全管理规定》第 36 条规定:"危险货物港口作业委托人应当向危险货物港口经营人提供委托人身份信息和完整准确的危险货物品名、联合国编号、危险性分类、包装、数量、应急措施及安全技术说明书等资料;危险性质不明的危险货物,应当提供具有相应资质的专业机构出具的危险货物

〔41〕 王胜明主编:《中华人民共和国侵权责任法解读》,中国法制出版社 2010 年版,第 372 页。

危险特性鉴定技术报告。法律、行政法规规定必须办理有关手续后方可进行水路运输的危险货物,还应当办理相关手续,并向港口经营人提供相关证明材料。危险货物港口作业委托人不得在委托作业的普通货物中夹带危险货物,不得匿报、谎报危险货物。”

(三)非法占有人

通常,物的所有人、管理人对于他人非法占有其物期间造成的损害是不需要负责,如《民法典》第1215条规定的盗窃、抢劫或者抢夺机动车发生交通事故造成损害时,机动车的所有人、管理人不需要承担任何责任。但是,对于高度危险物例外,这主要是考虑到如果高度危险物被非法占有期间造成损害,高度危险物的所有人或者管理人无须承担任何责任的话,那么对于受害人的保护不力,因为高度危险物可能造成很大的损害。此外,高度危险物的属性就要求所有人、管理人对其防止非法占有必须尽到高度的注意义务。《民法典》第1242条规定:“非法占有高度危险物造成他人损害的,由非法占有人承担侵权责任。所有人、管理人不能证明对防止非法占有尽到高度注意义务的,与非法占有人承担连带责任。”

该条中的“非法占有”,是指违背所有人或管理人的意志,通过盗窃、抢劫、抢夺等非法行为而取得对高度危险物的占有之人。当非法占有人占有的高度危险物造成他人损失时,当然要由非法占有人承担侵权责任。但是,所有人、管理人并非就完全免责,如果其没有“对防止他人非法占有尽到高度注意义务”,则需要与非法占有人承担连带责任。这一规定意味着:在非法占有高度危险物造成损害之时,受害人无须证明所有人、管理人的过错,而是实行过错推定。所有人、管理人应反驳对其过错的推定。并且,所有人、管理人只是证明了自己对非法占有尽到了一般的注意义务是不够的,必须证明自己已经尽到了高度注意义务。“高度注意义务”的要求明显高于善良管理人的注意义务,[42]它要求所有人、管理人在避免他人非法占有上应当完全符合法律的要求(如按照法律的规定采取安全保卫措施等),尽到了自己应尽的全部注意义务,如果这样做,仍不能避免他人对高度危险物之非法占有,则无须承担责任。例如,某恐怖组织采取武装抢夺的方法,打死某剧毒化学品厂的安保人员后抢走了一批剧毒化学品并将之投放到水库,造成了巨大的损害。对于这种恐怖组织的武装抢劫,该化学品厂显然是尽到了高度注意义务的。

第五节 高度危险活动损害责任

一、高度危险活动损害责任的概念与类型

高度危险活动损害责任,是指从事高空、高压、地下挖掘活动或者使用高速轨道运输工具造成他人损害时,经营者应承担的侵权责任(《民法典》第1240条)。高度危险活动损害责任与高度危险物损害责任一样,适用无过错责任。无非前者的高度危险性来自活动,后者来自物品本身。依据高度危险活动的类型不同,可将其分为:高空作业损害责任、高压损害责任、地下挖掘活动损害责任以及高速轨道运输工具损害责任。

---

〔42〕 最高人民法院侵权责任法研究小组:《〈中华人民共和国侵权责任法〉条文理解与适用》,人民法院出版社2010年版,第514页;王利明、周友军、高圣平:《中国侵权责任法教程》,人民法院出版社2010年版,第692页。

(一)高空作业损害责任

"高空作业"并非指任何高于地面的距离进行的作业。究竟何为高空作业,却并无明确的规定。有人认为,依据国家关于高处作业标准的规定,高空作业就是高处作业,即只要距坠落高度基准面2米及其上的作业就属于高空作业。本书认为,此种观点难谓妥当。因为,高处作业标准中的危险主要是指对作业人而言的危险性,而非指对他人造成损害的危险性。高空作业损害责任的高度危险性应当是指对"他人"而非作业人"本人"的人身、财产安全产生的高度的危险。参考现有的法律法规和规章,应当认为,30米及以上的作业可以认定为高空作业(《建设工程安全生产管理条例》第26条第1款第7项、《危险性较大工程安全专项施工方案编制及专家论证审查办法》第5条第4项)。

(二)高压损害责任

高压损害责任包括高压电损害责任与高压容器损害责任。已被废止的《最高人民法院关于审理触电人身损害赔偿案件若干问题的解释》(以下简称《触电损害赔偿解释》)曾规定,高电压损害责任是指1千伏(KV)及其以上电压等级的高压电造成他人人身损害时的侵权责任。但是,究竟哪些压力容器属于高压容器,进而需要适用高压损害责任,尚无明确的规定。从国务院颁布的《特种设备安全监察条例》的规定来看,那些涉及生命安全、危险性较大的锅炉、压力容器(含气瓶)、压力管道致害的情形,可以考虑适用高压损害责任。当然,高压容器爆炸造成损害还往往涉及产品责任。[43]

(三)地下挖掘损害责任

地下挖掘活动,是指在地表以下的一定深度进行的挖掘行为,包括钻探活动、地下矿产采掘活动、地下铁路的修建等。至于究竟多深才能构成地下挖掘,法律没有明确规定。由于这些在地下进行的挖掘活动,极可能对地表的建筑物及人员安全造成严重的威胁,因此适用无过错责任。例如,因为在地下进行矿藏开采导致地面塌陷,使受害人建设的地面农业园内的温室大棚、管理用房、储藏室、养殖场、水利设施、树木等损毁倒塌。[44]

提 示

《民法典》第1240条规定的地下挖掘损害责任,不同于该法第1258条第1款规定的地面施工损害责任。二者区别在于:首先,前者适用无过错责任,后者适用的是过错推定责任;其次,前者是在地下进行的深层次挖掘活动,具有高度的危险性。而后者是在公共场所、道路上进行的地面的挖掘活动,具有一定的危险性,但并非高度危险。

(四)高速轨道运输工具损害责任

轨道运输工具,是指在铁轨、轻轨、磁悬浮轨道等固定轨道上运行的交通运输工具,如火车、地铁、磁悬浮列车、有轨电车等。所谓"高速",并无明确的标准,应当依据一般社会观念确

---

〔43〕 海城市宏伟金属结构厂诉辽宁大榆气体有限公司产品生产者责任纠纷案,辽宁省高级人民法院(2015)辽审一民抗字第66号民事判决书。

〔44〕 长治市福瑞农业科技发展有限公司、山西潞安环保能源开发股份有限公司王庄煤矿财产损害赔偿纠纷案,最高人民法院(2019)最高法民终289号民事判决书。

定。[45] 例如,与目前每小时300公里的高铁相比,城市地铁或轻轨的速度通常只有每小时30~40公里,但不能因此就认为地铁运营不属于高速轨道交通工具。[46] 例如,在一起案件中,受害人在地铁轨道线路边玩耍时,被经过的城铁列车受流器剐伤。原告向法院起诉,要求地铁运营有限公司承担侵权赔偿责任。法院就认为:"城市铁路列车作为城市快速轨道交通运行工具对周围环境具有较高危险性,属高度危险作业范围……地铁公司不存在相应免责事由,应按无过错原则负赔偿责任。"[47]

二、高压电损害责任

(一)概念与构成要件

高压电损害责任,是指高压电造成他人损害时,电力设施产权人应当承担的侵权责任。高压电损害责任适用无过错责任,应当具备以下要件:

1. 高压电。何为高压电,实践中曾存在不同的认识。电力行业通常将电压在1万伏以上的才称为高压电,至于输电线路上只有22万伏以上的输电线路才被认为是高电压。[48] 然而,最高人民法院颁布的《触电损害赔偿解释》将高压电界定为:**1千伏(KV)及其以上电压等级**的高压电。以"1千伏(KV)"为标准,主要就是考虑到,依据《电力设施保护条例》第10条第1项的规定,1千伏以上的架空电力线路就要设置保护区,即导线边线向外侧水平延伸并垂直于地面所形成的两平行面内的区域。故此,1千伏及以上的电压等级的电,已经对周围环境具有了高度危险,属于高压电。[49]《触电损害赔偿解释》虽然已经被废止,但是笔者认为该司法解释对高压电的这一界定还是有道理的,应予遵循。

2. 造成了损害。侵权法中的损害既包括人身伤亡如残疾或者死亡,也包括财产损害如物品的毁损。高压电损害责任中的损害是否也包括人身损害与财产损害呢?本书认为,高压电损害责任中的损害仅限于"**人身伤亡**",即因触电而侵害生命权、身体权或健康权并造成损害。理由在于:首先,高压电的运行之所以被称为高度危险作业,关键在于其对自然人的人身安全构成了高度的危险,而非对财产权益构成高度危险。其次,实践中,高压电引发的侵权赔偿纠纷基本上都只是与人身伤亡有关。如果因高压电的电压不稳定等原因而导致财产权益被侵害并造成了损害,完全可基于供用电合同追究供电人的违约责任,或者依据《民法典》第1165条第1款以及《电力法》的规定追究加害人的过错责任,没有适用无过错责任之必要。

3. 存在因果关系。受害人的人身损害是因接触高压电所致。也就是说,损害是因高压电流通过身体而造成的。如果损害是由于输送、储存高压电的设施或其他物件本身所致,如电线杆倒塌砸伤行人、电线划伤车辆等,应当适用《民法典》侵权责任编第十章建筑物和物件损害责任的规定。

---

[45] 王利明:《侵权责任法研究》(下),中国人民大学出版社2010年版,第598页。

[46] 例如,北京发生的"吴华林诉北京地铁运营有限公司人身损害赔偿纠纷案"中,被告北京地铁公司就辩称:北京市地铁运行速度只有33.2公里/小时,算不上高速运输工具。

[47] 杨涛诉北京市地铁运营有限公司人身损害赔偿纠纷上诉案,载北京市高级人民法院:《北京民事审判疑难案例与问题解析》(第1卷),法律出版社2007年版,第120页以下。

[48] 国家电力公司给全国人大常委会法工委的《关于请求对民法通则第123条进行解释的函》。转引自汪治平:《人身损害赔偿若干问题研究》,中国法制出版社2001年版,第8页。

[49] 汪治平:《人身损害赔偿若干问题研究》,中国法制出版社2001年版,第11页。

(二)责任主体

1.电力设施产权人的概念

高压电损害责任的主体应为电力设施的产权人。《触电损害赔偿解释》(已废止)第2条第1款曾规定:"因高压电造成人身损害的案件,由电力设施产权人依照民法通则第一百二十三条的规定承担民事责任。"将高压电损害责任的主体规定为电力设施的产权人,原因在于:电虽属自然力,但它是人类可以控制的一种能量(制造、运输或储存),属于民法意义上的无形物。[50]作为无形物的电,只有通过有形的载体才输送、存储和使用。而电力设施就是输送、存储高压电的设备,因此,高压电致人损害在民法原理上与物件致人损害是一样的,应由电力设施的产权人承担责任。所谓**电力设施的产权人**,包括电力设施的所有人和管理人。之所以不完全采取"所有人"的概念,还增加一个"管理人",主要是考虑到国有独资电力企业和其他国有企业的全部财产归国家所有,企业没有所有权。[51]

2.电力设施产权人的确定

电力供应由多个环节构成的,电力设施也是相互连接的。故此,只有明确了**电力设施产权的分界处**,才能准确判明造成损害的电力设施的产权人是谁。电力设施产权的分界处就是划分相互连接的电力设施产权归属的分界点。分界点电源侧的电力设施归供电人所有,分界点负荷侧供电设施归用电人所有。依据《供电营业规则》第47条,供电设施的运行维护管理范围,按产权归属确定。责任分界点按下列各项确定:(1)公用低压线路供电的,以供电接户线用户端最后支持物为分界点,支持物属供电企业。(2)10千伏及以下公用高压线路供电的,以用户厂界外或配电室前的第一断路器或第一支持物为分界点,第一断路器或第一支持物属供电企业。(3)35千伏及以上公用高压线路供电的,以用户厂界外或用户变电站外第一基电杆为分界点。第一基电杆属供电企业。(4)采用电缆供电的,本着便于维护管理的原则,分界点由供电企业与用户协商确定。(5)产权属于用户且由用户运行维护的线路,以公用线路分支杆或专用线路接引的公用变电站外第一基电杆为分界点,专用线路第一基电杆属用户。在电气上的具体分界点,由供用双方协商确定。

(三)免责事由

高压电损害责任的免责事由为两项:受害人故意与不可抗力(《民法典》第1240条)。以往最高人民法院曾在《触电损害赔偿解释》的第3条第3、4项中将"受害人盗窃电能,盗窃、破坏电力设施或者因其他犯罪行为而引起触电事故"以及"受害人在电力设施保护区从事法律、行政法规所禁止的行为",也作为免责事由。这样的规定显然是错误的。[52]

三、铁路运营损害责任

(一)概念

铁路运营损害责任属于高速轨道运输工具损害责任的一种,也是最为常见的类型。它是指因铁路之运营造成他人损害时,运营者应承担的侵权责任。铁路运营造成他人损害的情形可以分为两类:铁路行车事故与其他铁路运营事故(《铁路法》第58条第1款、《铁路人身损害

---

〔50〕《物权法草案(二审稿)》第2条第2款第2句曾规定:"动产指不动产以外的物,包括能够为人力控制的电、气、光波、磁波等物。"

〔51〕汪治平:《人身损害赔偿若干问题研究》,中国法制出版社2001年版,第16页。

〔52〕相关案例和讨论可参见最高人民法院民一庭:《受害人从事违法行为触电造成损害,供电企业能否免责》,载最高人民法院民事审判第一庭:《民事审判指导与参考》(总第54辑),人民法院出版社2013年版,第115~118页。

赔偿解释》第1条第1款）。

1. 铁路行车事故，也称铁路交通事故，是指铁路机车车辆在运行过程中与行人、机动车、非机动车、牲畜及其他障碍物相撞，或者铁路机车车辆发生冲突、脱轨、火灾、爆炸等影响铁路正常行车的铁路交通事故（《铁路交通事故应急救援和调查处理条例》第2条）。例如，2007年10月4日10时05分，成都铁路局的49311次货物列车以时速30公里的速度运行至湖林支线清镇—山林边区间K13+490米处时，受害人刘某（时年74岁）从列车运行方向右侧横穿铁轨，被货物列车惯性撞出轨道后死亡。法院认为：铁路运输企业从事高速运输工具作业，对周围环境具有高度危险，负有相当的安全防护和注意义务。被告未采取有效防护措施，甚至连明显的安全警示标志都未设置，受害人刘某穿越铁轨被列车撞死与被告未尽到相当的安全保障义务有一定的因果关系，故应当承担民事责任。[53]

2. 其他铁路运营事故，是指铁路行车事故之外的，因铁路之运营致他人损害的情形，如乘客在上下车时摔伤或被列车挤伤、旅客在列车行驶中遭受人身伤亡、货物在运输过程中被毁损等。例如，受害人张某于1997年6月5日从西安乘坐被告郑州铁路分局的宝鸡至新乡602次旅客列车返回新乡。途中，因不明原因，张某从车上跌落死亡。经查，张某的死亡并非他杀，但亦无证据证明其为自杀。法院认为：《铁路法》第58条第1款规定，"因铁路行车事故及其他铁路运营事故造成人身伤亡的，铁路运输企业应当承担赔偿责任；如果人身伤亡是因不可抗力或者由于受害人自身的原因造成的，铁路运输企业不承担赔偿责任"。被告郑州铁路分局提供的康兵、李冰等人的证人证言，仅能证明张某在车上喝了酒，不能证明其是自身原因跳的车。郑州铁路分局在不能证实张某是自身原因死亡的情况下，应当依照国务院国函[1994]81号文件批准铁道部发布的《铁路旅客运输损害赔偿规定》（已废止）第5、6条，铁路运输企业应当依照铁路承担赔偿责任的最高限额人民币4万元给付原告。[54]

（二）类型

铁路运营损害责任除分为铁路行车事故责任与其他铁路运营事故责任外，还可依据受害人与铁路运营者有无合同关系，分为以下两类（参见表24.5.1）：

1. 铁路运营造成旅客或托运人的人身伤亡、财产损害。此类损害事故中，受害人与铁路运营者之间存在运输合同关系，因此发生侵权责任与违约责任的竞合。受害人可以要求铁路运营者承担侵权责任或违约责任。

2. 铁路运营给没有合同关系的人造成人身伤亡、财产损失。所谓"没有合同关系的人"，是指与铁路运营者之间不存在运输合同等合同关系的民事主体，如行人、机动车驾驶人等。此类损害事故也称"铁路路外事故"。由于受害人与铁路运营者之间不存在合同关系，所以其只能按照《民法典》第1240条，要求运营者承担侵权责任。

---

〔53〕 韩灵芝与成都铁路局铁路运输人身损害赔偿纠纷上诉案，成都铁路运输中级人民法院（2010）成铁中民终字第5号民事判决书。

〔54〕 张维成等因其亲属在乘旅客列车时发生结论为不属他杀和自杀的死亡诉郑州铁路分局等赔偿案，载最高人民法院中国应用法学研究所编：《人民法院案例选》（总第35辑），人民法院出版社2001年版，第109页以下。相同案例参见刘有祥诉洛阳铁路分局洛阳列车段、长沙铁路总公司郴州车务段铁路旅客运输人身伤亡赔偿纠纷案，载《最高人民法院公报》1992年第3期。

表 24.5.1 铁路运营损害责任类型

<table>
<tr><th rowspan="2">损害的类型</th><th colspan="4">项目</th></tr>
<tr><th>违约责任</th><th>侵权责任</th><th>免责事由</th><th>最高赔偿责任限额</th></tr>
<tr><td>旅客人身伤亡</td><td>《民法典》第823条
无过错责任</td><td>《民法典》第1240条;《铁路法》第58条
无过错责任</td><td>旅客自身健康原因造成的;旅客故意、重大过失造成的</td><td>无最高赔偿责任限额[55]</td></tr>
<tr><td>旅客随身携带物品</td><td>《民法典》第824条第1款
过错责任</td><td rowspan="2">《民法典》第1240条;《铁路法》第17条
无过错责任</td><td rowspan="2">不可抗力;货物本身的自然性质或者合理损耗;托运人、收货人的过错造成的</td><td rowspan="2">1. 保价运输的,不超过保价额;
2. 不保价运输的,不按件数只按重量承运的货物,每吨最高赔偿100元,按件数和重量承运的货物,每吨最高赔偿2000元;个人托运的搬家货物、行李每10公斤最高赔偿30元,实际损失低于上述赔偿限额的,按照实际损失的价格赔偿;
3. 如果损失是由于铁路运输企业的故意或者重大过失造成的,不适用赔偿限额的规定,按照实际损失赔偿。(《民法典》第1244条、《铁路法》第17条、《铁路货物运输规程》第56条第3款)</td></tr>
<tr><td>托运人的货物、包裹、行李损失</td><td>《民法典》第824条第2款、第832条
无过错责任</td></tr>
<tr><td>路外人员人身伤亡、财产损失</td><td>不发生违约责任</td><td>《民法典》第1240条;《铁路法》第58条
无过错责任</td><td>不可抗力;受害人故意</td><td>无最高赔偿责任限额</td></tr>
</table>

(三)归责原则

铁路运营属于高度危险作业,因铁路运营造成他人损害的侵权责任适用**无过错责任**(《民法典》第1240条、《铁路法》第58条第1款、《铁路人身损害赔偿解释》第4条)。

(四)免责事由

依据《民法典》第1240条,铁路运营者的免责事由只有两项:不可抗力与受害人故意。受害人故意,是指受害人故意以卧轨、碰撞等方式造成损害的情形(《铁路人身损害赔偿解释》第5条第2项)。但是,《铁路人身损害赔偿解释》第7条第2款针对铁路运输人身损害赔偿责任规定了一种特别的免责事由,即"受害人不听从值守人员劝阻或者无视禁行警示信号、标志硬行通过铁路平交道口、人行过道,或者沿铁路线路纵向行走,或者在铁路线路上坐卧,造成人身

[55] 《铁路交通事故应急救援和调查处理条例》原第33条规定:"事故造成铁路旅客人身伤亡和自带行李损失的,铁路运输企业对每名铁路旅客人身伤亡的赔偿责任限额为人民币15万元,对每名铁路旅客自带行李损失的赔偿责任限额为人民币2 000元。铁路运输企业与铁路旅客可以书面约定高于前款规定的赔偿责任限额。"因违反《侵权责任法》第77条,国务院于2012年11月9日决定将该条删除。

损害,铁路运输企业举证证明已充分履行安全防护、警示等义务的,不承担赔偿责任”。

提 示

依据《铁路法》第 58 条第 1 款第 2 句与第 2 款,如果人身伤亡是因不可抗力或者由于受害人自身的原因造成的,铁路运输企业不承担赔偿责任。违章通过平交道口或者人行过道,或者在铁路线路上行走、坐卧造成的人身伤亡,属于受害人自身的原因造成的人身伤亡。这一规定显然不合理。受害人的违章行为或在铁路上行走、坐卧只是表明其对损害的发生具有过失,并不等于受害人故意引发损害。倘若受害人对于损害的发生具有过失,铁路运输企业就可以完全免责,则铁路运营损害责任对受害人的保护,连过错责任都不如。这不仅对受害人不公平,也不符合铁路运营作为高度危险作业的立法目的。[56] 故此,《民法典》第 1240 条明确规定,只有不可抗力或者受害人故意造成损害时,才能免除高度危险活动经营者的侵权责任。依据新法优于旧法的原则,《铁路法》第 58 条的上述规定应予废止。

(五)减责事由

关于高度危险活动损害责任的减责事由,《侵权责任法》第 73 条的规定是,只要被侵权人对损害的发生有过失就可以减轻经营者的责任,然而,《民法典》第 1240 条则规定,只有当被侵权人对损害的发生有重大过失,才能减轻经营者的责任。这一修改非常正确,因为高度危险活动损害责任是无过错责任,为更好地保护受害人,不能仅仅因为受害人对于损害的发生有过失,就减轻侵权人的责任。况且,《民法典》第 1239 条规定的高度危险物损害责任也将减责事由限定为受害人重大过失。既然同为高度危险责任,高度危险活动损害责任不应有所区别。

最高人民法院颁布的《铁路人身损害赔偿解释》在区分受害人有无完全民事行为能力的基础上,依据受害人与铁路运营者的过错不同,分别确定了不同的减责比例:

1. 对于不完全民事行为能力人,规定最低的赔偿比例。在精神障碍者、未成年人遭受他人损害时,如不承认过错能力,即便这些人不具有认识行为危险性的能力、无法自我保护,也会因自己的行为与损害的发生或扩大存在因果关系而被认定具有过失,从而适用过失相抵,减轻侵权人的赔偿责任。这显然是不公平的。故此,《铁路人身损害赔偿解释》第 8 条第 1 款规定:“铁路运输造成无民事行为能力人人身损害的,铁路运输企业应当承担赔偿责任;监护人有过错的,按照过错程度减轻铁路运输企业的赔偿责任,但铁路运输企业承担的赔偿责任应当不低于全部损失的百分之五十。”第 2 款规定:“铁路运输造成限制民事行为能力人人身损害的,铁路运输企业应当承担赔偿责任;监护人及受害人自身有过错的,按照过错程度减轻铁路运输企业的赔偿责任,但铁路运输企业承担的赔偿责任应当不低于全部损失的百分之四十。”

2. 比较受害人与铁路运营者的过错。因铁路运营损害责任属于高度危险责任,适用无过错责任原则。故此,只有当受害人对于损害的发生具有重大过失时,方能减轻铁路运营者的侵权赔偿责任。但是,《铁路人身损害赔偿解释》并未考虑此点(未来应予修改),而是依据受害人与铁路运营者的过错不同,分别确定了不同的减责比例。该解释第 6 条规定:“因受害人翻越、穿越、损毁、移动铁路线路两侧防护围墙、栅栏或者其他防护设施穿越铁路线路,偷乘货

〔56〕 王胜明主编:《中华人民共和国侵权责任法解读》,中国法制出版社 2010 年版,第 369 页。

车,攀附行进中的列车,在未设置人行通道的铁路桥梁、隧道内通行,攀爬高架铁路线路,以及其他未经许可进入铁路线路、车站、货场等铁路作业区域的过错行为,造成人身损害的,应当根据受害人的过错程度适当减轻铁路运输企业的赔偿责任,并按照以下情形分别处理:(一)铁路运输企业未充分履行安全防护、警示等义务,受害人有上述过错行为的,铁路运输企业应当在全部损失的百分之八十至百分之二十之间承担赔偿责任;(二)铁路运输企业已充分履行安全防护、警示等义务,受害人仍施以上述过错行为的,铁路运输企业应当在全部损失的百分之二十至百分之十之间承担赔偿责任。"

(六)第三人侵权与铁路运营者的侵权责任

1. 第三人侵权与铁路运营者的安全保障义务。在旅客运输过程中,如果是因为铁路运营者以外的第三人给旅客造成损害的,首先应当由实施侵权行为的第三人承担侵权责任。铁路运营者作为公共场所的管理人只有在没有尽到安全保障义务的情形下,才承担相应的补充责任(《民法典》第 1198 条第 2 款)。《铁路人身损害赔偿解释》第 13 条第 1 款规定:"铁路旅客运送期间因第三人侵权造成旅客人身损害的,由实施侵权行为的第三人承担赔偿责任。铁路运输企业有过错的,应当在能够防止或者制止损害的范围内承担相应的补充赔偿责任。铁路运输企业承担赔偿责任后,有权向第三人追偿。"

2. 第三人原因不能免除责任。如果侵权行为来自车外的第三人,《铁路人身损害赔偿解释》第 13 条第 2 款则规定:"车外第三人投掷石块等击打列车造成车内旅客人身损害,赔偿权利人要求铁路运输企业先予赔偿的,人民法院应当予以支持。铁路运输企业赔付后,有权向第三人追偿。"这一规定主要是为了保护旅客的合法权益,因为在车外的人员投掷石块的情况下,基本上很难找到侵权人,因此不得以第三人侵权为由要求免除责任,或者仅仅如同车内的第三人侵权那样承担补充责任。

(七)铁路运营者与其他人的共同侵权

《铁路人身损害赔偿解释》第 9 条第 1 款规定:"铁路机车车辆与机动车发生碰撞造成机动车驾驶人员以外的人人身损害的,由铁路运输企业与机动车一方对受害人承担连带赔偿责任。铁路运输企业与机动车一方之间,按照各自的过错分担责任;双方均无过错的,按照公平原则分担责任。对受害人实际承担赔偿责任超出应当承担份额的一方,有权向另一方追偿。"

(八)铁路运营损害责任的主体

1. 因国家铁路、地方铁路之运营造成损害的,铁路运营者为铁路运输企业(《铁路法》第 58 条第 1 款),包括铁路局和铁路分局(《铁路法》第 72 条)。[57] 国家铁路是指由国务院铁路主管部门管理的铁路(《铁路法》第 2 条第 2 款)。地方铁路是指由地方人民政府管理的铁路(《铁路法》第 2 条第 3 款)。依据 2013 年 3 月 14 日第十二届全国人民代表大会第一次会议审议通过《国务院机构改革与职能转变方案》,实行铁路的政企分开,取消铁道部,组建国家铁路局,由交通运输部管理,承担铁道部的行政职责;同时,组建中国铁路总公司,承担铁道部的企业职责。2019 年 6 月 18 日,经国务院批准同意,中国铁路总公司改制成立中国国家铁路集团有限公司。截至 2018 年年末,中国国家铁路集团有限公司下设 18 个铁路局集团公司(设置运输站段 845 个)、3 个专业运输公司等 34 家企业、3 个事业单位。因铁路运营遭受损害时,受害人须

---

〔57〕 铁路运输站段属于铁路运输企业的组成部分,不实行自主经营、自负盈亏和独立核算,不是铁路运输企业。参见《全国人大常委会法制工作委员会关于如何理解和执行法律若干问题的解答(五)》。

以造成损害的列车所属的铁路局或公司作为被告，要求其承担赔偿责任。

2. 因专用铁路及铁路专用线之运用造成损害的，运营者为肇事工具或者设备的所有人、使用人或者管理人（《铁路人身损害赔偿解释》第 15 条）。[58] 专用铁路，是指由企业或者其他单位管理，专为本企业或者本单位内部提供运输服务的铁路（《铁路法》第 2 条第 4 款）。铁路专用线，是指由企业或者其他单位管理的与国家铁路或者其他铁路线路接轨的岔线（《铁路法》第 2 条第 5 款）。

第六节　高度危险区域损害责任

一、高度危险区域损害责任的性质

所谓高度危险区域损害责任，是指受害人未经许可进入高度危险活动区域或者高度危险物存放区域而遭受损害时，该区域的管理人依法应当承担的侵权责任。例如，因高速公路管理部门 A 的疏忽，没有将破损的高速公路护栏修复，致使未成年人 B 跑进高速公路玩耍，被 C 驾驶的机动车撞死。此案中，高速公路显然是高度危险活动区域，而 A 是该区域的管理人。因其没有尽到及时修复破损护栏的义务致使 B 遭受损害，需要承担相应的侵权责任。[59]《道路交通事故损害赔偿解释》第 9 条第 2 款也规定："依法不得进入高速公路的车辆、行人，进入高速公路发生交通事故造成自身损害，当事人请求高速公路管理者承担赔偿责任的，适用侵权责任法第七十六条的规定。"

问题是，《民法典》第 1243 条（来自《侵权责任法》第 76 条）究竟是确立了一类独立的侵权责任，还是仅仅在于补充第 1239 条和第 1240 条的规定？简单地说，《民法典》这三个条文的适用关系如何？例如，A 铁路局管辖的一段高速铁路护栏被人破坏后未及时修复，受害人 B 从其中的缺口进入到高铁轨道上，结果被 C 铁路局的一列高速列车撞死。此时，究竟是适用《民法典》第 1240 条由 C 铁路局承担侵权责任，还是适用第 1243 条由 A 铁路局承担侵权责任，抑或以 A 铁路局与 C 铁路局承担按份责任？假如撞死 B 的列车也属于 A 铁路局，则 A 铁路局除了享有第 1240 条规定的减免责事由外，是否可以援引第 1243 条的减免责事由？再如，甲在高压电线下钓鱼时触电身亡，死者近亲属乙起诉电力设施产权单位丙公司，此时究竟是适用第 1240 条，还是适用第 1243 条，抑或同时适用这两条？有的法院认为，高度危险区域损害责任中规定减免责事由可以适用于高度危险物损害责任和高度危险活动损害责任当中。[60] 有的法院则认为，只有当高度危险物的占有人或使用人、高度危险活动的经营者既证明损害是受害人故意或

---

〔58〕 司法解释作此规定的理由在于：铁路运输企业是指专门以铁路运输为主要业务的主体。而利用专用铁路和铁路专用线从事一定运输活动的某些主体，其主要业务或职能不是铁路运输，因此不属于通常意义上的铁路运输企业。参见江必新主编：《最高人民法院〈关于审理铁路运输人身损害赔偿纠纷案件适用法律若干问题的解释〉理解与适用》，中国铁道出版社 2010 年版，第 154 页。

〔59〕 朱新伟、杨彦丽诉夏海周、永安财产保险股份有限公司平顶山中心支公司、河南中原高速公路股份有限公司机动车交通事故责任纠纷案，平顶山市宝丰县人民法院（2013）宝民初字第 989 号民事判决书。

〔60〕 合浦县冠星烟花有限公司与郭松利人身损害赔偿纠纷上诉案，广西壮族自治区北海市中级人民法院（2013）北民一终字第 32 号判决书。本书认为，该判决是有问题的，因为被告烟花公司没有采取安全措施，将应当妥善处理的烟花爆竹进行处理，故此并不符合《侵权责任法》第 76 条规定的减责或免责的要求。

者不可抗力造成的,同时又证明已经按照《侵权责任法》第 76 条"采取安全措施并尽到警示义务",方能免责。[61]

本书认为,《民法典》第 1243 条规定的是一类独立的高度危险责任形态,即高度危险区域损害责任。首先,该条与第 1239、1240 条相比,有三处不同:(1)适用的范围不同。《民法典》第 1243 条适用于未经许可进入高度危险区域遭受损害的情形,所谓高度危险区域既包括高度危险活动区域,也包括高度危险物的存放区域。第 1239、1240 条则分别适用于高度危险物和高度危险活动造成损害的情形。(2)责任主体不同。《民法典》第 1243 条适用于高度危险区域的管理人,而第 1239 条适用于高度危险物的占有人或者使用人,第 1240 条适用于高度危险活动的经营者。(3)减免责事由不同。《民法典》第 1243 条规定,如果高度危险区域的管理人能够证明已经采取足够安全措施并尽到充分警示义务的,才可以减轻或者不承担责任。但是,依据《民法典》第 1239、1240 条,只有当受害人故意或不可抗力造成损害时,高度危险物的占有人或者使用人、高度危险活动的经营者才可以免责。至于减责,必须是被侵权人对损害的发生有重大过失方可。

此外,《民法典》第 1243 条来自《侵权责任法》第 76 条,从《侵权责任法》的立法资料来看,立法者也是有意将第 76 条规定为一类独立的高度危险责任类型的。这一类高度危险责任既不同于高度危险活动损害责任,也有别于高度危险物品损害责任。因为,"它并非积极、主动实施对周围环境造成高度危险的活动,而是因其管理控制的场所、区域具有高度危险性,如果未经许可擅自进入该区域,则易导致损害的发生,即高度危险活动区域或者高度危险物存放区域责任"。[62]

二、高度危险区域损害责任构成要件

(一)未经许可进入高度危险活动区域或高度危险物存放区域

所谓高度危险活动区域是指从事高度危险活动的特定地方,如民航机场是民用航空公司进行活动的区域,该区域内飞机不停地滑行、起降,属于高度危险活动。倘若有人未经允许擅自进入该区域,不仅对其自己的人身财产安全将构成严重威胁,也会危害民用航空活动的安全;部队进行军事演习、武器实验的区域,高速公路等,也都是高度危险活动区域。我国《道路交通安全法》第 67 条明文规定,行人、非机动车、拖拉机、轮式专用机械车、铰接式客车、全挂拖斗车以及其他设计最高时速低于七十公里的机动车,不得进入高速公路。如果依法不得进入高速公路的行人或车辆进入高速公路发生了损害,则其请求高速公路的管理人承担侵权责任的,应当适用《民法典》第 1243 条的规定(《道路交通事故损害赔偿解释》第 9 条第 2 款)(参见**案例 24.6.1**)。此外,铁路轨道上以及线路两旁的一定区域也是高度危险区域,对此《铁路安全管理条例》第 27、28 条有明确的规定。再如,铁路轨道上以及线路两旁的一定区域也是高度危险区域。依据《铁路安全管理条例》第 27 条,铁路线路两侧应当设立铁路线路安全保护区。铁路线路安全保护区的范围,从铁路线路路堤坡脚、路堑坡顶或者铁路桥梁(含铁路、道路两用桥,

案例阅读

案例24.6.1
宁照静等诉中原高速公路公司人身损害赔偿案

---

[61] 江苏省电力公司启东市供电公司与谢秀珍等高度危险活动损害责任纠纷上诉案,江苏省南通市中级人民法院(2013)通中民终字第 2003 号民事判决书。

[62] 王胜明主编:《中华人民共和国侵权责任法解读》,中国法制出版社 2010 年版,第 376 页。

下同)外侧起向外的距离分别为:(1)城市市区高速铁路为10米,其他铁路为8米;(2)城市郊区居民居住区高速铁路为12米,其他铁路为10米;(3)村镇居民居住区高速铁路为15米,其他铁路为12米;(4)其他地区高速铁路为20米,其他铁路为15米。第28条还规定:“设计开行时速120公里以上列车的铁路应当实行全封闭管理。铁路建设单位或者铁路运输企业应当按照国务院铁路行业监督管理部门的规定在铁路用地范围内设置封闭设施和警示标志。”

所谓高度危险物存放区域,是指存放高度危险物品的区域,例如存放炸药的仓库;储存剧毒化学物品的仓库、存放放射性物质的铅房等。例如,依据《危险化学品安全管理条例》第23条以下的规定,生产、储存剧毒化学品、易制爆危险化学品的单位,应当设置治安保卫机构,配备专职治安保卫人员。危险化学品应当储存在专用仓库、专用场地或者专用储存室(以下统称专用仓库)内,并由专人负责管理;剧毒化学品以及储存数量构成重大危险源的其他危险化学品,应当在专用仓库内单独存放,并实行双人收发、双人保管制度。

(二)管理人没有采取安全措施并尽到警示义务

高度危险活动区域或高度危险物存放区域的管理人,可能本身就是高度危险活动的经营者或高度危险物的所有人或使用人,例如高铁运行本身就是《民法典》第1240条规定的高度危险活动,铁路运输企业本身就是该危险活动的经营者。同时,铁路运输企业也是铁路线路两旁、货场等高度危险活动区域的管理人。再如,在生产中需要使用高度危险物品,因此购买了一定数量的高度危险物存放在仓库中,则其既是高度危险物品的占有人,也是高度危险物存放区域的管理人。当然,在很多时候,管理人也可能与高度危险活动的经营者或高度危险物的所有人或使用人分离,不是同一主体。例如,首都机场跑道上起降的飞机可能是中国国际航空公司的、海南航空公司的或南方航空公司的,但是,对机场跑道等高度危险活动区域进行的管理却不是这些航空公司,而是首都机场集团公司。再如,A货运车站由B铁路公司管辖,因B公司管理不严格,使得附近村庄的孩子经常到该货场玩耍。一日,未成年人C在货场玩耍时被D铁路公司的货运列车轧伤。就危险活动区域的管理者而言是B铁路公司,而D铁路公司是高度危险活动的经营者。

由于管理人管理的是高度危险活动或高度危险物品存放的区域,因此,必须尽到高度的注意义务,以免发生损害(参见**案例24.6.2**)。这种高度的注意义务体现为:

首先,必须采取了足够的安全措施。所谓足够安全措施,不仅包括避免他人未经许可擅自进入该区域而依法采取的安全保卫措施,也包括其他能够避免因未经许可进入高度危险活动区域或者高度危险物存放区域而给他人造成损害的应有的安全措施。例如,《危险化学品安全管理条例》第20条第1款规定,生产、储存危险化学品的单位,应当根据其生产、储存的危险化学品的种类和危险特性,在作业场所设置相应的监测、监控、通风、防晒、调温、防火、灭火、防爆、泄压、防毒、中和、防潮、防雷、防静电、防腐、防泄漏以及防护围堤或者隔离操作等安全设施、设备,并按照国家标准、行业标准或者国家有关规定对安全设施、设备进行经常性维护、保养,保证安全设施、设备的正常使用。再如,依据《民用航空安全保卫条例》第10条的规定,民用机场开放使用,应当具备下列安全保卫条件:(1)设有机场控制区并配备专职警卫人员;(2)设有符合标准的防护围栏和巡逻通道;(3)设有安全保卫机构并配备相应的人员和装备;(4)设有安全检查机构并配备与机场运输量相适应的

案例阅读

案例24.6.2
杨本波、侯章素与中国铁路上海局集团有限公司、中国铁路上海局集团有限公司南京站铁路运输人身损害责任纠纷案

人员和检查设备;(5)设有专职消防组织并按照机场消防等级配备人员和设备;(6)订有应急处置方案并配备必要的应急援救设备。同时,该条例第11条以下还规定,机场控制区应当根据安全保卫的需要,划定为候机隔离区、行李分检装卸区、航空器活动区和维修区、货物存放区等,并分别设置安全防护设施和明显标志。机场控制区应当有严密的安全保卫措施,实行封闭式分区管理。人员与车辆进入机场控制区,必须佩带机场控制区通行证并接受警卫人员的检查。

其次,仅仅采取安全措施还不够,还必须尽到充分警示义务。充分警示义务,是指设置充分的、明显的警示标志从而使他人完全可以知悉将进入的区域属于高度危险活动区域或者高度危险物的存放区域。例如,《危险化学品安全管理条例》第20条第2款规定,生产、储存危险化学品的单位,应当在其作业场所和安全设施、设备上设置明显的安全警示标志。

三、高度危险区域损害责任的减责与免责事由

依据《民法典》第1243条,高度危险致区域损害责任的减责和免责事由必须同时符合两个条件:其一,受害人是未经允许而进入到高度危险区域的。其二,管理人能够证明已经采取足够安全措施并尽到充分警示义务的。这两项条件,缺一不可。如果受害人经过允许进入的,那么在该区域遭受损害的,显然不得因为管理人已经采取了足够安全措施并尽到充分警示义务就可以减责或免责。反之,即便受害人未经允许而进入高度危险区域,但管理人不能证明已经采取了足够安全措施并尽到充分警示义务的,也不能减责或免责。

之所以如此,是因为立法机关考虑到高度危险区域虽然危险,但其本身是静态的,并不像高度危险作业活动那样对周围环境实施了主动的、积极的危险,而只是因为管理人所管理控制的区域或场所具有高度危险性。只要不是未经许可擅自进入该区域,一般是不会遭受损害的,所以才针对高度危险区域损害责任规定了特别的减免责事由。[63] 因为,在受害人没有经过许可进入该区域,而管理人又已经采取了足够安全措施并尽到充分警示义务,那么受害人的损害实际上是其自己造成的,对损害的发生具有过错,如故意自杀、自残等。自然,在这种情况下,管理人是可以相应的减轻或免除责任的。

[63] 黄薇主编:《中华人民共和国民法典侵权责任编解读》,中国法制出版社2020年版,第291页。

文献阅读

第二十五章 饲养动物损害责任

本章重点

《民法典》专章详细规定了饲养动物损害责任，明确了不同类型的饲养动物损害责任的归责原则。如此详尽的规定，在比较法上少见。本章将依次对饲养动物损害责任的规范目的、归责原则、构成要件、减免责事由以及责任主体等问题进行详细的研究。

第一节 概 述

一、饲养动物损害责任的规范目的

饲养动物损害责任，是指饲养的动物造成他人损害时，动物的饲养人或管理人应当承担的侵权责任。近年来，我国经济快速发展，人民生活水平日益提高。无论在城市还是农村，饲养动物的情形越来越普遍。据有关部门估计，我国现有犬只数量约为1亿只左右，且需求量正以每年20%的速度增长。[1] 饲养动物数量增长也产生了很多的问题，如动物咬伤他人、噪音扰民、动物随处排泄粪便等。仅2009年，我国被动物伤害的人数就超过4000万人。[2] 我国也是世界上受狂犬病危害最严重的国家之一，狂犬病一直位列我国各类传染病报告死亡数的前五位。[3] 每年报告的狂犬病发病人数和死亡人数均在2000人以上，数量仅次于印度，位居全球第二位（参见图25.1.1）。为更好地规范饲养动物的行为，预防饲养动物损害事件的发生，保护民事主体的人身财产权益，《民法典》侵权责任编专章对饲养动物损害责任作出了详细的规定。

---

〔1〕 王胜明主编：《中华人民共和国侵权责任法解读》，中国法制出版社2010年版，第383页。

〔2〕 王胜明主编：《中华人民共和国侵权责任法解读》，中国法制出版社2010年版，第382页。

〔3〕 卫生部、公安部、农业部、国家食品药品监督管理局：《中国狂犬病防治现状》（2009年9月22日）。

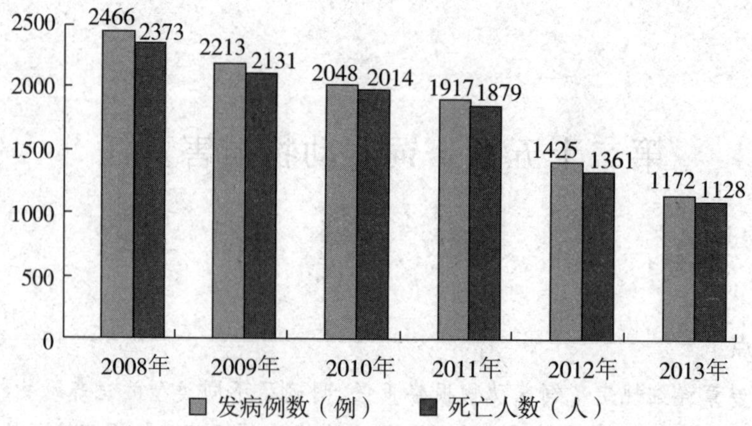

图 25.1.1 2008—2013 年我国每年狂犬病发病例数与死亡人数〔4〕

二、饲养动物损害责任的归责原则

(一)比较法

比较法上对于饲养动物损害责任的规定主要有两种立法例。

一种模式是统一规定所有的饲养动物损害责任适用相同的归责原则,如无过错责任或过错推定。采取无过错责任的国家有法国、比利时、卢森堡、西班牙、意大利等。依据这些国家的民法典,对于饲养动物损害责任统一适用无过错责任,该责任的“发生与动物在彼时是否处于责任人的监管之下无关,与其是走失还是逃跑也无关。责任的承担仅针对存在所有人的动物”。〔5〕 采取过错推定责任的国家有奥地利、日本、波兰等国家。例如,《奥地利普通民法典》第 1320 条采取的是过错推定责任,该条规定:“如果动物伤害某人,则驱使动物伤害受害人的人、激起动物伤害受害人的人或怠于对动物进行管束的人,应当对此负责。如果保有动物的人不能证明,其已经对动物进行了必要的管束或看管,则其应当负责。”《日本民法典》第 718 条也规定,动物造成损害的时候,除非能够证明根据动物的种类、性质已经尽到了相当的注意以及妥善的管理,动物的占有人或者代替动物的占有人管理的人,应当承担赔偿责任。

另一种模式是针对不同类型的动物采取不同的归责原则,比较典型的代表如德国、美国。《德国民法典》制订之时,立法者认为,为了维护公共安全,只要是动物造成他人人身财产损害的,动物的占有人都应当承担责任,即实行无过错责任。故此,《德国民法典》第 833 条第 1 句规定:“因动物致人死亡或者致人的身体或者健康受到伤害,或者致物毁损的,动物的保有人有义务向受害人赔偿由此发生的损害。”然而,《德国民法典》刚刚颁布生效,就有一批人为了维护农业界的利益开始主张取消甚至大幅度减少第 833 条第 1 句中的严格责任。最终这种呼声使得帝国议会在 1908 年 5 月 30 日颁布了《德国民法典变更法》,为《德国民法典》第 833 条增加第 2 句话,〔6〕即“损害由用于维持动物保有人的职业、就业或者扶养的家畜引起,并且动物保有人在对动物进行监督时,已经尽到往来中必要之注意,或者损害即使在尽到此种注意时仍然

〔4〕 本数据来源于原国家卫生和计划生育委员会 2008 年至 2013 年历年发布的《全国法定传染病疫情概况》,载该委员会官方网站:http://www.nhfpc.gov.cn/jkj/s3578/list.shtml。

〔5〕 [德]克里斯蒂安·冯·巴尔、[英]埃里克·克莱夫主编:《欧洲私法的原则、定义与示范规则:欧洲示范民法典草案》(全译本)(第 5、6、7 卷),王文胜等译,法律出版社 2014 年版,第 524～525 页。

〔6〕 [德]克里斯蒂安·埃贝尔－博格斯:《德国民法动物饲养人责任(§§833,834BGB)施陶丁格注解》,王强译,中国政法大学出版社 2013 年版,第 23 页。

会发生的,不发生赔偿的义务”。于是,德国民法中的动物损害责任就因动物的不同类型而适用不同的归责原则:一类是奢侈性动物(luxury animals),就是养着玩、供消遣的动物,如作为宠物饲养的蛇、蜥蜴等。这类动物造成他人损害时,依据《德国民法典》第 833 条第 1 句,动物的保有人(Tierhalter)承担的是危险责任即无过错责任;另一类是所谓的用益性动物(Nutz - Haustier),即为人类提供畜力,为人类服务的动物,如猪、牛、马、狗等。这些动物造成他人损害时,依据《德国民法典》第 833 条第 2 句,保有人承担的是过错推定责任。〔7〕 在美国法上,也将动物分为两类(家养动物与野生动物),适用不同的责任。《美国侵权法重述(第二次)》第 506 条规定,野生动物(wild animal)是指依照习惯在其被收留的地方和时间内并非专门为人类服务的动物,家养动物(domestic animal)是指依照习惯在其被收留的地方和时间内专门服务于人类的动物。前者如狮子、老虎、毒蛇等,后者如猪、牛、狗、马等。《美国侵权法重述(第二次)第 507 条规定:“野生动物对他人身体、不动产或者其他动产造成损害的,野生动物占有人即便已经尽到最大的注意来圈禁该动物或者预防其造成损害的,仍应当承担责任。前款野生动物占有人所应承担的责任,仅限于该野生动物所具有的特殊危险倾向而造成的损害,或者野生动物占有人知道或有理由知道的该野生动物独有的危险倾向所造成的损害。”但是,如果是家养动物造成损害的,通常不适用严格责任,而是适用过错责任。《美国侵权法重述(第二次)》第 504 条第 3、4 款为家养动物占有人规定了以下免责事由:(1)无法合理的预见该动物的侵入;(2)家养动物在公路行走时偏离而进入临近的土地所造成的损害;(3)因不可预料的自然力、其他动物的行为或者第三人的故意、鲁莽弃置不顾或过失行为而导致家养动物造成损害的;(4)依据普通法或者成文法规定应当设置、维持栅栏,以防止家养动物侵入,但是土地的所有权人怠于履行该义务的。

(二)我国法上饲养动物损害责任归责原则的演变

我国民法上对于饲养动物损害责任的归责原则,经历了从“单一的无过错责任”到“适用不同责任”的发展演变过程。《民法通则》第 127 条规定:“饲养的动物造成他人损害的,动物饲养人或者管理人应当承担民事责任;由于受害人的过错造成损害的,动物饲养人或者管理人不承担民事责任;由于第三人的过错造成损害的,第三人应当承担民事责任。”通说认为,该条确立了动物损害的无过错责任,即无论何种类型的动物,在造成他人损害时,动物的饲养人或者管理人都要承担无过错责任。

《侵权责任法》一改《民法通则》的做法,区分了不同类型的动物和情形,规定了不同的归责原则。首先,依据该法第 78 条,原则上饲养动物造成他人损害时,无论饲养人、管理人有无过错,均应承担侵权责任,即无过错责任。只有在证明损害是因受害人故意或重大过失所致时,饲养人或者管理人方能免责或减责。其次,《侵权责任法》第 79 条与第 80 条特别规定了两类更为严格的无过错责任,即在以下两种情形中,动物的饲养人或管理人不仅承担的是无过错责任,而且是非常严格的责任:(1)违反管理规定,未对动物采取安全措施造成他人损害的情形;(2)禁止饲养的烈性犬等危险动物造成他人损害的情形。这两类责任的严格之处在于,即便受害人对于损害的发生具有重大过失,也不能减轻侵权人的责任。之所以作此规定,理由在于:那些违反管理规定不对动物采取安全措施的饲养人或管理人,以及饲养法律明文禁止饲养的烈性犬等危险动物的人,其行为不仅严重违法,主观上具有重大过错,且客观上对他人的人身、

〔7〕 Jauernig/Teichmann, 13. Aufl., 2009, § 833 Rn. 1 - 6.

财产安全造成了很大的威胁。对这些漠视国家法度、肆意妄为之徒,自然不应宽待。最后,《侵权责任法》第81条对动物园给予了特别的优待。依据该条,动物园饲养的动物造成他人损害的,不适用无过错责任,而适用过错推定责任。也就是说,动物园可以通过证明尽到管理职责而免除责任。据立法机关有关人士的解释,作此规定的理由在于:动物园饲养的动物是为了满足人民物质和文化生活提高的需要,或进行科学研究,并非如普通的自然人那样,纯粹是出于精神上的满足。况且,从实践来看,游客因动物园的动物而遭受损害,要么是因为动物园没有尽到管理的职责(如安全设施或设备的瑕疵、欠缺警示标志等),要么是游客的自身的原因(如违反规定投喂食物、激惹或挑逗动物等)。因此,在动物园已经尽到了管理职责的情形下,损害就完全是由于受害人自身原因所致。此时,如果令动物园承担责任,过于苛刻。[8]

我国民法典编纂时,立法机关延续了《侵权责任法》的做法,仍然依据动物的类型以及致害的情形不同,分别规定了不同的责任。首先,依据《民法典》第1245条之规定,饲养动物损害责任原则上均适用无过错责任。其次,《民法典》第1246条至第1247条分别规定了两类特殊的无过错责任(比一般的无过错责任更加严格的责任);再次,《民法典》第1248条对动物园动物造成他人损害的责任规定了过错推定责任。

(三)《民法典》对饲养动物损害责任归责原则的规定

1. 无过错责任为原则

依据《民法典》第1245条,原则上饲养动物造成他人损害时,无论饲养人、管理人有无过错,均应承担侵权责任,即无过错责任。只有在证明损害是因受害人故意或重大过失所致时,饲养人或者管理人方可不承担或者减轻责任。

2. 两类非常严格的无过错责任

《民法典》第1246条与第1247条规定了两类非常严格的无过错责任,所谓严格,主要体现在免责与减责事由上。

首先,《民法典》第1246条对因违反管理规定而使得饲养动物造成他人损害时的责任作出了规定,依据该条,因违反管理规定,未对动物采取安全措施造成他人损害的,动物饲养人或者管理人应当承担无过错责任,即无论饲养人或管理人有无过错,均应承担侵权责任。此种无过错责任比一般的饲养动物损害责任所适用的无过错责任更为严格,这是因为,依据《民法典》第1246条第2句,在被侵权人故意造成损害的情形下(如故意挑逗、激惹动物而被咬伤),动物的饲养人或者管理人也不能免责而只能减责。这是因为:现代城市,人口稠密,人尚难有一席之地,何况猫狗之类的动物。倘若任由饲养人、管理人随意饲养动物,势必给公众之安全造成严重威胁。为防止饲养的动物造成他人损害,法律、法规等对于饲养动物有严格的管理性规定。《上海市养犬管理条例》《南京市养犬管理条例》《北京市养犬管理规定》《成都市养犬管理条例》等地方性法规和规章都明确规定:养犬人携带犬只外出应当为犬只挂犬牌;为犬只束牵引带,牵引带长度不得超过两米,在拥挤场合自觉收紧牵引带;大型犬只戴嘴套;乘坐电梯或者上下楼梯的,避开高峰时间并主动避让他人;单位饲养的烈性犬只因免疫、诊疗等原因需要离开饲养场所的,将其装入犬笼;即时清除犬只排泄的粪便。禁止携带犬只进入医院、机关、学校、

---

〔8〕 在侵权责任法起草中,对此动物园动物造成损害适用过错推定责任,有不同的意见。参见《侵权责任法草案座谈会简报(二)》,载全国人大常委会法制工作委员会民法室编:《侵权责任法立法背景与观点全集》,法律出版社2010年版,第146页。

幼儿园、疗养院、少年儿童活动场所、体育场馆、博物馆、图书馆、影剧院、宾馆、饭店、商场、室内农贸市场、金融经营场所以及设有犬只禁入标识的公园、风景名胜区等公共场所(如);携犬乘坐客运出租汽车,须征得驾驶人同意,并为犬只戴嘴套或者将犬只装入犬袋(笼)等。为了规范动物饲养人或管理人的行为,使其严格依照法律的规定,采取安全措施,以免给他人造成损害,故此《民法典》第1246条确立了一个更为严格的无过错责任,也就是说,如果动物饲养人或管理人依据本条承担侵权责任的,即便损害是因被侵权人故意造成的,也不能免责,而只能减轻责任。

其次,《民法典》第1247条对禁止饲养的危险动物的损害责任作出了规定。这种责任可称之为"绝对责任",即没有任何免责事由和减责事由。《民法典》之所以如此,就是考虑到烈性犬等危险动物比一般的饲养的动物的危险性更高,而且本身法律法规或相关规定已经禁止人们饲养这些危险动物,而动物的饲养人或管理人知法犯法,主观恶性更为严重,故此,立法机关认为对于此种禁止饲养的危险动物损害责任,不应当赋予饲养人或管理人任何免责事由或减责事由。〔9〕

3. 动物园饲养的动物造成损害的,适用过错推定责任

《民法典》第1248条来自《侵权责任法》第81条。该条对动物园饲养的动物给予了特别的优待。依据该条,动物园饲养的动物造成他人损害的,不适用无过错责任,而适用过错推定责任。因此,动物园可以通过证明尽到管理职责而免除责任。

本书认为,动物园饲养的动物造成他人损害时,动物园也应当承担无过错责任。首先,"动物园饲养的动物是满足人民物质和文化生活提高的需要"这一点并不足以成为动物园饲养的动物致害时,应适用过错推定责任的理由。如果按照这种逻辑,那么民用航空损害责任、民用核设施损害责任、高度危险物损害责任等高度危险责任中,哪一样不是为了满足人民物质和文化生活提高的需要,且意义和重要性远远大于动物园饲养的动物,岂不更应适用过错推定责任?其次,动物园饲养的动物类型众多,有些是非常危险的动物,如虎、狮、豹、狼、熊、蛇等,加之动物园游客众多。要防止这些危险的动物给公众安全造成损害,动物园应当尽到高度的注意义务,有必要适用无过错责任。况且,动物园饲养动物对外开放,供人参观而收取相当的费用,本着报偿原理的要求,动物园也应当尽到非常高度的注意义务才行。最后,至于游客本人或其监护人因为重大过失而使游客遭受损害的,可以减轻动物园的责任,这对动物园也并不过于苛刻。

关于《民法典》中动物损害责任的类型详见表25.1.1。

---

〔9〕 2013年3月我国大连市就发生过一起藏獒咬死一名三岁女童的严重事件。参见《大连3岁半女童当街被"藏獒"扑倒咬断脖子身亡》,载 https://ln.qq.com/a/20130628/003019.htm。德国从1990年开始关注危险动物的危险性。2000年6月26日,德国汉堡发生一起很严重的危险动物造成他人损害的事件。两只被放开的斗犬在一所学校的校园内将一名6岁的孩子撕咬致死。这促使德国各州和联邦的有关法规变得更加严格。德国联邦政府也努力动议,以促使在欧盟层面实现更加普遍地禁止饲养危险犬。参见[德]克里斯蒂安·埃贝尔-博格斯:《德国民法动物饲养人责任(§§833,834BGB)施陶丁格注解》,王强译,中国政法大学出版社2013年版,第23页。

表 25.1.1 《民法典》中动物损害责任的类型

责任类型	适用类型	减责事由	免责事由
一般的无过错责任	《民法典》第 1245 条:没有例外规定,则普遍适用	被侵权人重大过失	被侵权人故意
严格的无过错责任	《民法典》第 1246 条:违反管理规定,未对动物采取安全措施造成他人损害	被侵权人故意	无
	《民法典》第 1247 条:禁止饲养的烈性犬等危险动物造成他人损害	无	无
过错推定责任	《民法典》第 1248 条:动物园的动物造成他人损害	被侵权人重大过失	被侵权人故意、动物园证明尽到管理职责

第二节 构 成 要 件

一、无过错责任的构成要件

(一)饲养的动物

1. 饲养的意义

造成他人损害的动物应是"**饲养的动物**"。所谓"饲养",包括但不局限于"喂食""豢养",对之应做广义的解释,实际上该词要表达的是一种控制管理的意思,即凡是为民事主体所有或者管理控制的动物都属于"饲养的动物"。至于该动物为他人控制或者管理的力度究竟有多大,并不需要考虑。[10] 因此,无论是自然人日常生活中饲养的猫、狗等动物,还是动物园、自然保护区内的动物等,均属于饲养的动物。

之所以要求是"饲养"的动物,就是为了排除那些并未为某个民事主体所管理控制的野生动物致害的情形。因为,既然是饲养的动物,就意味着该动物是有"饲养人或管理人"的。故此,在动物造成损害时,饲养人或者管理人当然就是侵权责任承担者。然而,那些并未被任何民事主体所管理控制,完全处于自然状态下的野生动物造成他人损害时,由于不存在法律上侵权责任主体即饲养人或管理人,故原则上不发生侵权责任,受害人只能自担损害。例如,甲、乙、丙三人在国庆假期结伴出外游玩,晚上在野外露营时,甲为毒蛇咬伤,为此支付医疗费 3000 元。由于该毒蛇乃是野生动物,没有饲养人或管理人,因此甲只能自担损害。但是,如果造成损害的野生动物是属于《野生动物保护法》第 2 条第 2 款规定的"珍贵、濒危的陆生、水生野生动物和有重要生态、科学、社会价值的陆生野生动物",则该动物造成损害时,受害人有权请求国家给予补偿。这是因为:野生动物资源属于国家所有(《民法典》第 251 条、《野生动物保护法》第 3 条第 1 款)。既然是国家的动物造成了他人损害,国家就要承担责任。对此,《野生动

---

〔10〕 有观点认为,野生动物保护区或者自然保护区内的动物,虽然可能在一定程度上为人们所饲养或者管理,但是由于人们对它的控制力很低,因此不能作为"饲养的动物"。笔者认为,这些动物虽然很难说具有管理人或者控制人,但是其所有人却是很明确的,即国家,当这些动物造成他人损害时,发生的是国家赔偿责任。

物保护法》第19条第1款规定："因保护本法规定保护的野生动物，造成人员伤亡、农作物或者其他财产损失的，由当地人民政府给予补偿。具体办法由省、自治区、直辖市人民政府制定。有关地方人民政府可以推动保险机构开展野生动物致害赔偿保险业务。"

2. "动物"的含义

在动物学上，动物是多细胞真核生命体中的一大类群，称为动物界。动物一般不能将无机物合成有机物，只能以有机物（植物、动物或微生物）为食料。因此，动物具有与植物不同的形态结构和生理功能，以进行摄食、消化、吸收、呼吸、循环、排泄、感觉、运动和繁殖等生命活动。目前，世界上已知的动物种类大约有150万种。其中，脊椎动物有46,900多种，无脊椎动物大约130多万种。显然，人类不可能饲养这么多的动物，因此饲养动物损害责任中的动物范围也不可能如此广泛。常见的造成他人损害的动物有以下几类：其一，家庭饲养的家畜与家禽，如猫、狗、猪、马、牛、骡、驴、羊、鸡、鸭、鹅等；其二，动物园饲养的各种动物，如狮子、老虎、豹、熊等野兽、猛兽和鸟类；其三，为药用等经济目的饲养各类动物，如农场饲养的奶牛，养殖场饲养的为做药材使用的蜈蚣、蝎子等，为获取蜂蜜饲养的蜜蜂等。

细菌、病毒、真菌、放线菌、立克次体、支原体、衣原体、螺旋体等微生物，不属于动物，造成他人损害的不适用饲养动物损害责任，而应当依据相应的法律规范。例如，那些具有高致病性的细菌、病毒等微生物属于高度危险物，造成他人损害的，依据《民法典》第1239条，由占有人或者使用人承担无过错责任。

（二）造成了他人损害

所谓饲养动物造成了他人损害，包含两层意思：首先，该饲养动物的行为是导致他人损害的原因，即二者之间存在因果关系。其次，该饲养动物给他人造成的损害是因该动物固有的危险所致。这种危险性究竟来源于动物的本性，如咬死或咬伤他人、传染病菌，还是因动物受外界刺激而做出的自然反应，如狗因受刺激而狂吠惊吓他人、动物奔跑中撞伤他人或毁坏他人财物等，无关紧要（参见**案例**25.2.1）。[11] 例如，在一个案件中，法院认为："涉案的犬只虽未对人实施如'抓伤、扑倒、撕咬'等直接接触人体的动作，一般人在陌生犬只尤其是未被约束的犬只进入到在自身安全界线内的时候，本能会产生恐惧的心理，故欧丽珍在看到未被采取任何约束措施的涉案犬只突然起立并向其逼近的时候，因本能的恐惧而避让进而摔倒，并致欧丽珍受伤。虽然犬只与人体不存在实际接触，但该伤害与犬只之间具备了引起与被引起的关系，故二者具备因果关系，动物饲养人或者管理人对此亦应当承担侵权责任。"[12] 笔者认为，法院这个判决是非常正确的。动物虽然没有直接实施接触人体的动作，但是受害人因受到惊吓而作出一些反应以致摔倒受伤的，只要这种反应不属于受害人所属群体内的合理的人都不会做出的极不正常的反应，[13] 那

案例阅读

案例25.2.1

左强诉王玉银、白牧等健康权纠纷案

〔11〕 例如，在"左强诉王玉银、白牧等健康权纠纷案"中，受害人因被告饲养的动物的惊吓而摔倒受伤，法院认为，适用饲养动物损害责任。参见天津市第二中级人民法院（2014）二中民四终字第204号民事判决书。

〔12〕 欧丽珍诉高燕饲养动物损害责任纠纷案，载《最高人民法院公报》2019年第10期。

〔13〕 德国民法学界也认为，在判断受害人反应是否正常时，需要考虑的是受害人所属群体，如小孩、老人、妇女或者病人，至于动物本身客观上是否危险而足以使人恐慌，抑或狗的性情原本是否温顺等，都不起决定性作用。参见［德］克里斯蒂安·埃贝尔－博格斯：《德国民法动物饲养人责任（§§833，834BGB）施陶丁格注解》，王强译，中国政法大学出版社2013年版，第43页。

么就应当认定损害是因饲养动物的危险现实化所致。不应当认为受害人对损害的发生有过错而减轻动物饲养人或者管理人的赔偿责任。

不过,当动物如同一个机器或工具那样发生作用造成他人损害时,不属于特定动物的危险造成的损害。[14] 例如,甲给其饲养的猴子发出指令,令其盗窃乙的钱包。显然,乙的财产损失并非因为猴子本身的危险性引发的,猴子本身并不具有偷窃他人钱包的动物危险性,猴子的这一行为是受到了甲的训练所致,猴子无非是甲的工具而已。此时,甲应依据过错责任原则向乙承担损害赔偿责任。

饲养动物侵害他人的人身财产权益而造成损害的情形包括:其一,饲养动物侵害他人生命权、健康权、身体权等人身权益而造成的财产损害与精神损害,如老虎咬死人、猫抓伤人、狗每晚狂吠不止产生噪声而影响他人休息。其二,饲养动物侵害他人的财产权益,如饲养的牛到他人的菜园中啃食蔬菜、践踏庄稼;马匹冲撞他人的摊位导致物品毁损等。

二、更严格的无过错责任的构成要件

(一)违反管理规定而使饲养动物造成他人损害的责任

依据《民法典》第1246条,违反管理规定,未对动物采取安全措施造成他人损害的,动物饲养人或者管理人应当承担侵权责任。所谓管理规定包括法律、法规、规章和相关规范性文件确定的对饲养动物的管理规定,而安全措施是指为防止动物造成他人损害所必须采取的措施,例如,当饲养人带着狗出门时,必须由完全民事行为能力人以犬链有效管控狗,为大型犬佩戴嘴套,进入电梯或者楼梯等狭小空间,应当采取收紧犬链或者怀抱犬只等方式主动避让他人等。如果饲养人或者管理人违反规定,不采取安全措施,造成他人损害的,因其具有严重过错,所以即便被侵权人故意造成损害的,也只能减轻饲养人或者管理人的责任。

(二)禁止饲养的烈性犬等危险动物损害责任

《民法典》第1247条规定,禁止饲养的烈性犬等危险动物造成他人损害的,动物饲养人或者管理人应当承担侵权责任。由于"烈性犬等危险动物"对于他人的人身、财产安全,显然有高度之危险。因此,不得饲养这些动物。例如,《北京市养犬管理规定》第10条第1款规定:"在重点管理区内,每户只准养一只犬,不得养烈性犬、大型犬。禁养犬的具体品种和体高、体长标准,由畜牧兽医行政部门确定,向社会公布。"《贵州省城市养犬管理规定》第10条规定:"饲养大型犬只应当在固定场所圈养或者拴养。禁止饲养烈性犬只。大型犬只、烈性犬只的具体品种和体高、体长标准,由省级畜牧兽医行政部门确定,向社会公布。"《西安市限制养犬条例》第11条规定:"重点限养区内禁止个人饲养烈性犬、大型犬。单位饲养或者一般限养区内个人饲养烈性犬、大型犬的,必须实行拴养或者圈养。烈性犬、大型犬名录由市农业行政管理部门会同市公安机关确定,并向社会公布。"违反禁止性规定饲养这些动物本身就是严重的过错,故此,《民法典》第1247条没有为侵权人规定任何减责与免责事由。

所谓"烈性犬",并非动物学上的概念,其具体范围如何,并无法律和法规的统一规定,一般是由各地的公安、农业部门加以确定,范围存在一些差别,但是主要包括以下犬种:藏獒、比特斗牛梗、阿根廷杜高狗、巴西非拉狗、日本土佐犬、中亚牧羊犬、川东犬、苏俄牧羊犬、牛头梗、英国马士提夫、意大利卡斯罗、大丹犬、俄罗斯高加索、意大利扭玻利顿、斯塔福、阿富汗猎犬、波音达犬、威玛猎犬、雪达犬、寻血猎犬、巴仙吉犬、英国斗牛犬、秋田犬、纽芬兰犬、贝林登梗、凯

---

[14] Brox/Walker, Besonderes Schuldrecht, 33. Aufl. 2008, § 42 Rn. 19.

丽蓝梗、中华田园犬。[15] 除了烈性犬外,危险动物还包括各类毒蛇、食人鱼、狮子、老虎、大象、鳄鱼等。

三、过错推定责任的构成要件

动物园的动物造成他人损害的,依《民法典》第 1248 条,动物园承担的是过错推定责任,即动物园的过错是被法律推定的,其只有证明“尽到管理职责”后才能免责,否则就应当承担责任(参见**案例** 25.2.2)。

案例阅读

案例25.2.2
谢某某诉上海动物园饲养动物致人损害纠纷案

动物园包括综合性动物园(水族馆)、专类性动物园、野生动物园、城市公园的动物展区、珍稀濒危动物饲养繁殖研究场所(《城市动物园管理规定》第 2 条第 1 款)。对于动物园的管理职责,《动物防疫法》《城市动物园管理规定》等法律、规章有明确的规定。例如,《城市动物园管理规定》第 17 条规定:“动物园管理机构应当备有卫生防疫、医疗救护、麻醉保定设施,定时进行防疫和消毒。有条件的动物园要设有动物疾病检疫隔离场。”第 21 条规定:“动物园管理机构应当完善各项安全设施,加强安全管理,确保游人、管理人员和动物的安全。动物园管理机构应当加强对游人的管理,严禁游人在动物展区内惊扰动物和大声喧哗,闭园后禁止在动物展区进行干扰动物的各种活动。”

在发生损害事故后,认定动物园是否尽到了管理责任时,应“根据具体动物的种类和性质来定,并且鉴于动物园所承担的独特社会功能,其不应该只是承担善良管理人的注意义务,而应该承担更高的符合其专业管理动物的注意义务”。[16] 具体考虑的因素包括:(1)是否尽到了法律、法规和规章规定的义务,如提醒义务、警示义务等。(2)动物园是否规定巡查制度,管理人员是否履行该义务并尽到对游人擅自翻越、穿越栏杆靠近动物等危险行为的劝阻义务。(3)动物本身的危险程度。(4)相应的设施、设备有无安全问题等。

第三节　法 律 后 果

一、饲养动物损害责任的责任主体

(一)饲养人、管理人

“如源于一个动物的危险变成了现实,确定谁应当承担责任并不总是很容易的。从严格责任制度的观点来看,最具有说服力也是最适当的解决方案,似乎是规定由动物的保有者承担排他的责任。”[17] 所谓动物的保有者,是指为了自身利益,可以对之进行受益的使用或者物理控制以及对之行使控制和使用权的人。[18] 我国《民法典》第 1245 条以下沿用了《侵权责任法》《民法通则》的规定,继续将饲养动物损害责任的主体规定为“饲养人或者管理人”,实质上也是

---

〔15〕《长沙市公安局、长沙市农业委员会关于公布危险犬只目录的通告》(长公通[2019]15 号);《厦门市公安局、厦门市农业局关于厦门经济特区大型犬标准和禁止饲养烈性犬品种的通告》(厦公综[2007]25 号)。

〔16〕谢某某诉上海动物园饲养动物致人损害纠纷案,载《最高人民法院公报》2013 年第 8 期。

〔17〕[德]克里斯蒂安・冯・巴尔:《欧洲比较侵权行为法(上)》,张新宝译,法律出版社 2004 年版,第 277 页。

〔18〕[德]克里斯蒂安・冯・巴尔、[英]埃里克・克莱夫主编:《欧洲私法的原则、定义与示范规则:欧洲示范民法典草案》(全译本)(第 5、6、7 卷),王文胜等译,法律出版社 2014 年版,第 523 页。

强调饲养动物损害责任的主体应当是那些对动物具有管领控制力的人。也就是说,对于饲养动物损害责任的主体的判断,仍然应当采取和机动车交通事故责任、高度危险物损害责任等危险责任主体相同的判断标准,即运行支配说和运行利益说。只有那些对于饲养动物享有支配力、控制力并因此而享受利益的人才是饲养动物损害责任这一危险责任的主体。

动物的饲养人,通常是动物的所有权人,包括单独所有人或共有人。以养犬为例,依据我国一些地方性法规或地方政府规章,城市养犬者应当到居住地或者单位住所地的区、县公安部门指定机构申请办理养犬登记和年检。公安机关建立的养犬管理信息系统和养犬管理电子档案上要记载养犬人的姓名、居住地或者单位名称、住所地等信息。所谓"养犬人"就是犬类的饲养人。动物属于动产,其所有权的转移应当以交付为判断标准。因此,没有交付之前,动物的所有权没有转移,造成他人损害的,应当由所有人承担责任。[19] 当动物由数人共有时,依据《民法典》第 307 条,他们应当对该动物给他人造成的损害承担连带责任。

动物的所有权是表明控制权的存在并享有利益的一项重要指标,但并非决定性的,因为在很多情况下,所有人之外的人会成为动物的保有人。[20] 故此,我国法上还规定了动物的管理人作为饲养动物损害责任的主体。所谓动物的管理人,是指动物所有人之外的对动物进行控制与管理的人,既包括依法负有管理动物职责的人(如国家设立的动物园),也包括其他有权占有动物之人,如依借用合同、保管合同、委托合同等而占有动物并有管理职责的人,或者依法收容、没收动物的相关单位(如犬只收容所)。动物的管理人可以是直接占有人,也可以间接占有人。但如果某人是依据用人单位的指令或者接受劳务一方要求而照顾动物,则动物的管理人是该用人单位或接受劳务一方。动物的管理人仅限于合法占有动物的人,如果因盗窃、抢劫或者抢夺等行为而非法占有动物的,那么该动物导致他人损害的,应当参照《民法典》第 1215 条的精神,由盗窃人、抢劫人或者抢夺人承担赔偿责任。

案例阅读

案例25.3.1
张一钊诉贡建生因被蜂蜇致其人身损害赔偿纠纷案

如果动物的饲养人、管理人将动物借给他人使用的,造成损害时,应当由使用人承担责任,饲养人或者管理人有过错的,参照《民法典》第 1209 条的精神,应当承担相应的赔偿责任。

受害人需要证明被告是致害动物的饲养人或管理人。有些情况下,由于致害动物的特殊性,法院可以根据案件的事实合理推断出被告就是致害动物的饲养人或管理人(参见**案例** 25.3.1)。

(二)遗弃、逃逸的动物致害时的责任主体

动物脱离了饲养人或管理人的占有处于逃逸的状态,或者动物的饲养人或管理人遗弃了动物时,该动物致人损害时的责任主体仍为原饲养人或管理人(《民法典》第 1249 条)。这是为了加强动物的饲养人或管理人对动物的管理职责,以免危害公众安全而作出的特别规定。不过,在很多时候,可能无法查明动物的原饲养人或者管理人是谁,最常见的就是流浪猫或流浪狗造成他人损害的情形。此时,原则上,受害人只能自担损害。

---

〔19〕 赵守余与林同乐等饲养动物损害责任、提供劳务者受害责任纠纷案,合肥市中级人民法院(2014)合民一终字第 00571 号民事判决书。

〔20〕 [德]克里斯蒂安·冯·巴尔、[英]埃里克·克莱夫主编:《欧洲私法的原则、定义与示范规则:欧洲示范民法典草案》(全译本)(第 5、6、7 卷),王文胜等译,法律出版社 2014 年版,第 523 页。

讨论 流浪动物致害时投喂者是否需要承担侵权责任

流浪动物,是指那些被遗弃的或逃逸的动物。现代城市中的流浪动物以猫狗为主。《民法典》第1249条规定,遗弃、逃逸的动物在遗弃、逃逸期间造成他人损害的,仍应由动物原饲养人或管理人承担侵权责任。可是,在无法查明致害流浪动物的原饲养人或管理人时,损害应由何人承担责任?能否要求投喂流浪动物之人承担赔偿责任?北京法院一则饲养动物损害责任纠纷案的判决就涉及了该问题(参见**案例**25.3.2)。[21]

> **案例阅读**
>
> **案例25.3.2**
> 乔新玉与肖淑贞饲养动物损害责任纠纷案

该案原告肖某未拴狗链在小区内遛狗,当行至被告乔某家门前的公共通道处时,肖某的狗与一只流浪猫发生撕咬。为了保护狗,肖某上前将猫踢开,在此过程中被猫抓伤。肖某以乔某投喂了流浪猫,故属于流浪猫的饲养人为由,要其赔偿损失。一审法院认为,乔某长期对流浪猫进行饲养,导致流浪猫易在乔某居住地及其附近出现。乔某作为流浪猫的饲养人,应当对流浪猫进行管理,并在流浪猫造成他人损害时承担侵权责任。二审法院认为,《侵权责任法》中的动物饲养人有特定含义,它是指作为动物所有者的保有人。只有对动物具有支配力且为自己利益而使用动物之人方为动物的保有人。乔某投喂流浪猫是对动物的帮助行为,即使长期投喂,亦不能构成法律意义上的所有或占有,亦无对流浪动物之控制力。故此,乔某并非该流浪猫的饲养人,据此判决承担其管理责任是不妥的。但二审法院认为,乔某仍应承担部分赔偿责任(肖某对损害的发生也有过错,可以减轻赔偿责任),理由在于:肖某被抓伤的地点为小区公共通行道路。流浪动物的天性决定了其会向有利于其生存的地方聚集,"乔某长期投喂流浪猫,尤其是在其家门口的公共通道附近的固定投喂行为,在其生活社区的公共环境中形成了一个流浪猫获取食物的固定地点,导致了流浪猫的聚集,而流浪动物的不可控性及自然天性,在没有得到有效控制的前提下必定会给社区的公共环境带来危险。乔某的投喂行为既不同于对流浪猫的规范的救助行为,其自己又未采取任何措施控制相关危险的发生,故其行为是对于公众共同利益的一种不合理地干涉及影响,此危险影响与肖某受伤之间存在因果联系,故乔某应承担相应责任"。

本书认为,二审法院精确阐释了危险责任的主体即保有人的判断标准,从而将仅仅投喂流浪猫的乔某排除在作为危险责任的动物致害责任的主体——饲养人或管理人——之外,无疑是正确的。然而,判令乔某承担侵权赔偿责任,并无充足的道理。因为乔某长期投喂流浪猫的行为与肖某的损害之间并无因果关系。首先,乔某的投喂行为会使流浪猫因在公共通道获取食物而聚集,但并无足够的证据证明这种聚集给公共环境制造了危险。本案受害人肖某并非行经流浪猫聚集时受流浪猫之攻击而受伤的,也非因流浪猫之争斗被殃及。事实上,在乔某投喂流浪猫的很长一段时间中,该小区都没有出现过任何行人因流浪猫之聚集而遭受损害的事实。仅仅因为肖某遭受了损害,就认为流浪猫的聚集给社区公共环境增加了危险,显非妥当。其次,法院认为乔某的投喂行为并非"对流浪猫的规范的救助行为",故而属于对公共利益的不合理干预。该理由也不成立。目前我国并无任何法律法规对如何救助流浪猫加以规范,更没有要求民事主体只有经过批准后才能救助流浪猫。投喂流浪猫就像人们帮助老奶奶过马路、向乞讨者施舍钱物一样,属于人们合理的行为自由,不得任意限制或干涉。最后,流浪猫确有

〔21〕 北京市第二中级人民法院(2012)二中民终字第16207号民事判决书。

不可控性及自然天性,然而将其归咎于投喂者,显然不符合我国法律之规定。在我国法中,饲养动物损害责任之所以是危险责任,饲养人或管理人无过错也要承担责任,根本原因就在于动物的不可控性与自然天性。故此,立法者一方面将饲养动物损害责任的主体限制在动物的饲养人或管理人,另一方面明文规定即便被遗弃或逃逸的动物,其在遗弃、逃逸期间造成他人损害的,原动物饲养人或管理人依然要承担侵权责任。就本案而言,既然二审法院已经将投喂人乔某排除在危险责任主体之外,则作为饲养动物损害责任基础的动物之不可控性与自然天性就不能再归咎于投喂人。即便要有人为肖某的损害负相应的赔偿责任,也应当是致害流浪猫的原饲养人或管理人,与乔某无关。无法找到该饲养人或管理人,肖某就只能自认倒霉(从案情来看,肖某所受损害完全是其自己造成的),不能因为找不到原饲养人或管理人,就生拉硬扯地令毫无因果关系的人来承担责任。

二、饲养动物损害责任的免责事由

(一)受害人故意

只要不是《民法典》第1246条和第1247条的情形,受害人故意可以作为动物饲养人或者管理人的免责事由。当然,在饲养动物致人损害的情形中,受害人故意引发损害的情形很少。实践中,多是受害人对损害的发生具有一般过失或者重大过失,例如挑逗、激惹动物等被动物咬伤。

需要注意的是,在受害人非法进入他人住宅从事盗窃等违法犯罪活动而被动物咬死或咬伤的案件中,就非法进入他人住宅的行为来说,受害人显然是故意的。但是,就被动物咬死或咬伤的后果而言,受害人却并非故意。因此,不能以受害人是故意实施盗窃为由,就认为受害人是故意造成损失,从而完全免除动物饲养人、管理人的侵权责任。[22]

(二)第三人过错

第三人的过错行为导致了饲养动物致人损害时,究竟仅由第三人承担责任,还是动物的饲养人、管理人先承担责任而后向第三人追偿,曾经有很大的争议。《民法通则》第127条规定,由于第三人的过错造成损害的,第三人应当承担民事责任。对此规定产生了两种观点。一种观点认为,该句规定的只是,第三人应当承担最终的民事责任而已,并不意味着受害人就只能要求第三人承担赔偿责任。即便损害是由于第三人的过错造成,受害人仍有权要求动物的饲养人或者管理人承担责任,管理人或饲养人承担责任之后有权向第三人追偿。另一种观点认为,第三人的过错引发损害时,受害人只能向第三人要求赔偿,即便第三人无法找到时,管理人或饲养人也无须承担任何垫付责任。[23]

《侵权责任法》第83条终结了上述争议,该条规定:"因第三人的过错致使动物造成他人损害的,被侵权人可以向动物饲养人或者管理人请求赔偿,也可以向第三人请求赔偿。动物饲养人或者管理人赔偿后,有权向第三人追偿。"《民法典》第1250条保留了《侵权责任法》第83条的规定。

所谓"因第三人的过错致使动物造成他人损害的"包括两层含义:首先,动物的饲养人、管理人以及受害人之外的第三人从事了有过错的行为。例如,甲拿石头砸丙饲养的A犬,致使A

---

〔22〕《小偷翻进别墅被狼狗咬死,狗主人是否有责引争议》,载《成都晚报》2009年11月29日。

〔23〕刘克希:《民法通则原理与实务》,重庆出版社1990年版,第361页。

犬发怒挣脱缰绳，将路人乙咬伤。乙既可以请求A犬的饲养人丙承担侵权责任，也可以请求甲承担侵权责任。其次，受害人的损害完全是由于第三人有过错的行为所致，动物的饲养人或管理人不存在任何过错。如果动物的饲养人或者管理人也存在过错，则不适用《民法典》第1250条。例如，甲、乙二人系邻居，分别饲养了A犬与B犬。一日，两人出来遛犬，二人都没有用绳子将犬拴住，以致A犬与B犬打架。B犬被咬伤后狂性大发，将路人丙咬伤。本案中，甲、乙二人皆有过错，他们二人的过错行为结合起来导致了受害人丙的损害，应各自承担相应的赔偿责任；难以确定责任大小的，平均承担赔偿责任。

文献阅读

第二十六章　建筑物和物件损害责任

本章重点

生活在“水泥森林”的现代人，特别容易遭受来自建筑物、构筑物等物件的损害。为此，《民法典》侵权责任编第十章对“建筑物和物件损害责任”作出了规定。该章用7个条文不厌其烦地描述了建筑物和物件究竟是如何造成损害的，比如“倒塌、塌陷”“脱落、坠落”“滚落或者滑落”等，并分别规定了无过错责任、过错推定责任等。此外，为了保证广大人民群众“头顶的安全”，《民法典》第1254条对社会普遍关注的“抛掷物与坠落物损害责任”进行了全面的规范。本章将对建筑物和物件损害责任的类型、归责原则、构成要件、责任主体等问题进行全面的研究。

第一节　概　　述

一、建筑物和物件损害责任的概念与类型

（一）建筑物和物件损害责任的概念

建筑物和物件损害责任属于狭义的物的损害责任。广义的物的损害责任，是指人类管理、控制下的任何物（如动产、不动产）造成他人损害时的侵权责任，除狭义的物的损害责任外，尚包括产品责任、机动车交通事故责任、高度危险物责任、环境污染责任、饲养动物损害责任等。我国《民法典》侵权责任编第十章“建筑物和物件损害责任”规范的就是狭义的物件损害责任。该章来源于《侵权责任法》第十一章“物件损害责任”，因为有观点认为，物件无法涵盖建筑物，会造成误解，故此，《民法典》将章名修改为“建筑物和物件损害责任”。

对物的损害责任的法律规范，早已有之，古代罗马法中就曾有相关的规范。但是，物的损害责任的充分之发展却是在现代社会。随着人类认识与改造世界能力的不断提高，现代社会中人工建造的各种建筑物或其他设施数量与日俱增。现代人已成为生活在“钢筋水泥丛林”中的生物，建筑物等人工构造物造成损害的情形，时有发生。法律上不仅应当对此等损害加以预防控制，而且在损害发生后要为受害人提供合理的救济手段。《民法典》侵权责任编专章，使用了7个条文，对于建筑物和物件损害责任作出了规定。

（二）建筑物和物件损害责任的类型

1.《民法通则》中物的损害责任的类型

《民法通则》只规定了两类物的损害责任：其一，地面施工损害责任。《民法通则》第125条

规定："在公共场所、道旁或者通道上挖坑、修缮安装地下设施等，没有设置明显标志和采取安全措施造成他人损害的，施工人应当承担民事责任。"该侵权责任属于过错责任，但对过错的判断非常客观化，即有无"设置明显标志和采取安全措施"。其二，建筑物、其他设施以及搁置物、悬挂物损害责任。《民法通则》第126条规定："建筑物或者其他设施以及建筑物上的搁置物、悬挂物发生倒塌、脱落、坠落造成他人损害的，它的所有人或者管理人应当承担民事责任，但能够证明自己没有过错的除外。"该条规定的是过错推定责任。

此外，《人身损害赔偿解释》第16条第1款对《民法通则》第126条进行了扩张性解释，将以下情形也纳入其中：(1)道路、桥梁、隧道等人工建造的构筑物因维护、管理瑕疵致人损害的；(2)堆放物品滚落、滑落或者堆放物倒塌致人损害的；(3)树木倾倒、折断或者果实坠落致人损害的。

2.《侵权责任法》中物的损害责任的类型

与《民法通则》相比，《侵权责任法》专章规定"物件损害责任"（第十一章），所规定的物件损害责任的类型也比较多。其中，既有建筑物、构筑物或者其他设施及其搁置物、悬挂物造成损害的责任，也有抛掷物、坠落物、堆放物损害责任，还有林木、地面施工以及窨井等地下设施造成损害时的责任。《侵权责任法》对于不同类型的物件损害责任规定了不同的归责原则，即适用过错责任的物件损害责任（《侵权责任法》第91条第1款）、适用过错推定责任的物件损害责任（《侵权责任法》第85、88、90条以及第91条第2款）、适用无过错责任的物件损害责任（《侵权责任法》第86条第1款、第89条）以及适用公平责任的物件损害责任（《侵权责任法》第87条）。

3.《民法典》中建筑物和物件损害责任的类型

《民法典》侵权责任编第十章总体上延续了《侵权责任法》第十一章的规定，但是进行了若干修改完善，主要表现在以下几点：

首先，对于建筑物和物件损害责任的规范顺序进行了调整，即将建筑物等不动产倒塌、塌陷损害责任规定为第一类（第1252条），而将建筑物、构筑物或者其他设施及其搁置物、悬挂物发生脱落、坠落造成他人损害的责任规定为第二类（第1253条），将抛掷物、坠落物损害责任规定为第三种类型（第1254条）。这样做的目的就是为了便于司法实践中的适用，依次查找相应法律规范。申言之，一旦出现与建筑物、构筑物或其他设施有关的损害事件时，首先要判断是不是第1252条规定的建筑物、构筑物的倒塌、塌陷；如果不是，则要考虑是否属于第1253条规定的建筑物、构筑物或者其他设施及其搁置物、悬挂物的脱落、坠落；仍然不是，最后才适用第1254条的规定。这样的顺序就可以避免有的法官不查明案件事实，为了图省事而直接适用第1254条。

其次，明确了建筑物、构筑物或者其他设施倒塌、塌陷造成他人损害时的各个责任主体以及建设单位和施工单位的免责事由，同时对于抛掷物、坠落物损害责任进行了全方位的规范，增加了公安机关等查明加害人的义务的规定，明确了建筑物管理人负有安全保障义务及违反该义务应当承担侵权责任（第1254条）。

再次，明确了公路道路上妨碍通行物品造成损害时，应当由行为人承担侵权责任，而公共道路管理人承担的是过错推定责任（第1256条）。

最后，明确了地面施工损害责任是过错推定责任（第1258条第1款）。

《民法典》中建筑物和物件损害责任的类型详见表26.1.1。

表 26.1.1 《民法典》中建筑物和物件损害责任的类型

归责原则 \ 类型	不动产损害责任	动产损害责任
无过错责任	建筑物、构筑物或其他设施倒塌、塌陷损害责任(第 1252 条)	妨碍通行的物品损害中行为人的责任(第 1256 条)
过错推定	建筑物、构筑物或其他设施脱落、坠落损害责任(第 1253 条)	搁置物、悬挂物等脱落、坠落损害责任(第 1253 条)
	林木折断等损害责任(第 1257 条)	堆放物倒塌等损害责任(第 1255 条)
	地面施工损害责任以及地下设施损害责任(第 1258 条)	妨碍通行的物品损害中公共道路管理人的责任(第 1256 条)
公平责任	—	抛掷物或坠落物损害责任(第 1254 条)

二、建筑物和物件损害责任的归责原则

(一)其他国家和地区相关规定

建筑物和物件损害责任的归责原则有两种立法模式:

1. 过错推定责任,德国、奥地利、我国台湾地区等采取此种模式。依据《德国民法典》第 836 条及以下各条,在建筑物或者其他附着于土地的人工物倒塌,或者建筑物或人工物的部分脱落,导致他人死亡或损害的,土地的占有人应当承担责任,除非其能够证明为了防止危险的发生而尽到了交易上的必要注意。司法实践中,对于占有人的免责事由的举证要求非常高,即其证明"采取一切技术上可能和适当的措施,以避免对他人发生危险",甚至连自然现象也都应当注意到,如暴雨等。[1]《奥地利普通民法典》第 1319 条规定:"如果建筑物或者其他在土地上建造的工作物倒塌或者脱落,导致他人受伤或者造成其他损害,则建筑物或其他工作物的占有人应当承担赔偿责任,但以事故的发生是工作物具有瑕疵的结果,且占有人不能证明为了防止危险已经尽到了必要的注意为限。"我国台湾地区"民法"第 191 条第 1 款规定:"土地上之建筑物或其他工作物所致他人权利之损害,由工作物之所有人负赔偿责任。但其对于设置或保管并无欠缺,或损害非因设置或保管有欠缺,或于防止损害之发生,已尽相当之注意者,不在此限。"该条采取了三个推定,即推定工作物所有人的过失、推定工作物在设置或保管上有欠缺(工作物瑕疵)以及推定受害人的权利受侵害系因工作物瑕疵所引起(因果关系)。[2]

2. 严格责任,法国、瑞士、意大利等采取此种模式。《法国民法典》第 1386 条规定:"建筑物的所有人,对建筑物因维修不善,或者因建筑物缺陷、塌损造成的损害,负赔偿责任。"法国最高法院的判例指出,该条并不要求受害人提出建筑物所有人有过错的证据,而仅仅要求受害人证明建筑物倒塌是因为建筑物有瑕疵或者缺乏维修。[3] 只要建筑物因瑕疵或者缺乏维修而给他人造成损害,建筑物的所有人就不能免除当然的责任,即便其证明此种损害是由于不可归咎于

---

〔1〕[德]马克西米利安·福克斯:《侵权行为法》,齐晓琨译,法律出版社 2006 年版,第 189 页。

〔2〕王泽鉴:《侵权行为》,北京大学出版社 2009 年版,第 489 页

〔3〕法国最高法院第三民事庭,1973 年 6 月 4 日。转引自罗结珍译:《法国民法典》(下册),法律出版社 2005 年版,第 1115 页。

他的外力原因所致，也不例外。[4] 再如，《意大利民法典》第 2053 条规定："建筑物或者其他建造物的所有权人，对因该物的倒塌所致损害应当承担责任；但是能够证明倒塌并非因维修或建筑的瑕疵所致的，不在此限。"意大利民法学界主流观点认为，这是一种严格责任。[5]《瑞士债务法》第 58 条第 1 款规定，建筑物或者其他工作物的所有人，对于因设计建造或保管有瑕疵所生之损害，负赔偿责任。该款规定的所有人的责任被认为是"没有免责可能的原因责任"(kausalhaftung ohne befreiungsmoeglichkeit)，无论所有人是否尽到了注意义务都不可能免责。[6]

（二）我国《民法典》相关规定

依据造成损害的物件的不同以及物件造成损害方式的不同，我国《民法典》规定了不同的归责原则：

1. 适用无过错责任的，有第 1252 条规定的建筑物、构筑物或者其他设施倒塌、塌陷损害责任；第 1256 条规定的妨碍通行的物品造成他人损害时行为人的侵权责任。

2. 适用过错推定责任的，有第 1253 条规定的建筑物、构筑物或者其他设施及其搁置物、悬挂物等脱落、坠落损害责任；第 1255 条规定的堆放物倒塌等损害责任；第 1256 条规定的妨碍通行的物品造成他人损害时公共道路管理人的侵权责任；第 1257 条规定的林木折断等损害责任；第 1258 条规定地面施工造成他人损害时施工人的侵权责任以及窨井等地下设施造成他人损害时管理人的侵权责任。

3. 适用公平责任的，有第 1254 条规定的抛掷物、坠落物造成他人损害时可能加害的建筑物使用人的补偿责任。

讨论　我国法上建筑物和物件损害责任规范模式之缺陷

《民法典》侵权责任编总计 95 个条文，却用了 7 个条文来对建筑物和物件损害责任加以规定，不可谓条文数量不多。然而，纵观《民法典》中建筑物和物件损害责任的规范体系可以发现，有一个很明显的弊端，就是始终依据建筑物和物件致害的不同客观情形的描述采取逐一列举的方式加以规定，如"倒塌、塌陷""脱落、坠落""抛掷""倒塌、滚落、滑落""堆放、倾倒、遗撒""挖掘、修缮安装地下设施"等。《侵权责任法》的起草者似乎很在意物件究竟是以何种方式造成损害的。并且，由于造成损害的客观情形不同，归责原则也有差别。例如，倘若建筑物、构筑物或者其他设施是因"倒塌、塌陷"造成他人损害的，则适用无过错责任，建设单位和施工单位承担连带责任；如果只是建筑物、构筑物或者其他设施及其搁置物、悬挂物发生"脱落、坠落"，造成他人损害的，就适用过错推定责任。姑且不论这种区分致害情形而适用不同归责原则的做法是否正确，但此种列举式的规范模式却不免有挂一漏万之嫌。

事实上，只要是人建造设置的物，无论是动产还是不动产，在排除外来原因（如第三人的行为、不可抗力等）后，造成损害的原因无外乎二者：要么是设计、建造或设置上有缺陷，要么是维

〔4〕 法国最高法院第一民事庭，1964 年 3 月 3 日。转引自罗结珍译：《法国民法典》（下册），法律出版社 2005 年版，第 1115 页。

〔5〕 [德]克里斯蒂安·冯·巴尔、[英]埃里克·克莱夫主编：《欧洲私法的原则、定义与示范规则：欧洲示范民法典草案》（全译本）（第 5、6、7 卷），王文胜等译，法律出版社 2014 年版，第 513 页。

〔6〕 OFK – Fischer, orell fuessli Verlag AG, 2009, OR 58, N 2.

护管理上有问题。[7] 因此,物件究竟以何种方式造成损害,并不重要。如果不考虑致害的原因,只是简单地罗列致害的具体方式,必然有所遗漏。例如,由某物业公司负责管理的化粪池突然发生爆炸,飞溅起来的石头给他人造成损害。[8] 化粪池当然属于构筑物或建筑物的其他设施,该损害属于建筑物和物件损害责任。但是,本案中化粪池爆炸其既非倒塌、塌陷,也非脱落、坠落,因此无法适用《民法典》第1252条或第1253条。再如,受害人在人行道上正常行走,一条横跨马路的通信电缆钢索被汽车碾压后突然绷紧,正好打在受害人脖子上,给其造成严重伤害。[9] 钢索之所以会掉下来横跨马路,是因为其设置或保管缺陷所致,但是,该钢索给受害人造成损害的方式并非倒塌、塌陷或者脱落、坠落,也不属于公共道路上堆放、倾倒、遗撒妨碍通行的物品,那么究竟该适用《民法典》侵权责任编第十章中的哪一条呢?正是由于列举建筑物和物件致害的具体方式实在没有必要,所以,比较法上各国对不动产责任的规定注重的是致害原因而非具体致害方式。例如,《法国民法典》第1386条规定:"建筑物的所有人,对建筑物因维修不善,或者因建筑物缺陷、塌损造成的损害,负赔偿责任。"《日本民法典》第717条第1款规定:"因土地工作物的设置或保存有瑕疵而致使他人发生损害时,其工作物的占有人对受害人负有赔偿损害的责任。但占有人对于防止损害发生已经尽到必要的注意时,须由所有人赔偿其损害。"《瑞士债务法》第58条第1款规定:"房屋或者其他建筑物的所有人对因设计缺陷,或者结构缺陷,或者维修欠缺所致之损害负赔偿责任。"最高人民法院的《人身损害赔偿解释》第16条第1款第1项就曾经采取这种模式,以"道路、桥梁、隧道等人工建造的构筑物因维护、管理瑕疵致人损害的"作为兜底的情形来涵盖建筑物和物件损害责任。

在我国《民法典》编纂过程中,笔者曾建议立法机关可以在延续《侵权责任法》关于建筑物和物件损害责任相应规范的基础上,在第1253条的"脱落、坠落"后增加"等",[10] 从而成为整个不动产和物件损害责任的兜底规范,即只要不是建筑物、构筑物或者其他设施倒塌、塌陷,其他建筑物、构筑物或者其他设施及其搁置物、悬挂物造成他人损害的情形,都可以适用该条。非常遗憾的是,这一建议未被采纳。

第二节 不动产损害责任

一、建筑物、构筑物及其他设施损害责任

(一)归责原则

在《民法典》之前,《侵权责任法》第85条与第86条区分了"建筑物、构筑物或者其他设施"致害的具体方式,确立了不同的归责原则。对于建筑物、构筑物或者其他设施脱落、坠落致

---

〔7〕 事实上,《人身损害赔偿解释》第16条第1款早就注意到这一问题了,该款在规定构筑物责任时明确规定为,道路、桥梁、隧道等人工建造的构筑物因"维护、管理瑕疵"致人损害。

〔8〕 王平、郭琳娜与潍坊惠通房地产开发有限公司人身伤害赔偿纠纷上诉案,山东省潍坊市中级人民法院(2000)潍民终字第804号民事判决书。

〔9〕 该案法院适用的是《民法通则》第126条。参见王洪顺与济南市电信局、济南市槐荫区拆迁办公室、济南市公共交通总公司人身损害赔偿纠纷案,山东省济南市市中区人民法院(2000)市民初字第1407号民事判决书。

〔10〕《民法典立法背景与观点全集》编写组:《民法典立法背景与观点全集》,法律出版社2020年版,第802页。

人损害的，适用过错推定责任；如果是建筑物、构筑物或者其他设施**倒塌**造成损害的，则适用无过错责任。作此区分的理由是：建筑物倒塌严重危害人民群众的人身、财产安全，因此对建筑物倒塌损害责任需要进行更严格规定。[11]

笔者认为，区分倒塌与脱落、坠落对建筑物、构筑物及其他设施损害责任规定不同的归责原则，既无必要，也不合理。因为，从损害的性质和类型而言，建筑物倒塌与脱落、坠落都会造成人身伤亡和财产损害，这一点上二者并无本质区别。当然，建筑物、构筑物倒塌的后果会更加严重，死亡人员会更多，但是这一差异并不足以造成法律上的评价不同。既然都是不动产造成人身伤亡、财产损害，那么基于"同样的事物应同样对待"的原则，应当统一规定为无过错责任或者过错推定责任，社会关注多和损害后果大并不构成区分评价的充分理由。

（二）构成要件

1. 建筑物、构筑物或者其他设施

建筑物，是指任何在土地上建造的直接供人们居住生活、从事生产活动或者进行其他活动的场所。[12] 按照用途可将其分为：民用房屋，如独户住宅、多户住宅；工业房屋，如生产厂房、仓库等；商业房屋，如旅店、银行、超市、客运站、冷藏库等；文教卫生房屋，如学校教学楼与校舍、医院门诊与住院大楼、影剧院、歌舞厅、办公楼、体育场（馆）、会议厅等。建筑物和物件损害责任中的建筑物不同于物权法中的建筑物。前者无须已经建成，仅有钢骨支架，无法挡风避雨，亦属之。物权法上，权利人享有所有权的建筑物必须是已经合法建筑完毕的建筑物。

构筑物，是指以人力方式在地面上建造的具有特定用途，但不能直接供人们进行居住生活、从事生产活动或者其他活动的场所，包括道路、桥梁、隧道、码头、油罐、沟渠、地窖、城墙、公共厕所、堤坝、墓碑、电视发射塔、高压电线塔、无线电基站、路灯、广告牌、各种人工树立的杆子（如电线杆、电缆杆、悬挂电影银幕的杆子、悬挂道路交通指示牌的杆子等）、脚手架、缆车、体育器械等。至于该构筑物是附着于土地的永久性设施还是临时性设施，在所不问。[13]

其他设施即建筑物、构筑物的附属设施，如房屋内的电梯、消防设备间、车位、储物间等。

讨　论　公有公共设施损害责任的性质

有些国家对属于国家所有的建筑物、道路等公共设施造成他人损害时，适用的是国家赔偿责任。我国起草《国家赔偿法》时，亦有人持此种主张，认为公有公共设施因设置或管理有欠缺而造成他人损害时，应适用国家赔偿法。但是，立法者认为："关于邮电、医院等国有企业、事业单位，桥梁、道路等国有公共设施，因设置、管理欠缺发生的赔偿问题，不属违法行使职权的问题，不纳入国家赔偿的范围。受害人可以依照民法通则等有关规定，向负责管理的企业、事业

---

〔11〕《全国人民代表大会法律委员会关于〈中华人民共和国侵权责任法（草案）〉审议结果的报告》，2009年12月22日十一届全国人大常委会第十二次会议。

〔12〕我国《建筑法》仅调整民用住宅、工业用房和作为公共活动场所的房屋建筑在内的各类房屋建筑及其附属设施的建造和与其配套的线路、管道、设备的安装活动。卞耀武主编：《中华人民共和国建筑法释义》，法律出版社1998年版，第32页以下。

〔13〕例如，《江苏省高级人民法院关于审理人身损害赔偿案件若干具体问题的意见》第27条第2款规定："建筑物或者其他设施，是指人工建造的附着于土地的永久性或临时性的设施，如房屋、桥梁、码头、堤坝、隧道、涵洞、埋设的管道、路标、电线杆、广告牌、脚手架、缆车、索道、护路林木，等等。"

单位请求赔偿。"[14] 因此，在我国，公有公共设施致害时，也是适用《民法典》侵权责任编的规定，而非《国家赔偿法》的规定。

2. 因倒塌、塌陷或者脱落、坠落等造成他人损害

倒塌，是指建筑物、构筑物或者其他设施的部分或者全部倾倒、崩塌。例如，整栋大楼、烟囱、单体立柱式广告牌倒塌，导致楼内人员或者楼外人员的人身财产损害。

塌陷，是指地面突然坍塌陷落，导致行人或者机动车陷入其中。《侵权责任法》第86条仅规定了建筑物、构筑物等的"倒塌"，在《民法典》编纂时，有的全国人大代表提出，实践中有的地方发生地面塌陷致人损害的问题，严重危害了人民群众的人身财产安全，建议对此作出规定，全国人大宪法和法律委员会建议在《民法典》第1252条中增加"塌陷"一词。[15] 笔者认为，该条中明确规定塌陷是非常科学的。以往的司法实践中，因为缺乏规定，法院在处理地面塌陷造成他人损害的案件中，有的适用《侵权责任法》第6条第1款的过错责任原则，[16] 有的认为应当适用《侵权责任法》第85条规定的建筑物等脱落、坠落导致他人损害的过错推定责任。[17] 在《民法典》第1252条作出明确规定后，此类案件就应当统一适用无过错责任原则。

脱落、坠落，是指建筑物、构筑物或者其他设施上的某一成分(如砖块、瓷砖、窗户)等与建筑物、构筑物或其他设施脱离后掉落下来。例如，外墙上的瓷砖、粉层水泥块砸下来，将他人砸伤致死。[18]

(三)免责事由

1. 建筑物、构筑物或其他设施倒塌、塌陷损害责任的免责事由

建筑物、构筑物或者其他设施倒塌、塌陷损害责任，适用无过错责任，由建设单位和施工单位承担连带责任，因此，建设单位或者施工单位均不能以没有过错为由免责。但是，依据《民法典》第1252条第1款第1句，如果"建设单位与施工单位能够证明不存在质量缺陷"的，不需要承担责任，更无须承担连带责任。所谓能够证明不存在质量缺陷，是指建设单位、施工单位证明建筑物、构筑物或者其他设施并非因为质量缺陷而倒塌、塌陷，也就是说，该建筑物、构筑物或者其他设施没有设计缺陷和建造缺陷，勘察、设计、施工与监理等涉及建设工程质量的各个环节都不存在问题。既然如此，那么建筑物、构筑物或其他设施发生倒塌、塌陷就与建设单位和施工单位的行为不存在因果关系，自然无论是建设单位还是施工单位均无须承担责任。然而，由于建筑物等不动产的质量缺陷并非一定都是设计建造中形成的，也可能是建筑物在使用管理上没有履行相应的维修、管理义务所致。倘若因此致建筑物倒塌、塌陷造成他人损害的，就应当由建筑物的所有人、管理人、使用人承担责任，即适用的是《民法典》第1252条第2款。

---

[14] 《关于〈中华人民共和国国家赔偿法(草案)〉的说明》，1993年10月22日在第八届全国人民代表大会常务委员会第四次会议。

[15] 《民法典立法背景与观点全集》编写组：《民法典立法背景与观点全集》，法律出版社2020年版，第865页。

[16] 赵劲东、葫芦岛市自来水公司财产损害赔偿纠纷案，辽宁省葫芦岛市中级人民法院(2020)辽14民终1346号民事判决书。

[17] 程占峰等诉陕西省延安公路管理局吴起公路管理段机动车交通事故责任纠纷再审案，陕西省延安市中级人民法院(2017)陕06民再8号民事判决书。

[18] 无锡市怡庭物业管理有限公司诉江苏龙海建工公司等人身损害赔偿追偿权纠纷案，载最高人民法院中国应用法学研究所编：《人民法院案例选》(总第87辑)，人民法院出版社2014年版，第197页以下。

2. 建筑物、构筑物或其他设施脱落、坠落等损害责任的免责事由

至于建筑物、构筑物或者其他设施发生脱落、坠落造成他人损害的，适用的是过错推定责任，所有人、管理人或使用人可以通过证明自己没有过错即尽到了管理、维护职责而免除责任。从实践来看，在所有人、管理人或者使用人能够证明自己没有过错的情形下，损害往往是由于以下三种原因所致：

（1）因不可抗力所致，如天花板因为强烈的地震而掉落下来砸伤他人。当然，并非所有的如恶劣的天气等自然因素都属于不可抗力。只有是不能预见、不能避免且不能克服的客观情况，才构成不可抗力。就《民法典》第1253条规定的侵权责任而言，不能避免且不能克服，意味着自然因素必须超越了建筑物、构筑物或者其他设施及其搁置物、悬挂物应有的抗御值而使之发生脱落、坠落的。

（2）因受害人自身过错所致，例如，被告的采光井上的玻璃承重有限，不能站人，为防止有人站上去，被告将采光井严密围挡并设置了"禁止站立""站立危险"等充分的警示标志，原告依然翻越围挡，站在采光井上，因玻璃破碎而摔下受伤。

（3）因第三人的过错行为所致，即所有人、管理人或者使用人之外的人实施了故意或者过失侵害他人的行为。例如，建筑工人在安装外墙的瓷砖时因过失没有粘牢，导致瓷砖掉落，砸坏楼下停放的汽车。但是，我国《民法典》第1253条并未将此种情形作为免责事由，因为该条第2句规定，"所有人、管理人或者使用人赔偿后，有其他责任人的，有权向其他责任人追偿"。该句中的"其他责任人"就是指所有人、管理人或者使用人之外的对损害的发生存在过错的第三人。例如，在一个案件中，受害人驾驶摩托车行驶过程中，被被告联通公司金州分公司垂落在空中和散落在地面的电缆绊倒摔伤。经查，该电缆是在受害人受害前的40分钟被不知名的肇事者驾驶的车辆刮落的。被告联通公司以此作为证明自己没有过错的证据，但是法院认为，"虽然经事故责任书认定联通公司金州分公司的线缆系被车辆刮落，但该公司并无证据证明，线缆在被车辆刮落前是符合标准的，即联通公司金州分公司不能证明自己没有过错，因此原审判决其承担赔偿责任并无不当。联通公司金州分公司承担责任后，可向刮落电缆的肇事方追偿"。[19]

提　示

依据我国《建筑法》和《建筑工程质量条例》的规定，建筑工程实行质量保修制度。建设工程承包单位在向建设单位提交工程竣工验收报告时，应当向建设单位出具质量保修书。质量保修书中应当明确建设工程的保修范围、保修期限和保修责任等。建筑工程的保修范围包括地基基础工程、主体结构工程、屋面防水工程和其他土建工程，以及电气管线、上下水管线的安装工程，供热、供冷系统工程等项目。在正常使用条件下，建设工程的最低保修期限为：（1）基础设施工程、房屋建筑的地基基础工程和主体结构工程，为设计文件规定的该工程的合理使用年限；（2）屋面防水工程，有防水要求的卫生间、房间和外墙面的防渗漏，为5年；（3）供热与供冷系统，为2个采暖期、供冷期；（4）电气管线、给排水管道、设备安装和装修工程，为2

[19] 张成光诉中国联合网络通信有限公司大连市金州区分公司物件脱落、坠落损害责任纠纷案，辽宁省大连市中级人民法院（2014）大民一终字第1632号民事判决书。

年。其他项目的保修期限由发包方与承包方约定。建设工程的保修期,自竣工验收合格之日起计算。建设工程在保修范围和保修期限内发生质量问题的,施工单位应当履行保修义务,并对造成的损失承担赔偿责任。如果建设工程的保修期届满,但是因质量问题造成他人损害的,施工企业不得以保修期已过为由拒绝承担侵权赔偿责任。因为建设工程的保修期只是施工单位在建设工程出现质量问题有义务进行无偿修理的期限。保修期不等于合理使用期限,因此,一旦建设工程存在质量问题,造成他人人身伤亡的,即便经过保修期,施工企业也必须承担责任(参见案例 26.2.1)。

案例阅读

案例26.2.1

江苏龙海建工集团有限公司与无锡市怡庭物业管理有限公司等人身损害赔偿追偿权纠纷上诉案

(四)责任主体

1. 建筑物、构筑物或其他设施倒塌、塌陷损害责任的主体

(1)建设单位与施工单位承担连带责任

在建筑物、构筑物或者其他设施倒塌、塌陷而造成他人损害时,依据《民法典》第 1252 条,责任主体为建设单位与施工单位,二者应当就被侵权人的损害承担连带责任。所谓建设单位,是指依法取得土地使用权,在该土地上建造建筑物、构筑物或者其他设施的单位,其为建设工程合同的总发包人。实践中,房地产开发企业、机关和企事业单位是比较常见的建设单位。建设单位可能是建筑物的所有人,但也可能不是,例如,房地产开发公司建好了一栋住宅楼,然后将其出售,此时业主只是房屋所有权人而非该住宅楼的建设单位。

施工单位,是指与建设单位或者其他发包人签订建设工程合同,施工建造建筑物、构造物或其他设施的施工单位,建筑公司是最常见的施工单位。

之所以建筑物、构筑物或其他设施倒塌、塌陷造成他人损害时,要让建设单位与施工单位承担连带责任,原因在于:

首先,建设单位作为以建造建筑物、构筑物或者其他设施为目的的建设工程合同的总发包人,也是该等不动产合法建造完毕后的初始所有权人,其对于建筑物、构筑物和其他设施的质量负有法定的义务和责任。例如,《建筑法》第 54 条规定:"建设单位不得以任何理由,要求建筑设计单位或者建筑施工企业在工程设计或者施工作业中,违反法律、行政法规和建筑工程质量、安全标准,降低工程质量。建筑设计单位和建筑施工企业对建设单位违反前款规定提出的降低工程质量的要求,应当予以拒绝。"第 72 条规定:"建设单位违反本法规定,要求建筑设计单位或者建筑施工企业违反建筑工程质量、安全标准,降低工程质量的,责令改正,可以处以罚款;构成犯罪的,依法追究刑事责任。"实践中,建筑物等倒塌的原因往往与建设单位有关,如建设单位要求建筑设计单位或者建筑施工企业在工程设计或者施工作业中违反法律、行政法规和建筑工程质量、安全标准,降低工程质量等。故此,一旦建筑物因质量缺陷而倒塌、塌陷的,建设单位难辞其咎。

其次,建筑物、构筑物或其他设施发生倒塌、塌陷的原因多是因为建设工程质量存在缺陷,而造成这种缺陷的原因往往是在于施工单位,即施工单位作为建设工程合同的承包人,没有按照工程设计图纸和施工技术标准施工,偷工减料,或者擅自修改工程设计。因此,施工单位也需要承担责任。《建筑法》第 55 条规定:"建筑工程实行总承包的,工程质量由工程总承包单位

负责，总承包单位将建筑工程分包给其他单位的，应当对分包工程的质量与分包单位承担连带责任。分包单位应当接受总承包单位的质量管理。”第 58 条规定：“建筑施工企业对工程的施工质量负责。建筑施工企业必须按照工程设计图纸和施工技术标准施工，不得偷工减料。工程设计的修改由原设计单位负责，建筑施工企业不得擅自修改工程设计。”第 67 条第 2 款规定：“承包单位有前款规定的违法行为的，对因转包工程或者违法分包的工程不符合规定的质量标准造成的损失，与接受转包或者分包的单位承担连带赔偿责任。”故此，建筑物、构筑物或者其他设施因为质量缺陷而倒塌、塌陷造成他人损害的，施工单位必须承担责任。由于建设单位和施工单位都要向受害人承担责任，故此它们之间承担连带责任是妥当的。当然，导致建筑物等倒塌的原因也可能是因为勘察单位、设计单位等其他责任人的原因，然而，对于被侵权人而言，其并不知道勘察单位、设计单位等其他责任人是谁。故此，《民法典》第 1252 条第 1 款第 1 句首先要求建设单位和施工单位承担连带责任，第 2 句才规定如有其他责任人的，建设单位、施工单位赔偿后，可以向其进行追偿。

最后，令建设单位和施工单位承担连带责任，也有利于更好地保护被侵权人，以免因建设单位或者施工单位没有赔偿能力，导致被侵权人无法获得赔偿。

（2）建设单位、施工单位向其他责任人追偿

《民法典》第 1252 条第 1 款第 2 句规定：“建设单位、施工单位赔偿后，有其他责任人的，有权向其他责任人追偿。”[20] 这就是说，在建筑物、构筑物等的倒塌、塌陷是由设计单位、勘察单位或监理单位的原因所致时，建设单位与施工单位依然要向受害人承担连带责任。不过，它们在承担赔偿责任后，可以向设计单位、勘察单位或者监理单位等进行追偿。

首先，建设单位作为建设工程的发包人可以与总承包人订立建设工程合同，也可以分别与勘察人、设计人、施工人订立勘察、设计、施工承包合同。在前一种情形中，总承包人可以依据建设工程合同自行完成勘察、设计、施工任务，也可以在取得发包人同意的情况下，将自己承包的工作交给第三人完成（《民法典》第 791 条第 1 款）。当总承包人依据建设工程合同自行完成勘察、设计、施工等任务时，总承包人往往是以联合体的形式出现，由其集团下属的各个子公司分别作为勘察单位、设计单位和施工单位。故此，在因为勘察、设计的问题而致建筑物、构筑物等倒塌、塌陷，造成他人损害时，施工单位与建设单位承担连带责任后，可以向勘察单位、设计单位进行追偿。如果总承包人经发包人的同意，将自己承包的部分工作如勘察、设计等交由第三人完成，依据《民法典》第 791 条第 2 款，第三人就其完成的工作成果与总承包人或者勘察、设计、施工承包人向发包人承担连带责任。故此，施工单位、建设单位在向被侵权人承担连带责任后，发现是因为勘察、设计等原因导致建筑物等倒塌、塌陷致人损害的，则可以向第三人追偿。倘若发包人分别与勘察人、设计人、施工人订立勘察、设计、施工承包合同的，则建设单位、施工单位承担赔偿责任后，有权向勘察单位、设计单位进行追偿。

---

〔20〕《侵权责任法》第 86 条中曾有两处“其他责任人”的规定。该条第 1 款第 2 句规定“建设单位、施工单位赔偿后，有其他责任人的，有权向其他责任人追偿。”同条第 2 款规定：“因其他责任人的原因，建筑物、构筑物或者其他设施倒塌造成他人损害的，由其他责任人承担侵权责任。”这两款中的“其他责任人”的含义不同。第 1 款第 2 句中的“其他责任人”，是指勘察单位、设计单位、监理单位等除施工单位之外的参与建筑活动的主体。第 2 款中的“其他责任人”主要是所有权人（业主）、其他使用人等。显然，在同一部法律中的同一个条文中使用了两个含义完全不同的“其他责任人”，非常不妥，很容易造成混乱。故此，《民法典》对《侵权责任法》第 86 条做了修改，仅在第 1252 条第 1 款保留了“其他责任人”的表述，而将同条第 2 款中的其他责任人明确为“所有人、管理人、使用人或者第三人”。该条第 1 款中的“其他责任人”仅指设计单位、勘察单位或监理单位。

其次,依据《民法典》第796条的规定,“建设工程实行监理的,发包人应当与监理人采用书面形式订立委托监理合同。发包人与监理人的权利和义务以及法律责任,应当依照本编委托合同以及其他有关法律、行政法规的规定”。《建筑法》第31条规定:“实行监理的建筑工程,由建设单位委托具有相应资质条件的工程监理单位监理。建设单位与其委托的工程监理单位应当订立书面委托监理合同。”《民法典》第929条第1款第1句规定:“有偿的委托合同,因受托人的过错造成委托人损失的,委托人可以请求赔偿损失。”故此,在建筑物等倒塌是因为监理单位的过错所致时,建设单位在承担责任后,有权依据监理合同向监理单位进行追偿,即请求监理单位赔偿损失,该损失既包括建设单位向被侵权人承担的侵权赔偿,也包括建设单位因建筑物等倒塌、塌陷而遭受的损失。此外,《建筑法》第69条第1款还规定:“工程监理单位与建设单位或者建筑施工企业串通,弄虚作假、降低工程质量的,责令改正,处以罚款,降低资质等级或者吊销资质证书;有违法所得的,予以没收;造成损失的,承担连带赔偿责任;构成犯罪的,依法追究刑事责任。”

(3)所有人、管理人、使用人或者第三人承担侵权责任

当建筑物、构筑物或者其他设施是因为所有人、管理人、使用人或者第三人的原因而倒塌、塌陷的,例如,所有人在装修房间时违规拆除承重墙,导致房屋结构损坏,以致房屋倒塌;再如,第三人驾驶的重型卡车失控撞上大楼的承重柱,以致大楼倒塌,在这些情形下,建筑物等倒塌并非因为质量缺陷,与建设单位、施工单位无关。因此,依据《民法典》第1252条第2款,建设单位和施工单位无需承担连带责任,应当由造成建筑物等倒塌的加害行为人——所有人、管理人、使用人或者第三人——承担侵权责任。

2. 建筑物、构筑物或其他设施脱落、坠落损害责任的主体

建筑物、构筑物或者其他设施脱落造成他人损害时,责任主体为所有人、管理人或者使用人。所有人是指建筑物、构筑物或者其他设施的所有权人。我国实行不动产登记制度,不动产登记簿是不动产物权归属和内容的根据(《民法典》第216条第1款)。因此,在确定某人是否属于所有人时可以通过查询不动产登记簿了解。因建筑物、构筑物或者其他设施脱落而遭受损害的被侵权人属于《民法典》第218条规定的利害关系人,有权向不动产登记机构申请查询复制不动产登记簿。

管理人是指虽非建筑物等不动产的所有人,但依法或依约定享有管理权限的民事主体。前者如国有财产的管理人,包括国家机关、国家举办的事业单位和国家出资的企业。这些主体只是对其直接支配的国家所有的不动产享有占有、使用和依法处分的权利,但并非不动产所有人(《民法典》第255、256条)。[21] 后者如物业服务公司依据物业服务协议对建筑物等享有维护管理的职责。[22]

使用人是指基于债权关系或物权关系而对建筑物、构筑物或者其他设施享有使用权的民事主体,包括承租人、地役权人等。

---

〔21〕 苏昌钦、高爱琴诉古田县环境卫生管理处建筑物致人身损害赔偿案,福建省宁德市中级人民法院(2004)宁民终字第428号民事判决书。

〔22〕 北京京机兴物业管理有限责任公司与王日韦等物件脱落、坠落损害责任纠纷上诉案,北京市第三中级人民法院(2014)三中民终字第08030号民事判决书。如果受害人是业主,则业主可以选择追究物业公司违约责任或侵权责任。参见陈书豪与南京武宁房地产开发有限公司、南京青和物业管理有限公司财产损害赔偿纠纷案,载《最高人民法院公报》2013年第5期。

如果建筑物、构筑物或其他设施上有使用人或管理人的，则应由使用人或管理人承担侵权责任。没有使用人或管理人的，应由所有人承担侵权责任。它们之间并不发生连带责任的问题。此外，即便损害是由于其他责任人所致，所有人、管理人或者使用人也应先承担侵权责任，然后向其他责任人进行追偿(《民法典》第1253条第2句)。

二、林木损害责任

(一)概述

所谓林木损害责任，是指因林木折断、倾倒或者果实坠落等造成他人损害时，林木的所有人或者管理人依法应当承担的侵权责任。林木，就是指种植在土地上的树木。因林木种植在土地上，不可移动，故属于不动产。在我国法上，林木、房屋与土地一样都属于独立的不动产。《民法典》颁布之前，《侵权责任法》和最高法院的司法解释对林木损害责任作出了规定。《人身损害赔偿解释》第16条第1款第3项扩张解释《民法通则》第126条，将“树木倾倒、折断或者果实坠落致人损害的”情形纳入该条规范的范畴。《侵权责任法》则将林木损害责任作为物件损害责任的单独类型加以规定，该法第90条规定，因林木折断造成他人损害，林木的所有人或者管理人不能证明自己没有过错的，应当承担侵权责任。

《民法典》第1257条在《侵权责任法》第90条的基础上，吸收《人身损害赔偿解释》第16条的合理之处，对林木折断等损害责任作出了规定：“因林木折断、倾倒或者果实坠落等造成他人损害，林木的所有人或者管理人不能证明自己没有过错的，应当承担侵权责任。”

(二)归责原则

林木损害责任适用过错推定责任，因为：林木折断、倾倒等造成他人损害多因林木的所有人或者管理人之过错所致，即他们未尽到应有的管理、维护的职责，如及时清除干枯的树枝、砍伐已经枯死的树木、采摘成熟的果实等。因此，依据造成他人损害这一事实即可推定所有人或管理人存在过错。相反，如果所有人或管理人尽到维护、管理的职责，即便出现暴雨、大风或雷电等天气，林木等通常也是不会造成他人的损害。倘若完全是因为不可抗力或第三人的过错行为所致，所有人或者管理人也可以据此证明自己没有过错，无须承担侵权责任。

(三)构成要件

林木损害责任的构成要件为：首先，受害人遭受了损害，该损害可能是人身损害，也可能是财产损害。其次，该损害是因折断、倾倒或者果实坠落等造成的。大树上的树枝折断掉下来将受害人砸死或砸伤(参见**案例**26.2.2)，大树倾倒压坏受害人的汽车或店铺等。这些是最为常见的林木造成他人损害的情形，但不限于此，例如，树枝折断掉在路上，晚上行人从此经过时被掉在路上的树枝绊倒摔伤或被刺伤眼睛，也属于“因林木折断、倾倒或者果实坠落等造成他人损害”的情形。当然，也可能涉及适用《民法典》第1256条中“公共道路管理人”的责任。例如，在一起案件中，受害人钟某在公路上驾驶摩托车，与香格尔花木场倒在公路上的树木发生碰撞而受伤，受害人要求树木的所有人香格尔花木场、道路的管理人路桥公司承担损害赔偿责任。[23]

案例阅读

案例26.2.2
王烈凤诉千阳县公路管理段人身损害赔偿案

〔23〕 中山市大涌镇香格尔花木园艺场与钟建军林木折断损害责任纠纷再审案，广东省高级人民法院(2013)粤高法民一申字第866号民事裁定书。

(四)责任主体

林木折断等造成他人损害的,属于不动产损害责任的一类,应当由不动产的保有人,即对林木等具有控制支配力并因此享受利益的民事主体承担责任。依据我国《民法典》第1257条的规定,林木损害责任由林木的"**所有人或者管理人**"承担侵权责任。所有人即林木的所有权人。管理人是指依据合同或法律规定对林木负有管理职责的民事主体,如公园对公园内的树木负有管理职责;公路养护管理部门对种植在公路旁的护路树负有管理职责;物业公司对物业小区内的树木负有管理职责等。例如,在一起案件中,受害人在一棵大榕树下休息乘凉,突然间,一截碗口粗、四米多长的大树枯枝从树上折断坠下,正好砸中受害人雷某。被告广州东华物业管理有限公司是该社区的管理人,因此,法院判决其对社区内树木折断坠落致人损害应承担责任。尽管被告辩称部分树木已移交广州市东山区建设和市政局管理及其余树木已委托有关公司进行保养,但是,由于被告未能举证证明掉下树枝的大树是否已移交,且砸伤雷某的是枯枝,即证明被告在树木维护保养上有疏忽,未能及时排除安全隐患的存在,故法院认为被告不能免除责任。[24]

三、地面施工损害责任

(一)规范目的

我国法上,《民法通则》第125条最早对地面施工损害责任作出了规定。当初设立这一条的目的是因为,"报纸经常报道有的地方在马路旁、胡同里堆放建筑材料造成交通事故;有的清理了阴沟后不将铁盖复原盖上,有的挖坑不设标志,造成自行车、行人跌入,受害人伤筋断骨。报纸上只见呼吁有关部门采取措施排除这些危险,却未见有要求赔偿的"。[25] 长期以来,对施工者的责任缺乏明确规定,以致施工者任意开挖,常有行人、车辆不慎跌入沟道,造成人身伤害,财产损失,并且追究损害赔偿责任时也无法可依,《民法通则》第125条的规定对于增强施工者责任心,采取必要预防措施,保护人民群众的人身和财产安全,是十分必要的。[26]

《侵权责任法》第91条第1款延续了《民法通则》第125条的规定,该款规定:"在公共场所或者道路上挖坑、修缮安装地下设施等,没有设置明显标志和采取安全措施造成他人损害的,施工人应当承担侵权责任。"《民法典》对《侵权责任法》第91条第1款进行了修改完善,其第1258条第1款规定:"在公共场所或者道路上挖掘、修缮安装地下设施等造成他人损害,施工人不能证明已经设置明显标志和采取安全措施的,应当承担侵权责任。"

(二)归责原则

从《民法通则》第125条与《侵权责任法》第91条第1款的规定来看,地面施工损害责任属于一般侵权责任,即适用过错责任原则。受害人需要证明施工人的过错,但是该过错的证明采取的是客观标准,即受害人只要证明施工人没有"设置明显标志和采取安全措施",就应当认定施工人存在过错,应承担责任。但是,《民法典》第1258条第1款将地面施工损害责任修改为**过错推定责任**,即受害人不需要证明施工人的过错,只有施工人能够证明自己没有过错,才能免责。立法机关作此修改的理由有三:"一是公共场所是人们经常聚集、活动和通行的地方,施

---

〔24〕 广州东华物业管理有限公司与雷根梅人身损害赔偿上诉案,广东省广州市中级人民法院(2009)穗中法民一终字第2447号民事判决书。

〔25〕 中国政法大学民法教研室:《中华人民共和国民法通则讲话》,中国政法大学出版社1986年版,第223页。

〔26〕 徐开墅、成涛、吴弘:《民法通则概论》,群众出版社1988年版,第246页。

工人必须采取严格的安全措施方能避免损害的发生，采用过错推定与在公共场所施工的危险程度是相符合的。二是从救济受害人的角度考虑，施工人距离证据较近，有利于查明事实真相，采用过错推定更利于对受害人的救济。三是从体系解释的角度来看，本章规定的主要是过错推定责任，该条也应适用过错推定原则。”〔27〕

所谓能够证明自己没有过错，主要就是指施工人能够证明“已经设置明显标志和采取安全措施”。首先，如法律法规和规章就如何设置明显标志和采取安全措施有明确的规定的，施工人必须证明已经履行了义务。施工人应当设置明显标志和采取安全措施，是相关法律法规的明确要求，属于法定义务。《道路交通安全法》第105条规定：“道路施工作业或者道路出现损毁，未及时设置警示标志、未采取防护措施，或者应当设置交通信号灯、交通标志、交通标线而没有设置或者应当及时变更交通信号灯、交通标志、交通标线而没有及时变更，致使通行的人员、车辆及其他财产遭受损失的，负有相关职责的单位应当依法承担赔偿责任。”《建筑法》第39条规定：“建筑施工企业应当在施工现场采取维护安全、防范危险、预防火灾等措施；有条件的，应当对施工现场实行封闭管理。施工现场对毗邻的建筑物、构筑物和特殊作业环境可能造成损害的，建筑施工企业应当采取安全防护措施。”《公路法》第32条规定：“改建公路时，施工单位应当在施工路段两端设置明显的施工标志、安全标志。需要车辆绕行的，应当在绕行路口设置标志；不能绕行的，必须修建临时道路，保证车辆和行人通行。”其次，施工人必须证明标志是明显的，安全措施是足够的，否则也不能推翻对其过错的推定。例如，《公路法》第32条要求施工单位在施工路段两端设置明显的施工标志和安全标志，如果施工单位只是在一端设置了而没有在另一端设置，那么显然不符合法律的要求，具有过错。〔28〕实践中经常出现，施工人已经按照法律要求设置了明显标志和采取了安全措施，但是由于第三人的过错行为导致该标志或者安全措施被破坏了，施工人常常以此为由要求免责。为了保护受害人的合法权益，施工人不能以此作为免责事由，而应当承担赔偿责任。当然，其承担责任后可以向第三人进行追偿。最后，即便法律法规和规章没有明确的规定，施工人也应当尽到充分的注意义务，设置明显标志和采取安全措施。

（三）构成要件

1. 在公共场所或道路上进行了挖掘、修缮安装地下设施等的活动

首先，地面施工损害责任的适用范围为“公共场所或道路”，这是因为公共场所、道路是供不特定的人即公众往来通行之地。施工人在这样的地方施工，理应负有高度的注意义务，防止对公众之人身和财产造成损害。至于在非公共场所或者道路的地方，进行挖坑、修缮安装地下设施的活动而致人损害的案件，不适用地面施工损害责任。例如，在自家的院子里挖坑，未采取安全措施，导致他人跌入其中摔伤，此时适用一般的过错责任原则即可。

因为《道路交通安全法》有明确之规定，所以道路的范围比较容易认定。有疑问的是，哪些场所属于“**公共场所**”。所谓公共场所，不应被狭隘地理解为广场、影剧院、操场等公众聚集、活动的场所。凡是供不特定人出入、通行、活动的场所，都应归入“公共场所”之内（参见**案例**26.2.3）。

---

〔27〕 黄薇主编：《中华人民共和国民法典侵权责任编解读》，中国法制出版社2020年版，第352页。

〔28〕《江苏省高级人民法院关于审理人身损害赔偿案件若干具体问题的意见》第26条第2款规定：“施工人虽然设置了标志和采取了措施，但由于其设置的标志不明显、采取的措施尚未达到足以保障他人安全的程度，因此造成他人人身损害的，施工人仍应承担民事责任。”

案例阅读

案例26.2.3
屈建渝诉四川有色金属公司人身损害赔偿纠纷案

例如,在一个案件中,被告水产公司在库区内供公众通航的水面上设置网箱和固定绳,但没有设置任何警示标志,致受害人划船通过时被勒绊掉入水中溺水而亡。[29] 尽管航道并未包括在《民法典》第1258条第1款的"道路"中,但是由于航道是供公众通行的,因此可以认为是公共场所,从而适用本款之规定。

其次,进行了挖掘、修缮安装地下设施等活动。[30] 本来公共场所和道路是供公众通行的,如果因为道路本身的缺陷而造成损害,如路面突然塌陷,此时应当适用《民法典》第1252条由建设单位、施工单位或者所有人、管理人、使用人或者第三人承担责任。但是,《民法典》第1258条第1款的地面施工损害责任,规范的却是因为挖掘、修缮安装地下设施等造成他人损害的情形,也就是说,之所以地面施工会造成他人损害,就是因为施工人没有设置明显标志和采取安全措施引起的,只有施工人需要承担责任,与建设单位无关,不发生施工人与建设单位的连带责任。故此,损害必须是在施工进行阶段发生的。如果施工结束后,受害人因道路等不动产质量缺陷遭受损害,则应适用《民法典》第1252条的规定。

2. 造成他人损害

受害人的损害既包括人身伤亡,如导致行为人被绊倒摔伤或掉入施工所挖的坑内受伤,也包括造成财产损害,如导致车辆掉入施工坑内毁损。如果是施工过程中,因没有查明地下供电、供水设施,在施工过程中将供水设施挖断,不仅给受害人造成了巨额的水费损失,还将受害人的财产淹没,此时,究竟适用地面施工损害责任还是一般的过错责任,值得研究。有的法院认为,此种情形下应当适用地面施工损害责任。因为涉及城市供水设施的建设工程开工前,施工单位应当向城市自来水供水企业或相关管理单位查明地下供水管网情况,施工影响供水设施安全的,施工单位应当采取相应保护措施,如果没有采取相应的保护措施造成他人损害的,施工人应当承担地面施工损害责任。[31] 笔者认为,地下设施管线的安全并不是地面施工损害责任保护的范围。如果被告因过错导致地下供水供电设施损坏,则适用《民法典》第1165条第1款的过错责任即可。

(四)责任主体

地面施工损害责任的主体为"施工人"。但是,既不能将"施工人"简单地理解为直接进行"挖掘、修缮安装地下设施等"活动的人,也不能宽泛地理解为一切与"挖掘、修缮安装地下设施等"活动相关的主体。施工人为何人,应依据这些主体之间的法律关系分别确定:首先,直接进行"挖掘、修缮安装地下设施等"活动的人如果是用人单位的工作人员,则施工人为用人单位,应当由用人单位承担侵权责任。其次,当直接进行"挖掘、修缮安装地下设施等"活动的人是承揽人时,例如,某单位将此种施工承包给某建筑公司时,那么施工人就是该建筑公司。因为发包的单位只是定作人,而建筑公司属于承揽人。此时,应当适用《民法典》第1193条关于定作

[29] 李家英因清江水产公司在库区水道设置网箱固定绳而未设警示标志致使其夫溺水身亡诉长阳县水产局损害赔偿案,载最高人民法院中国应用法学研究所编:《人民法院案例选(民事专辑)》,人民法院出版社2004年版,第105页以下。该案一审判决适用了《民法通则》第125条的规定,值得肯定。

[30] 考虑到"挖坑"的表述不太文雅,且当今社会语境下,"挖坑"一词有了新的含义。故此,《民法典》第1258条第1款将《侵权责任法》第91条的"挖坑"修改为"挖掘"。

[31] 杭州市某某集团有限公司与浙江省某某建设有限公司地面施工损害责任纠纷上诉案,浙江省杭州市中级人民法院(2013)浙杭民终字第2670号民事判决书。

人责任的规定。再次，如果承包人将工程进行转包或者分包的，此时，依据《建筑法》第 45 条规定："施工现场安全由建筑施工企业负责。实行施工总承包的，由总承包单位负责。分包单位向总承包单位负责，服从总承包单位对施工现场的安全生产管理。"因此，在造成他人损害时，不仅建筑施工企业本身应当承担责任，而且总承包单位也应承担赔偿责任。最后，如果存在数个施工人，但是无法确定受害人的损害是由哪个施工人造成的，应适用《民法典》关于共同危险行为的规定。

四、地下设施损害责任

（一）概述

《民法典》第 1258 条第 2 款是对地下设施损害责任的规定。所谓地下设施，是指在地面以下以人力方式修建的窨井、水井、下水道、地下坑道等设施。窨井，是指上下水道或其他地下管线工程时用于检查后疏通而建造的井状构造物。严格地说，地下设施也属于构筑物，无须单独规定。但是，由于《民法典》第 1252 条和第 1253 条只是规定了构筑物倒塌、坍塌、脱落、坠落这几种造成他人损害的方式，不够周延，因此由单独规定之必要。

（二）归责原则

地下设施损害责任适用过错推定责任，管理人可以通过证明已经尽到管理职责来免除责任。管理职责即维护与管理之义务，管理人应尽何种程度的维护与管理义务，要考虑地下设施之位置等因素而定。如果是位于道路和公共通道上的地下设施，由于直接关涉到公众安全，管理人须尽到高度的注意义务。例如，《城市道路管理条例》第 23 条规定："设在城市道路上的各类管线的检查井、箱盖或者城市道路附属设施，应当符合城市道路养护规范。因缺损影响交通和安全时，有关产权单位应当及时补缺或者修复。"倘若是位于自家封闭之院落的地下设施，如院子里修建的水井、粪池等，则管理人仅对那些合法进入该领域的人负有一定程度的注意义务。

（三）责任主体

地下设施损害责任的主体为管理人，该管理人既包括地下设施的所有人，如某人在自家院落内修建的水井、地窖等，也包括虽非所有人但对地下设施负有管理、维护职责的民事主体，如公路养护段、高速公路管理公司、物业服务公司、市政管理部门等。例如，在一起案件中，原告的雪铁龙轿车由张元汀驾驶，在沪陕高速公路行驶至曹营隧道内时，与高速公路路面隆起的窨井盖相撞，造成轿车受损的交通事故。法院认为：被告宛坪高速公司为该高速公路的管理者，其有责任和义务保障道路的畅通，虽然公路项目公司称下班之前已巡视过，但在张岳汀驾驶车辆经过隧道时与路面隆起的窨井盖相撞而造成车辆损失事故，也说明了宛坪高速公司对该路段养护和管理未到位，客观上是造成该事故的主要原因，对于张六汀的车辆损失应当承担主要赔偿责任。[32]

---

〔32〕 张六汀等与沪陕高速公路宛坪运营管理中心等道路交通事故财产损害赔偿纠纷上诉案，河南省南阳市中级人民法院（2010）南民二终字第 109 号民事判决书。

第三节　动产损害责任

一、搁置物、悬挂物损害责任

(一)概述

《民法典》第1253条规定了建筑物、构筑物或者其他设施上的"搁置物、悬挂物"脱落、坠落造成他人损害的责任。搁置物、悬挂物并非建筑物等不动产的成分,而是动产。

悬挂物,是指通过一定的连接方式而悬挂在建筑物、构筑物或其他设施的内部或外部的物体,如公路上悬挂的道路指示牌、警示牌,建筑物外墙上的空调外挂机、灯箱、霓虹灯招牌或广告牌,房屋内悬挂的吊灯、吸顶灯、吊扇、音箱、雕塑、画像,屋檐上雨雪结冰形成的冰棱等。悬挂物虽然不是建筑物、构筑物或其他设施的成分,但由于与建筑物、构筑物或其他设施相连接,所以,也不是能够随意移动的,这是其与搁置物的区别。搁置物,是指人为搁置在建筑物、构筑物或其他设施上,但并非该建筑物、构筑物或其他设施的成分,也并不与建筑物、构筑物或其他设施相连接,而是可以任意移动的动产,如放置阳台、窗台上的花盆、啤酒瓶、铁管、砖块、杠铃等。

(二)归责原则

搁置物、悬挂物之所以脱落、坠落造成他人损害,多因为所有人、管理人或使用人未尽维护、管理义务所致,因此适用过错推定责任。除非所有人、管理人或使用人证明自己没有过错,否则应当承担责任。在一起案件中,A从某大厦的顶楼(24楼)跳楼自杀,下降时恰好砸中B设置的印有"某某餐厅"的广告牌,广告牌碎裂后坠落,砸伤路人C。C起诉B承担赔偿责任。[33] 此案中,广告牌的坠落完全是因为A的跳楼自杀行为所致,并非B对广告牌的设置、管理或维护存在瑕疵。因此,B可以以A跳楼砸中广告牌作为理由,推翻过错推定,从而不承担赔偿责任。C应当起诉A的遗产继承人,要求其在所继承的遗产范围内承担侵权赔偿责任。然而,如果该广告牌是B违规擅自设置的,那么B仅仅证明广告牌掉下来是由于A跳楼所致,仍不足以证明其没有过错,需要承担侵权责任。

二、抛掷物、坠落物损害责任

(一)规范目的

近年来,在我国各地先后发生多起建筑物中抛掷的或坠落的物品造成他人损害的案件。[34] 由于无法查明具体的加害人为谁,故对此类案件的处理,司法实践中存在很大的分歧。首先,就是否受理此类案件,法院就有不同的认识。有的法院认为,受理案件的前提条件之一就是有明确的被告。但在抛掷物、坠落物致害之情形,被告都不能明确为具体的何人,故此原告的起诉不符合《民事诉讼法》的受理条件,不能受理。但是,最高人民法院认为,尽管无法查明确切

---

〔33〕 张明杰与张某某、原审被告陈兰英物件损害责任纠纷案,湖南省邵阳市中级人民法院(2015)邵中民一终字第30号民事判决书。

〔34〕 如重庆渝中区的多起烟灰缸致害案、山东济南的菜板伤人案、南京的砖头伤人案等。相关案件事实参见刘士国:《楼上落下物致人损害加害人不明的法律救济》,载《烟台大学学报》2006年第3期。

的加害人，但是被告的范围大体是明确的，不属于被告不明确的情形，人民法院应当受理。[35] 其次，虽然此类案件应受理，但如何处理又众说纷纭。有的人认为，抛掷物或坠落物致害属于非典型的共同危险行为，应当参照共同危险行为制度处理，即判定具有加害可能性的多个被告承担连带赔偿责任，内部平均分摊。[36] 有的人认为，应当按照《民法通则》第126条的规定处理，实行过错推定，如果被告不能证明自己没有过错就应当承担赔偿责任。[37] 还有的人认为，应当适用公平责任，由原被告分担损失处理。

例如，在深圳南山区曾发生一个案件。2006年5月31日下午5时40分许，深圳南山区的一名四年级的学生钟小雨与同学放学后相约一同回家，在走至南山大道和海德二路交界处的好来居大厦北侧的人行道时，钟小雨被一块从高空坠落的玻璃砸伤头部，经抢救无效死亡。案发后，虽经过警方不懈努力，但仍无法查明该块玻璃是从哪一户坠落的。钟小雨父母遂向南山区法院提起民事诉讼，将好来居的物业管理公司深圳市锦峰物业经营管理有限公司及好来居大厦北侧的73名业主一并告上法庭，要求赔偿各项损失总计76万余元。该案一审法院认为：原告在不能举证证明具体侵权人的情况下，要求全体业主作为共同侵权人承担赔偿责任，没有法律依据，亦有悖情理，法院不予支持。被告深圳市锦峰物业经营管理有限公司作为涉案建筑的物业管理者，对物业管理区域内违反有关治安、环保、物业装饰、装修和使用等方面法律、法规的行为，应当制止，并及时向有关行政管理部门报告。在本案中，于事故发生的一个多小时前，已经在该区域附近出现了一次高空坠物的事件。深圳市锦峰物业经营管理有限公司未举证证明其已经及时履行职责，说明其未能尽职履行物业管理人的职责，对原告的损害应当承担一定的赔偿责任。故此，一审法院判决由被告深圳市锦峰物业经营管理有限公司对原告的损失承担30%的赔偿责任，赔偿原告合计229,945元。二审法院撤销一审判决，判令好来居大厦北侧的74户业主每户向受害人补偿4000元，总计29.6万元。好来居的物业管理公司深圳市锦峰物业经营管理有限公司不承担责任。[38]

在缺乏明确法律规定的情形下，法院对此类案件的处理如此不同。甚至同一法院的不同的法官之间，也存在分歧。这就使得法院的裁判难以服众，引发当事人的上访或不断申请再审，使纠纷长期难以解决，不利于促进社会的和谐稳定。为统一审判依据，填补被侵权人的损失，实现社会公平正义；合理分散损失，促进社会和谐稳定，维护社会秩序，[39]《侵权责任法》第87条规定："从建筑物中抛掷物品或者从建筑物上坠落的物品造成他人损害，难以确定具体侵权人的，除能够证明自己不是侵权人的外，由可能加害的建筑物使用人给予补偿。"可以说，《侵权责任法》的这一规定填补了法律的空白，解决了困扰司法实践的难题，体现了《侵权责任法》"促进社会和谐稳定"的立法目的。

然而，在《民法典》编纂时，围绕该条产生了很大的争议，一些人批评该条属于株连性规定，很不公平。《民法典（草案）》审议过程中，"有的常委委员、部门和社会公众提出，本条规定在

---

〔35〕 最高人民法院审判监督庭2004年5月18日以（2004）民监他字第4号电话答复。

〔36〕 谭红：《关于李义栋等五人与柳宗和等十五人人身伤害赔偿纠纷案的请示与答复——高空抛物致人损害的责任承担》，载沈德咏主编：《审判监督指导》（2004年第4辑），人民法院出版社2005年版，第57页以下。

〔37〕 叶兆铜诉瑞安市二轻建筑安装工程公司损害赔偿案，温州市中级人民法院（1995）温民终字第187号民事判决书；刘蹬等与程某某搁置物损害赔偿纠纷上诉案，河南省漯河市中级人民法院（2010）漯民四终字第212号民事判决书。

〔38〕 《终审判决74户业主各补偿4000元》，载《深圳特区报》2010年6月11日。

〔39〕 王胜明主编：《中华人民共和国侵权责任法解读》，中国法制出版社2010年版，第426页以下。

实践中争议较大,执行难度也较大,建议删除或者修改该条规定”。[40] 经过反复研究论证,立法机关认为:近一段时间以来,“高空抛物坠物”造成他人损害的事件频发,“头顶上的安全”引发社会关注。“要从根本上解决这一问题,需要综合施策。对于造成损害后果的,公安机关应当依法立案调查,对责任人依法给予治安管理处罚;构成犯罪的,应当依法追究刑事责任。同时,还需要明确建筑物管理人、施工者、作业者的责任,做到多管齐下,共同发力。从民法典编纂来看,关于民事、行政和刑事三种法律责任的关系,民法总则在第一百八十七条中已经作了规定:民事主体因同一行为应当承担民事责任、行政责任和刑事责任的,承担行政责任或者刑事责任不影响承担民事责任。这一规定将编入民法典总则编中。因此,关于‘高空抛物坠物’行为应当承担行政责任和刑事责任问题,在侵权责任编中可不必再作规定。”[41] 据此,《民法典》第 1254 条从多个角度对“高空抛物坠物”问题作出了规范。

首先,禁止从建筑物中抛掷物品(第 1 款第 1 句)。这就是在法律上明确了任何单位或者个人都有不得从建筑物中抛掷物品的义务,确立了追究违反义务的行为人的法律责任(民事责任、行政责任以及刑事责任)的前提。

其次,基于自己责任原则,明确规定从建筑物中抛掷物品或者从建筑物上坠落的物品造成他人损害的,由侵权人依法承担侵权责任(第 1 款第 2 句)。这就是说,谁抛掷物品或者谁的物品坠落造成他人损害的,就应当由谁承担责任,这是侵权法的自己责任原则的基本要求。然而,实践中,受害人往往难以查明究竟是谁抛掷物品或谁的物品坠落给其造成损害的,因此,有关机关尤其是公安机关对于此种因抛掷物或坠落物造成他人损害的违法甚至是犯罪行为,不能懈怠,而应当依法履行职责,及时调查,查清责任人,这样不仅可以使得受害人要求加害人承担侵权责任,也有利于追究加害人的行政法律责任以及刑事责任。[42] 故此,第 1254 条第 3 款特别规定:“发生本条第一款规定的情形的,公安等机关应当依法及时调查,查清责任人。”[43]

再次,不少情况下,虽然经过公安等机关努力调查,依然无法查清责任人,此时受害人遭受的人身财产损失,不能给予相应的弥补。故此,第 1254 条第 1 款明确规定,经调查难以确定具体侵权人的,除能够证明自己不是侵权人的外,由可能加害的建筑物使用人给予补偿。可能加害的建筑物使用人补偿后,有权向侵权人追偿。

最后,明确规定,物业服务企业等建筑物管理人应当采取必要的安全保障措施防止高空抛物坠物情形发生,如果未采取必要的安全保障措施,应当依法承担未履行安全保障义务的侵权责任(第 1254 条第 2 款)。

---

〔40〕《全国人民代表大会宪法和法律委员会关于〈民法典侵权责任编(草案)〉修改情况的汇报》,载《民法典立法背景与观点全集》编写组:《民法典立法背景与观点全集》,法律出版社 2020 年版,第 36 页。

〔41〕《全国人民代表大会宪法和法律委员会关于〈民法典侵权责任编(草案)〉修改情况的汇报》,载《民法典立法背景与观点全集》编写组:《民法典立法背景与观点全集》,法律出版社 2020 年版,第 50 ~ 51 页。

〔42〕《最高人民法院关于依法妥善审理高空抛物、坠物案件的意见》(法发[2019]25 号)第 5 条第 2 款规定:“故意从高空抛弃物品,尚未造成严重后果,但足以危害公共安全的,依照刑法第一百一十四条规定的以危险方法危害公共安全罪定罪处罚;致人重伤、死亡或者使公私财产遭受重大损失的,依照刑法第一百一十五条第一款的规定处罚。为伤害、杀害特定人员实施上述行为的,依照故意伤害罪、故意杀人罪定罪处罚。”

〔43〕《民法典(草案)》曾经只是规定“有关机关应当依法及时调查”,在审议时,有的代表提出,高空抛物或者坠物行为危害公众安全,公安机关有责任进行调查以查清责任人,建议将“有关机关”明确为“公安等机关”,该意见被接受。参见《第十三届全国人民代表大会宪法和法律委员会关于〈中华人民共和国民法典(草案)〉审议结果的报告》,载《民法典立法背景与观点全集》编写组:《民法典立法背景与观点全集》,法律出版社 2020 年版,第 65 页。

（二）可能加害的建筑物使用人的补偿责任

1. 责任性质和构成要件

《民法典》第1254条第1款规定的“由可能加害的建筑物使用人给予补偿”，此种补偿责任不同于赔偿责任，性质上属于公平责任。其构成要件如下：

首先，造成损害的物品是从“建筑物”而非“构筑物或其他设施”中抛掷或者坠落的物品。这是因为，建筑物如住宅楼、办公楼往往层数较多且存在多个所有人（建筑物区分所有权人）或使用人，难以确定具体的侵权人。如果是从构筑物或其他设施中抛掷或坠落的物品造成他人损害的，因该构筑物或其他设施的权利人多为单个的民事主体，受害人完全可以依据《民法典》第1253条，要求所有人、管理人或使用人承担责任，不存在“由可能加害的建筑物使用人给予补偿”的问题。[44] 实践中常见的抛掷物或坠落物，有烟灰缸、砖头、菜板、玻璃、花盆等。

其次，造成他人损害，该损害可能是人身伤亡，也可能是财产损失。前者如受害人被楼上掉下来的水泥块砸伤，[45] 后者如受害人在自家露天阳台上建的阳光玻璃房的房顶被楼上扔下来的啤酒瓶砸坏。[46]

最后，必须是经调查难以确定具体的侵权人。如果能够确定具体的侵权人，就应当由该侵权人承担责任。

2. 责任主体

承担《民法典》第1254条第1款的补偿责任的主体，为“可能加害的建筑物使用人”。

首先，责任人是建筑物的使用人而非所有人。使用人是指损害发生时占有并使用建筑物的人。使用人可能与所有人是同一人，也可能不是同一人，例如，出租房屋的情形下，承租人就是使用人，不同于所有人。《民法典》之所以将责任主体限定为使用人，是因为只有这些人于损害发生时在建筑物内进行活动，控制、管理着建筑物和建筑物内的物品。当抛掷物、坠落物致人损害，又无法确定具体加害人时，加害者基本上就隐藏在使用人当中。因此，只有在实际使用人中间确定可能的加害人才与社会生活的实际经验最相吻合。

其次，必须是可能加害的建筑物使用人。所谓“可能加害”，是指与损害具有因果关系的可能性较大。例如，某小区有A、B、C三栋楼，A楼位于小区的最东边。受害人甲是在A楼东侧被掉下来的烟灰缸砸伤。那么，B楼、C楼以及A楼西侧的住户，绝非可能加害的建筑物使用人。此外，即便是A楼东侧的业主，一层以及二层的住户也不大可能是可能加害的建筑物使用人。

最后，如果在诉讼发生时经过调查难以确定具体侵权人，而由可能加害的建筑物使用人对被侵权人给予了补偿，但此后发现了侵权人，那么依据《民法典》第1254条第1款，可能加害的建筑物使用人补偿后，有权向侵权人追偿。

---

〔44〕《最高人民法院关于依法妥善审理高空抛物、坠物案件的意见》第11条规定：“区分坠落物、抛掷物的不同法律适用规则。建筑物及其搁置物、悬挂物发生脱落、坠落造成他人损害的，所有人、管理人或者使用人不能证明自己没有过错的，人民法院应当适用侵权责任法第八十五条的规定，依法判决其承担侵权责任；有其他责任人的，所有人、管理人或者使用人赔偿后向其他责任人主张追偿权的，人民法院应予支持。从建筑物中抛掷物品造成他人损害的，应当尽量查明直接侵权人，并依法判决其承担侵权责任。”

〔45〕黄某某诉陈权茂等十二户人身损害赔偿纠纷案，广东省梅州市中级人民法院（2011）梅中法民一终字第123号民事判决书。

〔46〕张志福与吴东祥、杭霞云、闵廷勇等不明抛掷物、坠落物损害责任纠纷案，贵州省遵义市汇川区人民法院（2014）汇民初字第1748号民事判决书。

3. 免责事由

可能的加害人只有在证明自己不是侵权人时，才能免除补偿责任。要证明自己不是侵权人，就必须排除自己加害的全部可能性，这种证明责任的要求是比较高的。例如，受害人甲被建筑物中抛出的烟灰缸砸伤。其以二楼上的住户乙、丙、丁、戊为被告提起诉讼。被告丁证明了，损害发生时自己和家人全部在国外旅行，家中并无任何人居住。就可以排除其加害之全部可能性。但是如果丁只是证明自己和家人都不抽烟，因此没有烟灰缸。这显然没有排除加害的全部可能性。因为被告及其家人不抽烟并不等于家中就一定没有烟灰缸。

(三)建筑物管理人违反安全保障义务的责任

所谓建筑物的管理人，是指对于建筑物负有维护管理职责的民事主体，最典型的就是物业服务企业。此外，一些建筑物的所有权人自行负责建筑物管理维护的，则该所有权人就是建筑物的管理人。作为建筑物的管理人，其依据物业服务合同的约定或者法律法规的规定等，对建筑物负有维修、养护、管理和维护义务，应当采取必要的安全保障措施来防止发生高空抛物坠物损害他人合法权益的情形。《民法典》第942条规定："物业服务人应当按照约定和物业的使用性质，妥善维修、养护、清洁、绿化和经营管理物业服务区域内的业主共有部分，维护物业服务区域内的基本秩序，采取合理措施保护业主的人身、财产安全。对物业服务区域内违反有关治安、环保、消防等法律法规的行为，物业服务人应当及时采取合理措施制止、向有关行政主管部门报告并协助处理。"因此，在发现有人从建筑物中抛掷物品或者建筑物上出现坠落的物品的情形，物业服务人应当采取相应的措施，如向公安机关报告、对于业主尽到提醒告知的义务甚至采取安装摄像头等来查找抛掷人等，来防止发生此等情形。如果其没有履行这些安全保障义务的，那么就应当承担未履行安全保障义务的侵权责任。《民法典》第1254条第2款中所谓"承担未履行安全保障义务的侵权责任"，就是指物业服务企业等建筑物管理人应当依据《民法典》第1198条承担违反安全保障义务的侵权责任。

三、堆放物损害责任

(一)概述

《民法典》第1255条规定："堆放物倒塌、滚落或者滑落造成他人损害，堆放人不能证明自己没有过错的，应当承担侵权责任。"该条规定的是堆放物损害责任，适用的是过错推定责任。只有堆放人证明自己没有过错的，才可以免于承担侵权责任。

堆放物属于动产，不仅包括堆放在土地上的各种物品，如砖头、水泥、钢材、木材、石块、煤块等，还包括堆放在其他物品上的物，如堆放在汽车上的家具等。但是，堆放在公共道路上的物，不属于《民法典》第1255条的堆放物，应当适用《民法典》第1256条的规定。此外，堆放在建筑物、构筑物或其他设施上的物品，如果脱落、坠落造成他人损害的，应当使用《民法典》第1253条。

(二)责任主体

堆放物损害责任的主体规定为"堆放人"。堆放人并非指从事堆放行为之人，而应理解为堆放物品的所有人或者管理人。因为从事堆放物品行为的人有可能只是该物品的所有人或管理人的工作人员，其在执行工作任务过程造成他人损害的，应由用人单位承担侵权责任。

四、妨碍通行的物品损害责任

(一)规范目的

《民法典》第1256条定："在公共道路上堆放、倾倒、遗撒妨碍通行的物品造成他人损害的，由行为人承担侵权责任。公共道路管理人不能证明已经尽到清理、防护、警示等义务的，应当承担相应的责任。”所谓在公共道路上堆放、倾倒、遗撒妨碍通行的物品，如任意堆放在路上的沙石、砖块、谷子，倾倒在路上的垃圾，从车上遗撒下来的土块、石头、石油等。由于公共道路是供不特定的公众通行之用，如果任由行为人在公共道路上堆放、倾倒、遗撒妨碍通行的物品，势必对广大公众的人身财产安全造成极大的威胁。故此，我国法律明确禁止任何人在公共道路上违法堆放、倾倒或遗撒妨碍通行的物品。例如，《道路交通安全法》第31条规定：“未经许可，任何单位和个人不得占用道路从事非交通活动。”《公路法》第46条和第47条规定，任何单位和个人不得在公路上及公路用地范围内摆摊设点、堆放物品、倾倒垃圾、设置障碍、挖沟引水、利用公路边沟排放污物或者进行其他损坏、污染公路和影响公路畅通的活动。在大中型公路桥梁和渡口周围二百米、公路隧道上方和洞口外一百米范围内，以及在公路两侧一定距离内，不得挖砂、采石、取土、倾倒废弃物，不得进行爆破作业及其他危及公路、公路桥梁、公路隧道、公路渡口安全的活动。再如，《公路安全保护条例》第16条规定，禁止将公路作为检验车辆制动性能的试车场地。禁止在公路、公路用地范围内摆摊设点、堆放物品、倾倒垃圾、设置障碍、挖沟引水、打场晒粮、种植作物、放养牲畜、采石、取土、采空作业、焚烧物品、利用公路边沟排放污物或者进行其他损坏、污染公路和影响公路畅通的行为。

为了更好地保障公众安全，预防和制止侵权行为，《侵权责任法》第89条对妨碍通行的物品造成损害的侵权责任作出了特别规定。《民法典》第1256条在《侵权责任法》第89条的基础上进一步作出了修改完善。

（二）归责原则与构成要件

《侵权责任法》第89条曾规定，在公共道路上堆放、倾倒、遗撒妨碍通行的物品造成他人损害的，有关单位或者个人应当承担侵权责任。该条规定的是无过错责任，也就是说，只要在公共道路上堆放、倾倒、遗撒妨碍通行的物品造成他人损害的，有关单位或个人就要承担侵权责任，无论其有无过错。然而，该条中的“**有关单位或者个人**”并不清晰，这显然是一个非常模糊且范围很广的表述。它可能既包括那些直接从事堆放、倾倒、遗撒妨碍通行的物品的行为人，也包括对公共道路负有管理、维护义务的单位。

在《民法典》编纂时，立法机关修改了《侵权责任法》第89条，在《民法典》第1256条中明确了妨碍通行的物品损害责任的主体为两类：一是行为人，即在公共道路上实施了堆放、倾倒、遗撒妨碍通行的物品的行为之人；二是公共道路管理人，即依法对公共道路负有管理维护职责的人。在区分这两类责任主体的基础上，《民法典》第1256条还分别确立了不同的责任。

1. 行为人承担的是无过错责任。这是因为，首先，公共道路是供公众通行之用，法律法规已经非常明确地规定了不得在公共道路上堆放、倾倒、遗撒妨碍通行的物品，因为这对于公共安全构成了严重的威胁，故此，行为人只要实施了该行为，造成他人损害，就应当承担侵权责任。事实上，这种行为本身也就证明了行为人是有过错的，否则也不会发生该行为。例如，依据《公路安全保护条例》第43条第1款规定，“车辆应当规范装载，装载物不得触地拖行。车辆装载物易掉落、遗洒或者飘散的，应当采取厢式密闭等有效防护措施方可在公路上行驶”。汽车遗撒物品往往就是没有规范装载或者没有采取有效的防护措施所致。因此，行为人基本上不可能证明自己没有过错。对之适用无过错责任既不过苛，也有利更好地维护公共安全。

2. 公共道路管理人承担过错推定责任（参见**案例**26.3.1）。公共道路管理人依法负有维护管理公共道路的职责。《公路法》第35条规定：“公路管理机构应当按照国务院交通主管部门

案例阅读

案例26.3.1
姚友民与东台市城市管理局、东台市环境卫生管理处公共道路妨碍通行责任纠纷案

规定的技术规范和操作规程对公路进行养护,保证公路经常处于良好的技术状态。”《公路安全保护条例》第 43 条第 2 款第 5 句规定:“公路管理机构、公路经营企业应当及时清除掉落、遗洒、飘散在公路上的障碍物。”第 44 条规定:“公路管理机构、公路经营企业应当加强公路养护,保证公路经常处于良好技术状态。前款所称良好技术状态,是指公路自身的物理状态符合有关技术标准的要求,包括路面平整,路肩、边坡平顺,有关设施完好。”第 47 条第 1 款规定:“公路管理机构、公路经营企业应当按照国务院交通运输主管部门的规定对公路进行巡查,并制作巡查记录;发现公路坍塌、坑槽、隆起等损毁的,应当及时设置警示标志,并采取措施修复。”《城市道路管理条例》第 21 条规定:“承担城市道路养护、维修的单位,应当严格执行城市道路养护、维修的技术规范,定期对城市道路进行养护、维修,确保养护、维修工程的质量。市政工程行政主管部门负责对养护、维修工程的质量进行监督检查,保障城市道路完好。”故此,公共道路管理人应当依法履行养护、维修管理公共道路的义务,发现在公共道路上存在堆放、倾倒、遗撒妨碍通行的物品时,应当及时清理、防护和警示。如果其没有尽到此等义务,而造成他人损害的话,那么就应当承担侵权责任。如果公共道路管理人已经尽到该义务,即便因为公共道路上存在堆放、倾倒、遗撒妨碍通行的物品而造成他人损害,也只是应当由行为人承担侵权责任。有观点认为,只要因公共道路上堆放、倾倒、遗撒妨碍通行的物品造成他人的损害,公共道路管理人就应当承担侵权责任,即应当适用无过错责任。但是,这种责任可能过于苛刻,因为公共道路管理人只能保证依法履行清理、防护、警示等义务,但无法在客观上保证公共道路的任何路段在任何时间内都能维持安全良好的通行状态。如果只要因为公共道路上堆放、倾倒、遗撒妨碍通行的物品造成他人损害,公共道路管理人就要承担侵权责任,此种责任将成为结果责任,过于苛刻。《道路交通事故损害赔偿解释》第 10 条规定:“因在道路上堆放、倾倒、遗撒物品等妨碍通行的行为,导致交通事故造成损害,当事人请求行为人承担赔偿责任的,人民法院应予支持。道路管理者不能证明已按照法律、法规、规章、国家标准、行业标准或者地方标准尽到清理、防护、警示等义务的,应当承担相应的赔偿责任。”显然,司法解释本条规定道路管理者承担的是过错推定责任,即道路管理者只有证明了自己已经“按照法律、法规、规章、国家标准、行业标准或者地方标准尽到清理、防护、警示等义务”后,才能免责,否则应承担相应的赔偿责任。《民法典》采取了司法解释这一做法,明确了公共道路管理人承担的是过错推定责任,即除非管理人能够证明已经尽到清理、防护、警示等义务,否则应当承担侵权责任。此外,考虑到损害是因为行为人在公共道路上堆放、倾倒、遗撒妨碍通行的物品所致,故此公共道路管理人即便存在过错,也不应当承担全部的赔偿责任,而只是应当根据自己的过错程度、原因力大小等因素承担相应的责任。[47]

案例阅读

案例26.3.2
江宁县东山镇副业公司与江苏省南京机场高速公路管理处损害赔偿纠纷上诉案

此外,由于我国的高速公路基本上都是收费公路,受害人与高速公路公司存在合同关系。因此,受害人不仅可以追究高速公路公司的侵权责任,也可以追究高速公路公司的违约责任(参见**案例** 26.3.2)。高速公路公司承担违约责任后,可以向侵权的第三人追偿。

---

〔47〕 台前县公路管理局与李传辉等建筑物、搁置物、悬挂物塌落损害赔偿纠纷上诉案,河南省濮阳市中级人民法院(2009)濮中法民一终字第 692 号民事判决书。

第五编　侵权责任的承担

第二十七章　导　论

文献阅读

本章重点

我国《民法典》延续了《民法通则》《侵权责任法》的立法体例，将绝对权保护请求权和侵权损害赔偿请求权都作为侵权责任的承担方式，其中，停止侵害、排除妨碍、消除危险、返还财产属于绝对权请求权，而赔偿损失、恢复原状、赔礼道歉、消除影响、恢复名誉属于侵权损害赔偿请求权。此外，《民法典》侵权责任编还将《侵权责任法》第二章“责任构成和责任方式”修改为第二章“损害赔偿”，仅规定侵权赔偿请求权，而在《民法典》的物权编、人格权编中对物权请求权、人格权请求权作出了较为具体的规定。这表明在我国法上，作为绝对权请求权的侵权责任承担方式与作为侵权赔偿请求权的侵权责任承担方式的区分日益明显。

第一节　概　述

一、侵权责任法律关系的主体

侵权责任法律关系的主体如图 27.1.1 所示，详述如下。

(一)行为人与侵权人

《民法典》区分了“行为人”与“侵权人”(如第 1165、1166、1167 条等)。所谓行为人，指的是实施加害行为的人，也称“加害人”。侵权人，是指承担侵权责任之人。侵权法以自己责任为基本原则，因此除法律另有规定，行为人就是侵权人。侵权人可以是自然人，也可以是组织(如法人或者非法人组织)。侵权人是自然人的，其死亡后，应当由继承人在继承的财产范围内承担被继承人的侵权赔偿责任(损害赔偿债务)；侵权人是组织的，其发生分立、合并的，承受义务的组织应当承担侵权责任。

(二)被侵权人与侵权责任的请求权人

被侵权人，是指民事权益遭受侵害的人，也称“受害人”“被害人”。民事权益受到侵害的，被侵权人有权请求侵权人承担侵权责任(《民法典》第 120 条)。故此，被侵权人通常就是有权要求侵权人承担侵权责任的请求权人。但是，在被侵权人因侵权行为而死亡时，其本人无法请求侵权人承担侵权责任。此时，被侵权人的近亲属有权请求侵权人承担侵权责任。被侵权人为组织，该组织分立、合并的，承继权利的组织有权请求侵权人承担侵权责任(《民法典》第 1181 条第 1 款)。此外，被侵权人死亡的，支付被侵权人医疗费、丧葬费等合理费用的人有权请求侵权人赔偿费用，除非侵权人已经支付该费用(《民法典》第 1181 条第 2 款)。

(三)赔偿义务人与赔偿权利人

赔偿权利人与赔偿义务人是损害赔偿法律关系中的当事人。所谓赔偿权利人,是指因侵权行为或者其他致害原因直接遭受人身损害的受害人、依法由受害人承担扶养义务的被扶养人以及死亡受害人的近亲属(《人身损害赔偿解释》第1条第2款)。[1] 赔偿义务人,是指因自己或者他人的侵权行为以及其他致害原因依法应当承担民事责任的自然人、法人或者非法人组织(《人身损害赔偿解释》第1条第3款)。

由于我国承担侵权责任的方式除损害赔偿外,还包括停止侵害、排除妨碍、消除危险、返还财产、赔礼道歉等,故《民法典》没有采取“赔偿权利人”“赔偿义务人”这一对概念。

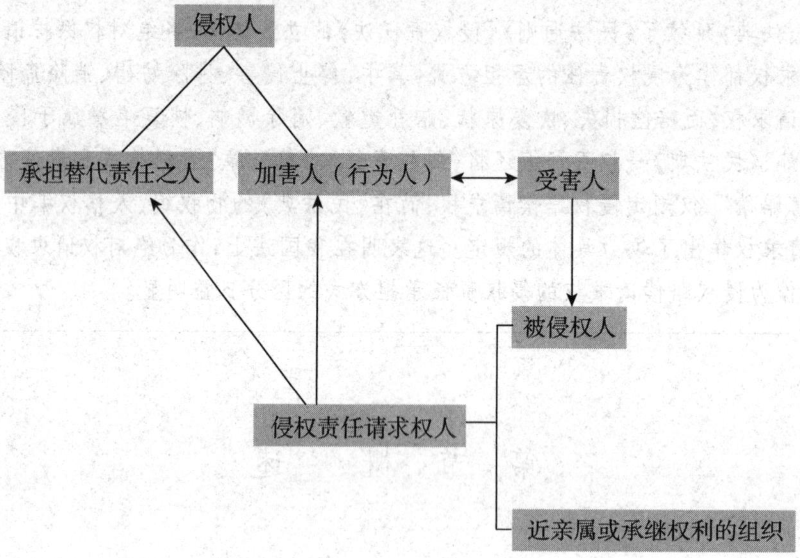

图27.1.1 侵权责任法律关系的主体

讨论 流浪人员因侵权行为死亡时赔偿请求权人的确定

在流浪人员因交通事故等侵权行为而死亡时,受害人已死亡且身份不明,无法联络其近亲属或其他亲属。此时,何人有权针对侵权人行使侵权赔偿请求权。司法实践有不同的态度。一种观点认为,在流浪人员因侵权而死亡时,救助站或民政局有权作为赔偿请求权人,要求侵权人承担赔偿责任。在获得相应的赔偿金后,救助站或民政局可以先暂时代为保管,以待死者

[1] 最高人民法院认为,农村五保户因交通事故等侵权行为死亡时获得的死亡赔偿金与丧葬费,仍应当归死者的近亲属而非敬老院等养老机构。当然,如果敬老院等实际支出了丧葬费,有权请求死者的近亲属予以返还。详见最高人民法院民一庭:《农村五保户因交通事故等侵权行为致死获赔的死亡赔偿金应归谁所有》,载最高人民法院民事审判第一庭:《民事审判指导与参考》(总第45辑),人民法院出版社2011年版,第140页;最高人民法院民一庭:《农村五保户因交通事故等侵权行为致死获赔的丧葬费应归谁所有》,载最高人民法院民事审判第一庭:《民事审判指导与参考》(总第46辑),人民法院出版社2011年版,第122页。

的近亲属将来领取。[2] 另一种观点也是最高人民法院赞同的观点认为:“因交通事故引发的人身损害赔偿案件中,死亡受害人为城市生活无着的流浪乞讨人员,经公安部门刊发启示未发现其近亲属,政府民政部门作为原告提起民事诉讼,要求赔偿义务人承担赔偿责任的,因民政部门不是法律规定的赔偿权利人,与案件不存在民事权利义务关系,且其法定职责不包括代表或代替城市生活无着的流浪乞讨人员提起民事诉讼,故民政部门不是案件的适格诉讼主体,其起诉应依法驳回。”[3]《道路交通事故损害赔偿解释》第26条第1、2款规定:“被侵权人因道路交通事故死亡,无近亲属或者近亲属不明,未经法律授权的机关或者有关组织向人民法院起诉主张死亡赔偿金的,人民法院不予受理。侵权人以已向未经法律授权的机关或者有关组织支付死亡赔偿金为理由,请求保险公司在交强险责任限额范围内予以赔偿的,人民法院不予支持。”

本书认为,从保护受害人近亲属合法权益的角度来看,今后应由法律明确规定,如受害人死亡而又暂时无法查明其近亲属时,由某一国家机关(如检察机关)来代为行使要求赔偿义务人赔偿的权利。这样做的好处在于:一则可以避免因时过境迁而致受害人近亲属难以要求侵权人承担赔偿责任;二则也有利于保险公司及时给付相应的保险赔偿金,维护受害人的合法权益,分散侵权人的风险。[4] 不过,在当下法律没有规定的时候,无论是民政局还是公安机关交通管理部门都无权代替受害人行使赔偿请求权。

二、多样化的侵权责任承担方式

侵权责任成立后需要解决的问题就是,侵权人如何承担侵权责任。法律上对侵权责任承担方式的规定,应以最有效地消除侵权行为对被侵权人造成的不利影响为宗旨。如果侵权行为造成了被侵权人财产损失或精神损害,最有效的侵权责任方式就是损害赔偿。通过恢复原状或金钱赔偿的方式,损害赔偿责任可以使得受害人恢复到倘若侵权行为没有发生其应处的状态。可是,虽然侵害了民事权益,构成了侵权行为,但尚未给被侵权人造成损害而只是构成了妨害或有妨害的危险,则被侵权人还存在制止或防御即将发生的侵害或损害的机会。此时,立法者就应当赋予“法院在损害尚未发生的期间基于当事人的申请提供法律保护措施的职权”,否则就没有尽到法律保护的义务。[5]

《侵权责任法》继承了《民法通则》第134条的规定,确立了多种侵权责任承担方式,为被侵权人提供了可供选择的救济方式。《侵权责任法》第15条第1款规定了8种承担侵权责任的方式:(1)停止侵害;(2)排除妨碍;(3)消除危险;(4)返还财产;(5)恢复原状;(6)赔偿损失;

---

〔2〕 例如,在“重庆市丰都县救助管理站诉刘某某等道路交通事故人身损害赔偿案”中,法院肯定了救助站可以代为提起诉讼。参见重庆市高级人民法院:《重庆审判案例精选》(第3辑),法律出版社2008年版,第294页以下。在另外一个案件中,受害人为流浪儿,因交通事故而受伤,法院认可民政局作为其法定代理人提起诉讼。参见居无定所的流浪儿李义由交通事故发生地的民政局作法定代理人诉李某人身损害赔偿案,载最高人民法院中国应用法学研究所编:《人民法院案例选》(总第39辑),人民法院出版社2002年版,第159页以下。

〔3〕 高淳县民政局诉王昌胜、吕芳、天安保险江苏分公司交通事故人身损害赔偿纠纷案,载《最高人民法院公报》2007年第6期。

〔4〕 相关案例参见张瑞存:《交通事故死亡人员身份不明时的保险理赔问题——北京祥龙客运公司诉中国人民财产保险公司北京市西城支公司财产保险合同案相关法律问题分析》,载北京市高级人民法院:《审判前沿:新类型案件审判实务》(总第40集),法律出版社2012年版,第80~83页。

〔5〕 [德]克里斯蒂安·冯·巴尔:《欧洲比较侵权行为法》(下),焦美华译,法律出版社2004年版,第159页。

(7)赔礼道歉;(8)消除影响、恢复名誉。[6] 这些承担侵权责任的方式,既能够单独适用,也可以合并适用(同条第2款)。

《民法典》没有在侵权责任编中规定哪些民事责任承担方式属于侵权责任承担方式,只是在总则编即第179条第1款规定了11种民事责任的承担方式,其中有8种属于侵权责任的承担方式,即停止侵害、排除妨碍、消除危险、返还财产、恢复原状、赔偿损失、赔礼道歉、消除影响、恢复名誉。这些承担侵权责任的方式,既能够单独适用,也可以合并适用(《民法典》第179条第3款)。此外,《民法典》还明确规定:"法律规定惩罚性赔偿的,依照其规定。"惩罚性赔偿既可以适用于侵权责任,也可以适用于合同责任。

提 示

实践中,有时在侵权纠纷中,赔偿义务人为了避免赔偿权利人无休无止的纠缠,主动作为原告向法院提起诉讼,请求法院确认损害赔偿义务的范围。对于此种案件,人民法院应当予以受理。例如,在一个案件中,郎某在某国税局享有产权的宿舍楼下经过时,被楼上掉下的玻璃扎伤头顶部。郎某的家属以此为由陆续要求国税局支付了治疗费、生活费、护理费、差旅补助费等共计20万元。2000年以后,郎某家属进而提出要求解决郎某毕业后工作安排和住房的要求。无奈之下,国税局于2002年7月起诉至人民法院要求法院对郎某受伤后的治疗费、护理费、营养费、今后治疗费以及残疾补助金等应赔偿的费用予以确认。一、二审法院均以"原告在本次伤害赔偿中是义务主体,并不享有起诉的权利"为由,驳回了原告的起诉。最高人民法院立案庭则认为,一、二审法院的做法是错误的,该案符合民事诉讼法的起诉条件,应当受理。[7]

三、侵权责任承担方式的类型

不同的侵权案件中,侵权人的侵权责任承担方式是不同的。只有对侵权责任承担方式的性质进行类型化研究,方能准确地加以适用。

(一)绝对权请求权与损害赔偿责任的区分与适用

依据性质的不同,可以将侵权责任的承担方式分为绝对权请求权与损害赔偿请求权。所谓绝对权请求权,是指据以排除对物权、人格权、知识产权等绝对权构成侵害、妨碍或具有侵害或妨碍的危险的行为,从而确保绝对权之圆满状态的请求权。性质上属于绝对权请求权的侵权责任承担方式有停止侵害、排除妨害、消除危险、返还原物。损害赔偿责任,也称损害赔偿请求权,在侵权法中就是侵权损害赔偿责任或侵权损害赔偿请求权,是指侵权人请求被侵权人赔偿因侵权行为给其造成的损害(财产损失与精神损害)的请求权。恢复原状与赔偿损失是最典型的侵权损害赔偿请求权,它们是实现这一请求权的两种具体方式。在我国法上,还有两类比较特殊的侵权责任承担方式,即赔礼道歉与消除影响、恢复名誉。这两类侵权责任承担方式实

---

[6] 《侵权责任法》第15条第1款只是将《民法通则》第134条第1款中的两类违约责任的承担方式——"修理、重作、更换"及"支付违约金"——加以排除。

[7] 姜启波、王胜全、李伟、刘小飞:《新型疑难民商事案件受理问题》(上),载最高人民法院立案庭编:《立案工作指导》(2006年第1辑),人民法院出版社2006年版,第63页以下。

际上具有恢复原状的功能,因此也可以归入损害赔偿请求权的范畴。绝对权请求权与损害赔偿请求权有以下区别:

1. 是否具有独立性上的不同。绝对权请求权不是独立的请求权,它具有从属性,即从属于所保护的绝对权。由于人格权具有专属性,不得转让、放弃或继承,故此作为绝对权请求权的人格权请求权也不得转让、继承或放弃;但是,物权是可以转让的,因此物权请求权可以随之而转让。侵权损害赔偿请求权在性质上为债法的请求权,属于独立的请求权,可以单独转让。

2. 保护的对象不同。损害赔偿请求权适用于所有的侵权法保护的民事权益(无论是人身权益还是财产权益)因遭受他人侵害而受到损害的场合。然而,绝对权请求权保护的只是性质上属于绝对权的民事权利,而不包括债权以及并非权利的民事利益。只有绝对权具有排他性,效力非常强大,可以对权利人以外的一切人发生排斥效力。依据绝对权请求权所保护的绝对权的不同,可将之分为物权请求权、人格权请求权、知识产权请求权等。《民法典》分别在物权编和人格权编中对物权请求权和人格权请求权作出了规定。物权请求权包括返还原物请求权(《民法典》第235条),排除妨害请求权和消除危险请求权(《民法典》第236条);人格权请求权包括停止侵害请求权,排除妨碍请求权以及消除危险请求权(《民法典》第995条)。

3. 适用的要件不同。归责原则只是损害赔偿的归责原则,而非任何侵权责任的归责原则。侵权损害赔偿责任以过错责任为最基本之归责原则,无过错责任须有法律之明文规定方能适用。故此,适用作为损害赔偿请求权的侵权责任承担方式时,原则上要求侵权人存在过错(受害人证明或法律推定之),除非法律特别规定适用无过错责任。但是,适用作为绝对权请求权的侵权责任承担方式时,既无须考虑是否有损害,也无须考虑侵权人有无过错。即便侵权人没有过错,构成对绝对权的侵害或妨害之危险时,也要承担停止侵害、排除妨碍、消除危险等侵权责任。因为权利人之外的任何人,在未经权利人同意又无法定免责事由的情形下,对绝对权之妨害或侵害行为本身就是非法的。基于绝对权的排他性,权利人当然有权排除之。[8]

4. 是否连带承担责任上的不同。连带责任就是连带赔偿责任,也称连带债务。只有当数个侵权人承担的是性质上属于损害赔偿请求权的侵权责任,他们才可能构成连带责任。至于作为绝对权保护请求权的侵权责任,如返还财产、排除妨害、消除危险等,是无法连带承担的(参见**案例**27.1.1)。

> **案例阅读**
>
> **案例27.1.1**
> 重庆康华科技有限公司诉吴良泉等侵权案

5. 是否适用诉讼时效不同。作为绝对权请求权的侵权责任承担方式,如停止侵害、排除妨碍、消除危险并不适用诉讼时效,对此《民法典》第196条第1、2项和第995条有明确的规定。侵权损害赔偿请求权原则上适用诉讼时效,但依据《民法典》第995条,赔礼道歉、消除影响、恢复名誉也不适用诉讼时效。

(二)防御型侵权责任承担方式与补救型侵权责任承担方式

依据功能的不同,可将侵权责任的承担方式分为防御型与补救型侵权责任承担方式。

1. 防御型侵权责任承担方式,也称为"预防型侵权责任承担方式",包括停止侵害、排除妨碍与消除危险。此类侵权责任的承担方式为被侵权人提供的是"**事先的**"保护,主要适用于侵权行为尚未给被侵权人的人身权益、财产权益造成损害,但已构成侵害、妨碍或存在侵害的危险等情形。正因如此,就一些具体的人格权请求权的行使,《民法典》有专门的规定,例如,《民

[8] 王洪亮:《论侵权法中的防御请求权》,载《北方法学》2010年第1期。

法典》第1028条规定:“民事主体有证据证明报刊、网络等媒体报道的内容失实,侵害其名誉权的,有权请求该媒体及时采取更正或者删除等必要措施。”第1029条规定:“民事主体可以依法查询自己的信用评价;发现信用评价不当的,有权提出异议并请求采取更正、删除等必要措施。信用评价人应当及时核查,经核查属实的,应当及时采取必要措施。”〔9〕此外,即便损害已经发生,但是,如果侵害或妨碍行为仍然存在,被侵权人也有必要通过此类侵权责任承担方式加以排除。故此,防御型侵权责任承担方式既可以“防患于未然”,还能够“亡羊补牢”。

2. 补救型侵权责任承担方式。它是在侵权行为已给被侵权人造成了损害的场合为被侵权人提供事后的救济,包括返还财产、恢复原状、赔偿损失、赔礼道歉、消除影响与恢复名誉。此类侵权责任的承担方式可以使被侵权人遭受侵害的权益重新恢复到假如侵权行为没有发生其本应处的状态。

防御型侵权责任承担方式与补救型侵权责任承担方式既可以单独适用,也可以合并适用。在损害尚未实际发生的情况下,通常只适用防御型侵权责任承担方式。如果被侵权人已经遭受了损害,无论是财产损失还是精神损害,都需要适用补救型的侵权责任承担方式。当侵权行为已给被侵权人造成了实际的损害,且该行为仍在持续,被侵权人不仅可以要求侵权人恢复原状、赔偿损失,还有权要求侵权人停止侵害、排除妨碍。例如,A化工厂超标排放的废气导致附近居民中毒,受害人有权要求该厂承担侵权赔偿责任,同时还有权要求其停止仍在持续的环境污染行为。

四、防御型侵权责任承担方式与行为保全

在以往的《民事诉讼法》中,仅有财产保全的规定,而缺乏行为保全制度。所谓财产保全是指人民法院作出裁定,对一方当事人的财产采取查封、扣押、冻结等保全措施,防止当事人转移或处分被保全的财产,最终保证将来生效法律文书的执行。然而,实践中,当事人还有大量的对于行为保全制度的需要。例如,在环境污染案件中,需要法院先责令污染者停止排放污水、废气等污染行为即停止侵害;在行为人的某种即将到来的行为将要侵害一方当事人的人格权、著作权等民事权益的时候,由法院发出禁令,禁止该行为的实施,从而消除权利被侵害的危险。

为了满足这些需要,更好地发挥防御型请求权——停止侵害、排除妨碍与消除危险——的功能,2012年修正我国《民事诉讼法》时增加了行为保全制度。行为保全,是指人民法院作出裁定,责令一方当事人作出一定行为或者禁止其作出一定的行为,防止该当事人正在实施或将要实施的行为给申请人造成不可弥补的损害。〔10〕修正后的《民事诉讼法》第100条第1款规定:“人民法院对于可能因当事人一方的行为或者其他原因,使判决难以执行或者造成当事人其他损害的案件,根据对方当事人的申请,可以裁定对其财产进行保全、责令其作出一定行为或者禁止其作出一定行为;当事人没有提出申请的,人民法院在必要时也可以裁定采取保全措施。”

有了行为保全制度,停止侵害、排除妨碍以及消除危险这三种防御型请求权的行使就有了程序机制的保障。当事人完全可以在法院作出判决前,通过行为保全制度来行使这三类请求权,以更好地维护自己的合法权益。需要注意的是,我国《民法典》还专门规定了人格权禁令和基于三类具体的人格权益被侵害而产生的请求权:

---

〔9〕在《民法典》颁布前,最高人民法院的《民法通则意见》第162条第1款就曾明确规定:“在诉讼中遇有需要停止侵害、排除妨碍、消除危险的情况时,人民法院可以根据当事人的申请或者依职权先行作出裁定。”

〔10〕参见王胜明主编:《中华人民共和国民事诉讼法释义》(最新修正版),法律出版社2012年版,第229页。

1. 人格权禁令制度，即《民法典》第 997 条规定：“民事主体有证据证明行为人正在实施或者即将实施侵害其人格权的违法行为，不及时制止将使其合法权益受到难以弥补的损害的，有权依法向人民法院申请采取责令行为人停止有关行为的措施。”人格权禁令制度是借鉴我国《反家庭暴力法》中的人身安全保护令而产生的新制度，可以更加高效地实现对人格权的保护。在法院采取责令行为人停止有关行为的措施后，民事主体可以起诉行为人，要求其承担侵害人格权的侵权责任，也可以因为此等措施已经实现保护人格权的目的而不再起诉。故此，人格权禁令不同于诉前禁令和行为保全。

2. 媒体报告失实的更正或删除请求权，即《民法典》第 1028 条规定：“民事主体有证据证明报刊、网络等媒体报道的内容失实，侵害其名誉权的，有权请求该媒体及时采取更正或者删除等必要措施。”依据本条，民事主体在媒体报道内容失实而侵害其名誉权时，可以直接请求媒体及时采取更正或者删除等必要措施，从而实现停止侵害的目的。该请求权无须经由诉讼途径即可针对媒体直接行使。请求权人实现该请求权后，可以起诉媒体，要求其承担侵权责任，也可以不再起诉。

3. 不当信用评价的更正或删除请求权，即《民法典》第 1029 条规定：“民事主体可以依法查询自己的信用评价；发现信用评价不当的，有权提出异议并请求采取更正、删除等必要措施。信用评价人应当及时核查，经核查属实的，应当及时采取必要措施。”依据本条规定，民事主体在发现对自己的信用评价不当时，有权直接针对信用评价人提出异议并请求其采取更正、删除等必要措施。

4. 个人信息的更正与删除请求权。《民法典》第 1037 条规定：“自然人可以依法向信息处理者查阅或者复制其个人信息；发现信息有错误的，有权提出异议并请求及时采取更正等必要措施。自然人发现信息处理者违反法律、行政法规的规定或者双方的约定处理其个人信息的，有权请求信息处理者及时删除。”本条赋予了自然人针对其个人信息存在错误时请求处理者更正的请求权，以及在个人信息被非法处理时请求处理者及时删除的请求权。

第二节　绝对权请求权

一、停止侵害

（一）含义

所谓停止侵害，是指被侵权人要求侵权人停止正在进行（而非已经停止或尚未实施）的对绝对权的侵害行为。这种侵权责任承担方式性质上属于绝对权请求权，适用于对人格权、物权、知识产权等绝对权或处于类似法律地位的权益的保护。在人格权的保护中，停止侵害请求权就属于人格权请求权。在德国等大陆法系国家民法中，并不存在单纯的停止侵害请求权，因为作为绝对权请求权之一的妨害排除请求权（Beseitigungsanspruch）就包含了停止侵害，《德国民法典》第 1004 条第 1 款第 1 句规定：“所有权非因侵夺占有或无权占有，而由于其他方法受有妨害者，所有人得请求加害人除去其妨害。”据此，只要对所有权的妨害仍在持续或者存在任何时候会产生新妨害的状态,所有权人都可以行使该请求权。[11]

我国从《民法通则》开始就区分了停止侵害和排除妨碍,将二者作为不同的民事责任承担方式。这主要是因为《民法通则》的起草者认为,排除妨碍主要适用于妨碍所有权和与所有权有关的财产权,但未直接侵害这种权利的情形,而停止侵害的适用范围比排除妨碍要广泛,不仅适用于侵犯所有权和与财产所有权有关的财产,还适用于侵犯知识产权和人身权。[12] 正因如此,《民法通则》第118条和第120条在规定知识产权、人身权的保护中,都规定了权利人有权要求"停止侵害"。故此,可以说,我国《民法通则》的立法者早就将停止侵害上升到绝对权保护请求权来看待,没有将之简单地停留在物权请求权的层面。这也就使得我国对绝对权的保护从《民法通则》开始就比较充分。

(二)构成要件与实现方式

不管侵害人格权、物权、知识产权等绝对权的行为是否给权利人造成了实际损害,只要侵害行为依然存在,权利人就可以要求侵权人停止侵害。故此,权利人在行使停止侵害请求权时,应当举证证明侵权人的侵害行为仍在进行中,即侵害行为的持续性而非行为所造成的损害结果的持续性这一要件事实。例如,披露原告的隐私的文章在被告的网站上,没有被删除;再如,被告仍然在发行的产品包装上使用原告的肖像或姓名等。

由于加害行为多种多样,故此,具体采取的停止侵害的实现方式是不同的。例如,在侵害名誉权的案件中,如果被告是通过在网页、微信、微博上发表文章或声明的方式侵害了原告的名誉权,那么要求侵权人停止侵害就应当通过判令被告删除在该网站上发表的文章或声明。[13] 倘若被告是在报刊杂志、书籍上侵害他人的名誉权,则被告必须停止发行该涉案之报刊、书籍;[14] 至于已经销售或赠阅的书籍、报刊,原告可以通过排除妨碍请求权,要求收回并销毁。通过安装摄像机偷拍、偷录等方式,侵害他人隐私权的,停止侵害的实现方式就是要求立即拆除摄像机。如果是因为环境污染如排放废水、废气或噪音等方式侵害他人的健康权,停止侵害就意味着要求污染者停止排污行为,或者要求侵权人为被侵权人安装防止污染的设施,如为被侵权人安装双层的隔声窗等。

二、排除妨碍

(一)含义

排除妨碍,是指侵权人实行的侵权行为使被侵权人已无法行使或无法正常行使其人格权、物权等绝对权时,被侵权人有权要求侵权人将此种妨碍加以排除的侵权责任承担方式。在德国法中,排除妨碍的请求权,被称为"妨害排除请求权"(Beseitigungssanpruch)。起初,它只被作为所有权请求权规定在《德国民法典》第1004条第1款第1句中,适用的情形为以侵夺或扣留占有之外的方式产生的对物权的妨害。考虑到在侵权法领域,仅依靠作为事后保护手段的损害赔偿义务并不足以对受害人提供更加全面的保护。因此,20世纪初期后,该请求权的适用范围被极大地加以扩张。[15] 现在,凡是《德国民法典》第823条第1款中的绝对权以及同条第

---

[11] [德]鲍尔、施蒂尔纳:《德国物权法》(上册),张双根译,法律出版社2004年版,第238页。
[12] 孙亚明主编:《民法通则要论》,法律出版社1991年版,第245页。
[13] 李忠平诉南京艺术学院、江苏振泽律师事务所名誉权侵权纠纷案,载《最高人民法院公报》2008年第11期。
[14] 李林诉《新生界》杂志社、何建明侵害名誉权纠纷案,载《最高人民法院公报》1998年第1期。
[15] Deutsch/Ahrens, Deliksrecht, 5. Aufl., 2009, Rn. 736.

2 款中保护性法律所保护的法益被侵害的，皆可适用妨害排除请求权。[16]

我国法上不存在如德国法这样的一个发展过程。早在《民法通则》第 134 条中，就已将排除妨碍作为一种可以广泛适用的民事责任承担方式。《侵权责任法》第 15 条也将排除妨碍规定为侵权责任的承担方式。比较奇怪的是，《物权法》第 35 条没有使用“排除妨碍”而使用了“排除妨害”的表述，并且这一表述竟然被《民法典》第 236 条继续保留。从整个《民法典》来看，“排除妨害”既没有被第 179 条规定为 11 种承担民事责任的方式中的一种，也没有出现在人格权保护请求权的规定中，仅仅是在物权编中出现过一次。

“排除妨碍”与“排除妨害”这一字之差是否意味着某种区别？有学者认为，“妨碍”是指对他人行使权利的不合理的妨碍，它可能实际造成了损害，也可能并未造成损害。“妨害”则必定意味着后果上已经有了某种不利益状态即损害之发生。因此，排除妨碍的含义比排除妨害更广。[17] 然而，立法机关有关人士所著的《民法典》释义书中对第 236 条规定的“排除妨害”的解释是：“排除妨害也是一种物权请求权。妨害，是指以非法的、不正当的行为，包括施加无权施加的设施，影响了特定物的权利人行使物权。例如，在他人家门口堆放物品，妨碍他人通行。排除妨害请求的目的是消除对物权的障碍或者侵害，使物权恢复圆满状态。需要注意的是，被排除的妨害需具有不法性，倘若物权人负有容忍义务，则物权人不享有排除妨害请求权。”[18] 由此可见，立法机关有关人士认为排除妨害请求权实际上包括停止侵害和排除妨碍，也就是说，所谓排除妨害请求权是停止侵害请求权和排除妨碍请求权的混合体。

本书认为，“妨害”与“妨碍”一词并无实质上的区别，二者均不适用于已经造成了实际损害的场合。如果认为妨害与妨碍都包含了实际的损害，被侵权人也可以通过主张排除妨害或排除妨碍而实现对被损害的填补。如此一来，则损害赔偿请求权和绝对权请求权就无法区分，而且损害赔偿请求权原本适用的过错责任原则就都蜕变为“结果责任”（Verursachungshaftung）了。[19] 我国《民法典》第 236 条不应当在排除妨碍之外另设排除妨害，只要将停止侵害和排除妨碍都规定为物权请求权即可。事实上，在《民法典》此前的草案中也是如此规定的，不知为何最终通过时仍然使用了排除妨害的表述。

需要注意的是，由于停止侵害与排除妨碍都具有制止对绝对权的圆满状态造成影响的行为的功能，故此，司法实践多认为，停止侵害适用于侵权行为正在进行或者仍在延续中，而排除妨碍适用于物权受到妨碍或者侵害的情形。因此，排除妨碍请求权主要被适用于侵害物权的纠纷案件当中。从既有的人格权纠纷案件来看，几乎没有什么人格权可以认为受到妨碍而需要通过排除妨碍请求权来加以保护。笔者也没有想到存在哪些构成对人格权妨碍的情形，当然随着《民法典》的实施，实践中或许会出现构成对人格权妨碍的案件，亦未可知！

（二）构成要件与实现方式

1. 妨碍必须是对被侵权人绝对权的圆满状态构成了持续性的干涉。[20] 例如，A 将废弃的汽车停在 B 的车位上，这就构成了对 B 的车位所有权行使的持续性干涉。如果是转瞬即逝的妨碍，显然无须加以排除。

---

〔16〕 Brox/Walker, Besonderes Schuldrecht, 33. Aufl., 2008, S. 589.

〔17〕 王利明：《侵权责任法研究》（上卷），中国人民大学出版社 2010 年版，第 628 页。

〔18〕 黄薇主编：《中华人民共和国民法典物权编解读》，中国法制出版社 2020 年版，第 70 页。

〔19〕 Medicus/Lorenz, Schuldrecht Ⅱ Besonderer Teil, 15. Aufl., 2010, Rn. 1440.

〔20〕 Dirk Looschelders, Schuldrecht Besonderer Teil, 2. Aufl., 2008, Rn. 1433.

由于排除妨碍中的妨碍与停止侵害中的侵害都要求具有持续性,因此这两种侵权责任的承担方式实际上的功能是相同的。实践中,有人主张,停止侵害针对的是持续的侵害"行为",而排除妨碍是针对持续的妨害"结果"。不过,这种区分并不容易。例如,甲公司使用的景观照明灯每晚18点至凌晨6点亮着,对邻近居民A的正常生活造成了严重的影响。人们既可以说甲公司有持续性侵害行为,也可以说A受妨碍这一结果是持续存在的。所以,A既可以要求甲停止侵害,也可以要求甲排除妨碍。

2. 妨碍必须具有违法性。[21] 由于排除妨碍是一种绝对权请求权,因此不以侵权人有无过错为要件。任何人如果基于与他人的合意、取得权利人的同意或者在他人应当合理忍受的限度内,对他人的绝对权构成了干涉,此种妨碍不具有违法性,被妨碍者不得请求排除妨碍。例如,承租人甲使用A房屋是基于其与出租人乙的租赁合同,乙不能认为甲对其房屋所有权构成了妨碍。再如,依据《民法典》第292条的规定,不动产权利人因建造、修缮建筑物以及铺设电线、电缆、水管、暖气和燃气管线等必须利用相邻土地、建筑物的,该土地、建筑物的权利人应当提供必要的便利。此时,相邻土地、建筑物的权利人不能认为构成妨碍。反之,当租赁合同到期后,甲仍然堆了一些物品在A房中而不搬走,则乙有权要求其排除妨碍;或者相邻的不动产权利人违反国家规定弃置固体废物,产生大气污染物、水污染物、土壤污染物、噪声、光辐射、电磁辐射等有害物质,则受妨碍者有权要求排除妨碍。例如,被告擅自在27名原告居住的小区内开设饭店,并非法将公用房屋打开一个门通向小区,又利用二楼公用平台洗菜、洗刷餐具,污水流到小区内,造成污染。被告经营时,灶间引风机的噪音和所排放的油烟都很大。原告向法院起诉,要求判令被告立即封上通向小区的门、退出公用平台、消除引风机震动的噪声,治理污染、合理排烟,停止侵害,排除妨碍。法院认为:原、被告各方相邻,应以有利于生产、方便生活来处理相邻关系。被告在没有取得工商营业执照的情况下,开设酒店,产生的噪声和排放的油烟造成周围环境污染,干扰了27位原告正常的生活,其应承担民事责任。被告饭店灶间引风机发出的声音,被告提供的证据不能证明没有造成噪声污染,故原告要求被告停止侵害、排除妨碍的请求,于法相符,法院予以支持。[22]

妨碍之排除,原则上应由侵权人加以实现。如果被侵权人自行排除该妨碍并为此支付费用,其有权依据无因管理或不当得利之规定,要求侵权人返还该费用。[23]

三、消除危险

(一)含义

消除危险,是指侵权行为既未对他人的绝对权造成实际损害,也没有构成现实的侵害或妨碍,但是存在造成损害或妨害的现实之危险时,被侵权人有权要求侵权人消除这一危险。《民法典》中多处对于消除危险请求权作出了规定,如第236条规定,妨害物或者可能妨害物权的,权利人可以请求排除妨害或者消除危险;第1167条规定,侵权行为危及他人人身、财产安全的,被侵权人有权请求侵权人承担停止侵害、排除妨碍、消除危险等侵权责任;第1205条规定,因产品缺陷危及他人人身、财产安全的,被侵权人有权请求生产者、销售者承担停止侵害、排除

---

〔21〕 Larenz/Canaris, Lehrbuch des Schuldrechts, zweiter Band Besonderer Teil, 2. Halbband, 1994, § 86 Ⅳ 1b.

〔22〕 陈洪森等以开设饭店产生噪声和排烟等侵害相邻权为由诉邸哲明相邻关系案,载最高人民法院中国应用法学研究所编:《人民法院案例选》(总第56辑),人民法院出版社2006年版,第110页以下。

〔23〕 Deutsch/Ahrens, Deliksrecht, 5. Aufl., 2009, Rn. 743.

妨碍、消除危险等侵权责任。由此可见,消除危险不仅适用于物权,也适用对其他人身权益、财产权益的保护。

(二)构成要件与实现方式

1. 危险是现实存在的。危险是指对人身、财产安全的危险。被侵权人负有证明危险存在的举证责任。在证明危险存在之时,应区分"**重复危险**"(Wiederholungsgefahr)与"**首次危险**"(Erstbegehungsgefahr)。[24] 重复危险,是指侵权人制造的某一危险已经造成过一次损害,且该危险将会继续造成相同类型的损害。此时,根据已经发生过的损害就足以推定危险的存在。例如,一楼的住户甲安装超出墙体的防盗窗,致使盗贼通过该防盗窗进入二楼住户乙家中实施了盗窃,这一事实本身就足以证明危险的存在。乙有权要求甲消除危险,即拆除该防盗窗。[25] 但是,对于首次危险,即尚未造成过实际损害的危险,被侵权人应当证明该危险具有发生损害的极大可能性。例如,在"杨季康与中贸圣佳国际拍卖有限公司书信手稿拍卖诉前行为保全案"中,被申请人中贸圣佳国际拍卖有限公司于 2013 年 5 月在其官方网站发布公告称,其将于当年的 6 月 21 日拍卖"也是集——钱钟书书信手稿",其中包括钱钟书、杨季康、钱瑗写给李国强的若干封信札、手稿作品百余件,此前还将举行预展和研讨会。随即新华网、人民网等多家媒体对此事进行了报道,宣称这将是"首次大规模曝光钱钟书手稿",其中还刊登了中贸圣佳国际拍卖有限公司公布的少量手稿照片。由于上述书信手稿多自李国强处取得,内容涉及私人交流、家庭琐事、个人情感以及文学历史时事评论等,均未曾公开发表。故此,如果不及时制止,该拍卖会一旦举行,就会侵害申请人杨季康(包括已经去世的钱钟书、钱媛)的隐私权以及著作权,故此,申请人杨季康可以行使消除危险请求权。[26]

2. 危险是因侵权人的不法行为所致。一方面,只有因违法行为导致的危险,被侵权人才有权要求侵权人加以消除。虽然行为存在危险,但符合法律的规定,不能要求消除危险。例如,被告在原告的屋顶上架设了 4 根 35 千伏的高压电线。原告认为,4 根 35 千伏的高压线横跨原告家的屋顶,存在严重的安全隐患,因此请求法院判令被告消除危险。法院认为:"根据《中华人民共和国 35 千伏及以下架空电力线路设计规范》规定,架空线路跨越房屋的安全距离为 4 米,丰盛一矿 35KV 供电线路跨越房屋的距离符合国家规定的安全距离。万兴珍称供电线路跨越其屋顶对其生命、财产造成极大的安全隐患,缺乏相应证据佐证,本院不予支持。"[27] 另一方面,"危及他人人身、财产安全的"状态是因侵权行为所致。这意味着,侵权人的行为与危险状态的产生之间存在因果关系。例如,被告王某驾驶的小轿车将原告罗某撞伤。罗某原本就患有风湿性心脏瓣膜病等疾病。法院认为:被告王某不仅应当赔偿罗某治疗因交通事故所遭受的外伤而支出的医疗费,还要赔偿因本次交通事故所造成的外伤可能加重或诱发受害人心脏病等其他疾病发作而支出的医疗费。这是因为,被告的侵权行为与受害人原有疾病被加重或

---

〔24〕 Jauernig/Jauernig, 13. Aufl., 2009, § 1004, Rn. 11.

〔25〕 参见董长征诉于福茂安装超出墙体的窗户护栏致窃贼通过该护栏进入其家盗窃要求拆除案,载最高人民法院中国应用法学研究所编:《人民法院案例选》(总第 32 辑),人民法院出版社 2000 年版,第 78 页以下。

〔26〕 本案申请人主要是以手稿的著作权存在受侵害的危险为由,依据著作权法的规定申请诉前禁令即诉前行为保全,并非以隐私权受侵害为由行使消除危险请求权。详见北京市第二中级人民法院(2013)二中保字第 09727 号民事裁定书。

〔27〕 万兴珍与重庆永荣矿业有限公司消除危险纠纷上诉案,重庆市第五中级人民法院(2010)渝五中法民终字第 3596 号民事判决书。

被诱发的危险状态的出现之间存在因果关系。为防止受害人原有疾病被诱发或被加重而产生的医疗费用属于合理费用,是受害人的损失,应当予以赔偿。[28]

消除危险的实现方式多种多样,既可以是法院责令被告不得从事某种可能侵害权利的行为,如禁止被告拍卖公司在拍卖、预展及宣传等活动中以公开发表、展览、复制、发行、信息网络传播等方式实施侵害私人书信中的著作权、隐私权;也可以是责令被告从事一定的行为,以消除危险源,如被告的房屋朝向道路的一面经常有瓷砖掉下来,使得该路上经过的居民的生命权、健康权有受侵害的危险。此时,法院可以责令被告将房屋该面的瓷砖予以拆除重新安装。

四、返还财产

(一)含义

我国法上"返还财产"的含义非常丰富,既包括物权法上的返还财产,也包括债法上的返还财产。物权法上的返还财产,又称返还原物请求权,包括作为物权请求权的返还原物请求权(dinglicher Rueckgabeanspruch)以及属于占有保护请求权的返还原物请求权。《民法典》第235条规定:"无权占有不动产或者动产的,权利人可以请求返还原物。"第462条第1款规定:"占有的不动产或者动产被侵占的,占有人有权请求返还原物……"通说认为,我国侵权法中的返还财产仅指物权法上的返还原物请求权。[29]

债法上的返还财产又可以分为:合同上的返还请求权与不当得利返还请求权。合同上的返还请求权(vertraglicher Rueckgabeanspruch),是指合同终止后一方当事人依合同享有的请求对方返还合同标的物的请求权。[30] 例如,根据《民法典》第733条、第900条规定,在租赁、保管期限届满后,出租人或寄存人有权请求承租人或保管人返还租赁物或保管物。作为不当得利返还请求权的返还原物,是指请求获得不当利益者返还原物的请求权。

讨论　所有物返还请求权与合同上的返还请求权的关系

所有物返还请求权是所有人以及其他物权人依法享有的要求无权占有其物或侵夺其物的人返还该物的请求权。当物的所有人与占有人之间存在有效的合同关系(如租赁合同)时,占有人可以基于有权占有而享有阻却此项物权请求权的抗辩。但是,当该合同关系终止之后(如合同被解除、合同已经履行完毕等),该抗辩也宣告消灭。此时,物的所有人无疑可以基于所有物返还请求权而要求占有人加以返还。《民法典》第157条规定:"民事法律行为无效、被撤销或者确定不发生效力后,行为人因该行为取得的财产,应当予以返还……"此外,《民法典》在租赁、保管等具体合同中还规定了,当租赁、保管期限届满后,承租人或保管人应当返还租赁物或者保管物(第733、900条)。这些规定实际上赋予了合同债权人一种独立于所有物返还请求权的新的返还请求权,即德国法所谓的"合同上的返还请求权"(vertraglichen Rueckgabeanspruch)。此种合同上的返还请求权与作为物权请求权的所有物返还请求权之间的关系,值得研究。

---

[28] 《侵权行为加重或诱发原有疾病的责任承担——重庆二中院判决罗继秀诉华安保险公司等道路交通事故损害赔偿纠纷案》,载《人民法院报》2011年5月5日。

[29] 王利明:《侵权责任法研究》(上卷),中国人民大学出版社2010年版,第637~638页。

[30] MuenchKommBGB/Baldus,2004,§985,Rn.45.

1. 合同上的返还请求权与所有物返还请求权之间的差异

第一，二者的性质不同。所有物返还请求权是一种物权请求权，而合同上的返还请求权属于一种债权请求权。

第二，请求权主体不同。所有物返还请求权只能是所有人、共有人以及其他依法享有所有物返还请求权的他物权人享有，但是合同上的返还请求权人可以并非上述主体。例如，甲将其房屋出租给乙，租赁合同中约定允许乙进行转租，此后乙将该房屋转租给丙。如果乙与丙之间的租赁合同履行期限届满后，丙不返还该房屋，乙有权行使合同上的返还请求权。此时，乙仅为租赁权人而非所有人或他物权人。不过合同上的返还请求权以当事人之间曾经存在有效的合同为前提，如果合同无效或者被撤销，则不发生此种请求权。当事人应当依据其他的法律规范要求返还标的物，例如，在我国，当租赁合同无效或被撤销时，出租人有权依据《民法典》第157条请求承租人返还租赁物。

第三，针对的义务人不同。所有物返还请求权可以针对直接占有人行使，也可以针对间接占有人行使，只要其占有为无权占有；但是，合同上的返还请求权只能针对合同的相对人行使。例如，甲将房屋出租给乙并禁止乙进行转租，结果乙仍将房屋转租给丙。当甲与乙之间的租赁合同履行期满后，甲只能针对乙行使《民法典》第733条赋予的返还请求权，他不能针对丙行使该权利。虽然甲有权要求乙将其针对丙享有的返还请求权让渡给他，但是甲必须等到乙丙之间的租赁合同期满后才能行使该请求权。但是，作为房屋的所有人甲则有权直接针对丙行使所有物返还请求权，因为甲乙之间的租赁合同已经终止，乙并非合法的占有人，而丙的占有的合法性仅仅是相对于乙而言的。

第四，能否适用公示原则的不同。所有物返还请求权人可以利用公示原则中的登记的推定力与占有的推定力进行所有权的推定。占有的推定效力也称“占有推定力”，它是指动产物权经过交付的，推定占有人对于占有物享有权利的效力。占有人无须对其权利的存在加以证明，应由对此有异议的人通过反证推翻。而登记的推定效力也称“登记推定力”，它是指不动产物权经过登记的，推定其登记状态的物权与真实物权一致的效力。但是合同上的返还请求权不存在此种推定。

第五，举证责任不同。例如，在租赁合同中，如果原告提出租赁权返还请求权则必须证明以下几点：首先，其为出租人；其次，租赁合同已经解除或者履行期限届满。而原告提出所有物返还请求权时必须证明：首先，其为所有权人；其次，被告的占有为无权占有，被告应负有证明自己的占有具有正当权源的举证责任。

第六，诉讼时效不同。所有物返还请求权要么不适用诉讼时效，要么适用30年较长的诉讼时效。例如，根据我国《民法典》第196条第2项的规定，不动产物权和登记的动产物权的权利人请求返还财产不适用诉讼时效的规定。再如，《德国民法典》第197条第1款第1项规定，在没有其他规定的情况下，源于所有权和其他物权的返还请求权经过30年时效期间后消灭。但是，合同上的返还请求权应适用普通的诉讼时效。

第七，判决既判力的主观范围不同。由于所有物返还请求权属于对物之诉，因此任何受让该标的物的人均为判决既判力的主观拘束力所及，而合同上的返还请求权仅对那些承受合同权利或义务的第三人发生既判力的拘束。例如，当出租人甲提出返还租赁物的诉讼后，如果承租人乙将租赁物转租给第三人丙，则出租人甲在获得胜诉判决后不能直接依据该判决对丙进行强制执行，即便第三人为恶意。但是，如果当甲为租赁物的所有人时，其提出所有物返还之诉时,在获得胜诉判决后,除非受让租赁物的人为善意第三人,否则都应当受到该胜诉判决的拘束。

2. 合同上的返还请求权与所有物返还请求权并存时应当如何适用

关于所有物返还请求权与合同上的返还请求权并存时,权利人是仅能行使其中之一还是有权自由选择,我国理论界与实务未见深入探讨。该问题在德国民法理论上,却存在极大的争议。主要的观点有以下几种:

第一种观点认为,当事人仅享有合同上的返还请求权,而不享有所有物返还请求权。例如,在租赁合同终止后,出租人享有的租赁物返还请求权将排除其作为所有人而享有的所有物返还请求权。此说的倡导者为德国著名物权法学者 L. Raiser。他认为,所有人就其所有物基于有效的债权契约而交付给相对人,就表明了他以自己的行为自愿地限制了所有权,因此在该有效的债的关系因期限届满或解除等原因而消灭时,就该物的返还关系也应当受到债的关系的拘束,所以物的所有人只能主张债的返还请求权(基于租赁合同等债的关系而产生的返还请求权),不能另行主张所有物返还请求权。但是,在债权契约无效的情形下,所有人仍然可以行使所有物返还请求权。[31] 此外,在并非与所有人订立的合同关系的直接相对人,但仍然属于有权占有系争标的物的第三人时,此种对所有权的限制依然存在。例如,甲以保留所有权的方式出卖其汽车给乙,并将汽车交付给乙使用,不久该车被撞坏,乙依据与甲之间达成的协议而将汽车送往丙处修理,在乙尚未支付修理费而取回该车之前,甲以乙支付价金迟延为由解除了契约。依据 Raiser 教授的观点,虽然丙并非甲的买卖契约相对人,但是其取得对该车的占有是基于与乙之间的承揽合同所致,而乙将汽车送往丙处修理也是依据其与甲之间的协议,所以丙的占有属于有权占有,甲不能对丙主张所有物返还请求权。即便丙的继续占有因甲乙买卖合同被解除而成为无权占有时,情形也是一样的。

第二种观点认为,当事人有权自由选择行使何种请求权,但是一种请求权行使而重新获得了所有物的占有后,另外一种请求权因目的达到归于消灭。目前此种观点为德国民法学界的通说,斯涛丁格(Staudinger)、贝克(Berg)、韦斯特曼(Westermann)、米勒(Müller)、梅迪库斯(Medicus)以及沃尔夫(Wolff)等著名学者均持此种观点。例如,梅迪库斯教授认为,对 Raiser 的理论首先值得质疑的一点就是,该理论使得所有物返还请求权只能在所有人非基于自己的意思而丧失物的占有的情形中适用,如此必然极大地缩小了该物权请求权的适用范围,这是否符合立法意旨,大可怀疑。[32] 沃尔夫教授则认为,《德国民法典》第 985 条规定所有物返还请求权的立法目的在于确保所有权人能够重新获得占有,因此它可以与合同上的返还请求权一起适用。[33] 我国台湾地区通说与判例也认为,当事人在所有物返还请求权与合同上的返还请求权之间具有自由的选择权。[34]

本书赞同第二种观点,即当事人有权自由选择。即便按照 Raiser 教授的观点,出租人在将所有物交付给承租人时确实具有限制自己所有权的意思,而且他也负有容忍承租人占有其物的义务,但是在租赁契约已经终止的情形下,应当认为此种意思已经消灭,出租人的真实意思

---

〔31〕 L. Raiser, Eigentumsanspruch und Recht zum Besitz, Festschriff fuer Martin Wolff, 1952, 23, 139f. f, V1. , 2.

〔32〕 Dieter Medicus, Buergerliches Recht, 18. , Aufl. , Carl Heymanns Verlag, 1999, SS. 420 – 422.

〔33〕 [德]曼弗雷德·沃尔夫:《物权法》,吴越、李大雪译,法律出版社 2003 年版,第 109 ~ 110 页。

〔34〕 史尚宽:《物权法论》,中国政法大学出版社 2000 年版,第 65 页;詹森林:《民事法理与判决研究》,1998 年自版,第 144 页。

是希望尽快地收回自己的所有物。所以,不能因曾经存在的限制所有权的意思而禁止作为所有人的出租人行使所有物返还请求权。

(二)适用要件

1. 侵权人对财产的占有是无权占有。只有当占有人是无权占有,即占有存在不法性时,被侵权人才能要求侵权人返还财产。无权占有,是指侵权人在被请求返还财产时没有占有的本权(包括债权与物权)。

2. 财产能够返还,即被侵权人可以履行返还财产的责任。如果财产已经灭失或为他人善意取得,则被侵权人无法履行返还财产的责任。被侵权人只能要求侵权人承担损害赔偿责任。司法实践认为,只要"标的物能够返还的,就应适用返还财产责任。因为具体的财产对于所有权人而言,还不仅仅是一个财产价值的问题,还具有财产本身的价值和意义问题。侵占财产,只有返还财产即返还原物,才能够保障受害人受到损害的权利的全部恢复"。[35]

---

〔35〕 参见上海市高级人民法院民一庭颁布的《侵权纠纷办案要件指南》第25条之说明。

文献阅读

第二十八章　损害赔偿责任

本章重点

我国《民法典》侵权责任编第二章对损害赔偿责任即损害赔偿请求权作出了详细的规定，本章主要研究损害赔偿的目的与原则、损害赔偿的方法、两类特殊的损害赔偿责任以及损益相抵、过失相抵。

第一节　损害赔偿的含义与方法

一、损害赔偿的含义

损害赔偿请求权(Ersatzanspruch)，也称“损害赔偿责任”。侵权人给被侵权人造成了损害(包括人身伤亡、财产损失)的，应承担损害赔偿责任，被侵权人因此享有损害赔偿请求权。损害赔偿请求权旨在填补受害人的损害，故以补偿功能(Ausgleichsfunktion)为基本之功能。[1]补偿不仅意味着恢复受害人被减少的财产额，更意味着使受害人回到“倘若损害事件没有发生时应处的状态”，此乃各国损害赔偿法共通的、最高的指导原则。[2]

为了实现补偿功能，损害赔偿法中遂产生了“**完全赔偿**”与“**禁止得利**”这两项基本原则。[3] 完全赔偿原则(Prinzip der Totalreparation)，也称“要么全赔，要么不赔的原则”(Alles oder nichts - Prinzip)，[4]是指在任何产生损害赔偿请求权的场合，不管损害的类型如何、加害人的过错程度如何，均应先确定受害人所遭受的损害，然后由赔偿义务人通过相应的赔偿方法为赔偿权利人提供一定的利益，以求全部填补损害，使受害人恢复到尚未遭受侵害时应处之状态。禁止得利原则(Bereicherungsverbot)，是指受害人不能因损害赔偿而获得超过其损害的利益。倘若赔偿带给受害人的利益超过了应予赔偿的损害之范围，就意味着受害人因侵害行为

---

〔1〕 Vgl. MünchKommBGB/Oetker, 2004, § 249 Rn. 8; Staudinger/Schiemann, 13. Aufl. 1999, § 249 Rn. 1. Oliver Brand, Schadensersatzrecht, Beck, 2010, S. 19.

〔2〕 曾世雄：《损害赔偿法原理》，中国政法大学出版社 2001 年版，第 14 ~ 17 页。

〔3〕 我国民事立法中没有对完全赔偿原则的规定，学界都承认完全赔偿原则是损害赔偿法的基本原则。不过，很少有学者将禁止得利作为损害赔偿法的基本原则。参见王利明主编：《民法 · 侵权行为法》，中国人民大学出版社 1993 年版，第 561 页以下；刘士国：《现代侵权损害赔偿研究》，法律出版社 1998 年版，第 105 页以下；张新宝：《中国侵权行为法》(第 2 版)，中国人民大学出版社 2005 年版，第 468 页以下；杨立新：《侵权损害赔偿》(第 5 版)，法律出版社 2010 年版，第 233 页以下；周友军：《侵权法学》，中国人民大学出版社 2011 年版，第 61 页以下。

〔4〕 Medicus/Lorenz, Schuldrecht I, 18. Aufl., 2008, Rn. 624.

而获利，这是法律所不允许的。[5]

二、损害赔偿的方法

（一）恢复原状与金钱赔偿的区分

依据完全赔偿与禁止得利的原则，损害赔偿法不仅要恢复符合受害人主观利益期望的，并以市场的普通价值（Gemeinwert）为衡量依据的“价值利益”（Wertinteresse）——财产总额的减少，更要恢复权利主体对于自己具体的权益乃至实际生活目的所拥有的利益——“完整利益”（Integritätsinteresse）。[6] 为了对应完整利益上的损害与价值利益上的损害，损害赔偿法中相应地有了“恢复原状”（Naturalherstellung）与“金钱赔偿”（Geldersatz）这两种不同的赔偿方法。

恢复原状保护的是受害人的完整利益，也称“**维持利益**”（ Erhaltungsinteresse）。金钱赔偿保护的是受害人的价值利益，也称“**金额利益**”（Summeninteresse）。[7] 大陆法系民法中的完全赔偿与禁止得利原则要求法官在审判中应根据观察损害的不同视角，分别确定赔偿义务人须向受害人提供多少利益以填补全部损害。同时，法官还应根据适用恢复原状与金钱赔偿这两种不同的赔偿方法所体现的规范目的（恢复受害人实际生活状态或填补总财产差额），分别确定赔偿是否给受害人带来了“更多的”利益。当受害人主张完整利益赔偿时，在恢复实际生活状态目的实现后，考察法律的整体规范价值结构，仍可能要返还给赔偿义务人一定利益；如果受害人主张的是价值利益的赔偿，只要赔偿义务人给付的金钱超过了受害人总体财产差额（在事实上计算财产差额并考虑其他规范上的矫正因素后所得之损害额），就违反了禁止得利原则。总之，通过区分完整利益与价值利益，有针对性地采取恢复原状与金钱赔偿来保护受害人不同的损害，大陆法系民法充分贯彻了完全赔偿与禁止得利的原则，实现了损害赔偿法的补偿功能。

（二）恢复原状与金钱赔偿的适用关系

就恢复原状与金钱赔偿这两种损害赔偿方法的适用关系而言，大陆法系民法中有恢复原状优先原则、金钱赔偿主义与自由裁量主义等三种不同的立法例。

1. 恢复原状优先原则，即以恢复原状作为损害赔偿的首选方法，法律另有规定或契约另有约定的除外。德国、奥地利、我国台湾地区等采取了该立法模式。《德国民法典》第 249 条规定：“负有损害赔偿义务者，应回复损害赔偿事由没有发生时原应存在之状态。因伤害人身或损坏物件而应赔偿损害者，债权人得请求回复原状所必要之金额以代回复原状。就物之损害依第 1 句所必要之金额，仅于事实上有营业税发生时，始包括营业税在内。”《奥地利普通民法典》第 1323 条第 1、2 句规定：“损害赔偿，应使受害人回复至损害发生前之状态；回复原状有困难者，应按估定的价值赔偿之。”我国台湾地区“民法”第 213 条规定：“负损害赔偿责任者，除法律另有规定或契约另有订定外，应回复他方损害发生前之原状。因回复原状而应给付金钱者，自损害发生时起，加给利息。第一项情形，债权人得请求支付回复原状所必要之费用，以代回

---

〔5〕 Dirk Looschelders, Schuldrecht Allgemeiner Teil, 6. Aufl. 2008, Rn. 876. 古罗马法上就有“无人得凭他人之损害而不法得利（neminem cum alterius detrimento et iniuria fieri locopletiorem）”的法律规则。Pomponius D. 50. 17. 206.

〔6〕 Dieter Medicus, Naturalrestitution und Geldersatz, JuS 1969, 449.

〔7〕 Medicus/Lorenz, Schuldrecht Ⅰ Allgemeiner Teil, 18 Aufl. 2008, Rn. 625ff.

复原状。"〔8〕第214条规定:"应回复原状者,如经债权人定相当期限催告后,逾期不为回复时,债权人得请求以金钱赔偿其损害。"第215条规定:"不能回复原状或回复显有重大困难者,应以金钱赔偿其损害。"

2. 金钱赔偿主义,即根据损害的程度估计金钱,使赔偿义务人对受害人给付金钱,从而填补损害。〔9〕法国、日本、韩国采取了该立法模式。法国法上损害赔偿的方式有两种,一是金钱赔偿,二是代物赔偿。行为人赔偿他人损害的最主要、最重要的方式就是金钱赔偿,即行为人通过支付一定数额的金钱给他人来对他人所遭受的损害进行赔偿。〔10〕法国最高法院认为,受害人无权请求恢复原状,应由法院来决定,不过现在法国的法院也愿意采取恢复原状的方式,只要恢复原状是可能的、合适的。〔11〕《日本民法典》第417条规定:"损害赔偿在没有特别意思表示时,以金钱确定赔偿额。"《韩国民法典》第394条规定:"无其他意思表示的,损害以金钱赔偿。"

3. 自由裁量主义,是指法律既不以恢复原状为原则,也不以金钱赔偿为原则,而是采取平行规范结构,由法官在个案中根据案件具体的情形确定之。瑞士、俄罗斯采取了该立法模式。《瑞士债务法》第43条第1款规定:"损害赔偿的方法与范围,由法官斟酌责任之情形与程度后加以确定。"《俄罗斯联邦民法典》第1082条规定:"法院在满足损害赔偿请求权时,应根据案件情况责成对损害负有责任的人以实物赔偿损害(给付同种类和同质量的物,修复被损坏的物)或赔偿损失"。

恢复原状优先原则与金钱赔偿主义这两种模式可谓各有利弊。恢复原状优先原则的优点在于:最符合损害赔偿的目的,能充分实现完全赔偿之原则。因为恢复原状优先原则意味着损害赔偿法应优先保护完整利益(受害人所有法益的完整性),即重建受害人于加害行为倘未发生时应处之状态(Wiederherstellung des Soll – Zustandes),而非单纯地恢复受害人的财产总额。〔12〕对受害人完整利益的保护给受害人带来的好处通常高于对价值利益(财产的减少额)的保护。因为完整利益不仅包括了物质利益,还可能包括精神利益甚至一些主观利益。恢复原状在保障完整利益的同时,一般也就兼顾到了价值利益。〔13〕当然,如果由于受害人为了恢复完整利益而苛求赔偿义务人,要求取得过度的赔偿,损害赔偿法就起不到优化整体经济秩序的作用。所以,法律上需要对恢复原状花费的经济合理性作出规定(如《德国民法典》第251条第2款第1句、我国台湾地区"民法"第215条)。义务人要支付的恢复原状花费(修理费)纵然可能超过价值利益,甚至超过重置新物的花费——所谓"完整性超额"(Integritätszuschlag),但只要恢复原状的目的最终实现,且其金额尚在经济合理性的界限内,就不违背完全赔偿与禁止得利的原则。〔14〕即使受侵害之物本身可能毫无财产价值可言,但由于它在受害人的生活中占有一席之地,恢复完整利益就有其必要性。例如,节俭的受害人A穿着经过多次缝补的旧袜子,

〔8〕 该条制定理由指出:"谨按所谓负损害赔偿责任者,即负填补债权人所受损害及其所失利益之责任也。关于赔偿之方法,各国立法例有以赔偿金钱为原则,而以回复原状为例外者,本法则以回复原状为原则,但法律另有规定或契约另有订定者,则应从其所规定。"

〔9〕 张龙文:《民法债权实务研究》,台北,台湾汉林出版社1977年版,第78页。

〔10〕 张民安:《法国民法》,清华大学出版社2015年版,第419~420页。

〔11〕 [德]U. 马格努斯主编:《侵权法的统一:损害与损害赔偿》,谢鸿飞译,法律出版社2009年版,第117页。

〔12〕 Lange/Schiemann, Schadensersatz, 3. Aufl., 2003, S. 213.

〔13〕 HKK/Jansen, 2007, § § 249 – 253, 255 Rn. 51.

〔14〕 Staudinger/Schiemann, 2008, § 249 Rn. 233.

该袜子被加害人B毁坏。该物的价值利益损害几乎是零，但法律仍应维护受害人A的完整利益。不过，恢复原状优先的原则也限制了受害人选择金钱赔偿的自由，使其“被”恢复原状，即使本人并不情愿。这种结果，在德国法学说上也受到了严重质疑。[15] 当然，就最早采取恢复原状原则的德国民法而言，采取该原则也与时代背景有关。《德国民法典》制订于19世纪末、20世纪初，那还是一个物质丰富程度远不如今的时代。在物质匮乏时，对受害人而言，由赔偿义务人调动一切手段来修理或更换被损坏的物，显然比单纯给受害人一笔钱款来得划算。[16] 然而，现代社会是一个物质非常丰富、科技日臻发达的社会。成熟完善的市场经济体制总是可以最大限度地满足人们(包括受害人)的各种物质需求，所以并不一定要修理或更换才行。况且，就执行的难易程度而言，有些恢复原状也不容易强制执行。在这种情况下，持币待购或依赖于非常健全的保险赔偿金的给付对受害人来说更加合适，它避免了恢复原状的不确定性。

与恢复原状优先原则相比，金钱赔偿主义的优点就在于：简便易行、具有很强的操作性。[17] 一方面，各种损害皆可用金钱加以填补；另一方面，金钱给付的强制执行也很方便，且金钱之债本身也不会陷于给付不能。[18] 然而，金钱赔偿也有很大的弊端：首先，金钱并非万能的，金钱赔偿不但无法剔除损害事故及因此而引起的损害曾经存在的事实，有时甚至无法使赔偿权利人置身于如同损害未曾发生的环境之中。[19] 例如，甲因过失将乙收集的一个元青花瓷罐的盖子摔碎了，即便甲赔偿乙因古董缺少盖子而减少的经济价值，但这也是不够的。毕竟乙的古董受损，其要恢复到损害未曾发生时应处的状态，如何可能？其次，金钱赔偿保护的是受害人的价值利益，所谓价值利益是指能够以通常的市场价格加以计算的利益。这样一来，在受害人的某些损害(如感情利益上的损害)难以用金钱计算的情形下，因受到损害法定性、可计算性和市场性等因素的制约，金钱赔偿就无法填补此等损害，这对于受害人是不利的。[20] 例如，受害人饲养多年、与之感情很深的一只小狗，因加害人的过失而受伤。此类小狗市场价格为1000元一只，但现在治疗该受伤小狗的费用需要2000元。如果是金钱赔偿，由于即便小狗死亡了，加害人也只是需要赔偿1000元而已，所以加害人是不可能赔偿受害人2000元的。可如果是恢复原状，那么为了保护所有人的包括感情利益在内的完整利益，即便治疗费远远超出狗本身的价格，加害人也应当赔偿2000元。[21] 显然，恢复原状更有利于保护受害人。

在金钱赔偿主义与恢复原状优先原则各有利弊的情况下，自由裁量主义显然更为可取。此种立法例将究竟采取何种损害赔偿方法的权限赋予法官，由其根据个案的具体情况，有针对性地确定最为合适的赔偿方法，能够很好地实现损害赔偿法中的完全赔偿与禁止得利的原则。在我国，除了个别法律和司法解释——如《国家赔偿法》第32条、《最高人民法院关于审理船舶碰撞和触碰案件财产损害赔偿的规定》第2条——对损害赔偿方法适用关系有特别的规定，无

---

〔15〕 Staudinger/Schiemann, 2008, § 249 Rn. 213.

〔16〕 Larenz, Lehrbuch des Schuldrechts I: Allgemeiner Teil, 14. Aufl., 1987, S. 467.

〔17〕 [日]於保不二雄：《日本民法债权总论》，庄胜荣校订，台北，五南图书出版公司1998年版，第131页；[日]我妻荣：《新订债权总论》，王燚译，中国法制出版社2008年版，第105页。

〔18〕 即所谓“债务人总得有钱”(Der Schuldner muss Geld haben)，至于“资不抵债”，则属于破产法的调整范畴。Vgl. Medicus, Geld muβ man haben, AcP 188 (1988), 499 ff.

〔19〕 曾世雄：《损害赔偿法原理》，中国政法大学出版社2001年版，第148页。

〔20〕 参见朱岩：《什么是“恢复原状”？——兼评中国大陆侵权责任承担方式》，载《月旦民商法》总第26期。

〔21〕 《德国民法典》第251条第2款第2句规定：“因治愈受伤害的动物所发生的费用，不因其显著超出动物价额而认为不成比例。”德国的判例曾判决，为受害的狗支付的2000欧元的治疗费用是合乎比例的。

论是《民法典》,还是《民法通则》《合同法》《侵权责任法》等法律,既没有完全采取恢复原状优先原则,也没有一律适用金钱赔偿主义。我国对损害赔偿方法采取的恢复原状与金钱赔偿的平行的规范结构即自由裁量主义立法例,由法官根据个案具体情况来确定相应的赔偿方法。不仅如此,依据《民法典》第 179 条第 3 款,恢复原状和赔偿损失甚至都不是对立的民事责任方式,二者并不相互吸收,而是可以分别或合并适用。由于我国民法学界没有正确地理解恢复原状的含义与性质,加之未能区分金钱赔偿与恢复原状的花费,故此我国法律在损害赔偿方法的适用关系上虽名为自由裁量主义,而实为金钱赔偿主义,不仅未能做到名实相符,且产生了不少的问题。

三、恢复原状

(一)学说上的争论

在我国法上,恢复原状属于民事责任的承担方式之一,《民法典》第 179 条第 1 款以及《民法通则》第 134 条第 1 款、《侵权责任法》第 15 条第 1 款,皆有明定。那么,作为民事责任承担方式之一的恢复原状,究竟指的是什么?其性质又如何呢?对此,我国民法学界有以下两种观点:

1. 独立责任形式说。此说认为,无论《民法通则》第 134 条第 1 款,还是《侵权责任法》第 15 条第 1 款,它们规定的恢复原状皆非损害赔偿之方法,而是一种与损害赔偿相并列的、独立的民事责任形式。[22] 虽然与损害赔偿一样,恢复原状也属于救济性的民事责任,但二者在目的、是否有利于救济受害人、加害人支付的费用等方面有明显的区别。[23] 我国民法上的恢复原状,是指将损害的财产加以修复。具体来说,当所有权人的财产被非法侵害而损坏时,能够修理的,所有权人有权要求加害人通过修理,恢复财产原有的状态。[24] 例如,修理被撞毁的汽车、修缮被破坏的房屋、填平被挖掘的土地等。[25] 总之,《民法通则》等法律中的恢复原状不是损害赔偿的方法,只是针对物遭受损害情况而适用的民事责任,是保护财产所有权的一种责任形式。[26] 它既非针对给付行为,也非针对人格利益遭受损害的情形,而是与损害赔偿并列的、处于同等地位的民事责任形式。

2. 损害赔偿方法说。该说认为,《民法通则》第 134 条的恢复原状实际上就是大陆法系民法中的回复原状。此外,依据《民法通则》第 117 条,我国法还承认物理性的恢复原状与修理性的恢复原状。该条第 1、2 款依次规定:"侵占国家的、集体的财产或者他人财产的,应当返还财产,不能返还财产的,应当折价赔偿。损坏国家的、集体的财产或者他人财产的,应当恢复原状或者折价赔偿。"其中,第 1 款调整的就是"侵占"的"物理性的恢复原状",第 2 款调整的是损害赔偿意义上的"修理性的恢复原状与金钱损害赔偿"。[27]

(二)我国法上的恢复原状的含义及定位

无论是《民法典》第 179 条第 1 款,还是《民法通则》第 134 条第 1 款、《侵权责任法》第 15

〔22〕 王利明:《侵权责任法研究》(上卷),中国人民大学出版社 2010 年版,第 641 ~642 页;魏振瀛:《〈民法通则〉规定的民事责任——从物权法到民法典的规定》,载《现代法学》2006 年第 3 期;最高人民法院侵权责任法研究小组:《〈中华人民共和国侵权责任法〉条文理解与适用》,人民法院出版社 2010 年版,第 118 页。

〔23〕 王利明:《侵权责任法研究》(上卷),中国人民大学出版社 2010 年版,第 642 页。

〔24〕 王利明:《民法总则研究》(第 2 版),中国人民大学出版社 2012 年版,第 508 页。

〔25〕 孙亚明主编:《民法通则要论》,法律出版社 1991 年版,第 246 页。

〔26〕 金平主编:《民法通则教程》,重庆出版社 1987 年版,第 443 页。

〔27〕 朱岩:《什么是"恢复原状"?——兼评中国大陆侵权责任承担方式》,载《月旦民商法》总第 26 期。

条第1款，它们所规定的作为承担民事责任的方式之一的恢复原状，其含义都不同于大陆法系民法中的恢复原状。在大陆法系民法中，作为损害赔偿方法之一的“恢复原状”，也称“回复原状”（Naturalrestitution/ Naturalherstellung），来源于欧陆普通法中的“restitutio in natura”。〔28〕

所谓恢复原状是指恢复受害人假想的应有状态，即假设损害没有发生时受害人应处的状态。然而，人不能两次踏进同一条河里，丝毫不差地恢复应有状态显然不可能。因此，界定恢复原状的关键就在于根据立法本意、法律文义及体系合理地确定其限度。例如，在德国法上，起初按照立法者的本意，就物的毁损而言，恢复原状仅指“修理”。但判例与学说逐渐进行了扩大性理解，发展出了“同类、等值”意义上的恢复原状概念。〔29〕申言之，恢复原状与其说是重新制造出与受害人原来所处状态一模一样的应有状态，毋宁说是通过经济手段使受害人处于一种经济上“同等或等值”（Gleichartigkeit und Gleichwertigkeit）的状态。〔30〕如此一来，恢复原状的具体表现形式将会无限丰富多彩。因为对受害人完整利益的破坏有多少种表现形式，恢复原状也就相应地有多少种表现形式。例如，德国联邦最高法院判例认可的恢复原状的形态就包括：(1)物被他人不法侵夺时，返还该物；(2)侵害可替代物而致其灭失或毁损时，重新购买同种类且价值相等的物；(3)物被损坏而未灭失时，对该物进行修复；(4)缔约过失时，消解契约效力；(5)免除具有某种拘束力的负担；(6)撤回错误的事实陈述；(7)不动产登记簿存在错误时，所为的更正登记；(8)有价证券的回购；等等。〔31〕再如，在我国台湾地区“民法”中，所谓回复原状，“除因回复原状而应给付金钱者（如侵占受寄之金钱而应返还金钱者）外，一般均解为事实上之修复。故身体、健康之损害应治愈之，物之灭失应回复或以同种类、品质、数量之他物代替之，物之毁损应修缮之，以维护被害人权益状态之完整”。〔32〕即便是人格法益受到侵害，也能适用恢复原状这一损害赔偿方法。例如，手术时误将纱布遗留患者体内应再行开刀取出、侵害他人名誉权时登报谢罪、偷拍他人裸体照片时应予返还或销毁等。〔33〕

与大陆法系民法中恢复原状的多重含义相比，我国民法中许多原本属于恢复原状的内容被剥离出来成为一类类单独的民事责任承担方式。

首先，在侵害人格权法益尤其是名誉权时，加害人仅为金钱赔偿，不足以恢复受害人受贬损的名誉，故此大陆法系民法针对这种侵害名誉权的情形，不仅要求加害人承担金钱赔偿，还“命为登报谢罪等适当处分，此为名誉受侵害恢复原状的一种特殊方式”。〔34〕例如，《日本民法典》第723条规定：“对于损坏他人名誉的人，法院根据受害人的请求，可以替代损害赔偿或与损害赔偿同时命令其作出有利于回复名誉的适当处理。”我国台湾地区“民法”第195条第1项后段也规定：“其名誉被侵害者，并得请求回复名誉之适当处分。”

在我国，《民法典》第179条第1款、《民法通则》第134条第1款明确将“赔礼道歉”作为一

---

〔28〕 不过，罗马法是以金钱赔偿为原则，而不必为原状之回复。参见陈朝璧：《罗马法原理》，法律出版社2006年版，第148页。

〔29〕 Haug, Naturalrestitution und Vermögenskompensation – Der Stand der Rechtsprechung im Hinblick auf die geplante Gesetzesänderung, VersR 2000, S. 1329 (1330 ff.).

〔30〕 Vgl. MünchKommBGB/Oetker, 2004, § 249 Rn. 314ff.; Staudinger/Schiemann, 2008, § 249 Rn. 182ff.

〔31〕 Oliver Brand, Schadensersatzrecht, Beck, 2010, S. 51.

〔32〕 邱聪智：《新订民法债编通则（上）》（新订一版），台湾作者自行印刷2000年版，第359页。

〔33〕 王泽鉴：《回复原状与金钱赔偿——损害赔偿方法的基本架构》，载《月旦法学杂志》2005年第12期。

〔34〕 王泽鉴：《人格权法：法释义学、比较法、案例研究》，2012年自版，第505页。

种独立的民事责任承担方式加以规定。[35] 作为民事责任承担方式之一的赔礼道歉,不仅不属于恢复原状,且适用范围也不限于侵害名誉权。理论界与实务界认为,赔礼道歉原则上适用于那些给被侵权人造成精神损害(无论严重与否)的侵权行为,如侵害名誉权、肖像权、隐私权等人格权;侵害死者的肖像、隐私、名誉等人格利益以及其他一些包含明显的精神利益的权利如著作权。至于财产权如物权、商标专用权和以财产利益为主的一些权利如专利权等被侵害,不适用赔礼道歉。[36]

其次,“返还财产”“修理、重作、更换”在大陆法系民法中原本也只是恢复原状的种种表现形式而已。其中,返还财产适用于侵夺物的占用的情形,受害人要求加害人返还该物;[37] 修理、重作、更换则适用于物被毁损的情形。我国《民法典》第 179 条第 1 款以及《民法通则》第 134 条第 1 款将二者均规定为独立的民事责任承担方式。[38]

最后,我国学者一般将实物赔偿作为赔偿损失的范畴。[39] 正是由于自《民法通则》始,我国法律将许多原本属于恢复原状的内容都规定为独立的民事责任承担方式,因此,《民法典》第 179 条第 1 款以及《民法通则》第 134 条第 1 款中的恢复原状的含义就相当狭窄了,只能将之理解为:恢复原状就是对受损物品的修复,是专门用于保护财产所有权的一种民事责任方式。[40]

综上所述,虽然我国法上恢复原状的含义远没有大陆法系恢复原状的含义那么广,但如果据此就将恢复原状作为一种完全特殊的民事责任承担方式,排除在损害赔偿的方法之外,甚至要否定恢复原状独立存在的价值,将之纳入赔偿损失中,作为赔偿损失的特殊方式,显然是不妥的。

(三)适用情形

1. 侵害财产的赔偿方式可以是恢复原状或金钱赔偿

《民法通则》第 117 条第 2 款曾规定,侵害他人财产,受害人可以要求赔偿义务人恢复原状,也可以要求折价赔偿。但是,《民法典》没有作此规定。《民法典》在物权编中对侵害物权的损害赔偿责任作出了规定,即第 237 条规定:“造成不动产或者动产毁损的,权利人可以依法请求修理、重作、更换或者恢复原状。”第 238 条规定:“侵害物权,造成权利人损害的,权利人可以

---

[35] “赔礼道歉”这一民事责任承担方式的产生原因,参见顾昂然、王家福、江平等:《中华人民共和国民法通则讲座》,中国法制出版社 2000 年版,第 245 页。

[36] 最高人民法院民事审判第一庭本书编写组:《民事审判实务问答》,法律出版社 2005 年版,第 134 页;蒋志培:《在全国法院专利审判工作座谈会上的总结讲话》,载最高人民法院民三庭:《知识产权审判指导与参考》(第 7 卷),法律出版社 2004 年版,第 17 页;王利明:《侵权责任法研究》(上卷),中国人民大学出版社 2010 年版,第 647 页。

[37] 作为恢复原状情形之一的返还原物请求权是债权请求权,不同于物权法中作为物权请求权的返还原物。二者的差别,参见朱岩:《什么是“恢复原状”?——兼评中国大陆侵权责任承担方式》,载《月旦民商法》总第 26 期。

[38] 《侵权责任法》第 15 条第 1 款未将“修理、重作、更换”规定为侵权责任的承担方式,参见王利明:《侵权责任法研究》(上卷),中国人民大学出版社 2010 年版,第 640 页。

[39] 给付同样的物作为赔偿,称为“实物赔偿”。它是指通过用同种类、同等质量的实物赔偿受害人的损害。如果被毁损的财产为已经使用过的财产,则侵权人在实物赔偿时,应当考虑被毁损财产的实际折旧情况。参见郭明瑞、房绍坤主编:《民法》(第 2 版),高等教育出版社 2007 年版,第 651 页。笔者认为,将实物赔偿作为赔偿损失的范畴显然是一种误解,因为实物赔偿乃是恢复原状的题中应有之义。

[40] 即便将恢复原状理解得如此狭窄,但依然存在着其与“修理、重作、更换”等民事责任承担方式如何区分的问题。我国许多民法学者认为,“修理、重作、更换”是一种违反合同后承担的责任,是只适用于买卖、加工承揽等合同关系的民事责任形式。参见王利明、郭明瑞、方流芳:《民法新论》(上册),中国政法大学出版社 1988 年版,第 488 页;金平主编:《民法通则教程》,重庆出版社 1987 年版,第 443 页;顾昂然、王家福、江平等:《中华人民共和国民法通则讲座》,中国法制出版社 2000 年版,第 245 页。

依法请求损害赔偿,也可以依法请求承担其他民事责任。”此外,《产品质量法》第 44 条第 2 款规定:“因产品存在缺陷造成受害人财产损失的,侵害人应当恢复原状或者折价赔偿。受害人因此遭受其他重大损失的,侵害人应当赔偿损失。”《消费者权益保护法》第 52 条规定:“经营者提供商品或者服务,造成消费者财产损害的,应当依照法律规定或者当事人约定承担修理、重作、更换、退货、补足商品数量、退还货款和服务费用或者赔偿损失等民事责任。”由此可见,在侵害物权等财产权益造成财产损失时,赔偿的方式可以是恢复原状或金钱赔偿。由于恢复原状带有行为给付的色彩,无法强制执行,故此,司法实践不太倾向于让侵权人承担恢复原状的责任。[41]

2. 侵害人身权益的赔偿方式原则上为金钱赔偿

《民法典》侵权责任编第二章为“损害赔偿”,从第 1179 条至第 1184 条分别对人身损害的财产损失的赔偿、侵害人身权益的精神损害赔偿以及侵害财产的损失赔偿责任作出了规定。从这些规定可以看出,在我国法上,侵害人身权益,无论是造成财产损失还是精神损害,损害赔偿方式就是金钱赔偿。对于侵害人格权的,还会适用消除影响、恢复名誉以及赔礼道歉这两种特殊的恢复原状的赔偿方式。

四、金钱赔偿

(一)金钱赔偿的含义

大陆法系民法中,金钱赔偿是损害赔偿的基本方法之一。所谓金钱赔偿,是指由加害人向受害人支付货币以弥补受害人的财产损失或精神损害。例如,机动车发生交通事故致人死亡的,侵权人向赔偿权利人支付丧葬费、死亡赔偿金等;过失将他人房屋烧毁的,侵权人向受害人支付赔偿金等。《民法典》第 179 条第 1 款以及《民法通则》第 134 条第 1 款、《侵权责任法》第 15 条第 1 款中都规定了“赔偿损失”这一民事责任的承担方式。然而,对于“赔偿损失”的性质却有不同的观点。一种观点认为,“赔偿损失”,是指行为人因违反合同或侵权行为而给他人造成损害,应以其财产赔偿受害人所受的损害的一种责任形式。赔偿损失的实质就是法律强制民事违法行为人向受害人支付一笔金钱,目的在于弥补受害人因违法行为所遭受的财产损失。[42] 通常来说,赔偿损失意味着加害人以支付金钱的方式赔偿受害人的损失,但也包括给付同样的物作为赔偿方式。[43] 赔偿损失是民事责任形式中使用最为经常、最为普遍的一种,既适用于侵权损害赔偿的场合,也适用于违约责任。[44] 我国民法上的赔偿损失既不同于大陆法系民法上的损害赔偿,因为赔偿损失不包括恢复原状;[45]也与金钱赔偿有别,因为我国法上的赔偿损失并非如大陆法上的金钱赔偿那样保护的是价值利益。在我国,赔偿损失不仅可以赔偿受害人的价值利益的损失,也可以用于支付受害人恢复原状的费用(而在德国法上这属于恢复原状的范畴)。[46] 另一种观点认为,我国法上的赔偿损失对应的就是大陆法系民法中的金钱

---

〔41〕 吴春香、李志明:《损害赔偿最高原则之理论与实践》,载《人民司法·应用》2007 年第 3 期。

〔42〕 顾昂然、王家福、江平等:《中华人民共和国民法通则讲座》,中国法制出版社 2000 年版,第 295 ~ 296 页。

〔43〕 郭明瑞、房绍坤主编:《民法》(第 2 版),高等教育出版社 2007 年版,第 651 页;魏振瀛:《侵权责任方式与归责事由、归责原则的关系》,载《中国法学》2011 年第 2 期。

〔44〕 周元伯主编:《〈中华人民共和国民法通则〉释义》,南京大学出版社 1986 年版,第 161 页;李士伟、杜西川:《〈中华人民共和国民法通则〉实用简释》,光明日报出版社,第 167 页;刘淑珍、陈云生:《民法通则解说》,四川人民出版社 1987 年版,第 441 页;金平主编:《民法通则教程》,重庆出版社 1987 年版,第 444 页。

〔45〕 魏振瀛:《侵权责任方式与归责事由、归责原则的关系》,载《中国法学》2011 年第 2 期。

〔46〕 李承亮:《损害赔偿与民事责任》,载《法学研究》2009 年第 3 期。

赔偿。例如,《民法通则》第117条第2款规定:"损害国家的、集体的财产或者他人财产的,应当恢复原状或者折价赔偿。"该款中"折价赔偿"指的就是金钱赔偿,无非是术语上有差别而已,对制度的本质无任何影响。[47]

笔者认为,第一种观点更符合立法本意。由于我国民法学说上并不区分受害人的价值利益的损害与完整利益的损害,因此,多数说认为,只要是赔偿义务人向赔偿权利人支付金钱以填补损害,都是赔偿损失。至于该金钱是恢复原状的费用,还是用于填补受害人具体财产的差额,在所不问。有观点甚至认为,由于恢复原状需要支出一定的费用,所以恢复原状实际上只是属于金钱赔偿的特殊方式而已。[48] 故此,在我国法上,赔偿损失的范围不同于大陆法系的金钱赔偿,它既包括金钱赔偿,还包括了大陆法上原本属于恢复原状范畴的恢复原状的费用请求权(而这两者正是需要严格加以区分的)。

(二)金钱赔偿与恢复原状花费的区别与联系

恢复原状的本意是指加害人恢复原状,但考虑到"实践中加害人也多半不是自行恢复原状,而是付费交由他人承揽。因此,如果将这一工作交由受害人自行处理,给予恢复原状所必要的费用,并无不妥。经由该种方式,被害人可以经由其信赖之人,如原厂指定的保养厂或家庭医生来排除损害"。[49] 此外,在人身伤害或物品被毁损的情形下,受害人对于加害人没有丝毫信任感可言,甚至充满了愤怒,此时要求受害人将自身或者被毁损的物品交托给加害人(哪怕是交给加害人聘请的医生),显非妥当。[50] 故此,为了更好地保护受害人,大陆法系民法赋予了受害人向加害人请求支付恢复原状花费的请求权,即受害人有权向加害人请求给付恢复原状的花费以代替恢复原状。例如,《德国民法典》第249条第2款第1句规定:"因伤害人身或损坏物件而应赔偿损害者,债权人得请求回复原状所必要之金额以代回复原状。"我国台湾地区"民法"第213条第3项也规定:"第一项情形,债权人得请求支付回复原状所必要之费用,以代回复原状。"[51] 这些就是对受害人的所谓"替代权"(Ersetzungsbefugnis)的规定,即受害人可以立即向加害人行使"支付恢复原状所必需花费之金钱的请求权"(Anspruch auf Zahlung des zur Herstellung erforderlichen Geldbetrages),简称"恢复原状花费的请求权"。[52]

1. 金钱赔偿与恢复原状花费的区别

虽然与金钱赔偿请求权(Anspruch auf Geldentschädigung)一样,恢复原状花费的请求权也以金钱给付为内容,但其性质上迥异于作为损害赔偿方法之一的金钱赔偿请求权,[53] 二者有如下区别:

---

〔47〕 朱岩:《什么是"恢复原状"?——兼评中国大陆侵权责任承担方式》,载《月旦民商法》总第26期。

〔48〕 魏振瀛主编:《民法》(第4版),北京大学出版社、高等教育出版社2010年版,第677页。

〔49〕 黄立:《民法债编总论》,台北,元照出版有限公司2006年版,第386~387页。

〔50〕 Medicus/Lorenz, Schuldrecht I, 18. Aufl., 2008, Rn. 628.

〔51〕 我国台湾地区是在1999年修订"民法"债编时增加替代权规定的。其理由谓,"民法"损害赔偿之方法,以回复原状为原则,金钱赔偿为例外。然回复原状,若必由债务人为之,对被害人有时可能缓不济急,或不能符合被害人之意愿。为期合乎实际需要,并使被害人获得更周密之保障,爰参考德国民法第249条后段之立法例,增设第三项,使被害人得请求支付回复原状之费用,以代回复原状。

〔52〕 替代权,也称补充权,是指义务人自始只拘束于一个给付内容,权利人行使该权能后,另一给付内容将取而代之,原给付义务不能的效力也会影响其替代内容。相反,在选择之债情形下,债务人作出选择后,其回溯的自始拘束于他的选择。选择的给付内容陷入不能后,其债务即因此而消灭。《德国民法典》第263条第2款、第275条第1款有明文规定。Medicus/Lorenz, Schuldrecht I, 18. Aufl., 2008, Rn. 212。

〔53〕 Larenz, Lehrbuch des Schuldrechts I: Allgemeiner Teil, 14. Aufl., 1987, S. 468.

（1）保护的对象和规范目的不同。金钱赔偿保护的是价值利益，价值利益是能够用市场价格加以衡量的。恢复原状的花费保护的是受害人的完整利益。作为各个具体权利、法益、生活目的总括的完整利益，其中必然包含受害人的情感利益（Affektionsinteresse），如继续驾乘汽车的愉悦、便利等。由于情感利益并不能以市场价格或者财产数额衡量，所以无法基于价值利益损害得到金钱赔偿。在这一点上，我国《民法典》第1183条、《侵权责任法》第22条与《德国民法典》第253条第1款具有相同的规范目的。

（2）请求权行使的要件不同。既然是恢复原状花费的请求权，那么受害人向加害人请求支付该费用的目的显然是为了实现恢复原状（填补完整利益）的规范目的。如果不能恢复原状或者不用于恢复原状，则不得行使恢复原状花费的请求权。故此，受害人要行使恢复原状的花费请求权须满足三个要件：可能性、经济合理性及目的拘束性。"可能性"要件，是指受害人主张的具体的恢复原状之形式有实现其应有生活目的之可能性。[54] 倘若事实上或法律上不可能实现受害人应有的生活目的，则属于恢复原状（包括恢复原状的花费）不能。此时，赔偿义务人只承担金钱赔偿责任，即赔偿受害人价值利益的损害（如《德国民法典》第251条第1款）。就物被毁损的恢复原状而言，通常只存在事实上的恢复原状不能，如修理不能。修理不能可分为主观不能与客观不能两种情形。主观不能的情形，如汽车受损后，车主将受损汽车售出或折抵重购新车价金。此时，受害人无论是主张修理汽车，还是主张修理的费用，都不符合"恢复原状须可能"的要件。客观不能的情形，如物的"全损"（Totalschaden），即物被完全毁损，根本不可能修理。此时，恢复原状只限于重新提供一个新物即重置。[55]"经济合理性"是恢复原状花费请求权的第二个要件。该要件是指恢复原状在经济上应当合理，恢复原状的花费不能无限度，否则会造成受害人对加害人的需索无度。例如，德国的法院认为，在车辆受损的时候，如果修理的费用超过了重新购买一辆车的费用的130%，则不具有经济上的合理性。[56]"目的拘束性"是恢复原状花费请求权的第三个要件。[57] 该要件意味着受害人从加害人处获得了恢复原状的费用后，应将该笔金钱投入到满足其恢复原状目的的工作中去。换言之，请求恢复原状的花费应当符合恢复原状的目的，否则受害人不得请求支付恢复原状的费用。需要注意的是，无论是功能上还是体系上，请求恢复原状花费都与恢复原状更为接近，不能将恢复原状的花费与金钱赔偿相混淆。就金钱赔偿而言，只要侵害事件造成受害人财产的差额，受害人即可向加害人主张金钱赔偿的请求权，除此之外并不存在其他要件上的限制。

（3）受害人是否必须实际支出金钱上的不同。就恢复原状的花费而言，既可以在实际支出该费用后请求加害人偿还，也可以在尚未支出费用前向加害人预先主张。例如，甲过失致乙的

---

〔54〕 恢复原状的"可能"与给付不能中的"可能"有交叉，但并不重合。因为给付不能关注的是给付内容、方式本身，而恢复原状的可能关注的是给付（损害赔偿）背后的目的（恢复应有生活状态）。

〔55〕 例如，依据《道路交通事故损害赔偿解释》第15条第2项，因道路交通事故造成车辆灭失或者无法修复，当事人有权请求侵权人赔偿"为购买交通事故发生时与被损坏车辆价值相当的车辆重置费用"。

〔56〕 BGHZ 115, 375. Schiemann 教授更认为，应直接以重置费数额来限制修理费。参见 Staudinger/Schiemann, 2008, § 251 Rn. 22.

〔57〕 因主张恢复原状花费所得之金钱，是否应当受到恢复原状的目的拘束？可否由受害人自由支配？该问题在德国民法学界有很大的争论。德国联邦法院于1976年的一则判例中确定了"支配自由原则"（Prinzip der Dispositionsfreiheit）。该案的受害人在事故后卖掉旧车，买入新车，却又主张抽象计算的修理费用，法院支持了该诉求。不过，支配自由原则受到了理论界的严厉批评。参见 Köhler, Abstrakte oder konkrekte Berechnung des Geldersatzes nach § 249 Satz 2 BGB? 2. FS für Larenz, 1983, S. 349, (364 ff.)；王泽鉴：《回复原状与金钱赔偿——损害赔偿方法的基本架构》，载《月旦法学杂志》2005年第12期。

一幅名贵字画受损。修复该画所需之费用经鉴定评估需要50万元左右,而最终实际支出的修复费用也是50万元。既然无论如何都要用这50万元修复费进行修复,就完全没有必要等到受害人实际支付了该笔金额后,才允许受害人向加害人主张赔偿。这是因为,加害行为一经发生,就理解为在客观上给受害人造成了完整利益的损害,受害人也因此就取得了恢复原状花费请求权,无需等待实际支出费用后方能请求。然而,就金钱赔偿请求权而言,只有当受害人实际支出了修复费,才会使受害人的财产总额减少(符合差额假设说),构成损害。唯有此时,受害人方能向加害人行使金钱赔偿请求权。

(4)风险负担的规则不同。研究恢复原状过程中产生的风险负担,有助于更清楚地理解恢复原状花费与金钱赔偿之间的关系。此处的“风险”有特定含义,是指因不可归责于双方事由导致损害的扩大或使已产生的损害比恢复原状前的鉴定报告所预估的损失更严重。实践中,恢复原状的风险可能有以下三类:其一,无益的花费(Nutzloser Aufwand),即为恢复原状支付的金钱因修理失败而浪费。例如,因承揽业务的汽车修理厂的过错而进行了重复修理,纵使修理厂是由受害人挑选的,也不能将修理厂视为受害人的履行辅助人(即便是由受害人一方承担修理工作也并非意味着他向加害人履行给付义务)。[58] 如果受害人选任修理厂时没有过错,即便由此增加了修理费也不应归责于他。其二,过度的花费(Übertriebener Aufwand)。例如,受害人因暂时无力修理而向他人借款若干,为此负担的利息支出,就属于过度的花费。[59] 其三,评估风险(Prognoserisiko)。修理工作一旦启动,可能产生原鉴定报告未预计到的问题,实际产生的修理费用很可能超过原评估费用(如车损修理的复杂性大于评估)。此时,事后超出的部分并非为事前受害人或加害人可预计的,且评估人(如出具定损单的保险公司)也尽到了专业估价之责任。

因为恢复原状是加害人的义务,所以由于恢复原状而产生更多花费的风险须由加害人承担。加害人要负责到底,直至恢复受害人应有生活状态。“恢复应有生活状态”的含义辐射之广,就好像即使加害人承担了修理工作,却似乎又超然于恢复原状的过程;风险是随机的(所谓事件),若由加害人恢复原状,其也得概括承担以上风险。但是,倘若加害人所负赔偿义务的内容为金钱赔偿,则恢复原状成功与否乃至是否恢复原状,就完全是受害人自己的事了。一言以蔽之,金钱赔偿不冒风险。

(5)应用计算方法的不同。依据受害人是否实际支出恢复原状的费用,对于恢复原状的费用要分别采取两种不同的计算方法。如果受害人没有实际支出恢复原状的费用,则采取“客观的计算方法”,即处于客观立场的“一般理性、有经济头脑的人站在受害人的立场”之上,[60] 于恢复原状之前合理估算的,抽象的、假定的应为恢复原状(修理、重作、更换)所付出的金钱(所谓拟制的修复费用 fiktive Reparaturkosten)。[61] 反之,如果恢复原状的工作已经由受害人自行实施的情况下,则采取主观的计算方法,即通过主观、具体、事后的计算方法得出金额(Subjek-

---

〔58〕 黄立:《民法债编总论》,台北,元照出版有限公司2006年版,第447~451页。

〔59〕 Lange/Schiemann, Schadensersatz, 3. Aufl., 2003, S. 226.

〔60〕 RG 99, 172, 183.

〔61〕 Looschelders, Schuldrecht Allgemeiner Teil, 6. Aufl., 2008, Rn. 955.

tive, konkrete Berechnung aus der Ex－post－Sicht)。[62]

在运用客观的计算方法时,倘若计算出来的费用高于实际支出的花费,如受害人甲的汽车被乙撞坏,但甲本身就是汽车修理工或者甲属于设有维修部门的企业(如公交公司)。此时,乙在向甲支付了依客观计算方法(修理厂相应修理业务平均收费)算出的恢复原状的费用后,当甲自行合乎质量规范地修理了受损的汽车,则按照客观计算标准得出费用中包含的人工工资(汽修工人自己修理时)、企业盈利、企业运营费用等部分就可以节省下来。不过,这部分费用无须返还给赔偿义务人乙,因为禁止得利原则是否得到遵守要根据从完整利益与价值利益这两个视角出发所探求的规范目的分别确定。既然受害人甲请求恢复原状的花费,就表示其愿意拘束于恢复原状的目的,按质保量地完成修理工作。既然该目的已经实现了,赔偿义务人就没有主张返还所节省费用的请求权基础。换言之,纵然此时节省的费用使受害人甲的财产总额有所增加,法律也允许受害人甲保留这部分财产。因为其主张的不是金钱赔偿请求权,而是恢复原状花费请求权。可是,如果受害人甲并没有实施修理工作,则恢复原状目的就没有实现,受害人甲向乙主张支付恢复原状的费用的实际目的不再是恢复完整利益,而是改为填补财产总额。此时,赔偿义务人乙就有权行使不当得利请求权,要求返还修理费用高于财产减值的部分金额。在受害人依据主观的计算方法计算出来的恢复原状的花费高于预估费用的情形下,如何处理须区分不同情形。例如,A将B的一张古画毁坏,经评估需要10万元修复费用,但最后实际支出的修复费用是12万元。如果受害人B对于事后2万元费用的增加并无过错,则可适用前文所述的风险承担规则,向A主张全部的12万元的恢复原状的费用;如果受害人B存在过错,赔偿义务人A有权依据过失相抵的规则要求减少赔偿数额。[63]

与恢复原状花费请求权的计算方法不同,在受害人向加害人行使金钱赔偿请求权时,虽然也可以适用上述客观的或主观的计算方法,但法律允许不同计算方法产生的差异。例如,某幅山水画原值10,000元,受损后经鉴定机构确认残值为6000元。加害人随即赔给了受害人减少的价值4000元。此后,受害人将该画卖出了7000元的价格。即便如此,也不能说受害人违反了禁止得利原则。因为金钱赔偿请求权一经履行即告消灭,此后受害人的财产总额如何变化,与金钱赔偿请求权的规范目的无关。

2. 金钱赔偿、恢复原状的花费与恢复原状的关系

恢复原状花费的请求权与金钱赔偿请求权之间属于择一竞合(Elektive Konkurrenz)的关系。所谓择一竞合,也称选择性竞合,是指某人享有两个甚至更多的规范内容相互排斥的请求权,权利人对这些请求权有权加以选择,但无论如何,其最后只能使其中的一种而非全部的请求权得以实现。请求权的选择性竞合不同于选择之债。选择之债是于数宗给付中选定一宗为给付的标的之债。一旦选定,则选择之债即特定成为单纯之债,选择之效力溯及债之发生时,即便选择的给付陷入不能,也不得重新选择。[64] 但是,在选择性竞合中,受害人可以从多个请求权中择其一行使,而这种选择对于其他请求权的主张没有影响。也就是说,一时作出的选择的意思表示对赔偿权利人没有拘束力。赔偿权利人可以改变原先的选择,重新选择。例如,赔

---

〔62〕 德国学者普遍认为,对于人身伤害的医疗费用应当采取具体的计算方法,但德国联邦法院的态度不一致,有的支持原告请求拟制的医疗费,有的则否定之。Grunsky, Der Ersatz fiktiver Kosten bei der Unfallschadensregulierung, NJW 1983, S. 2465, 2470. 另参见刘昭辰:《回复原状的金钱损害赔偿具体计算》,载《月旦法学教室》第11期。

〔63〕 BGH NJW 2012, 50.

〔64〕 孙森焱:《民法债编总论》(上),2012年自版,第420页。

偿权利人虽然开始是向赔偿义务人主张金钱赔偿的请求权,但嗣后其觉得这样不符合自己的利益,决定改选恢复原状花费的请求权,则赔偿权利人可以撤回原先的请求权并变更为其他的请求权。[65]

就恢复原状花费的请求权与恢复原状的请求权之间的关系而言,二者也是择一竞合的关系。例如,甲将乙的手表摔坏,赔偿权利人乙可以向甲行使恢复原状的请求权,如要求其负责修理手表,也可以选择要求甲支付恢复原状的花费,而由自己去修理该手表。

第二节 两类特殊的损害赔偿请求权

一、人格权请求权抑或损害赔偿请求权

关于赔礼道歉请求权与消除影响、恢复名誉请求权的性质究竟是人格权请求权,还是损害赔偿请求权,学说上存在不同的看法。

第一种观点认为,人格权请求权是指民事主体在其人格权受到侵害、妨害或者有妨害之虞时,有权向加害人或者人民法院请求加害人承担停止侵害、排除妨害、消除危险、消除影响、恢复名誉、赔礼道歉等责任,以恢复人格权的圆满状态的权利。[66]

第二种观点认为,赔礼道歉不属于人格权请求权,但是消除影响、恢复名誉属于人格权请求权。理由在于:首先,赔礼道歉请求权不仅产生于人格权遭受侵害的场合,在其他场合也时有发生,故此,它并非人格权所专有。另外,它同人格权的积极权能和消极权能的规格要求也不相符。所以,赔礼道歉不是人格权的有机构成因素,不属于人格权的请求权。其次,恢复名誉、消除影响的请求权及其行使就在于恢复人格权的原状,属于人格权的消极权能,故为人格权的有机构成因素。况且,恢复名誉、消除影响的请求权与人格权不可分离。假如人格权没有它们,任人侮辱、诽谤而无权请求恢复名誉、消除影响,那么,名誉权、荣誉权等人格权就会名存实亡。因此,恢复名誉、消除影响的请求权符合人格权请求权的规格要求。[67]

第三种观点认为,人格权请求权针对的是妨害行为或极有可能存在妨害行为的情形,因此,原则上包括停止妨害请求权和排除妨害请求权,至于恢复名誉、消除影响,赔礼道歉不属于人格权请求权,因为恢复名誉、消除影响,赔礼道歉本质上也是属于恢复原状的措施,针对的是损害结果而非妨害行为,是事后的救济措施而非事前的预防措施。[68] 赔礼道歉和消除影响、恢复名誉的适用仅限于侵害他人人身权益造成精神损害的情形。[69]

笔者认为,赔礼道歉请求权以及消除影响、恢复名誉请求权虽然主要用于保护人格权,但其性质上属于损害赔偿请求权,而不是作为绝对权的人格权请求权,理由如下:

首先,从功能上来说,人格权请求权主要发挥的是事先预防的功能,无论是停止侵害、排除

---

〔65〕 Medicus/Lorenz, Schuldrecht I, 18. Aufl., 2008, Rn. 210ff.; Palandt/Grüneberg, 2007, § 262, 2011, Rn. 6.

〔66〕 王利明:《论人格权请求权与侵权损害赔偿请求权的分离》,载《中国法学》2019 年第 1 期。

〔67〕 崔建远:《债法总则与中国民法典的制定——兼论赔礼道歉、恢复名誉、消除影响的定位》,载《清华大学学报》(哲学社会科学版)2003 年第 4 期。

〔68〕 杨立新、袁雪石:《论人格权请求权》,载《法学研究》2003 年第 6 期。

〔69〕 张新宝:《民法分则侵权责任编立法研究》,载《中国法学》2017 年第 3 期。

妨碍，还是消除危险，莫不如此。但是，损害赔偿请求权则是发挥事后补偿功能，即侵害已经发生并造成了损害，无论是财产损害还是精神损害，通过损害赔偿请求权来填补该损害。从这个角度来说，赔礼道歉，消除影响、恢复名誉所发挥的并非预防功能，而是填补功能，即在被侵权人的人格权益被侵害并因此遭受了损害后才能适用，是用于填补被侵权人的人格权因侵权行为所遭受的损害（主要是精神损害）。损害赔偿法的功能在于通过损害赔偿使得受害人恢复到假设侵权行为没有发生时本应处的状态，通常损害赔偿的方法采取的是经济手段，如金钱赔偿或者修理等来实现这一目的。但是，在人格权遭受侵害的情形下，仅仅使用经济手段的方法对于受害人的救济会不够充分，故此，赔礼道歉也好，消除影响、恢复名誉也罢，都是补充经济手段恢复原状的不足而产生的请求权，性质上仍然属于损害赔偿请求权。我国《国家赔偿法》第35条的规定非常准确地体现了这一点。依据该条之规定，行政机关及其工作人员在行使行政职权时有侵犯人身权的法定情形之一，或者行使侦查、检察、审判职权的机关以及看守所、监狱管理机关及其工作人员在行使职权时有侵犯人身权的法定情形之一，致人精神损害的，应当在侵权行为影响的范围内，为受害人消除影响，恢复名誉，赔礼道歉；造成严重后果的，应当支付相应的精神损害抚慰金。《精神损害赔偿解释》第8条也规定："因侵权致人精神损害，但未造成严重后果，受害人请求赔偿精神损害的，一般不予支持，人民法院可以根据情形判令侵权人停止侵害、恢复名誉、消除影响、赔礼道歉。因侵权致人精神损害，造成严重后果的，人民法院除判令侵权人承担停止侵害、恢复名誉、消除影响、赔礼道歉等民事责任外，可以根据受害人一方的请求判令其赔偿相应的精神损害抚慰金。"由此可见，无论是消除影响、恢复名誉还是赔礼道歉，只有在已经造成精神损害这一后果时才予以适用。在我国的司法实践中，人民法院也都是将赔礼道歉，消除影响、恢复名誉作为补偿、恢复功能的民事责任承担方式加以看待的。[70]

其次，如果将赔礼道歉，消除影响、恢复名誉请求权作为人格权请求权，就意味着适用这两类请求权时，既不以损害为要件，也无需过错，只要是权利人的人格权遭受侵害，就可以要求赔礼道歉，消除影响、恢复名誉。也就是说，这两类请求权可以完全独立于侵权损害赔偿请求权而独立行使，这显然是不妥当的。事实上，在司法实践中，人民法院在确定赔礼道歉，消除影响、恢复名誉的民事责任承担方式时，也都要考虑侵权人的主观过错程度、所造成的损害后果的严重程度等因素。例如，《利用信息网络侵害人身权益纠纷规定》第16条明确规定："人民法院判决侵权人承担赔礼道歉、消除影响或者恢复名誉等责任形式的，应当与侵权的具体方式和所造成的影响范围相当。侵权人拒不履行的，人民法院可以采取在网络上发布公告或者公布裁判文书等合理的方式执行，由此产生的费用由侵权人承担。"《民法典》第1000条第1款更是明确规定："行为人因侵害人格权承担消除影响、恢复名誉、赔礼道歉等民事责任的，应当与行为的具体方式和造成的影响范围相当。"所谓造成影响的范围，实际上就相当于对人格权的损害范围。

最后，从比较法上来看，日本民法和我国台湾地区"民法"也都承认了赔礼道歉。《日本民法典》第723条规定："对于损坏他人名誉的人，法院根据受害人的请求，可以替代损害赔偿或与损害赔偿一起责令其作出有利于恢复名誉的适当处理。"本条所谓的"有利于恢复名誉的适当处理"包括命令加害人在报纸上刊登道歉广告，这种处理方式一直为日本民法学说和判例所

---

〔70〕北京市第一中级人民法院民事责任课题组：《论消除影响、恢复名誉、赔礼道歉侵权民事责任形式》，载最高人民法院民事审判第一庭编：《民事审判指导与参考》（总第44集），法律出版社2011年版，第142页。

认可。[71] 由于在名誉毁损的情形下,只适用民法上的经济赔偿原则,对受害人的救济会不够充分,因此认可恢复原状的救济方法,作为恢复名誉的适当的处分,当时的立法认可了道歉广告,民法施行之后道歉广告也被广泛采用。由此可见,道歉广告在日本法上属于恢复原状的方法。[72] 我国台湾地区"民法"采纳《日本民法典》第723条的立法例,于第195条第1项后段规定,"其名誉被侵害者,并得请求回复名誉之适当处分"。王泽鉴教授指出:"由此可知,法院得命为回复名誉之适当处分,须金钱赔偿不足以保护名誉,此为名誉受侵害的特色,该侵害名誉乃贬损社会对个人的评价,例如在报纸刊载不实的事实(贪污、婚外情等)。在此等损人名誉的情形,仅对被害人为金钱赔偿,常未能回复其受贬损的名誉,故得命为登报道歉等适当处分,此乃名誉受侵害回复原状的一种特殊方式。"[73] 此外,在法国法上,也存在法院通过判令被告在报纸上自费刊登法院作出的对其不利的判决的损害方法,此类方法被称为代物赔偿,也叫行为赔偿,即行为人通过某种作为或者不作为来对他人遭受的损害作出赔偿。[74]

二、赔礼道歉

(一)赔礼道歉的含义

赔礼道歉,是指侵权人当庭以口头的方式或者以书面的方式向被侵权人承认错误、表示歉意。"赔礼道歉"这一民事责任形式,最早是由《民法通则》第134条第1款第10项明确规定的。根据起草者的介绍,这是总结革命老区的民事审判经验并吸收借鉴苏联民事立法规定的产物。[75] 《民法通则》除在第134条第1款将赔礼道歉规定为民事责任的承担方式之一外,还分别在第120条规定了侵害自然人的姓名权、肖像权、名誉权、荣誉权以及法人的名称权、名誉权、荣誉权时可以适用赔礼道歉这一民事责任承担方式。由此可见,《民法通则》的起草者认为,赔礼道歉主要是适用于侵害人身权的民事责任形式。[76] 此后的《著作权法》《消费者权益保护法》等法律将赔礼道歉进一步适用于侵害著作权,侵害消费者的人格尊严、人身自由的情形。

除了民法中对赔礼道歉的规定外,我国《刑法》《刑事诉讼法》《治安管理处罚法》也规定了赔礼道歉。《刑法》第37条规定:"对于犯罪情节轻微不需要判处刑罚的,可以免予刑事处罚,但是可以根据案件的不同情况,予以训诫或者责令具结悔过、赔礼道歉、赔偿损失,或者由主管部门予以行政处罚或者行政处分。"《刑事诉讼法》第288条第1款规定,在因民间纠纷引起,涉嫌《刑法》分则第四章、第五章规定的犯罪案件,可能判处3年有期徒刑以下刑罚的公诉案件,以及除渎职犯罪以外的可能判处7年有期徒刑以下刑罚的过失犯罪的公诉案件中,犯罪嫌疑人、被告人真诚悔罪,通过向被害人赔偿损失、赔礼道歉等方式获得被害人谅解,被害人自愿和解的,双方当事人可以和解。《治安管理处罚法》第117条则规定:"公安机关及其人民警察违法行使职权,侵犯公民、法人和其他组织合法权益的,应当赔礼道歉;造成损害的,应当依法承担赔偿责任。"

---

〔71〕 王融擎编译:《日本民法:条文与判例》,中国法制出版社2018年版,第667页。

〔72〕 [日]五十岚清:《人格权法》,铃木贤、葛敏译,北京大学出版社2009年版,第194页。

〔73〕 王泽鉴:《人格权法:法释义学、比较法、案例研究》,2012年自版,第505页。

〔74〕 张民安:《法国民法》,清华大学出版社2015年版,第420页。

〔75〕 顾昂然、王家福、江平等:《中华人民共和国民法通则讲座》,中国法制出版社2000年版,第245页。

〔76〕 孙亚明主编:《民法通则要论》,法律出版社1991年版,第247页。

（二）赔礼道歉的性质

1. 学说上的争议

关于赔偿道歉是否应当作为一种民事责任的承担方式，有不同的观点，核心的争议在于：赔礼道歉作为一种民事责任承担方式是否有用以及能否强制执行？

一种观点认为，赔礼道歉具有重要的功能，从受害人的角度来说，赔礼道歉的功能主要体现为使受害人的愤恨得以发泄，并在最大程度上修补其精神创伤，是对精神损害的一种救济。而从侵权人的角度来看，赔礼道歉可以净化其内心，重塑其道德形象。在社会层面上，赔礼道歉还可以伸张社会正义。[77] 总之，赔礼道歉的法律化对于防止市场规则在市民法中的过度膨胀，从而造成民法去道德化的恶果实属必要。[78] 如果被告拒不履行赔礼道歉的民事责任，也非常容易执行。有的学者认为，对赔礼道歉至少有三大类、五种可能的执行方式，包括：第一类为间接执行方式，法院对不赔礼道歉的侵权人加以罚款、拘留甚至判处刑罚。第二类为替代执行方式，包括三种。第一种是执行法院将判决书的主要内容公布，费用由侵权人承担。第二种是执行法院以侵权人的名义草拟道歉声明（或者由受害人起草后经法院审定），并公之于众，费用由被告承担。第三种是法院通知受害人草拟一份谴责声明，经法院审定后公布，费用由侵权人承担。第三类是赔偿执行，即执行法院要求侵权人向被侵权人支付一定的赔偿金以替代赔礼道歉。[79] 从我国目前的司法实践来看，法院对于不履行赔礼道歉责任的侵权人采取的是替代执行方式中的第一种，即通过公告、登报等方式将判决书的主要内容和有关情况公布于众，相关费用由侵权人承担。[80]

反对的观点认为：首先，赔礼道歉是行为人真实、自愿的意思表示，如果法院判决被告向原告赔礼道歉，说明被告没有认识到自己行为的过错，这种道歉不是真诚的，发自内心的。如果被告就是不道歉，法院其实也无法强制执行。[81] 其次，通过消除影响、恢复名誉、精神损害赔偿等责任形式完全可以达到弥补受害人精神损害的目的，并无必要设置赔礼道歉责任，通过赔礼道歉来抚慰受害人。[82] 再次，如果法院通过公告或登报的方式将判决书公开来强制执行赔礼道歉，会涉及违反宪法的问题，因为这种迫使侵权人违背自己意志进行扭曲的表达侵犯了作为基本人权的良心自由和表达自由。[83] 从比较法来看，在承认道歉广告作为对恢复名誉的适当处分的日本、韩国以及我国台湾地区都曾经发生过道歉广告是否违反禁止强迫良心自由的宪法原则的相关案件争论。例如，韩国的宪法法院在 1992 年 4 月 1 日作出的判决直接认定，《韩国民法典》第 764 条所规定的恢复名誉的处分中包括赔礼道歉广告处分违反宪法。[84] 由于客观上良心自由是不可被强制的，所以法律不应当做其无法做到的事情，否则效果就适得其反，

---

〔77〕 黄忠：《认真对待“赔礼道歉”》，载《法律科学》2008 年第 5 期。

〔78〕 黄忠：《赔礼道歉的法律化：何以可能及如何实践》，载《法制与社会发展》2009 年第 2 期。

〔79〕 葛云松：《民法上的赔礼道歉责任及其强制执行》，载《法学研究》2011 年第 2 期。

〔80〕 参见丁建军：《浅谈民事责任中的赔礼道歉》，载《法律适用》1997 年第 2 期；北京市第一中级人民法院民事责任课题组：《论消除影响、恢复名誉、赔礼道歉侵权民事责任形式》，载最高人民法院民事审判第一庭：《民事审判指导与参考》（总第 44 集），法律出版社 2011 年版，第 141 页。

〔81〕 何玲龙、姚德祥：《不宜判决“赔礼道歉”》，载《法学杂志》1994 年第 1 期。

〔82〕 杜文勇：《认真对待“良心自由”》，载《河北法学》2010 年第 5 期。

〔83〕 吴小兵：《赔礼道歉的合理性研究》，载《清华法学》2010 年第 6 期。

〔84〕 姚辉、段睿：《“赔礼道歉”的异化与回归》，载《中国人民大学学报》2012 年第 2 期。

法律也得不到尊重。[85]

2. 本书的观点

笔者认为,赔礼道歉是一种民事责任,而且是一种对于保护人格权益具有重要功能的民事责任。它不仅在主观上有利于恢复受害人因侵权行为而遭受的精神上的损害,具有填补和抚慰功能,也能够很好地在客观上起到消除侵权行为给受害人带来的不利影响的作用。尤其是在侵害名誉权案件中,被侵权人往往都要求侵权人赔礼道歉,其目的就是要据此达到消除影响、恢复名誉的效果。也正因如此,赔礼道歉这一民事责任承担方式自《民法通则》确立以来,在司法实践中被受害人所广泛主张。

所谓的违背良心自由,不能强制执行的观点都难以成立。

首先,如西方谚语所云,"魔鬼也不知道一个人在想什么",法律是无法直接规范或强制人的内心的,包括人的良心或良知。赔礼道歉作为民事责任承担方式,是法律强制要求侵权人实施的一种行为,通过这种行为的实施来实现对受害人因侵权行为而遭受的痛苦的抚慰,同时在外界消除因侵权行为给被侵权人造成的不良影响。如果侵权人不赔礼道歉,就像侵权人不停止侵害行为或者不承担损害赔偿责任一样,法院就可以强制执行。而执行的方式并非是通过强力逼迫侵权人去向被侵权人道歉,而只是公开判决文书主要内容并登报或公告,有何不可?诚如学者所言,如果认为这种强制执行的方式限制了侵权人的自由,违背了其意志,那么即便是金钱赔偿责任又何尝不是限制了侵权人的自由,违背了其意志呢?[86]也就是说,人们应当区分两种层面上的赔礼道歉:一种是侵权人发自内心地认识到自己错误,而有悔罪表示的道德或心理意义上的赔礼道歉,这属于道德的调整范畴;[87]另一种是法律层面的赔礼道歉,是法律调整的范畴。如果侵权人主动道歉,则二者实现统一;如果侵权人顽固不化,死不认错,则前者是无法强制执行的,而后者完全可以强制执行。故此,认为法律上的赔礼道歉是对良心自由的强制的观点,显然是无的放矢,是错误的。

其次,将赔礼道歉作为一种民事责任的承担方式,其意义不仅在于保护被侵权人,更重要的是有利于确立社会的行为规范,弘扬社会是非善恶标准,从而发挥法律的一般威慑功能。也就是说,即便侵权人自己不认错,拒绝赔礼道歉,但是法院强制执行来公布判决的主要内容,就相当于以往熟人社会中让大家来评理一样,"群众的眼睛是雪亮的",从而做到公道自在人心。

最后,从比较法上,虽然日本、韩国和我国台湾地区发生过就道歉广告是否侵犯宪法保护的良心自由的问题,但是,日本最高裁判所的判决明确指出:"命令其至少应将原审判决内容刊载于报纸上的谢罪广告,并未对上诉人多科加耻辱性或痛苦性的劳苦,亦无侵害被上诉人所有的伦理上的意思和良心的自由。"[88]我国台湾地区"司法院"释字第656号认为:"民法第一百九十五条第一项后端规定,其名誉被侵害者,并得请求回复名誉之适当处分。所谓回复名誉的适当处分,如属以判决命令加害人公开道歉,而未涉及加害人自我羞辱等损及人性尊严之情事

---

〔85〕 张红:《不表意自由与人格权保护》,载《中国社会科学》2013年第7期。

〔86〕 黄忠:《赔礼道歉的法律化:何以可能及如何实践》,载《法制与社会发展》2009年第2期。

〔87〕 著名社会学家戈夫曼将人际交往过程中补救错误的形态分为三种:辩解、道歉与请求。而较为通行的补救心态的分类为:否认、借口、辩解与道歉。为了维持社会关系的道歉,会构成社会仪式的一部分,行为者通过道歉求得息事宁人,社会礼仪的均衡状态得以重建。Erving Goffman, *Relations in Public*: *Microstudies of the Public Order*, New York, Based Books, 1971, pp. 95 – 187. 转引自郝维华:《加拿大—中国道歉法的比较分析》,载《比较法研究》2011年第6期。

〔88〕 王泽鉴:《人格权法:法释义学、比较法、案例研究》,2012年自版,第509~510页。

者,即未违背宪法第二十三条比例原则,而不抵触宪法对不表意自由之保障。”我国法院在司法实践中之所以普遍采取刊登判决主要内容的方式来实现对赔礼道歉的强制执行,而没有采取前述有的学者所言的由受害人代为拟定道歉声明或谴责声明的方式,实际上就考虑到了这一点。从这个意义上,更不能认为存在对侵权人的良心自由或不表意自由的侵害了。

事实上,不仅是大陆法系国家或地区法律规定了赔礼道歉,在英美法国家甚至有专门的道歉法。近年来,普通法领域的学者也越来越注意到道歉对于当事人自行解决纠纷的积极效果,尤其在不断发展的非诉讼纠纷解决机制下,法律对道歉的鼓励不但有利于重建道德,从纠纷解决机制来讲亦有显著的促进。〔89〕 2006 年加拿大不列颠哥伦比亚省议会通过了《道歉法》(Apology Act of 2006 British Columbia) ,2007 年萨斯喀彻温省也在其证据法中就道歉的效力作专条立法(Evidence Amendment Act,Saskatchewan)。截至 2013 年 4 月,加拿大全国已有 8 个省和 1 个地区通过了《道歉法》。〔90〕 依据不列颠省的《道歉法》第 1 条的定义,所谓“道歉”是指,表示同情或遗憾,使用“sorry”或者类似词汇或行为表示悔悟、同情,无论该言辞或行为是否明示或默示地承认在该言辞或行为所指事件中的过错。〔91〕 不过,依据该法第 2 条,“道歉对责任承担的效力”的规定,任何情况下的道歉都不构成明示或默示对该人过错或责任的承认;不构成因果联系的确认;在合同或保险条款中即使有相反的约定,道歉也不构成可获得保险赔付的无效或失效条件;道歉也不纳入该人过错或责任的考量因素。尽管道歉与责任承担无关,但是道歉毕竟表达了一方的悔意,抚慰了另一方,从而有利于人们通过非讼机制解决纠纷。

我国《民法典》不仅继续明确地将赔礼道歉作为一种民事责任的承担方式加以规定,而且第 1000 条第 2 款还明确规定:“行为人拒不承担前款规定的民事责任的,人民法院可以采取在报刊、网络等媒体上发布公告或者公布生效裁判文书等方式执行,产生的费用由行为人负担。”

(三)赔礼道歉的适用范围

首先,赔礼道歉只适用于侵权之诉,而不适用于违约之诉。例如,在一起因被告航空公司拒载作为残疾人的原告而引发的客运合同纠纷中,原告要求被告赔礼道歉。法院认为:“对原告要求二被告连带在《春城晚报》《都市时报》《中国民航报》《中国民航》杂志上向原告赔礼道歉的诉请,因航班延误造成的损失必须是实际的经济损失,不包括因延误给旅客造成的精神损失,且合同纠纷中并没有赔礼道歉的违约责任承担方式,被告成都航空有限公司在事后也积极采取了相应补救措施,故原告的该项诉请没有相应事实和法律依据,人民法院亦不予支持。”〔92〕

其次,也并非所有的侵权纠纷中受害人都有权要求侵权人赔礼道歉。赔礼道歉主要适用侵害精神性人格权如姓名权、名誉权、肖像权、隐私权等的案件,侵害死者的肖像、隐私、名誉等人格利益以及其他一些包含明显的精神利益的权利如著作权的案件。至于财产权如物权、商

---

〔89〕 郝维华:《加拿大——中国道歉法的比较分析》,载《比较法研究》2011 年第 6 期。

〔90〕 菁菁:《加拿大的道歉法》,载《先锋队》2014 年第 21 期。

〔91〕 “Apology” means an expression of sympathy or regret, a statement that one is sorry or any other words or actions indicating contrition or commiseration, whether or not the words or actions admit or imply an admission of fault in connection with the matter to which the words or actions relate.

〔92〕《朱兰英诉云南机场地面服务有限公司、成都航空有限公司航空旅客运输合同纠纷案——残疾旅客被航空公司拒载如何认定违约责任》,载最高人民法院中国应用法学研究所编:《人民法院案例选》(总第 84 辑),人民法院出版社 2013 年版,第 190 页以下。

标专用权和以财产利益为主的一些权利如专利权等被侵害,不适用赔礼道歉。[93] 对于物质性人格权,如身体权、健康权被侵害的情形,原则上也不适用赔礼道歉,不过,司法实践认为,在有些因为邻里纠纷而引起的人身损害赔偿案件中,如果赔偿权利人以身体权、健康权受到侵害而提出要求对方赔偿损失并赔礼道歉的,在考虑满足侵权人的主观过错,侵害的手段、场合和方式等情形下,也应当允许适用赔礼道歉。[94]

最后,对于侵害法人的名称权、名誉权和荣誉权,是否适用赔礼道歉,存在争议。有的学者认为,由于我国法上已经否认了法人在其人格权遭受侵害后可以要求精神损害赔偿,而赔礼道歉的意义在于弥补精神痛苦,故此,对于法人和其他组织不应当适用赔礼道歉。[95] 有的学者认为,赔礼道歉的功能不限于弥补精神损害,法人虽然不存在精神损害,但是对于侵害法人人格权适用赔礼道歉这一民事责任承担方式,有助于惩罚加害人,重新确认社会秩序,故此,侵害法人人格权也可以适用赔礼道歉。[96] 从我国司法实践来看,在侵害法人的名誉权时,法院是普遍适用赔礼道歉的民事责任的。笔者认为,虽然法人没有精神损害赔偿请求权,但是由于赔礼道歉本身也具有消除侵权行为所造成的不良影响的重要作用,故此,对于侵害法人、非法人组织的人格权也可以适用赔礼道歉。

(四)赔礼道歉的实现方式

赔礼道歉有口头和书面两种形式。[97] 口头道歉就是指侵权人当面向被侵权人承认错误,表示歉意、悔过。书面形式则分为两种:一种公开的方式,即在报纸杂志上或者在网站上刊登赔礼道歉声明;另一种是私下的方式,即侵权人给被侵权人写道歉信。日本法上将公开道歉的方式称为"**道歉广告**"或"**谢罪广告**"。所谓道歉广告,是指被告要在法院指定刊登的报纸杂志等的版面,按照规定的文字大小,向被侵权人承认名誉毁损的事实,将以道歉为主要内容的文章进行刊登。如果只需要小范围内的人们知悉被告的道歉就足够了,日本的法院则会责令侵权人将道歉信向宣传报纸以及机关报纸刊载,在公告牌上刊登道歉信,或者递交或邮递道歉信等。在互联网发达的今天,日本法院也有责令侵权人在名誉被毁损的书籍的作者的网页上刊登道歉广告的判例。[98] 日本的民法学者认为,道歉广告属于恢复原状的救济方法。因为"在名誉毁损的情况下,只适用民法上的经济赔偿原则,对受害人的救济会不够充分,因此认可恢复原状的救济方法"。[99]

在我国司法实践中,对于适用赔礼道歉这一民事责任要考虑到与侵权行为的具体方式和造成的影响相适应。《利用信息网络侵害人身权益纠纷规定》第16条规定:"人民法院判决侵权人承担赔礼道歉、消除影响或者恢复名誉等责任形式的,应当与侵权的具体方式所造成的影响范围相当。侵权人拒不履行的,人民法院可以采取在网络上发布公告或者公布裁判文书等

[93] 最高人民法院民事审判第一庭本书编写组:《民事审判实务问答》,法律出版社2005年版,第134页;蒋志培:《在全国法院专利审判工作座谈会上的总结讲话》,载最高人民法院民三庭:《知识产权审判指导与参考》(第7卷),法律出版社2004年版,第17页。

[94] 北京市第一中级人民法院民事责任课题组:《论消除影响、恢复名誉、赔礼道歉侵权民事责任形式》,载最高人民法院民事审判第一庭:《民事审判指导与参考》(总第44集),法律出版社2011年版,第136~137页。

[95] 葛云松:《赔礼道歉民事责任的适用》,载《法学》2013年第5期。

[96] 蔡立东、杨晔:《赔礼道歉责任与法人名誉权的救济》,载《广东社会科学》2016年第1期。

[97] 《名誉权解答》规定:"恢复名誉、消除影响、赔礼道歉可以书面或者口头的方式进行,内容须事先经人民法院审查。"

[98] [日]五十岚清:《人格权法》,铃木贤、葛敏译,北京大学出版社2009年版,第195~196页。

[99] [日]五十岚清:《人格权法》,铃木贤、葛敏译,北京大学出版社2009年版,第194页。

合理的方式执行,由此产生的费用由侵权人承担。"《民法典》第 1000 条第 1 款也规定:"行为人因侵害人格权承担消除影响、恢复名誉、赔礼道歉等民事责任的,应当与行为的具体方式和造成的影响范围相当。"也就是说,当侵权人在全国性的报刊上或者网络上发文侵害他人名誉权、隐私权等人格权的侵权行为在不特定的人中给受害人造成了不良影响,此时就应当在相同的范围内来赔礼道歉,否则不足以消除此种不良影响。例如,在一起案件中,被告冒名顶替,侵害原告的姓名权。原告要求被告承担登报道歉等侵权责任。法院认为,被告虽然使用原告的姓名身份信息至今,但并未对原告姓名以诬蔑、贬损的方式使用,未对原告的名誉造成诋毁,"原告作为一名普通公民,已多年不在国内工作、生活,其在国内的社会影响力较小,二被告侵害原告姓名权而导致的消极影响并未扩及到不特定多数人范围"。因此,不支持原告要求二被告登报道歉的诉讼请求。[100]

赔礼道歉这一侵权责任应由侵权人主动履行。如果侵权人拒绝履行,法院也无法强制其向被侵权人道歉。实践中,处理这种情况的方法一般是,由法院"将案件侵权事实及生效判决予以公示",如登报等。该方法虽非侵权人以其个人名义主动致歉,但同样可以达到维护被侵权人名誉的社会效果,实现判决之目的。[101] 当然,由此支出的费用,侵权人应当返还。《利用信息网络侵害人身权益纠纷规定》第 16 条规定:"人民法院判决侵权人承担赔礼道歉、消除影响或者恢复名誉等责任形式的,应当与侵权的具体方式所造成的影响范围相当。侵权人拒不履行的,人民法院可以采取在网络上发布公告或者公布裁判文书等合理的方式执行,由此产生的费用由侵权人承担。"《民法典》第 1000 条第 2 款吸收司法实践的合理经验,明确规定,如果行为人不承担赔礼道歉的民事责任的,人民法院可以采取在报刊、网络等媒体上发布公告或者公布生效裁判文书等方式执行,产生的费用由行为人负担。

需要注意的是,依据《最高人民法院关于人民法院在互联网公布裁判文书的规定》,人民法院作出的民事判决书等裁判文书原则上应当在互联网上公开,除非涉及国家秘密、未成年人犯罪等不得公开的情形。这种在互联网上公开裁判文书不等于《民法典》第 1000 条第 2 款规定的在报刊、网络等媒体上公布生效裁判文书,侵权人不能以此作为不承担赔礼道歉的理由,人民法院也不得以此为由拒绝判令被告赔礼道歉。理由如下:首先,二者性质不同。裁判文书公开是依法公开,并非承担民事责任的方式,作为赔礼道歉的公布生效裁判文书则属于对被告应当履行的法律责任的强制实现方式。其次,内容不同。裁判文书公开的是整个裁判文书的全文,而赔礼道歉中公布的是裁判文书的主要内容,即人民法院认定的侵权人的侵权事实和责任承担。最后,范围也不同。裁判文书公开是在中国裁判文书网上公开的,该网站是全国人民法院公布裁判文书的统一平台,而作为赔礼道歉的公布裁判文书可以是在相应的报纸、杂志或者网络平台上。

三、消除影响、恢复名誉

(一)含义

消除影响,是指侵权人在其因侵权行为给被侵权人造成的不良影响所及之范围内,消除对

---

[100] 赵江诉赵江(刘联合)、赵芳姓名权纠纷案,载最高人民法院中国应用法学研究所:《人民法院案例选》(总第 78 辑),人民法院出版社 2011 年版,第 88 页以下。

[101] 王承晔、张文如:《"公开道歉"判决的执行——不凡帝范梅勒糖果(中国)有限公司申请执行案》,载《人民法院报》2007 年 4 月 2 日。

被侵权人不利后果的民事责任。恢复名誉,是指加害人在其侵害后果所及范围内使受害人的名誉权恢复到未曾遭受损害时的状态。

消除影响与恢复名誉究竟是一种民事责任承担方式(请求权),还是两种民事责任承担方式,存在争议。这主要是因为我国法律规定的不同所产生的。《民法通则》第134条第1款第9项、《侵权责任法》第15条第1款第8项、《民法总则》第179条第1款第10项都是将二者并列,作为同一种民事责任承担方式,即"消除影响、恢复名誉"。但是,有些法律规定中则将恢复名誉规定在消除影响之前,即"恢复名誉、消除影响",如《检察官法》第66条、《法官法》第65条、《公务员法》第110条规定,对检察官、法官或者公务员的人事处理错误,造成名誉损害的,应当恢复名誉、消除影响、赔礼道歉。

此外,一些法律条文中只是规定了消除影响,并没有规定恢复名誉。例如,《民法通则》第118条规定:"公民、法人的著作权(版权),专利权、商标专用权、发现权、发明权和其他科技成果权受到剽窃、篡改、假冒等侵害的,有权要求停止侵害,消除影响,赔偿损失。"《著作权法》第47条和第48条针对各类侵害著作权的侵权行为规定民事责任时规定的是"有下列侵权行为的,应当根据情况,承担停止侵害、消除影响、赔礼道歉、赔偿损失等民事责任"。从上述三个条文来看,消除影响似乎是可以与恢复名誉相分离的,属于单独的民事责任承担方式。

对于上述法律规定的不同而引起的对消除影响、恢复名誉究竟是一种还是两种民事责任方式的争议,一种观点认为,消除影响、恢复名誉是对侵害人身权的行为适用的一种责任形式,二者不可分离,消除影响是手段,恢复名誉是目的。消除了影响,也就恢复了名誉。恢复名誉,也只有通过消除影响才能达到。[102] 另一种观点认为,消除影响与恢复名誉虽然在《民法通则》《侵权责任法》《民法总则》等列举民事责任承担方式时,被并列规定在同一个法律款项中,但二者既可以合并适用,也可以分开单独适用。消除影响的适用范围比恢复名誉更广,消除影响不仅适用于侵害人格权,也适用于侵害著作权。但是,恢复名誉这种民事责任承担方式只是适用于侵害名誉权的情形。[103] 消除影响有两个层次,一个层次是消除侵权行为对受害人自身的精神上的影响,另一个层次是消除侵权行为在社会上对受害人造成的名誉权、荣誉权等人格权上的负面影响。恢复名誉则是专门适用于侵害名誉权的民事责任。如果适用了消除影响,就不应当再适用恢复名誉。但是,适用了恢复名誉则可能还可以适用消除影响。[104]

笔者认为,《民法通则》之所以规定消除影响、恢复名誉,很大程度上是因为《民法通则》的起草者经历了"文化大革命"。在十年"文化大革命"中,不少人尤其是老革命、老干部蒙受不白之冤,被扣上"右派"等帽子。"文化大革命"结束后,中央和地方陆续开始平反冤假错案,通过作出对蒙冤的同志给予平反,如重新作出结论、恢复党籍、恢复工作,对于已经去世的同志则通过召开追悼会等各种方式,来消除当年不白之冤的影响,恢复其名誉。正是受此影响,《民法通则》也将消除影响、恢复名誉作为重要的民事责任承担方式加以规定。

然而,从理论上说,消除影响、恢复名誉很难作为一种民事责任的承担方式来加以适用。因为"消除影响、恢复名誉都属于效果意义上的责任承担方式,具体通过什么手段、方式来消除

---

〔102〕 郭明瑞、房绍坤、於向平:《民事责任论》,中国社会科学出版社1991年版,第139页

〔103〕 闵俊伟:《消除影响与恢复名誉的法律适用》,载《人民法院报》2017年2月22日。

〔104〕 最高人民法院民事审判第一庭:《最高人民法院利用网络侵害人身权益司法解释理解与适用》,人民法院出版社2014年版,第228页。

影响、恢复名誉并无法具体确定”。[105] 民事责任承担方式应当是手段意义上的方式,如果将要达到的目标作为民事责任承担的方式,显然是难以实行的。尤其是在侵害名誉权的情形下,赔礼道歉就能够起到消除影响、恢复名誉的作用。换言之,侵权人侵害他人的名誉权,法院完全可以通过判令侵权人停止侵害(如禁止发行、刊登侵害名誉权文章的报纸或杂志)、赔礼道歉(如在报纸上刊登致歉声明)后,达到消除影响、恢复被侵权人的名誉的目的。正因如此,司法实践中几乎没有单独适用消除影响、恢复名誉这一侵权责任承担方式的案件,而必须将它们与停止侵害、赔礼道歉等其他的民事责任承担方式结合起来适用。[106]

我国编纂《民法典》时依然保留了“消除影响、恢复名誉”这一民事责任承担方式,《民法典》第 179 条第 1 款第 10 项将其作为承担民事责任的方式,同时第 995 条还明确规定消除影响、恢复名誉不适用诉讼时效。

(二)适用范围

消除影响、恢复名誉属于非财产性的民事责任,在司法实践中,主要适用于侵害人格权的情形。具体而言,消除影响、恢复名誉多适用于侵害精神性人格权如姓名权、肖像权、名誉权、荣誉权以及侵害死者的人格利益(如死者的姓名、肖像、名誉、荣誉、隐私)等的情形,但是不适用于侵害隐私权的案件。因为在披露他人隐私的情形下,侵权人所披露的内容是真实的而非捏造虚构的,虽然对受害人的名誉造成了不利影响,但是一旦披露就无法消除由此带来的影响。同时,如果采取消除影响、恢复名誉的方式,可能使得受害人的隐私在更大范围内被披露,进一步对受害人造成损害。[107]

需要注意的是,我国一些法律还将消除影响作为行政法律责任的承担方式,如我国《反不正当竞争法》第 23 条规定:“经营者违反本法第十一条规定损害竞争对手商业信誉、商品声誉的,由监督检查部门责令停止违法行为、消除影响,处十万元以上五十万元以下的罚款;情节严重的,处五十万元以上三百万元以下的罚款。”《广告法》第 55 条第 1 款前半句规定,“违反本法规定,发布虚假广告的,由市场监督管理部门责令停止发布广告,责令广告主在相应范围内消除影响,处广告费用三倍以上五倍以下的罚款,广告费用无法计算或者明显偏低的,处二十万元以上一百万元以下的罚款”。

第三节 损 益 相 抵

一、损益相抵的概念

损益相抵(compensatiolucri et damni/ Vorteilsausgleichung),也称“损益同销”,是指当赔偿请求权人因同一赔偿原因事实的发生而获得利益时,赔偿义务人有权要求将该利益加以扣除,

[105] 北京市第一中级人民法院民事责任课题组:《论消除影响、恢复名誉、赔礼道歉侵权民事责任形式》,载最高人民法院民事审判第一庭:《民事审判指导与参考》(总第 44 集),法律出版社 2011 年版,第 136 ~ 137 页。

[106] 北京市第一中级人民法院民事责任课题组:《论消除影响、恢复名誉、赔礼道歉侵权民事责任形式》,载最高人民法院民事审判第一庭:《民事审判指导与参考》(总第 44 集),法律出版社 2011 年版,第 136 ~ 137 页。

[107] 北京市第一中级人民法院民事责任课题组:《论消除影响、恢复名誉、赔礼道歉侵权民事责任形式》,载最高人民法院民事审判第一庭:《民事审判指导与参考》(总第 44 集),法律出版社 2011 年版,第 140 页。

从而确定损害赔偿之范围的制度。[108] 作为损害赔偿法的一项重要规则，损益相抵起源于罗马法。[109] 但是，罗马法中并未一般性地确立损益相抵的规则，古罗马的法学家们只是在个别案件类型中曾讨论过损益相抵的适用问题。[110] 直到19世纪的日耳曼普通法时代，损益相抵才正式成为一项损害赔偿法上的规则。[111]

尽管损益相抵是一项重要的规则，但比较法上对损益相抵予以明文规定的却不多。[112] 在德国民法学者看来，损益相抵属于法律评价问题，立法上对之难以作出一般性的规定，应当通过学说或判例加以类型化的研究。[113] 我国《民法典》等法律对于损益相抵也无规定。司法解释有过一些零散的规定。例如，1991年最高人民法院就"赵正与尹发惠人身损害赔偿案"作出的复函指出，被侵权人"赵正母亲所在单位的补助是对职工的照顾，因此，不能抵销尹发惠(侵权人——笔者注)应承担的赔偿金额"。[114] 此后，《最高人民法院关于当前形势下审理民商事合同纠纷案件若干问题的指导意见》第10条第1句、《最高人民法院关于审理买卖合同纠纷案件适用法律问题的解释》第31条对违约赔偿责任中损益相抵的适用作出了规定。

作为一项损害赔偿法的共通性规则，损益相抵适用于所有的损害赔偿责任，而不限于违约赔偿责任。然而，诚如王泽鉴教授所言，立法上的规定只能是一般性和原则性的，因为"损益相抵应依因果关系及法律评价加以认定，不能采取原则——例外的思考方法，即不能认定原则上应予相抵(或不相抵)，而于例外情形得不予相抵(或应予相抵)"，故此，"在方法上应分别各种类型，就所受利益的种类及来源加以判断"。[115] 换句话说，赔偿权利人所获得的利益类型极为众多，不同类型的利益有无可扣减性属于个案中的法律评价问题。法官必须就特定类型的利益作相应的价值评判，从而得出能或不能扣减的结论，立法上"一刀切"式地规定，显然并不妥当。[116]

---

[108] 我国学者的相关讨论参见郑玉波：《论过失相抵与损益相抵之法理》，载郑玉波：《民商法问题研究(二)》，1974年自版，第17页；杨立新：《论损益相抵》，载《中国法学》1994年第3期；欧阳军：《试论损益相抵原则》，载《人民司法》1999年第5期；赵刚：《损益相抵论》，载《清华法学》2009年第6期；钟淑健：《损益相抵规则的适用范围及其援用》，载《法学论坛》2010年第3期。

[109] 丁玫：《罗马法契约责任》，中国政法大学出版社1998年版，第105～106页。

[110] [意]桑德罗·斯契巴尼：《契约之债与准契约之债》，丁玫译，中国政法大学出版社1998年版，第467页。

[111] Henke, Die Vorteilsausgleichung, FS fuer Hagen, Koeln, 1999, S. 399. 转引自赵刚：《损益相抵论》，载《清华法学》2009年第6期。

[112] 只有《荷兰民法典》第6:100条、我国台湾地区"民法"第216条之一对损益相抵作出了一般性的规定。

[113] Lange/Schiemann § 9 II 1, 3. Aufl. 2003, S. 488.

[114] 《最高人民法院关于赵正与尹发惠人身损害赔偿案如何适用法律政策问题的函》(1991年8月9日[91]民他字第1号)。需要注意的是，受害人赵正获得的医疗赔偿金是基于其父缴纳保险费办理的幼儿托育意外伤害保险而产生的，属于人身保险，不应当适用损益相抵。

[115] 王泽鉴：《损害赔偿》，北京大学出版社2017年版，第281～282页。

[116] 正因如此，起草《侵权责任法》时，该法草案第一次审议稿曾规定了损益相抵，后来又被删除了。参见全国人大常委会法制工作委员会民法室编：《侵权责任法立法背景与观点全集》，法律出版社2010年版，第484页。

提　示

尽管损益相抵的理论基础在于禁止获利原则，但是，在我国研究和正确适用损益相抵的主要目的却不在于此，而在于避免因错误适用损益相抵，以致无法有效地填补受害人的损害。考虑到以下原因，我们无须担心因法官未适用损益相抵而使受害人获利，相反，要担忧的是，法院乱用损益相抵，将不应抵扣的予以抵扣。一方面，法院认定受害人的损失素来十分严格，能够被认定的损失都是净损失。也就是说，受害人因同一损害事实获得的利益、节约的费用等本来就不会被作为损失，自然不存在损益相抵之必要。另一方面，由于一些法官错误地理解损益相抵制度，将本不抵扣的受害人从第三人处所获之给付随意从损害赔偿中予以扣除，如有的法院将受害人通过基本医疗保险制度报销的医疗费作为受益予以抵扣；[117] 有的法院将受害人自身投保获得的人身保险赔偿金也给予抵扣等。如果说在中国研究损益相抵制度还有意义的话，也许主要目的就是为了防止滥用。

二、损益相抵的构成要件

（一）损害赔偿责任已经成立

损益相抵是损害赔偿法中的制度，而只有损害赔偿责任已经成立才存在赔偿权利人与赔偿义务人，进而适用损益相抵制度。在侵权责任法中，这意味着，侵权赔偿责任已经成立，侵权人应当向被侵权人承担损害赔偿责任。虽然成立了侵权责任，但如果只是停止侵害、排除妨碍抑或赔礼道歉，而无损害赔偿责任，亦不发生损益相抵之问题。

（二）赔偿权利人获得了财产利益

所谓财产利益，既可以是"财产的增加"（Vermögensmehrung）即增加的金钱利益，也可以是"损失的避免"（Verlustvermieden）即减少的支出或免于承担的成本。财产利益可以是在损害事故发生时就已获得的，也可以是在损失事故消失后获得的。[118] 但是，赔偿权利人所获得的利益不包括精神利益，如赔偿权利人受伤住院期间灵感乍现而解决了某个理论难题，抑或赔偿权利人因配偶之死亡得以另觅新欢。[119] 这是因为：一方面，将精神利益适用损益相抵予以扣除，与人民的社会心理相违背，不符合法律的价值判断；另一方面，与受害人因同一赔偿原因事实而获得财产利益相比，精神利益难以确定和计量，且其与该赔偿原因事实的因果关系具有极大的偶然性。既然法律上原本就对精神损害赔偿的适用范围作了严格限制，就没有必要将精神利益适用损益相抵了。

（三）赔偿权利人所获得的财产利益与损害事实之间存在因果关系

如果不符合这一要件，仅仅因为赔偿权利人在损害发生的过程中获得了利益而进行损益相抵，会错误地减轻赔偿义务人的赔偿责任，无法实现损害赔偿法的补偿功能。故此，判断哪

---

〔117〕 刘继红等诉东营市河口区正安医院医疗事故损害赔偿纠纷案，山东省垦利县人民法院（2005）垦民初字第 682 号民事判决书。

〔118〕 MuenchKommBGB/Oetker，2008，§ 249 Rn223ff.

〔119〕 受益人所获利益是否包括精神利益，在德国法上存在不同的看法。有些学者赞同精神利益也适用损益相抵的观点，参见 MuenchKommBGB/Oetker，2008，§ 249 Rn. 232；也有不少学者对此加以反对，参见 Lange/Schiemann，3. Aufl. 2003，§ 9 III 5，S. 497f. 在我国，多数学者认为，损益相抵中赔偿权利人所获得的利益不包括精神利益。参见杨立新：《论损益相抵》，载《中国法学》1994 年第 3 期；赵刚：《损益相抵论》，载《清华法学》2009 年第 6 期。

些利益应当从损失中扣除是适用损益相抵规则中最为核心的问题,而该问题答案须从利益与损害事实的因果关系中探求。换言之,利益的可扣减性是归责问题,只有那些与损害事件具有因果关系的利益才可以从损失中扣除。对于利益可扣减性的判断标准,德国法上经历了从“损害同源说”到“相当因果关系说”,再到“法规目的说”的一个演变过程。[120] 目前,德国判例采取的是以相当因果关系说为基础,同时考虑赔偿义务目的的双重判断标准,即损害事件必须一般性地适于带来所发生的利益,只是偶然地与损害事件联系在一起的利益不应考虑。除了符合相当因果关系的要求外,利益能否扣减还必须考虑是否符合损害赔偿请求权的保护目的(Schutzzweck des Schadensersatzanspruch)以及该扣减对于加害人而言是否为不适当的减责。[121] 倘若从法律秩序的价值内涵中可以得出加害人不应获得此种优待的结论,则利益不应被扣减。[122]

笔者认为,我国法上也应借鉴德国法上这一标准来判断利益是否具有可扣减性。具体来说,先应当在事实层面上通过相当因果关系排除那些与损害事件没有因果关系的利益。换言之,即便赔偿权利人所获得的利益产生于损害事件发生之后,如果该利益与损害事件没有相当因果关系,而是基于市场的因素、第三人的给付(如受害人好友的捐赠)、受害人的个人特有原因(如受害人房屋被焚毁后意外发现自己祖父埋藏在地下的财宝)或其他法律事实所产生的,不能适用损益相抵(参见**案例**28.3.1)。接下来,必须于价值考量层面进一步判断利益有无可扣减性。因为即便与损害事件具有相当因果关系的利益也并非都是可以扣减的。损益相抵规则旨在贯彻落实损害赔偿法的补偿原则,实现其补偿功能,因此,它既要避免因过度赔偿而使受害人获利,又要防止不适当地减轻赔偿义务人的赔偿责任,以致赔偿不足。故此,法官须基于公平的价值和法规的目的等因素,对具有相当性的利益能否扣减作进一步的判断。例如,在一起侵犯采矿权赔偿纠纷案中,侵权人主张,在计算损害赔偿数额时,对于因越界开采而发生的本应由被侵权人自行开采而必须发生的成本和费用及税款,须按损益相抵的原则在产品的销售价格中予以扣除。然而,最高人民法院认为,“原矿石被开采出来后经过加工、运输等生产程序,转换成精粉等深加工产品,在计算侵权损失时扣除开采、运输、人工工资、税收等必要的成本,得出净利润予以赔偿,是一般正常合同交易损害赔偿纠纷中通常使用的计算方法”,但“本案当事人的侵权行为完全不同于一般矿石开采交易,而是恶意侵犯国有资产,性质严重,造成的国有资产损失难以估量,将如此恶意侵权行为所付出的成本由受害方国有企业承担,既无法律依据,亦不合情理”。[123]

案例阅读

案例28.3.1
上海南兴房地产实业公司与浙江中达建设集团股份有限公司、上海东兴建设工程发展有限公司、上海东尼(集团)有限公司赔偿纠纷上诉案

三、损益相抵的具体适用

依据来源不同,可将赔偿权利人所获利益分为四类:(1)因第三人给付而获得的利益。第

---

[120] 曾世雄:《损害赔偿法原理》,中国政法大学出版社2001年版,第241页以下。赵刚:《损益相抵论》,载《清华法学》2009年第6期。

[121] Oliver Brand, Schadensersatzrecht, 2010, S. 104.

[122] [德]迪尔克·罗歇尔德斯:《德国债法总论》(第7版),沈小军、张金海译,中国人民大学出版社2014年版,第332页。

[123] 茅德贤、成县茨坝须弥山实业有限公司、甘肃有色地质勘查局106队、成县恒兴矿业有限公司与白银有色金属公司采矿权纠纷案,载《最高人民法院公报》2012年第3期。

三人给付,是指赔偿权利人与赔偿义务人之外的民事主体(如保险公司、基本医疗保险基金、工伤保险赔偿基金等,普通的民事主体或者国家)向赔偿权利人所为的给付。在赔偿权利人因同一损害事实而受有利益的场合,第三人的给付最为常见,其可扣减性的判断也最为复杂。(2)因受害人行为而获得的利益,即损害事件发生之后,受害人自身从事了相应的行为(如减少损失的行为)而获得的利益。(3)因损害事件而获得的利益,即赔偿权利人在损害事件发生后,既非基于第三人的给付,也非基于自身的行为,而是直接从损害事件中获得的利益,如增加的财产以及节约的成本。(4)因客观原因而获得的利益,即因与加害人、受害人以及损害事件均无关系的客观事件而使得赔偿权利人所获得的利益。下面对这四种不同类型的利益能否适用损益相抵予以具体分析。

(一)因第三人给付而获得的利益

1. 社会保险给付

社会保险也称社会保障,是国家基于宪法上的生存照顾义务而在公民年老、疾病、工伤、失业、生育等情况下,依法给予公民的物质帮助。依据我国《宪法》第45条第1款以及《社会保险法》第2条,国家建立基本养老保险、基本医疗保险、工伤保险、失业保险、生育保险等社会保险制度,保障公民在年老、疾病、工伤、失业、生育等情况下依法从国家和社会获得物质帮助的权利。由于社会保险制度的功能旨在增进赔偿权利人的福利,而非分散赔偿义务人的损害赔偿责任,因此,赔偿权利人依法有权获得的社会保险给付不构成赔偿责任的替代,故赔偿权利人所获得的社会保险给付原则上是不具有可扣减性的,不得适用损益相抵。例如,加害人因机动车交通事故而致受害人死亡,其不得主张因受害人生前所扶养的人享有养老金,有足够的收入来源,而不支付被扶养人生活费,即便支付,也应当扣除养老金。[124] 然而,由于有些社会保险给付在一定程度上也具有填补损害的功能,与损害赔偿的填补功能具有重合之处,所以也并非任何社会保险给付都不具有可扣减性。其中,赔偿权利人因工伤保险给付而受有利益的情形,本书在"用人者责任"一章已有论述,此处重点研究赔偿权利人因基本医疗保险给付而受有利益的情形。

我国的全民医疗保险制度的建立和发展经历了一个过程,即1998年开始建立职工基本医疗保险制度,2003年建立新型农村合作医疗制度,2007年建立城镇居民基本医疗保险制度。依据2011年7月1日起施行的《社会保险法》,我国的基本医疗保险分为三类:其一,职工基本医疗保险;其二,新型农村合作医疗制度;其三,城镇居民基本医疗保险制度。[125] 2016年国务院下发的《关于整合城乡居民基本医疗保险制度的意见》(国发[2016]3号)明确要求,统一整合城镇居民基本医疗保险和新型农村合作医疗两项制度,建立统一的城乡居民基本医疗保险制度。城乡居民基本医疗保险制度覆盖范围包括现有城镇居民基本医疗保险和新型农村合作医疗所有应参保(合)人员,即覆盖除职工基本医疗保险应参保人员以外的其他所有城乡居民。这样一来,今后我国的基本医疗保险就是两项制度,即职工基本医疗保险制度与城乡居民基本医疗保险制度。

---

〔124〕 宋社林、王杏英等与中国平安财产保险股份有限公司上海分公司、孙长安等机动车交通事故责任纠纷案,苏州市中级人民法院(2015)苏中民终字第05546号民事判决书。

〔125〕 国务院副总理马凯:《国务院关于统筹推进城乡社会保障体系建设工作情况的报告》,2014年12月23日在第十二届全国人民代表大会常务委员会第十二次会议上。

当受害人因他人侵权行为而遭受人身损害后,其因获得基本医疗保险给付而受有利益时,该利益是否具有可扣减性,能否从侵权人的赔偿责任中予以扣除?对此,《社会保险法》第30条第1款第2项规定,依法应当由第三人负担的医疗费用不纳入基本医疗保险基金支付范围。同条第2款规定,医疗费用依法应当由第三人负担,第三人不支付或者无法确定第三人的,由基本医疗保险基金先行支付。基本医疗保险基金先行支付后,有权向第三人追偿。《社会保险基金先行支付暂行办法》第2条规定:"参加基本医疗保险的职工或者居民(以下简称个人)由于第三人的侵权行为造成伤病的,其医疗费用应当由第三人按照确定的责任大小依法承担。超过第三人责任部分的医疗费用,由基本医疗保险基金按照国家规定支付。前款规定中应当由第三人支付的医疗费用,第三人不支付或者无法确定第三人的,在医疗费用结算时,个人可以向参保地社会保险经办机构书面申请基本医疗保险基金先行支付,并告知造成其伤病的原因和第三人不支付医疗费用或者无法确定第三人的情况。"由此可见,如果侵权人已经向被侵权人依法承担了赔偿责任并已经向被侵权人支付了相应的医疗费用的,则被侵权人就该部分的医疗费用无权从基本医疗保险基金中得到给付。只有当侵权人不支付或者无法确定侵权人时,被侵权人才可以要求基本医疗保险基金先行垫付医疗费用,而基本医疗保险基金垫付后有权向侵权人追偿。

司法实践中经常出现的问题是:基本医疗保险基金已经先向被侵权人支付了原本应当由侵权人负担的医疗费用,此时在侵权赔偿诉讼中侵权人往往主张赔偿权利人已经获得了基本医疗保险给付而要求从赔偿责任中予以扣减。对此,有的法院采取肯定说,认为如果被侵权人已经就其医疗费损害从基本医疗保险基金中获得了部分的给付,则该部分应当从侵权人的赔偿责任中予以扣减,否则,基本医疗保险基金再就其已经给付的医疗费向侵权人进行追偿的话,势必加重侵权人的赔偿责任,也违反禁止得利原则。[126] 例如,在一起人身损害赔偿案件中,法院认为:"罗先约受伤的医药费本应由侵权人承担,然而已经报销的医疗费已经填补了罗先约的相关损失,故赔偿义务人仅需赔偿罗先约的剩余医疗费损失76198.5元,但医保机构已先行支付的费用有权向实际侵权人追偿。"[127] 然而,相当数量的法院持否定的观点。理由在于:首先,基本医疗保险等社会保险制度,是国家为增进社会成员的福利而设立的制度,旨在保护赔偿权利人的利益,而非减轻或分散赔偿义务人的责任,与侵权制度无关,是两个不同的法律关系。因此,受害人基于社会保险制度所获得的给付如基本医疗保险给付不适用损益相抵。[128] 例如,有的法院认为:"就原、被告争议的医药费中已经医疗保险报销的部分,由于医疗保险与

---

〔126〕 澄迈腾润龙亚置业开发有限公司与徐光明、海南电网公司澄迈供电局,海南警海经济建设发展公司龙亚会议村,澄迈福山龙亚宾馆有限公司、龚丽云、张荣慧触电人身损害赔偿纠纷案,海南省第一中级人民法院(2014)海南一中民一终字第42号民事判决书;孙冲林与皇甫玉红、刘贵存、陈德平提供劳务者受害责任纠纷案,曲靖市中级人民法院(2015)曲中民终字第489号民事判决书;王妍与肖大伟健康权纠纷案,成都市中级人民法院(2016)川01民终10910号民事判决书。

〔127〕 罗先约与广州新钢管道建设有限公司、刘胜希等生命权、健康权、身体权纠纷案,岳阳市中级人民法院(2016)湘06民终49号民事判决书。

〔128〕 广西城建公司与陈玉球、北流高车小学提供劳务者受害责任纠纷案,广西壮族自治区高级人民法院(2016)桂民申780号民事裁定书;蓝海平与钟胜强生命权、健康权、身体权纠纷案,梅州市中级人民法院(2016)粤14民终866号民事判决书;姚吉平与钱贵林提供劳务者受害责任纠纷案,曲靖市中级人民法院(2016)云03民终72号民事判决书;蓝方标与黄海云、杨叶婷生命权、健康权、身体权纠纷案,阳江市中级人民法院(2015)阳中法民一终字第577号民事判决书;刘于胜与重庆市涪陵区马武中心卫生院,重庆市涪陵区青羊镇中心卫生院医疗损害责任纠纷案,重庆市第三中级人民法院(2016)渝03民终1757号民事判决书。

人身损害赔偿并非同一法律关系，原告就医药费的损害赔偿请求权不因社保机构已报销部分医药费而抵减，被告亦无权基于部分医药费已报销而减轻赔偿责任，故被告得全额赔偿原告因治疗广州管圆线虫病已发生的合理的医药费。"[129] 其次，我国现行法律亦未禁止受害人向社保部门报销医疗费后再向赔偿义务人行使医疗费的赔付请求，加之，社保部门报销了部分医疗费的行为并没有加重侵权人的赔偿责任，故社会保险制度不能减轻侵权人的责任。[130] 最后，依据《社会保险法》第30条第1款第2项的规定，基本医疗保险基金对于应当由第三人负担的医疗费用是不纳入支付范围的，现在之所以将其纳入进来，原因可能是受害人知道该费用应当由第三人支付而基本医疗保险机构自身审查疏漏未予发现，也可能是受害人自身也不知道该医疗费用应当由第三人支付而社会保障部门为保护原告的利益而予以预先支付。[131] 基本医疗保险基金已经支付了医疗费用，侵权人又不能主张抵扣而必须再次向被侵权人支付医疗费用，此时势必发生被侵权人就同一损害事项获得双重赔偿的问题。故此，应认为基本医疗保险基金对于被侵权人享有不当得利返还请求权。[132]

笔者认为，无论是基本医疗保险基金支付的医疗费用，还是侵权人需要向被侵权人赔偿的医疗费用，二者性质与功能相同，被侵权人不能重复获得这两项费用。除非被侵权人需要支出的医疗费用超出了基本医疗保险基金应当支付的医疗费用，否则，在基本医疗保险基金已经先向被侵权人支付了原应由侵权人负担的医疗费用的情况下，侵权人有权主张赔偿权利人已经获得了基本医疗保险给付而要求从赔偿责任中予以扣减。但是，法院应告知基本医疗保险基金管理机构参加诉讼，该管理机构可以作为有独立请求权的第三人加入诉讼，向侵权人追偿已经支付给被侵权人的医疗费。在基本医疗保险基金管理机构参加诉讼后，法院应当判令侵权人向该机构偿还相应的医疗费用。如果基本医疗保险基金管理机构不参加诉讼，则法院应从侵权人的赔偿责任中扣减该机构支付的医疗费用。如此，既可以避免违反禁止得利原则，出现重复赔偿，也能够避免基本医疗保险基金管理机构在侵权人向被侵权人再次支付医疗费用后不得不针对被侵权人提起不当得利返还之诉，从而节约司法资源，减轻当事人的讼累。

2. 保险公司支付的保险赔偿金

赔偿权利人因损害事件的发生而获得的保险公司支付的赔偿金，该保险赔偿金是否具有可扣减性，需要区分以下不同类型加以判断。

(1)赔偿权利人因获得财产保险赔偿金而受有利益

依据保险标的的不同，可以将保险分为财产保险与人身保险。财产保险是以财产及其相关利益为保险标的的一类保险，包括财产损失保险、责任保险、信用保险等。我国的财产损失保险的业务种类包括企业财产保险、家庭财产保险、运输工具保险、货物运输保险、工程保险、

---

[129] 赵长新:《基本医疗保险制度与侵权责任的关系——尉某与北京黄寺蜀国演义餐饮有限公司人身损害赔偿案法律问题研究》，载北京市高级人民法院:《审判前沿:新类型案件审判实务》(总第27集)，法律出版社2010年版，第50页。

[130] 中国人民解放军沈阳军区总医院北陵临床部与富文达医疗损害责任纠纷再审案，辽宁省高级人民法院(2014)辽审一民申字第933号民事裁定书。

[131] 赵长新:《基本医疗保险制度与侵权责任的关系——尉某与北京黄寺蜀国演义餐饮有限公司人身损害赔偿案法律问题研究》，载北京市高级人民法院:《审判前沿:新类型案件审判实务》(总第27集)，法律出版社2010年版，第53页。

[132] 王某甲、王某乙等与许某机动车交通事故责任纠纷案，青岛市中级人民法院(2015)青民五终字第1639号民事判决书。

特殊风险保险、农业保险等。[133] 财产保险的基本功能是补偿功能,即通过社会化的风险分散机制实现对被保险人的财产损害的填补。申言之,在特定的损害事故发生时,于保险的有效期间和保险合同约定的赔偿范围以及保险金额内,按照被保险人的实际损失金额给予补偿,通过此种补偿使得已经存在的财产及相关利益因损害事故所致的实际损失在价值上得到补偿。[134] 因此,财产保险赔偿金与损害赔偿金具有功能上的一致性。有鉴于此,《保险法》第 60 条规定:"因第三者对保险标的的损害而造成保险事故的,保险人自向被保险人赔偿保险金之日起,在赔偿金额范围内代位行使被保险人对第三者请求赔偿的权利。前款规定的保险事故发生后,被保险人已经从第三者取得损害赔偿的,保险人赔偿保险金时,可以相应扣减被保险人从第三者已取得的赔偿金额。保险人依照本条第一款规定行使代位请求赔偿的权利,不影响被保险人就未取得赔偿的部分向第三者请求赔偿的权利。"通过这一规定,一方面能够防止被保险人从保险人和赔偿义务人处获得双重赔偿,另一方面也避免了赔偿义务人因保险人支付了保险赔偿金而逃脱应当承担的赔偿责任。故此,在被保险人因财产保险赔偿金而受有利益时,因其在赔偿金额范围内针对赔偿义务人的赔偿请求权已经依法为保险人所取得,所以赔偿权利人只能就超出保险金的损害赔偿向赔偿义务人主张权利。这实际上就意味着赔偿权利人因取得财产保险赔偿金而受有的利益具有可扣减性,赔偿义务人可以主张损益相抵。否则,会导致保险人在已经向被保险人支付全部的保险赔偿金之后,因赔偿权利人再次从赔偿义务人处得到全额的赔偿金,而无法代位行使被保险人对赔偿义务人的赔偿请求权,使得赔偿权利人获得重复赔偿,违反了禁止得利的原则。

有人认为,在财产保险中,由于受害人对加害人的赔偿请求权依法转让给了保险人,故此加害人的赔偿范围并未改变,财产保险中代位求偿权的规定实际上已经否定了损益相抵的适用可能性。[135] 对此观点,笔者难以苟同。从赔偿权利人与赔偿义务人的关系来看,只要赔偿权利人依据财产保险合同获得了保险赔偿金,赔偿义务人的赔偿范围势必就要缩小,即从本应赔偿的数额中扣减该保险赔偿金,这实际上就已经是在适用损益相抵了。至于保险人是否行使其从被保险人处取得的对第三人请求赔偿的权利,则为另一个问题。

责任保险也是一种财产保险,是指保险人对于被保险人向第三人依法应负赔偿责任而受赔偿之请求时,负赔偿责任的一种财产保险。[136] 简单地说,责任保险是指以被保险人对第三者依法应负的赔偿责任为保险标的的保险(《保险法》第 65 条第 4 款)。责任保险是为了分散被保险人对第三人的赔偿责任风险而设立的,分为任意责任保险与强制责任保险。任意责任保险也称自愿责任保险,是由当事人自由决定是否投保、向谁投保以及中途退保的责任保险。如公众责任保险、产品责任保险、职业责任保险等。强制责任保险则是法律、行政法规规定必须投保的责任保险(《保险法》第 11 条第 2 款)。在我国,《民用航空法》《道路交通安全法》《公证法》《企业破产法》《海洋环境保护法》《煤炭法》《建筑法》《突发事件应对法》等法律分别规定了以下强制责任保险,即民用航空器地面第三人责任险、机动车第三者责任强制保险、承运人责任险、公证执业责任保险、企业破产管理人执业责任保险、油污染责任强制保险、专业应急救

---

〔133〕 吴定福主编:《保险基础知识》,中国财政经济出版社 2006 年版,第 29 页。

〔134〕 正因如此,我国《保险法》第 12 条第 2 款才明确规定:"财产保险的被保险人在保险事故发生时,对保险标的应当具有保险利益。"

〔135〕 Staudinger/Gottfried Schiemann, 2008, § 249 Rn. 135b.

〔136〕 郑玉波:《保险法》(修订 6 版),刘宗荣修订,台北,三民书局 2006 年版,第 110 页。

援人员人身意外伤害强制保险等。

责任保险的保险标的就是被保险人在法律上应负的损害赔偿责任，故此责任保险赔偿金与损害赔偿金的功能完全相同，都在于填补受害人的损害。《保险法》第 65 条第 1、2 款规定，保险人对责任保险的被保险人给第三者造成的损害，可以依照法律的规定或者合同的约定，直接向该第三者赔偿保险金。责任保险的被保险人给第三者造成损害，被保险人对第三者应负的赔偿责任确定的，根据被保险人的请求，保险人应当直接向该第三者赔偿保险金。被保险人怠于请求的，第三者有权就其应获赔偿部分直接向保险人请求赔偿保险金。例如，A 驾车将行人 B 撞伤，公安机关认定 A 负该起事故的全部责任。A 为其机动车在 C 保险公司同时投保了机动车第三者责任强制保险与机动车第三者责任商业保险。此时，依据《道路交通安全法》第 76 条、《道路交通事故损害赔偿解释》第 16 条之规定，受害人 B 可以同时起诉侵权人 A 与保险人 C 公司，人民法院应当按照下列规则确定赔偿责任：首先，由承保机动车第三者责任强制保险的保险公司（C 公司）在责任限额范围内予以赔偿；如果不足，则由承保机动车第三者责任商业保险的保险公司（还是 C 公司）根据保险合同予以赔偿；倘若，依然不足，则侵权人 A 继续承担相应的赔偿责任。既然赔偿权利人通过责任保险赔偿金已经填补了部分损害，那么其只能就超出保险金的损害要求赔偿义务人承担赔偿责任，否则会造成重复赔偿，且导致责任保险分散被保险人赔偿责任风险的功能落空。所以，就责任保险赔偿金而言，既可以说其绝对适用损益相抵，也可以说完全不涉及损益相抵的问题。

（2）赔偿权利人因获得人身保险赔偿金而受有利益

受害人在遭受侵害前投保了人身保险（如人寿保险、意外伤害保险）的，当其因侵权行为而受伤或死亡时，被保险人或受益人获得了保险赔偿金后，依然有权向赔偿义务人请求损害赔偿，赔偿义务人不得将人身保险赔偿金作为可扣减的利益而主张损益相抵。[137] 理由有二：其一，被保险人或受益人能够获得保险赔偿金的原因在于其本人或者第三人支付了保险费的对价而与保险人订立了保险合同。保险人是依据保险合同的约定向被保险人支付保险赔偿金或收益的，属于合同之债，与加害人的加害行为无关，受益人或被保险人并非因为损害事件而获益。[138] 其二，人身保险合同旨在保护的是被保险人的利益，而非如责任保险那样分散赔偿义务人的赔偿责任。如果允许赔偿义务人因此减少赔偿数额，人身保险就变成了责任保险，不利于维护被保险人或受益人的权益。正因如此，在人身保险中，保险人不能代位行使赔偿权利人针对赔偿义务人的赔偿请求权。对此，《保险法》第 46 条有明文规定："被保险人因第三者的行为而发生死亡、伤残或者疾病等保险事故的，保险人向被保险人或者受益人给付保险金后，不享有向第三者追偿的权利，但被保险人或者受益人仍有权向第三者请求赔偿。"

如果人身保险投保人是赔偿义务人，而被保险人与受益人均为赔偿权利人，那么赔偿义务人能否以自己是人身保险的投保人为由，主张扣减被保险人获得的保险赔偿金？[139] 笔者认为，

---

〔137〕 张国生建设工程合同纠纷执行案，杭州市中级人民法院（2013）浙杭执复字第 28 号民事裁定书。

〔138〕 张维霞：《自行投保附加意外伤害医疗保险已向商业保险公司报销的医疗费仍可向侵权人主张赔偿——程某诉刘某交通意外事故赔偿纠纷案相关法律问题分析》，载北京市高级人民法院：《审判前沿：新类型案件审判实务》（总第 44 集），法律出版社 2013 年版，第 90 ~ 93 页。

〔139〕 实践中，有些法院认为可以抵扣，参见李青与王浩鹏为提供劳务者受害责任案，内乡县人民法院（2013）内民初字第 745 号民事判决书。有些法院认为不能抵扣，参见宝丰县环境卫生管理处、刘秀伦提供劳务者受害责任纠纷案，平顶山市中级人民法院（2016）豫 04 民终 2876 号民事判决书；屠水娟、施水英等与吕大正、羊如生提供劳务者受害责任纠纷案，杭州市中级人民法院（2014）浙杭民终字第 3235 号民事判决书。

答案依然是否定的。尽管人身保险是由赔偿义务人投保的,但由于法律规定,人身保险的投保人在保险合同订立时必须对被保险人具有保险利益(《保险法》第12条第1款)。而依据《保险法》第31条之规定,投保人对自己之外的被保险人具有保险利益的情形,只有三类:其一,亲属关系;其二,劳动关系;其三,被保险人同意投保人为其订立保险合同。故此,赔偿义务人为赔偿权利人事先的投保可以看成是一种赠与(或提供的福利),而非分散损害赔偿责任风险。故此,即便人身保险的投保人就是赔偿义务人,也不得以此为由主张扣减赔偿权利人因此获得的人身保险赔偿金。

3. 其他的第三人给付

第三人给予的慰问金或者募捐款以及国家有关机关依《国防法》《兵役法》《军人抚恤优待条例》《伤残抚恤管理办法》等法律法规发放的死亡抚恤金、残疾抚恤金、慰问金、救助金及有关福利待遇,属于第三人或者国家给予的恩惠、奖励或者物质帮助,其目的并非在于填补受害人的损害,[140]也不是为了减少赔偿义务人的赔偿责任,故此,赔偿权利人从这些第三人处获得的给付不属于"与同一损害赔偿原因事实存在因果关系的利益",不具有可扣减性,不能适用损益相抵。

在第三人为受害人支付了医疗费、丧葬费等费用的情形中,如果该第三人乃是出于赠与的目的而支付此等费用的,该费用是第三人给予受害人的恩惠,不属于可扣减的利益。如果第三人并非向受害人赠与而只是垫付该等费用的,也不能从赔偿义务人的赔偿额中扣除。如果赔偿义务人已经将这些费用支付给了第三人,则可以从赔偿额中扣除这些费用。倘若赔偿义务人已将上述医疗费、丧葬费支付给了赔偿权利人,那么第三人可以基于无因管理而请求赔偿权利人返还。对此,《民法典》第1181条第2款有相应的规定。

(二)因受害人行为而获得的利益

所谓因受害人行为而获得的利益是指,在损害事件发生后,赔偿权利人因其积极从事地减少或者防止损害扩大的行为而获得的利益。我国法律借鉴英美法系的做法和《联合国国际货物销售合同公约》的规定确立了减损规则。依据《民法典》第591条的规定,当事人一方违约后,对方应当采取适当措施防止损失的扩大;没有采取适当措施致使损失扩大的,不得就扩大的损失要求赔偿。当事人因防止损失扩大而支出的合理费用,由违约方负担。因此,实践中就存在非违约方依法采取了适当的措施,在避免损失扩大的同时还获得了一定的利益的情形。例如,承租人在租赁合同有效期内提前要求终止租赁合同,并拒付租金,出租人为避免损失的扩大将租赁物转租给他人,并获得了更高的租金。当承租人在承担违约损害赔偿责任时,能否适用损益相抵,扣除出租人因合同提前终止而得以免除的维修义务、租赁物折旧成本负担以及增加的租金等收益?

从我国司法实践看,采取的是肯定的观点。依据《最高人民法院关于当前形势下审理民商事合同纠纷案件若干问题的指导意见》第10条第1句,人民法院在计算和认定可得利益损失时,应当综合运用可预见规则、减损规则、损益相抵规则以及过失相抵规则等,从非违约方主张的可得利益赔偿总额中扣除违约方不可预见的损失、非违约方不当扩大的损失、非违约方因违约获得的利益、非违约方亦有过失所造成的损失以及必要的交易成本。例如,在一起因租赁合

〔140〕《军人抚恤优待条例》第1条明确规定了给予抚恤待遇的目的在于"激励军人保卫祖国、建设祖国的献身精神,加强国防和军队建设"。

同的承租人违约引起的赔偿纠纷案件中,法院认为:"英田公司违约导致合同解除的结果并不影响东进公司、时进公司作为合同守约方止损义务的承担;其理应在合同解除后尽快接收房屋并采取措施促进涉案房屋的二次出租、利用,而不应当放任损失继续扩大。同时,合同提前解除,虽使东进公司、时进公司收取未到期租金的期待利益无法实现,但也客观上产生了提前免除其维修义务及租赁物折旧成本负担的结果,该部分费用应从预期利益损失中扣除。"〔141〕再如,杨某从拍卖公司处竞买了一处门市房,在支付了全部价款并占有该房屋后将其出租营利。此后,杨某发现因拍卖公司的违约行为导致该房屋无法办理房屋所有权转移登记,于是起诉拍卖公司,要求解除合同并责令拍卖公司承担损害赔偿责任。二审法院认为:因杨某在占有房屋后将其出租而取得了租金 54000 元,故该利益应当适用损益相抵予以扣除。显然,这种观点是错误的。因为如果不是拍卖公司违约,杨某在成为房屋的所有权人后当然有权将房屋出租获得租金收益。也就是说,该租金收益并非因为拍卖公司的违约行为所致的利益,而是杨某行使自己本应对房屋享有的所有权而获得的利益,或者说,是杨某在合同如果得到良好履行时本应享有的利益。有鉴于此,本案再审法院纠正了二审法院的错误,再审判决认为:租金属于杨某在合同正常履行时可以获得的利益,本属违约赔偿范围,而非因违约行为额外取得的利益,故不适用损益相抵规则。〔142〕

然而,在理论界,一些学者持否定的观点。有的学者认为,非违约方履行减损义务所获得的利益不应从损失中扣除,因为"一方面,减轻损害行为是法律所应鼓励的,如要求受害人将减轻损失中获得的利益从损失中扣除,就不利于鼓励受害人及时地采取合理措施减轻损害。另一方面,如将此获利从损害赔偿额中扣除,也减轻了违约当事人本来应当承担的责任"。〔143〕还有学者认为,从利益衡量的角度观察,不应当适用损益相抵,因为减损规则要求守约方采取适当措施避免损失,由此所生的利益(减少的损失)已经归属于违约方了,而将损害赔偿限制于实际损失的规则又限制了守约方获得更多的利益,因此,违约方和守约方的利益已经处于一种失衡的状态,如果再适用损益相抵则对守约方过于不利。〔144〕

笔者认为,减损规则与损益相抵规则在理论依据、构成要件及法律效果上并不相同,二者可以同时适用于违约损害赔偿范围的确定,并不相互排斥。也就是说,在确定违约损害赔偿的范围时,就二者的适用顺序而言,应先适用减损规则,确定守约方有权要求违约方赔偿的损失的范围。申言之,如果守约方采取了适当措施防止了损失的扩大,违约方应就因其违约行为给守约方造成的损失以及守约方为防止损失扩大而支出的费用向守约方承担赔偿责任;如果守约方没有采取适当措施防止损失的扩大,则违约方承担的损害赔偿责任不包括守约方没有采取适当措施致使损失扩大的部分。只有确定了守约方有权要求违约方承担的损失的范围后,才需要考虑是否应适用损益相抵。此时,判断的标准就是守约方是否因违约方的违约行为这一损害事实获得利益。如果因此而获得了利益,就应当适用损益相抵规则。简单地将守约方采取适当措施防止扩大的那部分损失,看成归属于违约方的利益,进而排斥损益相抵的适用的

〔141〕苏州英田电子科技有限公司与苏州时进建筑建材科技有限公司租赁合同纠纷案,苏州市中级人民法院(2014)苏中民终字第 1065 号民事判决书。

〔142〕杨学林与四川元亨拍卖有限责任公司拍卖合同纠纷再审案,四川省高级人民法院(2016)川民再 325 号民事判决书。

〔143〕王利明:《违约责任论》(修订版),中国政法大学出版社 2003 年版,第 558 页。

〔144〕韩世远:《违约损害赔偿研究》,法律出版社 1999 年版,第 399 页。

观点,并不妥当。

(三)因损害事件而获得的利益

赔偿权利人在损害事件发生后,既非基于第三人的给付,也非基于自身的努力,而是直接从损害事件中获得的利益即增加的财产以及节约的成本(如工资成本、商标印刷成本、包装成本、税收成本、运费成本等),[145]属于可以扣除的利益,应适用损益相抵。具体分析如下。

1. 税收的节省

一般来说,受害人因损失事件的发生而节约的税收支出(如关税、增值税、营业税等),属于受害人因损害事件的发生而获得的利益,应予以扣减。例如,因A公司加工生产的罐头盒存在质量问题,导致B公司生产的糖水杨梅罐头无法正常销售。为减少损失,B公司将库存的已经漏罐变质的11吨567g糖水杨梅罐头和0.7吨3000g糖水杨梅罐头作废弃处理,余下的234.74吨567g糖水杨梅罐头和40.86吨3000g糖水杨梅罐头,以每吨2350元的低价内销处理,已收回货款660,347元。如果上述涉案库存的287.30吨糖水杨梅罐头能够正常销售给国内贸易商,则B公司的销售收入为2,003,003.80元,但该价格是含17%增值税的,由于通过低价销售,实际得到销售收入672,502元,其余1,330,501.8元货物未实现销售。如该1,330,501.8元货物正常销售,则B公司按比例应负担的增值税额是销项税额193,320.77元[1,330,501.8/(1+17%)×17%]减去进项税额142,865.17元,即为50,455.60元。由于该价值为1,330,501.8元的货物未实现销售,B公司无须缴纳该50,455.60元的增值税(从另一角度讲,因未实现销售,B公司少发生销项税额193,320.77元,但由于其相应的进项税额被转出142,865.17元,即B公司用作抵扣的进项税额被减少,也即相应地要多缴增值税,一减一增后,B公司实际少缴税金也为50,455.60元),因此,根据损益相抵原则,B公司的该部分负税应从违约损害赔偿额中予以扣除。[146]

有争议的是,受害人因此而节约的所得税的支出能否扣减。对此,学说上有扣除说与不扣除说。扣除说具体分为损益相抵说与实质收益推定说两种主张。[147]损益相抵说认为,纳税义务人依法应当缴纳所得税,其因伤害而免除了税收的缴纳当然属于因伤害而获得的利益,依据损益相抵的法理,应当扣除。实质收益推定说认为,损害赔偿的目的在于填补受害人的损害,受害人的损害本身就不包括应当缴纳的所得税,故此在计算所失利益等损失时,应当扣除所得税。

采取不扣除说的学者认为:首先,对于人身伤亡的赔偿金等国家是免征所得税的,这一规定的立法目的就在于保护受害人。因此,如果受害人因损害事件而免于支出的所得税可以扣除,就违反了立法上保护受害人的目的。其次,所得税的税率等经常变化,因此,扣除所得税存在计算上的困难。最后,受害人缴纳所得税乃法律之规定,而人身伤亡时免于缴纳所得税也并非因为加害行为所致,故此与加害行为无关。[148]

---

[145] 志达电子(深圳)有限公司与深圳市金恒升饮食管理有限公司企业承包经营合同纠纷案,深圳市中级人民法院(2013)深中法商终字第1173号民事判决书。

[146] 宁波东方公司与宁波实业有限公司承揽合同纠纷案,宁波市中级人民法院(2010)浙甬商外终字第32号民事判决书。

[147] 曾隆兴:《详解损害赔偿法》(修订3版),台北,三民书局2011年版,第737页以下;韩世远:《违约损害赔偿研究》,法律出版社1999年版,第412页以下。

[148] 曾隆兴:《详解损害赔偿法》(修订3版),台北,三民书局2011年版,第738页。

从我国现行法来看,在侵权损害赔偿中采取了可扣除说。因为依据《人身损害赔偿解释》第25、29条,残疾赔偿金、死亡赔偿金是以"受诉法院所在地上一年度城镇居民人均可支配收入或者农村居民人均纯收入"为标准加以计算的。所谓"城镇居民人均可支配收入"是城镇居民按家庭常住人口平均的可支配收入,其计算公式为:可支配收入=家庭总收入-交纳所得税-个人交纳的社会保障支出-记帐补贴。"农村居民人均纯收入",是指农村住户当年从各个来源得到的总收入相应地扣除所发生的费用后的收入总和,其计算方法为:纯收入=总收入-家庭经营费用-税费支出-生产性固定资产折旧-赠送农村外部亲友支出。因此,在人身损害赔偿中,赔偿义务人支付给赔偿权利人的残疾赔偿金和死亡赔偿金中已经扣除了个人所得税,当然就不存在再次扣除的问题。

2. 物被毁损后的残值

在损毁他人有体物的损害赔偿责任中,被毁损的物的残值(Restwert)是否属于受害人获得的利益,从而适用损益相抵,需要考虑该残值与原物在经济上是否属于同一种利益。倘若属于同一种利益,如房屋被部分毁损,则仅为物的价值减少的问题,赔偿义务人应当赔偿该房屋因毁损而减少的价值,当然不适用损益相抵。但如果被毁损的物的残值是一种新的经济利益,如汽车被撞毁后只能报废而无法修复,则该汽车的残值属于受害人因损害事件获得的利益,发生损益相抵的问题。由于物被毁损后的残值能否变现存在很大的不确定性,如果强制性地将该残值作为可扣减的利益而适用损益相抵,就会使得受害人处于"食之无味,弃之可惜"的鸡肋式尴尬境地。例如,一件价值50元的白衬衣,被他人泼上颜料后污损,无法加以清除。如果认为该被污损的衬衣是可以扣减的利益,那么受害人就会面临这样的局面:一方面,虽然该污损的衬衣归受害人所有,但受害人无法将之出售变价;另一方面,在扣除残值后受害人所获得的赔偿又不足以购置一件相同的新衬衣。因此,即便被毁损物的残值是一种新的经济利益,也不应当让受害人承受残体价值难以变现的风险,该风险应当由加害人承担。故此,在受害人向加害人请求赔偿时,受害人可以在将被毁损物的残体交付给加害人与扣除残值之间进行选择。申言之,受害人可以向加害人请求赔偿一件相同的新的物品的价额(此时要剔除以新换旧的因素),并将被毁损物的残体交给加害人;也可以自己保留被毁损物的残体(例如该物对受害人有特别的纪念意义),就扣减相应利益后的余额请求加害人予以赔偿。

3. 以新换旧

以新换旧(Abzug neu fuer alt),是指在修复被损坏的物时,以一个新的部件更换掉被损坏的旧部件。生活中,以新换旧的情形常常发生在机动车被毁损的情形。[149] 例如,受害人的汽车的前左车门被加害人撞凹下去了,受损车辆送至4S店维修时并不是通过钣金、喷漆的方式修复,而是更换了一个全新的车门。由于新更换的部件价值高于旧的部件,因此,该差额就是受害人所获得的利益,也即产生了损益相抵的问题。[150] 德国民法学说与判例认为,除非扣减对受

〔149〕 德国的判例中除机动车毁损的案件中会发生以新换旧的问题外,以下一些物品被毁损时也会发生以新换旧的情形,如电信装置、电线杆、下水管道、墙壁、钻杆、保险开关、马厩、摩托车头盔、PVC地板、谷仓的屋顶等。参见MuenchKommBGB/Oetker,2008,§249,Rn.333.

〔150〕 MuenchKommBGB/Oetker,2008,§249,Rn.332.也有人认为,以新换旧与损益相抵是不同层次的问题,因为受害人在以新换旧中所获得的利益并非因为损害事件所致,而只是由于损害赔偿的方法而产生的。参见王泽鉴:《损害赔偿》,北京大学出版社2017年版,第175页。

害人而言是不合理的,否则因以新换旧而给受害人增加的价值属于可以扣减的利益。[151] 当然,要在斟酌受害人个人情事的基础上考虑受害人是否因为以新换旧而确实受有利益而定。[152] 例如,原告房屋的装修材料因被告房屋暖气设备漏水而被损坏,此时显然只能通过重新装修才能实现损害赔偿之目的,原告并未因重新装修而获得利益,故此,不得适用损益相抵。在一起案件中,侵权人漏水损害了被侵权人的室内装修,侵权人主张被侵权人应重新装修而获得了装修利益,因此,须适用损益相抵扣减该利益。但是,法院认为:"在以新换旧情形下,只有受害人实际能从'以新换旧'中获利才符合损益相抵之构成,受害人是否获利可依据损害发生的原因、损害的部位、损害之物可否替代购买、受害人使用该物的目的等因素综合判断。就本案而言,贾永超作为105号房屋的出租人,主要通过出租房屋获取租金收益,105号房屋室内装修因漏水事故遭受破坏而进行的维修并不会明显提升贾永超的租金收益,'以新换旧'后装修价值的提升不会直接导致贾永超之财产利益的增加;物受损害后,受害人有权要求恢复原状,而房屋装修部位被浸泡后,只能通过更换新材料的方式来恢复原状,因为任何人均无法在市场上找到同等程度的旧材料予以更换,因此更换新材料的费用系必须支出的费用。如果未发生本次漏水事故,105号房屋内的装修可继续使用,贾永超无需支付相关装修费用,政泉公司要求扣除部分装修损失无异于要求贾永超分担因政泉公司的侵权行为所导致的损失。因此,本案不构成损益相抵,政泉公司要求按照折旧价值赔偿装修损失缺乏事实及法律依据,本院不予支持。"[153]

4. 中间利息

在以定期金支付方式为原则的时候,如果法院判决赔偿义务人一次性向赔偿权利人支付赔偿金时,就会产生一个中间利息是否应当作为受害人所得利益而予以扣除的问题。本来赔偿义务人是可以分期支付该笔赔偿金的,但在一次性支付的情形下就意味着除第一期应支付的金额之外的其他部分都属于提前支付,这样对于赔偿义务人来说,就等于增加了不应有的负担,而对于赔偿权利人而言,则获得了利益。因为赔偿义务人必须将其本来可以存在银行获得利息的金钱提前支付给赔偿权利人,这样就丧失了定期金支付方式中的存款利息;对于赔偿权利人而言,则可以将该笔一次性获得的赔偿金用于投资或储蓄获取收益。因此,在对于残疾赔偿金、死亡赔偿金以及被扶养人生活费采取一次性支付方式时,应当进行损益相抵,扣除中间利息。扣除中间利息的计算的方法主要有卡尔普造计算法(CarpzovschenMethode)、霍夫曼计算法(HoffmannschenMethode)以及莱布尼兹计算法(LeibritzschenMethode)三种。[154] 其中,霍夫曼计算法更为科学合理,符合当事人双方的利益要求,被大多数国家或地区所采用(如德国、日本以及我国台湾地区)。

在我国,损害赔偿金的支付方式以一次性支付为原则,而分期支付为例外。《民法典》第1187条规定:"损害发生后,当事人可以协商赔偿费用的支付方式。协商不一致的,赔偿费用应当一次性支付;一次性支付确有困难的,可以分期支付,但是被侵权人有权请求提供相应的担保。"故此,不存在适用损益相抵扣除中间利息的问题。

---

[151] MuenchKommBGB/Oetker,2008,§249,Rn.332.

[152] 王泽鉴:《损害赔偿》,北京大学出版社2017年版,第175页。

[153] 北京政泉控股有限公司上诉贾永超物权保护纠纷案,北京市第三中级人民法院(2016)京03民终7948号民事判决书。

[154] 王利明主编:《民法·侵权行为法》,中国人民大学出版社1993年版,第612页以下。

(四)因客观原因而获得的利益

所谓赔偿权利人因客观原因而获得的利益,是指赔偿权利人因自身行为、第三人行为之外的客观因素而获得的利益。实践中,比较常见的外界客观原因就是市场价格的波动。例如,原告的房产被错误财产保全而被查封,原告要求被告赔偿贷款利息损失,被告主张原告的房产被查封后因房地产市场价格上涨而增值,原告因此获益,应当适用损益相抵。在我国司法实践中,法院基本上都认为,此种获益不能适用损益相抵予以抵扣。例如,在"上海南兴房地产实业公司与浙江中达建设集团股份有限公司、上海东兴建设工程发展有限公司、上海东尼(集团)有限公司赔偿纠纷上诉案"中,法院认为:"本案南兴公司因上海市房产价格上涨所受利益,是由房地产市场波动的因素所决定,并非中达公司提出的财产保全申请错误之侵权行为发生的直接结果。因此,损害与利益之间无适当关系,自不得相抵。"[155]最高人民法院再审的一起案件中,再审申请人三建公司主张因其延期竣工,当地房价上涨,浩安公司没有损失反而获有收益。因此,要适用损益相抵加以扣除。最高人民法院认为:"房价上涨系市场因素引起,与三建公司延期竣工的违约行为没有因果关系,三建公司延期竣工的违约责任不能因此免除。三建公司的该项主张不能成立。"[156]

笔者赞同上述观点,但认为,不能简单地以房产增值与损害事件没有相当因果关系为由加以否定,而应当从法律价值评判的角度对此种受害人的获益不得扣减加以正当化。在市场经济中,财产的市场价格上下波动是由供需关系、政策因素等导致的现象。通常情形下,由此引起的经营活动的盈亏是民事主体应当承担的一般社会风险,法律自无干预之必要。然而,在发生损害事件后,此种风险的负担就不得不由法律加以分配。例如,《民法典》第590条规定:"当事人一方因不可抗力不能履行合同的,根据不可抗力的影响,部分或者全部免除责任,但是法律另有规定的除外。因不可抗力不能履行合同的,应当及时通知对方,以减轻可能给对方造成的损失,并应当在合理期限内提供证明。当事人迟延履行后发生不可抗力的,不免除其违约责任。"这一规定就体现了法律对违约者的否定性评价,并基于此将不可抗力引发的风险施加到违约者身上。同理,如果没有被告的错误保全行为或者延期竣工的违约行为,房地产价格波动的风险当然由所有人或买受人自行负担,获利也好,亏损也罢,均与他人无涉。但是,既然发生了被告的侵权行为或违约行为,且该损失事件又与客观情况相结合,故此房地产市场价格下降而给原告造成的损失,应当由被告承担;房地产市场价格上涨而带来的收益应由原告享有,被告不得主张损益相抵,从而减少损害赔偿责任。

---

[155] 上海市第二中级人民法院(2004)沪二中民四(商)终字第149号民事判决书。类似案件参见,昆山宏图实业有限公司与北京路源世纪投资管理有限公司、联达国际贸易有限公司等合资、合作开发房地产合同纠纷案,江苏省高级人民法院(2015)苏民终字第00336号民事判决书。

[156] 江苏南通三建集团有限公司与盐城市浩安房地产开发有限公司建设工程施工合同纠纷申请再审案,最高人民法院(2013)民申字第2003号民事裁定书。

第四节　过 失 相 抵

一、过失相抵的概念与理论基础

(一)各国家及地区的相关规定

无论是因侵权行为还是违约行为,抑或其他法律事实而引起的损害赔偿纠纷中,当受害人的行为对于损害结果的发生或者扩大可归责地共同发挥作用时,如果仍令加害人就全部的损害承担赔偿责任,显然有悖于公平的观念,也不符合诚实信用原则。故此,损害赔偿法上需要考虑是否相应地减轻甚至免除赔偿义务人的损害赔偿责任。这就是损害赔偿法上所谓受害人共同责任(Mitverantwortlichkeit)。

在普通法系国家,规范受害人共同责任的规则被称为“助成过失”(contributory negligence)或“比较过失”(comparative negligence),例如,《美国侵权行为法重述(第二次)》第十七章就对“助成过失”的适用条件和法律效果等问题,作出了详细的规定。在以德国法为代表的大陆法系国家或地区的民法中,规范受害人共同责任的法律规则就是所谓的“过失相抵”(Mitverschulden),也称“与有过失”“混合过错”。例如,《德国民法典》第254条、《瑞士债务法》第44条与第99条、《奥地利普通民法典》第1304条、《意大利民法典》第1227条第1款、《日本民法典》第418条与第722条第2款、我国台湾地区“民法”第217条等,对过失相抵规则作出了相应的规定。此外,一些国际公约和示范性立法中对过失相抵规则有明确的规定,如《国际商事合同通则》第7.4.7条、《欧洲侵权法原则》第8:101条、《欧洲示范民法典草案》第Ⅵ-5:102条。

我国《民法通则》第131条、《侵权责任法》第26条、《人身损害赔偿解释》第2条、《最高人民法院关于审理买卖合同纠纷案件适用法律问题的解释》第30条等法律和司法解释规定了过失相抵。由于未设立债法总则,故此,我国《民法典》分别在合同编和侵权责任编中对违约赔偿责任与侵权赔偿责任中的过失相抵作出了规定。《民法典》第592条第2款规定:“当事人一方违约造成对方损失,对方对损失的发生有过错的,可以减少相应的损失赔偿额。”第1173条规定:“被侵权人对同一损害的发生或者扩大有过错的,可以减轻侵权人的责任。”

(二)过失相抵的概念与特征

所谓过失相抵,是指当受害人对于同一损害的发生或扩大具有过错时,相应地减轻赔偿义务人的损害赔偿责任。其具有以下特征:

1. 受害人因他人之行为而遭受了损害。如果不存在他人的加害行为如侵权行为或违约行为,受害人仅仅是由于自身的原因而遭受了损害,因不发生损害赔偿责任,故无须适用过失相抵。例如,A同意B将其不想要的某本书烧掉,病人甲同意A医院对其发生病变的器官予以切除。在这种情形下,虽然受害人的财产或者人身客观上遭受了侵害,但因其自愿遭受侵害,且不违反法律的强制性规定和公序良俗。故此,受害人的同意阻却了加害行为的违法性或者说排除了加害人的过错,不发生损害赔偿责任。

2. 受害人对于同一损害的发生或者扩大具有过错。申言之,损害是由于加害人的过错行为或加害人虽无过错但仍应承担赔偿责任的加害行为与受害人的过错行为相互结合共同造成的,或者虽然损害是由于加害行为所致但因受害人的过错而导致了损害结果的扩大。前者如,甲将一根木材堆放在公路边上，乙因醉酒驾车而未发现以致汽车倾覆遭受损害。甲将木材堆放在公路上妨碍通行，显然是有过错的，但是，乙醉酒驾车以致没有及时发现障碍物，也具有过错。本案中的损害是在加害人甲与受害人乙过错相互结合的情形下而造成的。后者如，张某将李某左手臂打伤后，李某未及时治疗以致伤势恶化，终致左臂被切除。该伤势恶化部分的损害乃是由于李某自身的过错所造成的。

3. 所谓过失相抵，“不过为形容之语。其实为就义务者之过失与权利者之过失，两相较量，以定责任之有无及其范围，并非两者互相抵消”。〔157〕 故此，过失相抵适用的法律效果是减轻赔偿责任。学说上对于受害人对损害的发生或损害结果的扩大具有过错时，能否免除赔偿义务人的赔偿责任，有不同的看法。否定说认为，过失相抵只产生减轻责任的法律后果，我国立法并不采用免除责任的方法，免除加害人的责任只适用于受害人过错的场合，即损害的发生是由受害人的故意或过失所引起的，而加害人根本没有过错的侵权行为形态。〔158〕 肯定说认为，在一般侵权责任中，如果受害人具有重大过失而加害人只具有轻微过失，则应当按照案件的具体情况使加害人免责。但是，在过错推定责任中，由于此类责任不宜根据过错程度确定责任且该类责任的目的就在于加重加害人的责任，因此，加害人只要有过错就应当负责，这里不发生责任免除而只发生责任减轻的效果。〔159〕 此外，如果受害人存在故意或重大过失的情形，过失相抵的法律效力也应当是免除加害人的责任。〔160〕 最高人民法院的司法解释采取了肯定说，例如，《人身损害赔偿解释》第 2 条第 1 款第 1 句规定：“受害人对同一损害的发生或者扩大有故意、过失的，依照民法通则第一百三十一条的规定，可以减轻或者免除赔偿义务人的赔偿责任。”《精神损害赔偿解释》第 11 条规定：“受害人对损害事实和损害后果的发生有过错的，可以根据其过错程度减轻或者免除侵权人的精神损害赔偿责任。”梁慧星教授组织起草的《中国民法典草案建议稿》第 1627 条第 1 款也规定：“受害人对损害的发生也有过错的，可以依受害人的过错程度，减轻直至免除加害人或者负赔偿义务的人的民事责任。”

我国《民法典》及《侵权责任法》都采取了否定说。《民法典》第 1173 条规定：“被侵权人对同一损害的发生或者扩大有过错的，可以减轻侵权人的责任。”在立法者看来，如果损害完全是由于受害人的故意所致，即损害发生的唯一原因是受害人的故意，应当适用《民法典》第 1174 条，即“损害是因受害人故意造成的，行为人不承担责任”。但是，如果加害人对损害的发生也有故意或重大过失，即便受害人对于损害的发生存在故意，也只是属于减轻赔偿责任的问题。〔161〕 此外，就适用无过错责任的侵权行为，尤其是高度危险责任，我国《民法典》也只是承认某些侵权行为中受害人的重大过失可以减轻责任。笔者认为，区分受害人故意与过失相抵是有必要的，前者可以免除赔偿义务人的赔偿责任，而后者只能减轻赔偿责任。

4. 过失相抵是限定损害赔偿范围的规则，旨在明确赔偿义务人应当承担损害赔偿责任的范围。在诉讼中，赔偿义务人主张受害人对损害的发生或者扩大具有过错从而要求减轻赔偿责任并非行使请求权，而是主张一种抗辩（Einwendung）。〔162〕 由于法律上设立这种制度的目的

〔157〕 史尚宽：《债法总论》，中国政法大学出版社 2000 年版，第 303 页。

〔158〕 杨立新：《侵权法论》（上），吉林人民出版社 2000 年版，第 337、347 页。

〔159〕 王利明：《侵权行为法归责原则研究》（修订版），中国政法大学出版社 2004 年版，第 358 页。

〔160〕 张新宝：《中国侵权行为法》（第 2 版），中国社会科学出版社 1998 年版，第 611 页。

〔161〕 王胜明主编：《中华人民共和国侵权责任法解读》，中国法制出版社 2010 年版，第 128 页。

〔162〕 张新宝：《中国侵权行为法》（第 2 版），中国社会科学出版社 1998 年版，第 606 页以下。

在于贯彻落实法律之公平精神,故该抗辩无须当事人主张,法院也应当依职权加以审查并适用。[163] 我国台湾地区"民法"第217条第1款以及《瑞士债务法》第44条第1款对此有明确的规定。[164] 我国民法学者也认为,过失相抵可以无须加害人主张,而由法官依职权加以适用。[165]

(三)过失相抵的理论基础

损害赔偿法中为什么有过失相抵制度,其理论基础是什么,对此,学说上有不同的阐释。归纳起来,有以下几种观点:

1. 惩罚说。此说认为,之所以对于那些因自身的过错而共同造成了损害或者导致损害扩大的原告不能给予赔偿,或者减少赔偿,目的就是为了惩罚这些原告自身的不当行为。该理论是由英国的哈斯伯里勋爵在1886年的"Wakelin v. London & S. W. R. Co."案中提出的。[166] 日本民法学界也曾有一些学者赞同此种观点。[167]

2. 损害控制说。此说认为,社会生活中的每一个人都应当照顾自己,注意自己的财产和人身安全。如果每个人都能够对自己尽到最大的注意,那么就能够有效地避免损害的发生。因此,通过对那些自身具有过失的原告不给予赔偿或减少赔偿,可以促使人们更加注意自身的安全,从而有效地减少损害事故的发生。[168]

3. 因果关系说。普通法国家的不少法院持此种观点,他们希望能够从因果关系的角度对过失相抵的合理性加以说明。[169] 例如,在条件说(等值说 the equivalence theory)中,受害人的过错与侵权人的行为或事件的地位是相同的,因此,自然就要求双方都在一定范围内对损害负责。如果只有一个侵权行为人,则受害人与侵权行为人各负一般责任;如果是两个侵权行为人,则受害人与每一个侵权行为人各负1/3的责任。再如,在必要条件理论中,存在两种可能性:要么加害人与受害人的行为都是损害的必要条件,此时依照双方的过错对损害进行分担,就是一个逻辑上必然的结论,并且增加的危险程度也奠定了具体分担数额的基础;要么仅有一方的行为是必要条件,此时其应承担责任,而另一方无须承担责任。在日本民法学说中,相当长的一段时间内学者们也是以因果关系来说明过失相抵的。在《日本民法典》的起草过程中,起草委员梅谦次郎就认为,当受害人存在"过失"的场合下,因此所产生的损害与加害人的侵权行为之间并没有因果关系,故此只能减少没有因果关系的那部分。过失相抵中所谓斟酌受害人的过失,正是因为加害行为的因果关系未及于因受害人过失而产生的损害,所以损害赔偿数额的减额属于因果关系问题。[170] 穗积陈重认为,法官对侵权行为的损害赔偿有较大的斟酌权,其斟酌的根据归根到底还是加害行为的因果关系问题。[171]

---

[163] 史尚宽:《债法总论》,中国政法大学出版社2000年版,第308页。

[164] 我国台湾地区"最高法院"1996年台上字第1756号判例指出,损害之发生或扩大,被害人与有过失者,法院得减轻赔偿金额或免除之,"民法"第217条第1项定有明文。此项规定之目的,在谋求加害人与被害人间之公平,故在裁判上法院得以职权减轻或免除之。

[165] 王利明:《侵权行为法归责原则研究》(修订版),中国政法大学出版社2004年版,第356页;杨立新:《侵权法论》(上),吉林人民出版社2000年版,第337页。

[166] [1886]12 A. C. 41,45.

[167] 李薇:《日本机动车事故损害赔偿法律制度研究》,法律出版社1997年版,第209~210页。

[168] Schofield, Davies v. Mann: *Theory of Contributory Negligence*, 3 Harv. L, Rev. 1890, pp. 263, 270.

[169] A. M. Honoré. "Causation and Remoteness of Damage", *International Encyclopedia of Comparative Law*, Vol. XI, Chapter 7. Tübingen, 1979, p. 96.

[170] [日]吉村良一:《日本侵权行为法》(第4版),张挺译,中国人民大学出版社2013年版,第128页。

[171] 李薇:《日本机动车事故损害赔偿法律制度研究》,法律出版社1997年版,第209页。

4. 保护加害人说。此说认为，过失相抵制度是过错责任的发展，但与过错责任又有所不同。因为过错责任是以保护受害人为基点，重点在于填补受害人的损害，而过失相抵制度则是以保护加害人为基点，重点在于减轻加害人所应负担的赔偿责任。[172]

5. 过错责任说。此说认为，过失相抵制度本质上仍然应当认为是过错责任原则的发展，它体现了过错责任提出的应依据过错确定责任和责任范围的要求。这不仅体现了法律所蕴含的公平正义理念，而且更加坚定地维护了责任自负的现代法治精神。[173]

6. 诚实信用原则说。此说认为，当受害人自身以可归责的方式而共同地对于损害的发生或扩大过失起作用时，如果仍然要求加害人就全部的损害负赔偿责任，是不公平的，明显不符合诚实信用原则的要求，乃自我矛盾。[174]

7. 自己责任说。此说认为，民法中规定过失相抵规则的基本思想与加害人责任的思想是相同的，即个人对于自己行为后果的责任。因此，与对他人损害所承担的责任相同，对自己损害的责任义务涉及的也是归责问题。尽管事实上损害确实在受害人身上发生了，但如果受害人对于损害的发生或扩大具有过错，也应当基于法律上的理由由受害人（共同）承担。[175]

本书认为，上述各种学说都从不同角度，或多或少地说明了过失相抵制度存在的合理性。相比而言，自己责任说较之于其他的学说更合理。现代法律以自己责任为最基本之原则和理念，在法律上，任何人都应当为且原则上仅为自己的行为负责。既然受害人对于损害的发生或扩大具有过错，其行为与损害之间也具有因果关系，那么受害人在法律上当然也要为自己的行为后果负责。过失相抵规则不仅体现了自己责任的基本精神，而且很好地通过在加害人与受害人之间的损害分担，实现了正义与公平的法律价值。

至于其他学说，都存在一定的不足之处。第一，在许多案件中原告虽然具有重大的过失，有时其行为甚至构成犯罪，但却依然获得了赔偿，显然惩罚说无法解释这些案件。第二，就损害控制说而言，该理论虽然能够在一定程度上解释过失相抵制度存在的合理性，但正如美国著名法学家 Prosser 教授所言，该说是一项缺乏任何真实性以及人类经验基础的假定。既然可以说，通过过失相抵制度能够提高人们自我保护的注意程度，那么人们也同样能够认为，过失相抵制度会鼓励那些存在过失的被告希望其所伤害的人也具有过失，从而刺激事故的发生，这种解说同样是合理的。[176] 第三，因果关系说无法充分地说明在确定如何减轻赔偿义务人的赔偿责任时，为什么要对加害人与受害人的过失进行比较？第四，保护加害人说将过失相抵制度的目的解释为保护加害人，这显然不符合损害赔偿法的补偿受害人的基本功能，难以令人信服。第五，至于过错责任说虽然能够解释一般侵权行为中过失相抵制度存在的合理性，但对严格责任（无过错责任）中适用过失相抵却无法作出合理的解释。第六，诚实信用原则确实是民法的基本原则之一，但是诚如学者所言，以诚实信用原则作为过失相抵的理论基础是危险的，“因为它会误导人们以为请求权的缩减是以单纯的公平考虑为基础的。然而，平等对待原则要求，受

---

〔172〕 何孝元：《损害赔偿法》，第 48 页。转引自王利明：《侵权行为法归责原则研究》（修订版），中国政法大学出版社 2004 年版，第 331 页。

〔173〕 王利明：《侵权行为法归责原则研究》（修订版），中国政法大学出版社 2004 年版，第 331～332 页。

〔174〕 Hans Brox/Wolf－Dietrich Walker, Allgemeines Schuldrecht, 31. Aufl. 2006, § 31 Rn. 36. 另参见王泽鉴：《损害赔偿法上的与有过失》，载《法令月刊》2016 年第 4 期。

〔175〕 Staudinger/Schiemann, 2008, § 254 Rn. 4; Karl Larenz, Lehrbuch des Schuldrechts, Band Ⅰ Allgemeiner Teil, 1987, § 31 Ⅰ a.

〔176〕 Prosser, *The Law of Torts*, 4th ed., West Publishing Co., 1971, p. 416.

害人的有责性应当以与加害人的有责性同样精确的归责标准来说明”。[177]

二、过失相抵与其他规则的关系

(一)过失相抵与损益相抵

过失相抵与损益相抵都是损害赔偿法中的制度,二者均为实现公平的目的,属于损害赔偿计算上的问题。但过失相抵是基于公平之考量而产生的制度,损益相抵是基于“没有损害就没有赔偿”以及“得利禁止”的法理而产生的制度。[178]

当同一案件中既存在过失相抵又存在损益相抵时,究竟应当先适用哪一项制度,值得研究。因为适用顺序的不同,所得的结果截然相反。由于损益相抵决定的是受害人有无损害,过失相抵则是损害已经明确前提下进一步解决损害的分担。故此,应当先进行损益相抵,后进行过失相抵。例如,甲因实施加害行为而造成乙的损害为1000元,但是乙对于损害的发生也具有过错,其过错与甲的过错对于损害发生的原因力各占一半。同时,乙因该损害事实而获得了500元的利益。如果先进行损益相抵,后进行过失相抵,则乙能够获得赔偿的数额是250元;反之,先进行过失相抵,后进行损益相抵,则乙能够获得赔偿的数额是0元。

(二)过失相抵与受害人过错

侵权法中受害人过错(eigenes Veschulden des Geschädigten)仅是对受害人一方主观状态的描述,因此,它是一个范围非常广泛的概念,涉及了过失相抵、受害人故意、自甘冒险等多项规则。具体来说,受害人过错大致包括以下几种情形:(1)受害人的过错与加害人的过错共同导致了同一损害的发生;(2)受害人的过错仅导致了同一损害的扩大;(3)受害人的过错是损害发生的唯一的、排他的原因。[179] 过失相抵的情形仅包括前两种情形。在第三种情形中,因受害人的过错是导致损害的唯一原因,所以不存在侵权行为,更不产生赔偿责任。

(三)过失相抵与自甘冒险

《民法典》第1176条第1款对自甘冒险作出了明确的规定,过失相抵与自甘冒险的区分十分明显。首先,法律效果不同。自甘冒险属于侵权责任的免责事由,而过失相抵只是减轻侵权人的赔偿责任。其次,适用范围不同。自甘冒险仅适用于受害人自愿参加具有一定风险的文体活动并因其他参加者的行为受到损害的情形(参见案例28.4.1),所免除的仅是其他参加者的侵权责任,并不免除活动组织者的侵权责任。但是,过失相抵则适用于一切受害人对于同意损害的发生或者扩大有过错的情形,既包括受害人参加具有一定风险的文体活动,也包括在其他具有风险的活动或者与风险无关的活动。例如,原告孙某找被告胡某帮忙办事,在与其吃饭喝酒后,乘坐被告胡某驾驶的小客车。被告胡某醉酒驾驶该车途中,与被告李某驾驶的大货车相撞,发生交通事故,致被告胡某及车上乘客朱某和原告孙某受伤、车辆受损。法院认为,原告自甘冒险,乘坐

案例阅读

案例28.4.1
王伯昭诉张卫健等一般人身损害赔偿案

---

〔177〕[德]迪尔克·罗歇尔德斯:《德国债法总论》(第7版),沈小军、张金海译,中国人民大学出版社2014年版,第364页。

〔178〕曾世雄:《损害赔偿法原理》,中国政法大学出版社2001年版,第238页;张新宝:《侵权责任法原理》,中国人民大学出版社2005年版,第474页。

〔179〕A. M. Honoré, *Causation and Remoteness of Damage*, International Encyclopedia of Comparative Law, Vol. XI, Chapter 7. Tübingen, 1979, p. 94.

被告胡某醉酒驾驶的车辆，有一定的过错，可减轻被告胡某的赔偿责任。[180] 依据《民法典》第1176条第1款，该情形不属于自甘冒险，而是受害人对于同一损害的发生有过错，应当适用第1173条的过失相抵。

(四)过失相抵与因果关系中断

由于受害人自身的故意或过失的行为可能构成介入原因，从而中断加害行为与损害后果之间的因果关系，所以过失相抵与因果关系中断颇为相似。在日本起草民法典时，起草委员梅谦次郎就曾以过失相抵与因果关系中断本质上并无区别为由，要求取消关于过失相抵的规定。[181] 但是，过失相抵与因果关系中断之间存在本质的不同：在过失相抵中，加害人与受害人的过错所造成的损害是同一的，且该两个过错相互助成而以致损害的发生或者扩大。只有前两项条件缺少一项或两项同时欠缺时，才可能构成因果关系中断的情形。具体包括：其一，受害人虽存在过错，但是因该过错而给自己所造成的损害与加害人所造成的损害并不相同。例如，甲某不慎损坏了乙的手机外壳，乙因手机被损坏而丧失美感，一怒之下将手机摔碎。由于甲给乙造成的损害（手机外壳损坏）与乙自己造成的损害（手机被摔碎的损害）并非同一损害，后者是因为受害人乙自身的原因造成的，因此，对于该损害甲不应承担赔偿责任，即乙的行为中断了原先的因果关系，甲仅对手机外壳被损坏的损害向乙承担赔偿责任。其二，加害人虽存在过错，但该过错并非与受害人的过错相结合而助成损害的发生或扩大。例如，甲在乙的汽车的汽油中注入了某种物质，该物质将导致乙的汽车发动机被烧坏，但是在该物质发挥作用之前，乙因酒后开车发生交通事故导致汽车发动机被彻底毁坏。该案中虽然损害是同一的，但是甲的过错并非与受害人乙的过错相互结合而导致了损害，甲的行为与损害后果之间的因果关系被受害人自身的过错行为所中断。

三、过失相抵的构成要件

(一)受害人存在过错

1. 意义

在过失相抵的适用要件中之所以要求受害人具有过错，主要是基于两个考虑：首先，依据平等对待的原则，法律制度不能“一只眼失明”，“在责任法中被视为对受害人有利的任何东西，也会在相反中的情形中发挥对受害人不利的作用”。[182] 既然在过错责任领域中，加害人原则上仅在具有过错时才需要承担损害赔偿责任，因此，在受害人对损害的发生也有过错时，也应当相应地减轻加害人的赔偿责任。其次，单纯的受害人的行为共同引起损害是不够的，[183] 否则，加害人的赔偿责任就会被错误地减轻，因为“受害人差不多总是以一定方式共同引起损害发生的，哪怕仅仅是因为自己在某一时间处于某一地点，从而与加害人相遇”。[184]

德国法在过失相抵中非常彻底地贯彻平等对待的原则，如果加害人适用的是无过错责任，

---

〔180〕 孙永青与胡有磊等人身损害赔偿纠纷上诉案，载最高人民法院中国应用法学研究所编：《人民法院案例选》(总第66辑)，人民法院出版社2009年版，第84页以下。

〔181〕 梅谦次郎认为：“因受害者的过失发生的损害与加害者的过失之间没有因果关系，所以加害者不负责任是理所当然的，不必等待本条(《日本民法典》第722条第2款关于过失相抵的规定——笔者注)的规定。”参见于敏：《日本侵权行为法》，法律出版社1998年版，第394页。

〔182〕 参见[德]克里斯蒂安·冯·巴尔、[英]埃里克·克莱夫主编：《欧洲私法的原则、定义与示范规则：欧洲示范民法典草案》(全译本)(第5、6、7卷)，法律出版社2014年版，第33页。

〔183〕 Brox/Walker, Allgemeines Schuldrecht, 31. Aufl., Beck, 2006, S. 369.

〔184〕 Medicus/Lorenz, Schuldrecht Ⅰ Allgemeiner Teil, 18. Aufl., Beck, 2008, S. 353.

那么受害人方面也存在无过错的责任义务,即那些对加害人重要的危险责任构成要件也类推到受害人身上。例如,在交通事故中,即便遭受损害的机动车司机对事故的发生或扩大没有过错,其也要根据《德国道路交通法》第9、254条的规定扣除其汽车对损害的发生产生了共同作用的运营风险。[185] 我国法不同于德国法,依据《民法典》第1173条,无论加害人适用的是过错责任、过错推定责任还是无过错责任,都要求受害人对同一损害的发生或扩大具有过错。如果受害人没有过错,那么即便其行为与损害的发生或扩大在客观上具有因果关联,也不适用过失相抵。

2. 受害人过错的性质

过失相抵中的"受害人的过错"不同于作为损害赔偿责任成立要件的"加害人的过错"。所谓加害人的过错(fault/Verschulden)是对实施侵害他人民事权益之行为的民事主体的主观心理状态的评价,分为故意与过失。作为侵权赔偿责任成立要件的加害人的过错,被称为"**固有意义上的过错**"(Verschulden im echten Sinne)或"对他人的过错"。然而,过失相抵中受害人的过错,是指受害人没有采取合理的注意或者可以获得的预防措施来保护自己的民事权益免受损害,以致遭受了损害或者导致了损害结果扩大的一种主观心理状态。此种受害人的过错,被称为"**非固有意义上的过错**。"(Verschulden im unechten Sinne)或者"对自己的过错"[186]

加害人的过错与受害人的过错的区别在于违反的义务及后果不同。作为损害赔偿责任的主观构成要件,过错应当以客观要件的存在为前提,因为"过错意味着主观有责性(subjektive Verantwortlichkeit)。然而,只有当存在客观上可归责的情形时,才需要考虑存在主观有责性的问题。而这是通过违反义务这一客观要件加以决定的。违反义务这一要件通常还决定了过错所必须涉及的内容"。[187] 作为判断加害人过错的义务既包括法定的义务(如不得侵害他人生命权、健康权等绝对权的义务),也包括合同约定的义务(如卖方应按照买卖合同的约定交付符合质量标准的标的物的义务)。但是,在过失相抵中,之所以认定受害人对损害的发生或扩大具有过错,并非因为受害人违反了不得侵害他人民事权益的法定义务或当事人之间约定的合同义务,而是因为受害人违反了对自己利益加以维护或照顾的义务,即没有避免对自己的损害发生或者在遭受侵害后没有避免损害进一步扩大。[188] 受害人违反此种义务的行为并不具有违法性(因为任何法律都没有给受害人施加不得损害自己权益的义务),[189] 该义务的相对人不得对受害人请求履行该义务。此外,单纯的受害人违反这种对自己利益加以维护或照顾的义务的后果,既不是受害人向自己承担赔偿责任,也不会使没有过错的加害人向受害人承担赔偿责

---

〔185〕[德]迪克尔·罗歇尔德斯:《德国债法总论》(第7版),沈小军、张金海译,中国人民大学出版社2014年版,第363、368页。

〔186〕Medicus/Lorenz, Schuldrecht Ⅰ Allgemeiner Teil, 18. Aufl., S. 354. 另参见史尚宽:《债法总论》,中国政法大学出版社2000年版,第304页;王利明:《侵权责任法研究》(第2版)(上卷),中国人民大学出版社2016年版,第494~495页。

〔187〕Medicus/Lorenz, Schuldrecht Ⅰ Allgemeiner Teil, 18. Aufl., S. 170.

〔188〕例如,我国台湾地区"最高法院"的一则民事判决就明确指出,"民法"第217条第1项所谓被害人与有过失,并非指被害人违反注意义务,而仅对损害之发生能注意而不注意而已,此与侵权行为以故意过失为其成立要件之过失意义,为应注意能注意而不注意,即必须加害人违反注意义务者不同。参见我国台湾地区"最高法院"1997年台上字第3611号民事判决书。转引自陈聪富:《侵权违法性与损害赔偿》,台北,元照出版有限公司2008年版,第257页。

〔189〕王利明:《侵权责任法研究》(第2版)(上卷),中国人民大学出版社2016年版,第495页。

任，只是使得负担此项义务的人即受害人遭受权利的减损或丧失的不利益而已。[190] 故此，学说上将受害人违反的对自己利益加以维护或照顾的义务，称为"**不真正义务**"(Obliedgenheiten)。

需要注意的是，在适用过失相抵时，受害人的过错不限于其因违反不真正义务而具有的"非固有意义上的过错"，也包括受害人具有"固有意义上的过错"。[191] 换言之，当受害人的行为违反义务而构成违法行为时，其具有固有意义上的过错，此时依然可以适用过失相抵减轻加害人的赔偿责任。例如，受害人违反交通规则超速驾驶，与违规左转的他人机动车相撞，从而受伤。再如，受害人患有高血压，因琐事与被告发生争执，进而互相殴打，后出现脑出血。经鉴定其自身高血压为脑出血的主要因素，外伤为诱发因素，参与度为25%。法院认为："本案中，双方因琐事发生争执，先是相互辱骂，进而发生肢体接触、相互厮打，双方对损害的发生均具有一定的过错，根据事件的起因及发展过程，原审法院认定郭永年、郭亚军对牟建芬的损害后果承担50%的赔偿责任并无不当。"[192] 也就是说，在本案中，法院减轻加害人赔偿责任的原因在于受害人与加害人互相殴打，因此，受害人存在固有意义的过错，可以减轻加害人的赔偿责任。

3. 受害人是否需要具有过错能力

由于我国民法不承认过错能力，故此，在过失相抵中不要求受害人具有过错能力。法院在审理无民事行为能力人作为受害人的案件时，不考虑受害人自身有无过失相抵能力，主要是从监护人是否尽到监护职责的角度上来确定能否进行过失相抵。如果监护人没有对被监护人尽到监护职责致使被监护人受到他人的伤害，就应当减轻加害人的赔偿责任。

笔者认为，过失相抵应以受害人具有过错能力为要件，即受害人应当具备对其行为将会产生某种损害自身利益后果的认识，如果受害人不具备此种辨识能力，即便其监护人未尽到监护职责，也不能以监护人的过失作为受害人的过失，进而进行过失相抵。理由如下：

首先，法律以自己责任为原则，当受害人为无民事行为能力人或限制民事行为能力人时，其监护人虽然负有"保护被监护人的人身权利、财产权利以及其他合法权益"的职责(《民法典》第34条第1款)，但是被监护人自身并没有选择监护人的权利，也无控制监护人行为的可能，监护人因过失而给其带来的风险不应当由被监护人承担。因父母等监护人的过失而使得被监护人的损害无法获得完全的救济，显然是一种野蛮的规定。[193] 况且，监护人制度是民法为保护未成年利益而设立的制度，优先保护未成年人的利益属于法律的基本原则，如果因为未成年人的监护人存在过失，就将其监护过失视作受害的未成年人的过失而进行过失相抵，显然有违法律对未成年予以优先保护的宗旨。[194]

其次，尽管有些人认为，"法定代理人与有过失，应许赔偿义务人得为过失相抵之主张，良以此时监督人疏忽，实难辞其咎，如仍认赔偿义务人负完全之损害赔偿之责，显失公平，故与其牺牲加害人之利益，毋宁以因监督义务人之过失，而牺牲被害人之利益较为妥当；且监督义务人举出其所有过失责任，胥归加害人负担，而已逍遥法外，亦非法之所许。吾人之许赔偿义务

---

[190] 例如，我国《合同法》第119条第1款规定："当事人一方违约后，对方应当采取适当措施防止损失的扩大；没有采取适当措施致使损失扩大的，不得就扩大的损失要求赔偿。"

[191] 参见史尚宽：《债法总论》，中国政法大学出版社2000年版，第305页；陈聪富：《侵权违法性与损害赔偿》，台北，元照出版有限公司2008年版，第258页。

[192] 牟建芬与郭勇年、郭亚军一般人格权纠纷案，徐州市中级人民法院(2014)徐民终字第1860号民事判决书。

[193] Prosser, *The Law of Torts*, 4th ed., West Publishing Co., 1971, p. 305.

[194] 王泽鉴：《第三人与有过失》，载王泽鉴：《民法学说与判例研究》(第1册)，中国政法大学出版社1998年版，第79页。

人主张过失相抵,盖亦寓有责令监督人妥善保护被害人之意在焉”。[195] 尽管理论上这些主张似乎颇有道理,但是在实践中,人们经常可以发现,凡是未成年人遭受损害的案件,几乎没有不进行过失相抵的,因为在法官看来,只要未成年人遭受了损害,就可以自动地推定未成年人的监护人具有过错,[196] 而加害人正好借此逃避了一部分本来应当承担的责任。这样一来,虽然表面上可以通过强化未成年人的监护照顾义务而有利于保护未成年人,可真正的结果是未成年人的损害无法获得充分的补救。

最后,世界上许多国家的民法都认为,未成年人对于其法定代理人的与有过失不应当负责,这是一个现代法律的一般发展趋势。[197] 1839 年美国纽约法院曾在 Hartfield v. Roper 案中宣称,在侵权行为法上未成年人应承担法定代理人的过失,英国也有类似的判例,但是迄今为止多数法院已经放弃了这一看法。[198] 目前英国法院中很少有未成年人被认定与有过失的判决。英国著名法官丹宁勋爵在 Gough v. Thorne 案中明确指出:“非常年幼的儿童不能被认定为与有过失。年龄大的儿童也许可以,但是这取决于案件的具体情况。只有当该儿童达到了能够被合理地期待对自己的安全采取预防措施,且他或她具有可归责性时候,法官才能认定该儿童具有与有过失。”[199] 奥地利最高法院在一项判决中明确地指出:“对未成年人在民法典第 1310 条下的侵权能力要根据他们的辨别能力和具体案件中的行为方式加以认定……只有在综合观察案情的基础上才能得出助成过失的正确认定。”西班牙最高法院也认为,绝不能认定 4 岁以下的儿童对于自己遭受的损害有助成过失。[200] 《美国侵权法重述(第二次)》第 488 条明确规定:“(1)遭受人身伤害的儿童的损害赔偿请求不因其父母的过失(无论是否为其监护人)而受阻碍。(2)遭受人身伤害的父母的损害赔偿请求也不因其子女的过失而受阻碍。”德国帝国法院以及联邦最高法院的判例也认为,只有当父母或者其他监督人的过失在与加害人的特别结合关系的范围内才能折抵为未成年人自己的过失,否则不能进行过失相抵。例如,随着自己父母一同旅行的子女因欠缺父母监督而从火车上掉下来,并受到伤害,则与联邦铁路存在此种结合关系;如果父母很迟才将自己子女交给医师治疗,那么在除去损害时,子女必须承受将自己父母的过失抵作自己的过失。但是在父母对侵权行为共同参与时,儿童和青少年无须在

---

[195] 何孝元:《损害赔偿之研究》,第 51 页。转引自王泽鉴:《第三人与有过失》,载王泽鉴:《民法学说与判例研究》(第 1 册),中国政法大学出版社 1998 年版,第 79 页。王泽鉴教授已经改变了其原先认为过失相抵不要求受害人具有过错能力的观点,而是认为受害人应当具有过错能力。参见王泽鉴:《损害赔偿法上的与有过失》,载《法令月刊》2016 年第 4 期。

[196] 德国学者冯·巴尔教授就明确地指出:“在孩子受到伤害的情形,父母亲对注意义务的违反通常是被推定的,所以在认定家长违反了对孩子的注意义务并让其承担助成过失的责任的时候应当小心谨慎。”参见[德] 克里斯蒂安·冯·巴尔:《欧洲比较侵权行为法》(上卷),张新宝译,法律出版社 2004 年版,第 210 ~ 211 页。该段译文笔者参照英文进行了适当的修改。

[197] 冯·巴尔教授曾言,在整个欧洲已经取得了广泛程度的一致的是,“在儿童需要监督不是由加害人的行为而是由于受害人可归责的行为造成的时候,儿童的父母疏于监督不应造成对儿童之不利后果。儿童不能对那些有义务照顾他们的人承担责任。古老的身份鉴别理论很早以前即已被废除。现在,父母疏于监督,不能对儿童以共同过失进行归责”。参见[德] 克里斯蒂安·冯·巴尔:《欧洲比较侵权行为法》(上卷),张新宝译,法律出版社 2004 年版,第 411 页。

[198] 王泽鉴:《第三人与有过失》,载王泽鉴:《民法学说与判例研究》(第 1 册),中国政法大学出版社 1998 年版,第 79 ~ 80 页。

[199] B. S. Markesinis & S. F. Deakin, *Tort Law*, 4th ed., Clarendon Press, 1999, p. 687; John Cooke, *Law of Torts*, 5th ed., 2003, p. 148.

[200] [德] 克里斯蒂安·冯·巴尔:《欧洲比较侵权行为法》(下卷),张新宝译,法律出版社 2004 年版,第 665 ~ 666 页。

特别结合关系之外负责。例如，一名欠缺监督的小孩跑向汽车并受到伤害时，应考虑到父母在第三人致害之外，作为连带债务人向子女负责任。[201]

4. 几种特殊情形中受害人过错的认定

(1)受害人未提醒他人注意有发生重大损害的危险是否构成过失

在德国，依据《德国民法典》第254条第2款第1句，如果受害人知道有发生异常重大损害的危险，而这种危险是债务人所不知或不应知时，受害人应当预先警告或提醒债务人注意防止该危险，否则在该危险现实化而造成损害后，将认定受害人对损害的发生具有过失。王泽鉴教授认为，受害人对债务人所不及知的重大损害原因，有预促其注意的义务，且警告的内容应当尽可能具体，从而使得债务人能够采取必要的防范措施，否则将构成不作为的与有过失。例如，应当预先告知托运的物品是易碎的贵重花瓶。[202] 在我国法上，虽然《民法典》及《民法通则》《合同法》《侵权责任法》没有一般性地将此种情形规定为受害人的过错，但是在一些法律规定中也可以看出，立法者认可此种情形下应当认定受害人具有过错。例如，依据《民法典》第828条，托运人托运易燃、易爆、有毒、有腐蚀性、有放射性等危险物品的，应当按照国家有关危险物品运输的规定对危险物品妥善包装，做出危险物品标志和标签，并将有关危险物品的名称、性质和防范措施的书面材料提交承运人。托运人违反前款规定的，承运人可以拒绝运输，也可以采取相应措施以避免损失的发生，因此产生的费用由托运人负担。倘若托运人违反上述规定，导致货物在运输过程中毁损、灭失的，依据《民法典》第832条，对此种由于托运人过错所造成的损害，承运人不承担损害赔偿责任。

(2)受害人未使用安全带或佩戴头盔是否构成过失

《道路交通安全法》第51条规定："机动车行驶时，驾驶人、乘坐人员应当按规定使用安全带，摩托车驾驶人及乘坐人员应当按规定戴安全头盔。"既然法律已经强制受害人乘坐机动车或摩托车时应当使用安全带或佩戴头盔，而此种强制性义务旨在保护乘坐人的人身安全。如果受害人无视法律的强制性规定不使用安全带或佩戴头盔，且因为没有使用安全带或佩戴头盔的行为与损害的发生或扩大具有因果关系的，[203] 则应当认定受害人对自身损害的发生具有重大过失，赔偿义务人能够以此作为受害人的过错而主张减轻赔偿责任。例如，A搭乘B驾驶的摩托车却没有佩戴头盔，结果因雨天路滑摩托车侧翻，A的头部撞到路边的护栏而受重伤。倘若A佩戴头盔则不会发生如此严重的损害，因此，A对于损害的发生具有重大过失，应当减轻B的赔偿责任。[204]

需要注意的是，在公安机关交通管理部门对机动车交通事故进行事故认定时，由于该事故认定只是认定机动车之间或机动车与非机动车、行人之间的交通事故是如何发生的，各方的过错及原因力如何，而车上乘客对交通事故的发生显然是无过错或原因力的。因此，公安机关的交通事故认定书中基本上都认定乘客是无责任的。然而，这种对乘客就交通事故发生无责任的认定并不等于乘客对于自身损害无过错。

---

[201] [德]迪特尔·梅迪库斯：《德国债法总论》，杜景林、卢谌译，法律出版社2004年版，第520页。

[202] 王泽鉴：《损害赔偿法上的与有过失》，载《法令月刊》2016年第4期。

[203] 贺敏与徐山山等机动车交通事故责任纠纷案，咸宁市中级人民法院(2015)鄂咸宁中民终字第977号民事判决书。

[204] 郭福喜与史展、中国平安财产保险股份有限公司安阳中心支公司、史令、河南中烟工业有限责任公司安阳卷烟厂机动车交通事故责任纠纷案，鹤壁市中级人民法院(2014)鹤民终字第767号民事判决书；朴河林与金学吉机动车交通事故责任纠纷案，延边朝鲜族自治州中级人民法院(2016)吉24民终1319号民事判决书。

(3)受害人的挑衅行为

加害行为因受害人挑衅行为所引发之时,如受害人与加害人发生口角或者受害人使用侮辱性言辞辱骂加害人等,该挑衅行为能否作为受害人引起损害发生的过错行为,从而适用过失相抵,减轻加害人的赔偿责任?对此,我国司法实践有两种观点。

一种观点认为,即便损害纠纷是由于受害人的故意挑衅所致,加害人也应当遵循法律途径,用合法的手段来维护自身的权益,受害人引起争执并不意味着加害人就可以实施侵害他人民事权益的行为,二者之间不构成法律上的因果关系,不能适用过失相抵。[205]

另一种观点认为,受害人因其挑衅行为而引起纠纷继而遭受他人侵权时,受害人对损害的发生存在过错,应当减轻赔偿责任。例如,在一起人身损害赔偿纠纷案中,法院认为:"根据王雪方纠纷后在公安机关所作的陈述,表明首先使用十分肮脏恶劣言词进行谩骂的是王雪方本人。其他在场人在公安机关所作的陈述也印证了王雪方的陈述。正是王雪方该侮辱性肮脏的言语,挑起了双方的纠纷,之后双方互相谩骂继而发生肢体冲突,导致王雪方身体受到侵害。黄正林作为一个成年体健的男性,对纠纷后果负有不可推卸的责任;但同时王雪方因自身挑起纠纷的行为,也应当减轻黄正林的责任。据此,原审法院确定黄正林承担50%的赔偿责任,也属可行。"[206]

不过,有的法院虽然认为受害人的挑衅行为可以减轻加害人的赔偿责任,但由于加害人是故意实施侵权行为,因此,对于减轻的比例应当加以控制。例如,在一起人身损害赔偿案件中,加害人之妻认为受害人故意挑拨其与雇员的关系,前去质问受害人,二人发生口角,加害人之妻打电话叫来加害人,双方发生争吵。在争吵的过程中,加害人打伤了受害人。法院认为,加害人在得知其妻与受害人因故产生争执后,应通过合理、合法的方式予以妥善解决。但其未冷静处理,与受害人发生口角之争,并用马扎将受害人打伤的行为,侵犯了王建国的健康权,应依法承担相应的民事赔偿责任。但是,受害人在与加害人之妻发生争执后未及时消除误解,反而与对方发生口角,激化了矛盾,应相应减轻对方的赔偿责任。鉴于加害人是故意伤害受害人,因此,虽然受害人对冲突的发生有较大的过错,但其并无预见自己在冲突中受到伤害并对该可能出现的后果予以避免的义务,而加害人故意致伤受害人的主观过错较重,故此只能减轻加害人10%的赔偿责任。[207]

(4)互殴或聚众斗殴行为

在互殴或聚众斗殴当中受伤或死亡者,既是加害行为人,也是受害人。如果伤者或其近亲属提起损害赔偿之诉,能否适用过失相抵,存在争议。否定说认为,互殴行为不适用过失相抵,理由在于过失相抵的客观要件系指损害的统一性:其一,是损害结果的同一性;其二,是侵权人与被侵权人的行为均为损害发生的原因。双方互殴系双方互为侵权行为,损害结果既非同一,也不存在原因力的竞合关系,故不应适用过失相抵。如果加害人认为受害人也给自己造成了

---

[205] 毛星兰与刘朝阳健康权纠纷案,广州市中级人民法院(2014)穗中法民一终字第4980号民事判决书。

[206] 王雪方诉黄正林生命权、健康权、身体权纠纷案,上海市第一中级人民法院(2014)沪一中民一(民)终字第1975号民事判决书。

[207] 王建国与贺宏伟生命权、健康权、身体权纠纷案,滨州市中级人民法院(2016)鲁16民终1846号民事判决书;李玉键与刘立营生命权、健康权、身体权纠纷案,辽源市中级人民法院(2016)吉04民终821号民事判决书。

人身伤害,则可以另行起诉解决。[208] 肯定说认为,“聚众斗殴中受重伤或者死亡的人,既是故意伤害罪或者故意杀人罪的受害人,又是聚众斗殴犯罪的行为人。对于参加聚众斗殴受重伤或者死亡的人或其家属提出的民事赔偿请求,依法应予支持,并适用混合过错责任原则”。[209]

笔者赞同肯定说。首先,虽然受害人本身也参与了互殴或聚众斗殴的行为,实施了侵害他人权益的行为,但其自身也遭受了他人的侵害,属于受害人。互殴或聚众斗殴行为本身并非免责事由,既不能免除受害人的加害行为的赔偿责任,也不能免除他人对受害人的损害赔偿责任。其次,如前所述,虽然过失相抵中受害人的过错属于非固有意义上的过错即对自身的过错,但是在受害人具有固有意义上的过错即对他人的过错时,也能适用过失相抵,减轻赔偿责任。诚如王泽鉴教授所言,双方互殴中一方因他方攻击而受伤,“此项损害系因被害人参与互殴而引起,其情形同于挑衅行为,具有因果关系而为共同原因,应依原因力的强弱、故意的程度分配其应承担的责任”。[210]

（二）受害人的过错行为必须是损害发生或者损害结果扩大的原因

1. 意义

过失相抵以自己责任之理论为基础,只有当受害人实施了一定的行为(无论是作为还是不作为)而与加害行为共同引起了损害的发生,或者在损害发生后导致了损害的扩大,才能要求受害人为自己的行为承担不利的后果(赔偿责任的减轻)。因此,受害人的行为应当与损害的发生或者损害的扩大具有因果关系,这是适用过失相抵规则的一个重要要件。我国法上也对受害人的行为与损害的发生或扩大应当具有因果关系作出了相应的规定:首先,在违约责任中,依据《民法典》第 592 条第 2 款,适用过失相抵的要件之一就是违约方造成非违约方损失,而非违约方“对损失的发生有过错”。其次,在侵权赔偿责任中,依据《民法典》第 1173 条,只有当“被侵权人对同一损害的发生或者扩大有过错的”,才可以减轻侵权人的责任。

受害人的行为与损害的发生或扩大应当具有因果关系,这一要件非常重要。倘若不细致考察该要件是否成就,而仅仅因为受害人具有过错或违法行为即适用过失相抵规则,就会出现错误减轻赔偿责任的情形。例如,甲驾驶机动车正常行驶被违章闯红灯的乙所驾驶的机动车撞击而受伤,经查受害人甲属于持军队机动车驾驶证驾驶民用机动车。公安部颁布的《机动车驾驶证申领和使用规定》第 17 条规定:“持有军队、武装警察部队机动车驾驶证,或者持有境外机动车驾驶证,符合本规定的申请条件,可以申请相应准驾车型的机动车驾驶证。”在本案中,甲持军队的机动车驾驶证,其若想驾驶民用机动车(地方车辆)本应依法申请相应准驾车型的机动车驾驶证,但甲在明知自己没有取得相应机动车驾驶证的情形下驾驶民用机动车,此种行为属于违法行为,甲是有过错的。但问题是,甲的此种过错行为与损害之间并无因果关系。因为虽然甲的机动车驾驶证是军队颁发的,但是甲有军队颁发的机动车驾驶证本身就能证明甲是具有驾驶机动车的技能的,而且此次损害事故的发生完全是由于乙违法闯红灯所致,与甲没有申请相应准驾车型的机动车驾驶证而驾驶机动车并无因果关系。故此,不能仅以甲具有过

---

[208] 耿世民、耿银之、王合梅与王贺鹏等生命权、健康权、身体权纠纷案,济南市中级人民法院(2014)济民四终字第 878 号民事判决书。我国台湾地区“最高法院”的判例也采取此种观点。例如,1979 年台上字第 967 号判例认为,双方互殴乃双方互为侵权行为,与双方行为为损害之共同原因有别,无“民法”第 217 条过失相抵原则之适用。

[209] 《最高人民法院研究室关于对参加聚众斗殴受重伤或者死亡的人及其家属提出的民事赔偿请求能否予以支持问题的答复》(法研[2004]179 号)。

[210] 王泽鉴:《损害赔偿法上的与有过失》,载《法令月刊》2016 年第 4 期。

错或违法行为而适用过失相抵,减轻乙的赔偿责任。

2. 因果关系的类型与判断

受害人的过失行为与损害的因果关系有以下两类:其一,受害人的过错行为与加害人的行为相互结合,共同导致了同一损害后果的发生,即存在“共同的因果关系”(addierte Kausalität)。例如,张某在进入某施工现场时,没有按照规定戴安全帽。工人李某在施工时不慎将一把扳手从三楼掉落,刚好砸在张某的头上,致张某受伤。本案中,张某的损害是由于其过失行为与李某的过失行为相互结合共同造成的,欠缺其中之一,损害都不会发生,因此,属于过失相抵的情形。其二,受害人的过错行为只是导致了损害结果的进一步扩大。例如,甲骑车的过程中因过失将摊贩乙摆放的水果摊撞到,乙在摊子倒了以后并未将散落在地上的水果收拾好,而是任其留在地上,被往来穿行的汽车压坏。在本案中,水果摊被撞倒的损害只是由于甲一人的过失行为所致,但是受害人乙的故意行为导致了损害结果的进一步扩大,因此,也属于过失相抵的情形。

基于平等原则,在过失相抵中,对受害人的行为与损害之间的因果关系的判断,应当采取与判断加害人的损害赔偿责任是否成立时相同的因果关系判断标准。

(三)受害人的行为必须是不当的行为

在德国法上,适用过失相抵的一个要件就是受害人必须违反不真正义务。之所以有此要求,是因为德国法上区分违法性与过错,而违法性是损害赔偿责任的成立要件之一。基于平等对待的原则,赔偿义务人的损害赔偿责任的各个要件与受害人适用过失相抵的要件存在明确的对应关系。在过失相抵中,违反不真正义务就成了损害赔偿责任成立要件中违法性的对应物。[211]

我国法上没有区分过错与违法性,因此,在认定是否构成过失相抵时,无须要求受害人的行为具备违法性,而违反不真正义务也只是作为判断受害人具有过错的因素而已。但是,为了防止过失相抵的滥用,避免出现把受害人的正当行为也作为对损害发生或扩大有过错的行为,只有受害人的行为应当是不当行为,才能适用过失相抵。如果受害人行为是正当行为,如正当防卫、紧急避险、见义勇为以及自助行为等,这些被排除在过失相抵的适用之外。例如,冲上铁轨救出一个小孩而被列车撞伤,为了保护有价值的财产在扑灭大火时被烧伤,或者站在街上警告路人注意交通事故造成的障碍而被车撞,不能认为他们对损害的发生具有过错,尽管其主观上当然是主动这样去做的。

受害人的不当行为既可以是积极的作为,也可以是消极的不作为。其中,消极的不作为构成过失相抵的情形包括:其一,当重大损害原因存在而赔偿义务人不知道,受害人没有促使赔偿义务人注意。例如,将装有昂贵钻石戒指的信封交给他人保管却不加以说明。其二,在损害发生后,怠于避免或者减少损害。例如,受害人遭受人身伤害后,不及时就医治疗。

四、过失相抵适用的主体

在社会生活中,每个人都是权利主体与义务主体,其仅对自己的故意或过失行为负责,而不对他人的过错行为负责。一般来说,第三人的故意或过失,对于受害人而言,不过是一种事变,受害人无须因该人的过错而减少甚至丧失损害赔偿数额。因此,过失相抵的基本结构原则

---

[211] [德]迪尔克·罗歇尔德斯:《德国债法总论》(第7版),沈小军、张金海译,中国人民大学出版社2014年版,第365页。

上为一个加害人与一个受害人,因双方的共同过失而引发损害或导致损害的扩大。

但是,在第三人与受害人具有较为密切的关系时,如果顽固地坚持上述原则,显然对加害人有失公平,对受害人则过于放纵。因此,各国家及地区莫不规定,在一定的情况下,第三人的故意或过失也应作为受害人的故意或过失,从而减轻甚至免除加害人的赔偿责任,如《德国民法典》第254条第2款、第278条第1句,《意大利民法典》第1229条,我国台湾地区"民法"第217条等。对于与受害人有特定关系的第三人的过失,可否作为受害人的过失适用过失相抵,我国法律和司法解释均无规定。

本书认为,在过失相抵中虽然不能僵化地把受害人的过失限定于直接受害人的过失,但是也不能过分地扩大为只要与受害人有一定关系(无论是法律上的还是生活上的)的第三人存在与有过失,就统统视为受害人的过失从而进行过失相抵。具体而言,应当坚持以下两个标准:

第一,只有在那些具有辨识能力的无民事行为能力人或限制民事行为能力人自身具有过失的时候,才能进行过失相抵。如果仅仅是他们的监护人对损害的发生或扩大具有过失,那么该监护人的过失不得作为被监护人的过失而进行过失相抵。原因在于:首先,当监护人的监护过失与加害人的过失共同造成被监护人损害时,监护人与加害人之间实际上属于共同侵权行为人,他们应当承担连带赔偿责任。如果将监护人的过失视为被监护人的过失从而进行过失相抵的话,那么被监护人就有权要求监护人就被扣减的损害赔偿数额承担责任。事实上,被监护人显然无法针对监护人提起这样的诉讼。其次,被监护人无法选择谁是其监护人,更无法确保监护人是否恰当地履行监护义务,因此,将监护人的与有过失作为被监护人的与有过失就没有正当的基础。上述原则的例外为:首先,法律存在相反的规定。其次,监护人因被监护人的死亡而就自身所遭受的损害要求赔偿(如精神损害赔偿、因悲痛而生病的治疗费用)时,才能进行过失相抵。但是,如果父亲或母亲因丧失未成年子女的劳务提供或为照顾该未成年子女而支出的医疗费用而请求赔偿的,不因另一方的过失而进行过失相抵。

第二,雇主因雇员在执行雇佣活动中的与有过失而遭受财产损害时,该雇员的与有过失可以视为雇主的与有过失,从而减轻加害人的赔偿责任。但是,在雇主遭受人身伤害时,其雇员的与有过失不得视为雇主的与有过失进行过失相抵。其原因在于:将雇员的过失视为雇主的过失从而对雇主所受到的损害赔偿进行削减的理论根据与雇主责任相同。但是,在侵权行为法中,雇主责任的价值基础是雇主必须为其雇员的过失对第三人负责,因为雇员在他的雇佣活动中是为雇主的财产利益而非人身利益服务,因此,从过失相抵的角度来看,只有雇主遭受财产损害时,用雇员的过失来对抗雇主才是正当的。[212] 然而,当雇主的生命、健康等具有比财产利益更高价值的利益受到损害时,不能将雇主与雇员等量齐观。

五、受害人特殊体质与过失相抵

(一)受害人特殊体质的含义与类型

从语言学上来说,体质被界定为"人体的健康水平和对外界的适应能力"。[213] 在体育科学上,体质是指人体的质量,是生命活动和劳动工作能力的物质基础,是在先天遗传和后天环境的影响下,在生长、发育和衰老的过程中逐渐形成的身、心两方面相对稳定的特质,包括人体的形态结构、生理功能和心理因素等综合的、相对稳定的特性。体质既反映着人体的健康水平、

---

[212] [德]克里斯蒂安·冯·巴尔:《欧洲比较侵权行为法》(下卷),张新宝译,法律出版社2002年版,第673页。

[213] 中国社会科学院语言研究所词典编辑室:《现代汉语词典》(第6版),商务印书馆2012年版,第1281页。

身体运动水平,同时也反映了人体对外界的适应能力。[214] 然而,"体质"并非医学上的术语。现代医学研究和临床治疗并不使用体质的概念,因为对医学研究或诊疗活动而言,并无意义。对医生而言,无论是先天性心脏病、过敏症,还是后天的心肌梗塞、骨质疏松,并非什么特殊体质,而仅仅是病人所患的特定疾病而已。[215]

法学并非医学或体育科学,单纯的受害人体质即便再特殊,也并非法律所需要关注的问题和研究的对象。只有在某人因侵权行为而遭受了人身损害,且该受害人的某一特殊体质对于损害后果产生了影响(与侵权行为共同造成了或扩大了损害后果时),侵权法才需要关注该受害人的特殊体质,研究是否因此而减轻赔偿责任的问题。所以,在侵权法上,受害人的特殊体质仅仅是指,在人身损害赔偿案件中,与加害人的侵权行为竞合而造成或扩大了损害后果的受害人自身具有的不同于常人的生理或心理状况。如果某人具有特殊的体质,但其遭受的人身上的不利后果并非因为侵权行为与其特殊体质竞合而造成或扩大的,而完全是其自身之特殊体质所致,显然与侵权法无关。那种仅仅因为后果严重,就据此逆推被告的行为构成侵权行为,再根据原告的特殊体质减轻被告的赔偿责任的做法,表面上看似乎公平,实则本末倒置、颠倒黑白。法律需要保护弱者(具有特殊体质之人、老人或儿童),但是,弱者在社会中生活也要承担日常的生活风险。就侵权法而言,这种日常生活的风险要么是分配给受害人,要么是分配给侵权人。例如,某学校安排学生从二楼将课桌搬运至一楼,在搬运桌子的时候学生严某右脚碰到上桌角后致下肢瘫痪。经查,该生原患有胸段脊髓血管畸形,下肢瘫痪乃外力诱发畸形血管出血所致。[216] 在该案中,学校安排学生搬运课桌也在正常的教学活动范围之内,并非侵害学生健康权的侵害行为,加之学校也不知道该生有先天性特殊体质,不适于此项活动,故此学校没有过错。在学校的行为不构成侵权行为的情况下,即便严某所受损害巨大,也不能据此逆推学校构成侵权行为。正因如此,《学生伤害事故处理办法》第 12 条第 3 项才规定,因学生有特异体质、特定疾病或者异常心理状态,学校不知道或者难于知道的,因此所造成的学生伤害事故,学校已经履行了相应的职责,行为并无不当的,学校无法律责任。

从司法实践来看,可能与侵权行为竞合而造成或扩大损害后果的受害人的特殊体质包括以下类型:其一,受害人先天性的特殊体质,即由于遗传因素决定的人的生命有机体易于感染某种疾病或者感染了某种疾病后人体的反应会异常严重的体质状况,如受害人有过敏性体质、血友病、先天性薄颅骨病、成骨不全症、先天性心脏病等。其二,受害人的后天性特殊体质,即非因遗传因素而是由于后天的各种因素导致的身体器官或者机能与正常人的不同之处,例如受害人所患的各种疾病如心脏病、高血压、糖尿病、肺癌等,或受害人因年老而出现骨质增生、骨质疏松、颈椎退行性变等,或者受害人在遭受侵权行为之前曾遭受的损害,如因遭遇车祸致大腿骨折尚未痊愈等。

(二)受害人的特殊体质可否被评价为受害人的过错

在侵权赔偿案件中,当受害人的特殊体质与加害行为结合造成了损害后果或导致了损害后果扩大时,能否将受害人特殊体质对损害后果所发生的影响认定为《民法典》第 1173 条"被

---

[214] 何仲恺:《体质概念及其与健康的关系》,载《体育科学》2002 年第 2 期。

[215] 笔者曾就该问题请教我国已故著名法学家谢怀栻先生之女、安贞医院主任医生谢英女士。在此,对谢英女士的指点表示衷心感谢!

[216] 参见严晔诉上海市浦东新区育华(集团)学校人身损害赔偿案,上海市第一中级人民法院(2005)沪一中民一(民)终字第 2063 号民事判决书。转引自孙鹏:《受害人特殊体质对侵权责任之影响》,载《法学》2012 年第 12 期。

侵权人对同一损害的发生或者扩大有过错的”情形？对此，司法实践有肯定说与否定说两种观点。

肯定说认为，受害人的特殊体质这一事实本身虽不能评价为受害人存在过错，但是，当受害人已经知道或者应当知道自己身患疾病存在特殊体质的情况下，受害人则负有避免因该特殊体质引起损害发生或致损害扩大的注意义务。[217] 例如，在受害人知道自己有心脏病的情况下，即便被告辱骂自己也要保持心情平静，而不能与被告进行争吵甚至互殴，以免心脏病发作。再如，那些患有高血压、骨质疏松症的老年人，应当尽量减少外出，以免遭受损害。如果受害人违反该注意义务，导致损害的发生或扩大，就可以认定受害人对损害的发生具有过错。例如，在一起人身伤亡赔偿案中，法院认为："被告辱骂马某某并与其争吵，在普通情况下不会导致人员死亡的严重后果，但被告与马某某的争吵致使马某某情绪激动并诱发其心脏疾病突发后最终导致马某某死亡结果的发生，被告的行为是导致马某某死亡的诱发原因，被告主观上存在过错，应承当相应的法律后果。马某某在日常生活中应对自身的身体健康情况最为了解，应避免与他人争执而产生较大情绪波动，马某某不能克制自己的行为，其与被告相互争吵时心脏疾病突发后猝死，自身身体状况是导致其死亡的主要原因，马某某自身存在重大过失，应承担主要责任。综合本案案情，马某某的死亡系多因素下产生的后果，对此次事故马某某应承担70%的责任，被告应承担30%的责任。"[218] 在另一起侵权案件中，法院认为："被告自身具有特殊体质（骨质疏松），独自一人外出，没有对自身特殊体质尽到应有的谨慎注意义务，对损害的发生也有一定过错，可以减轻侵权人的责任。综合本案发生的起因、被告的年龄及侵权行为程度，原告疏于对自身特殊体质的注意义务等情况，被告卢海英、廖华志承担60%的赔偿责任为宜。"[219]

否定说以最高人民法院第24号指导案例为代表，此说认为，即便受害人的个人体质状况对损害后果的发生具有一定的影响，但也并非《侵权责任法》第26条、《道路交通安全法》第76条等法律所规定的受害人的过错。换言之，除非受害人"对事故的发生及损害后果的造成"具有过错，否则不能将受害人的特殊体质本身单独评价为受害人对损害的发生存在过错。[220] 例如，在一个机动车交通事故责任案件中，受害人原患有心脑血管等疾病，后遭受交通事故而致脑梗阻。二审法院认为："在人身损害侵权赔偿中，由受害人分摊责任的主要法理及法律依据

---

[217] 周小峰：《特殊体质受害人损害赔偿问题研究》，载《人民司法·应用》2012年第13期。日本也有学者持此种观点，例如潮见佳男教授认为，因受害人特殊体质而类推适用过失相抵的场合，减少的赔偿额必须限定在受害人对于发现或者控制该体质存在期待可能性的场合。而基于这种理由减少赔偿额并非因为该体质的贡献本身，而是将明明能够防止体质发挥作用却没有采取恰当的措施作为受害人的过失，并因此减少赔偿。参见[日]吉村良一：《日本侵权行为法》（第4版），中国人民大学出版社2013年版，第131页，脚注2。

[218] 陈泉霖与马立涛、丁梅侠、马立国健康权纠纷案，银川市中级人民法院民事判决书（2016）宁01民终15号民事判决书。

[219] 廖柏然、廖华志、卢海英与何守群健康权纠纷案，德阳市中级人民法院（2016）川06民终836号民事判决书。

[220] 类似的判决参见中华联合财产保险股份有限公司东莞中心支公司与周义春等机动车交通事故责任纠纷上诉案，惠州市中级人民法院（2015）惠中法民四终字第15号民事判决书；中国平安财产保险股份有限公司泰州中心支公司与徐君圣、鞠智中机动车交通事故责任纠纷案，泰州市中级人民法院（2014）泰中民四终字第00483号民事判决书；郭福喜与史展、中国平安财产保险股份有限公司安阳中心支公司、史令、河南中烟工业有限责任公司安阳卷烟厂机动车交通事故责任纠纷案，鹤壁市中级人民法院（2014）鹤民终字第767号民事判决书；张建良与华安财产保险股份有限公司嘉兴中心支公司、王民机动车交通事故责任纠纷案，嘉兴市中级人民法院（2015）浙嘉民终字第448号民事判决书；中国人民财产保险股份有限公司上海市静安支公司与上海锦江汽车服务有限公司财产保险合同纠纷案，上海市第二中级人民法院（2014）沪二中民六（商）终字第173号民事判决书。

在于过失相抵原则。特殊的体质是受害者原先身体的一种状态。对这种业已形成的身体状态,从法律过错的角度看,受害者既不存在过失,也不存在故意,即不存在法律上的过错。由此特殊体质作为原因力的一部分而导致的最后损害结果,缺乏法律上的过错要件。因此,只要侵权行为确系造成损害结果的原因之一,受害者所产生的损失,就应当由侵权人进行赔偿。"[221]

本书认为,受害人的特殊体质不能被评价为受害人的过错。

首先,即便受害人的特殊体质与损害的发生或者扩大上具有因果联系,但无论是此种体质是先天具有的还是后天形成的,都只是一种客观的事实,而非是受害人的作为。故此,仅基于受害人容易遭受侵害的特殊体质这一客观事实,就直接认定受害人对损害的发生或者扩大存在过错,显然是错误的。姑且不论受害人可能自己都不知道有特殊体质而易于遭受损害,即便知道,也不能说就有过错。因为法律上不可能给人们施加不得先天遗传或后天患有疾病的义务。因此,不能将受害人的特殊体质这一客观事实看成《侵权责任法》第26条规定的受害人过错,进而适用过失相抵。

其次,过失相抵制度中的受害人过错是建立在不真正义务的前提基础上的,而不真正义务并非法律上确立的注意义务。故此,法院在界定受害人是否以其行为违反了不真正义务进而适用过失相抵时,必须仔细权衡加害人与受害人的利益而定。因为此时"一边是加害人对于适当限制其责任风险的利益,另一边则是受害人对于其行为自由不因不真正义务而被过分限制的兴趣。受害人的行为自由受到的影响越大,人们对于不真正义务的认定就要越谨慎"。[222] 那种认为有特殊体质的受害人因此负有更高的避免损害发生或防止损害扩大的义务(包括减少活动或者在社会交往中提醒对方注意自己的特殊体质)的观点,是不合理的。因为该观点既不利于保护受害人的合法权益,也会构成对有特殊体质的人(残疾人和老年人)的行为自由的不合理限制,有违人格权应受尊重和平等之原则。[223] 例如,在德国科布伦茨(Koblenz)高等法院判决的一起案件中,骑摩托车的行为人因过错而导致交通事故,摩托车上的同乘者在该事故中受伤。因该同乘者是血友病(hemophilia)患者,故此受伤后的治疗过程较之于非血友病患者而言更长,由此导致了赔偿费用的增加。加害人辩称,受害人明知自己患有血友病依然搭乘摩托车出行,故其对损害的发生具有过错,可以减轻赔偿责任。科布伦茨高等法院则认为,加害人的该抗辩不成立,理由在于:如果仅仅因为自己健康上的不利状况就不能借助依法可以使用的车辆参与公共交通,那么本案受害人的一般行为自由就会受到难以接受的限制。[224] 我国法院的一则判决也认为:"本案受害人自身健康状况不佳本来就是一个既存事实,其必须接受受害人的这一现实状况,其因侵权而伤害了一个健康状况本就不佳的人,就不能要求他再假设受害者是健康时的法律处境。从李秀芬、张晓枫、张晓波方的角度来看,受害人虽系特殊体质,但在未受到王跃进的侵害时,可以正常生活,也完全可以通过预防和保健,并谨慎行事,使其特殊体质保持隐性不发的状态。但王跃进的侵权行为客观上增加了受害人无法控制和避免的危

---

[221] 郭福喜与史展、中国平安财产保险股份有限公司安阳中心支公司、史令、河南中烟工业有限责任公司安阳卷烟厂机动车交通事故责任纠纷案,鹤壁市中级人民法院(2014)鹤民终字第767号民事判决书。

[222] Looschelders, Schuldrecht AT, Rn. 1025.

[223] 我国台湾地区学者孙森焱认为:"若被害人患有疾病,不抗加害人一击,虽属事实,惟其人格权应受尊重,在社会生活中,每个人可信赖人身法益无受不法侵犯之虞,故被害人无随时预促他人注意其身患疾病,警告勿加害不法侵害之必要。因而不能以被害人未预为告知而谓与有过失。"参见孙森焱:《民法债编总论》(上册),2012年自版,第447页。

[224] Dirk Looschelders, Schuldrecht Allgemeiner Teil, 6. Aufl. 2008, Rn. 1025.

险,以致诱发受害人的特殊体质而导致其死亡。从法律价值目标角度来看,每个公民的合法权益均应得到法律的平等保护,老弱病残幼等社会弱势群体应如同一般健康人一样受到法律相同的保障,不能因为其身体上具有缺陷或异常疾病而剥夺其与其他正常人一样参与社会活动的权利,或者使其负担较之自身特殊体质更多的注意义务,否则便是将他们排斥于社会生活大门之外,从根本上有违文明社会的理念。"[225]

尽管不得单独将受害人的特殊体质认定为受害人的过错,也不能因为受害人有特殊体质就使其负有更高的保护自己权益的注意义务,但在受害人的行为构成固有意义上的过错时,依然可以适用过失相抵。换言之,过失相抵中所谓受害人的过失,不仅包括固有意义上的过失(真正过失),也包括非固有意义上的过失(不真正过失)。无论受害人是因固有意义上的过失抑或非固有意义上的过失而对同一损害的发生或扩大具有原因力时,均可适用过失相抵。[226]例如,在一起案件中,受害人有高血压,因琐事与被告发生争执,进而互殴,后出现脑出血。经鉴定,其自身高血压为脑出血的主要因素,外伤为诱发因素,参与度为25%。一审法院认为,受害人明知自己有高血压,却没有对自身特殊体质尽到应有的谨慎注意义务,进而认定其对损害的发生具有过错。这显然是错误的。本案中受害人的过错并非在于没有对自己尽到义务,而在于其与被告因琐事发生争执后的互殴行为,即受害人具有的是固有意义上的过错即殴打被告的过错,而不是非固有意义上的过错。基于受害人的此种过错,当然也可以适用过失相抵,减轻侵权人的赔偿责任。本案二审法院注意到了固有意义上与非固有意义上的过错的区分,在判决中正确地指出:"根据我国侵权责任法第二十六条的规定,只有被侵权人对损害的发生或扩大有过错时,才可能减轻侵权人的责任。受害人的个人特殊体质对损害后果的发生虽具有一定的影响,但其特殊体质仅是加害行为造成损害后果的客观因素,并无侵权法上的因果关系,不属于侵权法等法律规定的过错,受害人不应因其特殊体质而自负相应责任。本案中,双方因琐事发生争执,先是相互辱骂,进而发生肢体接触、相互厮打,双方对损害的发生均具有一定的过错,根据事件的起因及发展过程,原审法院认定郭永年、郭亚军对牟建芬的损害后果承担50%的赔偿责任并无不当。"[227]

(三)受害人特殊体质对损害后果的影响是否为法律上的因果关系

1. 受害人特殊体质与损害后果间的因果联系属于法律上的因果关系

在受害人特殊体质与侵权行为竞合而造成或扩大了损害后果的场合,受害人的特殊体质对损害后果的因果关系能否被评价为法律上的因果关系,从而按照原因力的贡献(比例的因果关系或部分的因果关系)相应地减轻赔偿责任,理论界与实务界观点不一。

否定说以第24号指导案例为代表,认为即便受害人的特殊体质确实与侵权行为竞合造成或扩大了损害后果,在确定侵权人的赔偿范围时,也不应当加以考虑。理由在于:首先,受害人的特殊体质只是事故造成后果的客观因素或既存事实,或者说受害人的特殊体质仅是加害人行为的因果历程运作中的环境条件,并非侵权法上的因果关系。其次,我国法律并未明文规定

---

[225] 李秀芬、张晓枫等与永安财产保险股份有限公司温州中心支公司、王跃进机动车交通事故责任纠纷案,温州市中级人民法院(2014)浙温民终字第1829号民事判决书。

[226] 史尚宽:《债法总论》,中国政法大学出版社2000年版,第305页;陈聪富:《侵权违法性与损害赔偿》,台北,元照出版有限公司2008年版,第258页。

[227] 牟建芬与郭勇年、郭亚军一般人格权纠纷案,徐州市中级人民法院(2014)徐民终字第1860号民事判决书。

受害人为特殊体质时,确定加害人责任应考虑事故参与度或损伤参与度。[228] 最后,即便受害人的特殊体质与损害之间存在部分的因果关系,也不能当然因此使加害人减轻责任,因为受害人的特殊体质并不意味着违法,也不必然表明受害人有过错,让其分担责任缺乏归责依据。[229]

肯定说认为,在相关鉴定意见能否证明受害人的特殊体质对损害后果存在原因力的情况下,应当认可受害人的特殊体质与损害后果间具有法律上的因果关系,法院应当按照损伤参与度相应地减轻赔偿责任,否则难谓公平合理。[230] 就具体减少的赔偿项目,应当区分受害人人身损害中财产损失与精神损害。首先,对于人身伤亡的财产损失中的所受损害如医疗费、护理费等,不应考虑受害人的特殊体质而减轻赔偿责任。这是因为受害人虽然具有患病型体质,但并不意味着要住院治疗,而是因为加害人的侵权行为导致受害人住院治疗,故此医疗费和护理费应当全部由加害人赔偿。其次,对于作为所失利益的残疾赔偿金以及精神损害抚慰金应当考虑受害人特殊体质的原因力而相应地减轻加害人赔偿责任。这是因为,残疾赔偿金系对受害人因损害致残而丧失部分或全部劳动能力的财产赔偿,精神损害抚慰金系对受害人因侵权遭受的精神损害给予的财产赔偿,受害人因其特殊体质的原因力而影响了伤残等级及相应的精神损害程度,故应当考虑受害人原有的体质。[231] 例如,在一起交通事故赔偿纠纷案中,受害人在事故发生前就患有骨质疏松症,因交通事故导致其多发性骨折及寰枢关节半脱位并不得不住院治疗。法院认为:骨质疏松症并非必须住院治疗,而是本次交通事故的直接撞击造成原告多发性骨折及寰枢关节半脱位并导致原告直接住院治疗,骨质疏松症只是加强了多发性骨折的伤残等级级别,因此,原告的残疾赔偿金、精神损害抚慰金需计算参与度,而对于治疗该伤情所花费的医疗费以及产生的护理费等其他赔偿项目则无需计算参与度。[232]

2. 应当在区分因果关系类型的基础上确定能否以及如何减轻赔偿责任

依据平等对待的原则也即"镜像原则"(the mirror principle),既然侵权法在确定单个或数个加害人是否需要承担以及如何承担损害赔偿责任时,要考虑因果关系、过错以及各加害行为

---

〔228〕 相关判决参见汪禄剑与中华联合财产保险股份有限公司杭州中心支公司、程小国等机动车交通事故责任纠纷案,杭州市中级人民法院(2014)浙杭民终字第 1890 号民事判决书;汪利华与华安财产保险股份有限公司铜陵中心支公司、朱鸿林等机动车交通事故责任纠纷上诉案,铜陵市中级人民法院(2015)铜中民一终字第 00184 号民事判决书;中国人民财产保险股份有限公司上海市静安支公司与上海锦江汽车服务有限公司财产保险合同纠纷案,上海市第二中级人民法院(2014)沪二中民六(商)终字第 173 号民事判决书;王圣德、王林仙等与中国大地财产保险股份有限公司嘉兴中心支公司、张辉等机动车交通事故责任纠纷案,嘉兴市中级人民法院(2014)浙嘉民终字第 515 号民事判决书。

〔229〕 孙鹏:《受害人特殊体质对侵权责任之影响》,载《法学》2012 年第 12 期。

〔230〕 张伟伟诉葛万军等机动车交通事故责任纠纷案,北京市第二中级人民法院(2016)京 02 民终 6675 号民事判决书;王桂忠、王丽丽等与刘某、刘红生命权、健康权、身体权纠纷案,宿州市中级人民法院(2016)皖 13 民终 386 号民事判决书;王江等与高怀友等机动车交通事故责任纠纷上诉案,上海市第二中级人民法院(2015)沪二中民一(民)终字第 55 号民事判决书;秦玉兰与成俊伟等机动车交通事故责任纠纷上诉案,南昌市中级人民法院(2014)洪民一终字第 273 号民事判决书;张锦石与长安责任保险股份有限公司南通市中心支公司、董金华机动车交通事故责任纠纷上诉案,南通市中级人民法院(2014)通中民终字第 1907 号民事判决书;王守进与山东省立医院医疗损害责任纠纷案,山东省高级人民法院(2016)鲁民申 975 号民事裁定书;翟笃佩与中国人寿财产保险股份有限公司芜湖市中心支公司、袁心义等机动车交通事故责任纠纷案,芜湖市中级人民法院(2015)芜中民一终字第 01052 号民事判决书。

〔231〕 翟笃佩与中国人寿财产保险股份有限公司芜湖市中心支公司、袁心义等机动车交通事故责任纠纷案,芜湖市中级人民法院(2015)芜中民一终字第 01052 号民事判决书。

〔232〕 中国人民财产保险股份有限公司厦门市分公司与许秀霞、厦门永茂盛物流有限公司、中国人民财产保险股份有限公司厦门市开发区支公司机动车交通事故责任纠纷案,泉州市中级人民法院(2014)泉民终字第 940 号民事判决书。

的原因等要件,[233]那么当加害人与受害人的角色反转时,受害人的行为或危险源被审查时,可能导致一方对具有法律相关性的损害承担责任的任何事由也应当可以(全部或部分地)减轻责任。[234] 因此,当受害人的特殊体质对于损害后果的发生或者扩大具有原因力时,简单地以受害人的特殊体质只是既存事实或法律没有规定而一律不减轻侵权人的赔偿责任,显然有违民法之公平原则。至于有的学者认为,应放弃因果关系这一技术性枷锁而直接基于案件事实,综合逻辑、一般共同观念、正义以及政策等来考量对受害人特殊体质能否减轻赔偿责任的问题,也难以令人赞同。事实上,正如这些学者本身也承认的那样,这并非就是单纯的事实判断,而是基于法律政策之考量和法律价值之判断。因此,从因果关系出发考虑受害人特殊体质能否减轻赔偿责任的问题,并不意味着脱离了价值判断和政策考量。尽管"公共政策是侵权法的隐藏说服者",但是,侵权责任法无论是在确定侵权责任的成立与承担,还是在决定侵权责任的减轻或免除时,都不能放弃过错、因果关系这些技术性手段而直接进行价值判断或政策考量。否则,裁判结果的可预期性和法律适用的统一性将变得极不确定。因此,在因果关系尤其是责任范围的因果关系(普通法上称为法律因果关系)可以作为政策考虑和价值判断的技术工具的情况下,加之不能将受害人的特殊体质评价为受害人对损害发生的过错,仍应坚持从因果关系的角度出发解决受害人的特殊体质能否减轻赔偿责任的问题。

在受害人特殊体质对损害后果发生影响的场合,因果关系呈现的是复数形态,即导致损害后果的原因有两个,一是加害人的侵权行为,二是受害人的特殊体质。这两个原因与损害后果之间的因果关系属于复数的因果关系。所谓复数因果关系,是指多个原因与结果存在关联的情形,即多因一果(多个原因相互结合造成一个)与多因多果(多个原因造成多个损害结果)。复数因果关系的类型包括:共同的因果关系、竞合的因果关系、累积的因果关系、修补的因果关系、择一的因果关系和假设的因果关系。[235] 从实践来看,受害人遭受人身伤害时,其特殊体质与损害后果之间的因果关系类型大致有以下三类:

(1)受害人的特殊体质并未实际影响受害人的健康状况,但是在加害人的侵权行为产生后,该侵权行为与受害人的特殊体质相互作用而造成了特定的损害后果。申言之,受害人虽然有某种特殊的体质,但该特殊体质本身尚未使得受害人受到伤害或者说使受害人身体状况处于恶化的过程中。然而,在加害人的侵权行为出现后,该行为与受害人特殊体质相互结合导致了某一损害后果的发生。这属于复数因果关系中的"共同因果关系"(Gemeinsame Kausalitäten),也称"结合的因果关系"或"部分的因果关系",即单独任何一原因的发生或存在都不足以给受害人造成同一损害,而只有多个原因同时发生,相互结合后才能造成损害。换句话说,如果没有加害人的侵权行为,或者受害人不具有该种特殊体质,都不会造成损害。例如,在一起饲养动物致害案件中,受害人陈某为被告所雇的驾驶员,欲装运蜜蜂至某地。在蜂箱装车时,因蜂箱门未关闭,蜜蜂呈散飞状态,装车人员佩戴了头罩等防护器具,而受害人陈某并未佩戴,而是

---

[233] 最典型之规定如我国《侵权责任法》第 11、12、13 条。依据这几条的规定,数人分别实施侵权行为时,各个加害行为与损害后果之间的原因力不仅决定了各个侵权人之间究竟承担连带责任还是按份责任,而且决定了各个侵权人之间的责任分摊比例。我国民法学多数说也认为,在多个原因导致损害时,应当根据各个原因对同一损害后果之发生所起作用之大小来确定其责任。参见张新宝、明俊:《侵权法上的原因力理论研究》,载《中国法学》2005 年第 2 期;杨立新、梁清:《原因力的因果关系理论基础及其具体应用》,载《法学家》2006 年第 6 期。

[234] [德]克里斯蒂安·冯·巴尔、[英]埃里克·克莱夫主编:《欧洲私法的原则、定义与示范规则:欧洲示范民法典草案》(全译本)(第 5、6、7 卷),王文胜等译,法律出版社 2014 年版,第 33 页。

[235] 程啸:《侵权责任法》(第 2 版),法律出版社 2015 年版,第 238 页以下。

靠坐在货车正驾驶位。由于陈某未将驾驶室车窗玻璃完全关闭,结果一只蜜蜂进入驾驶室蜇伤了其左面颊部,当即致陈某呕吐、昏迷,经抢救无效死亡。法医鉴定的结论是,陈某为过敏性体质,因其对蜂毒严重过敏而导致了死亡。[236] 本案就属于受害人特殊体质与加害行为共同结合导致受害人死亡这一后果的情形。因为就绝大部分正常体质的人而言,被蜜蜂蜇伤后,蜜蜂的毒素虽也会对人体造成一定的损害,但是仅仅一只蜜蜂的毒素对绝大部分正常体质的人而言根本不足以致命,而受害人陈某正因为自身体质对蜂毒过敏才导致了死亡这一如此严重的损害后果。反之,如果没有被告的蜜蜂的叮蜇,即便受害人有这种过敏性体质,也不会导致受害人死亡。再如,被告因与物业公司发生纠纷,而辱骂该公司的马某某并与其争吵。受害人马某某因心脏病发作死亡。经查,马某某死亡原因系心源性猝死。本案中,被告虽然辱骂马某某并与其争吵,但是,该行为在普通情况下不会导致被骂之人死亡的后果,然而由于受害人马某某本身存在心脏病,因此,被告与马某某的争吵致使马某某情绪激动并诱发其心脏疾病突发,最终导致了马某某死亡结果的发生。[237]

在受害人特殊体质与损害后果的此种因果关系类型中,加害行为与受害人的权益被侵害存在因果关系并无疑义。问题是,加害人是否要就原本对普通人不会造成的如此严重的损害后果承担全部的赔偿责任? 司法实践中有不少法院认为:"赔偿义务人以受害人所遭受的损害系其自身特殊体质诱发为由进行抗辩的,一般不予支持,但损害后果超出正常情形下可预期范围且侵权人不存在故意或者重大过失的,可综合考量侵权人过错程度、侵害的手段与行为方式等具体情节、侵权行为通常所可能造成的后果与实际损害后果之间的差距、侵权人承担责任的经济能力等因素适当减轻赔偿义务人的责任。"[238] 笔者认为,在本类型的因果关系中,虽然受害人的体质非常特殊且是导致损害的决定性原因,但是不能减轻侵权人赔偿责任。首先,生命权乃绝对权,权利人之外的所有人均负有不得侵害他人生命权的绝对义务。而侵权法以赔偿功能为最基本之功能。"损害多少,赔偿多少",至于损害的方式或损害的后果是否超出意料,均不影响侵权赔偿责任的承担。"天底下没有相同的两片树叶",每个自然人的生理状况和心理状况各不相同,加害人无权挑剔其侵害的受害人。无论侵权人主观上的可非难程度如何,是故意还是过失,是重大过失还是一般过失,均不应影响损害赔偿的范围与数额。[239] 即便侵权人仅具有最轻微的过失,但造成了严重的损害,其也要就该损害承担全部的赔偿责任。"在法律上,不能考虑所谓损害之大实出预料之类的答辩,因为这对于所有错误行为无不如此。"[240] 其次,如前所述,受害人无论是否知悉自身的特殊体质,均不足以使其负有限制行为自由或促使侵权人注意的义务。因此,不能仅仅以受害人是否知悉其特殊体质进而采取相应的防范措施

---

[236] 赵守余与林同乐等饲养动物损害责任、提供劳务者受害责任纠纷案,合肥市中级人民法院(2014)合民一终字第00571号民事判决书。

[237] 陈泉霖与马立涛、丁梅侠、马立国健康权纠纷案,银川市中级人民法院(2016)宁01民终15号民事判决书。

[238] 朱九珠、胡良友等与中国人民财产保险股份有限公司建德支公司、建德市新安江长运有限公司机动车交通事故责任纠纷案,杭州市中级人民法院(2015)浙杭民终字第1012号民事判决书。采取相关观点的判决还有:张建良与华安财产保险股份有限公司嘉兴中心支公司、王民机动车交通事故责任纠纷案,嘉兴市中级人民法院(2015)浙嘉民终字第448号民事判决书;楼水珍、楼宇光等与中国人寿财产保险股份有限公司诸暨市支公司、金章根道路交通事故人身损害赔偿纠纷案,绍兴市中级人民法院(2014)浙绍民终字第396号民事判决书。

[239] 在受害人特殊体质与侵权行为竞合造成损害的案件中,认为应考虑加害人主观上是故意还是过失,是重大过失还是一般过失而区别决定是否减轻赔偿责任的观点,违反了作为侵权法基本功能的补偿功能和损害赔偿法的完全赔偿原则,其实质是将惩罚看作是侵权法的基本功能之一。

[240] [新西兰]瓦莱里·安·彭林顿:《香港的法律》,毛华等译,上海翻译公司1985年版,第164页。

来作为减轻侵权人赔偿责任的正当理由。最后,如果是因为加害人没有赔偿能力而相应地减少侵权人的赔偿责任,则属于法官基于公平原则所谓的损害赔偿酌减,并非因为受害人特殊体质对损害的原因力而减轻赔偿责任,二者并非同一回事。当然,就前述蜜蜂蜇人案而言,需要注意的是,受害人其实对损害的发生是存在过错的。因为受害人明知在装运蜜蜂的时候,因蜂箱门未关闭,蜜蜂呈散飞状态,而装车人员均佩戴了头罩等防护器具,但受害人不仅没有佩戴防护器具且未将驾驶室的车窗完全闭合,因此,其对损害的发生具有一定的过错,可以减轻侵权人的赔偿责任。

(2)受害人的特殊体质在侵权行为出现前并未使其处于健康恶化的境地,因侵权行为的发生导致受害人遭受了更为严重的损害后果。这种因果关系也属于复数因果关系中的共同因果关系,但其与前一类因果关系不同之处在于:即便没有受害人的特殊体质,侵权行为也会给受害人造成损害,只是比受害人没有该特殊体质时较轻。也就是说,受害人的特殊体质不是与侵权行为结合造成了损害后果,而是在侵权行为发生后扩大了损害后果。第 24 号指导案例就属于此种类型。在该案中,被告驾驶的机动车撞击了受害人荣宝英,致其受伤。显然,无论受害人体质如何,机动车的撞击都会给受害人造成人身伤害,但由于第 24 号指导案例中的受害人具有骨质疏松这一特殊体质,故侵权行为与特殊体质结合的后果比受害人没有骨质疏松这一特殊体质时更加严重——致受害人左桡骨远端骨折的伤残。再如,受害人在遭受交通事故之前,已因"腰椎间盘突出症伴椎管狭窄症"进行了手术治疗,现因交通事故而致左侧腰骶部段神经根损害。[241]

在受害人的特殊体质尚未使受害人处于健康恶化的境地,而因加害人的侵权行为导致受害人遭受了比正常体质之人更严重的损害后果的因果关系类型中,笔者赞同司法实践中有些法院区分受害人所受损害类型分别判断是否减轻赔偿责任的处理方法。依据《民法典》第 1179 条规定,"侵害他人造成人身损害的,应当赔偿医疗费、护理费、交通费等为治疗和康复支出的合理费用,以及因误工减少的收入。造成残疾的,还应当赔偿辅助器具费和残疾赔偿金;造成死亡的,还应当赔偿丧葬费和死亡赔偿金"。首先,就医疗费、护理费、交通费等为治疗和康复支出的合理费,受害人的特殊体质并不减轻加害人的赔偿责任。这是因为倘若没有诉争侵权行为的出现,尽管受害人有特殊体质,尚无须为治疗该特殊体质而支付费用或者说可以少付出费用。也就是说,这种体质,在无外力及疾病情况下,一般不会发生病变,只会出现衰老。而外力的作用致残是唯一原因,自然不应考虑体质的参与度。现在由于侵权行为的发生导致了这些费用的支出,因此,侵权行为与这些损害之间存在责任范围的因果关系,侵权人应当予以赔偿。但是,就残疾赔偿金而言,需要考虑受害人特殊体质是否实际上已经降低了受害人的劳动能力,如果没有,该赔偿金部分也不应当减轻侵权人的赔偿责任。如果受害人在侵权行为发生前,已因自身的特殊体质而减少甚至丧失了劳动能力,则应当减轻侵权赔偿责任。至于死亡赔偿金,除非加害人能够证明即便没有自己的侵权行为,受害人也会很快死于自身的特殊体质,否则不能减轻赔偿责任。

(3)在侵权行为发生前,所谓特殊体质已使受害人处于健康状况恶化的境地,而侵权行为的出现只是使受害人的健康状况更加恶化或提前实现了受害人无可避免的损害后果而已。这种因果关系类型属于所谓的假设因果关系(hypothektische Kausalität),即损害已因某一加害人

---

[241]　张伟伟诉葛万军等机动车交通事故责任纠纷案,北京市第二中级人民法院(2016)京 02 民终 6675 号民事判决书。

之行为而发生了,即便该加害行为不存在,损害的全部或一部也会因为另外一个与加害人无关的原因而发生。[242] 在假设的因果关系中,真正存在两个与损害有关的原因:一个是实际引发损害的加害行为(如交通事故、殴打他人等侵权行为),即"真正原因";另一个是并未实际发生,但如果真的发生也能造成同一损害的原因(如受害人已患有严重的疾病甚至是不治之症等特殊体质),即"假设原因"或"保留原因"(Reserverursache)。例如,受害人肖某在发生交通事故之前已经有肺癌且出现了肺癌转移,后发生了交通事故而死亡。经鉴定,交通事故导致的是受害人的头部外伤、左侧锁骨骨折、挫伤,伤势不严重,均非致命伤。而受害人死亡的主要原因系右肺周围型肺癌并转移,直接死因系呼吸衰竭。交通事故所导致的上述外伤一般情况下不会导致其呼吸衰竭,其呼吸衰竭主要为自身疾病右肺肺癌并转移所致,但由于交通事故造成的外伤导致了受害人抵抗疾病的能力下降,成为其死亡的诱发因素。[243] 再如,受害人田某因脑出血在医院就诊,医院已下发《病人病危告知书》。在治疗无望后,家属将病人从医院转送回家,路上发生了交通事故。《疾病死亡证明书》上记载的死亡原因为"病人因脑出血,由附一院转回途中,因车祸导致病情加重恶化而死亡"。[244] 显然上述两个案件中,受害人已身患重病,死亡乃不可避免的结果,只是由于交通事故这一侵权行为的出现而提前导致了受害人的死亡。这两个案件中受害人的特殊体质与最高人民法院第 24 号指导案例中受害人的特殊体质存在差别。第 24 号指导案例中受害人荣宝英所患有的骨质疏松虽然也是一种特殊体质,但该体质在没有他人的侵权行为的情况下,不会直接使受害人需要到医院治疗并支付相应费用。侵权人王阳所引起的交通事故是导致受害人荣宝英致残的唯一原因,故此法院不考虑受害人的特殊体质而减轻赔偿责任。但是,在上述两个案例中,受害人的特殊体质是已经非常严重的疾病,该体质表明受害人的健康已经处于恶化的状态,对于受害人的不利后果已经发挥了原因力。此时,在确定侵权人的赔偿责任范围时,就不能不考虑受害人的特殊体质了。事实上,我国有的法院已经注意到这种因果关系类型与前文所列的第二种因果关系类型的区分,这些法院是通过区分受害人的并未发病的体质状况和受害人患有严重疾病这种方式来区分二者的。例如,在一则判决中,安徽省安庆市中级人民法院认为:最高人民法院第 24 号指导案例"适用的前提是:(一)受害人无过错。在受害人有过错的情况下,其本身的过错及疾病与侵权人的过错结合导致受害人伤残,也就是受害人本身的过错及体质是其致残的原因之一,赔偿时不考虑受害人的过错及体质而仅考虑加害人的过错,显然对加害人不公。(二)不考虑受害人体质状况。所举案例身体状况为老年人常见的骨质疏松,这应当是老年人体质的常见情况。这种体质,在无外力及疾病情况下,一般不会发生病变,只会出现衰老。而外力的作用致残,是唯一原因,自然不应考虑体质的参与度。而本案中,陈劲松有颈椎病且非常严重,陈劲松的伤残是双方当事人的过错以及陈劲松原有疾病共同原因力所致,且陈劲松的病情已非常严重。所举案例的裁判要点是'交通事故的受害人没有过错,其体质状况对损害后果的影响不属于可以减轻侵权人责任的法定情形',其强调的是体质状况而非疾病等身体状况。本案中,陈劲松是患病,而该疾病对陈劲松伤残有因果关系。因此,本案不应参照所举判例不减轻侵权人责任,而应依据疾病参与

---

[242] Dirk Looschelders, Schuldrecht Allgemeiner Teil, 6. Aufl. 2008, Rn. 910.

[243] 肖华英、肖雪明等与钟斌、中国人民财产保险股份有限公司泰和支公司机动车交通事故责任纠纷案,吉安市中级人民法院(2015)吉中民一终字第 526 号民事判决书。

[244] 中国人寿财产保险股份有限公司岳阳中心支公司与田伯良等道路交通事故人身损害赔偿纠纷案,岳阳市中级人民法院(2010)岳中民三终字第 180 号民事判决书。

度对残疾赔偿金予以适当减少”。[245]

假设因果关系不涉及侵权责任的成立，而只涉及侵权责任的承担问题。对于假设因果关系中，能否因受害人的特殊体质这一“保留原因”而减轻侵权人的赔偿责任，比较法上有不同的观点。在1982年英国的“Jobling v. Associated Dairies”案中，原告因被告违反法定义务而遭受背部的伤害，因此降低了劳动能力。3年后，原告发现自己患上了一种脊髓疾病，而该病必然要导致原告残疾。英国上议院认为，被告无须对这种疾病出现以后的时间内原告收入的减少负赔偿责任。因为没有任何政策理由要求被告一定要保障原告不出现任何疾病，无论这种疾病是在法院审理前造成了原告的残疾，或者使其不得不上医院。[246] Hart与Honore教授认为，回答这样的问题，关键在于如何对被告所剥夺的受害人的财产或者机会进行经济价值上的评估。此时应当区分资本财产（capital assets）和创收财产（income-producing assets）两个概念。房屋是一个资本资产，假设A引起的火没有在周一将房屋烧毁，从理论上说，房屋的主人B就有可能在周二洪水将它冲毁之前加以出售。人体是一种创收财产，它不能被出售，但是可能通过使用技术而在一定时间内赚取金钱。如果某人在1月由于A的过失而受伤害，其赚钱能力永久性降低，此后2月，他又被B的独立行为致残，那么就A的行为结果而言，通常会说，被害人只是失去了这个介入月份内他本来能够赚得的钱数。他的身体机能与一座房屋不同，不可能在一个月实现身体的全部价值。[247] 德国民法学通说认为，就假设的因果关系应当区分不同的情形：首先，区分受害人的所受损害与所失利益。如果受害人的物遭受损失，在计算所受损害时不考虑假设原因，因为侵害一经发生，损害赔偿请求权就成立了，嗣后的假设原因并不产生消灭债务的效力。反之，在计算受害人所失利益时，应当考虑假设原因减轻赔偿责任。其次，区分受害人的损害是否具有持续性或长期性。如果假设原因涉及的是由真实原因产生的已经结束的损害，那么就不需要考虑假设原因。但如果假设原因造成的损害需要随着时间的推移才逐渐发生，就应当考虑该假设原因。最后，区分损害发生的假设原因是否已经存在且是否会在短期内必然引起相同的后果。如果是，则也要考虑假设原因。例如，受害人已病入膏肓，不久将死去，但受害人因遭受了第三人的侵权行为而死亡。[248] 此时，应当减轻侵权人的赔偿责任。

笔者认为，在假设因果关系的类型中，应当考虑受害人的特殊体质这一保留原因而减轻侵权人的赔偿责任。具体来说：首先，就医疗费而言，侵权人只需要赔偿因其侵权行为而给受害人增加或者扩大的医疗费。至于此前受害人因特殊体质已住院治疗，其为治疗自身疾病而支出的医疗费与加害人的侵权行为不存在因果关系，侵权人对该部分医疗费不应承担赔偿责任。其次，对于残疾赔偿金和死亡赔偿金，由于存在假设原因，故此不能要求侵权人承担全部的赔偿责任，而是应当考虑受害人特殊体质对损害结果原因力的比例，相应地减轻侵权人的赔偿责任。例如，前述案例中受害人田某因脑出血而病危，也就是说，田某的生命已经无可挽回，其死亡是无可避免的。在这种情况下，可以参照法医鉴定的损伤参与度而相应地减少侵权人向受害人近亲属所承担的死亡赔偿金的数额。

（四）医疗损害纠纷中受害人的特殊体质与损害赔偿责任

除了医疗损害责任，其他的侵权赔偿责任中，受害人特殊体质能否导致侵权赔偿责任的减

---

〔245〕 陈劲松与欧阳明机动车交通事故责任纠纷案，安庆市中级人民法院（2015）宜民一终字第00980号民事判决书。

〔246〕 ［美］哈特、奥诺尔：《法律中的因果关系》，张绍谦、孙战国译，中国政法大学出版社2005年版，第223～224页。

〔247〕 ［美］哈特、奥诺尔：《法律中的因果关系》，张绍谦、孙战国译，中国政法大学出版社2005年版，第221页以下。

〔248〕 陈哲宏：《假设因果关系与损害赔偿》，台湾大学法律学研究所1984年硕士论文，第22页以下。

轻均可适用上文提及的规则。之所以在受害人的特殊体质能否减轻赔偿责任的问题上,医疗损害责任不同于机动车交通事故或者其他侵权责任是因为,除了个别诊疗活动(如医疗美容、注射疫苗或者孕前检查等),绝大部分诊疗活动的对象都是患有疾病的人。医疗机构及其医务人员从事的诊疗活动就是要通过医学技术手段对病人进行诊断和治疗,从而干预或改变病人的健康状况。因此,诊疗活动与受害人特殊体质存在极为密切的因果联系。患者自身的疾病在某种程度上会对诊疗效果及医疗损害的严重程度产生至关重要的影响。[249] 而医疗损害往往都是患者自身的特殊体质与医疗机构及其医务人员的过失诊疗行为相互结合而产生的。

因此,医疗损害纠纷中,就受害人的特殊体质与侵权赔偿责任的关系问题,应当注意以下两点:首先,如果医疗机构及其医务人员不存在过错,则通常患者的死亡或者其他人身损害后果就完全是由于受害人既有的特殊体质所致。此时,不存在医疗机构的侵权行为,医疗机构不承担责任。其次,在确定医疗机构损害赔偿责任时,必须考虑受害人的特殊体质对损害的原因力。换言之,医疗机构或者医务人员的过失诊疗活动通常只是增加了患者遭受损害的概率,或者说是减少了患者存活或治愈的概率。当然,这种存活或治愈概率的减少本身也是一种损害。

[249]　王守进与山东省立医院医疗损害责任纠纷案,山东省高级人民法院(2016)鲁民申975号民事裁定书。

文献阅读

第二十九章　财产损害赔偿

本章重点

财产损害赔偿的范围与计算方法是实践中最容易发生争议的问题。为此,《民法典》侵权责任编第二章"损害赔偿"对侵害人身权益的财产损害赔偿的范围、侵害财产的损害赔偿的计算方法作出了详细的规定。本章对侵害人身权益以及财产的损害赔偿范围和计算方法等问题进行分析研究。

第一节　概　　述

一、财产损害赔偿的含义与类型

财产损害赔偿,是指侵害他人民事权益并造成财产损失时,侵权人应当向被侵权人承担的损害赔偿责任。依据被侵害的民事权益的类型,财产损害赔偿可被分为两类(参见图 29.1.1):侵害人身权益的财产损害赔偿与侵害财产权益的财产损害赔偿。侵害人身权益的财产损害赔偿又可进一步分为:人身伤亡的财产损害赔偿,即侵害他人的生命权、身体权、健康权造成财产损失的赔偿责任;侵害其他人身权益的财产损害赔偿,即侵害他人生命权、身体权、健康权之外的其他人格权益、身份权益而造成财产利益损失时的赔偿责任。

《民法典》第 1179 ~1181 条规范的是人身伤亡的财产损害赔偿,第 1182 条规范的是侵害其他人身权益的财产损害赔偿,而第 1184 条规范的是侵害财产权益的财产损害赔偿。

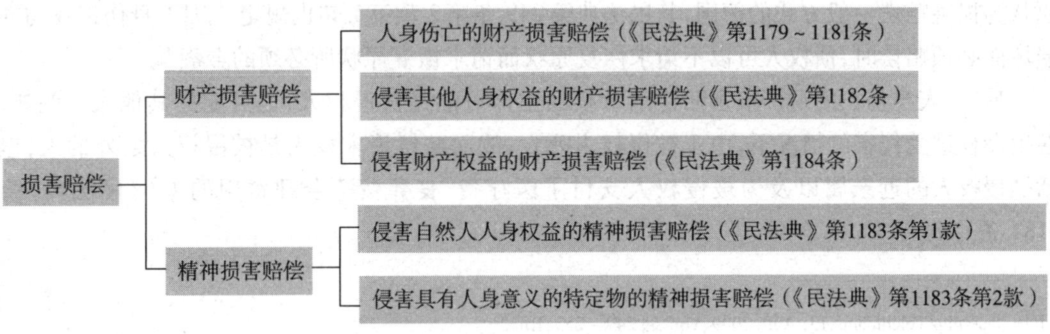

图 29.1.1　《民法典》中的损害赔偿类型

二、财产损害赔偿的性质与原则

无论何种民事权益遭受侵害,财产损害赔偿都只是用来填补被侵权人因侵权行为所遭受的经济利益或财产利益的损失。即便在被侵权人因侵权行为而死亡的场合,财产损害赔偿从来也不可能是对逝去的生命之补偿。因为,任何金钱都不可能体现生命本身的“价值”或“价格”,对于死者也无法“恢复原状”。此时之财产损害赔偿,只是对被侵权人的近亲属所遭受的经济利益上损失的填补。故此,在财产损害赔偿领域,无论是“同命同价”的诉求,还是“同命不同价”的批评,都是不正确的。

财产损害赔偿应遵循“完全赔偿原则”(das Prinzip der Totalreparation)。[1] 侵权人须就被侵权人遭受的全部经济利益之损失,负赔偿义务。一方面,财产损害赔偿以填补被侵权人经济利益损失为目的,损失的范围决定了赔偿的范围。故此,“对赔偿受到的损害而必须给予的赔偿金,应当按照损害(本身)的价值来计算,(行为人的)过错的严重程度对这种赔偿金的数额不能产生任何影响”。[2] 另一方面,现实生活中,被侵权人的职业、收入、教育背景、人生规划、社会地位等因素千差万别,即便是相同的民事权益受到侵害,就不同的被侵权人而言,所遭受的财产损害也不相同,因此赔偿的数额也有差异。

第二节 人身伤亡的财产损害赔偿

一、人身伤亡的财产损害赔偿的特征

首先,被侵权人的生命权、健康权或身体权遭受不法侵害后,既会产生各种财产上的损失,如医疗费、护理费、交通费、残疾赔偿金、丧葬费、死亡赔偿金等;也会产生精神利益上的损失,如被侵权人因身体残疾而遭受的精神痛苦;近亲属因被侵权人死亡而生之悲痛。其中,财产损害赔偿用于弥补被侵权人或其近亲属的财产利益损失,而精神损害赔偿用于填补与抚慰被侵权人或其近亲属的精神痛苦。

其次,人身伤亡的财产损害赔偿之方式为**金钱赔偿**,而非恢复原状。一方面,受害人的生命权被侵害时,人死不能复生,无法恢复原状;另一方面,即便只是健康权或身体权遭受侵害而致伤残,法律上也不应强制其与侵权人共同经历身体康复这一过程。[3] 故此,即便是在以恢复原状为损害赔偿一般方式的德国,其民法典第249条第2款第1句也规定,“因人身伤害或物的损坏而必须赔偿时,债权人可以不请求恢复原状而请求恢复原状所必须的金额”。

最后,人身伤亡的财产损害赔偿请求权的主体可能是被侵权人,也可能是其他人。例如,在生命权遭受侵害的情况下,由于被侵权人死亡,故而赔偿请求权人是被侵权人之外的人,包括被侵权人的近亲属以及为被侵权人支付了医疗费、丧葬费等合理费用的人(《民法典》第1181条)。

---

〔1〕 Jauernig/Teichmann, 13. Aufl. 2009, vor §§ 249 – 253, Rn. 2.

〔2〕 法国最高法院第二民事庭1964年5月8日判例,转引自罗结珍译:《法国民法典》(下册),法律出版社2005年版,第1092页。

〔3〕 Brox/Walker, Allgemeines Schuldrecht, 31. Aufl. 2006, S. 355.

二、人身伤亡的财产损害的赔偿范围

(一)概述

《侵权责任法》第20条规定,“侵害他人人身权益造成财产损失的,按照被侵权人因此受到的损失赔偿”。同时,该法第16条对人身伤亡的财产损失赔偿范围作出了以下规定:首先,只要侵权人侵害他人造成人身损害的,就应当赔偿医疗费、护理费、交通费等为治疗和康复支出的合理费用以及因误工减少的收入(第1句)。其次,如果侵权行为造成受害人残疾的,侵权人还应当承担残疾生活辅助具费和残疾赔偿金的赔偿责任(第2句)。最后,造成受害人死亡的,还应当赔偿丧葬费和死亡赔偿金(第3句)。

《民法典》第1179条延续了《侵权责任法》第16条的规定,但作了两处修改完善:其一,在列举为治疗和康复支出的合理费用时,增加了“营养费”与“住院伙食补助费”;其二,将“残疾生活辅助具费”修改为“辅助器具费”。依据《民法典》第1179条,人身伤亡的财产损害赔偿可以分为两大类(参见图29.2.1):

1. 所受损害,也称“积极损失”,即被侵权人因人身损害而支出的各种合理费用,包括医疗费、护理费、交通费、营养费、住院伙食补助费等为治疗和康复支出的合理费用,以及被侵权人残疾时的辅助器具费和被侵权人死亡时的丧葬费。

2. 所失利益,也称“消极损害”,即被侵权人因人身损害而丧失的预期收入,包括因误工减少的收入以及残疾赔偿金、死亡赔偿金。

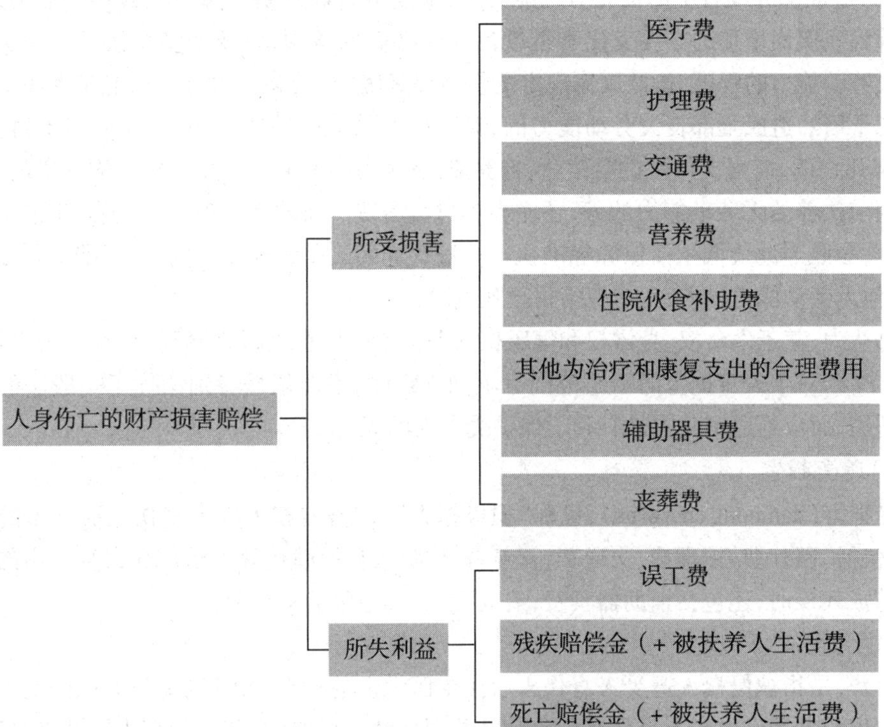

图29.2.1　人身损害的财产损害赔偿范围

我国《民法典》侵权责任编之所以在第二章“损害赔偿”中首先对人身损害的财产损失赔偿范围作出规定,是因为:一方面,人身损害即自然人的生命权、身体权和健康权被侵害,也称人身伤亡。生命权、身体权和健康权是自然人最基本的,也是最重要的人格权,应当受到严格的保护。故此,在侵权责任编的损害赔偿一章中首先对人身损害的财产损失的赔偿作出规定,凸显了我国《民法典》以人为本的立法思想。另一方面,司法实践中人身损害的财产损失赔偿案件最为常见,产生的争议也最多,《民法典》作为民商事领域的基本法应当对此作出详细的规定。当然,《民法典》不可能对于每一类损害如何计算都作出具体的规定,只能交由其他的法律或者司法实践中具体规定去解决。

除了《民法典》之外,我国其他的一些法律也对人身损害的赔偿问题作出了规定,例如,《消费者权益保护法》第 49 条规定:"经营者提供商品或者服务,造成消费者或者其他受害人人身伤害的,应当赔偿医疗费、护理费、交通费等为治疗和康复支出的合理费用,以及因误工减少的收入。造成残疾的,还应当赔偿残疾生活辅助具费和残疾赔偿金。造成死亡的,还应当赔偿丧葬费和死亡赔偿金。"《产品质量法》第 44 条第 1 款规定:"因产品存在缺陷造成受害人人身伤害的,侵害人应当赔偿医疗费、治疗期间的护理费、因误工减少的收入等费用;造成残疾的,还应当支付残疾者生活自助具费、生活补助费、残疾赔偿金以及由其扶养的人所必需的生活费等费用;造成受害人死亡的,并应当支付丧葬费、死亡赔偿金以及由死者生前扶养的人所必需的生活费等费用。"《国家赔偿法》第 34 条规定:"侵犯公民生命健康权的,赔偿金按照下列规定计算:(一)造成身体伤害的,应当支付医疗费、护理费,以及赔偿因误工减少的收入。减少的收入每日的赔偿金按照国家上年度职工日平均工资计算,最高额为国家上年度职工年平均工资的五倍;(二)造成部分或者全部丧失劳动能力的,应当支付医疗费、护理费、残疾生活辅助具费、康复费等因残疾而增加的必要支出和继续治疗所必需的费用,以及残疾赔偿金。残疾赔偿金根据丧失劳动能力的程度,按照国家规定的伤残等级确定,最高不超过国家上年度职工年平均工资的二十倍。造成全部丧失劳动能力的,对其扶养的无劳动能力的人,还应当支付生活费;(三)造成死亡的,应当支付死亡赔偿金、丧葬费,总额为国家上年度职工年平均工资的二十倍。对死者生前扶养的无劳动能力的人,还应当支付生活费。前款第二项、第三项规定的生活费的发放标准,参照当地最低生活保障标准执行。被扶养的人是未成年人的,生活费给付至十八周岁止;其他无劳动能力的人,生活费给付至死亡时止。"

本书认为,基于生命权、身体权和健康权的保护不得任意克减之原则,在其他法律与《民法典》第 1179 条对于人身损害的赔偿范围有不同规定时,不能依据特别法优于一般法的原则选择法律适用,而应当适用其中最有利于保护受害人的规定。

(二)所受损害

所受损害(damnum energens),也称"积极损失",即被侵权人因人身伤亡而支出的各种合理费用,包括"医疗费、护理费、交通费、营养费、住院伙食补助费等为治疗和康复支出的合理费用",在造成残疾时,还包括辅助器具费;造成死亡时,还包括丧葬费。

1. 医疗费

医疗费,是指被侵权人遭受人身伤害后接受医学上的检查、治疗与康复而已经支出的和将来必须支出的费用。由于人身伤害的治疗往往要持续一段时间,甚至受害人需要终身治疗,故此,医疗费不限于起诉时受害人已经支付的那些费用,还包括将来需要支出的医疗费用,如康复费、整容费以及其他后续治疗费。具体来说,医疗费包括以下项目:(1)挂号费,如医院门诊挂号费、专家门诊挂号费等。(2)医药费,即购买药品所支付的费用,例如购买消炎药品所支付的费用。(3)检查费,包括为治疗所需的各种医疗检查费用,如血液检查费用、透视费用、CT 费用、B超费、彩超费等。(4)治疗费,即受害人接受治疗所支付的费用,例如换药、打针、理疗、手术、化疗、矫形、整容等费用。(5)住院费,即患者住院治疗所需支付的费用。(6)其他医疗费用,如进行器官移植的费用、聘请专家会诊的费用等。

对于医疗费的计算方式,《人身损害赔偿解释》第19条规定:"医疗费根据医疗机构出具的医药费、住院费等收款凭证,结合病历和诊断证明等相关证据确定。赔偿义务人对治疗的必要性和合理性有异议的,应当承担相应的举证责任。医疗费的赔偿数额,按照一审法庭辩论终结前实际发生的数额确定。器官功能恢复训练所必要的康复费、适当的整容费以及其他后续治疗费,赔偿权利人可以待实际发生后另行起诉。但根据医疗证明或者鉴定结论确定必然发生的费用,可以与已经发生的医疗费一并予以赔偿。"

提 示

在人身损害赔偿纠纷中,侵权人与被侵权人往往就医疗费中受害人的用药是否合理、必要等产生争议。特别是有些药物在我国还没有生产或效果不如进口药物的时候,如果受害人使用了这些进口药物时,侵权人就会以价格过于昂贵不属于合理用药范围为由,拒绝赔偿。《人身损害赔偿解释》第19条的规定有助于解决该问题。首先,依据该条,对于包括用药等在的治疗是否必要、费用是否合理,如果侵权人有异议的,其应当承担相应的举证责任。如果不能举证证明,则就认为受害人的治疗是合理的、必要的。其次,在判断用药是否合理、必要时,不能简单地以价格高低作为判断标准,而应当考虑治疗受害人所受伤害的必要性与合理性。如果受害人使用的药物是国内无法生产的而必须用进口的,且对于治疗伤害是必要的,即便该药品价格昂贵,也应当认为是合理的。[4]

2. 护理费

护理费,是指被侵权人在遭受人身伤害(包括死者生前的抢救)期间因生活无法自理需要他人帮助而付出的费用。被侵权人如果没有遭受人身伤害,本来可以自主处理生活,无须他人之帮助。但由于他人之侵权而遭受了人身伤害,被侵权人的生活已暂时或永远无法自理,需要他人之护理。由此产生的护理费,侵权人当然要赔偿。《人身损害赔偿解释》第21条规定:"护理费根据护理人员的收入状况和护理人数、护理期限确定。护理人员有收入的,参照误工费的规定计算;护理人员没有收入或者雇佣护工的,参照当地护工从事同等级别护理的劳务报酬标准计算。护理人员原则上为一人,但医疗机构或者鉴定机构有明确意见的,可以参照确定护理人员人数。护理期限应计算至受害人恢复生活自理能力时止。受害人因残疾不能恢复生活自理能力的,可以根据其年龄、健康状况等因素确定合理的护理期限,但最长不超过二十年。受害人定残后的护理,应当根据其护理依赖程度并结合配制残疾辅助器具的情况确定护理级

---

〔4〕 例如,在"高某诉上海市第五人民医院医疗损害责任纠纷案"中,因被告医院的过错导致受害人的肿瘤癌变成为晚期乳癌。为了治疗癌症,受害人使用了赫塞汀、拉帕替尼等两款进口药物。被告医院以受害人用药过于昂贵不符合用药合理的原则,拒绝赔偿。法院认为:"对于医疗费,因被告的明显医疗过失致原告身体健康严重受损,原告为自己的生命健康而使用较为昂贵的药物无可厚非,相关赫塞汀、拉帕替尼等药物经本院询问相关医学人员证实在国内尚无替代品,且相关药物的使用有医院的医嘱相佐证,故本院认为这些药物的使用尚属合理,应予确认。"上海市闵行区人民法院(2010)闵民一(民)初字第12717号民事判决书。

别。”由此可见,护理费的计算标准有二:

(1)当护理人员有收入的时候,参照误工费的规定计算。所谓有收入的护理人员显然是指受害人的亲属、朋友等非专职的护理人员。有些人认为,护理费既然是受害人因聘请他人照顾自己的生活而支出的费用,那么护理费就应当按照受害人需要支付给专职护理人员的费用的标准来确定,而不应当按照护理人员因从事护理工作无法正常劳动或工作所丧失或减少的预期收入即误工费计算。因为加害人很难知道受害人是由从事何种职业的人来对其进行护理的。因此,将从事护理人员的误工费作为护理费的计算标准是不科学的。本书认为,此种观点有一定的道理,但基于以下几项原因,该观点无法被接受的:首先,我国的护理事业并不发达,专职从事护理工作的人并不是很多,因此并非每一个人都能够由专职的护理人员进行护理;其次,从我国人民群众的普遍心理来说,绝大多数人在受害后并不愿意由陌生的人对自己进行护理,而是愿意由自己的亲属或朋友进行护理,因此完全按照受害人支付给专职护理人员的费用来确定护理费并不符合我国国情;最后,按照误工费计算那些有固定收入的非专职护理人员的护理费,也使得受害人在最低的限度上有能力报答对自己进行护理的亲友。[5]

(2)护理人员没有收入或雇用的是护工时,参照当地护工从事同等级别护理的劳务报酬标准计算。护理人员没有收入的,此时无论受害人是否实际支付给护理人员以报酬,也无论其实际支付报酬的数额,统一参照当地护工从事同等级别护理的劳务报酬标准计算。这是因为,在非专职的护理人员对受害人进行护理时,虽然表面上受害人可能并没有支付或者完全无须支付护理费用给护理人员,但是护理人员为此付出了劳动,该劳动也是可以以金钱进行评价的。所谓的护工是指专门从事护理工作的人员。本书认为,将受害人雇用护工时护理费的计算标准也确定为“参照当地护工从事同等级别护理的劳务报酬标准”并不合理,因为当受害人雇用护工进行护理时,其向护工支付的费用是确定的,因此按照其实际支付的费用赔偿是比较妥当的。

3. 交通费

交通费,是指为治疗和康复而支出的交通方面的合理费用,包括:(1)被侵权人因就医及转院治疗而产生的交通费;(2)必要的陪护人员陪同被侵权人就医或转院治疗而支出的交通费。至于被侵权人的近亲属因参加侵权事故之处理以及从外地赶来看望受伤的被侵权人而支出的交通费,不属于“为治疗和康复支出”的费用,不能获得赔偿。[6]《人身损害赔偿解释》第22条规定:“交通费根据受害人及其必要的陪护人员因就医或者转院治疗实际发生的费用计算。交通费应当以正式票据为凭;有关凭据应当与就医地点、时间、人数、次数相符合。”此外,我国已经进入汽车时代,私家车数量越来越大。因此,在受害人或其亲属驾驶自己的私家车前往医院就诊时,也应当给予交通费的赔偿。从计算方法来说,可以参照搭乘出租车时的费用。因停车而缴纳的停车费,也应当给予赔偿。[7]

---

〔5〕 在英国的一起案件中,女儿为了照顾父亲而放弃了一份高薪的工作,法庭允许父亲向被告索取女儿无偿护理服务的价值。参见[英]John G. Fleming:《民事侵权法概论》,何美欢译,香港中文大学出版社1992年版,第106~107页。

〔6〕 德国法院认为,受害人的亲属前往医院探望受害人的交通费也应当给予赔偿,因为亲友的探望对于满足受害人人际交往、精神安慰以及情感支持是非常必要的。故此,这些需求以及满足该等需求而支出的费用属于受害人的损失,侵权人应当赔偿。Basil Markesinis, Michael Coester, Guido Alpa & Augustus Ullstein, *Compensation for Personal Injury in English, German and Italian Law: A Comparative Outline*, Cambridge University Press, 2005, p. 108.

〔7〕 李薇:《日本机动车事故损害赔偿法律制度研究》,法律出版社1997年版,第168页。

4. 营养费

营养费,即受害人在遭受人身伤害后,因发生代谢改变,通过日常饮食不能满足受损机体对热能和各种营养素的要求,必须从其他食品中获得营养所支出的费用。从药品中摄入营养的费用可以通过医药费的方式给予赔偿,而从特定食品中摄入营养的费用,就属于营养费,应当由侵权人加以赔偿。对于营养费的赔偿标准,《人身损害赔偿解释》第24条规定:"营养费根据受害人伤残情况参照医疗机构的意见确定。"

5. 住院伙食补助费

住院伙食补助费,即受害人在住院治疗期间或死亡的受害人在生前住院治疗期间补助伙食所需要的费用。《人身损害赔偿解释》第23条规定:"住院伙食补助费可以参照当地国家机关一般工作人员的出差伙食补助标准予以确定。受害人确有必要到外地治疗,因客观原因不能住院,受害人本人及其陪护人员实际发生的住宿费和伙食费,其合理部分应予赔偿。"

6. 其他为治疗和康复支出的合理费用

本着完全赔偿原则,侵权人应当赔偿被侵权人遭受人身损害后为治疗和康复支出的全部合理费用,《民法典》第1179条列举了最典型和最重要的几类,故此有必要设置兜底性的规定。例如,被侵权人因人身损害而需要前往外地住院治疗,必要的陪护人员随同前往,由此而支出的合理的住宿费、伙食费等,也属于"其他为治疗和康复支出的合理费用",应由侵权人加以赔偿。至于受害人因为治疗和康复导致其在遭受侵害前已经支出的费用成为无意义的花费,不属于其他为治疗和康复支出的合理费用,受害人不能获得赔偿。例如,因受伤而无法去观看已经买票的歌剧或者搭乘已经购票的航班。

7. 辅助器具费

辅助器具费,在我国其他的一些法律中也被称为"残疾生活辅助具费"(《消费者权益保护法》第49条)或"残疾者生活自助具费"(《产品质量法》第44条第1款),是指受害人因身体权、健康权遭受侵害而导致身体功能的全部或部分丧失后,需要配制具有补偿功能的辅助器具而已经支出或者将来需要支出的费用。残疾辅助器具包括:(1)肢残者用的支辅器、假肢及其零部件、假眼、假鼻、内脏托带、矫形器、矫形鞋、非机动助行器、代步工具(不包括汽车、摩托车)、生活自助具、特殊卫生用品;(2)视力残疾者使用的盲杖、导盲镜、助视器、盲人阅读器;(3)语言、听力残疾者使用的语言训练器、助听器;(4)智力残疾者使用的行为训练器、生活能力训练用品。[8]《人身损害赔偿解释》第26条规定:"残疾辅助器具费按照普通适用器具的合理费用标准计算。伤情有特殊需要的,可以参照辅助器具配制机构的意见确定相应的合理费用标准。辅助器具的更换周期和赔偿期限参照配制机构的意见确定。"

8. 丧葬费

丧葬费,即为死者办理丧事而支付的费用,如遗体的运送、死者的服装、整容、墓碑、墓地、骨灰盒等费用。它是因侵害生命权而产生的一种独特的财产损害。人终有一死,丧葬费是迟早要支出的费用,因此丧葬费本身并非由于侵权行为所造成的。但是基于道德上的因素,所有国家的法律都要求侵权人必须承担这笔费用,我国也不例外。为避免引发争议,我国法上对丧葬费采取了定额化赔偿,即《人身损害赔偿解释》第27条规定:"丧葬费按照受诉法院所在地上一年度职工月平均工资标准,以六个月总额计算。"丧葬费(以及医疗费)可能是由侵权人预先

---

〔8〕 汪治平:《人身损害赔偿若干问题研究》,中国法制出版社2001年版,第62页。

支付的,也可能来自受害人的遗产、受害人近亲属垫付的款项或者非亲属关系的自然人或者单位的垫付。

如果侵权人已经支付了丧葬费,当然无须再行支付。但如果是其他自然人或单位支付的,则这些支付了丧葬费的单位或个人有权请求侵权人赔偿费用,对此,《民法典》第1181条第2款有明确的规定。

(三)所失利益

所失利益,也称"消极损害",即被侵权人因人身伤亡而丧失的预期收入,包括因误工减少的收入、残疾赔偿金、死亡赔偿金、被扶养人生活费等。

1. 因误工减少的收入

因误工减少的收入,简称"误工费"。它是被侵权人所遭受的财产损失中的所失利益部分,即如果没有侵权行为时被侵权人本应获得的收入。侵权人赔偿被侵权人的"因误工减少的收入"意味着,其需要向被侵权人支付误工期间(从遭受伤害到完全治愈这一期间)内,被侵权人因无法工作或从事劳动而丧失的那部分收入。

误工费是对受害人所失利益的赔偿,具有以下几项特征:首先,个体性差异大。社会生活中的每一人,由于其智力、体力、生活环境、机遇等多方面因素的差异,因此从事的工作与劳动千差万别。这就导致了在不同的人遭受人身伤害后,因无法工作或劳动而失去的收入各不相同,具有非常明显的个体差异性,是一种具体损失。其次,计算标准无法固定统一。不同受害人从事的行业、工作各不相同,有的人在国家机关或事业单位工作,领取固定工资。有的人则是"三年不开张,开张吃三年"。即便是领取固定工资的人,由于单位的性质、效益不同,收入也有很大的差异。因此,对于误工费的计算标准实在难以统一,给司法实践也造成了很大的困难。再次,具有一定程度的推测性。因为受害人在遭受侵害后,无法从事劳动或者工作,因此其究竟丧失了多少收入,只能凭借受害人在遭受侵害前的收入情况进行推断。此种推断已经排除了倘若受害人未遭受侵害能够正常工作或劳动的过程中可能发生的对其收入会产生有利或不利影响的因素。在受害人没有固定收入时,更是如此。

正是由于误工费的上述特征,造成了在人身损害赔偿纠纷中如何计算误工费存在很大的争议。基于完全赔偿原则,只要是与加害行为具有相当因果关系的受害人的所失利益都应当给予赔偿,无论该所失利益有多大。但是,在司法实践中这一点并不是能够轻易做到的,关键问题就在于证明的难度。当受害人有固定收入时,由于其所失利益是明确的,因此受害人完全可以提供相应的证据加以证明。但是,在受害人没有固定收入,完全以受害人遭受侵害前的收入情形来推断其误工费损失,就具有很大的主观臆断性,对赔偿义务人也并不公平。有鉴于此,《人身损害赔偿解释》采取了相对比较客观公正的方法对误工费的计算作出了规定,该解释第20条规定:"误工费根据受害人的误工时间和收入状况确定。误工时间根据受害人接受治疗的医疗机构出具的证明确定。受害人因伤致残持续误工的,误工时间可以计算至定残日前一天。受害人有固定收入的,误工费按照实际减少的收入计算。受害人无固定收入的,按照其最近三年的平均收入计算;受害人不能举证证明其最近三年的平均收入状况的,可以参照受诉法院所在地相同或者相近行业上一年度职工的平均工资计算。"

如果受害人没有工作,如正在上幼儿园的儿童或正在中小学读书的青少年,不能要求赔偿因误工减少的收入,因为其并未遭受这方面的财产损害。

2. 残疾赔偿金

所谓残疾赔偿金，是用来赔偿受害人因身体权或健康权遭受侵害而残疾，导致劳动能力丧失或减少（Aufhebung oder Minderung der Erwerbsfähigkeit）所遭受的财产损失。只有被侵权人因侵权行为而残疾后，才有权要求侵权人赔偿残疾赔偿金。

关于残疾赔偿金的性质，有三种观点。第一种观点为所得丧失说，也称"收入丧失说"。此说认为，损害赔偿制度的目的在于填补受害人实际所受到的损害，因此在受害人虽然丧失或者减少劳动能力，但是没有发生实际损害，或者受伤前与受伤后的收入之间并无差异的时候，不得请求加害人承担赔偿责任。所得丧失说在计算损害赔偿额的时候，是以受害人遭受伤害之前的收入与遭受伤害之后的收入之间的差额作为损害额，因此有的学者也将此说称为"差额说"。德国采取的是所得丧失说。《德国民法典》第 249 条第 1 款规定："负有损害赔偿义务的人，应当回复在使自己负担赔偿义务的事由不发生时原应存在的状态。"第 843 条第 1 款规定："因伤害他人的身体或健康致被害人丧失或减少其从业能力，或增加其生活需要者，加害人对受害人应支付定期金以赔偿其损害。"在遭受人身损害而导致一时或持续、部分或全部丧失从业能力的情形中，侵权人必须对受害人的劳动收入或者其他经济来源的损失予以赔偿，依据《德国民法典》第 252 条，受害人可以要求赔偿一直以来取得的薪金或者将来可能获得的收入。因此，对于劳动能力的抽象丧失，即无法用于挣取金钱的能力丧失，通常不能获得赔偿。那些没有具体收入损失的人，如失业者、无劳动收入的儿童、无须劳动靠其他收入生活的人或者从事社会慈善事业、无偿劳动的人都不能要求损害赔偿，但承担家务的配偶除外，其可以请求为替代劳力所支出的必要费用。[9]

第二种观点为劳动能力丧失说。此说认为，受害人因身体或健康遭受侵害以致完全或部分丧失劳动能力本身就是一种损害，并不局限于现实收入的损失。劳动能力虽然并不像一般的财物那样具有交换价格，但是通过雇佣合同或者劳动合同的方式，事实上劳动能力也是完全可以买卖的，工资就是其对价。因此，劳动能力属于一种人力资本，依据个人能力而有一定程度的收益行情。部分或完全丧失劳动能力本身就构成了一种损害。至于个人实际所得额不过是对劳动能力损害程度进行评价时的一种参考因素而已。因此，在未成年人、失业人员以及家庭主妇遭受侵害以致部分或完全丧失劳动能力的时候，也有权要求加害人承担赔偿责任。英国和瑞士采取此种观点。在英国法，对未来挣钱能力损失（future loss of earnings）给予赔偿的基本原则就是：赔偿权利人有权取得倘若没有损害事故时其本应取得的净收入（the net sum）。所谓"净"（net）是指扣除所得税和国民保险之后的金额。[10] 即便赔偿请求权人无法证明实际收入损失，对于这种收入能力丧失的损害也要给予赔偿。[11] 在瑞士，如果人身伤害导致受害人残疾，则法官对残疾导致的损害进行估算时，不能仅仅根据当时的工资来进行简单的计算，而必须在将来可能延续的整个收入持续期间对将来的平均工资进行估算。如果受害人在其职业生涯中正处于年富力强的阶段，那么法官就必须对其收入将来的发展情况进行估计，对可能的

〔9〕［奥］伯恩哈德·A. 科赫、［奥］赫尔穆特·考茨欧主编：《比较法视野下的人身伤害赔偿》，陈永强、徐同远等译，中国法制出版社 2012 年版，第 213 页。

〔10〕Basil Markesinis, Michael Coester, Guido Alpa & Augustus Ullstein, *Compensation for Personal Injury in English, German and Italian Law: A Comparative Outline*, Cambridge University Press, 2005, p. 123.

〔11〕［奥］伯恩哈德·A. 科赫、［奥］赫尔穆特·考茨欧主编：《比较法视野下的人身伤害赔偿》，陈永强、徐同远等译，中国法制出版社 2012 年版，第 110 页。

事业发展机会进行估计。如果受害人是一个将来还不知道从事何种职业的未成年人,则法院倾向于按照受害人家族所从事的职业来进行估算。〔12〕

第三种观点是生活来源丧失说。该说认为,受害人劳动能力丧失与减少,必致其生活来源丧失,因而应当赔偿受害人的生活补助费,使其生活来源能够重新恢复。赔偿所救济的既不是劳动能力的丧失,也不是受害人致残前后的收入差距,而是受害人致残前后生活来源的差额。〔13〕 采用该学说的赔偿标准是比较低的。如果采取此说,那么受害人所能够获得的赔偿数额将是极其微薄的。我国以往的立法和审判实务采取的是生活来源丧失说。例如,《民法通则》第119条就残疾赔偿金称为"残疾者生活补助费",据此,《民法通则意见》第146条将残疾者生活补助费的标准定得非常低,即"一般应补足到不低于当地居民基本生活费的标准"。

比较以上三种观点可以发现,生活来源丧失说是最不合理的,既不符合我国社会经济生活的现实,也极其不利于保护受害人的合法权益,违背了完全赔偿原则。所得丧失说虽然具有一定的可操作性,但是也具有明显的缺陷。因为此种观点认为,无业者、失业者、未成年人在遭受人身伤害前并没有现实的收入,因此,即便他们因侵权行为而致残以致丧失或减少劳动能力,也无法请求加害人赔偿。问题是,失业者或无业者虽然在受伤之前没有现实收入,但是如果不遭受伤害,将来并非就永远没有获得职业的机会。应当认为,最为合理科学的就是劳动能力丧失说。故此,该说为英美侵权法所普遍采纳。〔14〕 在日本侵权法中,原先较多采纳的也是所得丧失说,但是现今的判例与学说多采纳劳动能力丧失说。〔15〕 在日本的交通事故损害赔偿判例中,下级裁判所更是较多地采纳了劳动能力丧失说。〔16〕 我国台湾地区采取的也是劳动能力丧失说。我国台湾地区"民法"第193条第1款规定:"不法侵害他人之身体或健康者,对于被害人因此丧失或减少劳动能力或增加生活上之需要时,应负损害赔偿责任。"通说认为,该条采取的就是劳动能力丧失说。〔17〕

鉴于所得丧失说和生活来源丧失说的不合理,故此,《人身损害赔偿解释》改采以"劳动能力丧失说"为原则,即在判断残疾赔偿金时要充分考虑"受害人丧失劳动能力程度或者伤残等级"(《人身损害赔偿解释》第25条第1款)。同时,在一定程度上吸收了"所得丧失说"中的合理成分,即在"受害人因伤致残但实际收入没有减少"时,对残疾赔偿金进行调整,将受害人收入丧失与否的实际情况作为决定残疾赔偿的加权因素,以平衡当事人双方的利益(《人身损害赔偿解释》第25条第2款)。〔18〕

依据《人身损害赔偿解释》的规定,确定残疾赔偿金时应当考虑受害人丧失劳动能力的程度或者伤残等级(第25条第1款)。同时,在受害人虽然伤残但实际收入并未受到影响的场

---

〔12〕 [奥]伯恩哈德·A.科赫、[奥]赫尔穆特·考茨欧主编:《比较法视野下的人身伤害赔偿》,陈永强、徐同远等译,中国法制出版社2012年版,第425~426页。

〔13〕 杨立新:《侵权法论》(下册),吉林人民出版社2001年版,第637页。

〔14〕 Harvey McGregor, McGregor on Damages, 16th. ed., Sweet & Maxwell, 1997, p. 1020.

〔15〕 [日]楠木安雄:《逸失利益的算定》,第153~154页,转引自曾隆兴:《详解损害赔偿法》,台北,三民书局2003年版,第296页。

〔16〕 李薇:《日本机动车事故损害赔偿法律制度研究》,法律出版社1997年版,第179页。

〔17〕 孙森焱:《民法债编总论》(上),2012年自版,第343页;邱聪智:《新订民法债编通则》(上),2003年自版,第273~274页;曾隆兴:《详解损害赔偿法》,台北,三民书局2003年版,第296页

〔18〕 最高人民法院民事审判第一庭:《最高人民法院人身损害赔偿司法解释的理解与适用》,人民法院出版社2004年版,第438页。

合,需要对残疾赔偿金的数额进行调整(第25条第2款)。对于残疾赔偿金数额的计算,我国司法实践以抽象标准为原则,例外地采取具体的计算标准。《人身损害赔偿解释》第25条规定:"残疾赔偿金根据受害人丧失劳动能力程度或者伤残等级,按照受诉法院所在地上一年度城镇居民人均可支配收入或者农村居民人均纯收入标准,自定残之日起按二十年计算。但六十周岁以上的,年龄每增加一岁减少一年;七十五周岁以上的,按五年计算。受害人因伤致残但实际收入没有减少,或者伤残等级较轻但造成职业妨害严重影响其劳动就业的,可以对残疾赔偿金作相应调整。"

被侵权人是否残疾、残疾的程度等,需要通过伤残鉴定加以确认。以往,我国的伤残评定标准不统一,各部门均自行制定相应的标准,显然对于法律的统一适用和当事人合法权益的保护是非常不利的。有鉴于此,2016年4月18日最高人民法院、最高人民检察院、公安部、国家安全部、司法部联合发布了《人体损伤致残程度分级》,规定自2017年1月1日起司法鉴定机构和司法鉴定人进行人体损伤致残程度鉴定时,应统一适用该分级标准。需要注意的是,由于职工工伤有专门的工伤与职业病致残等级标准,[19]故此,上述《人体损伤致残程度分级》仅适用于除工伤以外的人身损害致残程度等级鉴定。

需要注意的是,依据《人身损害赔解释》的规定,护理费、残疾赔偿金的给付年限最高是20年。如果超过了该年限,赔偿权利人向法院起诉请求侵权人继续给付护理费或者残疾赔偿金的,依据该解释的第32条,人民法院应予受理。赔偿权利人确需继续护理、配制辅助器具,或者没有劳动能力和生活来源的,人民法院应当判令赔偿义务人继续给付相关费用5~10年。反之,如果侵权人按照20年支付了护理费、残疾赔偿金给被侵权人后,即便被侵权人提前病故的,侵权人也不得基于不当得利请求被侵权人的近亲属返还该费用。[20]

3. 死亡赔偿金

死亡赔偿金是对侵权人因生命权被侵害(死亡)而产生的财产损失的赔偿。死亡赔偿金并非对"生命"本身的赔偿,因为人的生命是无价的,不可能用财产价格来衡量生命本身的价值。[21] 当受害人因侵权行为而死亡时,由于受害人已经死亡,丧失了一切权利能力,不可能再以自己的名义提出任何赔偿请求。故此,加害人无须向死者承担任何责任。"私法最后能够为死者所做的不过是不使其姓名遭受践踏,禁止他人将其尸体作为一件财物来对待,同时提供一个体面的葬礼。"[22]然而,受害人的死亡使那些依法针对受害人享有扶养请求权的人遭受了财产损失,即他们的扶养请求权无法获得实现,因此侵权人负有向被侵权人的近亲属支付死亡赔偿金。

关于死亡赔偿金的性质,有所谓**扶养丧失说**与**继承丧失说**两种观点。扶养丧失说认为,因受害人死亡而遭受财产损害的是其生前负有抚养义务的人,由于受害人死亡导致其生前依法定扶养义务供给生活费的被扶养人因此丧失了生活的来源,这种损害应当由赔偿义务人加以赔偿。按照扶养丧失说,赔偿义务人赔偿的范围就是被扶养人在受害人生前从其收入中获得

---

〔19〕 工伤中的伤残等级鉴定的标准是国家质量监督检验检疫总局、国家标准化管理委员会于2014年9月3日发布,2015年1月1日起施行的《劳动能力鉴定 职工工伤与职业病致残等级》(GB/T 16180-2014)。

〔20〕 江苏百锐特贸易有限公司诉张月红不当得利纠纷案,载《最高人民法院公报》2018年第5期。

〔21〕 尽管基于成本收益的计算,人的生命也可以被量化计算出某个具体的价格或价值。参见[美]凯斯·桑斯坦:《为生命定价:让规制国家更加人性化》,金成波译,中国政法大学出版社2016年版。

〔22〕 [德]克里斯蒂安·冯·巴尔:《欧洲比较侵权行为法》(下),焦美华译,法律出版社2004年版,第71页。

的或者有权获得的自己的扶养费的份额。至于因受害人的死亡而导致对受害人享有法定继承权的那些人从受害人处将来所继承财产减少的损失,则不属于赔偿之列。采取此种观点的有德国、英国、美国大多数州、俄罗斯联邦以及我国台湾地区。例如,依据英国 1976 年《致命事故法案》(the Fatal Accidents Act 1976)第 1A 条的规定,因不法侵害行为而死亡的受害人的配偶与未满 18 岁的单身子女的父母(如果该子女为私生子的话,则仅为母亲)有权获得死亡赔偿金(bereavement damages)。该赔偿金的数额是固定的,目前的数额为 7500 英镑。只有上议院的大法官(Lord Chancellor)有权对该金额进行调整。再如,按照美国各个州通过的《不当死亡法》(Wrongful Death Statute),受害人的配偶、子女或父母有权就因受害人的死亡而遭受的财产损害要求被告予以赔偿。目前,美国大多数州采取的计算方法为"幸存者的损失"(loss - to - the - survivors),即被扶养人有权就受害人生前对其所在的家庭提供的经济支持获得赔偿。[23]

继承丧失说认为,受害人倘若没有遭受侵害,在未来将不断获得收入,这些收入本来是可以作为受害人的财产为其法定继承人所继承的,因侵害行为导致受害人死亡从而使得这些未来可以获得的收入完全丧失,以致受害人的法定继承人在将来所能够继承的财产也减少了。依据继承丧失说,赔偿义务人应当赔偿的是因受害人死亡而丧失的未来可得利益。例如,最高人民法院曾经颁布的《关于审理涉外海上人身伤亡案件损害赔偿的具体规定(试行)》第四部分"死亡赔偿范围和计算公式"中的第 1 项规定,收入损失是指根据死者生前的综合收入水平计算的收入损失。收入损失 =(年收入 - 年个人生活费)×死亡时起至退休的年数 + 退休收入×10。死者年个人生活费占年收入的 25% ~30%。该项"收入损失"的计算,就是采取的"继承丧失说"。

扶养丧失说的优点在于,可以较为准确地确定死亡赔偿金的数额,缺点在于判给受害人被扶养人的死亡赔偿金较少。[24] 继承丧失说的优点在于判给受害人亲属的死亡赔偿金数额较大,对赔偿权利人的保护更为周到,缺点在于:首先,继承丧失说中的推测性成分太重;其次,在受害人为卑亲属而由尊亲属继承的场合,因卑亲属的未来能够生存的期限长于尊亲属,因此死亡赔偿金就要比尊亲属作为受害人的时候多,显然不合理。

我国采取的是继承丧失说。[25]《人身损害赔偿解释》第 29 条规定:"死亡赔偿金按照受诉法院所在地上一年度城镇居民人均可支配收入或者农村居民人均纯收入标准,按二十年计算。但六十周岁以上的,年龄每增加一岁减少一年;七十五周岁以上的,按五年计算。"

由于死亡赔偿金是对死者的近亲属的财产损失的赔偿,因此,请求权主体是死者的近亲属而非死者,故此,死亡赔偿金本身并非遗产。[26] 死亡赔偿金应当在近亲属之间进行合理的分配,分配时应考虑"与死者关系的远近、共同生活的亲密程度、分配权利人的生活状况等"因素

---

〔23〕 John F. O' Connell, *Remedies in a NutShell*, West Publishing Co., 2nd ed., 1982, p. 207.

〔24〕 我国台湾地区"民法"因采取扶养丧失说,在受害人被伤害致死时只规定了被扶养人享有的扶养费赔偿请求权,而不规定死亡赔偿金。对此,邱聪智教授曾明确指出其缺陷之一就是,"实际运作上,于扶养费损害赔偿请求的认定,显然严重偏低,承认余命损害之赔偿,适足以调和补救其缺陷"。参见邱聪智:《新订民法债编通则》(上),2003 年自版,第 273 页。

〔25〕 最高人民法院民事审判第一庭编:《最高人民法院人身损害赔偿司法解释的理解与适用》,人民法院出版社 2004 年版,第 438 页。

〔26〕《最高人民法院关于空难死亡赔偿金能否作为遗产处理的复函》([2004]民一他字第 26 号)认为:"空难死亡赔偿金是基于死者死亡对死者近亲属所支付的赔偿。获得空难死亡赔偿金的权利人是死者近亲属,而非死者。故空难死亡赔偿金不宜认定为遗产。"

（参见案例29.2.1）。

案例阅读

案例29.2.1
郭先菊、余春莲诉杨清平财产分割案

4. 被扶养人生活费

被抚养人生活费，是指受害人依法应当承担扶养义务的未成年人或者丧失劳动能力又无其他生活来源的成年近亲属因受害人遭受人身损害而受到的抚养费的损失。被侵权人因侵权行为死亡的，其生前抚养的人，既包括生前实际抚养的人，也包括应当由死者抚养，但因为死亡事故发生而死者尚未抚养的子女。即便是尚未出生的胎儿，也有权获得被抚养人生活费。[27]

2010年《侵权责任法》颁布后，由于该法第16条对人身伤亡的财产损害赔偿范围中没有规定被扶养人生活费，故此，最高人民法院很快就发布了《适用侵权责任法通知》，该通知第4条规定："人民法院适用侵权责任法审理民事纠纷案件，如受害人有被抚养人的，应当依据《最高人民法院关于审理人身损害赔偿案件适用法律若干问题的解释》第二十八条的规定，将被抚养人生活费计入残疾赔偿金或死亡赔偿金。"依据《人身损害赔偿解释》第28条："被扶养人生活费根据扶养人丧失劳动能力程度，按照受诉法院所在地上一年度城镇居民人均消费性支出和农村居民人均年生活消费支出标准计算。被扶养人为未成年人的，计算至十八周岁；被扶养人无劳动能力又无其他生活来源的，计算二十年。但六十周岁以上的，年龄每增加一岁减少一年；七十五周岁以上的，按五年计算。被扶养人是指受害人依法应当承担扶养义务的未成年人或者丧失劳动能力又无其他生活来源的成年近亲属。被扶养人还有其他扶养人的，赔偿义务人只赔偿受害人依法应当负担的部分。被扶养人有数人的，年赔偿总额累计不超过上一年度城镇居民人均消费性支出额或者农村居民人均年生活消费支出额。"因此，《侵权责任法》颁行后，司法实践中的残疾赔偿金或死亡赔偿金中均包含了被抚养人生活费。

然而，《民法典》第1179条依然没有规定被扶养人生活费，此举是否意味着立法者否认被扶养人生活费呢？本书认为，不能作此解释。首先，被扶养人生活费和死亡赔偿金、残疾赔偿金之间并不矛盾冲突。一方面，被扶养人生活费请求权的主体是受害人依法应当承担扶养义务的未成年人或者丧失劳动能力又无其他生活来源的成年近亲属，前者如受害人的未成年子女，后者如因疾病而瘫痪在床的成年子女或者配偶，或者年老且无其他生活来源的父母等。被扶养人是间接受害人，被扶养人生活费的损失属于所谓的"反射损害"（Reflexschaden）。死亡赔偿金的请求权人是受害人的近亲属，残疾赔偿金的请求权人是受害人本人。另一方面，被扶养人生活费赔偿的是被扶养人因负有法定抚养义务的受害人因人身伤亡而致残或死亡，以致被扶养人的生活费减少或丧失的损害。残疾赔偿金是对受害人因残疾而导致劳动能力丧失或减少所遭受的财产损失，死亡赔偿金所赔偿的是受害人因侵权行为而死亡以致未来可以获得的收入的丧失。因此，被扶养人生活费和死亡赔偿金虽然都是为了维持近亲属的一定物质生活水平，但功能有异，利益保护的层次和侧重点也不同，可以并存。[28] 其次，无论是按照现在区分城乡居民的做法，分别以"城镇居民人均可支配收入"和"农村居民人均纯收入"为标准，还是未来采取城乡统一的标准来计算残疾赔偿金、死亡赔偿金，此等赔偿标准都是定型化的赔偿标准，抹杀了不同受害人的差异，实际上都无法做到对损害的完全填补。故此，在此基础上要求

---

〔27〕 王德钦诉杨德胜、泸州市汽车二队交通事故损害赔偿纠纷案，载《最高人民法院公报》2006年第3期。

〔28〕 张新宝：《侵权死亡赔偿研究》，载《法学研究》2008年第4期。

侵权人继续赔偿被扶养人生活费,并不违反禁止得利的赔偿原则,反而有利于实现完全赔偿原则。

值得研究的是,在胎儿未出生前,被扶养人生活费请求权能否行使以及如何行使?一种观点认为,如果侵权行为发生时,胎儿尚未出生且诉讼开始前或诉讼结束前仍未出生的,应当推迟整个案件的判决,等到胎儿出生确定其所受到的实际损害后一并判决,或者先对其他受害人的请求进行审理判决,而对胎儿的赔偿可以等到其出生后另案处理。〔29〕 另一种观点认为,在判决前胎儿未出生的,其被抚养人生活费的请求权可由其母亲代为行使,但由此获得的抚养费可由法院暂行保管,待到胎儿出生后为活体,且经亲子鉴定系死者子女时,再由胎儿母亲领回,否则退还给赔偿义务人。〔30〕 从效率上和可行性上,本书赞同第二种观点,该观点也更符合《民法典》第16条的规定。此外,即便是被抚养人的父母在离婚时父亲或母亲已经向被抚养人一次性支付了抚养费,被抚养人的父亲或母亲因他人侵权行为而死亡时,侵权人依然有义务赔偿被抚养人生活费。〔31〕

三、损害赔偿数额的计算

(一)计算方法

1. 主观方法与客观方法

在损害赔偿法中,计算损害赔偿金额的方法有两种:主观计算方法与客观计算方法。

主观计算方法,也称"具体计算法"(Konkrete Schadensberechnung),是指在计算损害赔偿的金额时必须考虑特定受害人的具体情形,如受害人的职业、教育背景、受侵害前的经济状况、身体上的特质(如相貌)等。〔32〕

客观的计算方法,也称"抽象计算法"(Abstrakte Schadensberechnung)或"类型化的计算法"。该计算方法排除了那些对损害发生影响的受害人的个性化因素,而是依据一个固定的标准计算损害赔偿的金额。例如,在计算利息损失时,只是以基准利率为标准。

主观的计算方法考虑了受害人的具体情况,有利于实现对受害人的完全补偿,这一点在人身损害赔偿中体现得更为明显。所以德国法中,主观的计算方法是原则,例外的情形才使用客观的计算方法。〔33〕

2. 我国法上的计算方法

《民法典》未明确规定究竟是采取主观的还是客观的计算方法。立法者机关有关人士认为,实践中的人身损害赔偿案件千差万别,我国各地的经济情况差异又比较大,个体之间的实际情况也不完全相同,情况非常复杂,法律规定的任何赔偿标准都可能无法照顾到这些差异,有可能引起较大的争议。况且,从境外的经验看,多数国家都没有在法律中对人身损害死亡赔偿金的赔偿标准作明确规定,因此具体的计算方法问题应交由法官根据案件的具体情况,综合

---

〔29〕 王毓莹:《怀孕期间胎儿或胎儿父母受到伤害,出生后婴儿可否请求赔偿》,载最高人民法院民事审判第一庭编:《民事审判指导与参考》(总第26集),法律出版社2006年版,第184页以下。

〔30〕 相关案例参见卢国伟、李锐:《非婚生遗腹胎儿享有抚养费预留权》,载《人民司法·案例》2012年第2期。

〔31〕 郭建标:《父母亲离婚时已获抚养费不影响抚养人死亡时再向侵权人主张》,载《人民司法·案例》2012年第2期。

〔32〕 Wussow/Kuerschner, UHR, 15. Aufl., 2002, S. 918.

〔33〕 Jauernig/Teichmann, 13. Aufl. 2009, § 249, Rn. 50ff.

考虑各种因素后加以决定。[34]

《人身损害赔偿解释》则针对不同的赔偿项目采取了不同的计算方法。首先，对于医疗费、误工费、护理费、交通费、营养费、受害人到外地治疗时本人及陪护人员的住宿费与伙食费等采取了主观的计算方法，即根据受害人实际支出予以赔偿（第 19～24 条）。其次，对于残疾赔偿金、残疾辅助器具费、住院伙食补助费、死亡赔偿金、丧葬费、被抚养人生活费等采取了抽象的计算方法，即不考虑受害人的个体差异，而是依据统一赔偿标准（如受诉法院所在地上一年度城镇居民人均可支配收入或者农村居民人均纯收入等）和固定期限（如 60 岁以下为 20 年等）加以计算（第 23 条第 1 款、第 26～29 条）。

（二）计算的时间点

《民法典》和《侵权责任法》都没有规定人身伤亡财产损害赔偿的计算时间点。就被侵权人所受损害而言，因被侵权人已经实际支出了医疗费、交通费等费用，故计算时间点并不重要，无需规定。至于所失利益，《人身损害赔偿解释》采取的是受诉法院所在地的"上一年度"这一时间内的各种标准来计算赔偿金额。例如，对于丧葬费依据受诉法院所在地"上一年度"职工月平均工资标准计算（第 27 条）；对于死亡赔偿金和残疾赔偿金，则按照受诉法院所在地"上一年度"城镇居民人均可支配收入或者农村居民人均纯收入标准计算（第 25 条第 1 款、第 29 条第 1 款）。

（三）计算基准地

1. 原则上以受诉法院所在地为基准地

依据《人身损害赔偿解释》第 25、28 条以及第 29 条，残疾赔偿金、死亡赔偿金和被扶养人生活费的赔偿计算基准地都是受诉法院所在地，即受理案件的人民法院所在的省、自治区以及直辖市。《民事诉讼法》第 28 条规定："因侵权行为提起的诉讼，由侵权行为地或者被告住所地人民法院管辖。"所谓"侵权行为地"包括侵权行为实施地与侵权结果发生地。

2. 对计算基准地的调整

我国幅员辽阔、人口众多，各地经济发展水平差异相当大。实践中，当被侵权人及其近亲属的住所地或经常居住与受诉法院所在地不一致时，就会产生这样一个问题：被侵权人及其近亲属的住所地或经常居住地的城镇居民人均可支配收入或农村居民人均纯收入等标准远高于受诉法院所在地的同类标准。此时，如果仍然按照受诉法院所在地的标准计算残疾赔偿金、死亡赔偿金或者被扶养人生活费，就无法填补被侵权人的财产损害。例如，住所地为上海市的甲于 2010 年在南昌市因乙的侵权行为致残。甲在南昌市的法院向乙提起人身损害赔偿诉讼。依据《人身损害赔偿解释》，残疾赔偿金应当按照受诉法院所在上一年度即 2009 年城镇居民年人均可支配收入为标准计算。2009 年江西省城镇居民年人均可支配收入为 12,866 元。同年，上海市的城镇居民年人均可支配收入却高达 26,675 元。有鉴于此，《人身损害赔偿解释》第 30 条依据"就高不就低的原则"对残疾赔偿金、死亡赔偿金以及被扶养人生活费的计算基准地进行了适当的调整，即如果"赔偿权利人举证证明其住所地或者经常居住地城镇居民人均可支配收入或者农村居民人均纯收入高于受诉法院所在地标准的，残疾赔偿金或者死亡赔偿金可以按照其住所地或者经常居住地的相关标准计算"。

---

〔34〕 王胜明主编：《中华人民共和国侵权责任法解读》，中国法制出版社 2010 年版，第 78 页；黄薇主编：《中华人民共和国民法典侵权责任编解读》，中国法制出版社 2020 年版，第 65～66 页。

讨　论　各国家和地区的自然人或居民在我国遭受人身损害赔偿时计算标准问题

英美、西欧、北欧、日韩等经济发达国家的自然人以及我国港澳特区或台湾地区的居民，其在我国停留期间，因侵权而受伤或死亡时，如何计算该人身伤亡的损害赔偿数额，值得讨论。这里的关键问题在于，究竟按照受诉法院所在地的标准，还是按照受害人所在国家或地区的标准来计算。因为不同的标准计算出来的数额差距非常大。对此，我国法院多认为，不应当按照受害人所在国家或地区的标准计算，否则容易给我国被告造成过重的负担，使得判决难以执行。[35] 但实务中如何处理，有不同的做法。一种做法如《福建省高级人民法院民事审判第一庭关于审理人身损害赔偿纠纷案件疑难问题的解答》(闽高法[2008]2号)规定："外国居民以其住所地或者经常居住地的收入高于受诉法院所在地标准为由，要求按照其住所地或者经常居住地的相关标准计算残疾赔偿金、死亡赔偿金的，人民法院可予支持；但其赔偿标准超过我国内地城镇居民人均最高地区的赔偿标准的，按照我国内地的最高赔偿标准赔偿。香港、澳门特别行政区和台湾地区的居民，可参照前款原则执行。"[36] 还有一种做法如《广东省高级人民法院、广东省公安厅关于〈道路交通安全法〉施行后处理道路交通事故案件若干问题的意见》(粤高法发[2004]34号)第28条规定："对现役军人、香港、澳门、台湾同胞和华侨、外国人、无国籍人的人身损害赔偿，按照城镇居民的有关标准计算赔偿数额。"本书认为，第一种观点更可取。依据《涉外民事关系法律适用法》第44条，"侵权责任，适用侵权行为地法律，但当事人有共同经常居所地的，适用共同经常居所地法律。侵权行为发生后，当事人协议选择适用法律的，按照其协议"。在侵权损害赔偿诉讼中，当事人基本上不可能事先协议选择适用的法律，而在侵权人是中国人，被侵权人是其他国家或地区的自然人或居民的情况下，也不存在共同经常居所地的问题。因此，当然要适用侵权行为地的法律即我国法律。我国尚属于发展中国家，人民的生活水平和富裕程度与美国、加拿大、日本、西欧等国家有很大的差距。如果完全按照受害人所在国的标准赔偿，难以承受，显然也不符合法律规定。可是，如果完全按照具体的侵权行为发生地赔偿，对受害人可能更为不利。因为我国幅员辽阔，各地经济发展水平差别很大。如果以贫困的侵权行为发生地的标准计算损害赔偿金，更无法填补受害人的损害。因此，采取我国经济最发达的省市作为赔偿标准，相对比较合理，既有利于保护受害人，也没有过度加重侵权人的责任(参见**案例29.2.2**)。

案例阅读

案例29.2.2
江繁玉等与进贤县温圳镇农机管理站等侵权损害赔偿纠纷上诉案

(四)计算标准的统一

在很长一段时间，我国人身伤亡财产损害赔偿采取的是"城乡有别"的二元化计算方法。依据《人身损害赔偿解释》第25、28条与第29条，在计算残疾赔偿金、死亡赔偿金时，原则上要依据被侵权人究竟是城镇居民还是农村居民而采取不同的计算标准，即如果被侵权人是城镇

---

〔35〕 胡建勇：《外国人在华遭受人身损害的赔偿标准问题——林甲、金某诉中国航空技术进出口总公司北京凯迪克大酒店、中国航空技术进出口总公司及邓某、李某等一般人身损害赔偿案法律问题分析》，载北京市高级人民法院：《审判前沿：新类型案件审判实务》，第25集，法律出版社2010年版，第131～136页。

〔36〕 类似做法的还有江西，参见陈幸欢、闵遂赓：《涉外民事侵权损害赔偿纠纷的法律适用和赔偿标准》，载《人民司法·案例》2012年第22期。

居民,那么就按照受诉法院所在地上一年度城镇居民人均可支配收入相应地计算残疾赔偿金或死亡赔偿金;如果被侵权人是农村居民,则按照受诉法院所在地上一年度农村居民人均纯收入标准相应地计算残疾赔偿金或死亡赔偿金。由于我国城乡经济差异,这种按照城乡区分的不同赔偿标准,就会使得农村居民遭受人身损害时获得的赔偿额要远远低于城镇居民。以广东省为例,根据《广东省2019年度人身损害赔偿计算标准》,2018年广东省(深圳、珠海、汕头除外)城镇居民、农村居民人均可支配收入分别为42,066元/年、17,168元/年,前者达后者的2.45倍;人均生活消费支出分别为28,875元/年、15,411元/年,前者达后者的1.87倍。这就意味着,在广东省,同样是人身损害赔偿案件,城镇居民获得的赔偿额有可能分别是农村居民的2.45倍和1.87倍。

2019年4月15日《中共中央、国务院关于建立健全城乡融合发展体制机制和政策体系的意见》明确要求,"改革人身损害赔偿制度,统一城乡居民赔偿标准"。也就是说,今后在残疾赔偿金、死亡赔偿金等人身损害赔偿项目的计算标准上,不应再区分城乡按照不同的标准,而应当统一。党中央、国务院的这一规定是非常英明的。在《民法典》编纂时,立法机关也曾试图对于残疾赔偿金和死亡赔偿金的计算标准作出统一规定。《民法典侵权责任编草案(征求意见稿)》第15条曾规定:"残疾赔偿金的确定以国家上年度职工平均工资为基础,并可以综合考虑被侵权人丧失劳动能力的程度、受伤时的年龄、受伤前的收入状况、被扶养人的生活状况等因素。死亡赔偿金的确定以国家上年度职工平均工资为基础,并可以综合考虑被侵权人死亡时的年龄、死亡前的收入状况、被扶养人的生活状况等因素。"然而,由于争议太大,最终被删除,立法机关有关人士认为还是应当将该问题交由法院在实践中加以解决,《民法典》对此不作规定。〔37〕

2019年9月2日,最高人民法院给各地高级人民法院发出《关于授权开展人身损害赔偿标准城乡统一试点的通知》,授权各省、自治区、直辖市高级人民法院及新疆维吾尔自治区生产建设兵团分院根据各省具体情况在辖区内开展人身损害赔偿纠纷案件统一城乡居民赔偿标准试点工作,试点工作在2019年年内启动。不少地方法院已经出台相关文件,对此作出了规定。从目前情况来看,各地法院统一适用的标准有所不同,有的法院规定死亡赔偿金和残疾赔偿金统一适用上一年"全体居民人均可支配收入",〔38〕有的法院则规定死亡赔偿金和残疾赔偿金统一按照上一年"城镇居民人均可支配收入"计算。〔39〕还有的法院规定,残疾赔偿金、死亡赔偿金按照本市上一年度全市居民人均可支配收入标准计算;被扶养人生活费按照本市上一年度全市居民人均消费性支出标准计算。〔40〕

四、同一侵权行为致多人死亡的以相同数额确定死亡赔偿金

(一)规范目的

《民法典》第1180条规定:"因同一侵权行为造成多人死亡的,可以以相同数额确定死亡赔偿金。"该规定来自《侵权责任法》第17条。《侵权责任法》第17条规定:"因同一侵权行为造成多人死亡的,可以以相同数额确定死亡赔偿金。"作此规定的理由在于:首先,有利于尽快解

---

〔37〕 黄薇主编:《中华人民共和国民法典侵权责任编解读》,中国法制出版社2020年版,第66页。

〔38〕《温州市中级人民法院关于人身损害赔偿纠纷案件统一城乡居民标准等问题的会议纪要》(2019年12月18日)。

〔39〕《山东省高级人民法院关于开展人身损害赔偿标准城乡统一试点工作的意见》(2010年3月11日)

〔40〕《北京市高级人民法院关于开展人身损害赔偿纠纷案件统一城乡居民赔偿标准试点工作的通知》(2020年3月24日)。

决纠纷,防止不同的赔偿权利人之间互相攀比,避免造成新的矛盾,使得赔偿问题长期无法解决,甚至引发群体性事件。在《侵权责任法(草案)》的审议过程中,“有的常委委员、部门和专家提出,死亡赔偿在许多情况下根据死者年龄、收入状况等情形赔偿数额有所不同,但在同一事故造成死亡人数较多时,为便于解决纠纷,往往采用相同数额予以赔偿,草案应当根据实际做法增加有关规定”。[41] 其次,该条是对实践经验的总结。在我国以往处理同一损害事故造成多人死亡的案件(如矿难赔偿),多采取给付所有受害人近亲属固定数额赔偿金的方式。[42] 此外,这一规定也为我国今后立法规范现代社会的大规模侵权赔偿问题提供了法律依据。

在我国《民法典》编纂时,有观点认为,应当删除《侵权责任法》第17条。但是,立法机关考虑到该条在实践中具有积极的意义,故此《民法典》依然保留了这一规定。还有观点认为,《民法典》第1180条不应当使用“可以”,因为“可以”的表述过于含糊,尤其是司法实践中,法官不敢轻易使用本条,建议明确为“应当”。该意见没有被立法机关接受,因为本条实际上是一种授权性的规定,即根据损害事故的实际情况酌情运用本条,如果一概强制性地规定必须以相同数额确定死亡赔偿金,对于保护受害人权益和解决纠纷未必有利。此外,需要注意的是,适用本条也不限于在法院审理侵权案件中,侵权人与多个被侵权人的近亲属集体协商死亡赔偿金时也可以适用,故此,更不能采取“应当”的表述。

(二)适用要件

1.《民法典》第1180条仅适用于“因同一侵权行为造成多人死亡”的情形,这主要是指各种重大、特大的人身伤亡事故,如交通事故、矿难事故、火灾事故等。至于多少人死亡才属于“多人”,有学者认为,应当理解为侵权死亡人数众多的情况,如10人以上、20人以上。

2. 只适用于死亡赔偿金数额的确定。《民法典》第1180条中所谓的“死亡赔偿金”是指性质上属于财产损害赔偿的死亡赔偿金,而不包括作为精神损害赔偿的死亡抚慰金,也不包括人身伤亡造成的其他财产损害,如医疗费、误工费、护理费、营养费、丧葬费以及残疾赔偿金。

3.《民法典》第1180条使用的是“可以”的表述,而未规定“必须”或“应当”。加之,该条并未明确适用的主体。故此,该条属于任意性条款,具有指导示范意义。换言之,无论是侵权人与被侵权人的近亲属之间协商死亡赔偿金的数额,还是政府有关部门主导下的赔偿方案,抑或人民法院在审理侵权赔偿案件中,都可以适用《民法典》第1180条,从而快速解决侵权纠纷,维护被侵权人的合法权益,稳定社会秩序。例如,在2011年发生的“7·23”甬温线特别重大铁路交通事故中,“7·23”事故救援善后总指挥部公布的理赔方案中,就是以相同数额确定死亡赔偿金,统一按照2010年度浙江省城镇居民人均可支配收入即27,359元×20年=547,180元进行赔偿。[43]

五、损害赔偿金的支付方式

(一)一次性支付与分期支付的含义

损害赔偿金的支付方式有两种:一次性支付与分期支付。一次性支付(be award on a lump sum),是指在确定损害赔偿金的数额后,侵权人一次性将全部的赔偿金支付给被侵权人或其近亲属。分期支付,是指在确定损害赔偿金的总额后,由侵权人按照固定的期限分批分次将赔偿

---

〔41〕 2009年10月27日《全国人民代表大会法律委员会关于〈中华人民共和国侵权责任法(草案)〉修改情况的汇报》。

〔42〕 王胜明主编:《中华人民共和国侵权责任法解读》,中国法制出版社2010年版,第79页。

〔43〕 陈东升:《17.2万到91.5万,温州动车事故赔偿标准出台内幕》,载《法制日报》2011年8月15日。

金支付给被侵权人或其近亲属。申言之,赔偿义务人可以将总赔偿金分几次支付给赔偿权利人,也可以按年、季度、月来定期向赔偿权利人进行支付(所谓的定期金支付)。

一次性支付与分期支付各有优劣。一次性支付的优点在于:由于损害赔偿金是一次性支付,因此,可以做到纠纷的一次性解决,方便快捷地处理案件,也避免将来引发新的纠纷。尤其是可以避免赔偿义务人陷入支付不能的风险。但是,一次性支付的缺陷在于:

首先,对受害人因丧失或者完全丧失劳动能力而导致的预期收入的赔偿采取一次性支付的方式,将使得赔偿数额的确定中存在大量不可预测的因素,变得非常不准确,不能真实反映实际损失。例如,在采取一次性支付的方式判给因伤致残的受害人以残疾赔偿金的时候,该受害人在未来的预期收入是上升还是下降、健康状况是好转还是恶化、人生发展机会是增多还是减少等因素都只能是进行推测。正因如此,即便在采取一次性给付的英美,实践中也发展出了“临时性给付”(provisional awards)以及“结构性赔偿”(structured settlements)等方式加以弥补。〔44〕

其次,一次性支付的方式无法考虑通货膨胀的因素。现代社会通货膨胀带来的货币贬值对受害人的影响极大,以损害发生时为基准时进行人身损害赔偿数额的一次性支付因此很难被认为是公平合理的。因为在发生严重的通货膨胀时,一次性支付给赔偿权利人的赔偿金的实际价值将发生严重的贬损,对其极为不利。相反,当未来发生货币升值的情形时,一次性支付又给赔偿义务人造成了不利。正因如此,英国著名法官丹宁勋爵在《法律的未来》一书中写道:“我以为,在确定未来的损失——未来的支出以及未来收入的损失——赔偿时,让法官预料未来三四十年的事情或猜想大概要发生什么情形,在原则上是错误的。只要法官在判决的时候一次判给某人全部赔偿费,这类事情就是不可避免的。你肯定会觉得这种判决是错误的。结果判决不是太多,就是太少,总是不合适。这个问题似乎应该这样解决:不要判给总的一笔,而应有个分期赔偿的制度。如果不可能的话,最好是对支出以及未来收入的全部实际损失予以赔偿。我认为也许这是不太可能的。但还有另一种最好的办法,即在审理中,法官可以安排后三年的赔偿,每三年进行一次审核。这样就可以注意到受伤害的人的伤势是在不断好转,还是在继续恶化,同时也就注意到通货膨胀、货币价值的变化以及他的晋升的希望或工作的变化。”〔45〕

再次,一次性支付在实践中也非常容易造成赔偿义务人的赔偿负担瞬间过重,以致其支付不能甚或破产的局面,最终仍将损害赔偿权利人的利益。

最后,在未成年人作为受害人的时候,一次性支付的损害赔偿金非常容易产生道德风险,为其监护人所挪用、挥霍甚至侵吞,对于保护未成年人的合法权益不利。

分期支付的方式也有利有弊。其优点在于:首先,能够比较真实准确地计算出损害赔偿额,排除一次性支付中过多的推测或虚拟的成分。其次,分期支付中法院可以根据支付期间的通货膨胀等因素对给付金额进行适当的调整,因此分期支付方式能够适应形势的变化,尤其是

---

〔44〕“结构性赔偿”,是指赔偿权利人与赔偿义务人就赔偿金的支付方式达成的一种协议。依据该协议,被告无须一次性支付给原告以损害赔偿金,而是首先付一部分赔偿金给原告,剩余的部分分期支付。然后,被告的责任保险公司将用剩余的赔偿金从人寿保险公司处购买一项年金,该年金所获得的收益则用来分期支付给原告。结构性赔偿的方式最早产生于20世纪80年代的美国与加拿大。Harvey McGregor, *McGregor on Damages*, 16th. ed., Sweet & Maxwell, 1997, p. 1532; B. S. Markesinis & S. F. Deakin, *Tort Law*, 4th ed., Clarendon Press, 1999, p. 747.

〔45〕[英]丹宁勋爵:《法律的未来》,刘庸安、张文镇译,法律出版社 & Butterworths 1999年版,第164~165页。

可以解决一次性支付方式下所无法解决的因通货膨胀以及社会工资的普遍调整所产生的问题。再次,可以避免因赔偿义务人的瞬间赔偿负担过重而引发的不良后果,保证全部赔偿金的顺利给付。最后,分期支付的方式能够真正实现人身损害赔偿金对受害人及其近亲属的生活保障机能,既能防止受害人的监护人对赔偿金的挪用、侵吞或挥霍,也能防止因受害人不当的投资利用而造成的社会整体损失。

但是,分期支付的方式也存在一定的缺陷,主要有:首先,容易引发纠纷。因为赔偿权利人与赔偿义务人之间的损害赔偿之债的关系将延续一定的期间,在这一期间,赔偿义务人可能会出现拖延或拒不按期支付赔偿金的情形,因此容易导致新的纠纷与一定程度上的社会不稳定。其次,增加了交易成本。分期支付的方式一方面将增加赔偿权利人与赔偿义务人的联络成本、支付成本,另一方面由于分期支付期间可以根据情事的变更等因素对给付金额进行调整,因此法院必然需要再次审理,引发诉讼成本,增加法院的负担。最后,由于分期支付需要历经一段期间,在该期间赔偿义务人的财产状况可能恶化,如因经营不利而破产,此时赔偿权利人剩余的赔偿金债权将难以获得保障,通过赔偿义务人提供担保的方式在一定程度上可以减少此种风险,但是赔偿义务人的担保又将引发新的社会成本。[46]

(二)支付方式的不同规定

1.绝对的一次性给付。采取此种立法的国家或地区主要是英国、美国、丹麦以及西班牙。例如,英国的法院基于"一了百了"(once and for all)的原则,通常都要求赔偿义务人将财产损害赔偿金一次性支付给受害人。[47] 但是,一次性给付的原则存在两个例外:依据1982年的《司法管理法》(the Administration of Justice Act 1982)第6条的规定,如果受害人能够证明因产生诉因的作为或不作为而导致其在未来的某个确定或不确定的时间内,将出现某种严重的疾病或者出现生理或心理状况的恶化后果,则受害人有权要求法院判给"临时性给付"。[48] 法院作出临时性给付判决通常是因为推定某一特定事件(如原告因羊痫风发作而健康状况恶化)不会发生,如果法院的推定是错误的,原告可以再次对被告就继续发生的损害提起赔偿之诉。[49] 此外,为了克服因缓慢的诉讼程序而对受害人造成的收入损失以及增加的医疗费或其他支出,英国的法院还采取了"预先支付"(interim awards)的方式,即在案情明朗时先支付一部分赔偿给原告。在丹麦,因丧失劳动能力的损害赔偿也被确定为一次性赔偿,而西班牙法院原则上也仅作一次性赔偿判决。[50]

2.以一次性给付为原则,而以分期给付为例外。采取此种立法例的主要是我国澳门特别行政区和台湾地区。依据《澳门民法典》第561条规定,经考虑损害的连续性,法院可以依照受害人的声请,就全部或部分损害赔偿定出终身或暂时定期金的赔偿方式。如果受害人没有提出此种声请,则应当判决一次性给付损害赔偿金。我国台湾地区"民法"第193条第1、2款规

〔46〕 有观点认为,定期金支付的方式将可能引发受害人的"灾害神经症",即受害人会由于产生希望得到保护或获得赔偿金的愿望而引发中枢神经的器质性变化。详见龚赛红:《医疗损害赔偿立法研究》,法律出版社2001年版,第377~378页。

〔47〕 W. V. H. Rogers, *Winfield and Jolowicz on Torts*, 15th ed., Sweet&Maxwell, 1998, p. 765; Margaret Brazier & John Mruphy, *Street on Torts*, 10th ed., Butterworths, 1999, p. 551.

〔48〕 Harvey McGregor, *McGregor on Damages*, 16th ed., Sweet & Maxwell, 1997, p. 1527.

〔49〕 [德]克里斯蒂安·冯·巴尔:《欧洲比较侵权行为法》(下册),焦美华译,法律出版社2004年版,第235页。

〔50〕 [德]克里斯蒂安·冯·巴尔:《欧洲比较侵权行为法》(下册),焦美华译,法律出版社2004年版,第236页。

定："不法侵害他人之身体或健康者，对于被害人因此丧失或减少劳动能力或增加生活上之需要时，应负损害赔偿责任。前项损害赔偿，法院得因当事人之声请，定为支付定期金。但须命加害人提出担保。"

3. 以分期给付为原则，而以一次性给付为例外。采取此种立法例的主要是德国、俄罗斯等。例如，《德国民法典》第 843 条第 1 款规定："因伤害他人的身体或健康致被害人丧失或减少其劳动能力，或增加其生活需要者，加害人对被害人应支付定期金以赔偿其损害。"此外，《德国民法典》第 844 条第 2 款关于被扶养人生活费以及第 845 条对死亡赔偿金、残疾赔偿金也都是采取定期金的赔偿方式。只有出于特别的事由，如重塑生活，受害人才能要求一次性支付。在定期金赔偿中不考虑利息，但是在一次性赔偿中需要考虑可预见的变化，如货币贬值等。[51] 再如，《俄罗斯联邦民法典》第 1092 条第 1 款第 1、2 句规定："因受害人劳动能力降低或者因受害人死亡引起的损害赔偿，按月给付。有正当理由时，法院斟酌致害人给付的可能性，可依有损害赔偿权的公民的请求，判决向其一次性给付，但对 3 年以上的赔偿不适用一次性给付。"

4. 采取一次性赔偿还是分期赔偿，由法官自由裁量决定，法律不作强行性规定。采取此种立法例的主要是荷兰、奥地利、瑞士。《荷兰民法典》第 105 条第 1 款规定："法官可以全部或部分推迟对尚未发生的损害之估价；也可在进行盖然性评估之后立即对未来的损害进行估价。于后一情形，法官可以判决债务人一次性支付赔偿金额，或者判决债务人附履行担保或不附履行担保分期支付赔偿金额；此等判决由法官依具体情况定之。"《奥地利民法典》没有规定究竟是以定期金还是一次性赔偿金的方式对受害人给予赔偿。司法实践中，是区分不同的情况。对于已经发生了的损害或者已经可以预见其内容的损害而言，赔偿原则上应当一次性支付。但是，依据《奥地利铁路与机动车责任法》第 14 条第 1 款的规定，对于将来的损害即劳动能力的降低、费用的增加以及抚养请求权的丧失，要通过支付定期金给予赔偿；但是，依据该条第 3 款，如果赔偿义务人有能力一次性支付赔偿金，则赔偿权利人基于重要理由可以请求一次性赔偿。[52]《瑞士债务法》第 43 条第 1 款规定："损害赔偿的方法和范围，由法院裁判之，法院为裁判时，应衡量发生损害的具体情况及过错程度。"瑞士联邦最高法院以往通常判决以一次性给付方式进行赔偿，仅在个案的特殊情况中允许定期金方式进行赔偿，但是现在最高法院允许受害人自行选择定期金方式还是一次性给付方式进行赔偿，不过即便损害赔偿采取一次性给付的方式，法院仍然以定期金作为计算的基础。[53]

（三）我国法上以一次性支付为原则

我国《民法通则》没有明确损害赔偿金的支付方式，但是一些行政法规以及司法解释中都明确规定，（无论何种）损害赔偿金的支付方式采取的都是一次性支付。《人身损害赔偿解释》在一次性支付之外，首次引入了定期金给付的模式。依据该解释第 31 条第 2 款，物质损害赔偿金与精神损害抚慰金应当一次性给付。同时，该解释第 33 条又规定，对"残疾赔偿金、被扶养人生活费、残疾辅助器具费"，依据赔偿义务人的声请可以采取定期金给付方式。

《侵权责任法》对损害赔偿金的支付方式的规定与《人身损害赔偿解释》有所不同。该法第

---

〔51〕［奥］伯恩哈德·A. 科赫、［奥］赫尔穆特·考茨欧主编：《比较法视野下的人身伤害赔偿》，陈永强、徐同远等译，中国法制出版社 2012 年版，第 215 页。

〔52〕［奥］伯恩哈德·A. 科赫、［奥］赫尔穆特·考茨欧主编：《比较法视野下的人身伤害赔偿》，陈永强、徐同远等译，中国法制出版社 2012 年版，第 35 ~ 36 页。

〔53〕［瑞］海因茨·雷伊：《瑞士侵权责任法》（第 4 版），贺栩栩译，中国政法大学出版社 2015 年版，第 77 页。

25 条规定:“损害发生后,当事人可以协商赔偿费用的支付方式。协商不一致的,赔偿费用应当一次性支付;一次性支付确有困难的,可以分期支付,但应当提供相应的担保。”《民法典》延续了《侵权责任法》这一规定,但进行了修改。《民法典》第 1187 条规定:“损害发生后,当事人可以协商赔偿费用的支付方式。协商不一致的,赔偿费用应当一次性支付;一次性支付确有困难的,可以分期支付,但是被侵权人有权请求提供相应的担保。”这就是说:首先,究竟是一次性支付还是分期支付,应当尊重当事人的意思,他们可以自行协商。这种协商既包括对总的赔偿金究竟是一次性支付还是分期支付,抑或对其中的某些赔偿金如死亡赔偿金或残疾赔偿金等采取分期支付。当事人可以约定分两次以上进行支付,也可以约定按照年、季度或按月支付等。如果当事人对赔偿费用的支付方式协商不成的,则以一次性支付为原则。只有当赔偿义务人一次性支付确有困难时,才可以分期支付,但是被侵权人有权请求提供相应的担保。

所谓“一次性支付确有困难”,必须是赔偿义务人提出证据来证明自己一次性支付确实有困难,而是否确有困难则应由法院根据赔偿义务人的经济状况等因素作出决定。同时,考虑到赔偿义务人分期支付赔偿费用时,因履行期限变长,可能出现侵权人财产状况恶化以致无法继续支付的情形,或者侵权人拖延或逃避继续支付赔偿金的义务的情形;故此,在采取分期支付方式时,被侵权人有权要求提供相应的担保。所谓相应的担保是广义上的担保,不仅包括物的担保(如抵押、质押)以及人的担保(保证),也可以是其他具有一定的担保功能的方式,如由银行代管、代发赔偿金等。如果被侵权人不提供相应的担保,则法院不能判决分期支付。当然,被侵权人如果没有要求提供相应的担保的,此时,法院也不能强制侵权人提供担保。在这一点上《民法典》第 1187 条与《侵权责任法》第 25 条的规定不同。

第三节　侵害其他人身权益的财产损害赔偿

一、侵害其他人身权益的财产损害赔偿的含义

所谓侵害其他人身权益的财产损害赔偿,是指侵害生命权、身体权与健康权这三项人格权之外的其他人身权益,如姓名权、名称权、名誉权、荣誉权、肖像权、隐私权、个人信息、人身自由权、人格尊严权等人格权,监护权等身份权,以及死者的姓名、名称、肖像、隐私等人格利益,而给被侵权人或者其近亲属造成财产损失的,侵权人应当承担的财产损害赔偿责任。一般来说,只有能够被商业化利用的人身权(如姓名权、名称权、肖像权)遭受侵害后,才可能造成被侵权人的财产损失。因为,此种财产损害赔偿所保护的实质上是其他人身权益中所蕴含的经济利益或者商业利益(参见案例 29.3.1)。侵犯其他人格权益的财产损害赔偿与人身伤亡的财产损害一样都属于财产性损害,但是赔偿范围有所不同。这一点尤其体现在那些歌星、影星、体育明星等知名人士身上。一般来说,被侵权人可以通过提供在相同或类似的情况下授权他人使用姓名、名称或肖像时可以获得许可费等证据证明自己其他人身权益遭受侵害时的

案例阅读

案例29.3.1
周星驰诉中建荣真无锡建材科技有限公司肖像权、姓名权纠纷案

财产损失。[54] 例如,在一起案件中,被告远东公司擅自在其产品的外包装上使用原告张柏芝的肖像,侵害了其肖像权。原告证明索芙特公司聘请自己担任产品两年的形象代言人所支付的酬金均已超过 200 万港元。法院认为,在确定以营利为目的的侵害肖像权的赔偿金额时,"不仅要考虑远东公司的过错程度,侵权行为的具体情节,侵权后果和具体影响,还要参照一般有偿使用张柏芝肖像的费用标准。因此,对于远东公司侵害张柏芝肖像行为的赔偿金额,酌定 100 万元为宜"。[55]

人身伤亡的财产损害包括所受损害和所失利益两种类型,而侵害其他人身权益的财产损害则属于所失利益,即如果侵权人不实施侵害其他人身权益的侵权行为,则被侵权人原本可以通过人格权益的商业利用而获得相应的经济利益。依据《民法典》第 993 条,民事主体可以将自己的姓名、名称、肖像等许可他人使用,但是依照法律规定或者根据其性质不得许可的除外。这就是说,自然人、法人或非法人组织原本可以将自己的姓名、名称、肖像等许可他人使用而获得相应的财产利益;但是现在因侵权人的侵权行为而导致其本应获得的该财产利益未能获得。因此,侵害其他人身权益的财产损害属于消极损害,是被侵权人未来收入的损失,具有较大的不确定性。正因如此,我国《民法典》第 1182 条对此种损害专门加以规定。

二、赔偿数额的确定方法

损害赔偿法以完全赔偿为基本原则,即损失多少,赔偿多少。被侵权人在行使损害赔偿请求权时,必须证明损失及其数额。但是,在侵害其他人身权益尤其是其他人格权益的财产损害赔偿中,往往会出现被侵权人难以证明损害赔偿数额的困难。这是因为,人格权益的商业化利用本身存在不确定性。一方面,有些民事主体的姓名、名称、肖像等具有很高的经济价值,可这些主体出于某些原因(如碍于各种规定或者限制)未将之许可他人使用,因此也就很难证明财产损失;另一方面,即便是曾经被商业利用过的人格权益,因为交易的场景不同,经济价值或交易价格也有差异。但是,如果仅仅因为损失赔偿难以计算,就不给予赔偿,任由侵权人侵害他人人格权益而获益,显然是不公平的,也不利于预防和制止侵权行为。

有鉴于此,在起草《侵权责任法》时,就有全国人民代表大会常务委员会委员、法院和专家提出,对于侵害姓名权、名誉权、肖像权、隐私权等造成财产损失的,即便损失赔偿额难以计算,《侵权责任法》也应当作出相应的规定。[56] 全国人民代表大会法律委员会经同有关部门研究后参照我国知识产权法中的被侵权人损害难以确定时的相关规则(《著作权法》第 49 条、《专利法》第 65 条以及《商标法》第 63 条)作出了相应的规定,《侵权责任法》第 20 条规定:"侵害他人人身权益造成财产损失的,按照被侵权人因此受到的损失赔偿;被侵权人的损失难以确定,侵权人因此获得利益的,按照其获得的利益赔偿;侵权人因此获得的利益难以确定,被侵权人和侵权人就赔偿数额协商不一致,向人民法院提起诉讼的,由人民法院根据实际情况确定赔偿数额。"

---

〔54〕 在德国,对于侵害人格权的财产损失,原告一般只能以许可费的标准要求赔偿适当的报酬。Staudinger/Hager, 2008, § 823, Rn. C290.

〔55〕 张柏芝诉梧州远东美容保健用品有限公司肖像权案,江苏省高级人民法院(2006)苏民终字第 109 号民事判决书;莫少聪肖像权纠纷案,福建省泉州市中级人民法院(2005)泉民终字第 1178 号民事判决书。

〔56〕《全国人民代表大会法律委员会关于〈中华人民共和国侵权责任法(草案)〉修改情况的汇报》《全国人民代表大会法律委员会关于〈中华人民共和国侵权责任法(草案)〉审议结果的报告》,载王胜明主编:《中华人民共和国侵权责任法解读》,中国法制出版社 2010 年版,第 458 页以下。

依据《侵权责任法》第 20 条的规定,原则上侵害他人人身权益造成财产损失的,应当按照被侵权人因此受到的损失赔偿,但是,如果被侵权人的损失难以确定且侵权人因此获得利益的,则按照其获得的利益赔偿;如果侵权人因此获得的利益也难以确定的,就由被侵权人和侵权人就赔偿数额加以协商,协商不一致的,由人民法院根据实际情况确定赔偿数额。所谓根据实际情况确定赔偿数额,也称法定赔偿,[57] 司法实务的倾向性观点是:"在已经能够认定损害确实存在,只是具体数额尚难以确定或者无法确定的情况下,法官可以结合一些间接证据和案件其他事实,遵循法官职业道德,运用逻辑推理和日常生活经验,进行自由心证,适当确定侵权人应当承担的赔偿数额。"[58] 本书认为,法院主要应当考虑侵权人的过错程度、原因力、侵权行为的方式和性质、侵权造成的损害后果、侵权人主体类型及经济状况、被侵权人的知名度等因素加以确定。

尽管从逻辑上说,《侵权责任法》第 20 条赋予了受害人多种可能性,但是由于损害的计算以及获利的计算都缺乏实际的规则,且受害人要证明被侵权人的获利的难度远远高于证明自己的损害的难度——毕竟受害人根本无法取得侵权人的财务资料,因此也就难以准确证明侵权人的获利。这种证明实际损失和侵权人获利的难度在知识产权审判实践中也是普遍存在的。为此,我国《商标法》还专门于第 63 条第 2 款规定:"人民法院为确定赔偿数额,在权利人已经尽力举证,而与侵权行为相关的账簿、资料主要由侵权人掌握的情况下,可以责令侵权人提供与侵权行为相关的账簿、资料;侵权人不提供或者提供虚假的账簿、资料的,人民法院可以参考权利人的主张和提供的证据判定赔偿数额。"可是,此种规定本身不太具有可操作性。因此,在知识产权审判实践中法官使用的最多的还是所谓的法定赔偿(也称"法定限额赔偿"),即法官在法律确定最高赔偿额度范围内考虑被侵害的权利的类型、侵权行为的情节、类似的案件等因素,酌定一个赔偿金额。例如,2005 年北京市高级人民法院发布的《北京市高级人民法院关于著作权侵权损害赔偿问题的调查报告》,对北京各级法院于 2002 ~ 2003 年审结的 162 件著作权侵权纠纷一审案的统计分析显示:以权利人的经济损失作为赔偿额的为 78 件,占 48%,以侵权人的非法所得作为赔偿额的为 10 件,占 6%;适用法定赔偿的为 48 件,占 30%;调解结案的占 16%。[59] 然而,在 2002 ~ 2013 年的 10 年时间内,北京各级法院在著作权侵权案件中法定赔偿的适用比例越来越高。学者对这一期间北京市各级法院 3138 份著作权侵权纠纷判决书的分析显示:适用法定赔偿的案件占到案件总数的 98.2%,而采取原告损害和被告获利方式计算赔偿数额的案件分别仅占到 0.4% 和 0.3%。[60] 目前,我国法律对于侵害不同类型的知识产权规定了不同的法定赔偿制度,其中,侵害著作权的,法定限额是 50 万元人民币(《著作权法》

---

〔57〕 此种法定赔偿并不等于惩罚性赔偿,虽然其也具有一定的惩罚功能。对此,最高人民法院在一个案件中有明确的说明:"被侵权人和侵权人就赔偿数额协商不一致,向人民法院提起诉讼的,由人民法院根据实际情况确定赔偿数额。该损害赔偿责任,在功能上,当然具有补偿性、预防性和惩罚性。但是,这并不意味着原审法院认定的损害赔偿数额就是'惩罚性赔偿'"。参见,上海第九城市信息技术有限公司、第九城市计算机技术咨询(上海)有限公司等与上海第九城市信息技术有限公司、第九城市计算机技术咨询(上海)有限公司等姓名权纠纷、肖像权纠纷案,最高人民法院(2014)民申字第 1114 号民事裁定书。

〔58〕 程新文:《侵权事实存在,但侵权造成的损害数额大小无法确定或者难以确定的,如何处理》,载最高人民法院民事审判第一庭:《中国民事审判前沿》第 1 集,法律出版社 2005 年版,第 158 页。

〔59〕 北京市高级人民法院民三庭:《北京市高级人民法院关于著作权侵权损害赔偿问题的调查报告》(上),载《电子知识产权》2005 年第 5 期。

〔60〕 谢惠加:《著作权侵权损害赔偿制度实施效果分析——以北京法院判决书为考察对象》,载《中国出版》2014 年第 14 期。

第49条第2款)；而侵害专利权的，不仅有最高限额还有最低限额，即1万元到100万元人民币(《专利法》第65条第2款)；侵害商标权的赔偿限额最高，为500万元(《商标法》第63条第3款)。考虑到在确定侵害其他人格权益的财产损害赔偿数额时，侵权人的获利难以证明，《利用信息网络侵害人身权益纠纷规定》第18条第2款参照了知识产权法的规定，确定了50万元的最高限额。[61]

我国《民法典》第1182条延续《侵权责任法》第20条，也对侵害他人人身权益造成财产损失应当如何赔偿的问题作出了规定，但是，该条也作了一些变化，即不再将"被侵权人的损失难以确定"作为被侵权人主张按照侵权人因侵权行为所获的利益来赔偿的前提要件。这样做的主要理由在于：如果将被侵权人的损失难以确定作为适用前提，那么就要求被侵权人对此加以证明，而这样做显然不利于对受害人的救济，也不利于剥夺行为人的获利。[62] 况且，在受害人虽然能够证明损失，但是其损失要小于行为人的获利的时候，按照《侵权责任法》第20条也只能按照所受损失赔偿，这就意味着受害人无法要求侵权人返还其因侵权而获得的非法利益，这不利于预防侵权行为，影响侵权法的预防功能的充分发挥。[63]

三、获利返还请求权的定位

依据《民法典》第1182条第1句的规定，侵害他人人身权益造成财产损失的，被侵权人可以选择要求侵权人按照被侵权人因此所受到的损失赔偿，也可以要求侵权人按照侵权人因此获得的利益赔偿。这两种赔偿请求权虽然被规定在一起，被侵权人有自由选择权，但是这两种请求权的性质是不同的。学说上，对于被侵权人以侵权人所获利益为标准要求赔偿时的请求权的性质问题，有不同的看法。一种观点认为，侵权人因侵权而获利，其本质上为不当利得，我国法律没有对此专门规定返还不当得利请求权，而是用赔偿损失的请求权吸收了不当得利返还请求权。[64] 另一种观点认为，被侵权人以侵权人所获利益为标准要求赔偿时的请求权属于所谓的"利润剥夺"请求权，该请求权既不同于侵权损害赔偿请求权，也不同于不当得利返还请求权。尽管利润返还与不当得利中的返还侵权得利在实际效果上都具有要求得利人返还其所得"利益"的功能，但是，返还侵权得利的法理基础为"归属理论"或者"分配理论"，即依据衡平思想确定法益的归属，在无正当事由的基础上，一方获得利益致使他人受损，必须负担向对方返还该得利的义务。然而，"利润剥夺"的法理基础却是违法性理论，即主要在于解决违反义务所导致的法益保护问题。其次，在不当得利中，一方得利与他方受损之间具有关联性，然而利润剥夺请求权中可能出现一方所得超过甚至远远超过另外一方所失的情形，二者之间并不当然具有关联性，法律上也无此要求。[65] 持此种观点的学者认为，获利返还请求权实际上兼有损害赔偿请求权与不当得利请求权的性质，故此应当作为一类独立的请求权。[66]

---

〔61〕 最高人民法院民事审判第一庭：《最高人民法院关于利用网络侵害人身权益司法解释理解与适用》，人民法院出版社2014年版，第251页。

〔62〕 杨立新：《侵权责任法》，高等教育出版社2010年版，第373页。

〔63〕 王若冰：《获利返还制度之我见——对〈侵权责任法〉第20条的检讨》，载《当代法学》2014年第6期。

〔64〕 张新宝：《侵权责任法立法研究》，中国人民大学出版社2009年版，第352页以下。

〔65〕 朱岩：《利润剥夺的请求权基础——兼评〈中华人民共和国侵权责任法〉第20条》，载《法商研究》2011年第3期；缪宇：《获利返还论——以〈侵权责任法〉第20条为中心》，载《法商研究》2017年第4期。

〔66〕 朱岩：《利润剥夺的请求权基础——兼评〈中华人民共和国侵权责任法〉第20条》，载《法商研究》2011年第3期。不过，也有观点认为，获利返还请求权尚不具有与其他的债的请求权基础相当的地位，不能作为一种独立的请求权。缪宇：《获利返还论——以〈侵权责任法〉第20条为中心》，载《法商研究》2017年第4期。

本书认为,获利返还请求权的性质确实比较特殊,既不同于侵权损害赔偿请求权,也不同于传统的不当得利返还请求权。[67]"因为此种特殊的不当得利返还请求权采纳了侵权责任法所规定的一些构成要件,但其法律后果却采纳了不当得利法所规定的内容。"[68]申言之,一方面,该请求权的构成要件采取侵权损害赔偿请求权的构成要件,依据我国《民法典》第1182条之规定,被侵权人要行使该请求权,至少必须证明:人身权益遭受了侵害且该侵害人身权益的行为给其造成了财产损失,即侵害行为、损害以及因果关系。此外,除非法律特别规定适用无过错责任或过错推定责任,否则应当证明侵权人存在过错。这些要件与不当得利返还请求权的要件是不同的,因为在不当得利中需要证明的构成要件为:一方取得利益,他方遭受损失,一方得利与他方受损之间有因果关系,得利人取得利益没有法律根据(《民法典》第122条、第985条)。至于得利人是否侵害受损人的权益以及有无过错,在所不问。即便得利人是善意的,不知道并且不应当知道获得的利益没有法律根据,也应当返还,除非该获得的利益已经不复存在(《民法典》第986条)。另一方面,不当得利返还请求权中受损的人可以请求得利人返还的"获得的利益"即"不当利益",所谓不当利益,包括原物及其孳息,如果原物不存在的,则可以替代给付;如果得利的标的物即原物或者其替代给付以及孳息性质上不能返还的,则应当偿还价额,如原物被出卖的,应当返还依据客观标准确定的价金。显然,不当得利返还的范围不同于利润,因为利润包括得利人通过自己的努力而获得的超出孳息的利益。利润原则上既非原形利益所生的利益,也不属于客观价额。[69]

由于我国《民法典》第118条第2款已经明确规定,债权的发生原因除了合同、侵权行为、无因管理以及不当得利之外,还包括法律的其他规定,故此,本书认为,可以将获利返还请求权作为一种独立的、新型的请求权类型,其属于法律特别规定的债的发生原因。事实上,诚如有的学者所言,获利返还请求权的适用范围不限于《民法典》第1182条规定的侵害其他人身权益以及《著作权法》《专利法》《商标法》规定的侵害知识产权的情形,在侵害财产权以及其他合法权益的甚至违约的情形,都会出现侵权人或违约者因侵权行为或违约行为而获利,从而需要适用获利返还请求权的情形。[70]例如,在不动产一物数卖的情形下,可以通过剥夺出卖人获利来保护守约方的利益,维护合同严守原则。[71]

第四节　侵害财产的损害赔偿

一、侵害财产的损害赔偿的含义与赔偿范围

所谓财产权益,包括财产权利和财产利益。《民法典》在总则编第五章"民事权利"中对于

---

〔67〕在《侵权责任法》之前,我国司法实践对于侵权人因侵害他人姓名权、肖像权、名誉权等人格权而获利的,采取的是收缴的处理方法。《民法通则意见》第151条规定:"侵害他人的姓名权、名称权、肖像权、名誉权、荣誉权而获利的,侵权人除依法赔偿受害人的损失外,其非法所得应当予以收缴。"

〔68〕[奥]海尔姆特·库齐奥:《侵权责任法的基本问题》(第1卷),朱岩译,北京大学出版社2017年版,第44页。

〔69〕缪宇:《获利返还论——以〈侵权责任法〉第20条为中心》,载《法商研究》2017年第4期。

〔70〕王若冰:《获利返还制度之我见——对〈侵权责任法〉第20条的检讨》,载《当代法学》2014年第6期。

〔71〕许德风:《不动产一物二卖问题研究》,载《法学研究》2012年第3期。

财产权益作出了系统列举，其中财产权利包括物权、债权、知识产权中的财产性权利，继承权，股权和其他投资性权利，而财产利益包括纯粹经济利益、占有、商业秘密等。侵害财产权益给被侵权人造成的主要是财产损失(《民法典》第 1183 条第 2 款的情形除外)，故此，侵权人应当就被侵权人的财产损失承担赔偿责任。因侵害财产权益给被侵权人造成的财产损失可以分为所受损害与所失利益。

(一)所受损害

所受损害，也称直接损失，是指现有财产的价值的减少，既包括积极财产的减少，也包括消极财产的增加。例如，A 将 B 的一块窗玻璃打破，该玻璃需要 10 元，那么 10 元的损失就属于 B 的积极财产减少。B 购买新玻璃后需要支付 5 元聘请工人安装，则该 5 元的损失属于消极财产的增加。财产价值可以分为如下三种类型：[72]

1. 客观价值(pretium commune)，即该被赔偿之财产对任何人都具有的价值。例如，甲有一套四方联庚申年猴票。乙将其中的一枚损坏。假设单枚猴票的市场价格是 5 万元一枚，而一套四方联则价值 30 万元。此时，甲的客观价值损失应当是 30 万元减去 15 万元，即 15 万元，而非 5 万元。

2. 主观价值(pretium singulare)，即财产对于特定的被侵权人所具有的价值。例如，A 有一辆已经行驶了 10 万公里的二手奔驰车，该车的客观价值即在二手车市场的价格不超过 15 万元，但是 A 与 B 签订了买卖合同，B 以 20 万元的价格购买该车。在交付车的前一天晚上，该车被 C 偷走并损毁。那么 C 应当赔偿给 A 的就不是 15 万元的市场价格，而应当是 20 万元的主观价值。

3. 感情价值(Liebhaberwert)，即财产对于特定的被侵权人所具有的喜好上或感情上的价值。[73] 例如，A 是 B 的初恋女友，A 曾送给 B 一块手表(购买时价格为 1000 元)，B 将其视为珍宝，一直保存。结果被 C 不慎损坏。尽管在 B 眼中该手表千金不换，但就损害赔偿法而言，也只能通过客观价值确定损害赔偿数额。由于感情价值难以计算，故此，除非法律有明文规定(如构成“具有人身意义的特定物”)，原则上对感情价值不得用金钱赔偿。

1. 积极财产的减少

(1)因财产毁损或灭失而直接减少的价值

财产尤其是物(动产与不动产)被毁损或者灭失时，该财产被减少或毁灭的价值就是被侵权人的所受损害。为了维护被侵权人就该财产享有的价值利益(Wertinteresse)，侵权人应当承担恢复原状或者折价赔偿的责任。《民法典》第 237 条规定：“造成不动产或者动产毁损的，权利人可以依法请求修理、重作、更换或者恢复原状。”在因侵权行为造成动物伤害的情形下，治疗该动物所受伤害的费用，侵权人也应当赔偿。

司法实践中，确定财产因毁损或灭失而直接减少的价值的方法是：该财产的“原有价值减去现存的价值”。如果财产是可替代物，应区分新物与旧物。其中，确定新物原有价值的方法即市场上购买同类物品的价格。确定旧物与不可替代物原有价值，一般是以相关鉴定机构(如文物鉴定委员会、物价局的价格认证中心等)评估鉴定价格为依据。至于财产被毁损的残存价值，也可以聘请有关的鉴定机构进行评估。

---

[72] Brox/Walker, Allgemeines Schuldrecht, 31. Aufl. 2006, S. 359.

[73] Brox/Walker, Allgemeines Schuldrecht, 31. Aufl. 2006, S. 359.

(2)财产被毁损后的贬值损失

物一旦被毁损,即便进行了修复,仍有价值之减少,即物的贬值。此种贬值包括两种情形:

第一,技术性贬值,即被毁损的物通过修理之后不能完全恢复原状,仍然存在一些瑕疵,以致其价值与被毁损之前依旧存在差异。例如,甲的一件西服被乙不慎泼上墨水,虽经过干洗店干洗仍然存在污点。对于此种技术手段无法完全恢复原状而导致的价值减少,受害人当然有权要求赔偿。

第二,交易性贬值,即被毁损的物经过完全修复但是因曾经发生过损害事故而导致交易的价格的降低。[74] 此种交易性贬值最为经常出现的就是汽车被损坏场合。受害人的机动车发生交通事故后,虽经修理,恢复了原有的形态,但因其功能受到损害,市场上的价值仍然会低于受损害之前的价值。这种价值之间的差额就是交易性贬值。对此种损失是否赔偿,我国法院的态度不一(参见表29.4.1)。有的法院认为,车辆贬值损失不属于法定赔偿范围,且贬值费的价值体现在交易中,原告没有交易就不存在此项费用的减损,故而不予赔偿。[75] 有的法院认为,被告不仅要赔偿原告修理该车的费用,还要承担该车因贬值而遭受的损失。[76] 2013 年第 5 期《最高人民法院公报》刊登的"陈书豪与南京武宁房地产开发有限公司、南京青和物业管理有限公司财产损害赔偿纠纷案"认可了交易性贬值损失的可赔偿性。该案判决认为:"所谓价值贬损,既指价值较大的财物在受损后,虽经修复,与原物相比,不仅客观价值有所降低,在人们心理上价值的降低,后一种价值的降低,虽系人们主观心理上的降低,但在财物所有权人实现该财物的价值时(如出售),是客观存在的,根据违约责任的理论,合同一方当事人在违约时,首先考虑应当承担的责任是恢复原状,而对于财物来说,恢复原状显然不是仅指恢复财物的原来物理上的形状,肯定包括恢复财物原来的价值,故青和公司应当赔偿陈书豪车辆价值贬损的损失。"本书认为,交易性贬值损失是客观存在而非臆想的,基于完全赔偿的原则,应由侵权人赔偿之。

29.4.1　部分地方法院对机动车贬值损失赔偿的态度

	态度和理由
上海	"侵权人已经赔偿了修复的费用,一般情况下可以认为对受损车辆损害进行了赔偿,关于当事人主张赔偿车辆因交通事故产生贬值损失,实际缺乏客观评定标准,原则上不应支持。"——《上海市高级人民法院民事审判第一庭道路交通事故纠纷案件疑难问题研讨会会议纪要》(2011 年 12 月 31 日)
山东	"机动车贬值损失一般是指机动车发生交通事故后,其使用性能虽已恢复,其本身经济价值却会因发生交通事故而降低所造成的损失,其实质为民法理论上所称的纯粹经济损失。对于因交通事故造成的机动车贬值损失是否予以赔偿,我国现行法律没有明确规定。由于没有相应的法律依据,且机动车贬值损失的认定受机动车本身状况、机动车的用途、市场价格等多种因素的影响,具有多变性和不可确定性。因此,不宜支持交通事故受害人要求赔偿义务人赔偿机动车贬值损失的诉讼请求。"——《山东省高级人民法院关于印发全省民事审判工作会议纪要的通知》(2011 年 12 月 2 日)

〔74〕 黄茂荣:《技术性贬值与交易性贬值》,载黄茂荣:《民事法判例评释》(增订版),1985 年自版。

〔75〕《代某某诉彭亦某等财产损失赔偿纠纷案——车辆贬值费是否应当得到支持》,载张海棠主编:《2009 年上海法院案例精选》,上海人民出版社 2010 年版,第 115 页以下。

〔76〕 李自庆:《南京审结轿车受损贬值案 原告获赔车损贬值费 3.7 万元》,载《人民法院报》2006 年 9 月 15 日。相似案例参见李勇:《新车被撞 车主索要贬损费获得支持》,载中国法院网 2006 年 11 月 23 日。

续表

	态度和理由
河南	“对交通事故造成的财物损失只赔偿直接损失,其赔偿方法是修复或者折价赔偿。修复以就地修复为主,当地无修复条件的,可到外地有修复条件的地方修复。经双方当事人协商一致,也可以部分修复、部分折价,或者以同种类同质量的实物予以赔偿。”——《河南省高级人民法院民事审判第一庭关于当前民事审判若干问题的指导意见》(2003 年 11 月)
浙江	“已获得机动车维修费用等财产损失赔偿的赔偿权利人,又主张机动车贬值损失赔偿的,一般不予支持;但属于待售中或者运输中的新车受到损害等特殊情况的,可酌情予以赔偿。”——《浙江省高级人民法院民一庭关于审理道路交通事故损害赔偿纠纷案件若干问题的意见(试行)》(2007 年 7 月 1 日)第 20 条

2. 消极财产的增加

所谓消极财产的增加,是指被侵权人因财产权益受侵害而增加支出的费用。此种财产损害,侵权人也应予以赔偿。例如,A 过失导致 B 的房屋被损坏,B 为维修房屋而向银行借款,侵权人应当赔偿该借款的利息。再如,数据也属于受到法律保护的财产,删除或者毁坏他人的数据导致他人为恢复数据而支出的费用,侵权人应当给予赔偿。〔77〕

(二)所失利益

1. 含义

所失利益(Entgangener Gewinn),也称“间接损失”,是指被侵权人因财产权益被侵害导致了本应获得的利益无法获得。申言之,如果财产权益没有遭受侵害,按照事物通常的发生、发展过程或按照被侵权人所做的准备以及采取的措施,被侵权人是具有极大的可能性可以通过使用该财产而获得利益的,由于侵权行为的发生这些利益无法获得,故此侵权人应当承担赔偿责任。例如,甲公司的用于旅客运输的 A 大客车被乙撞坏,在该车修理期间,甲无法利用该车从事运输并获得利益,该损失就是所失利益。

侵权人就被侵权人所失利益的损害,应当给予赔偿。因为侵权人破坏了生产者、经营者与作为生产经营资料的财物构成的生产经营关系中的物质条件,使得生产者、经营者不能正常地利用这一生产经营资料从事生产经营活动,从而造成了可得利益的减少和丧失,基于完全赔偿原则,侵权人应当承担赔偿责任。〔78〕 实践中,很常见的就是所谓的停业损失,即因为物等财产被侵害导致受害人无法进行生产或用益造成的收入的减少。例如,《最高人民法院关于交通事故中的财产损失是否包括被损车辆停运损失问题的批复》规定:“《中华人民共和国民法通则》第一百一十七条第二款、第三款规定:‘损坏国家的、集体的财产或者他人财产的,应当恢复原状或者折价赔偿。’‘受害人因此遭受其他重大损失的,侵害人并应当赔偿损失。’因此,在交通事故损害赔偿案件中,如果受害人以被损车辆正用于货物运输或者旅客运输经营活动,要求赔偿被损车辆修复期间的停运损失的,交通事故责任者应当予以赔偿。”《道路交通事故损害赔偿解释》第 15 条第 3、4 项规定,因道路交通事故造成下列财产损失,当事人请求侵权人赔偿的,人民法院应予支持:(1)依法从事货物运输、旅客运输等经营性活动的车辆,因无法从事相应经

〔77〕 最高人民法院(2020)最高法知民终 683 号民事判决书。

〔78〕 王利明主编:《民法·侵权行为法》,中国人民大学出版社 1993 年版,第 592 页;房绍坤、郭明瑞、唐广良:《民商法原理(三):债权法、侵权行为法、继承法》,中国人民大学出版社 1999 年版,第 532 页。

营活动所产生的合理停运损失;(2)非经营性车辆因无法继续使用,所产生的通常替代性交通工具的合理费用。

2. 赔偿的要件

案例阅读

案例30.4.1
重庆市农垦总公司诉重庆市住宅建设有限公司赔偿案

首先,所失利益必须是依据事物通常发展进程或者按照被侵权人的特殊情形具有获得的极大可能性。如果该利益是不可能获得或者依法不能获得的,不应给予赔偿(参见**案例** 29.4.1)。换言之,财产权益被侵害与所失利益的损害之间应当满足责任范围因果关系的要求。

其次,如果法律明确否定或限制了所失利益的赔偿,也不能给予赔偿。例如,《国家赔偿法》第 36 条第 8 项规定:"对财产权造成其他损害的,按照直接损失给予赔偿。"所谓"直接损失"包括下列情形:(1)保全、执行过程中造成财物灭失、毁损、霉变、腐烂等损坏的。(2)违法使用保全、执行的财物造成损坏的。(3)保全的财产系国家批准的金融机构贷款的,当事人应支付的该贷款借贷状态下的贷款利息。执行上述款项的,贷款本金及当事人应支付的该贷款借贷状态下的贷款利息。(4)保全、执行造成停产停业的,停产停业期间的职工工资、税金、水电费等必要的经常性费用。(5)法律规定的其他直接损失。[79]

二、赔偿方式

在侵害财产权益时,恢复原状是指侵权人应当对被毁损的物加以修复,使之恢复到损害发生之前的状态。例如,A 工厂排放污水对 B 的农田造成污染,使之无法耕种,则应当采取措施恢复该土地原有的可耕种状态;甲驾车将乙的车辆撞坏,甲将乙的汽车交由 C 修理厂进行修理。

侵害财产权益中的金钱赔偿,是指侵权人就受害人因财产权益被侵害而遭受的财产损失,通过支付一定数额的金钱给予赔偿的侵权责任方式。金钱赔偿主要适用于以下情形:

1. 当事人约定或者法律明确规定采取金钱赔偿的方式,如《国家赔偿法》第 32 条规定:"国家赔偿以支付赔偿金为主要方式。能够返还财产或者恢复原状的,予以返还财产或者恢复原状。"

2. 财产无法恢复原状,具体包括:(1)客观上已经无法恢复原状,既包括物已经完全毁灭(如 A 过失将 B 珍藏的一幅古字画烧毁);也包括物的损害十分严重以致在技术上是不可能恢复原状的,例如,一辆轿车已经被整个压毁,完全报废,这种损害也称为"技术性全部损害"(technischer Totalschaden)。[80] (2)虽然从技术上说可以恢复原状,但是从经济上说费用过大,已经超过了被毁损物的总价值。此种损害也被称为"经济性全部损害"(wirtschaftlicher Totalschaden)。许多国家或地区的法律都明确承认,当"恢复受损前的状态将给加害人造成不合理的负担"时,则排除恢复原状的赔偿方式,当恢复原状的费用过高时更如此。[81]

---

〔79〕《最高人民法院关于民事、行政诉讼中司法赔偿若干问题的解释》第 12 条。

〔80〕[德]迪特尔·梅迪库斯:《德国债法总论》,杜景林、卢谌译,法律出版社 2004 年版,第 463 页。

〔81〕[德]克里斯蒂安·冯·巴尔:《欧洲比较侵权行为法》(下),焦美华译,法律出版社 2004 年版,第 173 页。[德]迪特尔·梅迪库斯:《德国债法总论》,杜景林、卢谌译,法律出版社 2004 年版,第 435 页。我国台湾地区"最高法院"1978 年台再字第 176 号判例指出:"不能回复原状或回复显有重大困难者,应以金钱赔偿其损害。"转引自,曾隆兴:《详解损害赔偿法》,台北,三民书局 2003 年版,第 418 页。

三、损害赔偿数额的计算方法

(一)计算的时间点

侵害他人财产权益而造成财产损失时,以哪一个时间点来计算损失,有很多选择项,如侵权行为发生的时间点、损害发生的时间点、诉讼开始的时间点、诉讼终结的时间点等。[82] 德国法通说认为应当以损害赔偿请求权的要件满足时作为确定损害的计算时间点。[83] 我国《民法典》第1184条与《侵权责任法》第19条以"损失发生时"作为计算损失的时间点准。

通常,行为人的加害行为当时即造成损失的,加害行为发生时即为损失发生时,此时受害人的损害赔偿请求权也就产生了。因此,将损失发生时作为计算损害的时间点是可行的。例如,甲在2011年3月15日将乙的平板电脑摔坏,这一天就是损失发生时。不过,有时加害行为虽然已经发生了,但是损失却尚未发生,此时加害行为时与损害发生时就不一致了。例如,A在2011年3月15日将B一台闲置不用的笔记本电脑偷走,1个月后即4月15日,A将该电脑摔坏了。A的侵权行为发生在3月15日,由于B并不使用该电脑,所以侵权行为发生时,B的所有权虽然遭受了侵害,却尚未造成损失(如使用利益的丧失)。但是,1个月后该电脑被摔坏了,B方遭受实际的财产损失。因此,损失发生时应为4月15日。在侵害行为发生时和损害发生时不一致的情况下,中间有可能出现价格波动。此时再以损失发生时作为计算时间点可能并不妥当。故此,《民法典》第1184条规定,侵害他人财产的,财产损失按照损失发生时的市场价格或者其他合理方式计算。这就是说,《民法典》确立了两类财产损失的计算方法:损失发生时的市场价格与其他合理方式。一方面,损失发生时这个时间点比较容易确定,受人为干预影响小;另一方面,当以损失发生时的市场价格来计算损害不合理时,如出现价格较大的波动,就可以采取其他合理方式。法律没有限定"其他合理方式"的范围,由法官结合具体案情自由裁量。[84]

讨 论 盗卖他人股票的损失计算问题

盗卖他人股票当然构成侵权,问题是应当如何计算损失。毕竟证券市场风险大、价格变动不居,不同的时间点计算出来的损失数额差别很大。最高人民法院在"张春英与中国工商银行股份有限公司昌吉回族自治州分行、新疆证券有限责任公司、杨桃、张伟民财产损害赔偿纠纷案"判决书中提出了极具价值的判断方法。[85] 该案中的侵权人杨桃在2005年12月12日将被侵权人张春英股票账户上的12,870股特变电工股票以92,299.35元的价格全部卖出。被侵权人张春英于2007年4月10日起诉至新疆维吾尔自治区昌吉市人民法院,2008年10月14日该案被移送至新疆维吾尔自治区乌鲁木齐市中级人民法院。2008年11月17日,张春英向新疆维吾尔自治区乌鲁木齐市中级人民法院交纳了诉讼费。一审与二审法院均认为,"侵权责任中关于侵害他人财产的赔偿原则是以填补损害为主旨,也即根据损害的大小确定赔偿的范围。财产损失可以按照损失发生时的市场价格或其他方式计算。本案中股票的价值是随着证券市

〔82〕 陈小君:《财产权侵权赔偿责任规范解析》,载《法商研究》2010年第6期。

〔83〕 MuenchKommBGB/Oetker,2004, § 249 N302.

〔84〕 黄薇主编:《中华人民共和国民法典侵权责任编解读》,中国法制出版社2020年版,第83页。

〔85〕 张春英与中国工商银行股份有限公司昌吉回族自治州分行、新疆证券有限责任公司、杨桃、张伟民财产损害赔偿纠纷案,《最高人民法院公报》2013年第2期。

场不断进行变化的，具有风险及不可控性，杨桃系按照当日的股票市值将张春英的股票卖出后占有，且杨桃已被追究刑事责任，一审法院以附带民事诉讼中全额赔偿直接损失的原则按照刑事判决认定数额赔偿张春英损失并无不当”。故此，一、二审法院以杨桃在2005年12月12日卖出张春英的12,870股特变电工股票这一时间点为标准，计算出侵权人的直接损失为91,270元。

被侵权人张春英向最高人民法院申请再审时主张，侵权人杨桃应当返还盗卖的股票，如果“不能返还股票则应适用完全赔偿原则赔偿张春英的损失。根据现行法的规定，完全赔偿原则即赔偿直接损失和赔偿可得利益损失。”《最高人民法院关于审理证券市场因虚假陈述引发的民事赔偿案件的若干规定》第34条规定：“投资人持股期间基于股东身份取得的收益，包括红利、红股、公积金转增所得的股份以及投资人持股期间出资购买的配股、增发股和转配股，不得冲抵虚假陈述行为人的赔偿金额。”因此，股票的可得利益包括股票溢价、配股、分红。二审中，张春英提交了特变电工股票2005年12月12日至2008年5月30日的收盘价及分红记录和配股记录，截至2008年5月30日，张春英的股票已增至36,808股，股票的均价为16元，股票的价值588,928元，现金分红为4131.27元。张春英的可得利益损失为501,789.27元(具体计算方式为588,928－91,270＋4131.27＝501,789.27)。截至开庭前一天即3月25日特变电工股票的价格为21元，股票的价值已为772,968元。最高人民法院接受了再审申请人张春英的上述主张，认为，原告张春英主张以侵权行为发生之时即2005年12月12日至其起诉前特变电工最后一次配股即2008年5月30日止为计算损失的时点，并无不当。根据该期间的分红记录和配股记录，截至2008年5月30日，张春英的股票应增至36,808股，根据在此期间的每日平均收盘价计算，股票的价值为588,928元，现金分红为4131.27元，张春英的各项损失分别为现金损失91,270元，现金股利损失4131.27元，股票溢价损失588,928－91,270＝497,658元，总额为593,059.27元。

最高法院用来支持上述观点的理由有三：首先，根据《公司法》的规定，股票所代表的股权的内容包括自益权和共益权，其中的自益权主要包括股利分配请求权、剩余财产分割请求权、新股认购优先权等权利。其中的股利分配，实践中主要包括以配股方式分配的股利和以现金方式分配的股利。因此，盗卖投资者股票获取价金，不仅侵害了投资者的股票所代表的当时的股权价值，也使投资者基于其股东地位本应享有的其他权益尤其是股利分配请求权遭受损害。其次，与其他财产权不同的是，股票所代表的股权的价值会随着公司经营状况、市场行情等因素的变化而增长或降低。同时，股票价值的实际实现也与投资者的投资习惯密切相关。因此，在侵权人盗卖投资者股票获取价金的情况下，判断被侵权人所遭受损失的范围应当综合考虑受害人的投资习惯、市场行情的变化等因素。最后，从因果关系上看，侵权人盗卖投资者股票获取价金场合，如果受害人的投资行为表现为短线操作、通过股票涨跌变化，以频繁买入、卖出方式获取投资收益，则其股票被盗卖的损失未必包含股票被盗卖后的股票本身升值部分以及相应的股利；如果该受害人的投资行为表现为长线操作、主要通过对股票的长期持有，获取股票增值以及相应的股利等收益，则其股票被盗卖的损失通常应当包括股票被盗卖后的升值部分以及相应的股利。

具体到本案，张春英被盗卖股票的根源是继承其丈夫董跃山的遗产而得。并且，在张春英通过新疆证券公司办理开户手续并重新购入特变电工股票的情况来看，张春英不了解如何开户、对股票交易的相关手续一无所知、对股票市场也知之甚少，更谈不上通过短线操作方式获取利益。另外,从张春英通过新疆证券公司办理完手续至发现股票被盗卖的一年多时间内未查看股票账户、未作出任何交易指令的事实也足以证明,张春英进行短线交易的可能性很小。因此,基于前述分析,张春英的损失应当包括股票被盗卖后的股利损失和升值损失。

（二）计算方法之一:损失发生时的市场价格

财产权益不同于人身权益,其具有可转让性,即能够进行交易。有交易就有市场,市场自然就会给进入交易的任何财产定价,从而形成市场价格。因此,以市场价格作为计算财产损失的标准是最为客观合理,也能够为当事人接受的。当然,这里的"市场价格"是指被侵害财产一般交易上的客观价格。所谓市场价格也包括各种类型,如崭新的汽车会有一个市场全新产品的价格,而用过5年的汽车也有在二手车市场的折旧价格。

即便是按照市场价格来计算损失,究竟以哪个时间点来计算,也很关键,不同时间点的市场价格也有变动,对赔偿的数额会产生很大影响。为避免司法裁判的不统一,《民法典》第1184条(及此前的《侵权责任法》第19条)以"损失发生时"作为计算损失的时间基准点。所谓"损失发生时"就是指因侵害他人财产而造成损失之时。[86]

在司法实践中,原告需要举证证明损失发生时的市场价格,但是,由于原告的财产是在损失发生之前购买的,从购买时到损失发生时财产的市场价格也会发生一定的变动,故司法实践中,法院往往参照原告提供的证据(如购买被损害的财产发票等),再结合损失发生时相同物品的价格以及被损害财产增值或折旧等因素最终确定财产损失数额。

（三）计算方法之二:其他合理方式

《民法典》第1184条将"其他合理方式"与"损失发生时的市场价格"这两种财产损失的计算方法并列,未确定何者为原则,何者为例外。司法实践中,法官可以根据案件的具体情形选择适用。不过,由于《民法典》第1184条使用了"其他合理方式"的表述,这也说明,"损失发生时的市场价格"也属于计算财产损失的合理方式之一,故其他合理方式的范围非常广泛,可以理解为:除"损失发生时的市场价格"这一计算方法之外的其他所有合理的财产损失计算方法,其中,既包括以其他基准时的市场价格进行计算的方法,也包括不以市场价格计算的其他方法。[87] 从司法实践来看,法院在审理财产损害赔偿案件中,使用过的其他合理方式主要有如下几种:

1. 鉴定法,即通过专业的鉴定机构出具对财产损失数额的鉴定意见,然后法官依据该鉴定意见结合案情,最终确定财产损失的数额。这种方法在实践中采取很多,对于法院而言,其无需审查财产损失的数额的确定是否合理,而只需要审查形式要件,如鉴定机构是否具有鉴定资质、鉴定程序合理合法与否、鉴定结论是否明确以及专家到庭是否出具证言等,就可以认定该鉴定结论具有证明力,直接采取鉴定报告中确定的损失的数额或者适当调整。采取鉴定法来计算财产损失的场合主要有:

(1)侵害他人的房屋等不动产造成损失时,通过工程造价鉴定来确定损失。例如,在一起

---

〔86〕《道路交通事故损害赔偿解释》第15条第3项也明确规定,因车辆灭失或者无法修复,有关财产损失应为购买交通事故发生时与被损坏车辆价值相当的车辆重置费用。相关案例参见,深圳市澳康达名车销售服务有限公司、胡罡等机动车交通事故责任纠纷案,广东省深圳市中级人民法院(2017)粤03民终3448号民事判决书。

〔87〕阮神裕:《财产损失的计算方式研究——以〈侵权责任法〉第十九条"其他方式"为研究对象》,清华大学2015年学士学位论文。

因为公路施工产生的震动而导致他人房屋受损的案件中,法院认为,湖南大学司法鉴定中心参照湖南省有关建设工程计价办法、工程消耗量标准、建筑工程概算定额等规范性文件,结合当地建筑市场行情,对被鉴定房屋及附属设施的工程造价进行估算,标准明确,估算结果反映了通常情况下涉案房屋及附属设施在2016年的重建价格,该估价结果可以认定为被侵权财产损失。其中建安造价项956,959.14元、销项税费105,265.51元、附加税费1912元,三项累积为总估价1,064,136.65元,各单项估价相互联系、都是估价总概算不可分割的部分,剔除其中任何单项估价(包括单项下的小项)均不能客观反映涉案房屋及附属设施的损害赔偿价值,也不是对涉案建设工程造价估算鉴定意见的准确理解。一审以涉案房屋系农村自建房,建安造价项中的企业管理费、利润和销项税费、附加税费均无须发生为由,不计入建设工程造价估算总额,采信证据明显不当,予以纠正。[88]

(2)因火灾或漏水等事故造成他人的财产损失。例如,在一个案件中,由于被告热力公司未按照规定尽到告知义务,以致在暖气充水试压时造成原告财产损失,亦应承担相应的赔偿责任。法院在确定原告财产损失时认为,被告对原告单方委托司法鉴定机构出具的司法鉴定书所确认的涉案财产实际损失虽然有异议,但在本案指定的期间内未申请重新鉴定,故此,法院对原告提供的司法鉴定书所确认的财产损失14,428元予以确认。[89]

(3)侵害他人的古董、文物等特殊的财产而造成损失时,往往需要通过鉴定来确定损失。例如,在影响颇大的"沈阳故宫下马碑案"中,被损坏的沈阳故宫门前的下马碑被鉴定为建于乾隆四十八年,系属国家重点文物保护单位沈阳故宫古建筑群的组成部分,是国家一级文物;该碑被侵权人驾车撞倒后,毁损严重,修复极难。一审法院委托该院诉讼证据鉴定中心、辽宁省文物鉴定组对毁损的下马碑进行联合鉴定,鉴定意见认为:鉴于在此案发生之前,国内尚无如此珍贵文物被毁损而需进行经济赔偿的先例,现只能比照相关的文物对下马碑的经济价值进行评估。1999年,《中国考古黄金时代——来自中华人民共和国的辉煌发现展》在美国几个大城市巡回展出,展出之前,按惯例由美方为所有参展文物进行了分项保险评估。其中山东青州龙兴寺出土的三块石造像的保险估价分别为500万美元、300万美元、250万美元;河北曲阳王处直墓出土的石浮雕像保险金额为1000万美元。比照上述石刻的保险价值,经鉴定认定,被毁损的下马碑价值最低在2500万元人民币左右。本案中,下马碑被撞成互不连接的五大块和若干小块以及一些碎渣粉末,其价值已被极大地贬损,如从经济价值估计,最多为原估价的10%。法院终审认为,由于下马碑是国内唯一一块皇家宫殿所立,故鉴定部门比照山东青州龙兴寺石造像的保险估价、河北曲阳王处直墓出土的石浮雕像保险金额进行鉴定,确定其价值,在现状下,其可行性、可信性是应予确认的。[90] 此外,在实践中,被侵权人的玉石手镯等物品被他人侵害而毁损的场合,受害人又无法提供正规的发票等证据来证明财产损失数额时,法院也往往通过鉴定部门进行鉴定后确定被侵权人的财产损失。[91]

---

〔88〕 付子宣、付双德财产损害赔偿纠纷案,湖南省娄底市中级人民法院(2018)湘13民终1464号民事判决书。

〔89〕 济宁义达热力有限公司、姬传昌财产损害赔偿纠纷案,山东省济宁市中级人民法院(2019)鲁08民终583号民事判决书。

〔90〕 陈现杰:《对侵权案件中预见不能的损害结果应当适用可预见性规则限制其赔偿范围》,载最高人民法院民事审判第一庭编:《民事审判指导与参考》第34辑,法律出版社2005年版,第75页以下。

〔91〕 相关案件如,候××诉蔡××等机动车交通事故责任纠纷案,上海市浦东新区人民法院(2011)浦民一(民)初字第16703号民事判决书;董丽玲、胡军伟财产损害赔偿纠纷案,山东省威海市中级人民法院(2017)鲁10民终2085号民事判决书。

2. 有关部门的损失统计，即依据有关部门在事故中作出的财产损失统计所确定的金额酌情确定损失的数额。这种方法很多时候用在火灾事故的损失统计中，例如，在一个案件中，由于被告私拉电线而引发火灾，将原告的房屋、衣服、首饰和餐具等烧毁。法院认为，依据《消防法》的规定，公安机关消防机构负责调查火灾原因，统计火灾损失。公安消防大队作出的《火灾事故认定书》中明确载明"经统计，直接经济损失为 91，038.00 元"，该损失金额是消防大队委托价格认定中心作出，且被告也认可了火灾发生后，消防大队即对原告案涉火灾直接财产损失进行了调查，原告申报了损失的财产，并在《火灾直接财产损失申报统计表》上签字确认。故此，法院依据《火灾事故认定书》确定的损失及参考走访调查结果最终确定了原告因案涉火灾遭受的财产损失。[92]

3. 其他的合理方式。例如，在一起案件中，被告参加文物拍卖品预展的过程中，因疏忽大意撞破展柜橱窗玻璃，致使展柜内的一件清乾隆年间青花折枝花卉六棱瓶掉在地上毁损。该展品投保金额估价为 120 万元。法院依据被告之过错判决其承担 20 万元的赔偿责任。[93] 再如，在一起案件中，叶某从胡某处借走一枚特 15 首都名胜第三枚天安门"天空光芒四射"（也称"放光芒"）的珍贵邮票，后丢失。由于"天空光芒四射"珍贵邮票是错版未发行邮票，按照国家有关部门的规定，没有定价。但是，由于某种特殊原因又确实流入社会，在集邮市场上流通。虽然存在所谓的市场价格，但因该邮票量少而收藏价值大，价格在不断上升。因此，法院认为，不能完全按照损失发生时的市场价格计算赔偿金额，而应当按照略高于市场价格的金额予以赔偿。[94] 再如，在一起侵害房屋所有权纠纷案中，被侵权人的房屋被侵权人擅自出租给他人，被侵权人认为，"政府指导租金标准就是出租标的物的市场价格……应以同地段同类房产政府指导租金标准认定因瑞丰公司侵权而造成曾庆洪经济损失"。但是，法院认为，该主张并不成立，因为，"首先，政府公布的同地段房屋租赁指导价并不等同于具体租赁物的市场价格。一般情况下，不同租赁标的物因其位置、租赁面积、租赁期间、新旧程度、物业管理等存在较大差异，其租赁市场价格也会产生较大差异。故指导价只是参考价格，不能直接将指导价认定为租赁物的市场价格。其次，根据雄盛石材厂于 2010 年 2 月 1 日与巫伟金所签订的租赁合同，曾庆洪出租向巫伟金出租案涉标的物即二楼 799 平方米以及一楼 20 平方米商铺，2010 年 2 月 1 日至 2011 年 1 月 30 日的月租金为 35，000 元，即使不考虑 2010 年 2 月为免租期的因素，案涉标的物平均每平方米的月租金约为 42.6 元，该租金与 2009 年二楼每平方米 100 元的政府指导价相比，同样存在较大差距。曾庆洪本身也无法以指导价出租案涉标的物"。[95]

（四）其他法律和司法解释对财产损失计算的特别规定

除《民法典》第 1184 条外，我国其他法律和司法解释对侵害财产的财产损失计算有特别规定的，应当适用该特别规定。例如，《商标法》第 63 条、《著作权法》第 49 条、《专利法》第 65 条对侵害商标权、著作权、专利权的财产损失赔偿有专门的规定。

---

〔92〕 衣合阿合与罗云财产损害赔偿纠纷案，四川省凉山彝族自治州中级人民法院（2017）川 34 民终 1433 号民事判决书。

〔93〕 中国人民财产保险股份有限公司北京市宣武支公司与房言山财产损害赔偿纠纷案，北京市宣武区人民法院（2005）宣民初字第 2414 号民事判决书。

〔94〕《最高人民法院关于胡震波诉叶润忠返还财物（邮票）纠纷应如何处理的函复》（1992 年 4 月 8 日）。

〔95〕 曾庆洪与深圳市瑞丰工贸有限公司等房屋侵权纠纷再审案，广东省高级人民法院（2013）粤高法审监民提字第 81 号民事判决书。

文献阅读

第三十章 精神损害赔偿

本章重点

我国法上的精神损害赔偿完全是经过法院的司法实践发展出来的，属于法官法的范畴。现在，精神损害赔偿已为《民法典》等法律所明确规定。为防止精神损害赔偿制度被滥用，现行法上对精神损害赔偿责任作了非常严格的限制。本章对精神损害赔偿的基本问题进行了研究。

第一节 概 述

一、精神损害赔偿的概念与特征

精神损害赔偿，也称“非财产损害赔偿”，是指侵权人因侵害民事权益造成他人严重精神损害时，侵权人应当依法向被侵权人支付精神损害抚慰金（Schmerzensgeld）的民事责任。由此可见，精神损害赔偿针对的是精神损害，此种损害与财产权之变动无关，而仅仅涉及生理上或心理上的痛苦。如被侵权人因健康受损以致残疾而遭受的肉体上的痛苦，再如被侵权人因隐私被泄露而遭受的精神上的痛苦等。

《民法通则》第120条曾规定：“公民的姓名权、肖像权、名誉权、荣誉权受到侵害的，有权要求停止侵害，恢复名誉，消除影响，赔礼道歉，并可以要求赔偿损失。法人的名称权、名誉权、荣誉权受到侵害的，适用前款规定。”当时就有学者认为，该条中的“赔偿损失”是我国立法上首次确认了对人格权受到侵害所造成的精神损害可以要求物质赔偿的制度。[1] 不过，由于受到苏联民法的影响，大多数学者认为，“精神损失、人格上的损害，是不能或难以用财产进行补偿的”，“因为人格不属于商品关系的范畴（至少在社会主义制度下可以这么认为），所以它与金钱或财产很难说有什么等质的东西”。[2] 然而，由于精神损害赔偿有其存在的合理性与必要性，故此，实践中通过法官造法这一司法实务的创造性运作逐渐承认了精神损害赔偿制度。最早认可精神损害赔偿的典型案例是1997年第2期《最高人民法院公报》刊登的“贾国宇诉北京国际气雾剂有限公司、龙口市厨房配套设备用具厂、北京市海淀区春海餐厅人身损害赔偿案”判决，该案原告贾国宇在用餐时因餐桌上正在使用的卡式炉燃气罐发生爆炸而致使面部、双手烧

---

〔1〕 魏振瀛：《精神损害赔偿责任的性质和法律适用》，载《政治与法律》1987年第6期；刘保玉：《精神损害的赔偿问题探讨》，载《法学》1987年第6期。

〔2〕《佟柔文集》编辑委员会编：《佟柔文集》，中国政法大学出版社1996年版，第345页。

伤,经诊断为"面部、双手背部深2度烧伤,烧伤面积8%"。审理本案的北京市海淀区人民法院判决认为:"根据《民法通则》第一百一十九条规定的原则和司法实践掌握的标准,实际损失除物质方面外,也包括精神损失,即实际存在的无形的精神压力与痛苦。本案原告贾国宇在事故发生时尚未成年,身心发育正常,烧伤造成的片状疤痕对其容貌产生了明显影响,并使之劳动能力部分受限,严重地妨碍了她的学习、生活和健康,除肉体痛苦外,无可置疑地给其精神造成了伴随终身的遗憾与伤害,必须给予抚慰与补偿。赔偿额度要考虑当前社会普遍生活水准、侵害人主观动机和过错程度及其偿付能力等因素。"

此后,最高人民法院的司法解释也逐渐开始认可精神损害赔偿。最早对精神损害赔偿作出规定的司法解释是1993年颁布的《最高人民法院关于审理名誉权案件若干问题的解答》,该解答规定:"公民、法人因名誉权受到侵害要求赔偿的,侵权人应赔偿侵权行为造成的经济损失;公民并提出精神损害赔偿要求的,人民法院可根据侵权人的过错程度、侵权行为的具体情节、给受害人造成精神损害的后果等情况酌定。"后来,《最高人民法院关于吴冠中诉上海朵云轩、香港永成古玩拍卖有权公司著作权纠纷案的函》《最高人民法院关于张自修诉横峰县老干部管理局是否侵害荣誉权一案的复函》《全国民事案件审判质量工作座谈会纪要》等司法文件也陆续认可了精神损害赔偿。最终的集大成者便是最高人民法院于2001年颁布的《精神损害赔偿解释》。该司法解释对精神损害赔偿的适用范围,请求权主体、精神损害抚慰金的类型、精神损害的赔偿数额的确定因素等作出了详细的规定。

在吸收总结司法实践宝贵经验的基础上,《侵权责任法》首次在法律上明确认可了精神损害赔偿。该法第22条规定:"侵害他人人身权益,造成他人严重精神损害的,被侵权人可以请求精神损害赔偿。"此后,2010年修改《国家赔偿法》时,也承认了国家赔偿的范围包括精神损害,认可了国家机关及其工作人员按违法侵害公民的人身自由和生命健康权致人精神损害,造成严重后果的,应当支付相应的精神损害抚慰金(第35条);2013年修订《消费者权益保护法》时,增加了一条作为第51条规定:"经营者有侮辱诽谤、搜查身体、侵犯人身自由等侵害消费者或者其他受害人人身权益的行为,造成严重精神损害的,受害人可以要求精神损害赔偿。"

我国编纂《民法典》时,从以下三方面进一步完善了精神赔偿责任:其一,《民法典》第1183条第1款将《侵权责任法》第22条中的"他人人身权益"修改为"自然人人身权益",在法律上将精神损害赔偿责任的适用限定于被侵权人为自然人的场合,彻底否定了法人与非法人组织的精神损害赔偿请求权。其二,《民法典》第1183条第2款吸收《精神损害赔偿解释》第4条的合理规定,明确了"侵害自然人具有人身意义的特定物"时的精神损害赔偿责任。[3] 其三,为了强化对人格权的保护,改变了司法实践中不允许违约精神损害的做法,《民法典》第996条规定:"因当事人一方的违约行为,损害对方人格权并造成严重精神损害,受损害方选择请求其承

---

〔3〕 在《民法典》编纂时,学者提出要增加对侵害自然人具有人身意义的特定物的精神损害赔偿的规定。立法机关根据审判实践需要,据此扩大了精神损害赔偿的适用范围。《关于〈民法典各分编(草案)〉的说明》,载《民法典立法背景与观点全集》编写组编:《民法典立法背景与观点全集》,法律出版社2020年版,第27页。

担违约责任的，不影响受损害方请求精神损害赔偿。”[4]

二、精神损害赔偿的功能

精神损害赔偿属于损害赔偿法领域的制度，如同财产损害赔偿一样，精神损害赔偿也是建立在补偿而非惩罚的思想之上的。精神损害赔偿制度的首要功能是**补偿功能**（Ausgleichsfunktion）。比较法上也普遍认为，精神损害赔偿具有赔偿功能，是对“受害人委屈的补偿，让受害人能够获得与其所遭受的痛苦和丧失的生活乐趣大体相当的生活愉悦与舒适便利”，[5]任何因侵权行为而“使他人生活变得沉重的人，都应当通过给付，使他人的生活在可能的范围内重新轻松起来”。[6] 唯其如此，被侵权人才可以享有另外的舒适或通过转向其他的途径以更好地实现其利益。换言之，尽管金钱并不真正地补偿身体残疾所带来的伤痛、失去亲人的痛苦，但是通过责令侵权人支付相当数量的金钱，被侵权人或者其近亲属可借此取得替代性的欢娱，尽快从损害事故之阴影中走出来，重新开始正常的工作与生活。

精神损害赔偿的第二个功能是**抚慰功能**，也称满足功能（Genugtuungsfunktion）。该功能是建立在这样的思想基础之上的，即加害人就其曾对受害人的所作所为负有使受害人满意之义务（Genugtuung schuldet）。[7] 一方面，精神损害赔偿责任“可使得受害人得到满足，被害人得知加害人为此支付金钱后，其心中的愤懑将获得平衡，报复之心亦将减少。对于现代人而言，纵使受基督教及文明的洗礼，报复之心尚未完全消灭”。[8] 正是由于精神损害赔偿责任可以体现法律伸张正义之精神，消除受害人及其亲属的报复念头，故而精神损害赔偿金也称为“精神损害抚慰金”（《国家赔偿法》第35条、《精神损害赔偿解释》第8条第2款、第9条）。另一方面，精神损害赔偿责任的抚慰功能也与侵权责任法的预防功能紧密相连，因为通过使侵权人遭受金钱上的损失，有助于侵权人今后以更为谨慎的方式从事行为，避免侵害他人合法权益。[9]

关于精神损害赔偿是否具有制裁或惩罚的功能，学说上有不同的看法。德国学者反对精神损害赔偿的惩罚性，他们认为，在涉及以受害人满意为基础进行的损害赔偿，加入惩罚性因素是缺乏充分的理论基础的。[10] 在我国民法学界，除少数学者认为，惩罚性是精神损害赔偿的附带的功能外，[11]多数学者不承认精神损害赔偿具有惩罚功能，这些学者或认为精神损害赔偿不具有惩罚性，只能说有惩罚的因素在内；[12]或认为惩罚功能不是精神损害赔偿的独立功能，

---

[4] 这一规定借鉴了我国台湾地区的相关规定。我国台湾地区在2000年修订“民法”时，增设第227－1条规定：“债务人因债务不履行，致债权人之人格权受侵害者，准用第一百九十二条至第一百九十五条及第一百九十七条之规定，负损害赔偿责任。”该条修订理由为：“债权人因债务不履行致其财产权受侵害者，固得依债务不履行之有关规定求偿。惟如同时侵害债权人之人格权致其受有非财产上之损害者，依现行规定，仅得依据侵权行为之规定求偿。是同一事件所发生之损害究应分别适用不同之规定解决，理论上尚有未妥，且因侵权行为之要件较之债务不履行规定严苛，如故意、过失等要件举证困难，对债权人之保护亦嫌未周。为免法律割裂适用，并充分保障债权人之权益，爰增订本条规定，俾求公允。”

[5] ［英］W. V. 霍顿·罗杰斯主编：《比较法视野下的非金钱损失赔偿》，许翠霞译，中国法制出版社2012年版，第11～12页。

[6] BGHZ 18,149,154. vgl. Koetz/Wagner, Deliktsrecht, 11. Aufl. 2010, Rn. 702.

[7] BGHZ 18,149,154. vgl. Koetz/Wagner, Deliktsrecht, 11. Aufl. 2010, Rn. 702.

[8] v. Tuhr, Allgemeiner Teil des Schweizerischen Obligationsrechts, Ⅰ, 1934, S. 106.

[9] Koetz/Wagner, Deliktsrecht, 11. Aufl. 2010, Rn. 704.

[10] ［英］W. V. 霍顿·罗杰斯主编：《比较法视野下的非金钱损失赔偿》，许翠霞译，中国法制出版社2012年版，第153页。

[11] 杨立新：《新版精神损害赔偿》，国际文化出版公司2002年版，第17页。

[12] 魏振瀛：《精神损害赔偿责任的性质和法律适用》，载《政治与法律》1987年第6期。

而只是补偿功能与抚慰功能的反射功能。[13] 本书认为精神损害赔偿不具有惩罚性功能。一方面,惩罚性功能本身并非侵权责任法的功能,而作为重要的赔偿制度的精神损害赔偿也不具有惩罚性功能;另一方面,在我国已经建立惩罚性赔偿并逐步扩大惩罚性赔偿适用范围的背景下,认为精神损害赔偿具有惩罚性功能将会混淆这两项制度。

讨论 刑事附带民事诉讼中受害人可以请求精神损害赔偿

尽管我国法上的精神损害赔偿制度已经建立且较为完善,但是该制度在适用中还存在一个现实的障碍,即一旦侵权人的侵权行为构成犯罪的,法院却剥夺了受害人的精神赔偿请求权。我国《刑事诉讼法》第101条第1款规定:"被害人由于被告人的犯罪行为而遭受物质损失的,在刑事诉讼过程中,有权提起附带民事诉讼。被害人死亡或者丧失行为能力的,被害人的法定代理人、近亲属有权提起附带民事诉讼。"该款仅仅规定了刑事犯罪的受害人有权就物质损失要求被告人承担赔偿责任,并未提及受害人及其近亲属能否就因犯罪行为而遭受的精神损害请求赔偿。本来这个问题应当依据《民法典》和《侵权责任法》的规定处理即可,然而,最高人民法院的司法解释却否定了受害人及其近亲属的精神损害赔偿请求权。《最高人民法院关于适用〈中华人民共和国刑事诉讼法〉的解释》第138条规定:"被害人因人身权利受到犯罪侵犯或者财物被犯罪分子毁坏而遭受物质损失的,有权在刑事诉讼过程中提起附带民事诉讼;被害人死亡或者丧失行为能力的,其法定代理人、近亲属有权提起附带民事诉讼。因受到犯罪侵犯,提起附带民事诉讼或者单独提起民事诉讼要求赔偿精神损失的,人民法院不予受理。"[14] 最高人民法院之所以否定精神损害赔偿,原因有二:其一,认为刑事附带民事诉讼中,倘若允许受害人主张精神赔偿,则赔偿数额会比较大,犯罪分子没有赔偿能力。如果法院贸然判决给予精神损害赔偿,当被告无力赔偿之时,法院的判决成为一纸空文,影响司法公信力。如果受害人或其近亲属不停上访,会给法院带来很大的麻烦。其二,认为精神损害赔偿具有一定的惩罚功能,既然犯罪分子已被判处刑罚,受到了惩罚,赔偿精神损害就没有必要了。

本书认为,司法解释的上述规定明显违法,损害了公民的合法权益,不利于人格权的保护,应予废止。首先,它明显违反了《民法典》第1183条的规定。依据该条第1款,侵害自然人的人身权益,只要造成了严重精神损害,被侵权人就享有精神损害赔偿请求权。在侵害人身权益造成他人严重精神损害的场合,侵权行为往往同时也构成犯罪。然而,依据上述司法解释的规定,侵权行为一旦构成犯罪行为给受害人造成了严重精神损害,犯罪分子反而可以不承担精神

---

〔13〕 张新宝主编:《精神损害赔偿制度研究》,法律出版社2012年版,第44页。

〔14〕 该规定与此前最高人民法院颁布的两个司法解释中的规定是一脉相承的。2000年12月13日《最高人民法院关于刑事附带民事诉讼范围问题的规定》(法释[2000]47号)第1条规定:"因人身权利受到犯罪侵犯而遭受物质损失或者财物被犯罪分子毁坏而遭受物质损失的,可以提起附带民事诉讼。对于被害人因犯罪行为遭受精神损失而提起附带民事诉讼的,人民法院不予受理。"2002年7月11日颁布的《最高人民法院关于人民法院是否受理刑事案件被害人提起精神损害赔偿民事诉讼问题的批复》(法释[2002]17号)亦认为:"对于刑事案件被害人由于被告人的犯罪行为而遭受精神损失提起的附带民事诉讼,或者在该刑事案件审结以后,被害人另行提起精神损害赔偿民事诉讼的,人民法院不予受理。"依据2015年1月12日颁布的《最高人民法院关于废止部分司法解释和司法解释性质文件(第十一批)的决定》,上述两个司法解释均被《最高人民法院关于适用〈中华人民共和国刑事诉讼法〉的解释》及相关内容修改,故予以废止。

损害赔偿责任,这显然是荒谬的。[15]

其次,上述规定也不符合《刑事诉讼法》的规定。《刑事诉讼法》第 101 条虽然仅规定刑事犯罪的受害人有权就物质损失要求被告人承担赔偿责任,却未否定受害人及其近亲属的精神损害赔偿请求权。在《刑事诉讼法》没有相反规定的情形下,当然要适用民法的规定。司法解释无权随意曲解法律,减损公民正当权益。我国《立法法》第 8 条第 7 项规定"民事基本制度"只能制订法律,最高人民法院无权通过司法解释擅自否定属于民事基本制度的精神损害赔偿请求权。

最后,最高人民法院否定精神损害赔偿的理由是不成立的。其一,被告人有没有能力支付赔偿是一回事,而受害人有无权利要求赔偿精神损害是另一回事。法院怎能因为被告可能没有赔偿能力,就直接剥夺原告本应享有的精神损害赔偿请求权?其二,精神损害赔偿的基本功能是补偿、抚慰,而非惩罚,这已是我国民法界的共识。如果是对精神损害赔偿的功能发生理解错误,尚可通过深化认识得到纠正,可如果仅仅为法院自己方便、省事,就可以随意减损当事人的合法权益,有损司法公正。

事实上,最高人民法院内部各庭对于刑事附带民事诉讼中是否承认受害人的精神损害赔偿请求权也一直存在争论。民事审判庭的法官们力主依法承认此种权利。例如,最高人民法院民一庭认为:"刑事案件的受害人就精神损害赔偿对犯罪人提起民事诉讼的,人民法院应依据侵权责任法第 4 条、第 22 条及其他相关规定,对案件予以审理,结合案件具体情形,依法认定对受害人的诉讼请求应否给予支持。"[16] 显然,这种观点对于保护受害人合法权益是非常有利的。

第二节　精神损害赔偿责任的适用

一、精神损害赔偿的适用范围

(一)各国家及地区相关规定

由于精神损害并不如财产损害那样,可以通过差额说加以确定,受害人是否遭受精神或心理上的痛苦,痛苦或不安的程度,往往难以确认,尤其是在侵害名誉权、肖像权、隐私权等精神性人格权而造成精神损害的场合,更是如此。故此,在比较法上,对于精神损害赔偿的适用范围采取的是比较谨慎的态度。《德国民法典》一开始就对精神损害赔偿的适用作了非常严格的限制,民法典的立法者认为在造成精神损害的场合,可以通过侵权人撤销或更正诽谤性陈述或者被侵权人发表反向声明(更正声明),从而实现使被侵权人回复到假设没有发生侵权行为时其本应处的状态,即达到恢复原状的目的。至于使用金钱赔偿这种损害赔偿的方法,立法者采取了严格限制的态度。《德国民法典》第 253 条曾明确规定:"损害为非财产上的损害者,仅以有法律规定的情形为限,始得请求以金钱赔偿之。"所谓法律的规定,当时只有《德国民法典》第

---

〔15〕 相关报道参见成婧、卢义杰:《被官员性侵的 4 岁幼女找谁要"精神损失费"》,载《中国青年报》2013 年 10 月 16 日;杨涛:《"长春杀婴案"受害人为何得不到高额赔偿》,载《中国青年报》2013 年 5 月 30 日。

〔16〕 最高人民法院民事审判第一庭:《民事审判指导与参考》,第 52 辑,人民法院出版社 2013 年版,第 147 页。

847 条第 1 款的规定，即“不法侵害他人的身体或健康，或侵夺他人自由者，被害人所受侵害虽非财产上的损失，亦得因受损害而请求赔偿相当之金额”。针对危险责任能够请求精神损害赔偿的规定，只有《德国民法典》第 833 条第 1 句中的动物致人损害责任。“二战”之后，随着德国联邦宪法法院对一般人格权的认可，判例逐渐扩大了精神损害赔偿的适用范围，承认了侵害一般人格权也能要求精神损害赔偿。同时，特别法如《原子能法》也认可了在加害人有过错的情况下，适用危险责任的侵权行为的受害人也有权要求精神损害赔偿。2002 年德国债法改革时，立法者扩大了精神损害赔偿的适用范围，在《德国民法典》第 254 条增加了第 2 款即“因侵害身体、健康、自由或者性自决而应当给付损害赔偿的，也可以因非为财产的损害而请求相当的金钱赔偿”。根据这一款的精神，只要侵害了该款所列法益中的任何一个法益，被侵权人无论是基于合同、特别法的危险责任、牺牲责任以及无因管理请求权，都可以请求精神损害赔偿。[17] 目前，在《德国民法典》中明确规定了精神损害赔偿的条文有：第 847 条（对精神痛苦的损害赔偿）、第 611a 条第 2 款（劳务合同法有关性别歧视的赔偿）、第 651f 条（“一揽子”旅游合同项下因假期被破坏而要求的赔偿）。此外，《德国著作权法》第 97 条第 2 款、《空中交通法》第 53 条第 3 款、《原子能法》第 29 条第 2 款、《海商法》第 40 条第 3 款等也对精神损害赔偿作出了规定。

在瑞士，《瑞士债务法》第 47 条和第 49 条是精神损害抚慰金请求权案件最重要的请求权基础，法官据此决定是否给予受害人非物质性精神痛苦的赔偿。《瑞士债务法》第 47 条规定：“被害人死亡或身体受伤害时，法院得衡量具体情事，判决抚慰金，由加害人向被害人或死者的家属给付合理数额的金钱。”第 49 条规定：“人格权被不法侵害时，被害人得请求抚慰金，但以侵权行为情节严重，且无其他抚慰方式，基于正义原则而必须得到金钱抚慰者为限。法院得不判决抚慰金，而判决其他抚慰方式，或者同时判决抚慰金和其他抚慰方式。”由此可见，在瑞士法上，适用精神损害赔偿责任的要件为：其一，存在精神痛苦；其二，受害人因侵权行为而死亡或者身体受伤害，或者人格权遭受了严重的侵害。[18]

再如，我国台湾地区“民法”第 195 条第 1 款原来只是规定在身体、健康、名誉或者自由被侵害的情况下可以要求非财产损害赔偿，在 1999 年修订“民法”时，该条第 1 款被修改为：“不法侵害他人之身体、健康、名誉、自由、信用、隐私、贞操，或不法侵害其他人格法益而情节重大者，被害人虽非财产上之损害，亦得请求赔偿相当之金额。其名誉被侵害者，并得请求回复名誉之适当处分。”修订理由谓：“人格权为抽象法律概念，其内容与范围，每随时间、地区及社会情况之变迁有所不同，立法上自不宜限制过严，否则受害者将无法获得非财产上损害赔偿，有失情法之平。反之，如过于宽泛，则易启人民好讼之风，亦非国家社会之福，现行条文第一项列举规定人格权之范围，仅为身体、健康、名誉、自由四权。揆诸现代法律思潮，似嫌过窄，爰斟酌传统之道德观念，扩张其范围，及于信用、隐私、贞操等之侵害，并增订不法侵害其他人格权益而情节重大等文字，俾免挂漏并杜浮滥。”[19] 王泽鉴教授认为，“其他人格法益的侵害”须以情节重大为要件，乃采自德国联邦法院关于因侵害一般人格权得请求金钱赔偿所设限制，而在身体、健康、名誉、自由等人格法益受到侵害时，虽未设此限制，但侵害情节轻微的，如果也动辄可

---

〔17〕［德］埃尔温·多伊奇、［德］汉斯－于尔根·阿伦斯：《德国侵权法——侵权行为、损害赔偿及痛苦抚慰金》，叶名怡、温大军译，中国人民大学出版社 2016 年版，第 231 页；卢谌、杜景林：《德国民法典债编总则评注》，中国方正出版社 2007 年版，第 29 页。

〔18〕［瑞］海因茨·雷伊：《瑞士侵权责任法》（第 4 版），贺栩栩译，中国政法大学出版社 2015 年版，第 125～127 页。

〔19〕陈忠五主编：《民法（2011 年）》，台北，新学林出版股份有限公司 2011 年版，第 B－201 页。

以请求慰抚金,难免增加讼累和加害人的负担,并影响人的行为自由。[20]

(二)我国相关规定

如前所述,我国法上的精神损害赔偿是经由法官造法而后被法律所明确规定的。实践中,为防止滥诉和不当增加侵权人的赔偿负担,法院对于精神损害赔偿的适用也有相当的限制。例如,《精神损害赔偿解释》第 8 条就明确区分精神损害的后果是否严重而分别作出了规定:首先,被侵权人虽因侵权而遭受了精神损害,但后果并不严重的,那么受害人请求赔偿精神损害的,法院一般不予支持,但可以根据情形判令侵权人停止侵害、恢复名誉、消除影响、赔礼道歉。其次,如果精神损害后果严重的,则人民法院除判令侵权人承担停止侵害、恢复名誉、消除影响、赔礼道歉等民事责任外,可以根据受害人一方的请求判令其赔偿相应的精神损害抚慰金。[21]

在《侵权责任法》的起草过程中,立法机关认为:"侵权行为在不少情况下既造成财产损害,又造成精神损害。我国现行法律没有明确规定精神损害赔偿,但审判实践中已有不少精神损害赔偿的案例。经同有关部门研究认为,草案应当对精神损害赔偿作出明确规定,但对精神损害赔偿的范围应当严格限制。"[22]《侵权责任法草案(第二次审议稿)》曾从侵害的对象、主观要件、后果严重程度三个方面对精神损害赔偿责任的适用范围作出了严格限制。例如,该草案第 23 条规定:"侵害他人生命权、健康权,造成死亡的,受害人的近亲属可以请求精神损害赔偿;造成残疾的,受害人可以请求精神损害赔偿。"第 24 条规定:"故意侵害他人人格权、身份权,造成他人严重精神损害的,受害人可以请求精神损害赔偿。"这种规定显然是不妥当的。因为过失的侵权行为也可能给受害人造成严重的精神损害,例如,过失发表侵害他人名誉权、隐私权的文章等。由于专家学者对此规定一致表示反对,最后,《侵权责任法》第 22 条只是从两方面限制了精神损害赔偿责任的适用范围:其一,侵害的客体,即侵害了人身权益;其二,损害后果,即造成他人严重精神损害。

我国《民法典》延续了《侵权责任法》的规定,其第 1183 条规定:"侵害自然人人身权益造成严重精神损害的,被侵权人有权请求精神损害赔偿。因故意或者重大过失侵害自然人具有人身意义的特定物造成严重精神损害的,被侵权人有权请求精神损害赔偿。"由此可见,我国法上的精神损害赔偿的适用也有限制,此种限制主要表现在:其一,仅适用于侵害自然人的人身权益以及自然人具有人身意义的特定物遭受侵害的场合。至于其他民事权益被侵害以及法人或非法人组织的民事权益被侵害,不适用精神损害赔偿。其二,必须是造成严重精神损害,如果是不严重的精神损害,则可以通过赔礼道歉、消除影响、恢复名誉等其他民事责任承担方式来实现对精神损害的填补和抚慰,无须判决精神损害赔偿责任。

二、精神损害赔偿责任的适用要件

(一)侵害了自然人的人身权益或者具有人身意义的特定物

所谓人身权益,包括人格权益和身份权益。人格权既包括作为一般人格权的人身自由、人

---

〔20〕 王泽鉴:《人格权法:法释义学、比较法、案例研究》,2012 年自版,第 479 页。

〔21〕 司法解释的类似规定还有《利用信息网络侵害人身权益纠纷规定》第 17 条规定:"网络用户或者网络服务提供者侵害他人人身权益,造成财产损失或者严重精神损害,被侵权人依据侵权责任法第二十条和第二十二条的规定请求其承担赔偿责任的,人民法院应予支持。"

〔22〕 《全国人民代表大会法律委员会关于〈中华人民共和国侵权责任法(草案)〉主要问题的汇报》,2008 年 12 月 22 日第十一届全国人民代表大会常务委员会第六次会议。

格尊严，也包括具体人格权，如作为物质性人格权的生命权、身体权、健康权，和作为精神性人格权的姓名权、名誉权、荣誉权、肖像权、隐私权等。人格利益包括个人信息，死者的姓名、肖像、名誉、荣誉、隐私等，以及自然人基于人身自由、人格尊严享有的其他人格利益。

所谓自然人具有人身意义的特定物品，是指自然人的凝聚了人身利益（人格意义或身份意义）的物，该人身利益与物已经紧密地结合，一旦物被侵害而毁损或灭失，则该人身利益也将被侵害。申言之，这里有两个限制：其一，特定的物是自然人，而不是法人或者非法人组织的；其二，该特定物不是一般的物，而是具有人身意义的物。通过这两方面的限制，可以避免任何民事主体因物被侵害而主张精神损害赔偿，从而导致精神损害赔偿责任的滥用。从司法实践来看，被法院认定为“自然人具有人身意义的特定物”最主要的就是骨灰，此外还包括婚纱照片，〔23〕婚礼录像，〔24〕唯一的一张父母生前的照片〔25〕等。

关于宠物是否属于“自然人具有人身意义的特定物”，在其因侵权而死亡或丢失时，侵权人除了承担财产损害赔偿责任外，是否需要承担精神损害赔偿责任，存在争议。有的法院认为，尽管“饲养人与被饲养的宠物在长期相处的过程中，必然产生感情，并产生情感上的依赖，宠物突然非正常死亡必然对饲养人造成精神上的伤害”，但是“该种伤害不符合我国法律以及最高人民法院关于精神损害赔偿的规定以及相关法律法规确定精神损害赔偿的范围，因此对于原告要求赔偿精神损害的请求予以驳回”。〔26〕有的法院则认为，宠物是有生命、有感觉、能与人产生感情联系和精神依赖的家庭豢养的动物。其不同于其他一般的物的最大特征，就在于它具有生命和灵性，与主人之间能够产生一种人格化的感情联系、情感互动和精神寄托。原告将宠物犬视为家庭的一员，其与宠物之间在日常生活中的某些方面，有了一种相当于人格利益上的关联。因此一旦走失，精神上的打击和痛苦是客观存在的。〔27〕

本书认为，宠物当然属于物，被侵权人对宠物享有的只是物权而非人格权。故此，原则上导致他人宠物丢失、受伤或死亡的，侵权人不应承担精神损害赔偿责任。但是，宠物又不同于一般的物，人与宠物相处一定时间后相互间会发生双向的感情交流。此种情形下，因宠物被他人侵害而死亡必然会导致主人的精神痛苦。法院完全置之不理，显然不妥。比较法上，如《瑞士债务法》第 43 条第 2 款就规定：“动物受伤害或死亡时，如果该动物为宠物且非用于经营或者商业目的者，法院得考虑宠物对于所有人或者其家庭成员所具有的情感价值，判决侵权人承

〔23〕 鲁某、南阳市卧龙区禾美珍妮花婚纱摄影名店一般人格权纠纷案，河南省南阳市中级人民法院（2019）豫 13 民终 3279 号民事判决书。

〔24〕 刘辰、潘婷一般人格权纠纷案，黑龙江省大庆市中级人民法院（2018）黑 06 民终 2114 号民事判决书。

〔25〕 王青云诉美洋达摄影有限公司丢失其送扩的父母生前照片赔偿案，载最高人民法院中国应用法学研究所编：《人民法院案例选》，第 26 辑，第 82 页以下。

〔26〕 尹松等诉北京宝龙盛业数码科技有限公司财产损害赔偿案，北京市西城区人民法院（2003）西民初字第 6403 号民事判决书。相同观点的判决参见，李玉洁、乐清市虹桥艾宠地宠物店财产损害赔偿纠纷案，浙江省温州市中级人民法院（2020）浙 03 民终 1052 号民事判决书；刘跃红诉张建明等交通事故财产损害赔偿案，江苏省无锡市惠山区人民法院（2006）惠民初字第 1311 号民事判决书；北京全新全意宠物用品有限公司与乔利滨财产损害赔偿纠纷案，北京市第二中级人民法院（2020）京 02 民终 6721 号民事判决书。

〔27〕 庞闻淙：《对宠物受侵害赔偿范围及标准的认定——蔡伟中与上海酷毙狗宠物有限公司财产损害赔偿纠纷案》，载上海市第一中级人民法院网站：http://www. a – court. gov. cn/platformData/infoplat /pub/no1court _2802/docs/200701/d_466585. html，2020 年 7 月 28 日最后访问。相同观点的判决参见陆小妹与苏州市单身汪商贸有限公司财产损害赔偿纠纷案，江苏省苏州市中级人民法院（2019）苏 05 民终 3039 号民事判决书；赵尊铭因与龙红财产损害赔偿纠纷案，湖南省长沙市中级人民法院（2016）湘 01 民终 355 号民事判决书。

担合理赔偿的责任。”这一规定实际上就蕴含了承认侵害宠物时的精神损害赔偿责任。因此，如果被侵权人确实能够证明与宠物之间存在密切而强烈的感情联系的，从而使得该宠物成为《民法典》第1183条第2款规定的“具有人身意义的特定物”，侵权人也应当承担精神损害赔偿责任。法院在认定此种精神损害赔偿责任时，应当综合考虑宠物的饲养时间、饲养环境、受害人因宠物死亡而遭受的精神痛苦程度以及侵权人主观上是否具有故意或者重大过失等因素。

(二)造成了严重精神损害

按照程度的从重到轻，可将精神损害分为严重精神损害、一般精神损害与轻微精神损害。精神损害本属于受害人心理或精神上的感受，具有很强的主观性，究竟严重与否，外人难以了解。故此，需要借助相对客观的标准，否则法官自由裁量权过大。从司法实践来看，就侵害人格权的精神损害赔偿，一般区分物质性人格权和精神性人格权。

首先，在侵害物质性人格权，即生命权、身体权和健康权的情形，只要造成受害人死亡或残疾的，即可以直接认定造成了严重的精神损害。一方面，这种认定是基于对生命的尊重和保障人身安全的需要；另一方面，也符合常理，毕竟任何人在被侵权而残疾或因侵权而失去亲人时都会痛苦，此乃人之天性，不存在也不应存在例外。然而，构成伤残可以认定精神损害严重只是一个原则，在有些情形下，虽然没有构成伤残，但是毁损了受害人的容貌，影响其正常生活、工作的，也会构成严重精神损害。例如，《福建省高级人民法院关于审理人身损害赔偿案件若干问题的意见》第24条第2款规定：“造成受害人容貌受到伤害而留下不良后果、人体功能受损，或者虽未造成容貌、人体功能受损，但确实给受害人在精神上造成长久、深刻痛苦的，受害人的精神损害赔偿请求应予支持。”

其次，侵害精神性人格权时，认定是否构成严重精神损害，需要综合考虑多种因素，如加害行为的性质、程度和方式(如披露他人的隐私、诽谤他人、在发行量巨大或读者众多的媒体上实施侵害行为等)，侵权人的主观过错程度(故意还是重大过失抑或轻微过失)，损害后果的类型以及被侵权人因侵权而引起的连锁反应(如出现失眠、学习成绩下降、企图自杀)等。例如，《四川省高级人民法院贯彻执行最高人民法院〈关于确定民事侵权精神损害赔偿责任若干问题的解释〉的意见》第2条第2款规定：“侵犯他人精神性人格权利，凡具备下列情形之一的，应认定为因侵权致人精神损害造成严重后果：1. 造成受害人自杀自伤的；2. 造成受害人精神失常的；3. 严重影响受害人正常工作、生活的；4. 在公共场所公然侮辱、诽谤、贬损、丑化受害人的姓名、肖像、名誉、荣誉，或者公开披露受害人的隐私，导致受害人社会评价降低的；5. 非法使被监护人脱离监护，导致亲子关系或者近亲属间的亲属关系破裂、恶化的；6. 具有人格象征意义的特定纪念物品如祖传遗物、荣誉证书、功勋章等，因侵权行为而永久性灭失、毁损不能修复的；7. 非法肢解尸体，非法披露、利用死者的隐私，或者非法利用、损害死者的遗体(遗骨)，或者以侮辱、诽谤、贬损、丑化等方式侵害死者姓名、肖像、名誉、荣誉，造成其近亲属的社会评价降低、受到社会歧视或者不公正待遇的；8. 其他致人精神损害造成严重后果的。”再如，《山东高级人民法院关于审理人身损害赔偿案件若干问题的意见》第86条规定：“受害人因侵害行为影响正常工作、生活、学习的，为一般性精神损害；受害人因侵害行为导致工作失误、学习成绩下降、生活无常或者自杀等严重后果的，为严重损害。”

需要注意的是，侵害健康权尤其是心理健康与精神损害有一定的相似之处，如都可能会表现为受害人心理的不良情绪，且都只适用于自然人。但是，它们存在以下明显的区别：(1)精神损害即非财产损害，是指不能以金钱加以计算的损害，如精神上的痛苦、不安、愤怒、失望等，这些损害是无法以金钱加以计算的，精神损害赔偿金只是起到补偿和抚慰的功能。但是，心理健康被侵害给被侵权人造成的损害既包括财产损害，也包括精神损害。所谓财产损害就是医疗费、营养费、护理费、交通费等为治疗心理健康受损和进行心理康复所支出的合理费用，以及因误工减少的收入；非财产损害就是被侵权人因心理健康受损遭受的严重精神痛苦。(2)精神损害可能是因为侵害自然人的各种人身权益，如生命权、身体权、健康权、名誉权、荣誉权、隐私权等人格权以及身份权等而造成，也可能是因为故意或者重大过失侵害自然人具有人身意义的特定物所致。也就是说，精神损害本身不是侵害，而是侵害人身权益或具有人身意义的特定物所造成的损害后果。但是，心理健康被侵害仅仅是指直接侵害自然人的健康权，也就是说，在健康权包括心理健康的前提下，侵害心理健康就是侵害健康权，它是权益被侵害本身，而非权益被侵害的后果。(3)心理健康是否遭受侵害需要根据相应的医疗机构的意见等证据加以确定，具有临床的表现，而不仅仅是心理上的不良情绪就可以认定为心理健康受到侵害。因此，心理健康一旦遭受侵害，往往需要进行医学上的治疗和康复。但是，精神损害主要是自然人的痛苦、失望、愤怒等不良情绪。这些情绪一则不容易认定，二则也不存在接受医学上的治疗和康复的必要。故此，为了控制精神损害赔偿的范围，精神损害只有达到严重的程度，才给予精神损害赔偿，否则只需要适用停止侵害、赔礼道歉等侵权责任即可。

三、精神损害赔偿的请求权人

(一)被侵权人及其近亲属

因侵害他人的身体权、健康权或者其他人格权益而遭受严重精神损害的被侵权人，当然属于精神损害赔偿的请求权人。如果被侵权人因侵权行为死亡的，则其近亲属有权要求侵权人承担侵权责任(《民法典》第1181条第1款。

德国法认为，在被侵权人死亡的场合，其近亲属的精神损害赔偿请求权乃是由被侵权人处继承而来的，因此该请求权的范围如何取决于被侵权人与死亡进行斗争的时间长短与遭受痛苦折磨的程度。如果被侵权人在侵权事件中当场死亡或者被送往医院后很快就死亡，依据《德国民法典》第253条第2款，近亲属就没有精神损害赔偿请求权。如果近亲属与被侵权人共同经历了这一损害事故而遭受了精神惊吓，则近亲属可以依据《德国民法典》第823条第1款对健康权的保护，而依据第253条第2款请求侵权人承担侵害健康权的损害赔偿责任。[28]

我国民法学通说认为，被侵权人因侵权而死亡后，近亲属的精神损害赔偿请求权不是从被侵权人处继承来的，而是其本身固有的。因为“亲人的受害死亡给他们带来了精神痛苦，他们经历了人生中亲人生离死别这一最大的痛苦。这种精神损害赔偿金的请求权是他们自身受害而应当享有的权利，而不是依赖于他人权利受害而继承的一种损害赔偿请求权”。[29] 司法实践也认为，在被侵权人死亡时其近亲属当然地享有(而非继承)精神损害赔偿请求权。例如，《精神损害赔偿解释》第7条规定：“自然人因侵权行为致死，或者自然人死亡后其人格或者遗体遭受侵害，死者的配偶、父母和子女向人民法院起诉请求赔偿精神损害的，列其配偶、父母和子女为原告；没有配偶、父母和子女的，可以由其他近亲属提起诉讼，列其他近亲属为原告。”《人身损害赔偿解释》第18条第1款规定：“受害人或者死者近亲属遭受精神损害，赔偿权利人向人民法院请求赔偿精神损害抚慰金的，适用《最高人民法院关于确定民事侵权精神损害赔偿

---

〔28〕 Koetz/Wagner, Deliktsrecht, 11. Aufl. 2010, Rn. 731.

〔29〕 张新宝：《侵权责任法立法研究》，中国人民大学出版社2009年版，第408页。

责任若干问题的解释》予以确定。”有学者认为,《精神损害赔偿解释》第 7 条,死者近亲属的精神损害赔偿请求权应按法定顺序行使(与法定继承顺序一致),隐约表明该权利并非其自身固有的,而是对死者精神损害赔偿请求权的继承。[30] 本书认为,此种顺位虽然与法定继承顺序相同,但并不表明近亲属的精神损害赔偿请求权是继承自死者,而是考虑到配偶、父母和子女与死者的感情联系通常是最为密切直接的,故此其遭受精神损害是最大的,应当先由其提起诉讼。这一规定,也与我国《民法典》第 994 条对于死者的姓名、名誉等人格利益遭受侵害时,必须由父母、子女和配偶作为第一顺位人起诉的规定是一致的。

(二)侵害死者的人格利益时的精神损害赔偿权利人

依据《民法典》第 994 条,死者的姓名、肖像、名誉、荣誉、隐私、遗体等受到侵害的,其配偶、子女、父母有权依法请求行为人承担民事责任;死者没有配偶、子女并且父母已经死亡的,其他近亲属有权依法请求行为人承担民事责任。

(三)侵害特定物品上的人格利益

《民法典》第 1183 条第 2 款规定,因故意或者重大过失侵害自然人具有人身意义的特定物造成严重精神损害的,被侵权人有权请求精神损害赔偿。这里的被侵权人当然是指被侵害的具有人身意义的特定物的所有人或者管理人。

(四)第三人的精神损害赔偿请求权

在被侵权人的生命权、身体权、健康权遭受损害时,与被侵权人存在密切关系的第三人(配偶、子女、父母等近亲属)可能也会因此遭受精神损害(以及财产损害)。具体包括:

1. 第三人精神惊吓,即第三人因目睹加害人对他人实施侵害行为而遭受了精神惊吓。其中,直接遭受侵害的“他人”属于“第一受害人”,因目击侵害行为遭受精神惊吓的第三人为“第二受害人”。第二受害人可能因此遭受精神损害和财产损害(如医疗费等)。对此特定情形下的第三人精神惊吓的损害赔偿,我国学说与实践也予以认可,[31] 当然要对第三人的范围进行限制,第三人(第二受害人)与第一受害人存在确定的、密切的联系,通常要求具有近亲属关系,如父母女子关系、配偶关系,关系比较远的亲属或没有亲属关系的人,一般没有赔偿请求权。有些特殊的情况下,即便第二受害人与第一受害人没有亲属关系,但是存在比较密切的感情联系的,如未婚妻或具有很深的爱情关系的同伴等,也可以获得赔偿。这种限制的好处在于:一方面,通过将第三人限制为第一受害人的近亲属,可以有效减轻第二受害人证明自己遭受精神痛苦的举证责任。基于第一受害人与第二受害人之间的近亲属关系,可以直接认定第一受害人遭受直接侵害会给第二受害人造成精神痛苦。另一方面,有效地避免了打开诉讼闸门,防止滥诉。比如,A 在公共场所殴打 B,如果当场目睹该加害行为的有 100 人,是否 A 除了赔偿 B,还要向这 100 人承担赔偿责任? 显然是不可能的。此外,本书认为,在第一受害人的身体权和健康权遭受伤害时,第二受害人只有在亲眼目睹侵害行为发生而遭受精神惊吓时,才会发生第三人精神惊吓的损害赔偿请求权。因为第一受害人本身也有精神损害赔偿请求权,所以,在第二受害人没有亲眼目睹的情形下,如果再行承认第二受害人的精神损害赔偿请求权,则对加害人

---

[30] 谢鸿飞:《惊吓损害、健康损害与精神损害——以奥地利和瑞士的司法实践为素材》,载《华东政法大学学报》2012 年第 3 期。

[31] 林玉暖诉张建保等人身损害赔偿纠纷案,载最高人民法院中国应用法学研究所编:《人民法院案例选》第 70 辑,第 146 页。

过苛。

2. 因被侵权人伤残而给第三人造成精神损害，例如，因孩子被他人开车撞残，父母每日以泪洗面，极为痛苦。此时，作为受害人的孩子当然可以请求侵权人赔偿精神损害，父母是否也能要求侵权人赔偿精神损害？再如，丈夫因遭受伤害而失去性功能，导致妻子无法过正常的性生活，妻子能否要求侵权人承担精神损害赔偿责任？〔32〕瑞士法认为，在满足一定的条件下，受害人的近亲属也可以主张精神抚慰金，因为与近亲属的心理和精神的联系属于自然人人格权的组成部分，而侵害此种联系构成《瑞士债务法》第 49 条规定的“严重人格权利侵犯”。因此，侵害他人身体权，受害人近亲属在受到的精神痛苦异常严重时，可以主张精神抚慰金。瑞士最高法院的判决认为，如果当事人因侵权行为（或违约行为）严重残疾、严重侵犯配偶和子女与当事人的人格关系，造成配偶或子女在侵犯他人生命权和身体权的情形中同样的或更为严重的精神痛苦的，配偶或子女可以主张精神抚慰金。〔33〕

我国《民法典》第 1183 条第 1 款规定，“侵害自然人人身权益造成严重精神损害的，被侵权人有权请求精神损害赔偿”，因此，在配偶等近亲属因被侵权人残疾而遭受严重精神痛苦的情况下，要认可配偶等近亲属单独的精神损害赔偿请求权就必须确认其何种人身权益遭受了损害。然而，从现行法上似乎很难找到对应的人格权来包含此种利益。故此，司法实践中，一些法院以此为由否定近亲属的精神损害赔偿请求权。例如，在一个案件中，法院认为：“根据法律规定，当公民的合法权利受到侵害时，侵权行为人应当承担相应的民事责任。而法律保护的公民的民事权利的范围是被法律确认的权利。本案魏素英要求获得丈夫丧失性功能后的损害赔偿，难以在现行法律上觅得相关的权利依据，本院难以支持。另外，由于目前法律和实践中均没有规定和做法可以对除死亡而导致的近亲属精神损害（反射性精神损害）进行赔偿，所以魏素英要求乐购公司承担精神损失费也缺乏足够的依据。据此，上诉人的上诉请求因缺乏法律理由，本院不能支持。”〔34〕不过，也有法院持不同的观点，认为“夫妻性生活权利是公民健康权的一个方面，郑怀茹作为已婚妇女，其与丈夫正常的性行为是其应有的权利，且该权利属于人格权的范畴。郑怀茹丈夫因事故导致阴茎勃起轻度障碍，构成八级伤残，必然导致作为配偶的郑怀茹正常的性生活受到影响，生活幸福指数下降，给其造成肉体及精神上的痛苦，性利益受到侵害。郑怀茹此项权利受损，应属于《最高人民法院关于确定民事侵权精神损害赔偿责任若干问题的解释》第八条规定的‘严重后果’。王长军虽已因阴茎勃起轻度障碍、构成八级伤残，获得相应的精神抚慰金，但并不妨碍郑怀茹作为其配偶另行要求刘士生、石英砂公司赔偿精神抚慰金的权利”。〔35〕

本书认为，我国《民法典》并未完全采取人格权法定主义，而是专门规定了用于发展和补充新型人格权益的一般人格权。《民法典》第 990 条第 2 款规定：“除前款规定的人格权外，自然人享有基于人身自由、人格尊严产生的其他人格权益。”而且，《民法典》第 1183 条第 1 款也没

---

〔32〕 杨春华：《丈夫性功能受损害妻子索要精神赔偿——间接性权利是否应予保护》，载《人民法院报》2009 年 4 月 14 日。

〔33〕 [瑞]海因茨·雷伊：《瑞士侵权责任法》（第 4 版），贺栩栩译，中国政法大学出版社 2015 年版，第 129～130 页。

〔34〕 魏素英诉上海七宝乐购购物中心有限公司其他人身损害赔偿案，上海市第一中级人民法院（2005）沪一中民一（民）终字第 1814 号民事判决书。

〔35〕 郑怀茹与刘士生、靖江市日翔石英砂有限公司生命权、健康权、身体权纠纷案，江苏省泰州市中级人民法院（2019）苏 12 民终 2768 号民事判决书。

有将精神损害责任限定于侵害自然人的人格权,而是只要“侵害自然人人身权益”并造成严重精神损害,即能产生精神损害赔偿请求权。故此,近亲属基于与被侵权人之间亲情联系而产生的人格利益也应当受到保护,当该人格利益受到侵害而造成严重精神损害,近亲属有权获得精神损害赔偿抚慰金。

四、精神损害赔偿请求权的继承

自然人因人格权被侵害而遭受严重精神损害后,就享有了精神损害赔偿请求权。由于精神损害赔偿旨在对受害人的精神损害进行补偿,从而抚慰其精神痛苦,故此,精神损害请求权具有高度的专属性,不得让与或者继承。如果自然人因侵权而死亡,在死亡前其已提起诉讼要求侵权人赔偿精神损害的,即便原告死亡,也不影响该请求权的行使,此时依据《民事诉讼法》第 150 条的规定,可以中止诉讼,等待继承人表示是否参加诉讼。如果原告在起诉前已经因侵权而死亡的,在我国法上也不发生精神损害赔偿请求权的继承问题。因为依据《民法典》第 1181 条第 1 款第 1 句,被侵权人死亡的,其近亲属有权请求侵权人承担侵权责任。也就是说,被侵权人的近亲属自身享有精神损害赔偿请求权,而非继承自被侵权人。如果原告已经起诉并经生效的判决确定其精神损害赔偿请求权或者被侵权人与侵权人已经达成协议,侵权人明确承诺给予金钱赔偿的,那么即便在被告支付精神损害赔偿金前原告去世的或者被侵权人转让该精神损害赔偿请求权的,也应当允许。因为此时该精神损害赔偿请求权已经成为一种金额确定的财产性权利,可以进行转让或继承。正因如此,《人身损害赔偿解释》第 18 条第 2 款规定:“精神损害抚慰金的请求权,不得让与或者继承。但赔偿义务人已经以书面方式承诺给予金钱赔偿,或者赔偿权利人已经向人民法院起诉的除外”。

五、精神损害赔偿数额的确定

《精神损害赔偿解释》曾对精神损害的赔偿数额的确定因素作出了具体规定。该解释第 10 条第 1 款规定:“精神损害的赔偿数额根据以下因素确定:(一)侵权人的过错程度,法律另有规定的除外;(二)侵害的手段、场合、行为方式等具体情节;(三)侵权行为所造成的后果;(四)侵权人的获利情况;(五)侵权人承担责任的经济能力;(六)受诉法院所在地平均生活水平。”由于《民法典》第 1183 条将造成严重精神损害作为精神损害赔偿的成立要件,加之该法第 1182 条以侵权人的获利作为侵害人身权益造成财产损失时的一种赔偿标准,故此,本书认为,确定精神损害赔偿的数额不应再考虑侵权人的获利情况以及侵权行为所造成的后果。具体来说,应考虑的因素如下:

1. 侵权人的过错程度,这主要是指侵权人在实施侵权行为时主观上是故意还是过失,是一般过失还是重大过失等。基于精神损害赔偿的抚慰功能,对于那些故意从事侵权行为之人,只有提高精神损害赔偿金的数额,才能更好地平息被侵权人或其近亲属的愤怒。

2. 侵害的手段、场合、行为方式等具体情节。考虑该因素是因为:侵权人侵害的手段、场合、行为方式的不同对受害人造成的精神损害也不同。例如,通过文字方式侮辱受害人就比单纯的口头辱骂严重,采取暴力的方式侮辱受害人则更为严重。再如,在人数不多的场合侮辱受害人显然比在大庭广众之下侮辱受害人造成的损害较为轻微。侵害的对象是手无缚鸡之力的儿童、老年人,还是强壮的具有反击能力的青年人,给受害人或其近亲属造成的精神损害也是不同的。例如,2005 年 10 月 4 日下午,清华大学晏教授一家三口乘坐被告北京某巴士公司的 726 路公交车回家时,为车票票款之纠纷,晏教授 13 岁的女儿与售票员朱某发生口角。朱某将晏教授的女儿掐死。[36] 2006年5月，朱某被法院以故意伤害罪判处死刑，缓期二年执行。受害人晏教授夫妇针对巴士公司、朱某以及另外两名司售人员提起侵权之诉。一审法院认定被告侵权责任成立，并判决巴士公司承担赔偿10万元精神损害金。二审法院改判被告应当赔偿30万元精神损害金。改判的理由在于：首先，原告夫妇是老年得女，却又失去，并且今后将无法再生育。这种后果对他们的精神刺激是巨大的，使其遭受的精神痛苦异常剧烈，必须予以充分的抚慰。其次，整个事发过程中，原告晏教授夫妇目睹、经历了年仅13岁的独生女儿遭受侵害直至死亡的全过程。这种痛苦到了正常人都无法想象的地步。再次，行为人破坏了公众信心。人们生活于社会之中，对于社会的正常秩序抱有信心，对于善良的社会风俗抱有一定信心，这是一个社会赖以存在的基础。犯罪分子朱某面对13岁的小女孩，没有一点对于乘客、他人之尊重，犯罪性质极其恶劣。且案发场所是在公共汽车上，案发时间是人们欢度国庆黄金周的时候。朱某之行为恰恰破坏了这种信心，侵犯了社会的和谐与稳定。因此，必须予以惩罚，以警示违法分子，昭示社会正义。这也是精神抚慰金所应起到的作用之一。[37]

3. 侵权人承担责任的经济能力。考虑侵权人承担责任的经济能力意味着：首先，要看加害人是自然人还是法人或者非法人组织，后者承担责任的经济能力一般高于前者。其次，就自然人而言，要考虑该自然人的职业、社会地位、经济收入。此外，由于我国城乡差异明显，因此城市居民承担责任的经济能力要强于农村居民，而城市居民中国有企业、三资企业、行政机关、事业单位的工作人员承担责任的经济能力要高于下岗失业人员。

之所以要考虑侵权人承担责任的经济能力，有以下两个原因：一方面，就经济能力较低的赔偿义务人而言，如果判令其承担过高的精神损害赔偿金，会对其造成过重的负担，甚至摧毁其今后的生存。另一方面，就经济能力较高的赔偿义务人，如果精神损害赔偿金的数额过低，那么不足以制裁这些人的侵害行为，这会使得现今我国社会中一些飞扬跋扈的人，以支付对其而言微不足道的金钱来获得侮辱他人的"权利"，受害人无法得到抚慰。

4. 受诉法院所在地平均生活水平。由于我国各地区的社会经济发展程度以及城乡经济发展程度的差异非常大，因此确定精神损害赔偿责任时不能脱离我国社会经济发展的实际，一味判令侵权人承担过高或过低的精神损害赔偿金。法官在确定精神损害赔偿数额时考虑受诉法院所在地的平均生活水平，实质上就是要考虑各地区之间以及城乡之间的经济发展程度和人民生活水平的差异，决定符合受诉法院所在地实际情况的精神损害赔偿金。

---

〔36〕 多年前，笔者曾应邀就此事为晏老师提供过若干法律意见。晏老师之不幸遭遇，令人同情！

〔37〕 谷岳：《民事侵权精神损害赔偿数额的确定——晏某某、郑某某诉某某巴士股份有限公司、朱某某等人身损害赔偿案法律问题研究》，载北京市高级人民法院：《审判前沿：新类型案件审判实务》，第25集，法律出版社2010年版，第19～25页；刘岚：《公交售票员掐死清华大学教授女儿案终审——北京一中院改判精神赔偿30万元 教授夫妇共获赔75万元》，载《人民法院报》2007年11月27日。

表 30.2.1　部分地方高级人民法院规定的精神损害赔偿的数额与限额

地方	精神损害赔偿的具体确定标准与最高限额	依据
安徽	公民身体权、健康权遭受一般伤害没有构成伤残等级的,精神抚慰金一般为 1000 ~ 5000 元	《安徽省高级人民法院审理人身损害赔偿案件若干问题的指导意见》第 25 条
	公民身体权、健康权遭受的伤害已经构成伤残等级,精神抚慰金的数额可以结合受害人的伤残等级确定,一般不低于 5000 元,但不能高于 80,000 元	
	造成公民死亡的,精神抚慰金一般不低于 50,000 元,但不得高于 80,000 元	
	案件有其他特殊侵权情节的,精神抚慰金的数额可以不按上述标准确定	
重庆	公民的姓名权、肖像权、名誉权、荣誉权遭受损害的,精神损害赔偿金额一般不超过 1000 元;侵权行为情节恶劣、后果严重的,赔偿金额为 1000 ~ 5000 元	《重庆市高级人民法院关于审理精神损害赔偿案件若干问题的意见(试行)》第 6 条
	对公民的身体权、健康权造成一般侵害的,赔偿金额一般不超过 1000 元	
	对公民的身体权、健康权造成严重侵害的,赔偿金额一般不超过 5000 元	
	侵害公民的身体权、健康权,致受害人轻微伤残的,赔偿金额一般不超过 10,000 元	
	侵害公民的身体权、健康权,致受害人严重伤残的,赔偿金额一般不超过 100,000 元	
	精神损害赔偿金额最高限额一般为 100,000 元	
福建	受害人遭受一般伤害未构成伤残等级的,精神损害抚慰金在 1000 ~ 5000 元之间酌定	《福建省高级人民法院民事审判第一庭关于审理人身损害赔偿纠纷案件疑难问题的解答》第 22 条
	受害人遭受的伤害已构成伤残等级的,精神损害抚慰金在 5000 ~ 80,000 元之间酌定	
	受害人死亡的,精神损害抚慰金在 50,000 ~ 80,000 元之间酌定	
	个别案情较为特殊的,精神损害抚慰金数额,可以不受上述标准限制	
江西	最高赔偿数额一般不高于 50,000 元,赔偿权利人有多个的,赔偿责任不得累加计算	《江西省高级人民法院 2004 年全省法院民事审判工作座谈会纪要》第 4 条
广州	精神损害抚慰金一般不超过 100,000 元	广州市中级人民法院《医疗损害责任纠纷案件审理指引》

续表

地方	精神损害赔偿的具体确定标准与最高限额	依据
河南	侵害自然人生命权的，精神损害赔偿费称为死亡抚慰金，参照在 5000 ~ 100,000 元之间酌定	《河南省高级人民法院民事审判第一庭关于当前民事审判若干问题的指导意见》第 30 条
	侵害自然人健康权造成残疾，受害人完全丧失劳动能力的，精神损害赔偿数额类推侵害自然人生命权予以酌定，丧失部分劳动能力的，精神损害赔偿数额在 50,000 元以下酌定。侵害自然人姓名权、肖像权、名誉权、荣誉权、隐私权，精神损害赔偿数额在 20,000 元以下酌定	
	侵害自然人健康权但未造成残疾以及侵害自然人其他权利或法益的，精神损害赔偿数额在 10,000 元以下酌定；法律法规或司法解释有规定的依照其规定	
山东	侵权人是自然人的，一般性精神损害赔偿标准为 1000 ~ 3000 元；严重精神损害，赔偿标准为 3000 ~ 5000 元；受害人因侵害行为影响正常工作、生活、学习的，为一般性精神损害；受害人因侵害行为导致工作失误、学习成绩下降、生活无常或者自杀等严重后果的，为严重损害	《山东省高级人民法院关于审理人身损害赔偿案件若干问题的意见》第 85 条、第 86 条
	侵害人是法人或其他社会组织的，一般按照自然人赔偿标准的 5 ~ 10 倍予以赔偿。	
	侵害人侵害行为特别恶劣、受害人的伤害程度特别严重或社会影响特别大的，可根据实际需要，适当提高上述赔偿标准，但判决前必须呈报省高级人民法院复核	
上海	精神损害赔偿额以一般最高不超过人民币 50,000 元为宜（上海人均 GDP 的 2 倍），不考虑外国人与本国人、法人与自然人、获利与未获利情况	《上海市高级人民法院几类民事案件的处理意见》
北京	因侵害行为致受害人残疾的，赔偿数额一般不超过我市城镇职工上一年平均工资收入的 5 倍。受害人身体受到一般伤害，造成严重后果，确有必要给予精神损害抚慰金的，参照致人残疾的情况酌减	《北京市高级人民法院关于审理人身伤害赔偿案件若干问题的处理意见》第 25、26 条
	死者的近亲属以受害人死亡给自己造成精神痛苦为由请求死亡赔偿金的，赔偿金数额可根据致害行为的性质、致害人的过错程度、请求权人所受痛苦之程度以及其与死者的关系等酌定，但一般不得超过我市城镇职工上年平均工资的 10 倍	
浙江	精神损害抚慰金数额应依据《精神损害赔偿解释》第 10 条的规定确定，一般以 50,000 元为限	《浙江省高级人民法院民事审判第一庭关于人身损害赔偿费用项目有关问题的解答》
	如果侵权行为情节特别恶劣，被侵权人的损害程度特别严重或者社会影响特别大，可适当提高赔偿金额，但原则上不超过 10 万元	

主要参考文献

一、中文文献

（一）案例资料

1. 最高人民法院民事审判第一庭：《最高人民法院民一庭民事典型案例精选（2008～2011）》，人民法院出版社2014年版。
2. 最高人民法院中国应用法学研究所编：《人民法院案例选》，第1～95辑，人民法院出版社、时事出版社历年依次出版。
3. 北京市高级人民法院：《北京法院指导案例》，第1～6卷，知识产权出版社历年依次出版。
4. 北京市高级人民法院：《损害赔偿新型疑难案例判解》，法律出版社2007年版。
5. 重庆市高级人民法院：《重庆审判案例精选》（第3辑），法律出版社2008年版。
6. 上海市高级人民法院编：《上海法院典型案例丛编（民事、经济、知识产权、执行案例）》，上海人民出版社2001年版。
7. 杨洪逵：《侵权损害赔偿案例评析》，中国法制出版社2003年版。

（二）释义书

1. 黄薇主编：《中华人民共和国民法典侵权责任编解读》，中国法制出版社2020年版。
2. 黄薇主编：《中华人民共和国民法典人格权编解读》，中国法制出版社2020年版。
3. 石宏主编：《〈中华人民共和国民法总则〉条文说明、立法理由及相关规定》，北京大学出版社2017年版。
4. 王胜明主编：《中华人民共和国侵权责任法解读》，中国法制出版社2010年版。
5. 王利明主编：《中华人民共和国侵权责任法释义》，中国法制出版社2010年版。
6. 最高人民法院侵权责任法研究小组：《〈中华人民共和国侵权责任法〉条文理解与适用》，人民法院出版社2010年版。
7. 最高人民法院民事审判第一庭：《最高人民法院人身损害赔偿司法解释的理解与适用》，人民法院出版社2004年版。
8. 最高人民法院民事审判第一庭：《最高人民法院〈关于确定民事侵权精神损害赔偿责任若干问题的解释〉的理解与适用》，人民法院出版社2001年版。
9. 最高人民法院民事审判第一庭：《最高人民法院关于道路交通事故损害赔偿司法解释理解与适用》，人民法院出版社2012年版。
10. 最高人民法院民事审判第一庭：《最高人民法院关于食品药品纠纷司法解释理解与适用》，人民法院出版社2014年版。
11. 最高人民法院民事审判第一庭：《最高人民法院利用网络侵害人身权益司法解释理解与适用》，人民法院出版社2014年版。

（三）教科书

1. ［德］马克西米立安·福克斯：《侵权行为法》，齐晓琨译，法律出版社2006年版。

2. [德]埃尔温·多伊奇、[德]汉斯-于尔根·阿伦斯:《德国侵权法——侵权行为、损害赔偿及痛苦抚慰金》,叶名怡、温大军译,中国人民大学出版社 2016 年版。
3. [美]文森特·R. 约翰逊:《美国侵权法》,赵秀文等译,中国人民大学出版社 2004 年版。
4. [日]吉村良一:《日本侵权行为法》(第 4 版),张挺译,中国人民大学出版社 2013 年版。
5. [日]田山辉明:《日本侵权行为法》,顾祝轩、丁相顺译,北京大学出版社 2011 年版。
6. [日]五十岚清:《人格权法》,铃木贤、葛敏译,北京大学出版社 2009 年版。
7. 王泽鉴:《侵权行为》,北京大学出版社 2009 年版。
8. 王利明、周友军、高圣平:《中国侵权责任法教程》,人民法院出版社 2010 年版。
9. 张新宝:《中国侵权行为法》(第 2 版),中国社会科学出版社 1998 年版。
10. 尹志强:《侵权行为法论》,中国政法大学出版社 2008 年版。

(四)著作
1. [德]巴尔、[英]克莱夫主编:《欧洲私法的原则、定义与示范规范:欧洲示范民法典草案》(全译本)(第 1、2、3 卷),付俊伟等译,法律出版社 2014 年版。
2. [德]巴尔、[英]克莱夫主编:《欧洲私法的原则、定义与示范规范:欧洲示范民法典草案》(全译本)(第 5、6、7 卷),王文胜等译,法律出版社 2014 年版。
3. [德]克里斯蒂安·冯·巴尔:《欧洲比较侵权行为法》(上、下),张新宝、焦美华译,法律出版社 2004 年版。
4. [德]迪尔克·罗歇尔德斯:《德国债法总论》(第 7 版),沈小军、张金海译,中国人民大学出版社 2014 年版。
5. [德]迪特尔·梅迪库斯:《德国债法总论》,杜景林、卢谌译,法律出版社 2005 年版。
6. [德]迪特尔·施瓦布:《民法导论》,郑冲译,法律出版社 2006 年版。
7. [德]U. 马格努斯主编:《侵权法的统一:损害与损害赔偿》,谢鸿飞译,法律出版社 2009 年版。
8. [奥]伯恩哈德·A. 科赫、赫尔默特·考茨欧主编:《侵权法的统一:严格责任》,管洪彦译,法律出版社 2012 年版。
9. [荷]施皮尔主编:《侵权法的统一:因果关系》,易继明译,法律出版社 2009 年版。
10. [荷]J. 施皮尔主编:《侵权法的统一:对他人造成的损害的责任》,梅夏英、高圣平译,法律出版社 2009 年版。
11. [澳]彼得·凯恩:《侵权法解剖》,汪志刚译,北京大学出版社 2010 年版,第 207 页。
12. [英]P. S. 阿蒂亚:《"中彩"的损害赔偿》,李利敏、李昊译,北京大学出版社 2012 年版。
13. [瑞]海因茨·雷伊:《瑞士侵权责任法》(第 4 版),贺栩栩译,中国政法大学出版社 2015 年版。
14. [英]John G. Fleming:《民事侵权法概论》,何美欢译,香港中文大学出版社 1992 年版。
15. [美]罗伯特·考特、[美]托马斯·尤伦:《法和经济学》,张军等译,上海三联书店、上海人民出版社 1995 年版。
16. [意]毛罗·布萨尼、[美]弗农·瓦仑丁·帕尔默主编:《欧洲法中的纯粹经济损失》,张小义、钟洪明译,法律出版社 2005 年版。
17. [美]丹·B. 多布斯:《侵权法》(上册),马静、李昊、李妍、刘成杰译,中国政法大学出版社 2010 年版。
18. [美]小詹姆斯·A. 亨德森、[美]理查德·N. 皮尔森、[美]道格拉斯·A. 凯萨、[美]约翰·A. 西里西艾诺:《美国侵权法:实体与程序》(第 7 版),王竹、丁海俊、董春华、周玉辉译,北京大学出版社 2014 年版。
19. [美]戴维·G·欧文:《产品责任法》,董春华译,中国政法大学出版社 2012 年版。
20. [日]圆谷峻:《判例形成的日本新侵权行为法》,赵莉译,法律出版社 2008 年版。
21. 谢怀栻:《外国民商精要》(第 3 版),程啸增订,法律出版社 2014 年版。

22. 王利明:《侵权行为法归责原则研究》,中国政法大学出版社 2003 年版。
23. 王利明:《侵权责任法研究》(上卷),中国人民大学出版社 2010 年版。
24. 王利明:《侵权责任法研究》(下卷),中国人民大学出版社 2011 年版。
25. 王泽鉴:《损害赔偿》,北京大学出版社 2017 年版。
26. 王泽鉴:《人格权法:法释义学、比较法、案例研究》,2012 年自版。
27. 张新宝:《侵权责任法立法研究》,中国人民大学出版社 2009 年版。
28. 张新宝:《侵权责任法原理》,中国人民大学出版社 2005 年版。
29. 朱岩:《侵权责任法通论·总论》,法律出版社 2011 年版。
30. 曾世雄:《损害赔偿法原理》,中国政法大学出版社 2001 年版。
31. 顾昂然、王家福、江平等:《中华人民共和国民法通则讲座》,中国法制出版社 2000 年版。
32. 最高人民法院民事审判第一庭:《中国民事审判前沿》,第 1 集,法律出版社 2005 年版。
33. 最高人民法院民事审判第一庭:《中国民事审判前沿》,第 2 集,法律出版社 2005 年版。
34. 最高人民法院民事审判第一庭:《民事审判指导与参考》,第 1 ~ 74 辑,法律出版社、人民法院出版社历年依次出版。
35. 最高人民法院民事审判第一庭本书编写组:《民事审判实务问答》,法律出版社 2005 年版。

(五)立法资料

1. 全国人大常委会法制工作委员会民法室编:《侵权责任法立法背景与观点全集》,法律出版社 2010 年版。
2.《民法总则立法背景与观点全集》编写组:《民法总则立法背景与观点全集》,法律出版社 2017 年版。
3.《民法典立法背景与观点全集》编写组:《民法典立法背景与观点全集》,法律出版社 2020 年版。
4. 王利明主编:《中国民法典学者建议稿及立法理由·侵权行为编》,法律出版社 2005 年版。
5. 梁慧星主编:《中国民法典草案建议稿附理由·侵权行为编、继承编》,法律出版社 2005 年版。
6. 高圣平主编:《〈中华人民共和国侵权责任法〉立法争点、立法例及经典案例》,北京大学出版社 2010 年版。

二、外文文献

(一)英文著作

1. W. V. H. Rogers, *Winfield & Jolowicz On Tort*, 18th ed., Sweet & Maxwell, 2010.
2. David Wilby QC, ed., *The Law of Damages*, 2nd ed., LexisNexis, 2010.
3. Jason W. Neyers, Erika Chamberlain&Stephen G. A. Pitel, *Emerging Issues in Tort Law*, Hart Publishing, 2007.
4. Walter van Gerven, Jeremy Lever&Pierre Labrouche, *Cases, Materials and Text on National, Supranational and International Tort Law*, Hart Publishing, 2000.
5. R. W. M. Dias, ed., *Clerk & Lindsell on Torts*, 16th ed., Sweet & Maxwell, 1989.
6. B. S. Markesinis & S. F. Deakin, *Tort Law*, 4th ed., Clarendon Press, 1999.
7. B. S. Markesinis & Hannes Unberath, *The German Law of Torts: A Comparative Treatise*, 4th ed., Hart Publishing, 2002.
8. A. M. Honoré, *Causation and Remoteness of Damage*, International Encyclopedia of Comparative Law, Vol. XI, Chapter 7, Tübingen, 1979.
9. Tony Weir, *Complex Liabilities*, International Encyclopedia of Comparative Law, XI chapter 12, Mohr, 1975.
10. Harvey McGregor, McGregor on Damages, 16th ed., Sweet & Maxwell, 1997.

11. John G. Fleming, *The Law of Torts*, 8th ed., The Law Book Company Limited, 1992.

12. Francesco Parisi, *Liability for Negligence and Judicial Discretion*, 2nd ed., University of California at Berkeley, 1992.

13. Jackson & Powell, *Professional Negligence*, 4th ed., Sweet & Maxwell, 1997.

14. Paula Giliker, *Vicarious Liability in Tort: A Comparative Perspective*, Cambridge, 2010.

15. Duncan Fairgrieve, ed., *Product Liability in Comparative Perspective*, Cambridge University Press, 2005.

16. Cees Van Dam, *European Tort Law*, 2nd ed., Oxford University Press, 2013.

(二)德文著作

1. Hans Brox/Wolf - Dietrich Walker, Besonderes Schuldrecht, 33. Aufl. 2008.

2. Hans Brox/Wolf - Dietrich Walker, Allgemeines Schuldrecht, 31. Aufl. 2006.

3. Erwin Deutsch/Hans Juergen Ahrens, Deliktsrecht, 5. Aufl. 2009.

4. Erman Buergerliches Gesetzbuch, 12. Aufl. 2008.

5. Bueregeliches Gesetzbuch Kohlhammer - Kommentar, 13. Aufl. 2005.

6. Josef Esser/Hans - Leo Weyers, Schuldrecht Ⅱ, Besonderer Teil, Teilband 2, 8. Aufl. 2000.

7. Wolfgang Fikentscher/Andreas Heinemann, Schuldrecht, 10. Aufl. 2006.

8. Maximilian Fuchs, Deliktsrecht, 5. Aufl. 2004.

9. Jauernig BGB Kommentar, 13. Aufl. 2009.

10. Hein Koetz/Gerhard Wagner, Deliktsrecht, 11. Aufl. 2010.

11. Karl Larenz, Lehrbuch des Schuldrechts, Band Ⅰ Allgemeiner Teil, 1987.

12. Karl Larenz/Claus - Wilhelm Canaris, Lehrbuch des Schuldrechts, zweiter Band Besonderer Teil, 2. Halbband, 1994.

13. Dirk Looschelders, Schuldrecht Allgemeiner Teil, 6. Aufl. 2008.

14. Dirk Looschelders, Schuldrecht Besonderer Teil, 2. Aufl. 2008.

15. Dieter Medicus, Buergerliches Recht, 21. Aufl. 2007.

16. Dieter Medicus, Gesetzliche Schuldverhaeltnisse, 5. Aufl. 2007.

17. Medicus/Lorenz, Schuldrecht Ⅰ Allgemeiner Teil, 18. Aufl. 2008.

18. Medicus/Lorenz, Schuldrecht Ⅱ Besonderer Teil, 15. Aufl. 2010.

19. Muenchener Kommentar zum Buergelichen Gesetzbuch, 4. Aufl. 2004.

20. Peter Schlechtriem, Schuldrecht Besonderer Teil, 6. Aufl. 2003.

21. Dieter Schwab, Einfuehrung in das Zivilrecht, 16. Aufl. 2005.

22. Guenter Christian Schwarz/Manfred Wandt, Gesetzliche Schuldverhaeltnisse, 3. Aufl. 2009.

23. Staudinger Kommentar zum BGB, 13. Aufl. 1999.

24. Goetting/Schertz/Seitz, Handbuch des Persoenlichkeitsrechts, 2008.